Die geheimen Gesellschaften
Verbindungen und Orden

Die geheimen Gesellschaften Verbindungen und Orden

Von

Dr. Georg Schuster
Archivrat am Königl. Preuss. Hausarchiv

Erster Band

FOURIER VERLAG · WIESBADEN

4. Auflage 1997

Lizenzausgabe für Fourier Verlag GmbH, Wiesbaden
Druck und Bindung: GZP Mariborski tisk, Slowenien
ISBN 3-925037-53-5

Vorwort.

Die Geschichte der geheimen Gesellschaften ist ein Gebiet, das bisher im allgemeinen nur geringe Beachtung in der Literatur gefunden hat.*) Das ist um so auffallender, als diese merkwürdigen Gebilde und Erscheinungen mit tausend unsichtbaren Fäden in das tägliche Leben der Völker hineingegriffen haben und noch hineingreifen; als ihr Wesen in deren Literatur dem Kundigen deutlich sich wiederspiegelt, als ihnen vielfach die berufenen Führer der Nationen, Staatsmänner und Gelehrte, Dichter, Philosophen und Künstler, angehört haben.

Die denkwürdigsten der geheimen Verbindungen aller Zeiten und Völker in ihrem Werden, Wachsen und Vergehen zu erforschen, ihre Ideen, ihren Zweck und ihre Ziele zu ergründen und einem weiteren Leserkreise zu veranschaulichen, will das vorliegende Buch an der Hand der besten Quellen versuchen. Ob dieser Versuch gelungen ist, darüber werden Berufene zu urteilen haben. Einen Teil seiner Fehler glaube ich zu

---

*) „Das Buch der Mysterien“ aus der Feder des verdienten Kulturhistorikers Otto Henne Am Rhyn ist so ziemlich das einzige Werk, das den interessanten Gegenstand behandelt. Allein es erschöpft bei weitem nicht das vorhandene Material und lässt den Leser häufig gerade dort im Stich, wo er wissbegierig Aufklärung sucht. — Die wunderliche Schrift von Heckethorn, obwohl mit grossem Fleisse zusammengetragen, vermag nicht einmal bescheidenen Ansprüchen zu genügen.

kennen. Für den Hinweis auf andere, die mir entgangen sind, werde ich von Herzen dankbar sein.

Es ist die Arbeit von nahezu zwei Jahrzehnten, die ich hiermit der Oeffentlichkeit übergebe. Als ich im Jahre 1887 an die Ausführung des lange vorbereiteten Planes ging, war ich mir bewusst, dass eine reiche Fülle stofflichen Materials zu sammeln, zu sichten, zu durchdringen sein würde. Aber der Vorrat erwies sich als schier unermesslich, und die Mühe ihn zu bewältigen war in Wirklichkeit erheblich grösser, als ich geahnt. Schliesslich haben jedoch der ermunternde Zuspruch lieber Freunde in der Nähe und in der Ferne und die genussreiche Freude, die mir die Arbeit selbst gewährte, alle Hindernisse überwunden.

Für die fördernde Teilnahme, deren ich mich von vielen Seiten zu erfreuen hatte, auch an dieser Stelle aufrichtig zu danken, ist mir ein Bedürfnis. Mit wehmütigem Herzen gedenke ich dabei auch der Manen der Treuen, denen die Parze bereits den Lebensfaden abgeschnitten hat — mitleidslos und allzufrüh. Besonderer Dank gebührt dem Herrn Verleger, meinem lieben Freunde Theodor Leibing. Um das endliche Zustandekommen des mühseligen Werkes hat er weitaus das grösste Verdienst. Sein eindringendes Urteil, sein sachkundiger Rat, seine nie versagende, liebenswürdige Bereitwilligkeit, mir die Beschaffung entlegener Hilfsmittel zu erleichtern, sind dem Buche sehr zu statten gekommen. Gross aber vor allem sind die Gesichtspunkte gewesen, von denen er sich bei der Förderung des ganzen Unternehmens allzeit hat leiten lassen.

Am Tage der Reformation 1905.

G. S.

Einleitung.

Gesellschaften, Vereine und Orden, die ihre Zwecke und Gebräuche geheim hielten, haben zu allen Zeiten und bei allen Völkern bestanden. Wir finden sie in allen möglichen Formen bei den wilden Naturvölkern, im grauen Altertum, im finstern Mittelalter und auch in den helleren Tagen, die dieser harten, trostlosen Zeit gefolgt sind.

Aus dem Altertum sind uns die Geheimbünde der ägyptischen und indischen Priester, der Pythagoräer und Orphiker, die verschiedenen griechischen und römischen Mysterien, die jüdischen Essäer und die keltischen Druiden, bekannt. Im Mittelalter begegnen wir den Bauhütten, aus denen später der Freimaurerorden hervorgegangen ist, dem Orden der Tempelritter, den Femgerichten, den Kalands- und Wolfgangsbrüderschaften, den Waldensern, Wiedertäufern und Jesuiten, während in der neueren und neuesten Zeit die Rosenkreuzer, Illuminaten und Sonnenritter, die Karbonari, die Sekte der Drusen und Derwische, die Mafiusi Siciliens, die griechischen Häterien, die irischen Fenier, die Oddfellows, Freimaurer und Druiden unsere Aufmerksamkeit auf sich lenken.

Soweit sich aus den, sie betreffenden, teilweise recht spärlich auf uns gekommenen Nachrichten und Überlieferungen feststellen lässt, waren diese Geheimbünde teils eine abgeschlossene Zunft vornehmerer und höher strebender Geister, teils gewährten sie in den Zeiten der Not und Bedrängnis den edelsten geistigen Gütern, der Religion und Philosophie, oder auch der Politik einen sichern Zufluchtsort.

In der Regel dienten sie dem schönen Zweck, die Aufklärung und Veredelung der Mitmenschen zu pflegen und zu fördern, die Befreiung der geknechteten Menschheit von geistigem, politischem und sozialem Druck herbeizuführen. Es ist jedoch auch nicht in Abrede zu stellen, dass ihre Ziele häufig genug höchst unlauterer, ja, unsittlicher Natur gewesen sind, dass hinter dem dichten Schleier des Geheimnisses eitel Rang- und Titelsucht ihr arges Wesen trieben, dass gedankenlose Köpfe sich kindlich ergötzten an hohlen Phrasen, inhaltsleeren Zeremonieen und Symbolen. Es ist ferner bekannt, dass nicht selten notorische Betrüger, revolutionäre und phantastische Elemente und katilinarische Existenzen der schlimmsten Art solche Genossenschaften gegründet oder sich in bereits vorhandene hineingedrängt haben, um sie ihren eigenen, frivolen Interessen dienstbar zu machen. In solchen Fällen überwucherte das geistige Unkraut schnell die guten Elemente und führte entweder den vollständigen Verfall des Bundes herbei, oder aber eine energische Reaktion setzte zur rechten Zeit dem ruchlosen Treiben ein Ziel.

Charakteristisch für das Wesen der geheimen Gesellschaften erscheint der Umstand, dass weitaus die meisten sich in der Zeit ihres Entstehens und ihrer Entwicklung als eine notwendige Ergänzung des gesamten politischen, religiösen und sozialen Lebens betrachteten, das sie durch selbstlose Hingabe und opferwillige Arbeit zu läutern und zu verbessern gedachten. Gleichzeitig aber tritt auch die

Thatsache hervor, dass es ursprünglich ausschliesslich die Priester der verschiedenen Religionen gewesen sind, die solche Verbindungen gestiftet und gefördert haben. Sie entwickelten in dieser Beziehung eine rastlose Thätigkeit sowohl bei den alten Kulturvölkern als auch in späteren christlichen Jahrhunderten; sie spielen in diesem Sinne ferner in dem armseligen Leben der wilden Naturvölker eine ganz bedeutende, wenn nicht die wichtigste Rolle.

Diese Erscheinung ist an sich für den Augenblick höchst auffallend. Sie erklärt sich indess naturgemäss aus dem innigen Zusammenhange, in welchem sie mit der Entstehung und Entwicklung des religiösen Bewusstseins steht.

Von allen sittlichen Ideen, die in der Welt gewesen, sind und sein werden, ist die religiöse von unantastbarer Macht und ewiger Dauer. In ewigen Wandlungen beherrscht ihre geheimnisvolle Gewalt die Herzen der Menschen, der Völker Sittlichkeit, Wissenschaft, Kunst und Poesie, der Weltgeschichte engverschlungene Pfade.

An dem religiösen Gedanken hat die Menschheit in martervoller Arbeit sich versucht, ohne dass sie bisher imstande gewesen wäre, sein Wesen zu ergründen und somit das grosse Rätsel des Daseins zu lösen. Die Religionsphilosophie, die theologische und anthropologische Weltanschauung und der Skeptizismus, Hiob, Aristoteles und Sophokles, Cicero, Augustin und Firdusi, Shakespeare, Calderon, Voltaire und Schopenhauer, sie alle haben sich mit dieser Aufgabe beschäftigt. Aber nur das haben sie festzustellen vermocht: Der Mensch kann der Gottesidee nicht entrinnen, mag er sich auf der niederen Stufe des Naturzustandes bewegen, mag er den höchsten Gipfel der Gesittung und Bildung erstiegen haben; „der Mensch muss religiös sein in derselben Weise, wie es nicht in seiner

1*

Macht steht, kein Gewissen zu haben.“ *) Auch der Genius entbehrt des religiösen Fühlens nicht. Welche religiöse Weihe und Innigkeit ihm innewohnt, das hat gerade Goethe durch seine herrliche Ode: „Die Gränzen der Menschheit“ bewiesen. —

Die religiösen Erregungen treten innerhalb der menschlichen Gesellschaft bedeutend früher auf als die Unterscheidung zwischen dem Guten und Bösen.

Freilich religiöse Ideen von der Klarheit, wie Juden, Christen und Muhamedaner sie besitzen, kennen die Naturvölker nicht. Ihr gesamtes Geistesleben ist ein zusammenhangloses, unbestimmtes. Der wilde Naturmensch sieht überall um sich her mächtige Bethätigungen der Naturgewalten, die in ihm das peinliche Gefühl der eigenen Unbedeutendheit und das Bewusstsein seiner Unterordnung hervorrufen. Die Natur ist ihm eine erdrückende Grösse, eine feindliche Macht, die auf allen Seiten seinen Willen durch zahllose Hindernisse einschränkt und hemmt. Und in unaufhörlichem Ringen mit diesem grausamen Feinde kommt er nicht dazu, sich über sein Wesen zu besinnen. Die Schrecken des Donners und Blitzes, die Erscheinungen der Morgen- und Abendröte, die furchtbare Gewalt brausender Orkane, das weit über die Lande hin leuchtende Feuer der Vulkane, die sturmgepeitschten, brandenden Wogen der See nehmen seinen Geist gefangen und erfüllen ihn mit Angst und Grauen, während andrerseits die Erscheinungen des gestirnten Himmels, die erwärmende Wirkung der Sonne, das Leuchten des Mondes und der

*) Die Völkerkunde kennt keine religionslosen Menschenstämme. „Völlige Religionslosigkeit,“ sagt Ratzel, „ist wohl das Ergebnis einer gemütsabstumpfenden Überkultur, niemals aber die Wirkung roher Unkultur.“

Sterne, durch die majestätische Ruhe und Regelmässigkeit ihres Verlaufs, den tiefsten Eindruck hinterlassen. Selbst die weite, öde Meeresfläche, die Unendlichkeit der Steppe, die unheimliche Stille des Urwaldes, das Rauschen der Bäume, das leise Sprudeln der Quelle, die bis in die Wolken ragenden schnee- und eisbedeckten Gipfel der Gebirge treten in den engbegrenzten Gesichtskreis des Naturmenschen, „des vorurteilsvollsten Geschöpfes menschlicher Gattung,“ erregen und fesseln seine Aufmerksamkeit.

Angesichts dieser Erscheinungen tritt das tiefe Bedürfnis des menschlichen Herzens, für jedes Geschehen, für jede Begebenheit einen Urheber zu ermitteln, in sein Recht und verbindet sich mit der Neigung, alle Naturereignisse und Erscheinungen in einem gewissen Grade zu vermenschlichen. Eine falsche Anwendung des Kausalitätsgesetzes führt dann dazu, Beziehungen zwischen jenen und dem Menschen anzunehmen, die ihn schliesslich derartig mit den Phantomen seiner Einbildungskraft umgarnen, dass er aus ihnen sich nicht mehr herauszufinden vermag. Werden aber die Dinge der Aussenwelt als beseelt und willensmächtig vorgestellt, so gelten sie auch als Anstifter von Unfällen, deren wahre Ursache sich dem Denkvermögen entzieht. Infolge dessen regt sich im Dunkel des menschlichen Gemüts die unbestimmte Ahnung, über die Natur Herr werden zu können. Der Mensch giebt sich dem thörichten Wahne hin, dass er im Stande sei, die Wirksamkeit jener unheilvollen Wesen aufzuheben oder wenigstens abzuschwächen. Er nimmt deshalb seine Zuflucht zu gewissen Bräuchen, Zeichen, Sprüchen, die sich angeblich bereits einmal bewährt haben, übrigens „ein naiver Selbstbetrug, der in seiner höchsten Verfeinerung sogar in die reinsten Gemüter sich einzuschleichen vermag“.

Diese Momente stellen den Anfang der religiösen Verehrung dar; sie sind, wie die Opferidee, durchgängig der weltgeschichtlichen Entfaltung des religiösen Gedankens eigen. Denn „wenn der brahmanische Jogi sich unter die Räder von Jaggernats Wagen wirft, wenn die phönikische Mutter ihr Kind dem Moloch in die glühenden Arme legt, wenn der Hellene dem Zeus eine Hekatombe darbringt, der skandinavische Wicking sich die Todesrune ritzt, der Buddhist vor der Statue seines Propheten Blumen niederlegt, wenn die Vestalin, die Nonne und die Sonnenjungfrau ewige Keuschheit gelobt, wenn der Moslem seinem Allah zu Ehren die Giaurs niederhaut, wenn der Christ die albigensische Bevölkerung ganzer Städte austilgt, wenn deutsche Hexenrichter beider Konfessionen massenhafte Einäscherungen der „„Unholden““ vornehmen, wenn der fromme Pilger auf den Knieen die Stufen zur Peterskirche emporrutscht — so sind das nur verschiedene Ausdrucksweisen derselben Idee des Opfers.“*)

Gegenstand der Religion ist in solcher, allerdings zunächst noch höchst rohen und naturalistischen Phase alles, was die geisterspähenden Blicke auf sich zieht, Pflanzen, Steine, Muscheln, Federn, lebende Geschöpfe.

Zu den leblosen Dingen, die allerorten Verehrung fanden, gehörten vorzugsweise die Steine. Meteore, die in glühendem Zustande zur Erde fielen, zogen gern die menschliche Andacht auf sich. Sie wurden zum Fetisch. Reste dieses Fetischdienstes sind beispielsweise unzweifelhaft der Stein zu Bethel, welchen, der biblischen Sage nach, Jakob salbte, nachdem er auf ihm geruht, der

---

*) Joh. Scherr: Geschichte der Religion. Leipzig 1857. —

schwarze Stein in der Kaaba zu Mekka und der, welcher in der Omar-Moschee zu Jerusalem eingemauert ist. Noch im 11. Jahrhundert n. Chr. musste in England von seiten der Kirche durch scharfe Edikte gegen die Fortsetzung des Steindienstes eingetreten werden.

In noch ausgedehnterem Masse war der Baumdienst über die Erde verbreitet. Bäume oder Haine wurden als göttliche Wesen oder als Sitze von Gottheiten aufgefasst, ein Kultus, der hauptsächlich von den alten Germanen gepflegt wurde. Und im alten Griechenland deutete man aus dem Rauschen der Wipfel der heiligen Eiche zu Dodona und aus dem Gemurmel der heiligen Quelle, die am Fusse des Baumes entsprang, den Willen des Gottes. — Wessen Sinne hätten sich überdies noch nicht willig der Täuschung hingegeben, als stehe er einem belebten Wesen gegenüber, da er dem leisen Flüstern im stillen und dem mächtigen Rauschen im erregten Walde sein Ohr lieh, da er dem Knarren der Äste, dem Brechen der Zweige im Sturme lauschte?

Wie bereits angedeutet, ist auch das Wasser, besonders Quellen, als etwas Göttliches verehrt worden. So war den alten Persern das fliessende Wasser in dem Masse heilig, dass sie sich vor jeder Verunreinigung desselben scheuten. Wer ein besonders frommes Verdienst sich erwerben wollte, baute eine Brücke, um auf diese Weise das Durchwaten der Flüsse und Bäche zu beseitigen. Als der Perserkönig Xerxes im Jahre 480 v. Chr. auf seinem Zuge nach Griechenland an den Hellespont gekommen war und die über denselben geschlagene Schiffbrücke durch einen Orkan zerstört fand, liess er die Wogen mit Ruten peitschen, eine Züchtigung, die offenbar dem Meeresgotte zugedacht war.

Uralt ist ausserdem die Tieranbetung, namentlich die Schlangenverehrung, die sogar heute noch in Indien und in dem neuerdings oft genannten mächtigen Negerreiche Dahome in voller Blüte steht. Wir wissen, dass auch Moses einst der Versuchung nicht widerstehen konnte, jene eherne Schlange aufzurichten, die als Nationalheiligtum angesehen und später neben der Bundeslade und anderen Schätzen im Tempel zu Jerusalem aufbewahrt wurde, aus dem sie erst mehrere Jahrhunderte später der gottesfürchtige Hiskias entfernt hat. —

Auf solcher Stufe aber kann ein geistig regsames Volk nicht lange stehen bleiben. Je mehr der Geist des Menschen sich entwickelt, je mehr er sich seines freien, nach Wahl und Willen bestimmenden Wesens bewusst wird, desto mehr wandelt sich auch die Vorstellung von jenen Naturpersönlichkeiten um. Es konnte also nicht allzu lange dauern, dass die Verehrer der Pflanzen- resp. Tierwelt die Erfahrung machten, dass die Gegenstände ihrer Anbetung anderen, auf sie einwirkenden, Einflüssen zum Opfer fielen. Es musste also noch Götter geben, die eine höhere Macht besassen. Indem die Menschen nun den Blick zur Sonne erhoben und zu den ewigen Sternen, dem Höchsten, für keine Menschenhand Erreichbaren, glaubten sie in ihnen den unbekannten Urheber gefunden und den Sitz jener Naturkräfte entdeckt zu haben, die nicht mehr wahrzunehmen, sondern nur an ihren Wirkungen zu erkennen sind. Die Anbetung der Kraft, also eines sinnlich nicht mehr warnehmbaren Vorganges, konnte aber nur bei solchen Menschen Wurzel fassen, die bereits zu einer gewissen geistigen Reife vorgeschritten waren. Es sind dies überwiegend die Ackerbautreibenden, wie denn überhaupt erst mit dem Ackerbau und mit der damit verbundenen Sesshaftigkeit die Entwicklung einer höheren Kulturform möglich ist.

Allein die sinnige Rätselsprache des Naturdienstes wurde von der grossen Masse des Volkes nicht verstanden. Die Allegorieen wurden als buchstäbliche Wirklichkeiten aufgefasst, das Unsichtbare nahm Gestalt und Form, Fleisch und Blut an. Es entwickelte sich die Mythologie.

„Aus einem Eigenschaftsworte, welches der Kraft beigelegt wurde, entstand der Eigenname des Göttlichen; aus dem Namen entsprang wieder die Vorstellung eines Geschöpfes, welches sogleich männlich oder weiblich gedacht wurde, je nach dem grammatischen Geschlechte der üblich gewordenen Benennung, und die einmal erregte Phantasie träumte nun den Götterroman weiter.“*)

Der Sonnendienst genügte jetzt nicht mehr; es regten sich bald Zweifel, dass das Tagesgestirn keineswegs der Urheber aller Dinge sein könne, da auch in der Nacht eine ununterbrochene Entwickelung der lebenden Wesen stattfindet. Man zog deshalb den Himmel „den lückenlosen, beständig sich selbstbewegenden“, und die fruchttragende Erde in den Kreis der Verehrung. Man dachte sich jenen, den starken, erhabenen, der über Wind und Wolken, über Donner und Blitz gebot, als ein männliches Wesen im Gegensatz zu der weiblichen, stillwirkenden, empfangenden Erde. Aus der Verbindung beider ging nun eine bunte Reihe von Göttergestalten hervor, die wieder ihre besondere Genealogie erhielten. So entstanden Götterfamilien und schliesslich ganze Geschlechter, an deren

*) O. Peschel: Völkerkunde. (Bearbeitet von Alfred Kirchhoff.) 6. Aufl. Leipzig 1885. — Bei der Mythenbildung haben die Sprachen, namentlich die, welche ein grammatisches Geschlecht unterscheiden, wie die arischen und semitischen, thätig eingegriffen.

Spitze derjenige Gott gestellt wurde, der nach physischer Auffassung als der mächtigste erschien.

Aber auch damit begnügt sich die nimmerrastende Phantasie nicht. Als letzte Phase ihrer Thätigkeit ist die vollendete Vermenschlichung ursprünglich göttlicher Wesen zu bezeichnen. Der vermenschlichte Gott erhält eine neue menschliche Genealogie, tritt aber damit als Heros in das Gebiet der Sage über.

Und hat nun das göttlich Gedachte vollständig menschliche Züge in der Vorstellung gewonnen, so scharen sich um die Mythen die Künste. Poesie, Musik, Malerei, Skulptur und Architektur vereinigen sich, um mittelst der Sprache, der Farben, der Töne, mittelst des Meissels und des Messstockes die Menschengestalt in der Gottesdarstellung zu verklären. Wo aber die äussere Gestaltung des religiösen Gedankens den höchsten Grad seines Glanzes erreicht hat, tritt sofort sein Inhalt in den Hintergrund. Das sinnliche Abbild wird nunmehr zum Abgott. Die Menschen wollen ihren Gott sehen, sich mit ihm unterhalten. Als bewegliche Sache wird er Eigentum der Gemeinde. Man baut ihm Tempel, umgiebt ihn mit Symbolen und Ritualen — und der Fetisch ist fertig. Der Neger, der sich seinen Fetisch roh und geschmacklos aus einem Klotze formt, Phidias, der seinen Zeus meisselte, Raphael, der seine sixtinische Madonna schuf, sie alle wollten sich ihren Gott veranschaulichen. —

An dieser Entwicklung und Gestaltung der Religion hatten die Priester hervorragenden Anteil. Ursprünglich mit der Würde des Familienvaters identisch, wurde das Priestertum bei geregelten, dauernden Lebensverhältnissen in gewissen Familien erblich, bis schliesslich aus diesen eine Priesterkaste hervorging. Sobald sich aber ein

Priesterstand gebildet, erfährt die Religion durch dessen speculative Thätigkeit in seinem Interesse eine Weiterbildung „sowohl nach der Seite des Dogmas hin, als nach der des Kultus."

Während im Laufe der Zeiten der ursprüngliche Kern der Götter- und Heldensagen, die Personifikation der Naturkräfte, dem Gedächtnis der Nachwelt entschwunden war, während man die dort verzeichneten Märchen als wirkliche Begebenheiten auffasste, hatte sich innerhalb der Priesterkaste der wirkliche Sinn der Mythen erhalten und zu einer reineren Gotteslehre herangebildet, die als Geheimlehre betrachtet und nur dem Eingeweihten zugänglich gemacht wurde. Denn gerade das Geheimnis, mit welchem die Priester sich umgaben, erhöhte ganz beträchtlich die Ehrfurcht und Achtung des Volkes vor ihnen und sicherte ihrem Bunde einen dauernden Einfluss auf alle öffentlichen und privaten Angelegenheiten. Ist es doch eine alte Erfahrung, dass nur geheimnisvolle und rätselhafte Dinge, zumal wenn sie mit einem ebenso geheimnisvollen Aufputz versehen sind, von jeher imstande waren, einen nachhaltigen Eindruck auf die urteilslose Menge auszuüben. —

Solche Geheimbünde mit fast ausschliesslich priesterlicher Leitung finden wir bei allen Kulturvölkern des Altertums, den Ägyptern, Persern, Indern, den Hebräern, Griechen und Römern. Bevor wir uns jedoch der Betrachtung dieser geheimen Gesellschaften widmen, wollen wir zuvörderst noch einen Blick werfen auf

die Geheimbünde der Naturvölker.

Auch hier sind es die Priester oder Schamanen, welche den Geheimbund gewerbsmässig ausbilden. Schamanen sind Wunder- und Zauberkünstler. Ihre Thätigkeit erstreckt sich auf Zauberkuren, Krankheitsbeschwörungen, Wahrsagen, Wettermachen, auf Erflehen von Erntesegen, Abwenden von öffentlichem und privatem Unglück. Bei allen Naturvölkern nämlich werden Krankheiten, Todesfälle, abnorme Witterungserscheinungen etc. lediglich der Hexerei zugeschrieben, gegen welche die Schamanen ihre geheimen Zauberkünste in Anwendung bringen müssen. Ein anderer Zweig ihrer Wirksamkeit ist der angebliche Verkehr mit den Göttern und den Geistern der Verstorbenen, um von ihnen Offenbarungen über die Zukunft zu erlangen.

Um einen nachhaltigen Eindruck auf die rohen Gemüter ihrer Umgebung hervorzurufen, schreiten die Schamanen bei ihrer Arbeit in einem möglichst phantastischen Kostüm einher, ausgerüstet mit der Zaubertrommel, der Zauberklapper oder dem Zauberhorn und versetzen sich in einen Zustand nervöser Aufregung, der sich bis zu krampfartigen Zuckungen und Gliederverrenkungen steigert. Anscheinend gehören sie selbst, nach dem einstimmigen Urteil aller Beobachter der Naturvölker, zu den Betrogenen, indem sie von der Wirksamkeit ihrer Künste fest überzeugt sind. Doch dürfte immerhin auch plumpe Gaukelei und bewusster Betrug die Hand im Spiele haben. Es liegt das einfach, nach dem zutreffenden Ausspruch eines bekannten Kulturhistorikers, in der priesterlichen Natur des Schamanismus. „Denn zu allen Zeiten wie unter allen Völkern ist die Priesterschaft in Gefahr, durch das Bewusstsein von der hohen, überwiegenden Wichtigkeit ihrer Zwecke unvermerkt zu bedenklichen Mitteln verleitet zu werden.“*)

---

*) Vergl. übrigens Herder: Ideen zur Philosophie der Geschichte der Menschheit. (17. Buch.)

Die Schamanen, deren eigentliche Heimat bei den Nomaden des nördlichen Asien, auf den öden Steppen Sibiriens und in der Schnee- und Eiswelt der Polarkreise zu suchen ist, leben abseits von der Horde, wählen sich ihre Schüler und Jünger mit besonderer Vorliebe aus der Reihe jener Unglücklichen, die von Epilepsie heimgesucht werden, die von zwerghafter oder verkrüppelter Gestalt sind und sich als Albinos kennzeichnen, erziehen sie unter strengem Fasten und unaufhörlichen Kasteiungen und überliefern ihnen erst dann die zweifelhaften Schätze ihrer Geheimnisse, wenn sie alle jene martervollen Prüfungen mit Erfolg bestanden haben.

Während die Medizinmänner der Rothäute sich in Medizin-Wigwams aufhalten, zu denen jedem Nichtwissenden der Zutritt versagt ist, wohnen die Fetischmänner der südafrikanischen Bantu-Völker, die am meisten unter dem schamanistischen Wahnsinn zu leiden haben, in Fetisch-Hütten oder in Hainen von Fetisch-Bäumen. Auf den Inseln der Südsee besteht unter den Schamanen ein religiös sanctionirtes Kastenwesen. An ihrer Spitze steht ein Oberzauberer, welcher einsam in einem abgelegenen Walde haust, wohin die Bewohner von weit und breit mit Opfergaben wallfahren.

Beschränkt sich der Schamanismus auf die Ausübung eines Zaubers, der einen Zwang auf unsichtbare göttliche Mächte ausüben soll, so müssen wir gestehen, dass nahezu alle Völker ein Opfer dieses Wahnes gewesen sind, ja, dass sie sich auch heute noch nicht völlig von ihm befreit haben. Denn was ist alles Orakelwesen, Geisterklopfen, was ist der Spiritismus, der sich so unheimlich breit macht, anderes als Schamanismus? Am meisten schamanistisch missbraucht wird das Gebet. Es wird sofort zur Zauberformel, sobald seinen Worten irgend eine Wirkung auf den göttlichen Willen zugeschrieben wird. Wie weit aber und wie leicht eine solche Verirrung um sich greifen kann, zeigt das Beispiel der Anhänger Buddhas. Um sich grösseren Anspruch auf Belohnung zu erwerben, suchen sie die Gottheit durch Gebetsmühlwerke zu überlisten. Über drehbare Walzen wird nämlich ein Papier mit aufgeschriebenen Gebeten gerollt. Indem sie nun diese Walzen in Bewegung setzen, muten sie der Gottheit zu, die Gebete als wirklich gesprochen entgegen zu nehmen. —

Sogar das heimliche Gericht fehlt unter den Naturvölkern nicht. So bestehen bei unsern neuen Landsleuten in Neuvorpommern und an der Westküste Afrikas zahlreiche geheime Verbindungen zu dem Zwecke der Handhabung der Rechtspflege, der Verfolgung und Bestrafung der Verbrecher. Die Mitglieder eines solchen Bundes erkennen sich an gewissen, streng geheim gehaltenen Zeichen.

Erstes Buch.

Die geheimen Gesellschaften und Orden des Altertums.

I. Die Ägypter.

1. Land und Leute.

Der älteste Staat und die älteste Kultur ist in jenem dunklen Erdteil zu suchen, welcher jeder höheren Entwicklung des Menschen feindlich gegenüber zu stehen scheint. Zu beiden Seiten des Äquators liegen in geschlossenen Massen die Länder Afrikas gelagert, versengt von den glühenden Strahlen der Sonne, umspült von den brandenden Wogen des weiten Meeres, das an keiner Stelle in tieferen Einschnitten die Küste spaltet. Während den Norden des Erdteils ein unabsehbares, unwegsames, ödes Flachland einnimmt, wird der Süden von einer weitgestreckten Hochebene gefüllt, die durch steile Gebirgszüge begrenzt wird. Selbst die Flüsse, die von hier in reissendem Lauf, in zahlreichen imposanten Katarakten dem Meere zustürmen, gewähren keinen Zutritt zu dem Innern des Continents. Ihm ist dadurch gewissermassen die Lebensader unterbunden.

Diese unzugänglichen Länderstriche füllen der Negervölker ungezählte Stämme. Kaum über die Anfänge menschlicher Kultur hinaus, leben sie dahin ohne wesentliche Veränderung, ohne Erinnerung, ohne Geschichte. Jahrtausende sind über sie dahingerauscht, ohne eine merkliche Spur hinterlassen zu haben. Ganz anders aber stellt sich uns das Volk dar, welches einst im Nordosten Afrikas, in Ägypten, seine Wohnsitze aufgeschlagen.

Ägypten*), die „schwarze Erde“ genannt, ist das langgestreckte, fruchtbare Thal, welches von dem Nil gebildet wird. Die Wasser dieses mächtigen Stromes, deren Kommen und Wirken die alten Ägypter als ein heiliges Mysterium betrachteten, und deren Ursprung erst in unserer Zeit festgestellt worden ist, fliessen aus zwei gewaltigen, auf einer Hochebene unter dem Äquator gelegenen Seen. Der Hauptstrom, der „weisse Fluss“, kommt aus dem Viktoria Nyanza und strömt gen Norden, teils durch ein terrassenförmiges Gebirgsland, teils durch tropische Urwälder, teils durch unabsehbare Savannen, wo zahlreiche Negerstämme ihr einförmiges Nomadenleben führen, wo in den undurchdringlichen Tamarisken- und Sykomorenwäldern der Löwe und die Riesenschlange, der Elefant und das Rhinoceros, die Hyäne und die Antilope hausen, wo schattenreiche Riesenbäume zwischen dichten Schlingpflanzen und üppig wucherndem Buschwerk einem zahllosen Heer von Vögeln und Affen willkommene Wohnung bieten, wo der Fluss selbst das Krokodil und Nilpferd in sich birgt. Nachdem der Nil den auf den abessynischen Alpen entspringenden „blauen Fluss“ aufgenommen, wälzt er seine Fluten durch die öden Sandflächen und die kahlen Bergketten Nubiens, bildet hier zahllose Katarakte, bis er bei den Palmenwäldern von Syene die Grenze Ägyptens

*) H. Brugsch-Bey: Geschichte Ägyptens unter den Pharaonen. Leipzig. 1877. Max Duncker: Geschichte des Altertums. Bd. I. Leipzig. 1878. Dümichen: Geschichte der alten Ägypter. Berlin. 1878.

erreicht, um nun, im Osten von einem felsigen Urgebirge begleitet, im Westen durch ein wild zerklüftetes Gebirgsplateau gegen den alles vernichtenden Flugsand der Sahara geschützt, still und schweigsam dahin zu rollen, seine Ufer in eine grüne Oase verwandelnd — „eine prächtige Episode in dem kolossalen Wüstengedicht“ Afrikas. In ruhiger Selbstgenügsamkeit erfrischen des geheimnisvollen Stromes kühle Wogen das heisse Land, dessen glänzender blauer Himmel fast nie durch Regenwolken getrübt wird. Unterhalb Memphis teilt er zwischen grasreichen Fluren, blumigen Auen und schattigen Triften, zwischen immergrünenden Sykomoren- und Palmenwaldungen seine mächtige Wasserfülle in mehrere Arme, bildet das sogenannte Delta, dessen erstaunliche Fruchtbarkeit Ägypten zur vielbegehrten Kornkammer der alten Welt machte, und begräbt endlich seine müden Fluten in dem Mittelmeer.

Die eigentümliche Weltstellung Ägyptens ist durch den Nil bedingt. Das ganze Land mit seinem physischen, geistigen und sozialen Werden und Wachsen ist eine Schöpfung des heiligen Stromes. Dies erkannte bereits der griechische Geschichtsschreiber Herodot, indem er Ägypten ein „Geschenk des Nil“ nannte.

Wenn in den Tropenländern die Regenzeit hereinbricht und auf dem abessynischen Hochgebirge der Schnee schmilzt, so beginnt der Fluss, um die Zeit der Sommersonnenwende, langsam und allmählig zu steigen und überflutet gegen Ende Juli weit und breit die Ufer. In dieser Zeit gleicht das ganze Land einem unermesslichen See. Unzählige Fahrzeuge beleben seine Gewässer, und Alt und Jung feiert jauchzend und festlich geschmückt die frohen Tage des Segens. Ebenso allmählich, wie er gestiegen, fällt der Fluss und tritt endlich im Oktober in sein Bett zurück, überall eine fruchtbare Schlammerde, die er auf seinem Laufe durch die oberen Gebirgsländer und Urwälder weggeschwemmt, zurücklassend. Sobald das Land getrocknet, wird es bestellt, und rasch zaubern die heissen Sonnenstrahlen lachende Saaten hervor. Im März beginnt die Ernte; dann folgen drei Monate der Dürre, bis endlich im Juni der Leben schaffende, Segen spendende Fluss seinen Kreislauf von neuem beginnt.

Die durch den rätselhaften Strom geschaffenen Naturverhältnisse — auf dem Erdenball einzig in ihrer Art — bestimmten das ganze Leben des Volkes; er war dessen Ernährer und Bildner zugleich. Die eigentümliche Beschaffenheit des Bodens, auf dem alle Gewächse fast mühelos hundertfältige Frucht trugen, während rings umher traurige Öde und finsterer Tod herrschten, führte die Bewohner frühzeitig vom Hirtenleben zum Ackerbau und damit zu festen Wohnsitzen und geordnetem Besitz. Die vortrefflichen natürlichen Grenzen: Wüsten, Meere, Gebirge, gaben die Gewähr einer ungestörten Entwicklung. Der einmal gewonnene Besitz an Kultur konnte stetig weiter gebildet werden.

Der Nil selbst in seiner periodischen Abwechselung rief die emsigste Thätigkeit der Bevölkerung hervor und hielt sie wach. Er lud sowohl zur Schiffahrt als zur Bewässerungskunst und zum Kanalbau ein, zwang die Bewohner durch feste Grenzbestimmungen den störenden oder teilweise auch vernichtenden Wirkungen der Überschwemmungen vorzubeugen und brachte nicht nur den Begriff von Recht und Eigentum zum Bewusstsein und zur Ausbildung, sondern förderte auch die Messkunst, besonders in ihrer Anwendung auf die Felder.

Das in ewiger Regelmässigkeit sich wiederholende

Steigen und Fallen der Gewässer führte einerseits zur Begründung eines bestimmten Zeitmasses und zur Einteilung des Jahres in drei Jahreszeiten von je vier Monaten: die Überschwemmungszeit, die Saatzeit, die Erntezeit; andrerseits folgte aus dieser Regelmässigkeit fast mit zwingender Notwendigkeit ein „ermüdendes Gleichmass der Tage", eine gewisse Stabilität und feierliche Monotonie, welche das ägyptische Leben beständig ausgezeichnet haben. Der beschränkte Raum nötigte zu haushälterischer Benutzung des gesegneten Bodens, zum nahen Zusammenbau der Wohnungen, ein Umstand, der wieder die Gründung zahlreicher Städte förderte, die Aufstellung gesellschaftlicher Formen und Rechtsordnungen und die Ausbildung eines regen Gewerb- und Kunstlebens und demnächst frühzeitig eine Scheidung der Beschäftigung, des Berufs, der Lebensweise zur Folge hatte. Es bildeten sich die Kasten der Priester, der Hüter und Pfleger des gesamten geistigen Schatzes der Nation; der Krieger, die für die Sicherheit des Landes, für den Ruhm des Herrschers, für die Ehre des Volkes willig ihr Leben wagten; der Handwerker und Kaufleute, der Ackerbauer und Hirten. Doch ist die Kluft zwischen den einzelnen Klassen nicht unübersteiglich gewesen. Auch der kluge Sohn armer Eltern durfte sich der frohen Hoffnung hingeben, durch sein Wissen zu Ehren und Würden zu gelangen.

Selbst das religiöse Leben mit seinen vielgestaltigen, eigenartigen Kultusformen und Kunstschöpfungen war in seinen Glaubenslehren, Symbolen, Opfern und Festen an das wechselvolle Naturleben geknüpft, das in dem fruchtbaren Nilthale zur Erscheinung kam.

Diese frühe Ausbildung mannigfaltiger Lebensformen

hat den dunkelfarbigen Bewohnern Ägyptens schon in der Urzeit den Ruf des ältesten Volkes erworben. Wahrscheinlich sind sie, die mit den semitischen Völkern einen grossen Sprachstamm bilden, in unvordenklicher Zeit aus Asien eingewandert und haben sich im Laufe der Jahrhunderte stark mit einheimischem Negerblut vermischt. Sie rühmten sich, die am weitesten hinaufreichende Überlieferung zu besitzen. Ihre Priester zählten das Alter des Landes nach vielen Jahrtausenden. Doch sind die Uranfänge der ägyptischen Geschichte in ein mystisches Dunkel gehüllt. Traditionelle Sagen ersetzen die bestimmten Thatsachen und mehr oder minder geschmacklose Erfindungen das kritische Urteil.

Nach den Berichten der alten Historiker Herodot und Diodor besassen die Priester umfangreiche Königsverzeichnisse. Aus diesen heiligen Schriften verfasste um das Jahr 250 vor unserer Zeitrechnung der Tempelschreiber Manethos zu Heliopolis, ein in ägyptischer und griechischer Bildung erfahrener Priester, eine ägyptische Geschichte in griechischer Sprache, ein Werk, das leider nur in wenigen Fragmenten erhalten ist, die der jüdische Geschichtsschreiber Josephus gesammelt hat. Danach haben während mehrerer Zeitalter zuerst die oberen Götter, dann die himmlischen Mächte zweiter Ordnung und schliesslich die Halbgötter über Ägypten geherrscht, bis der Pharao Mena den Thron bestieg, von dem erzählt wird, dass er — etwa um das Jahr 4000 vor Chr. — die Stadt Memphis erbaut habe. Mit der Gründung dieser Königsstadt beginnt die Geschichte des ägyptischen Reiches, die in der unabsehbaren Reihe der Inschriften und bildlichen Darstellungen der Pyramiden, jener imposanten Grabdenkmäler seiner Könige, verewigt ist.

Das ägyptische Volk erschien der alten Welt aber nicht nur als das älteste, sondern auch als der „Mittelpunkt aller Gesittung und aller Entwicklung auf den Gebieten der geistigen und künstlerisch-gewerblichen Thätigkeit“. Es hat daher den bedeutendsten Einfluss auf die Nachbarvölker ausgeübt. Wieviel die Hebräer ihnen verdanken, bezeugt die mosaische Gesetzgebung. Dankbaren Herzens gedachten die Griechen der Ägypter als der Stammväter ihrer Civilisation. Wessen Sinn nach höherer Erkenntnis dürstete, den führte ein unwiderstehlicher Zug von Wahlverwandtschaft aus den sonnigen Gefilden Joniens und Attikas hinüber in das Wunderland der Hieroglyphen und der Pyramiden. Musaios, der mythische Sänger, Orpheus, der sagenberühmte Stifter der eleysinischen Mysterien, sollen Schüler der ägyptischen Priester gewesen sein. Wahrscheinlich aus eigener Anschauung spricht der Dichter der Ilias und Odyssee, wenn er vom „schönströmenden, Zeusentsprungenen“ Nil, von den herrlichen Äckern und Städten des Landes erzählt, wenn er seinen Helden Achill das stolze Theben, das noch heute mit seinen kolossalen Trümmern den staunenden Blick des Reisenden fesselt, rühmen lässt:

„— — — wo reich sind die Häuser an Schätzen,
Hundert hat es der Thor, und es ziehen zweihundert aus jedem,
Rüstige Männer zum Streit, mit Rossen daher und Geschirren“.

Die Gesetzgeber Lykurg und Solon, die Philosophen Thales, Pythagoras, Platon und Demokritos, der Mathematiker Archimedes haben bei den weisen Priestern und Schriftgelehrten des Nilthales ihre Studien gemacht. Die Geschichtsschreiber Herodot und Diodor haben das geheimnisvolle Land durchforscht und uns in ihren Werken interessante Kunde über dasselbe hinterlassen. Ausser ihnen haben noch andere griechische und römische Schriftsteller das Land beschrieben. Namentlich hat Plutarch eingehend die ägyptische Glaubenslehre geschildert. —

2. Religion und Kultus.

„Das älteste Besitztum der Völker neben der Sprache ist die Religion". In einem Lande, wo, wie sonst nirgends auf der Erde, die Regelmässigkeit der natürlichen Verhältnisse in so bestimmter, charakteristischer Form in die äussere Erscheinung tritt, in einem Lande, in welchem das ganze Dasein ausschliesslich durch die eigentümliche Beschaffenheit des Naturlebens bedingt ist, mussten die alten Ägypter schon in frühester Zeit auch ihr ganzes Seelenleben mit der Natur in die innigste Wechselbeziehung bringen und bald von primitiven Kultusformen zu einer festen Gestaltung ihres religiösen Denkens und Empfindens gelangen. Indess ist bei dem Mangel jeder sicheren Überlieferung ein bestimmter Zeitpunkt für einen solchen geistigen Umschwung oder gar der Verlauf desselben in keiner Weise zu ermitteln. Selbst die ältesten Quellen, die Denkmäler, bringen bereits eine Religion zur Darstellung, die den typischen Stempel priesterlicher Spekulation trägt. Aus kosmischen Götterbegriffen hervorgegangen, erscheint sie als umfassendes Produkt spekulativer Thätigkeit, der ältesten, zu welcher das Menschengeschlecht sich erhoben.

In den lieblichen Fluren des Nillandes standen Sein und Nichtsein, Leben und Tod so nahe bei einander, dass das ganze Geistesleben der Bevölkerung, ihr Denken und Empfinden sich auf diese, in ihren tiefsten Ursachen unergründlichen, Erscheinungen richten musste. Sie glaubte deshalb die wahre Aufgabe des Erdenwallens darin zu finden, die unheimliche Macht des Todes zu schwächen und die Leben schaffenden und erhaltenden Naturkräfte zu stärken und zu verherrlichen. So war denn ihr Religionsdienst fast ausschliesslich jener Kraft zugewendet, welche unablässig und sorglich dem ägyptischen Lande Leben und Fruchtbarkeit spendete — der Sonne.

Der Sonnendienst war der früheste Kern und das allgemeinste Prinzip des ägyptischen Götterglaubens, der wahre ägyptische Nationalkultus.

Als älteste Bezeichnung des Sonnengottes galt Ra. Da die Sonne den Ägyptern als die unveränderlich fortschaffende und erhaltende Macht, die sichtbare Verkörperung aller höheren Gottheiten erschien, so war dieser Ra der Vater und König der Götter, der „Herr der beiden Welten", der in der Sonnenscheibe thronte und in seiner Barke den weiten Himmelsraum durchmass. Von seiner Gnade leiteten die Herrscher Ägyptens ihre Würde und Gewalt ab; sie nannten sich „Söhne des Ra". Zu ihm wanderten die schuldlosen, reinen Seelen der Abgeschiedenen, um in seinen lichten Gefilden des ewigen Lebens teilhaftig zu werden.

Ra wurde besonders in Memphis und On oder Heliopolis (Sonnenstadt) verehrt. Hier stand sein uralter, weltberühmter Tempel. Hier erschien auch, von Osten kommend, alle 500 Jahre der Wundervogel Phönix und verbrannte sich auf einem, aus wohlduftendem Weihrauch errichteten Scheiterhaufen, ging aber alsbald verjüngt aus der Asche hervor und kehrte wieder in seine Heimat zurück. Dieser Mythus, der später als Symbol ewiger Verjüngung auch in den christlichen Sagenkreis kam und als Emblem des byzantinischen Kaiserreichs galt, ist wahrscheinlich die symbolische Andeutung des Sonnenlaufes in bestimmten, immer wiederkehrenden Zeitperioden.*)

Neben Ra und Osiris genoss in Memphis der Lokalgott Ptah die höchste Verehrung. Als „Vater des Lichts“ war er der „Geist der Wahrheit“, als „Gott des himmlischen Lichtes“ der „Herrscher des Himmels“. Er war der älteste Gott, der die Welt aus dem Chaos bildete. Neben seinem Heiligtum wurde in einer prächtigen Halle jener Stier Apis angebetet, der als heiliges Sinnbild der Sonne in ihrer erzeugenden Kraft angesehen wurde. Bei seinem Tode trauerte das ganze Volk so lange, bis die Priester einen neuen entdeckt hatten. Der Apis musste von schwarzer Farbe sein mit einem weissen Fleck auf der Stirn, zwiefachen Haaren im Schweife und einem Gewächs unter der Zunge. Aus der Art seines Benehmens, wenn jemand seine geheiligten Räume betrat, wurden schicksalsvolle Weissagungen verkündet.

Mit Ptah scheint die weibliche Gottheit Bast, „die den Ptah liebende Herrin von Memphis“, in Beziehung zu stehen. Zu Bubastis war ihr Heiligtum, nach dem Berichte Herodots, das anmutigste in ganz Ägypten. Zu ihrem heiteren Kultus strömten alljährlich die Bewohner in dichten Scharen herbei.

Die eigentliche Nationalgottheit der Ägypter aber war der Sonnengott Osiris mit seiner Gemahlin und Schwester Isis und seinem Sohne Horus. Osiris, der Geist des Segens und der „Herr des Lebens“, der Wohlthäter und Beglücker des Landes, wurde von seinem neidischen Bruder Typhon, dem „allmächtigen Zerstörer und Veröder“ und dessen 72 Genossen bekämpft und getötet. Sein Leichnam

*) P. Cassel: der Phönix und seine Ära. Berlin. 1879.

wurde in eine Lade geschlossen und diese dann in den Nil geworfen, auf dem sie in das Meer hinaustrieb. Trauernd und wehklagend suchte Isis den Leichnam ihres unglücklichen Gemahls. Endlich fand sie ihn an der fernen phönikischen Küste und kehrte mit ihm nach Ägypten zurück, wo er feierlich bestattet wurde. Zu This, der uralten Hauptstadt, befand sich seine heilige Grabstätte, von immergrünen Tamarisken beschattet. Noch in späteren Jahren wurde sie dort gezeigt, und reiche und fromme Ägypter liebten es, ihre Leichen in der Nähe bestatten zu lassen. Aus dem Totenreiche, in welchem Osiris fortan als Herrscher waltete, erschien er dem Horus, nachdem dieser erwachsen, und ermahnte ihn, Vater und Mutter zu rächen. Ungesäumt zog der treue Sohn zum Kampfe aus gegen den tückischen Typhon und erschlug ihn nach harter Gegenwehr. Darauf bestieg Horus den Thron seines Vaters und herrschte als der letzte der Götter über Ägypten.

In diesem sinnreichen Mythus, der offenbar erst von den Priestern erfunden wurde, ist das wechselvolle Naturleben des Nilthales symbolisch zur Anschauung gebracht. Typhon und seine Genossen sind die 72 Tage der Dürre und Hitze, die eintreten, sobald die Wasser des Nil abnehmen und die glühenden Winde aus dem Süden den kühlenden Nordwind verdrängen. Da wehklagt Isis, d. i. das ägyptische Land, und schreit nach dem Segen des Wassers, beweint das Absterben der Frucht und fleht zu den Göttern um neuen Segen. Wenn dann das Land durch die Überschwemmung von neuem befruchtet und die Saat ausgestreut wurde, bestatteten die Ägypter den Osiris. Sobald aber die Frucht wieder in frischem Grün sprosste, besiegte Horus, d. h. die erneute Kraft der sichtbaren Sonne in ihren wohlthätigen Wirkungen, das neu erwachende Leben der Natur, der neue Segen des Jahres, — den Mörder seines Vaters, d. i. die Finsternis, den Winter, die Dürre. Horus ist das jugendliche Abbild des Ra. Ihm zur Seite steht Hathor, die „Herrin des Tanzes und Scherzes“, die Göttin der Liebeslust, des fesselnden Liebreizes. Sie ist ohne Zweifel nur eine lokale Form der Isis. Auch die in Sais verehrte Göttin Neith, der zu Ehren alljährlich das Lampenfest, eine grossartige Illumination, gefeiert wurde, ist nur ein Nebenbegriff der Isis. In ihr ist die empfangende und gebärende Naturkraft personificiert. Auf sie bezieht sich auch die berühmte Inschrift zu Sais*): „Ich bin alles, was da war, was da ist und was da sein wird.“ —

Während der Isis- und Osiriskultus über das ganze Nilthal verbreitet war, wurde der Sonnen- und Naturdienst hauptsächlich im unteren Lande gepflegt. Oberägypten dagegen hatte seine eigene, in Namen und Kultusform abweichende, Götterwelt. Das Leben gebende Sonnenlicht und das schaffende Naturprinzip bildeten auch hier die Grundlage der religiösen Vorstellungen. Aber die uralten Göttergestalten: Chnum, der Weltschöpfer, und Mentu und Tum, welche die aufgehende und untergehende Sonne darstellten, wurden allmählig von Ammon, dem Lokalgott von Theben, überflügelt. Dies geschah zu der Zeit, da Theben der glänzende Herrschersitz des ganzen Reiches wurde und die erhöhte Bedeutung der Stadt nun auch durch den gewichtigen Einfluss der Priesterschaft und der Könige auf ihren Schutzgott überging. Nachdem im Laufe der Zeit noch andere Götterbegriffe auf ihn übertragen waren,

*) Plutarch: De Iside et Osiride. 9. —

nahm Ammon den ersten Rang im ägyptischen Religions- und Kultuswesen ein und wurde als Ammon-Ra der alles überstrahlende Sonnengott, der „König der Götter". Ihm brachten die Pharaonen fortan am liebsten reiche Opfer dar und zollten ihm inbrünstige Verehrung. Vor seinen Thron führten sie huldigend ihre Kriegsbeute und ihre Gefangenen; ihm errichteten sie in Theben jene vielbewunderten Prachtbauten und Heiligtümer, in deren reich geschmückten Hallen eine gläubige Menge zu seinem Preise heilige Lieder erschallen liess und ihm zu Ehren feierliche Prozessionen und glänzende Feste veranstaltete.

Ausser diesen Gottheiten gab es in der Volksreligion noch viele angesehene Lokalgötter. Doch sind diese grösstenteils nur verwandte Ideen und Zweige eines vieldeutigen Ganzen. So die Göttin Mut, die „Herrin der Finsternis", die Gemahlin des Chem, des Gottes der segensreichen Überschwemmungen und der üppigen Naturfülle, den die Griechen als Pan verehrten. —

Die ganze ägyptische Göttergeschichte stellt sich als „ein Schattenspiel im Zwielicht" dar. Nirgends begegnen wir lebensvollen, handelnden Gestalten; nirgends entdecken wir auch nur einen Zug jener märchenhaft bunten, bizarren und doch farbenhellen Phantasmagorie, in der sich die mythologischen Gebilde des indischen oder hellenischen Götterkreises bewegen.

Die Gründe, warum ein so reichbegabtes, frühentwickeltes, schöpferisches Volk wie die Ägypter nicht im stande gewesen ist, seinen Göttern ein wirklich plastisches Gepräge zu verleihen, die überlieferte Religionsidee lebendig fortzubilden, lagen sowohl in seiner Natur als in dem Charakter seiner Priester. Die Ägypter hatten keine Poesie voll frischer, lebensfroher Gestalten, voll dramatischer Charaktere; sie kannten nur religiöse Formen und Gebräuche in geheiligter Überlieferung, nur ergötzliche Feste und symbolische Handlungen, deren tiefere Bedeutung ihnen verschlossen blieb.

Kein Wunder also, dass ihr Religionsdienst, der sonst bei fortschreitender Kulturentwicklung sich zeremonienreicher, mannigfaltiger und feierlicher zu gestalten pflegt, schliesslich vollständig in äussere Werkheiligkeit überging, bestehend in mystischen Gebetsformeln, reichlichen Opferspenden und rituellen Reinigungen, in gewissenhafter Enthaltung von bestimmten Speisen, in peinlicher Beobachtung der vorgeschriebenen Fasten und der düsteren Trauergebräuche bei Todesfällen. Über der mechanischen Verrichtung dieser kleinlichen und äusserlichen Religionspflichten ging die innere Heiligung, der unmittelbare, geistige Verkehr mit der Gottheit verloren, und damit schwand zugleich der Sinn und die Empfänglichkeit für eine reinere Ausbildung der überlieferten Glaubenslehren.

Um so eifriger widmete sich die Priesterschaft dieser willkommenen Aufgabe. Ihrer spekulativen Natur folgend, bildete sie die kosmischen Urbegriffe, die allen Götterwesen innewohnen, zu natursymbolischen und kosmogonischen Systemen aus, deren eigentlichen, bedeutungsvollen Sinn sie in dunkelen Geheimlehren verhüllte.

Ihre Bestrebungen wurden begünstigt durch die Tiersymbolik, die sich schon frühzeitig in der ägyptischen Religionsgeschichte nachweisen lässt. Die Entstehung dieser höchst seltsamen Kultusform ist dagegen nicht zu ergründen. Bekannt ist nur, dass die Ägypter häufig ihre Götter mit den Köpfen in der Gestalt der ihnen geheiligten Tiergattungen darstellten. Es liegt deshalb der Schluss nahe, dass sie das Wesen der vorgestellten Gottheiten zugleich in den lebendigen, typischen Gestalten der Tiere wahrnahmen, welche sie ihnen zueigneten, dass die Gestalt jener ihnen das Wesen der Götter anschaulicher machte als die menschliche.*) Möglich ist auch, dass die ernste Stimmung der Nilthalbewohner in dem einfachen, beständig gleichen, instinktiven Tierleben dieselbe stabile, ewige Ordnung, dasselbe geheimnisvolle, unbegreifliche Naturgesetz zu erkennen glaubte, das sie im Grunde in ihren Göttern verehrten.

Das heiligste der auserwählten Tiere war, wie wir gesehen, der Stier Apis, der den Leben schaffenden Göttern zugeteilt war. Ihm gesellte sich der Sperber, der allen, dem Sonnenkultus angehörenden, Göttern geweiht war, während gewisse Schlangen dem Osiris und Chnum, die Katze der Geburtsgöttin Bast, der Widder dem Ammon geheiligt waren.

Allmählig nahm der Tierkultus einen rohen, materiellen Charakter an, besonders seit der Zeit, da die Priester die Göttergestalten in inhaltsleere Begriffsformen verwandelten und so zwischen den heiligen Geheimlehren und der Volksreligion eine tiefe Kluft schufen, die eine versöhnende Vermittlung zwischen den beiden feindlichen Elementen unmöglich machte. Man betrachtete jetzt das Tier als ein der Gottheit selbst geheiligtes und dehnte die fromme Verehrung auch auf dieses aus. Und je ge-

---

*) L. v. Ranke (Weltgeschichte. I. Leipzig; 1886) sagt in dieser Beziehung: „Der Stierdienst der Ägypter beruht auf einer Voraussetzung des Göttlichen in einigen Tiergestalten. Das artete nun in einen groben Götzendienst aus, aber man (d. h. offenbar nur „die Priester“) vergass doch nie, dass alles symbolisch war; der Dienst galt allezeit dem in der Erscheinung verborgenen Gott.“ Vergl.: H. Brugsch: Religion und Mythologie der alten Ägypter. — Leipzig; 1884.

feierter und verbreiteter der Kultus des Gottes war, desto höher stieg auch das Ansehen und die religiöse Bedeutung des ihm geweihten Tieres, — eine religiöse Verirrung, die ganz ohne Gleichen in der Geschichte ist.

Wie die heiligen Tiere, so war auch der Mensch den Ägyptern eine feststehende Form der Erscheinung des göttlichen Lebens und Wesens. Jedoch in einem ganz anderen Sinne. Er galt nicht als eine Inkarnation einzelner Gottheiten oder ihrer Eigenschaften; wohl aber hatte er teil an ihrer Unsterblichkeit. Nach der lebenssatten, gramschweren Weltanschauung des Volkes, die es übrigens mit den meisten orientalischen Nationen teilte, begann das eigentliche, das wahre Leben erst in der Grüfte schaurigem Dunkel. Erst durch den leiblichen Tod sollte der Mensch zu „voller göttlicher Wesenheit gelangen".

Hieraus ergab sich ihnen nun die kindlich fromme Lehre, dass der Körper als Träger der persönlichen Erscheinung, auch wenn Leben und Seele von ihm gewichen, erhalten bleiben müsse, dass er durch Einbalsamieren vor der Verwesung zu schützen und vor jeder äusseren Störung durch die Natur oder durch Menschenhand sorglich an kühlen, unzerstörbaren, unentweihbaren Ruhestätten zu bewahren sei. Sowohl der menschliche Leib als der Körper der heiligen Tiere müssen ihrem naturgemässen Schicksal entzogen werden, da von ihrer Erhaltung die thatsächliche Existenz der Seele abhänge. Daher dieser starre Kultus des Todes, welcher das ganze Nilthal gleichsam in einen ungeheuren Sarkophag umschuf. Daher die angstvolle Sorge, die mit zäher Beharrlichkeit auf das Schicksal der Seele nach vollendetem Erdenleben gerichtet war.

Man kann in dem unaufhörlichen, angestrengten Ringen der einfältigen Menschenkunst wider die eiserne Naturnotwendigkeit, in dem ausdauernden Bestreben, das Dasein des Menschen dem sicheren Untergange zu entreissen, eine gewisse Gedankenkühnheit, eine rührende Pietät erkennen; man kann auch mit dem romantischen Friedrich von Schlegel*) in dieser ägyptischen Sitte sogar ein seelisches Gefühl, eine unbestimmte Vorahnung des christlichen Glaubensmysteriums von der Auferstehung des Leibes entdecken und mit ihm der, allerdings wohl nur trügerischen, Meinung sein, „dass das geheimnisvolle, magnetische Band zwischen der befreiten Seele und dieser Mumie des irdischen Leichnams nicht ganz aufgehoben sei, dass es vielleicht wieder angeknüpft werde, dass auch dieser materielle Leib an der Unsterblichkeit seinen Teil haben und einst von neuem belebt und erweckt werden soll“. — Aber das Schicksal der Mumien selbst, die moderne Wissbegier und die gierige Habsucht der jetzigen Bewohner des Nillandes ihrer Jahrtausende währenden Ruhe entrissen und zum teil vollständig vernichtet haben, beweist, dass die irdischen Dinge von keinem dauernden Bestande sind, dass sie alle am letzten Ende der Natur den schuldigen Tribut entrichten müssen. — Nur der Geist, die Idee des Wahren, Guten, Schönen, die sittliche That lebt unvergänglich fort.

Das Schicksal der Seele nach dem Tode war, der Lehre der Priester zufolge, abhängig von dem irdischen Lebenslauf. Sobald die Beisetzung des Körpers erfolgt ist, steigt die Seele zugleich mit der im Westen sinkenden Sonne in den Amenthes, das düstere Schattenreich, und empfängt vor den Totenrichtern, in deren Mitte Osiris auf erhabenem Sitze thront, ihr Urteil.

*) Friedrich von Schlegel: Philosophie der Geschichte. Wien; 1829.

Die Seele dessen, der sich eines frommen, sittlichen Lebenswandels befleissigt hat, geht ein zu den Gefilden der Seligen, den Sitzen der oberen Götter. „Hier erfreut sie sich eines Lebens voll paradiesischer Unschuld und Glückseligkeit. Zuweilen kehrt sie auch wieder auf die Oberwelt zurück und verbindet sich mit einem Tier- oder Menschenleib. Die schuldbeladene Seele dagegen gelangt in den furchtbaren Höllenraum, der von grauenhaften Dämonen bewacht wird. Hier wird die Verdammte, die in Menschengestalt einherschreitet, schauderhaften Martern unterworfen; teils wird sie zerfleischt, teils in Kesseln gesotten, teils aufgehängt. — Man sieht, in der Erfindung von Schrecken ist der menschliche Geist allzeit entsetzlich fruchtbar gewesen, in der ägyptischen Vorzeit, wie in den Tagen des grossen Dante*), dessen mittelalterlich-christliche Höllen- und Fegefeuerphantasie auf Originalität keinen Anspruch erheben darf.

Die Idee ewiger Höllenstrafen ist in hohem Masse belästigend, erweckt und erhält das bange Gefühl der Furcht und eröffnet dadurch der Einwirkung des Priesters auf den Laien ein unbegrenztes Feld. Doch ist sie bei weitem nicht so schrecklich als der geradezu widerwärtige Gedanke: durch unermessliche Zeiträume, durch ungezählte Leiber zu wandern, immer von Neuem zu altern, zu sterben und wieder zu erstehen. Das Dogma von der Seelenwanderung, wohl das unheimlichste, das raffinierter Priestertrug über ein Leben nach dem Tod erfunden, haben die Ägypter mit andern Völkern gemein. Aber es ist von

*) Siehe des unsterblichen Dichters grossartiges Strafgedicht: Divina Commedia, eine „politische Satire auf die Verworfenheit seines Zeitalters". —

ihnen nicht so konsequent, so schematisch, so riesenhaft pedantisch ausgebildet worden, wie beispielsweise im Brahmanen- und Druidentum.

3. Der Geheimbund und die Geheimlehre der Priester des Nillandes.

Wir hatten gesehen, dass die physische Beschaffenheit des ägyptischen Landes den gesellschaftlichen Entwicklungsgang seiner Bewohner, ihr ganzes Sein und Thun beeinflusst hat, und dass hieraus bereits in frühester Zeit eine Trennung nach Ständen und Berufsarten folgte. Gewohnter, herkömmlicher Brauch, sorglich gepflegte Überlieferung und der zähe, am Alten hängende Sinn schufen aus ihnen bald ein festgeschlossenes Kastenwesen.

Die höchste und einflussreichste Kaste bildeten die Priester. Sie verwalteten und besorgten nicht blos das Religionswesen, die Opfer- und Religionszeremonien, die heiligen Feste der Götter, sondern pflegten auch als der gebildetste und unterrichtetste Teil des Volkes die Wissenschaften und Künste, lehrten die Grundsätze und Verrichtungen der Arznei- und Heilkunde — ägyptische Ärzte genossen im Altertum eines bedeutenden Rufes*) — und verwalteten die Rechtspflege. (Nach Diodors Berichten wurde der oberste Gerichtshof von einem Kollegium von 30 Priestern gebildet.) Ihnen verdankte Ägypten die Ausprägung seiner religiösen Vorstellungen, die Entwicklung seines Kultus, sein Sittengesetz, seine Schrift.

---

*) Im 4. Gesange der Odyssee heisst es: „. . . wo (n. in Aeg.) auch jeder Arzt die Sterblichen all' an Erfahrung überragt; denn wahrlich, sie sind vom Geschlechte Paëons“. — Auf den Feldzügen begleiteten Militärärzte die Armeen. —

Die Summe der priesterlichen Wissenschaft Ägyptens dürfen wir durchaus nicht gering anschlagen. Die frühzeitige Erfindung und systematische Ausbildung der heiligen Bilderschrift, von der ihre Jünger einen ausgedehnten, kaum geahnten Gebrauch machten, gewährte, so schwerfällig sie auch war, das Mittel, den reichen Schatz probehaltiger Ergebnisse angestrengter Geistesarbeit, mühsamer Erfahrungen und weislicher Beobachtungen, alle bedeutenden Ereignisse der Zeit, alle erlangte Kunde allmählig zu erweitern und zu vermehren und den künftigen Geschlechtern sicher aufzubewahren. Aus unverwerflichen Zeugnissen erfahren wir, dass die priesterlichen Gelehrten einen umfassenden Kodex heiliger Literatur besassen. In 42 Büchern waren die Dogmen, Kultusformen, die Moral, die Regeln der heiligen Schreibkunst, des bürgerlichen Rechts, überhaupt die ganze, von ihnen ausstrahlende Weisheit niedergelegt.

Die Priester bildeten den Mittelpunkt und die Seele des ganzen Staatslebens; sie fügten das zeitliche und ewige Dasein des Volkes in feste Satzungen. Wenn auch im Nillande keine eigentliche Priesterherrschaft bestand, so erfreute sich nichtsdestoweniger die Priesterschaft einer entscheidenden Macht und Gewalt. Und das gottesfürchtige Volk zollte willigen Gehorsam einem Stande, der ihm die höchste Gnade der Götter, das ewige Seelenheil, erwerben konnte, und gönnte ihm aufrichtigen Herzens sein Ansehen, seine Macht und seine erhabene Stellung. Sogar die Pharaonen fühlten sich zu einem ehrfurchtsvollen Benehmen gegen die würdigen Diener der Religion veranlasst, obwohl alle religiösen Angelegenheiten und die Priesterschaft selbst ihrer obersten Leitung unterstanden. Es liegt darin die Anerkennung einer Art Oberlehnsherrlichkeit der „Kirche“ über das Königtum, wie sie im Mittelalter die Päpste mit erstaunlichem Erfolge geltend zu machen wussten.

Die Priester waren in zahlreiche Klassen und Körperschaften geteilt. Jedem Heiligtum stand ein Oberpriester vor. Unter ihm waltete bei den Opfer- und Orakelstätten der Prophet seines Amtes; diente der Tempelschreiber, dem die Verwaltung des Tempelgutes, die Überwachung der Tempelbauten und die Controlle über die Landvermessung übertragen war; beobachtete emsig der Sterndeuter den Himmel und die Gestirne und ordnete das Kalenderwesen; traf der Stolist die mannigfachen Vorbereitungen für die heiligen Opferhandlungen, sorgte für die gewissenhafte Beobachtung des vorgeschriebenen Rituals, für die angemessenen Ausschmückungen der Götterbilder, leitete die prunkvolle Feier der zahlreichen Religionsfeste, an denen der Ägypter sich seiner gewöhnlich ernsten Stimmung entschlug und sich in einer Fröhlichkeit erging, die gar oft in zügellose Saturnalien ausartete. Schliesslich ist noch der trefflich geschulte Chor der heiligen Sänger zu erwähnen, welche mit harmonischen Weisen die religiösen Handlungen während des Götterdienstes begleiteten.

Unter diesen Ämtern war das des Propheten oder Orakelkündigers und das des Sterndeuters von hervorragender Bedeutung. Jene wussten bei Ausübung ihrer mystischen Obliegenheiten nach Bedürfnis die halbe oder ganze Maschinerie klerikaler Listen und Täuschungen in Bewegung zu setzen und befanden sich augenscheinlich recht wohl dabei. Diese wurden durch die natürlichen Verhältnisse des Landes geradezu auf eine eifrige Beobachtung des Himmels hingewiesen, „dessen Konstellation ihnen das Nahen der Überschwemmung, den höchsten Stand und die Wiederabnahme derselben verkündete". Indem sie nun den Einfluss der Gestirne auf das Land in dem Steigen und Fallen des Wassers, in der Zu- und Abnahme der Hitze wahrnahmen, konnte es nicht ausbleiben, dass sie auch den regelmässigen Bewegungen der Himmelskörper ähnliche Wirkungen auf Leben und Gedeihen, auf Glück und Unglück der Menschen zuschrieben, eine Auffassung, welche wieder eine genaue und emsige Beobachtung des Himmels zur Folge haben musste. Wie bedeutend die astronomischen Kenntnisse der Ägypter gewesen sind, beweist die frühzeitige Berechnung und Feststellung des Sonnenjahres auf 360, dann auf 365 Tage. Immerhin aber reichten sie nicht heran an den Umfang und die Bedeutung derjenigen, durch welche die Chaldäer sich einen berühmten Namen gemacht haben.

Der grössere Teil der Beschäftigung, welche die Priester dem Sternenhimmel zuwendeten, war der Astrologie gewidmet. Jeder Monat, jeder Tag, ja, jede Stunde des Tages war dem besonderen Einfluss eines mächtigen Schutzgottes zugewiesen. Aus diesen Bedeutungen der Tage und Stunden wussten die Sterndeuter das wechselvolle Geschick des Lebens vorauszusagen, zu bestimmen, welcher Ausgang jedem Vorhaben bevorstehe. — Die Wahrsagekunst und das Orakelwesen wurde bis zum Raffinement ausgebildet. Man denke nur an die mosaischen Erzählungen von den jongleurmässigen Kunstfertigkeiten der ägyptischen Zauberer d. i. der Priester. Damit hing das ganze abergläubische Wesen der Magie und Zauberei zusammen, um deswillen Ägypten als das grosse Zauberland berühmt war im Altertum und bis in die neueste Zeit hinein. Wollten doch alle die grossen Schwindler und Gauner des 18. Jahrhunderts ihren magischen Hokuspokus in Ägypten erlernt haben.*)

Den höheren Ständen der Priester folgten die niederen. Hierzu gehörten die Tabernakelträger, welche die kunstvollen Götterbilder bei festlichen Umzügen trugen und praktische Heilkunst übten. Ihnen schloss sich die grosse Zahl der Einbalsamierer, der Wärter der heiligen Tiere, der Tempeldiener an.

Zur Ausübung ihrer mannigfaltigen Standespflichten bedurften die Priester mühsamer Studien, die ihre ganze Zeit in Anspruch nahmen. Und da ihre Macht hauptsächlich auf der Ehrfurcht des Volkes und dem blinden Glauben an ihre Heiligkeit beruhte, so mussten sie auch aus Rücksicht auf diese Meinung sich manche Entbehrungen auflegen, sich manche Lebensgenüsse versagen. Sie hatten ein heiligeres und reineres Leben zu führen, als das gewöhnliche Volk. Sie unterwarfen sich strengen Reinheits-, Speise- und Ceremonialgesetzen, hielten häufig Fasttage und nahmen von Zeit zu Zeit Kasteiungen vor, durften nur eine Frau heimführen, während dem Laien neben der ersten Frau noch mehrere Weiber gestattet waren.

In unmittelbarer Nähe der Göttersitze, um den Haupttempel jeder Landschaft, war eine priesterliche Genossenschaft, deren Leben man sich als ein klösterlich gemeinsames zu denken hat, unter einem Oberpriester angesiedelt. Dieser bewahrte die Kultusformen, Opfergebräuche, Reli-

---

*) Anhänger der Astrologie waren bekanntlich in neuerer Zeit auch erleuchtete Geister, wie Ph. Melanchthon, Tycho Brahe (1546—1601) Joh. Kepler (1571—1630) und Wallenstein. Diesem wurde von Kepler im Jahre 1629 zu Sagan das hohe Glück verkündet, das ihm bald darauf thatsächlich zu teil geworden ist.

Vergl. Mensinger: Über ältere und neuere Astrologie. Berlin, 1872. Häbler: Astrologie im Altertum. Zwickau; 1879.

gionssagen und Rituale, bildete sie aus und pflanzte sie fort. Das Priesteramt war erblich. Strebsame und talentvolle Söhne wurden in den Priesterschulen zu künftigen Trägern und Lehrern der überlieferten Weisheit herangebildet, und es erscheint als ein ganz natürliches Bestreben, wenn die Priester die Errungenschaften eines langen, arbeitsvollen Lebens in ihren Familien festzuhalten suchten. —

Während die Volksreligion mehr und mehr in finsterem Aberglauben und äusserer Werkheiligkeit aufging, während Zauberei und Dämonenglauben, der Dienst der heiligen Tiere, prunkvolle Feste und Umzüge, zeremonielle Gebetshandlungen, glanzvolle Opfer und rituelle Vorschriften das Geistesleben der religionsbeflissenen Menge gefangen hielten, fasste die Priesterschaft die religiösen Elemente des Landes zu einem Ganzen zusammen und, indem sie das Verwandte verknüpfte und das Unentwickelte seinen Zielen zuführte, bildete sie mit der Zeit ein religiöses Lehrgebäude aus, das in allen seinen Teilen streng geheim gehalten und nur dem Eingeweihten mitgeteilt wurde.

Diesem Geheimnis scheinen sogar die grossartigen Tempelanlagen gedient zu haben. Durch stattliche Höfe, schattige Säulenhallen, prächtige Säle gelangte man allmählig in das Allerheiligste, in das geweihte Haus des Gottes, dessen Schwelle nur der Fuss des Königs oder Oberpriesters überschreiten durfte. Man suchte eben durch gewaltige Eindrücke auf die leicht erregbare Phantasie zu wirken, in dem naiven Gemüte dessen, der in ehrfurchtsvollem Schweigen hin zu der einsamen, heiligen Gottesstätte wallte, den ernsten Gedanken einer feierlichen, andächtigen Prozession hervorzurufen und zu erhalten. „Das Ganze hat den Ausdruck des feierlichen Ernstes, der ehrfurchtsvollen Annäherung, des priesterlichen Geheimnisses. Erst vorbereitend, Erwartung erregend, dann imponierend, dann in wohlberechneter Steigerung mehr und mehr in das mystische Dunkel zur innersten Stätte der Weihung und Anbetung einführend."*)

Jede Geheimlehre hat eine Art Geheimbund zur Voraussetzung. Das dürfte auch bezüglich der ägyptischen Priester zutreffen. Sie bildeten offenbar eine geheime Ordensgesellschaft, über deren Organisation und Formen leider nur dürftige Nachrichten vorliegen. Unsere ganze Kunde hierüber beschränkt sich auf einzelne Bemerkungen jener griechischen Schriftsteller, deren wir oben Erwähnung gethan. Sie waren Eingeweihte, doch war ihnen das strengste Stillschweigen zur Pflicht gemacht. Ihren Andeutungen zufolge scheint die Einweihung eine stufenweise gewesen zu sein, wie denn auch der Priesterstand in verschiedene Stufen und Grade zerfiel. Der Suchende musste sich einem weitläufigen Zeremoniell unterwerfen, wurde unaufhörlich durch sinnreiche Symbole zum Nachdenken angeregt, bis er endlich in den letzten Grad eingeführt wurde und damit die höchste Stufe der Weisheit erklommen hatte.

Auch über das Wesen und den Inhalt der Lehre der Ägypter sind wir nur mangelhaft unterrichtet. Das Mysterium lief wahrscheinlich auf religiöse und philosophische Doctrinen hinaus.

Zuerst scheint die Priesterschaft bestrebt gewesen zu sein, die einzelnen Lokalgötter, welche bekanntlich mannigfaltige Naturkräfte symbolisierten, zu vereinigen und in bestimmte Ordnung zu bringen. Hieran scheint

*) K. Schnaase: Gesch. der bild. Künste bei den Alten. Düsseldorf, 1865—76. (8 Bde. 2. Aufl.)

sich dann die zweite Aufgabe geschlossen zu haben, alle jene Naturkräfte in ihrer physischen oder kosmischen Kausalität zu erfassen, den Zusammenhang des Lebens zu begreifen, und schliesslich die völlige Einheit der göttlichen Geister zu finden, die zahlreichen Göttergestalten als Erscheinungsformen eines Wesens zu betrachten.

Wir werden nicht fehl gehen, wenn wir annehmen, dass die gesamte spekulative Geistesthätigkeit der ägyptischen Theologen der Vorstellung von einem einzigen, persönlichen Gott zugewendet war, ein Dogma, das in seiner Art nicht weniger gigantisch ist, als die von einem Gefühl der Ewigkeit umwehten gewaltigen Bauwerke, die Pyramiden. Hierauf will ohne Zweifel auch Plutarch in seiner religions-philosophischen Schrift „Isis und Osiris“ hindeuten, wenn er im Hinblick auf die ägyptische Theologie und ihre mystischen Lehren erzählt: Nur ein vernünftiges Wesen ordne und regiere die Welt. Wer aber eine richtige Vorstellung von diesen Dingen, wie überhaupt von den ägyptischen Mysterien erhalten wolle, müsse zuvörderst der Philosophie sich widmen und sie als Gefährtin und Lehrerin gebrauchen. — Ausserdem war zur Zeit der höchsten Blüte Thebens, der nationalen Grösse und des priesterlichen Glanzes bereits „allen Wissenden geläufig, dass der Sonnengott der einzig wahre Gott war, der sich selbst geschaffen und den man in Wirklichkeit unter den zahllosen Göttergestalten allein verehrte.“

Es leuchtet ein, dass angesichts der vollendeten Vorstellung von einem persönlichen Schöpfer das ganze künstliche Gebäude der Mythologie in sich zusammenstürzt. Daher wurden denn auch, nach den sicheren aber unvollkommenen Überlieferungen Herodots und Plutarchs, alle

Jünger der ägyptischen Mysterien auf den trügerischen Schein der Mythen hingewiesen und ihnen die kosmogonischen Keime, die in den bunten Göttergestalten der Volksreligion enthalten waren, und ihre wahre Bedeutung rationalistisch hergeleitet und erklärt. „In den Tempelhallen am Nil, sagt Johannes Scherr*), hat der menschliche Gedanke vor Jahrtausenden mit ausserordentlicher Kühnheit und Energie die grosse Rätselfrage nach des Menschenlebens Sinn und Frommen zu beantworten unternommen. Der theologische Dämon Alt-Ägyptens und der philosophische Genius Alt-Indiens lassen in der abendländischen Gedankenwelt bis zum heutigen Tage herab überall ihre Flügelschläge hören.“ —

II. Babylonien und Assyrien.

1. Land und Leute am Euphrat und Tigris.**)

Von den hochragenden Bergen Armeniens stürzen die Wasser zweier gewaltiger Ströme, des Euphrat und Tigris, in die gen Süden sich ausdehnende, unabsehbare Tiefebene, umschliessen das bekannte „Stromland der Mitte“ (Mesopotamien), bilden fruchtbare Thäler mit einem üppigen Blumen- und Pflanzenwuchs in herrlichster Farben-

*) Johannes Scherr: Allgemeine Geschichte der Literatur. 7. Aufl. Stuttgart. 1887.

**) H. Kiepert: Lehrbuch der alten Geographie; Berlin 1878. — H. A. Daniel: Handbuch der Geographie. I. Teil. Leipzig; 1881. — C. Schrader: Die Keilinschriften und das alte Testament. Giessen; 1872. — Derselbe: Keilinschriften und Geschichtsforschung. Giessen; 1878. — Mürdter: Geschichte Babyloniens und Assyriens. Stuttgart; 1882. — F. Hommel: Geschichte Babyloniens und Assyriens. Berlin; 1885—88.

pracht und streben endlich gemeinsamen Laufes dem persischen Golfe zu.

Diese Tiefebene, von deren ausserordentlicher Fruchtbarkeit die alten Schriftsteller Herodot und Xenophon die glänzendsten Schilderungen entwerfen, die berühmt ist als Schauplatz blutiger Kämpfe, als Heimat jugendstarker Völker, als Sitz uralter Königsgeschlechter, ist das Land Sinear, der alte Gottesgarten, auch Chaldäa oder Babylonien genannt. Ihre natürlichen Verhältnisse gleichen denen Ägyptens. Wie dort der Nil, so sind hier Euphrat und Tigris die Leben und Frucht spendenden Faktoren.

Im Mai und Juni überschwemmen die beiden Flüsse, denen die weiten Schneefelder ihrer Quellgebiete unerschöpflichen Zufluss gewähren, das dürstende Land und setzen hier eine fette Fruchterde ab. Durch unzählige Dämme, kleine und grosse Kanäle, durch kunstvolle Wasserbauten und Bewässerungsanlagen, durch riesige Maschinen und Pumpwerke, die im ganzen Altertum zu staunender Bewunderung hinrissen, wurden verheerende Überflutungen abgewendet, den brausenden Gewässern ein sicherer Lauf bereitet und das befruchtende Nass auch entlegeneren Gegenden zugeführt. Das tiefe Lager von schwerem Humus gewährte in dem günstigen Klima jährlich zwei bis drei reiche Ernten und schuf ein üppiges, mit schlanken Palmen-, schattigen Cypressen- und blühenden Obstbaumwäldern geschmücktes Land, in welchem eine befähigte Bevölkerung bereits in den ersten Jahrhunderten des zweiten Jahrtausends vor Chr. sich zu einer vielseitigen, glänzenden Kultur empor gearbeitet hatte, die dreist mit der Ägyptens wetteifern konnte, und in welchem ein so festgefügtes Staatswesen zur Entfaltung kam, dass die über dasselbe dahinbrausenden Stürme einer lebensfeindlichen, mitleidslosen Zeit kaum eine merkliche Spur hinterlassen haben. Heute freilich ist von der ehemaligen Blüte des reichen Gottesgartens unter der langen, rohen Türkenherrschaft nichts mehr zu schauen. Sagt doch ein arabisches Sprichwort: „Wohin der Türke einmal seinen Fuss gesetzt, da wird der Boden auf hundert Jahre unfruchtbar.“ Eine wüstenähnliche, weite Einöde ohne Vegetation, ohne Ackerbau, durchzogen von wilden Räuberhorden, heimgesucht von unermesslichen Heuschreckenzügen, versengenden Glutwinden, umfängt heute den Reisenden, wo ehemals nur „Milch und Honig flossen“. Ungeheure Ruinenfelder zeugen allein von vergangener Grösse, von versunkener Herrlichkeit. „In der ewig feierlichen Stille dieser Trümmerwelt“, sagt Carl Ritter, „erblickt man den weithin ziehenden breiten Spiegel des Euphrat, der voll stiller Majestät jene Einsamkeit durchwandert, wie ein königlicher Pilger die schweigenden Ruinen seines versunkenen Reiches. Die Paläste und Tempel, die Prachtbauten sind alle in Schutt und Graus zerfallen; statt der hängenden Lustgärten und der blühenden Paradiese bedecken graue Rohrwälder die sumpfigen Uferstellen, und eben da, wo einst die Gefangenen von Israel in der geschäftigen Herrscherstadt über das gefallene Jerusalem ihre Klagelieder singen mussten und ihre Harfen schlugen, da sind nur noch die unvergänglichen, einzelnen Weiden hie und da stehen geblieben, in deren Einöde aber weder ein Trauerlied noch eine Freudenstimme ertönt“.*)

Nicht so fruchtbar als Babylonien, aber ausgezeichnet durch ein kräftigeres Klima ist das Gebirgsland Assyrien,

---

*) Vergl. Carl Ritter: Die Erdkunde im Verhältnis zur Natur und zur Geschichte der Menschen. (III. Buch: West-Asien). Berlin: 1854—55. —

das sich von dem östlichen Ufer des Tigris bis zu den Ausläufern der westlichen Randgebirge von Iran erstreckt. Grünende Hügelketten mit geschützten Thälern, in denen Getreide, Feigen, Oliven und die Weinrebe gedeihen, durchziehen das gut bewässerte Land und wechseln, namentlich im Norden, mit romantischen Gebirgslandschaften ab, deren Höhen mit stattlichen Eichen- und Nussbaumwaldungen gekrönt sind.

Diese Landschaft war die ursprüngliche Heimat Abrahams. Von hier zog er in die grasreichen Weideplätze des von genügsamen Wanderhirten bevölkerten Mesopotamiens hinab. Hier lag auch — auf dem östlichen Ufer des Tigris gegenüber dem heutigen Mosul — Ninive, die riesige Handelskapitale des assyrischen Reiches, in welcher alle Elemente des damaligen Völkerlebens sich begegneten, die zweite Wunderstadt in dem sagenberühmten Stromlande, von welcher der Prophet Jonas berichtet, dass sie drei Tagereisen lang und von mehr denn zwölf Myriaden Menschen bewohnt sei, während Nahum die unendliche Fülle ihrer Schätze rühmt und Zephanja tadelnd ausruft: „Das ist die fröhliche Stadt, die sorglos wohnende, die in ihrem Herzen spricht: „„Ich und ausser mir keine mehr!"" — Man wird diesen Schilderungen einigermassen Glauben schenken dürfen, wenn man das Wesen der orientalischen Städte in betracht zieht,*) die blühende Gärten und ausgedehnte Weideplätze für Rinder- und Pferdeherden einschlossen, die selbst im Falle einer Belagerung fruchtbares Land genug boten, um hinreichend Getreide zum Unterhalt der Bevölkerung zu bauen.

In Ninive residierte das grosse, in mythisches Fabel-

*) Vergl. A. H. Layard: Niniveh and its remains. London; 1849. (Deutsch von Meissner. — Leipzig; 1852).

wesen gehüllte, Herrscherpaar Ninus und Semiramis. Jener ist augenscheinlich nur eine Personification der Hauptstadt, diese dagegen, deren schauderhafte Messalina- und Vampyr-Natur in zahlreichen Zügen an den Zar Peter den Grossen, seine Gemahlin Katharina und seinen Sohn Alexei erinnert, erscheint keineswegs als eine rein symbolische Figur. In frischer, lebensvoller Gestalt hat sie Jahrtausende in dem lebendigen Bewusstsein der Orientalen fortgelebt. Dabei ist sie allmählig durch dichterische Sagenbildung „zu einer idealen Gestalt verklärt worden, in welcher die am meisten bewunderten Eigenschaften des Morgenländers: weibliche Schönheit und männliche Thatkraft, unwiderstehlicher Liebreiz und kriegerische Kühnheit vereinigt waren."

Soweit die uralten Erinnerungen des Menschengeschlechts hinaufreichen und die dichtenden Sagen uns künden, war das Stromgebiet des Euphrat und Tigris nach der grossen Flut die erste Wohnstätte bildungsfähiger Völker semitischen Stammes. Authentische Kunde hierüber gewähren aber erst, neben der hebräischen Tradition vom Thurmbau zu Babel, die nach priesterlichen Aufzeichnungen verfassten Geschichtsbücher des Berosos, eines Priesters des Bel am Tempel zu Babylon, eines Zeitgenossen des ägyptischen Historiographen Manethos. Obwohl sie nur in wenigen Fragmenten auf uns gekommen sind, so gewinnen wir doch aus ihnen eine ungefähre Anschauung von der successiven Entstehung der Ordnung und Bildung unter der Bevölkerung und von der Entwickelung des kosmogonischen Systems, welches die babylonischen Priester aufgestellt hatten. Die uralte Sage von der Sintflut d. h. der grossen Flut, von der Berosos erzählt, die auch auf den, aus den Ruinen Ninives ausgegrabenen, Schrifttafeln verzeichnet steht und die durch die biblischen Berichte in vertiefter Gestalt erhalten ist, hat in Mesopotamien ihre eigentliche Heimat. Verwandelten doch die reissenden Fluten der berühmten Parallelströme ehedem, da ihnen noch keine künstlichen Schranken gesetzt waren nicht selten das ganze Niederland in ein weites, brausendes Meer. Die ganze Bedeutung der Sintflutsage liegt in dem Umstande, dass sie auf eine gemeinsame Heimat der semitischen Stämme des Euphrat- und Tigrislandes hinweist. Ähnliche Flutsagen finden sich in allen Gegenden, welche durch Überschwemmungen heimgesucht werden: in Indien, Thessalien, Böotien. —

Nachdem die Entzifferung der assyrisch-babylonischen Keilschrift, einer Bilderschrift nach Art der Hieroglyphen von 400 Zeichen, gelungen, weiss man, dass das älteste Kulturvolk der babylonischen Tiefebene die Sumerier gewesen sind.

Ihre, der Vorgeschichte angehörigen, Ansiedlungen sind am untern Euphrat zu suchen. Hier ragten ihre stolzen Priesterburgen Ritu, Ur, Arku u. s. w. empor. Und aus dem undurchdringlichen Dunkel ungezählter Jahrhunderte erhalten wir ziemlich sichere Kunde von der historischen Gestalt eines Priesterfürsten Likbagas von Ur, der dem Gotte Sin, dem Himmelslichte, grossartige Tempelbauten errichtete.

Seine Nachfolger scheinen lange Zeit ein hierarchisches Stillleben geführt zu haben, bis sie endlich, etwa um das Jahr 2280 v. Chr., durch den plötzlichen Einbruch der Elamiten aus ihrer behaglichen Ruhe aufgerüttelt wurden. Sie kamen von Süd-Osten her, eroberten Mesopotamien, unterwarfen Syrien und Palästina und entlehnten der alten babylonischen Kultur die ersten Grundlagen ihrer

Gesittung, die sie dann später allerdings selbständig weiter entwickelt haben. Damals war die Stadt Sippara, am Euphrat gelegen, das wichtigste Zentrum chaldäischer Bildung. Von ihr ging eine semitische Königsdynastie aus, als deren Begründer der in der Sage gefeierte Heldenkönig Sargon gilt. Ein eifriger Förderer und Verehrer sumerischer Weisheit liess er die religiösen Gesänge und Hymnen des Urvolkes, ihre magischen und astronomischen Tafeln in das semitische Idiom übersetzen und zu Arku in einer grossen Bibliothek aufbewahren.

Den letzten Wendepunkt der altbabylonischen Geschichte führten die kriegerischen Bergstämme der elamitischen Kassi herbei. In einer langen Reihe schwerer Kämpfe unterwarfen sie Nord- und Südchaldäa. Ihr sagenberühmter Fürst Hammurabi schlug in der heiligen Tempelmetropole Babylon seinen, von märchenhaftem Zauber umflossenen, Herrschersitz auf. Seitdem trat Sippara in den Hintergrund und Babylon wurde das glänzende Reichszentrum des Zweiströmelandes.

Die Eroberer nahmen bald Sprache und Gesittung der Unterworfenen an. — Die späteren Jahrhunderte erfüllte der harte Kampf mit dem mächtig emporstrebenden, hochbegabten Nachbarvolk der Assyrier, „der ersten erobernden Macht, der wir in der Weltgeschichte begegnen“. Der Krieg endete schliesslich mit der gänzlichen Niederlage des alternden Babyloniens.

Unter den chaldäischen Königen gelangte das Stromland zu einer hohen Blüte innerer Kultur und äusseren Wohlstandes. Die Stadt Babylon selbst mit einer Bevölkerung, die nach Millionen zählte, mit ihren gigantischen Ringmauern, mit ihrer imposanten Königsburg, die umfangreiche, mit den ganzen raffinierten Einrichtungen eines verweichlichenden Luxus und einer entnervenden Wollust ausgestattete, Palastgebäude umschloss, mit ihrem riesenhaften, bis zu einer Höhe von 600 Fuss in 8 verjüngten Stockwerken sich pyramidalisch erhebenden Beltempel, erregte die ungeteilte Bewunderung der alten Völker. Der Beltempel wurde zu den 7 Weltwundern gerechnet. Es war jener Thurm zu Babel, der nach der hebräischen Überlieferung bis in den Himmel ragen und dem Volke von Sinear einen Namen machen sollte, aber die Eifersucht Jehovas erregte und so die Ursache der Scheidung und Verwirrung der Sprachen wurde. Wie in der heiligen Flutsage, so scheint auch hier noch eine dunkle Erinnerung an die ehemalige Stammverwandtschaft und die dann erfolgte Trennung des hebräischen Volkes von den chaldäischen Stammesgenossen aufbewahrt zu sein. —

Die üppige Fruchtbarkeit des Landes, die günstige geographische Lage an zwei mächtigen Strömen, welche die bequemste Verbindungsstrasse zwischen Ost- und Westasien darbieten, reizten und nötigten die Bewohner zu regsamer Thätigkeit und Betriebsamkeit und boten dem intelligenten Volke eine günstige Gelegenheit zur Entwicklung und Ausbildung einer schaffensfreudigen Industrie, deren kunstvolle Erzeugnisse auf dem ganzen Erdenrunde ein vielbegehrter Handelsartikel waren. In hohem Ansehen stand besonders die künstlerische Fertigkeit der Babylonier in Bereitung feiner Webereien, prächtiger Gewänder und kostbarer Teppiche mit allerlei eingewebten Wundertieren. „Schöne Mäntel aus Sinear“ waren in Kanaan schon zu Josuas Zeiten bekannt. Nicht minder gepriesen waren die ausserordentliche Geschicklichkeit der babylonischen Edelschmiede im Schneiden und Fassen kostbarer Steine und die chemischen Kenntnisse, welche die einheimischen Fabrikanten in der Herstellung wohlriechender Salben und duftender Wasser zu verwenden wussten. Ein überaus lebhafter Handelsverkehr*) zu Wasser und zu Lande, der sich bis nach Indien und Ceylon, nach Kleinasien und Syrien, nach Arabien und Ägypten erstreckte, lieferte die nötigen Rohprodukte und sicherte den Erzeugnissen des einheimischen Kunst- und Gewerbefleisses lohnenden Absatz.

Die kommerzielle Thätigkeit wurde in hohem Masse gefördert durch die Einführung der Münze, des Masses, des Gewichtes, Erfindungen, welche, wie überhaupt der Strom babylonischer Kultur, mit geringen Abänderungen, teils zur See durch Vermittlung der Phöniker, teils auf dem Landwege über Kleinasien zu Griechen und Römern und damit später auch in das romanisch-germanische Europa übergingen. — Babylon hat unzweifelhaft die meisten Steine zu jenem gewaltigen Bau, den wir die Civilisation nennen, beigetragen.

Handel, Ackerbau und Industrie überschütteten die Babylonier mit fabelhaften Reichtümern. Diese förderten nicht nur üppiges Wohlleben, uneingeschränkte Genusssucht, sondern auch die allgemeine Bildung und den Kunstsinn, der sich besonders in der Herstellung der öffentlichen Gebäude und in der Einrichtung der Privathäuser kundgab. —

*) Vergl. K. Andree: Geographie des Welthandels mit geschichtlichen Erläuterungen. I. Bd. Stuttgart; 1867. —

2. Das Religionswesen der Babylonier und Assyrier.*)

Die Religion der Babylonier entspricht in ihren Grundformen der aller Naturvölker. Den Kern der Naturreligion bildet die absolute Abhängigkeit des Menschen von der Natur, deren übermächtiger Gewalt er noch nicht genügend sittliche Kraft, nicht genug geistige Freiheit entgegenzusetzen vermag, und der er sich daher als einer unabänderlichen Notwendigkeit unterwirft. So bestand auch der babylonische Götterdienst in unbedingter, unbegrenzter Hingabe an das geheimnisvolle, ewige Gesetz der Naturnotwendigkeit. Diese götterdienstliche Opferung führte zu einer furchtbaren Verwilderung und Erniedrigung der Menschennatur, zu einer widerwärtigen Entwürdigung des ganzen Lebens, aber doch nicht zu jener bestialischen Grausamkeit und Wollust, von der andere semitische Kulturformen, wie die der Phöniker, ein so abschreckendes Beispiel geben.

Die Naturgewalt zerfiel den Babyloniern in zwei Grundkräfte, in eine männliche und weibliche. Jene waltete in der Sonne, im Feuer, in den Gestirnen, diese dagegen repräsentierte das feuchte, fruchttragende Element, das Wasser und die Erde. In der stillen Anmut und Schönheit des vegetativen Naturlebens glaubte man die Kraft und das Wirken der Göttinnen zu erkennen.

Als oberster Himmelsgott galt Anu, „der Erstgeborene unter den Göttern, der Vater der Götter, der Herr der Finsternis.“ Sein Reich war der unermessliche, unbewegliche Fixsternhimmel. Als Schöpfer der himmlischen

*) Vergl. M. Duncker. a. a. O. Bd. I. — C. Schrader: Die Höllenfahrt der Istar, ein altbabylonisches Epos. Giessen; 1874. —

Welt wurde Bel verehrt, während in Êa die schöpferische Kraft der Gottheit zur Darstellung gebracht wurde. Als ihre Gattinnen wurden Nana, Belit und Dav-Kina bezeichnet, „die Mütter der Götter, die Frauen der grossen Götter, die Königinnen der Erde und der Fruchtbarkeit.“

Belit oder Mylitta, wie Herodot sie nennt, war die Göttin Babylons. Als Mondgöttin erleuchtete sie den nächtlichen Himmel mit ihrem milden Lichte. Ihr waren die Fische als ausserordentlich fruchtbare Tiere und die Tauben, die zärtlichen Vögel der Üppigkeit und der Liebesgier, geheiligt. Auf ihrem Altare wurden nur unblutige Opfer dargebracht. An ihren Festen sassen die Frauen und Töchter Babylons in langen Reihen im Hain des Tempels, um sich zu Ehren der Göttin einmal in ihrem Leben einem Fremden preiszugeben. Diese nach unsern Anschauungen im höchsten Masse anstössige und verwerfliche Sitte beruhte eben, wie oben angedeutet, auf der in allen semitischen Religionen herrschenden Vorstellung, dass man nicht zögern dürfe, der Gottheit das Liebste und Teuerste zum Opfer zu bringen. „Hier sehen wir also durch die Macht einer fanatischen Religion die ehernen Schranken durchbrochen, die sonst die asiatische strenge Sitte unerbittlich um die Frauen zog. Wir sehen den Fremden zugleich auf eine, besonders dort sehr auffallende Weise begünstigt.“*)

Aus dem Dogma vom Sonnengott Bel entwickelte sich ein complicirtes System des Gestirndienstes. Bestimmte Himmelserscheinungen wurden einzelnen Gottheiten zugeschrieben, derart dass merkwürdigerweise dem Monde der Vorrang vor der Sonne eingeräumt wurde.

---

*) Vergl. F. Creuzer: Symbolik und Mythologie der alten Völker. II. Teil. Leipzig und Darmstadt; 1841.

Als Mondgott, der die Erde beschirmt und erwärmt, wurde Bels Sohn Sin verehrt. Als dessen Sohn galt der Sonnengott Samas, während Bin oder Raman als der Herr der Atmosphäre und ihrer Erscheinungen: des Regens, des Donners, des Blitzes angesehen wurde.

Der Himmelstrias standen die fünf Planetengötter zur Seite: Adar d. h. der Erhabene (Saturn), Marduk (Juppiter), Nergal (Mars), Istar (Venus) und Nebo (Merkur). Der Istar war ein geheimnisvoller Gatte, Dûri (Adonis), gesellt. Sein frühzeitiger Tod veranlasste die Göttin zur Wanderung in die Unterwelt, in das Land ohne Heimkehr. —

Die Planetengötter bildeten mit den beiden Göttertriaden und der Belit das Zwölfgöttersystem, „die oberste Rangstufe in der göttlichen Hierarchie Chaldäas.“ Neben diesen Obergöttern, von denen jeder ausser seiner Gattin zahlreiche Geliebte hatte, gab es noch unzählige Lokalgötter niederen Ranges. —

Der babylonische Pantheon kehrte in Assyrien wieder. Auch hier bildete der Gestirndienst die wichtigste Kultusform. Doch galt als Obergott Asur, der nationale Schutzgott des Volkes. Ihm lag besonders die Beschützung des Königs ob, so oft dieser in den Krieg zog. In den siegreichen Kämpfen, die angeblich Asur mit Löwen und anderen wilden Tieren bestanden hatte, war die alles überwältigende Stärke der Nation symbolisch zum Ausdruck gebracht. Die riesigen Statuen der geflügelten Löwen und Stiere mit bärtigen Männerköpfen von ernstem Angesicht, welche die ragenden Portale der assyrischen Königsburgen als schützende Genien schmückten und deren plastische Ausführung von hoher technischer Fertigkeit zeugt, sind die ersten monumentalen Darstellungen des assyrischen Nationalgottes.

Die gelehrten, geschickt geordneten religiösen Vorstellungen Babyloniens und Assyriens sind keine ursprünglichen. Sie bildeten vielmehr den Abschluss einer langen, mehrere Jahrhunderte andauernden Arbeit in den Priesterschulen; sie sind das Resultat einer umfassenden priesterlichen Reformbewegung. Wie in Ägypten, so verstanden es auch in Chaldäa die Priester allmählich ihre abstrakten Spekulationen an die Stelle des ursprünglichen Volksglaubens zu setzen und mit dieser Umwälzung ihre einflussreiche religiöse Herrschaft zu begründen. —

3. Der babylonisch-assyrische Priesterorden und seine Geheimlehre.*)

Fast unsere ganze Kenntnis des babylonischen Pantheons geht zurück auf die reichen Schätze der grossen Bibliothek des Königs Asurbanipal, welcher von den alten Urkunden der Sargonischen Bibliothek mehrere Abschriften anfertigen liess. Aus den Trümmern dieser Sammlung sind etwa 200, aus Thon gebrannte, mit feiner Keilschrift versehene Tafeln zu einem umfangreichen Religionsbuch zusammengestellt. Ein grosser Teil desselben ist magisch-astrologischen Inhaltes. Danach ist die älteste — die sumerische — Religion des Landes einfältige Geisterverehrung und trugvolle Geisterbeschwörung gewesen.

---

*) F. Lenormant: Die Geheimwissenschaften Asiens. — Die Magie und Wahrsagekunst der Chaldäer. Jena; 1878. —

Vergl. F. Creuzer a. a. O. — O. Caspari: Die Urgeschichte der Menschheit mit Rücksicht auf die natürliche Entwicklung des frühesten Geisteslebens. 2 Bde. Leipzig; 1873. — E. B. Tylor: Die Anfänge der Kultur. Untersuchungen über die Entwicklung der Mythologie, Philosophie, Religion, Kunst und Sitte. (Ins Deutsche übersetzt von Spengel und Poske.) 2 Bde. Leipzig; 1873. —

Die alte Geisterlehre war grundverschieden von der späteren Staatsreligion, die wir soeben betrachtet haben. Lange Zeit bestanden beide Systeme neben einander, bis etwa 20 Jahrhunderte vor Chr. eine grossartige Reformbewegung eintrat. Das Resultat derselben war, dass alle sumerischen Priester in die grosse Gemeinschaft des babylonischen Klerus aufgenommen wurden.

Diese Körperschaft bildete einen geschlossenen, durch strenge Satzungen festgefügten Orden, in welchem die Zauberpriester fortan den untersten Rang einnahmen. Die Priesterwürde war, wie in Ägypten, erblich. Die Mitglieder des Ordens bewohnten ein besonderes Quartier und wurden für ihren Beruf sorgfältig in besonderen Schulen herangebildet. — Damals wurden auch die überlieferten Geisterbeschwörungen gesammelt und unter die Zahl der kanonischen Bücher aufgenommen. Sie waren jetzt ein heiliger Spezialkodex, aus welchem die der Magie ergebene Priesterklasse noch Jahrhunderte hindurch ihre unheimliche Weisheit schöpfte.

Die religiösen Vorstellungen, welche der Magie zu Grunde lagen, sind hervorgegangen aus der logischen Fortbildung der naturalistischen Anschauung und aus der Verehrung der Naturgewalten. Da der unwissende Erdenbewohner noch die ganze Natur als ein Reich betrachtete, in welchem der guten und bösen Geister ungezählte Scharen zuchtlos, sich beständig befehdend, walteten, da er noch seine Götter sich nach menschlich beschränkter Art als Naturwesen den Naturgesetzen unterworfen dachte, musste auch leicht in seinem kindlichen Sinne die gläubige Zuversicht Platz greifen, dass er mittels heiliger Formeln und geweihter Worte, durch eine besondere Lebensweise und dergl. sich in den Besitz geheimnisvoll wirkender Kräfte setzen könnte, die sogar stärker als die Götter seien, und dass er diese zwingen könne, ihm dienstbar zu werden. Je tiefer aber die allgemeine geistige Bildung stand, um so leichter wussten einzelne raffinierte Individuen sich den Ruf zu verschaffen, dass sie im stande seien auf Götter und Geister eine übermenschliche Gewalt auszuüben, andere Menschen den Dämonen preiszugeben oder sie vor ihren unaufhörlich drohenden Angriffen zu schützen.

Das geheime magische Religionswerk der babylonischen Zauberpriester bestand, nach den uns erhaltenen Bruchstücken zu urteilen, aus drei Büchern. Das erste enthielt Beschwörungen und Verwünschungen, welche dazu dienen sollten, die bösen Geister zu vertreiben, ihre schädliche Macht abzuwenden und den wehrlosen Menschen gegen ihre Angriffe zu sichern. Im zweiten Buche war eine Sammlung von Krankheitsbeschwörungen niedergelegt. — Aus dem alten sumerischen Glauben, dass alle Krankheiten ein Werk der Dämonen seien, erklärt sich auch die Thatsache, die sogar Herodots Aufmerksamkeit erregte, dass Babylonien und Assyrien zu keiner Zeit wirklich kundige, geschulte Ärzte aufzuweisen hat. Die Heilkunde lag vollständig in den Händen der Zauberer; sie war ein Nebenzweig ihrer düsteren Kunst. Das Heilverfahren selbst beschränkte sich auf fürchterliche Beschwörungen oder auf die Anwendung von Zaubertränken, denen wahrscheinlich auch hie und da heilkräftige, nur den Priestern bekannte, Mittel beigemischt waren. — Das dritte Buch endlich umfasste einen Cyclus von Hymnen und Busspsalmen, die an einzelne Götter gerichtet sind, und deren Inhalt, zum Teil für uns unverständlich, eine übernatürliche, geheimnisvolle Wirkung auf dieselben ausüben sollte.

In den Beschwörungsformeln erschliesst sich uns eine

ganze Welt von bösen Geistern, deren „Rangordnung mit vieler Gelehrsamkeit festgestellt, deren Persönlichkeiten sorgfältig unterschieden und deren besondere Eigenschaften scharf präzisiert waren.“ Zunächst werden hier die Geister aufgezählt, welche durch Beschwörungen bezwungen werden sollten; man schildert ihre Macht und ihre Wirkungen. Endlich folgt ein Gebet mit der regelmässig wiederkehrenden, mysteriösen Schlussformel:

„Geist des Himmels, beschwöre sie!
Geist der Erde, beschwöre sie!“

Eine gründliche und umfassende Kenntnis aller Beschwörungen war selbstverständlich nur den magischen Priestern eigen. Sie bildeten eine geheimnisvolle Wissenschaft, in welche nur der der Zauberei beflissene, priesterliche Zögling eingeführt wurde.

Nicht selten wird in den Zauberformeln auch sogenannter Talismane Erwähnung gethan. So heisst es in einer solchen: „Talisman, Talisman, Grenzwehr, die nicht gehoben wird, Grenzwehr, welche die Götter nicht überschreiten, Grenzstein Himmels und der Erden, unverrückbar, dessen Tiefe kein Gott erforscht, welchen weder Gott noch Mensch ergründen können, Riegel, den man nicht zurückschiebt, Riegel, der das Böse abhält, ihr bösen Geister alle — sie werden namentlich aufgeführt — ihr schadenbringenden Genien weichet! Guter Gott, nahe mit dem Geiste der Erde! Anrufung des Gottes, des starken, des starken, des starken: So sei es!„ — Unter den wichtigsten Talismanen, deren sich die schlauen Priester bedienten, war der Zauberstab*) der Urquell ihrer Macht.

*) Der Zauberstab, der bekanntlich sich bis in unsere Zeit hinein erhalten hat, ist im Aberglauben aller Völker vertreten. Schon in der mosaischen Sage lernen wir ihn kennen als Abzeichen

Als angeblich wirksame Bannmittel gegen Dämonen und unfehlbares Schutzmittel gegen Krankheiten pflegte man auch um den Hals Amulette zu tragen, die aus verschiedenen Stoffen hergestellt waren.

Für die Magie, die von Babylonien ausser nach Assyrien auch nach Medien und Persien drang und überall freundliche Aufnahme fand, gab es eine eigene Sprache. Es war die alte sumerische. Und so tief eingewurzelt war der Glaube an ihren, auf die ganze Geisterwelt sich erstreckenden, alles überwältigenden Einfluss, dass, jemehr sie selbst aufhörte ein lebendiges Volksidiom zu sein, um so grösser die Vorstellung von ihrer übernatürlichen Macht wurde. In sumerischer Sprache wurden stets die Götternamen geschrieben; ihr gehörten auch alle bekannten priesterlichen Titulaturen an. Mit ihrem unverständlichen, berauschenden Wortschwall verstanden die Priester auf die naiven Gemüter der Einwohnerschaft einen bestechenden Eindruck zu machen und jeden zu betäuben, der allzu neugierig in ihre verschleierten Geheimnisse einzudringen wagte. —

Als die alte Magie der Sumerier den priesterlichen Wissenschaften Babylons hinzugefügt wurde, belebten bereits andere, ungleich tiefere Ideen die herrschende semitische Religion.

Von der obersten Etage ihrer Pyramidentempel observierte ein ganzes Ordenskollegium das siderische Firmament, die leuchtenden Bahnen der Planeten, den höheren oder niederen Stand gewisser Fixsterne. Die babylonischen Astronomen verstanden die Mittagslinie zu ziehen, den

der pharaonischen Magier. Homer erwähnt ihn wiederholt in seinen Gesängen, und Cicero nennt ihn in seinen Briefen an Atticus: Virgula divina.

Sonnenstand oder die Tagesstunde zu bestimmen, berechneten mit ziemlicher Genauigkeit Sonnen- und Mondfinsternisse.

Allein unter dem entscheidenden Einfluss des Gestirndienstes arteten diese vielversprechenden Anfänge bald wieder aus in die zweifelhaften Künste der Astrologie. In dem regelmässigen Laufe der Himmelslichter, in ihrer unverrückbaren Ordnung offenbarte sich den Priestern das Walten eines ewigen, ehernen Gesetzes, der Gedanke der unabänderlichen Naturnotwendigkeit. Und da nun die Erfahrung ihnen eine geheimnisvolle Einwirkung der Konstellation auf die Erscheinungen der Natur und die Geschicke der Menschen, auf ihr eigenes vergängliches Dasein zu zeigen schien — hatte doch der höhere oder niedere Stand der Sonne, des Mondes oder bestimmter Sterne eine andere Jahreszeit, das Absterben und das Wiedererwachen der Vegetation zur Folge; hing doch von dem Kommen und Gehen der Gestirne sogar Frische und Mattigkeit, Wachen und Schlafen aller lebenden Wesen ab — wähnten sie auch die Gesetze dieser Beziehungen der Himmelskörper zu den Vorgängen auf der Erde thatsächlich erfassen zu können und damit den Schlüssel zur Ergründung der Zukunft gefunden zu haben.

Die Gestirne, und zwar in ihren verschiedenen Stellungen und Erscheinungsphasen, erschienen ihnen nicht nur als die berufenen Lenker des unermesslichen Weltalls, als die bestimmende Ursache aller irdischen Ereignisse, aller Wechselfälle des menschlichen Lebens, sondern auch als die prophetischen Verkünder, als die untrüglichen Vorzeichen derselben. Demgemäss hiess es beispielsweise vom Monde: „Ist der Mond am Ersten des Monats sichtbar, so wird das Land gedeihen und das Herz desselben frohlocken.“ — „Ist der Mond von einem Hof umgeben, so wird der König den Vorrang gewinnen." — „Erscheint der Mond auffällig gross, so wird eine Finsternis eintreten." — „Erscheint er dagegen sehr klein, so wird die Ernte des Landes gesegnet sein." — Jeder Planet war einem Gotte geweiht; ihm gehörte auch je ein Tag der Woche. Der Sonnabend, mit welchem die semitische Woche beginnt, war dem Adar geheiligt; der zweite Tag dem Sonnen-, der dritte dem Mondgotte. Der Dienstag kam dem Nergal (Mars) zu, dessen rötlicher Feuerschein als besonders unglückbringend galt. Der Mittwoch gehörte dem Nebo, der Donnerstag dem Merodach, und der letzte Wochentag war der Istar heilig. Diesem System verdankt die siebentägige Woche ihre Entstehung, eine jener babylonischen Erfindungen, welche ein unveräusserliches Erbteil aller Kulturvölker geworden ist. —

Durch sorgfältige Aufzeichnungen aller, auch der geringfügigsten, Momente, welche ein Zusammentreffen der menschlichen Geschicke mit den als sichere Vorzeichen geltenden Naturerscheinungen zu bedingen schienen, hatten sich die babylonischen und assyrischen Sterndeuter anscheinend in den Besitz der gründlichsten und unfehlbarsten Regeln zur Erforschung der verborgenen Geheimnisse der Zukunft gesetzt und sich zugleich eine systematisch geregelte Wissenschaft, eine schicksalskundige Weissagekunst geschaffen. Im Bunde mit dem schrecklichen Zauberwesen bildete sie eine furchtbare, fast unheimliche Macht, deren weitgreifenden Einfluss die Priester in unerhörter Weise auszunutzen strebten. Und in der That, sie beherrschten die gesamte Lebensthätigkeit ihrer Völker, sie beeinflussten alle öffentlichen und privaten Unternehmungen, und schlugen in grausamer Herzenshärte den menschlichen Geist in die stählernen Bande knechtischer Furcht, abergläubischen Schreckens, qualvoller Agonie. —

Das ausgedehnte, systematisch betriebene Studium aller himmlischen und tellurischen Erscheinungen und Vorzeichen führte die Priester auch zur Deutung des Vogelfluges, zur Wahrsagerei aus den Eingeweiden der Opfertiere, zur Auslegung aller Naturereignisse und Träume. Der Flug und das Geschrei bestimmter Arten von Vögeln hatte, wie später bei den Griechen und Römern, eine prophetische Vorbedeutung. In der Farbe und der äusseren Erscheinung der Eingeweide von Opfertieren fand man sibyllinische Wahrzeichen, eine Kunst, die von Babylonien nach Kleinasien, nach Grichenland und Italien, nach Phönikien und Karthago sich verbreitet hat.

Regengüsse, Tages- und Nachtwolken in ihren Haupterscheinungen nach Gestalt und Färbung, Erdbeben, das Leuchten des Blitzes, das Rollen des Donners, das Rauschen der Bäume und Sträucher, schliesslich überhaupt jedes zufällige Geräusch, alle zufälligen Bewegungen sichtbarer Gegenstände, ja, sogar die Linien der Hand, bezüglich deren es im Buche Hiob heisst (37, 7) dass das Schicksal des Menschen darin verschlossen liege, gaben reichlichen Stoff zu mystischen Prophezeiungen. Aus dem Rauschen der Maulbeerbäume wahrsagte bekanntlich auch David, aus den Bewegungen der heiligen Palme Deborah, während im alten Griechenland die προσήγοροι δρῦες (die redenden Eichen) zu Dodona, die weissagenden Lorbeerbäume zu Delphi und auf der Insel Delos in hohem Ansehen standen, und in Italien das hochgebildete Volk der Etrusker von „günstigen“ und „ungünstigen“ Bäumen zu erzählen wusste. Die Träume wurden geradezu als prophetische Wunderzeichen aufgefasst. Von ihrem divinatorischen

Charakter waren die Assyrier so überzeugt, dass sie dieselben, wie die wichtigsten historischen Ereignisse mit peinlichster Sorgfalt verzeichneten.

Die umfangreichen Kenntnisse und Kunstgriffe, welche die Priester bei der Magie und Astrologie zur Anwendung brachten, waren ein eifersüchtig gehütetes Arkanum ihres Ordens, um so mehr, als viel Zeit und Mühe aufgewendet werden musste, um sie sich vollständig zu eigen zu machen.

Ausser diesen kabbalistischen Kenntnissen finden wir aber auch noch Spuren tiefsinniger philosophischer Spekulation. Neben dem Dogma von der Wesenseinheit aller Götter und Göttinnen, das schon frühzeitig zu den wichtigsten Geheimlehren der babylonischen Philosophenschulen gehörte, vertieften sich einzelne rührige Geister in das Studium der epischen Erzählung „die Höllenfahrt der Istar" namentlich in den hier erwähnten Bericht von der „Quelle des Lebenswassers." Auf dem Wege spekulativer Philosophie gelangten sie allmählig „hinaus in die Unendlichkeit, in eine jenseitige Welt. Der in der ungeheuren Mehrzahl der Menschen ununterdrückbare, heisse Herzenswunsch, mit dem Tode nicht aufzuhören, führte sie zu der Lehre von der Fortdauer nach dem Tode und damit notwendig auch zu dem Glauben und zu der Annahme von der Existenz eines Jenseits. Dort sollten sich, so hoffen sie, die hienieden unversöhnbaren Gegensätze aufheben, alle Dissonanzen des irdischen Lebens in eine ewige Harmonie auflösen." —

III. Die Iranier.

In uralter Zeit haben zahlreiche Stämme der grossen arischen Völkerfamilie*), einem unstäten Wanderungstriebe folgend, ihre Urheimat, die Waldländer zwischen dem baltischen und schwarzen Meere, verlassen, um sich eine neue Heimat zu suchen. Während die Hellenen, Italiker, Kelten, Germanen etc. eine westliche Richtung einschlugen, zogen andere Zweige durch die „kaukasische Pforte,“ zum Teil wohl auch durch die Uralpforte und über den Bosporus nach Asien („Asia-Aria“). Ein Teil von ihnen schlug seine Wohnsitze in den nördlich und westlich vom Hindukusch gelegenen weidereichen Berghängen und reich bewässerten Thalgründen Irans auf, ein anderer drang durch die südwestlichen Pässe des persisch-indischen Grenzgebirges vor und eroberte die fruchtbaren und reichgesegneten Fluren des Indus. Hier in dem dunkelen indischen Völkermeer verschwinden im Laufe der Jahrhunderte die letzten leisen Wellen der arischen Flut.

Wir werden uns mit den Indern oder Hindus später zu beschäftigen haben. Wir richten daher unser Augenmerk zunächst auf ihre Brüder, die Iranier, die nach ihrer heiligen Sprache auch das „Zend-Volk“ genannt werden.

1. Das Land Iran und seine Bewohner.**)

Iran, ein von steilen Randgebirgen — einem natürlichen

*) Vergl. Th. Poesche: Die Arier. Ein Beitrag zur historischen Anthropologie. Jena; 1878. — O. Schrader: Sprachvergleichung und Urgeschichte. Jena; 1883. — F. Spiegel: Die arische Periode. Leipzig; 1887. — An eine Einwanderung der Arier aus Asien „dem Lande der Kurzköpfe“ ist wohl kaum mehr zu denken. „Von Asien nach Europa sind von allen Menschen arischer Zunge nur die Zigeuner in nicht allzuferner Zeit eingewandert.“ —

**) H. Kiepert a. a O.; Daniel a. a. O.; Ritter a. a. O. — W. Geiger: Ostiranische Kultur im Altertum. Erlangen; 1882.

Walle gleich — umschlossenes, in Gestalt eines länglichen Vierecks von Osten nach Westen sich hinziehendes Gebirgsland, erstreckt sich zwischen dem Stromgebiet des Tigris und Indus bis zum Hindukusch, vom Kaukasus und kaspischen See bis zur indischen Meeresküste. — Im inneren Lande hat die Wüste ihre öden Ruheplätze geschaffen. Ungehindert schweift das Auge über die flache Gegend, die jedes landschaftlichen Reizes entbehrt. — Eine dürftige Vegetation in baumloser Öde wird nur hie und da unterbrochen von einzelnen wasserreichen Quellen und Brunnen und fruchtbaren Oasen, die ein „Regal der herrschenden Despoten sind.“ Und darüber spannt sich ein schier ewig wolkenloser, vom klaren Sonnenglanze durchstrahlter Himmel aus.

Allmählich erhebt sich das einförmige Wüstenland zu trefflichen Weidefluren, welche Herden von Pferden, Ziegen und Schafen reichliche Nahrung gewähren.

Die bald mehr, bald weniger steilen Abhänge der Randgebirge bilden Stufenländer von verschiedener Temperatur und Naturbeschaffenheit.

Das nördliche Hochland am Ufer des kaspischen Meeres verbindet die üppigen Reize einer südlichen Natur mit den Nachteilen einer rauhen, unwirtlichen Landschaft.

Die Gebirgsabhänge bedeckt dichter Hochwald mit uralten, Schatten spendenden Eichen, Ulmen und Buchen. An seinen Rändern ziehen sich baumreiche Wiesengründe entlang, auf denen farbenprächtige Hyacinthen und Primeln, duftende Lilien und Veilchen ihre zarten Häupter wiegen.

Der alte Geograph Strabo erzählt von dieser Landschaft, dass die Berge mit ausgedehnten Wäldern von Tannen und Eichen bedeckt sind, dass die Weinstöcke im Jahre je einen Eimer Wein und der Feigenbaum je 60

Scheffel Früchte tragen. In den Wäldern bauten Bienenschwärme in solcher Menge, dass der Honig von den Blättern herabträufelte, und der Boden war so fruchtbar, dass sich das Getreide von der ausgefallenen Halmfrucht von selbst fortpflanzte. — Diese Beschreibung trifft nach der Versicherung neuerer Reisender noch jetzt vollkommen zu.

Das östliche Hochland erhebt sich bis zu einer Höhe von 12000 Fuss, besitzt in den fruchtbaren, in aller Fülle üppiger Vegetation prangenden, von würziger, reiner Alpenluft durchwehten Thälern des Kabulstromes das einzige vielbegangene „continentale Eingangsthor nach dem sonst landwärts auf allen Seiten mit hemmenden Gebirgen ummauerten Indien.“ — Das Auge erfreut sich an dem geschlängelten Lauf der Flüsse, an den rauschenden Wasserfällen, an dem prächtigen Anblick der Gärten und Kastelle, an dem frischen Grün der Weiden und an der mannigfachen Gestalt der Hügel ringsum, die überragt werden von den in ewigem Schnee und Eis schimmernden Häuptern des Hindukusch. Im südlichen Theile des Hochlandes dagegen begegnen wir nur sterilen, glühenden Sand-, Thon- und Kiesflächen.

Das westliche Randgebirge bildet durch eine Reihe sich von Nordwest nach Südost hinabziehender Bergketten mehrere wasserreiche, fruchtbare Hochthäler.

Diese Gebirgsthäler, geschmückt mit malerischen Landschaftsbildern, geniessen das schönste gemässigtste Klima. Das durch den Anblick der wilden Landschaften ermüdete Auge des Wanderers blickt hier plötzlich mitten hinein in eine Fülle traumschöner Naturherrlichkeiten. Auf den umgebenden hochromantischen Berglehnen klettert die reichbefruchtete Weinrebe an den Bäumen bis zu ihren Wipfeln empor und schlingt sich kühn von Zweig zu Zweig, entfaltet sich der Rosen- und Fruchtbaum zu üppigster Pracht. Ihr Wuchs gleicht den Waldbäumen; in ihren Früchten vereinigen sie die eigentümlich feinen Säfte mit den lieblichen Wohlgerüchen des Orients. Hier ist der „Rosengarten“ Irans, das liebliche Land des Weines und der Nachtigallen, das herrliche Schiras, wo unter dem „allerschönsten, blauen Himmel“ in Wahrheit ein ewiger Frühling, „eine tausendblumige Maienzeit“, herrscht, wo das Blühen nicht enden will, wo in unbeschreiblicher Anmut sonnige Halden und blumenreiche Matten mit schattigen Hainen von Myrthen, Cypressen und Orangen abwechseln. Hier scheint die Natur in lächelndem Frieden den üppigsten Luxus der Vegetation entfaltet und alle die Reize und Fruchtbarkeit, die sie den Steppen und Wüsten entzogen, vereinigt zu haben.

Die südliche Gebirgsgegend am persischen Meerbusen enthält zum grössten Teil steile, sonnenverbrannte Höhen, die von wilden Felsschluchten zerrissen sind. Nur hie und da beleben einige dürftige Gewächse den sterilen Schutt der Trümmerhalden am Fusse der sich türmenden Felsmassen.

Infolge der grossen Verschiedenheit und des reichen Wechsels in der Beschaffenheit der Bodenfläche sind die meisten Länderstrecken des Tafellandes Iran einem überaus starken und jähen Temperaturwechsel unterworfen. Winter und Sommer stehen sich beständig gegenüber. Sobald die Schneestürme des Winters, welche von den arktischen Eisfeldern Sibiriens und den weiten Schneewüsten Turans herüberwehen, vorüber sind, wird die glühend heisse, von feinem Wüstenstaube erfüllte Atmosphäre vom April bis zum Oktober kaum durch eine Wolke getrübt. Frühling und Herbst fehlen gänzlich. Wo sie etwa in die Erscheinung treten, sind sie von ganz untergeordneter Bedeutung.

Nur das mittlere Hochland erfreut sich eines wirklich gesunden Klimas. Die furchtbare Sonnenglut wird wesentlich gemildert durch die hohe Lage. „Die Luft ist von besonderer Trockenheit und Klarheit; der dunstlose Himmel lässt die Umrisse der Berge, die ganze Landschaft in eigentümlicher Schärfe und frischem Glanze erscheinen, und der ungewöhnlich prächtige Sternenschimmer der Nächte ersetzt fast das Licht der Tages.“*)

Das ganze mächtige Gebirgsland hatten, wie wir gesehen, schon in grauer Vorzeit verschiedene, mit einander eng verwandte Zweige des Zendvolkes inne, die sich, gleich den Indern, zur feierlichen Bezeichnung der Nation den Ehrennamen „Arya“ (Arier) d. h. Edle, Treue, Fromme beilegten, die aber schon frühzeitig, in kleine Staaten und Landschaften gesondert, die Erinnerung an gemeinsamen Ursprung, an ursprüngliche Heimat und Stammesgemeinschaft verloren. — Noch heute besteht die Mehrzahl der, freilich im Grossen und Ganzen nach den im Laufe der Jahrhunderte über sie hereingebrochenen, unermesslichen und unerhörten Schicksalsschlägen tiefgesunkenen, Bevölkerung des iranischen Hochlandes aus den Nachkommen jener alten, bildungsfähigen Arier, die einst diese Länder eroberten und kolonisierten. Noch heute besitzen Afghanen und Perser zum Teil die trefflichen Eigenschaften ihrer Vorfahren: scharfen, durchdringenden Verstand und einen ausgebildeten, lebhaften Sinn für Poesie. —

Der Westen Irans wurde, so weit unsere Kenntnis

---

*) Max Duncker a. a. O. Bd. IV. — L. v. Ranke a. a. O. — Fr. Spiegel: Erânische Altertumskunde. 3 Bde. Leipzig; 1871—78. — F. Justi: Geschichte des alten Persiens. Berlin; 1879.

reicht, von dem jugendstarken, durch harte Arbeit gestählten Volke der Meder und Perser bewohnt, die als Ackerbauer und Hirten, als Jäger und Krieger ein einfaches, mässiges Leben führten.

Der Osten umfasste eine Menge landschaftlich getrennter Stämme. Unter ihnen hatten die Bactrer die arische Natur am treusten bewahrt und die nationalen Überlieferungen am liebevollsten gepflegt. Die beständige, enge Verbindung und Berührung mit der indischen Welt mag hierzu wesentlich beigetragen haben.

Dagegen waren Meder und Perser lange dem nivellierenden Einflusse der westlichen Kulturvölker, der Assyrer und Babylonier, ausgesetzt, der allmählig um so intensiver und herrschender wurde, je mehr durch die Entfernung und Abgeschiedenheit von den östlichen Bruderstämmen die alten Erinnerungen, die nationalen Sitten und Lebensanschauungen zu schwinden begannen. Doch die innere Verwandtschaft und nationale Gleichartigkeit zwischen West- und Ostiran blieb immerhin von jeglicher Einwirkung des semitischen Elementes unberührt. Insbesondere bildeten die religiösen Vorstellungen, die Meder und Perser aus dem Ostlande mitgebracht hatten, und die in der Folge durch Zarathustra in dem Avesta ihren authentischen Ausdruck fanden, eine unerschütterliche Grundlage.

Die Überlieferungen des Avesta, die mit einzelnen dunkelen Nachrichten der Westländer übereinstimmen, deuten auf ein grosses bactrisches Reich hin, dessen urzeitliche Geschichte sich in der Finsternis fabelhaften Altertums verbirgt. Sagenhafte Nachklänge der Thaten seiner Könige sind in dem „Schahname“ (Königsbuch) Firdusi's, d. i. des Paradiesischen († 1020 n. Chr.), überliefert.

Das riesenhafte Werk, in welchem wir unzweifelhaft

echt nationale Dichtungen aus Irans grauer Vorzeit besitzen, ist nicht nur die grösste That der orientalischen Kunstpoesie, sondern auch in Wahrheit ein unvergleichliches Heldenbuch, das „alle Anschauungen des Orients lange Jahrhunderte hindurch beherrscht hat", „eine Art von Weltgeschichte" und in seinen Grundzügen eine ergiebige Quelle für die einer unverdienten Vergessenheit anheim gefallene ostiranische Geschichte.

Um das Jahr 1100 v. Chr. scheint eine mächtige, kriegstüchtige Dynastie über ganz Ostiran geherrscht zu haben. Wie alle späteren Könige, waren auch die ältesten Herrscher gezwungen, mit den begehrlichen Söhnen der unwirtlichen, nebelumhüllten Steppenländer, den turanischen Wanderhorden der Skythen, Saken, Hunnen und Türken, in ewiger Blutfehde zu kämpfen. War doch das wohlangebaute Iran beständig das leicht zugängliche Ziel ihrer Raub- und Plünderungsfahrten. Dem herrlichen Dasein der in diesen Kämpfen von dem unerbittlichen Geschicke dahingerafften Heldensöhne Irans singt das persische Epos mit erschütternder Gewalt den Totengesang und pflanzt „über den Gräbern dieser seiner Lieblinge mit tief tragischem Geiste die Trauerfahne auf." —

Seit dem 9. Jahrhundert unternahmen auch die Assyrier wiederholt Eroberungszüge nach den iranischen Ländern. Dies hatte zur Folge, dass um die Mitte des 8. Jahrhunderts der westliche Teil derselben — Medien und Persien — sich dem assyrischen Reiche unterwerfen musste.

Aber bald erhoben sich die Meder und erkämpften ihre Freiheit und Unabhängigkeit. Ein einheimisches, mächtiges Adelsgeschlecht trat an ihre Spitze, begründete eine erbliche Militärdespotie, verlieh dem Königtum äusseren Glanz und innere Festigkeit, dem Reiche langdauernde

Einheit und Stärke. Im Bunde mit dem kräftigen Brudervolke der Perser behaupteten sie sich gegen die wiederholten Angriffe des alten assyrischen Erbfeindes. Dann aber brach eine Zeit schweren Missgeschickes über Medien herein. Das Land unterlag den, bisher grösstenteils siegreich abgewehrten, wilden Skythenscharen, die auf ihren schnellen Rossen ganz Vorderasien mit Verwüstung, Raub, Mord und Brand heimsuchten und die asiatische Welt mit Angst und Schrecken erfüllten — Zustände, die der junge Jeremias in seinen Klageliedern mit ergreifenden Worten schildert — bis es endlich dem tapferen König Kyaxares gelang, sein Land sowohl von dieser schrecklichen Geissel zu befreien, als auch an Assyrien, dessen Völkerkraft bereits erschöpft war, die heissersehnte Rache zu nehmen.

Im Jahre 606 fiel das sagenberühmte Ninive. Die riesige, glänzende Metropole wurde gänzlich in Asche gelegt. Seitdem „ist das Geräusch der Weltstadt aus, alle Leidenschaften schlafen, und über die Ebene schreitet zuweilen der Wüstengeist in Gestalt einer Wirbelsäule von Staub, vor der selbst der beutegierigste Araber ausweicht.“ „Furchtbar und grossartig ist die Verwüstung. Der Anblick der öden Trümmerwelt erinnert an die weissagenden Worte des Propheten Jeremias: Wie ist zum Entsetzen Babel geworden unter den Völkern! zu einem Steinhaufen, zur Wohnung der Schakale, leer von Bewohnern, und was darüber zieht, entsetzt sich.“ —

Astyages, der Nachfolger des streitbaren Kyaxares, war eine schlaffe Natur. Sorglos, in weibischer Schwäche und Weichlichkeit, aber auch in despotischer Grausamkeit lebte er dahin. So war es denn kein Wunder, dass die Herrschermacht auf die Perser überging.

Dieser Übergang und die Gründung des persischen Weltreiches vollzog sich unter Kyros.

Über den geschichtlichen Gang dieser Ereignisse wissen wir indess nur wenig Zuverlässiges. Sie sind früh, durch den reichen Blätterschmuck der Sage entstellt, in das romantische Gebiet der Wunder und Mythen gezogen und in dem köstlichen Schrein der Dichtung geborgen worden, „in den jugendliche Völker ihre Gefühle und Anliegen niederlegen."

Die Thatsache, dass in wenigen Jahren ein gewaltiges Reich erstand, wie es Vorderasien bis dahin nicht gesehen, sowie die Erscheinung des Mannes, dessen Kraft dies alles schuf, wirkte eben blendend, überwältigend. Man kann es also sehr wohl begreifen, dass sich alsbald die Poesie der Gestalt des persischen Nationalheros, seiner Lebensgeschicke und seiner Thaten bemächtigte, sie mit fabelhaften Zügen verhüllte, sie mit religiöser Weihe umgab und ihn selbst schliesslich unter die Götter erhob. Die Geschichte des Kyros gleicht durchaus „dem poetischen Halbdunkel, womit das Leben und die Jugend hervorragender Helden und Staatenstifter der Vorzeit verhüllt ist."

Bekannt ist die Erzählung Herodots von den wunderbaren Jugendschicksalen des Kyros, die lebhaft an die des Romulus und Remus erinnern. Obwohl der Grieche kaum 100 Jahre nach Kyros dessen Heimat besuchte, war er „in seinem naiven Pragmatismus von der göttlichen Strafgerechtigkeit, die jeden Übermut zu Fall bringe und jede Frevelthat die entsprechenden Folgen finden lasse", doch nicht imstande, die persischen Sagen, die er hier vernahm, kritisch zu prüfen und die historische Wahrheit mit einiger Sicherheit zu ergründen.

Wie mächtig und wie nachhaltig übrigens die gewaltige

Erscheinung des persischen Helden auf die folgenden Generationen gewirkt hat, beweist die Thatsache, dass der griechische Feldherr und Schriftsteller Xenophon, der Persien im Jahre 401 persönlich kennen gelernt hatte, ihn in einem historischen Roman als Idealbild eines Fürsten geschildert hat. —

Altirans geschichtliche Grösse und Herrlichkeit unterlag im J. 331 der genialen Kriegskunst Alexanders des Gr., während das nach mannigfachen politischen und socialen Revolutionen gegründete neupersische Reich vor dem vernichtenden Ansturm des Mohamedanismus rettungslos zusammenbrach.

Wie einst die Juden nach der Zerstörung Jerusalems, so wurden auch die treuen Anhänger des Ormuzdglaubens, besonders in die weite asiatische Welt, versprengt. Da fristen sie nun als „Parsen" ein kümmerliches Dasein und hüten mit liebevoller Sorgfalt die uralten Traditionen ihres väterlichen Glaubens.

Durch den Zusammensturz der gesamten iranischen Bildung sind unersetzliche Kulturschätze verloren gegangen. Nur wenige Reste des umfangreichen Kanons religiöser Literatur sind durch jene Parsen in die Fremde gerettet worden. —

2. Iranisches Religionswesen.*)

Mit dem Vedenvolke in Indien hatten die Iranier die Verehrung der Gottheit des himmlischen Lichtes, der Sonne,

*) Joh. Scherr: a. a. O. — Fr. Spiegel: Avesta. Die heiligen Schriften der Parsen, aus dem Grundtext übersetzt. 3 Bde. Leipzig; 1852—63. — M. Haupt: Die fünf Gâthâs oder Sammlungen von Liedern und Sprüchen Zarathustra's, seiner Jünger und Nachfolger. Leipzig; 1858. — Fr. Windischmann: Zoroastrische Studien. Abhandlungen zur Mythologie und Sagengeschichte des alten Iran. Herausgegeben von Fr. Spiegel. — Berlin; 1863.

‚die dem menschlichen Herzen jeden Morgen neuen Mut einflösst und die Welt in frischem Glanze zeigt,“ sowie ihres irdischen Abglanzes, des Feuers, der heiteren Luft in ihrem siegreichen Kampf mit den feindlichen Naturgewalten, den Geistern der Dürre und Unfruchtbarkeit, gemein.

Die Verehrung des Feuers *) als einer geheimnisvollen Macht findet sich in niedrigster, an den Fetischdienst streifender Gestalt bei den meisten Naturvölkern. Eine veredelte, vertiefte Form stellt der Feuerdienst der indogermanischen Völker dar, der sich bei den germanischen Stämmen bis auf den heutigen Tag in den Oster- und Johannisfeuern erhalten hat.

Insbesondere war der Kultus des Herdfeuers den Indogermanen eigen. Die heilige Flamme des Herdes war ihnen der Mittelpunkt des Hauses und zugleich der festen Niederlassung, von welcher allein die ackerbauende Thätigkeit und jene entwickeltere materielle Kultur ausgeht, die der geistigen ein sicheres Fundament darbietet. Ihr Erlöschen bedeutet das Verlassen der Wohnstätte und die Besitznahme ihrer Stelle durch die bösen Geister der Nacht und Verödung.

An der ἑστία, dem heiligen Herde, versammelte sich die hellenische Familie an gewissen Festen. Am Herde des römischen Hauses standen die Statuen der Laren und Penaten. Hier wurde auch, wie bei den alten Indern, die Zeremonie der Eheschliessung vollzogen. In Rom wurde sogar von Staats wegen beständig ein heiliges Feuer in dem Tempel der Vesta unterhalten. In der Hütte des

*) Lindner: Das Feuer. Eine kulturhistorische Studie. Brünn; 1881. — Heumann: Das Feuer. Basel; 1883. — Kuhn: Die Herabkunft des Feuers und des Göttertrankes bei den Indogermanen. — 2. Aufl. Berlin; 1886. —

alten Germanen flammte auf dem Herd ein nie verlöschendes Feuer als Sinnbild der ewigen Dauer seiner Familie und seines Geschlechts.

Dem Zendvolke war das auflodernde, erglühende Feuer, „in dessen aufsteigender Flamme der Zug der Menschenseele zur ewigen Lichtquelle symbolisch angedeutet ist", nicht nur die Grundlage eines civilisierten Lebens, sondern zugleich auch das heiligste und reinste Element; es war das Symbol der sittlichen Lauterkeit, der Urquell alles sittlich Guten. Auf lichtumflossenen Berghöhen, an fliessenden, klaren Gewässern wurde ihm ohne Tempel, ohne Altäre aufrichtige Verehrung gezollt. Unaufhörlich beflissen, es mit trockenem, wohlriechendem Holze zu nähren, wähnte man, aus den Flammen und dem Rauche den Willen der Gottheit zu erkennen. Insbesondere in zweifelhaften Rechtsfällen hat man die orakelhafte Entscheidung des Feuers angerufen, ein Verfahren, das auch in der Strafjustiz des deutschen Mittelalters vielfache Anwendung gefunden hat. —

Den hohen freundlichen Geistern des Lichtes und des Feuers standen die verdorrenden Wüstenwinde, die eisigen Schneestürme als feindliche und gefürchtete Dämonen gegenüber. Sie sind die bösen Geister der Finsternis und des Todes, die alles Wirken und Schaffen des Menschen vereiteln. Ihre Wohnsitze haben sie im kalten Norden, in dem unwirtlichen Turan aufgeschlagen, dessen Bewohner im Nomadenleben befangen, geschichtslose Barbaren blieben, wild und roh, und in den gluterfüllten Wüsten, die Iran teilweise durchziehen und begrenzen.

In Iran dagegen, wo das belebende Tageslicht zuerst hervorbricht, ist der Sitz der freundlichen Lichtmächte, die in gütiger Fürsorge des Landes Fruchtbarkeit fördern und der menschlichen Arbeit fröhliches Gedeihen schaffen. Beide Mächte kämpfen um die Herrschaft über die Erde und das Menschengeschlecht.

Die geistvolle, aber keineswegs unbestrittene Theorie A. v. Humboldt's und Thomas Buckle's, dass der Wohnort auf die Erscheinungen der Gemütswelt rückwirkt, dass die physische Welt die moralische beeinflusst, dass Sinnliches und Aussersinnliches geheimnisvoll ineinanderwirken, scheint in der eigenartigen Geistesentwickelung der Bewohner Irans eine überraschende Bestätigung zu finden. Unablässig drohten hier Erdbeben, Schneestürme, grimmige Kälte, Überflutungen die Früchte mühsamer Arbeit zu vernichten. Das Leben des Iraniers schwand dahin in einem beständigen Zwiespalt von Furcht und Hoffnung, von banger Erwartung und erhebender Freude. Da musste denn die unwiderstehliche Macht der Natur und ihrer ungezügelten Gewalten auf die Welt und das Menschenleben zum vollen Bewusstsein kommen und den Glauben an gute und böse, in ewigem Kampf liegende Geister erwecken.

Diese dualistische Naturreligion fasste der Reformator des iranischen Glaubens, der weise Zarathustra d. i. „Sternensohn,"*) eine religiös tief erregte Natur, in ein merkwürdiges, nach strenger, durchdachter Methode geordnetes, poetisch-philosophisches System zusammen.

Es ist eine gewöhnliche Erscheinung in der Religionsgeschichte, den Stifter einer Religion in eine heilige Chronologie einzureihen, die Offenbarung, welche ihm geworden, in jenes goldene Zeitalter zu verlegen, da die Götter noch mit besonders bevorzugten Sterblichen zu verkehren pflegten.

Ähnlich ist es Zarathustra ergangen, dessen Name

*) P. Cassel: Zoroaster. Sein Name und seine Zeit. (Berlin. Studien für klassische Philologie und Archaeologie) Berlin; 1886.

unter den grossen Religionsstiftern der Vorzeit stets mit Ehren genannt wird. Er ist keine historische Figur mehr. Seine Person und seine näheren Lebensumstände sind der Legende anheimgefallen. Sie berichtet, dass er königlichen, ja, göttlichen Ursprunges sei. Seine ganze Thätigkeit sei auf unmittelbare göttliche Eingebung zurückzuführen. Sein Jugendleben bestehe aus einer Reihe von Wundern. Schon im fünfzehnten Lebensjahre habe er Proben seines hervorragenden Geistes gegeben.

Das Leben und Wirken Zarathustras wird sehr früh anzusetzen sein. Er dürfte mindestens dem elften Jahrhundert v. Chr. angehören. Seine Lehre bestand und beherrschte bereits um das Jahr 800 den Osten Irans und besass Kraft genug, um von hier aus die verwandte Nation der Meder und Perser zu gewinnen.

Wie von allen Stiftern der höheren Religionen, von Mose, Buddha, Christus und Mohammed, wie von dem feurigen Elia und dem Täufer, so wird auch von Zarathustra berichtet, dass er lange Zeit in der Einsamkeit der Wüste gelebt, sich einer strengen inneren Sammlung hingegeben und über die Ausbildung seines religiösen Reformplanes nachgedacht habe.

Es liegt eine tiefe Wahrheit in der Beobachtung, dass gerade „zwischen dem gewölbten Himmel und den unbegrenzten Flächen der Wüste notwendig eine monotheistische Stimmung den einsamen und verlassenen Wanderer ergreift, weil sie bei der Trockenheit und Klarheit der Luft die Sinne nicht allen jenen reizenden Wahnbildern des Waldlandes aussetzt, den Lichtstrahlen, wenn sie durch Lücken der Baumkronen auf zitternden und spiegelnden Blättern spielen, den wunderlichen Gestalten knorriger Äste, kriechender Wurzeln und verwitterter Bäume, dem Knarren und Seufzen, dem Flüstern und Rauschen, dem Schlüpfen und Rascheln, überhaupt allen jenen Stimmen und Lauten in Busch und Wald, bei denen uns so gern das Truggefühl unsichtbarer Belebtheit überschleicht".*)

Nachdem der Prophet seine Vorbereitung beendet, begann er seine Lehre öffentlich zu verkünden. Aller Orten errichtete er Feueraltäre und pflanzte in der Nähe des kaspischen Meeres eine Cypresse, in deren Rinde er die Annahme seiner Lehre durch den baktrischen König Vistaçpa einschnitt. Bis in die Zeit des Islams hinein wurde der heilige Baum von den frommen Ormuzddienern durch zahlreiche Wallfahrten geehrt.

Dass die Sage hier der Cypresse**) Erwähnung thut, ist keineswegs ein Werk des Zufalls. Der immer grünende Baum war von jeher und ist auch heute noch dem Orientalen das gedankenvolle Symbol der Unsterblichkeit, der Ewigkeit, aber auch der Versöhnung und des Friedens.

Derselbe Gedanke kehrte ursprünglich auch in der christlichen Weltanschauung wieder; ist doch z. B. auf den Sarkophagen der alten Christen die Cypresse, welche der Kirchenvater Augustin den Baum der Gerechten nennt, dessen Blätter nie verwelken, als Zeichen der Unsterblichkeit abgebildet. In unseren Tagen dagegen, veranlasst durch das Beispiel der Dichter, die römischer Anschauung folgten, ist die Cypresse vornehmlich das traurige Zeichen des Grabes, des Todes. —

Zarathustra hat sein System aufgebaut auf den Grundlagen der alten Naturreligion, des pantheistischen Materialismus.

---

*) Vergl. Oscar Peschel: a. a. O.

**) Vergl. P. Cassel: Aus Literatur und Symbolik. Abhandlungen. — Leipzig; 1884.

Bei allen geistig entwickelten Völkern tritt eine Zeit ein, da die Naturgottheiten zu Trägern geistiger Eigenschaften fortgebildet werden. Das im Menschen erwachte Selbstbewusstsein bildet die guten und bösen Regungen des Gemütes zu guten und feindlichen Gottheiten um und stellt den Kampf, der zwischen beiden Gegensätzen in dem eigenen Herzen ausgekämpft wird, als einen Kampf göttlicher Wesen ausserhalb des „Ich's" dar.

An diesem Wendepunkt der religiösen Entwicklung steht Zarathustra. Er wird das vollziehende Organ des Volksgeistes und des in ihm erwachenden Selbstbewusstseins. Ihm offenbarte, wie es in der Sprache der Religion heisst, die Gottheit, was zum neuen Glauben werden sollte.

Zunächst schied Zarathustra, indem er den physischen Gegensatz zwischen Turan und Iran auf die moralische Welt übertrug, das Weltall in zwei Reiche: in die reine Lichtwelt und in die Welt der Finsternis. An die Spitze jener stellte er den Ahuramazda d. h. „den Vieles Wissenden, den Schöpfer und Regenten des Alls, der sichtbaren wie der unsichtbaren Welt", woraus später der Name Ormuzd entstand. Das Reich der Finsternis war Ahriman, dem „Arges Sinnenden" unterthan. Jedem dieser Götterfürsten stand eine zahllose Schar wohl organisierter Geister zur Verfügung, die aber nur allegorische Begriffe von physischen, kosmischen oder ethischen Kräften und Naturgewalten ohne lebensvolle Gestalt und geschichtliches Handeln waren.

Die beiden Grundprinzipien waren von Anfang an vorhanden. War Ormuzd der Schöpfer des Lichtes und des Lebens, der fröhlichen Saaten und der lachenden Auen, so war Ahriman der Urheber der Finsternis, der Nacht und des Todes, so sandte er die eisigen Winterstürme und die versengende Glut der Wüste. Schuf jener die Kuh, das Pferd und den Hund als nützliche Haustiere, so brachte dieser die Raubtiere, die Schlangen und die schädlichen Insekten hervor. Während Ormuzd die Menschen auf dem Pfade der Tugend zu halten sucht, ist Ahriman unablässig bemüht, sich der Herzen der Menschen zu bemächtigen, um sie dem schändlichen Laster zuzuführen, sie in Lüge und Sinnenlust zu stürzen.

Dieser unaufhörliche Kampf um die Herrschaft über die Erde und das Menschengeschlecht endet mit der Besiegung Ahrimans und aller bösen Geister, mit der endlichen Versöhnung des grossen Dualismus zwischen dem Licht und der Finsternis, dem Guten und dem Bösen. Das Lichtreich, ein Dasein allgemeiner Vollkommenheit und ewiger Glückseligkeit, erfüllt die Welt. Die Seelen der treuen Ormuzddiener vereinigen sich mit ihren auferstandenen Leibern zu ewigem Leben.

Zarathustra's Lehre bedeutet also eine Entwicklung des Natur- und Lichtdienstes zu einer geistigen Religion mit sittlichen Tendenzen. Der Sonnen- und Gestirndienst und der Feuerkultus erhielten eine symbolische Bedeutung und eine ethische Richtung. Ein wesentlicher Teil derselben und ein hervorragend reformatorischer Zug liegt in dem Gewicht, das Zarathustra auf den Anbau des Landes legte. Seine Lehre war die „Religion der rationellen Landeskultur."

Aus dem ganzen Wesen dieser Religion ergab sich als sittliche Lebensaufgabe des Menschen: Die Beförderung des Guten und der Kampf und die Vernichtung des Bösen sowohl in der äusseren Natur als in der eigenen Brust. Nur der Mensch, der die schädlichen Tiere, die Schlangen, das Gewürm, die Raubtiere ausrottet, fleissig den Boden beackert und bewässert, nützliche Bäume und dergleichen pflanzt — stellt er sich doch mit solcher Arbeit auf die Seite der guten Geister — der seine Seele bewahrt vor Laster und Sünde, vor Lug und Trug, Falschheit und Verleumdung, der rein ist in Gedanken, Worten und Werken, nur dieser ist gefeit gegen die Angriffe der bösen Geister. Sie können in ihm nicht Wohnung nehmen, und seine Seele geht nach dem Tode ein in die lichterfüllten Himmelshöhen und findet Wohlgefallen vor dem lichtstrahlenden Antlitze Ormuzd's. „Rein in Gedanken wie in Worten, rein in Thaten, bete ich zu dir", sagt Zarathustra im Yaçna, „lass meines Herzens Reinigkeit zu Dir, o Ormuzd, dringen! Gieb mir Festigkeit im Guten, dass ich zur Heiligkeit der Thaten kommen möge, die ein Quell der Freuden und des Segens für mich sind."

Der böse Mensch dagegen, der unlautere, lügenhafte, ungerechte, ist nach seinem Tode der Hölle verfallen. Diese Hölle ist aber nicht die christliche mit ihrer grausamen Unendlichkeit; ihr Zweck ist auch nicht Strafe, sondern Läuterung, Entsündigung. Die Seelen der Bösen werden durch des Alles schmelzenden Feuers Gluten gereinigt, bis sie auf dem von allem Unlauteren gesäuberten Erdenball mit den übrigen verklärten Wesen zu einem Werke, zu einer Familie, zu einer Sprache und Lebensweise sich vereinen und ein seliges Leben führen bis an das Ende der Zeiten.

Frömmigkeit in Gedanken, Worten und Werken, das ist die Grundforderung, welche die Lehre Zarathustra's an das sittliche Leben der Gläubigen stellt. Als Cardinaltugenden gelten Wahrhaftigkeit und Treue, Mildthätigkeit und Barmherzigkeit, während Lüge, Treubruch und Veruntreuung die entehrendsten Laster und Verbrechen waren.

Dass diese Tugenden, verbunden mit der rationellen Bewirtschaftung des Bodens, mit dem Anlegen schattiger Gärten, dem Pflanzen fruchttragender Bäume u. s. w., thatsächlich das Fundament des staatlichen Zusammenlebens, den eigentlichen Charakterzug des iranischen Lebens in Sitte und Religion gebildet haben, geht aus den Schilderungen Herodots und Xenophons hervor, ebenso wie die märchenhafte Pracht der späteren Kalifenpaläste und Throne nur eine Erinnerung der alten Perserherrlichkeit war. Doch wird man gut thun, nicht allzuhohe Anforderungen an die Mildthätigkeit und Barmherzigkeit der Zarathustrier zu stellen; am allerwenigsten aber darf man Vorstellungen in der antiken Welt erwarten, welche erst das Christentum ausgebildet hat. Die Mildthätigkeit der Ormuzddiener kommt nur Gläubigen gegenüber in Anwendung. Die Unterstützung eines Ungläubigen wäre ja gleichbedeutend mit der völligen Unterwerfung unter die schlimmen Absichten Ahriman's.

Glücklicher als die meisten andern Propheten — finden doch die kühnen Ritter des Geistes ihren Lohn selten oder niemals auf Erden — sah Zarathustra schon bei seinen Lebzeiten sein Werk wachsen und gedeihen, ohne dass er hierfür hätte eines qualvollen Todes sterben müssen.

Die von ihm gestiftete iranische Staatsreligion gehört zu den merkwürdigsten Erscheinungen auf dem Gebiete menschlicher Geistesthätigkeit. Ein so grossartiges Phänomen erregte die Aufmerksamkeit und das lebendige Interesse der Griechen. Durch ihren reichen Gedankeninhalt reizte die Ormuzdlehre die spekulative Neugierde der griechischen Denker. Um sie an der

Quelle zu studieren, wanderten Pythagoras, Empedokles, Demokritos, Platon nach Persien. Die philosophischen Systeme dieser Weisen zeigen an verschiedenen Stellen, dass sie mit der iranischen Glaubenslehre gründlich vertraut waren. Auch Äschylos, Theopompos und Plutarch kannten den dualistischen Glaubenskreis.

Die persische Staatsreligion ist aber nicht nur ein abgerundetes Denkprodukt, sondern auch zugleich ein geniales Dichterwerk, „kühn ersonnen, logisch durchgeführt, künstlerisch gestaltet, ein religiöses Epos ohne Gleichen.“

Als religiöser Dichter steht Zarathustra für alle Zeiten als ein unerreichbares Vorbild in der Geschichte. Keiner der grossen theologischen Poeten der späteren Jahrhunderte, nicht Dante, nicht Milton, nicht Klopstock, ist ihm gleich gekommen. Niemals wieder hat sich die schaffende Phantasie zu der bezwingenden Macht und Wirksamkeit der Überzeugung erhoben, wie sie thatsächlich dem grossen Zarathustra innewohnte.

Tiefinnerster Herzensdrang spricht aus seiner Lehre. Man begreift, man empfindet deutlich, dass sie ihm Offenbarung war. Indem er rastlosen Kampf gegen die Welt Ahrimans fordert, während die übrige Welt, die Inder und die semitischen Völker, das als zerstörende Gottheit vorgestellte böse Prinzip in der Natur und im Menschen durch einen bis zum Menschenopfer vorschreitenden Versöhnungskult zu beschwichtigen suchten, schuf er eine der grössten sittlichen Thaten, welche wir kennen, führte er mit Riesenschritten den Menschengeist heraus aus den lähmenden Banden der Finsternis und des Aberglaubens und wies ihn auf den Pfad werkthätiger Menschenliebe.

Durch seine, dem menschlichen Herzen so willkommenen, so trostreichen Dogmen von der Auferstehung der Toten, von dem endlichen Aufgehen des Bösen im Guten wusste der tapfere Dichter, in dessen Brust offenbar ein unendlicher Schatz reiner Menschenliebe geborgen war, nicht nur eine lichte Heiterkeit über das Thun und Treiben der alten Perser auszugiessen, sondern er hat durch sie auch den bedeutendsten Einfluss auf das Christentum, dessen Vorläufer er ist, ausgeübt. Hier wie dort bilden Frieden und Versöhnung das herrliche Endziel. —

3. Der Orden der Athrava und Magier.*)

Von den 21 Büchern des Zend-Avesta, der iranischen Bibel, welche, der Tradition nach, von Zarathustra herrühren sollen, sind nur erhalten: Der Vendidad (d. h. „gegen die Dämonen gegeben"), enthaltend einen Abriss der iranischen Glaubenslehre; der Yaçna (d. h. „das Buch der Opfer"), eine Sammlung von gottesdienstlichen Hymnen und Gebeten; der Vispered (d. h. „alle Herren oder Genien"), eine kleinere Gebetsammlung von ähnlicher Natur wie die des Yaçna. Jedoch sind sie in der uns vorliegenden Form und Fassung nicht von Zarathustra verfasst, obwohl sichere Zeichen dafür sprechen, dass der gewaltige Held selbst zahlreiche der vorhandenen Lieder und Liederverse, in denen er die Ergebnisse seines Nachdenkens niedergelegt, ge-

---

*) Vergl. Duncker, Spiegel, Haug, Geiger a. a. O.
Hübschmann: Ein zoroastrisches Lied. München; 1872. —
Darmesteter: Ormuzd et Ahriman. Paris; 1877. —
Harlez: Avesta, livre sacré des sectateurs de Zoroastre. 3 Bde. Lüttich; 1875—78. —
Haug: Essays on the sacred writings etc. of the Parsees. 2. Aufl. London; 1878. —
Harlez: Introduction à l'étude de l'Avesta. Lüttich; 1881.

dichtet hat, obwohl der Kern der Lehre, die religiösen Vorstellungen, Gesetze und Sittengebote unzweifelhaft zarathustrischen Ursprungs sind und die Grundlage der altpersischen Licht- und Feuerreligion bildeten.

Die iranische Bibel ist vielmehr, nachdem das lebendige Wort des Meisters längst verstummt war, durch die Thätigkeit einer zahlreichen Priesterschaft zusammengestellt und nach den Bedürfnissen der späteren Zeit umgestaltet worden.

Sichere Kennzeichen weisen darauf hin. So die dort verzeichneten, genauen Bestimmungen des Rituals und die liturgischen Vorschriften für die verschiedenen Feste und für alle Tages- und Jahreszeiten. Hierzu kommt die ausgedehnte, auf alle Verhältnisse des Lebens sich erstreckende Pflichtenlehre, die casuistische Einteilung der Sünden nach besonderen Arten und Klassen und die dafür festgesetzten Strafen, Reinigungen und Büssungen, welche den buddhistischen Beichtordnungen merkwürdig ähnlich sehen, mit ihren geistlosen Gebeten, nüchternen Zeremonien, mit ihren nebelhaften Göttergebilden, die nichts von der frischen Lebendigkeit der mythologischen Gestalten jugendlicher Völker in sich tragen und nur zu häufig in unverständliche Personificationen moralischer Eigenschaften übergehen.

Eine Religion, welche eine nicht Jedem zugängliche und erreichbare Kunde verlangt, welche gottesdienstliche Handlungen und Zeremonien, die Anwendung längerer, bestimmt formulierter Gebete vorschreibt, welche die Kenntnis komplizierter, die Wirkung des Opfers bedingender Gebräuche voraussetzt, bedarf zur Vollziehung dieser Obliegenheiten sachkundiger Priester, die daraus ihren eigentlichen Lebensberuf machen.

Ein solcher Priesterstand hat schon in sehr früher

Zeit, wie glaubhaft nachgewiesen ist, bei den ostiranischen Völkerschaften bestanden. Wie die Arier Indiens, so glaubten auch die Arier Irans an die allbezwingende Kraft der Gebete und Opfer. Die Kenntnis der wirksamen Anrufungen und Opfer, welche die Götter dem Willen der Menschen zu unterwerfen im stande waren, vererbte sich in den Familien der Beter, Sänger und Opferer vom Vater auf den Sohn.

Die von Zarathustra ausgegangene Reformation hat den Bestand der alten Priestergeschlechter, welchen sie vorfand, nicht unberührt gelassen. Dabei ist es zwischen jenen und den die Reform vertretenden Priestern zu harten Kämpfen gekommen. Diese hatten dann wiederum zur Folge, dass die Zarathustra-Priester, die ohnehin schon durch die neue Lehre und feste Glaubenssätze verbunden waren, sich noch enger zusammenschlossen.

Die Priestergenossenschaft Ostirans schied sich scharf vom übrigen Volke ab und erhielt bestimmte Rechte und Pflichten. Nur mit ihrem Beistande durfte der Laie opfern, nur durch ihren Mund konnte er die Götter richtig anrufen und die bösen Dämonen vertreiben. Für den Laien gab es keinen Religionsunterricht. An den Untersuchungen über den Ursprung und das Ende der irdischen Dinge war er nur so weit beteiligt, als sein persönliches Interesse dabei in Frage kam.

Die priesterliche Hierarchie betrachtete ihre Weisheit, das Studium der Theologie als Sondergut ihres Standes, als ihr unbestrittenes Eigentum. Sie nahm deshalb in ihre Gemeinschaft nur Priestersöhne, und nur in besonderen Fällen auch andere junge Leute, als Novizen auf. Die Aufnahme selbst geschah in feierlicher Form unter Anwendung gewisser symbolischer Gebräuche und ritueller Zeremonien.

Die Zöglinge erhielten in den Priesterschulen, welche an die Stelle der Familienüberlieferung getreten waren, Unterweisung und Belehrung in den Geheimwissenschaften, zu denen hauptsächlich die Kenntnisse, Übungen und Erfahrungen in den gottesdienstlichen Verrichtungen gerechnet wurden. Auch die schwierige Kunst des Schreibens, die sich im alleinigen Besitze der Priester befand, ward ihnen hier zu teil. Jeder junge Priester musste überdies die heiligen Schriften auswendig lernen, wie ja auch noch in unseren Tagen die Parsenpriester das Avesta auswendig wissen. Man sieht, die Lehrbedingungen waren so schwierige, dass daraus allein schon die Tendenz einer möglichsten Abschliessung der Priesterzunft sich herleiten lässt.

Die Priestergenossenschaft schied sich in mehrere Klassen. Jeder einzelnen war ein Oberhaupt vorgesetzt. Eine Klasse befasste sich mit liturgischen Obliegenheiten. Ihre Hauptbeschäftigung und vornehmste Pflicht war das Recitieren des Avesta und die Bedienung des Feuers. Die andere Klasse leitete die Reinigungen, die dritte vollzog die Opfer.

Die Mitglieder der Genossenschaft machten sich durch äussere Abzeichen kenntlich; sie trugen eine Opferschale, einen Schlangenstecken, um die unreinen Tiere zu töten, und verhüllten den unteren Teil des Gesichtes durch ein Tuch, um den Atem von dem heiligen Feuer abzuhalten, das dadurch verunreinigt werden könnte.

Die Priester des Westens hiessen Magier. Auch sie bildeten einen geschlossenen, erblichen Stand und sind schon vor dem Jahre 700 v. Chr. nachweisbar.

Dass seit Alters her auch bei den Medern und Persern

Priester vorhanden waren, welche sich darauf verstanden, die lichten Geister des altarischen Glaubens anzurufen und das dämonenvertreibende Feuer zu pflegen, ist sicher. Als dann die neue Lehre vom Osten her nach Medien gelangte, traten die alten Priesterfamilien im Hinblick auf die wohlgesicherte, umfassende Macht des fremdkultlichen Priestertums, gegen welches ein andauernder Widerstand unmöglich schien, mit den, den neuen Glauben verkündenden, Geschlechtern in engsten Zusammenhang.

Die Magier nahmen einen sehr hohen Rang ein. Die wichtigsten Angelegenheiten des Volkes waren ihrer Fürsorge anvertraut. Sie waren nicht nur geschulte Theologen, spekulative Denker und kritische Forscher, sondern auch gewiegte Diplomaten und Staatsmänner, deren erprobter Rat bestimmend und entscheidend auf alle Entschliessungen des Königs einwirkte. Beständig in seiner Nähe, leiteten sie das heilige Feuer, das den Königen vorangetragen wurde. Sie waren die berufenen Lehrer und Erzieher der königlichen Prinzen. Sie allein besassen das Recht, Opferhandlungen zu vollziehen, die Kultusgebräuche zu verrichten, die Lobgesänge anzustimmen, auffallende Naturerscheinungen zu erklären und Träume zu deuten, eine Kunst, die nicht nur einträglich, sondern auch höchst wichtig war. Sie waren die eigentlichen Erben des Rufes der Chaldäer, aber auch ihrer astronomischen Übungen und Fertigkeiten.*) Vermöge dieser „Wissenschaft“ verschafften sie sich nach dem Untergange der Perserherrlichkeit Eingang und Ansehen in der ganzen Welt; ihr Name erfüllte insonderheit das wundersüchtige Abendland mit geheimnisvollem Zauber.

---

*) Vergl. J. Lippert: Allgem. Geschichte des Priestertums. II. Bd. Berlin; 1884. —

Die Magier wohnten in offenen Dörfern, lebten nach eigenen Gesetzen und bildeten sich zu einer hierarchischen Institution aus mit Priesterschulen, in denen die alten Beschwörungsformeln und Gebete, die neuen Reinigungsvorschriften und Religionsgebote sich fortpflanzten, in denen die überlieferten Satzungen durch theologische Studien erläutert und ausgelegt wurden, in denen das Verständnis der heiligen Religionsurkunden als Geheimlehre**) sich erhielt, während im Volksbewusstsein die alte Sprache und die alte Kunde längst dahin geschwunden waren. Zu den Wissenschaften, mit denen sie sich beschäftigten, gehörten auch Naturkunde und Medizin.

Es waren die priesterlichen Kreise und Schulen der Athrava und vornehmlich der Magier, in denen, ohne Zweifel auch infolge der andauernden Berührung mit der wissenschaftlich viel höher stehenden semitischen und griechischen Welt, der iranische Licht- und Feuerdienst manche neue Vorstellungen und spekulative Grundlagen in sich aufnahm.

Die Lehre Zarathustra's verlangte vom Menschen innere Spannkraft und machte ihm ein arbeitsames Leben zur Pflicht; sie stellte ihm die Reinigung des Körpers und der Seele, die Selbstbeherrschung zum Ziele. Hielt der Mensch Körper und Seele rein, war er wahrhaft in Worten und Werken, mehrte er die gute Schöpfung in Wiese, Wald und Feld, tötete er die Tiere der bösen Geister,

---

*) Mohamed-ash-Sharistâni (1086—1153), der berühmte Geschichtsschreiber der moslemischen Philosophenschulen, berichtet einiges über die Geheimlehre der Magier. Sie sei zunächst der Erörterung der Gründe gewidmet, weshalb Licht und Finsternis sich vermischt haben, und dann drehe sie sich um die Lösung der Frage, weshalb das Licht sich von der Finsternis rein mache. —

dann sollte es ihm wohlergehen, dann sollte er sich eines langen Lebens in dieser Welt erfreuen und des ewigen Lebens in jener teilhaftig werden.

Die Priesterschulen gingen über dieses Ziel weit hinaus. Indem sie eifrig beschäftigt waren, die wahre Bedeutung des neuen Gottesbegriffes festzustellen, die alten Götter in die neue Lehre einzuordnen, entwickelten sich aus den Geboten der Reinheit im Sinne der Reform die umständlichsten Regeln der Reinhaltung für alle menschlichen Verhältnisse, für jede Tageszeit, für jede Verrichtung; entstanden neben den alten Anrufungen der Götter Gesänge spekulativer Richtung, welche die Göttergestalten als ethische Potenzen aufzufassen versuchten. Aus der subtilen Dialektik der Priesterschulen ergab sich ein höchst kompliziertes System des reinen Lebens, kasuistischer Sühnevorschriften und Büssungsmaximen, eine zeremonienreiche Lippenandacht. Man stellte weitschweifige Untersuchungen an über die Frage, wie sich Gesetz und Recht nach den Vorschriften der Religion zu gestalten hätten, während andererseits die alten Opferlieder gesammelt, die Liturgie festgestellt, die fast unabsehbare Reihe der Opfer und Feste geordnet, die Regeln der Heilkunde*) niedergeschrieben wurden. Die etwas vage Lehre Zarathustra's von dem dereinstigen Siege des Lichtreiches über die Finsternis und das Böse wurde genauer bestimmt. Am Ende der Tage werde ein Siegesheld, Sosiosch, erscheinen und Gericht halten über die vom Tode Auferstandenen. Dann würden die Gerechten zum Aufenthalt der Seligen emporsteigen, die Ungerechten da-

*) Die Heilkunde erwarb den Magiern sogar noch in späteren Jahrhunderten am Hofe des Kalifen Harun-al-Raschid Duldung und Ansehen.

gegen würden in einem Feuerstrom geläutert, auf dass sie, angethan mit verklärten Leibern, teilnehmen könnten an der ewigen Glückseligkeit.*)

Die Lehre von der Unsterblichkeit und von der ausgleichenden Vergeltung im Jenseits bildet offenbar die Grundlage des ganzen Geheimsystems der iranischen Priesterschaften. Bei den indogermanischen Stämmen war ja überhaupt der sehnsuchtsvolle Glaube an ein Fortleben nach dem Tode ein wesentlicher Bestandteil der Religion. In dieser Hinsicht bieten die schauervollen Einöden des Hades, die Asphodelos-Wiesen Elysiums, Walhallas lichte Räume auffallende Ähnlichkeiten in der Auffassung. —

IV. Die Inder.

1. Das indische Land und Volk**).

Am Südrande des mittelasiatischen Hochlandes erhebt sich der Himalaya, das grösste Gebirgssystem der Erde. Dieser „mächtige Gebirgswall", heisst es bei M. Duncker, „welcher in einer Länge von mehr als 350 Meilen von Westen nach Osten zieht, bestimmt die Natur und das Leben des weiten Landes, welches sich südwärts in ähnlicher Weise vor ihm ausbreitet, wie die Halbinsel Italien vor den europäischen Alpen." „Der Himalaya schützt Indien vor den rauhen Winden, welche vom Norden her

---

*) Vergl. Hübschmann: Die parsische Lehre vom Jenseits und jüngsten Gericht. (Jahrbücher für protestantische Theologie; 1879.)

**) H. Kiepert a. a. O.; Ritter a. a. O.; Daniel a. a. O.; Max Duncker a. a. O. Bd. 3; — Christian Lassen: Indische Altertumskunde 4 Bände. Leipzig 1858—67; — H. Zimmer: Altindisches Leben. Berlin 1879.

über das Hochland von Centralasien kalt und zerstörend brausen, er hemmt aber auch die Regenwolken, welche die Passatwinde vom Südmeer herantreiben. So müssen diese Wolken ihren Wasservorrat in die Ebenen an den Südgehängen ergiessen, und die Sonnenglut in Kühlung, die verbrannte Vegetation in üppiges Grün verwandeln."

Sobald der Wanderer die unabsehbaren Schneefelder und die ewigen Gletschermassen, auf welche selbst die Glut der tropischen Sonne keine Gewalt übt, „wo nichts mehr blüht, kein Grashalm mehr grünt und durch die Luft kein Vogel mehr sich schwingt, wo nichts Lebendiges sich reget als der Wind allein," überschritten hat, gelangt er in ein waldreiches Hügelland, das nach Osten in eine reichbewässerte Tiefebene ausgeht. Jenes wird vom Indus, diese vom Ganges und Brahmaputra durchströmt, gewaltigen Flüssen, welche aus den Schneefeldern des Himalaya hervorbrechend, ihre unerschöpfliche Wasserfülle in gewundenem Laufe dem indischen und bengalischen Meere zuführen.

Der Ganges, „der heilige Strom, durch dessen Wasser der sicherste Weg zum Himmel geht," giesst, durch zahlreiche Zuflüsse von der Grösse des Rheines verstärkt, seine befruchtende Wasserfülle über die niedrigen Ufer aus und schafft, wie Nil, Euphrat und Tigris, einen fetten Fruchtboden, auf welchem die Tropensonne eine strotzende, überschwenglichreiche Vegetation hervorruft, aber auch, namentlich in dem feuchten Tiefland von Bengalen, ein erschlaffendes Klima und mephitische, totbringende Fieberlüfte erzeugt. In dem Mündungsgebiete bilden die Wassermassen des Ganges, mit denen des Brahmaputra, d. i. Blume des Brahma, vereinigt, heisse, von einem übermächtigen Pflanzenwuchse bedeckte, morastische Waldungen, welche, undurchdringlich und unheimlich, die unbestrittene Heimat des Elefanten, des Tigers und der Riesenschlange bilden.

In der Mitte der vorderindischen Halbinsel erhebt sich das oceanische Indien, ein von zahlreichen Stromthälern zerrissenes, von grauenvollen Schluchten zerklüftetes Hochplateau, das, der schwülen Hitze des Tieflandes entrückt, sich eines glücklichen, gesunden Klimas erfreut.

Die Abwechselung von Hoch- und Tiefland, der stärkende Einfluss der Feuchtigkeit, hervorgerufen durch die ungeheure Verdunstung des nahen Oceans, die zahllosen Flüsse und die ununterbrochene Regenmenge, welche in regelmässigem Wechsel der Jahreszeiten die Monsune über das ganze Land verbreiten, bringen jene wundervolle südländische Flora hervor, jene Fülle und Mannigfaltigkeit der Naturerzeugnisse aller Art, welche Indien von jeher als den üppigen Fruchtgarten der Welt erscheinen liess und es zu dem, in tausend Liedern gepriesenen, Lande des Glückes, des Segens und der Schönheit, aber auch zum Lande des Verlangens und der Sehnsucht machten. Es war das „Ziel der Eroberer, der Sammelplatz der Weltschiffer, der Ausgangspunkt einer Weltindustrie, der universellsten und reichsten Produktenspende, der Edelsteine und Gewürze, des Verkehrs der mannigfachsten Art mit allen Regionen der Erde, durch alle Zeiten und Nationen."

Indien ist das Land des Baumwollenstrauches, des Muskatnussbaumes und der Betelranke, des Zuckerrohres, der Pfefferrebe und der Reispflanze. Hier wächst die nährende Baniane, die Tausenden Schatten und Obdach gewährt, die würzige Zimmetstaude; hier erheben sich die stattlichen Wälder des Teakbaumes mit seinem fast unverwüstlichen Holze, der Feigen und Cocospalmen mit ihren kühlen Schattengängen, die Waldungen des kostbaren Sandel- und Ebenholzes; hier duftet das Land von aromatischen Wohlgerüchen; hier blüht die blaue Seerose, die heilige Lotusblume, in deren „Samenkorn die Form der künftigen Pflanze sichtbar ist, weshalb sie dem Inder als ein Bild der Weltentfaltung aus dem Urkeime galt.“ — Die Flüsse führen Goldsand; die Berge enthalten kostbares Gestein. Die Meere bergen köstliche Perlen. Eine reiche Tierwelt, vor Allem die Kuh, das Pferd und der Elefant treten in die mannigfachste Beziehung zu dem Menschen. Kein Wunder also, dass sie auch in den religiösen Vorstellungen der Hindus eine wichtige Rolle spielen. Die Ziege des Himalaya liefert die feine Wolle zu den herrlichen Kaschmirshawls, und bunt gefiederte Papageien, Pfauen mit breiten Schwänzen von dunkelblauer und smaragdener Farbe, das zahllose Heer der Affen rissen schon das Altertum von Herodot und Ktesias bis zu Megasthenes, dem bekannten Reisenden der alexandrinischen Zeit, zu staunender Bewunderung hin.

Indien galt der Volksphantasie zu allen Zeiten als das Land der Wunder. Eine überschwengliche Phantasie hat dort ihr vielgestaltetes Reich aufgeschlagen. Mit Vorliebe verweilten dort Sage und Dichtung und ersannen u. a. die schillernden Märchen von 1001 Nacht, die noch in unseren Tagen die Herzen der Jugend entzücken. —

Einst war das ganze Indien von wilden schwarzen Völkerstämmen bewohnt. Da stiegen etwa in den letzten Jahrhunderten des dritten Jahrtausends v. Chr. auf den gangbaren Gebirgspfaden des nordwestlichen Himalaya die indischen Arier, nachdem sie sich von ihren Brüdern, den Iraniern, getrennt, erobernd in das wunderbare Land hinab und unterwarfen die Urbevölkerung oder drängten sie in die waldreichen Berge des mittleren und südlichen Landes zurück, wo sie unzugängliche Wohnstätten fand. In natürlicher Ungebundenheit und in störrigem Widerstreben hat sie sich hier gegen jede fremde Bildung erhalten und sich eine eigene Sprache und Literatur geschaffen. Diese Völkerschaften, teilweise sogar heute noch Kannibalen, sind untergehende Geschlechter, wie die Australneger und die Indianer Amerikas.

Das geschichtliche Leben der indischen Arier kam zuerst am Indus zur Entfaltung. Über die Entwicklung und allmählige Ausbildung dieses Lebens in den ersten Jahrhunderten nach der Einwanderung lässt sich leider nichts Bestimmtes sagen. Es hat sich — ganz abgesehen von dem jeglichen Mangel zuverlässiger Geschichtsquellen — keine feste Überlieferung der Thaten und Schicksale des Volkes erhalten, zumal das in den folgenden Jahrhunderten ausgebildete Religionssystem des Brahma durch seine Priesterschaft bemüht war, jede Erinnerung an vergangene Zeiten zu tilgen und den Brahmanismus als die ursprüngliche, in alle Ewigkeit herrschende, Macht darzustellen.

Jedoch sind in den ältesten Hymnen der Veden, einer Sammlung meistens religiöser Lieder und Gebete, die teilweise bis ins 15. Jahrhundert vor unserer Zeitrechnung und noch weiter hinauf reichen, mehrere Andeutungen enthalten, welche einiges Licht über jene Urzeit verbreiten. Danach erinnert das altindische Leben in vielen Zügen an altpersische und altgermanische Zustände. Besonders scheinen die vedischen Arier starke Trinker gewesen zu sein, dem Würfelspiel mit arger Leidenschaft sich hingegeben und unseren Altvordern, die an den sagenberühmten

Ufern des schönen Rheinstromes sassen, in dieser Beziehung nichts nachgegeben zu haben.

Aber auch die ursprünglich reiche Begabung, die ritterliche Gesinnung und Thatkraft, der lebensfrische und lebensfreudige Sinn des eingewanderten Volkes lässt sich noch erkennen. Treue, Rechtschaffenheit und gute Sitten sind vielgepriesene Tugenden in den Veden.

Der Staat beruhte auf einem wohlgeordneten Familienleben. Mehrere Dorfschaften bildeten einen Gau, mehrere Gaue einen Stamm. Viehzucht und Ackerbau füllten das äussere Leben aus, das nur durch die Fehden der einzelnen Familien und Stämme unterbrochen wurde; das geistige Leben dagegen ging in dem Opferdienst und in der Verherrlichung der Naturgötter auf. Die Stellung der Frau war ungleich freier als in der späteren Zeit des brahmanischen Staatswesens.

Die Dorfbewohner versammelten sich an gewissen Tagen zu gemeinsamer Beratung ihrer Angelegenheiten und zu geselligem Vergnügen. An der Versammlung des ganzen Stammes nahm auch der König teil, dessen Würde anfangs von einer Wahl abhängig war, später aber erblich wurde. Der König war Führer im Kriege und brachte selbst die Opfer für den Stamm dar. Zuweilen beauftragte er auch damit einen der Sänger, die sich zahlreich in seiner Umgebung befanden, von seiner Freigebigkeit lebten und seine Thaten in sangvollen Liedern feierten.

Die Dichtkunst wurde überhaupt durch das religiöse Geistesleben der Inder frühzeitig zu sehr hoher Blüte gebracht. Im Rigveda, der ältesten Sammlung der religiösen Lieder und Gebete, welche den Brahmagläubigen bis auf den heutigen Tag so hoch steht, wie den Bekennern des Islam der Koran, sind mehr als tausend heilige Gesänge enthalten, worin die Götter um gute Weideplätze und reichliche Quellen für die Herden, um Gesundheit, langes Leben und siegreichen Kampf gegen die Feinde angerufen werden.

Die beängstigende Lehre von der Seelenwanderung, welche mit alles überwältigendem Drucke auf dem Bewusstsein der folgenden Zeiten lastete, ist in den alten Liedern noch unbekannt. Man liebte das augenscheinliche Leben hienieden viel zu sehr und erfreute sich echt menschlich an dessen Genusse, als dass man mit so tragischem Ernste, wie in späteren Jahrhunderten, unverwandt den forschenden Blick auf der Zukunft unergründlich Reich gerichtet hätte. — Die Guten, so glaubte man, gelangen nach dem Tode an einen Ort, „wo alle Sehnsucht und alle Wünsche gestillt sind.“

Diesem Himmel mit seinen paradiesischen Freuden stand keine Hölle mit ihren endlosen Schrecken und Qualen gegenüber. „Dahin hat es die altvedische Zeit nicht gebracht. Sie hat diese Erfindung einer späteren Zeit und späterer Einbildung überlassen.“*)

Die altindische Religion war einfacher, sinnlich-oberflächlicher Naturdienst. Man sah in den wohlthätigen und hilfreichen Wirkungen und Erscheinungen der Natur die freundliche Macht guter Geister, während man andererseits in den schädigenden Einwirkungen jener das finstere Walten böser Mächte erkannte und fürchtete.

„Diese Erscheinungen traten am deutlichsten und wohlthätigsten in dem die Erde erleuchtenden, erwärmenden und befruchtenden Tageslicht der Sonne hervor. In der feierlichen Stille der Nacht strahlt es dem Menschen aus

*) S. Lefmann: Geschichte des alten Indiens. Berlin, 1880.

geheimnisvoller Ferne entgegen in den zahllosen Sternen des Himmels. Seine furchtbare und zerstörende Macht zeigt sich in dem Blitze bei den Gewittern, die aber auch eine wohlthätige Wirkung ausüben, indem sie den befruchtenden Regen bringen. Und der Blitz, welcher das Gewölk zerreisst, musste der einfachen Naturanschauung der ältesten Menschen als That eines zugleich mächtigen, furchtbaren und gütigen Gottes erscheinen. Man erklärt sich hieraus, warum die Sitze der Götter in die Luft und in den Himmel verlegt wurden."

Der Höchste unter den Geistern, welche die Inder als herrschende und hilfreiche Mächte anriefen, war Indra, der Gott der blauen Luft, des leuchtenden Himmels. Er führt den Blitz und „wie ein Rad die Speichen, so umfängt Indra das All."

Neben ihm stand Varuna (Uranos) im höchsten Ansehen, eine vieldeutige, geheimnissvolle Gottheit. Er ist der Urheber und Erhalter der ewigen, ehernen Gesetze, welchen das Universum und alles, was in ihm ist, unterworfen ist und welche kein Gott und kein Sterblicher anzutasten wagt. „Der Wind, der die Luft durchrauscht, ist sein Hauch, die Sonne sein Auge, die Flüsse strömen nach seiner Vorschrift." *)

Bei Varuna im höchsten Himmel wohnt Jama, der Gott des Todes, zu dem die Seelen der Abgeschiedenen eingehen.

Ausser den hehren Himmelsgöttern wurde auch den ihnen dienenden Luftgeistern Verehrung gezollt, besonders der Morgenröte, der Sonne uud ihrem irdischen Abbild, dem Feuer.

---

*) R. Roth: Zur Literatur und Geschichte des Veda. Stuttgart; 1846.

Der Glanz des emporlodernden Feuers war den Indern, wie den Iraniern, ein freundlicher Geist, der die bösen Mächte der Nacht vertrieb und die gefürchteten Raubtiere von der Lagerstätte des Menschen und seiner Herde scheuchte. Dieser Geist, Agni (Ignis), ist der liebe Freund und Gast aller Menschen und als heilige Herdflamme der Beschützer des Hauses und der Gemeinde.

Die sinnlichen Gottheiten, in denen das altindische religiöse Bewusstsein befangen ist, stellen sich uns also dar als die Naturmächte: „Licht, Luft, Feuer — Entstehen, Bestehen, Vergehen.“ Eine ethische Anschauung, nach welcher den Göttern neben der höchsten Macht und Weisheit auch der Schutz des Rechts, der Sitte und Tugend zugeschrieben wird, tritt in der vedischen Naturreligion nur gelegentlich hervor. Brihaspati, der Beschützer des Gebetes, der das geistige Band zwischen den Göttern und den Menschen knüpft, ist neben Varuna fast die einzige Andeutung dieser Richtung.

Der Mensch ist nach der altvedischen, kindlich-naiven Vorstellung ein Glied in der langen Kette der göttlichen Naturwesen. Die Götter sind als einzelne Ausstrahlungen der Natur den Menschen gleichgestellt. Diese sind ihnen deshalb auch keineswegs in Demut ergeben. Indem sie den Göttern Gebete und Opfer darbringen, gestehen sie zugleich offen ein, dass es allein in der Absicht geschehe, um ihren Beistand und ihre Hilfe gegen alle Widersacher und Feinde zu gewinnen. Gnade und Verzeihung von einem erzürnten Gotte zu erflehen, seinen Groll zu versöhnen, war eine vollständig unbekannte Vorstellung.

Mittels Opfer und Gaben — das wirksamste Opfer war „der schön bereitete Trank des honigsüssen Soma“, einer Bergpflanze, welche beim Mondenschein gepflückt sein musste — üben sie nach ihrem kindlichen Wahn eine bezwingende Macht über alle Götter aus. Der Trank selbst wird in mysteriöser Weise zum mächtigen Gott. Demnach können seiner Wirkung die Götter nicht widerstehen, sie müssen sich dem Opfer darbringenden Menschen hilfreich und dankbar erweisen.

Daher erscheinen auch die Sänger der Opfergebete, welche die kräftigsten Anrufungen kannten und die wirksamste Bereitung und Darbringung des Opfers verstanden, frühzeitig in angesehener Stellung. Sie sind Zauberer, die Gewalt haben über die Himmlischen.

Diese geistigen und gesellschaftlichen Zustände, welche in ihren Grundzügen noch die allgemeinen Merkmale des indogermanischen Volksstammes aufweisen, änderten sich, und die schlummernden Kräfte und Bildungskeime der grossen indischen Nation kamen zur Entfaltung, als sie im allmähligen Vorrücken alles Land bis zur Mündung des Indus eroberte, an dem mittleren Stromgebiete grössere Königreiche gründete und damit in eine Periode harter Kämpfe und Eroberungen, in ein Heldenalter voll kriegerischer Thatkraft und Waffenruhms trat.

In jene Zeit fällt auch ein von den alten Schriftstellern erwähnter Angriff der Assyrer, sowie die räthselhaften Ophirfahrten, welche die Phöniker im X. Jahrhundert nach den Indusmündungen unternommen haben, um daselbst Gold und Elfenbein, Sandelholz und Edelsteine, Affen und Pfauen einzuhandeln.

Gleichzeitig mit den südlichen Eroberungszügen wurde auch das Tiefland am Ganges, die eigentliche Heimat und Pflanzstätte der indischen Kultur, von den arischen Völkern eingenommen. Durch blutige Kämpfe in der Ebene, die den Eingang zum Gangesthal bildet und wo auch in späteren Jahrhunderten öfter das Schicksal Indiens durch Schlachten entschieden wurde, gelangten sie in den Besitz des reichgesegneten Landes, und zwar lange vor der Zeit, da das Brudervolk der Hellenen seine urwüchsige Kraft in den Heldenkämpfen vor Troja erprobte. Spätere Züge arischer Stämme drängten die früheren Ankömmlinge aus den schwer errungenen Wohnsitzen weiter nach Osten.

Diese Völkerwanderung währte mehrere Jahrhunderte, erfüllte das ganze Gangesland mit grausigem Waffengetöse und blutigem Mord und brach ohne Zweifel die Vollkraft der indischen Nation. Nachdem endlich die zahlreichen Stämme zum ruhigen Besitz und friedlichen Zusammenleben gelangt waren, da begann sich jene eigentümliche indische Kultur zu entwickeln.

Unter dem erschlaffenden Einfluss des heissen Klimas und der wunderbaren Fülle und Fruchtbarkeit des Bodens erlag bald die ursprüngliche, natürliche Thatkraft der arischen Helden, wie sie sich in den ältesten Stücken des indischen Epos kund giebt, einem passiven Phantasie- und Geistesleben.

Das grossartige Gedicht,*) welches später unter den Händen der Brahmanen eine gänzliche Umgestaltung er-

---

*) Ausser der Heldensage enthält das Riesengedicht noch zahlreiche Mythen, Gespräche, Episoden aus den verschiedensten Zeitaltern und von verschiedenem poetischen Werte. Zu den schönsten Episoden gehört die liebliche Erzählung „Nala und Damayanti“, von welcher A. W. Schlegel sagt, dass es „an Pathos und Ethos, an hinreissender Gewalt der Leidenschaften wie an Hoheit und Zartheit der Gesinnungen schwerlich übertroffen werden könnte.“ Damayanti ist ein ähnliches Beispiel ehelicher Liebe, Treue und Hingebung wie Penelope und gehört zu den holdesten Frauengestalten, welche die Poesie geschaffen. Vergl. Fr. v. Schlegel: Über die Sprache und Weisheit der Inder. Heidelberg; 1808. — C. Meier: Indisches Liederbuch. Stuttgart; 1854. — A. Weber: Vorlesungen

fahren, wurzelt in ähnlicher Weise auf dem ergiebigen Boden jener Völkerkämpfe und Wanderungen, wie im Trojanerkriege und den ihn begleitenden Heldenfahrten die homerischen Gesänge, die es durch hohe Sittlichkeit und Gemütstiefe, durch poetische Vollendung und unnachahmlich zarte Naturinnigkeit noch übertrifft, wie in den Völkerzügen der Germanen das Nibelungenlied. —

Der kriegerische Heldengeist, das Hochgefühl der Ehre und des Ruhmes, das zu glänzenden Waffenthaten und Abenteuern führt, trat hinter das Gefühl der Tugend und Sittlichkeit zurück und wich der behäbigen Ruhe und dem sehnsüchtigen Verlangen nach bürgerlicher Ordnung und Gesetzlichkeit.

Eine zügellose Phantasie füllte Himmel, Luft und Erde mit erträumten Göttergestalten und wandernden Seelen an und vergass über der mythologisch-poetischen Traumwelt das irdische Dasein, das handelnde Leben und seine wechselvollen Schicksale. „Getragen von der verschwimmenden Weichheit des Gefühls und von der fessellos umherschweifenden Phantasie, stiegen die Inder aus ihrem Traumleben nur selten auf den festen Boden der Wirklichkeit herab". Ihnen fehlte das volle Bewusstsein der starken Persönlichkeit, die in eigener Kraft und Selbständigkeit mit dem Schicksal ringt, dem grossen gigantischen, „welches den Menschen erhebt, wenn es den Menschen zermalmt".

Das geschichtliche Leben war ihnen keine Entwicklung

über die indische Litteraturgeschichte. Berlin; 1876. — Derselbe: Indische Streifen. 3 Bde. Leipzig; 1879. — H. Brunnhofer: Über den Geist der indischen Lyrik mit Originalübersetzungen aus der Hymnensammlung des Rigveda etc. Ein Essay. Leipzig; 1882. — Max Müller: Indien in seiner weltgeschichtlichen Bedeutung. Vorlesungen. Autorisierte Übersetzung von C. Cappeller. Leipzig; 1884.

zum Vollkommenen, sondern der trübe Verlauf zur Auflösung und Vernichtung. „Darum zieht sich auch ein tiefes Wehmutsgefühl, eine stille weibliche Trauer durch das indische Bewusstsein". Nur der Geschichte der Götter massen sie eine ausserordentlich hohe Bedeutung bei.

Demgemäss ging das Bewusstsein eines gemeinsamen Vaterlandes, gemeinschaftlicher Zwecke und Interessen in allen weltlichen Dingen verloren. Damit schwand aber auch zugleich der geschichtliche Boden des indischen Volkes dahin. Man fühlt sich daher versucht, auf dasselbe das Schillersche Wort anzuwenden: „Sein Leben liegt angefangen und beschlossen in der Santa Casa heiligen Registern," das heisst, sein geschichtliches Leben ist vollständig in dem religiösen aufgegangen. —

Die farbenglühende Natur, die reiche Pflanzenwelt, die den Inder umgab, erweckte und beseelte sein Naturgefühl, lieferte ihm zarte poetische Bilder, in denen sich die sittliche Gesinnung des Volkes, die Lieblichkeit und Weichheit seiner Gefühle abspiegelt. Aber das Reich der Materie, die vergängliche Welt der Vielheit und Wandelbarkeit wissenschaftlich zu durchdringen und zu erfassen, war er nicht im Stande.

Angesichts dessen war es den Brahmanen ein Leichtes, des irdischen Lebens geschäftige Regsamkeit zu fesseln, jede Regung geistiger und weltlicher Freiheit im Keime zu ersticken, jeden Lebensmut zu töten, jede Freudigkeit aus der sorgenvollen Brust zu bannen, während die Seele infolge der herzensharten Lehre von den Höllenqualen und den Wiedergeburten — die schnödeste Ausgeburt menschlichen Wahnwitzes — unaufhörlich von namenloser Angst gefoltert wurde. Ausserdem machten eherner Kastenzwang mit seinem menschenverachtenden Standeshochmut, grausamer Despotismus mit unerhörtem Steuerdruck, himmelschreiende Rechtswillkür die indische Erde zu einem grossen Jammerthal.

So ist es denn geschehen, dass ein grosser Stamm der arischen Völkerfamilie, trotz seiner hervorragenden Geistesgaben und seines ausgebildeten Seelenlebens, kaum einen bemerkenswerten Einfluss auf den allgemeinen Bildungsgang der Menschheit geübt hat. Seine Religion hat ihn nicht erhoben, nicht veredelt, sondern jämmerlich verkümmern und verkommen lassen. Seine geistigen Eigenschaften gingen auf dem eigenen Boden an Überfülle zu Grunde. Selbst seine grossartigen Schöpfungen auf dem Gebiete der Sprachbildung — die grammatische Wissenschaft führte er zu einer Vollendung, welche ausser ihm nur noch die Hellenen und Araber erreicht haben — der Dichtung und Industrie fanden nur geringe Anerkennung und Verbreitung. „Das indische Volk, das berufen schien, an dem Lebensbaum der Völker den Stamm zu bilden, ist früh zu einem dürren Reis geworden.“ —

2. Der Mysterienbund der Brahmanen und seine Lehre.*)

Die indische Religion, welche die Gemüter so gewaltig beherrschte, war die Grundlage des verwerflichen Kastenwesens, einer weltgeschichtlichen Erscheinung, die tausendfaches Unheil über das unglückliche Volk gebracht hat.

Nach der Eroberung des Gangesthales wurden viele schwarze Ureinwohner zu Sklaven gemacht, andere unterwarfen sich freiwillig der neuen Herrschaft und nahmen Sprache, Lebensweise und Gottesdienst der Sieger an.

*) Vergl. Julius Lippert: Allgemeine Geschichte des Priestertums. II.Bd. Berlin 1884. — Adolf Wuttke: Geschichte des Heidentums. Breslau; 1852/53. —

So gab es zuerst zwei durch Abstammung, Rechtsstellung und Ansehen ganz verschiedene Menschenklassen, die siegreichen Arier und die persönlich freien Unterthanen, Çudra genannt, die als Knechte und Tagelöhner, als Dienstboten und Lastträger in den Häusern und auf den Gütern jener ein ziemlich erträgliches Leben führten.

Dieser Gegensatz zu der unterworfenen, dunkelfarbigen Bevölkerung blieb stets ein tiefer und bedeutsamer. Die Arier waren zu allen Zeiten eine bevorzugte Menschenklasse.

In weiterer geschichtlicher Entwicklung bildeten die neuen Ansiedler nach Beruf und Abkunft drei Stände oder Kasten, die, gleich den egyptischen, mit dem Lehr-, Wehr- und Nähr-Stande der christlich-germanischen Zeit manche Ähnlichkeit haben.

Als die schwere Zeit der Kämpfe um den Besitz der neuen Gebiete vorüber, der Heldengeist des Volkes erloschen war, zog es ein grosser Teil der Sieger vor, sich der friedlichen Beschäftigung mit Ackerbau und Viehzucht zu widmen. Bald entwöhnte sich der arische Bauer über den mühevollen Geschäften des Tages der Waffen und der Kriegsübung. Gern überliess er diese Beschäftigung sowie die Bekämpfung der Feinde und die Verteidigung der Landesgrenzen denjenigen, welche Ruhm und Beute lockten, den Stammfürsten und dem kriegerischen Waffenadel, der in den Eroberungskriegen empor gekommen war. Ruhig lebte er mit Weib und Kind auf seiner Scholle.

„Nachbarlich wohnt er mit dem Acker zusammen,
Seine Felder umruh'n friedlich sein ländliches Dach.“

Alle diese Ackerleute und Hirten, Vaiçya, wurden

als Unebenbürtige angesehen und in die niedrigste Klasse versetzt.

Je weiter die Kultur fortschreitet, desto vielseitiger gestalten sich des irdischen Daseins Verhältnisse und Bedürfnisse. „Im feurigen Kampfe entbrennen die eifernden Kräfte.“ Die Bevölkerung betreibt nicht mehr ausschliesslich Ackerbau und Viehzucht, sondern wendet ihre Thätigkeit allmählig dem Handwerk, dem Handel, der Betriebsamkeit zu. Aus dem Nährstande entwickelt sich das städtische Bürgertum.

Dieselbe Richtung schlug auch die indische Kultur ein. Auch in Indien bildeten die Vaiçya die Mehrzahl der Bewohner in den volkreichen, in stolzer Herrlichkeit prangenden Städten, die sich in der Nähe der glänzenden Herrschersitze erhoben. Allein es gelang dem arischen Bürgertum nicht, gesellschaftlich eine höhere Stellung und grösseres Ansehen zu erlangen. Von dem höheren Geistesleben der Nation ausgeschlossen, fesselte die eherne erbliche Schranke den arbeitsamen, erwerbenden Bürger an die Scholle oder an das Geschäft des Vaters. Der Zutritt zum Kriegerstand wie zur Brahmanenkaste war ihm auf ewig versagt.

Eines höheren Ansehens erfreute sich die Kaste der Çatrya, der Krieger. Die friedliche Epoche, die den Eroberungskriegen folgte, schmälerte zwar ihre Bedeutung, um so sorgfältiger aber hielten sie sich von den Vaiçya fern und blickten mit souveräner Verachtung auf deren arbeitsames Leben herab. Durch Erziehung, Waffenübung und Lebensweise von diesen wie von den Brahmanen geschieden, bildeten sie den ritterlichen Adelsstand, der ein sorgenfreies Dasein führte, der die kriegerischen Sitten der Vorfahren auch unter veränderten Verhältnissen treu bewahrte, der mit seinem Ahnenstolz und Kriegsruhm auch die Ehrfurcht vor den seine abgeschlossene Sonderstellung begünstigenden Priestern auf die Nachkommen vererbte. „Im Kreise dieser Geschlechter erhielt sich das Andenken an die tapfern Thaten der Vorfahren, an die heissen Kämpfe der Vergangenheit. Sänger der Könige und der grossen Adelsgeschlechter sangen die alten Lieder an den Opferfesten und bei den Totenmahlen, oder feierten dieselben durch neue Gesänge, aus welchen dann allmählig das Epos der Inder zusammenwuchs.“ —

Die erste und angesehenste Kaste bildeten die Priester.

Schon am Indus standen einzelne Sänger und Beter in hohem Ansehen und genossen die Liebe und Verehrung des Volkes. Glaubte man doch, dass gerade ihre Opfergebete und Hymnen von besonderer Kraft und Wirkung wären. Nachdem der Mund dieser schaffensfreudigen, sangeskundigen Liederdichter verstummt war, wurden ihre Söhne und Nachkommen die Wahrer und Pfleger der heiligen Gesänge, die sie, wie die ganze heilige Wissenschaft, in mündlicher Überlieferung fortführten.

Aus den Sängern wurden Priester. Wie die einzelnen Stämme des Volkes im Laufe der Zeit in nähere Berührung und Verbindung traten, so brachten es auch die Priester zur Gemeinschaft eines Standes, ein Umstand, der notwendig einen Austausch der Gebetsformeln, der Lieder und Opferbräuche bewirkte.

So gelangten die einzelnen Geschlechter zu einem reichen Liederschatz und zu einem umfangreichen Opferritual. Und als nun unter den friedlichen Verhältnissen am Ganges das Religionswesen mehr und mehr in den Vordergrund und zur wichtigsten Angelegenheit des Lebens wurde, stieg das Ansehen der Priester als Bewahrer der alten Heiligtümer und des alten Glaubens höher und höher. Es darf also nicht Wunder nehmen, dass stolzes Selbstbewusstsein die Priesterschaft erfüllte und in ihr die Überzeugung wachrief, dass ein dem frommen Dienste der Götter und den heiligsten Anliegen geweihtes Leben zu der ersten und bevorzugten Stellung im Staate und in der Gesellschaft berechtige.

So entstand die Priesterkaste. In strenger Abgeschiedenheit von den Kriegern, Ackerbauern, Handwerkern und Kaufleuten nahm sie Bildung, Wissenschaft und Religionswesen als Sondergut in Anspruch. Auf Strasse und Markt machte schon der Stoff und die äussere Form der Kleidung, die Grösse und die Beschaffenheit des Stockes den Unterschied der drei Klassen kenntlich. Der Brahmane, mit der heiligen Schnur umgürtet, erschien stets mit dem Bambusrohr und mit einem Wassergefäss für die Reinigung in der Hand.

Zu den höchsten Ehrenstufen aber gelangten die Priester, als der Dienst des Indra und der übrigen Naturgötter der Lehre vom Brahma weichen musste.

Die natürliche Anlage der Inder zu philosophischer Spekulation führte bei der zunehmenden Bildung und dem erstarkenden Denkvermögen die Priester auf das Studium der Offenbarung und zur Meditation über das höchste Wesen. Sie suchten den Urquell und den Mittelpunkt alles Seins zu ergründen und die einzelnen Göttergestalten auf den geistigen Urgrund zurückzuführen.

Bei diesen Studien erkannten sie bald, dass Indra in seiner bestimmten, klaren Persönlichkeit den Urgrund des Seins nicht darstellen könne. Dazu bedurfte es einer übersinnlichen Kraft. Sie wurde im Brihaspati gefunden, der geheimnisvollen Macht, die im Himmel bei den Göttern wohnt, die zugleich auf Erden in den Opferhandlungen und Gebeten der Priester wirksam ist und die Götter zur Erhörung zwingt. — Die Gebetskraft war also das Urheilige, der Inbegriff aller Allmacht und Göttlichkeit, der Brahma.

Die theologische Dialektik blieb jedoch hierbei nicht stehen. Der Versuch lag ja zu nahe, die Vorstellung von einer über den Göttern waltenden geistigen Kraft nun auch auf die umgebende Natur anzuwenden.

„In dem regelmässigen Kreislaufe eines grossartigen Naturlebens, wo unablässig schaffende Kräfte stets neue Formen zur Erscheinung brachten,“ gab sich eine gesetzmässige Ordnung kund, die notwendig auf eine einheitliche, geheime, schöpferische Urkraft und Urquelle alles Seins und alles Lebens hinwies, auf eine Weltseele, welche, wie die menschliche Seele den Körper, den Lebensstrom des Weltalls in Bewegung hält und über der geistigen und natürlichen Welt als höchste, unsichtbare Gottheit waltet. Es war demnach nur ein kleiner Schritt zu der Annahme, dass jener Brahma die alle Erscheinungen belebende Urkraft, die Weltseele sei. Allerdings ist Brahma als Weltseele kein persönlicher Gott mehr, sondern ein eigenschaftsloses, geistiges Begriffswesen.

Aus seiner geistigen Wesenheit liess die theologische Spekulation der Brahmanen nun alles hervorgehen: die alte Götter- und Geisterwelt, das Menschengeschlecht und seine Scheidung in vier ungleiche Stände als eine ewige und unveränderliche Weltordnung, das Tierreich, die Pflanzenwelt und die Mineralien. Und wie alle Wesen im Brahma ihren Ursprnng haben, so müssen auch alle wieder zu ihm zurückkehren. Die Welt aber ist von Wesen erfüllt, die eine Zunahme des geistigen Teils erkennen lassen. Demnach bildet der Tod nur den Übergang aus einer niedrigen Stufe zu einer höheren, bis der Geist einen solchen Grad der Reinheit und Vollkommenheit erreicht hat, dass er würdig ist, in die Weltseele einzugehen.

Solchem Ziele strebt alle Kreatur auf Erden zu. Es zu erreichen vermögen aber nur diejenigen, welche sich von aller Sinnlichkeit lossagen, die im Streben nach Heiligung die materielle Welt überwinden, die Fesseln der Seele durch Tötung und Vernichtung des Fleisches zerbrechen, und das sind allein die Brahmanen. Wer dagegen durch Vernachlässigung des heiligen Gesetzes der ewigen, göttlichen Ordnung der Dinge widerstrebt, der wird nach dem Tode nicht nur den furchtbarsten Höllenstrafen überliefert, sondern seine Seele wird durch eine neue Geburt mit einem, seinen Vergehungen entsprechenden, niedrigen Körper vereinigt und muss so lange ruhelos durch das irdische Jammerthal und durch die Stufenreihe der Wesen wandern, bis er fähig ist, seine ewige Ruhestätte in Brahmas Schoss zu finden.*)

Das ist die fürchterliche Lehre von der Seelenwanderung oder den Wiedergeburten, welche das arme Volk mit magischer Gewalt den heiligen Gesetzen einer strengen Büssermoral unterwarf und ihm das ohnehin schon

*) „Hierin liegt einer der eigentümlichsten Gedanken des Brahmanismus: Die Erlösung des Menschen durch eigene Kraft — der grosse Gegensatz zum Christentum, welches die Erlösung, das Heil absolut abhängig macht von der göttlichen Gnade. Dem Christen ist das Heil ein Geschenk, der Brahmagläubige hingegen erarbeitet, erzwingt sich das Heil, mit dem Willen der Götter oder denselben zum Trotz. Erst jenseits dieser Vorstellung vom Heil liegt die höchste, letzte, welcher zufolge Welt und Mensch in der Gottheit verschwimmt, wie der Wassertropfen im Ocean.“ Vergl. J. Scherr: Geschichte der Religion. —

schwere Leben ganz und gar verdüsterte. — Wohin der Inder auch den angsterfüllten Blick richten mochte, überall, im Diesseits wie im Jenseits, erwartete ihn strenge Strafe für die geringste Übertretung. Nach Erlösung seufzt die Kreatur. Dem Hindu winkte sie nicht. Das Leben war ihm eine endlose Pilgerfahrt voll bitterer Enttäuschungen, schrecklicher Leiden, unerträglicher Pflichten, ohne die erhebende „Hoffnung, dass das ewig rollende Rad jemals still stehen könnte," ohne die beseligende Macht der Liebe, ohne den stärkenden Beistand der Humanität, — oft beschlossen durch ein Ende voll Verzweiflung. In späterer Zeit ward der Selbstmord sogar zu einer religiösen Pflicht. Um durch einen verdienstvollen Tod die Zahl der Wiedergeburten zu vermindern, stürzten sich in späteren Jahrhunderten ungezählte Tausende in die heiligen Fluten des Ganges oder liessen sich unter den Rädern des Götterwagens zermalmen. — „Was muss ein Volk gelitten haben, ehe ihm die Frage, wie man sich vom Leben und von der persönlichen Fortdauer befreie, zur einzigen Lebensaufgabe wird?" *) —

Die exklusive, förmlich gelehrte Kenntnis der göttlichen Dinge, die zu einer erstaunlichen Masse von Gelehrsamkeit herangewachsen war, war und blieb das ausschliessliche Vorrecht der Brahmanen. Sie wurde sogar geheim gehalten, insbesondere die spiritualistische Auffassung vom Brahma, zu der sich andererseits auch nur die denkenden Köpfe unter ihnen emporzuschwingen vermochten. Offen erklärte man auf Befragen, der Mensch könne sie nicht begreifen, man könne auch niemanden darüber belehren.

*) Vergl. Köppen: Die Religion des Buddha. Berlin; 1857—59 2 Bde. —

Sie blieb daher dem Volksbewusstsein vollständig fremd, um so mehr, als dem Brahma keine Opferfeste gefeiert, keine Tempel geweiht wurden. Brahma hat ja auf Erden keinen Kultus; sein Reich und seine Herrschaft sind nicht von dieser Welt. Er ist ein Gott der Priester, sie sind seine Sachwalter auf Erden. —

Innerhalb der Priesterkaste selbst bildeten die intelligentesten und fähigsten Köpfe, zu denen namentlich die Schriftgelehrten zählten, einen Mysterienbund, der von einem Oberpriester geleitet wurde. Er verdankte seine hohe Würde und einflussreiche Stellung lediglich seinem überlegenen Wissen und seinen wissenschaftlichen Leistungen. In dem Bund fanden nur begabte Söhne von Priestern als Novizen Aufnahme. Sie galt als vollzogen, sobald die Umgürtung mit der heiligen Schnur der Brahmanen in feierlicher Form stattgefunden hatte. Durch ein strenges Zeremoniell, das sich auf das ganze äussere Leben erstreckte, durch sorgsame Beobachtung der in Bezug auf Achtung und Ehrfurcht gegen die Lehrer erlassenen Gebote, durch genaue Kenntnis des Veda wurden die Schüler zu würdigen Vertretern des Priesterstandes herangebildet. Sie mussten lernen ihre Sinne und ihre Leidenschaften zu beherrschen, alles Weltliche abzuthun und den Blick auf den Himmel allein zu richten.

Die Lehrzeit, eine endlose Kette von Entsagungen und Entbehrungen, dauerte etwa 15—20 Jahre. Sie war beendet, wenn der junge Priester die heiligen Schriften auswendig wusste, damit er zu jeder Zeit davon Gebrauch machen konnte. Gegen Ende seiner Lehrzeit wurde der auserwählte Schüler in die Geheimlehre des Upanishad eingeführt. Ein theologisch-philosophischer Tractat über den ewigen Urgrund, über die alleinige Wahrheit, enthält er das „Tiefsinnigste und Geheimnisvollste, was brahmanische Spekulation und Weisheit hervorgebracht.*)

Der Grundton des Upanishad ist: „Erkenne dich selbst! aber mit einer tieferen Bedeutung als das γνῶθι σεαυτόν des delphischen Orakels. Er bedeutet: erkenne dein wahres Selbst, das Selbst, welches deinem erscheinenden Ich zu Grunde liegt, finde und erkenne es im höchsten, ewigen Selbst.“**)

Als einzige Inhaber einer so wichtigen Wissenschaft konnten die Priester den Aberglauben des Volkes nun auch für sich allein ausbeuten, eine Gelegenheit, die sie trefflich zu benutzen verstanden. — Es wäre indess ungerecht, nicht auch ihrer mannigfachen Verdienste auf dem Gebiete der Wissenschaften zu gedenken. Als Träger alles geistigen Wissens und Könnens waren die Gelehrtesten unter ihnen die eifrigsten Pfleger aller Arten von Künsten und Wissenschaften. So begründeten sie das Studium der Grammatik, dessen ausserordentliche Bedeutung und hohe Wichtigkeit die vergleichende Sprachwissenschaft erkannt hat; so pflegten sie die Ästhetik und Rhetorik, die Astronomie und Medizin. Die Ziffern, mit denen heute die ganze Welt schreibt, sind ihre Erfindung. Noch heute zählen die Brahmanen zu den begabtesten, intelligentesten Bewohnern Indiens. —

3. Der Buddhismus, seine Lehre und Ordensgemeinschaft.***)

Die letzte grosse religiöse That Ost-Asiens ist der Buddhismus. Erwachsen auf dem Boden Indiens, wandte

*) M. Haug: Brahma und die Brahmanen. München; 1871. — J. Muir: Original Sanskrit texts. 2. Aufl. London; 1872.

**) Vergl. Max Müller: Vorlesung über Religion u. Philosophie.

***) Duncker, Lefmann, Lassen, Wuttke, Lippert, Peschel a. a O. — Vergl. ferner aus der reichen Litteratur: K.

er sich reformatorisch gegen die herrschende Brahmareligion. Sein Stifter war Buddha, ein Königssohn aus Kapilavastu, einer Stadt, im nördlichen Indien gelegen.

Geboren in der ersten Hälfte des 6. Jahrhunderts v. Chr., entsagte Buddha (d. h. der durch die Erkenntnis der Wahrheit aus der Nacht des Irrtums Erweckte), ein Zeitgenosse der sieben Weisen Griechenlands, in seinem 29. Jahre dem Glanze des Königsthrones und beschloss, sich in die Einsamkeit zurückzuziehen und über das Elend des Menschengeschlechtes und seine Erlösung nachzudenken.*) Der stolze Königssohn wurde Einsiedler. Sechs Jahre lebte er in stiller Waldeinsamkeit unter harten Büssungen und beharrlichem Nachdenken, bis ihm endlich vollkommene Erkenntnis der Wahrheit zu teil ward. Nun trat er als Lehrer auf und zog, in dem Gewande eines

---

F. Köppen: Die Religion des Buddha und ihre Entstehung: Berlin; 1857. — Derselbe: Die Lamaische Hierarchie und Kirche. Berlin; 1859. — W. Wassiljew: Der Buddhismus, seine Dogmen, Geschichte und Litteratur. Aus dem Russischen übersetzt. St. Petersburg; 1860. — Barthélemy Saint-Hilaire: Le Bouddhe et sa religion. Paris; 1862. — E. v. Schlagintweit: Buddhism. in Tibet. Leipzig; 1862. — P. Wurm: Buddhismus oder der vorchristliche Versuch einer erlösenden Universalreligion. Gütersloh; 1880. — Oldenberg: Buddha. Berlin; 1881. — Kern: Der Buddhismus und seine Geschichte. 2 Bde. Deutsch von Jacobi. Leipzig; 1882—84. — A. Bastian: Der Buddhismus in seiner Psychologie. Berlin; 1882. — R. Seidel: Das Evangelium von Jesu in seinen Verhältnissen zu Buddha-Sage und Buddha-Lehre. Leipzig; 1882. —

*) Sein Entschluss wird in den Legenden dadurch motiviert, dass er einst auf einem Spaziergange einen alten Mann mit zitternden Gliedern, einen unheilbaren Kranken, einen von Würmern zerfressenen Leichnam und einen Priester erblickte und dadurch veranlasst wurde, über die Hinfälligkeit des menschlichen Körpers und das priesterliche Leben nachzudenken. Den wirklichen Anlass zur Wahl eines anderen Lebensberufes dürfte möglicherweise ein unglücklicher Krieg und die Vertreibung seiner Familie gegeben haben.

Bettlers und mit einem Topf zum Almosensammeln in der Hand, predigend durch die Lande.

Nach 20jähriger unermüdlicher Lehrthätigkeit zog er sich wieder in die Einsamkeit zurück und starb, ein Greis von 80 Jahren, wie die Legende berichtet, unter demselben Feigenbaume, wo er zuerst der vollkommenen Erleuchtung teilhaftig geworden war. Sein Leichnam wurde mit prächtiger Feierlichkeit verbrannt und die Asche in einer goldenen Urne beigesetzt. Er starb, um nicht wieder geboren zu werden.

Buddha predigte die Gleichheit aller Menschen und richtete seine trostvolle Lehre, welche die grausamen Götter des brahmanischen Pantheons beseitigte, welche Gebete, Opfer, Bussübungen und äussere Werkheiligkeit verschmähte*) und trotzdem eine baldige Erlösung von dem leidenvollen Leben verhiess, an alle Volksklassen: an die Freien und an die Sklaven, an die Verstossenen und Verfluchten, an alle, die da mühselig und beladen und auf die Hoffnung allein angewiessen waren — ein Unternehmen, so kühn, so unerhört, so revolutionär und von solcher Tragweite, wie das des Apostels Paulus, als er die Christen von den drückenden Fesseln des jüdischen Zeremonialgesetzes befreite.

Wie eine neue Offenbarung ging die ungewöhnliche Heilslehre durch die finsteren Zeiten, und zahllos war die Schar der Verehrer und Schüler, die dem milden, humanen, von heiligem Ernst erfüllten Meister folgten.

Es ist das Privilegium der Religion und der Kirche, dass sie gross wird durch Verfolgungen. Wir finden die-

*) Schon die Vernichtung dieser schamanistischen Verirrungen, sagt O. Peschel, sichert Buddha einen hohen Rang unter den Religionsstiftern.

sen alten Erfahrungssatz auch im Buddhatum bestätigt. Die Zahl seiner Anhänger wuchs um so mehr, je wütender die Verfolgungen und Anfeindungen waren, denen sie von Seiten des Brahmanentums ausgesetzt waren.

Zahlreiche Buddhagläubige flüchteten aus der Heimat, suchten in den Nachbarländern eine Zufluchtsstätte und fanden dort gastliche Aufnahme. Und als nun nach des grossen Reformators Tode auf einer allgemeinen Kirchenversammlung beschlossen wurde, Missionare auszusenden, um der gesamten Menschheit die wunderbare Lehre der Erlösung zu verkünden, reichten nach wenigen Jahrhunderten, ihrem naturwüchsigen Barbarismus entrissen, „Inder und Chinesen, Malaien und Mongolen in dem Bekenntnisse der Nichtigkeit alles Daseins einander die Hände.“

Zu höchstem Glanze ist der Buddhismus in Tibet emporgestiegen, wo er die mächtigste Quelle geistiger und sittlicher Bildung wurde. Im Laufe der Zeit entstand hier eine mächtige Hierarchie, deren Oberhaupt, der Dalai Lama, göttliche Verehrung geniesst.

Der heutige Buddhismus ist zum Teil entartet. In zahllose Sekten gespalten, hat er in den verschiedenen Ländern verschiedene Lehren und Formen, insbesondere des Zauberpriestertums, aufgenommen. Die Religion ist in der Priestergemeinschaft monopolisiert und der Laienwelt kein anderer Anteil daran gelassen, als der blinde Glaube an das für das Denken unerreichbare Mysterium. Der Rosenkranz als Zählapparat für die hergesagten Gebete, sinnreich kostruierte Gebetsmaschinen und Mühlwerke, ausgebildetes Reliquien- und Heiligenwesen — das sind die charakteristischen Merkmale und Kennzeichen der buddhistischen Weltreligion in unserer Zeit. —

Buddha's Lehre ist in ihrer Ursprünglichkeit reiner

Atheismus. Ihre Gottheit ist die Nichtigkeit. Trotzdem ist der Buddhismus die sittlichste Religion der ganzen objektiven Weltanschauung. „Mit der ganzen Energie seiner sittlichen Kraft fasste Buddha den Gedanken des Jammers der Welt und des Elends der Menschheit.“ In grossartiger Selbstverleugnung opferte er ihm sein ganzes Dasein, „rang er mit ihm auf Leben und Tod, und in seinem Ringen, den letzten Grund einer solchen Welt zu begreifen, kam er zu dem Resultat, dass die Lösung des furchtbaren Rätsels nur in der Idee gegeben sei, die Welt sei eine leere Schaumblase.“ So proklamierte er sein Dogma von der absoluten Nichtigkeit alles Seins und verkündete seine beseligende Lehre des Nichtigen.

Das Nichtsein ist der eigentliche Grund, das wahre Wesen der Welt, ihr Anfang und ihr Ende, ihr Ausgang und ihr Ziel. Aus dem Nichts, aus dem unendlichen Leeren entstehen die zahllosen Welten. Über das „Wie“ giebt der Buddhistische Pessimismus freilich keinen Aufschluss. Dieser Prozess ist nach ihm der menschlichen Erkenntnis, die sich nur an die wirklichen Erscheinungen hält, unerforschlich. Wie die Welten entstehen, so vergehen sie auch wieder und auf ihren Trümmern „thront ewig bleibend das Nichtsein.“ Und wie sie selbst, so ist auch alles, was in ihnen ist, eitel und nichtig. Alles Bestehende ist dem sicheren Untergange geweiht.

Der unablässige Wandel, der „ruhelose Umtrieb des Rades der Welt“ ist mit vielfachen Leiden und Schmerzen verknüpft. Vier Hauptübel sind es, welche die Welt erfüllen: Geburt, Krankheit, Alter, Tod. Hierzu gesellt sich noch mannigfaches anderes Elend: Mühen und Sorgen, ungestilltes Verlangen, bittere Enttäuschungen, herbe

Verluste. Übel und Schmerzen sind allgemein. „In tiefem Schmerze windet alles Lebendige sich, bis es dem Tode erliegt.“

Aus der trostlosen Einsicht in die Vergänglichkeit und Nichtigkeit alles Bestehenden, aus der wehmutsvollen Erkenntnis, dass alle lebenden Wesen unter den Schmerzen des Erdenlebens zu leiden haben, entspringt das natürliche Bestreben des Menschen, sich von denselben „loszubinden.“ Dies geschieht, indem er die Ursache des Schmerzes zu erforschen und zu vernichten trachtet. Als Ursache des Schmerzes aber erkennt er das Verlangen, als Ursache des Verlangens die Empfindung. Sobald er nun durch weiteres Nachdenken sich überzeugt, dass die Empfindung vorübergeht, also der Vernichtung unterworfen ist, so ist er auch davon befreit. Ebenso ist der Schmerz beseitigt, weil seine Ursache beseitigt ist. Jetzt empfindet der Mensch auch nicht Liebe mehr, nicht Abneigung, nicht Verzweiflung, sondern einzig das Glück und die Freuden der Ruhe.

Auf demselben Wege fortschreitender Meditation gelangt der Mensch zu der unumstösslichen Überzeugung, dass auch die Sinne und der Körper nichtig und vergänglich sind und dass er von ihnen „losgebunden“ wird.

Buddha errang aber der Seele für das gegenwärtige Dasein nicht nur den Zustand der Ruhe und Schmerzlosigkeit, sondern erlöste sie auch von den Qualen der Wiedergeburten. Indem er lehrte, dass das höchste Übel das irdische Dasein überhaupt sei, und wenn es beseitigt werden solle, auch das Dasein und dessen Wurzel, die Geburt, aufgehoben werden müsse, gelangte er zu dem Ergebnis, dass, wie das Ziel der Welt in dem Eingehen in das völlig absolute Nichts, in das Nirvana bestehe, auch die Wiedergeburt nur durch das gänzliche Verlöschen der Seele in der seligen Ruhe des Nichts verhindert werden könne. Dies sei aber nur möglich, wenn der Mensch ernstlich das Heil, die höchste Erkenntnis und Sittlichkeit, erstrebe, wenn er gänzlich der Welt entsage und ein eheloses Einsiedler- und Bettlerleben führe.

Es ist einleuchtend, dass die strenge Philosophie Buddha's, die in letzter Konsequenz übrigens zu lähmender Abspannung, zu einem stumpfen, blödsinnigen Hinbrüten führen musste und auch wirklich, namentlich in politischer Beziehung, vielfach zu andauernder Verknechtung geführt hat, dass dieser herbe Begriff buddhistischer Tugend von den ungebildeten, rohen Volksklassen nicht erfasst werden konnte. Er war offenbar nur für wenige Auserwählte bestimmt. Der grosse Denker und vollendete Weise begnügte sich deshalb nicht mit den Ergebnissen seiner Spekulation, sondern fügte seiner Philosophie eine Sittenlehre für das Volk hinzu, die, lauter und rein, mit der christlichen vielfach zusammenfällt.

Von der Erkenntnis ausgehend, dass nicht alle Menschen betteln und im Cölibat leben können, entband er einen grossen Teil seiner Anhänger von dem Gelübde der Keuschheit wie vom Einsiedlerleben. Dagegen forderte er von ihnen Achtung des Eigentums, Bezähmung der eigenen Triebe, Begierden und Gelüste. „Sich selbst besiegen, lautet ein alter Sittenspruch, sei der beste aller Siege.“ Wie er selbst als Bettler die Welt durchzog und dem Volke immerwährend Beweise von der Aufrichtigkeit seiner Pflichtenlehre gab, so sollte auch der Laienstand sein Leben in stillem Frieden, in Einfachheit und Armut, in Geduld und Sanftmut zubringen und gegen Freude und Schmerz, gegen Unrecht, Misshandlungen und Beleidigungen die kälteste Gleichgiltigkeit zeigen. Das Gefühl des Hasses und der Rache sollte aus den Herzen seiner Anhänger verbannt sein. Dagegen sollten sie unablässig durch Werke opferwilliger Liebe und Barmherzigkeit gegen alle Menschen ohne Ausnahme die Leiden und das Elend der Erde zu mildern trachten.

Die höchste Blüte der buddhistischen Moral ist Geduld, ihre schönste Erscheinungsform religiöse und nationale Toleranz, ein Zug, so erhaben und von solchem veredelnden Einflusse, dass er das Buddhatum hoch über alle andern positiven Religionen erhebt. Der Begriff eines sogenannten „auserwählten" Volkes ist ihm fremd; und da es die Verbrüderung der Menschen — die erste wahrhaft divinatorische Vorahnung von der Einheit und Unteilbarkeit des Menschengeschlechts — auf seine Fahne geschrieben, hat es den unglaublich rohen Gedanken, die Menschen einzuteilen in Gläubige und Ungläubige, nimmer zu fassen vermocht. — Während die Brahmanen alle Andersgläubigen mit dem schwersten Fluche beluden, während Moses und Mohamed befahlen, alle Götzendiener auszurotten, von der katholischen Kirche gar nicht zu reden, welche „bis zum Halse im Blute der Ketzer und Heiden watet," gebot Buddha, fremde Religionsmeinungen und Kultusansichten in schlichter Herzlichkeit und unbefangenen Gemütes zu belehren und zu überzeugen. In der Geschichte des Buddhismus suchen wir vergebens nach blutigen Ketzerverfolgungen, nach Inquisitionsgerichten, Hexenprozessen und andern schauderhaften Glaubenshandlungen. Keine Bewunderung, kein Lob ist daher hoch und laut genug, um eine Religion zu preisen, die, „ohne zur Gottesidee, ohne zum Gebet, ohne zu Verheissungen oder Drohungen im Jenseits ihre Zuflucht zu nehmen," eine so tiefgehende Wirkung auf die Milderung der Sitten von mehr als 400 Millionen Bekennern geübt hat. —

Der Buddhismus ist hervorgegangen aus einem von dem indischen Reformator gestifteten Bettelorden, welcher dem Franziskanerorden der christlichen Zeit sehr ähnlich sieht. Buddha selbst verfuhr ziemlich streng bei der Aufnahme seiner Jünger. Nach seinem Tode trat aber in dieser Beziehung eine Änderung ein.

Die Mitglieder des Ordens hiessen Bhikshu (d. h. geistliche Bettler) und führten, wie wir gesehen, ein eheloses Einsiedler- und Bettlerleben, um von den Fesseln des Fleisches erlöst zu werden. Ihr Leben war ausschliesslich der Erforschung der höchsten Wahrheit d. i. des Nirvana gewidmet; sie allein waren die Träger und Pfleger der buddhistischen Philosophie, die den Laienbrüdern stets ein Buch mit 7 Siegeln blieb und demnach eine Art Geheimlehre darstellt.

Die Bhikshu, männliche und weibliche, lebten nach des Meisters Tode grösstenteils in klösterlicher Abgeschiedenheit unter der Leitung und Obhut eines Ältesten. Die buddhistischen Mönch- und Nonnenklöster entsprachen vollkommen den gleichartigen Einrichtungen der christlichen Zeit. Sie wurden namentlich an heiligen Reliquienstätten, meistens in anmutiger Umgebung erbaut und mit Bequemlichkeiten aller Art versehen.

Um Bhikshu oder Mitglied der Brüderschaft zu werden, musste der Kandidat sich vorher einer Reihe von Prüfungen unterziehen, seine Befähigung durch ein kurzes Noviziat oder durch die Übernahme einiger leichter Gelübde erweisen. Ausserdem wurden nicht blos physische, sondern auch moralische und bürgerliche Bedingungen erfordert. So waren Aussätzige, Krüppel und notorische Verbrecher von der Aufnahme in die Ordensgemeinschaft ausgeschlossen.

Der Kandidat hatte seine Aufnahme bei einem älteren Mönch nachzusuchen. Nahm dieser seine Erklärung an, so war er ihm zu Dienst und Gehorsam verpflichtet, während der Lehrer seinerseits ihm Unterricht und Fürsorge angedeihen liess. Nachdem der Novize das 20. Lebensjahr überschritten hatte, liess er durch seinen Patron dem versammelten Ordenskapitel sein Gesuch um Aufnahme vortragen.

Einer solchen Kapitelversammlung mussten mindestens 10 ordinierte Geistliche beiwohnen. Der Vorsitzende oder Sprecher des Kapitels bestimmte nun einen älteren Mönch, welcher den Kandidaten auf die Einweihung und die dabei abzugebende wahrheitsgemässe Erklärung vorzubereiten hatte. Alsdann traten beide in die Versammlung, zuerst der Mönch und dann der Kandidat. Dieser bat in feierlicher, dreimal wiederholter, Formel um Erteilung der Ordination, worauf das Verhör begann. Zunächst wurde er über alle diejenigen Punkte befragt, welche die Weihe ausschliessen. Dann musste er seinen Namen, sowie den seines Lehrers angeben und bekennen, dass er mit den nötigen Mönchskleidern und dem Almosentopf ausgerüstet sei. Fielen die Antworten befriedigend aus, so beantragte der Sprecher die Ordination, indem er dreimal die Formel wiederholte: „Wenn die Gemeinde bereit ist, so möge sie dem Kandidaten die Ordensweihe erteilen.“ Wurde kein Einspruch laut, so erklärte der Sprecher, dass die Gemeinde für die Aufnahme sei.

Der neue Ordensbruder wurde jetzt mit den Statuten der Gesellschaft und den vier grossen Geboten und Verboten bekannt gemacht, deren Unterlassung oder Übertretung seinen Ausschluss aus der Gemeinde bewirkte. Die Ordination, ein an sich wenig weihevoller Akt, war damit förmlich vollzogen.

Für die ersten fünf Jahre hatte der junge Ordensbruder sich zwei älteren Mönchen anzuschliessen, die mindestens zehn Jahre ordiniert waren. Sie waren ihm Lehrer und Meister, er selbst ihr Diener und ständiger Begleiter. Nach dem Verhältnis seiner Tugend und Erkenntnis fand dann ein stufenweises Aufsteigen zu dem Range der Sakridagamin, Anagamin und Arkat statt. Sie sind es, welche frei sind von den Fesseln und Bedingungen des Daseins, frei von Sünde und Unwissenheit. —

V. Hellas.

1. Land und Volk.*)

Aus dem alten Orient, „wo so vieles unser Staunen, unsere Bewunderung erregte,“ führt uns die „Geschichte der geheimen Gesellschaften“ in ein Land, „bei dessen Namen schon, nach dem treffenden Ausdrucke eines grossen

*) K. Ritter: Europa. Ein geographisch-historisch-statistisches Gemälde. 2 Bde. Frankfurt a. M.; 1804—7. — F. A. Uckert: Geographie der Griechen und Römer von den frühesten Zeiten bis auf Ptolemäus. 6 Bde. Weimar 1816—46. — H. Bobrik: Griechenland in altgeographischer Beziehung. Leipzig; 1842. — A. Forbriger: Handbuch der alten Geographie, aus den Quellen bearbeitet. 3 Bde. Leipzig; 1842—48. — F. Fiedler: Geographie und Geschichte Altgriechenlands und seiner Kolonien. Leipzig; 1843. — B. G. Niebuhr: Vorträge über alte Länder- und Völkerkunde, herausgegeben von M. Isler. Berlin; 1851. — C. Bursian: Geographie von Griechenland. 2 Bde. Leipzig; 1862—72. — Kiepert a. a. O., Daniel a. a. O. Bd. II.

deutschen Denkers, es dem gebildeten Menschen, vorab dem Deutschen, heimatlich zu Mute wird. Denn Hellas war das Land der Freiheit, des Humanismus, der Schönheit. Hier erreichte die Menschheit den höchsten Blütegrad, welchen die Lebensbedingungen des Altertums überhaupt zuliessen; hier war es dem menschlichen Organismus vergönnt, harmonisch sich zu entwickeln und den glücklichen Versuch zu machen, gleichsam das ganze Leben künstlerisch zu gestalten."

Hellas, der südlichste Teil der zwischen dem adriatischen, dem schwarzen und ägäischen Meer sich gen Süden erstreckenden Halbinsel, ist ein schmales und zerrissenes Bergland, welches überall in seiner „plastischen Gestaltung die gebirgige Voralpennatur Helvetiens mit der zerteilten Fjordenbildung Skandinaviens vereinigt, aber unter dem milden, heitern Himmel des Orients."

In mannigfaltigster Verzweigung durchziehen mächtige Gebirgsketten, ehedem zum Teil von stattlichen Laubwäldern bedeckt, das meerumschlungene Land, umgrenzen zahlreiche landschaftliche Gebiete, von denen „jedes anders, neu, oft wunderbar gestaltet war," setzen sich ostwärts auf den Inselgruppen des ägäischen Meeres fort und bilden eine natürliche Brücke zum nahen kleinasiatischen Gestade. Von den Bergen strömen zahlreiche Flüsse nach verschiedenen Richtungen, doch versiegen sie häufig zur regenlosen Sommerzeit unter den glühenden Strahlen der südlichen Sonne. Daher der empfindliche Mangel brauchbaren Ackerbodens in dem wasserarmen Lande, der beim Anwachsen der Bevölkerung eine stets sich steigernde Zufuhr aus den getreidereichen Pontusländern, aus dem ergiebigen Thracien und Sicilien, aus den unerschöpflichen Speichern Ägyptens nötig machte. Dagegen boten die niederen Bergabhänge gutes Weideland für die im Altertum sorgsam gepflegte Viehzucht. Schaf- und Ziegenherden bildeten zu allen Zeiten den Hauptreichtum des Landes.

Im Norden erhebt in der fruchtbaren, weidereichen Landschaft Thessalien der alte Grenzwächter von Hellas, der gewaltige Olympos, sein, mit ewigem Schnee bedecktes, heiliges Haupt, „unter welchem sich düstere Tannenwälder hinziehen und weiter hinab reiche Laubwaldungen, hier und da durch schroffe Felsspitzen und jähe Abgründe unterbrochen.“ Zwischen dem unnahbaren Göttersitz und den südlich davon sich ausdehnenden grotesken Felsmassen des Ossa durchströmt unter dichtverschlungenem Lorbeer- und Platanengezweig in langen Windungen der schöne Peneios fruchtbare Auen und bildet das vielbesungene Tempethal, die Urheimat städtebewohnender, hellenischer Völkerschaften und ihrer berühmtesten Helden. In seltener Weise vereinigt diese Gegend den Charakter der Anmut und Lieblichkeit eines Flussthales mit dem der Wildheit und Grossartigkeit einer tiefen und engen Schlucht.

An der Südgrenze Thessaliens zieht sich der berühmte Engpass von Thermopylae hin, der einzige Zugang nach dem mittleren Griechenland. Noch sprudeln an dieser Stelle, wo das beste Griechenblut geflossen ist, in unerschöpflicher Fülle die heissen Schwefelquellen, von denen der Ort den Namen trug.

Westlich von Thessalien erstreckt sich bis zum adriatischen Meer das wilde Küstenland Epeiros, das, rauh und unzugänglich, den Hellenen als ein Barbarenland galt. Trotzdem rühmte sich Epeiros die Urheimat des griechischen Volkes zu sein. Befand sich doch gerade hier in einem geschlossenen Thalkessel, inmitten dichtbelaubter

Eichenwälder, das uralte Heiligtum von Dodona mit seiner berühmten Orakelstätte.

Durch das epeirische Gebiet trägt der sagenreiche Acheloos, der ansehnlichste Fluss Griechenlands, seine reissenden Fluten dem ionischen Meere zu. Er scheidet das fruchtbare Hügelland Arkananien von den rauhen Bergen Ätoliens.

Die geschichtslosen, halbbarbarischen Bewohner dieser abgeschlossenen, unwirtlichen Gegenden kommen für das griechische Geschichts- und Kulturleben nicht in Betracht. Eine ungleich bedeutsamere Rolle war den östlichen, um den korinthischen Meerbusen herumgelagerten, Landschaften: Lokris, Doris, Phokis und Böotien zugeteilt.

In der kleinen Landschaft Phokis lag am südlichen Abhange des heiligen Berges Parnassos, des eigentlichen Mittelpunktes des griechischen Landes und Lebens, in wilder Naturschönheit, in feierlich-ernster Ruhe Delphi, die reichste und prächtigste, aber auch, wie die Wallfahrtsorte aller Religionen, verderbteste Stadt des kleinen Kantons. Der herrliche Orakeltempel Apollos war auf einer halbkreisförmigen Berglehne unterhalb zweier jäh abstürzender Felswände aus parischem Marmor erbaut. In zahlloser Menge prangten hier unter dem Schutze des Gottes die Meisterwerke der Kunst, die unschätzbaren Kostbarkeiten und frommen Weihgeschenke der Völker, der Könige und der Städte, die Rat, Aufklärung und Verhaltungsmassregeln begehrend, sich an das delphische Heiligtum wandten.*)

---

*) Vergl. Hüllmann: Würdigung des delphischen Orakels. Bonn; 1837. — Götte: Das delphische Orakel in seinem politisch-religiösen und sittlichen Einfluss auf die alte Welt. Leipzig; 1839.— Döhler: Die Orakel. Berlin; 1862. — A. Mommsen: Delphika. Leipzig; 1878.

Der Tempel bestand aus drei Teilen, dem Vorhause, an dessen Wänden die tiefsinnigen Sprüche der sieben Weisen zu lesen waren, der Cella und dem Allerheiligsten, von welchem eine Treppe in das unterirdische Adyton führte, die geheimnisvolle Orakelhöhle, wo aus tiefem Erdschlund betäubende Dämpfe hervordrangen. Über dem Spalte war ein eherner Dreifuss angebracht, mit Lorbeerzweigen geschmückt, der Sitz der weissagenden Priesterin Pythia.

Oberhalb des Tempels entsprang der kastalische Quell, dessen kaltes, silberhelles Wasser den heiligen Lorbeerhain tränkte. in welchem der Gott selbst sich einst den Siegeslorbeer gebrochen haben soll, nachdem er den Drachen Python, d. h. die finsteren Dünste, mit seinen Pfeilen erlegt und dadurch den Anbau ermöglicht hatte.

Vom Parnassos gelangte man in südöstlicher Richtung durch den dreifach „gespaltenen“ Thalweg Schiste nach dem fruchtbaren, städtereichen Böotien, der „Orchestra des Kriegsgottes“, in welcher manche blutige Schlacht geschlagen worden ist. Als Vorort der gutbevölkerten böotischen Städte galt das siebenthorige Theben, der Mittelpunkt der tieftragischen Ödipus-Sage und die Vaterstadt des Pindar, des „Fürsten der Lyriker, in dessen Gesängen die lyrische Kunst der Hellenen ihren höchsten Triumph feierte.“

In der Mitte der böotischen Ebene liegt der fischreiche Kopaissee, an dessen Dasein dunkle Sagen von furchtbaren Wasserfluten und von versunkenen Städten sich knüpfen, und an dessen Ufern in den Tagen grauer Vorzeit die kunstfertigen Minyer hausten, ein kühnes, pelasgisches Schiffervolk.*)

---

*) Vergl. K. O. Müller: Orchomenos und die Minyer. Breslau 1844. (1. Bd. von dessen: Geschichten hellenischer Stämme und Städte.)

Durch die Pässe des wilden Kithärongebirges stieg man hinab nach Attika, der südöstlichen Halbinsel Griechenlands.

Das kleine Land, wasserarm zwar, aber mild und gesund durch seine reine, stärkende Luft und von erhabener Schönheit durch die unübertroffene Klarheit seines Himmels, durch die scharfgezeichneten Formen seiner Berge und den wunderbaren Farbenschmelz, in welchem sie den blauen Horizont umrahmen, dieses Attika, „in der Entwicklungsgeschichte des menschlichen Geistes eine hochberühmte Erdstelle,“ das die Dichter alter und neuer Zeit nicht müde werden zu preisen, ist durch Zweiggebirge des Kithäron in zwei Teile gespalten. Auf der westlichen Seite breitet sich die eleusinische Ebene aus, wegen ihrer Fruchtbarkeit der Getreidegöttin Demeter geweiht. Auf der östlichen liegt die Ebene von Marathon, das athenische Sieges- und Ehrenfeld.

Zwischen den beiden Bächen Kephisos und Ilissos war die Hauptstadt der Landschaft erbaut, das reiche, tempelgeschmückte Athen mit seiner hehren Akropolis, welche, auf steilem Felsen ruhend, nur auf der Westseite zu ersteigen war. Hier liess Perikles die prächtigen Propyläen mit der herrlichen Marmortreppe errichten, auf welcher man den Gipfel der Burg erstieg. Diesen nahm der Parthenon ein, der Tempel der jungfräulichen Schutzgöttin Athene, mit den schönsten Bildwerken des Pheidias geschmückt.*) „Die Grösse der Umrisse, der Glanz des Marmors, die tadellose Übereinstimmung der Verhältnisse er-

*) Zahlreiche Statuen und Reliefs des Parthenons sind, „durch die wohlgemeinte aber doch ganz thörichte und vandalisch wirkende Sammelwut“ der Engländer nach dem britischen Nationalmuseum in London gebracht worden.

füllten die Seele des Beschauers mit Klarheit und Ruhe. Der Parthenon ist der Triumph der Vollendung.“ —

Nördlich vom Parthenon stand der älteste und heiligste Tempel der Burg, das Erechtheion, mit dem alten hölzernen Kultbilde der Athene, dem durch Poseidons gewaltigen Dreizack ausgehöhlten Brunnen mit Salzwasser und dem heiligen, von der Göttin selbst gepflanzten Ölbaum.

Der ganze Raum der Akropolis, die freien Plätze und die schattigen Säulenhallen waren mit Statuen von Göttern und Menschen erfüllt. Alles strahlte hier von dem blendenden Glanze des Marmors, des Erzes und Goldes. In der Nähe der Propyläen erhob sich auf künstlichem Piedestal die Kolossalstatue der stadtschützenden Athene. Ihre im Sonnenstrahl blitzende Lanzenspitze, ein untrügliches Wahrzeichen, verkündete dem heimkehrenden Schiffer draussen auf hoher See die Nähe der attischen Heimat.

Der Stolz des Landes war der Ölbaum; er galt als das edelste Erzeugnis des attischen Bodens. Nördlich von Athen rauschte auf dem Hügel von Kolonos der heilige Olivenhain der Burggöttin, wohin einst der von unheilvollem Geschick heimgesuchte greise Thebanerkönig zur Sühne unbewussten Frevels pilgerte und wo er endlich die lang ersehnte Ruhestätte fand. Wohl durfte Sophokles den Chor der attischen Greise den Flecken Kolonos rühmen lassen:

„Und hier sprosst ein Gewächs, wie ich noch nie hörte in Asiens Landen,
Noch im dorischen weiträumigen Eiland ein gleiches gediehen,
Und wächst so frei ohne Gärtner-Hand auf,
Für Feindesheere heilige Scheu, in stolzer Pracht blühend diesem Lande die
Kinder segnende, blaugrünliche Ölfrucht.“

Von Attika gelangen wir in nordwestlicher Richtung durch die kleine Landschaft Megaris und über den Isthmos von Korinth nach dem Peloponnes, dem jetzigen Morea.*)

Auf der schmalsten Stelle der Landenge befand sich in einem Fichtenhain das Heiligtum des Poseidon, in dessen Nähe die isthmischen Spiele gefeiert wurden. Unweit davon war auch das reiche Korinth gelegen und seine auf hohem Felsgipfel erbaute, grossartige Feste Akrokorinth. Eine Reihe schimmernder Prachtbauten zierte die vielbesuchte Stadt, in der die grösste Sittenverderbnis zu Hause war. Namentlich war der Tempel der Aphrodite mit seinen 1000 Hierodulen den „vielgastlichen Mägdlein, den Dienerinnen der Überredung," wie sie Pindar schalkhaft nennt, dem Fremden gefährlich, so dass ein hellenisches Sprichwort warnend sagte: „Nicht jedem Mann rat' ich die Seefahrt nach Korinth."

Den eigentlichen Kern des Peloponnes bildet das mächtige Gebirgsland Arkadien, die griechische Schweiz, abgeschlossen in sich und nach aussen hin, deren Bewohner, arme und genügsame Hirten, lange Zeit in völliger Ungebundenheit dahin lebten und, von dem hellenischen Kulturleben fast gänzlich unberührt, die alte unverdorbene Sitte noch bewahrten, als das übrige Hellas bereits moralisch untergegangen war. So kam es, dass die Dichter Arkadien als das gelobte Land der Unschuld und des Friedens priesen. Aber wenn eine moderne sentimentale Poesie von „arkadischen Schäfern" berichtet, die, von

*) E. Curtius: Peloponnesos, Eine historisch-geographische Beschreibung der Halbinsel. 2 Bde. Gotha; 1851—52. — W. G. Clark: Peloponnesus. Notes of study and travel. London; 1858. — W. Vischer: Erinnerungen und Eindrücke aus Griechenland. Basel; 1857. — H. Schliemann: Ithaka, der Peloponnes und Troja. Leipzig; 1869.

sanften Zephyren umsäuselt, unter süssem Liebesgeflüster im kühlen Waldesschatten dem munteren Treiben ihrer Herden zuschauen und zum lieblichen Klange der Schalmei fröhliche Reigen aufführen, so entspricht diese Anschauung nur in geringem Masse dem rauhen Wesen des Volkes, der tapferen, zügellosen Landsknechte des Altertums.

Arkadien wurde auf allen Seiten von reich entwickelten Küstenländern eingeschlossen, die für die Entwicklung des griechischen Volkes von hoher Bedeutung waren.

Am Nordrande blühte der alte Bundesstaat Achaia mit seinen 12 Städten und dem gespenstigen Styx, der, in schauerlicher Wildnis über eine schwarze Felsenwand in die Tiefe rauschend, den Alten ein Typus des Flusses der Unterwelt war.

Im Westen breiteten sich die fruchtbaren, in herrlichem Blumenflor prangenden Fluren von Elis aus, durchströmt von den trüben Wogen des Alpheios, der, wie alle Hauptflüsse des Peloponnes, aus den arkadischen Schluchten hervorstürzt. Unfern seiner Mündung, in der geweihten Thalebene von Olympia, wurden am Feste des Zeus von den, selbst aus den fernsten Gegenden, herzuströmenden Griechenvölkern die olympischen Spiele gefeiert und zugleich ein lebhafter Tauschhandel getrieben. Gegen Krieg und Verheerung durch einen Gottesfrieden geschützt, verlieh Olympia der ganzen Landschaft den Charakter der Heiligkeit.

An Elis grenzte im Süden Messenien, das anmutigste, in politischer Beziehung aber unglücklichste der peloponnesischen Länder. Von zahlreichen Flüssen reichlich bewässert, von waldreichen Bergen und grasigen Anhöhen durchschnitten, durch das arkadische Hochland gegen die rauhen Nordwinde geschützt und im Süden der milden

Seeluft geöffnet, war Messenien ein immer grünender, blühender Garten mit der üppigen Pracht einer südlichen Flora. Dichtbelaubtes Lorbeergesträuch, tausendblumige Oleander- und Orangenbäume beschatteten, lieblich duftend, die sonnigen Flussränder; stattliche Olivenwälder und ausgedehnte Maulbeerhaine umkränzten die wohlbestellten Felder.

Die Grenze zwischen Messenien und dem ostwärts sich erstreckenden alten Lakonien, dem Lande der Spartiaten, bildete der Taygetos, das höchste Gebirge des Peloponnes. Hoch und rauh, war er in seinen unteren Regionen wohl bewässert und mit reichen Triften und herrlichen Jagdgründen ausgestattet. Ihm parallel erhebt sich der breitrückige Parnon und endigt bei dem berüchtigten Vorgebirge Malea. Den Raum zwischen beiden Gebirgen nahm das reichgesegnete Thal des Eurotas ein, der seine reissenden Fluten ehedem an der mauerlosen Hauptstadt Sparta vorbeiwälzte.

Im Norden wurde Lakonien von der Landschaft Argolis begrenzt. Durch einen Meeresarm wird es in eine östliche, reichgesegnete, „rossenährende“, und in eine westliche, wasserarme, „vieldurstige“, steinige Hälfte geteilt.

In diesem Ländchen hatte bereits in grauer Vorzeit das hellenische Leben eine reiche Gestaltung gewonnen. Hier liegen in einsamer Wildnis, von dichtem Moose und wuchernden Flechten überzogen, die kolossalen Trümmer der „weitstrassigen, goldreichen Mykenae.“ Einer der Hauptmittelpunkte des homerischen Griechenlands, war Mykenae einst der glänzende Herrschersitz des mächtigen, aber fluchbeladenen Pelopidengeschlechts. —

Ganz Hellas ist von einem Kranze blühender Inseln eingeschlossen. Im ägeischen Meere liegen, um das hochgefeierte Sonneneiland Delos herumgelagert, die Kykladen und die Sporaden, welche wahrscheinlich die letzten Reste eines Festlandes sind, das bis nach Asien hinüberreichte, dann aber infolge gewaltiger Erderschütterungen von den anstürmenden Meereswogen verschlungen wurde. Durch üppige Fruchtbarkeit und durch ein herrliches Klima ausgezeichnet, haben die meisten dieser Inseln in dem hellenischen Kulturleben eine bedeutsame Stelle eingenommen. Auf ihren sonnigen Geländen gedieh der Weinstock, blühten Lorbeer-, Cypressen- und Olivenbäume; in ihren Bergen wurden wertvolle Erze gegraben und der kostbare Marmor für die zahlreichen Tempelbauten gebrochen.

Auch vor der griechischen Westküste finden sich mehrere Inseln, deren grösste und fruchtbarste, Korkyra, als das glückliche, von Homer gepriesene, Eiland des gastlichen, behaglichem Lebensgenusse sich hingebenden Phäakenvolkes galt. In der Nähe liegt auch das steinige Ithaka, die berühmte Heimat des vielgewandten Odysseus. —

So war, in flüchtigen Umrissen gezeichnet, das Land beschaffen, auf welchem das begabteste Volk der Erde sein reiches, vielgestaltiges Kulturleben zu herrlicher Entfaltung gebracht hat.*) Die natürliche Lage, die eigentüm-

*) Von der hellenischen Kultur entwirft Sebastian Münster in seiner Cosmographia (Basel; 1544), einem s. Z. hochberühmten Werke, folgende interessante Schilderung:

... „Es war gleich alss ein Hohe Schul der gantzen Welt, vnd sind auch da geboren vnd erzogen worden gar nahe alle sinnreiche Philosophen vnd natürliche Meister, die so viel vnd manchfeltige Geschriften hinder jhnen verlassen haben, von allen natürlichen Künsten vnd Menschliche weissheit, dass sie auch hoch zu verwundern sind, dass sie durch anleitung Menschlicher vernunfft also hoch kommen vnd gestigen sind, vnd so scharpffe ding schreiben von den heimlichkeiten der Natur. In diesem Landt sind anfengklichen erstanden die erfahrnen Astronomi, die sinnreichen Geometri, die berümpten

liche Beschaffenheit des Bodens und des Klimas mögen an dieser Kulturblüte hervorragenden Anteil gehabt und die verschiedenen Hauptrichtungen des sozialen Lebens vorgezeichnet haben.

Überall griff dass Meer mit „schmeichelnder Hand" in das schicksalsreiche Land herein und wies die Bewohner auf das „alles bewegende und verbindende" Element, beförderte den Verkehr mit fremden Ländern und Völkern, ermunterte zu Handel und kriegerischen Seefahrten. Mit den reichgegliederten, schöngeformten Ufern, mit zahllosen grösseren und kleineren Einbuchtungen wechselten schön oder bizarr geformte Berge, kühne Felshöhen, schattendunkle Wälder, fruchtbare Ebenen und liebliche Thäler in bunter Mannigfaltigkeit ab. Hier regte sich geselliges Leben und Kunstfleiss, dort stählte die Jagd auf wilde Tiere den Mut des Mannes.

Die hochragenden Gebirgszüge, welche die einzelnen Kantone scharf von einander abgrenzten, bildeten die individuellen Eigentümlichkeiten der verschiedenen Volksstämme nach allen Richtungen aus und förderten naturgemäss die Gründung zahlreicher kleiner, selbständiger Gemeinwesen und damit zugleich den leidenschaftlichen Hang zu einem rücksichtslosen partikularistischen Sonderleben, wie man es nicht einmal in Deutschland während seiner schlimmsten Zeiten erfahren hat. Mehrere Jahrhunderte lang bestand die griechische Welt im Wesentlichen aus einer endlosen Reihe selbständig neben einan-

ärtzet, die Kunstreichen Arithmetici, die wolredende Rhetores, die woltönnende Musici, die klugen Weissheit vnd gutes Regiments dichter vnd auffrichter. Von diesem Landt haben alle andere Länder, vnd Völcker vnderrichtung vnd anweisung empfangen, Burgerlich, Menschlich, vnd Sittlich bey einander zu leben, vnd mit einander zu handeln."

der stehender Städte. Von dem Ideal einer politischen panhellenischen Einheit war hier gar keine Rede. Und doch war es gerade das politische Sonderleben, das die Griechen vor geistiger Verflachung und Trägheit bewahrt, das von ihnen das einförmige, konventionelle Gepräge der sozialen Lebensgestaltungen, wie es unsern modernen Grossstaaten anzuhaften pflegt, fern gehalten hat, obwohl andererseits auch nicht geleugnet werden kann, dass jener Umstand die ohnehin gewaltige Leidenschaftlichkeit des Volkes zu wütendem Parteigeist, zu hinterlistiger Tücke, hartem Eigennutz, schnödester Gewinnsucht entflammt hat.

Das kräftigende Klima, mit dem ganzen Reichtum und Zauber des Südens gesegnet, eine glänzende Sonne, vom tiefblauen Himmel durch die wunderbar klare Luft herniederlachend und die ganze Landschaft in die sattesten und prächtigsten Farbentinten tauchend, der stärkende Hauch reiner Bergluft und frischer Seewinde, die das Land von drei Seiten durchwehen, schwellte und weitete die Seele des Griechen und bewahrte Geist und Körper vor Erschlaffung.

So, von Gegensätzen voll, aber vor den Nachteilen der nordischen und tropischen Länder in gleichem Masse bewahrt, fruchtbar, aber die Mühe des Ackerbaues heischend und an die Arbeitskraft und den Erfindungsgeist des Menschen zuweilen harte Anforderungen stellend, von der Natur mit edlen Formen und Vorbildern für die Kunst reich ausgestattet, Bergland zugleich und Meerland — so war Hellas die geeignetste Heimat für ein Volk von rascher geistiger Beweglichkeit, glühender Phantasie, glänzender Intelligenz, scharfem Verstande, von höchster sittlicher Empfänglichkeit für das Gute und Edle und Schöne. Im Hellenentum kam die Menschheit erst zu klarem Bewusstsein, erfasste sich selbst, ihr Wesen, ihre Würde. Hier kam, bei den besten Geistern, das rechte harmonische Mass und Ziel in ihrem Wollen und infolgedessen Schönheit in ihrem Vollbringen zum Durchbruch. Es gelang ihnen eine „künstlerische Harmonie zwischen Geist und Materie herzustellen, jene Einheit von Sinnlichkeit und Geistigkeit, Wirklichkeit und Ideal, jene künstlerische Fassung und Führung des Lebens, wie sie nachmals die Menschheit nie wieder zu erringen vermochte. Den Hellenen glückte die Aufhebung des Dualismus von Geist und Materie in der Idee des Reinmenschlichen, welche ihre Religion, ihre Kunst und Wissenschaft, ihr Staatswesen, ihr ganzes Dasein bestimmte und durchdrang und ihrem grossen Tragiker jenes herrliche Triumphlied des Menschentums auf die geweihten Lippen gelegt hat.“*) —

In einer vor aller Erinnerung und geschichtlichen Kunde liegenden Zeit sassen auf der griechischen Halbinsel und zum Teil auch auf den ihr benachbarten Inseln zahlreiche kleine und grössere Stämme einer wesentlich gleichartigen Völkergruppe, die man später gewöhnlich Pelasger nannte.**)

---

*) Siehe Sophokles' Antigone, wo der Chor der Thebanischen Greise (Vers 332—362) singt:

„Vieles Gewaltige lebt, doch Nichts
ist gewaltiger als der Mensch“ u. s. w.

**) F. Ch. Schlosser: Universalhistor. Übersicht der Gesch. der alten Welt und ihrer Kultur. 3 Bde. Frankfurt; 1826—34. — Zinkeisen: Gesch. Griechenlands. Bd. I. Leipzig; 1832. — J. C. Thirwall: History of Greece. Deutsch von Hagemann u. Schmitz. 8 Bde. Bonn; 1839—41. — G. R. Sievers: Gesch. Griechenlands vom Ende des peloponnesischen Krieges bis zur Schlacht bei Mantinea. Kiel; 1840. — Fr. Jacobs: Hellas. Vorträge über Heimat, Geschichte, Literatur und Kunst der Hellenen. (Herausgegeben von C. F. Wüstemann). Berlin; 1852. — S. Fr. Kortüm: Gesch. Grie-

Diese Völkerstämme, mit den Italikern und Kelten nahe verwandt, gehörten dem südeuropäischen Zweige der grossen indogermanischen Völkerfamilie an und sind vom Norden her, vermutlich aus den waldigen Gegenden im fernen Deutschland, in die hellenische Heimat eingewandert.

Die pelasgische Zeit zeigt uns die Bewohner Griechenlands nicht mehr in eigentlich barbarischen Zuständen. Einzelne Stämme sind bereits zu entwickelten Lebensformen gelangt. Ihre vorherrschende Beschäftigung bildete nicht mehr die Viehzucht, sondern die Feldwirtschaft. Gegen raub- und beutegierige Nachbarn schützten sie sich, ihre Habe und Heiligtümer durch gewaltige Steinburgen, deren unverwüstliche Reste teilweise noch heute sichtbar sind. Andere, welche in den wald- und weidereichen Gebirgen ihren Sitz hatten, gehörten noch überwiegend dem mühsamen und ärmlichen Jäger- und Hirtenleben an. Sie stellten das unruhige, kriegerische Element unter den Altgriechen dar.

Lange Zeit hindurch und ungestört mögen die pelasgischen Bauern und Hirten ein einfaches patriarchalisches

---

chenlands bis zum Untergang des achäischen Bundes. 3 Bde. Heidelberg; 1854.— K. H. Lachmann: Gesch. Griechenlands vom Ende des peloponnes. Krieges bis zum Regierungsantritt Alexanders d. Gr. 2 Bde. Leipzig; 1854. — Griechenland, geographisch, geschichtlich und kulturhistorisch dargestellt. (Separatausg. aus „Ersch & Gruber's Encyklopädie".) 4 Bde. Leipzig; 1870. — G. F. Hertzberg: Gesch. von Hellas und Rom. I. Bd. Berlin; 1879. — G. Grote: Gesch. Griechenlands. 2. Aufl. 6 Bde. Berlin 1880—82. — L. v. Ranke: Weltgeschichte. I. Bd. Leipzig; 1881. — E. Curtius: Griechische Geschichte. 3 Bde. Berlin; 1881—83. — M. Duncker: a. a. O. Bd. V—IX. Leipzig; 1881—86. — G. Weber: Allgem. Weltgesch. II. Bd. Gesch. des hellen. Volkes. Leipzig; 1882. — Busolt: Griech. Gesch. bis zur Schlacht bei Chäroneia. Gotha; 1885. — Holm: Griech. Gesch. 4 Bde. Berlin; 1885. — Duruy: Histoire des Grecs. 3 Bde. Paris; 1886. —

Leben geführt haben, bis zahlreiche Umstände eine vollständige Umgestaltung der alten Verhältnisse herbeiführten.

Der erste Einfluss auf das jugendfrische, bildungsfähige Volk ging von der überlegenen Civilisation der Phöniker*) aus, jener listigen und kühnen Kaufleute, Freibeuter und Abenteurer, die gewinnreiche Unternehmungen aus der palmenreichen Heimat in die weite, unbekannte Ferne trieb, die im 13. Jahrhundert v. Chr. bereits bis zum griechischen Festlande vorgedrungen waren, hier bedeutende Handelsemporien gegründet und dem rastlosen Unternehmungsgeiste folgenreiche Wege erschlossen hatten.

Durch die Vermittlung der sidonischen Männer erhielten die Altgriechen mancherlei Kenntnisse, Sitten und Religionsgebräuche. Indes haben sie in rüstiger Übung aller geistigen Kräfte und ihrer eigenartigen Natur gemäss die orientalischen Bildungszweige völlig umgestaltet und ihnen ein national-volkstümliches Gepräge verliehen.

Zu diesen Anregungen des fernen Orients gesellten sich stürmische Bewegungen im Binnenlande, vornehmlich veranlasst durch den sozialen Gegensatz der Bewohner der Ebenen und der Hochlandschaften. Alsbald begann der Krieg, der ewige Begleiter des Menschengeschlechts und sein schrecklichster Feind, seine vernichtende Thätigkeit zu entfalten. Feindlichen Zusammenstössen zwischen den rauhen Bergvölkern selbst folgten verheerende Raubzüge der beutegierigen Hirten gegen die bereits zu einem gewissen Wohlstande gelangten Gemeinden des Niederlandes. Bald wurden auch gegen die lästigen Phöniker die Waffen erhoben. „Die Sonne Homers leuchtete mehrere Menschen-

*) Vergl Karl Movers: Die Phönicier. 3 Bde. Berlin; 1840—56.

alter hindurch über einer Scenerie, deren Grundfarben Blut und Flammen waren.“

Die wildbewegte, an grausigen Scenen überreiche Epoche, das Heroenzeitalter, bildete aus den patriarchalischen Häuptlingen reisige Kriegsfürsten, um die sich ein ritterlicher, aus den pelasgischen Bauern hervorgegangener, Herrenstand scharte. Die Mythen und Sagen von Danaos, Perseus, Pelops, Kadmos, Herakles, Theseus sind Zeugnisse der lebendigen Erinnerung an diese denkwürdige Zeit. Glänzend durch eine wunderbare Fülle idealer Gestalten, reich an herrlichen Thaten, ergreifenden Begebenheiten, lebte das heroische Zeitalter als eine schöne Traumwelt in den empfänglichen Herzen der phantasievollen Nation fort, als die „Wirklichkeit längst den poetischen Farbenton verloren hatte“.

Die sagenbildende Art des rüstig schaffenden hellenischen Geistes häufte die Thaten und Erlebnisse ganzer Stämme und Zeitperioden auf einzelne heroische Persönlichkeiten. Die kolossalste Gestalt dieser Art ist bekanntlich Herakles, der Sohn des Zeus und der Alkmene. Er ist das Vorbild unverwüstlicher Körperkraft und unerschütterlichen Mutes, ein Muster alles Heldentums, aber auch das Bild der durch mühselige Arbeit, durch aufreibenden Kampf, durch demutsvolle Entsagung und Selbstüberwindung zum Himmel aufsteigenden Heldenkraft, „ein Vorbild der Sittlichkeit auf irdischem Boden, in menschlichen Verhältnissen“, ein Ideal, wie es dem spartanischen Adel in seiner glanzvollsten Zeit stets vor Augen schwebte.

Das specifisch athenische Gegenbild des Herakles ist Theseus, sein Freund und Nacheiferer, der eigentliche Gründer und Ordner des athenischen Staatswesens.

Wie die Heldensage anderer indoeuropäischer Völker,

liebt es auch die griechische, ihre gefeiertsten Helden zu grossen gemeinschaftlichen Abenteuern, zu gefahrvollen Kriegsunternehmungen und Seezügen zu vereinigen. Hochgefeiert vor allen gemeinsamen Ritterthaten war der glänzende Heldenzug der Argonauten, der grimme Kampf der „Sieben gegen Theben", das „inhaltvollste Bild aus der Übergangszeit von pelasgischen Zuständen in die hellenische Geschichte, die anschaulichste Darstellung phönikischer Ansiedlung und ihrer Folgen." In prachtvollster dichterischer Beleuchtung aber erglänzt die angeblich grösste That der Griechen, der zehnjährige Krieg gegen Troja,*) der nahezu alle Helden der vorhistorischen Zeit vereinigte.

Unter den Stamm- und Staatsbildungen dieses ritterlich-romantischen Zeitalters, die teilweise auch in die hellenische Zeit hinübergenommen wurden, nahmen die Dorier im nördlichen Thessalien eine bedeutende Stelle ein, während die Böoter am Peneios, die Mynier am Kopaissee und die Jonier in Megaris und Attika, und, neben achäischen Stämmen, auch im nördlichen Peloponnes ausgebreitet waren.

Aber schon damals wurden bereits auf Grund des Kultus die feindlichen Gegensätze zwischen den einzelnen Kantonen zeitweise durch friedliche Verhältnisse beseitigt, durch einen schirmenden Gottesfrieden neue, sichere Lebensrichtungen angebahnt. Es waren dies die Amphiktyonien, jene Gottesfriedensbündnisse mehrerer Stämme zu gemeinsamer Feier gewisser Opferfeste. Die älteste vertrags-

---

*) Vergl. E. Rückert: Trojas Ursprung, Blüte, Untergang. — Gotha; 1846. — Der trojanische Krieg ist wahrscheinlich, seinem historischen Kern nach, ein Spiegelbild der Kämpfe, welche hellenische Stämme bei der Kolonisation der kleinasiatischen Küste mit den stammverwandten Danaern zu bestehen hatten.

mässige Verbindung dieser Art, welche die ersten Rechtsgrundsätze eines praktischen Völkerrechts enthält, war die von den Doriern in ihren Sitzen am Olympos gegründete, deren Mittelpunkt mit ihnen an den Parnassos zum Apollinischen Orakel von Delphi*) wanderte. —

So war das griechische Leben bereits zu aussergewöhnlicher Blüte herangereift, als abermals eine stürmische Völkerbewegung eine allgemeine Erschütterung der Halbinsel hervorrief.

Etwa 60—100 Jahre nach der Eroberung Trojas zogen, von den Illyriern gedrängt, die Thessalier aus Epirus in das liebliche Thalgebiet des Peneios und verjagten die Dorier aus ihren Sitzen. Ein Teil von ihnen liess sich in Mittelgriechenland nieder, der grössere aber setzte unter einem Häuptlingsgeschlecht, das seinen Ursprung von Herakles ableitete, über den korinthischen Meerbusen und eroberte in langwierigen, hartnäckigen Kämpfen die meisten Länder des Peloponnes. Die Dorier waren im Begriff, ganz Hellas zu unterwerfen, als der Heldenmut Athens ihrem unaufhaltsamen Vordringen ein Ziel setzte.

Wie einst die Eroberung der phönikischen Seestaaten durch die Kinder Israels in Kanaan eine lebhafte Auswanderung nach den Inseln und Küsten im westlichen Mittelmeer zur Folge gehabt, so gab die als „dorische Wanderung“ bezeichnete Völkerbewegung den Anlass zu grossartigen Wanderzügen nach dem Orient, welche das hellenische Leben nach allen Seiten bereicherte und für die künftigen Geschicke der Nation von gewaltiger, welthistorischer Nachwirkung war. Jonier und Achäer, denen später dorische Emigrantenscharen aus dem Peloponnes

---

*) Vergl. Bürgel: Die pyläisch-delphische Amphiktyonie. — München; 1876. —

nachfolgten, besetzten die Inselwelt zwischen Attika und der Lydischen Küste und gründeten hier zahlreiche blühende Gemeinwesen, die an üppigem Wohlstand und verfeinerten Lebensformen bald das Mutterland übertrafen.

Mit der Verbreitung der kraft- und lebensvollsten hellenischen Stämme über die Inseln des ägäischen Meeres und die Westküste der Levante hatte die frische kühne Wanderlust des Griechentums einen mächtigen Aufschwung genommen. Die „nassen Pfade“ der länderverbindenden Salzflut lockten griechische Seeleute zu wagemutigen, gewinnverheissenden Entdeckungsfahrten nach den entfernten Gestaden des ehedem ängstlich gemiedenen, unbekannten Westmeeres. Sie bahnten anderen Auswanderern den Weg, die allmählig in grösseren Scharen sich auf den „barbarischen“ Küsten ansiedelten und mit bewunderungswürdigem Geschick, praktischem Sinn für Ordnung und edle Lebensformen und vermöge eines reichen Schatzes von vielseitigen Lebenserfahrungen ein vielseitiges Verkehrs- und Kulturleben schufen. „Wo griechische Sprache und Schöpfungskraft hindrang, wo der Kunstfleiss und die ordnende Thätigkeit hellenischer Männer ihre verständige Welt bauten, da verschwand die Barbarei, da wurden die rohen Naturtriebe gemildert, da herrschte Gesetz und menschliche Ordnung“.

In Afrika, Sicilien und Italien, dem südlichen Gallien und Spanien, darauf auch an den fruchtbaren Gestaden des schwarzen Meeres fand das hellenische Wesen Eingang. Und Städte, wie Byzanz, Kyrene, Tarent, Kroton, Sybaris, Syrakus, Massalia, waren Jahrhunderte hindurch würdige Repräsentanten hellenischer Sitte, Intelligenz und Thatkraft.

In der Mitte des 6. Jahrhunderts v. Chr. war die

grossartige Kolonialbewegung in dem Insel- und Küstengebiete des Mittelmeeres zum vorläufigen Abschluss gelangt.

In Hellas selbst beherrschte der gewaltige partikularistische Zug des griechischen Wesens alle politischen und bürgerlichen Verhältnisse. Nur wenige Kantone, wie das dorische Lakonien und das ionische Attika, haben sich zu wirklichen Einheitsstaaten ausgestaltet. Erst aus den blutigen Zusammenstössen des Hellenentums mit den orientalischen Grossmächten erwuchs eine, wenn auch kurzlebige, panhellenische Einheit.

Diese Kämpfe machen die Glanzseite der hellenischen Geschichte aus. Sobald sie aber vorüber waren und die von Asien drohende Gefahr glücklich abgewendet schien, traten die alten Zustände wieder ein und zeitigten zwischen den rivalisierenden Staaten Athen und Sparta, von denen jeder die Führerrolle in Hellas beanspruchte, eine unheilvolle Zwietracht. Die vielumstrittene Machtfrage konnte ihre endgiltige Lösung schliesslich nur durch das Schwert finden. So entbrannte denn der Bürgerkrieg, der mit beispielloser Erbitterung 27 Jahre hindurch bis zur völligen Erschöpfung beider Mächte geführt wurde.

Nun erlangte Theben unter Führung seiner grossen Staatsmänner Epaminondas und Pelopidas für einige Zeit die unbestrittene Vorherrschaft über Griechenland.

Inzwischen hatte der Macedonierkönig Philipp sein Reich immer mehr vergrössert. Die griechische Nation musste für ihre, bis dahin bewahrte, Unabhängigkeit und Freiheit fürchten. Als sie sich endlich zu energischem Handeln aufraffte, war es zu spät. Sie unterlag der macedonischen Kriegskunst.

Philipps grosser Sohn Alexander brachte Hellas vollständig unter seine Gewalt. „Ein König voll hoher

Gedanken, jede Ader ein Held“, seinem Vorbilde Achilleus nicht unähnlich, stellte er sich an die Spitze der griechischen Nation, um gegen die verhassten Perser, die einst in frevelhaftem Übermut die griechischen Tempel und Altäre geschändet und zerstört hatten, die alten Rachepläne zur Ausführung zu bringen, das Wunderland zu erobern, von dessen unermesslichen Schätzen und Herrlichkeiten Dichtung und Sage so erstaunliche Dinge zu berichten wussten, und „den Kampf auszufechten, der zwischen Europa und Asien von jeher vorgewaltet hat“. So ist das griechische Leben, wie Hegel sagt, von einem Jünglinge eröffnet, von einem Jünglinge geschlossen, und ist selbst dem Jünglingsalter der Geschichte zu vergleichen.

Die spätere Zeit ist nur ein schwacher Nachklang früherer Grösse. Nach Alexanders Tode blieben die meisten Kantone Griechenlands teils macedonische Provinz, teils traten sie zu den macedonischen Königen in das Verhältnis abhängiger Bundesgenossen. Die vollständige Unterwerfung unter die Herrschaft jener verhinderte der ätolische und achäische Städtebund, „der letzte kräftige Trieb, der an der Wurzel des verdorrten hellenischen Freiheitsbaumes ausschlug“.

Da aber die achäische Eidgenossenschaft zu bedeutender Macht gelangte, erregte sie die Eifersucht der übrigen Staaten. Um ihre Hegemonie zu brechen, vereinigten sich die Ätoler mit Sparta, das damals, durch eine innere Wiedergeburt neu gekräftigt, aus langem Todesschlummer erwacht war. In schicksalsschwerem Kampfe schwanden die letzten Kräfte Griechenlands auf immer dahin, zugleich mit der Vertilgung aller Vaterlandsliebe, aller Religiosität, alles Nationalsinnes. Schliesslich mischte sich das herrschsüchtige Rom in die inneren Angelegenheiten der hadernden Staaten — und Hellas sank als Provinz „Achaia“ in den weiten Schoss des Weltreiches. —

2. Die Religion und der Kultus der Hellenen.*)

Mit dem Staate stand im alten Hellas die Religion im engsten Zusammenhang.

---

*) J. L. Hug: Untersuchungen über den Mythos der berühmteren Völker der alten Welt, vorzüglich der Griechen. Freiburg; 1812. — F. Chr. Baur: Symbolik und Mythologie oder die Naturreligion des Altertums. 1824—25. — O. Müller: Prolegomena zu einer wissenschaftlichen Mythologie. Göttingen; 1825. — G. B. Jäsche: Der Pantheismus nach seinen verschiedenen Hauptformen. 3 Bde. Berlin; 1826—32. — Buttmann: Mythologus oder ges. Abh. über die Sagen des Altertums. 2 Bde. Berlin; 1828. — C. J. Nitzsch: Ueber den Religionsbegriff der Alten. Hamburg; 1832. — P. v. Limburg-Brouwer: Histoire de la civilisation morale et religieuse des Grecs. 8 Bde. Groningue; 1832—42. — L. Preller: Demeter und Persephone, ein Cyclus mythologischer Untersuchungen. Hamburg; 1837. — P. F. Stuhr: Die Religionssysteme der Hellenen in ihrer geschichtl. Entwicklung. Berlin; 1838. — F. Creuzer: A. a. O. Bd. 3 u. 4. — M. W. Heffter: Die Geschichte der Religion der Griechen und Römer. Brandenburg; 1845. — K. Eckermann: Lehrbuch der Religionsgeschichte und Mythologie der vorzügl. Völker des Altertums. 4 Bde. Halle; 1845—48. — J. F. Lauer: System der griech. Mythologie. Berlin; 1853. — W. Fr. Rinck: Die Religion der Hellenen aus den Mythen, den Lehren der Philosophen und dem Cultus entwickelt und dargestellt. 2 Bde. Zürich; 1853—54. — Mundt: Die Götterwelt der alten Völker. Berlin; 1854. — E. Gerhard: Griech. Mythologie. 2 Bde. Berlin 1854—55. — G. Grote: Griech. Mythologie und Antiquitäten. Leipzig; 1856. — Nägelsbach: Die nachhomer. Theologie des griech. Volksglaubens. Nürnberg: 1857. — C. Bötticher: Der Baumcultus der Hellenen. Berlin; 1857. — A. Maury: Histoire des religions de la Grèce antique. 3 Bde. Paris; 1857—59. — G F. Welcker: Griech. Götterlehre. 3 Bde. Göttingen; 1857—62. — E. v. Schmidt: Die zwölf Götter der Griechen, geschichtsphilosophisch beleuchtet. Jena; 1859. — Hartung: Die Religion und Mythologie der Griechen. Leipzig; 1865. — M. Müller: Vorlesungen über die Wissenschaft der Sprache. II. Bd. Leipzig; 1866. — Chr. Petersen: Das Zwölfgöttersystem

Wie die Arier in Iran und am Indus, dienten auch die Pelasger den hehren Himmelsmächten, die dem dürstenden Lande erquickenden Regen senden, die das belebende Sonnenlicht über den Erdball ausgiessen, die sich in mächtigen Naturerscheinungen, im Blitz und Donner offenbaren, und in dem Feuer, das leuchtend und wärmend das irdische Dasein veredelt. Zu diesen Mächten trat schon frühzeitig die Gottheit des flüssigen Elements in ebenbürtiger Würde hinzu. Hatte doch das Meer, zu welchem, infolge der eigenartigen Natur des Landes, sich die Bewohner allerorten hingezogen fühlten, in dem hellenischen Kulturleben von jeher eine ausserordentliche Bedeutung gehabt. Auch eine im dunklen Schosse der Erde waltende geheimnisvolle Gottheit, die das Saatkorn in sich aufnimmt, damit es tausendfältige Frucht trage, genoss die gläubige Verehrung des frommen Pelasgervolkes.

Diese göttlichen Wesen, welche die sinnvolle Mythe als Zeus, Demeter, Hermes, Hestia, Poseidon, Hades bezeichnete, sind persönlich gedachte Naturmächte, aber mit einer unendlich tieferen sittlichen und geistigen Auffassung als die indischen Naturgötter. So erklärt es sich denn auch, dass sie bei fortschreitender Entwicklung der Natur und Bildung nicht, wie es dort geschah, wesenlosen geistigen Gedankenschöpfungen weichen mussten, sondern zu allen Zeiten in dem griechischen Glaubenskreise die erste Stelle behaupteten und den Kern und Mittelpunkt des

---

der Griechen und Römer. Hamburg 1853—54. — M. Müller: Einleitung in die vergleichende Religionswissenschaft. Strassburg; 1874. E. Burnouf: La science des religions. Paris; 1877. — L. Preller: Griech. Mythologie. 2 Bde. Berlin; 1882. — H. Preiss: Wilhelm Vatke's Religionsphilosophie. Bonn; 1888. — Derselbe: Religionsgeschichte. Gesch. der Entwicklung des religiösen Bewusstseins etc. Leipzig; 1888. —

reichgestalteten Kultus sowohl, als der heiteren lebensfrohen Kunst bildeten.

Die erheblichste Umbildung erfuhren die pelasgischen Gottheiten durch die homerischen Gesänge. Diese Dichtung, die erste prachtvolle Blüte der emporstrebenden griechischen Kultur, die, einem lebendigen Borne gleich durch die ihr innewohnende Kraft aus tiefster Seele dringend, jedes poetische Herz entzückt und ergreift, in der kindliche Einfalt und hoher Gedankenflug, vollendete Kunst und schlichte Natur in schönster Harmonie vereinigt sind, in der eine menschlich-schöne Lebensanschauung, verbunden mit heiterem Frohsinn und fröhlicher Lust, mit frischem Mut, sittlichem Ernst und tiefer Wehmut über die mannigfachen Wechselfälle alles Erdenlebens und Menschendaseins, ihren erhabensten Ausdruck findet, — war zu allen Zeiten das Lieblingsbuch des griechischen Volkes, sein Schulbuch und seine Bibel. Mit Homer aufgewachsen, haben die Hellenen auch in fernen Ländern zu allen Zeiten ihre Nationalität bewahrt.

Die Göttergestalten dieser Heldendichtung haben aufgehört, ausschliesslich als Naturmächte zu gelten.

Zeus ist jetzt der König des Himmels, der gewaltige Herrscher der Welt, der Vater der Götter und Menschen. Sein eigentlicher Sitz ist der Himmel. Alle Erscheinungen desselben, Donner und Blitz, Regen und Sturm, gehen von ihm aus. Allein er besänftigt auch wieder die Elemente und sendet dem bedrängten Schiffer günstigen Fahrwind. Der gesetzmässige Wechsel der Jahreszeiten, die Ordnung der Natur ist sein Werk. Väterlich-mild waltet er in ihr und im Menschenleben. Die Geschicke der Menschen ruhen in seiner Hand. Unter seiner gnädigen Obhut gedeihen Geschlecht und Familie, Volk und König, Staat und Freiheit, Recht und Gesetz. Der allmächtige Herrscher, der Gegenwart und Zukunft kennt, ist auch der Gott der Weissagung. Seinen Willen und das dunkle Verhängnis des allgewaltigen Schicksals verkündet er durch Träume, durch Blitz und Donner, Vogelflug und Orakel. Sein ebenfalls weissagender Sohn Apollon stellt nur das Organ dar, durch welches der Vater spricht.

Seine ernste, Ehrfurcht gebietende Gattin Hera vertritt das sanftere Element des Himmels, seine erhabene Ruhe, seine lichte Heiterkeit. Sie ist die sorgliche Beherrscherin des Braut- und Ehestandes, die strenge Wächterin der ehelichen Treue.

In besonders inniger Verbindung mit Zeus erscheint Pallas Athene.*) Die auf mystische Weise aus dem Haupte des Göttervaters in kiegerischem Schmuck hervorgegangene, strahlenäugige Jungfrau voll erhabener Schönheit und Würde ist die Göttin der siegreichen Thatkraft in allen Kämpfen des Lebens, die mächtige und kluge Lenkerin und Schirmerin der Städte und Staaten. Als solche begünstigt sie alles, was zum Wohle der Bürger beiträgt: Ackerbau, Handel, Gewerbe und Schiffahrt. Mit ätherischer Reinheit und Klarheit alles durchdringend, ist sie die Göttin der Weisheit, des besonnenen Rates, der Künste und Wissenschaften. Ihr verdanken die Menschen eine Fülle von Erfindungen verschiedenster Art. Sie ist die treue Helferin aller klugen und tapferen Männer, aller ver-

---

*) Vergl. E. Rückert: Der Dienst der Athena. Hildburghausen; 1829. — G. Hermann: De graeca Minerva. Leipzig; 1837. — Forchhammer: Die Geburt der Athene. Kiel; 1841. — O. Müller: Kleine Schriften. II. Bd. Breslau; 1847. — Schneider: Die Geburt der Athene. Wien; 1880. — Voigt: Beiträge zur Mythologie des Ares und der Athene. (Leipziger Studien für klassische Philologie. IV. Bd. 1881.)

ständigen und kunstfertigen Frauen. Im Kriege ist sie die Göttin einer klugen, geordneten Kampfesweise.

Mit dieser ihrer Schutzgöttin brachten die Athener alles in Verbindung, was ihren Stolz ausmachte: das liebliche Blau ihres heiteren Himmels und ihre herrlichen Olivenwälder, ihren besonnenen Kriegsmut, ihr geistvolles Wesen und ihren ausgeprägten Kunstsinn. —

Pallas Athene steht in engem Bunde mit Hephaestos, dem Gott des himmlischen und irdischen Feuers, dessen gewaltige Kraft sich kund giebt in den vulkanischen Bergen, dann abei auch in seiner Anwendung im Menschenleben. Er erscheint demnach, wie Athene, als ein mächtiger Förderer der Kultur und Kunstfertigkeit. Insbesondere gilt er als der Begründer der Schmiedekunst, als ein emsiger Metallarbeiter und schöpferischer Werkmeister. Als Gott des Herdfeuers war er auch der Stifter des Familienlebens.

Die symbolische Beziehung des Herdfeuers zur menschlichen Kultur, zur bürgerlichen Eintracht, zum häuslichen Frieden und Segen deutete ausserdem die jungfräuliche Hestia*) an, um deren Hand Apollon und Poseidon einst vergeblich geworben, die, ernst und streng, das religiöse Sinnbild der festen Ansiedlung war und des geordneten Hausstandes, als deren Mittelpunkt die heilige Flamme des Herdes gedacht wurde. Wer ihm hülfesuchend nahte und sich in der Asche niederliess, galt als Schutzbefohlener des Hauses.

Eine der erhabensten Gestalten der Mythologie, der erkorene Liebling der hellenischen Mythe und der wich-

---

*) Vergl. Preuner: Hestia-Vesta. Tübingen; 1864.

tigste Himmelsgott nächst Zeus ist Apollon*), die strahlende, Licht und Leben spendende Himmelsmacht.

Mit dem Menschenleben tritt Apollon in vielseitigste Beziehung. Den Hirten ist er der gesangliebende, heilbringende Hüter der Herden; den Landleuten der freundliche Schirmer der lachenden Saaten; den Schiffern der hilfreiche Retter, der die dunkle Nacht vertreibt und die gefahrbringenden Stürme besiegt; den Stadtbewohnern der allgegenwärtige Strassenschirmer; den Soldaten der unwiderstehliche Siegesheld. Mit den schönsten Gaben, die das menschliche Gemüt erheben und begeistern, das irdische Leben verschönen und zieren, ausgestattet, dem Gesang und dem Saitenspiel, ist Apollon auch der fröhliche Führer der Musen, deren empfindungsvolle Kunst die Feste der olympischen Götter verherrlicht. Er verkündet den Menschen den Willen des Zeus, des Weltordners, und wacht über dessen Erfüllung. Wer sich den göttlichen Geboten widersetzt, den ereilt der Grimm und Zorn des Gewaltigen. Rastlos verfolgt er alle übermütigen Frevler und Verbrecher und vernichtet sie erbarmungslos mit seinen niefehlenden Pfeilen. Den Reuigen und Schutzflehenden aber befreit er von der ewigen Rache der schrecklichen Erinnyen, gewährt ihm die ersehnte Reinigung. Unter dem sicheren Schutz des Lichtgottes, dessen klares Seherauge das Verborgene schaut, das Dunkel durchdringt, der den Willen des Göttervaters offenbart, standen die meisten Orakel Griechenlands.

Seine schöne Schwester Artemis,**) ursprünglich die

*) Vergl. Schwartz: De antiquissima Apollinis natura. Berlin; 1843. — K. O. Müller: Die Dorier. Bd. I. Breslau; 1844. — Schönborn: Über das Wesen Apollons und die Verbreitung seines Dienstes. Berlin; 1854.

**) Vergl. Claus: De Dianae antiquissima apud Graecos natura.

keusche Mondgöttin, ist das weibliche Gegenbild des Bruders. Wie er, so vermag auch sie mit ihren Pfeilen, besonders den Mädchen und Frauen, plötzlichen Tod zu senden. Sie ist aber auch eine schützende, heilbringende Gottheit und mit dem natürlichen Leben in enger Verbindung geblieben, während ihr Bruder seine Thätigkeit vornehmlich dem geistigen Gebiet zugewendet hat. Sie ist eine rüstige Jägerin, die, von den lieblichen Waldnymphen begleitet, kühn durch Wald und Gebirge streift, eine liebevolle Pflegerin und Hüterin des Wildes und der Herden. Feindin alles zuchtlosen Wesens und selbst der Männerliebe abhold, wurde die jungfräuliche Göttin in weiterer Entwicklung die Beschützerin weiblicher Zucht und Ehre.

Ares,*) der streitsüchtige Sohn des Zeus und der Hera, ursprünglich das Bild des durch Sturm und Ungewitter aufgeregten Himmels, wurde unter den Händen der Dichter der wilde Kriegsgott, dem nichts lieber ist als tosendes Schlachtgetümmel und verderblicher Streit und Männermord. Daher ist Pallas Athene ihm eine erbitterte Gegnerin, während sein Vater Zeus ihn wütend hasst. In Athen wurde er als Stifter des heiligen Blutgerichts verehrt. —

Seine Geliebte war die goldene Aphrodite,**) die holdlächelnde Liebesgöttin. Ihr liegt die Gestalt der asiatischen Aschera-Astarte zu Grunde. Aus der Göttin des

---

Breslau; 1881. — Schreiber: Artemis. Leipzig; 1884. (In Roscher's „Lexikon der Mythologie“).

*) Vergl. H. D. Müller: Ares. Ein Beitrag zur Entwickelungsgeschichte der griechischen Religion. Braunschweig; 1848. — Stoll: Über die ursprüngliche Bedeutung des Ares. Weilburg; 1855.

**) Vergl. F. Lajard: Recherches sur le culte, les symboles, les attributs et les monuments figurés de Venus en Orient et en Occident. Paris; 1837. — Tümpel: Ares und Aphrodite. Leipzig; 1880.

entstehenden und wachsenden Naturlebens, die sich erfreut an blühenden Gärten und duftenden Blumen — vorzüglich an Myrten und Rosen — und schattigen Hainen, an heiterer Frühlingslust und sinnlicher Liebe, schuf der hellenische Geist ein wunderbares Götterbild voll liebreizender Anmut, voll körperlicher Schönheit und bezaubernder Grazie, „das als Ausdruck der Liebe in ihrer ganzen Bedeutung das Auge entzückte, den inneren Sinn mit edlen Gebilden und Formen füllte und in der Brust ein namenloses Sehnen weckte". —

Jener segenbringende Naturgott Hermes,*) den die alten Pelasger als die befruchtende Himmelskraft ihrer Fluren und Triften verehrten, wurde der gewandte ausrichtende Bote der Götter, der durch kluge List und Geschicklichkeit alles zu gutem Ende führt. Als solcher ist er auch der freundliche Schlafspender, der mit seinem goldenen Stabe die müden Augen der Sterblichen schliesst und sie wieder zum Leben erweckt, der Führer der von Zeus gesandten Träume und der abgeschiedenen Seelen, die er in den schauerlichen Hades geleitet. Strassen, Plätze und Grenzmarken schützt er vor jeder Beschädigung; sicher geleitet er den einsamen Wanderer, dass er den rechten Weg nicht verfehle und ohne Unfall seine Reise vollende, und gewährt ihm das zufällige Glück des Fundes. —

Die uralte Vorstellung, dass er sich durch kluge Ausreden und Lügen aus allen Verlegenheiten zu helfen weiss, machte ihn zum mächtigen Beschützer jener Ge-

*) Vergl. Wehrmann: Das Wesen und Wirken des Hermes. Magdeburg; 1849 u. 52. — Mehlis: Die Grundidee des Hermes vom Standpunkt der vergleichenden Mythologie. Erlangen; 1875. — Roscher: Hermes, der Windgott. Leipzig; 1878.

schäfte, bei denen anstellige List und Verschlagenheit, schlaue Überredung und Täuschung, anmutige Gewandtheit im Handeln und Sprechen wie im geheimnisvollen Schweigen zu vorteilhaftem Gewinn verhelfen.

Der ursprüngliche Charakter personifizierter Naturkräfte, den die himmlischen Götter allmählig abgestreift, wurde von den geheimnisvollen, im dunklen Erdenschosse und im flüssigen Elemente wirkenden Mächten sorgfältiger bewahrt.

Zeus' Bruder Poseidon*) führt die Herrschaft über das Meer und alles Gewässer. Ein ungestümer Gebieter, wühlt er mit dem furchtbaren Dreizack die unendliche Salzflut auf, dass die empörten Wogen brandend an die Küsten anschlagen, Länder überschwemmen und Städte in ihren Schoss begraben, und stösst ihn dröhnend in die Erde, dass sie zitternd erbebt. Er entlockt aber mit dieser Waffe auch dem harten Gestein murmelnde Quellen und rieselnde Bäche, auf dass sie die herrlichen Thalgründe befruchten. Das rasche Pferd — die schäumenden Wogen — rief er ins Dasein und bändigte dessen ungestüme Kraft. Alle kühnen Unternehmungen zu Ross und zu Wagen stehen unter seinem mächtigen Schutz. Vernichtende Stürme und günstige Fahrwinde rühren von ihm her. Auf seinen Wink versinken die Schiffe auf dem wogenden Meere oder gelangen unversehrt in den schützenden Hafen. Darum ist er der gütige Förderer und mächtige Schirmherr jeglichen Seeverkehrs, der friedlichen Schiffahrt, wie des grausigen Seekampfes.

Ihm unterthan sind der ewig wandelbare Proteus, der

*) Vergl. Gerhard: Über Ursprung, Wesen und Geltung des Poseidon. Berlin; 1851. — Eschweiler: De nomine mythologico Poseidonis. Rostock; 1869. —

weissagende Meergreis, das zahllose Geschlecht der muschelblasenden Tritonen, die Sirenen, die schönen Seejungfrauen, die, auf einsamen Klippen hausend, vorüberfahrende Schiffer durch verführerischen Gesang ins Verderben locken, tückisch, wie der glatte Spiegel der See, unter welchem das Korallenriff verderbensinnend lauert. Es waren „lebendige Bilder der rauschenden, tönenden Meeresflut mit den geheimnisvollen dämonischen Kräften und Gestalten ihres Innern und ihrer Tiefe“. —

Unter den Erdgöttern tritt jene alte Gottheit Gäa, die Mutter alles Lebendigen, die Spenderin der Fruchtbarkeit und zugleich die Göttin des Todes, im Kultus wenig hervor. Um so mehr aber das reiche Leben, das auf und in ihr zur Entwicklung und Erscheinung kommt. Schon in der pelasgischen Urzeit wurde es dem Dionysos und der Demeter zugewiesen.

Dionysos, *) der grosse Freudenspender, ist der Inbegriff der mächtigen Triebkraft und Naturfülle, die dem Obste die liebliche Süsse und der Traube die berauschende Kraft verleiht.

Als Urheber des Wein- und Gartenbaues ist Dionysos, gleich der Demeter, ein freundlicher Förderer der Kultur und des gesitteten Lebens. Mit seinen heiteren Gaben erfreut er des Menschen Herz; führt die Menschen zu heiterer Geselligkeit, zu freudigem Genusse des Lebens zusammen, fördert überhaupt gesellige Bildung und bändigt die rohen Naturkräfte. Panter und Löwen spannt er vor seinen Siegeswagen und zwingt die losen Walddämonen, die Satyre, und die zauberkundigen, verführe-

---

*) Ribbeck: Anfänge und Entwicklung des Dionysoskultus in Attika. Kiel; 1869. — Brown: The great Dionysiak Myth. 2 Bde. London; 1877—78. —

rischen Nymphen zum Gehorsam. Wie Apollo, so flösst auch er Lust zum Gesang und zur Dichtung ein, aber die Poesie, die von ihm ausgeht, ist lebhafter, leidenschaftlicher, die Musik lauter, lärmender.

Demeter ist die persönlich gedachte Naturkraft, welche das Getreide und alle Feldfrüchte zur Reife bringt. Als Göttin des Ackerbaues ist sie auch die Schutzherrin der Gesittung.

Das ewige Werden und Vergehen in dem grossen Haushalt der Natur steht mit dem menschlichen Leben in so unmittelbarer Wechselbeziehung, dass der hellenische Kultus und Volksglaube, die hellenische Kunst und Religionswissenschaft an das geheimnisvolle Walten der Natur- und Erdgötter ihre tiefsten Ideen anknüpften.

Der sinnige Hellene beobachtete das Grünen und Blühen der Pflanzen im rosigen Sonnenlicht; er sah, wie sie zur Zeit des Herbstes wieder hinabsanken in den mütterlichen Schoss, aus dem, sie im Frühling emporgestiegen, und unwillkürlich lenkte er den prüfenden Blick auf das menschliche Leben. Auch hier bemerkte er die innige Berührung von Geburt und Tod. Die erdbewohnenden Geschlechter wandeln nur kurze Zeit auf der sonnigen Oberwelt, um alsdann einzugehen in das dunkle Reich der Tiefe.

Diese Wechselbeziehung des Lebens und Todes findet in der schönen Mythe von der gewaltsamen Entführung der Tochter der Demeter, der jungfräulichen Persephone,*) durch den finsteren Gebieter der Unterwelt ihren symbolischen Ausdruck.

---

*) Vergl. Förster: Der Raub und die Rückkehr der Persephone. Stuttgart; 1874. —

Persephone war das verbindende Mittelglied zwischen Ober- und Unterwelt, denen sie gemeinschaftlich angehört, während ihr grausamer Gemahl Hades über die Orte herrscht, wo alle Schrecknisse des Todes hausen und die dunklen Schicksalsmächte wohnen.

Die finsteren, trübseligen, lebensfeindlichen Vorstellungen von der Unterwelt und ihren Schrecken hatten unmittelbar das ängstliche Gefühl grösserer Abhängigkeit von den Erdgöttern, als von den Himmels- und Wassermächten, zur Folge und verliehen ihrem Kultus anfangs den Charakter düsterer Trauer, melancholischer Klage, schwärmerischen Mysticismus. Als aber später, namentlich durch den Einfluss der Mysterien, den dunklen Mächten der finsteren Tiefe auch wohlthätige, lebengebende Kräfte beigelegt wurden, gestaltete sich ihre Verehrung teilweise zu einem Kultus lauter Freude und glühender Begeisterung. —

Im alten Hellas gab es keine gemeinsame Religionsgenossenschaft, keine Kirche, sondern nur Lokalkulte. Diese aber waren Staatseinrichtungen.

Die eigentlichen Organe des Kultus waren in Hellas, wie bei allen andern Völkern, die Priester. Doch fehlte ihnen der einheitliche Charakter, die zunftmässige Gemeinsamkeit. Sie waren keineswegs die alleinigen Vermittler zwischen den einzelnen Menschen und den Göttern. Jede anerkannte Kultgemeinschaft war berechtigt, die Kultgebräuche, Gebete, Opfer, Darbringung von Weihgeschenken u. s. w., auch von anderen Personen, von dem Familienvater für die Familien, von den ersten Staatsbeamten für den Staat vollziehen zu lassen.

Während der Dienst der Götter von Priestern versehen wurde, war der der Göttinnen in der Regel Priesterinnen vorbehalten.*) In der Zeit ihrer Amtsführung war ihnen meistens Ehelosigkeit und Keuschheit zur Pflicht gemacht.

Die priesterlichen Ämter waren teils in bestimmten Familien erblich, teils wurden sie von Seiten des Staates oder der berechtigten Geschlechtsgenossen durch Wahlbeamte besetzt, nicht selten auch an den Meistbietenden verkauft. Ohne Beziehung und Verbindung unter einander, haben die Priester verschiedener Tempel und Orte auch keinen Versuch gewagt, zu einer einflussreichen Machtstellung im Staate zu gelangen oder gar einen ihrer Mitbürger seines Glaubens wegen zu verfolgen.

Die griechischen Kultbeamten hatten bestimmte örtliche Wirkungskreise, welche man zugleich als die Aufenthaltsorte der Gottheiten ansah, deren Dienste sie sich geweiht.

Es waren dies anfangs Wälder und Berge, Höhlen und Quellen, zuweilen auch Bäume. Später wurden hier Götterbilder**) aufgestellt und schliesslich, namentlich in

---

*) Vergl. Adrian: Die Priesterinnen der Griechen. Frankfurt a/M; 1822. — Schon bei Homer (Ilias VI) findet sich eine Priesterin der Athene namens Theano. Eine Priesterin Theano war es auch, welche nach der Verurteilung und der priesterlichen Verfluchung des Alkibiades wegen Entweihung der eleusinischen Mysterien sich weigerte, nun auch ihrerseits den Verurteilten mit einem Fluche zu belegen, indem sie die herrlichen Worte sprach: Ich bin eine Priesterin, berufen, Segen zu spenden, nicht Flüche auszusprechen. (S. Plutarch: Alkibiades)

*) Als Götterbilder dienten ursprünglich, wie in Ägypten, Tiere, besonders Schlangen, auch Pflanzen und Steine, in der Eigenschaft von Sinnbildern. An ihre Stelle traten später, als man die Götter unter Menschengestalt zu verehren begann, jene wunderbaren Mischgestalten, wie sie sich in den Kentauren, Satyrn u. s. w. darstellen. Die kunstreichen, bisher unerreichten Erz- und Marmorbilder entstanden erst in der Zeit völliger Menschengestaltung der Götter. —

den Städten, kunstvolle Tempel und prunkende Heiligtümer errichtet.

Das wesentlichste Erfordernis eines Tempels war der Altar. Ein bestimmter Teil im Innern, das Allerheiligste, war bisweilen geheimen Gottesdiensten geweiht.

„Nicht nach Art des gotischen Tempels in schwindelnder Andacht himmelan strebend, sondern in behaglicher Breite lagerte sich der hellenische auf die geliebte Mutter Erde hin. Wie das Griechentum überhaupt durchaus keine Neigung fühlte, das Diesseits ins Jenseits zu verflüchtigen, so auch die griechische Architektur. Es atmet in ihr, im ganzen und einzelnen, ein klarer, massvoller, menschlicher Geist. Sie hat nicht die geringste Lust, in riesenhaften Auftürmungen mit dem Orient zu wetteifern: sie will nicht Ungeheures schaffen, sondern Schönes. Mit weiser Selbstbeschränkung führte sie daher das Mass ihrer Gotteshäuser auf Dimensionen zurück, welche eine allseitige Entfaltung der architektonischen Idee gestatteten. Da kam dann so Vollendetes zu stande, wie das Parthenon und Theseion in Athen oder die Tempel zu Agrigent und Pästum.

In und bei solchen Tempeln bewegte sich der daseinsfrohe Kult und das künstlerisch organisierte Festleben der hellenischen Religion“.

Mit den Götterbildern, welche das gemeine Volk für die Gottheiten selbst hielt, wurde mancherlei Aberglaube getrieben, der vielfach an den bunten Heiligenbilderkult der katholischen Kirche erinnert.

Wie vorherrschend der Glaube war, dass die Götter am Orte ihrer Verehrung ihren Wohnsitz hätten, das zeigen am deutlichsten die Handlungen, durch welche ihnen Verehrung gezollt wurde.

Der einfachste religiöse Act war die Darbringung von Weihgeschenken. Wer den Göttern Dank schuldete oder ihre Gunst erwerben wollte, legte im Tempel nieder, was ihm lieb und teuer war: der Handwerker seine Werkzeuge, der Landmann die Erstlinge seines Feldes, die Frauen ihren Schmuck, der Soldat seine Waffen, der Sieger einen Teil seiner Beute; ja, man weihte dem heiligen Dienste auch Menschen, gewöhnlich Sklaven.

Zu den Weihgeschenken gehörten auch die Opfer. Geopfert wurden Pflanzen, Früchte, Wein, Honig, Milch und Tiere, meist Haustiere.

Ursprünglich brachte der alte hellenische Kult Menschenopfer dar, wie u. a. die Fabel von dem Minotauros auf Kreta beweist. Berühmt und gefeiert in Sage und Dichtung ist das Opfer des Heerkönigs Agamemnon, welches er in Aulis der Artemis in der Person seiner eigenen Tochter Iphigenie brachte.*) Bei Homer findet sich der menschenmordende Kannibalismus noch in der Form des Totenopfers vor. Achilleus schlachtete seinem toten Freunde Patroklos zwölf gefangene junge Troer. Zu Athen wurden noch in späteren Zeiten, da die Stadt durch Hunger oder Pest heimgesucht ward, den sühnenden Todesgöttern Jünglinge oder Männer geopfert. Doch scheint im allgemeinen der schreckliche Menschenopferdienst schon früh erloschen zu sein.

---

*) Als die Zeiten humaner, die Ansichten milder geworden, liess Euripides in seiner geistvollen Tragödie „Iphigenie in Aulis" die Göttin sich statt der Jungfrau, welche sie als ihre Priesterin nach Tauris entrückte, mit einer Hirschkuh zufrieden stellen. Ein ähnlicher Vorgang spielte sich in der hebräischen Sage ab, welche in einer späteren Bearbeitung der Erzählung von der Opferung Isaaks an dessen Stelle einen Widder setzt. — Vergl. Kurtz: Das mosaische Opfer. Mitau; 1842.

Das Menschenopfer wurde durch das Tieropfer ersetzt. Opfernde und Opfertiere waren mit Kränzen geschmückt. Ehe man das Tier schlachtete, schnitt man die Stirnhaare ab, und warf sie als Erstlinge ins Feuer. Dann bestreute man den Kopf des Opfers mit Gerstenschrot und besprengte den Altar mit Blut. Auf ihm wurden die Eingeweide und die Schenkel des Tieres verbrannt. Die übrigen Teile wurden von dem Opfernden in Gemeinschaft der Priester in fröhlichem Schmause verzehrt. Zu Anfang und am Schlusse des Mahles wurden einige Tropfen Wein aus dem erhobenen Becher zur Libation auf die Erde gegossen. Es war eine naive Abfindung mit den der menschlichen Gaben nicht bedürftigen Göttern, dass man ihnen solche Teile darbrachte, die für die Opfernden ungeniessbar waren. Hier waren die Götter leichter zu befriedigen als ihre irdischen Abbilder. —

Alle wichtigen Vorgänge innerhalb der Gemeinde und der Familie, Geburt, Eheschliessung und Tod, waren von Opferhandlungen begleitet. Bei besonders feierlichen Anlässen wurden Hekatomben, Opfer von hundert und mehr Tieren, dargebracht. Ihrem Zwecke nach zerfielen sämtliche Opferhandlungen in Bittopfer, Reinigungs- und Vertragsopfer.

Nächst dem Opfer war das Gebet*) die verdienstvollste religiöse Handlung. Der Grieche schrieb ihm eine uuwiderstehliche Zauberkraft zu, welche die Götter geneigt mache, die Bitten und Wünsche der Menschen zu erfüllen. Darum versenkte sich der Betende nicht in die verborgenen Quellen des Seins, erhob sich nicht über die weltlichen Dinge. Unbedeckten Hauptes und mit emporgehobenen

*) Vergl. E. v. Lasaulx: Über die Gebete der Griechen und Römer. Würzburg; 1842.

Händen schaute er zu den Himmlischen auf und erbat für sein diesseitiges Wohlergehen das Beste. Oft fügte er seinem Gebete grausige Flüche und Verwünschungen hinzu, durch welche die unterirdischen Götter zur Rache an Missethätern angerufen wurden.

Einen nicht unwichtigen Teil der hellenischen Religion bildete die Mantik,*) die priesterliche Weissagekunst.

Der den Menschen eigene Wunsch, den dichten Schleier der Zukunft zu lüften, das rohe Bestreben Einzelner, diesen Umstand möglichst auszubeuten, ihn zur Erlangung höherer Achtung und Macht oder zu schnöder Bereicherung zu benutzen, hat überall den naiven Glauben an die geheimnisvolle Kunst der Wahrsagung und Weissagung hervorgerufen. Solche Kraft aber wurde, namentlich im Altertum, einzelnen begnadeten Menschen zugeschrieben, welche man für bevorzugte Lieblinge der weltregierenden Mächte hielt, und dies um so mehr, als einerseits das Bewusstsein, nicht selbst in die dunkle Zukunft schauen zu können, allgemein war, als andererseits die Kenntnisse von der Natur und ihren Erscheinungen, die religiöse Erkenntnis, die sittliche und wissenschaftliche Bildung auf niedriger Stufe standen.

Die hellenische Mantik beruhte auf ähnlichen abergläubischen Voraussetzungen und Anschauungen und war der grossen Menge ein durchaus notwendiges Bedürfnis. Wahrscheinlich eine unmittelbare Folge der Eingeweideschau der Opfertiere, gestaltete sich das religiöse Gewerbe der Deuter und Seher allmählig zu einem vielverzweigten System der Auslegung der Träume, der Deutung des Vogelfluges, der

---

*) Boucher u. Leclercq: Histoire de la divination dans l'antiquité. 4 Bde. Paris; 1879—81.

Naturerscheinungen u. s. w. Das ganze Leben der Nation war mit dem frommen Aberglauben durchflochten.

Anstalten der Zukunftsverkündigung höchsten Stils waren die Orakel, welche zur Zeit ihrer Blüte auf das griechische Staats- und Privatleben von massgebendem, weitreichendem, nicht selten sehr heilsamem Einfluss waren.

Das berühmteste und am meisten beschäftigte Orakel war das des Apollon zu Delphi. Der Gott des Lichtes und der Weisheit verlieh der schwachen Menschenseele, namentlich den Frauen, das Vermögen, in die unabänderliche Ordnung der Dinge einzudringen, die himmlischen Offenbarungen in sich aufzunehmen und dann auf die an sie gestellten Fragen eine mystische Antwort zu geben, die von einer gewandten, erfahrenen, hochgebildeten Priesterschaft meist in metrische Form gebracht wurde.

Jahrhunderte lang wusste das Delphische Orakel mit merkwürdigem Gemeinsinn sein Ansehen zu bewahren und sich nicht nur zum religiösen und geistigen, sondern auch politischen Hauptort von Hellas zu machen. Von dem pythischen Heiligtum ging die Idee eines gemeinsamen Vaterlandes und Ursprunges aus. Es bändigte die wilden Leidenschaften der hellenischen Nation durch die unwiderstehliche Macht der Humanität und suchte unter ihren Stämmen völkerrechtliche Bestimmungen zur Anerkennung zu bringen. Die zahlreichen Ansiedlungen und Niederlassungen leitete es geschickt nach ordnungsmässigem Plan, so dass der hellenische Name die reichen Mittelmeerküsten wie ein goldener Saum einfasste, den rohen Barbaren eine glänzende Stätte der Bildung und Zivilisation, dem eigenen Volke ein mächtiger Hebel der Industrie, des Handels und des Wohlstandes. —

Mit der Vervollkommnung der menschlich gebildeten Götter veredelten die Hellenen ihr eigenes Wesen, steigerten sie ihre eigenen sittlichen, geistigen und künstlerischen Ziele. Um diesen menschlich fühlenden Himmelsmächten gerecht zu werden, war es nötig, nur die eigenen Triebe und Leidenschaften zu mässigen und unter die Herrschaft der Vernunft und Einsicht zu stellen, die menschlichen Regungen und Empfindungen nach den göttlichen Vorbildern zu gestalten und zu veredeln.

Die sittliche Aufgabe des Hellenen bestand so wenig in der unbedingten Hingebung an die Natur, als in deren Ertötung. Er sollte alle Elemente seines Wesens entwickeln, aber sie durch weise Mässigung zu einem harmonischen Zusammenwirken bringen. Ausgestattet mit freier Willenskraft und regem Selbstgefühl, darf er sich doch nicht durch dieses Vermögen zur Überhebung gegen die Götter oder zur Verletzung anderer Menschen verleiten lassen.

Die segensvolle Wirkung dieser Beschränkung fühlte der Grieche in der eigenen Brust. Darum diente er seinen Göttern, die ihm ja als gleichgeartete Wesen gegenüber standen, mit freudigem Herzen, nicht unter dem qualvollen Drucke der Angst und der finsteren Asketik, sondern mit heitern Festen und poetischen Gebräuchen; nicht durch Ertötung des Fleisches, sondern durch harmonische Entwicklung der Ideen des Schönen und Guten, durch gesunde Ausbildung des ganzen Menschen nach Leib und Seele.

Aus solchem Verhältnis der Götter und Menschen entsprangen jene bürgerlichen und menschlichen Tugenden, welche die Griechen schon in der Heldenzeit vor allen andern Völkern auszeichneten: die edle Gestaltung des Familienlebens, die Pflichten der Pietät, die Heiligung des Gastrechts, die Schonung gegen Schutzflehende, Bedrängte und Bettler, die Achtung der Freundschaft, die Liebe zum

Vaterland. Ein solches Volk, ein Volk, auf dessen Boden ein Sokrates, ein Platon, ein Sophokles sich bilden konnten, muss ein tief sittliches gewesen sein, wenn auch nicht nach unsern heutigen Begriffen. —

3. Die hellenischen Mysterien.*)

In seinen Göttern malt sich der Mensch! Dieses schöne Wort eines grössten unserer deutschen Dichter charakterisiert treffend die hellenische Religion. Die griechischen Götter, idealisierte Menschen, in deren ätherischen Leibern das Menschenherz pulsiert, geschwellt von Lust und Weh, von Liebe und Hass, Mitleid und Zorn, sind ein Kunstwerk des künstlerischen Genius von Hellas, und die griechische Religion hat ebenfalls nur die Bedeutung eines Kunstwerks, sie war ein Kultus der schönen Form. In ihrer künstlerischen Gestaltung aber waren die spekulativen Ideen, welche ihr ursprünglich zu Grunde lagen, mehr und mehr verflüchtigt.

Infolge der Äusserlichkeit des öffentlichen Gottes-

*) Vergl. (Stark): Über die alten und die neuen Mysterien. Berlin; 1782. — P. Fr. A. Nitzsch: Beschreibung des häuslichen, gottesdienstlichen, politischen etc. Zustandes der Griechen. Erfurt; 1791. (Fortges. von Köpke und Höpfner. 4 Bde.) — C. Meiners: Allgemeine kritische Geschichte der Religionen. II. Bd. Hannover; 1807. — C. A. Lobeck: Aglaophamus sive de theologiae mysticae Graecorum causis. 2 Vols. Königsberg; 1829. — K. F. Hermann: Lehrbuch der griech. Antiquitäten. 3 Tle. Heidelberg; 1831—52. — Fr. A. Wolf: Vorlesungen über die Antiq. von Gr. (Herausgeg. von Hoffmann.) Leipzig; 1835. — Muth: Über die Mysterien der Alten. Hadamar; 1842. — W. Wachsmuth: Hellenische Altertumskunde. Halle; 1846. — K. F. Hermann: Kulturgeschichte der Griechen und Römer. 2 Bde. Göttingen; 1857—58. — A. Mommsen: Heortologie. Antiqu. Untersuchungen über die städtischen Feste der Athener Leipzig; 1864. — G. F. Schömann: Griechische Altertümer. 2 Bde. Berlin; 1871—73. — [Heine: Die germanischen, ägyptischen und griechischen Mysterien. Hannover; 1879.]

dienstes und der sinnlichen Auffassung der plastisch-poetischen Volksreligion suchten schon frühe ernster gestimmte Gemüter Trost und Befriedigung bei den mannigfachen Wechselfällen des Erdenlebens in den Geheimdiensten der Mysterien.

Hervorgegangen aus dem Gefühl, dass der Mensch den Göttern untergeordnet, von ihnen abhängig sei, aus dem Bedürfnis einer tieferen Andacht und Heilsordnung, hervorgerufen durch den Gedanken der Vergänglichkeit, welcher häufig genug mit der ganzen Wucht seiner Schwere in das voll und ganz gelebte Leben der Griechen fiel,*) verwerfen die Mysterien die Abhängigkeit der Religion von der Schönheit und der Kunst, ordnen vielmehr das menschliche Leben und Thun dem Dienste der Götter unter, ringen nach einer Vereinigung mit ihnen, erstreben die göttliche Gnade, suchen trostreiche Beruhigung in den Vorstellungen von einer Lebenserneuerung im Tode, von einer Wechselbeziehung des Daseins über und unter der Erde und unternehmen es, diese Ideen durch dramatische Vorgänge und Zeremonien, durch blendende Einwirkung auf die Sinne zu verwirklichen.

Jenen blühenden Realismus, der das Hellenentum und seinen Kultus mit frischer Heiterkeit und fröhlicher Lebenslust umgab, welcher seine Ideale hienieden suchte, trifft man in den Geheimdiensten nicht an. Dagegen herrschten hier düstere Trauer, mystische Symbolik, krankhafte Phantastik vor.

Unzweifelhaft haben Mysterien in allen griechischen

---

*) Siehe Homer (Ilias V):
„Gleich wie Blätter im Walde, so sind die Geschlechter der Menschen;
Blätter verweht zur Erde der Wind nun, andere treibt dann
Wieder der knospende Wald, wann neu auflebet der Frühling:
So der Menschen Geschlecht, dies wächst und jenes verschwindet.“ —

Staaten bestanden. Teils waren sie auf den enggeschlossenen Kreis weniger Personen beschränkt, so dass sie allein von den dazu berufenen Kultbeamten gefeiert wurden, teils wurden sie unter Beteiligung einer zahlreichen Gemeinde begangen. Ihnen beiden gemeinschaftlich aber war die strenge Vorschrift, dass von den heiligen Gebräuchen des Geheimdienstes, den ihm eigentümlichen Anrufungen der Götter, der ganzen dabei stattfindenden Liturgie bei schwerer Strafe keinem Uneingeweihten Mitteilung gemacht werden durfte.

Warum diese Kulte sich von den übrigen absonderten und sich mit einem geheimnisvollen Schleier umgaben, ist ein Rätsel, das in befriedigender Weise nicht zu lösen ist. Im Altertum selbst forschten die Gläubigen wenig oder garnicht nach den unbekannten Gründen.

a. Die eleusinischen Mysterien.*)

Es waren die ältesten der griechischen Geheimgottesdienste, wurden zu Eleusis in der Nähe von Athen gefeiert und waren der Demeter und ihrer Tochter Persephone geweiht. Später kam hierzu noch eine männliche Gottheit, Jakchos (Dionysos), der Gott der gewaltig schaffenden Naturkraft.

Den Eleusinien liegt der Mythus der Demeter zu Grunde. Als die Göttin, als mater dolorosa den Erdkreis durchwandernd und ihre von dem finsteren Hades geraubte Tochter suchend, in tiefem Schmerz am Blumenbrunnnen zu Eleusis sich niedergelassen hatte, wurde sie durch die

*) Vergl. G. Klemm: Allgemeine Kulturgeschichte. Bd. VIII. Leipzig; 1850. — O. Hene-Am Rhyn: Allgemeine Kulturgeschichte. Bd. II. Leipzig; 1877. — Haggenmacher: Die Eleusinischen Mysterien. (In: Jahn's Jahrbücher. Supplem.-Bd. 11.) — Siehe ferner: Limburg-Broawer, Oppert, Preller, Welcker etc. etc. a. a. O.

lustigen Scherze der Magd Jambe, die zum Wasserschöpfen an den Brunnen gekommen war, erheitert und zum Genuss von Speise und Trank bewogen. Sie fand in Eleusis gastliche Aufnahme und ruhte hier von ihren erfolglosen Forschungen aus. Als dann infolge des vermittelnden Einspruches des Göttervaters der Herrscher des Schattenreiches der Geraubten gestattete, die eine Hälfte des Jahres bei der Mutter, die übrige Zeit aber bei dem ungeliebten Gemahle zuzubringen, lehrte Demeter die Eleusinier als Dank für ihre Gastfreundschaft den Ackerbau und verlieh ihnen die Brodfrucht und die Mysterien.

An der Stätte des Brunnens wurden ein Tempel und eine Einweihungsstätte gegründet, prachtvolle Bauwerke, wie die noch vorhandenen stattlichen Grundmauern bezeugen. Eine mit herrlichen Monumenten und Kunstwerken geschmückte „heilige Strasse" verband den geweihten Bezirk mit der Hauptstadt Athen, wo ebenfalls ein eleusinischer Tempel, den Zwecken des Geheimkultus dienend, errichtet war.

Der mystische Kult gehörte zu derjenigen Gattung von Geheimdiensten, die von einer zahlreichen Gemeinde begangen wurden. Er galt als besonders heilig und gottgefällig, so dass er sich bald über ganz Griechenland, die Inseln und die Kolonien bis nach Kleinasien und Italien hin verbreitete.

Die Eleusinien standen unter Leitung und Aufsicht des Staates und wurden mit demselben Eifer und derselben Sorgfalt geschützt, wie die Volksreligion. Sie waren ja ein ähnliches religiöses und gläubiges Institut, das keineswegs der Staatskirche einen Abbruch that. Wer sich in ihre mystischen Geheimnisse einweihen liess, fiel darum nicht von dem rechten Glauben ab, sondern fasste ihn in anderer Weise auf, als die grosse Masse des Volkes.

Die vornehmsten Priesterämter dieses Kultus waren im Besitze der alten eleusinischen Geschlechter der Eumolpiden und Keryken.

Die hauptsächlichsten Beamten bei den Mysterien waren der Oberpriester (Hierophant), welcher die liturgischen Funktionen bei der Feier zu verrichten hatte, der Fackelträger (Daduchos), der Herold (Hierokeryx), welchem die Pflicht oblag, die versammelte Gemeinde zur Andacht aufzufordern, die Gebetsformeln vorzusprechen, bei den heiligen Opferhandlungen zu ministrieren u. s. w., und der Altar- oder Opferpriester (Epibomios).

Ausser diesen hohen Kultusbeamten stand im Dienste der Mysterien noch eine stattliche Zahl von Ministranten, Musikern, Sängern, die bei den festlichen Umzügen nicht zu entbehren waren.

Die eigentlichen Angelegenheiten des Geheimdienstes wurden von dem Priesterkollegium besorgt. Die Fabel, auf welche die Eleusinien zurückzuführen sind, ist die schon erwähnte mythische Erzählung von dem Raube der Persephone. Die Göttin stellt die Pflanzenwelt dar, welche bei dem Eintritt der rauhen Jahreszeit verwelkt und verdorrt. Der Umstand, dass die Geraubte dann im Sommer bei der Mutter, d. h. auf der Oberwelt, im Winter in der Unterwelt weilt, symbolisiert die Fruchtbarkeit des Bodens und sogleich die Idee der Auferstehung des Menschen, dessen Leib, gleich dem Samenkorn, dem Schoss der mütterlichen Erde anvertraut wird. Die Vereinigung Persephones mit Jakchos bezieht sich auf die Vereinigung der Menschheit mit der Gottheit und bezeichnet das Ziel der Mysterien. Der Hauptinhalt aber, anknüpfend an die Thatsache des Wiedererblühens der Pflanzenwelt in der goldenen Frühlingszeit, war ohne Zweifel wohl die erhabene Lehre von der persönlichen Unsterblichkeit.

Wer zu den Mysterien zugelassen werden wollte, musste zu diesem Zwecke die Vermittlung eines bereits eingeweihten athenischen Bürgers in Anspruch nehmen, welcher die Anmeldung des Kandidaten den Kultbeamten zur Prüfung und Entscheidung zu übergeben hatte. Erklärte sich das Kollegium für die Aufnahme, so wurde ihm der Novize vorgestellt. Alsdann unterwies der Vermittler, der Mystagoge, diesen in allen von den Kandidaten zu beobachtenden Vorschriften und Ordensregeln.

Zugelassen zu dem Geheimdienste wurden nur Hellenen. Nur in einzelnen Fällen wurde besonders verdienten und ausgezeichneten Fremden die Aufnahme gewährt, jedoch auch dann nicht früher, als bis ihnen das athenische Bürgerrecht verliehen war.

Die Zulassung war aber unbedingt allen versagt, welche eine Blutschuld oder eine andere schwere Versündigung auf sich geladen hatten.

Die eleusinischen Mysterien bestanden aus zwei Festen, welche zwar zeitlich getrennt waren, inhaltlich jedoch in engem Zusammenhange standen.

Zu der Zeit, da in Griechenland die Natur aus ihrem winterlichen Schlafe zu neuem Leben erwacht, im Monat Februar, wurden die kleinen Mysterien festlich begangen. Ihnen folgte dann im September, nachdem die Ernte eingebracht war, die Feier der grossen Mysterien. Jene galten hauptsächlich der Persephone und dem Jakchos und fanden in Athen im Tempel der Demeter und Kore statt. Sie waren eine Vorbereitung für die grossen, zu denen keiner zugelassen wurde, der nicht in jene eingeweiht war. Die Eingeweihten hiessen Mysten; sie wurden Schauende (Epopten), wenn sie auch in die Hauptmysterien eingeführt waren.

Die Feier derselben begann um die Mitte des September. Am ersten Tage mussten sich alle Mysten, die an dem bevorstehenden Feste teilnehmen wollten, in Athen versammeln und anmelden. In einer herkömmlichen Formel sprachen Hierophant und Daduchos die Ausschliessung aller Uneingeweihten und Barbaren aus. Hierauf erging an die Mysten die Aufforderung, an das Gestade des brandenden Meeres zu eilen, um in der heiligen Salzflut die zur würdigen Festfeier vorbereitende Reinigung anzustellen. Die nächsten Tage nach den Reinigungen waren ohne Zweifel mit lärmenden Umzügen, fröhlichen Gelagen, feierlichen Opfern in den Tempeln der drei Mysteriengötter ausgefüllt.

So kam der 20. September heran. An diesem Tage begaben sich die Mysten, festlich geschmückt und mit blühenden Myrten bekränzt, in grosser Prozession auf der heiligen Strasse von Athen nach Eleusis, um hier die Hauptfeier zu begehen. Dem Zuge schritten Priester voran mit dem Bilde des Jakchos. Eine unabsehbare Menschenmenge begleitete die Prozession, füllte die Feststrasse an, die etwa zwei Meilen Weges betrug, und trieb allerlei lose Scherze. An den zahlreichen Heiligtümern am Wege machte der Zug der Mysten halt und vollzog gewisse Festgebräuche. Erst gegen Abend traf er in Eleusis ein, wo alsbald das Jakchosbild in den Tempel der Demeter und Kore gebracht wurde.

Die nächste Zeit war teils fröhlicher und ausgelassener Lust gewidmet, teils wurde sie mit andächtiger Sammlung und feierlichem Ernst verbracht. Nur die letzten Tage des etwa zwei Wochen währenden Festes gehörten ausschliesslich den eigentlichen Mysterien.

Zu ihnen hatten, wie gesagt, nur die Mysten Zutritt, die sich von den Uneingeweihten nicht blos durch den Myrtenkranz, sondern auch durch bunte Fäden, um den rechten Arm und den linken Fuss geschlungen, unterschieden. Als Erkennungszeichen diente ihnen ferner die geheime Formel: „Ich fastete, ich trank den Kykeon, nahm aus der Kiste, ich kostete, ich legte in den Korb und aus dem Korbe in die Kiste". Darnach scheinen, zur Erinnerung an das herbe Leid der Demeter, welche, die geliebte Tochter suchend, nicht Trank noch Speise genoss, die Mysten sich einem strengen Fasten unterzogen zu haben. Mit Anbruch der Nacht genossen sie den heiligen Trank des Kykeon, ein Gemisch aus Mehl, gewürztem Wasser, Honig, Wein etc. Bei dem Trinken desselben wurde eine symbolische Handlung vollzogen. Aus einer Kiste wurde Speise genommen, davon gekostet und der Rest in einen Korb, aus diesem dann wieder in die Kiste zurückgelegt. Über die eigentliche Bedeutung dieses sinnbildlichen Gebrauches sind wir nicht unterrichtet.

In den abgeschlossenen Räumen des Tempels ging nun die Hauptfeier vor sich. Es öffnete sich die geheimnisvolle Welt der für die Einführung in die Mysterien und die Übung derselben bestimmten Säle und Gänge. Erwartungsvoll, klopfenden Herzens harrten die Gläubigen der kommenden Dinge. Heimliche Dämmerung, ein von wundersamen Lichtströmen durchkreuztes Halbdunkel von geheimnisvoller Wirkung umfing sie, und feierliche Stille herrschte im ganzen Heiligtum. Der Atem war beengt durch die süsse Flut des Wohlgeruchs, welcher die weiten Hallen durchwallte. Der nach dem Geheimnisvollen dürstende Sinn fühlte sich beunruhigt durch die Fülle magischer, mystischer, nie gesehener Zeichen, Figuren und Gestalten. Da senkte sich pötzlich ein gewaltiger Vorhang und stürzte in sich zusammen, der bisher das Allerheiligste verhüllt. Taghelles, blendendes Licht strahlte von ihm aus. Im Vordergrunde standen die Priester in ihrem bedeutungsvollen

Schmuck, aus dem Hintergrunde ertönten die rythmischen Chöre der Sänger und Musiker, durchzitterten und durchsausten alle Räume des Tempels. Der Hierophant trat hervor, zeigte den Andächtigen die heiligen Dinge: alte Götterbilder, teure Reliquien, und offenbarte, was über ihre Bedeutung den Eingeweihten zu wissen vergönnt war. Nachdem die Lieder zur Verherrlichung der Götter, ihrer Macht und Segengaben verklungen, folgten nachahmende Darstellungen, lebende Bilder, dramatische Aufführungen, durch welche in lebendiger Vergegenwärtigung vor die Augen trat, was in den heiligen Sagen von den Thaten und Leiden der Götter überliefert war: der Raub der Persephone und ihre Rückkehr aus dem dunklen Reiche der Schatten auf die sonnige Oberwelt.

Die Scene war von zahlreichen Wundererscheinungen begleitet: seltsame Töne, himmlische Stimmen liessen sich hören, es folgte ein rascher Wechsel von Licht und Finsterniss. — Mit stockendem Atem, von frommem Schauder ergriffen, entzückt, und dennoch stumm vor andächtiger Scheu blickten die Mysten auf die sich vor ihnen abspielenden Vorgänge, ein die Sinne fesselndes, die Seele mächtig ergreifendes Schauspiel.

Den Schluss der Mysterienfeier bildete ein Ritus von symbolischer Bedeutung. Zwei thönerne Gefässe von kreiselförmiger Gestalt wurden mit einer, uns unbekannten, Flüssigkeit angefüllt, das eine in der Richtung nach Morgen, das andere nach Westen unter Hersagen mystischer Formeln ausgegossen.

Hierauf kehrten die Mysten in festlicher Prozession nach Athen zurück, und die Feier war beendet. —

Unter den Athenern gab es wenige, die nicht eingeweiht waren. Wer es in jungen Jahren versäumt hatte, holte dies in höherem Alter nach, um der mannigfachen

Segnungen teilhaftig zu werden, auf welche die Eingeweihten auch nach dem Tode zn hoffen haben sollten, und um deren willen die Mysten nicht blos von der ungebildeten und abergläubischen Masse, sondern auch von Männern, wie Pindar, Sophokles, Isokrates, Diodor, gerühmt wurden. Lässt doch auch Plutarch den ernsten Sophokles in bezug auf die Eleusinien sagen: „O dreimal selig jene Sterblichen, welche diese Weihen geschaut haben, wenn sie zum Hades hinabsteigen; für sie allein ist Leben in der Unterwelt, für die andern eitel Not und Drangsal".

Die Mysterien scheinen demnach die Hoffnung auf ein jenseitiges Dasein gestärkt, eine Vergeltung nach dem Tode verheissen und lindernden Trost in den Leiden und Widerwärtigkeiten des Lebens gewährt zu haben. Wenn es auch fest steht, dass bei der Feier keine Lehre in dogmatischer Form vorgetragen wurde, so mochte doch „durch die vorgeschriebenen Reinigungen und Weihen wohl auch an die Bedingung sittlicher Reinigung erinnert, und durch die Gebete und Gesänge sowie durch die Darstellungen der heiligen Geschichten die Vorstellung erweckt werden, dass mit dem gegenwärtigen Dasein das Leben nicht abgeschlossen sei, und dass nach dem Tode jeden ein Loos erwarte, wie er es durch sein Verhalten verdient habe".

Ob indess die Mysterien die offenbar erstrebte sittlich-religiöse Wirkung bei der grossen Menge der Eingeweihten erzielt haben, dürfte stark zu bezweifeln sein. Vielmehr ist anzunehmen, dass der ungebildete Haufe sie lediglich als wohlfeiles Gnadenmittel betrachtete. Durch die mechanische Erfüllung der vorgeschriebenen Äusserlichkeiten wähnte er, sich einen begründeten Anspruch auf die göttliche Gnade erworben zu haben, während er die inneren Bedingungen, die Reinheit der Sinne und des Herzens, aus dem natürlichen Mangel an tieferer Auffassungsgabe verschmähte oder unbeachtet liess, — eine Erscheinung, welche auch das religiöse Leben unserer Tage nur allzu häufig offenbart.

Auf der anderen Seite konnten die Eleusinien solchen Gemütern, die ein religiöses Bedürfnis und fromme Gesinnung mitbrachten, nichts bieten, was sie nicht ohnehin schon gehabt hätten. Die Symbole, welche vorgezeigt, die Mythen, welche vorgetragen oder dargestellt wurden, waren ihrer grobsinnlichen Art wegen kaum geeignet, um „als würdige und entsprechende Einkleidung höherer religiöser Ideen" zu dienen. Zahlreichen denkenden Köpfen mochte überdies die sinnbildliche Darstellung der religiösen Ideen weit eher eine romantisch ausgeschmückte und entstellte Geschichte vergötterter Menschen aus fabelhafter Vorzeit sein, wie namentlich eine Äusserung Ciceros in einem Gespräche mit Atticus und zahlreiche Stellen der christlichen Apologeten unzweifelhaft darthun.

Wie dem nun auch sein mochte, die eleusinischen Mysterien bewahrten ihren Ruf und ihr Ansehen lange Zeit. Selbst vornehme Römer verschmähten es nicht, wahrscheinlich von eitler Neugier getrieben, sich einweihen zu lassen. Sogar die Kaiser Octavian, Hadrian und Marc Aurel nahmen an der Feier teil. Erst das vordringende Christentum machte, wie allen geheimnisvollen Feiern des Altertums, auch den heiligen Eleusinien, diesem letzten grossen Bollwerk des antiken Heidentums, ein Ende. —

b. Die Mysterien von Samothrake.

Nach den Eleusinien nahmen die auf der Insel Samothrake im ägäischen Meere gefeierten Geheimkulte die bedeutendste Stelle im Altertum ein.

Herodot, der sie zuerst von allen antiken Schriftstellern erwähnt, nennt sie „Orgien der Kabiren". Welche Bewandtnis es aber mit den „Kabiren“ hat, erfahren wir weder von ihm, noch von anderen klassischen Autoren. Nahe liegt die Annahme, dass die schweifenden Phöniker, welche sich schon im frühesten Altertum auf den griechischen Inseln niedergelassen und dorthin asiatische Kulte verpflanzt haben, auch den Kult der Kabiren auf Samothrake gestiftet haben. Der Name „Kabiren“ („Kabirim“) würde demnach, weil semitischen Ursprunges, etwa die Grossen oder die Mächtigen bedeuten.

An der Spitze des phönikischen Götterkreises der „Kabirim“ standen der Sonnengott Melkart und die Mondgöttin Aschera-Astarte. Diesen Sonnengott, in welchem die wohlthätige und die verderbliche Macht des Himmels vereinigt scheinen, welcher in der Finsternis und im Lichte weilt, welcher die entweichende Mondgöttin Astarte verfolgt, bis er sie im fernen Westen erreicht und sich mit ihr vermählt, worauf sich die verderbenbringende Göttin in die milde und lebenspendende Aschera umwandelt, — verglichen die Hellenen auf Samothrake mit ihrem Hermes, dem freundlichen Geleiter der abgeschiedenen Seelen. Das Verschwinden der Mondgöttin nun, welche sie Harmonia nannten, ihr Wiederfinden und Hinaufführen aus der Unterwelt durch Melkart-Hermes, die heilige Hochzeit beider Gottheiten, aus welcher neues Leben und Gedeihen entspringt, bildeten den Mittelpunkt der samothrakischen Mysterien.

Da aber der wandernde Sonnengott und die wandernde Mondgöttin den Phönikern besonders als mächtige Beschützer der Reisenden und Seefahrer galten, so erblickten die Griechen in den Kabiren auch die Gestalten ihrer Dioskuren, welche die stürmisch wogende Meeresflut beruhigten, dem bedrängten Schiffer hilfreich zur Seite standen.

Der Kult, ursprünglich also wahrscheinlich eine Art

Gestirndienst, soweit man nach den spärlichen Überlieferungen zu urteilen vermag, blieb bestehen, auch nachdem die Phöniker von den aus dem Thale des Peneios und aus Böotien geflüchteten Hellenen verdrängt waren, wurde von den Ankömmlingen angenommen und fortgesetzt und behielt zu allen Zeiten seine Anhänger.

Während er aber früher öffentlich gefeiert wurde, hüllte er sich in der hellenischen Zeit in undurchdringliches Dunkel und wurde zunächst nur von wenigen Gläubigen in geheimnisvoller Verborgenheit begangen. Allmählig aber erlangten die samothrakischen Mysterien aus unbekannten Ursachen den Ruf besonderer Heiligkeit und segensreicher Wirkungen, weshalb die Zahl ihrer Anhänger, namentlich im 5. Jahrhundert, im beständigen Zunehmen begriffen war. Nicht nur wagemutige Seefahrer, die sich des göttlichen Schutzes auf ihren weiten Fahrten und einer glücklichen Heimkehr versichern wollten, liessen sich einweihen, sondern auch zahlreiche andere Hellenen suchten die Aufnahme in den heiligen Mysterienbund nach. Ihnen lag daran, dort tröstliche Aussichten für das zukünftige Leben zu gewinnen, insbesondere aber die frohe Verheissung einer frühzeitigen Rückkehr aus dem unheimlichen Todesgebiete zu erlangen. — Man ersieht hieraus, dass die Priester des geheimen Kabirenkultes beflissen waren, ihre Mysterien so zu gestalten, dass sie auch den kühnsten Erwartungen der Eingeweihten zu entsprechen im stande wären.

Wie bei den Eleusinien, gingen auch der Einweihung in die samothrakischen Mysterien sorgfältige Reinigungen voraus, ein Verfahren, bei welchem Feuer und Räucherungen eine bedeutsame Rolle spielten. Auch hören wir, dass den Suchenden eine Art Beichte abgefordert wurde.

Eingeweiht wurden Männer, Weiber und Kinder; doch

blieb diesen ohne Zweifel die völlige Enthüllung der Mysterien vorenthalten. Die Eingeweihten, die sich auch hier in zwei Grade, in die Mysten und Epopten, schieden, erhielten einen Ölzweig und wurden mit einer purpurfarbenen Binde geschmückt, die sie um den Leib legten und die den Ordensbrüdern als Erkennungszeichen diente, die aber auch zugleich als untrügliches Schutzmittel in allen Gefahren, namentlich zur See, angesehen wurde. —

Geheimorden der Kabiren bestanden, ausser auf Samothrake, zu Amphissa in Lokris, auf Lemnos und Imbros, zu Pergamon und in Makedonien. —

c. Die Isismysterien.

Der lebhafte Verkehr, welchen die Hellenen mit dem alt-ehrwürdigen Pharaonenlande pflegten, blieb, wie wir oben bereits erwähnt, nicht ohne Einwirkung auf die Entwicklung der griechischen Kultur. Die Wissenschaften, ihnen voran Philosophie und Theologie, schöpften aus dem reichen Borne der am Nil seit Jahrhunderten aufgestapelten Weisheit manche Ideen, die in der Folge, fruchtbar sich entwickelnd, das geistige Leben der hellenischen Nation wesentlich gefördert haben.

Und da es in dem Wesen der griechischen Religion lag, sich gegenüber fremdländischen Kulten nicht starr ablehnend zu verhalten, vielmehr ihnen freundlich und in freimütiger Duldsamkeit zu begegnen, ihnen sogar im eigenen Lande eine Heimstätte zu gewähren, so darf es auch nicht Wunder nehmen, dass der ägyptische Isiskult in Griechenland schnellen Eingang fand, zumal die mächtige Herrin Isis, gleich der Demeter, am Nil als die liebevolle Spenderin der kostbaren Nährfrucht verehrt wurde, als die erhabene Stifterin der Ehe, als die mächtige Erhalterin des Staats.

Ihr zu Ehren wurden in Hellas nicht nur öffentliche Feiern veranstaltet, sondern auch Mysterien geweiht.

Alljährlich, im Frühling und Herbste, wurden zwei Volksfeste gefeiert. Doch durfte die Mehrzahl der Festteilnehmer nur die äusseren Tempelhallen betreten; der Zutritt in das Innere des Isisheiligtums war denen vorbehalten, welche die Göttin selbst durch eine Traumoffenbarung dazu ausersehen hatte. Selbstverständlich hatten zuvörderst die Priester darüber zu entscheiden, ob die Berufung als eine wirkliche, von der Göttin herrührende, anzuerkennen sei. Fiel die Prüfung günstig aus, so erfolgte eine feierliche Weihe der Novizen, die durch diese in den enggeschlossenen Bund der ausgewählten Isisdiener aufgenommen wurden. Diese rühmten sich ihrer göttlichen Herrin besonders ergeben zu sein und in näherer Beziehung zu ihr zu stehen, als die grosse Schar ihrer sonstigen Verehrer.

Der Aufnahme ging ein Bad voran. Alsdann wurde der Neophit zum Tempel geleitet, wo ihm eine Belehrung über sein Verhalten in der Vorbereitungszeit erteilt wurde. Diese währte zehn Tage. Der Kandidat war gehalten, dem Genusse von Fleisch, Bohnen, Zwiebeln und Wein zu entsagen. Am Abend des letzten Tages führte ihn der Weihepriester in das Allerheiligste. Aus den heiligen Büchern verkündete er ihm hier, was nur dem Eingeweihten zu sehen und zu hören vergönnt war.

Über den Weiheakt selbst erfahren wir einiges aus einer Notiz bei Apulejus, dem bekannten Rhetor und Satyriker (geb. 130 n. Chr.) und Verfasser des Romans „Amor und Psyche“, des nach Herder zartesten und vielseitigsten, der je erdacht worden. Nachdem Apulejus in Athen studiert, machte er mehrere Reisen und liess sich in verschiedene Mysterienkulte, so auch in die Isisgemeinschaft einweihen. Als Mitglied derselben berichtet er über seine Aufnahme, soweit er dazu, ohne sich eines Frevels schuldig zu machen, im stande war: „Ich betrat das Gebiet des Todes, überschritt die Schwelle der Proserpina, wurde durch alle Elemente hindurchgeführt. Um Mitternacht erblickte ich die Sonne im hellsten Glanze; ich sah die Götter des Himmels und der Unterwelt gegenwärtig und betete sie in nächster Nähe an. Am Morgen musste ich, bekleidet mit einem kostbaren Mantel, der mit fabelhaften Tiergestalten bunt verziert war, in der Rechten eine brennende Fackel haltend, eine Bühne besteigen, die vor dem Bilde der Göttin errichtet war. Alsbald fiel ein Vorhang, und ich wurde den versammelten Ordensbrüdern sichtbar. Hierauf folgte ein festliches Mahl, und am dritten Tage schloss eine ähnliche Feier sowie ein frommes Frühmahl das Ganze".

Hiernach zu urteilen, entsprach der geheimnisvolle Inhalt der Isismysterien grösstenteils dem der Eleusinien. Während dort Demeter, Proserpina und Jakchos verehrt wurden, feierte man hier Isis und Osiris. Jene war den Geweihten die auf Erden, im Himmel und in der Unterwelt herrschende, über Leben und Tod gebietende, nach Verdienst lohnende und strafende Gottheit. Wer sich ihrem Dienste geweiht hatte und zu diesem Zwecke in die engere Ordensgemeinschaft der Mysten aufgenommen war, war verpflichtet, die in der Prüfungszeit vorgeschriebene asketische Lebensweise auch für die Zukunft zu beobachten, sich ausserdem der Tonsur zu bedienen und nur leinene Kleidung zu tragen.

Für die, übrigens ziemlich kostspielige, Aufnahme wurden anscheinend hohe Gebühren erhoben, so dass nur wenige Auserwählte des Hochgrades teilhaftig werden konnten. Auch mochte es immerhin vorkommen, dass gerade die Aufnahme in die höheren Isisweihen mit Vorliebe von den gebildeten Geistern nachgesucht wurde. „Ihr religiöses Bedürfnis fand in den, durch die anthropomorphische Poesie und Kunst der tieferen Bedeutung entleerten Kulten keine Befriedigung mehr; es sehnte sich daher nach sinnvolleren Formen und entsprechenderen Bildern, unter denen das göttliche Wesen in seiner Einheit und Vielheit vergegenwärtigt würde".

Für die grosse Menge des Volkes bestand ein niederer Grad der Isisweihen. Modernen Predigermönchen gleich, zogen Isispriester im Lande umher und boten ihre Weihungen, Ablass und Segen für ein geringes Entgelt öffentlich feil.

Wie die Eleusinien, behaupteten sich die Isismysterien lange Zeit. Auch sie bildeten eine letzte Zufluchtsstätte der heidnischen Religion, welche sich dort gegen das siegreiche Christentum zu behaupten suchte.

In Rom war der Isisdienst zu Sullas Zeiten aufgekommen, hatte grossen Anklang gefunden und erreichte in der Kaiserzeit mit seinen geheimen, nicht selten zu sinnlicher Lust missbrauchten Weihen eine ungewöhnliche Blüte. —

d. Die Dionysien, die dionysischen Religionsvereine und die römischen Bachanalien.

Der letzte bedeutende Zweig der hellenischen Religion war der Dionysoskult, der Dienst jener Gottheit, die wir bereits als Vertreter des vegetabilischen Wachstums, des Weinbaues, des Hirtenlebens, der geselligen Fröhlichkeit und der ausgelassenen Lust kennen gelernt.

Die Hellenen empfingen den offenbar aus dem Orient*)

---

*) Vergl. I. Döllinger: Heidentum und Judentum. Vorhalle zur Geschichte des Christentums. Regensburg; 1857. —

stammenden Dionysos und seinen Dienst von den benachbarten Thrakern und nationalisierten ihn, indem sie ihn mit einer ihrem Genius entsprechenden Mythe und Genealogie ausstatteten.

Im Kultus dieses Gottes offenbarten sich die mannigfaltigen Gefühle, Empfindungen und Stimmungen, die der regelmässige Wechsel des Naturlebens in der empfänglichen Seele des Menschen hervorruft: heitere Freude und fröhliche Lust, wann die fruchttragende Erde in duftenden Blüten und herrlichen Früchten prangt; stille Wehmut und klagende Trauer bei dem herbstlichen Hinwelken der Pflanzenwelt, bei den düsteren Erscheinungen des Todes. Beide Gefühle, innig vereint mit dem ausschweifenden Orgiasmus und den mystischen Gebräuchen des orientalischen Naturdienstes, zeitigten dann jene schwärmerisch-ekstatische Stimmung, die sich in den wilden Mänadenfesten kund gab.

Überall, wo die Rebe gedieh und der Obstbaum blühte, fand der rauschende Dionysosdienst begeisterte Aufnahme und gab Veranlassung zur Stiftung zahlreicher bedeutsamer Feste.

Um die Mitte des Monats Februar, da die Erde von neuem sich mit frischem Grün zu bedecken anfing, begingen die Bewohner Attikas das grosse, beziehungsvolle Trinkfest der Anthesterien. Bekränzte Zecher feierten bei schallender Musik und unter fröhlichen Gesängen und symbolischen Gebräuchen Persephones Auferstehung und ihre Wiedervereinigung mit dem durch die verderbliche Macht des Winters getöteten Gotte. Am dritten und letzten Festtage wurde von den Frauen Athens eine feierliche Opferprozession nach dem Dionysostempel, dem Lenäon, veranstaltet und dabei unter geheimen Zeremonien die Gemahlin des ersten Staatsbeamten, des Archon-Basileus, dem Gotte vermählt, ein seltsamer Brauch, durch welchen man den attischen Ölbäumen und Weinreben den gnädigen Schutz des Gottes zu sichern glaubte. Zugleich deutete man das neue Jahr durch Bekränzung dreijähriger Knaben an.

Im Monat März folgten dann die städtischen oder grossen Dionysien, jenes glänzende Frühlingsfest der athenischen Bürger, an welchem der heitere Gott der üppigen Naturfülle als Befreier von der Not des Winters gefeiert wurde.

Prunkvolle Aufzüge, mit glänzendem Aufwand in Szene gesetzt, bewegten sich durch die Strassen; der leidenschaftliche, stürmisch bewegte Festgesang des Dithyrambos erschallte, und jubelnde Chöre, mit Weinlaub und Epheukränzen geschmückt und in den seltsamsten Verkleidungen, anmutige Jungfrauen mit Körben voll Blumen und jungen Früchten, von lustigen Maskengestalten umringt, geleiteten das alte hölzerne Bild des Gottes aus dem Lenäon nach einem kleinen Tempel auf dem Kerameikos.

Die ungewöhnliche Pracht, welche bei diesem Feste entfaltet wurde, lockte die Landbewohner aus den attischen Gauen in dichten Scharen nach Athen und führte zahlreiche Fremde dorthin. Mit der zunehmenden Bildung immer reicher und kunstvoller gestaltet, verdankt ihm das köstliche Kunstwerk des hellenischen Dramas, die „vollendetste künstlerische Erscheinungsform der antiken Weltanschauung“, seine Entstehung und wunderbare Entwickelung. —

Einen ganz anderen Charakter aber hatten die Trieterien oder Mänadenfeste, die nach allen zwei Mittwintern einmal stattfanden und ausschliesslich von Frauen begangen wurden. An sie knüpft sich eine tiefere, aber zugleich auch leidenschaftlichere Auffassung des Dionysosdienstes.

Unter den lärmenden Klängen einer wilden Musik

versetzten sich die Teilnehmerinnen, des süssen Weines voll, in enthusiastische Raserei und Wildheit, Zustände, welche der unmittelbaren Wirkung des Gottes zugeschrieben wurden, die im Grunde jedoch nur die vollkommen sittliche Verirrung einer religiös aufgeregten Gesellschaft kund thun.

Die Orgien wurden zur Nachtzeit auf einsamen Bergeshöhen bei düsterem Fackelschein begangen. In Rehkalbfelle gehüllt, und mit dem epheu- und weinlaubumrankten Thyrsosstabe bewaffnet, schwärmten die Mänaden umher, brachten geheime Opfer dar, tranken, tanzten, jubelten, tobten und zerrissen, wie die griechischen Mythen lehren, alles, was dem Gotte Widerstand leistete und nicht mit ihm rasen wollte: so den als mysteriöses Symbol des Gottes angesehenen und zum Opfer bestimmten Stier, dessen Fleisch roh verzehrt wurde. Diese Handlung sollte den Tod des Zagreus, d. i. des Dionysos, versinnbildlichen, welcher in der Gestalt eines Stieres auf Anstiften der eifersüchtigen Hera von den Titanen zerrissen worden war, weil Zeus, der Göttervater, ihn zu seinem Nachfolger bestimmt und auf den Himmelsthron gesetzt hatte. Dann rasten die tollen Weiber umher, um den toten und verlorenen Gott zu suchen. Da man ihn aber nicht aufzufinden vermochte, so tröstete man sich durch die frohe Hoffnung, dass der alles belebende Frühling auch den Gesuchten wieder zurückführen werde. Man gewinnt eine Vorstellung von der bestialischen Wildheit dieser Gesellschaft, wenn man die Erzählungen der griechischen Heldensage sich vergegenwärtigt, nach denen der fabelhafte Orpheus und der thebanische König Pentheus von den rasenden Mänaden zerfleischt wurden, jener, weil er nach dem Tode seiner geliebten Eurydike der Frauenliebe abhold war, dieser, weil er die nächtliche Feier unbefugterweise belauscht hatte.

In dieser rohen Form wurde die geheime Feier indess nur in wenigen griechischen Gauen begangen, wie auf dem schneebedeckten Gipfel des Parnassos bei Delphi, wo sich nicht selten auch Athenerinnen einfanden, um in heiliger Raserei umherzuschweifen. Dagegen fand vielfach, so namentlich in Attika, in der verhängnisvollen Zeit des peloponnesischen Krieges ein geheimer Dionysoskultus in der Gestalt von Religionsvereinen Eingang.

Es waren dies geschlossene Gesellschaften mit eigentümlichen Gebräuchen und Lehren. Ihre Mitglieder enthielten sich der Fleischspeisen und bedienten sich besonderer Sühngebräuche und heiliger Schriften. Auch religiöse Schwärmerei und sinnliche Ausschweifungen, so oft und so gern verbunden und in ihrer Verbindung so leicht und so masslos jede natürliche und gesetzliche Schranke durchbrechend, fehlten nicht und bildeten schliesslich den hauptsächlichsten Inhalt ihres Thuns und Sinnens.

Die dionysischen Vereine waren krankhafte Erscheinungen im Volksleben, wie sie die entsetzlichen Gräuel und Schrecken eines Bürgerkrieges nur zu leicht hervorrufen. Die Neigung zur Askese war eine natürliche Wirkung der in Hellas beginnenden sittlichen Auflösung und Zügellosigkeit. Dieselbe sittliche Schwäche, welche die Verschuldung herbeiführte, wähnte, sich durch nichtige Äusserlichkeiten von der Schuld befreien zu können oder lebte des traurigen Wahnes, durch geistige und leibliche Verirrungen und Ausschweifungen sich am leichtesten über die unerträglichen Widerwärtigkeiten eines jammervollen Daseins hinwegzuführen.

Unter solchen Umständen und nicht zuletzt wegen ihrer verführerischen Mysterienform fanden die dionysischen Verbindungen grossen Anklang in Griechenland und verbreiteten sich hauptsächlich im Zeitalter Alexanders d. Gr. —

Allmählig gelangte der bakchische Kultus mit allen seinen schlimmen Auswüchsen auch nach Italien, wo der scheinbar gänzlich in Verfall geratene Götterglaube jede fremde Form der Götterverehrung begierig ergriff, wo zahlreiche Gläubige gerade in einer wüsten Häufung der verschiedenartigsten Religionen und Kulte das Heil ihres geängstigten Gemüts suchten.

Der mystische Hang der Zeit nach inniger Vereinigung mit dem Göttlichen fand, wie im Isiskulte, so auch im Bakchosdienste die vollste Befriedigung und zeitigte in Rom die berüchtigten Bakchanalien*), ein Gemisch der wild orgiastischen und mysteriösen Bakchosfeier. Der Hain der Stimula, in der Nähe der ewigen Stadt gelegen, war der Mittelpunkt, wo sich die Teilnehmer zur nächtlichen Feier versammelten. Die Aufnahme in die Bakchosmysterien geschah nach zehntägiger Kasteiung und vorhergegangenen Waschungen und wurde nur Frauen gewährt.

Mit der zunehmenden Entartung der hauptstädtischen Bevölkerung trat das sittlich-religiöse Element des Dionysoskultus mehr und mehr in den Hintergrund, bis schliesslich die zügelloseste Ausschweifung zur Herrschaft gelangte. Die geheimen Bakchosfeste wurden jetzt zu schamlosen Orgien, bei welchen den schändlichsten Lastern gefröhnt wurde, zumal seitdem eine Priesterin, natürlich auf göttliche Weisung, erlaubt hatte, fortan auch Männer in den Bund aufzunehmen. Zwar blieben die Mysterien äusserlich noch mit dem vorgeschriebenem umständlichen, inhaltsleeren Zeremonienkram umgeben; aber der gedankenlos auferlegten und widerwillig befolgten, äusserlichen

*) Vergl. Th. Mommsen: Römische Geschichte. II. Bd. Berlin; 1881. L. Friedländer: Darstellungen aus der Sittengeschichte Roms. III. Teil. Leipzig; 1890. —

Enthaltsamkeit folgten bald die fürchterlichsten Unmässigkeiten.

Die heiligen Schandthaten wurden bei den verkommenen Römern so beliebt, dass die Zahl der Eingeweihten eine unglaubliche Höhe erreichte. Damit mehrten sich aber auch die empörendsten Laster und die schändlichsten Verbrechen der zuchtlosen Bande in erschreckendem Masse, und ungezählt ist der unglücklichen Opfer bedauernswerte Schar, welche von dieser, bis ins innerste Mark zerfressenen, vertierten Gesellschaft kalten Blutes hingemordet worden sind, oder, was noch schlimmer ist, moralisch und physisch zu Grunde gerichtet, langsam dahinsiechten. Es kam zu förmlichen Verschwörungen gegen die bestehende Staats- und Gesellschaftsordnung und die öffentliche Sittlichkeit. Durch die Anzeige einer vornehmen Römerin, deren Verlobter auf den Rat seines Stiefvaters, der das Vermögen jenes verprasst und nun die gerichtliche Bestrafung fürchtete, in die Mysterien eingeweiht werden sollte, um so am sichersten und schnellsten unschädlich gemacht zu werden, erhielt die überraschte Staatsbehörde i. J. 186 v. Chr. Kenntnis von dem ungeheuren Abgrunde, an dem die damalige Kulturwelt stand und in welchen sie jeden Augenblick unrettbar versinken musste. Der lethargische Senat raffte sich zu energischem Handeln auf. Gegen 7000 Personen wurden in kriminelle Untersuchung gezogen und grösstenteils zum Tode verurteilt. Ein Senatsbeschluss hob alle Mysterien auf. Aber die Zeiten des heldischen Bürgersinnes, der rauhen „virtus“ waren dahin, und bald blühte, besonders in der zügellosen Kaiserzeit, die ganze Ruchlosigkeit des Bakchoskultus ungestört wieder auf. —

e. Der Orden der Pythagoräer.*)

Die Mysterien, die wir bisher betrachtet, sind ausschliesslich aus dem hellenischen Götterdienste hervorgegangen. Ohne reale Zwecke und greifbare Ziele zu verfolgen, ohne praktisch in das Leben der Nation einzugreifen, haben sie auch nennenswerte Erfolge nicht zu erringen vermocht.

Ganz anders aber verhält es sich mit dem Orden der Pythagoräer. In ihm begegnen wir zum ersten Male einer Vereinigung, die, ohne Mitwirkung der Kirche in's Leben gerufen, sich an das Gegebene anschliesst, auf diesen Grundlagen weiterbaut und ein oberstes Gesetz für die Fülle der Erscheinungen aufzufinden sucht, die sich nicht nur um die Förderung der Wissenschaft in hohem Masse verdient gemacht, sondern auch einen ausgedehnten Kreis Gleichgesinnter auf eine hohe Stufe geläuterter Sittlichkeit geführt hat.

Der Stifter dieses ethisch-politischen und zugleich philosophisch-religiösen Bundes war Pythagoras, ein Mann

*) Vergl. H. Ritter: Gesch. der Pythagor. Philosophie. Hamburg; 1826. — E. Reinhold: Beiträge zur Erläuterung der Pythagor. Metaphysik. Jena; 1827. — A. Gladisch: Die alten Schinesen und die Pythagoräer. Posen; 1841. — L. Strümpell: Die Gesch. der theoret. Philosophie der Griechen. Leipzig; 1854. — F. D. Gerlach: Zaleukos. Charondas. Pythagoras. Zur Kulturgesch. von Grossgriechenland. Basel; 1858. — Röth: Gesch. der abendländ. Philosophie. II. Bd. Heidelberg; 1862. — Schaarschmidt: Die angebliche Schriftstellerei des Philolaos. Bonn; 1864. — F. Ueberweg: Grundriss der Gesch. der Philos. des Altertums. Berlin; 1865. — Rothenbücher: Das System der Pythagoräer. Berlin; 1867. — Chaignet: Pythagore et la philosophie pythagorienne. Paris; 1873. — E. Zeller: Die Philosophie der Griechen. I. Bd. Leipzig; 1876. — A. Schwegler: Gesch. der griech. Philosophie (Herausgeg. von K. Köstlin.) Freiburg i. Br. u. Tübingen; 1882. —.

von klugem, erfinderischem Geiste, tiefem Wissen, glühender Phantasie, strenger, charaktervoller Sittlichkeit.

Sein Leben ist in mythisches und mystisches Dunkel gehüllt. Allein unter den zahllosen falschen und apokryphischen Angaben, welche über den ausgezeichneten Mann im Umlauf waren, finden sich auch einige wichtige und gut bezeugte Thatsachen.

Nachdem Pythagoras, geb. um 580 v. Chr. auf der Insel Samos, schon in der Heimat sich durch Mathematik, Geometrie und Musik gebildet hatte, soll er, der damaligen Sitte gemäss, seine Kenntnisse auf längeren Reisen nach Asien, Indien und Gallien zu den dortigen Druiden*) zu bereichern gesucht haben. Fest steht indess nur, dass er längere Zeit in Ägypten geweilt. Aus dem Nillande, wo er in die ägyptische Priestergemeinschaft aufgenommen und in ihre umfassende Weisheit und geheimen Gebräuche eingeweiht worden war, kehrte er, mit wesentlich neuen Anschauungen bereichert und mit besseren, namentlich astronomischen, Kenntnissen ausgerüstet, nach Samos, damals der glänzende Mittelpunkt für die gegenseitigen internationalen Berührungen, zurück, um hier in energischem und tiefsinnigem Streben für die Verwirklichung seiner reformatorischen, eine neue Zeit anstrebenden Ideen zu arbeiten.

Allein in Samos war seines Bleibens nicht. Die Zwingherrschaft des despotischen Polykrates, schonungslos jede freie Regung des Geistes im Keime erstickend und einem Philosophen von dem Schlage des Pythagoras mit begreiflichem Misstrauen begegnend, verleidete ihm den Aufenthalt in der schönen Heimat. So siedelte denn der Heros der alten Philosophie im Alter von 50 Jahren nach

*) „Es gewährt eine weite Aussicht", sagt Leopold von Ranke, „wenn man behauptet, dass die Lehre der Druiden in Gallien mit der pythagoräischen zusammenhänge."

der achäischen Kolonie Kroton in Unteritalien über, einer der ersten und glücklichsten Städte des hellenischen Namens. Hier unter einer freien, für höhere geistige Güter empfänglichen Bevölkerung erwarb sich Pythagoras durch seine Lebensweisheit, welche, geheimnisvoll und grossartig, allem widersprach, was man bisher für wahr gehalten, durch die erstaunliche Vielseitigkeit seines Wissens, welche selbst Andersgesinnte widerstrebend anerkennen mussten, durch seinen ernsten, sittlichen Wandel, durch das Bedeutsame seiner äusseren priesterlichen Erscheinung bald zahlreiche Anhänger und Freunde.

Wie die ionische Philosophie, so hatte auch Pythagoras seinen Wissenstrieb auf die Erforschung der Natur und des Universums gerichtet. Aber statt in das Innere des grossen Weltgeheimnisses einzudringen, es klar zu legen, umspann er die Welt mit dem „symbolischen Netze" einer merkwürdigen Zahlen- und Raumlehre.

In den einfachen Zahlen, die allen Figuren und Körpern zu Grunde liegen, fand er das Gesetz, welches die Verhältnisse und Formen der Dinge beherrschte, welches die Einheit in der Mannigfaltigkeit begreifen liess. Sie boten sich ihm dar als eine Art von magischem Schlüssel zu physischen wie moralischen Erscheinungen. Den Punkt setzte er der Einheit gleich, weil er unteilbar, die gerade Linie der 2, weil sie durch zwei Punkte bestimmt wird; die durch mindestens drei gerade Linien begrenzte Fläche der 3, den Körper der 4, da der einfachste regelmässige Körper durch 4 Flächen begrenzt wird.

Aber nicht nur die Figuren und Formen, sondern auch die körperlichen Dinge erschienen der mathematischen Anschauung des Pythagoras in der unvergänglichen Gestalt von Zahlen. So sollten die Bestandteile des Wassers auf die Form des Zwanzigecks, die Bestandteile des Feuers auf die der

Pyramide, die der Luft auf die Form des Achteckes zurückgehen.

Die wunderbare Macht der Zahlen beherrschte ferner die Töne; sie lag den geheimnisvollen Wirkungen der Musik zu Grunde. Pythagoras fand, dass die harmonische Intervalle auf Zahlenverhältnisse zurückginge. Er setzte das Verhältnis des Grundtons zur Oktave wie 1 zu 2, zur Quinte wie 2 zu 3, zur Quarte wie 3 zu 4 fest. Somit waren es die Zahlen, welche in den Tönen vernommen wurden; die Zahlen tönten.

Indem Pythagoras das Verhältnis der Töne nach Zahlen bestimmte, schien ihm diese Entdeckung das dunkle Geheimnis des Daseins zu erschliessen. So konstruierte er das ganze Universum nach Zahlenverhältnissen. Überall erkannte er sie als die Regel und die ordnende Seele. Und in dem Streben, überall harmonische Verhältnisse nachzuweisen, wagte sich sein kühner Geist an die schwierigsten wissenschaftlichen Probleme und stellte ein neues System des Weltgebäudes auf: die Erde sei eine Kugel, nicht eine tafelförmige Fläche oder ein walzenförmiger Körper, wie Thales und Anaximandros vor ihm gelehrt, auch bilde nicht sie den Mittelpunkt des Weltganzen, sondern das Zentralfeuer, welches von ihr und allen Planeten in ewiger Ordnung umkreist werde. — Damit war die erste Möglichkeit geboten, von unserer Erde überhaupt eine richtige Vorstellung zu gewinnen. Sein Versuch freilich, die Entfernung der Himmelskörper von einander zu bestimmen, ist als ein unfruchtbares Spiel anzusehen, seine Vorstellung von der Sphärenharmonie als ein willkürliches Phantasiebild. —

Nach pythagoräischer Auffassung war es also die Zahl, welche die Gestalt, die Ordnung und das Gesetz jedes Dinges bestimmte. Das Gesetz einer Erscheinung aber ist ihr Wesen. Die Zahlen bedeuten somit das Wesen der Dinge. Indem sie aber das Wesen, die Seele der Dinge ausmachen, sind sie die Dinge selbst. So wurde der Satz: „Alles ist Zahl“ die Grundlehre des pythagoräischen Systems. Und wie das Universum eine grosse Harmonie, so ist die Welt und jedes einzelne Ding in ihr Harmonie. Der Satz: „Alles ist Zahl“ erweiterte sich daher dem Philosophen dahin: „Alles ist Zahl und Harmonie.“

Über die Naturbetrachtung hinaus schritt Pythagoras zur Psychologie und Ethik fort. Wie alles Bestehende allein durch Zahl und Harmonie erhalten wird, so sind auch der menschliche Geist und die sittliche Welt dem gleichen Gesetz unterworfen; auch hier ist alles Zahl und Harmonie. Daraus folgt als ethische Aufgabe der Menschen, die stürmischen Triebe und Leidenschaften durch die überlegende Vernunft und Einsicht zu beherrschen, die unversöhnten Gegensätze der Seele durch ruhige Harmonie auszugleichen. Diese Harmonie, welche zu erlangen unabweisliche Pflicht jedes Menschen ist, muss dann auch im Verkehr mit andern, in der Ehe, in der Freundschaft, im Staate hergestellt werden.

Den Schwerpunkt der pythagoräischen Ethik bildete das Schicksal der Seele nach dem Tode. Die Seele ist nach der Auffassung des Weisen zur Strafe an den Körper gebunden. Ist sie aber durch den Tod von ihm befreit, so kehrt sie in ihre Heimat, zum körperlosen Dasein der übersinnlichen Welt zurück. In diese höhere Welt der Ordnung und Harmonie kann sie indess nur eingehen, wenn sie selbst harmonisch geordnet ist. Eine unharmonische, befleckte Seele findet in dem Reiche des ewigen Einklanges, wo der Gott des reinen Lichtes, Apollon, herrscht, keine Stätte, sondern muss zu neuer Wanderung durch Menschen- und Tierleiber auf die Erde zurückkehren, bis sie durch solchen Läuterungsprozess zu vollkommener Reinheit, zu schöner Harmonie gelangt ist, — ein Dogma, das Pythagoras unzweifelhaft von den ägyptischen Priestern entlehnt hat.

Als unentbehrliche Mittel, die Seele zur Rückkehr in den Kosmos würdig vorzubereiten, galten dem Philosophen ähnliche Enthaltungs- und Reinigungsgesetze, Kulthandlungen, religiöse Gebräuche und Zeremonien, wie den orientalischen Religionen. Er folgte aber hierbei nur dem überlieferten Volksglauben und dem religiösen Herkommen. Wie er sich denn überhaupt der herrschenden Volksreligion nicht entgegenstellte, sondern sie nur nach seinen Anschauungen umbildete und namentlich die Einheit des Göttlichen stärker hervorhob. Daher war Apollon, der Gott des reinen Lichtes, des reinen Lebens und der ewigen Harmonie, die höchste und einzige Himmelsmacht, die er mit lauterer Gesinnung verehrte. Gerade der weihevolle Dienst dieses Gottes musste dem Menschen vollendete Reinheit und seiner Seele den letzten Eingang in das unsichtbare Reich des Lichtes, der Ordnung und der Harmonie gewähren.

So kam Pythagoras dazu, die uralten Reinheitsvorschriften aus dem Apollon-Kultus zu übernehmen und dieselben zu vermehren, indem er ein System von besonderen Riten und Weihen erfand, welche wesentlich in Waschungen und Sühnungen bestanden. —

Als Verkündiger ungewöhnlicher Lehren, eines neuen Gottesdienstes und eines neuen Lebens, als ein Eingeweihter in die himmlischen Geheimnisse trat Pythagoras in Kroton auf. Als Ideal schwebte ihm vor Augen, das althellenische Volksleben in seiner einfachen, edlen Lauterkeit wiederherzustellen.

Seine Lehre machte er durch Wort und Beispiel geltend. Sein Gewand war von glänzender Wolle. Seine Nahrung waren Honig, Brot und Gemüse. Niemals soll er Wein getrunken haben, so lange die Sonne am Himmel stand. Stets sah man ihn ruhig und gelassen, ohne Lachen, ohne Weinen, ohne Klagen, ohne Heftigkeit. Allen, welche sich zu ihm bekannten, stellte er die besten Hoffnungen für das Leben nach dem Tode in Aussicht.

So verstand er es, in Kurzem die öffentliche Meinung für sich zu gewinnen. Der Ruf seiner hehren Weisheit drang durch alle Lande und führte ihm viele Schüler zu. Mit ihnen bildete er in Kroton den pythagoräischen Orden, der mit seinen festgeschlossenen Formen das geeignetste Werkzeug für die Verwirklichung der weitreichenden Pläne des genialen Stifters war. Die Mitglieder des Bundes sollten durch jene religiösen Weihen, durch sittliche Vorschriften und durch gewisse symbolische Gebräuche „zur Reinheit des Lebens und zur Achtung aller sittlichen Ordnungen“ erzogen worden.

Der Orden bestand vermutlich aus zwei Graden: den Esoterikern, welche die geheimen Weihen empfangen hatten und die ganze, volle Wahrheit schauten, — ihre Zahl war auf dreihundert beschränkt — und den Exoterikern.

Diese bildeten eine äussere Klasse und hielten sich so lange zum Orden, bis sie würdig befunden wurden, durch die feierliche Weihe in die engere Genossenschaft aufgenommen zu werden.

Der Einweihung der Novizen ging eine strenge Prüfung ihres Lebens und Charakters voran. Sie waren zum schweigenden Gehorsam verpflichtet, zur unbedingten Unterwerfung unter die Autorität der gefeierten Ordenslehre, zur gänzlichen geistigen Hingebung an den Meister, zur inneren Sammlung, zur asketischen Übung und strengen Selbstprüfung.

In der stillen, klösterlichen Abgeschiedenheit eines eigenen Lehrgebäudes, unberührt von dem wogenden Gewühle der sie umgebenden ruhelosen Welt, führten die Esoteriker eine streng geregelte Lebensweise. Gemeinschaftlich unterzogen sie sich Leibes- und Geistesübungen, gemeinschaftlich nahmen sie ihre einfachen Mahlzeiten ein, die des Fleisches und des Weines entbehrten, gemeinschaftlich verrichteten sie auch die feierlichen Kulthandlungen. Sie erkannten sich an geheimen symbolischen Sprüchen und Zeichen und an einer besonderen leinenen Kleidung. Unwürdige Mitglieder wurden auf entehrende Weise ausgestossen.

Ihren Meister verehrten die Ordensbrüder mit schwärmerischer, ehrfurchtsvoller Liebe. Die Versicherung: „Er hat es gesagt!“ galt als untrügliches Zeugnis der Wahrheit.

Von gleicher aufrichtiger Tugendliebe, wie dieser, beseelt, bildeten die Pythagoräer eine einmütige Genossenschaft, innerhalb welcher jeder Bruder „wie die Säule eines dorischen Tempels nur als Glied des Ganzen wirkungsschwere Bedeutung hatte“.

Das tiefsinnige Streben der Pythagoräer, ihr eigentliches Lebensziel war, wie gesagt, darauf gerichtet, „die Ordnung zu fördern und der Unordnung zu wehren“, das Leben des Einzelnen in Harmonie zu setzen mit dem Leben der Gesamtheit. Demgemäss pflegten sie vor allen Dingen die Mathematik und die Musik, Künste, deren anregende, erhebende, läuternde Kraft vorzugsweise geeignet schien, der menschlichen Seele jene harmonische Stimmung zu verleihen, die sie als die höchste Aufgabe der Menschen betrachteten. Und damit auch der Körper seine elastische Spannkraft bewahrte und gesund bliebe, widmeten sie sich mit hingebendem Eifer ermüdenden gymnastischen Übungen und bildeten durch sorgfältige Beobachtung der Natur die praktische Heilkunde aus.

Dabei waren sie immerdar bedacht, der Pflichtenlehre, den Sittengeboten und Lebensregeln des Bundes nachzuleben, treu, liebevoll, ernst, wie es in den rätselhaften und symbolischen Andeutungen der „goldenen Sprüche" des Meisters weislich vorgeschrieben war. Alle menschlichen und bürgerlichen Tugenden: staunenswerte Glaubensstärke, überzeugungsvolle Frömmigkeit gegen die Götter, ehrerbietige Dankbarkeit gegen Eltern und Wohlthäter, freudiger Gehorsam gegen die staatlichen Gesetze, wahrhaftige unerschütterliche Treue in der Ehe und in der Freundschaft, versöhnende Milde und Sanftmut, gleichwägende Gerechtigkeit und strenge Wahrhaftigkeit — wurden nicht bloss gelehrt, sondern auch thatsächlich geübt. Durch mannhafte Überwindung der Leidenschaften, durch weise Mässigung und Selbstbeschränkung haben die Pythagoräer den würdigsten Ausdruck einer ungetrübten Seelenharmonie erstrebt und in dem beseligenden Gefühl dieser Gemütsverfassung Glück und Zufriedenheit gefunden.

Dem Orden gehörten die edelsten und angesehensten Männer aller Städte Grossgriechenlands an. Es ist demnach begreiflich, dass er allmählich, vielleicht völlig unbeabsichtigt, zu einer angesehenen politischen Machtstellung gelangte und auf das öffentliche Leben einen tiefgehenden Einfluss gewann. In den Ratsversammlungen gaben die Pythagoräer durch ihre feste, geschlossene Haltung, ihre hingebende Anhänglichkeit gegen einander gewöhnlich den Ausschlag.

Der Orden, anfangs ausschliesslich ein religiös-sittliches Institut, gestaltete sich auf diese Weise zu einem politischen Verein*) um, dessen ehrgeizige Mitglieder eine entschieden ausgesprochene Parteistellung einnahmen. Diese wurde dazu benutzt, das Staatswesen nach pythagoräischen Grundsätzen umzuformen. Die alte Geschlechterherrschaft wurde beseitigt, die kühn andringende Demokratie niedergehalten und beide Staatseinrichtungen durch das überlegene Regiment des Geistes und der Intelligenz ersetzt.

Dadurch aber zog sich der Bund von allen Seiten heftige Feindschaft und grimmigen Hass zu. Insbesondere wurde er der rührigen, von starkem Selbstbewusstsein erfüllten Volkspartei verhasst, seitdem die Brüderschaft einen prunkenden Dünkel kund zu thun begonnen hatte. Stolz auf ihre höhere Bildung, die ihnen die menschlichen und überirdischen Dinge in ganz anderem Lichte erscheinen liess, als der törichte Volksglaube sie sich dachte, pochend auf ihre Weihen, ihre Tugenden, in vornehmer Abgeschlossenheit, verschmähten sie es, „mit der befangenen Menge auf der allgemeinen Heerstrasse zu wandeln", und forderten sie zum offenen Widerspruch heraus durch ihre geheimnisvolle Zeichen- und Bildersprache.

Bei solcher Gesinnung musste früher oder später eine Katastrophe eintreten. Der lang verhaltene Grimm entlud sich zuerst in Kroton. Als dem missachteten Volke nach der Zerstörung des demokratischen Sybaris (500 v. Chr.) der wohlverdiente Lohn seiner Anstrengungen und Mühen vorenthalten wurde, brach ein furchtbarer Aufstand los. In rasender Wut fiel der städtische Pöbel über die verhassten Pytha-

---

*) Politische Klubs — Hetärien — mit geschworenen Mitgliedern, unter der einen oder der anderen Gestalt, waren eine beständige Erscheinung in den hellenischen Städten. — Vergl. Büttner: Gesch. der politischen Hetärien in Athen. Leipzig; 1840. — Rospatt: Die politischen Parteien Griechenlands. Trier; 1844. — Wachsmuth: Gesch. der politischen Parteien im Altertum. Leipzig; 1853. —

goräer her. Ihr schmuckes Ordenshaus wurde gestürmt und verbrannt, die versammelten Brüder grösstenteils niedergemacht. Ähnliche Auftritte erfolgten in den andern achäischen Gemeinden. Überall wurden die Brüder verfolgt und ermordet und die glänzenden Stätten ihrer langjährigen Wirksamkeit vom heimischen Boden vertilgt.

Unter den Wenigen, welche dem schrecklichen Gemetzel in Kroton entronnen waren, befand sich auch der gefeierte Weise. Wohlbehalten gelangte er nach Metapontum. Hier verschied er im hohen Alter um das Jahr 500 — in Wahrheit ein Heiland der Westhellenen. —

Seine Lehre lebte in seinen Schülern und Anhängern fort, und wurde, namentlich in Tarent, von ihnen weiter ausgebildet. Die bedeutsamen Ergebnisse ihrer naturwissenschaftlichen Forschungen, die, zweckmässig behandelt, dem frommen Schwindel im Altertum, bei der mangelhaften Einsicht in die physikalischen Gesetze, vortreffliche Handhaben darboten, der mystische Zug und Hang des menschlichen Herzens nach dem Geheimnisvollen, Wunderbaren, Unbegreiflichen liessen den Pythagoräismus nimmer untergehen.

Zwar wurde er im Laufe der nächsten Jahrhunderte mehr und mehr durch andere philosophische Systeme verdrängt, doch entfaltete er sich zu neuer Blüte in jener Zeit, da die überbildete, an allen Genüssen übersättigte Menschheit jedes höheren Lebenszweckes entbehrte, da „Unglaube und Aberglaube, verschiedene Farbenbrechungen desselben geschichtlichen Phänomens, Hand in Hand gingen und es nicht an Individuen fehlte, welche sie beide in sich vereinigten, mit Epikuros die Götter leugneten und doch vor jeder Kapelle beteten und opferten“, da das gequälte Herz nach Erlösung aus den schweren Banden der philosophischen Schulphrasen schmachtete und den lästigen Fesseln der abgestorbenen Volksreligion, da inmitten der allgemeinen Erschlaffung und des Sinnentaumels sich das lebhafte Bedürfnis eines inneren Lebens fühlbar machte und schwache Naturen antrieb, in unklarer Mystik und verschrobenem Wahnglauben einen Halt zu suchen, und sie verzweiflungsvoll in die geheimen griechischen und orientalischen Mysterien und Religionsweihen stürzte, welche den schwachen Menschensinn mit trügerischen Vorstellungen von übernatürlichen Wunder- und Zauberkünsten, von magischer Wahrsagerei und Hellseherei u. s. w. umstrickten. Und als dann philosophische Schwärmer und Sektenstifter dem sehnsuchtsvollen Verlangen nach dem Wunderbaren mit dem glänzenden Namen eines Pythagoras entgegen kamen, der selbst in Roms Sagengeschichte*) verflochten und droben auf dem hochragenden Kapitol im kunstvollen Standbilde zu schauen war, da erwarb ihnen die tiefwurzelnde überlieferte Verehrung für den heiligen Mann gläubige Anhänger und Bekenner in bunter Menge.

Dem Kreise dieser magischen Gaukler und Hellseher gehörte auch der pythagoräische Weltverbesserer **Apollonius****) aus der kleinasiatischen Stadt Tyana an.

Er lebte von 3—96 n. Chr. Die romanhafte Darstellung seines Lebens und Wirkens fällt indessen erst in das dritte Jahrhundert.

---

*) Die römische Volkssage hatte den frommen König Numa, den verklärten Friedensfürsten und Religionsstifter, das hehre Musterbild aller Tugenden, trotz der augenfälligen Widersprüche in der Chronologie — er regierte angeblich von 715—673 — zum Schüler des samischen Weltweisen gemacht.

**) Vergl. Ch. Baur: Apollonius von Tyana und Christus, oder das Verhältnis des Pythagoräismus zum Christentum. Tübingen; 1832. — Newmann: Life of Apollonius. London; 1849. — C. H. Pettersch: Apollonius von Tyana, der Heiden-Heiland. Berlin; 1879.

Das junge Christentum, in seiner grandiosen Einfachheit und schlichten Erhabenheit still und unaufhaltsam vorschreitend, war im Begriff, die antike Welt zu zertrümmern. Erschütternd wirkte der kraftvolle, siegesfrohe Ton der christlichen Publizisten und Apologeten und zwang die Schriftsteller des hinwelkenden Heidentums, ihre letzten Kräfte anzustrengen, um die tiefgesunkene Staatsreligion vor dem sicheren Untergang zu retten.

Damals schrieb der Sophist Flavius Philostratus, ein vielseitig unterrichteter Mann, im Auftrage der Kaiserin Julia Domna, der schönen und feingebildeten Gemahlin des Septimius Severus, die Geschichte des phantastisch idealisierten „Heiligen der hellenischen Welt“.

Apollonius erscheint hier als ein vollendeter Weise, als ein gottbegeisterter Lehrer und Wohlthäter der unglücklichen Menschheit. Die menschlichen und übersinnlichen Dinge sind seiner tiefsinnigen Erkenntnis erschlossen; infolge göttlicher Anregung verrichtet er die ungewöhnlichsten Wunderthaten, so dass er als ein höheres Wesen zu betrachten ist, eine Auffassung, die durch sein geheimnisvolles Lebensende noch bestärkt wurde.

Wandte sich auch augenscheinlich das glänzende, historisch aber wertlose Werk des Philostratus nicht direkt gegen das Christentum, sondern diente vielmehr der ruhmlosen Verherrlichung der pythagoräischen Philosophie in der Person ihres letzten grossen Lehrers und der heilsamen Läuterung der entarteten Staatskulte, der sittlichen Erhebung der Gemüter, so war doch eine Vergleichung des Apollonius mit Christus immerhin natürlich und lag so nahe, dass er schon in der furchtbaren Zeit der diokletianischen Verfolgung (303—311) dem Weisen von Nazareth*)

---

*) In der That erinnert die antike Idealfigur des Apollonius, wie sie Philostratus geschaffen, in zahlreichen Zügen an die ausser-

als heidnisches Ideal eines gottgesandten Messias gegenüber gestellt wurde.

In welchem Verhältnis der historische Apollonius zu dem romantischen Idealbild des Philostratus gestanden, wird kaum sicher zu entscheiden sein. Nur soviel scheint erwiesen, dass der heilige Prophet von Tyana, der die Weisheit der Brahmanen und Ägypter, der Griechen und der Römer in sich vereinigte und, den Grosskophtas des vorigen Jahrhunderts nicht unähnlich, als heilbringender Zauberer, Geister- und Totenbeschwörer, besonders in dem, im religiösen Synkretismus schwärmenden Orient grosses Ansehen erlangt und durch seine würdevolle äussere Erscheinung, seinen unsträflichen Wandel, wie durch seine umfassenden Kenntnisse zahlreiche Schüler gewonnen hat.

Durch die Stiftung eines Geheimbundes nach pythagoräischem Vorbilde suchte er die Menschenwelt ihrer tiefen sittlichen Verkommenheit zu entreissen, indem er wie Pythagoras, „dieser Altmeister idealer und praktischer Religionsphilosophie,“ ehrliche Selbsterkenntnis, Gerechtig-

---

ordentliche Gestalt des Stifters der christlichen Religion: Er ist eines Gottes Sohn; er besitzt die übernatürliche Kraft, Zeichen und Wunder zu thun und in der Zukunft verborgenes Reich zu schauen; er heilt Kranke und Besessene und erweckt in Rom die verstorbene Tochter eines Konsularen. Von Jüngern umgeben, zieht er umher und wird auf Grund der verräterischen Beschuldigung eines seiner Schüler angeklagt. Und wie Christus seine Mission dahin auffasste, dass er nicht gekommen sei, das Gesetz aufzulösen, sondern zu erfüllen, so galt Apollonius nicht als Religionsstifter, sondern als religiös-sittlicher Reformator des Heidentums, ohne dass er freilich im stande gewesen wäre, den vielfach erweiterten und entstellten Glaubenskreis der Pythagoräer in ähnlicher Weise zu verklären, wie Jesus von Nazareth die Jahvereligion. — Vergl. A. Chassang: Le merveilleux dans l'antiquité Apollonius de Tyane, sa vie, ses voyages, ses prodiges etc. Paris; 1864.

keit und Menschenliebe lehrte und übte. Dabei war er ein mutiger Verfechter der Freiheit und der natürlichen Menschenrechte gegenüber dem grausamen Despotismus der Cäsaren.

Aber trotz der Bedeutsamkeit seiner persönlichen Erscheinung hat Apollonius keinen so überwältigenden Eindruck auf die damalige Generation hervorgebracht, wie ehedem sein grosser Vorgänger. Das Heidentum, bereits in den letzten Zügen liegend, besass nicht mehr die Kraft, sich zu einer wahrhaften Wiedergeburt emporzuarbeiten.

f) Die Orphiker und die Orpheotelesten.*)

Nach der Auflösung des Pythagoräischen Bundes in Unteritalien fanden die vertriebenen Pythagoräer einen Zufluchtsort im eigentlichen Hellas, wo sie sich dem geheimen Bunde der Orphiker anschlossen, der, wie angeblich auch die eleusinischen Mysterien, seinen Ursprung auf den fabelhaften Orpheus zurückführte.

Orpheus war ursprünglich die symbolische Bezeichnung für das blühende Naturleben, dessen rascher Hingang in religiösen Hymnengesängen betrauert ward. Der in den Gesängen Beklagte ward dann selbst in der Vorstellung der Menschen ein vielgefeierter Sänger. Was er gesungen, erfahren wir freilich nicht; aber die Macht seiner wunderbaren Weisen war so gross, dass sie selbst die starre Natur belebte und zum Entzücken hinriss und die unerbittlichen Totengötter versöhnte.

In späterer Zeit erscheint Orpheus wesentlich als der

---

*) Vergl. G. H. Bode: De Orpheo. Göttingen; 1824. — Fr. Schoell: Gesch. der griechischen Litteratur. I. Bd. Berlin; 1828. — G. H. Bode: Gesch. der epischen Dichtkunst der Hellenen. I. Bd. Leipzig; 1838. — E. Gerhard: Über Orpheus und die Orphiker. (In: Abhandl. der Berliner Akademie; 1861.) — R. Nicolai: Griech-

erste Verkünder der religiösen Geheimlehre, als ein Sühn- und Weihepriester. Er galt als der uralte Stifter und das Haupt einer um das Jahr 600 v. Chr. entstandenen mystischen Sekte, der Orphiker.

Diese Sekte schrieb dem Orpheus eine Menge von Sühngebräuchen und Weihungen, allerlei mystische Schriften, Orakel und dergleichen zu. Sie fand auf Anweisung des delphischen Orakels in Athen zur Zeit des Peisistratos (560—527) Eingang, als schwere Seuchen und Missgeschick aller Art Land und Volk heimsuchten und die homerische Götterwelt den Weisen zur Thorheit, der frommen Andacht aber ungenügend geworden war.

An der Spitze der Orphiker stand damals der athenische Dichter Onomakritos. Er gehörte zu den Gelehrten, welche im Auftrage des Peisistratos die homerischen Gesänge ordneten. Er sammelte und fälschte neben den oft mutwilligen Göttersagen des Epos auch altertümliche Orakel, Geheimlehren, Weihen und Hymnen, welche unter Orpheus' und Musäos' Namen im Umlauf waren, und ist demnach wahrscheinlich als der eigentliche Schöpfer der orphischen Poesie, Theologie und Mystik anzusehen.*)

Auf den Geheimkult der Demeter und des Dionysos-

Litteraturgesch. 3 Bde. Magdeburg; 1873—78. — G. Bernhardy: Grundriss der griech. Litteratur. I. Tl. Halle; 1876.

Nach K. Sittl (Gesch. der Griech. Litteratur. I. Tl. München; 1884) ist Orpheus „ein indogermanischer Sängerheros, das Ideal eines Sängers, wie es der halb kindlichen Phantasie eines schlichten Volkes vorschwebt.“ Er vergleicht ihn mit dem sangesfrohen Horant im Gudrunliede und dem zauberkundigen Wäinämoinen, dem Repräsentanten der finnischen Volkspoesie.

*) Vergl. Eichhof: De Onomacrito. Elberfeld; 1840. — Als O. bei Fälschung eines Orakels und Interpolationen des Homer und Musäos ertappt worden war, wurde er aus Athen vertrieben und begab sich im Verein mit den Peisistratiden an den Hof des Perserkönigs Xerxes, den er durch Mitteilung von alten verheissungsvollen Prophezeiungen zum Feldzuge gegen Hellas anspornte.

Zagreus gestützt, lehrte der kluge, reflektierende, den Fragen der Spekulation eifrig zugewandte Geist den sündhaften Ursprung der menschlichen Natur und erklärte das mystische Band zwischen der Seele und dem Leibe. Nach ihm befindet sich die menschliche Seele zur Strafe in dem Körper wie in einem Kerker, in welchem sie die alte Schuld ihres Ursprunges abzubüssen habe. Aus diesem leidensvollen Zustande könne sie nur durch die Weihen und Sühnungen des orphischen Geheimbundes wieder zur ewigen Seligkeit gelangen. — „So war an die Stelle der heitern Freude am sinnlichen Leben ein tiefes Gefühl von dem Elend des menschlichen Daseins und seine schwärmerische Sehnsucht nach einem seligen Zustande getreten."

Die orphischen Mysterien haben mit den Eleusinien manches gemein gehabt. Den Eingeweihten war das Studium der orphischen Schriften, eine strenge Askese und die fleissige Beobachtung mystischer Ordensregeln nach dem Vorbilde der ägyptischen Priesterschaft und des pythagoräischen Bundes vorgeschrieben. Sie bildeten eine enggeschlossene Korporation und sicherten sich dadurch zeitweise eine angesehene Machtstellung im Staatsleben. Bald aber traten krankhafte Auswüchse des orphischen Wesens in den Vordergrund.

Manche Orphiker benutzten ihre Kenntnis der Weihen und der Sagen von Orpheus als Verfasser von Beschwörungsformeln für Krankheit und Zauberei zu offenkundigen Gaukeleien und Schwindeleien.

Mit dem geheiligten Zauber des Mythos und der Vorzeit umgeben, zogen sie als Bettelpriester, Orpheotelesten genannt, im Lande umher und zeigten orphische Weihvorschriften vor, nach deren Anweisung sie Opfer verrichteten und der gläubigen Dummheit vorschwatzten, sie seien im stande, durch diese Opfer und durch kindische

Lustbarkeiten zeitliche und ewige Reinigungen von Sünden zu gewähren und durch die Mitteilung ihrer Weihen dem Menschen ewiges Heil zu verschaffen. Auch legten sie sich die Macht bei, mittels ihrer mysteriösen Bannformeln die Götter ihrem Willen geneigt zu machen und erforderlichenfalls allen Feinden grossen Schaden zuzufügen. — Es bestätigte sich auch damals, wie zu allen Zeiten, der traurige Erfahrungssatz, dass die gedankenlosen Massen gerade der Lüge und dem Wahn mit lautem Jubelschall huldigen, wofern diese nur mit berechnender Frechheit zu Werke gehen.

Der Glaube an die neue Natur, welche die Orpheotelesten verleihen zu können vorgaben, die düstere Zauberkraft ihrer Gebräuche, sowie die sichere Aussicht auf Belohnungen nach dem Tode zogen zahlreiche Weihlustige an. Umsomehr griff der schändliche Missbrauch um sich und der pfäffische Unfug der orpheotelestischen Entsündigungsanstalt fand so sehr den Beifall der lüsternen Gemüter, dass selbst das delphische Orakel der überhandnehmenden Reinigungssucht nicht mehr zu steuern vermochte.

Allein ihr Schicksal war erfüllt. Alle Denkenden und Bessergesinnten, wie z. B. Demosthenes, der als junger Mann eingeweiht worden war, sagten sich los von dem wüsten Gaukelspiel und enthüllten rücksichtslos den ganzen heiligen Unsinn der beliebten Weihen und das schamlose Treiben des räuberischen orpheotelestischen Pfaffengesindels und Gaunertums. —

VI. Die Kelten.

1. Land und Volk.*)

Die grosse keltische Nation, ein Zweig des indogermanischen Sprachstammes, hatte sich als selbständiges Volk im Dunkel der Urzeit von den verwandten Germanen und Slaven losgelöst und, von diesen verdrängt, sich vornehmlich über die reichen Flussthäler und das anmutige Hügelland des heutigen Frankreichs mit Einschluss der westlichen Striche Deutschlands und der Schweiz ergossen, um 2000 v. Chr. das Gestade des westlichen Weltmeeres erreicht und vielleicht schon damals das meerumflossene Britannien und Irland besetzt.

Gallien mit seiner milden und üppigen Natur war das Hauptland ihrer Macht. Von hier gingen, infolge Übervölkerung, kriegerische Wanderzüge aus, der Schrecken der zivilisierten Nationen des Altertums, drangen bis zum Po, in die Berge Kastiliens und Kärntens und überfluteten Griechenland und das Innere Kleinasiens, wo sie unter fremdartiger Umgebung dauernde

---

*) Wir folgen hier hauptsächlich der klassischen Schilderung der keltischen Eigenart bei Mommsen (Röm. Gesch. Bd. III) und verweisen im übrigen auf: Zeuss: Die Deutschen und ihre Nachbarstämme. München; 1837. — Diefenbach: Celtica. Stuttgart; 1839—41. — B. G. Niebuhr: Vorträge über alte Länder und Völkerkunde. (Herausgegeb. von M. Isler). Berlin; 1853. — A. Thierry: Histoire des Gaulois. 2 Bde. Paris; 1857. — Napoléon: Histoire de Jules César. Paris; 1865/66. — Saint-Brieuc: Études sur les Celtes et les Gaulois. Paris; 1875. — Bertrand: Archéologie celtique et gauloise. Paris; 1876. — Cuno: Vorgesch. Roms. Bd. 1: Die Kelten. Leipzig; 1878. — De Valroger: Les Celtes, la Gaule celtique. Paris; 1879. — A. v. Göler: Cäsars gallischer Krieg. 2. Aufl. Heidelberg; 1880. — F. Dahn: Urgeschichte der germanischen und romanischen Völker. I. u. III. Bd. Berlin; 1881—83.

Wohnsitze fanden und der Landschaft „Galatien“ den Namen gaben.

Ein enger gegenseitiger Verkehr, ein geistiges Gefühl der Gemeinschaft hat die Völkerschaften, wenigstens von der Rhone, dem Rhein und der Themse, zusammengeknüpft.

Das 4. Jahrhundert v. Chr. bezeichnet den Höhepunkt der Entwickelung der keltischen Nation. Gallien war damals wohl bevölkert. Die Getreidekultur war ziemlich verbreitet, worauf schon die uralte keltische Sitte, aus Gerstensaft Bier zu bereiten, deutlich hinweist. Doch fand am Ackerbau der freie Kelte kein Gefallen; vielmehr sagte ihm das unstete Hirtenleben zu. Die Viehzucht stand darum in hoher Blüte, namentlich in den nördlichen keltischen Landschaften. Zahlreiche Herden halbwilder und starker Schweine hausten in den fruchtbaren Fluren des heutigen Flanderns und Lothringens und in den undurchdringlichen Eichenwaldungen, welche im Nordosten von der Nordsee bis zum Rhein sich erstreckten.

Von Haus aus dem Zusammensiedeln geneigt, bewohnten die Kelten zahllose offene Dörfer und eine stattliche Menge geschickt und zweckmässig ummauerter Städte, in der Zeit der Gefahr eine sichere Zufluchtsstätte für Menschen und Vieh. Überall gab es Strassen und Brücken. Fluss- und Seeschiffahrt waren bedeutend. Auf ihren starken Fahrzeugen aus Eichenholz und mit Segel und eisernen Ankerketten wohl versehen, holten die Bewohner der Westküste aus dem stammverwandten Britannien Zinn und andere Erzeugnisse und verfrachteten sie auf den schiffbaren Flüssen nach den Handelsstädten der sonnigen Mittelmeerküste. Die Kelten haben zuerst das Westmeer mit Segelschiffen regelmässig befahren und die Schiffsbau- und Steuermannskunst bemerkenswert ausgebildet — „ein Fortschritt, den freilich die sinkende Regsamkeit der alten Welt nicht zu nutzen verstanden hat".

Nicht unwichtig war auch die keltische Industrie, wenngleich sie in den meisten Zweigen sich nicht über das Mass des Gewöhnlichen erhoben hat. Die Kelten waren Meister in geschickter Bearbeitung des Kupfers und der Edelmetalle, von denen die gallischen Bergwerke und die Goldwäschereien an den Alpen- und Pyrenäenströmen bei dem damaligen geringen Wert der Arbeitskraft beträchtliche Schätze zu Tage förderten. Die Verzinnung des Kupfers ist keltische Erfindung. „Technisch vorzügliches Kupfergerät, das in den Gräbern des Keltenlandes zum Vorschein kommt, die sorgfältig justierten arvernischen Goldmünzen sind heute noch lebendige Zeugen der Geschicklichkeit der keltischen Kupfer- und Goldarbeiter."

Dagegen ist in Gallien von bildender Kunst kaum die Rede, während die Poesie, eng verwachsen mit den religiösen und politischen Instituten der Nation, hoch geschätzt war. Auch Naturwissenschaft und Philosophie fanden eine gewisse Pflege und der hellenische Humanismus freudige Anhänger.

Nicht minder bemerkenswerte Erscheinungen bietet die politische Entwicklung der keltischen Nation. „Von der gemeinsamen Mutter mit einer andern Ausstattung versehen, als die italische, hellenische und germanische Schwester, fehlte ihr bei manchen tüchtigen und noch mehr glänzenden Eigenschaften, die tiefe sittliche und staatliche Anlage, auf welche alles Gute und Grosse in der menschlichen Entwickelung sich gründet." Es mangelte den Kelten an ernstem Bürgersinn, festem Regiment, an Eintracht und folgerechtem Streben.

Die staatliche Verfassung ruhte bei ihnen, wie überall, auf dem Geschlechtsgau, welcher, dem kriegerischen Geiste der Nation entsprechend, einen militärischen Charakter hatte. An der Spitze der Gaugenossenschaft stand der erbliche Fürst. Er galt als oberster Heerführer und Richter und besorgte unter Zuziehung des Rates der Ältesten und der Gemeinde der freien, waffenfähigen Männer die öffentlichen Angelegenheiten. Die Stadt hatte, wie im Orient, nur merkantile und strategische, nicht politische Bedeutung.

Nicht lange vor der Invasion Cäsars erlagen die erblichen Fürsten einer ritterlichen Feudalherrschaft. Hervorgegangen zum Teil aus den ehemals fürstlichen Familien, eng zusammengeschlossen durch gemeinsame Interessen, durch Verwandtschaft und Verträge, vereinigten die bevorzugten Geschlechter in ihrer Hand die ökonomische, kriegerische und politische Übermacht. Die alte Landgemeindeordnung blieb zwar bestehen, doch verlor sie ihre politische Bedeutung und sank zu einer leeren Form herab. Nun war der gemeinfreie Mann jeglicher Gewaltthat schutzlos preisgegeben. Um sich die nötige Sicherheit seiner Person und seines Lebens zu verschaffen, sah er keinen anderen Ausweg, als sich unter den Schutz eines der mächtigen Familienhäupter zu begeben und so seine Freiheit zu opfern. Fortan gab es keine selbständigen Bürger und Bauern mehr, welche, ähnlich den gemeinfreien germanischen Bauern, den Staat als normaler Stand trugen. Den Staat bildete die erbliche und reiche Familienaristokratie, die das Land in ungemessenen Latifundien inne hatte und die, gestützt auf ihre reisigen Knechte, in brutalster Weise das gesetzlose Faustrecht handhabten.

Solche Verhältnisse hatten die vollständige politische Zersplitterung der keltischen Nation zur Folge. Trotzdem aber regte sich mächtig in ihr das Gefühl der Einheit. Dahin wirkten, abgesehen von dem religiös-nationalen Bande, mit welchem das Druidentum ganz Gallien und die britischen Inseln umfasste, namentlich die von Süden und Osten her gegen das Land gerichteten Angriffe. Die minder mächtigen Gaue schlossen sich einem stärkeren an, und nicht selten traten sämtliche Staaten zu gemeinsamer Beratung zusammen und verbanden sich zu gegenseitigem Schutz und Trutz. Allein die Rivalität der mächtigeren Gaue um die Führerschaft liess es nie zu einem festen Haltepunkt politischer Zentralisation kommen, durchbrach vielmehr stets die ohnehin lockere Verbindung und führte schliesslich die gänzliche Vernichtung des Keltenvolkes herbei.

„In dem gewaltigen Wirbel der Weltgeschichte, der alle nicht gleich dem Stahl harten und gleich dem Stahl geschmeidigen Völker unerbittlich zermalmt, konnte eine solche, politisch durch und durch unbrauchbare Nation auf die Länge sich nicht behaupten; billig erlitten die Kelten des Festlandes dasselbe Schicksal von den Römern, das ihre Stammgenossen auf der irischen Insel bis in unsere Tage hinein von den Sachsen erleiden: das Schicksal, als Gährungsstoff künftiger Entwickelung aufzugehen in eine staatlich überlegene Nationalität!“

2) Religion und Kultus der Kelten.*)

Die Religion der Kelten, die, wie die nordischen Völker und die Letten sich nicht, gleich ihren im südlichen Europa ansässigen Bruderstämmen, über die Natur zur geistigen Individualität zu erheben vermochten, war ur-

*) Vergl. Klemm a. a. O. Bd. VIII. — J. Scherr a. a. O. — Henne-Am Rhyn a. a. O. Bd. III. — J. Lippert: Allgem. Gesch. des Priestertums. II. Bd. Berlin; 1884. — H. Preiss: Religionsgeschichte. Gesch. der Entwicklung des religiösen Bewusstseins etc. Leipzig; 1888. —

sprünglich ein roher Naturdienst, in welchem sichtbare Naturdinge, kosmische und atmosphärische Erscheinungen verehrt wurden. Allmählich traten dann Götterwesen als persönlich gedachte Naturkräfte und Urheber dieser Naturerscheinungen in den Kreis der religiösen Andacht ein.

So galt Taran als Gott des Himmels, als Herr des Feuers, als Beherrscher des Blitzes, des Donners, und in dieser Eigenschaft, wie der nordische Thor, als verderblicher, totbringender Kriegsgott. Belen war der wohlthätige Sonnengott. Indem er die Pflanzenwelt erschafft und den Kräutern die heilende Kraft verleiht, ist er zugleich der Repräsentant der Heilkunst. Teutates war der Schutzgeist der Industrie und der Kunstfertigkeit, der Beschützer der Handels- und Verkehrsstrassen, weshalb ihn die Römer mit ihrem Merkur verglichen. Verwandt mit ihm war Ogmios, der freundliche Spender der Beredtsamkeit, der Schrift und der Wissenschaften.

Gegenüber den mehr oder weniger geläuterten Anschauungen der Priesterschaft über den wahren Inhalt der keltischen Religion bestand unter den rohen Massen der bunteste Geister- und Dämonenglaube. Männliche und weibliche Erd-, Wasser- und Waldgeister, Tag- und Nachtgespenster gütigen und boshaften Charakters, Zwerge, Elfen und Feen, „mütterliche Jungfrauen“, welche den Lebens- und Schicksalsfaden der Sterblichen spinnen, — sie alle herrschen über die Länder und Städte, wie über einzelne Menschen.

Der keltische Götterdienst wurde teils im dichten Schatten undurchdringlicher Eichenhaine, teils auf erhabenen Punkten der Landschaft verrichtet, auf runden, offenen Plätzen mit einfachen Steinumschliessungen von roher Massenhaftigkeit, mit aufgerichteten Säulen und Grabhügeln.

Ein berühmter, heiliger Hain, durch keine Axt je verletzt, befand sich unweit Massilia. „Dichtverschlungene Äste sperrten das Sonnenlicht ab, und im kalten Schatten fiel das Wasser aus den Quellen. Da standen blutige Altäre, von Menschenopfern blutbespritzte Bäume bei ungestalteten Baumstrünken, rohen Sinnbildern der Gottheit. Aber nicht diese Bilder erregten das Grausen, sondern die Ahnung der Nähe des Unbekannten. Kein Lüftchen bewegte das Laub, kein Blitz berührte die Bäume, oft aber dröhnte es dumpf aus den Höhlen der erschütterten Erde, liegende Eichenbäume erhoben sich wieder, der Wald leuchtete, ohne zu brennen, und greuliche Drachen wanden sich um die uralten Stämme der Eichen. Die Vögel scheuten sich, auf den Baumzweigen zu sitzen, und das Wild fürchtete sich, in den Höhlen zu ruhen. Das Volk, von heiligem Schauer ergriffen, betrat nur selten diesen Hain und am Hochmittag und um Mitternacht zitterte selbst der Priester hineinzugehen, aus Furcht, den Herrn zu treffen. — Wir sehen in dieser Beschreibung zugleich ein Beispiel, wie die Druiden die Phantasie aufzuregen und den Glauben auf die Angst des Gemüts zu gründen wussten.“ —

Aber auch Quellen, Seen, Felsen und besonders Inseln galten für heilige, den Göttern geweihte, und von ihnen bewohnte Stätten und waren darum Lieblingsplätze keltischer Götterverehrung. So die keltischen Inseln Sena (Sain), Jersey, die britischen Wight, Man, Anglesea mit dem Grabmal des mächtigsten Gottes, der eigentliche Mittelpunkt des Druidentums.

Den wichtigsten Teil des keltischen Religionswesens bildeten der wunderlichste Zauberglaube und die blutige Rohheit eines entarteten Opferdienstes, der Menschenblut als das wirksamste Versöhnungsmittel der Götter forderte.

Gewöhnlich wurden dem Schlachtengott die unglücklichen Kriegsgefangenen dargebracht, die massenhaft in riesige Weidengeflechte, denen man Menschengestalt verlieh, gesteckt und verbrannt wurden. Zu Zeiten höchster Bedrängnis und Not erfolgten aussergewöhnliche Opfer. Häufig bestanden sie auch in feierlichen Hinrichtungen der zum Tode verurteilten Verbrecher. Solchen Handlungen wurde eine sühnende Kraft beigemessen, da durch den Tod der Schuldigen der durch ihr Vergehen auf die Gemeinde gebrachte Zorn der Götter besänftigt wurde, und mit ihnen verknüpften die Kelten besondere Gebräuche. Weiss gekleidet und mit Eichenlaub bekränzt, stand der Priester am Altar, in allen seinen Bewegungen dem Laufe der Sonne folgend, deren Genius ihn erfüllte. Der Unglückliche, welchen das schwarze Todeslos getroffen, empfing den tödlichen Streich mit dem Schwerte von hinten. Aus seinem Niederstürzen, seinen Zuckungen, aus dem Fliessen des Blutes erkannte und weissagte der Priester den Willen der Gottheit.

Aber auch aus dem Flug und dem Geschrei der Vögel, aus unerwartet eintretenden, in die Augen fallenden Naturerscheinungen und selbst aus Träumen vermochte die phantasiebegabte Priesterschaft nach Gefallen vieldeutige Zukunftsbilder aufzustellen, und durch drohende oder erfreuliche Verheissungen der Götter die gläubige Gemeinde ihrem autokratischen Willen unterzuordnen.

Ebenso scheint die Beobachtung der Gestirne von ihnen zu abergläubischen Zwecken benutzt worden zu sein. Aus besonderen Anlässen zitierten sie sogar die Geister der grossen Nationalhelden, um deren Rat für sich oder andere einzuholen. —

Schon der römische Kaiser Octavian hatte die Menschenopfer in Gallien und die damit verbundenen barbarischen Schändlichkeiten verboten. Und den späteren Cäsaren muss man es nachrühmen, dass sie ihrerseits sich kräftig bemüht haben, dem schmählichen Treiben des keltischen Druidentums durch energische Edikte ein Ziel zu setzen. Aber sei es, dass es ihnen an Macht gebrach, um ihren Befehlen den erforderlichen Nachdruck zu verleihen, sei es auch, dass sie es nicht verstanden, das unheimliche Übel an der Wurzel zu treffen — weder sie noch das vordringende Christentum vermochten eine durchgreifende Änderung herbeizuführen.

Und so hat denn der keltische Geisterglaube*), mit seinen grotesken und schauerlichen Gestalten in das Volksleben ausgeströmt, sein zähes Leben behauptet und teilweise in der Bretagne, wo sich die keltische Nation unvermischter erhielt, als anderswo, und in den innern Provinzen Frankreichs und Englands noch das ganze Mittelalter hindurch bis auf unsere Tage sich vererbt. —

---

*) Unverwüstlich ist namentlich der Glaube an die gütigen Feen. Seitdem die Feenwelt in der Sage vom „Lancelot vom See" ihre poetische Beglaubigung erhalten hat, gehören ihre ätherischen Gestalten der romantischen Poesie des christlichen Rittertums an. Wir begegnen hier den berühmten, schönen, ewig jungen Feen Esterelle, Maliure, Melusine, Morgana u. a. — Neuerdings hat die französische Dichterin George Sand (1804—1876) in ihren anmutigen Novellen „Jeanne" und „la petite Fadette" interessante Nachweisungen über das Fortleben des keltischen Geisterglaubens in Frankreich gegeben. „In England erfuhr das Elfenwesen zur fröhlichen Zeit der Königin Bess die reizendste dichterische Ausbildung. Man denke nur an den Elfenspuk in Shakespeare's Sommernachtstraum. In „Romeo und Julia" hat der grosse Dichter auch jenes anmutige Bild der Fee Mab gezeichnet, in welchem das unendlich Niedliche und zugleich neckisch Koboldische dieser luftigen Geschöpfe der Phantasie so hübsch charakterisiert ist." —

Vergl. Walckenaer: Lettres sur les contes des fées. Paris; 1826. — Keightley: Mythologie der Feen und Elfen. Weimar; 1828 (deutsch von Wolff.) — Schreiber: Die Feen in Europa. Freiburg; 1842. — Maury: Les fées du moyen-âge. Paris; 1843.

3. Die Druiden.*)

„Die Religion der Kelten war nicht nur Naturreligion, sondern auch Priesterreligion, sofern sie von einem besonderen Stand, den Druiden, ergriffen, zum Gegenstand priesterlicher Speckulation gemacht und zu einem theologischen System erhoben wurde.“

Die Korporation der Druiden**), welche ganz Gallien und die britischen Inseln mit einem gemeinsamen, religiös-nationalen Bande umfasste, bildete einen festgeschlossenen Orden, aber keine erbliche Priesterkaste. Seine Mitglieder, von allen öffentlichen Lasten, von Steuer und Kriegsdienst befreit, waren nicht nur die Pfleger und Verkünder der heiligen Glaubenslehre, die Kenner der den Göttern wohlgefälligen Kultgebräuche und Ritualhandlungen, sie waren auch Gesetzeskundige, Richter und Ärzte, sowie überhaupt die Vertreter der gesamten geistigen Bildung der Nation und genossen das höchste Ansehen.

Aus diesen Gründen suchten zahlreiche junge Männer, auch die Söhne der mächtigen Adelschaft, die Aufnahme in den Orden nach, der sich so in der Weise der katholischen Hierarchie ergänzte. Die Novizen

---

*) Vergl. Davies: Mythology and rites of the British Druids. London; 1809. — Toland: History of the Druids. Montrose; 1814. — K. Barth: Über die Druiden der Kelten. Erlangen; 1826. (Enthält erschöpfende Angaben über die einschlägige Litteratur.) — Barghou Fort-Rion: Le druidisme au moyen-âge. Paris; 1874.

Nach diesem alten keltischen Priesterorden benennt sich eine im Jahre 1781 in London gegründete, jetzt in Amerika, Australien und Deutschland ziemlich verbreitete geheime Gesellschaft. Wir handeln von ihr ausführlicher an anderer Stelle. —

**) Ob der Name „Druiden“ zurückzuführen ist auf das griechische δρῦς (Eiche), weil der Eichbaum eine hervorragende Bedeutung in der Druidenreligion hatte, oder auf das keltische Dru (Glaube), oder ob er den angeblich altbritischen und noch heute in Wales üblichen Worten Dryw, Derwydd, Dryod (weiser Mann) entspricht, lässt sich nicht mit Sicherheit entscheiden.

mussten die strengste Verschwiegenheit geloben und lebten in stiller Zurückgezogenheit unter den Brüdern. Sie vertauschten ihre weltliche Kleidung mit der Ordenstracht, einem kurzen Unterkleid mit eng zugehenden Ärmeln und einem Mantel, und wurden an einsamen Plätzen in der druidischen Weisheit unterrichtet.

Der Unterricht währte lange Zeit. Oft brachten weniger begabte Schüler zwanzig Jahre dabei zu. Er erstreckte sich auf die priesterliche Schreibkunst, auf Arznei- und Rechtskunde, auf Mathematik, Astronomie, Natur- und positive Religionslehre. Der gnomische Vortrag war ganz für das Gedächtnis und ein esoterisches Wissen berechnet und erfolgte in einer, nur den Eingeweihten verständlichen, mystischen Sprache. Im Interesse der Geheimhaltung durfte nichts niedergeschrieben und veröffentlicht werden.

Der Orden stand unter einem eigenen Oberpriester, den die Mitglieder aus ihrer Mitte auf Lebenszeit wählten. Als Zeichen seiner Würde führte er ein Scepter und trug er eine Eichenlaubkrone.

Man unterschied in der Vereinigung drei Grade: den der Eubutes oder Vaten, der Barden und der Senani oder Drysiden. Hierzu kam noch ein Grad für weibliche Mitglieder, die Druidinnen mit eigenen Vorsteherinnen.

Ausserlich erkannten sich die Druiden der verschiedenen Grade an einer besonderen Tracht. Die Kleidung der Drysiden war reich mit Gold durchwirkt; sie trugen ausserdem goldene Armspangen, Halsketten und Fingerringe.

Als vieldeutige Symbole dienten den niederen Graden die Mondsichel und das Füllhorn mit darüber schwebendem Mond, dem höchsten das mystische Schlangenei, in den orientalischen Mythen das uralte Sinnbild des Lebens, und die heilige Mistel. Die immergrüne Pflanze, in der sechsten Nacht des Vollmondes unter feierlichen Zeremonien von einem weissgekleideten Druiden mit goldenem Messer von dem Wipfel der Eiche geschnitten, wurde als ein Talisman höchster, wirkungsvollster Art betrachtet und hiess in der geheimnisvollen Sprache der Priester „der Heiland aller Schmerzen“.

Die Drysiden waren die eigentlichen Priester, die Pfleger der überlieferten metaphysischen und ethischen Weisheit, die Leiter der Rechts- und Staatsgeschäfte. Sie waren verheiratet, führten aber in der Regel ein zurückgezogenes und beschauliches Leben in den heiligen Eichenhainen.

Die Vaten standen den Kulthandlungen vor und handhabten das ganze weitläufige Zeremoniel des Zauber-, Weissagungs- und Beschwörungswesens. —

Ausserdem lag ihnen ob, die Novizen in der praktischen Theologie zu unterweisen, sich mit astronomischen Beobachtungen zu beschäftigen und kalendarische Berechnungen*) aufzustellen. In ihrer Hand lag auch die Ausübung der Heilkunst. Wenn sie auch heilkräftige Kräuter und Pflanzen anwendeten, so legten sie doch geringeren Wert auf die natürlichen Kräfte, als auf die mysteriösen Gebräuche beim Einsammeln jener und das sympathetische Verfahren.

Die Barden endlich nahmen bei den Kelten eine ähnliche Stellung ein, wie die Propheten im Hebräertum. Sie begleiteten das Heer in die Schlacht, entflammten die Krieger durch ihre Lieder zu stürmischer Tapferkeit, stimmten bei religiösen Feierlichkeiten die Lobgesänge an zum Preise der Götter und sangen bei festlichen Gelagen die Ruhmesthaten der Vorzeit. Der

---

*) Ihre Zeitrechnung scheint, nach den Berichten der Alten zu schliessen, einen hohen Grad der Vollkommenheit erreicht zu haben. Zur Beobachtung der Himmelskörper sollen sie sich sogar schon der Vergrösserungsgläser, der sogenannten Druidenköpfe, bedient haben.

verwegene Mut, der hartnäckige Widerstand, die zähe Ausdauer, welche die keltischen Stämme in den jahrhundertelangen, verzweifelten Kämpfen gegen ihre Überwinder, in Gallien gegen die Römer und Goten, dann in England und Irland gegen die Sachsen und Normannen, an den Tag legten, ist zum nicht geringen Teil auf die Begeisterung zurückzuführen, welche die bardischen Lieder anfachten.

Darob standen die Barden in heiliger Hut und ihre Worte waren von der grössten Wirkung auf die unbefangenen Gemüter der freien Naturkinder. Sie waren die hervorragendsten Stimmführer der öffentlichen Meinung und teilten mit den Drysiden das Ansehen in den wichtigsten Staatsangelegenheiten.

Über das Verhältnis der Druidinnen zu den Druiden sind uns nur unvollkommene Nachrichten überliefert. Wahrscheinlich waren sie Priesterinnen weiblicher Gottheiten und leiteten die Opfer, die nur von Frauen dargebracht werden durften. Hauptsächlich aber betrieben sie zauberische Künste und Wahrsagerei. Wie die nordischen Völker, schrieben nämlich auch die Kelten dem Weibe einen vorahnenden, prophetischen Blick zu.

Einige Druidinnen waren als emsige Hausmütter in druidischen Familien thätig, andere brachten ihr Dasein in nonnenhafter Abgeschlossenheit zu. Eine derartige Genossenschaft hauste auf der Insel Sena, weithin bekannt in keltischen Landen durch ein berühmtes Orakel. Die Vorsteherinnen desselben hatten das Gelübde ewiger Keuschheit abgelegt. Mit andächtiger Scheu blickte das Volk zu ihnen auf und flüsterte sich geheimnisvoll zu, die Priesterinnen seien imstande, sich in Tiere zu verwandeln, durch geheime Zaubersprüche das Meer aufzuwühlen, die Sturmwinde anzufachen und zu beschwichtigen und die Zukunft vorherzusagen.*)

*) Vergl. des römischen Geographen Pomponius Mela Kompendium: „De chorographia“ III.

So geschah es denn, dass die Druidinnen überall als göttliche, heil- und segenbringende Wesen galten, in der alten Welt neben den hehren weiblichen Gestalten des germanischen Götterhimmels wohl die edelste Würdigung, die höchste Auffassung des Weibes. Um so auffallender ist daher die Thatsache, dass sie in der Vorstellung der späteren Zeiten zu bösen Hexen herabsanken, „wie sie uns als solche Shakespeare im Macbeth vorgeführt hat“. —

Das druidische Dogma, nur den Eingeweihten bekannt, und darum nur in unvollkommenen Fragmenten erhalten, beschäftigte sich vornehmlich mit den Gottheiten, ihrer Gewalt und Macht und ihren sonstigen Eigenschaften, mit der Entstehung und dem Schicksale der Welt und mit der Zukunft der menschlichen Seele.

Die theologische Spekulation über die naturreligiöse Göttervielheit, wie sie im keltischen Volksglauben bestand, führte das entwickelte Religionsbewusstsein der Druiden bald auf eine Stufe, auf welcher es ihm vergönnt war, zum Monotheismus sich zu erheben. Und zwar war es der Gott Taran, in welchem sie die segnende Himmelsmacht schauten, die unter ihren zahlreichen Namen und Attributen alle Gottheiten der keltischen Mythologie in sich begriff; er war die Gotteinheit, welche im Volksglauben polytheistisch auseinanderging. Ob bei diesem Resultat christliche Vorstellungen mitgewirkt haben, ist, wenn auch nicht gerade zu beweisen, immerhin nicht ausgeschlossen.

Die Entstehung der Welt, welche dereinst wieder durch Wasser und Feuer würde vernichtet werden, schrieb die phantastische Naturphilosophie der keltischen Weisen, merkwürdig genug, dem bösen Prinzip zu. Ihre Lehre sah in der Welt ein schreckliches Ungetüm, aufgestiegen aus dem schauerlichen Abgrund der Tiefe.

Demnach sind auch die Menschen, welche ja von diesem Wesen abstammen, von Natur böse und sündhaft, und es erwächst ihnen nunmehr die unabweisliche Pflicht, durch fleissige Übung aller Tugenden solche angeborene Schlechtigkeit abzustreifen, — eine Ansicht, die, weil dem christlichen Dogma von der Erbsünde auffallend ähnlich, schwerwiegende Bedenken erregen würde, wenn sie nicht durch das unanfechtbare Zeugnis Julius Cäsars*) beglaubigt wäre.

Von ungleich grösserer Bedeutung, als die grillenhaften Anschauungen von der Entstehung des Universums und des Menschen und seiner sündhaften Beschaffenheit ist das, was uns über die druidische Geheimlehre von dem Schicksale der Menschenseele nach dem Tode berichtet wird.

Die Druiden glaubten an die persönliche Unsterblichkeit und an die Seelenwanderung. Bevor die von ihrem Leibe getrennte Seele würdig befunden wurde, zur ewigen Ruhe einzugehen, musste sie sich einer vorbereitenden Läuterung unterziehen, welche nur durch eine langwierige Wanderung durch menschliche, tierische, ja pflanzliche Körper zu erlangen war. Die keltische Dichtung weiss grausige Bilder zu entwerfen von den schrecklichen, von unheimlichen Totenscharen bevölkerten „Seen der Angst", von den furchtbaren Thälern des Blutes, die die wandernde Seele zu durchschreiten habe. Und aus der Weissagung eines bretonischen Barden aus dem 5. Jahrhundert n. Chr. erfahren wir, dass alle Menschen dreimal die finstere Todesnacht durchschreiten müssen, ehe die Pforten des himmlischen Paradieses sich ihnen öffnen. Hat endlich die Seele den vorgeschriebenen Grad der Läuterung erreicht, so wird sie von den Totenfergen nach der Insel der

*) Vergl. De bello gallico VI. 13 ss.

Seligen hinübergeführt, um dort auf immergrünen Gefilden, unter lieblichen Apfelbäumen immerdar eines frohen, genussreichen Daseins zu geniessen. Denn nachdem sie von dem klaren Quellwasser getrunken, das unten auf blumigen Auen rieselt, gelangt sie zu neuem, ewigem Leben, erkennt ihre vorangegangenen Lieben — der Gatte die Gattin, die Eltern die Kinder, der Held die Helden — und feiert bei fröhlicher Lustbarkeit, bei Gesang und Tanz das Wiedersehen.*)

Also war der keltische Druidenorden und seine Lehre beschaffen. Überblicken wir den Gesamtzustand und Inhalt des Druidentums, so ist es begreiflich, dass eine solche Priesterschaft nicht nur in kirchlichen Dingen bei einer gläubigen Gemeinde peinlichste Frömmigkeit und blinden Gehorsam fand, sondern auch nach der weltlichen Seite hin alle Staatsangelegenheiten entscheidend beeinflusste.

Schon die Lehre von der Zeichendeutung und die Ausübung dieser Kunst sicherte den Druiden eine bevorzugte Stellung. Pflegte doch der Kelte nichts Wichtiges zu unternehmen, ohne vorher seinen Gott gefragt zu haben. Dessen Willen aber verstand nur der Priester.

Hierzu kamen dann die Opfer, welche die Gottheit den menschlichen Zwecken geneigt zu machen bestimmt waren, und die allein von einem Druiden vollzogen werden durften.

Als alleinige Inhaber und Pfleger der Rechtstraditionen wussten die Druiden die wichtigsten bürgerlichen und peinlichen Rechtsgeschäfte an sich zu reissen und vor allem eine ausgedehnte Kriminalgerichtsbarkeit zu entwickeln. Mit Erfolg nahmen sie das Recht in Anspruch, über Krieg und Frieden zu entscheiden, ja,

*) Die keltische Sage von den Totenschiffern hat Gustav Schwab (1792—1850) in seiner Romanze „Die Insel der Seelen“ anziehend geschildert.

sogar einzelne Widerspenstige und ganze Gemeinden aus der Kultgemeinschaft auszuschliessen. Wer dem Kirchenbanne verfallen war, war auch bürgerlich rechtlos und ging aller öffentlichen Ehren verlustig. „Man war nicht fern von einem Kirchenstaat mit Papst und Konzilien, mit Immunitäten, Interdikten und geistlichen Gerichten."

Die politische Gewalt der Druiden, schon zu Cäsars Zeit durch den allgemeinen Zwiespalt der Adelschaft erschüttert und darum die Eroberungen des grossen Römers wesentlich begünstigend, wurde in der Folge unter dem Römerjoch vollends gebrochen.

Dagegen behaupteten sie sich als Träger des religiösen und geistigen Nationallebens nnd widerstanden lange Zeit der siegreichen Macht des Christentums, zumal die Barden durch ihre Lieder die Erinnerungen an die Vergangenheit, an die alten nationalen Überlieferungen im Volke wach erhielten. Bruchstücke dieser alten Bardenlieder haben sich bis heute erhalten. „Die Klage um die vergangene Zeit der Stärke und des Ruhms umzieht sie mit dem Schimmer eines melancholischen Abendrots, worin sich alles, was noch unser Gemüt beleidigen könnte, mit zauberhaftem Glanze rändert und verklärt und uns mit dem Bilde eines fernen, langsam im roten Nebel untersinkenden Heldentums berauscht." Auch nachdem endlich die letzten keltischen Stämme in Wales, Irland und Schottland der christlichen Lehre zugeführt waren, dauerte die Opposition des druidischen Geistes fort und fand in dem reformierten Bardenorden ihren Mittelpunkt.

Als den Stifter desselben nennt die Sage den mythischen Merlin, eine Art keltischen Messias, welcher, mit wunderbaren Zauberkräften ausgestattet, am Ende des 5. Jahrhunderts gelebt haben und der Vorkämpfer der keltischen Nationalität gewesen sein soll. Neuere

Forscher*) sind dagegen geneigt, in Merlin, dieser hervorragendsten Gestalt in dem altbritischen Sagenkreis, „weit mehr einen blossen Begriff als eine Person zu sehen, einen Begriff, an welchen sich die in den verzweifelungsvollen Kämpfen der Briten gegen die Sachsen und Normanen laut werdenden Triumph- und Klagelaute, Zorngeschreie und Prophezeihungen angeheftet hätten".

Auch dieser Orden, eine erbliche Zunft, wies drei Grade auf. Den ersten nahmen die Lehrlinge (Arwennyddions) ein; den zweiten bildeten die Aufseher (Bardd Faleithiawg), während der höchste dem Barden-Meister oder Präsidenten (Bardd ynys Pryadain) vorbehalten war. Ein himmelblaues Kleid bezeichnete äusserlich seinen Rang.

Die dichterische Thätigkeit der alten Barden hatte durch die Einführung des Christentums einen neuen Aufschwung genommen, indem sie altnationale Traditionen mit Vorstellungen des neuen Glaubens vermischte.

Die herrlichste Schöpfung dieser keltisch-christlichen Dichtung ist der glänzende Sagenkreis von König Artus und seiner Tafelrunde und in Verbindung damit der Mythus vom heiligen Gral, von Merlin, von Tristan und Isolde.**)

---

*) Vergl. San Marte: Die Sagen von Merlin. Halle; 1853. — Grässe: Die grossen Sagenkreise des Mittelalters. Dresden; 1842. — Th. de la Villemarqué: Myrdhinn ou l'enchanteur Merlin. Paris; 1861.

**) Die diesen Sagen „zu Grunde liegenden Ideen in ihrer ganzen Fülle und Schönheit zu entwickeln und zu gestalten, war drei deutschen Dichtern vorbehalten": Wolfram von Eschenbach im „Parzival" und „Titurel", Gottfried von Strassburg im „Tristan" und Karl Immermann im „Merlin" und „Tristan und Isolde". — Vergl. San Marte: Die Artussage und die Märchen des roten Buches von Hergest. Quedlinburg; 1840. — Birch-Hirschfeld: Die Sage vom Gral. Leipzig; 1877. — Martin: Die Gralsage. Strassburg; 1880. — Domanig: Parzivalstudien. II. Heft. Paderborn; 1880. — Herz: Die Sage vom Parzival und dem Gral. Breslau; 1882.

„In dem Getöse der letzen verzweifelten Kämpfe der Briten gegen die Engländer erhob sich das welsche Bardenlied noch einmal zur vollen Höhe seiner Kraft und mit erschütternden Klängen begleitete Gruffud ab yr Inad Coch den Tod Llewellins, des letzten Fürsten von Wales, welcher 1282 mit seinem Fall in der Schlacht bei Buellt den Untergang des nationalen Daseins seines Volkes besiegelte“!*)

Nachdem die Statuten und Privilegien des Ordens um das Jahr 940 aufgezeichnet waren, wurde er 1078 reformiert, und gewann, mit reichen Privilegien ausgestattet, neues Ansehen und nicht selten ein lästiges, vom Volke drückend empfundenes Übergewicht.

Unter den Kymren in Wales war das Institut der Barden, seitdem das Land von Eduard I. (1272—1307) erobert worden, harten Verfolgungen ausgesetzt; doch wusste es, „bis auf die Tage der Königin Elisabeth herab seine politische und soziale Geltung zu bewahren.“ —

In Irland zerfiel die Zunft der Barden nach ihrem Berufe in drei Hauptklassen: die Filedha, die Sprecher und Herolde im Rate der Fürsten, die Schlachten- und Kirchensänger; die Breitheamhaim, die in gewissen Fällen Recht sprachen, und die Seanachaidhe, die Geschichtskundigen und Genealogen der vornehmen Geschlechter.

Nach der Eroberung Irlands durch Heinrich II. (1154—1189) begann das gefeierte Bardentum zu sinken

---

*) „Dieser ‚Grabgesang der Freiheit des kymrischen Volkes‘ ist ein echt keltisch-wilder Verzweiflungsschrei:

Erhöre uns Gott, warum nicht verschlingt uns das Meer?
Was bleiben wir länger, in Angst erbebend, zurück?
Kein Ort, wohin wir uns wenden in Elend und Not,
Kein Ort, wo wir bergen das trostlos herbe Geschick,
Kein Ort, wo nicht sicher das finstere Verderben uns droht,
Kein Rat, kein Ausweg ist da, als der rettende Tod!“

wurde endlich durch die Schlacht am Boynefluss (1690) vollständig vernichtet.

In ähnlicher Weise wie in Irland gestaltete sich das Bardentum in Schottland. Auch hier waren die Barden erbliche Diener der Fürsten und Edelleute, bis mit der Aufhebung der Erbgerichtsbarkeit (1748) die alte Sängerzunft*) ihr Dasein für immer beschloss. — Wir wechseln den Schauplatz unserer Darstellung und wenden uns, der chronologischen Anordnung unseres Stoffes gemäss, wiederum nach Osten einem Flecken Erde zu, der in der Geschichte der Menschheit die hervorragendste Stellung einzunehmen berufen war.

VII. Palästina.

1. Land und Volk.**)

Westlich vom Stromgebiet des Euphrat und Tigris zieht sich an der Küste des Mittelmeeres von Norden nach Süden ein Gebirgsland hin, in welchem bereits in grauer Vorzeit ein welthistorisches Kulturleben blühte.

*) Vergl. Walker: Historical memoirs of the Irish bards. London; 1780. — Ellissen: Polyglotte der europäischen Poesie. Bd. I. Leipzig; 1846. — La Villemarqué: Einleitung zu „Barzaz-Breiz". (Sammlung altbretonischer Bardengesänge.) Paris; 1846. — Walter: Das alte Wales. Bonn; 1859. — Stephens: Gesch. der welschen Litter. vom 12. bis 15. Jahrhundert. (Aus dem Engl. von San Marte.) Halle; 1864.

**) Vergl. Forbiger, Kiepert, Daniel, Duncker, Ritter (15. und 16. Teil) a. a. O. — K. v. Raumer: Palästina. Leipzig; 1850. — Fraas: Aus dem Orient. Stuttgart; 1867. — Sepp: Jerusalem und das heilige Land. Pilgerfahrten. Schaffhausen; 1872—74. — Tristam: The land of Moab. London; 1873. — O. Strauss: Die Länder und Stätten der heiligen Schrift. Leipzig; 1877. — V. Guérin: La Terre Sainte, son histoire, ses souvenirs etc. Paris; 1881—83. — G. Ebers u. Guthe: Palästina in Bild und Wort. Stuttgart; 1881 bis 1883. — Charmes: Voyage en Palestine. Paris; 1885. — (Siehe auch: Tobler: Bibliographia geographica Palaestinae. Leipzig; 1867.)

Insbesondere war das Hügelland im Süden des waldreichen Libanon, des schneeigen Hermon und Antilibanon, Palästina oder Kanaan, eine gepriesene Stätte.

Es ist dem Umfange nach ein kleines Reich, dessen Natur ihr eigentümliches Gepräge durch den Jordan, die „belebende und gestaltende Ader des Landes", erhält.

Aus mehreren Bächen, die ihre Quellen am Südabhang des mit ewigem Schnee bedeckten heiligen Hermon*) haben, fliesst er zusammen, stürzt eilenden Laufes zwischen steilen Bergwänden hinab, durchströmt den kleinen, mit Schilf- und Sumpfgewächsen überwucherten Meromsee und das grössere Wasserbecken von Tiberias, das „Auge Galiläas". In den Zeiten des Neuen Testaments zeigten die Ufer, fleissig angebaut, eine fast tropische Vegetation und Fauna. „Rotblühende Oleanderbüsche, deren rosenfarbiger Schimmer wie ein Morgenrot der Tiefe über Thal und Hügel sich hinwegzog, Feigen und Weingelände und saftige Rasenplätze umgaben das Ufer, und während stolze Nussbäume und Olivenwälder die Höhen deckten, wiegten am Gestade schlanke Palmen ihre Fächer." Zahlreiche Städte und Dörfer lagen rings umher, und der fischreiche See selbst war mit zahlreichen Fahrzeugen besät. Jetzt belebt nur selten eine armselige gebrechliche Barke den glänzenden Wasserspiegel, und menschenleer sind seine kahlen Uferterrassen.

Vom See Tiberias strömt der Jordan zwischen lachenden, tamariskengeschmückten, weiden- und schilfbekränzten Gestaden in starkem Gefälle, die ganze Thalgegend mit befruchtender Feuchtigkeit erfüllend, in die reizende Ebene von Jericho, der palmenreichen

*) „Mit Recht", sagt Karl Ritter, „blickt ganz Palästina hinauf zu den reizenden, schneeigen Höhen des Hermon, weil von daher dem Lande seine Befruchtung, sein Segen kommt; der Landmann wie der Hirt, der Sänger wie der Prophet, die Lehre und Poesie nimmt von da ihre schönsten Gleichnisse und Symbole."

Residenzstadt der jüdischen Könige. Fast zehn Monate hindurch reiften in diesem Paradiese Trauben, Feigen, Datteln und Citronen in erstaunlicher Fülle. Auf weiten Plantagen ward auch die kostbare Balsamstaude gepflanzt, deren Saft wegen seiner medizinischen Eigenschaften im Morgen- und Abendlande gleich gesucht und geschätzt war.

Auf die Rosengärten und Palmenhaine von Jericho folgt die schauerliche Einöde des toten Meeres, dessen grimmig herbes Wasser kein lebendes Wesen birgt. In seine unermessliche Tiefe begräbt der Jordan seine kühlen Wogen. Die Vegetation hört in der Nähe des Salzsees gänzlich auf. Der Boden ist weit in der Runde mit Salz durchsetzt, und zahlreiche Schwefel- und Asphaltquellen zeugen von früherer vulkanischer Thätigkeit. Durch eine Eruption in geschichtlicher Zeit sind bekanntlich auch die berüchtigten Ortschaften Sodom und Gomorrha vernichtet worden.

Vom toten Meer zieht sich eine öde Felsregion, die Wüste Juda, bis nach Jerusalem hinauf. In ihren einsamen aber anmutigen Thälern lagen die Herbergen und Höhlen von Einsiedlern und Anachoreten und die Kolonien der Essäer.

Südwärts vom Antilibanon bis zum toten Meere erstreckt sich das Hochland Gilead, einst das Gebiet der Stämme Ruben, Gad und halb Manasse, mit herrlichen Eichenwäldern und Viehweiden und mit Thälern voll Korn und Oliven, und durchschnitten von den rauschenden Wogen des Jabok.

Das westliche Bergland ist ein schmaler Küstenstreif, seiner ganzen Länge nach von dem steilen Gebirge durchzogen und begrenzt, das im Libanon*) bis zu einer Höhe von 8—9000 Fuss sich erhebt.

---

*) Libanon bedeutet das „weisse Gebirge“. Von seinen ewigen Schneefeldern erzählt schon Jeremias, und sagt heute der Araber: auf seinem Haupte ruhe der Winter, auf seinen Schultern spiele der Herbst und zu seinen Füssen schlummere der Sommer.

Den nördlichen Teil nimmt die Hügellandschaft Galiläa ein, grösstenteils geschmückt mit frischen Bergmatten, lieblichen Thälern, lachenden Fruchtgefilden und rauschenden Wäldern, bedeckt mit wohlbevölkerten Städten und Dörfern. Hier liegt, „rings von grünenden Höhen umfangen, in lieblicher Abgeschiedenheit, wie die schönste Zelle der Welt, welche den Verkehr mit irdischem Getümmel absperrt", Nazareth, jetzt Nasra geheissen.

Südlich von Galiläa dehnt sich die vom Bache Kison durchströmte Ebene Jesreel, auf deren kleinem Raume die Natur alle Reize der Jahreszeiten entfaltet, und an dessen westlichem Ausgange der rauhe Karmel seine steilen Felsenriffe weit ins Meer hinausstreckt.

An die Ebene Jesreel schliesst sich südwärts das Gebiet von Samaria, reich bewässert und trefflich angebaut. Berühmt waren von alters her die waldgekrönten Berge des Landes mit ihren fetten Weidegründen, ihrem gemässigten und gesunden Klima.

Nähert man sich den Grenzen Judäas, der „festen Hochburg des Judentums", so schwinden allmählich Anger und Rasenplätze, versiegen die lustig springenden Quellen. Die ganze Natur weist einen ernsteren und wilderen Charakter auf. Die unwegsamen Kalkberge sind meist kahl und unwirtlich und zum Anbau wenig geeignet. Selten tränkt reichlicher Regen das dürstende Land, über welches die trockenen Südwinde der nahen arabischen Wüste verdorrend dahinfahren. Nur der emsige Fleiss eines einfachen, armen Volkes vermochte dem kargen Boden einige Früchte zu entlocken.

In dieser Landschaft liegt die Hauptstadt Jerusalem. „Die Geschichte, welche Athen auf einer unfruchtbaren Klippe, Rom zwischen Sümpfen und Wüsten gebaut hat, hat Jerusalem auf eine kahle Steinzunge gestellt", die heilige Stadt, einst mit dem Jahvetempel der Schauplatz des hochbewegten Festlebens bei den grossen Religionsfesten des Judentums, dann „das Ziel, nach dessen erstem Erscheinen sich Kreuzfahrer und Pilger drängen, das sie mit Gebet und frohem Zuruf begrüssen; die Stadt, auf die das zerstreute Volk Israel noch ebenso mit Stolz, wie mit Schmerz und Sehnsucht blickt; die Stadt, die selbst der Muselmann El-Kuds, d. i. die Heilige, nennt“.

Palästina, von den gebildetsten Völkern der alten Welt eingeschlossen, in alle grossen Katastrophen der antiken Geschichte hineingezogen, musste seine Bewohner unausgesetzt in dem Gefühle geistiger Spannung erhalten. Gar häufig kam das schwache Volk in die Lage, seinen Glauben, den Monotheismus, seine tiefe Innerlichkeit gegen die fremdartigen Einflüsse der babylonisch-assyrischen Weltmacht, des phönikischen Weltglanzes, der ägyptischen Weisheit und der griechischen Schönheit verteidigen zu müssen. In diesem Kampfe um die edelsten Güter konnte es sein eigentümliches Wesen, seine natürlichen Anlagen zur vollen Entfaltung und Reife bringen. Es entwickelte sich jene individuelle Energie, jene unbeugsame Zähigkeit und Festigkeit des Nationalcharakters, die in der ganzen Menschengeschichte kaum ihresgleichen hat und von deren ungestümer Kraft die jüdische Historie an mehr als einer Stelle zu erzählen weiss.

Die Hauptdaten derselben als bekannt vorausgesetzt, dürften für unsere Zwecke die folgenden Hinweise genügen.

Auf die jahrhundertelange Schmerzensgeschichte babylonischer, assyrisch-persischer Knechtschaft folgte in raschem Wechsel die Herrschaft Alexanders d. Gr., der Ptolemäer und endlich die der Seleuciden von Syrien, von welcher das unglückliche Volk in fast vierzigjährigem Kampfe durch das Heldengeschlecht der Makkabäer (167—130 v. Chr.) befreit wurde. Ein Angehöriger desselben, Aristobulus, nahm (105) den Königstitel an.

Die tiefen Leiden und die unerschöpflichen Mühen und siegreichen Kämpfe hatten im langsamen Fortschritte der Zeit endlich wieder ein Volk geschaffen, welches unter den übrigen Völkern der Erde in freier Selbständigkeit und geachteter Macht dazustehen schien.

Die glänzenden Tage der makkabäischen Dynastie löste die düstere Zeit der herodischen Königsherrschaft ab. Über die Leichen eines ruhmvollen Fürstengeschlechtes und tapferer Patrioten hinweg hatten die schlauen, tapferen Herodäer durch die Gunst der römischen Kaiser sich den Pfad zum Throne von Zion gebahnt. Devote Höflinge, nicht ohne edle Eigenschaften und hochherzige Gesinnung, dem grimmig gehassten Landesfeinde treu ergeben, verfolgten sie mit rücksichtsloser und herausfordernder Energie, unter brutaler Verachtung der idealen Richtungen des Volkslebens und mit der ganzen ungebrochenen Wildheit morgenländischen Despotismus, nur ein Ziel: die Befestigung ihres fluchbeladenen Königtums.

Dass sie unter solchen Umständen nicht imstande waren, das Volk an sich zu fesseln, welches „das ganze Leben bis ins Einzelne unter transcendentale Gesichtspunkte zu stellen gewohnt war“, liegt auf der Hand. Dieses wandte vielmehr seine Verehrung um so glühender und fanatischer dem Tempel zu, dem Nationalheiligtum, in welchem es seinen Mittelpunkt hatte, das seine Freude und sein Stolz zu allen Zeiten gewesen war, und dem Repräsentanten desselben, dem Hohenpriester.

Da aber alle Träger des hohen Amtes mehr oder weniger von der Gnade der Herodäer oder der römischen Prokuratoren abhingen, geschah es, dass trotz ihres dämonischen Einflusses auf die Gemüter der eigentliche jüdische Geist, die theokratische Idee, in dem niederdrückenden Gefühl des Verlustes staatlicher Existenz, allmählich von ihnen sich lossagte und in die Rabbinenschulen als letztes Asyl sich flüchtete.

Jede mässige Stadt Palästinas hatte ihre Schule oder Synagoge. Der Gottesdienst daselbst sollte die Teilnahme an dem Tempeldienst zu Jerusalem ersetzen. Hunderte lernbegieriger Jünglinge und begeisterter Männer waren zu diesem Zweck täglich vom frühen Morgen bis in den Abend hinein in der Synagoge versammelt und lauschten andächtig der Erklärung der Schrift und der feierlichen und schulmässigen Behandlung schwieriger Gesetzesfragen.

So verbreitete die Schule eine genaue Gesetzeskenntnis in allen Schichten des Volkes und erzog ganz von selbst zahlreiche Schüler, die sich berufsmässig dem Studium der Schrift widmeten.

Neben den Leviten, den berufenen Lehrern des Volkes, bildete sich ein besonderer Stand von Schriftgelehrten, Rabbinen, die, eine eigene Gilde bildend, dem grossen Gedanken lebten, das Gesetz zu erforschen, zu erfüllen, die mosaische Religion rein zu erhalten und das Volk darin zu unterweisen.

Dieser Aufgabe lag das Rabbinentum mit bewunderungswürdiger Energie ob.

Um von vornherein jeden Abfall von der Väter Lehre zu verhüten, stellten sie „die bunte Mannigfaltigkeit des Lebens“ unter das Gesetz. Nach ihrer Doktrin war das Recht, nach eigenem freien Ermessen zu handeln, ausgeschlossen, fiel vielmehr jede einzelne Beschäftigung und Handlung „unter die Kategorien des Verbotenen und Erlaubten“. Die an sich schon strengen Speisegesetze wurden noch verschärft, die Reinigungsgebote vermehrt und jede Übertretung hart bestraft. An Aberwitz erinnern jene spitzfindigen, eifrig erörterten Fragen,

„in welchen Fällen man die Hände eintauchen, aufwärts oder abwärts halten, bis an die Knöchel oder nur die Fingerspitzen waschen sollte“.

Kein Wunder, dass diese unzähligen, komplizierten Vorschriften die Gemüter vollkommen verwirrten und die Grundformen eines wahrhaft religiösen und sittlichen Lebens vernichteten. —

2. Sadducäer und Pharisäer.*)

Das ungeheure Mass der Forderungen, welche die Schule an das Volk stellte, hatte sich als unerfüllbar erwiesen. Der glühende Gesetzeseifer der Menge war erkaltet, und nur eine Minderzahl war bemüht, die Idee der Theokratie im Leben zum gewissenhaften Ausdruck zu bringen.

Hauptsächlich waren es drei grosse Parteien, in welchen die religiöse Bewegung jener Zeit sich kund that: die Sadducäer, Pharisäer und Essäer.

Die Sadducäer**) repräsentierten den Konservatis-

*) Vergl. A. F. Gfrörer: Gesch. des Urchristentums. I. Bd. Stuttgart; 1838. — Chr. F. v. Ammon: Gesch. des Lebens Jesu. 3 Bde. Leipzig; 1842—47. — J. P. Lange: Das Leben Jesu nach den Evangelien. II, 1. Heidelberg; 1844. — C. v. Lengerke: Kenaan, Volks- u. Religionsgesch. Israels. II. Bd. Königsberg; 1844. — Jost: Gesch. des Judentums und seiner Sekten. I. Bd. Leipzig; 1857. — Chr. Joh. Riggenbach: Vorlesungen über das Leben des Herrn Jesu. Basel; 1858. — A. Neander: Das Leben Jesu Christi. Gotha; 1862. — A. Geiger: Sadducäer und Pharisäer. Breslau; 1863. — Holtzmann: Judentum und Christentum. Leipzig; 1867. — Weber u. Holtzmann: Gesch. des Volkes Israel. II. Bd. Leipzig; 1867. — E. Renan: Vie de Jésu. Paris; 1868. — Wellhausen: Die Pharisäer und die Sadducäer. Greifswald; 1874. — D. Strauss: Das Leben Jesu. Bonn; 1877. — B. Weiss: Das Leben Jesu. I. Bd. Berlin; 1884. — W. Beyschlag: Das Leben Jesu. II. Bd. Halle; 1886. — B. Stade: Gesch. des Volkes Israel. II. Bd. Berlin; 1888. — Schürer: Gesch. des jüdischen Volkes im Zeitalter Jesu Christi. 2 Bde. Leipzig; 1886—92.

**) Sadducäer bedeutet die „Gerechten“, d. h. die Strengen nach dem Buchstaben des Gesetzes. Ihr angeblicher Stifter „Zadok“ ist „vermutlich eine aus dem Namen ‚Sadducäer‘ durch etymologischen Schluss fingierte Person“.

mus, den Besitz und die Herrschaft, den Bestand und das Gesetz. Zu ihnen gehörten die judäische Aristokratie, die tapferen Offiziere, welche in den Kämpfen mit den Nachbarvölkern unsterblichen Ruhm geerntet und grosse Reichtümer sich erworben, die geschickten Diplomaten und gewandten Unterhändler, welche durch ihren Verkehr an den asiatischen Fürstenhöfen und durch nähere Berührung mit der Aussenwelt freiere Lebensanschauungen sich angeeignet hatten. Ihnen war auch die Anwartschaft auf die höchsten Tempelämter zugefallen. Und bis zur Zerstörung Jerusalems (70) haben sie zumeist den Hohenpriesterstuhl mit Anhängern ihrer Richtung besetzt.

Trotzdem bekundete die Tempelhierarchie nicht gerade den hervorragendsten Eifer für das Heiligtum. Gering an Zahl, ohne gewichtigen Einfluss im Volke, ging ihnen das Interesse am jüdischen Gemeinwesen über die Frömmigkeit, die in ihren Herzen erst die zweite Stelle einnahm. Sie verkündeten zwar die Notwendigkeit gesetzlichen Lebens, verhielten sich aber gleichgültig gegen die herbe Strenge des Fastens und der Reinigungen. Richtschnur ihres Glaubens und Lebens war allein das geschriebene Gesetz, die Thora. Die mündlichen Überlieferungen dagegen verwarfen sie.

Ihrem bevorzugten Kreise trat auf dem Boden des Volkslebens eine Richtung strengster Observanz entgegen, die fanatischen Volksführer der Synagoge. Um die Schulen geschart, fochten sie gegen die bösen Ketzer mit der ganzen rücksichtslosen Unversöhnlichkeit, welche dieser Menschenklasse eigen zu sein pflegt. Sie strebten darnach, die heiligen Satzungen und Sitten, das väterliche Gesetz zur vollsten Geltung zu bringen, im vollsten Sinne des Wortes das Reich Gottes zu sein und das Volk Israel der verheissenen Herrlichkeit entgegenzuführen.

Sie galten als die gründlichsten Kenner und die geschultesten Ausleger des Gesetzes. „Weisheit im Gesetz, Gerechtigkeit, Frömmigkeit, Heiligkeit nach dem Gesetz war ihr Losungswort.“ Für diese gesetzestreuen Frommen kam der Name Pharisäer auf, d. h. die Abgesonderten, die Heiligen, die Reinen.

Ein Gegenstand heftigen Streites zwischen ihnen und den Sadducäern war namentlich das Tempelritual. Sie forderten unbedingte Korrektheit der einzelnen Kultushandlungen, die peinlichsten Lustrationen vor dem Gottesdienste, vor dem Lesen des Gesetzes u. s. w. Die Sadducäer dagegen, auf das persönliche Element den Nachdruck legend, hielten mehr auf innerliche Gesinnung, als auf nichtige Äusserlichkeiten.

Noch mehr aber trat der tiefe Gegensatz der beiden feindlichen Richtungen in ihrer Weltanschauung hervor.

Den Pharisäern schwebte als ideales Ziel ihres Wirkens das von den Propheten verheissene Gottesreich vor. Um diesen göttlichen Lohn drehte sich ihr ganzer Gesetzeseifer „mit all der Unruhe, der Übertreibung und der sittlichen Unlauterkeit, die dem Lohndienste eigentümlich ist“. Ihren Zuhörern, jedem, der nach Tugend strebte, versprachen sie dieses Erbe. Die, welche im Kampfe für das Gesetz unterliegen, trösteten sie mit der Vergeltung ewigen Lebens und der endlichen Auferstehung im reinen Körper, während ewige Strafen der sichere Lohn der Bösen sein werde.

Für solche schwärmerischen Bestrebungen vermochten die Sadducäer sich nicht zu begeistern. Ihnen fehlte die Glut religiöser Überzeugung, der hohe Schwung der Begeisterung, die aufrichtige Liebe zum Volk. Ganz im Gegensatz zur hergebrachten orientalischen Sitte leugneten sie jede Autorität, und, zufrieden mit dem erträglichen Zustande der Dinge, verspotteten sie jene Verheissungen, denen schon ihre Väter nicht getraut. Sie waren der

Ansicht, von dem Thun und Lassen des Menschen allein hänge sein Wohl und Wehe ab. Lohn und Strafe für gute und böse Handlungen folgen aus den Thaten, ohne dass man eine Auferstehung nach dem Tode anzunehmen brauche, wo Gott mit ausgleichender Gerechtigkeit die Thaten der Menschen richten solle, ohne dass man auf einen Lohn im messianischen Reich hinzublicken habe.

In der That stellten sie sich mit dieser Anschauung auf den Boden des echten Mosaismus, der von einer Unsterblichkeit des Menschen oder von einer Belohnung oder Bestrafung desselben nach dem Tode weder etwas wusste noch lehrte. Das reine Jahvetum wies vielmehr seine Anhänger allein auf das diesseitige Glück hin, indem es ihnen ein „langes, glückliches, durch Gesundheit und reichen Kindersegen blühendes, mit Gedeihen des Feldes und Fruchtbarkeit der Herden ausgestattetes irdisches Leben verhiess“, und suchte seine Verächter mit diesseitigem Unglück heim.

Es war ein drückendes Joch, welches die Pharisäer dem Volke auferlegten. Trotzdem beugte es sich den zahllosen lästigen Vorschriften im Hinblick auf den in Aussicht gestellten ungewöhnlichen Lohn. In dem ungeheuren Nationalunglück, das über Israel gekommen, suchten die empfänglichen Gemüter des Volkes mit Vorliebe in phantastischen Zukunftsträumen, was die grausame Wirklichkeit versagte.

Da ferner die gerichtliche Praxis *) der Pharisäer eine milde war — sie beurteilten den Angeklagten nicht vom Gesichtspunkt sittlicher Verworfenheit, sondern nach dem menschlicher Schwäche —, da sie selbst die Spuren harter Askese und vielfacher Entsagung zur Schau trugen, streng sittlich lebten, milde und wohl-

*) Die Pharisäer übten ihren Beruf in dreifacher Weise: als Rechtsgelehrte in den Synodien (Gerichtshöfen), als Lehrer der Wissenschaft, als Prediger.

wollend gegen jedermann waren, überdies den Nationalhass und das religiöse Vorurteil gegen die heidnischen Römer pflegten und den volksverhassten Herodäern als geschworene Feinde gegenüberstanden, so hing der gemeine Mann dieser Partei mit tiefer Verehrung an, stets bereit, ihren Aussprüchen sich zu unterwerfen, sie zu verteidigen.*)

Dagegen hatte das stolze Sadducäertum, welches durch seine hohe Stellung, seinen Reichtum und Besitz mit den Zeitmächten in stärkere Berührung gekommen war, welches die Politik eines Herodes des Grossen unterstützt, der Römerherrschaft devot ergeben war und die hellenische Bildung und Aufklärung keineswegs ablehnte, welches seinen Sinn auf fröhlichen Lebensgenuss gerichtet — den tiefen Hass der Menge sich zugezogen.

Der Kampf der Demokratie mit der Aristokratie endete, wie bei allen andern Nationen, damit, dass jene das hart umstrittene Schlachtfeld behauptete. Die Volkspartei war die unbeschränkte Herrscherin in ganz Israel und sah endlich triumphierend alle thatenlustigen jüngeren Glieder der Tempelaristokratie in ihrem Lager vereinigt. —

2. Der Orden der Essäer.**)

Die gleiche Sehnsucht nach einer möglichst ernsten, strengen Verwirklichung des Gesetzes, welche die Pharisäer rastlos im öffentlichen Leben umhertrieb, veran-

---

*) Die ganze Partei lediglich auf Grund des Neuen Testamentes als Scheinheilige hinzustellen, verträgt sich nicht mit der geschichtlichen Wahrheit. Gewiss hat es unter ihnen auch entartete Mitglieder, Augenverdreher und Heuchler gegeben, aber ebenso gewiss ist es, dass von dieser „Plage der Pharisäer" die Partei selbst mit Entrüstung sich abwendete.

**) Der Name „Essäer" soll die „Heiligen", die „Frommen" oder die „Schauenden" bedeuten. Mit grösserem Recht ist aber wohl das Wort „Essäer" aus dem hebräischen „chasch-schaim" abzuleiten. Darnach würden die Essäer soviel bedeuten, wie die „Ver-

lasste die Essäer, aus dem Zusammenhange des nationalen Lebens auszuscheiden und in strengster Abgeschiedenheit das höchste Ideal der Zeit zu verwirklichen, ein Ziel, das zu erstreben in dem ruhelosen Getriebe der Städte und bei der befleckenden Berührung der sündigen Menschen unmöglich schien.

Die ersten Anfänge des Essäismus entziehen sich der geschichtlichen Kunde.*) Seine Ansiedlungen sind besonders in den schattigen Schluchten der anmutigen Felsthäler zu suchen, welche die zwischen Jerusalem und

---

schwiegenen", die „Mysten". (cfr. Seinecke a. a. O.) — Vergl. J. M. Jost: Gesch. der Israeliten seit der Zeit der Makkabäer. I. Teil. Berlin; 1820. — J. Bellermann: Geschichtl. Nachrichten aus dem Altertum über Essäer und Therapeuten. Berlin; 1821. — A. F. V. v. Wegnern: Über das Verhältnis des Christentums zum Essenismus. (In: Illgens Zeitschr. für historische Theologie.) Leipzig; 1841. — L. Herzfeld: Geschichte des Volkes Israel. III. Bd. Nordhausen; 1857. — A. Hilgenfeld: Die jüdische Apokalyptik in ihrer geschichtlichen Entwickelung. Jena; 1857. — M. Schneckenburger: Vorlesungen über neutestamentliche Zeitgeschichte. Frankfurt a/M.; 1862. — H. Ewald: Gesch. des Volkes Israel. IV. Bd. Göttingen; 1864. — E. v. Pressensé: Jesus Christus. Seine Zeit, sein Leben und sein Werk. (Autorisierte deutsche Ausgabe von E. Fabarius.) Halle; 1866. — Th. Keim: Gesch. Jesu von Nazara in ihrer Verkettung mit dem Gesamtleben seines Volkes frei untersucht. I. Bd. Zürich; 1867. — A. Hausrath: Neutestamentliche Zeitgeschichte. I. Teil. Heidelberg; 1868. — H. Graetz: Geschichte der Juden. III. Bd. Leipzig; 1878. — P. E. Lucius: Der Essenismus in seinem Verhältnis zum Judentum. Strassburg; 1881. — E. Zeller: Gesch. der griechischen Philosophie. III. Bd. Tübingen; 1882. — L. Seinecke: Gesch. des Volkes Israel. II. Teil. Göttingen; 1884. — A. Hilgenfeld: Die Ketzergesch. des Urchristentums. Leipzig; 1884. — K. v. Hase: Geschichte Jesu. (Werke: Bd. 4.) Leipzig; 1891.

*) Herzfeld a. a. O. ist der Ansicht, dass der Essäer-Orden von einem alexandrinischen Juden um 220 v. Chr. gegründet worden sei, welcher, ein schwärmerischer, asketischer Geist, die in Alexandria aufgekommene allegorische Bibeldeutung angenommen und, nachdem er in die ägyptische Priesterweisheit eingeweiht worden, nach dem Vorbilde der Pythagoräer einen ähnlichen Bund in seiner Heimat gestiftet habe.

dem Salzsee sich erstreckende rauhe Hochebene durchqueren.

Die melancholische Haltung der Essäer, ihr streng geregeltes Leben machten leicht auf den flüchtigen Beobachter den Eindruck, als ob hier Lebensmüde sich zum nahen Tode vorbereiteten. So erzählt Plinius*): „Auf der westlichen Seite des toten Meeres, so nahe, als es die ungesunden Ufer gestatten, wohnen die Essäer, ein einsames und vor allen andern des ganzen Erdkreises wunderliches Volk, das, jeder Wollust entsagend, ohne Weiber, ohne Geld und nur in Gesellschaft seiner Palmen lebt. Durch die täglich Hinzukommenden pflanzt sich diese Gesellschaft immer gleichmässig fort; denn die Zahl der Lebensmüden, welche sich durch die Stürme des Schicksals zur Annahme ihrer Sitten gedrungen fühlen, ist bedeutend. Auf solche Weise dauert, was gewiss unglaublich scheint, ein Volk, bei dem Niemand geboren wird, durch Tausende von Jahrhunderten fort. So ergiebig ist für Jene der Lebensüberdruss Anderer.“

Jede Kolonie hatte ein eigenes Ordenshaus mit Bädern von kaltem, fliessendem Wasser und einem Speisesaal und eine eigene Synagoge. Neben diesen Ansiedlungen hausten einzelne Asketen bei einsamen Bergquellen, um da noch strenger als die Brüder ihrem Ideal nachzuleben.

Auch in einzelnen Städten Judäas befanden sich essäische Gemeinden, zu einer Zeit, da die Essäer sich noch nicht gänzlich aus dem Volksleben zurückgezogen hatten. Hier fanden wandernde Brüder, die sich durch gewisse geheime Zeichen legitimierten, stets eine gastliche, reine Stätte.

Die Gesamtzahl der Essäer betrug in der Blütezeit des Bundes etwa 4000 Brüder. Fest organisiert,

*) Historia naturalis V. 17, 4.

standen sie unter selbstgewählten Pflegern und Vorstehern, denen sie unbedingten Gehorsam schuldeten.

Sie betrieben hauptsächlich den Ackerbau, aber nicht grossen Gewinnes wegen. Jeden Erwerb an Naturalien lieferten sie an den Pfleger ab, jeden Verdienst legten sie in die Ordenskasse, an welche auch jeder Novize nach überstandener Probezeit sein bisheriges Vermögen auslieferte.

Eine Folge ihrer Gütergemeinschaft war mässiges Leben und einfache Sitten. Das Tagewerk der Brüder begann schon vor Sonnenaufgang mit Psalmen und Gebeten. Alsdann begab sich jeder an seine Arbeit. Sie währte bis 11 Uhr, worauf man sich wieder zu gemeinsamem Bade zusammenfand. Das geweihte Ordenskleid, ein weisses lichtvolles Gewand, wurde angethan, und als die Reinen gingen die Adepten dann zur Tafel. Schweigend traten sie in den Speisesaal; doch wurden die Speisen von keinem berührt, ehe sie nicht durch das Gebet des Vorstehers zum heiligen Opfer geweiht waren. Das Mahl bestand nur aus Brod, Gemüse und Wasser. Wein und Fleisch waren streng verpönte Gerichte. Der Speisesaal galt als ein unantastbares Heiligtum und blieb dem Uneingeweihten ewig verschlossen. Während der Mahlzeit herrschte feierliche Ruhe, so dass die draussen Harrenden sich des Eindruckes schauerlicher Mysterien nicht erwehren konnten. Das Essen beschloss ein Gebet des Vorstehers. Die Ordenskleider wurden abgelegt und die Mittagsarbeit begann. Sie dauerte bis zum Eintritt der Dunkelheit, worauf das gleiche Mahl folgte, an welchem etwa eingetroffene Gäste, auswärtige Brüder, teilnahmen. Ein gemeinschaftlicher Gottesdienst beschloss den Tageslauf, „damit die Seele, erfüllt von reinen Vorstellungen, hinüberschlummere und nicht im Traum die bis dahin zurückgedämmte Energie des körperlichen Lebens wieder hervorbreche“. So verstrichen die Tage jahrein und jahraus gleichförmig, ernst, feierlich.

Einfach und bescheiden, wie die Nahrung der Ordensbrüder, war auch ihre Kleidung. Ein Unterkleid ohne Ärmel war ihre Tracht im Sommer, ein grober Mantel ihr prophetisches Wintergewand.

Da der Orden nur eine Unterscheidung kannte, die der Reinen und Unreinen, so verwarf er entschieden den Zustand der Sklaverei. Sie war ihm ein Gräuel der Ungerechtigkeit. Die gemeinsame Mutter erschaffe und ernähre die Menschen als blutsverwandte Brüder, und nur die tückische Habsucht zerreisse das enge Band der Verwandtschaft.

Mässig in allen Dingen, Beherrscher ihrer Leidenschaften, treu in ihrer Arbeit, wohlthätig gegen Arme und Hilfsbedürftige, waren die Essäer echte Vorbilder der Humanität und in Wahrheit — ein Tugendbund im höchsten Sinne des Wortes.

Die Gebote des Gesetzes wurden von ihnen mit strengster Konsequenz erfüllt. Der Sabbath wurde bei gottesdienstlichen Übungen in der Synagoge zugebracht. Jede Arbeit ruhte. Kein Feuer durfte angezündet, kein Gefäss von der Stelle gerückt werden. Wenn es im Gesetz heisst: du sollst nicht töten, so verbot der Orden sogar den Krieg und verwarf alles, was Kriegszwecken dienen konnte, u. a. die Waffenfabrikation. Auch Tiere zu töten war den Brüdern bedenklich, zumal sie ihre Nahrung nur dem Pflanzenreiche entnahmen.

Der Eintritt in die Ordensgemeinschaft stand jedem Lebensalter offen. Vor der eigentlichen Aufnahme musste der Angenommene ein dreijähriges Noviziat durchmachen. Ausgerüstet mit der Axt, dem ernsten Symbol der Arbeit, dem Schurz zur Handwaschung und dem weissen Ordensgewande, trat er in den ersten Grad ein, wo er mit der strengen essäischen Lebensweise bekannt gemacht und auf sie verpflichtet wurde. Von der eigentlichen Gemeinschaft der Brüder blieb er aber zunächst noch ausgeschlossen. Hatte er während eines Jahres durch seinen Wandel keinen Anstoss gegeben, so wurde er in die zweite Ordensklasse versetzt. In ihr musste er zwei Jahre verweilen. Er konnte jetzt zwar mit den Adepten verkehren, durfte sie aber weder anrühren noch mit ihnen speisen. War auch die zweite Ordensstufe mit Erfolg absolviert, so folgte die feierliche Aufnahme des Novizen in die engere Gemeinschaft. Hierbei musste er ein furchtbares Gelübde ablegen, das letzte im Leben. Er schwur: „Gott zu ehren, gegen die Menschen Gerechtigkeit zu üben, Niemandem aus eigenem Antriebe oder auf fremden Befehl zu schaden, dem Gerechten beizustehen, den Ungerechten zu hassen, Treue zu bewahren gegen Jedermann, die Wahrheit zu lieben, den Lügner zu überführen, die Hände von Diebstahl und das Herz von unrechtem Gewinn rein zu halten.“ *)

Ferner gelobte er, vor den Brüdern kein Geheimnis zu haben, Fremden dagegen nichts zu verraten, auch wenn es das Leben kosten sollte, endlich die Ordenslehre den Novizen nicht anders mitzuteilen, als sie ihn von den Älteren gelehrt worden sei, nichts zu geniessen, was aus der Hand eines Ungeweihten käme, die Bücher des Ordens aber sorglich und die Namen der Engel heilig zu bewahren.

Erst nachdem der Jünger alles dies feierlich gelobt, durfte er an den gemeinsamen Mahlzeiten teilnehmen.

Dem vierten und vornehmsten Grade gehörten alle diejenigen an, welche die höchste Summe essäischen Wissens und Könnens in sich vereinigten.

---

*) Um dieses ethischen Inhalts willen, den das Ordensgelübde unzweifelhaft bezeugt, ist es vielleicht erlaubt, den Essäismus die Morgenröte einer neuen Zeit, des Christentums, zu nennen. Zum ersten Mal in den letzten Jahrhunderten des jüdischen Lebens war hier die Beschaffenheit des *inneren* Menschen als Zweck des Gesetzes hingestellt, als Ziel der Religion erklärt worden.

Frauen wurden in den meisten Kolonien nicht geduldet. Wo aber die Ehe erlaubt war, da war das Weib noch strengeren Vorschriften der Reinigungen unterworfen, als der Mann.

Wer gegen die Ordensvorschriften sich verging, wurde ausgestossen. Gegen diesen Beschluss, von einem Kollegium von 100 Mitgliedern gefasst, gab es keine Appellation. Der Ausgestossene, wofern er sich noch an den Ordenseid gebunden glaubte, ging elend zu Grunde. Er verhungerte lieber, als dass er von einem andern jüdischen Manne Speise und Trank angenommen hätte.

Der erstaunliche Aufwand von asketischen Übungen, dieses einsame Leben voll bitterer Entsagungen sollte nach ihrer Ansicht die Ordensbrüder den hemmenden Schranken der Zeit und des Wissens entheben und sie zu einem tieferen Blick in die Zukunft befähigen.

Der Glaube an die merkwürdige Sehergabe der Essäer verbreitete sich sogar im Volke und fand hier freundliche Aufnahme. Nicht selten forderte man die Zukunftskundigen in die Paläste der vornehmen Geschlechter oder gar des Landesfürsten, „wenn ein unheimlicher Traum die Gemüter beängstete oder das erreichte Ziel an den Neid des Schicksals erinnerte“.

Den Essäern kam es aber bei diesem Blicke in die Zukunft nicht um die Stellung eines Horoskops für Einzelne an, sondern es „handelte sich für sie allein um die Zukunft des von den Propheten verheissenen Gottesreiches“, das sie sich in den glänzendsten Bildern vorstellten und das zu verdienen und durch gottgefällige Leistungen vom Himmel auf die Erde zu versetzen ihr heisses Streben war.

Die hellseherischen Zustände einzelner bevorzugter Brüder, sowie die gemeinsamen Erfahrungen des Ordens hatten im Laufe der Zeit eine Summe geheimer Kenntnisse geschaffen, die in den heiligen Ordensbüchern niedergelegt war und als Geheimlehre betrachtet wurde.

Über den Inhalt derselben finden sich einige Mitteilungen bei dem jüdischen Geschichtsschreiber Flavius Josephus (37—93 n. Chr.), der, obwohl er selbst Essäer und durch den Eid der Verschwiegenheit gebunden war, dennoch nicht umhin konnte, erwünschte Andeutungen darüber zu machen.

Nach ihm enthielten jene Bücher in erster Reihe umfangreiche Engelsverzeichnisse*), deren Namen geheim zu halten bekanntlich eine der vornehmsten Pflichten war, welche der heilsbegierige Novize bei seiner Aufnahme in den Orden übernehmen musste. Der Engelsname aber stellte nicht nur die unterscheidende Benennung dar, sondern schloss vielmehr das Wesen und die Eigenschaften der höheren Wesen ein, deren Kenntnis es jedem unter gewissen Umständen ermöglichte, die Engel vom Himmel auf die Erde herabsteigen zu lassen.

Neben dieser Kunde war die Kenntnis der geheimen Kräfte der Steine und Pflanzen, der Heilmittel und des Heilverfahrens ein vorzügliches Besitztum des Bundes, das andächtig behütet und unablässig vermehrt wurde.

Gerade der Besitz solcher geheimnisvoller Bücher war es, der den Orden allmählich strenger gegen die Aussenwelt abschloss und das Ordensleben immer eigentümlicher ausprägte. Gefördert wurde dieses Wesen

*) Solche Engelslisten finden sich auch im apokalyptischen Buche Henoch, dessen Verfasser sie in seinem Verkehr mit der himmlischen Welt erkundet hatte: „Uriel, der Engel des Donners und Lebens; Rafael, der Engel der Menschengeister; Raguel, der die Rache übt an der Welt und an den Lichtern; Michael, der Engel der Frommen; Saraquel, der Engel der Sünder; Gabriel, der über die Schlangen, das Paradies und über die Cherubim gesetzt ist.“

ausserdem durch die Erkenntnis, dass es den Grundgesetzen des Bundes, der sich des Fleisches vollständig enthalte, zuwiderlaufe, im Tempel zu Jerusalem blutige Opfer darzubringen. Damit hatten die Essäer das Band zerschnitten, das sie an die Theokratie, an das auserwählte Volk bisher unauflöslich gefesselt, so sehr auch stellvertretende Weihgeschenke an den Tempel das Gegenteil darthun sollten.

Der Orden, noch zu Christi Zeiten einer ungewöhnlichen Blüte sich erfreuend, verschwindet in den ersten christlichen Jahrzehnten vollständig aus der Geschichte. Seine letzten Reste verschmelzen mit Jüngern des Christentums zu einer merkwürdigen Gesellschaft armseliger Asketen. —

Der Einfluss der Essäer auf das jüdische Volksleben ist augenscheinlich nur gering gewesen, offenbar deshalb, weil er geschichtlich nie in den Vordergrund getreten ist.

Im Grunde war ja auch der Orden*) dahin zielenden Plänen durchaus abgeneigt. Den im Rate des Schicksals beschlossenen Untergang der unglücklichen Nation aufzuhalten oder abzuwenden, dazu war er nicht imstande, dazu war er auch nicht geschaffen. Ein Akt religiöser Verzweiflung, bezeichnet er vielmehr die beginnende Auflösung des Volkes. Rettung des Einzelnen im Schiffbruch des Ganzen ist sein Losungswort. Immerhin aber ist das Essäertum ein Beweis für die erfreuliche Thatsache, dass auch diese vorchristliche Menschheit noch über einen guten Teil edler

*) Nach seinem Vorbilde soll der, angeblich am See Möris bei Alexandria ansässig gewesene, Orden der Therapeuten, eine Genossenschaft asketischer Mönche mit esoterischen Lehren, gegründet worden sein. Doch ist die historische Existenz der Therapeuten neuerdings erfolgreich bestritten worden. Vergl. P. E. Lucius: Die Therapeuten. Strassburg; 1879.

Kraft und gesunden Geistesstoffes verfügte, Vorzüge, die sie dem neuen Weltprinzipe als willkommene Gaben entgegenbrachte.

VIII. Schluss.

Die Mysterien einer untergehenden Welt.*)

Als die Römer die Herrschaft über den Erdkreis errungen, zählten sie zu ihrem augenblicklichen Besitze alles, was der Mensch mit seinen natürlichen Kräften zu erringen vermag: weltliche Macht und Herrlichkeit, des Erdbodens prunkende Güter und Schätze, eine ungewöhnliche Fülle geistiger Bildung. Trotzdem schmachtete das Menschengeschlecht in den Banden tiefster Verkommenheit.

Die unermessliche Beute, welche die siegreichen Legionen aus allen Weltteilen nach der Hauptstadt zusammengeschleppt, lud zu zügellosem Genuss ein und verleidete den Enkeln der Urväter harte Arbeit und ihre einfache Lebensweise. Mit dem rapiden Anwachsen des Reichtums stieg die Genusssucht in ungewöhnlichem Grade und kannte bald keine Grenzen mehr. Mit der Schwelgerei verband sich die gräulichste Sittenverderbnis. Alles war voll von den gemeinsten Verbrechen und Lastern. Und unter dem Joche cäsarischer Tyrannei,

---

*) Vergl. H. Francke: Zur Geschichte Trajans und seiner Zeitgenossen. Quedlinburg u. Leipzig; 1840. — A. Schmidt: Gesch. der Denk- und Glaubensfreiheit im ersten Jahrh. der Kaiserherrschaft und des Christentums. Berlin; 1847. — A. Imhof: T. Flavius Domitianus. Halle; 1857. — A. Vogel: Der Kaiser Diocletian. Halle; 1857. — H. Lehmann: Claudius und Nero und ihre Zeit. Gotha; 1858. — Th. Preuss: Kaiser Diocletian u. seine Zeit. Leipzig; 1869. — O. Henne-Am Rhyn: Allgem. Kulturgesch. II. Bd. Leipzig; 1877. — F. Gregorovius: Der Kaiser Hadrian. Gemälde der römisch-hellenischen Welt zu seiner Zeit. Stuttgart; 1884. — Th. Mommsen: Römische Geschichte. V. Bd. Berlin; 1885. Friedländer a. a. O.

im Taumel namenloser Lüste büssten die Römer ihre geistige Energie und ihren physischen Mut ein. Aus den ehrbaren, arbeitsamen, patriotischen Bürgern der Republik wurden heuchlerische, zuchtlose, feige Sklaven des Kaiserreichs. Der Zersetzungsprozess nahm ungeheure Dimensionen an.

Von Rom verbreiteten sich Sittenlosigkeit und Verbrechen über Italien und die Provinzen, und in dem rasenden Strudel der allgemeinen Korruption erschien die Tugend geradezu als ein Verbrechen.

Der alte Götterglaube, tief erschüttert, hatte seine Macht über die Gemüter verloren. Die gebildeten Stände, soweit nicht schon die letzten Reste ihres religiösen Gefühls durch die frivole Leichtfertigkeit und Ironie der Dichtungen eines Ovid, Horaz, Lukrez, Properz, Martial überwunden waren, wurden durch das Studium der Philosophie und ihrer spekulativen und praktischen Lehrbegriffe zur Verachtung der althergebrachten Volksreligion geführt. Denn das Resultat aller damals so eifrig gepflegten philosophischen Systeme, des Epikureismus und Stoicismus und ihres plebejischen Seitenstückes, der kynischen Schule, der Akademie, der peripatetischen und pythagoräischen Philosophie und des Neuplatonismus, mochten sie nun auf phantastische Träumerei, auf theosophische und theurgische Tüftelei hinauslaufen, mochten sie auf einen materialistischen Kreislauf vom Entstehen und Vergehen ihren Glauben gründen oder auf ein unabänderliches Fatum, mochten ihre Hoffnungen auf einem Urgeist beruhen und seiner dämonischen Macht, mochten sie in einer schönen Seelenharmonie, in der Unterdrückung aller Leidenschaften und Begierden ihre Aufgabe erkennen, — war doch nur die Zersetzung und Negation der überlieferten Staatsreligion, die um so gründlicher war, als keine geschlossene Priesterkaste dem nivellierenden Einfluss der gebildeten Spötter und Philosophen energisch begegnete.

Das Volk hatte die frühere Glaubensinnigkeit und Überzeugungstreue verloren und stand seinen Göttern gegenüber bekümmert, verzweifelt, hoffnungsarm.

In der Väter thatenfrohen Tagen, da nur die Gegenwart und das Diesseits die vornehmsten Anliegen der Menschen gebildet, hatte Jedermann Glückseligkeit für sich und die Seinen bei den Göttern gesucht und gefunden als Belohnung für seine Opfer und Gebete und seinen Gehorsam gegen ihre Gebote. Ungewöhnliches Missgeschick führte man zurück auf den Zorn irgend eines Gottes, den man durch eigene Schuld erregt, oder aber man schrieb es dem göttlichen Neide zu, wofern man sich schuldlos fühlte. Zorn und Neid der Himmlischen war man gewohnt durch geeignete Opfer und heilige Handlungen, durch Gelübde und Gebete zu besänftigen.

In der Zeit des römisch-griechischen Weltreiches aber lernten die unterjochten Völker des Erdkreises die ganze Ohnmacht ihrer Nationalgötter ermessen: unter der Blutsaugerei übermütiger römischer Beamten seufzend, fanden sie gegen deren schändliche Gewaltthaten nirgends Schutz noch Hilfe. In allen Hoffnungen grausam getäuscht, begannen sie an der Macht, der Gerechtigkeit, selbst an dem Dasein der bisher verehrten Götter zu zweifeln. Und als dann eine tolerante Religionspolitik die Vermischung der zahllosen im Reiche bestehenden, prinzipiell verschiedenen, Religionen herbeiführte, als römische und griechische Götter ihren Weg nach Afrika und Asien fanden und umgekehrt auch der ägyptische, persische, syrische, kleinasiatische Pantheon seine olympischen Wohnungen öffnete und seine Bewohner in das Abendland entsandte, da hatte dieser Umstand ein völliges Ertöten des idealen Gehaltes der alten Götterwelt zur Folge.

Allgemeinster Verachtung aber war sie überliefert, nachdem wahnsinnige Cäsaren vom Schlage eines Caligula, Nero, Domitian angefangen, sich selbst und ihren Günstlingen noch bei Lebzeiten göttliche Verehrung zollen zu lassen. Auch dem unbefangensten Sinn musste die Vergötterung solcher erbärmlicher Wüteriche lächerlich erscheinen.

Also vollzog sich die Vernichtung der alten Volksreligion. Um so mächtiger wirkte da auf alle tieferen Gemüter die Erwartung einer neuen, besseren Zeit, wie sie die Dichter ahnten, wie sie in den weit, auch im Occident, verbreiteten messianischen Prophezeihungen sich kund that. Berühmt in dieser Richtung ist besonders die vierte Ekloge des Virgil, in welcher sich das sehnsüchtige Gefühl der Notwendigkeit einer durchgreifenden Veränderung ausspricht. Im Orient, wohl durch die Juden verbreitet, ging die Kunde um vom bevorstehenden Auftreten eines mächtigen Judenkönigs, und nach Rom drang das Gerücht, dass die Weltherrschaft an das Morgenland übergehen werde.

Wenn schon diese dunklen Prophezeihungen und Hoffnungen unbewusst dem stetig wachsenden Christentum vorarbeiteten, so geschah dies noch in höherem Grade durch die in jener Zeit religiöser Auflösung kräftig emporblühende Litteratur, das letzte Aufflackern des dem Grabe mit Riesenschritten zueilenden antiken Geistes. Gerade die Lektüre der damaligen Schriftsteller, wie des Lukianos von Samosata, zeigt, welche Fragen das religiöse Denken gebildeter Männer hauptsächlich beschäftigten. Überall ist ein ängstliches, hastiges Suchen nach einer unbekannten Weisheit wahrnehmbar, ein ruheloses Forschen über das Wesen der Gottheit, über die Unsterblichkeit der Menschenseele; überall ein schmerzliches Ringen der verzweifelten Gemüter, auf dem Boden der alten Religionen Lehren und Anschauungen zu erzeugen, welche dem armseligen Erdenleben einen ernsten Inhalt, der Sehnsucht des gedrückten Herzens ein dauerndes, tröstendes Ziel verleihen sollten — eine merkwürdige und zugleich rührende Erscheinung.

Zu diesem erhabenen Zweck wählte man am liebsten den Weg durch die zuchtlosen Orgien orientalischer Kulte*) und ihre phantastischen Dämonenlehren, durch die Weissagungen und Zauberformeln der Druiden, oder man suchte das ewige Leben und das Heil der Seele zu gewinnen in düsteren, geheimnisvollen Mysterien mit symbolischen Einweihungen, die mit den heiligen Gebräuchen des Christentums, mit der Taufe, dem Abendmahl, dem Bilde der Auferstehung, Ähnlichkeit hatten.

1. Die Mithrasmysterien.**)

Ausser den Isis- und Bakchosdiensten***), die wir bereits des Näheren kennen gelernt, waren es besonders die Mithrasmysterien, welche, weit verbreitet und viele Jahre in hohem Ansehen stehend, eine erlösende Religion des sinkenden Heidentums wurden.

Anfänglich gehörte Mithras nicht zu den vornehmsten Göttern der iranischen Religion†); erst seit der Zeit Xerxes' I. wurde er als Sonnengott der Hauptgott des persischen Kultus. Seitdem verbreitete

---

*) Aus Babylonien, Syrien und Ägypten und Kleinasien waren ganze Scharen von geheimnisvollen Personen ausgezogen, welche als Traumdeuter, Wahrsager, Wunderärzte, Zauberer bei Hoch und Niedrig im Reiche bereitwillige Aufnahme fanden. Unter ihnen erfreute sich besonderer Berühmtheit jener Pythagoräer Apollonius aus Tyana, dessen wir oben bereits gedacht. (S. S. 196 ff.)

**) Vergl. Lajard: Recherches sur le culte public et les mystères de Mithre. 2 Bde. Paris; 1847—48. — F. Windischmann: Mithra. Ein Beitrag zur Mythengeschichte des Orients. (In: Abhandlungen für die Kunde des Morgenlandes. I. Bd.) Leipzig; 1859.

***) Siehe Seite 175 ff.

†) Siehe Seite 71 ff.

sich der Mithraskult von Iran über ganz Vorderasien, und seit etwa 70 v. Chr. auch über den Occident, „wo er mit jener Leidenschaft für das Exotische und Geheimnisvolle aufgenommen wurde, welche dem Untergang des Heidentums als letztes Aufkommen seines vor der Sonne des Christentums erbleichenden Lichtes vorausging“. Und da Mithras auch als Führer der Seelen aus dem Dunkel des Erdenlebens in die himmlische Lichtwohnung galt, so wurde diese Vorstellung der Mittelpunkt merkwürdiger Mysterien, deren Mitglieder einen geheimen Orden bildeten.

Die Mysterien wurden zur Zeit des Frühlingsäquinoktiums von der Mithrasbrüderschaft in abgelegenen Grotten, in natürlichen oder künstlichen Höhlen gefeiert. In solchen „Mithreen“ waren Altäre errichtet, waren Bildwerke und Symbole angebracht, welche die Fixsterne und Planeten, die Zeichen des Tierkreises, die Elemente, den Weg der Seele durch die Sonne und die Planeten andeuten sollten.

Die Gebräuche, welche bei der Einweihung vorkamen, symbolisierten den Kampf der Mithrasbrüder gegen Ahriman, den bösen Geist, und seine Diener, d. h. die Befreiung der Menschheit von dem drückenden Gefühle der sittlichen Unvollkommenheit, und bestanden demgemäss in einer Reihe schwerer Prüfungen und körperlicher Kasteiungen, die nicht selten mit dem Leben bezahlt wurden.*)

Nach der Anzahl der Planeten gab es sieben Grade, deren jeder seine eigenen Lehren und Gebräuche hatte. Durch diese siebenfache Stufenreihe von freiwilligen

---

*) Darauf scheinen die zahlreichen Totenschädel hinzudeuten, welche man in den „Mithreen“ in Rom, Alexandrien und in vielen Höhlen der Alpen und der Donaugegend entdeckt hat. — Aus dem ehemaligen Mithrasdienste haben sich auch noch mancherlei Gebräuche in der armenischen Kirche erhalten.

Leiden und Büssungen musste der einzuweihende Kandidat Mut und Seelenstärke beweisen, ehe er würdig war, in die heilige Gemeinschaft aufgenommen zu werden, wo ihm als Lohn ein Schwert und ein Kranz winkten, die eigenartigen Abzeichen der Brüderschaft. „Nach den Berichten der christlichen Apologeten wurde in den Mysterien Brod und ein Wasserbecher mit einigen dazu passenden Reden bei der Weihe der Einzuführenden aufgesetzt. Die Wassergefässe waren ein Symbol der Quellen. Ferner wurde den Einzuweihenden statt des Wassers Honig zum Waschen auf die Hände gegossen und sie dabei ermahnt, die Hände rein zu halten von allen schädlichen und abscheulichen Dingen. Honig bedeutet die Eigenschaft des Bewahrens."

Solchen Prüfungen unterzogen sich sogar mehrere Kaiser, wie Trajan, Domitian und Julian der Abtrünnige, der ein eifriger Adept der Mithrasmysterien war. Noch um 362 wurden dieselben in Konstantinopel festlich begangen, um aber bald darauf beseitigt zu werden.

2. Die Taurobolien der grossen Mutter und des Atys.*)

Wie Mithras die Seelen der durch Büssungen geläuterten Eingeweihten dem ewigen Leben zuführte, so hoffte man auch durch die Mysterien der Naturmächte und der Unterweltsgötter zu diesem Ziele zu gelangen.

Schon die alten Hellenen hatten, wie wir gesehen, die an die Mythen von Demeter, Persephone und Dionysos geknüpften Geheimlehren über den Kreislauf des Lebens, über Tod und Auferstehung in Mysterien gehüllt, die noch in die Kaiserzeit fortdauerten. Aber das entartete Heidentum begnügte sich nicht mit jenen poetisch

---

*) Vergl. E. Müller: De Attide et Sabazio. Ratibor; 1828. — Goehler: De Matris magnae apud Romanos cultu. Leipzig; 1886.

und künstlerisch ausgebildeten Eleusinien, es flüchtete sich in Geheimdienste, worin die äussersten Richtungen, sinnliche Lust und freiwilliger Schmerz, widerlich gepaart waren.

Von der Art waren vornehmlich die Taurobilien der grossen Mutter und des Atys.

Die grosse Mutter, die Mutter der olympischen Götterfamilie, hatte im alten Griechenland nur eine untergeordnete Bedeutung erlangt. Dagegen hatte sie ihre vornehmste Kultusstätte auf dem meerumrauschten Kreta gefunden, dem sagenberühmten Geburtsort des Zeus, der klassischen Heimat uralter Mythen. Auf der Insel floss die griechische Göttermutter bald mit der Gestalt der asiatischen Kybele, die an vielen Orten Kleinasiens auf orgiastische Weise verehrt wurde, zusammen, so dass sie nunmehr eine mystische Erdgottheit, eine grosse, lebenverbreitende Göttin der Natur wurde. Allmählig wurde sie auch mit andern Göttinnen ähnlicher Art vermischt, so mit Demeter und der ägyptischen Isis.

Ein Liebling der Kybele und ihr Priester war Atys, ein schöner Jüngling, von Nana, der Tochter des Flussgottes Sangarias, geboren, das Symbol der frühhinwelkenden Lebensblüte. Er kam auf grausame Weise ums Leben, und sein Tod wurde von der Göttermutter in wildem Schmerze betrauert.*)

Ihm und der Kybele zu Ehren feierte man im Frühlingsanfang ein mehrtägiges Fest, wobei die Teilnehmer unter wildem Geschrei und rauschender Musik sich rasendem Schmerze und massloser Freude hingaben und sich blutig verstümmelten — ein Akt hoher Moralität und gottseligen Glaubens. Religiöser Wahnsinn, Schamlosigkeit und Sinnentaumel feierten die fürchterlichsten Orgien.

---

*) Vergl. Ovid: Fasti IV. 221 ff.

Nach Rom gelangte der orgiastische Kybeledienst im Jahre 204 v. Chr. Doch durfte damals kein freigeborener Römer in die Schar der Priester eintreten. Aber im Zeitalter der Antonine, da man begierig allem nachjagte, was eine fröhliche Abwechselung in die trostlose Öde und Einförmigkeit des Lebens bringen konnte, gewann auch dieser Religionsdienst grössere Verbreitung. Vornehme Römer und Römerinnen widmeten sich dem zuchtlosen Dienst der Göttin, hielten an ihren Festen schwärmerische Umzüge und rasten als Verzückte.*)

Damals kamen auch zu Ehren der grossen Mutter die Taurobolien auf. Der christlichen Taufe nachgebildet, sollten sie die sühnende und reinigende Kraft einer „Wiedergeburt" besitzen.

Wer in ihre Mysterien aufgenommen zu werden wünschte, musste in stiller Mitternacht eine seltsame Prozedur durchmachen. Im Schmucke symbolischer Kleider stellte er sich in eine Grube, welche mit durchlöcherten Brettern überdeckt war, und fing das durch die Öffnungen niederrinnende Blut der Opfertiere, eines Stieres und eines Widders, mit dem Gesicht, den Haaren und den Kleidern auf.

Über die übrigen Teile der Einweihung sind wir nicht näher unterrichtet. Jedoch wissen wir, dass die Zahl der männlichen und weiblichen Mitglieder der Weihbrüderschaft sehr gross gewesen ist. Als Zeichen der Zugehörigkeit zum Bunde mussten sie ihre blutgetränkten Kleider öffentlich zur Schau tragen.

---

*) Von den haarsträubenden Schändlichkeiten, die sich im Schosse dieses asiatischen Naturdienstes ausgebildet, geben die sarkastischen Erzählungen Lukianos', des „griechischen Voltaire", (geb. um das Jahr 125 n. Chr.) und Apulejus' eine furchtbare Schilderung.

3. Der Gnosticismus.*)

Die zahlreichen Mysterienkulte mit ihren Geheimlehren, die trügerischen Künste der orientalischen Gaukler vermochten auf die Dauer ihr Ansehen nicht zu bewahren. Wüste Blendwerke des Aberglaubens, nahmen sie den gläubigen Gemütern den letzten Hoffnungsschimmer und erfüllten die getäuschten mit namenloser Verzweiflung. Und als selbst der Versuch scheiterte, die antike Weltanschauung vermittels christlicher Ideen zu läutern, den menschlichen Geist mit der neuen christlichen, mit der ägyptischen und persischen Weisheit, mit der astrologischen Sternkunde der Chaldäer und mit der Magie Syriens zugleich zu bereichern, da begannen die geängsteten Gewissen sich den christlichen Gemeinden zuzuwenden, wo jetzt allein die uralte Sehnsucht des Menschengeschlechts nach Verschmelzung des Göttlichen mit dem Menschlichen gestillt werden könnte.

---

*) Vergl. J. K. L. Gieseler: Lehrbuch der Kirchengesch. I. Bd. Bonn; 1824. — Matter: Histoire critique du gnosticisme. 2. Aufl. 3 Bde. Strassburg; 1844. — A. Hilgenfeld: Das Urchristentum in den Hauptwendepunkten seines Entwicklungsganges. Jena; 1855. — 'A. Ritschl: Entstehung der altkatholischen Kirche. Bonn; 1857. — H. Ewald: Gesch. des Volkes Israel. VI. u. VII. Bd. Göttingen; 1858—60. — R. A. Lipsius: Der Gnosticismus. (In Ersch' und Gruber's Encyklopädie. Bd. 71. Leipzig; 1860.) — Chr. Baur: Das Christentum und die christl. Kirche in den drei ersten Jahrhunderten. Tübingen; 1860. — A. Neander: Allgem. Gesch. der christl. Religion und Kirche. 1. u. 2. Bd. Gotha; 1863. — A. Hausrath: Neutestam. Zeitgesch. 2. u. 4. Bd. Heidelberg; 1874—77. — Mansel: The gnostic heresies. London; 1875. — E. Gibbon: History of the decline and fall of the Roman Empire. 8 Bde. London; 1884ff. — K. R. Hagenbach: Kirchengeschichte von der ältesten Zeit bis zum 19. Jahrhundert. In Vorlesungen. 1. Bd. Leipzig; 1885. — K. v. Hase: Kirchengeschichte. 1. Bd. Leipzig 1885.

Besonders waren es alle, welche „mühselig und beladen“ waren, die Armen und die Sklaven, welche der frohen Botschaft der tröstenden Weltreligion mit Entzücken lauschten und sie mit Inbrunst ergriffen, da sie ihnen durch die Lehre von der Freiheit und der brüderlichen Liebe und Gemeinschaft Aller eine würdige Stellung in der bürgerlichen Gesellschaft anwies.

Aber auch die gebildeten und vornehmen Stände zögerten nicht mehr, einer Religion sich anzuschliessen, die neben dem tiefen sittlichen Gehalte auch dem verhängnisvollen Zuge der Zeit zum Schwärmerischen und Mystischen entgegenkam durch die Lehre von Jesus, dem Sohne Gottes, und seinen Wunderthaten, sowie in den symbolischen Handlungen der Taufe und des Abendmahls.

Nicht minder lebhaft war die Begeisterung der mittleren Volksklassen für die Botschaft des Heils. Seitdem sie erkannt, dass die alten, herabgewürdigten Götter nur noch elende Werkzeuge der Politik und der Täuschung seien, hatten sie sich zwar in dem niederschmetternden Gefühle ihrer geistigen Hilflosigkeit jedem Aberglauben in die Arme geworfen, aber bald erkannten sie, insbesondere die Soldaten, die Beamten und Kaufleute, welche in den Provinzen des weiten Römerreiches umherzogen, über der abgelebten Götterwelt und den buntscheckigen Religionsgebräuchen die unvergleichlichen Vorzüge einer geistigen Religion mit ernsten Sittenlehren und wurden begeisterte Träger und Verbreiter christlicher Wahrheiten.

Mehr und mehr trat der heidnische Kultus zurück hinter der Religion der Bruderliebe und der Gleichheit. Die geistigen und sittlichen Lebensanschauungen der früheren Geschlechter gingen ihrem sicheren Untergange entgegen.

Angesichts dessen mussten alle Herzen, die noch

an den Lebensgenüssen und Schönheiten der alten Götterwelt hingen, sich aufgefordert fühlen zu einem Kampfe auf Leben und Tod gegen den unheimlichen Gegner. Gemeine und edlere Motive vereinigten sich zu energischem Widerstande. Alle, welche im Götzendienst die unversiegbare Quelle des Erwerbes fanden, und alle, welche die Ehre und Anschauungen des Altertums schirmen zu müssen glaubten: die Priester, deren Tempel immer spärlichere Opfer eintrugen, die Magier und Gaukler, welche immer schlechtere Geschäfte machten, die Künstler und Handwerker, welche einst viel begehrte, jetzt aber verschmähte Götterbilder und Luxusgegenstände anfertigten. die Habsucht der Mächtigen, welche sich gern an dem konfiszierten Vermögen der Christen bereicherten, die Raubsucht des Pöbels. Während die Schriftsteller ihre geistigen Waffen ins Feld führten, schärfte die weltliche Macht das Schwert der Verfolgung.*)

Allein das Blut der Märtyrer war der Same der Kirche. Aus den grossen Bluttaufen der Verfolgungen erhob sich eine desto heissere Glut des Glaubens. Edlere Gemüter unter den Heiden konnten die geistige Obmacht der Märtyrer über die qualvollsten Todesschauer der leiblichen Natur nicht ohne hohe Bewunderung anschauen. Von der Bewunderung zur Hinneigung zu einer Sache, die mit solchem Heldenmute verfochten wird, ist nur ein Schritt, und somit erwuchsen aus dem Blute eines Märtyrers zehn neue Bekenner Christi. Ausserdem erlahmten zuletzt alle Werkzeuge der Reaktion in dem langwierigen Kampfe gegen die christliche Revolution. Die Christuslehre fand ihren Weg über den ganzen Erdkreis.

---

*) Es sind meistens die trefflichsten Imperatoren, wie Trajan und Domitian, die unter den Verfolgern der Christen genannt werden, eine Erscheinung, die sich daraus erklärt, dass eben diese kräftigen Kaiser den antiken Staatsgedanken, von dem sie erfüllt waren, aufrecht zu erhalten sich am meisten bestrebten.

Es ist ein „historisches Schauspiel erster Grösse, diese junge Gesellschaft mit ihrer neuen Religion und Weltanschauung gegen den gewaltigsten aller Staaten mit seinem Heidentum und seiner tausendjährigen Kultur kämpfen und durch den Untergang siegen zu sehen“.

Mit der Entstehung zahlreicher Christengemeinden war in den verschiedenen Ländern nach dem Stande der Bildung und im Anschluss an die überlieferten Begriffe eine verschiedenartige Entwickelung der apostolischen Lehrweisen verknüpft, zumal die allgemein anerkannte Autorität fehlte, deren entscheidenden Rat man in Zweifelsfällen, wie einst in den Tagen der Apostel, hätte einholen können. Infolge dessen wuchsen bald mancherlei fremdartige Gewächse aus dem christlichen Lebensbaum heraus.

Hierzu gehörte vor allem der Gnosticismus.

Mit dem Namen Gnosticismus bezeichnete man in der neutestamentlichen Zeit die tiefere Einsicht in den inneren Zusammenhang einer religiösen Gedankenwelt, welche, im Gegensatz zum Autoritätsglauben, der gewöhnlichen Auffassung, nur wenigen Begabten oder Geweihten zu teil werde.

Das war im wesentlichen schon der Charakter der antiken Mysterien. Der Gnosticismus stellt demnach den Versuch dar, das Christentum nach ihrem Vorbilde umzuformen, es auf Grund einer phantastisch-spekulativen Gottes- und Weltanschauung in einem neuen Mysterienkultus als die vollendete Wahrheit erscheinen zu lassen.

Wie die griechische Philosophie, beschäftigte sich der Gnosticismus, in dessen Systemen sich Elemente jüdischer, syrischer, persischer und auch indischer Religionslehren, platonischer, stoischer und pythagoräischer Philosophie nachweisen lassen, mit der Lösung derselben Probleme: der Schöpfung, mit Gott als dem Urheber der, seinem geistigen Wesen so fremdartigen, materiellen Welt, mit deren Mängeln und Fehlern, mit dem in ihr waltenden Bösen, mit der Verschiedenheit der sittlichen Naturen u. s. w. Mit einem Wort, die „Lehre der Wissenden“ wollte im gesamten Verlauf des Weltlebens eine Geschichte Gottes finden.

Der gnostische Gott ist ein dunkles, verhülltes Wesen, das erst durch ein mannigfach abgestuftes Heer von Kräften, die von ihm ausfliessen, sich zum Bewusstsein seiner selbst hindurcharbeiten muss. Die sichtbare Welt ist nicht eine freie Schöpfung dieses Gottes, sondern das Werk eines ihm untergeordneten Weltbildners, Demiurgos, der sie aus der toten, bösartigen Materie geschaffen hat.

Auch der Mensch ist ein Gebilde des Demiurgos, „unterthan einem blinden Geschick und preisgegeben den Mächten, die zwischen Himmel und Erde walten“, d. h. der Sünde, dem Bösen. Aus ihren Banden kann er nur dadurch erlöst werden, dass, nachdem er sich durch Büssungen und Kasteiungen und endlich durch den Tod der Herrschaft des Leibes entledigt, höhere Lichtwesen (Aeonen) ihn in das phantastisch-idealistische Lichtreich versetzen.

Ein solches Aeon ist nach der gnostischen Lehre auch Christus, der zur Aufnahme „der Welt in die göttliche Lichtfülle und zur Lösung des grossen Weltzwiespalts auf Erden erschienen sei“.

Von der Theorie ausgehend, dass der Geist, ein Lichtfunke Gottes, von seiner Feindin, der Sinnenwelt, in schmachvoller Gefangenschaft gehalten werde, war es die sittliche Aufgabe der Gnostiker, sich als Geistesmenschen (Pneumatiker) im Gegensatz zu dem vom Demiurgos oder gar vom Satan herrührenden Seelenmenschen (Psychikern) und Fleischesmenschen (Hylikern) zu bewähren, eins zu werden mit dem Urquell des Geistes durch Gnosis und Entkörperung des Geistes. Während demnach die einen sich die strengste Zucht auferlegten, die nicht selten in freiwilliges Martyrium ausartete, sagten andere nach dem Grundsatz, dass dem geistig freien Menschen alles erlaubt sei, sich von jedem Sittengesetz los und gerieten in die tollsten Ausschweifungen der Phantasie und der Sinnlichkeit.

Auf die Gnadenmittel der Kirche legten die Gnostiker nur geringen Wert. Den Kirchenglauben liessen sie zwar als notwendige Volksanschauung bestehen, stellten aber ihre Mysterien weit über denselben.

Diese Grundanschauungen der Gnostiker finden sich zerstreut in vielen Systemen*), in dem der Orphiten, Elkesaiten, Manichäer etc. Die durchsichtigsten und tiefsten gehen auf Basilides und den Alexandriner Valentinus zurück.

So grossartig sich auch der Gnosticismus um die Mitte des zweiten Jahrhunderts entfaltet hatte, so musste er doch endlich bei seiner eigenen Haltlosigkeit und geistigen Überspannung, bei der ungezügelten Willkür seiner wandelbaren Gestaltungen dem entschlossenen Widerspruch der Kirche weichen, und schon um das Jahr 200 konnte das gnostische Mysterium als überwunden angesehen werden. —

*) Vergl. F. C. Baur: Das manichäische Religionssystem. Tübingen; 1831. — G. Uhlhorn: Das Basilidianische System. Göttingen; 1855. — G. Flügel: Mani, seine Lehre und seine Schriften. Leipzig; 1862. — A. Merx: Bardesanes von Edessa. Halle; 1863. — A. Hilgenfeld: Bardesanes, der letzte Gnostiker. Leipzig; 1864. — J. N. Gruber: Die Orphiten. Würzburg; 1864. G. Heinrici: Die Valentinianische Gnosis. Berlin; 1871. — A. Geyler: Das System des Manichäismus. Jena; 1875. — A. Hilgenfeld: Die Ketzergesch. des Urchristentums. Leipzig; 1884. —

Zweites Buch.

Die Geheimbünde des Mittelalters.

I. Der Islam.

1. Seine Heimat.*)

Südlich von Palästina, im Westen vom Roten Meer, im Osten vom Euphratland und persischen Golf begrenzt, erstreckt sich die grosse Halbinsel Arabien weit nach Süden in den arabisch-indischen Ocean hinaus. Ein ausgedehntes Hochplateau, ungeheure, wüstenartige Sandsteppen in sich bergend, nimmt die Mitte des Landes ein, während steil abfallende, öde Randgebirge von rötlichem Sandstein und Porphyr mit wildzerrissenen Schluchten die Meeresküste umsäumen.

Das innere Wüstenland, wo die ewig aufgeregte Natur ungeheure Sandstürme emporwirbelt, die mit zer-

*) J. L. Burckhardt: Reisen in Arabien. Aus dem Englischen. Weimar; 1830—31. — Forster: Historical geography of Arabia. 2 Bde. London; 1844. — C. Ritter: Vergleichende Erdkunde von Arabien. 2 Bde. Berlin; 1846—47. — H. v. Maltzan: Wallfahrt nach Mekka. 2 Bde. Leipzig; 1865. — W. G. Palgrave; Reisen in Arabien. Aus dem Engl. 2 Bde. Leipzig; 1867—68. — H. v. Maltzan: Reisen in Arabien. 2. Bde. Braunschweig; 1873. — A. Sprenger: Alte Geographie Arabiens. Bern; 1875. — H. A. Daniel: Handbuch der Geographie. I. Bd. Leizig; 1881.

malmender Wucht alles vor sich niederwerfen, hat keine eigentlichen Flüsse aufzuweisen, keine Thäler mit fruchtbaren Geländen, keine waldumkränzten Höhen. „Die Giessbäche, die von den Bergen stürzen, werden von der durstigen Erde getrunken, die seltenen und abgehärteten Pflanzen, die Tamarinde und die Akazie, die ihre Wurzeln in die Felsenspalten schlagen, werden von dem Tau der Nacht genährt.“ Ein kärglicher Vorrat von Wasser wird in Zisternen gesammelt. Nur nach dem Winterregen breitet sich alljährlich ein bunter Teppich von Gräsern und Blumen über die sandige Fläche aus, der aber bald wieder unter der tropischen Hitze des Sommers verschwindet.

Die höchsten irdischen Güter und oft die einzigen Reichtümer für die Bewohner dieser Wüstenlandschaft sind das Kamel, sein unentbehrlichster Begleiter, und das edle Pferd, an Schnelligkeit, Ausdauer und Gelehrigkeit alle andern seiner Art übertreffend.

Die alten Geographen unterschieden ein steiniges, sandiges und glückliches Arabien, eine Einteilung, die zwar in der Beschaffenheit des Landes einige Berechtigung hat, im Ganzen aber ziemlich willkürlich ist.

Im Norden, von kahlen Granitfelsen durchschnitten, umfasste die Sinaihalbinsel das steinige oder peträische Arabien. Unter dem sandigen verstand man das innere Wüstenland, während der südwestliche Küstenstrich, das heutige Jemen, wegen der Fruchtbarkeit seiner Thäler und Gebirgsabhänge den Namen des glücklichen Arabiens führte.

Hier gediehen unter einer tropischen, aber durch frische Bergluft und die vom Ozean heranwehenden Winde gemilderten, Atmosphäre das Zuckerrohr, der immergrünende und blühende Kaffeebaum, Granatäpfel, Feigen und Datteln. Prächtige Waldungen von hochstämmigen Bäumen bedeckten die Abhänge der Berge und entzückten das Auge, und die kostbare Weihrauchpflanze erfüllte die Luft mit lieblichen Wohlgerüchen.

Wie übertrieben auch die Schilderungen sein mögen, welche die alten Geographen Strabo und Diodor auf Grund unsicherer älterer Berichte von der Fruchtbarkeit und dem Reichtum des glücklichen Landes entworfen, sie beweisen doch, dass die Bewohner schon im grauen Altertum einen lebhaften See- und Karawanenhandel getrieben, dass sie in volkreichen Städten mit reichgeschmückten Tempeln und prächtigen Palästen lebten und an verfeinertem Kulturleben ihre, unstet von einem Weideplatz zum andern ziehenden, Stammesgenossen in der Wüste weit übertrafen, aber auch zugleich mit den Vorzügen die zahllosen Gebrechen und Fehler desselben angenommen hatten.

Abgeschlossen durch die Lage ihres schwer zugänglichen Landes, unberührt von dem flutenden Strome der Weltgeschichte, fern von der Heerstrasse der grossen Welteroberer, deren Macht sich an ihren Grenzen gebrochen, blieben die stolzen, trotzigen Wüstensöhne, die Beduinen oder Sarazenen*) leichter als die meisten semitischen Völker vor aller Vermischung mit den Fremden und vor ihrer Herrschaft bewahrt und waren darum im stande, die genügsame Einfachheit der altväterlichen Sitten und Gewohnheiten zu bewahren, ihren Nationalcharakter, ihre Naturanlagen, die ihnen eigentümlichen Kräfte frei und unbeeinflusst zu entwickeln.

---

*) Ursprünglich der Name eines im nördlichen Arabien nahe der syrischen Grenze sitzenden Stammes, wurde diese Bezeichnung von den Syrern später auf alle Araber übertragen.

Vergl. G. Flügel: Die Geschichte der Araber. Leipzig; 1840. — Caussin de Perceval: Essai sur l'histoire des Arabes avant l'islamisme. 3 Bde. Paris; 1847—49. — F. Wüstenfeld: Die Wohnsitze und Wanderungen der arabischen Stämme. Göttingen; 1868.

Das harmonische Gleichmass der Seelenkräfte war ihnen versagt, dagegen beherrschten ungezügelte Leidenschaften ihr Gemüt, bestimmte unbeugsame Energie ihr Wollen und Handeln. Der selbstsüchtige Glaube an die ausschliessliche Berechtigung, verbunden mit einem reizbaren, eifersüchtigen Ehrgefühl und wilder Rachelust, erstickten die menschlichen Regungen und gönnten der Humanität keinen Zugang zum Herzen. Todeskühner Mut und Unternehmungssinn, ein rascher Blick, scharfe Auffassungsgabe, ein ungewöhnliches Gedächtnis und ein Körper, gestählt durch die mannigfachen Wechselfälle eines gefahrvollen Wander- und Kriegslebens in der Wüste, — diese Vorzüge zeichneten die Araber aus, und ihnen verdankten sie später die grossartigen Erfolge im Felde und auf dem Gebiete des Geistes, als ein neuer Glaube die gespaltenen Stämme vereinigte und die vereinzelten Kräfte durch die Macht religiöser Begeisterung auf ein gemeinsames Ziel lenkte.

Einen einzigen Staat hat Arabien nie gebildet. Bei den wilden Kindern einer wilden Natur herrschten soziale Zustände, wie sie uns aus den Tagen der biblischen Patriarchen bekannt sind.

Die Stämme erwuchsen aus Familien, deren Häupter die Väter oder die erstgeborenen Söhne waren. Das Haupt der ältesten Familie war zugleich Stammesfürst. Ihm zur Seite standen die Häupter der übrigen Geschlechter, mit deren Rat und Zustimmung er alle Streitfragen schlichtete.

Von einer Staatsgewalt, der ein Zwangsmittel gegen Ungehorsam und Widerspänstige zugestanden hätte, war bei den trotzigen Wüstensöhnen keine Rede. „Aber der enge Zusammenhang der Familie, das sehr lebendige Gefühl für Ehre und Schande und der nur auf Ansehen, nicht auf gesetzlicher Machtbefugnis beruhende Einfluss einzelner, durch Tapferkeit, Reichtum, grosse Familie,

Klugheit und Erfahrung ausgezeichneter Männer ersetzten in den meisten Fällen diesen Mangel ziemlich gut."

Aber wie oft auch die Leidenschaft den heissblütign Araber zu grausamen Thaten fortriss, die heiligen Gebote der Ehre und der überlieferten Sitte verletzte er niemals. Nie brach er das gegebene Wort, nie entweihte er das Gastrecht. Dieselben Scenen idyllischen Lebens, die uns aus der Patriarchenzeit des israelitischen Volkes oder aus den Gedichten Homers so anmuten, wiederholen sich fort und fort im Schosse des arabischen Volkslebens und bilden den reichen Inhalt arabischer Poesie.*)

Zwar hat es die arabische Dichtkunst weder zu einer höheren Epik gebracht, wie sie sich bei den Indern, Griechen, Germanen findet, noch zu einer höheren Dramatik, doch quoll um so reicher der Strom der lyrischen Poesie, in alten Zeiten der natürliche Ausdruck jeder höheren Stimmung.

Die altarabischen Dichter, zugleich Helden und Abenteurer, oft auch Propheten und Schiedsrichter, immer aber die bevorzugten Lieblinge des Stammes, schilderten in schwungvollen Liedern die Begebnisse gefahrvoller Wüstenstreiferei, die Tugenden der Stammesgenossen, ihre unwiderstehliche Tapferkeit und Kühnheit

*) Vergl. G. Weil: Die poetische Litteratur der Araber vor und unmittelbar nach Mohammed. Stuttgart; 1837. — J. v. Hammer-Purgstall: Litteraturgeschichte der Araber. Von ihrem Beginne bis zu Ende des XII. Jahrh. der Hidjrah. 7 Bde. Wien; 1850-56. — Th. Nöldeke: Beiträge zur Kenntnis der Poesie der alten Araber. Leipzig; 1864. — A. v. Kremer: Gesch. der herrschenden Ideen des Islams. Leipzig; 1868. — Derselbe: Kulturgeschichte des Orients unter den Kalifen. 2 Bde. Wien; 1875—77. — Le Bon: La civilisation des Arabes. Paris; 1884. — A. Müller: Der Islam im Morgen- und Abendland. 2 Bde. Berlin; 1885—87.

und ihre liebenswürdige, freigebige Gastlichkeit, „die unaufhörlichen Fehden der Stämme, der Blutrache unverbrüchliches Gesetz und endlich eine Liebe, die glutvoll bald in sinnlichen Reizen schwelgt, bald in süssester Herzlichkeit auftönt, eine Liebe, wie sie nur in Zeiten möglich war, da die Frau noch nicht aus dem öffentlichen Leben in den öden Kerker des Harems verstossen, noch nicht zur willenlosen Sklavin der Lüste eines unumschränkten Gebieters geworden war“. —

Von den übrigen Künsten liebte und pflegte der Araber am meisten die Musik, welche als der unmittelbarste Ausdruck des bewegten Gemütes die leidenschaftliche Stimmung am heftigsten aufregt.

Des Menschen Gefühl seiner Abhängigkeit von der Natur hatte auch die alten Araber zur Verehrung wohlthätiger, schrecklicher oder besonders auffälliger Naturdinge geführt. Dieser Naturdienst*) bestand ursprünglich in einem rohen Kultus der Sonne, des Mondes und der Sterne. Später richtete sich die gläubige Andacht vorzugsweise auf die Sterne, die in dem, über der arabischen Halbinsel sich wölbenden, ewig reinen Äther ihre glänzendste Pracht entfalten. Ihrem Einflusse schrieb man alle Erscheinungen des Naturlebens zu und übertrug dann dieselbe Wirkung auch auf das menschliche Leben, so dass man bald dahin gelangte, in ihnen göttliche Mächte zu verehren, welche die Natur und die Geschicke der Menschen nach ewigen Gesetzen lenken.

Infolge der nationalen Zerrissenheit erweiterte sich das arabische Religionswesen zu einem vielgestaltigen Götzendienst. Jeder Stamm verehrte seine eigenen Sterngötter nach eigenen Formen und unter eigenem Namen. Und als nun flüchtige Juden und Parsen und verfolgte Christen ihre Lehren und Kult-

*) Vergl. L. Krehl: Über die Religion der vorislamischen Araber. Leipzig; 1863.

gebräuche mitteilten, entstand ein völlig unverständliches Gemisch der verschiedenartigsten Götternamen und Religionssatzungen. Jetzt besassen nicht nur alle Stämme, sondern auch alle Familien ihre eigenen Götter oder Genien.

Allein in diesem wüsten Konglomerat sollte das arabische Religionswesen nicht ersticken. Die geistige Anlage des semitischen Stammes drängte zur Zusammenfassung des Einzelnen in der Gattung, zur Unterordnung des Geringeren unter das Höhere. So gelangten hervorragende Geister frühzeitig zur Erkenntnis eines höchsten Götterwesens, dem alle Einzelgötter an Macht nachständen, eines Nationalgottes, der sein Volk beherrsche, beschütze und bestrafe und dem alle Volksgenossen mit gläubiger Verehrung dienen sollten.

Wie die Nachkommen Jakobs, besassen auch die Söhne Ismaels einen religiösen Mittelpunkt, ein Nationalheiligtum. Das war die Kaaba *) mit dem schwarzen Stein, die vierseitige Kapelle in der Mitte eines grossen, von geräumigen Säulengängen umschlossenen Tempelraumes in Mekka. In den vier heiligen Monaten fanden sich seit undenklicher Zeit alljährlich ungezählte Scharen andächtiger Pilger aus allen Gegenden der arabischen Erde an der geweihten Stätte ein zur Verrichtung der vorgeschriebenen frommen Handlungen: der Opfer, Gebete und Umzüge um das heilige Gebäude. Während dieser Zeit herrschte der tiefste Gottesfriede. Alle Fehden ruhten; gemeinsam widmeten sich Freund und Feind den religiösen Zeremonien oder besuchten die grosse Handelsmesse, welche, verbunden mit poetischen Wettkämpfen und allen Arten von Kurzweil und froher Volkslust, in der Nähe der Stadt abgehalten wurde.

*) Als Gründer der Kaaba wird Ismael verehrt, der verstossene Sohn Abrahams, der Stammvater der Beduinen, dem der Engel Gabriel den hier aufbewahrten schwarzen Stein vom Himmel gebracht haben soll.

So war Mekka der gefeierte Mittelpunkt für die zerfahrenen, religiösen Anschauungen, der glänzende Sammelplatz für alle Stämme arabischer Zunge und Abstammung. Von diesem Brennpunkt seines physischen und intellektuellen Lebens brachen später die Araber erobernd auf die Bühne des Welttheaters hervor mit vernichtender Gewalt und unwiderstehlich, gleich den Wüstenstürmen ihrer sandigen Heimat.

Die Stadt mit der Kaaba war von Alters her ein Gegenstand heissen Verlangens und heftigen Streites unter den Nachkommen Ismaels. Endlich nahm Kussai, der vierte Ahnherr Mohammeds, Mekka in Besitz und wurde, indem er alle Verwandten um sich sammelte, der Stifter der Kureischiten, des angesehendsten und mächtigsten Stammes in Arabien.

Die fürstlichen Rechte sollten nach der Bestimmung Kussais auf seinen ältesten Sohn Abd-Al-Dar übergehen; dieser musste indes, durch eine Empörung gezwungen, das Ehrenamt mit den Söhnen seines Bruders teilen. So gewann Amru'l-Ula, wegen seiner Freigebigkeit Haschim (Brodbrecher) genannt, eine einflussreiche Stellung. Unter seinen Enkeln sind besonders erwähnenswert: Abbas, der Stammvater der Abbasiden, und Abdallah. Dieser, vermählt mit Amina aus dem Stamme der Kureischiten, war der Vater Mohammeds. Er starb aber schon zwei Monate nach der Geburt seines Sohnes auf einer Reise nach Medina, wo er auch begraben ward.

2. Mohammed.*)

Mohammed, der „Vielgepriesene“, wurde im April 571 in Mekka geboren. Sein Vater hatte ihm nur ein ge-

---

*) Vergl. Scherr, Henne-Am Rhyn a. a. O. III. Bd. — G. Weil: Mohammed der Prophet, sein Leben und seine Lehre. Stuttgart; 1843. — Th. Carlyle: On heroes, hero-worship and the

ringes Erbe hinterlassen: fünf Kamele und eine Sklavin. In ihrer Armut hatte seine Mutter Amina Mühe, dem Knaben, wie es mekkanische Sitte erheischte, eine beduinische Pflegerin zu gewinnen. Endlich nahm eine Hirtenfrau, Halima, sich des Kindes an und pflegte es. *)

Da aber den Knaben häufig epileptische Anfälle heimsuchten, welche merkwürdigerweise durch kein Wunder geheilt wurden, obwohl seine Kindheit damit überreich ausgestattet war, so brachte ihn Halima nach zwei Jahren der Mutter zurück. Bei dieser blieb er bis zu seinem sechsten Jahre. Da starb Amina, und Mohammed kam nun in das Haus seines Grossvaters Abd-Al-Muttalib. Als er auch diesen nach zwei Jahren verloren hatte, nahm sein Oheim Abu-Talib den Verlassenen zu sich und sorgte für ihn in treuester Weise, obwohl er selbst in den dürftigsten Verhältnissen lebte.

Bei zunehmendem Alter musste Mohammed**) die

---

heroic in history. London; 1846. — Irving: History of Mahomet. London; 1850. — Muir: The life of Mahomet. 4 Bde. London; 1858—61. — A. Sprenger: Das Leben und die Lehre des Mohammed. 3 Bde. Berlin; 1861—63. — Th. Nöldeke: Das Leben Mohammeds. Hannover; 1863. — J. Braun: Gemälde der mohammedanischen Welt. Leipzig; 1870. — Delaporte: Vie de Mahomet. Paris; 1874. — L. Krehl: Das Leben des Mohammed. Leipzig; 1884.

*) Die geschäftige Mythenbildung der moslemischen Kirche, die den merkwürdigen Lebensgang des Propheten mit ihren bunten Schöpfungen geschmückt hat, weiss auch von zahlreichen Wundern zu berichten, von denen die ersten Lebensjahre Mohammeds umgeben waren. Die Engel machten das Herz des Kindes rein von aller Sünde und erfüllten es mit Glauben und Prophetengabe. Die Herden seiner Pflegerin mehrten sich auffallend. Und wenn die Schafe an dem Kinde vorübergingen, verbeugten sie sich ehrfurchtsvoll. Der Mond sogar neigte sich zu dem Knaben herunter, wenn dieser ihm zuwinkte, u. s. w.

**) Dass er in seinem zwölften Jahre seinen Pflegevater auf einer Karawanenreise nach Syrien begleitet und dass bei dieser

Herden hüten und eifrig im Dienste seiner Verwandten thätig sein, um sein Leben kümmerlich zu fristen. Es wird von verschiedenen Handelsreisen durch Arabien und Syrien erzählt, die er wahrscheinlich als Kameltreiber mit mehreren seiner Oheime unternommen. Für den sinnigen Jüngling waren die Reisen ein mächtiges Bildungsmittel. Sie trugen ihm mannigfache Kenntnisse und Erfahrungen ein und boten ihm die reichste Gelegenheit, sein Vaterland und sein Volk genauer kennen zu lernen. Er schaute die Wüste mit ihren Schrecknissen und ihrer Poesie, vernahm die Sagen und Überlieferungen der Wanderstämme, lernte ihre religiösen Bedürfnisse kennen, fand eine Fülle tiefgehender Anregungen im Verkehre mit Juden und Christen und bewunderte ihren zeremonienreichen Gottesdienst, ihren tiefen Glauben an einen einigen Gott.

Mohammed war 25 Jahre alt. Trotzdem stand er bereits in einem gewissen Ansehen und genoss den Ruf eines intelligenten, redlichen, ernsten Mannes. Von ihm mochte auch Chadidja, eine reiche, gebildete Kaufmannswitwe, gehört haben, die selbständig den ausgedehnten Handelsgeschäften ihres Hauses vorstand, und die, wie Mohammed, von Kussai abstammte. Sie nahm den jungen Mann in ihren Dienst und übertrug ihm die Leitung mehrerer Karawanenzüge nach Syrien und Südarabien. Hierbei zeigte er so viel Umsicht, Gewandtheit und Redlichkeit, dass Chadidja, obwohl schon 40 Jahre alt, ihm ihre Hand bot. Mohammed wies sie nicht zurück und begründete mit dieser Vermählung sein Glück.

Chadidja war eine verständige Frau und ihrem Gatten eine kluge Beraterin und treue Gefährtin in

---

Gelegenheit ein christlicher Mönch die künftige Grösse des geistvollen Knaben vorausgesagt habe, ist, wie zahllose andere Einzelheiten seines Lebens, offenbar eine spätere Legende.

guten und schlimmen Tagen. Sie nahm an seiner geistigen Entwickelung den wärmsten Anteil und war seine erste Gläubige. Ohne ihren Glauben und ihre Liebe wäre Mohammed nimmer der Prophet seines Volkes geworden. Er selbst schätzte die Vorzüge seiner klugen Gattin hoch und trotz seiner leidenschaftlichen Hinneigung zu dem weiblichen Geschlecht hielt er ihr die Treue, so lange sie lebte, und nach ihrem Tode bewahrte er ihr ein liebevolles und ehrendes Andenken und stellte sie seinen späteren Frauen als nachzuahmendes Muster hin.

Die fünfundzwanzigjährige Ehe war mit mehreren Kindern gesegnet. Drei Söhne starben in zarter Jugend, und von den vier Töchtern hat nur die jüngste, Fatima, die Eltern überlebt.

Noch über ein Jahrzehnt nach seiner Verheiratung setzte Mohammed das Handelsgeschäft seiner Frau fort, ohne aber sonderliches Glück und leidliche Zufriedenheit darin zu finden. Mochte es ihm nun an dem nötigen kaufmännischen Geist fehlen, oder mochten die damaligen arg zerfahrenen sozialen und religiösen Zustände in seiner Vaterstadt, die rohe Lebensanschauung der besseren Bevölkerungsschichten seinen sittlichen Ernst empören, er zog sich immer mehr von dem unruhigen städtischen Treiben in die Einsamkeit zurück. Man sah ihn häufig in stilles, beschauliches Nachdenken versunken. Oft verbrachte er Tage und Wochen in einer Höhle des Berges Hira unweit Mekka, bald allein, bald mit seiner treuen Lebensgefährtin. Hier in der Einsamkeit der schweigsamen Wüste, in der düsteren Umgebung öder Felsen, gab er sich religiösen Betrachtungen hin, und es reiften in seinem ungestümen Innern jene Gedanken, welche auf die Erlösung seines Volkes aus der tiefen Gesunkenheit abzielten.

Wie alle olympischen Naturen, in welchen der

Genius kraftvoll sich regt, dachte er mehr an Andere, als an sich selbst. Auf seinen Reisen hatte er als scharf beobachtender Mann vielfach die Wirkungen der jüdischen und christlichen Religion auf das Leben ihrer Bekenner und ihre Vorzüge gegenüber dem götzendienerischen Heidentum des eigenen Volkes kennen gelernt, er hatte aber auch gleichzeitig erfahren, dass beide Genossenschaften noch auf eine Vollendung ihrer Religion harrten, dass die Juden die Ankunft eines Messias erwarteten, die Christen die Wiederkehr Jesu.

So entstand allmählig die Überzeugung in ihm, dass sein Volk, um der nationalen Zerfahrenheit entrissen zu werden, vor allem einer einheitlichen Religion, eines mächtigen und umfassenden religiösen Gedankens bedürfe, dass ein neuer gottbegeisterter Prophet erstehen müsse, der das Reich der Finsternis und der Abgötterei, den vagen Sternendienst und den plumpen Fetischismus niederwerfe.

„Wenn ein ungewöhnlicher Geist einmal zum Gefäss eines grossen Gedankens geworden ist, so lässt ihm dieser weder Rast noch Ruhe mehr. Die beherrschende Idee erfüllt das ganze Wesen des Menschen, pulsiert in jeder seiner Ader, vermischt sich mit allen seinen Vorstellungen und verleiht seinem ganzen Dasein einen erhöhten Schwung. Ein Enthusiasmus, der so den Menschen in seinem Innersten aufrüttelt und sein Nervengeflecht in Schwingung versetzt, bringt leicht eine krankhafte Reizung mit sich, die in phantasievollen Naturen zu somnambulistischer Extase sich steigert.“

Solch ein Mensch war Mohammed. Sein hysterisches Wesen, die ihn mit heftiger Gewalt heimsuchenden kataleptischen Anfälle, die lebhaften Traumbilder und Sinnestäuschungen seiner fieberhaft aufgeregten Nerven mochten in ihm den Glauben erzeugen, dass er mit Engeln und anderen himmlischen Geistern in Verkehr stehe, dass göttliche Erscheinungen und Eingebungen ihm zu teil würden.

„Der Epileptiker weiss erfahrungsmässig, nachdem der Anfall vorüber ist, nichts von dem, was sich mit ihm ereignet hat; er ist entweder unvermögend, sich darauf zu besinnen, oder, wenn er ein dunkles Bewusstsein davon hat, so trägt er Scheu, sich darüber auszusprechen, wie überhaupt sein ganzes Wesen leicht etwas Scheues bekommt."

Bei Mohammed war das anders. Er wusste nicht nur genau zu erzählen, was er erlebt: dass sich ihm wiederholt in der schauerlichen Höhle der Engel Gabriel genaht sei und ihm die Versicherung gegeben habe, dass er berufen sei, die sündhaften Menschen zu bekehren, die Offenbarungen des Himmels zu verbreiten, sondern er glaubte auch daran und war fest überzeugt, dass Allah, der Herr des Himmels und der Erde, der Schöpfer des Menschen, ihn als Gesandten ausersehen, und dass er nicht länger zögern dürfe, seinen heiligen Willen den Menschen kund zu thun. Damit begann seine prophetische Laufbahn im Jahre 610.

Bei aller Schwärmerei für die heilige Sache ging Mohammed doch mit grosser Vorsicht zu Werke. Er teilte sich zunächst nur seinen nächsten Verwandten mit. Seine Gattin, seine Töchter, sein junger Vetter Ali, „der Löwe Gottes", und sein treuer Freund Abu-Bekr, der spätere Kalif, waren seine ersten und aufrichtigsten Jünger. Dann vermied er sorglich alles, was seine Landsleute wider ihn hätte aufbringen können. „Er suchte seine Lehre mit ihren Vorurteilen in Einklang zu bringen und sie allmählig zu besserer Erkenntnis zu führen. Er wagte es nicht, die Heiligkeit der Kaaba anzutasten, machte das Pilgerfest, den feierlichen Umgang um das Heiligtum mit und bestätigte die Anbetung des schwarzen Steines."

So vergingen drei Jahre. Auf grosse Erfolge konnte der hellsichtige Prophet nicht zurückblicken. Seine Gemeinde zählte kaum mehr als vierzig Mitglieder. Da trat er im vierten Jahre infolge einer neuen Vision öffentlich als Verkünder seiner Lehre auf. Er wandte sich an seine Geschlechtsgenossen, die Kureischiten, forderte sie mit eindringlichen Worten auf, ihrem Unglauben zu entsagen und sich zu dem Einen Gott, der ihn als Apostel ausgesandt, zu bekennen, und bedrohte sie im Falle ihres Ungehorsams mit ewigen Höllenstrafen.

Allein seine Predigten riefen nur Spott und Hohn und den energischen Widerstand der Kureischiten hervor. Je mehr sie erkannten, dass die letzte Stunde ihrer Götter geschlagen, je mehr sie ihre einträglichen Vorrechte als Hüter des heiligen Tempels durch Mohammeds Prophetentum gefährdet glaubten, desto heftiger entbrannte ihr Zorn und Hass. Da sie ihm aber mit Gründen nicht beikommen konnten, auch ihre Drohungen keinen Erfolg hatten, so versuchten sie durch offene und geheime Angriffe auf sein Leben den unbequemen Widersacher zu beseitigen.

Um ihren Nachstellungen und Gewaltthaten zu entgehen, musste der Prophet mit seinen Getreuen aus Mekka weichen und in der Wüste, in Höhlen und Schluchten einen sicheren Zufluchtsort suchen. In dieser Schreckenszeit wuchs sein Mut und seine Thatkraft um so mehr, als seine Seele sich durch neue Offenbarungen und Visionen getröstet fühlte. Aller Gefahr trotzend, kehrte er in die Vaterstadt zurück und gewann unter einer Pilgerschar aus Medina eifrige Bekenner. Dorthin sandte er seine treue Gemeinde*), als ihre

---

*) Eine kleine Schar von elf Männern und vier Frauen wandte sich, auf Mohammeds Rat, unter Führung des nachmaligen Ka-

Stellung in Mekka angesichts der drohenden Haltung des fanatisierten Pöbels unhaltbar geworden, während er selbst noch hier zu verweilen gedachte.

Unterdes hatten die Kureischiten beschlossen, den verhassten Mann um jeden Preis aus dem Wege zu räumen. Durch einen geheimen Verehrer von der schweren Gefahr rechtzeitig benachrichtigt, rettete sich Mohammed im Dunkel der Nacht mit Abu-Bekr aus Mekka und verbarg sich in einer Höhle. Nachdem die Flüchtlinge hier drei Tage und drei Nächte zugebracht, entkamen sie auf Nebenwegen in der Nähe der Meeresküste glücklich nach Medina. Mit dieser denkwürdigen Flucht (Hidjrah), die für einen grossen Teil der Menschheit von tiefgehendsten Folgen sein sollte und die später auf den 16. Juli des Jahres 622 festgesetzt ward, beginnt die Aera der Mohammedaner.

Mit begeisterter Freude wurde Mohammed von den Gläubigen Medinas empfangen. Sein Einzug in die Stadt glich, wenn man den glänzenden Schilderungen der späteren Biographen Mohammeds trauen darf, mehr dem eines triumphierenden Fürsten, als dem eines armen Flüchtlings.

In Medina beginnt eine zweite Periode in der Entwicklungsgeschichte des Islams. Die neue Religion der Liebe und des Friedens stand an einem entscheidungsvollen Wendepunkte. Es handelte sich jetzt um die Frage, ob sie nur auf dem Wege geistigen Kampfes sich behaupten und neue Anhänger sich erwerben, oder ob sie dieses Ziel mit Waffengewalt erstreben solle. Die friedliche Predigt hatte nur einen langsamen Erfolg aufzuweisen. „Sie musste von mehr in die Augen fal-

lifen Othman nach Abessinien, wo sie mit andern, ihnen später folgenden Landsleuten eine Kolonie gründeten, die friedlich und unbehelligt unter dem Scepter des christlichen Negus lebte.

lender That begleitet und diese That konnte unter den damaligen Verhältnissen nur der Offensivkampf gegen die der Ausbreitung der neuen Religion sich entgegenstellenden Feinde sein.“ Nach kurzem Schwanken entschied sich der Politiker Mohammed für dieses Mittel. „So vermischten sich denn weltliche Gedanken mit den religiösen, und in das Ganze kam ein fremdes Element, welches der Vertiefung des religiösen Lebens keineswegs förderlich war.“

Von Stund an ward die Verbreitung des Islams mit Feuer und Schwert zu einer heiligen Pflicht aller Moslemin. Wer im Kampfe gegen die Feinde des Islams, so predigte Mohammed, falle, der gehe, aller Sünde und Strafe ledig, sicher in das himmlische Paradies ein, in jenen Aufenthalt der Seligen, den er den Gläubigen als einen Ort fröhlichster Erdenlust und aller sinnlichen Freuden ausmalte. Und um ihren kriegerischen Mut auf das Äusserste zu entflammen, nahm er dem Tode seine Schrecken durch die fatalistische Lehre: die Dauer des Lebens, sowie des Menschen Schicksal und Ausgang sei durch göttlichen Ratschluss im Voraus unabänderlich bestimmt; sei die Todesstunde gekommen, so könne niemand seinem Schicksal entgehen, sei sein Lebensende noch nicht nahe, so könne er unbedenklich auch in die schlimmste Gefahr sich stürzen.

Solche Lehren mussten die feurige Seele des Arabers zu den verwegensten kriegerischen Thaten entflammen. Im Vertrauen darauf unternahm der Prophet mehrere Kriegszüge gegen die Kureischiten. Lange schwankte die Entscheidung. Endlich gelang es den heldenmütigen Moslemin, die heilige Stadt nach kurzer Belagerung i. J. 630 zu nehmen. Die prunkenden Götzenbilder der Kaaba wurden zertrümmert und das alte Nationalheiligtum zum Haupttempel der neuen Religion feierlich geweiht. Gegen die unglücklichen Bewohner liess der siegreiche Gottesmann kluge Mässigung walten, nur seine verstocktesten Feinde überlieferte er dem Tode.

Das arabische Land lag nun zu den Füssen des Propheten*); aber schon sandte sein nimmer rastender Geist den Blick hinaus über die Grenzen der öden Heimat, und, freudig bewegt, gedachte er bereits der Zeit, da der Islam die Weltherrschaft errungen haben würde. Und diese Hoffnung konnte sich erfüllen, wenn es ihm gelang, die Christen und die Feuerdiener Irans, die mächtigsten Religionsgenossenschaften der damaligen Zeit, zur Anerkennung seiner göttlichen Sendung zu zwingen.

Allein seine Mission auf Erden war erfüllt. Mitten aus seinen hochfliegenden Plänen und Entwürfen ward er abberufen — in das erträumte Paradies.

An der Stelle, wo er verschieden, wurde ihm sein Grab gegraben, bis zur Stunde, gleich der Kaaba, ein viel besuchter Wallfahrtsort frommer Moslemin. —

Die phantastische Mythensucht arabischer und der fanatische Hass byzantinischer Schriftsteller haben sich vereinigt, das Charakterbild des begeisterten Propheten dem realen Boden der Geschichte zu entreissen und ihn in das luftige Gebiet der Legende zu versetzen. Trotzdem blicken aus der mirakulösen und beschimpfenden Verzerrung seines Bildes viele menschlich schöne Züge.

Obwohl von krankhafter Körperanlange ertrug Mohammed leicht Strapazen aller Art. Ein kühner Reiter, von unerschrockenem Mute und persönlicher Tapferkeit, war er zugleich ein geborener Heerführer und ein umsichtiger Politiker. Tiefe und umfassende Menschen-

*) Allerdings hatten die Massregeln des Siegers gegen die Kaaba zahlreiche Stämme, welche an der väterlichen Religion festhielten zur Erhebung getrieben. Doch wurde ihre Macht bald vollständig gebrochen.

kenntnis zeichnete ihn aus und unterstützte ihn erfolgreich bei der Durchführung seiner Pläne.

Sein äusseres Wesen atmete milden Ernst. Gewöhnlich wortkarg, entwickelte er, wenn es erforderlich war, eine hinreissende Beredtsamkeit, die in gewaltigen Worten die Anschauungen seiner glühenden, durch das geistige Ringen einer nach höherer Erleuchtung lechzenden Seele geschärften, Einbildungskraft ausströmte.

Menschenliebe war der Grundzug seines Charakters. Die grossen Reichtümer, welche ihm von allen Seiten zuflossen, verschenkte er in freigebigster Weise, seinem rastlosen Hang zum Wohlthun folgend, der sich immer in anspruchsloser Form äusserte. In seinem Privatleben wie im Verkehr mit andern war er von selbstloser Einfachheit, von anmutiger Leutseligkeit, voll liebevoller Schonung und Nachsicht auch gegen den geringsten seiner Diener. Den Tieren erwies er fürsorgliches Mitleid, und schärfte diese humane Tugend auch seinen Anhängern ein. Nur in seinem Umgang mit den Frauen hat er nicht selten die Schranken der Mässigung durchbrochen.

Die anstössigen Scenen, denen wir auf diesem Gebiete begegnen, werfen tiefe Schlagschatten auf sein Leben; sie versetzten seine Anhänger nicht selten in grosse Bewegung und erschütterten sein Ansehen. Doch seine aufrichtige Herzlichkeit, seine volkstümliche Natur versöhnten die Menge mit seinen Schwächen und mit den gelegentlichen Ausbrüchen der Leidenschaft, welche die angeborene Milde zu verdunkeln drohten.

In dem grossen Manne, welcher das hohe Werk einer religiösen Verjüngung seines Volkes trotz aller äusseren Hindernisse durchführte, in dem festen Glauben an die in seiner Brust wohnende Gottesidee und in der standhaften Überzeugung von seiner apostolischen Mission, welcher eine der grössten Revolutionen der Weltgeschichte entfacht, vereinigten sich in einem seltenen Masse milde Einfachheit und Biederkeit, gewinnende Offenheit und Herzensgüte mit unbeugsamer Willenskraft und unvergleichlichem Genie, so dass man sich versucht fühlt, ihn einen Helden zu nennen.*) —

Für das götzendienerische Volk der Araber war das Wirken des Propheten eine Geburt aus geistiger Umnachtung zum strahlenden Licht der Erkenntnis, aus der staatlichen Zersplitterung zu einer weltbeherrschenden Macht.

Strahlend in kriegerischem Thatenruhm, in hellleuchtendem Genius, glänzte das Arabertum viele Jahrhunderte über einen grossen Teil der damaligen Welt, wandelte das Antlitz des Morgenlandes um und hatte bald auch den Occident an Bildung und Wissenschaftlichkeit weit überflügelt. Aber mit dem Augenblicke, da den unaufhaltsamen Eroberungszügen der Wüstenstämme Stillstand geboten wurde, — das unbestrittene Verdienst germanischer Völker — begann die schnell emporgeblühte mohammedanische Kultur rasch zu erstarren. Noch mehr als der Katholizismus, auch der Theorie nach, umwandelbar, ist es dem Mohammedanismus versagt, aus der religiösen Kulturentwickelung in die politische hinüber und hinaufzuschreiten.

---

*) Völlig ungerecht und einseitig in seinem Urteil ist Arnold, wenn er über des Propheten Charakter sich dahin äussert: „Die ersten Reformen in der Religion unternahm er als redlicher Fanatiker, indem er irrigerweise traumhafte Visionen und satanische Einwirkungen für göttliche Inspiration hielt, dann aber schloss er seine Laufbahn als Betrüger, der seine fälschlichen Offenbarungen immer zur Hand hatte, wenn es eine Ungerechtigkeit zu rechtfertigen galt.“ — Vgl. demgegenüber L. v. Ranke: Weltgeschichte. V, 1. Leipzig; 1884.

3. Der Koran und die mohammedanische Religionslehre.*)

Die heilige Religionsurkunde der Mohammedaner ist der Koran, d. h. „die Vorlesung“. Diese Bibel des Islams, deren Inhalt dem frommen Glauben als unmittelbare göttliche Offenbarung gilt, und deren Urschrift nach der Meinung des orthodoxen Moslims von Urbeginn an im siebenten Himmel vorhanden gewesen, ist in ihren einzelnen Teilen das Werk Mohammeds, das er zu verschiedenen Zeiten seinen Anhängern mitgeteilt hat. Nach seinem Tode wurde der ehemalige Geheimschreiber des Propheten, Zeid-Ibn-Tabit, mit der Sammlung der zerstreuten Stücke beauftragt. Die endgültige Redaktion der heiligen Dokumente fand aber erst unter dem Kalifen Othman statt.

Der Koran ist in 114 Suren oder Kapitel eingeteilt. Jede Sure besteht aus einer grösseren oder kleineren Anzahl von Sätzen oder Versen. In Bezug auf chronologische und sachliche Folgerichtigkeit aber herrscht in dem Buche ein unglaublicher Wirrwarr. Nicht einmal innerhalb der einzelnen Suren besteht ein geordneter Zusammenhang.

Der Koran ist in poetischer Prosa geschrieben, die häufig am Ende der Zeilen reimt. Die Sprache und

---

*) Vgl. Th. Noeldeke: Gesch. des Korans. Göttingen; 1860. — G. Weil: Gesch. der islamitischen Völker. Stuttgart; 1866. — E. Deutsch: Der Islam. Aus dem Engl. Berlin; 1873. — Garcin de Tassy: L'islamisme d'après le coran, l'enseignement doctrinal et la pratique. Paris; 1874. — G. Weil: Historisch-kritische Einleitung in den Koran. Bielefeld u. Leipzig; 1878. — J. Mühleisen-Arnold: Der Islam nach Geschichte, Charakter und Beziehung zum Christentum. Aus dem Engl. Gütersloh; 1878; — M. Lüttke: Der Islam und seine Völker. Gütersloh; 1878. — St. Lane Poole: Le Koran, sa poesie et ses lois. Paris; 1882. —

Darstellung, oft von hoher Anmut und Feierlichkeit und von ungewöhnlichem Schwunge, nicht selten aber durch die Ausbrüche einer wilden, ungezügelten Phantasie beeinträchtigt, mit orientalischen Überschwenglichkeiten überladen, ist ohne logischen Organismus und methodische Gliederung. Sie entbehrt auch jenes naiv-epischen Zaubers, welchen wir in dem biblischen Buch der Genesis bewundern.

Der Inhalt des merkwürdigen Buches weist neben den tiefsten Ideen die trivialsten Bemerkungen auf. Neben der Glaubens- und Sittenlehre des Propheten umfasst es auch einen beträchtlichen Teil seines materiellen Lebens und enthält Vorschriften über den Gottesdienst, über Zeremonien und Gebete, über Opfer und Wallfahrten und bürgerliche Rechtsgrundsätze; es ist mithin das Religions- und Gesetzbuch der Mohammedaner. —

Jede systematische Dogmatik geht aus von der Idee des Daseins der Gottheit. So auch die moslimische Theologie. Indem sie das Sein Gottes als eine bedingungslose Voraussetzung*) hinstellt, beginnt sie sogleich mit der Bestimmung seines Wesens.

„Gott ist Gott, ausser ihm giebt es keinen Gott!“ lautet das alles beherrschende Symbolum des Islams. Ohne Gestalt und Wohnung ist der Ewige allgegen-

*) Das Dasein Gottes erst zu beweisen, wie es die christliche Philosophie zu allen Zeiten mit grosser Mühwaltung unternommen, erscheint dem gläubigen Moslim unbegreiflich, ja, als eine todeswürdige Ketzerei.

Übrigens ist zu bemerken, dass die Lehren Mohammeds nur zum geringsten Teil seinem eigenen Kopfe entsprungen sind. Das Dogma von Gott und seinen Eigenschaften, von der jenseitigen Belohnung und Bestrafung, vom Weltgericht ist wesentlich jüdischen Ursprunges. Ebenso ist ein grosser Teil der Rechtsbestimmungen denen des jüdischen Volkes nachgebildet, während andere wieder der Anschauungsweise der alten Araber entstammen.

wärtig und erfüllt mit der Allmacht und Unendlichkeit seines Wesens, mit seiner Gerechtigkeit und Heiligkeit Himmel und Erde, deren Schöpfer und Lenker er ist.

Trotzdem spielen Geister im mosliminischen Bewusstsein eine bedeutende Rolle, namentlich die Engel und die Djinn. Jene, geschaffen „aus dem Feuer des Samum", sind die Boten Gottes, welche seine Offenbarungen den Menschen überbringen, welche die Glaubenskämpfer in der Schlacht unterstützen, in der Todesstunde die Seele vom Körper befreien und beim jüngsten Gericht mitwirken, während diese eine zwischen Menschen und Engeln stehende Klasse geisterhafter Wesen bilden. Es sind Genien und Dämonen in persisch-jüdischem Sinne, die abergläubisch gefürchtet und mit ängstlicher Scheu verehrt werden.

Mit der Allmacht und Allwissenheit Gottes und seiner Gerechtigkeit ist nach der Anschauung des Korans auch die durch ihn geübte unbedingte Vorherbestimmung aller Dinge verbunden, aller menschlichen Schicksale und Handlungen, aller Ereignisse im Leben der Menschen und im Gange der Welt. Allein in dieser Beziehung leidet der Koran an unvereinbaren Widersprüchen. Während er nämlich hier das fatalistische Dogma mit scharfen Worten hervorhebt, weist er dort nicht minder scharf und rigoros darauf hin, dass jeder dereinst für sein Thun und Lassen werde strenge Rechenschaft ablegen müssen. Am Tage des letzten Gerichts würden die abgeschiedenen Toten auferstehen und ihren Lohn empfangen: die Guten würden eingehen zu den himmlischen Freuden des Paradieses, die Bösen dagegen würden auf ewig der höllischen Pein verfallen.*)

---

*) Niemals ist die menschliche Rede gewaltiger und erschütternder gebraucht worden, wie an den Stellen, wo der Koran von den letzten Dingen spricht. „Die Schilderungen des Ortes der Pein

So ist es denn auch erklärlich, dass gerade diese Lehre später, als infolge der Bekanntschaft mit persischen Religionsvorschriften und griechischer Philosophie ein spekulativer Geist und ein mächtiger Drang nach Wissen erwachte, die Ursache heftiger Streitigkeiten unter den Moslemin wurde und die Einheit der mohammedanischen Welt unheilbar zerstörte.

Nächst dem Dogma von der Einheit Gottes ist der wichtigste Satz der mohammedanischen Glaubenslehre der vom Prophetentum oder von der Offenbarung. Er verfolgt den Zweck, dem Begründer des Islams als dem Inbegriff aller göttlichen Offenbarung eine unzweifelhafte Autorität zu verleihen. Zwar hat Gott den Menschen seinen Willen schon durch andere Propheten, Adam, Noah, Abraham, Mose, Jesus, kund gethan. Allein menschlicher Unverstand hat ihre Offenbarungen gefälscht, weshalb Gott zur Herstellung der wahren Religion seinen letzten und höchsten Propheten Mohammed gesandt hat. Darum sind auch die Lehrsätze von Gott und von seinem Propheten unzertrennlich miteinander verbunden. „Gott ist Gott, und Mohammed ist sein Prophet."

Der Inhalt der Offenbarungen besteht in einer Fülle von willkürlichen Geboten und Belehrungen. Zum

---

durchweht etwas wie Höllenglut, die am gewaltigsten aufschlägt, wo des Gerichtes gedacht wird, welches der Lügner, der Verleumder und der Wucherer harrt. Von dem dunkelroten Hintergrunde der Höllenbilder heben sich dann die Gemälde paradiesischer Seligkeit nur um so reizender ab. In Wohlgeruch atmenden Schattenhainen, durchmurmelt von silberhellen Quellen, hat der selige Gläubige seinen Wonnesitz. Die lieblichsten Früchte, die süssesten Weine, kredenzt von anmutigen Paradiesesjünglingen, erfreuen ihn, und in den Armen schwarzäugiger, von üppiger Schönheit und ewiger Jungfräulichkeit strahlender Houris kostet er stets neue Freuden." — Von einer inneren, sittlichen Vollendung in der Ewigkeit ist kaum die Rede.

Teil voll tiefen sittlichen Ernstes*), merkt man es ihnen doch an, „dass sie nicht aus einem lebendigen religiösen Grundgedanken herausgewachsen, sondern aus einem älteren Religionssystem herübergenommen und willkürlich geändert und vermehrt worden sind“.

Ein anderes Hauptdogma ordnet die Erbfolge und ist mehr politischer als religiöser Natur. —

Was den islamischen Kult angeht, so fehlt ihm vor allem das Element der Gemeinsamkeit. Einen „Gottesdienst der Gemeinde“ kennt der Islam ebenso wenig, wie kirchliche Gnadenmittel in Gestalt von Sakramenten. Sein Kult ist durchaus Sache des Einzelnen.

Die wichtigste Kulthandlung ist das Gebet. Die Vorschriften über die äussere Form dieser gottesdienstlichen Übung sind bis ins Einzelnste geregelt: die Kleidung des Betenden, seine Stellung und Körperhaltung, die Zeit, Zahl und Reihenfolge der Gebete. Fünfmal des Tages wird zur bestimmten Zeit gebetet und der feierliche Augenblick durch den weithin hallenden Ruf des Muezzim von den Minarets der Moscheen angezeigt.

Eine wichtige Forderung der moslimischen Religion ist ferner das Fasten. Das Gesetz kennt zahlreiche Fasttage, doch sind sie in ihrer Gesamtheit nicht

---

*) Gottesfurcht, Nächstenliebe, Selbstverleugnung, Gerechtigkeit, Demut, Wohlthätigkeit, das sind die Tugenden, die der Koran seinen Bekennern an mehr als einer Stelle mit eindringlichen Worten einschärft, während er andererseits Ungerechtigkeit, Hochmut, Lüge und Ausschweifung in den stärksten Ausdrücken verdammt. — Die alte arabische Gastfreiheit hat durch den Koran die höchste religiöse Weihe erfahren, indem er die patriarchalische Milde gegen Bedürftige zu einer Religionspflicht erhob. Gar häufig schreibt das Gesetz diese Pflicht in Ausdrücken vor, die in Bezug auf Humanität ähnlichen Vorschriften des Evangeliums kaum nachstehen. Und wie eifrig die Gebote der Mildthätigkeit von den Anhängern des Propheten befolgt werden, davon zeugen zahllose fromme Stiftungen im Orient.

ausdrücklich geboten. Nur die grosse Fastenzeit während des heiligen Monats Rhamadan, in welchem der Prophet die ersten göttlichen Offenbarungen empfangen haben soll, muss streng eingehalten werden. Alle Tage des Monats hindurch vom Sonnenaufgang bis nach Sonnenuntergang muss sich der Moslim des Genusses jeder Speise und jeglichen Trankes enthalten, unter dem glühenden Himmel des Orientes eine ungewöhnliche Leistung. Auch Tabakrauchen und das Einatmen von Wohlgerüchen ist ihm untersagt.

Die Pilgerfahrt nach Mekka, vom Koran aus dem arabischen Heidentum herübergenommen, ist eines der höchsten Verdienste, welches der Gläubige sich erwerben kann. Jeder Moslim soll wenigstes einmal im Leben die heilige Kaaba pilgernd betreten. In der richtigen Erkenntnis aber, dass es allen Bekennern des Islams schlechterdings unmöglich ist, die überaus beschwerliche und kostspielige Reise zu unternehmen, die ursprünglich wohl nur den Bewohnern der arabischen Erde vorgeschrieben war, hat Mohammed Bestimmungen erlassen, nach denen die Mekka-Fahrt als keine absolute Pflicht erscheint.*)

Auch die auf der Pilgerreise zu beobachtenden komplizierten rituellen und moralischen Vorschriften sind genau geregelt. Mit der Wallfahrt nach Mekka wird die nach Medina zum Grabe des Propheten verbunden.**)

---

*) Der Pilger muss ein freier Mann, volljährig und vollständig gesund sein; er muss über die zur Reise nötige Zeit verfügen, gewisse Garantien der Sicherheit des Weges haben und endlich so viel Vermögen besitzen, dass er seinen Unterhalt auf der Reise bestreiten kann, und dass seine Familie in seiner Abwesenheit keine Not leidet.

**) Ausserdem giebt es noch verschiedene andere Wallfahrtsstätten: die Grabmäler berühmter Heiliger, Glaubenskämpfer und

Andere gottesdienstliche Pflichten der Moslemin sind der heilige Krieg zur Verbreitung des Glaubens und zur Bekämpfung der Ungläubigen — für die arabische Kriegs- und Beutelust ehedem ein unermessliches Motiv —, die Reinigungen, die jeder religiösen Handlung vorangehen sollen, und die Beschneidung.

Das Wesen des Islams, der nüchternsten aller Religionen, ist vorwiegend auf praktische Ziele gerichtet. Die Gerechtigkeit des Menschen besteht hauptsächlich in der Aufgabe, ein Gesetz zu halten, in welchem Sitten- und Zeremonialgebote ziemlich gleichwertig neben einander stehen. Vorwiegend Verstandeswerk, enthält der Islam nichts von dem poetischen Hauch und Duft, welcher uraltheiligen Naturreligionen anhaftet und von dem so viel aus dem Heidentum auf das Christentum übergegangen ist. Daher auch die ungewöhnliche Prosa des moslimischen Kultus, „der empfindliche Mangel des Zusammenhanges mit dem Naturleben, die Abwesenheit aller Natursymbolik". —

4. Die geheimen Gesellschaften des Islams.*)

Nach des Propheten Hingang wurde es offenbar, dass der Islam noch keineswegs unerschütterlich dastand

---

Gesetzeslehrer. Unter ihnen sind ausserordentlich heilig die Moscheen in Jerusalem und Konstantinopel, unter deren Kuppel der moslimischen Sage zufolge der Prophet Elias seine Andacht verrichtet haben soll.

*) Vgl. A. v. Kremer a. a. O. — G. Weil: Geschichte der Kalifen. II. Bd. Mannheim; 1848. — Mohammed-ash-Sharistâni: Religionsparteien und Philosophenschulen. Aus dem Arabischen von Haarbrücker. Halle; 1850—51. — G. Weil: Gesch. der islamitischen Völker. Stuttgart; 1866. — M. Lüttke: Die Ausgestaltung des Islams im Leben seiner Völker. (In G. Warnecks Allgem. Missionszeitschrift. IV. Bd. Gütersloh; 1874.) — R. Dozy: Essai sur l'histoire de l'Islamisme. Leyde et Paris; 1879. —

auf dem arabischen Wüstensande. Den wilden Beduinen, die sich um die Fahne des Propheten geschart, waren die religiösen Vorschriften des Korans entweder der Mehrzahl nach unbekannt, oder sie empfanden dieselben, namentlich die Gebote strengen Fastens und allzu häufigen Betens und die Verbote des Weins, so drückend, dass sie sehnsüchtig den Blick zurücksandten von dem harten Glaubensjoch nach dem früheren Zustande der Dinge, da der urväterliche Glaube ihren unbändigen Gefühlen keinen oder nur geringen Zwang auferlegte. Die vornehme Bevölkerung der Städte kannte zwar die Religionsgebote, verhielt sich aber vollkommen gleichgültig gegen sie.

Wirklich religiöses Leben fand sich nur in den Kreisen der Gläubigen zu Medina. Allmählig ging aber ihre innige Begeisterung auch auf die Gleichgültigen über, so dass in ihnen, wenn auch nicht wahre Frömmigkeit, doch ein gewisser Fanatismus erwachte.

Die Frömmigkeit dieser Zeit hatte einen düsteren Charakter. Hatte doch Mohammed das Wesen seines Gottes vorzugsweise von der schrecklichen Seite geschildert. Als den Zürnenden hatte er ihn seinen Jüngern vorgestellt, der seine Feinde heimsucht mit furchtbaren Strafen zeitlich und ewiglich. Darum fühlte keiner sich seines Heiles sicher, zumal es ihm gebrach an dem kindlichen Vertrauen auf Gottes Gnade.

Dieser düstere Zug, vielfach gefördert durch die elenden Zeitverhältnisse, durch die unheilvollen Bürgerkriege*), die unter den Moslemin ausgebrochen, konnte

---

J. Hauri: Der Islam in seinem Einfluss auf das Leben seiner Bekenner. Leiden; 1881.

*) Nachdem die beiden Nachfolger des ersten Kalifen, Omar und Othman, meuchlerisch ermordet worden, wurde des Propheten Schwiegersohn Ali in Medina zum Kalifen ausgerufen. Allein gegen ihn erhob sich der Statthalter von Syrien aus dem mächtigen

aber auf die Dauer sich nicht behaupten. Tiefer angelegte Naturen gelangten durch ihn zu völligem Verzicht auf die Welt, auf ihre Freuden und Genüsse und zogen sich, obwohl Mohammed das Mönchtum ausdrücklich verworfen, von den Menschen zurück, um fortan in Gemeinschaft mit anderen oder als Anachoreten in asketischen Übungen ihr Dasein hinzubringen. Bei der grossen Menge der Durchschnittsgläubigen dagegen brach sich unaufhaltsam eine heitere Lebensauffassung Bahn. Die vom Gesetz geforderte fromme Gesinnung, die vorgeschriebenen Werke der Liebe und Selbstverleugnung vermochten die natürliche Lebenslust nicht mehr zu fesseln, man liess sich vielmehr genügen an der Erfüllung der äusseren Vorschriften des Korans. Über die Prädestinationslehre, den Ernstgesinnten eine furchtbare Mahnung, setzte man sich leichtfertigen Sinnes hinweg, indem man sich mit dem Gedanken tröstete, dass die äusserliche Zugehörigkeit zur Gemeinschaft der Gläubigen das Zeichen der Erwählung sei.

Eine Religion, die in äusseren Formen aufgeht, ist den Durchschnittsmenschen immer angenehm. Ihnen ist es unbequem, wenn die Gottheit Ansprüche an ihr Herz erhebt. Aber die Forderung beschwerlicher äusserer Leistungen lassen sie sich gefallen, sobald sie nur dem Gefühle sich hingeben dürfen, durch deren Erfüllung Gott einen Gefallen zu erweisen. — So verhielt es sich auch mit der Religion Mohammeds. Mehr und mehr sank sie zu einem gedankenlosen Werkdienst herab, zu einer mechanischen Erfüllung des vorgeschriebenen

---

Hause Omejah. Bald erlag Ali dem Dolche des Mörders. Das Kalifat gelangte nun an die Omejahden. Unter ihrer Führung unternahmen die Moslemin kühne Eroberungszüge gegen Kleinasien und Europa. 92 Jahre nach Alis tragischem Ausgang vollzog Abbas an den Omejahden den Spruch der Nemesis. Fast das ganze omejahdische Haus wurde ausgerottet.

Zeremoniells. Mit puritanischer Strenge drang die ernstere Richtung auf genaueste Befolgung des heiligen Gesetzes, kümmerte sich im übrigen aber gar wenig um das innere Heil der Gläubigen.

Je gesetzlicher aber die Frömmigkeit wurde, desto mehr zeigte es sich, dass der Koran auf zahllose Fragen keine oder doch nur eine ungenügende Antwort geben konnte. Angesichts dessen machte sich das lebhafte Bedürfnis geltend, ihn durch die Überlieferung von Aussprüchen des Propheten oder von Erzählungen aus seinem oder seiner Gefährten Leben, die sich von Mund zu Mund fortgepflanzt hatten und bereits nach Hunderttausenden zählten, zu ergänzen und dieselben systematisch zu ordnen und aufzuzeichnen. So entstand die Sunna.

Diese Arbeit, sowie die Erklärung des Korans machte ein besonderes Studium notwendig. Bald wetteiferten darin vier orthodoxe Schulen miteinander. Von einer wissenschaftlichen Begründung der Theologie oder gar von einer Versöhnung zwischen Glauben und Wissen war jedoch bei ihnen keine Rede. Jeder Versuch dazu war als ketzerisch verpönt. Man beschränkte sich darauf, die Lehre des Propheten als verstandesmässig nachzuweisen, indem man jeden Begriff von den verschiedensten Gesichtspunkten beleuchtete, alle möglichen Entwürfe aufstellte und widerlegte.

Unter solchen Umständen ging der letzte Rest innerer Frömmigkeit im Volke verloren. Indifferentismus, Sittenlosigkeit nahmen mehr und mehr zu, und finsterer Aberglaube senkte sich mit erdrückender Schwere auf die Gemüter.

Namentlich vom zauberkundigen Pharaonenlande her verbreiteten sich Alchymie, Astrologie, Zauberei in der mohammedanischen Welt und verschmolzen grösstenteils mit deren Glaubenslehren. Über Traumesauslegung wurden weitschichtige Werke verfasst, die selbst von ernsten Gelehrten zu Rate gezogen wurden. Dem Islam war die innere Kraft entschwunden, die abergläubischen Überlieferungen des Heidentums zu überwinden.

In noch höherem Masse hat sich seine Ohnmacht diesem gegenüber dadurch offenbart, dass in einem grossen Teile der mohammedanischen Welt Sekten erstehen konnten, welche des Propheten Lehre durch Vermischung mit heidnischen Vorstellungen bis zur Unkenntlichkeit entstellt haben.

Man bezeichnet diese Erscheinungen mit dem Namen des „Schiitismus“, dessen Entstehung und Ausbreitung wesentlich in die Zeit des zwischen dem Hause Ali und Omejah entbrannten heiligen Krieges fällt. Die neue Religionspartei verwarf die Sunna und erklärte, nur in der Verwandtschaft mit Mohammed ein Nachfolgerecht erkennend, dessen Schwiegersohn Ali und sein Geschlecht als einzig rechtmässige Kalifen und Statthalter Gottes. Sie erhob Ali zum Range eines Imam, d. h. Hohepriesters, und mass ihm in der Interpretation des Korans die höchste Autorität zu, während sie mit den bittersten Verwünschungen die drei ersten Kalifen verfluchte, welche das geheiligte Recht Alis verletzt und sich des Kalifats bemächtigt hatten.

Die Anschauungen und Lehrmeinungen der islamitischen Protestanten, wie man die Schiiten nach dem Vorbilde der auf einen ähnlichen Entwickelungsgang zurückblickenden christlichen Partei treffend bezeichnet hat, fassten hauptsächlich in den östlichen Landschaften des Reiches tiefe Wurzeln, ein Umstand, der das Eindringen altasiatischer Ideen und Dogmen: der indischen Lehre von der Seelenwanderung und der Inkarnation, in den Islam zur unmittelbaren Folge hatte.

Unter ihrem Einfluss gelangte der Schiitismus zu dem Glaubenssatz von der Göttlichkeit des Imamats und von der Kontinuität der göttlichen Inspiration. Hierdurch war die Möglichkeit gegeben, dass auch nach Mohammed gottbegeisterte Männer als Propheten wirken konnten. Um die offenen Widersprüche solcher Lehren mit zahlreichen Versen des Korans und den mündlichen Aussprüchen des Propheten zu beseitigen, deuteten die Schiiten die fraglichen Stellen der „heiligen Schrift" im bildlichen Sinne, wie sie denn überhaupt im Gegensatze zu den Orthodoxen den Koran nicht als ein von Ewigkeit vorhandenes, sondern als ein „erschaffenes" Werk ansahen und sogar die Prädestinationslehre durch ihr Dogma vom freien Willen des Menschen erschütterten. Übrigens währte es nicht lange, dass, wie unter den Protestanten, so auch im Schiitismus verschiedene Richtungen hervortraten.

Die grösste Verbreitung unter allen schiitischen Sekten erlangten die Ismaeliten, als deren Stifter Ismael Ibn Djafar Assadik von seinen Anhängern verehrt wurde. Ihre Lehrsätze wurden als ein tiefes Geheimnis betrachtet und den Mitgliedern, die zu blindem Glauben und zu unbedingtem Gehorsam gegen die älteren Angehörigen der Verbindung verpflichtet waren, in neun aufsteigenden Graden mitgeteilt. Sie bestanden in mystisch-allegorischen Deutungen des Korans, in der Vorstellung, dass das Imamat oder der menschgewordene Geist Gottes in der Familie Ismaels, des siebenten Abkömmlings von Ali, sich forterbe, aus einem Leibe in den anderen übergehe, dass die baldige Wiederkunft des im Verborgenen fortlebenden Mahdi, des Stifters der Sekte, bevorstehe, dass er inzwischen aber durch Stellvertreter rede, die nicht immer dem Hause Alis entstammen, — und in einer mystischen Heiligung der Zahl 7. Wie Gott sieben Himmel, Erden, Meere, Planeten, Farben, Metalle und Töne erschaffen, so habe er auch sieben der vortrefflichsten seiner Geschöpfe als Imame bestellt, deren erster Ali und deren letzter und siebenter Ismael gewesen. Ferner: Seit Erschaffung der Welt habe es sieben göttliche Gesetzgeber gegeben. Jeder derselben habe sieben Gehilfen gehabt, die aber, weil sie nicht öffentlich aufgetreten, die Stummen hiessen. Jeder der sieben stummen Propheten habe zwölf Apostel zur Verbreitung der wahren Lehre entsandt. Die Zahl Zwölf aber sei nächst der Sieben die vorzüglichste. Auf diesen Umstand seien denn auch die zwölf Himmelszeichen, die zwölf Monate, die zwölf Glieder der vier Finger an jeder Hand ohne den Daumen zurückzuführen, und was dergleichen Geschmacklosigkeiten mehr waren.

Nicht lange währte es, so spalteten sich auch die Ismaeliten wieder in verschiedene Parteien, von denen die einen freigeistigen, die andern schwärmerischen Ansichten huldigten, während andere wieder sich dem krassesten Aberglauben in die Arme warfen und einer Sittenlehre, die teils zu einer schrankenlosen Hingebung an die gröbsten Gelüste führte, teils in ein System strengster Asketik und Weltentsagung ausartete.

Die Verbreitung des ismaelitischen Religionssystems wurde hauptsächlich durch die unter Ismaels Sohn Mohammed von dessen unternehmendem Missionar Abdallah gegründete Missionsschule gefördert. Aus ihr gingen Glaubensboten hervor, die, theologisch und politisch gleich tüchtig geschult, ihrer Aufgabe eifrig nachlebten.

Diese bestand darin, dass sie den Menschen, mit denen sie umgingen, durch erheuchelte Frömmigkeit Vertrauen einflössten, ihre Liebe durch geschmeidige Nachgiebigkeit erwarben und ihnen durch Gespräche über die schwierigsten Glaubenspunkte und die dunkelsten Koransstellen eine hohe Meinung von ihrer Gelehrsamkeit beibrachten. Die Gespräche hatten natürlich die Entwickelung der Lehre vom Imamat zum Gegenstande. Um den Bekehrenden dauernd zu fesseln, musste der

Missionar sich als einen in die geheime Wissenschaft des Imams Eingeweihten zu erkennen geben, indem er über die von ihm aus dem weiten Gebiete der Theologie, Philosophie und Naturwissenschaft aufgeworfenen Fragen nur dunkle Andeutungen in allegorischen Redensarten machte, darauf berechnet, die Neugier zu reizen. Drang dann der wissbegierige Jünger auf weitere Enthüllungen, so wurden ihm furchtbare Schwüre über seine Verschwiegenheit und Treue abgenommen und als Pfand derselben eine nach dem Stande seines Vermögens zu bestimmende Geldsumme abgefordert.

Hierauf wurde das Dogma vom Imamat näher erörtert und der Proselyt besonders auf die heilige Sieben aufmerksam gemacht. War er nun so weit gefördert, dass er nach Mohammed einen Propheten anerkannte, der eine andere heilige Religionsurkunde an die Stelle des Korans gesetzt, so war es nicht mehr schwer, durch allegorische Deutungen dieses Buches den Proselyten dahin zu bringen, dass er von dessen Vorschriften und Lehren sich vollständig abwendete. Schliesslich wurde ihm noch klar gemacht, dass alle Propheten Männer gewesen seien, welche lediglich politische Zwecke verfolgt haben; ihre vorgegebene Offenbarung habe nur dazu gedient, die Gemüter der leichtgläubigen Menge an sich zu fesseln. Diese Fesseln könne aber derjenige abwerfen, welcher zur Erkenntnis der Wahrheit gelangt sei; die ewige Wahrheit aber sei nur bei dem Mahdi und bei den von ihm unterrichteten Religionshäuptern zu finden.

Bei diesem Bekehrungssystem ging man natürlich nur stufenweise zu Werke, je nach der Geistesrichtung oder dem Grade der Bildung und Hingebung der Proselyten. Beschränkte Köpfe, leicht geneigt, an Wunder zu glauben, liess man das Wiedererscheinen Ismaels erwarten, Freidenkern suchte man klar zu machen, dass er durch die von seinen Jüngern gepredigte Lehre sich täglich offenbare und geistig mit ihnen sich vereine.

Die Missionare durften übrigens ihr Wirken nicht auf Bekenner des Islams beschränken. Ihr Hauptzweck war, die Zahl der Anhänger auch unter Juden, Christen und Persern zu vermehren, damit zu geeigneter Zeit der als Mahdi auftretende Parteiführer um so sicherer sein eigentliches Ziel, Umsturz der bestehenden Regierung und Gesetze, erreiche. So waren die Missionare, gleich den Jesuiten, Zeloten und Freigeister, Sittenprediger und falsche Propheten, wie die Umstände es verlangten. Bei den Schiiten verfluchten sie Abu Bekr und Omar, bei den Sunniten Ali. Bei den Anhängern des Parsismus verbreiteten sie sich über die mystische Siebenzahl, priesen Feuer, Licht und Sonne und schilderten den Islam als eine noch der Vervollkommnung bedürftige Religion, deren Grundzüge mit der zoroastrischen Lehre in Übereinstimmung gebracht werden sollte. Den Juden stellten sie den erwarteten Mahdi als den wahren Messias und den Christen als den verheissenen Paraklet dar.

Die Erfolge dieser Methode waren bedeutend; überall fanden die Missionare zahlreiche Gläubige, und die Verkündigung der ismaelitischen Geheimlehre erwies sich als das geeignetste Mittel zur Gründung einer geistlichen und weltlichen Herrschaft. Es traten daher verschiedene Abenteurer auf, die, wie Abdallah, scheinbar für das Haus Ali wirkten, in Wahrheit aber eigene Zwecke verfolgten. Und in der That gelang es manchem von ihnen, eine selbständige Herrschaft zu begründen. So ist z. B. der Ursprung der mächtigen Reiche der Edrisiten und der Fatimiden in Nordafrika auf jene Abenteurer zurückzuführen.

Eine der bekanntesten ismaelitischen Sekten aus dieser Zeit sind auch die Assassinen, welche zwei Jahrhunderte lang in Syrien, Palästina und Persien eine furchtbare Rolle spielten und noch heute in einzelnen Resten fortleben.

*a) Der Geheimbund der Assassinen.**)

Der Stifter des Assassinenbundes war Hassan, ein fanatischer Schiite aus Chorasan. Durch einen Missionar in die islamitischen Mysterien eingeweiht, wurde er infolge seiner aussergewöhnlichen Talente zum Lehrer und Prediger auserkoren und auf Veranlassung seines Meisters nach Aegypten gesandt, um dort in den Dienst des Imam Mastanssar, des damals regierenden fatimidischen Kalifen, zu treten. Hier beteiligte er sich an politischen Umtrieben, weshalb er gefangen gesetzt wurde. Er entkam jedoch aus seinem Gefängnis und gelangte nach mannigfachen Irrfahrten und Abenteuern nach Bagdad, wo er, wie bald darauf auch in Ispahan, seiner Lehre Anhänger zu gewinnen suchte.

Bekannt mit den höchsten Geheimnissen der islamitischen Mysterien, durchschaute er klar die ihnen zum Grunde liegenden politischen Zwecke, nämlich das Kalifat der Abbasiden zu stürzen und auf seinen Trümmern einen neuen Thron zu errichten. Bisher ein Glaubensbote des fatimidischen Kalifen, fasste er nunmehr den Entschluss, die Herrschaft in Asien fortan, statt seinen Oberen, sich selbst zu sichern. Da aber nach der Meinung der Moslemin die oberste Gewalt immer nur dem Imam gebührte und die Ansichten allein über die Frage auseinander gingen, ob diese Herrschaft im Omejahdenhause, bei der Abbasiden- oder Fatimidendynastie rechtmässig sich vererbe, so blieb Ehrgeizigen.

*) Vgl. J. v. Hammer: Die Geschichte der Assassinen aus morgenländischen Quellen. Stuttgart u. Tübingen; 1818. — Guyard: Fragments relatifs à la doctrine des Ismaélis. Paris; 1874

welche selbst nach einem Throne trachteten, kein anderer Ausweg übrig, als diesen im Namen eines der herrschenden Kalifen zu erstreben.

So warb denn auch Hassan im Namen des ägyptischen Imams und unter dem Scheine des strengsten frommen Lebens Jünger angeblich für jenes Kalifat, in Wahrheit aber für seine Herrschaft.

Um einen festen Mittelpunkt für die Gründung seiner Macht zu erhalten, brachte Hassan im Jahre 1190 durch List die Feste Alamut in Persien in seine Gewalt, nachdem er vorher dorthin einige seiner gewandtesten Emissäre entsandt hatte, welche die Bewohner des Platzes und der Umgegend in seinem Sinne bearbeitet hatten. Damit war die Basis für weitere Operationen gewonnen. Die Begründung eines Reiches konnte jetzt näher ins Auge gefasst werden. Allerdings sollte seine Herrschaft auf keinem weltlichen Fürstentum beruhen, sondern auf einer grossen geheimen Ordensbrüderschaft.

Bisher hatten die Ismaeliten nur Ordensobere und Missionare, welche in alle Grade der geheimen Lehre eingeweiht waren, und solche Mitglieder gekannt, welche, stufenweise mit derselben vertraut gemacht, die grosse Anzahl der Novizen ausmachten.

Dem praktischen Sinne Hassans war es längst klar geworden, dass zur Durchführung seines grossen Unternehmens der Ismaelitenbund einer durchgreifenden Reform bedürfe, dass insbesondere noch eine Ordensklasse geschaffen werden müsse, deren Angehörige, zu den eigentlichen Geheimnissen nie zugelassen, nichts als blinde und fanatische Werkzeuge in der Hand der Oberen wären.

Neben die Laienbrüder, die Genossen des ersten Grades und die eigentlichen Unterthanen des Ordens, die lediglich zu einer strengen Erfüllung aller Gebote Mohammeds angehalten waren, traten nunmehr die Mitglieder des zweiten Grades. Sie hiessen Fêdawi, d. h. die sich Opfernden, ein Name, der ihre Hingebung für die heilige Sache bezeichnete.

Junge Männer, welche hinreichende Proben ihrer Kraft und Entschlossenheit abgelegt hatten und zur Aufnahme in diesen Grad geeignet schienen, wurden durch betäubende Getränke aus narkotischen Pflanzen*), insbesondere einer Hanfart, eingeschläfert und in diesem Zustande in einen wahren Zaubergarten versetzt, in welchem prächtige Blumenbeete und herrliche Fruchthaine angelegt waren, wo lustig plätschernde Bäche angenehme Kühle verbreiteten, wo duftende Rosenlauben, luftige Säle und Kioske, mit den kostbarsten Stoffen geschmückt, zur Ruhe einluden, wo reizende Mädchen, schwarzäugig und verführerisch anzuschauen, wie die lieblichen Paradiesesjungfrauen, köstlichen Wein in goldenen und krystallenen Schalen kredenzten, wo melodische Saitenklänge sich vermischten mit dem munteren Gesange der Vögel, wo die schmelzenden Weisen holder Sängerinnen hineintönten in das leise Gemurmel der Bäche, wo alles eitel Lust und Freude atmete. —

Beim Erwachen glaubten die Jünger, sich im Paradiese zu befinden, das Mohammed seinen Bekennern mit orientalischer Überschwänglichkeit geschildert, und genossen nun eine Zeit lang nach Herzenslust die Freuden der Seligen. Hierauf durch einen bereit gehaltenen Trank abermals in Schlummer versetzt, erwachten sie wieder an der Seite ihres Ordensmeisters. Dieser machte ihnen begreiflich, dass sie körperlich nicht von seiner Seite gewichen, dass nur ihr Geist in das Paradies ent-

*) Von diesem berauschenden Pflanzensafte, Haschisch genannt, der noch heute in Kairo und Konstantinopel feil gehalten und viel gekauft wird, erhielt der Orden den Namen „Haschischim“, den die Abendländer in Assassinen verwandelten.

rückt worden sei und dort einen Vorgeschmack aller jener Seligkeiten genossen habe, welche der Getreuen harren, die ihr Leben im Dienste des heiligen Glaubens und im Gehorsam ihrer Oberen fröhlich dahingeben.

So weihten sich die betörten Jünglinge zu blinden Werkzeugen des Mordes und suchten begierig jede Gelegenheit auf, das irdische Leben zu opfern, um des ewigen und seiner himmlischen Freuden teilhaftig zu werden.

Als äusseres Abzeichen ihres Grades trugen sie weisse Kleider, rote Mützen und Gürtel, die Farben der Unschuld und des Blutes, und waren mit Dolchen bewaffnet, die beständig zum Dienste ihres Meisters gezückt waren. Sie waren seine Leibwache, die blinden Vollstrecker seiner Mordbefehle.

Den dritten Grad nahmen die Refik (Gesellen) ein, welche durch stufenweise Einweihung in die geheime Lehre den Meistergrad zu erlangen gedachten. Es folgte dann die Klasse der Dai (der Missionare oder Meister), hierauf der Grad der Dailkebir (Grossprioren), der Statthalter der Provinzen, in denen der Orden sich verbreitete.

An der Spitze der furchtbaren Gesellschaft stand der Grossmeister, Sidna, d. i. unser Herr, oder Scheich ul Dschebal genannt, was die Abendländer mit Vetulus de montanis oder der „Alte vom Berge“ übersetzten, weil der Orden sich überall der festen Plätze in den gebirgigen Teilen von Syrien und Persien bemächtigte.

Der Alte vom Berge selbst nahm den sechsten und als Usurpator des Imamats auch den siebenten Grad ein. Für die innere Sicherheit des Ordens wurde durch strenge Beobachtung der positiven Religionsgebote gesorgt, für die äussere durch feste Schlösser und die beständig gezückten Dolche der Fêdawi.

Die eigentliche Geheimlehre des Ordens war in

einem besonderen Gesetzbuch niedergelegt, das, von Hassan selbst verfasst, aus sieben Kapiteln bestand und lediglich für die Missionare und die nächst höheren Grade bestimmt war.

Das erste Kapitel enthielt die Grundzüge notwendiger Menschenkenntnis, welche den Missionaren bei ihren Bestrebungen, dem Orden geeignete Kandidaten zu gewinnen, unentbehrlich waren. Hierauf bezogen sich geheime Sprüche, deren wahrer Sinn nur den Mitgliedern desselben Grades bekannt war. Der Satz z. B.: „Säet nicht auf unfruchtbaren Boden, sprechet nicht in einem Hause, in welchem eine Lampe angezündet ist!" hiess so viel als: Verschwendet eure Worte nicht an Unfähige und waget euch nicht mit denselben vor Gesetzeskundigen heraus; denn es ist gefährlich, Dummköpfe oder Männer von erprobten Kenntnissen und Grundsätzen anzuwerben; jene, weil sie die ihnen vorgetragenen Lehren gar nicht verstehen oder falsch auffassen, diese aber, weil sie den wahren Inhalt derselben leicht erkennen und ihren Verkündern gefährlich werden könnten.

Das zweite Kapitel gab Belehrungen über die Propaganda und Verhaltungsmassregeln gegenüber den Suchenden, welche dadurch am besten dem Orden geneigt gemacht würden, dass man ihren Neigungen und Leidenschaften schmeichele.

Die dritte Vorschrift erstreckte sich auf die Unterweisung der gewonnenen Proselyten und bestand hauptsächlich in der dämonischen Aufgabe, durch tausenderlei Fragen, die positive Religionsgebote des Korans betrafen, den Glauben der Jünger zu erschüttern, ihren Sinn zu verwirren, ihr Herz mit nagendem Zweifel zu erfüllen.

Die vierte Regel umfasste die Schwurformel und die Art ihrer Anwendung. In die Hand eines Dai leisteten die Novizen, welche der Ordensgemeinschaft würdig befunden wurden, den Eid treuesten Gehorsams und unverbrüchlichen Schweigens.

Die fünfte schrieb vor, die etwa von religiösen Skrupeln erfassten Kandidaten zu belehren, dass die Lehrsätze und Meinungen des Ordens thatsächlich mit denjenigen der bekanntesten Theologen und Staatsmänner übereinstimmen. Man durfte hoffen, sie so, nachdem man ihr Gewissen beschwichtigt, noch in höherem Grade für die Interessen des Ordens zu begeistern.

Das sechste Kapitel beschränkte sich darauf, die bisher erlassenen Vorschriften und Weisungen kurz zu wiederholen und nochmals den Missionaren einzuschärfen, damit sie zu allen Zeiten und bei allen Gelegenheiten imstande wären, entsprechend zu verfahren. Hierauf machte im siebenten Kapitel der allegorische Unterricht den Beschluss des Instruktionsbuches. Den erwählten Meistern wurde hier in dürren Worten klar gemacht, dass alle Glaubensartikel und Religionsvorschriften nichts als blosse Allegorien seien, deren Befolgung oder Nichtbefolgung vollkommen gleichgültig sei.

Das Geheimbuch atmet etwas von dem finsteren Geiste des Jesuitismus, dessen Vorläufer Hassan und seine Assassinen mit Recht genannt werden könnten. Wohl niemals ist eine Ordenslehre zur Erreichung eines verbrecherischen Zieles so folgerichtig durchdacht und so beharrlich angewendet worden, wie in diesem religions-politischen Bunde. Und es ist geradezu ein meisterhafter Zug von Staatsraison, der einem Macchiavelli zur höchsten Ehre gereicht hätte, dass Hassan in souveräner Verachtung der Regungen des menschlichen Herzens und Sinnes die Lehre des Unglaubens und der Sittenlosigkeit nicht für die Regierten, sondern nur für die Regierenden bestimmte, dass er den bedingungslosen Gehorsam jener dem blinden Machtgebot dieser unterstellte, dass er jene durch die harten Opfer der Entsagung, diese durch vollkommene Befriedigung ihrer Leidenschaften erfolgreich für die Zwecke seiner Herrsucht zu gewinnen wusste.

Die Assassinen zählten bereits 60000 Mitglieder. Vergebens bemühte sich der Seldschukken*)-Sultan Melikschah (1072—1092) der Ausbreitung der gefährlichen Sekte zu steuern. Der treffliche Herrscher fand vielmehr hierbei ein jähes Ende, vermutlich das erste bedeutende Opfer der Assassinen. Nach seinem Tode zerfiel das gewaltige Reich während der greuelvollen Bürgerkriege zwischen seinen Brüdern und Söhnen. Endlich behaupteten sich Barkijarok und Mohammed, die Söhne Melikschahs, im Sultanat über die östlichen Provinzen.

Mit dem Fall Melikschahs, der in ganz Asien berechtigtes Aufsehen erregte, brach eine fürchterliche Zeit des Mordes und der Rache an. Die mohammedanischen Priester schleuderten Fluch auf Fluch auf die wilden Fanatiker. Und die Kalifen und ihre Statthalter, die Gefahr erkennend, welche ihrem Leben und ihren Thronen unaufhörlich drohte, wüteten gegen Hassan und seine Anhänger mit echt orientalischer Grausamkeit, während diese auf ihren unzugänglichen Felsennestern allen Angriffen und Verfolgungen trotzten und durch verwegene Raubzüge und grausige Mordanfälle blutige Vergeltung übten.

Während des Bürgerkrieges hatten die Assassinen

---

*) Die Seldschukken, ein türkischer Stamm aus der Bucharei, von Seldschuk um das Jahr 1000 zum Islam bekehrt, beherrschten unter Melikschah ganz Vorderasien vom Aegäischen Meere bis zum Indus, vom Persischen Golfe bis zum Jaxartes. — Vgl. Mirchonds Geschichte der Seldschukken. Aus dem Persischen von J. A. Vullers. Giessen; 1837.

die festesten Burgen in Persien eingenommen und auch bereits in Syrien festen Fuss gefasst, wo sie mehrere Städte und Burgen besassen, die ihnen einen sichern Rückhalt boten.

Es war die Zeit der Kreuzzüge, jene denkwürdige Epoche, da das geistliche Oberhaupt der Christenheit durch sein Wort gewaltige Kriegsscharen zu einem mächtigen Weltkampfe in unbekannte Länder trieb. Der Emir Ridhwan von Aleppo, welcher mit den Kreuzfahrern und seinem Bruder Dokak, dem Herrscher von Damaskus, in beständigem Streite lebte, begünstigte die Einwanderung der Assassinen in Syrien, um sich ihrer zur Verteidigung und Erweiterung seiner Herrschaft zu bedienen. Und in der That entfaltete nun der Mörderorden hier eine furchtbare Thätigkeit. Er verbreitete seine fanatische Lehre nach allen Richtungen und schwang mit religiösem Wahnsinn seine Märtyrerdolche gegen Seldschukken und Abbasiden, wie gegen Christen und Juden.

Da Herrschaft der höchste Zweck des Ordens und zur Erreichung derselben kein Mittel unerlaubt war, suchten die Assassinen, zumal sie nach dem frühen Tode ihres Bundesgenossen den heftigsten Verfolgungen ausgesetzt waren, sich mit den Kreuzfahrern zu verständigen, deren Macht sich in Syrien mehr und mehr ausgebreitet hatte. Der Dai el Kebir Abu Wafa schloss einen heimlichen Vertrag mit dem Könige Balduin II. von Jerusalem, kraft dessen er sich verbindlich machte, den Christen die Stadt Damaskus in die Hände zu spielen, während der König ihm die Stadt Tyrus zu überliefern versprach. Der verräterische Anschlag wurde indess verraten und über alle in Damaskus anwesenden Assassinen, gegen 6000 Menschen, ein schreckliches Blutgericht verhängt.

Doch die Macht der fanatischen Rotte wurde dadurch keineswegs gebrochen. Unaufhörlich wüteten ihre Dolche unter den Statthaltern des Landes und den Edlen, und bald war die Furcht vor dem Orden hier und in Persien so gross, dass die einzelnen Fürsten es für ratsam hielten, um der beständigen Todesgefahr zu entrinnen, sich mit den Führern der entsetzlichen Bande im Geheimen zu verständigen und ihnen wichtige Plätze in ihren Landen einzuräumen, sie von Abgaben und Zöllen zu befreien, ja, ihnen sogar die Einkünfte ganzer Landschaften als Tribut zu überweisen.

So gewannen die Assassinen immer mehr Boden, Macht und Ansehen.

Später mussten die Assassinen, nachdem sie mancherlei schwere Unfälle erlitten, den Tempelherren einen jährlichen Tribut zahlen. Um der drückenden Verpflichtung zu entgehen, boten sie durch eine Gesandtschaft den Templern ihren Übertritt zum Christentum gegen Aufhebung der Zinspflichtigkeit an. Diese mochten jedoch solchem Vorschlage nicht trauen und liessen 1172 die assassinischen Gesandten niedermachen, eine Gewaltthat, die sich bitter rächen sollte. Von Stund an wüteten nämlich die fanatischen Sendboten des schwergereizten „Alten vom Berge" in unerhörter Weise, nicht nur gegen die Ordensritter, sondern gegen alle Christen, die in Syrien und Palästina verweilten. In jede Stadt, in jedes Haus wussten sie sich einzuschleichen. Keiner entrann seinem Schicksale, dessen Name einmal die verhängnisvolle Konscriptionsliste des Bundes zierte. Unermüdlich verfolgten die dem Tode verschworenen Verbrecher ihre Opfer und stürzten sich freudig auch in die furchtbarsten Gefahren, beseligt durch die trügerische Hoffnung auf ewige Glückseligkeit. Furcht und Schrecken gingen vor ihrem Namen her und verbreiteten sich sogar nach Europa; wird doch erzählt, dass Fêdawis gegen europäische

Fürsten, z. B. Ludwig den Heiligen*) von Frankreich, abgeschickt worden seien.

Hassan überlebte die treuesten seiner Jünger, die nächsten seiner Verwandten. Seine Söhne opferte er seiner schrecklichen Politik, den einen, weil er durch einen unbefohlenen Mord die väterlichen Hoheitsrechte verletzt, den andern, weil er durch den Genuss von Wein ein Gebot übertreten hatte, dessen strengste Beobachtung für die profane Menge zum Ordenssystem gehörte. Der Tod der beiden Söhne sollte den Eingeweihten eine blutige Mahnung sein für etwaige Fälle des Ungehorsams wider die Gebote des äusseren Kultus und die Regeln der inneren Disciplin.

Als Hassan die Nähe des Todes fühlte, berief er seine Vertrauten, die Dais Keah Buzur Umeid und Abu Ali nach dem Schlosse Alamut, das er nie verlassen, und übertrug ihnen die Nachfolge in seinem Amte derart, dass dieser an die Spitze der äusseren Macht und der bürgerlichen Verwaltung trat, während jener die höchste geistliche Gewalt und die Leitung des Ordens übernahm.

Hierauf starb Hassan im hohen Alter im Jahre 1124 nach 35jähriger bluttriefender Herrschaft, eine der fürchterlichsten Geisseln der Menschheit.

Nach einer Regierung von 14 Jahren, die eine ununterbrochene Kette der grausigsten Blutscenen darstellte, folgte dem Keah Buzur Umeid sein Sohn Mohammed im Grossmeistertum. Wie sein Vater, be-

---

*) Eines der zahlreichen christlichen Opfer aus dieser Zeit war der Markgraf Konrad von Montferrat, der 1192 in einer engen Strasse von Tyrus unter den Dolchen zweier Assassinen fiel. Als Anstifter des Mordes wird vielfach in zeitgenössischen morgenländischen und abendländischen Quellen der König Richard (Löwenherz) von England genannt. Obwohl der finstere Verdacht sich nicht beweisen liess, so waren doch Moslemin und Franken von der Wahrheit desselben überzeugt.

gann er seine Laufbahn mit dem Fürstenmorde. Still und geräuschlos zerstreuten sich die opfermutigen Fêdawi über ganz Asien, und zahllos waren die unglücklichen Schlachtopfer, die unter ihren Dolchen verbluteten. Die bisherigen festen Plätze wurden behauptet und neue erobert oder erbaut. — Die grosse Menge der Ungeweihten sah nur die schrecklichen Wirkungen einer furchtbaren Macht, ohne die Gründe kennen zu lernen, die Urheber und Werkzeuge. Sie erblickte in den Ermordeten nur die gestürzten Feinde des Ordens und der Religion, welche die Rache des Himmels durch den Arm eines geheimen Gerichtes ereilte. Blieb doch die ruchlose Lehre des Ordens vom Schleier des tiefsten Geheimnisses umhüllt; erschienen doch alle seine Mitglieder nur als eifrige Beobachter des Islams; verkündeten doch der Grossmeister und seine Gesandten nur die Herrschaft des unsichtbaren Imams, von dem sie als Glaubens- und Thronwerber bestellt seien, und der zuletzt selbst erscheinen und seine Rechte auf die Herrschaft der Welt mit siegender Macht behaupten würde. —

Indess besass Mohammed weder den Geist noch die Kenntnisse seiner Vorgänger. So kam es denn, dass sich die Laienbrüder mit grösserer Anhänglichkeit seinem Sohne Hassan zuwandten, der, im Rufe eines grossen Gelehrten stehend, sich zum Volkslehrer und Aufklärer aufwarf und lebhaft die sich verbreitende Meinung begünstigte, dass er der verheissene Imam sei. Als Mohammed die ihm drohende Gefahr entdeckte, liess er 250 von den Anhängern seines Sohnes hinrichten. Hassan selbst rettete sich vor ähnlichem Schicksale nur dadurch, dass er in vollendeter Heuchelei seine Lehre und Anhänger verfluchte.

Sobald er aber als Hassan II. durch den bald darauf erfolgten Tod seines Vaters in den Besitz des Grossmeisteramtes gelangt war, nahm er seine frühere Thätigkeit wieder auf. Er hob 1163 das Gesetz des Islams auf, erklärte sich für den sehnsüchtig erwarteten Imam, offenbarte auch den Uneingeweihten die Nichtigkeit aller positiven Religionen und erklärte ihnen, dass Alles gleichgültig und nichts verboten sei.

Die Schranken der Pflicht und Sitte waren durchbrochen. Ungescheut schritten Laster und Verbrechen über die Trümmer der Religion und der gesetzlichen Ordnung. Die Mordsucht, welche bisher unter der Larve des blinden Gehorsams als die Vollstreckerin eines heimlichen Gerichts die bezeichneten Opfer gefällt, wütete nun in völlig schrankenloser Weise.

Aber schon im vierten Jahre seiner ruchlosen Regierung erlitt Hassan billig den Märtyrertod seiner unsittlichen Lehre durch den Dolch eines Verwandten. Allein der Mordbrand, den er durch die Offenbarung der geheimen Ordenslehre entzündet, ward durch sein Blut keineswegs gelöscht. Er verbreitete sich vielmehr als weitflammende Feuersbrunst über ganz Asien unter der Regierung seiner Nachfolger.

Die Folgen der unerhörten Ruchlosigkeit zeigten sich bald. Die Ungeweihten verliessen in Scharen den unheimlichen Bund, und dieser selbst, seiner festen Stützpunkte beraubt, geriet in Verfall, nachdem er länger als zwei Jahrhunderte der Schrecken der mohammedanischen und christlichen Welt gewesen war.

Zuerst fühlten die Assassinen im Jahre 1256 die vernichtende Macht des Mogolenkhans Hulagu, der ihrem wüsten Treiben in Persien ein Ende machte, indem er ihre Burgen — gegen 40 wohlbefestigte und mit ungeheuren Schätzen angefüllte Plätze — brach. Der „Alte vom Berge" wurde als Gefangener nach Karakorum im nördlichen Asien gebracht an das Hoflager des Grosskhans und dort enthauptet. Die schwärmerischen Bekenner der Mordbrüderschaft fielen zu Tausenden dem würgenden Mongolenschwerte zum Opfer. Die letzten Reste der fürchterlichen Rotte wurden 1394 von dem kühnen Welteroberer Timur, nachdem sich mehrere Fêdawi mit ihren Dolchen bis in seine Nähe gewagt, durch ein schreckliches Blutbad ausgerottet. Seitdem sind in Persien die menschenfeindlichen Fanatiker vom Erdboden verschwunden.

In Syrien erhielten sich die Assassinen noch bis 1270, wo sie den unwiderstehlichen Waffen des ägyptischen Sultans Bibars erlagen. Die Anhänger des Mörderbundes wurden niedergemetzelt oder zerstreut, ihre Lehre in Acht und Bann gethan.

Dennoch ist der Orden nicht erloschen. Noch in unseren Tagen treibt er in den wilden Felsschluchten des Libanon neben den Drusen und den ihm verwandten Nussairi*) im Geheimen sein Wesen fort, in

---

*) Die Nussairi, wie die Assassinen eine ismaelitische Sekte, im Dschebel Nussairijah nördlich vom Libanon ansässig, sollen noch heute gegen 200000 Mitglieder zählen, die unter sich durch die Bande des Blutes und der Religion verbunden sind. Ihre geheime Lehre ist in einem Katechismus von 100 Fragen und Antworten enthalten. Vor einiger Zeit fasste einer ihrer Scheichs ihren Glauben dahin zusammen: „Der Himmel ist der Körper Alis; sind wir einmal befreit von dieser irdischen Körperhülle, so erheben sich unsere Seelen zu dem Sternenheer in der Milchstrasse und kleiden sich in Lichthüllen. Wer aber zweifelt, dessen Seele muss in Tierkörpern die irdische Wanderung fortsetzen. Die Andersgläubigen und Fremden aber gehen auch in Tierkörper über und sind auf ewig verbannt. Die Sonne ist Mohammed, der Mond ist Selman (ein Perser, der Bartscheerer des Propheten) und alle Sterne am Himmel sind Engel, die schon vor Erschaffung der Welt bestanden." —

Die Nussairi sollen in dunklen Höhlen ein Fest der „Lichtauslöschung" begehen, welches in grobe Unsittlichkeiten ausartet. Von den Türken häufig blutig verfolgt, sind sie erbitterte Feinde derselben. — Vgl. Kremer, Hauri a. a. O. — Th. Wolff: Die Drusen und ihre Vorläufer. Leipzig; 1845. —

der Hoffnung dereinst seine Herrschaft bei günstigen Umständen wieder herzustellen. Die aufrührerische Politik der geheimen Lehre und die grausige Meuchlertaktik der Assassinen hat er aber aufgegeben. Nach Aussen hin beobachten seine Mitglieder gewissenhaft das Gesetz Mohammeds, aber im Innern huldigen sie um so eifriger der Gottheit Alis, „dem unerschaffenen Lichte als dem Prinzip aller erschaffenen Dinge". —

b) *Die Drusen und ihre Geheimlehre.**)

Die Drusen, eine uralte mohammedanische Sekte, bewohnen den westlichen Abhang des Libanon und die felsige Hochebene Hauran. Sie zählen etwa 80000 Köpfe. In verschiedene Stämme geschieden, welche unter einem Scheich stehen, bilden sie ein eigenartiges Volk mit halb patriarchalischen, halb feudalistischen Regierungsformen. Tapfer und freiheitliebend, haben sie von jeher, sowohl unter den Eroberungen der arabischen Kalifen, als unter denen der Kreuzfahrer und der türkischen Sultane, jede Unterwerfung wacker abgewehrt und stehen auch heute noch zu der hohen Pforte in einem ziemlich lockeren Unterthanenverhältnis.

Die Gebräuche und Sitten der Drusen sind höchst merkwürdig und eigentümlich. Gleich den Arabern, reich an mannigfachen Ausdrücken der Höflichkeit, sind ihnen die Gesetze der Gastfreundschaft und der Blutrache heilig. Sie sind mässig und fleissig, aber auch sehr empfindlich. Das Leben der Erwachsenen geht in Politik auf, in Ackerbau und kleinen Gebirgsfehden.

---

*) Vgl. Wolff a. a. O. S. de Sacy: Exposé de la religion des Druzes, tiré des livres religieux de cette secte. 2 Tle. Paris; 1838. — Carnarvon: Recollections of the Druses of the Lebanon and notes on their religion. London; 1860. — Chur.chill: The Druzes and the Maronites. London; 1862. — H. Petermann: Reisen im Orient. 2 Bde. Leipzig; 1865. —

Die Jugend lernt lesen und schreiben, auch die Mädchen, im Gegensatz zu den übrigen Orientalinnen, die nichts lernen dürfen, aus naiver Besorgnis, dass dadurch ihre Sitten verderbt werden möchten. Die Frauen nehmen hinter einem Vorhange an den Gemeindeversammlungen teil. Vielweiberei ist nicht gestattet. Beide Gatten haben in allen Stücken gleiche Rechte.

Höchst eigenartig ist auch die Religion der Drusen. Als Religionsstifter verehren sie den fatimidischen Kalifen Hakim von Ägypten (996 — 1020). Bald nach seinem Regierungsantritt, trat um das Jahr 1000 ein fanatischer Magier namens Mohammed ed Derezi*) als Prophet auf und ermahnte die Menschen zur Verehrung Hakims, den er für eine Verkörperung Alis ausgab. Allein seine Lehre empörte das rechtgläubige Volk. Es brach ein gefährlicher Aufstand aus, in welchem Derezi sein Leben verlor.

In seine Fusstapfen trat der Magier Hamza, ein schlauer Perser. Er verkündete öffentlich die Gottheit Hakims, forderte das Volk zu ihrem Dienst und zu ihrem Bekenntnis auf, warb durch seine Missionare, namentlich unter den Bewohnern des Libanon, Anhänger und verfasste zahllose mystische Schriften, in denen er seinen Vorgänger Derezi verfluchte.

Die mysteriösen Lehren Hamzas, von einem seiner Schüler in ein System gebracht, bilden seitdem die anerkannte Glaubenslehre der Drusen. Sie ist in Büchern**) enthalten, die von ihnen ebenso heilig ge-

*) Von diesem Derezi ist der Name Drusen herzuleiten. Die Drusen freilich verschmähen den Namen des später Verfluchten und nennen sich „Unitarier."

**) Authentische Nachrichten über die Religion der rätselhaften Sekte erhielt u. a. der Geograph Petermann auf einer Reise, welche er in den Jahren 1852—55 durch Syrien und Persien unternahm. Er machte in Damaskus die Bekanntschaft

halten werden, wie der Koran von den Mohammedanern, wie die Thora von den Juden und das Evangelium von den Christen. Obwohl sorgfältig gehütet und bewahrt — sie Fremden auch nur zu zeigen, wäre ein Verbrechen, schlimmer als Mord — sind sie doch in Europa bekannt geworden.

Danach erscheint die Religionslehre der Drusen als mohammedanischer Gnostizismus mit Ideen, welche dem Islam, alten philosophischen Systemen, dem Christentum, sowie dem persischen Magismus entlehnt sind.

Die Drusen glauben an einen einigen, ewigen Gott, ohne Anfang und ohne Ende, begabt mit allen vollkommenen Eigenschaften. Dieser Gott kann nur von seinen berufenen Kindern, d. h. den Drusen, erkannt werden und zwar mittels menschlicher Inkarnationen. Zufolge seiner Gerechtigkeit hat Gott sein Wesen den Menschen in jedem Zeitalter offenbart mittels des Schleiers, welcher der Körper ist, der zu ihnen aus ihm spricht. Sein Schleier nun muss von dem Edelsten seiner Geschöpfe sein. Darum erschien er ihnen in der Gestalt des Hakim, welcher ein grosser König war. Dies war die letzte Offenbarung. Zur Zeit der Auferstehung wird Gott nur in dem Körper des Hakim erscheinen und die Gläubigen zur ewigen Glückseligkeit führen.

Die Drusen glauben ferner an die Seelenwanderung. „Die Zahl der menschlichen Seelen vermehrt sich weder, noch nimmt sie ab, und jedes Mal, wenn ein Mensch stirbt, geht sein Geist in ein neugeborenes Kind über, nicht aber in Tiere und aus diesen wieder in Menschen.“ Dem Magier Hamza huldigen die Drusen nicht nur als einem von Gott gesandten Propheten, sondern sie

---

eines gebildeten Arabers, eines evangelischen Christen, und bewog den ehemaligen Drusen für eine Geldsumme, gegen die die Araber nie unempfindlich sind, ihm alles Wissenswerte über die Religion seiner früheren Glaubensgenossen mitzuteilen.

verehren ihn auch als den, der völlige Macht über alles Seiende hat, wie ein Gott, nur dass er erschaffen ist. Gott der Erhabene, nämlich el Hakim beamrihi, hat alle Handlungen von Ewigkeit her in die Hand des Hamza gelegt. „Ihm liegt die Belohnung und Bestrafung, die Verteilung der Bedürfnisse und die Bestimmung des Todes ob, mit Ausnahme dessen, was von der Person des erhabenen Schöpfers allein abhängt.“

Die drusische Lehre schreibt ihren Anhängern die Erfüllung mannigfacher Pflichten vor. So sind sie vor allem gehalten, strenge Wahrhaftigkeit zu üben. Doch ist diese Tugend nur gegen ihre Stammesangehörigen zu beobachten, während Andersgläubige unbedenklich belogen und betrogen werden dürfen. Ferner sind sie verpflichtet, ihre Glaubensgenossen nach Kräften zu unterstützen, sich von jeder anderen Religion oder Gottesverehrung und den Teufeln loszusagen, die Einheit Gottes zu bekennen und sich seinem Willen in guten und schlimmen Tagen mit stiller Ergebung zu unterwerfen.

Ein eigentlicher Priesterstand hat sich bei den Drusen nicht ausgebildet. Seine Stelle nehmen die sogenannten Akkals ein, d. h. die Wissenden, die Eingeweihten. Ihnen stehen die Unwissenden, Dschohals, gegenüber.

Die Akkals, zu denen in der Regel die Scheichs und auch die meisten drusischen Frauen gehören, bilden eine geheime Gesellschaft mit verschiedenen Graden. Ihnen allein sind die mystischen Lehren derselben, über die man bisher nichts Gewisses erfahren konnte, zugänglich, und sie sind es auch, welche die Regierung der zahlreichen drusischen Gemeinwesen darstellen und die höchsten Interessen der Gemeinden vertreten.

Um in die Gesellschaft der Akkals aufgenommen zu werden, wozu allen Männern und Frauen drusischen Stammes das Recht zusteht, ist es erforderlich, unter feierlichen Zeremonien gewisse Erklärungen abzugeben und allen Freiheiten zu entsagen, die den Dschohals gewährt sind. —

Die Akkals sind unbesoldet und verrichten ihr Tagewerk, wie die andern Drusen, stehen aber in hoher Achtung. Sie tragen einen runden losen Turban über einem roten Fez. Niemals zeigen sie sich in gestickten oder aussergewöhnlichen Kleidern. Es ist ihnen untersagt Tabak zu rauchen und Wein und andere berauschende Getränke zu geniessen. Sie dürfen weder lügen noch schwören, noch an den lärmenden Festlichkeiten der Dschohals teilnehmen. Ihre Rede und ihre Unterhaltung ist stets würdevoll und ihrem Stande angemessen. Sie vermeiden ängstlich alle törichten und rauhen Worte und erweisen Achtung Jedem, mit dem sie sprechen, auch wenn er ihr Feind ist.

Als geheime Erkennungszeichen dienen ihnen ein bestimmter Händedruck und eine bestimmte Begrüssungsformel, die indess häufig gewechselt wird. Um zu erkennen, ob man es mit einem Wissenden zu thun hat, wird diesem eine Frage etwa folgenden Inhalts vorgelegt: „Säen die Landleute in euern Gegenden die Körner des Ehliledsch (einer Balsamstaude)?“ Darauf muss der so Angeredete antworten: „Ja, sie werden gesäet in die Herzen der Gläubigen.“ Scheinen die Zweifel des Fragenden nicht völlig beseitigt, so muss der Fremde noch Auskunft über die geheime Lehre geben.

Die Frömmsten unter den Wissenden ziehen sich in die weltentrückte Stille schwer zugänglicher Einsiedeleien zurück, um hier ungestört ihren religiösen Werken zu leben.

Des Donnerstags, zwei Stunden nach Sonnenuntergang, kommen die wissenden Männer und Frauen jedes Dorfes zusammen. Eine Scheidewand von Holz oder Zeug trennt die Männer von den Frauen dergestalt, dass diese, ohne selbst gesehen zu werden, alle Gespräche und Beratungen zu hören imstande sind. Die Versammlungen, welche zwei bis drei Stunden dauern, beginnen mit politischen Gesprächen. Hierauf rezitiert der Sprecher einige Stellen aus den heiligen Büchern und fügt Erklärungen über das Gelesene hinzu. Im Anschluss hieran werden kriegerische Lieder gesungen, welche das Erscheinen Hakims, die Auferstehung, die Vertilgung der Christen und Mohammedaner, sowie die Eroberung des Erdkreises durch die Drusen in schwungvollen Versen feiern. Ein einfaches Liebesmahl aus Kuchen, getrockneten Feigen, Rosinen oder Wallnüssen bestehend, beendet die ernste Feier.

Die Dschohals stehen bezüglich der Religion auf niedriger Stufe. Gleichgültig gegen jede höhere Regung in ihrer Brust, kennen sie weder Gebete, noch kümmern sie sich um Fasten, oder andere fromme Gebote. Sie trinken Wein und essen Schweinefleisch. Gleichwohl sind ihnen einige Erkennungszeichen der geheimen Sekte bekannt. —

*c) Die Sûfi.**)

Der strenge Fanatismus der Islams hemmte von vornherein jeden freien geistigen Aufschwung, lähmte jedes selbstständige Denken und Schaffen und vermochte die menschlichen Herzen mit seinem starren, fremden Gott nicht zu erwärmen. Kein Wunder, wenn sich schon frühzeitig eine gewisse Opposition gegen des Propheten Religion regte, in der Absicht, jenen Übelstand zu beseitigen. Es zeigten sich Spuren mystischer

---

*) G. Klemm: Allgem. Kulturgeschichte der Menschheit. 7. Bd. Leipzig; 1849. — De Gobineau: Les religions et les philosophes dans l'Asie centrale. Paris; 1865. — J. Braun: Gemälde der mohammedanischen Welt. Leipzig; 1870. — H. Ethé: Morgenländische Studien. Leipzig; 1870. — Fr. Dieterici: Die Philosophie der Araber im X. Jahrh. n. Chr. Leipzig; 1876—79.

Frömmigkeit, die, allmählig an Umfang und Tiefe zunehmend, im dritten Jahrhundert nach Mohammed greifbare Gestalt in dem Sûfismus anzunehmen begannen.

Aber erst dem indogermanischen Geiste blieb es vorbehalten, diesem Sûfismus eine Ausbildung zu verleihen, die, hoch und hehr, unser ganzes Denken und Empfinden mächtig ergreift. Um die Mitte des 12. Jahrhunderts nämlich begannen die persischen Dichter*) sich der mohammedanischen Mystik zu bemächtigen, sie mittels ihres überschwenglichen Gefühles, ihrer bilderreichen Phantasie in Poesie umzusetzen und beide so innig mit einander zu verschmelzen, dass sie ein unteilbares Gesamtbild darstellen. Dabei bildete sich der Sûfismus immer mehr zu festen Doktrinen aus und durchdrang alle späteren Dichterwerke der Perser.

Sûfismus ist „die Lehre des vollkommensten Pantheismus, des Ausflusses aller Dinge von dem ewig unerschaffenen Licht und der Vereinigung mit der Gottheit auf dem Wege des beschaulichen Lebens durch Gleichgiltigkeit gegen alle äussere Form und durch Vernichtung seines Ichs!“

In dieser mystischen Doktrin ist zugleich die Aufgabe und das Ziel des Sûfismus enthalten, dessen Anhänger, Sûfi**) genannt, zu zahlreichen, in Persien und Indien verbreiteten, Ordensgemeinschaften vereinigt sind.

---

*) Als Hauptvertreter dieser Richtung gelten Ferid eddin Attar († 1226), Dschelâl eddin Rumi (1207—1273) und Moslich eddin Sadi (1175—1263). Zu einer Zeit, da die ganze Existenz ihres Vaterlandes durch den Einfall wilder Mongolenscharen in Frage gestellt war, wandte sich ihr denkender Geist von den schalen Äusserlichkeiten des Lebens ab und kehrte sich seiner eigenen Innenseite zu. Gemütvolle Beschaulichkeit und innere Vertiefung gaben fortan den Ton in der persischen Poesie an. —

**) Das Wort Sûfi ist wahrscheinlich abzuleiten von dem arabischen Çûf d. i. Wolle. Sûfi würde also soviel bedeuten, wie ein mit einem Wollengewand bekleideter Derwisch.

In einem beschaulichen Leben müssen deren Jünger unaufhörlich Betrachtungen anstellen über den Begriff der Einheit und mit Hülfe der göttlichen Gnade, ohne die sie nichts vermögen, durch verschiedene Grade zu jener Vollkommenheit sich emporringen, die ihnen die Wiedervereinigung mit Gott ermöglicht.

Diese Grade sind in den einzelnen sûfischen Orden verschiedener Art. In den indischen wird der Schüler zunächst angehalten, die vom Islam vorgeschriebenen Reinigungen und Gebete, Riten und Zeremonien vollkommen zu erfüllen. Ist er so zum rechten orthodoxen Muselmann herangebildet, so wird er in den Grad der Erkenntnis eingeführt. Hier wird ihm dargethan, dass alle äusseren Religionsübungen, denen er sich zuvor mit Eifer hingegeben, keinen wahren Wert besitzen dass er sich jetzt vielmehr bemühen müsse, in des Wesens geheimnisvolle Tiefe hinabzusteigen, indem er sich dem Studium der heiligen sûfitischen Schriften und dem beschaulichen Versenken in die Gottheit widme. Im dritten Grade, dem der Gewissheit, wird dem Sûfi erklärt, dass er nunmehr am Ziel seiner Wünsche angelangt und mit der Gottheit eins und gleich sei. In diesem Gefühl der Einheit hört für ihn jedweder Unterschied der Religion auf und er versinkt nun in das Fenâ (Nirwâna) d. i. in völlige Gefühllosigkeit und Gleichgiltigkeit gegen alle weltlichen Dinge; er geht auf in der erhabenen Grösse des Schöpfers, in dem lebendigen, unmittelbaren Verkehr mit ihm und in dem unbegrenzten Anschauen der Wahrheit.

Persische Kongregationen haben vier, ja sogar sieben Grade, welche den von Mohammed in der bekannten Nacht der Auffahrt durchlaufenen sieben Himmeln entsprechen sollen. Es sind dies der Grad des Suchens, der Liebe, der Erkenntnis, der Selbstgenügsamkeit, der Einheit, der Betäubung und endlich der Gottesbedürftigkeit. —

d) *Die Derwischorden.*)*

Denselben Ursachen, auf welche die Entstehung des Sûfismus zurückzuführen ist, verbunden mit einer dem wüstenbewohnenden Araber eigentümlichen Neigung zum einsamen und beschaulichen Leben, verdankt auch das Mönchtum im Islam sein Dasein. Schon dreissig Jahre nach des Propheten Tode schlich es sich in den Islam ein und nahm allmählig in allen mohammedanischen Ländern einen so gewaltigen Umfang an, dass man heute etwa 72 Derwischorden zählt.

Unter ihnen erfreuen sich besonderer Beliebtheit die Nakischbendi in Zentralasien, die Hajderi in Indien und Persien, die Rufai und Mewlevi in den weiten Ländern des ottomanischen Reiches. Der Rufai-Orden, um das Jahr 1182 von Said Ahmed Rufai gestiftet, ist durch seine magischen Gaukeleien und Taschenspielerkünste berüchtigt, während die Brüderschaft der Mewlewi, von dem persischen Dichter Dschelâl eddin Rumi**) ins Leben gerufen, in Europa unter dem Namen „tanzende Derwische“ bekannt ist.

---

*) Vergl. W. C. Taylor: Gesch. des Mohammedanismus und seiner Sekten. Aus dem Engl. Leipzig; 1837. — P. Brown: The derviches, or oriental spiritualisme. London; 1868. — A. von Kremer: Kulturgeschichtl. Streifzüge auf dem Gebiet des Islams. Leipzig; 1873. — H. Vambéry: Sittenbilder aus dem Morgenlande. Berlin; 1876. — M. Lüttke: Der Islam und seine Völker. Gütersloh; 1878. —

**) Dschelâl eddin Rumi ist der grösste mystische Dichter der Perser, ein „gotttrunkener Pantheist, der sich mit der Weltseele innig eins weiss, genannt die Nachtigall des beschaulichen Lebens, dessen Dichtungen von den Ufern des Ganges bis zu denen des Bosporus der Mittelpunkt des mohammedanischen Pantheismus sind.“ Seine schönsten Lieder hat Fr. Rückert in meisterhafter Weise nachgedichtet.

Vergl. J. von Hammer-Purgstall: Gesch. der schönen Redekünste Persiens. Wien; 1818. —

Der Hauptsitz der Mewlewi war von Anfang an Konia in Kleinasien, wo ihr poetischer Stifter als Lehrer der Philosophie gewirkt hat. Und noch in unseren Tagen residiert dort der Ordensgeneral in einem Kloster, das von 500 Mönchen bewohnt ist.

Auch die Mitglieder der übrigen Orden hausen grösstenteils vereinigt in Klöstern. Den Verheirateten von welchen in jeder Gemeinschaft etliche zu finden sind, ist gestattet, ausserhalb der Klostermauern zu wohnen, doch sind sie verpflichtet, wöchentlich einige Nächte im Cönobium zuzubringen.

Der Derwisch trägt einen hohen zuckerhutförmigen Hut (Kulah), der aus Filz besteht oder aus drei oder mehreren roten Tuchlappen zusammengenäht ist. Diese Kopfbedeckung ist gewöhnlich mit schwarzen Stickereien verziert, welche einzelne Worte und Buchstaben mystischen Inhalts darstellen. Zur Derwischgarderobe gehört ferner der Mantel (Hirka), ein Kleidungsstück, das aus zahlreichen bunten Lappen zusammengestückt ist. Nicht unwichtig ist auch der Gürtel, aus Wollstoff bestehend oder aus mehrfarbigen Knotenstricken verfertigt. Mit ihm soll die böse Rede und die fleischliche Lust gebunden werden.

Beständige Begleiter des Derwisches sind gewisse Gerätschaften, die als symbolisierte Werkzeuge dienen. Hierher gehört die Axt (Teber), auf deren kurzen Schaft rätselhafte Inschriften eingegraben sind. Mit ihr sollen die Leidenschaften bekämpft werden. Im Gürtel wird ausserdem ein Rosenkranz (Tesbih) mitgeführt. Er besteht aus 99 Körnern, welche 99 Eigenschaften Gottes repräsentieren. Die Jünger einiger Orden führen auch einen Kamm, mit welchem sie das lang herabwallende Kopfhaar rituell kämmen müssen. Dieses Gerät, vom Ordensoberhaupt zu einer gewissen Zeit verliehen, gilt als eine Art Talisman. Zu erwähnen sind schliesslich noch ein kurzer, oben mit einem Halbmond versehener Stab (Asa) und die Bettlerschale (Keschkul), in welcher die erbettelten Speisen aufbewahrt werden.

Wie bei allen mystischen Gesellschaften, erfolgt auch bei den Derwischorden die Aufnahme der Novizen in den Verband der Brüderschaft unter einem Aufwande mannigfaltigster Zeremonien.

Bei den Mewlewi muss der Schüler 1001 Tage lang die niedrigsten Hausdienste verrichten und sich einen Murschid, d. i. geistigen Wegweiser, wählen, dessen Unterweisung er bis zu seiner feierlichen Weihe geniesst. Bei anderen Orden wird der Jünger bei seiner Einweihung, einen groben Strick um den Hals, von geistlichen Begleitern in eine Halle geführt, in deren Mitte sich ein zwölfeckiger Stein befindet. Auf diesen muss er sich mit gekreuzten Armen niederlassen und eine Stellung einnehmen, die volle Ergebenheit und Hingabe ausdrückt. Die übrigen Aufnahme-Zeremonien vollziehen sich dann vor einem aus zwölf Ordensmitgliedern zusammengesetzten Kapitel, von denen jedes ein brennendes Licht vor sich zu stehen hat. Wieder andere Novizen müssen eine harte Probezeit absolvieren, die oft acht bis zehn Monate dauert und während der sie bei kärglicher Kost einem körperlich und geistig im höchsten Masse aufreibenden Gottesdienste obliegen. Abgesondert von allem weltlichen Verkehr, vertiefen sie sich mehr und mehr in ihr inneres Schauen. Nähert sich schliesslich das mühevolle Noviziat seinem Ende, so befindet sich das früher gesunde Individuum in der Regel in einem bejammernswerten Zustande. Krankhaft, bis zum Skelett abgemagert, ekstatisch, wird der Unglückliche von Hallucinationen und Visionen heimgesucht, glaubt er himmlische Stimmen zu vernehmen, die sich häufig wiederholen und bald eine bestimmte Form und einen bestimmten Inhalt annehmen. Gefahrvoll wuchert seine ungebundene Phantasie und zaubert ihm die leibhaftigen Gestalten längst heimgegangener Persönlichkeiten, nicht selten auch die des Propheten selbst vor das von schwärmerischem Glanze verklärte Auge. Je ungewöhnlicher die Wirkung der über alles Mass hinausgehenden Schwärmerei und Sinnenekstase, desto würdiger erscheint der Schüler für die Aufnahme in die Derwischgemeinschaft.

Hat der moslemische Ordensbruder glücklich alle Prüfungszeiten zurückgelegt und ist in den engeren Verband eingetreten, so harrt seiner, hinsichtlich der materiellen Lage, im Allgemeinen eine wenig tröstliche Zukunft. Von dem behaglichen Wohlleben, dessen seine christlichen Standesgenossen sich erfreuen, ist bei ihm meistens keine Rede. Er muss zusehen, wo er den täglichen Unterhalt hernimmt, sei es nun, dass er von dem Ertrag seiner Arbeit das elende Dasein fristet, sei es, dass er mit der Bettlerschale in der Hand weit und breit die Lande durchstreift und die nicht selten reichlich gespendeten Almosen mildthätiger Herzen in Anspruch nimmt.

Aber auch in geistiger Hinsicht ist das Los des Derwisches ein hartes und sein Lebenslauf ein mühseliger zu nennen. Dies gilt namentlich von den ansässigen, zu denen in erster Linie jene Mewlewi zu rechnen sind. Berufen eine bedeutende Lücke im geistigen Leben der Orientalen auszufüllen, besteht die Hauptaufgabe ihres Lebens in der beständigen Anbetung und Verherrlichung Gottes, weshalb sie eine gewisse Tageszeit im Hersagen seiner mysteriösen sieben Attribute*) zubringen.

---

*) Es sind dies: 1. La illaha il Allah! (Es giebt keinen Gott ausser Allah!). 2. Ja Allah! (O Gott!). 3. Ja Hn! (Er allein ist es und

Zu diesem Behufe arrangiert der Scheich oder Pir d. i. das Oberhaupt des Ordens, gewöhnlich des Nachmittags oder Abends, geschlossene Zirkel (Chalka*). Nachdem der Pir, meistens eine Persönlichkeit von ehrwürdigem Äusseren, seinen Platz eingenommen, legen die Teilnehmer der Chalka einige Minuten die Hände in den Schoss, senken das Haupt auf die Brust und bestreben sich, die Gedanken von allen irdischen Dingen hinweg in eine höhere geistige Sphäre zu versetzen — ein interessanter Moment feierlicher Stille. Darauf beginnt der Scheich mit leiser, sich mehr und mehr hebender Stimme einen Lobgesang zu rezitieren, welcher, meist aus Parabeln in erhabenem Styl bestehend, von wahrhaft ergreifender Wirkung ist. Zunächst lauschen die hockenden Derwische mit gespanntester Aufmerksamkeit; die Köpfe ruhen bewegungslos auf der Brust, die Augen sind fest geschlossen. Sobald aber der Vorsänger eine besonders ergreifende Stelle des Gedichtes vorträgt, erfasst eine ungewöhnliche Begeisterung die Zuhörer, die sich durch den kräftigen Ausruf: Allah! Allah! Luft macht. Im Laufe des Vortrages folgen diesem dann andere Ausrufe, welche die sieben Eigenschaften Gottes zum Gegenstande haben. Die ununterbrochene begeisterte Rezitation der heiligen Worte versetzt die Gläubigen schliesslich in einen Zustand der Ekstase, die zu einer, nach unseren Begriffen höchst bizarren, theatralischen, dem Moslim aber ganz natürlich erscheinenden, Kundgebung wildester Verwirrung führt. Wie von einem elektrischen Schlage getroffen,

---

kein anderer!). 4. Ja Hakk! (O Gerechter!). 5. Ja Haj! (O Lebender!). 6. Ja Kajjum! (O Bestehender!). 7. Ja Kahhar! (O Rächer!).

*) Chalka (Ring) ist eine Anspielung auf die Unendlichkeit Gottes, auf die Einheit der Brüderschaft und auf den ununterbrochenen Strom der Begeisterung, der die einzelnen Mitglieder des Kreises belebt.

springen die Derwische von ihren Sitzen auf und, sich gegenseitig bei den Händen haltend, fliegen sie nach der Art eines Wirbelwindes im Kreise umher, mit rasender Berserkerwut dem geistigen Rundtanze obliegend. Totenbleich, bewusstlos, in Schweiss gebadet, von der furchtbaren Anstrengung überwältigt, droht hie und da ein Tanzender zusammenzubrechen. Sogleich aber wird er von den stärkeren Gefährten wieder aufgerichtet und vom Scheich zur Fortsetzung ermuntert. Eine solche Scene wildester Verwirrung, die jeder Beschreibung spottet, wird Halet genannt. Man versteht darunter jene Momente der Seligkeit, in welchen das irdische Wesen, von der Gottheit erfüllt, übermenschlicher Thaten fähig ist.

Staunenswert an dem ganzen Hokuspokus ist die blinde, todesverachtende Hingebung dieser Derwische, eine Erscheinung, die ihre Erklärung findet in dem religiösen Fanatismus und in dem unerschütterlichen Glauben, der allen Morgenländern niederen Standes eigen ist. —

II. Der Templerorden.

1. Die Kreuzzüge.*)

Getragen von der religiösen Begeisterung eines streitbaren Volkes, hatte der Islam sich im ersten Jahrhundert nach seines Propheten Tode mit reissender

*) Vergl. F. Wilken: Gesch. der Kreuzzüge nach morgenländischen und abendländischen Berichten. 7 Bde. Leipzig; 1807—32. — J. F. Michaud: Bibliothèque des croisades. 4 Bde. Paris; 1830. — J. F. Michaud: Histoire des croisades. 4 Bde. Paris; 1874. — G. F. Hertzberg: Gesch. Griechenlands seit dem Absterben des antiken Lebens. Bd. I und II. Gotha;

Schnelligkeit über den Erdkreis verbreitet. In raschem Siegeszuge war er nach Persien und Turan gelangt, hatte er sich Indiens bemächtigt, hatte er Syrien und Afrika den Byzantinern, Spanien den Westgoten entrissen. Als er dann aber jenen ungeheuren Doppelangriff auf den Überrest der Christenheit unternahm, indem er im Osten die Hauptstadt des oströmischen Reiches, Konstantinopel, belagerte und im Westen über die Pyrenäen in das Reich der Franken einbrach, scheiterte sein verwegenes Beginnen.

Die schweren Verluste, welche sie auf beiden Kriegsschauplätzen erlitten hatte, hielten die Anhänger des Propheten zwar eine Zeit lang von ähnlichen riesenhaften Unternehmungen zurück, vermochten aber ihre Kampflust keineswegs zu zügeln. Unaufhörlich suchten sie das Gebiet des Islams zu erweitern. Fast das gesamte Inselgebiet des Mittelmeeres und damit auch die nahen Küsten der Balkanhalbinsel und Italiens fielen ihnen zur Beute. Sie siedelten sich hier und da an und drangen im zehnten Jahrhundert noch einmal tief nach Frankreich hinein und über die Alpen bis ins Herz Graubündens.

Die damalige Machtstellung des Islams erscheint um so bedeutender, wenn man erwägt, dass es zum grossen Teil altkultivierte und noch reiche und blühende Länder waren, welche das Waffenglück den schwärmerischen Arabern in den Schoss geworfen, dass sie deren Handel und Industrie, Kunst und Wissenschaft sich aneigneten und nach ihren eigenen, nicht unbedeutenden Fähigkeiten mit Eifer und Geschick ausbildeten. Phi-

---

1876—77. — B. Kugler: Gesch. der Kreuzzüge. Berlin; 1880. — H. v. Sybel: Gesch. des ersten Kreuzzuges. Düsseldorf; 1881 — H. Prutz: Kulturgeschichte der Kreuzzüge. Berlin; 1883. — O. Henne-Am Rhyn: Die Kreuzzüge und die Kultur ihrer Zeit. Leipzig; 1883. — B. Kugler: Albert von Aachen. Stuttgart; 1885.

losophie und Naturwissenschaften, Baukunst und Poesie, die Güter und Gaben des Geistes wurden liebevoll gepflegt. Und so wirkten kriegerische Macht, Reichtum und geistige Kultur zusammen dahin, den mohammedanischen Erdkreis auf eine hohe Stufe der Vollendung zu erheben, „ein glänzendes Zeugnis für das Schaffen eines begabten, jugendlichen Volkes, das in der kurzen Zeit von 150 Jahren aus der Wüste in die Reihe der Kulturvölker getreten.“

Allein nur der feindliche Gegensatz zu dem Christentum war das einigende Band, das alle Moslemin umschlang. Im Übrigen sah es gar übel aus um ihre staatliche Entwickelung. „Das organisatorische Talent, grosse Gebiete und verschiedenartige Völkerstämme durch allgemeine Gesetze zu einem Ganzen zu vereinigen und durch Erweckung gemeinsamer Interessen das Nationalgefühl zu beleben, fehlte der ganzen Zeit und fehlte vor allem dem Morgenlande.“ Der zügellose Ehrgeiz weltlicher Machthaber, wie der wütende Fanatismus religiöser Sektirer, geheimer Gesellschaften und Missionen rüttelten an der kaum gegründeten Herrschaft der Nachfolger des Propheten und schufen bald eine völlige staatliche Zersplitterung des mohammedanischen Wesens. Die drei Kalifate, welche sich in Bagdad, Spanien und Ägypten gebildet, hatten nur solange Bestand, als in ihren Dynastien die Kraft vorhanden war, die widerstrebenden Elemente mit eiserner Faust niederzuhalten und die willfährigen klugen Sinnes dienstbar zu machen und zu benutzen.

Die Zerbröckelung der mohammedanischen Welt gereichte den Christen zum grössten Vorteil. Nicht nur vermochten sie in dem Rest ihrer Besitzungen erfolgreich sich zu behaupten, sondern sie waren auch imstande einen Teil des verlorenen Gebietes in Spanien, Kleinasien und Syrien wiederzugewinnen.

Allein das war nur eine flüchtige Episode in dem grossen Drama. Denn schon hatte die furchtbare Lehre Mohammeds, die seinen Anhängern den Kampf gegen die Ungläubigen zur religiösen Pflicht macht und den tapferen Streitern den köstlichsten Lohn in Aussicht stellt, neue schreckliche Gefahren, neue unerhörte Bedrängnis für die Christenheit heraufbeschworen. Im elften Jahrhundert hatten nämlich die kriegerischen Seldschukken das ganze Vorderasien in ihrer Hand vereinigt. Ähnliches war fast um dieselbe Zeit im äussersten Westen geschehen, wo die tapferen Almoraviden in Nordafrika ein mächtiges Reich gegründet und von dort aus das spanische Kalifat sich unterworfen hatten. Von den Säulen des Herkules und den äussersten Grenzen Ägyptens bis nach Indien, Sibirien und der Mongolei diente man jetzt mit inbrünstiger Ergebenheit dem durch Mohammed geoffenbarten alleinigen Gotte.

Bei solcher Lage der Dinge schien das Schicksal der europäischen Christenheit besiegelt. Wohin man auch blickte, eine grosse und starke Staatsgemeinschaft war in ihrem Gebiete nicht mehr zu finden. Die alte Wehrhaftigkeit des Byzantinischen Reiches war durch wiederholte Palastrevolutionen und Empörungen unzufriedener Magnaten zu Grunde gerichtet. Und die glänzenden Zeiten waren dahin, da Karl d. Gr. und seine Nachfolger jene weithin wirkende Macht besassen, die es ihnen ermöglichte, den Christen des heiligen Landes bei den Kalifen Schutz und Schirm erfolgreich zu erwirken. Das Frankenreich, in wüste Anarchie verfallen, befand sich im Zustande vollständiger Auflösung. In Deutschland hatte statt des jungen Heinrich IV. der gewaltthätige, herrschsüchtige Fürstenstand des Reiches Herrschaft ergriffen und suchte die Krone auf die Dauer seiner Willkür zu unterwerfen. In Italien erhoben sich aller Orten lokale Gewalten.

Dafür aber versuchte jetzt das Papsttum die Stelle einzunehmen, die bisher das römisch-deutsche Kaisertum inne gehabt. Gregor VII.*), der toskanische Bauernsohn, wie ein zweiter Cäsar mit staatsmännischem Scharfblick begabt und getragen von der herrschenden Zeitströmung und der vorwiegenden Macht der religiösen Ideen, setzte mit der zähen Beharrlichkeit eines Mönches sein ganzes Leben dafür ein, den apostolischen Stuhl über jede irdische Macht, die Tiara über jede Fürstenkrone zu erheben, kurz das christliche Rom zum Mittelpunkte einer neuen Weltherrschaft zu machen, ein Plan so riesenhaft und ausschweifend, dass er schliesslich an seiner eigenen Grösse scheiterte. Vor der Hand freilich gelang es dem gewaltigen Mann, die Menschen unwiderstehlich mit sich fortzureissen, und ein gewaltiges Glaubensheer, von den Fürsten Südfrankreichs und Italiens aufgebracht, stand seinem Winke gewärtig, um gegen die Feinde der Kirche ins Feld zu ziehen und den Ausbau der römischen Theokratie zu vollenden.

In Rom allein befand sich also in diesem Augenblick die Macht, die Rettung vor dem Islam bringen könnte. Und dorthin wandte sich dann auch der byzantinische Kaiser Michael (1071—78), ein gelehrter, energieloser Pedant, um Hilfe, indem er die Wiedervereinigung der griechischen Christenheit mit der abendländischen Kirche in Aussicht stellte.

Nicht ungern vernahm der Papst diese Kunde, die sein Weltherrschaftsideal zu verwirklichen schien und ihm einen neuen, fast unabsehbaren Wirkungskreis eröffnete.

---

*) Vergl. J. Voigt: Hildebrand als Papst Gregorius VII. u. sein Zeitalter. Weimar; 1846. — F. Gregorovius: Geschichte der Stadt Rom im Mittelalter. IV. Bd. Stuttgart; 1888.

Allein der soeben ausgebrochene grimme Streit mit König Heinrich IV. und die Verteidigung der jungen päpstlichen Theokratie nahmen seine ganze Kraft so in Anspruch, dass Byzanz vorläufig seinem Schicksal überlassen blieb.

Aber die kriegerische Bewegung gegen den Islam kam trotzdem und zwar unabhängig von der Kirche in vollsten Gang. Dazu trieb vor allem der eigenartige Entwicklungsgang mächtig an, den die westeuropäische Menschheit genommen. Bei den jugendfrischen Söhnen der alten Germania bethätigte sich infolge eines hohen Grades von Übervölkerung der Wandermut und die kriegerische Beweglichkeit auch im 11. Jahrhundert noch so rege und erfolgreich, wie zur Zeit der grossen Völkerwanderung. Dichte Züge landsuchender Skandinavier, Dänen und Normannen hatten in jedem Jahrhundert die europäischen Länder durchzogen. Besonders hatten die Normannen sich in allen Meeren zwischen Afrika und Spitzbergen einen gefürchteten Namen gemacht, ein gewaltthätiges, eigennütziges Geschlecht, aber scharfsinnig, weltgewandt, gehoben durch die wilde Poesie der Abenteuer, des Goldschatzes und kriegerischer Herrschaft über friedliche Landbauer. Sie hatten sich in Frankreich festgesetzt, hatten England erobert, in langem und heissem Ringen den Halbmond aus Sizilien und Süditalien verdrängt und in den weiten Ebenen Osteuropas mächtige Herrschaften gegründet. Von hier strömten unter dem Namen der „Waräger“ ihre Heerhaufen nach Konstantinopel und gewannen im kaiserlichen Dienste das Glück des Landsknechtes: „schwere Goldketten, heissen Wein, Rauferei mit vielen Völkern und gefällige Frauen.“ Ihr Beispiel erfüllte die überschüssige Männerkraft des ganzen Abendlandes mit heissem Verlangen nach ritterlichen Abenteuern, nach Ruhm und Beute. Bald kämpften neben den Warägern Deutsche, Franzosen und Angelsachsen gegen die Seldschukken in Kleinasien, und burgundische und aquitanische Ritter kamen den spanischen Fürsten zu Hilfe bei der siegreichen Ausdehnung ihrer Herrschaft und bei der Vertreibung der Almoraviden.

Bei diesen ununterbrochen fortdauernden Kämpfen zwischen Christentum und Islam, die bald den Charakter eines Glaubenskrieges annahmen und an denen auch die Bürger der eben aufblühenden Seestädte Amalfi, Pisa, Genua, Venedig in kecken Streifzügen sich beteiligten, richtete sich der kriegerische Drang ganz von selbst gegen die mohammedanischen Gebiete.

Neben dem vielgestaltigen Verlangen nach Kampf und Beute, gewann damals auch jene Stimmung düsterer Askese mehr und mehr Boden, durch die der Kampf gegen den Islam zwar überschwenglich gefördert, aber zugleich auch mit so schlimmen Elementen durchsetzt wurde, dass der schliessliche Ausgang kaum fraglich sein konnte.

Jene theokratischen Ideale, schon von Pseudoisidor der Kirche in Gestalt einer absoluten Monarchie vorgezeichnet, hatten mit ihren geistigen Kämpfen das ganze kirchliche Leben erschüttert. Ausserdem hatte eine religiöse Erregung ohne gleichen das christliche Westeuropa ergriffen, hervorgerufen durch die andauernden Bürgerkriege, durch den tiefen Verfall der Staatsgewalten, durch Missernten, Hungersnot, Pestilenz. Feurige Kometen und andere Himmelszeichen schienen das nahe Ende der Welt zu künden. Unerträglich war die Gegenwart, untröstlich erschien die Zukunft. Vornehme Herren wetteiferten mit den Klerikern in strenger Kirchlichkeit; sie verliessen ihre Burgen und wurden Mönche, um Gott und seiner errettenden Gnade näher zu sein. Mönche traten aus ihren Klöstern, weil hier noch weltliches Geräusch ihr angsterfülltes Gemüt erschütterte, rangen als entsagende Anachoreten in den Eremitenzellen unwegsamer Gebirge in verzückter Andacht und suchten die Schuld des sündigen Geschlechts durch unverschuldete Büsse zu sühnen. Ertötung des Fleisches, Kampf gegen Sinnlichkeit und Weltlust, Andachtsübungen, unterstützt durch harte Büssungen und Geisselungen, gläubiges Verlangen nach Zeichen und Wundern, nach überirdischen Gnadenerweisungen, nach einer sichtbaren Gemeinschaft mit dem Heiligen und Ewigen bildeten den Zauberkreis, in den alle Lebenskreise des damaligen Zeitalters gebannt waren.*)

Diese asketische Stimmung wirkte allmählig auch auf das Wallfahrtswesen entscheidend ein. Schon seit des grossen Konstantin Zeiten war es Sitte geworden, in das Land der Verheissung zu pilgern und den grossen Erinnerungen mit andächtiger Rührung nachzugehen. Aber die beschwerlichen, kostspieligen und überdies gefährlichen Pilgerfahrten wurden erst häufiger, seitdem die Askese in ihnen ein gottgefälliges Werk der Busse erblickte und das Gebet an weihevoller Stätte als sicheren Weg zur himmlischen Seligkeit ansah. Immer grössere Züge von frommen Wanderern mit dem Pilgerstabe und dem Muschelhut trieb jetzt die religiöse Inbrunst an zu dem höchsten Wagnis, über das Meer

---

*) Vergl. Fr. v. Raumer: Gesch. der Hohenstaufen u. ihrer Zeit. I. Bd. Leipzig; 1840. — H. Floto: Heinrich IV. u. sein Zeitalter. 2 Bde. Stuttgart; 1855—57. — R. Röhricht: Beiträge zur Gesch. der Kreuzzüge. 2 Bde. Berlin; 1874—78. — W. v. Giesebrecht: Gesch. der deutschen Kaiserzeit. III. Bd. Leipzig; 1890. — H. Prutz: Staatengesch. des Abendlandes im Mittelalter. I. Bd. Berlin; 1885. — G. Freytag: Bilder aus der deutschen Vergangenheit. I. Bd. Leipzig; 1886. — G. Meyer v. Kronau: Jahrbücher des deutschen Reichs unter Heinrich IV u. Heinrich V. 2 Bde. Leipzig; 1890—94.

nach Palästina, dem ersehnten Gnadenziel, zu wallen.*) „Alle Geschlechter und Klassen nahmen fortdauernd daran teil; der Kaiser, der Fürst und der Bischof pilgerten, wie der Bettler; das Kind, der Jüngling, die edle Matrone, der Greis gingen barfuss am Pilgerstab. Dies breitete ein romantisches Wesen, eine schwärmerische Sehnsucht nach dem Fremden und Abenteuerlichen, das Poetisch-Sagenhafte, welches dem Mittelalter eigen ist, über die Menschheit aus.“

Und hatten nun die Pilger endlich das Ziel ihrer Sehnsucht erreicht, so ergriff nicht nur freudeseliges Entzücken, sondern auch heisser Ingrimm ihr gläubiges Gemüt. Beherrschten doch die schlimmsten Feinde ihrer Religion die heiligen Orte. Der Ruf nach Be-

---

*) Allerdings waren es nicht immer religiöse Gründe, welche den Pilger zur Wallfahrt bestimmten. „Sie waren vielmehr so vielfach, wie die Interessen des öffentlichen und privaten Lebens, so verschieden, wie die historischen Verhältnisse und die Individualitäten der Völker.“ — Eine ganz merkwürdige Stellung haben in diesen Dingen die Skandinavier eingenommen. Von jeher durch die mythischen Begriffe und Gestalten ihrer Religion, die in ihren Herzen trotz des Christentums noch fortlebten, nach dem Osten hingewiesen, waren sie gern nach Konstantinopel gezogen, wo zahllose Reliquien ihrer Anbetung harrten. „Zur Pilgerfahrt über das Meer aber vermählte sich in ihrer Brust das christliche Verlangen mit dunkler heidnischer Tradition. Denn im fernen Osten, wo die Sonne aufgeht, lag ihnen das selige Land der Asen mit der heiligen Stadt Asgard, wo der Tod nicht herrschte, sondern himmlische Helle und ewiges Leben den Wanderer umfing. Waren sie früher zum Asentempel nach Upsala, nach dem Hain der Hertha oder zu irgend einem grossen Zauberer gezogen, so lag jetzt das Ziel ihrer gewöhnlichen Wallfahrten im heiligen Lande. Dorthin — nach Jerusalem — drängte alles, was von religiösen Vorstellungen in ihnen lebte.“ — Vergl. O. Zöckler: Kritische Geschichte der Askese. Frankfurt a. M. u. Erlangen; 1863. — P. Riant: Expéditions et pèlerinages des Scandinaves en Terre Sainte au temps des croisades. Paris; 1865.

freiung des heiligen Grabes wurde laut, drang wie ein leuchtender Hoffnungsstrahl in das dunkle Wirrsal der Ängste und Nöte und zeigte den Mühseligen und Beladenen jenes hohe Ziel, wo jeglicher verschuldete oder schuldlose Schmerz des Lebens, jede Form irdischer Qual Erlösung und Absolution empfing, ja sogar jedes Verbrechen seine würdigste Büssung, der Glaube alles Heilige, alles Göttliche fand.

Also war die schwärmerische Richtung der Zeit, die kriegerische Stimmung der Gemüter. Askese und Kriegslust schmolzen in einander. Eine dunkle Vorahnung der kommenden Dinge ergriff die europäische Menschheit, und es bedurfte nur noch eines äusserlichen Anstosses, um eine ungeheure militärisch-geistliche Invasion des Abendlandes in den Orient hervorzurufen.

Diesen Anstoss gaben die seldschukkischen Türken. Mit wilder Verheerungslust drangen sie gegen Europa vor. Das griechische Reich, dessen morsche Kraft in den letzten Kämpfen gegen diese furchtbaren Völkerwogen sich völlig verblutet hatte, vermochte sich ihres Ansturmes nicht mehr zu erwehren.

In solcher Bedrängnis wandte sich der Kaiser Alexius im Jahre 1095, wie vordem sein Vorgänger Michael VII. an Gregor, an den Papst Urban II., um durch ihn die Hilfe des römischen Abendlandes zu erlangen.

Die Kurie liess sich die willkommene Gelegenheit nicht entgehen, die Christenheit nun auch politisch und militärisch unter Roms Oberleitung zusammenzufassen. Alsbald berief der Papst im November 1095 nach Clermont in der Auvergne jene denkwürdige Synode, die im Gedächtnis der Menschen nie erlöschen sollte. Unzählbare Massen waren zusammengeströmt. Zu ihnen hub Urban am 26. November unter freiem Himmel zu reden an von dem, was alle Herzen mit mystischem Drange erfüllte. Mit zündenden Worten sprach er von der schmählichen Entweihung der christlichen Kirchen zu Jerusalem, von den bitteren Leiden der dortigen Gläubigen und der frommen Pilger, von den furchtbaren Gefahren, denen das ganze Abendland durch das siegreiche Vordringen des Islams ausgesetzt sei, rief, wie ein Herold Gottes, zum heiligen Kriege und schloss mit der Ermahnung, „dass jeder sich selbst verleugne und sein Kreuz auf sich nehme, damit er Christum gewinne.“ Nachdem er geendet, erscholl von Tausenden und aber Tausenden der Ruf: Gott will es! (Deus lo volt!), ein Ruf, der fortan das Losungswort des heiligen Krieges blieb. Scharenweise drängten sie sich, das Zeichen der kriegerischen Pilgerfahrt*) zu empfangen — ein rotes Kreuz, auf der rechten Schulter an das Gewand geheftet.

Der wundergleiche Beschluss von Clermont, in allen Kirchen verkündet, durchflog im Winter alle Lande bis zu den fernsten Gestaden des Ozeans, und allen Völkern schwoll das Herz in seligem Entzücken. Wo die religiöse Begeisterung nicht mächtig genug war, luden andere Motive in die dunkle Ferne: der bestrickende Reiz der Neuheit, die alte ungestillte

*) In solcher fast märchenhaften Weise ist in Wahrheit der grosse mittelalterliche Angriffskrieg des Abendlandes gegen den Orient ins Leben gerufen worden. Die kirchlich gefärbte Legende freilich hat um die Entstehungsgeschichte der Kreuzzüge ihre üppigen Ranken geschlungen und ihr Thatsachen angedichtet, die lange Zeit in Geltung waren und auch heute noch gern geglaubt werden. Danach wird bekanntlich fälschlicherweise dem fanatischen Klausner Peter d'Achery aus Amiens das Verdienst zugeschrieben, die abendländische Christenheit zum Kampfe gegen den Islam und zur Befreiung des heiligen Landes unter die Waffen gerufen zu haben. Vergl. H. Hagenmeyer: Peter der Eremite. Leipzig; 1879.

Sehnsucht nach wilden Abenteuern und glänzenden Schätzen von rotem Golde, geheimnisvolle Sagen von der üppigen Pracht des orientalischen Lebens, von märchenhaften Völkern und geheimen Zauberkünsten. Der Arme und Schutzlose, der daheim unter der schweren Bürde und Not des Lebens seufzte, durfte hoffen, Reichtum, Macht und Ansehen zu erlangen, wenn er in Christi Namen dahin fuhr.

Die Vorteile, welche die Kirche allen Teilnehmern an der kriegerischen Fahrt verhiess: Vergebung der Sünden, Erlass der Kirchenstrafen, die Sicherheit der Seligkeit, thaten ein übriges, alsbald ungezählte gläubige Scharen, vermischt mit allerlei wildem Gesindel, Spielleuten und Gauklern, fahrenden Krämern mit Kindern und Frauen, in die unbekannte Ferne zu treiben. Der uralte Kampf zwischen Asien und Europa war wieder entbrannt, aber heftiger und grimmiger, wie je zuvor, und hielt Indoeuropäer und Semiten zwei Jahrhunderte in fieberhafter Bewegung.

Ohne Plan und ohne kundige Führer, nur von dem fanatischen Eremiten Peter und dem ausgehungerten Ritter Walter, genannt „Habenichts", geleitet, wälzte sich die aufgewühlte Masse vorwärts, dem ersten geordneten Kreuzheere voraus. Brand und Mord, Glaubenswut und Anarchie begleiteten die Schritte dieser zuchtlosen Banden. Mit Waffengewalt mussten die Bewohner der von ihnen durchzogenen Länder sich der schrecklichen Bösewichter erwehren, und billig erlitten die verlorenen Gotteskinder das nämliche Schicksal, das sie so vielen unschuldigen Menschen in blutiger Mordgier bereitet. —

Ihnen folgte das ungeheure Kreuzheer der waffengeübten Franken, Provençalen, Lothringer, Normannen, Deutschen unter Fürsten und Bannerherren von hochfahrendem Sinn — wohl das gewaltigste Aufgebot, welches das Mittelalter jemals geschaut. Mit unwiderstehlicher Gewalt stürmten sie vorwärts. Aber drei Jahre währte der erbarmungslose Kampf der wildbegeisterten Krieger gegen die Völker des Islams, bevor es ihrem hochgesteigerten Thatendrang gelang, die Mauern der heiligen Stadt zu ersteigen. —

Seitdem ergossen sich in unablässigem Zufluss durch zweihundert Jahre reisige Kriegshaufen in wildem Taumel aus dem Abendland nach dem Orient. Allein die Staaten, welche die Christen hier gegründet, fielen, durch innere Parteiungen geschwächt, schliesslich dem erstarkenden Islam zur Beute.*) Europa war kreuzzugsmüde, die schwärmerische Stimmung verrauscht, ein weltgeschichtliches Trauerspiel von furchtbarer Grösse und erschütternder Gewalt hatte sich vollendet. Mächtiger denn je entfaltete sich der Mohammedanismus und trug die siegreiche Fahne des Propheten nach Osteuropa, dessen Hauptstadt er besetzte. Und als das Mittelalter zu Grabe eilte, war nur noch die westliche Hälfte Europas, und auch diese schon schwer bedroht, eine Freistätte christlicher Kultur. — Die Resultate der Weltgeschichte erscheinen oft

*) Zu dem schliesslichen Misslingen der Kreuzzüge und dem Zusammenbruch der christlichen Herrschaft in Asien haben, abgesehen von der moralischen Verworfenheit, in welche die Franken im Orient versunken waren, verschiedene Umstände beigetragen: die abendländische Einwanderung in Syrien — der grösste Teil des ungeheuren Menschenmaterials, das Europa geliefert, war unter der glühenden Sonne Asiens oder auf den endlosen Märschen dorthin und unter dem Schwerte verfolgender Feinde nutzlos zu grunde gegangen — war nicht ausreichend zur dauernden Kolonisierung ausgedehnter Länderstrecken. Hierzu kamen die verhängnisvollen Hindernisse, welche die imperalistischen Tendenzen der griechischen Politik den Fortschritten der Kreuzfahrer überall bereiteten, sowie die vielgestaltige Zwietracht, welche die römische Kurie durch ihre theokratische Richtung unter den Fürsten und Völkern des Abendlandes entfacht hatte.

geringfügig und problematisch, meist aber des ungewöhnlich hohen Kampfpreises eines langen blutigen Krieges nicht wert; aber es ist nun einmal des armen Sterblichen Bestimmung oder Verhängnis, dass er jedes geistige Gut mit saurem Schweiss und watend durch ein ungeheures Meer von Blut und Thränen erringen muss und dass über dem blutigen Ringen selbst gar häufig andere kostbare Güter für immer verloren gehen. Dennoch geht die Menschheit aus einer mächtigen Bewegung und ausserordentlichen Kraftanstrengung nimmer ganz leer hervor. Und so bilden auch die Kreuzzüge einen jener Abschnitte in der Weltgeschichte, wo die unendlichen Verluste auf politischem Gebiete durch den unendlichen Gewinn auf dem geistigen aufgewogen werden müssen.*)

2. Der Johanniterorden und der Orden der deutschen Brüder.**)

Am vollkommensten ist der Geist der Kreuzzüge in den geistlichen Ritterorden zum Ausdruck gekommen. Zum Kampf gegen die Ungläubigen geschaffen, den eigentümlichen Verhältnissen des Ostens angepasst,

*) Vergl. G. Schuster: Die Entdeckung Amerikas und ihre Folgen. Basel; 1892.

**) Vergl. Prutz a. a. O. — K. Falkenstein: Gesch. der drei wichtigsten Ritterorden des Mittelalters: Templer, Johanniter u. Marianer. Dresden; 1830—42. — E. L. Wedekind: Gesch. d. ritterlichen St. Johanniter-Ordens. Berlin; 1853. — A. v. Winterfeld: Gesch. des ritterlichen Ordens St. Johannis vom Spital zu Jerusalem. Berlin; 1859. — C. Herquet: Der St. Johanniter-Orden nach seiner inneren Verfassung und seinen jetzigen Verhältnissen. Würzburg; 1865. — H. v. Ortenburg: Der Ritterorden des heiligen Johannis von Jerusalem. Regensburg; 1866. — C. Herquet: Chronik der Grossmeister des Hospital-Ordens während der Kreuzzüge. Berlin; 1880. —

bürgerten sie sich frühzeitig auch im Abendlande ein und erstreckten infolge ihres finanziellen Übergewichts und der hohen Machtstellung ihrer Glieder ihren Einfluss allmählig immer weiter über den ihnen zunächst angewiesenen Kreis hinaus.

Die erste und älteste Genossenschaft dieser Art war der Johanniter-Orden. In seiner Entstehung knüpfte er an ein älteres frommes Institut in der heiligen Stadt an. Pantaleon Mauro, ein reicher Bürger von Amalfi, hatte dort ein Kloster S. Maria della Latina gestiftet, welches den nach Jerusalem kommenden Kaufleuten seiner Vaterstadt als Herberge dienen sollte. Als aber der Pilgerverkehr seit 1099 eine gewaltige Steigerung erfuhr, genügten dessen bescheidene Mittel nicht mehr.

Es beschlossen daher neun junge Edelleute, die mit dem ersten Kreuzzuge ins heilige Land gekommen waren, sich der Pflege und Wartung der hilflosen Pilger und der verlassenen Kranken zu widmen. Zu diesem Zwecke liess sich die fromme Genossenschaft unter dem Schutze Johannis des Täufers in einem jenen älteren Anlagen benachbarten Hospitale nieder. Ihre hilfreiche Gastlichkeit fand bald gerechte Würdigung, zumal sich ihre Thätigkeit nicht auf Jerusalem beschränkte. Fromme Spenden und Schenkungen flossen ihr zu und gewährten ihr reiche Mittel zu einer ausgedehnten Erfüllung ihres menschenfreundlichen Berufes.

Bei der grossen Unsicherheit aber, welche damals im heiligen Lande herrschte, erweiterten die Johanniter ihre freiwillige Aufgabe bald dahin, dass sie die Pilgrime unter reisigem Schutze auf der gefährlichen Reise von der Küste sicher nach der heiligen Stadt geleiteten.

Damit begann eine neue Periode in der Geschichte der Johanniter. Aus dem friedlichen Mönchsorden entstand nach dem Vorbilde des inzwischen gestifteten Templerordens ein geistlicher Ritterorden.

Das Verdienst der Umbildung gebührt dem tapferen provençalischen Ritter Raimund du Puy. Als erster Meister des Ordens gab er demselben eine Verfassung, welche für die gesamte Entwicklung des Instituts massgebend gewesen ist.

Danach waren die Mitglieder in drei Klassen eingeteilt. Die erste gebührte den Rittern, die zur Führung der Waffen sowie zur Pflege der Pilger verpflichtet waren. Ihnen untergeordnet waren die Johannispriester oder Kapellane. Sie standen den Kirchen und Kapellen des Ordens vor, besorgten die Armenpflege und zogen als Feldprediger mit in den Kampf. Die dritte und zahlreichste, aber untergeordnete Klasse nahmen die dienenden Brüder ein. Sie leisteten ritterliche Knappendienste und warteten der Pilger und Kranken.

Späterhin traten hierzu noch die sogenannten Donaten oder Confratres, Männer von ehrbarem Lebenswandel, welche zwar das Ordensgelübde abgelegt hatten, aber ihrem weltlichen Beruf treu blieben. In gleichem Range mit den dienenden Brüdern, verwalteten sie meist die Ordensherbergen und trugen zum Unterschiede von den eigentlichen Brüdern ein Kreuz, dessen oberster Flügel fehlte.

Als der Zudrang zum Orden immer grösser wurde, war man genötigt, die Mitglieder nach verschiedenen Nationen oder Zungen abzuteilen. Es entstanden nun die National-Distrikte von Provence, Auvergne, Frankreich, Italien, Aragon, England, Deutschland. Später (1464) kam noch der Distrikt von Kastilien hinzu.

Die National-Distrikte waren eingeteilt in Gross-Prioreien, Prioreien und Balleien; die Prioreien in Kommenden, diese in Gerechtigkeits-, Gnaden-, Ritter- und Priester-Kommenden.

Wie einst die Makkabäer gegen die Feinde Gottes gestritten, so waren alle Ordensbrüder zum Kampfe gegen die Mohammedaner verpflichtet. Sie sollten ferner Beschützer der Tugend und Gerechtigkeit sein, Witwen und Waisen hilfreich beistehen, die in das Ordenshaus aufgenommenen Kranken mit milder Sorgfalt pflegen, sich eines frommen, nüchternen, einfachen Lebenswandels befleissigen. Niemals durften sie das Ordenskleid ablegen, einen schwarzen Mantel, auf dessen linker Seite das weissleinene achteckige Kreuz befestigt war. Die acht Ecken bedeuteten die acht Seligkeiten, deren die Brüder nach getreuer Pflichterfüllung teilhaftig werden sollten. Wer die Aufnahme in die Ordensgemeinschaft nachsuchte, sollte ohne Makel an Körper und Leben, von adliger und christlicher Herkunft und im stande sein, seinen Adel von acht Ahnen zu beweisen.

Das Zeremoniel bei der Aufnahme der Brüder in den Orden, bei der Kreuzverleihung, der Grossmeisterwahl, beim General-Kapitel und Ritterschlag war umfangreicher Art. Die Neuaufzunehmenden mussten z. B. dreimal das Schwert in die Luft erheben zum Zeichen, dass sie die Ungläubigen bedrohten; man legte ihnen den Gürtel um als Wahrzeichen der Keuschheit, man gab ihnen die goldenen Sporen, nicht allein um ihre Ritterschaft anzudeuten, sondern auch um zu versinnbildlichen, dass sie die Reichtümer dieser Welt als eitel verachten und an den niedrigsten Teil ihres Körpers verbannen sollten usw.

Durch fromme Zuwendungen und glückliche Erwerbungen hat der Orden frühzeitig einen beträchtlichen Besitz an Land und Leuten an sich gebracht. So verfügte das Hospital der armen Brüder über weite ertragreiche Gebiete, über Ordenshäuser, Hospitäler und die nötigen Wirtschaftsgebäude in fast allen grösseren Ortschaften des Landes, über tausende von lehnspflichtigen Edelleuten, gewerbe- und handeltreibenden Bürgern in den Städten, fränkischen und syrischen, christlichen und mohammedanischen Landleuten.

Die wichtige Verbindung militärischer Pflichten und politischer Interessen entfremdete allmählig den Orden seiner ursprünglichen Bestimmung und verflocht ihn tief in rein weltliche Angelegenheiten. Daraus entsprang eine wachsende Verfeindung mit der Kirche. Und schon im 13. Jahrhundert wurden zahlreiche Klagen laut, dass die Leistungen der Johanniter in Armen- und Krankenpflege gering seien im Vergleich mit seinen gewaltigen Mitteln. Sogar die Anklage der Häresie blieb dem Orden nicht erspart. „Erwiesen freilich sind solche Anklagen weder damals noch später, wohl aber zeigen sie, dass der glänzende Nimbus schnell zu erbleichen begann, welcher den Orden in den Augen der gesamten Christenheit umgeben hatte.“

Die furchtbaren Verluste, welche die Johanniter 1289 bei der vergeblichen Verteidigung des syrischen Tripolis erlitten, brachen ihre Kraft. Und als sie wenige Jahre danach das heilige Land räumen mussten, führten sie fortan nur noch eine Art von Scheinexistenz. Ihre kulturhistorische Bedeutung aber für jene ältere Zeit wird dadurch nicht gemindert. Inmitten der allgemeinen Rohheit der Zeit erscheint der Orden als der edle und pflichttreue Vertreter einer höheren Kultur, deren menschenfreundliche, wahrhaft christliche Prinzipien erst nach Jahrhunderten zu allgemeiner Anerkennung kommen sollten. Indem ihn die Natur der Verhältnisse dahin führte, die weltliche Seite seines Doppelwesens mehr und mehr zu betonen, hatte er den ersten Versuch gemacht zur Gründung eines Ordensstaates. Unter Weiterbildung der von ihm geschaffenen Formen hat ihn ein jüngerer Bruder, der Orden der deutschen Herren zu

S. Marien*), auf einem anderen Schauplatze im grossartigsten Massstabe glücklich durchgeführt.

Ein Deutscher hatte in Jerusalem ein Haus zur Aufnahme armer und kranker deutscher Pilger gegründet. Fromme Deutsche weihten sich ihm als dienende Brüder, und die Könige von Jerusalem wandten ihm Schenkungen an Geld und Ländereien zu.

Die Eroberung Jerusalems im Jahre 1187 traf auch das deutsche Hospital schwer. Aus Jerusalem vertrieben und ihrer Besitzungen beraubt, deren Ertrag ihnen die Erfüllung ihrer Pflicht ermöglicht hatte, eilten die übrig gebliebenen Glieder der Genossenschaft in das Lager von Akkon. Hier nahmen sie unter schwierigen Verhältnissen ihre Wirksamkeit unter den deutschen Kreuzfahrerscharen wieder auf und ernteten reiche Anerkennung. Besonders nahm sich Herzog Friedrich von Schwaben ihrer mit Eifer an. Und auf Betreiben der deutschen Fürsten, welche 1197 nach Syrien gekommen waren, wurde im Jahre 1198 die Krankenpfleger-Genossenschaft in einen geistlichen Ritterorden umgewandelt.

Zu ihren drei Mönchsgelübden erhielten die Mitglieder des neuen Ordens nun noch die Regeln der Templer und als äusseres Zeichen ihrer Selbständigkeit eine eigene Kleidung: den weissen Mantel mit schwarzem Kreuz.

Die oberste Leitung der Ordensangelegenheiten führte der Hochmeister. Grössere Bezirke wurden von Landmeistern oder Landkomturen verwaltet. In jeder grösseren Burg befehligte ein Komtur. Dem Hochmeister standen als engerer Rat fünf Grosswürdenträger zur Seite und als weiterer das jährlich einmal zusammen-

---

*) Vergl. Falckenstein, Prutz a. a. O. — J. Voigt: Geschichte des deutschen Ritterordens. 2 Bde. Berlin; 1857—59.

tretende Generalkapitel, bestehend aus jenen obersten Gebietigern und den Landmeistern. Zu den fünf obersten Beamten zählten der Grosskomtur, der die Aufsicht über den Ordensschatz führte und den Hochmeister in Behinderungsfällen vertrat; der Grossmarschall, dem die Sorge für das Waffen- und Kriegswesen übertragen war; der Grossspittler, der über die Ordens-Spitäler zu wachen hatte; der Grosstrappier, dem die Beschaffung der Kleidung oblag, und der Tressler, der das Finanzwesen verwaltete.

Die in die Ordensgemeinschaft aufgenommenen Brüder waren in Ritter- und Priesterbrüder geteilt. Neben ihnen finden wir auch dienende Brüder. Zu gewissen Dienstleistungen, namentlich in den Hospitälern, konnten auch weibliche Personen als Halbschwestern aufgenommen werden. Um die Mitgliedschaft möglichst vielen zu ermöglichen, wurde es auch weltlichen Leuten gestattet, die „Heimlichkeit des Ordens zu empfangen", ohne dass sie aus ihrem Stande austraten. Als Zeichen ihrer Zugehörigkeit zum Orden führten sie ein halbes Kreuz.

„Was an fruchtbaren Ideen in den besten der Kreuzfahrer vereinzelt gelebt, das erscheint in dieser ritterlichen Genossenschaft gleichsam zusammengefasst zu einer selbstbewusst und siegesgewiss einherschreitenden Kulturidee, welche ihren grossen historischen Beruf in jedem Augenblick durch fruchtbare, schöpferische Thätigkeit aufs neue bewies. In den im Morgenlande durch die Kreuzzüge ausgebildeten Formen hat der deutsche Orden in Preussen aus eigener Kraft dasjenige in vollendeter Weise geleistet, wozu sich in Palästina die vereinzelten Kräfte der Kulturvölker des Abendlandes unfähig erwiesen hatten."

3. Die Templer.

*a) Ihre äussere Geschichte.**)

In demselben Jahre (1118), da Raimund Du Puy die oberste Leitung des Johanniterordens übernahm, hatten neun französische Ritter in die Hand des Patriarchen von Jerusalem das Gelübde der Keuschheit, der Armut und des Gehorsams abgelegt und zugleich im Hinblick auf die allgemeine Unsicherheit in Palästina die Verpflichtung übernommen, die Wallbrüder auf dem Wege von der Küste nach den heiligen Stätten mit gewaffneter Hand gegen mohammedanische und christliche Wegelagerer zu schützen. An der Spitze der weltentsagenden Männer, welche so im gemeinschaftlichen Leben und in strenger kriegerischer Zucht „zur Ehre der süssen Mutter Gottes“ Mönchtum und Rittersitte, aufopfernde Nächstenliebe und heldenmütige Tapferkeit vereinten, stand Hugo von Payens, eine ritterliche Persönlichkeit von erprobtem Mute und unbestechlicher Redlichkeit.

Die neue Stiftung, welche schmerzlich empfundenen Bedürfnissen der Franken im Orient in gleichem Grade entsprach, als sie aus den tiefsten Lebensanschauungen jener Zeit hervorgegangen war, erfuhr bald von geistlicher und weltlicher Seite reiche Unterstützung und Förderung. Der König Balduin II. von Jerusalem wies den Rittermönchen einen Teil seines an den salomonischen Tempel anstossenden Palastes als Wohnsitz zu. Seitdem nannten sie sich „die armen Brüder Christi vom Tempel zu Jerusalem“.**)

---

*) Vergl. W. Havemann: Gesch. des Ausganges des Templerordens. Stuttgart und Tübingen; 1846. — F. Wilcke: Gesch. des Ordens der Tempelherren. I. Band. Halle; 1860. — H. Prutz: Entwicklung und Untergang des Tempelherren-Ordens. Berlin; 1888. —

**) Pauperes commilitones Christi templique Salomoniaci.

Auf Betreiben Balduins machte der „geistliche Gewissensrat“ der abendländischen Christenheit, der heilige Bernhard von Clairvaux (1091—1153) seinen mächtigen Einfluss zu ihren Gunsten geltend, jener sittenstrenge Mystiker und starre Verfechter hierarchischer Autorität, der, ein Gegenstand allgemeinster Bewunderung seiner Zeit, sich durch die wütende Verfolgung Abälards und seines begeisterten Schülers Arnold von Brescia, der kühnen Bahnbrecher der Vernunft und Geistesfreiheit, ein so trauriges Andenken gestiftet hat. Nicht nur wurde der neue Orden*) vom Papste Honorius II. bestätigt und der edle Hugo von Payens

---

*) Der Templerorden wurde das Vorbild für die Entstehung einer ganzen Anzahl ähnlicher Genossenschaften. Namentlich fand er eifrige Nachahmer auf der pyrenäischen Halbinsel, wo es ebenso wie im Orient galt, alle Kräfte zur Niederkämpfung des Islams zusammenzufassen. So gründete 1158 Raimund, der Abt des Marienklosters zu Fieltro, den Orden von Calatrava. 1157 vereinigte die Priesterschaft von Galizien eine Anzahl streitbarer Raubritter zu dem Orden von Compostella, welchem die Beschützung der Grabeskirche des heiligen Jakobus in jener Stadt und die Geleitung der Pilger dahin als wichtigste Pflicht oblag. 1176 entstand der Ritterorden von Alcantara.

Verwandt mit den Templern ist ferner der Orden des heiligen Lazarus, der, in Palästina von italienischen Edelleuten gestiftet, sich der Pflege der Aussätzigen weihte und seinen Meister statutenmässig aus den vom Aussatz ergriffenen Rittern wählte. Seine Mitglieder trugen ein schwarzes, weissbesetztes Kleid mit grünem Kreuze darauf.

Auch der deutsche Orden und der nachmals mit ihm verschmolzene Orden der Schwertbrüder in Livland sind auf dem Boden erwachsen, den zuerst der Templerorden geschaffen hatte. Von ähnlichen Orden, die gelegentlich erwähnt werden, wie dem des heiligen Laurenzius, fehlt uns nähere Kunde.

In sehr verschiedene Verhältnisse gestellt, haben diese Orden sich auch sehr verschieden entwickelt. Gewisse Züge aber kehren bei allen in gleicher Regelmässigkeit wieder. Das gefährliche

als Grossmeister anerkannt, sondern ihm auch auf dem Konzile von Troyes 1128 eine Regel gegeben, an deren Abfassung der Abt hervorragenden Anteil gehabt hat.

Diese Regel von Troyes, welche den späteren 72 Artikeln der Ordenstatuten zu Grunde lag, wiederholte die Satzungen, auf welche Hugo von Payens sich mit seinen ersten sieben Genossen vereinigt hatte, und verband damit Teile von dem Statut der alten Chorherren vom heiligen Grabe, wie von dem der Zisterziensermönche, deren Reformator der heilige Bernhard war. Neu waren diejenigen Bestimmungen, welche sich auf die militärische Seite der Ordensthätigkeit bezogen.

Ausser eingehenden Geboten über den Gottesdienst, das Abhalten der Fasten, das Verhalten gegen Arme und Kranke, wurde dem Templer Ehrfurcht vor dem Alter und unbedingter Gehorsam gegen die Ordensoberen eingeschärft. Äussere Genüsse und Vergnügungen, welchen weltliche Ritter nachgehen, hatte der Templer zu meiden. Verheiratete durften dem Orden angehören, ohne indes das Abzeichen desselben zu führen: einen weissen leinenen Mantel mit achteckigem blutroten Kreuz, dem ausdrucksvollen Symbol des Märtyrertums, und einen weissen leinenen Gürtel, das Zeichen der Reinheit des Herzens. Jeder Schmuck an Kleidung und Waffen war verpönt. Gleich den Mönchen sollten alle Ordensbrüder

---

Doppelwesen, das ihnen eigen war, trug den Keim des Niederganges in sich. Je nachdem die kriegerische oder die geistliche Seite vorzugsweise gepflegt und ausgebildet wurde, drohte den Orden im Laufe der Zeit ein Konflikt entweder mit den staatlichen oder den kirchlichen Mächten, denen sie schliesslich erlagen. Dies war der Fall in Spanien, in Preussen, und so geschah es den Hospitalitern und schliesslich den Tempelrittern.

in Friedenszeiten die Klausur der Tempelhöfe bewohnen, an einer Tafel das gleiche einfache Mahl einnehmen und mit dem gleichen harten Lager sich begnügen. Freudig und furchtlos sollten alle für das heilige Gut des Glaubens in den Tod gehen und immer bereit sein, ihr Leben für die Brüder einzusetzen.

„Einem solchen Orden, dessen Glieder lebend oder tot dem Herrn gehörten, erschlossen sich Herzen und Hände der europäischen Christenheit. Man sah in ihnen die Gottesstreiter, die, jeder Ruhmsucht fern, nach vollbrachtem Kampfe in ihren stillen Tempel zurückkehrten; betende Mönche, denen die lautlose Ruhe des Klosterlebens nimmer zu teil wurde; Männer, die nach Gefahr und Entsagung geizten.“

Zahlreiche vornehme Herren traten in den Orden, dessen kriegerische Richtung am meisten dem Ideal des Rittertums entsprach, welches die dichterische Phantasie jener Zeit in den glänzendsten Farben ausgebildet. Auch die Gunst weltlicher Fürsten und Grossen wandte sich der neuen Genossenschaft zu. Reiche Schenkungen an Pferden und Waffen, riesige Vermächtnisse an Zehnten und Grundbesitz und hohe Vorrechte wurden dem Orden von allen Seiten zu teil, der in den meisten Kulturländern Europas seine dem Tempel zu Jerusalem untergebenen Häuser gründete. An den Höfen zu Paris und London und in den spanischen Königsschlössern bekleideten Templer die höchsten Ehrenstellen. In der zweiten Hälfte des dreizehnten Jahrhunderts sollen sich die jährlichen Einkünfte des Ordens auf 54 Millionen Franken und die Zahl seiner Mitglieder auf 30 000 Köpfe belaufen haben. Mit allen Herrschern der Christenheit konnte er an Macht und Reichtum wetteifern. Aber ein Staat im Staate mit eigenem Militär, eigenem Gericht, eigener Polizei, eigenen Finanzen wurde er auch frühzeitig der Gegenstand des Neides und des Misstrauens der Fürsten.

Dagegen waren die Päpste alle Zeit den ritterlichen Streitern gewogen. Für Männer, die lauteren Sinnes und Herzens für den Glauben zu sterben bereit, die dem heiligen Stuhle unbedingt ergeben schienen, glaubten sie nicht genug thun zu können. Ihre Gnade überschüttete den Orden auf Kosten vieler Bischöfe und weiter Kreise der Klostergeistlichkeit mit einer unerhörten Fülle von Privilegien und Auszeichnungen aller Art, die ihm auch in kirchlicher Hinsicht eine Ausnahmestellung sondergleichen schufen, zugleich aber die bitterste Feindschaft der schwer Geschädigten eintrugen.

Die vornehme Herkunft der meisten Ordensbrüder, die ungeheure Fülle der Macht, des Reichtums und der Vorrechte erzeugten in der darüber verfügenden Genossenschaft ein stolzes Gefühl unangreifbarer Herrlichkeit und habgieriger Selbstsucht.

Hatte ihre Ausnahmestellung schon früher die Johanniter mit neidischer Eifersucht erfüllt, so artete diese während des zweiten Kreuzzuges (1147—49), in welchem die Templer sich ihrer grossen Aufgabe würdig gezeigt, in glühenden Hass aus. Beide Orden lebten fortan in beständigem, oft blutigem Streite zum grössten Nachteile Palästinas. Zerrüttet und geschwächt durch die trotzige Ungebundenheit der Lehnsfürsten, durch die verräterischen Intriguen des byzantinischen Kaiserhofes, durch das kraftlose Regiment ränkevoller Weiber und unwürdiger Könige, durch die tiefe moralische Verderbtheit der lateinischen Christen, deren fromme Tugenden längst schnödem Eigennutz und schrecklichen Lastern gewichen waren, deren Glaubensstärke häufig durch allzu weltliche Rücksichten verdrängt ward, vermochte das unglückliche Land den unausgesetzten Angriffen der fanatischen Moslemin nicht länger zu widerstehen.

Die furchtbare Schlacht bei Hittin (1187, Juli 9.) entschied über das Schicksal des christlichen Reiches im heiligen Lande. Die Blüte der Tempelritter bedeckte mit ihren zerfleischten Leibern die blutgetränkte Wahlstatt. Am dritten Oktober desselben Jahres hielt der ritterliche Saladin, seinen christlichen Gegnern an allen menschlichen Tugenden weit überlegen, seinen glänzenden Einzug in Jerusalem, welches neunzig Jahre vorher die mutigen Gottesstreiter mit ihrem Blute erworben hatten. Die Früchte unmenschlicher Opfer waren mit einem Schlage vernichtet, der christliche Stolz und seine Ehre von hohnlachenden Feinden in den Staub getreten.

Die festen Bande, welche durch die Ritterorden zwischen Europa und Asien geknüpft, waren zerrissen. Die Wechselbeziehungen, die sie geschaffen, die in das Güterleben, in die gesellschaftlichen und staatlichen Verhältnisse mächtig eingriffen, schwanden dahin.

Nach dem Verluste Jerusalems verlegten die Templer, durch Zuzüge neuer Brüder aus dem Abendlande verstärkt, ihren Hauptsitz nach der Feste Akkon. Die kühnen Ritter waren fortan neben den Hospitalitern der einzige Schirm der noch vorhandenen wenigen Christen und der ihnen gebliebenen Besitzungen am Meeresgestade. Die heldenmütige Tapferkeit der gottbegeisterten Religionskämpfer blieb zwar dieselbe, wie in den glänzenden Tagen des Glückes, aber die gegenseitige Eifersucht der beiden Orden gestattete kein gemeinschaftliches Handeln. Unter solchen Umständen waren ihre Tage in Palästina gezählt. Und als 1291 das üppige Akkon, das letzte Bollwerk der Christen im Orient die schier unversiegbare Quelle des Reichtums der italienischen

Seestaaten, in die Hände der Sarazenen gefallen war, räumten die Templer das syrische Land, zu dessen Verteidigung seit zwei Jahrhunderten Millionen tapferer Streiter aufgeboten worden waren, und zogen sich nach der Insel Cypern zurück. Obwohl sie von hier aus den Todeskampf gegen die Ungläubigen noch eine Zeit lang fortsetzten, so fehlte ihnen doch das eigentliche, den Zwecken ihres Ordens entsprechende Thatenziel, wie es die deutschen Ritter an den Gestaden des baltischen Meeres, wie es bald darauf die Johanniter fanden: gestützt auf eine stattliche Seemacht und verbunden mit dem mächtigen abendländischen Adel eine starke Vormauer des Christentums gegen den alles überflutenden Islam zu bilden.

Bei solcher Lage der Dinge mochte in den Tempelrittern der Gedanke aufgestiegen sein, in die westliche Heimat zurückzukehren und auf ihren dortigen Besitzungen ein gemächliches Leben in ritterlichem Müssiggange zu führen. Unerwartet kam diesem geheimen Wunsche der Papst Clemens V. entgegen, indem er den Grossmeister Jakob von Molay zu sich berief, angeblich um mit ihm über einen neuen Kreuzzug zu beraten. Sofort schiffte sich Molay 1306 mit dem ganzen Konvente und sechzig der angesehendsten Ritter ein und begab sich nach Frankreich, wo dem Orden ungeheure, von der königlichen Gewalt völlig eximierte, Besitzungen gehörten. Mit sich führte Molay den Ordensschatz, der aus 150000 Goldstücken und zehn Maultierladungen Silber bestanden haben soll. Derselbe wurde im Tempel zu Paris niedergelegt. Die Ritter nahmen ihre Herberge in der nahegelegenen mächtigen Ordensburg. Hier in der Heimat, in dem Lande, in welchem der Templerorden seine Begründung und Pflege gefunden, sollte ihm auch sein Grab gegraben werden. —

b.) *Die Verfassung des Ordens und seine angebliche Geheimlehre.**)

Die auf der Synode von Troyes dem Templerorden unter thätiger Mitwirkung des heiligen Bernhard verliehene „Regula pauperum commilitonum Christi templique Salomoniaci“ enthielt fast nur allgemeine Vorschriften, so dass bald, den Forderungen und Bedürfnissen der Zeit entsprechend, eine Durchbildung und Erweiterung derselben notwendig wurde. Diese Zusätze wurden um die Mitte des 13. Jahrhunderts endgültig redigiert und mit der „Regula“ zu einem systematisch geordneten Ganzen verbunden.

Die Bekanntschaft mit der erweiterten Regel war nur für die Oberen erforderlich; von ihr erfuhr jeder untere Templer nicht mehr, als er in Bezug auf seine amtliche Stellung zu wissen nötig hatte. Es genügte wenn er von der allgemeinen Richtung und Aufgabe des Ordens Kenntnis hatte.

Aus den umfangreichen Ordensgesetzen nehmen wir nur die heraus, welche für unsere Zwecke einen besonderen Wert besitzen.

Die Ritter-Genossenschaft zeigt eine streng hierarchische Gliederung. An der Spitze des Ordens stand der Grossmeister, der durch Stimmenmehrheit von

---

*) Vergl. F. Nicolai: Versuch über die Beschuldigungen, welche dem Tempelherrenorden gemacht worden und über dessen Geheimnis. 2 Bde. Berlin und Stettin; 1782. — M. Michelet: Procès des Templiers. 2 Bde. Paris; 1841—51. — J. Loiseleur: La doctrine secrète des Templiers. Paris-Orleans; 1872. — Merzdorf: Die Geheimstatuten des Ordens der Tempelherren. Halle; 1877. — H. Prutz: Geheimlehre und Geheimstatuten des Tempelherrenordens. Berlin; 1879. — H. de Curzon: La règle du Temple. Paris; 1886. — L. v. Ranke: Weltgeschichte. 8. Bd. Leipzig; 1887. — H. Prutz: Forschungen zur Geschichte des Tempelherrenordens. (In: Königsberger Studien. I.) 1887. —

einem aus dem Kapitel ernannten Wahlausschusse gewählt und von diesem bestätigt wurde. Obwohl der Grossmeister in allen wichtigeren Angelegenheiten an die Zustimmung des Kapitels gebunden, bei dessen Beratungen Stimmenmehrheit den Ausschlag gab, und ihm zum Gehorsam verpflichtet war, besass er doch eine weitgehende Machtbefugnis, die sich u. a. bei der Ernennung der hohen Würdenträger äusserte. Sein unmittelbares Gefolge bildeten ein Kaplan, ein des Schreibens kundiger Kleriker, zwei dienende Brüder, ein arabischer Schreiber, ein als Ordonnanz verwendeter Ritter, ein Schmied, ein Koch und endlich zwei Knechte, denen die Pflege des Streitrosses oblag. Ferner waren dem Meister zwei der edelsten Ritterbrüder als Adjutanten beigeordnet, welche seinen nächsten Beirat bildeten.

Den Grossmeister vertrat in Behinderungsfällen der Seneschall. Ihm dienten zwei Knappen, ein niederer Bruder, ein Kaplan, ein Schreiber und zwei Knechte zu Fuss.

Der Marschall war der Kriegsminister und Feldherr des Ordens. Ritter und dienende Brüder standen unter seinem Oberbefehl, sobald sie in Waffen waren.

Der Grosspräzeptor der Provinz Jerusalem war der Schatzmeister des Ordens. Als solcher verteilte er die Brüder in die einzelnen Häuser und hatte die Aufsicht über alle Niederlassungen, Güter und Farmen. Seinem Befehle unterstanden die zu Akkon ankernden Ordensgaleeren, auch verfügte er über die im Kriege gemachte Beute. Ihm zur Seite stand der Drapier, der die Brüder mit Kleidung versorgte.

In dem Komtur der Stadt Jerusalem lebte eigentlich die ursprüngliche Bestimmung des Ordens fort: mit 10 Rittern, die ein weiss und schwarzes Ordensbanner führten, hatte er die Pilger zum Jordan zu geleiten, die er auch mit den nötigen Lebensmitteln und Pferden versah.

Die grossen Ordensämter wiederholten sich in den seit dem 12. Jahrhundert bestehenden Ordensprovinzen: Tripolis, Antiochien, Frankreich, England, Poitou, Aragonien, Portugal, Apulien und Ungarn. Jede Provinz war einem Komtur unterstellt. Unter ihm fungierten die Komture der einzelnen Ordenshäuser.

Die höchste Gewalt im Orden: Gesetzgebung, Anstellung der Grossbeamten, Entscheidung in allen wichtigen, die ganze Gemeinschaft angehenden, Angelegenheiten ruhte in der Hand des vom Grossmeister einzuberufenden Generalkapitels. Es bestand aus den Würdenträgern jeder Ordensprovinz und den erfahrensten, vom Grossmeister hinzugezogenen, Rittern und pflegte wegen der damit verbundenen ungewöhnlichen Kosten nur in besonders dringenden Fällen berufen zu werden. Die Ordensangelegenheiten einer Provinz wurden in einem Provinzialkapitel unter dem Vorsitz des Präzeptors derselben erledigt.

Die Ordensbrüder schieden sich in Ritter, Kapläne und dienende Brüder oder Servienten. Diese waren eingeteilt in Wappner, welche mit den Rittern in den Kampf zogen, und in Handwerker. Eine vierte Klasse bildeten die Affilierten. Sie bestanden aus Edelleuten und Gemeinen, Männern und Frauen, welche nach eigener Wahl einen Teil der Ordensgelübde oder sämtliche ablegten, aber nicht in Ordenshäusern lebten. Zu den Affilierten gehörten auch die Donaten, welche freiwillig der Gemeinschaft Dienste leisteten, und die Oblaten, welche schon als Kinder von ihren Eltern dem Orden bestimmt waren und nach dessen Regeln erzogen wurden.

Jedem Ritter gebührten drei Pferde, ein Knappe und ein Zelt. Alle erhielten dieselben Rationen, Waffen und Kleidungsstücke. Die Kapläne bildeten die Geistlichkeit des Ordens. „Damit die kirchlichen Sakramente und die gottesdienstlichen Handlungen dem

Orden bequemer gewährt würden,“ hatte der Papst Alexander III. den Templern gestattet, auch Kleriker aufzunehmen. Sie waren zum makellosen Lebenswandel, zum Gehorsam gegen den Grossmeister verpflichtet und gehalten, an einem Orte zu verweilen. Nur bei ihnen durften die Brüder die Beichte ablegen, und nur von ihnen durfte Absolution erteilt werden. Sie standen unmittelbar unter des Papstes Oberhoheit. Waren sie adliger Geburt, so konnten sie zu höheren Würden aufsteigen.

Aus den dienenden Brüdern, welche zum Unterschiede von der weissen Kleidung der Ritterbrüder einen schwarzen oder braunen Rock und ebensolchen Mantel trugen, gingen fünf Unterbeamte des Ordens hervor: der Untermarschall, der Bannerträger, der Verwalter der Ordenslandgüter, der Ordensschmied und der Komtur des Hafens von Akkon. Der Untermarschall war Gehilfe des Ordensmarschalls und hatte die Waffen zu beschaffen und in Stand zu halten. Der Bannerträger war zugleich der Aufseher aller Knappen, die er in Eid und Pflicht nahm und nach Ablauf ihrer Dienstzeit ablohnte.

Genau geregelt war, was jedem Bruder an Kleidungsstücken, Bettgerät und Waffen gebührte, genau geregelt die Ordnung des täglichen Lebens in Bezug auf Andachten, Kirchenbesuch, Mahlzeiten u. s. w., die Beobachtung bestimmter militärischer Bräuche auf dem Marsche, im Lager und im Gefecht, die Tagesordnung und die Arbeit der Kapitel. Jedes müssige Wort war den Brüdern untersagt. Auch durften sie ohne Erlaubnis des Vorgesetzten das Ordenshaus nicht verlassen und keine Briefe wechseln, selbst nicht mit den Eltern. Allen weltlichen Vergnügungen musste der Templer aus dem Wege gehen. Statt dessen sollte er fleissig beten und sich täglich unter Thränen und

Seufzern seinem Gott offenbaren. Alte, schwache und kranke Brüder sollten mit höchster Sorgfalt gepflegt und dem Armenpfleger täglich der zehnte Teil des Brotes zur Verteilung an Bedürftige übergeben werden.

Ein besonderer Strafkodex setzte die Bussen für Verstösse gegen die Ordensregeln fest. Verbrechen*) waren mit Ausstossung aus dem Orden bedroht, leichte**) Vergehen hatten nur den zeitweiligen Verlust des Ordenskleides zur Folge.

Wer die Aufnahme in die Gemeinschaft der Tempelritter nachsuchte, musste gesund, von ehelicher Geburt und aus ritterbürtigem Geschlechte sein, durfte weder durch das Band der Ehe gefesselt, noch durch Gelübde einem geistlichen Orden angehören, noch im Kirchenbann sein, noch durch Geschenke oder Versprechen seine Aufnahme erkauft haben. Vor der feierlichen Verpflichtung wurde der Suchende, nachdem er sein einjähriges Noviziat absolviert, in einem Gemach neben der Ordenskapelle von zwei Tempelbrüdern auf die Bedeutsamkeit seines Vorhabens und auf die schwere Bürde der von ihm zu übernehmenden Pflichten aufmerksam gemacht. Beharrte er trotzdem auf seinem Wunsche, so wurde er mit Zustimmung des

---

*) Hierzu gehörten Diebstahl, Mord, Meuterei, Desertion, Ketzerei, Feigheit vor dem Feinde, Mitteilung der Kapitel-Verhandlungen an einen Bruder, der dem Kapitel nicht beiwohnte, Sodomiterei und Simonie.

**) Hierzu rechnete man: Ungehorsam, Verleumdung eines Bruders, Körperverletzung eines Bruders oder eines anderen Christen, Umgang mit leichtfertigen Weibern, Verweigerung von Speise und Trank gegenüber einem Bruder etc. Wer den Mantel verwirkt hatte, durfte niemals ein Ehrenamt bekleiden oder gegen einen Bruder Zeugnis ablegen. Solange er des Mantels beraubt war, musste er mit den Sklaven arbeiten, auf der Erde essen und durfte keine Waffen anrühren.

versammelten Kapitels in den Kapitelsaal geführt, auf das Evangelium verpflichtet und in zeremonienreicher Form mit dem Ordensmantel bekleidet.

Ohne Erlaubnis den Orden zu verlassen, war streng untersagt. Wollte ein ausgeschiedener Bruder wieder zum Tempel zurückkehren, so musste er sich an dem Portale des Hauses aufstellen, vor jedem ein- und ausgehenden Bruder das Knie beugen und ihn um Barmherzigkeit anflehen. Nachdem der Armenpfleger ihn hierauf mit Speise und Trank erquickt, gab derselbe dem Kapitel Nachricht, dass ein abtrünniger Bruder um gnädige Wiederaufnahme nachsuche. War das Kapitel damit einverstanden, so trat der Bittsteller mit entblösstem Oberkörper, einen Strick um den Hals geschlungen, in das Kapitel, bat knieend und unter Thränen um Aufnahme und erklärte sich bereit, jede ihm aufzuerlegende Strafe zu dulden. Hatte er alsdann die Busse von Jahr und Tag erduldet, so erhielt er im Kapitel das erbetene Ordensgewand zurück. —

Hatte der junge Templer eine Zeit lang genügende Fähigkeiten, Selbständigkeit und Eifer bewiesen, so wurde er in die düsteren Mysterien des Ordens eingeweiht, ein Vorgang, über welchen damals die unglaublichsten Gerüchte verbreitet waren und über den auch heute noch in zahllosen Köpfen gar wunderliche Ansichten spuken.

Die Mysterien fanden gewöhnlich in einsam gelegenen Gebäuden, womöglich in unterirdischen Räumen unter dem schützenden Dunkel der Nacht statt. Zur Wahrung des Geheimnisses wurden die peinlichsten Vorsichtsmassregeln ergriffen. Die profanen Bewohner der Ordenshäuser wurden in die entfernteren Gehöfte verwiesen oder doch in seitab liegenden Räumen in sicheren Gewahrsam gebracht. Thore und Thüren wurden fest verschlossen gehalten. Auf der Zinne des

Hauses, in welchem die Einweihung vor sich ging, stand ein Wächter, der, die ganze Umgebung sorgfältig durchspähend, die Annäherung jedes Unberufenen sofort zu melden hatte.

Bevor der Kandidat dem Kapitel zur Einweihung vorgestellt wurde, musste er sich durch einen furchtbaren Eid verpflichten, alle ihm fortan zu offenbarenden Geheimnisse auf das Strengste zu bewahren. Gleichzeitig wurde ihm mitgeteilt, dass für den Fall der Eidesverletzung ein martervoller Tod oder lebenslängliches Gefängnis in den unterirdischen Kerkern der Ordenshäuser als unfehlbare Strafe ihn ereilen würden. Hatte der Kandidat den vorgeschriebenen Eid abgelegt, so wurde er unter Assistenz zweier Brüder in den Kapitelsaal geleitet. Hier zeigte man ihm zunächst ein Kruzifix mit der Weisung, nicht an den Gekreuzigten zu glauben, weil derselbe nichts als ein falscher Prophet ohne jegliche Macht sei. Doch begnügte man sich nicht mit der Verleugnung Christi und der damit verbundenen Lossagung vom herrschenden Kirchenglauben, sondern behandelte das Kreuz als ein fluchwürdiges Werkzeug schnödesten Fetischdienstes, indem man den Aufgenommenen veranlasste, es dreimal zu bespeien und mit Füssen zu treten. Noch schlimmere Dinge sollen damit an den Freitagen, vornehmlich an dem Charfreitage sich zugetragen haben.

Alsdann wurde der Kandidat zum Rezeptor geführt. Dieser entnahm einem wohlverschlossenen Behälter eine merkwürdige Figur, Baphomet (d. i. „Götzenbild“) genannt, welche, aus Metall gefertigt, mit Gold und Silber verziert, bald einen Totenschädel, bald ein Greisenantlitz mit starkem Barte darstellte. Auf sie deutend, sprach der Rezeptor zum Kandidaten: „An sie glaube, ihr vertraue, und du wirst dich wohlbefinden!“ Während dieser Anrede musste jener entblössten Hauptes sich zur Erde neigen und dem Idol seine Verehrung zollen. Nach gemachtem Gebrauch wurde das Bild wieder in den Schrein gethan und dieser sorglich verschlossen.

Es folgte nunmehr der Akt der Umgürtung mit dem „Johannisgürtel“. Der Kandidat wurde mit einer weisswollenen Schnur umbunden, nachdem dieselbe kurz vorher durch Berührung des Idols zu einem persönlichen Talismann geweiht war. Darum durfte er sie auch in Zukunft nimmer ablegen, damit er stets unter dem glücklichen Einfluss ihrer magischen Kräfte bliebe. Sie sollte ihm auch als geheimes Erkennungszeichen dienen, mittels dessen er sich Zugang zu den Ordensmysterien verschaffen konnte.

Ein fast ausnahmslos festgehaltener Gebrauch war ferner, dass der Novize den Rezeptor und die bei der Aufnahme assistierenden Brüder unter Missachtung der menschlichen Würde auf Körperstellen*) zu küssen hatte, die zu nennen der Anstand verbietet.

Schliesslich wurde den neuaufgenommenen Gliedern der geistlich-ritterlichen Genossenschaft, welcher doch ein feierliches Gelübde der Keuschheit auferlegt war, die ausdrückliche Erlaubnis gegeben, sich unter einander zu schrecklichen und schauderhaften Missbräuchen preiszugeben. „Wahrscheinlich“, so meint Prutz, der unermüdliche Ankläger des Ordens, „hielt man das Geheimnis der Gemeinschaft für gefährdet, wenn die sittliche Laxheit der jüngeren Genossen dasselbe durch den Umgang mit Weibern zu verraten versucht würde.“

Dieser Ritus fand zwar bei allen geheimen Aufnahmen statt, jedoch wurde den Neulingen nur selten

---

*) Vergl. hierüber Art. 30 der Anklageakte: „Item, quod in receptione fratrum dicti ordinis vel circa interdum recipiens et receptus aliquando se deosculabantur in ore, in umbilico seu in ventre nudo et in ano seu spina dorsi.“

dabei zugleich eine Erklärung desselben gegeben. Dieselbe war vielmehr späteren Zeiten und der Teilnahme an den Geheimkapiteln der Wissenden, oder, wenn man will, der höchsten Grade, vorbehalten. —

Die früher allein massgebenden Regeln von 1128 und ihre spätere Erweiterung waren den Templern nur eine äussere Form. Das eigentliche Wesen des Ordens fand dagegen in einem besonderen Geheimstatut seinen entsprechenden Ausdruck. Zwischen 1220 und 1290 im Orient entstanden, bildete dasselbe ein unverletzliches Arcanum. Den Brüdern war es bei den schwersten Strafen untersagt, Abschriften davon zu besitzen oder gar bei sich zu tragen.

Die Anhänger der templerischen Geheimlehre waren nach Prutz ausgesprochene Dualisten. Sie verehrten einen oberen Gott, in welchem sie zugleich den Schöpfer des Geistes und des Guten sahen und daneben einen unteren Gott, von dem sie die Materie und das Böse herleiteten. Man verlachte in ihren eingeweihten Kreisen die wahngläubige Menge, welche in dem Bilde des Gekreuzigten Gott erblickte, den man, dem Menschen völlig unnahbar und dem menschlichen Fassungsvermögen durchaus unzugänglich, im fernen Himmel wusste.

Dies alles wurde dem Templer, welcher zur Einführung in die letzte und höchste Stufe des Mysterienwerkes sich würdig gezeigt hatte, in den Geheimkapiteln der Wissenden dargethan. Besonders wurde er darauf hingewiesen, dass nicht jenem oberen Gotte, sondern dem unteren, von dem die Materie und das Böse ihren Ursprung ableiteten, der Kultus der Eingeweihten diene. Dieser untere Gott sei dargestellt in dem Idol, das ihm in der Stunde der Aufnahme vorgezeigt sei. Es besitze die Kraft, Gesundheit zu verleihen, die Ritter mit irdischen Glücksgütern zu segnen und dem Orden alle Herrlichkeiten der Welt zu verleihen. Zu ihm müsse man in allen Nöten des Leibes und der Seele seine Zuflucht nehmen.

Geschlossen wurde das Geheimkapitel mit der Beichte und dem Abendmahl. Dieses genossen die Wissenden, im Gegensatz zur Kirche, unter beiderlei Gestalt und zwar lediglich als ein Zeichen brüderlicher Liebe. Die Beichte war ihnen ein Akt brüderlichen Vertrauens von der einen, brüderlichen Rates von der anderen Seite. Deshalb beichteten die Wissenden sich untereinander und empfingen die Absolution von den Ordensoberen, nicht aber von den Kaplänen, denen das Beichtprivilegium im höchsten Grade, um die Gefahr einer Entdeckung der ketzerischen Geheimnisse möglichst zu vermeiden, entzogen war. —

Unzweifelhaft fest steht, dass der Orden durch seine vielfach nur von weltlichen Machtinteressen bestimmte Politik sich frühzeitig in einen unlösbaren Widerspruch versetzte mit seinem Ursprunge und mit seiner Bestimmung, dass die Brüderschaft oft die Sache des Christentums ihrer Selbstsucht geopfert, dass manche Ritter einem unzüchtigen Leben und unnatürlichen Lastern sich hingegeben, dass einzelne Komtureien „über den Streit der Religionen sich hinausgestellt hatten.“ Worin aber des Genaueren die „Ketzerei“ bestanden, wird nirgend gesagt, vermutlich deshalb, weil eine intime Kenntnis davon ausserhalb des Ordens nicht vorhanden gewesen ist. Dieser Umstand erklärt es auch, dass die Kurie sich lange scheute, gegen die mächtige, einflussreiche und durch glänzende Thaten und Erfolge vielfach verdiente Genossenschaft einzuschreiten. Eine so allgemeine, unbestimmte Anklage zu erweisen, bedurfte es jenes planmässigen, wahnwitzigen Prozessverfahrens, welches später ein so gewaltiger Herrschergeist und ränkevoller, rücksichtsloser Despot, wie Philipp der Schöne von Frankreich, thatsächlich mitleidslos gegen die Ordensleute durchgeführt hat.

Wie aus der Zeit vor dem grossen Prozess bestimmte Angaben über die Art der vom Orden gepflegten Ketzerei nicht vorlagen, so wird auch in diesem die schwere Verschuldung des Ordens keineswegs durch unzweideutige Zeugnisse unwiderleglich bewiesen. Abgesehen davon, dass es hauptsächlich meineidige Verbrecher und elende Schurken aller Art waren, welche die Templer jener fürchterlichen Werke beschuldigten, so lehren uns nur die eigenen Geständnisse der Ritter, die sie unter dem barbarischen Druck grausamster leiblicher wie moralischer Folterqualen abgelegt haben, jene Häresie kennen mit ihrem ganzen dämonischen Beiwerk, jenen teuflischen Hexensabbat, der von nun an förmlich durch die höchste kirchliche und staatliche Autorität bestätigt und unantastbar geworden war. Solche Zeugnisse aber als unzweideutig und wahrheitsgetreu zu bezeichnen, wird kein Verständiger den Mut haben.

c) Des Ordens Ausgang.)*

Nachdem der Templerorden seinen Sitz nach Frankreich verlegt hatte, drohte er alsbald dem eben erstarkenden, aufstrebenden, alle Sonderrechte zielbewusst

---

*) W. G. Soldan: Über den Prozess der Templer und die gegen ihren Orden erhobenen Beschuldigungen. (In: Raumers Histor. Taschenbuche. N. F. VI. Leipzig; 1845.) — H. Reuter: Gesch. der religiösen Aufklärung im Mittelalter. II. Bd. Berlin; 1877. — B. Jungmann: Klemens V. und die Aufhebung des Templerordens. (In: Zeitschrift für katholische Theologie). 1881. — K. Schottmüller: Der Untergang des Templerordens. 2 Bde. Berlin; 1887. — H. Ch. Lea: A history of the inquisition of the middle ages. III. Bd. New York; 1888. — M. de Curzon: La maison du Temple de Paris. Paris; 1888. — M. Lavocat: Procès des frères et de l'ordre du Temple. Paris; 1888. — J. v. Döl-

vernichtenden Königtum bei dem Streben nach staatlicher Einigung, bei der Ausbildung einer nationalen Monarchie ernste Verlegenheiten zu bereiten.

Eine unabsehbare Masse von Schenkungen war in diesem Lande dem Orden zugeflossen. Er verfügte hier über ausgedehnte Liegenschaften und unerschöpfliche Hilfsquellen. Gewinnreiche Handelsunternehmungen, ein lebhafter Bank- und Wechselverkehr vermehrten unaufhörlich die ungeheuren Barmittel, welche in der Hauptbank, dem Tempel zu Paris, aufgehäuft waren. Adlige und bäuerliche Grundbesitzer überliessen ihm ihr Eigentum, gaben ihre Freiheit auf und leisteten ihm gegen geringen jährlichen Zins den Treueid, um gegen die brutalen Gewaltthaten und Erpressungen der königlichen Beamten den Schutz des allgewaltigen Ordens zu gewinnen. Überall traten die Templer und ihre ungeheure Gefolgschaft den Plänen Philipps des Schönen (1285—1314) hindernd und hemmend in den Weg. Kein Wunder, dass darob dieser König, der in jedem Zuge der Mann der durchdachten Entschliessung, der, wie Ludwig XIV., von seinem unbedingten Eigenrecht, seinem rücksichtslosen Unfehlbarkeitsbewusstsein so völlig durchdrungen war, dass er darin die höchste Staatsraison erblickte, dem Orden um so heftiger grollte, je mehr dessen kolossale Reichtümer seine habsüchtige Seele reizten.

Die Glut des Hasses wurde durch eine ganze Reihe anderer Umstände neu angefacht und vermehrt.**) Und

---

linger: Der Untergang des Templerordens. (In: Akad. Vorträge. III. Bd.) München; 1891. — J. Gmelin: Schuld oder Unschuld des Templerordens. Kritischer Versuch zur Lösung der Frage. Mit einer Mappe, enthaltend 20 Tafeln. Stuttgart; 1893. —

**) Philipp befand sich in ewiger Geldnot. Die Durchführung staatlicher Reformen, sowie seine auswärtige Politik verschlangen ungeheure Summen, die durch gewagte Finanzoperationen, wieder-

als die Templer das offene Ansinnen des Königs, seinen Interessen sich dienstbar zu machen, entschieden zurückwiesen, sann er auf ihre Vernichtung.

Um einen entscheidenden Schlag gegen den Orden führen zu können, bedurfte der Monarch der Mitwirkung des Papstes Clemens V. Ein ehrgeiziger, gewandter, kluger Streber, aber kleinlichen Sinnes und von charakterloser Schwäche, mochte der Pontifex sich dem Könige, dem er seine Erhebung verdankte, zu Dank und Dienst verpflichtet fühlen; doch trug er Bedenken, sich zum hilfreichen Genossen eines gehässigen Gewaltstreiches zu machen. Da beschloss Philipp im Geheimen vorzugehen und sich selbst zum Richter über Mitglieder der Kirche aufzuwerfen.

Seinem Vorhaben kam es sehr zu statten, dass zwei ehemalige Tempelritter, die wegen verschiedener Verbrechen mit Schimpf und Schande aus der Ordensgemeinschaft ausgestossen waren, sich erboten, von

---

holte Münzverschlechterungen und drückende Besteuerungen aufgebracht werden sollten. Infolge dieser Misswirtschaft waren in Paris, in der Normandie und anderen Orten gefährliche Aufstände ausgebrochen, bei denen die Templer nicht selten ihre Hand im Spiele hatten. Bei einer Revolte der Pariser Bevölkerung i. J. 1304 hatte Philipp nur der bewaffneten Intervention des Ordens seine Rettung vor dem wütenden Pöbel zu verdanken. Sein Stolz war dadurch ebenso beleidigt worden, als er durch die verletzende Art aufgebracht wurde, mit welcher damals die Templer ein bedeutendes, dem König bei der Vermählung seiner Schwester vorgeschossenes Darlehen zurückforderten. Auch vergass er es ihnen nie, dass sie 1282 bei der blutigen Nationalerhebung gegen die tyrannische Fremdherrschaft und bei der Vertreibung der verhassten Provençalen von der Insel Sizilien thatkräftig mitgewirkt (Sizilianische Vesper) und in dem grimmen Streite des Königs mit dem Papste Bonifazius auf dessen Seite gestanden. — So waren es denn meist rein persönliche Gesichtspunkte, welche den König zur Vernichtung des gefährlichen Gegners antrieben.

einer Reihe der schauerlichsten Laster und Verbrechen, welche im Orden herrschten und streng geheim gehalten würden, Mitteilung zu machen. Sofort wurde auf Grund ihrer Aussagen die Anklage auf Verleugnung Christi, Verehrung des Baphomet etc.*) gegen die Templer erhoben und am 13. Oktober 1307 alle Ordensbrüder in Frankreich, unter ihnen der Grossmeister Jacob von Molay, welchen man, wie bekannt, unter dem Vorwande, mit ihm über einen neuen Kreuzzug zu beraten, aus dem Orient herbeigelockt, allen ihren feierlich verbrieften Privilegien zum Hohn, plötzlich und heimlich verhaftet und ihr Vermögen beschlagnahmt. Königliche Ordonnanzen rechtfertigten die schnöde Gewaltthat vor dem erstaunt aufblickenden Volke mit den Ketzereien und Verbrechen der Ordensleute und beruhigten die im Lande sich erhebenden Stimmen der Entrüstung. Das Verbrechen braucht ja immer und überall nur mit der gehörigen Unverschämtheit und mit dem gehörigen Erfolge aufzutreten, um die Augen der urteilslosen Menge zu blenden und die Feigheit der gebildeten Stände zu verblüffen. Ohne Verzug wurde in Paris durch des Königs Beichtvater, den fanatischen Dominikaner Wilhelm Imbert, das Inquisitionsverfahren gegen die Unglücklichen eingeleitet. Die Anwendung der Folter**) in ihrer ganzen Schrecklichkeit, Einschüchterungen und lockende Verheissungen machten auch den verstocktesten Angeschuldigten mürbe und führten zu so umfassenden

*) „Dass Philipp," sagt Gmelin, „irgend wann an die ketzerische Schuld des Ordens selber geglaubt habe, ist für gänzlich ausgeschlossen zu erachten. Hätte er auch nur eine Spur von Verdacht in dieser Richtung gehabt, so dürfen wir es ihm zutrauen, dass er schwerlich so lange gewartet und so mancherlei andere Wege, zu seinem Ziele zu kommen, versucht hätte." —

**) Wie man zu inquirieren verstand, erhellt schon aus der Thatsache, dass allein im Pariser Templerhause binnen kurzer Zeit

Geständnissen, dass der Orden in der That aufs härteste belastet wurde und die Untersuchungen immer grössere Dimensionen annahmen. Zu Märtyrern ihres Glaubens und ihrer Überzeugung waren die Templer im allgemeinen nicht geschaffen. Männern, die für eine grosse Idee leben und sterben, begegnen wir nur selten in der Geschichte. Dazu gehört eben ein ungewöhnlicher Grad moralischen Mutes und sittlicher Kraft, Tugenden, die nur ausnahmsweise sich in einem Menschen vereinigt finden. Ob nun gleich die Tempelbrüder nicht wandelten auf jenen Ätherhöhen, wo die grossen Gefühle, die erlösenden Gedanken und die befreienden Thaten gedeihen, so werden wir doch ihrem tragischen Geschicke unsere menschliche Teilnahme nicht versagen.

Der Papst, zweifelnd, zögernd, unentschlossen, wie weit er dem eigenmächtigen Vorgehen Philipps seine Genehmigung erteilen sollte, suchte den heiligen Eifer der Gerichte zu mässigen, die Untersuchung in die Länge zu ziehen, die letzte Entscheidung über die Gefangenen und ihre Güter der päpstlichen Kurie zu vindizieren. Der nie verlegene König besass indes die Mittel, ihn zum Nachgeben zu zwingen. Gefälschte Bittschriften des Volkes an den König um Ausrottung der templerischen Ketzerei wurden in die Menge geworfen. Die öffentliche Meinung kehrte sich entschieden gegen den Papst. Da erinnerte ihn nun auch Philipp an das vor der Inthronisation geleistete Versprechen, Bonifacius VIII., jenen stolzen, leidenschaftlichen Kirchenfürsten, dessen masslose Herrsch- und Habsucht ehedem Fürsten und Völker zur Auflehnung gebracht. noch im Tode zu verunglimpfen, und drang

---

36 unglückliche Gefangene an den Folgen des barbarischen Verahrens zu Grunde gingen.

unbarmherzig auf die Erfüllung der schmählichen Verpflichtung. Sein mutloses Zögern schalt er Verrat am katholischen Glauben, als dessen standhaften Verteidiger sich der heuchlerische Monarch in überschwenglichen Ausdrücken darstellte.

Rat- und hilflos und in dem beschämenden Gefühl tiefer Niedergeschlagenheit über die eigene Schwäche musste Clemens*) endlich seinen kraftlosen Widerstand aufgeben. Um das Andenken seines Vorgängers vor unfehlbarer Schmach zu retten und das ohnehin bereits tiefgesunkene Ansehen der Kirche und ihren gefährdeten Autoritätsglauben nicht noch mehr zu schädigen, machte er sich zum Mitschuldigen eines unerhörten Justizfrevels.

Ein erschütterndes Schauspiel: „Der weltliche Arm, einst der Scherge, nun plötzlich der Bundesgenosse der geistlichen Inquisition, setzt seiner ohnmächtig gewordenen Gebieterin, der Hierarchie, das sonst in ihrem Dienst geschwungene Schwert an die Kehle und zwingt sie das Unrecht, das er mit ihr und an ihr begeht, für Recht zu erklären.“ Am 12. August 1308 erging die Bulle „Faciens misericordiam“ an alle geistlichen und

---

*) Nach der Ermordung des Königs Albrecht I. (1308) war Philipp auf den Gedanken gekommen, dem französischen Königshause, das bereits in Frankreich, Neapel, Navarra und Ungarn herrschte, die römische Kaiserkrone zu verschaffen und seinen Bruder Karl von Valois, den „Hutkönig“, damit zu schmücken, einen mit unauslöschlicher Schmach und Schande bedeckten Fürsten, dessen unruhigen Ehrgeiz er gern in allerlei abenteuerlichen Plänen voll grosser Hoffnungen vorübergehende Befriedigung finden liess. Die französischen Bewerbungen in Deutschland hatte der Papst heimlich hintertrieben. Er mochte nun Philipps Zorn fürchten, wenn sein doppelzüngiges Ränkespiel an den Tag käme. Er wagte also dem unablässigen Drängen des Königs bezüglich der Templer nicht länger zu widerstehen.

Vergl. C. Wenck: Clemens V. und Heinrich VII. Halle; 1882.

weltlichen Fürsten der Christenheit, gegen die Tempelritter gerichtlich einzuschreiten. Wer sich der Ausführung widersetzen würde, sollte mit Bann und Kirchenstrafen belegt werden. Als Richtschnur bei der Eröffnung des Inquisitionsverfahrens sollte ein beigefügtes Formular mit 127 Fragestücken dienen, welche angeblich aus den unzweifelhaften Ergebnissen der Pariser Untersuchung bestanden.

Der Hauptprozess fand in Paris statt, wo 540 Templer der Aburteilung harrten, und zwar vor einer von Clemens selbst aus angesehenen französischen Prälaten ernannten Kommission. Viele Monate schon hatte die Untersuchung gedauert, ohne dass die Richter, verhältnismässig milde, ehrenhafte und für jene finstere Zeit recht aufgeklärte Männer, die bei ausgedehnteren Vollmachten sicherlich den Orden gerettet hätten, sich zu einem Rechtsspruch vereinigen konnten, weil die meisten Angeklagten die mannhafte und charaktervolle Erklärung abgaben, dass ihre früheren Aussagen und Zugeständnisse durch Folterqualen, Drohungen und Versprechungen erpresst seien, mit allem Nachdruck gegen die wider sie erhobenen Beschuldigungen protestierten und ihrer Entrüstung über diese furchtbare Verleumdung in kraftvollen Worten Ausdruck verliehen. Da wurden die Kommissare durch die Nachricht überrascht, dass am 12. Mai (1310) 54 Templer, welche die Provinzialsynode von Sens als Rückfällige verdammt, den Flammen übergeben worden seien. Es war ein Urteil vor dem Schluss der Akten, ein schreiender Eingriff in den Rechtsgang, ein offenkundiger Justizmord, dem bald noch andere in Rheims, Rouen, Carcassone folgten. Kein Thatbestand war erhoben, kein Beweis durch gültige Zeugen geführt, nur allein die erpressten Bekenntnisse der Inquisiten lagen als zweifelhaftes Beweismittel vor.

Angesichts dessen unterbrach die päpstliche Kommission ihre Thätigkeit. Erst gegen Ende des Jahres eilte man, die Zeugenvernehmungen wieder aufzunehmen und zu schliessen. Die Akten wurden nun dem Papste zugestellt, welcher bereits zur endgültigen Entscheidung über das Schicksal des Ordens ein allgemeines Konzil nach Vienne ausgeschrieben hatte. Auf dem Kirchenkongress, dessen Sitzungen im Oktober 1311 eröffnet und den ganzen Winter über fortgesetzt wurden, wurde schliesslich nach mannigfachen Vermittlungsvorschlägen*), die aber Philipp stets zu hintertreiben wusste, der Beschluss zur Aufhebung des Templerordens gefasst. Durch die Bulle „Vox in eccelso audita est“ vom 2. Mai 1312 wurde sie der Christenheit in schwankenden Ausdrücken bekannt gegeben.

In Paris sollte das Trauerspiel mit einem tragischen Akt endigen. Der Grossmeister Jacob von Molay, der fast sieben Jahre in strengster Haft geschmachtet, ein hilfloser Greis, tiefgebeugt und gebrochen an Leib und Seele, und vier andere Grosswürdenträger waren zu lebenslänglicher Haft verdammt worden. Gegenüber der Hauptkirche von Paris, der Notredame, wurde ihnen vor versammeltem Volke das Urteil verlesen. Da erhoben sich plötzlich der Meister und der Grosspräceptor Gottfried de Charmay in sittlicher Entrüstung, leugneten laut die Schuld des Ordens und deckten das ganze mit ihnen getriebene verruchte Spiel auf. Der König musste fürchten, völlig entlarvt zu werden. Solcher Gefahr mit Erfolg zu begegnen, verurteilte er die Unglücklichen sofort als Rückfällige („relapsi“) zum Tode. Das Ur-

---

*) Eine Partei wollte die Vereinigung der Templer und Johanniter herbeiführen, eine andere wollte den Orden reformieren und ihm die Fortsetzung des Kampfes gegen die Ungläubigen zur Pflicht machen. usw. — „Trotz der allgemeinen Antipathie der Prälaten und Diözesangeistlichkeit gegen die Templer ist keine Rede davon, dass diese Stimmung schliesslich entscheidend für die Verurteilung des Ordens ins Gewicht gefallen ist.“

teil wurde am folgenden Tage (11. März 1314) vollstreckt. An derselben Stätte, wo sie so mannhaft für die Unschuld ihrer Brüderschaft eingetreten waren, wurden die beiden letzten Vertreter des glänzenden Ordensstaates am gelinden Feuer langsam verbrannt. An der Schwelle des Todes und angesichts der Ewigkeit soll Molay ausgerufen haben, er verdiene den Tod, weil er aus Liebe zum Leben und um dem Übermass entsetzlicher Martern zu entgehen, vor allem aber, durch listige Schmeichelworte des Königs und des Papstes verlockt, ruchlose Schandthaten und Verbrechen gegen seinen Orden erlogen habe. Das Volk verehrte die beiden Dulder, die seelengross ihre jammervolle Leidensbahn beschlossen und heldenmütig sühnten, was sie früher in schwachen Augenblicken versäumt, die noch sterbend, das Angesicht der schmerzensreichen Mutter Gottes zugewandt, ihre Hände zum Gebet falteten, als Märtyrer und bewahrte ihre Asche als heilige Reliquie. Man erzählte sich, Molay habe auf dem Scheiterhaufen seine Henker vor Gottes Richterstuhl geladen. Und als beide Oberhäupter*) nicht gar lange nachher n schweres Siechtum verfielen und unter qualvollen Leiden ihr bewegtes Leben beschlossen, wurde ihr Tod von der Menge in dem abergläubischen Gefühl, dass

*) Der Papst starb bereits am 20. April 1314, einsam, verlassen, im vergeblichen Ringen, die mahnende Stimme des empörten Gewissens zum Schweigen zu bringen. In der Nacht wurde die Kirche, in welcher der Leichnam des unglückseligen Mannes aufgebahrt war, durch eine Feuersbrunst eingeäschert. Hierbei verbrannte auch der untere Teil der Leiche. Sie wurde später in einem prächtigen Mausoleum beigesetzt, das Verwandte errichtet, denen der Verstorbene unermessliche Schätze hinterlassen. Aber auch hier sollten die letzten Überreste des Pontifex keine bleibende Ruhestatt finden. Wütende Calvinisten-Haufen zerstörten 1577 das Mausoleum, warfen den Rest der Gebeine ins Feuer und zerstreuten die Asche in alle Winde. — Philipp wurde am 29. Nov. 1314, erst 46 Jahre alt,

eine höhere vergeltende Gewalt zur Vollstreckung einer Sühne an den ungerechten Richtern der Templer sich erniedrigt habe, als göttliches Strafgericht gedeutet.

Das Schicksal des Ordens war in den verschiedenen Ländern verschieden. Man begnügte sich meist mit gerichtlichen Verfolgungen, mit Untersuchungshaft und Güterraub. Viele Templer wurden, wie in England, Portugal, wo der feingebildete König Diniz, die wahren Beweggründe Philipps schnell und richtig durchschauend, seine schützende Hand über die verfolgten Brüder hielt, in Ravenna, Mainz und anderen Orten freigesprochen, viele entgingen auch der Prozessierung durch die Flucht, irrten in weltlicher Tracht ruhelos durch die Länder Europas als heimatlose Vagabunden und traten hier und da wohl in den Johanniter-Orden über, andere fristeten ein jammervolles Dasein, so gut es gehen mochte, von dem kümmerlichen Ertrage harter, ungewohnter Arbeit, viele starben auch im Gefängnis. Nur in Neapel übte das französische Königshaus fürchterliche Vergeltung für die Begünstigung der sicilianischen Vesper und löschte die heisse Glut wilden Hasses in dem Blute der unglücklichen Ritter.

Nur 40 Jahre lagen zwischen Ludwig IX., der für das Kreuz gestorben, und seinem Enkelsohn, der es mit dem Blute seiner Verteidiger befleckte. Welche

---

von einer rätselhaften Krankheit dahingerafft. Welch' eine ungeheure Summe von Hass und Ingrimm seine fluchbeladene Regierung erzeugt, dafür liefert die Thatsache einen schwerwiegenden Beweis, dass sein Sohn und Nachfolger Ludwig X. die Geistlichkeit des Reiches zum Teil mit Gewalt zwingen musste, für den Abgeschiedenen Seelenmessen zu lesen. Die Söhne folgten dem Vater früh ins Grab. Schlimme Zeiten kamen für Frankreich und manche Stimmen wollten in dem Unglück des englischen Krieges eine Vergeltung für die Verbrechen Philipps erblicken und eine Sühne für die nationale Schuld, die das Volk durch seinen passiven Anteil daran auf sich geladen.

Veränderung war während dieser Zeit in der Anschauung der Menschen vorgegangen!

In Frankreich bezeichnete die Katastrophe auf der Seine-Insel das Ende der weltgeschichtlichen Bewegung, die einst auf der Ebene von Clermont ins Leben gerufen worden. Die Güter des Ordens und das grosse Tempelhaus in Paris wurden Eigentum der Krone. Niemand ahnte damals, dass es einst einem unglücklichen Nachkommen Philipps (Ludwig XVI. und seiner Familie im Winter 1792/93) zum letzten traurigen Aufenthalte dienen sollte. Vielleicht ist hier der Ort, einmal daran zu erinnern, dass in der Weltgeschichte mit ernstem Blicke jene hehre Göttin waltet, welche zügelt der Sterblichen stolzen Lauf und züchtigt ihren verderblichen Übermut, die ewige Richterin und Rächerin Nemesis. „Von der Grabkammer der Templer geht die Sage, dass alle Jahre in der Nacht der Aufhebung eine gewappnete Gestalt, das rote Kreuz auf dem weissen Mantel, daselbst erscheine mit der Frage, wer das heilige Grab befreien wolle; niemand, niemand ist die Antwort, die ihm aus dem Gewölbe entgegenschallt, denn der Tempel ist zerstört.“

Also waren die Templer und ihre Gegner dahingegangen. Der grosse Prozess„ bedeutet das ungeheuerste und schmachvollste Unrecht, wovon die Blätter der mittelalterlichen Kirche zeugen. In den Hauptpunkten der Anklage sind die Templer so unschuldig und rein gewesen als der heilige Vater selbst.“ Soweit von einer sittlichen Schuld bei ihnen die Rede sein kann, haben sie „überreich und ungewöhnlich dafür gebüsst.“ Was aber dem Orden, der sich überlebt, zum gerechten Vorwurf gereicht, ist der „Mangel an einem festen Halt, an politischem Verständnis, seine Unfähigkeit, die wirklichen und neuen Bedürfnisse und Mächte der Zeit zu verstehen und sich nach diesen zu richten.“

III. Die Feme.

1. Das deutsche Reich.*)

An dem Tage, da der grosse Hohenstaufe Friedrich II. zu Fiorentino in Italien gramgebeugt verschied (1250, 13. Dezember), hörte Deutschland auf eine Weltmacht zu sein. Von jeher war es das Verhängnis des staufischen Hauses gewesen, dass es glaubte, an der Herrschaft Italiens festhalten zu müssen, dass es dort die Wurzeln seiner Kraft und die Mittel suchte, die wankende Krone in dem von inneren Parteiungen zerrissenen Vaterlande zu befestigen.

In solche Ideenkreise gebannt, war auch Friedrichs Nachfolger, der junge König Konrad IV. (1250—54), nach dem schönen Lande gezogen. Aber die heisse Fieberluft des südlichen Italiens, die so manches germanische Leben in der Blüte der Jahre geknickt hat, bereitete dem Sechsundzwanzigjährigen einen frühzeitigen Tod.

Das schwere Erbe des Hauses fiel seinem zarten Sprössling zu, dem zweijährigen Konradin. Auch er folgte den staufischen Traditionen und ging 1267 nach dem fernen Lande, „gleich einem jungen Adler, dem noch kaum die Fittige zu dem kühnen Flug gewachsen“.

Aber schon 1268, am 29. Oktober, im Angesicht des herrlichen Landes, das seine Väter errungen und gross gemacht, sank der kaum siebzehnjährige Jüngling nach einer schnellen und glänzenden Laufbahn, „die

---

*) Vergl. O. Lorenz: Deutsche Gesch. im 13. u. 14. Jahrh. 2 Bde. Wien; 1853—67. — J. E. Kopp: Gesch. von der Wiederherstellung und dem Verfalle des heiligen Römischen Reiches. Berlin; 1858—71. — Th. Lindner: Deutsche Gesch. unter den Habsburgern und Luxemburgern. 2 Bde. Stuttgart; 1893.

eher einer Romanze als der geschichtlichen Welt anzugehören scheint", durch Henkershand in ein ruhmloses Grab, der letzte Sprössling eines glänzenden Herrscherhauses, das an Macht und allen Gütern der Erde, wie an Talent, Seelenadel und Hochgefühl alle anderen Fürstengeschlechter des Mittelalters überstrahlte und bei allen seinen Fehlern eine der bezauberndsten und unwiderstehlichsten Erscheinungen der Geschichte ist.

Während das Staufengeschlecht im fernen Süden einen tragischen Ausgang fand, seufzte daheim das grosse ruhmvolle deutsche Reich unter schwerer Bedrängnis und ging einem trostlosen Zerfalle entgegen. Es brach jene schreckliche Zeit über unser Vaterland herein, welche sich als das grosse Interregnum (1256 bis 1273) im Andenken der Nation mit blutigen Zügen eingegraben hat. Die feindselige und treulose Politik der römischen Kurie, die habgierige Selbstsucht und der gewinnsüchtige Eigennutz der fehdelustigen deutschen Fürsten lösten das Reich in kleine Territorialherrschaften, Bistümer und städtische Gemeinwesen auf und überliessen die deutsche Krone fremden Machthabern, die imstande und bereit schienen das goldene Füllhorn ihres Reichtums auf das gewissenlose Wahlkollegium auszuschütten.

Von ihren festen Burgen herab führten die Vasallen der Grossen ein wildes Räuberleben, plünderten die Güterwagen der aufstrebenden Handelsstädte, misshandelten die Wehrlosen und Schwachen und lachten auf ihren unzugänglichen Felsennestern der machtlosen Gesetze und der ohnmächtigen Gerichte.

Am härtesten und am leidensvollsten gestaltete sich damals das Los des Bauernstandes. In den Fehden der ritterlichen Gutsherren wurden oft seine Dörfer und Höfe niedergebrannt, die Saaten verwüstet und die Ernte vernichtet, wofern Wild und Jagden noch etwas zum Ernten übrig gelassen hatten. Endlos waren die persönlichen Leistungen durch Frohndienste, Steuern, Zehnten und Abgaben jeder Art. Ohne Recht und Schutz der Gesetze war der unfreie Mann den härtesten und entehrendsten Strafen ausgesetzt. Roh gab sich die verwilderte Menschennatur ihren ungebändigten Trieben hin. Jedes Rechtsgefühl war verdunkelt oder erstickt; jede Rücksicht auf gemeinsame Wohlfahrt war geschwunden, jede Regung für die Nationalehre dahin.

In dieser entsetzlichen Zeit gingen auch die alten Rechtsordnungen*) unter. Ursprünglich hatten die freien Eingesessenen der kleineren Abteilungen des Landes, der Hunderte, in bestimmten Fristen, meist alle acht oder vierzehn Tage, sich zur gerichtlichen Tagfahrt eingefunden. Diese alte Ordnung des Gerichtswesens war bei der häufigen Abwesenheit der waffenfähigen Einwohner auf weiten und langdauernden Kriegszügen, sowie der Grafen, welche an die Stelle der Stammesherzöge getreten waren, nicht länger durchführbar. Daher beschränkte Karl d. Gr. die Gerichtstage und setzte fest, dass in minder wichtigen Rechtssachen nicht mehr alle Freien eines Gaues, sondern nur bestimmte Personen für die Urteilfindung, die Scabinen oder Schöffen, dem Gerichte anwohnen sollten. Sie sowohl als die richterlichen Unterbeamten wurden von den königlichen Sendboten unter Mitwirkung des Grafen und des Volkes aus der Mitte der Freien gewählt und bildeten bald einen besonderen Stand.

Durch die Verleihung verschiedener Rechte an geistliche und weltliche Machthaber zersplitterte sich

---

*) Vergl. K. F. Eichhorn: Deutsche Staats- u. Rechtsgesch. 2. u. 3. Teil. Göttingen; 1844. — O. Stobbe: Gesch. der deutschen Rechtsquellen. Braunschweig; 1860—64.

mit der Zeit die Gerichtsbarkeit der Grafen. Zu Ende des 12. Jahrhunderts gab es besondere Gerichte für die Freien unter den „Freigrafen“, und besondere unter den „Gaugrafen“. Die Beisitzer der Freigrafen hiessen „Freischöffen“, während das Gericht „Freistuhl“, der einzelne Gerichtsbezirk „Freigrafschaft“ genannt wurde. Allmählig gingen die Freigrafschaften unter, vielfach verschmolzen sie sich auch mit den Gaugrafschaften. Nirgend aber erhielten sie sich so sehr in ihrer ursprünglichen Bedeutung, wie in dem abgeschlossenen Westfalen.

Hier bildete sich die fürstliche Landeshoheit langsamer aus als anderwärts; hier erhielten sich die freien Grundbesitzer länger als sonstwo in ihren Rechten, bewahrten die alte Freiheit, die freie Gemeindeverfassung, ihre Unmittelbarkeit unter Kaiser und Reich; hier blieb „eine kostbare Erbschaft früherer Zeiten, der Königsbann d. h. das dem König allein zustehende Recht, den Grafen die Grafschaft zu verleihen, in einer zwar abgewandelten, aber doch alten Gestalt lebendig“; hier „fuhr man fort, in alter Weise, in den hergebrachten Formen, an den gewohnten Malstätten die Freien zum Gericht zu versammeln“.

Als dann später die fürstliche Territorialgewalt die Gemeinfreiheit immer mehr schmälerte, wussten die geistlichen und weltlichen Dynasten, in deren Gebieten Freigrafschaften lagen, diese insofern von sich abhängig zu machen, als sie unter der Benennung von Stuhlherren sich vom Kaiser mit denselben belehnen liessen. Indessen übte dies auf die westfälischen Gerichte keinen besonderen Einfluss aus. Die Freigrafen wurden von dem Stuhlherrn dem Kaiser zur Ernennung vorgeschlagen und empfingen von diesem ihre Bestätigung. Bei der Ernennung, welcher zwei Freischöffen beiwohnen mussten, schwuren die Freigrafen dem Kaiser einen

Eid, „bei der Heimlichkeit, wie es sich gebührte", und erhielten zum Zeichen der Investitur Schwert und Strang.

Einen neuen ungewöhnlichen Aufschwung und neue Lebenskraft erhielten die Volksgerichte der „roten Erde" im 13. Jahrhundert, als mit dem Verfall der höchsten Gewalten in Staat und Kirche überall in den unteren Schichten der Nation neues Leben sich regte.

2. Die rote Erde.*)

Das Westfalen des Mittelalters entsprach keineswegs genau dem Westfalen unserer Zeit. Es umfasste das Land zwischen Rhein und Weser, wurde im Süden durch die hessischen Gebirgszüge begrenzt und erstreckte sich nordwärts bis nach Friesland.

In der ältesten Zeit hauste in Westfalen die grosse Nation der Brukterer. Später wurde es das Hauptgebiet der westlichen Volksgruppe der Sachsen oder Westfalen. Von den Erschütterungen der Völkerwanderung nur wenig berührt, bewahrten sie unverändert die Grundzüge echtgermanischen Wesens, und bis auf den heutigen Tag haben sich Name und Volk erhalten. Noch heute

---

*) Vergl. J. S. Seibertz: Landes- u. Rechtsgesch. des Herzogtums Westfalen. 2 Bde. Arnsberg; 1860—64. — G. Löbker: Wanderungen durch Westfalen. 6 Tle. Münster; 1873—79. — L. Schücking u. F. Freiligrath: Das malerische u. romantische Westfalen. Paderborn; 1889.

Die Bezeichnung „rote Erde" findet sich erst 1490. Unter den mancherlei versuchten Erklärungen ist diejenige, welche die Farbe des Erdbodens im Auge hat, vielleicht die richtige. Obwohl keineswegs ganz Westfalen roten Grund aufweist und solcher sich auch in anderen Ländern findet und „anfänglich nicht so allgemein von Westfalen als roter Erde gesprochen worden sein kann, so mag sich doch in der Nachbarschaft eines westfälischen Landstriches, dessen Bodenfarbe rötlich ist, im Volksmunde diese Bezeichnung gebildet haben".

bildet trotz vieler volkreicher Städte, in denen eine hochentwickelte Industrie blüht, der Bauer das eigentliche Grundelement der Bevölkerung. Wie der Edelmann auf seinem Stammschlosse, haust er auf dem von den Vätern ererbten Gute, ein tüchtiger, kerniger Menschenschlag.*)

Bekannt ist, dass die tapfere, zähe Nation der Sachsen durch einen mehr als dreissigjährigen Krieg von Karl d. Gr. unterjocht und ihr Gebiet dem fränkischen Weltreiche einverleibt wurde. Die Herzogswürde wurde abgeschafft und die fränkische Grafschaftsverfassung eingeführt. Die anhaltende Schutzlosigkeit, welcher das Land unter den schwachen Nachfolgern Karls gegen die räuberischen Einfälle der Normannen und Slaven preisgegeben war, veranlasste die Sachsen, sich wieder unter die altbewährte Führung eines Herzogs zu stellen, eine Würde, die zuerst Otto der Erlauchte (880—912) bekleidete. Nach der Ächtung Heinrichs des Löwen (1180) wurde das Herzogtum Sachsen abermals aufgelöst und die herzogliche Gewalt in Westfalen dem Erzbistum Köln übertragen. Unter der milden Herrschaft des Krummstabes erfreute sich das Land einer eigenen Verfassung, eigener Grundgesetze und Landtage, welche in Arnsberg zusammentraten. Infolge des Reichsdeputationshauptschlusses von 1803 fiel Westfalen an Hessen-Darmstadt, bis es auf dem Wiener Kongress (1815) an Preussen abgetreten wurde. —

*) „Die knorrige, aber durch und durch gesunde und ehrenwerte Gestalt des westfälischen Bauern mit seinem tüchtigen Konservatismus, seinem Mangel an Interesse im allgemeinen und seinem Hange zum Partikularismus, seinem unbeugsamen Rechtssinn hat Immermanns „Hofschulze“ in Deutschland populär gemacht.“

3. Das heimliche Gericht.*)

a) Sein Ursprung und seine Entwicklung.

Unter den mancherlei seltsamen und schrecklichen Dingen, von denen die mittelalterliche Geschichte berichtet, nimmt die vielberufene Feme**) wohl den ersten Platz ein. Die Sage hat um das geheimnisvolle Institut ihre üppigen Ranken geschlungen, die Dichtung hat sich beeifert, dasselbe mit dem Reize romantischer Schauer zu umgeben und in phantasievoller Weise seine düstere Zurüstung uns auf der Bühne vor Augen zu führen, und zahllose Ritterromane und andere populäre Schriften

*) Vergl. Th. Berck: Geschichte der Westfälischen Femgerichte. Bremen; 1815. — P. Wigand: Das Femgericht Westfalens. Hamm; 1825. — F. Ph. Usener: Die Frei- und heimlichen Gerichte Westfalens. Frankfurt a. M.; 1832. — B. Thiersch: Der Hauptstuhl des westfälischen Femgerichts auf dem Königshofe zu Dortmund. Dortmund; 1838. — C. G. v. Wächter: Beiträge zur Deutschen Geschichte. Tübingen; 1845. — Th. Keightley: Die Geheimen Gesellschaften des Mittelalters. Aus dem Engl. von W. Drugulin. Stuttgart; 1847. — R. W. Tadama: Geschiedenis van het Veemgericht. Leiden; 1857. — E. T. Gaupp: Von Femgerichten mit besonderer Rücksicht auf Schlesien. Breslau; 1857. — H. Geisberg: Die Feme. Münster; 1858. — W. Kampschulte Zur Gesch. des Mittelalters. Bonn; 1864. M. F. Essellen: Die westfälischen Frei- oder Femgerichte. Schwerte; (o. J.). — O. Henne-Am Rhyn: Allg. Kulturgesch. III. Bd. Leipzig; 1877. — R. Brode: Freigrafschaft und Feme. Breslau; 1880. — J. Scherr: Deutsche Kultur- und Sittengesch. Leipzig; 1882. — Th. Lindner: Die Feme. Münster u. Paderborn; 1888. — F. Thudichum: Femgericht u. Inquisition. Giessen; 1889.

**) Das Wort „Veme“ erscheint selbständig zuerst 1251, vorher nur in der Ableitung „vimenot“ d. i. Teilnehmer des Gerichts, Gerichtsschöffen. Es bedeutet seinem ursprünglichen Begriffe nach nichts anderes als „Genossenschaft“ oder „Gemeinschaft“. Erst später und zwar im 14. Jahrh. bezeichnet es die richterliche Genossenschaft und nahm nunmehr auch die Bedeutung „Gericht“, „Strafe“ an. Aus „vimenot“ wurde damals „vemenote“, d. i. Vemegenossen. Vergl. Lindner a. a. O.

haben das ergiebige Thema schauerlich variiert. Mit behaglichem Gruseln liest man dort, wie vermummte Männer in tiefster Nachtzeit in düsteren Höhlen, in dunklen Waldesschluchten oder in unterirdischen Gewölben heimlich sich versammeln, schweigend sich um einen schwarzbehangenen Tisch niederlassen, „über welchen spärliche Lichter ein grausiges Halbdunkel verbreiten“ und ihres unerbittlichen Richteramtes walten. „Der Vorgeladene, den man in unbewachtem Augenblicke ergriffen, mit verbundenen Augen auf verborgenen Pfaden zur heimlichen Gerichtsstätte geschleppt hat, wird vorgeführt. Der Ankläger enthüllt das Verbrechen. Sein Schwur gilt als Beweis und gestattet keine Verteidigung mehr. Zur selbigen Stunde wird das Urteil gesprochen — es lautet allemal: Tod. Wir hören das dreifache Wehe der vermummten Schöffen; der Freigraf zerbricht den Stab; der Frone tritt hinzu und vollstreckt den Blutspruch. Still und lautlos, wie sie gekommen, verschwinden die Femerichter im Dunkel der Nacht. — Es nutzt dem Unglücklichen nichts, sich der Ladung zu entziehen. Das Urteil wird nichtsdestoweniger gesprochen und vollzogen.“ „Entweder wird er bei Nachtzeit aus dem Schlafe gerissen und mit dem Strange gerichtet oder, wo er allein des Weges wandelt, von den seine Schritte belauernden Schöffen gepackt und an den nächsten Baum gehenkt. Ein neben der Leiche in den Stamm gehefteter Dolch verkündet, dass er der unfehlbar treffenden Feme verfallen war.“ Dem rächenden Arm der Feme entgeht niemand; ihre geheimen Sendlinge wandern in die Ferne. „Die heilige Feme durchkreuzt die Welt, sie durchkreuzt die stille, die bewegte Welt,“ und zahllos waren die Verbrecher, welche durch sie den wohlverdienten Lohn empfingen.

Die historische Forschung hat von dem phantastischen Aufputze der Sache manchen zauberhaften Glanz beseitigt. Das schauerliche Dunkel ist geschwunden, und über Ursprung, Entwicklung und Bedeutung des ehrwürdigen Rechtsinstituts herrscht kaum noch ein Zweifel. Trotzdem werden die „Femgerichte immer ein denkwürdiges Stück deutscher und namentlich der westfälischen Geschichte sein. Zwar kein so ruhmvolles, wie übertriebene Wertschätzung sie auffasste, aber auch kein unrühmliches.“

Die Sage liebt es, bestehende Verhältnisse an historische Personen anzuknüpfen, die im nimmer müden Volksgedächtnis unvergänglich fortleben. So nennt sie als Stifter der Feme den Kaiser Karl d. Gr. und erzählt von dem Papste Leo III., den sie phantasievoll zu seinem Bruder macht, er habe das heimliche Gericht bestätigt, als er, der zuerst von allen Päpsten deutschen Boden betreten, im sächsischen Lande mehrere Kirchen weihte.

Allerdings hat das eigentümliche Gerichtsverfahren eine uralte historische Basis insofern, als einerseits seine Wurzeln im altgermanischen Rechte zu suchen sind: dem Recht der Selbsthülfe des freien Mannes gegen den auf frischer That ergriffenen Dieb oder Räuber, als es andererseits zum Teil auf Einrichtungen und Verordnungen des grossen Kaisers zurückzuführen ist. In Wirklichkeit aber hat sich die eigenartige Entwicklung des Femewesens erst im 13. Jahrhundert unter dem Einfluss der Zersetzung aller öffentlichen Verhältnisse vollzogen.

Das Femgericht leitete der Freigraf; ihm standen 7 Freischöffen zur Seite. Der Bewerber um das Freischöffenamt musste „echt, recht und frei“ sein, während zwei Schöffen für seine Person Bürgschaft übernahmen. Behufs seiner Aufnahme führten ihn diese vor das versammelte Gericht. Dort legte er zwei Finger der rechten Hand auf Schwert und Strick, welche als unheimliche Amtszeichen vor dem Freigrafen lagen, und leistete den Schöffeneid.*) Zugleich verpflichtete er sich ohne Rücksicht der Person und unbestechlich — weder um Leib noch Leid, noch um Silber, Gold und Edelgestein, noch um Vater, Mutter, Schwester, Verwandtschaft und keinerlei Ding, das Gott hat werden lassen — die Feme zu lassen, sondern alle vemewrogigen Sachen, die er glaublich erfahren möchte, vor Gericht zu bringen, die heilige Feme und das Recht zu fördern und zu stärken.

Andere Pflichten, welche der neue Freischöffe auf sich nehmen musste, bestanden darin, dass er die Vorladungsbriefe zu besorgen, geschehene Vorladungen zu beglaubigen und bei der Hinrichtung eines Verfemten auf Erfordern Beistand zu leisten hatte.

Darauf eröffnete der Freigraf dem Aufgenommenen die erworbenen Rechte**) und teilte ihm die heimliche

---

*) „Ik gelowe bi der hilligen ee, dat ik numer will de veme waren helen hoden ind halden vor man vor wif — vor torf vor twich (Zweig) — vor stock vor stein — vor gras vor grein — vor alle quecke wichte (lebende Wichte) — vor alle godes gestichte (Geschöpfe) vor alle dat tuschen hemel ind erden — got heft laten werden — wente (bis) an den man, de de veme halden kan.“

**) Den Pflichten entsprachen bedeutende Rechte: Der Freischöffe konnte weder ausschliesslich vor dem Freistuhl belangt werden, noch gab er lediglich vor diesem Recht. Dagegen hatte er die Pflicht, sich dem heimlichen Gerichte zu stellen, wenn er einer femewrogigen Sache angeklagt war. Wurde er auf handhafter That ergriffen, so schützte ihn seine Stellung nicht. Er konnte sofort gerichtet werden. Bei andern Anklagen jedoch genoss er wichtige Gerechtssame. So musste seiner Verurteilung eine dreimalige Vorladung vorangehen; jede musste mindestens einen Zeitraum von 6 Wochen und 3 Tagen umfassen. Die Vorladung war in besonders feierlicher Weise zu vollziehen, die erste (sie hiess „Heischung“) von zwei, die zweite („Ladung“) von vier, die dritte („Mahnung“) von sechs Freischöffen und einem Freigrafen

Losung, die geheimen Erkennungszeichen und das Notwort mit. In der Zeit, da das Femewesen in seiner höchsten Blüte stand, gab es ausserordentlich viele Freischöffen; doch ist die Zahl 100,000, die häufig angegeben wird, nicht zu erweisen.

Seit 1311 verbreitete sich das Schöffentum über ganz Westfalen, und bald waren hier alle wissend, die irgend eine Stellung in der Gesellschaft beanspruchten: der hohe und der niedere Adel und alle Stadtmagistrate.

Allmählig überflutete das Schöffentum alle deutschen Länder. Ein gewisses Schutzbedürfnis gegen die heimliche Acht machte den Rat Wissender notwendig. Kein Fürst, keine Stadt konnte mehr desselben entbehren. Namentlich die mit der Rechtspflege Betrauten waren darauf angewiesen, sich mit den sonderbaren Gebräuchen des geheimnisvollen Institutes bekannt zu machen. Aller Orten bedurfte man Wissender, welche als Prokuratoren oder Boten vor der Feme erscheinen konnten. Sogar zahlreiche Fürsten*), Geistliche und Gebietiger des deutschen Ordens im entlegenen Preussen verschmähten es nicht, sich dem heimlichen Gericht anzuschliessen. Sie waren ihm als Freischöffen eidlich verbunden und verpflichtet.

Es war eine lange Zeit, in welcher der angeklagte Freischöffe leicht Eideshelfer finden konnte. Hatte er sechs gewonnen, so war er geborgen, ein Umstand, der natürlich nicht unbedenklich war und thatsächlich auch mancherlei Misshelligkeiten im Gefolge hatte.

*) Unter den weltlichen Fürsten lassen sich als Glieder des heimlichen Gerichtes nachweisen: Kaiser Sigmund, die Kurfürsten Friedrich I. und II. von Brandenburg, die sächsischen Kurfürsten Friedrich I. und II., Herzog Wilhelm III. von Sachsen, die Herzoge Heinrich der Reiche und Wilhelm III. von Bayern, der Landgraf Ludwig II. von Hessen, der Herzog Wilhelm I. von Braunschweig, die Pfalzgrafen Ludwig III., Johann und Otto u. a.

Trotz aller Vorsicht kamen nicht selten unredliche und übelbeleumdete Männer zum Schöffenamte. Nicht immer das Bedürfnis, sondern der herrschende Zug der Zeit, die Mode mochte Viele, welche die nicht unbeträchtliche Aufnahmegebühr zahlen konnten, veranlassen, die Aufnahme nachzusuchen. Freischöffe zu sein, schmeichelte zudem der Eitelkeit und der Neugierde. Geheimniskrämerei hat ja zu jeder Zeit einen unwiderstehlichen Reiz auf die schwachen Menschenherzen ausgeübt.

Die unterste Stufe in der femerichterlichen Hierarchie nahmen die Freifronen oder Fronboten ein. Sie hatten die Aufträge der Freigrafen zu vollziehen und insbesondere für Aufrechterhaltung der Ordnung und Beobachtung der vorgeschriebenen Formen Sorge zu tragen. In die Geheimnisse des Gerichts eingeweiht, waren auch sie zur unbedingten Verschwiegenheit gegen alle Nichtwissenden verpflichtet.

b) Die Heimlichkeit.

Geheimnisse mannigfachster Art, von Menschen bewussten und unbewussten Sinnes geschaffen, ziehen sich wie ein roter Faden durch die ganze Weltgeschichte;

„Sie erben sich, wie Gesetz und Rechte,
Gleich einer ewigen Krankheit fort
Und pflanzen von Geschlecht sich zu Geschlechte
Und ziehen sacht von Ort zu Ort.“

Um die Mitte des 14. Jahrhunderts begann der Freischöffenstand, welcher sich lediglich durch Aufnahme neuer Mitglieder ergänzte, in der richtigen Voraussetzung, dass die Wirksamkeit des Gerichts durch den Schrecken der Heimlichkeit erhöht werde, gegen die profane Welt sich abzuschliessen und sich besondere geheimnisvolle Formen und Gebräuche zu schaffen, die mit grösster Ängstlichkeit gehütet wurden.

Die früheste Andeutung eines wirklichen Geheimnisses bei Gericht und Schöffentum findet sich 1340. Und der Schöffeneid schärfte das Geheimnis*) der Feme dringend ein.

Die wichtigsten Geheimnisse waren die „Losung“, das Erkennungszeichen (der „heimliche Scheppengruss“) und das Notwort. Die Losung, ein Teil des Schöffeneides, bestand in den unscheinbaren Worten: „Stock, Stein, Gras, Grein“. Der „heimliche Scheppengruss“ war von einer vorgeschriebenen Handbewegung begleitet. Der ankommende Schöffe legte seine Rechte auf die linke Schulter des Amtsgenossen und redete ihn an:

„Eck grüt ju lewe man,
Wat fange ji hi an.“

Der also Angeredete erwiederte alsbald die Handbewegung, indem er dabei die Worte gebrauchte:

„Allet Glücke kehre in,
Wo die Freienscheppen sin.“

Das Notwort endlich, „wie es Carolus Magnus der heimlichen Acht gegeben“, bildete der rätselhafte Spruch: „Reinir dor Feweri!“ (Gereinigt durch Feuer?), dessen eigentliche Bedeutung bis heute in undurchdringliches Dunkel gehüllt ist. Auf Verrat dieser Geheimnisse stand die Todesstrafe, doch ist er anscheinend selten vorgekommen.

---

*) In einem alten Rechtsbuch der Feme heisst es hierüber: „Wäre es, dass ein Freischöffe die Heimlichkeit und Losung der heiligen Acht oder irgend etwas davon sagte, den sollen die Freigrafen und Freischöffen greifen unverklagt und ihm seine Hände vorn zusammen und ein Tuch vor seine Angen binden und ihn auf seinen Bauch werfen und ihm seine Zunge hinten aus seinem Nacken winden (eine höchst seltsame Prozedur!) und ihm einen dreisträngigen Strick um seinen Hals thun und ihn sieben Fuss höher hängen als einen verurteilten, verfemten, missethätigen Dieb.“

Bald wurde der düstere Begriff der Heimlichkeit auf das ganze Verfahren vor dem Gericht ausgedehnt. Die Warnung eines Verfemten war streng verboten, mochte es auch der nächste Anverwandte sein. Briefen und Vorladungen, welche von dem Gericht ausgingen oder schwebende Sachen betrafen, wurde die warnende Aufschrift beigefügt: „Diesen Brief soll Niemand aufbrechen, lesen oder lesen hören, es sei denn ein echter, rechter Freischöffe." Es kam selten vor, dass die schreckende Formel nicht beachtet wurde. Auch die Rechtsbücher der Feme erhielten in der Regel auf dem Titelblatt den unheimlichen Vermerk. Häufig wurden die Wörter im Schöffeneide, welche die geheime Losung darstellten, nicht ausgeschrieben, sondern nur durch Anfangs- (S. S. G. G.) oder andere, beliebig gewählte, Buchstaben angedeutet.

c) *Das offene und das heimliche Ding.*

Denselben feierlichen Ernst, der die Zeremonie der Aufnahme eines Schöffen begleitete, trug auch das Gericht selbst zur Schau.

Die Femegerichte wurden nach urgermanischer Sitte gehegt an altherkömmlichen Malstätten unter freiem Himmel, gewöhnlich des Montags, Dienstags und Donnerstags vom Morgen, „sobald sich die Sonne erhöht hatte", bis zum Nachmittage. Die Gerichtsstätte befand sich gewöhnlich an der offenen Königsstrasse, oft bei Brücken, zuweilen auf Hügeln oder in den Vorhöfen von Burgen, doch auch innerhalb der Städte auf dem Markte oder neben der Kirche, nicht selten äusserlich gekennzeichnet durch hochragende Eichen oder breitwipflige Linden, die der Versammlung willkommenen Schatten spendeten. In der Mitte der eingefriedigten Dingstätte befand sich die Richterbank und der Gerichtstisch, mit weissem Linnen bedeckt. Auf ihm lag ein blinkendes Schwert und ein aus Weiden geflochtener Strick (wide).

Das Femegericht schloss zwei Formen der Sitzungen in sich: das offene und das heimliche Ding. Jenem waren Handlungen über Gut und Eigen, Schuld und Schaden, Weg und Steg und Flurgrenzen zugewiesen; es zu besuchen waren alle verpflichtet, „welche einen eigenen Rauch in der Freigrafschaft hatten und darinnen wohnten“. Das heimliche Gericht verhandelte nur femewrogige (femerügige) Sachen.*)

Die Schöffen erschienen bei Gericht unbewaffnet, ohne Hut, Handschuhe und Mantel.

Der Freigraf eröffnete das Gericht nach altem Brauche durch ein feststehendes, lautes Wechselgespräch mit dem Freifronen: „Ich frage dich, Frone, ob es wohl Tag und Zeit ist, dass ich in Statt und Stuhl des römischen Königs ein Gericht und heiliges Ding hege zu Recht unter Königsbann?“ — „Sintemalen ihr den Bann, Stuhl und Freigrafschaft von des Königs eigener Hand leiblich empfangen habt, mögt ihr das zu Recht thun!“ Damit trat das Gericht in die Verhandlung der Sache ein.

---

*) Ein im Jahre 1430 zu Dortmund aufgestelltes ausführliches Verzeichnis zählt folgende Verbrechen als vemewrogig d. h. dem Strafrecht der Feme unterliegend auf: Raub und jede Gewaltthat gegen Kirchen und Geistliche, Diebstahl, Beraubung einer Kindbetterin oder eines Sterbenden, Leichenraub (Reraub), Mordbrand und Mord, Verrat, Verrat der Feme an einen Unwissenden, Notzucht, Falschmünzerei, Raub auf der Kaiserstrasse, Meineid und Treulosigkeit, Verweigerung des Erscheinens auf Vorladung. — Später als das Unwesen der Hexenverfolgung seine dunklen Schatten immermehr über Deutschland ausbreitete, wurde auch das Verbrechen der Ketzerei und Hexerei dem Feme-Programm beigefügt.

Vergl. O. Wächter: Femegerichte und Hexenprozesse. Stuttgart; 1882. —

Der Kläger erschien vor den Schranken, an jeder Hand einen Freischöffen führend, und kniete mit ihnen nieder, während der Sprecher die Klage vortrug. Nachdem ein Urteilsspruch erkannt hatte, dass die Sache vor das Gericht gehöre, beeidete der Kläger, unterstützt von zwei Eideshelfern, die Wahrheit seiner Anschuldigung.

Gewöhnlich richtete der Freigraf erst eine schriftliche Warnung an den Beschuldigten, sich binnen 6 Wochen und 3 Tagen mit dem Kläger zu vergleichen, da im andern Falle das Gericht eingreifen müsse. Geschah das nicht, so wurde die fragliche Sache noch einmal vorgebracht und dann die Vorladung beschlossen.

Sie erging schriftlich in verschlossenen Ladebriefen,*) deren kühne und herausfordernde Sprache unser Staunen erregt. Sie trugen die bekannte Warnungsformel und wurden durch zwei Schöffen dem Angeklagten persönlich („an seine Gegenwärtigkeit") oder seinen nächsten Angehörigen zugestellt. Jedoch war dies Geschäft keineswegs immer gefahrlos; und es wurde um so misslicher, je mehr das Ansehen der Feme sank. Alle

*) Von den zahlreichen Vorladungen, die sich in der Urschrift erhalten haben, sei hier die folgende mitgeteilt: „Wisset Hermann Degler und sein Sohn und Albert Strodemann, dass ich Jacob Stoffregen, Freigraf der Grafschaft zu Rheda, Euch thue bitten und entbieten von des heiligen Reiches wegen unter Königsbann, dass Ihr kommet vor den Freistuhl an dem Hundehof bei der Mühle zu Rheda am nächsten Montag nach St. Bartholomäustag zur rechten Richtezeit und antwortet dort auf die Klage des Johann Stroding, weil die Klage Euch Allen hochgeht an Euren Leib und Ehre. Guten Freunde, hie kehret Eure Weisheit zu, dass der schweren Gerichte über Euch keine Not thut."

Ladungen ausserhalb des Gebietes der „roten Erde" wurden entweder durch westfäl. Schöffen besorgt, welche mit ansehnlichen Reisegeldern ausgestattet wurden, oder sie wurden an Freischöffen, welche in der Nähe des Belangten ansässig waren, zur weiteren Veranlassung übersandt.

Verordnungen und Gesetze über die Unverletzbarkeit der Gerichsboten halfen dagegen nichts. Die Ladung durfte daher auch in anderer Weise geschehen. Die vorladenden Schöffen erledigten also ihren Auftrag im heimlichen Dunkel der Nacht. Sie hefteten die Briefe an die Thore von Burgen oder Städten, in denen der Angeschuldigte wohnte, und riefen dabei die Wächter an, dass sie die Ladung bestellten. Zum Zeichen des Vollzuges hieben sie drei Spähne vom Thorriegel und legten sie dem Gerichte vor. Vielfach wurden die Vorladungen auch in Kirchen niedergelegt. Die vorsichtigsten Boten warfen sie kurzweg auf die Landstrasse oder steckten sie an Gartenzäune.

Der Verklagte wurde weder verhaftet noch mit Gewalt vor Gericht gebracht. War er auf geschehene Ladung erschienen und hatte das Gericht festgestellt, dass dieselbe richtig ergangen war, so heischte ihn der Freigraf dreimal nach den vier Himmelsrichtungen, dass er „vorkomme und Leib und Ehre zum höchsten Rechte verantworte."

Der Beschuldigte konnte nun das Verfahren seinen Gang gehen lassen oder versprechen, dem Kläger anderweitig vor den regelmässigen Gerichten Recht zu thun. Bot er dafür genügende Sicherheit oder übernahm eine Anzahl Schöffen für ihn Bürgschaft, so musste das Anerbieten angenommen werden. Ging dagegen das Gericht seinen Gang, so folgte auf die Anklage die Verteidigung des Beschuldigten, welche wesentlich durch den Reinigungseid geführt wurde, worauf das Urteil nach altem strengen Gewohnheitsrecht gesprochen wurde. Es erhielt sofort Rechtskraft, wofern es nicht von dem „Umstande gescholten" oder keine Berufung dagegen an den König eingelegt wurde.

Der Urteilsspruch hing davon ab, ob Kläger und Beklagter zur Stelle waren. War jener nicht anwesend, so wurde sofort auf Freisprechung erkannt. Fehlte der Angeschuldigte, so erhielt der Kläger Recht, sobald 6 Freischöffen eidlich die Berechtigung seiner Klage erhärteten.

Heimliches Gericht wurde stets gehalten, wenn es sich um eine femerügige That handelte oder der Vorgeladene ausgeblieben war. In diesem Falle wurde „bis Mittags um die dritte Uhr“ auf ihn gewartet, worauf der Freigraf allen Nichtschöffen bei Strafe der „Wide“ gebot, sich zu entfernen, das offene Gericht für beendet erklärte und sich zum Zeichen dessen von seinem Stuhl erhob. Alsdann wurde das heimliche Ding mit allen Formeln eröffnet. Sobald das Eidverfahren die Schuld des Angeklagten erwiesen hatte, erging das Endurteil, das „Vollgericht“ oder die „letzte schwere Sentenz“. Es lautete bei allen vemewrogigen Verbrechen auf den Tod durch die Wide. Der Freigraf kündete den Spruch unter lautloser Stille mit der feierlichen Formel „Den Angeklagten nehme ich aus dem Frieden, aus dem Rechte und aus den Freiheiten, welche Kaiser Karl gesetzt, und werfe ihn nieder vom höchsten Grad zum niedersten Grad und setze ihn aus allen Freiheiten, Frieden und Rechten in Königsbann und Wette und in den höchsten Unfrieden und Ungnade und mache ihn unwürdig, echtlos, rechtlos, siegellos, ehrlos, friedelos und unteilhaftig alles Rechtes und verführe ihn und verfeme ihn und setze ihn hin nach Satzung der heimlichen Acht und weihe seinen Hals dem Stricke, seinen Leichnam den Vögeln in der Luft, ihn zu verzehren, und befehle seine Seele Gott im Himmel in seine Gewalt, wenn er sie zu sich nehmen will, und setze sein Leben und Gut ledig, sein Weib soll Witwe, seine Kinder Waisen sein.“ — Hierauf warf der Freigraf zum Zeichen der Ausstossung des Verfemten aus der menschlichen Gesellschaft den vor ihm liegenden Strick über die Schranken, und die Schöffen „spieen aus dem Mund, gleich als ob man den Verfemten sofort in der Stunde hänge.“ Eine einmal ausgesprochene Verfemung wurde nicht wieder aufgehoben.

Damit war erklärt, dass der Verurteilte vogelfrei sei. Alle freien Schöffen wurden aufgefordert, den Verfemten zu ergreifen und zu hängen „an den nächsten Baum, den man haben mag.“ Bei der Vollstreckung des Urteils waren drei Schöffen verpflichtet mitzuwirken. Das summarische Verfahren der Feme kürzte sich noch ab, wenn ein Verbrecher bei „handhafter That“ (auf frischer That), mit „blickendem Schein“ (wenn der Augenschein seine Thäterschaft unzweifelhaft erkennen liess) oder mit „gichtigem Mund“ (wenn er der That geständig war) ergriffen wurde. Diese Fälle führten ohne Weiteres die Verfemung und Hinrichtung des Missethäters herbei.

d) Der Feme Ausgang.

Die Zahl der Todesurteile, welche von der Feme verhängt wurden, ist, wie urkundlich feststeht, eine ziemlich grosse gewesen, und an vielen Verfemten ist das Urteil auch wirklich vollstreckt worden. Durch die strenge Handhabung des Rechts erlangten die westfälischen Freischöffen ein gewaltiges Ansehen. Es war hauptsächlich die Furcht, welche ihre Wirksamkeit in schreckhaftem Lichte erscheinen liess.

Die Blütezeit der Feme fällt in die Jahre 1420—60. Ihre Ladebriefe gingen damals bis nach Holland und Lothringen, nach Schlesien, den Österreichischen Landen, den Schweizer Bergen und dem fernen Preussen. Kaum blieb eine grössere Stadt von der Feme verschont. Ihre Vorladungen waren mehr gefürchtet, als alle Gebote des Kaisers. Phantastische Übertreibung malten ihre Macht und Furchtbarkeit ins Ungeheuerliche aus. Sie nannte sich „des heiligen Reiches Obergericht übers Blut“ und scheute sich nicht, hochgestellte Personen, Grafen, Herren und Fürsten vor ihr Forum zu fordern, ein Recht, das König Sigmund wiederholt und ausdrücklich anerkannte. So wurden nicht nur Herzog Heinrich von Bayern-Landshut,*) sondern auch sein Gegner Herzog Ludwig von Ingolstadt vom heiligen Gericht ihres Leibes und ihrer Lehren verlustig erklärt.

Also herrschte das heimliche Gericht im 15. Jahrhundert gleichsam als der oberste Gerichtshof des deutschen Volkes, hier mit ehrfürchtiger Scheu betrachtet, dort bitter gehasst, überall aber gefürchtet.

Aber mit seiner Macht stieg auch seine Ausartung. Und bald traten bedenkliche Missstände zu Tage. Da den Freigrafen der sichere Rechtsboden und unzweideutige Rechtssätze fehlten, auf welche sie ihr Urteil stützen konnten, so zögerten sie nicht, ihr willkürliches Belieben als höchstes Gesetz hinzustellen. Ihre tolle und empörende Anmassung kannte bald keine Grenzen mehr. König Sigmund musste es sich gefallen lassen, dass er von ihnen drohend an seine Pflicht als Schöffe erinnert wurde, während der Kaiser Friedrich III. samt seinem Kanzler und den Mitgliedern des Reichskammergerichts vor den Stuhl zu Wunnenberg geladen und im Falle ihres Ausbleibens mit der letzten Sentenz bedroht wurden, eine masslose Frechheit, die durchaus ungestraft blieb.

Der Kreis der Vergehen, über welche die Feme Klagen entgegen nahm, nahm allmählig solchen Umfang an, dass jede beliebige Sache angebracht werden konnte, während die Formen des Prozesses und der Urteile sich derartig erweiterten, dass die Freigerichte den ordent-

*) Vergl. B. Tiersch: Verfemung des Herzogs Heinrich des Reichen v. Baiern und die heimliche Acht in Westfalen. Essen; 1835.

lichen völlig gleich erscheinen. Hierdurch vernichteten sie selbst die Rechtstitel, unter denen sie Anerkennung gefunden hatten, und forderten zu lebhaftem Widerspruch heraus. Daher geschah es, dass staatliche und kirchliche Mächte ihre Wirksamkeit einzuschränken strebten. Allein Bann und Reichsacht brachen sich an dem verwegenen Übermute der Freigrafen.

Gefährlich aber wurde den Freistühlen der Umstand, dass die wüste Geldgier, das hässliche Kennzeichen der damaligen Zeit, auch bei ihnen sich einbürgerte. Das Prozessieren war mit erheblichen Kosten verbunden. Für jedes Urteil, deren bei dem formelhaften Verfahren eine ganze Anzahl erforderlich war, für alle Vorladungen mussten grosse Summen geopfert werden. Sollte das Gericht durch die Anwesenheit zahlreicher Freischöffen besonderen Glanz und Nachdruck erhalten, so war den Aufgebotenen eine angemessene Entschädigung zu zahlen. Am schlimmsten war, dass die Stuhlherren anfingen, mit ihren Gerichten förmlich Handel zu treiben. Das schlechte Beispiel ahmten die Freigrafen nach. Jedermann, mochte er noch so übel beleumdet sein, kam zur Ehre des Freischöffenamtes, wofern er nur gehörig zahlen konnte, und suchte nun seinerseits in ihm eine ergiebige Erwerbsquelle. Unter dem Deckmantel der Feme trieben Gauner und Schwindler aller Art ihr nichtswürdiges Handwerk, suchten Neid, Rachsucht und andere gefährliche Leidenschaften Befriedigung. Für Geld waren Recht und Gericht feil. Und die Klagen über die Bestechlichkeit und Unredlichkeit der Feme mehrten sich von Tag zu Tag. Auf den Reichstagen bildeten sie einen stehenden Artikel.

Es konnte nicht ausbleiben, dass angesichts dieser greulichen Ausschreitungen die öffentliche Meinung sich immer entschiedener gegen die entsetzliche Geissel wandte, welche von Westfalen aus über Deutschland geschwungen wurde. Fürsten und Städte rüsteten sich zu energischer Abwehr und liessen die geheimen Sendlinge der Feme, wo sie betroffen worden, ohne weiteres aufknüpfen. Die Reform der deutschen Reichsverfassung am Ende des 15. Jahrhunderts, die Einrichtung des ewigen Landfriedens, die festere Gestaltung des Gerichtswesens, das neue Landesfürstentum brachen endlich das Ansehen des verhassten Instituts so gründlich, dass sein völliger Untergang nicht mehr aufzuhalten war, obwohl die entarteten Schöffen mit verzweifeltem Trotze und krampfhafter Hartnäckigkeit den morschen Bau zu stützen suchten. Und am Ausgange des 16. Jahrhunderts „konnte ein deutscher Chronist die Femgerichte bereits als der Vergangenheit angehörig bezeichnen."

Zwar wurde die Feme niemals förmlich aufgehoben, aber ihre Zeit war für immer dahin. Und die wenigen Freistühle, welche sich in Westfalen erhielten, nahmen im Laufe der Zeit einen völlig veränderten Charakter an und sanken im 17. und 18. Jahrhundert zu „harmlosen bäuerlichen Polizei- und Rügegerichten" *) herab, deren letzter kümmerlicher Rest

*) Reste des Femgerichts haben sich vielleicht noch in dem „Haberfeldtreiben" erhalten, einer Art Volksjustiz, welche in Oberbaiern und Tirol an solchen Personen ausgeübt wird, deren Vergehen und Laster dem rächenden Arme der Justiz zuweilen unerreichbar sind: namentlich Geiz, Wucher, Betrug etc. Von der geheimnisvollen Verbindung, die ihren Namen davon haben soll, dass gefallene Mädchen früher von den Burschen des Dorfes unter Geisselhieben durch ein Haberfeld getrieben oder Feldmarkfrevler ehemals mit Verwüstung ihrer Felder bestraft worden seien, und ihrem seltsamen Thun ist nur Folgendes bekannt: Hat die missliebige Person trotz wiederholter Verwarnungen keine Besserung gezeigt, so sammeln sich im schützenden Dunkel der Nacht um ihr Gehöft zahlreiche vermummte und bewaffnete Individuen und rufen den Schuldigen an das Fenster oder die Thür, die er aber bei schwerer Leibesstrafe nicht überschreiten darf. Nachdem festgestellt,

im Jahre 1811 durch die französische Gesetzgebung beseitigt wurde. Der letzte Freigraf starb 1835. Freischöffen, welche den Schöffeneid geschworen hatten, die heimliche Losung und ihre Bedeutung kannten, die häufig in aller Stille an den uralten Malstätten sich

---

dass das ganze Aufgebot der „Haberer" anwesend, verliest der Haberfeldmeister ein in Knittelreimen verfasstes Sündenregister des Delinquenten, wobei nach jeder Strophe die versammelte Schar ein von der greulichsten Katzenmusik begleitetes Geheul und Gelächter anstimmt. Ist die Vorlesung zu Ende, so verschwinden die „Haberer" auf einen Pfiff des Anführers ebenso schnell, wie sie erschienen waren. Ein anderes Leid, ausser der Pflicht, die Vorlesung mit anzuhören, wird dem Schuldigen selten zugefügt.

Trotz energischen Einschreitens der Behörden ist dieser seltsame Brauch nicht beseitigt, und noch im Herbste des Jahres 1894 berichteten die Zeitungen von vielfachen Haberfeldtreiben in Baiern. Wie wenig sich die Haberer aus allen polizeilichen und kirchlichen Massregeln machen und wie wirkungslos der damals gegen sie erlassene Hirtenbrief des Münchener Erzbischofs sich erwies, das geht aus dem unglaublich frechen Verhalten eines „Haberer-Komitees" in Holzkirchen hervor. Dort wurde am Sonntag der Hirtenbrief von der Kanzel verlesen. Als Antwort darauf war am folgenden Mittwoch an allen Strassenecken, Scheunenthoren etc. folgendes gedrucktes Plakat zu lesen:

„Bekanntmachung.

Samstag, den 4. November lfd. Jahres.

Grosses Haberfeldtreiben in nächster Nähe von Holzkirchen,

Bezirksamt Miesbach.

Es wird eindringlichst gewarnt und darauf hingewiesen, dass das zuhörende Publikum und die Polizei in keiner Weise den Haberern oder der Vorpostenlinie zu nahe tritt, damit jedes grössere oder kleinere Unglück vermieden bleibt. Da die Haberer diesmal gegen derartige Verstösse energisch vorgehen werden, so wird es daher unter keinen Umständen ausgeschlossen bleiben, dass nicht blos wie in Miesbach einem Gensdarmen der B . . . . . weggeschossen würde, sondern auch viele Tote und Schwerbetroffene vom Platze getragen werden müssten.

Das Geheime Komitee der Haberer."

versammelten, gab es noch in den vierziger und fünfziger Jahren unseres Säculums. Ihrem Eide getreu, haben sie das Geheimnis der Losung, das sie nicht verraten wollten, mit ins Grab genommen. —

IV. Die Bauhütten.

1) Städte und Zünfte.*)

Nachdem die Verbreitung des Christentums grössere Verhältnisse angenommen, nachdem das gewaltige Reich Karls d. Gr. in nationale Gebiete zerfallen war, verschwand die kompakte Natureinheit der Völker, und an ihre Stelle trat eine Masse persönlicher Verhältnisse. Der Staat stellte sich als ein luftiges Gerüst dar, das, von der grösseren Zahl der niederen Vasallen aufsteigend, durch schmalere Mittelstufen sich zu einer einheitlichen Spitze erhob — ein künstlicher Aufbau, der sich in allen jenen grossartigen Lebensäusserungen wiederholt, die das mittelalterliche Leben unvergänglich zieren.

Überall macht sich der Trieb der mittelalterlichen Menschheit geltend, sich nach dem Beruf in freigeschlossene Lebenskreise und Korporationen zu sondern. „Überall in Kampf und Arbeit, in Poesie und Genuss,

*) Vgl. E. Th. Gaupp: Deutsche Stadtrechte des Mittelalters. 2 Bde. Breslau; 1851—52. — W. Arnold: Verfassungsgesch. der deutschen Freistädte. 2 Bde. Basel; 1854. — K. W. Nitzsch: Ministerialität und Bürgertum im 11. und 12. Jahrh. Leipzig; 1859. — Lambert: Die Entwicklung der deutschen Städteverfassungen im Mittelalter. 2 Bde. Halle; 1865. — A. F. Gfrörer: Zur Gesch. der deutschen Volksrechte im M. A. 2 Bde. Schaffhausen; 1865—66. — Gengler: Deutsche Stadtrechte des Mittelalters. Nürnberg; 1866. — G. L. v. Maurer: Gesch. der Städteverfassung in Deutschland. I. und II. Bd. Erlangen; 1869—70. — G. v. Below: Entstehung der deutschen Stadtgemeinde. Düsseldorf; 1888.

gilt der Einzelne an sich wenig, alles seine freie Bruderschaft, die sich gegen Andere abscheidet und bei jeder Macht der Erde Begünstigung sucht gegen die Anderen.“ Darum begegnen wir überall solchen Genossenschaften, in denen der Einzelne Schutz, Herrschaft, Behagen und derben Genuss sucht, so die Mönche und Ritter, die Kaufleute (Hansen), Handwerker und Künstler.

Wir haben es hier hauptsächlich mit den bürgerlichen Korporationen der Handwerker und Künstler zu thun, die sich in den sogenannten Bauhütten zur Ausführung jener „grossartigen Werke vereinigten, zu denen christkatholische Romantik die Idee, städtischer Gemeinsinn und bürgerliche Frömmigkeit die Mittel hergaben.“ Die Entwicklung der Baubrüderschaft hat die städtische zur Voraussetzung.

Die Pilgerfahrten und Kreuzzüge und die damit verbundenen Erlebnisse und Erfahrungen in der fremdartigen Welt, die Kenntnis der fremden Länder und der Verkehr mit hochentwickelten Kulturvölkern, die Bekanntschaft mit ihren Sitten und Gebräuchen, ihren Staatseinrichtungen und gesellschaftlichen Formen, ihren Anschauungen und Gewohnheiten übten auf die sozialen Zustände und Verhältnisse, auf die Gestaltung desLebens und der Vorstellungen der mittelalterlichen Menschheit einen unberechenbaren Einfluss aus. Die abendländische Welt, aus der bisherigen trostlosen Beschränktheit emporgerüttelt, sah sich in einen neuen, ungeahnten Gedankenkreis versetzt.

Für Klerus und Adel freilich waren die Wirkungen der Kreuzzüge von gemischter Natur. Ihr schliesslicher Misserfolg untergrub das alte Ansehen der Kirche, zu deren Verherrlichung sie vorzugsweise dienten, und nährte den Hang zur religiösen Selbständigkeit, die der gefürchteten Macht des Papsttums allmählig den Boden entzog. Die arg gelichtete Schar der streitbaren Burgherren und Ritter erlitt durch die kostspieligen Fahrten nach den heiligen Ländern an ihrem Vermögen unersetzlichen Schaden, sodass sie in ihrer Machtstellung schwer bedroht wurden.

Dagegen hatten jene Pilgerfahrten für den Bürger- und Bauernstand nur segensreiche Folgen. Die Schranken zwischen Freien und Leibeigenen sanken dahin. Zahlreiche Gutshörige und leibeigene Leute, zu denen auch die Handwerker gehörten, erlangten eine bessere Rechtsstellung und durften sich der Freiheit rühmen, da ihre kreuzzugslustigen Herren beim Scheiden aus der Heimat das drückende Leid der Dienstbarkeit beseitigten. Überdies trat jeder unfreie Mann, der an der Kreuzfahrt teilgenommen — daran durfte keiner gehindert werden — und glücklich in das Vaterland zurückgekehrt war, sofort mit seiner Familie in den Stand der Freien. Dabei war es gleichgiltig, ob er dem freiwillig erwählten Kriegshandwerk treu blieb, oder als Siedler in die unwirtbaren Landstriche der Elbe und Oder zog, um dort ein unerschrockener Vorkämpfer deutscher Kultur zu werden, oder in den festen Städten ein Unterkommen suchte, um an ihrem aufblühenden gewerblichen Leben teilzunehmen und zu Wohlstand und Ansehen emporzusteigen.

Den Grundstock der Städte bildeten überall geistliche Stifter, königliche und landesfürstliche Burgen, während königliche Dienstleute, fürstliche und geistliche Vasallen, unfreie Ackerleute und Handwerker ihre erste Bevölkerung ausmachten. Sie verstand es trefflich, vom Kaiser oder dem Landesfürsten allmählig gewisse Hoheitsrechte zu erlangen, von denen eigene Gerichtsbarkeit, Zoll- und Münzprivilegien und das einträgliche Marktrecht die Nahrungsfähigkeit und somit das materielle Gedeihen der bürgerlichen Genossenschaft ganz erheblich förderten. Wahrhaft grossartig aber wurde der Aufschwung der Städte erst mit und nach den Kreuzzügen.

Der rege Verkehr mit dem Morgenlande schuf an den günstig gelegenen Gestaden Italiens und Südfrankreichs, wo es von wandernden Menschen aller Länder und Zungen wimmelte, einen Markt, auf dem alle Reichtümer der Erde zusammenflossen. Der märchenhafte Aufschwung der grossen Seerepubliken Pisa, Genua, Venedig, Marseille etc. machte sich bald auch in den Rhein- und Donaustädten, den Handelsplätzen von Flandern und Brabant bemerkbar. Der glänzende Heldenkampf, welchen die lombardische Bürgerschaft zur Behauptung ihrer Freiheit gegen die staufischen Kaiser geführt, konnte eines nachhaltigen Eindrucks auf die emporstrebenden süddeutschen Städte um so weniger entbehren, als diese bereits zu den italienischen Kommunen in rege Handelsbeziehungen getreten waren. Ein männlicher, kriegerischer Geist und ein schönes Freiheitsgefühl lebten in den deutschen Stadtgemeinden auf, und auch dem armseligen Unfreien wurde Pflicht und Ehre, die schützenden Mauern zu verteidigen gegen den drohenden Feind.

Die Bedeutung des europäischen Handels wuchs von Jahr zu Jahr, und im gleichen Masse steigerte sich die Wohlhabenheit seiner Pfleger. Der heimatlose Krämer kaufte Häuser und Güter. Bei ihm mussten jetzt die verarmten Herren, die bisher mit einem ausgeprägten Gefühl romantisch-adliger Verachtung auf den Kaufmannsstand herabgeblickt, Hilfe und Beistand erbitten. „Der Realismus des Besitzes begann während der zweiten Hälfte des 13. Jahrhunderts in den Städten überall gegen das aristokratische Vorurteil anzukämpfen, und der Gedanke bürgerlicher Freiheit trat der Vorstellung von altgermanischer Adelsfreiheit siegreich entgegen und hob den Bürgerstand auf gleiche Stufe mit dem Edelmann und dem Klerus.“ Und je mehr die Kommunen erstarkten, je bedeutsamer sie in das öffentliche Leben eingriffen, desto grösser wurde der Zudrang vom Lande nach der thürmestolzen Stadt. Der alte deutsche Wandertrieb regte sich wieder mächtig und unwiderstehlich. Gutsbesitzer und Burgherren, Ritter und Ministerialen, Handwerker, Knechte, Tagearbeiter, meist Hörige, strömten herbei, um an den unerhörten Rechten und Vorteilen des Bürgertums sich zu beteiligen. Alle lernten den Segen der Arbeit erkennen und ihre Leben schaffende Kraft schätzen. Ein „neues Geschlecht, arm an Illusionen und arm an schöner Erfindung, aber unermüdlich rührig, hartnäckig, unzerstörbar, von grossartiger Willenskraft“ wuchs auf. Gewerbe und Handel entfalteten sich zu ungeahnter Blüte. Die gewerbliche Technik machte reissende Fortschritte, die berufsmässige Arbeitsteilung nahm in starkem Masse zu, die Scheidung nach Ständen aus der Verschiedenheit des Gewerbes trat immer mehr hervor, und die Handwerker gewannen eine gesicherte Existenz, gelangten zur Freiheit und zu behäbigem Wohlstand.

Hand in Hand mit diesem grossartigen Aufschwunge ging eine korporative freie Vereinsbewegung, welche sich auf alle Arten damaliger Unternehmer erstreckte.

Alle Bürger, welche innerhalb der Ringmauern Besitz hatten, ehrlich- und freigeboren waren, traten zu einer geschworenen Bruderschaft (Gilde)*) zusammen,

*) Statt „Gilda“ findet sich in den spärlichen Quellen auch die Bezeichnung „Trinkstube“, „Gevatterschaft“, „Minnebrüderschaft“, „Sodalität“ etc. Schon frühzeitig trat eine Trennung der Gilden in weltliche und geistliche ein. Von ihnen erzählen wir an anderer Stelle. Vergl. W. E. Wilda: Das Gildewesen im Mittelalter. Halle; 1831. — O. Hartwig: Untersuch. über die ersten Anfänge des Gildewesens. (In: Forsch. zur Deutsch. Gesch. I.)

um durch den genossenschaftlichen Verband gemeinsame wirtschaftliche, soziale und politische Interessen zu pflegen und zu fördern. Die Mitglieder betrachteten sich als Brüder und waren zu gegenseitigem Beistande verpflichtet, zur Ehrerbietung gegen die Kirche und zum Gehorsam gegen die bestehenden Gesetze. Die Gilden stellten sich unter den Schutz eines Heiligen, dessen Fest, welches zugleich das Rechnungsjahr bestimmte, durch ein solennes Gelage gefeiert wurde. An der Spitze der Gilde stand der Aldermann. Zur Unterstützung bei Erledigung der Geschäfte erwählte er sich aus der Zahl der Brüder zwei Gehilfen. Diese drei Beamten beriefen und leiteten die Versammlungen; ihren Anordnungen mussten die Brüder Folge leisten.

Wer die Mitgliedschaft der Gilde nachsuchte, musste sich von einem Bruder anmelden lassen, der für die Ehrbarkeit und Rechtschaffenheit des Kandidaten sich verbürgte. Entschied sich die Brüderschaft für die Aufnahme, so wurde der Kandidat durch einen feierlichen Eid verpflichtet, dem Bunde unverbrüchliche Treue zu bewahren und die ihm anzuvertrauenden geheimen Zeichen auf das strengste geheim zu halten. Nachdem er hierauf sein Eintrittsgeld errichtet und sein Name in die Gilderolle eingeschrieben war, wurden ihm der Handgriff, die Losung oder das Passwort nebst deren Erklärung mitgeteilt. Zu einer Zeit, da die Schreibkunst noch ein Privilegium weniger auserwählter Kreise war, also von geschriebenen Zeugnissen wenig oder garnicht die Rede sein konnte, war es geradezu

---

Göttingen; 1862. — O. Gierke: Deutsches Genossenschaftsrecht. Bd. I. Berlin; 1868. — L. Brentano: Die Arbeitergilden der Gegenwart. Leipzig; 1871. — K. W. Nitzsch: Über die niederdeutsch. Genossenschaften des 12. u. 13. Jahrh. (In: Monatsberichte der K. Preuss. Akad. d. Wiss.) Berlin; 1879. — K. Hegel: Städte und Gilden der germanischen Völker im Mittelalter. 2 Bde. Leipzig; 1891.

ein Gebot der Notwendigkeit, sich durch derlei geheimnisvolles Werk gegen das Eindringen Unbefugter zu schützen.*)

In der Gildeversammlung, die mindestens viermal im Jahre, gewöhnlich am Quartalsanfange, abgehalten wurde, durfte kein Mitglied bewaffnet erscheinen. Die Beratungen erstreckten sich auf die Pflege und Wahrnehmung der Genossenschafts-Interessen, auf die Aufrechterhaltung der Gesetze unter den Brüdern, deren Streitigkeiten dem Gildespruch unterlagen. Eröffnet und geschlossen wurde die Versammlung in feierlicher, zeremonienreicher Form.

Im Laufe der Jahre vergrösserten sich die Unterschiede des Vermögens der Stadtbewohner. Die einflussreichen Kaufmannsfamilien, mit dem aristokratischen Teil der Stadtbevölkerung eng verwachsen, machten zahlreiche Bürger abhängig von ihrem Wohlstand und ihrem Geschäft und schlossen sich streng gegen sie ab. Die Stadtgilden wurden nun lediglich Handelsgilden, die nur noch bestrebt waren, die reichen Privilegien in ihrem Handelsinteresse auszubeuten. Unter ihnen hat bekanntlich die „Hansa“ die grösste Bedeutung erlangt.

Waren bisher alle freien Einwohner Mitglieder der Stadtgilde, so weigerte sich jetzt das geldstolze Patriziertum mit den weniger wohlhabenden Handwerkern in eine geschworene Bruderschaft einzutreten. Es geschah dies etwa um die Wende des 13. Jahrhunderts. Die verschmähten „Vertreter der gewerblichen Arbeit aber be-

---

*) Aus mehreren Konzilienbeschlüssen erfahren wir, dass die Brüder in den Gildeversammlungen auch gewisse Abzeichen und Kleidungsstücke trugen. Welcher Art jedoch diese waren, ist nicht zu ersehen. Nur von der berühmten Zirkeler-Brüderschaft in Lübeck, Danzig, Königsberg ist bekannt, dass ihre Mitglieder einen kleinen Mantel („Hoike“) trugen und als Brustschmuck einen goldenen, offenen Zirkel in einem unten offenen Ringe führten.

seelte damals ein lebendiges Gefühl, dass sie wesentlich mit die Träger des grossen technischen Fortschritts der Zeit seien, dass ihre Künste die Stadt wohlhabend machen, vom Lande unterscheiden. Sie waren die ersten, die ohne Grundbesitz durch kluge Teilnahme am Marktrecht sich über den blossen Tagelöhner hinwegschwangen; ohne sie war der grosse Verkehr an Markt- und Festtagen nicht möglich. Die Bäcker und Fleischer, die Wirte und Weinhändler standen in ihren Gewinnen den Kaufleuten vielfach kaum nach. Was das Leben schmückte, was der Edelmann und Ratsherr an Waffen und Zierrat, an Hausrat und Kleidern brauchte, das lieferten die Handwerker; sie hatten die Geheimnisse der Geistlichen im Kirchen- und Profanbau, im Glockenguss und in der Holzschnitzerei, in der Glas- und Wandmalerei zuerst dem Laientum zugänglich gemacht. Es war die freudige Jugendkraft einer neuen Welt, der freien Arbeit, der modernen Industrie, die sich in dem Handwerkertum jener Tage regte.“

Es war also nur folgerichtig, dass bei dem allgemeinen Streben, sich zur Erreichung aller möglichen Zwecke zu associieren, nun auch die Glieder des Handwerks zur Pflege ihrer speziellen Interessen nach und nach und oft auf mehr oder weniger stürmische Weise, je nachdem die mächtigen Patrizier die neu entstandenen Bedürfnisse befriedigten oder sich abtrotzen liessen, zu festen Genossenschaften, Zünften oder Innungen*)

---

*) Vergl. W. Arnold: Das Aufkommen des Handwerkerstandes im Mittelalter. Basel; 1861. — V. Böhmert: Beiträge zur Gesch. des Zunftwesens. Leipzig; 1862. — F. J. Mone: Zunftorganisation vom 13. und 16. Jahrh. (In: Zeitschrift für die Gesch. des Oberrheins. Bd. XV.) Karlsruhe; 1863. — C. Wehrmann: Die älteren Lübeckischen Zunftrollen. (Einleitung.) Lübeck; 1864. — H. A. Mascher: Das deutsche Gewerbewesen. Potsdam; 1866. — G. Schoenberg: Zur wirtschaftlichen Bedeutung des deutschen

zusammentraten und nun auch ihrerseits kein Mitglied der Altgilde mehr in ihre Gemeinschaft aufnahmen.

Daraus ergab sich hauptsächlich die Abschliessung der Zünfte auf die, deren Berufsinteressen mit den ihrigen übereinstimmten. So kam denn zu der alten Aufnahme-Bedingung der ehelichen Geburt und des unbescholtenen Rufes noch der Nachweis einer bestimmten Qualifikation in technischer Beziehung. Jeder Neueintretende musste sein Handwerk gründlich verstehen und darin tüchtig sein. Aus der allmähligen Verschärfung dieser Bedingung entstand die zünftige Meisterschaft und die Gliederung in Meister, Knechte (Gesellen) und Lehrlinge.

Die Verfassung der Zünfte entsprach der der alten Schutzgilden, aber mit besonderer Beziehung auf das Handwerk.*)

Eine der merkwürdigsten Handwerks-Institutionen der damaligen Zeit nun waren die Bauhütten.

Zunftwesens im Mittelalter. Berlin; 1868. — W. Stahl: Das deutsche Handwerk. I. Bd. Giessen; 1874. — W. Stieda: Die Entstehung des deutschen Zunftwesens. Jena; 1876. — v. Huber-Liebenau: Das deutsche Zunftwesen im Mittelalter. Berlin; 1879. — C. Neuburg: Zunftgerichtsbarkeit und Zunftverfassung in der Zeit vom 13.—16. Jahrh. Jena; 1880. — G. Schmoller: Die Strassburger Tucher- und Weberzunft. Strassburg; 1880. — G. Schoenberg: Handbuch der politischen Ökonomie. I. Bd. Tübingen; 1882.

*) In erster Linie pflegten die Zünfte soziale und wirtschaftliche Interessen, dann aber verfolgten sie anch gesellige, religiöse und wohlthätige Zwecke. Sie versammelten ihre Genossen zu regelmässigen Andachten, übten eine strenge Sittenpolizei, unterstützten in werkthätiger Liebe arme und kranke Brüder, nahmen sich fürsorglich der Witwen und Waisen an. Den verstorbenen Mitgliedern spendeten sie nicht nur ein ehrenvolles Begräbnis, sondern waren auch um ihr ewiges Heil bemüht, indem sie ihnen an eigens dazu gestifteten Altären Seelenmessen singen liessen. Die Versammlungen wurden in eigenen Zunfthäusern abgehalten.

2. Die deutschen Bauhütten.*)

a) *Ihre Entstehung und Blüte.*

Der mächtige Aufschwung, welchen das Städtewesen und der Bürgerstand im 13. Jahrhundert genommen hatten, wirkte auch auf das geistige Leben ein und schuf ihm einen ungeahnten Wirkungskreis.

---

*) C. Heideloff: Die Bauhütte des Mittelalters in Deutschland. Nürnberg; 1844. — F. A. Fallou: Die Mysterien der Freimaurer oder die verschleierte Gebrüderung, Verfassung und Symbolik der deutschen Baugewerke. Leipzig; 1848. — C. Schnaase: Gesch. der bildenden Künste IV. 1. Düsseldorf; 1850. — E. Rebold: Histoire générale de la Franc-Maçonnerie. Paris; 1851. — A. Reichensperger: Die Bauhütten des Mittelalters. Kölner Domblatt; 1851. — G. Kloss: Gesch. der Freimauerei in Frankreich. Berlin; 1852—53. — A. Reichensperger: Verm. Schriften über christliche Kunst. Leipzig; 1856. — J. Winzer: Die deutschen Bruderschaften des Mittelalters insbesondere der Bund der deutschen Steinmetzen. Giessen; 1859. — J. Kreuser: Der christliche Kirchenbau, seine Geschichte, Symbolik, Bildnerei. I. Band. Regensburg; 1860. — J. Schauberg: Vergleichendes Handbuch der Symbolik der Freimaurerei. 3 Bde. Schaffhausen; 1861—63. — E. Rebold: Histoire des trois Grand-Loges de France. Paris; 1864. — J. Seeberg: Die Juncker von Prag, Dombaumeister um 1400 und der Strassburger Münsterbau. Leipzig; 1871. — J. Janner: Die Bauhütten des deutschen Mittelalters. Leipzig; 1876. — F. v. Ržiha: Über die deutschen Steinmetzzeichen. (In: Mitteilungen der K. K. Zentral-Kommiss. für die Erforschung der Kunst- und Gesch.-Denkm. in Österreich.) Wien; 1881. — W. Lübke: Gesch. der Architektur. II. Bd. Leipzig; 1884. — L. Keller: Die Reformation und die älteren Reformparteien. Leipzig; 1885. — F. K. Schwalbach: Gesch. des älteren maurerischen Gebrauchtums. I. Berlin; 1889. — R. Walden: Die Laienbruderschaften und die Logen, Bauhütten, Baulogen und Arbeit am Bau. Berlin; 1889. — J. v. Döllinger: Beiträge zur Sektengesch. des Mittelalters. 2 Bde. München; 1890. — G. Dehio und G. v. Bezold: Die kirchliche Baukunst des Abendlandes. I. Bd. Stuttgart; 1892. — J. G. Findel: Gesch. der Freimaurerei von der Zeit ihres Entstehens bis auf die Gegenwart. Leipzig; 1893. — H. Boos: Gesch. der Freimaurerei. Aarau; 1894.

Im frühen Mittelalter waren die Klöster die Pflanzstätten der Wissenschaft und Gesittung, der Landwirtschaft und aller Gewerbe, die Brennpunkte künstlerischer Thätigkeit. Auch die Pflege der Baukunst befand sich vornehmlich in den Händen der Mönche. Namentlich waren es die Benediktiner und später die Cisterzienser, von denen sie eifrig gepflegt wurde. Die Vorsteher ihrer Klöster, in der Regel selbst hervorragende Baukünstler,*) entwarfen die Baurisse und leiteten den Bau neuer Klosteranlagen und Kirchen. Die reichen Stiftungen des Ordens begünstigten die grossartigsten Unternehmungen, und so bildeten sich feste Schultraditionen aus und knüpften sich Verbindungen von Kloster zu Kloster.

„In der Zeit der höchsten kirchlichen Begeisterung, da man aller Orten Kirchen und Klöster zu gründen begann, vom Ende des 11. bis zur Mitte des 12. Jahrhunderts, reichten die physischen Kräfte der Geistlichen nicht aus.“ Es musste die Hilfe der Laienwelt angerufen und zahlreiche Handwerker aller Art, Maurer, Steinmetzen, Zimmerleute, zu den Bauten herangezogen werden. Diese Laien-Handwerker bildeten nun, wie wir aus zahlreichen Klosterdokumenten erfahren, überall, wo ein grosser Bau aufgeführt wurde, der die Arbeiter viele Jahre beisammen hielt, nach Art der von den Klöstern in verschiedenen Ländern errichteten Konfraternitäten, genossenschaftliche Korporationen,**)

---

*) Durch tüchtige Baumeister, Bildhauer, Maler, Goldschmiede usw. zeichneten sich längere Zeit die reichen Benediktinerklöster St. Gallen, Hirschau, Hersfeld, Corvey, Strassburg, Reichenau, Trier, Hildesheim, Bremen aus.

**) Nach Heideloff und anderen ist die Baukorporation ein sehr altes Institut, das vielleicht schon zur Zeit der Pharaonen blühte. „Wenn man nämlich“, so heisst es bei ihm, „die ungeheuren Bauwerke jener Zeit betrachtet und erwägt, welche

aus denen unzweifelhaft die Bauhütten hervorgegangen sind.

Als ihr eigentlicher Gründer ist der Abt von Hirschau Wilhelm der Heilige (1069—1091) anzusehen. Er war ein ungewöhnlicher Mann, reich begabt, in mehreren Sprachen bewandert, in den Künsten der Musik und Poesie wohl erfahren und ein vorzüglicher Zeichner und Architekt.

Er hatte schon vorher an der Spitze der Baukorporation zu St. Emmeran in Regensburg gestanden und gründete nun eine solche auch in Hirschau, wozu ihm die Erweiterung des Klosters die beste Gelegenheit bot. Die Arbeiter, deren er hierzu benötigte, liess er in allen notwendigen Fertigkeiten unterrichten und vereinigte sie als Laienbrüder mit dem Kloster. Ihr geselliges Leben regelte er durch Statuten, als deren Hauptregel brüderliche Eintracht eingeschärft wurde, weil bei der Ausführung eines Baues gemeinsames

---

Hilfsmittel der Mathematik und anderer technischen Wissenschaften dabei zur Anwendung gekommen sein müssen, welche kluge Verteilung ungeheurer physischer Kräfte dies Alles voraussetzt, so ist man überzeugt, dass dies unter Leitung begabter Köpfe und hervorragender Talente geschah, dass die ersten Arbeiter in einem Institut, ähnlich unsern Bauhütten, für ihre Kunst ausgebildet wurden, dass die Priester die leitenden und belehrenden Köpfe waren und ihr Wissen Andern mitteilten."

Auch die Griechen und Römer erkannten in der Blütezeit ihrer Kunst die Wirksamkeit solcher Baukorporationen und ihren Einfluss auf die Kunst. Die zerstreuten Bauleute waren zu einem „collegium fabrorum" vereinigt. An ihrer Spitze standen quästores, procuratores, magistri quinquennales, welche die Zunftversammlungen leiteten, die Zunft-Gerichtsbarkeit übten und die Korporation nach aussen vertraten. Vergl. J. G. Heineccius: De collegiis et corporibus opificum. Halae; 1721. — Dass aber zwischen diesem „collegium fabrorum" und den geistlichen Korporationen, wie oft behauptet worden, ein innerer Zusammenhang bestanden habe, ist schwerlich mit einiger Sicherheit zu beweisen.

Zusammenwirken und liebevolle Vereinigung aller Kräfte allein das Gelingen des Ganzen bedingen. Sein Ruf als Baukünstler erfüllte weit und breit die Länder. Er erhielt zahlreiche Bau-Aufträge, weshalb er genötigt war, noch mehr Laienbrüder in den Klosterverband aufzunehmen, die, nachdem sie zu den verschiedensten Handarbeiten herangebildet waren, als geschlossene Baukorporation unter Leitung erfahrener Meister ausgesandt wurden, um die übertragenen Werke auszuführen.

Diese von den Benediktinern geleiteten Baugenossenschaften blühten, bis die Bischöfe und Äbte dem einfachen Leben zu entsagen anfingen und die Lust an der Bauthätigkeit zu verlieren begannen. Damit kam auch die Architektur gänzlich in die Hände der Laien. Die in den Klosterschulen gebildeten Baumeister sagten sich von der geistlichen Gemeinschaft los, und es wurde nun ihnen allein die Ausführung der Bauten übertragen. Dies geschah zu der Zeit, da das Selbstgefühl der Städte erwachte und die Bürgerschaft, wie ehedem Bischöfe, Könige und mächtige Fürsten, von „dem edlen Ehrgeiz erfüllt wurde, ihre Stadt mit prachtvollen Gotteshäusern zu schmücken, in denen sich ihre Macht und Grösse abspiegeln, die ein Zeugnis ihrer religiösen Gesinnung, ihres Selbstgefühls und ihrer Wohlfahrt sein sollten.“ Damals streifte auch die Baukunst die alten hemmenden Fesseln der fremden Formgesetze ab, und der nationale Geist sprach „zum erstenmale seine tiefsten Gedanken in eigener Sprache aus.“ Die Baukunst entfaltete in der gotischen oder germanischen Architektur*) ihre

*) Alle älteren Werke christlicher Bauthätigkeit waren von dem römischen Einfluss beherrscht. Erst nach dem allgemeinen Siege des Christentums trat ein von der antiken Bauweise abweichendes Prinzip in die Baukunst ein und suchte dem christlichen Geiste auch in den architektonischen Verhältnissen Ausdruck zu geben. Während der antike Tempel sich liebevoll der

ganze Freiheit und Schönheit, alle bisherigen Schöpfungen an Grossartigkeit überbietend.

Erde anschmiegte, weil er aus dem Begriff einer körperlichen Gegenwart der Gottheit hervorging, sollte das christliche Gotteshaus die versammelte Gemeinde über das irdische Leben emporheben. So entstand in der byzantinischen Zeit die Verbindung des runden gewölbten Kuppelbaues mit dem Langhaus. Kräftige Pfeiler stiegen empor, durch stolze Bogen verbunden, über denen sich der Raum in einer leichten Kuppel wölbte. Im 10. Jahrhundert offenbarte sich ein neuer Geist in der mehr oder minder freien Umbildung der alten Form. Die altchristliche Basilika blieb zwar noch als Grundform der architektonischen Anlage bestehen, aber die Umgestaltung der horizontalen Decke zum halbkreisförmigen Kreuzgewölbe verlieh dem ganzen Gebäude einen neuen, grundlegenden Charakter. Mit der Hinzufügung der Glockentürme, „die wie steinerne Andachtsstrahlen in die Lüfte steigen", wurde der Drang nach den lichten Himmelshöhen noch kräftiger ausgeprägt, während eine reiche *Portalanlage* das christliche Gemüt für das innere Heiligtum vorbereiten sollte.

Ruhiger Ernst und würdevolle Einfachheit zeichnet im Allgemeinen den romanischen Baustil aus, der, hauptsächlich von Klostergeistlichen ausgebildet und geleitet, im 11. Jahrhundert blühte und im 12. seinen Abschluss fand.

Ihren schönsten Ausdruck aber fand die inbrünstige Himmelssehnsucht des christlichen Kultus, ihre unergründliche Tiefe in der *Gotik*. Sie setzte an die Stelle des bisher vorherrschenden Rundbogens den *Spitzbogen*, verband ihn mit dem Säulenbau der altchristlichen Kunst und dem schon ausgebildeten *Gewölbesystem* und schuf so eine neue Kunstlehre, durch welche eine grössere Gliederung der Überwölbung, gefällige Leichtigkeit der äusseren Formen und eine harmonische Mannigfaltigkeit und ein höherer Schwung erzielt wurde. Die Gotik „löste den riesenhaften Bau in eine zahllose Masse feiner Glieder und Ornamente auf, und indem sie Altäre, Fenster und andere Teile mit Skulpturen und Malereien, mit Laubwerk und geometrischen Gebilden ausschmückte, gestaltete sie das Gotteshaus zu einem wahren Meisterwerk plastischer Kunst; und wenn sie durch ihre zierlichen schlanken Thürme der gläubigen Seele das Ziel wies, dem sie in stiller Sehnsucht zustrebte, so suchte sie durch reiche, tiefsinnige

Der Zusammenfluss zahlreicher Scharen von Meistern und Gesellen bei den gewaltigen Bauunternehmungen der damaligen Zeit machte an sich schon eine strenge Ordnung zum Gelingen des Ganzen notwendig. Hierzu kam der gotische Baustil mit seiner überschwenglichen Fülle ornamentaler Dekoration, welche die höchsten Anforderungen an die Baumeister und Werkleute stellte. Sie erforderte nicht nur ein ungewöhnliches Mass handwerksmässiger Fertigkeiten, sondern vor allem ein vollendetes technisches Kunstgeschick und architektonische Kenntnisse und Erfahrungen. Diese aber konnten nur durch die forterbende Überlieferung einer strengen Schule gewonnen werden. Und als nun den weltlichen Bauleuten neben der technischen Ausführung auch die schöpferische Erfassung und Gestaltung der Bauidee überlassen wurde, sahen sie, Architekten, Steinmetzen, Maurer, Maler, Formschneider, Schmiede, Zimmerleute und andere Holzarbeiter, ihren Vorteil darin, dass die Lehre ihrer Baukunst nicht Gemeingut werde, und vereinigten sich zu einer geschlossenen Genossenschaft, zu einer Bauhütte, die, zunftmässig gegliedert, gleich anderen bürgerlichen Korporationen, kirchlichen und klösterlichen Einrichtungen, ihre eigenen Gesetze und Statuten

---

Symbolik, worin sich die geheimnisvolle Tiefe der kirchlichen Glaubenslehre abspiegelt, der mystischen und schwärmerischen Zeitrichtung zu genügen."

Wie die Kunst überhaupt, so nahm auch die Gotik ihren Ausgang von Frankreich. Von hier aus nahm sie ihren Weg nach England und den Niederlanden, wo der neue Baustil in herrlichen Kathedralen und stolzen Rathäusern zur Anwendung gelangte. Aber die reinste und vollendetste Ausbildung fand die Gotik in Deutschland an dem 1248 gegründeten Dom von Köln, in den bischöflichen Kirchen von Freiburg, Regensburg, Ulm, in dem von Erwin von Steinbach entworfenen Strassburger Münster, in dem Stephansdome zu Wien und zahlreichen anderen Kirchen des frommen, städtereichen Landes.

hatte und in denen die mathematischen Verhältnisse und Regeln des gotischen Baustils als Kunstgeheimnis fortgepflanzt wurden.

Schon zu Ausgang des 12. Jahrhunderts begegnet man im südlichen Frankreich einer Baubrüderschaft, welche sich die „Hüttenjungen des lieben Herrgotts“ nannte, und im Anfange des 13. Jahrhunderts werden bereits in England Bauhütten erwähnt.

In Deutschland, wo ihnen der Boden durch den genossenschaftlichen Geist der Gilden und Zünfte bereits geebnet war, erstanden die Bauhütten, insbesondere der vornehmen kunstverständigen Brüderschaft der Steinmetzen, offenbar im 13. Jahrhundert, während ihre völlige Ausbildung in die Zeit fiel, da die Gotik*) zusammenbrach, da „das Wissen, das Vorwiegen des Verstandesmässigen die Baukunst einseitig beeinflusste und die künstlerische Unbefangenheit zurückdrängte.“

Die älteste Steinmetzhütte ist offenbar die von Strassburg. Sie stand unter der Leitung Erwins von Steinbach, des genialen Münsterbaumeisters, und wurde 1273 vom Kaiser Rudolf von Habsburg mit Privilegien ausgestattet, unter denen das der eigenen Gerichtsbarkeit das geschätzteste war. Unweit des Münsterbauplatzes war eine Bretterbude errichtet, in welcher die Steinmetzen ihre Werkzeuge aufbewahrten, auch wohl ihre Mahlzeiten einnahmen und schliefen. Man nannte dieses Gebäude die Hütte der Bauleute. Hier versammelten sie sich zu regelmässigen Sitzungen. Aus der Zahl der leitenden Münster-Baumeister wurde jährlich ein Vorsitzender gewählt. In dieser Eigenschaft sass er unter einem Baldachin und führte dabei ein blosses Schwert

*) C. Gurlitt: Kunst und Künstler am Vorabend der Reformation. (In: Schriften des Ver. für Reformationsgesch.) No. 29. Halle; 1890.

in der Hand zum Zeichen der verliehenen Gerichtsbarkeit. Das Recht wurde gehandhabt nach altem, gutem Herkommen, nach „Handwerksbrauch und Steinwerksrecht", wie es die Altvordern in guter Meinung geübt. Neu hinzutretende Bauleute mussten auf das Evangelium beim heiligen Johannes dem Täufer schwören, sich dieser Gewohnheit zu unterwerfen.

Von Strassburg wanderten Hüttenleute nach allen Orten, wo hervorragende Kirchenbauwerke geplant waren. Dort gründeten sie sofort eine neue Hütte. So entstanden die Bauhütten in Köln, Magdeburg, Bremen, Lübeck, Wien, Zürich usw. Ihre Zahl soll am Ausgange des 13. Jahrhunderts schon 22 betragen haben.

Die einzelnen Hütten standen untereinander, wie es scheint, in einer Art Bruderschaftsverbindung und sicherten sich dadurch eine gewisse moralische und richterliche Gewalt über ihre Mitglieder. Ob aber damals die Strassburger Bauhütte als „Mittelpunkt einer ganz bestimmten Schule" ein entschiedenes Übergewicht über alle deutschen Hütten gewann, ist nicht wahrscheinlich.

Im 15. Jahrhundert begannen die alten Formen und Gewohnheiten, welche seit langer Zeit zur Ehre und zum Nutzen des Bauhandwerks geübt wurden, bei der zunehmenden Verwilderung der Sitten zu zerfallen; die alte Zucht schwand dahin, Unordnung riss ein, erschütterte die Bauhütten und bedrohte sie ernstlich in in ihrem Bestande. Infolgedessen wurde auf Anregung von Jobst Dotzinger, welcher im Jahre 1452 Werkmeister am Strassburger Münsterbau war, auf den Tagen zu Speier und Strassburg ein engerer Zusammenschluss der deutschen Steinmetzen zustande gebracht, worauf am 25. April 1459 die Meister von 19 süd- und mitteldeutschen Bauhütten in Regensburg zu einem Kongresse zusammentraten, auf welchem eine „Ordnung" der deutschen Baubrüderschaft beraten, niedergeschrieben und feierlich beschworen wurde. Als Haupthütten wurden Strassburg, Wien, Köln und Zürich bestimmt, ihre Gerichtsbarkeit genau abgegrenzt und die darunter fallenden Hütten zum Gehorsam verpflichtet. Allmählig traten noch zahlreiche andere Hütten*) der Regensburger Konvention bei.

Die Vereinbarung soll zuerst vom Kaiser Friedrich III. bestätigt worden sein. Doch ist die Konfirmationsurkunde nicht erhalten, wohl aber die seines Nachfolgers Maximilian, der sie am 3. Oktober 1498 zu Strassburg erteilte. Maximilian**) war selbst Mitglied dieser Hütte und giebt in seinem „Weisskunig“ treffliche Kenntnisse in der Architektur kund.

In den Bauhütten wurde der künstlerische Gedanke und der erfinderische Geist der Mechanik gepflegt. Hier wurden auch die Pläne zu jenen Werken entworfen, „die überall in unseren alten Städten kühn gen Himmel streben und an denen man nie wird vorübergehen können, ohne beim Anblick solcher Grossartigkeit der liebevollen Hingabe unserer Ahnen an eine erhabene Idee, ihrem Gemeinsinn und ihrer Beharrlichkeit den Zoll der Achtung und des Dankes zu entrichten.“

Der Schatz umfangreicher Bau-Kenntnisse, welcher allmählig in der Hütte aufgespeichert wurde, legte den Brüdern den Gedanken nahe, diesen kostbaren Besitz vor

*) Die niedersächsischen Bauhütten, namentlich die von Magdeburg, Halberstadt, Hildesheim, Lübeck etc., waren auf dem Regensburger Kongress nicht vertreten. Ihnen wurde später eine Abschrift der neuen Ordnung zugeschickt, mit der Aufforderung, sich dem Bunde anzuschliessen. Sie lehnten indes ab und stifteten auf eigene Hand am 24. August und 29. September 1462 zu Torgau eine besondere Ordnung, die zwar im wesentlichen mit der älteren übereinstimmte, jedoch niemals eine rechtliche Bedeutung erlangt hat.

**) Vergl. R. v. Liliencron: Der Weisskunig Kaiser Maximilian I. (In: Raumers Histor. Taschenbuch) Leipzig; 1873.

unberufenen Augen zu verbergen, um dadurch sich „die Ausübung des Gewerkes gleichsam als Monopol zu sichern.“ Deshalb wurde allen neuen Mitgliedern, denen überdies bei der zunehmendeu Überzahl der Wissenden der Eintritt in die Hütte nach Möglichkeit erschwert wurde, die strengste Geheimhaltung der Kunstregeln und Fertigkeiten zur Pflicht gemacht.

Gerade das Kunstgeheimnis war es, das die weitbreitete Genossenschaft zu einer angesehenen einflussreichen Macht stempelte, die auf dem Kunstgebiete eine Art Universalherrschaft ausübte, um so mehr, als bedeutsame Privilegien ihr eine ziemlich unabhängige Stellung von den herrschenden Gewalten in Staat und Kirche sicherten. So kann es denn nicht auffallen, dass ein kühner Zug berechtigten Selbstvertrauens die deutschen Bauleute erfüllte und ihnen lange Zeit eine gewisse geistige Selbständigkeit sicherte.

Es war eine schlimme Zeit jene letzten Jahrzehnte des 13. und jene ersten des 14. Jahrhunderts. Papsttum und Kirche führten einen erbitterten Kampf mit den frommen Anhängern einer weitverbreiteten Aufklärung, den Katharern, Waldensern und anderen Ketzern, die damals durch ganz Westeuropa zogen, überall Genossen sammelten und nicht blos Edelleute und Stadtbürger, sondern auch zahlreiche Mitglieder des Klerus, Mönche, Äbte und Bischöfe, der herrschenden Kirche abwendig machten und in ihre geweihte Gemeinschaft aufnahmen. Auch viele deutsche Bauleute wandten sich jenen reformatorischen Bestrebungen zu und wurden zu Pflegern der schönsten menschlichen Tugenden, der Duldsamkeit, Bruderliebe, Treue, Verschwiegenheit und Wahrhaftigkeit.*)

*) Schon die einfache Thatsache, dass die Bauleute sich den Gebrauch und die Kenntnis der Bibel, welche die Kirche der Laienwelt

b) Die Ordnung und das geheime Werk der Bauhütte.

Die Hütte der Bauleute war möglichst in quadratischer Form und meist aus Steinen erbaut und befand sich stets in der Nähe des Baues. Sie diente nicht nur als Versammlungslokal, sondern enthielt auch die Registratur und die Werkzeugmagazine. Sie selbst, wie der Platz um sie her, war der niederen städtischen Gerichtsbarkeit entzogen, die lediglich von dem Meister auf Grund der vom Kaiser verliehenen Privilegien und bestätigten Statuten und nach dem herkömmlichen Handwerksbrauch geübt wurde.

Von aussen gelangte man durch ein hölzernes Thor, dessen Bewachung dem jüngsten Gesellen oblag, in den Arbeitsraum, an dessen Seitenwänden Bänke für die Gesellen angebracht waren. Hier war auch ein hartes Brett aufgehängt. Drei vom Meister, zwei von dessen Stellvertreter auf dasselbe geführte Schläge zeigten den Gesellen an, dass sie zur Versammlung zu erscheinen hätten, während mit je einem Schlage das Zeichen zum Beginn und Schluss der Arbeit gegeben wurde. Jede

---

entzogen, bewahrt hatten, machte sie zu natürlichen Bundesgenossen der aufgeklärten Mystiker. Bedienten sich doch auch diese der Bibel und derselben aus ihren Büchern geschöpften geheimnisvollen Symbolik, wie sie die Hüttenleute bei ihren Kirchenbauten zur Anwendung brachten; entsprach doch das formelreiche Zeremonienwesen und die ganze Verfassung der „Gemeinden Christi" zum grössten Teile derjenigen, welche in der Baugenossenschaft herrschte. Möglich auch, dass sogar erst unter dem Einfluss der waldensischen Gemeinden die Organisation, die Zeremonien der Bauhütten entstanden sind. Das Nähere hierüber siehe bei Keller a. a. O., dessen Ausführungen nach dieser Richtung im Ganzen aufmerksame Beachtung verdienen. Die bemerkenswerten Ergebnisse seiner Forschungen bedürfen sicherlich noch hie und da der Berichtigung, jedoch werden sie u. E. in den wesentlichsten Punkten kaum zu erschüttern sein. Das ist auch trotz mehrfacher Versuche

Nichtbeachtung dieser Zeichen wurde mit einer Geldbusse geahndet. Die Strafgelder sowie die Mitgliederbeiträge, welche sich wöchentlich auf je einen Pfennig beliefen, flossen in eine Kasse, aus welcher die Bedürfnisse der Gemeinschaft bestritten und wandernde Gesellen unterstützt wurden. Sie stand wie das Hüttenbuch (Gesetzbuch) unter der Oberaufsicht des Meisters und durfte aus dem „Maurerhof" nicht entfernt werden. Am Johannistage oder auf dem jährlichen Gaugerichtstage wurden die Statuten zur Verlesung gebracht. Löste sich eine Hütte auf, so waren sie nebst der Kasse an die Haupthütte abzuliefern.

In der Regel stand jeder Hüttenbrüderschaft der vom Bauherrn kontraktlich angestellte Werkmeister vor. Er war verpflichtet, den Nutzen des Bauherrn wahrzunehmen, über den Bau zu wachen und die Ehre des Handwerks zu pflegen, damit es vor jeglichem Schaden behütet werde. Er präsidierte den Hüttenversammlungen und richtete und schlichtete alle Streitigkeiten der Mitglieder.

In der Ausübung seines Amtes standen ihm 2 Brüder, der „Parlierer" und der „Schatzmeister", zur Seite. Seinen Platz hatte der Stuhlmeister im Osten der Hütte, wie in der Kirche der Priester. Die beiden andern Beamten sassen im Westen, das Angesicht nach Osten gekehrt. Diese drei ersten Würdenträger waren die Repräsentanten der Brüderschaft und ihrer Werkthätigkeit. Die übrigen Brüder standen sich als solche gleichberechtigt einander gegenüber. Sie waren gehalten,

---

neuerer Forscher bisher nicht gelungen. Und selbst Boos (Gesch. d. Freim.) vermag, obwohl er manche beherzigenswerte Momente für seine gegenteilige Ansicht ins Feld führt, einen mathemathisch überzeugenden Beweis gegen die angeblich „auf schwachen Füssen stehende, schöne Geschichtskonstruktion" Kellers nicht zu erbringen. —

der Hüttenordnung*) in allen Punkten nachzukommen, insonderheit durch Bethätigung christlichen Sinnes sich auszuzeichnen und die Handwerksgeheimnisse streng zu bewahren. Ausserdem war jeder Geselle verpflichtet, seinen Mitbruder unentgeltlich in seiner Kunst zu unterrichten.

Jeden Monat fand eine Versammlung statt, die mit einem feststehenden Wechselgespräch des Meisters und seiner Gehilfen eröffnet und geschlossen wurde und in welcher die Gesellschaftsangelegenheiten beraten, die Übertreter der Hüttenordnung gerichtet und schliesslich Gelage abgehalten wurden. Ausser den Monatsversammlungen hielt jede Haupthütte jährlich ein Hauptgedinge, die „hohe Morgensprache". Die Hauptfeste der Steinmetzen waren der Johannistag und der Tag der sogenannten vier Gekrönten, der Schutzpatrone**) der Verbindung.

Die meisten Satzungen verlangten von dem Kandidaten, welcher die Aufnahme in die Hütte nachsuchte, dass er das Handwerk fünf Jahre erlernt, ordnungsmässig losgesprochen***) und seine Wanderjahre zurück-

---

*) Wer sich gegen die Hüttenordnung auflehnte, wurde für ehrlos erklärt und sein Name an den Schelmenpfahl geheftet. Keine Hütte durfte dem Geächteten Arbeit geben, kein Geselle ihn unterstützen.

**) Als Patrone der Genossenschaft wurden die Heiligen Claudius, Nikostratus, Symphorianus und Castorius verehrt, ausgezeichnete Bildhauer, welche nach der heiligen Legende, als sie sich weigerten, Götterbilder anzufertigen, auf Befehl des Kaisers Diocletian ertränkt wurden. Ihre Gedächtnisfeier fiel auf den 8. November. Ob auch Johannes der Täufer als Schutzpatron gefeiert worden, ist nicht zu erweisen. Fest steht nur, dass am 24. Juni von den Bauleuten ein Fest begangen wurde, bei welchem die Hütte mit Laub und Kränzen geschmückt wurde.

***) Der junge Steinmetzgeselle erhielt bei der Lossprechung ein Zeichen, welches er fortan in jede von ihm fertiggestellte Arbeit einzu-

gelegt habe, dass er einer rechtmässigen Ehe entsprossen, unbescholtenen Rufes und tüchtig an Leib und Seele sei. Nachdem er von einem Bruder, der für seine Qualifikation Bürgschaft übernehmen musste, zur Aufnahme vorgeschlagen, begab sich der Aspirant an dem für seine Einweihung festgesetzten Tage in die Hütte. Der Stuhlmeister eröffnete in herkömmlicher Weise im Handwerkssaale die Versammlung, verkündete Friede, verbot Lärm und Streit, teilte mit, dass die Aufnahme eines Kandidaten erfolgen solle, und sandte darauf einen Bruder ab, denselben für die feierliche Handlung vorzubereiten. Dieser veranlasste den Gesellen das Äussere eines Hilfesuchenden anzunehmen. Nachdem er die Waffen und alles Metall abgelegt, trat er verbundenen Auges, mit blosser Brust und entblösstem linken Fusse an die Thür des Saales, die sich ihm auf drei Schläge öffnete. Hier nahm ihn der Parlierer in Empfang und geleitete ihn vor den Meister, der, während er ihn niederknieen liess, ein Gebet verrichtete. Hierauf wurde der Kandidat dreimal im Zunftsaale herumgeführt bis zurück an die Thür, wo er seine Füsse in den rechten Winkel stellte, um dann mit drei Schritten vor den

---

hauen hatte, sein Ehrenzeichen. Bei seiner Aufnahme wurde es in das Hüttenbuch bei seinem Namen eingetragen und diente nicht nur zur Legitimation des ausgelernten Arbeiters, sondern auch „als Zeichen zur Kontrolle der Güte und Quantität des Gefertigten, sowie auch dessen, was der Einzelne verdient hatte.“ Die Bedeutung des Zeichens, „seine Lesung“, war Geheimnis der Eingeweihten. Vergl. Brandt: Ausbildung der Steinmetzzeichen. (In: Mitteil. des thüringisch-sächs. Altertumsvereins. VIII. Bd.) Halle; 1850. — Schwetschke: Hallische Steinmetzzeichen. Halle; 1852. — Back: Von Steinmetzzeichen. Altenburg; 1861. — C. G. Homeyer: Die Haus- und Hofmarken. Berlin; 1870. — Fr. Schneider: Über die Steinmetzzeichen. Mainz; 1872. — Heinsch: Handwerksgebrauch der alten Steinhauer. Stuttgart; 1872. — E. Fischer: Das Zunftwesen der Steinmetzen. Leipzig; 1876. —

Meister zu treten. Zwischen beiden lag auf einem Tische das geöffnete Evangeliumbuch oder das Hüttenbuch nebst Zirkel und Winkelmass, auf welches der Kandidat seine rechte Hand ausstreckte, während er die linke auf die Brust legte und schwor, treu zu sein, die Bruderpflichten zu erfüllen und zu verheimlichen, was er hier erfahren habe und noch erfahren werde. Nun wurde ihm die Binde abgenommen, ein neuer Schurz angelegt und das Passwort gegeben. Nachdem er schliesslich über den Gruss, den Handgriff, den Notruf belehrt, überhaupt in das geheime Steinmetzwerk eingeführt worden, richtete der Meister die Frage an die Versammelten, ob einer von ihnen noch etwas zur Entscheidung vorzutragen habe, worauf die Versammlung mit den drei üblichen Schlägen geschlossen wurde.

Der Aufnahme folgte ein Trinkgelage, das jedesmal mit einem Gebet eröffnet wurde, während dessen die Brüder unbedeckten Hauptes standen. Bei dieser Gelegenheit brachte der Obermeister dem Neuaufgenommenen den Ehrentrunk dar mit dem Brüderschaftspokale (Willkommen), den dieser auf das Wohl der Brüderschaft erwiederte. Dabei wurde in dreimal drei Absätzen getrunken: der Willkommen wurde mit einem Taschentuch oder mit einem reinen Handtuch angefasst, nie mit der blossen Hand, der Deckel abgehoben und nun an den Mund gesetzt; in drei Absätzen wurde getrunken, der Pokal niedergesetzt und die Hand von ihm entfernt. Schliesslich wurde der Johannissegen gesprochen, den der Meister auf das Wohl der ganzen Gesellschaft ausbrachte, worauf ein Gebet und die drei Schläge das Gelage schlossen.

Wollte ein wandernder Steinmetzgeselle die Bauhütte eines Ortes zum erstenmale besuchen, so klopfte er mit drei Schlägen an die Eingangspforte derselben und rief: „Arbeiten deutsche Steinmetzen hier?“ Hierauf wurde die Hütte vertagt, Hammer, Winkelmass, Zirkel, Setzwage, welche die Brüder als alte Wahrzeichen des Handwerks in Händen hielten, beiseite gelegt. Der Parlierer trat heraus, forderte dem Fremden das Passwort und den Handgriff ab und prüfte ihn in Bezug auf seine Kenntnis des geheimen Werkes. Hatte er die Prüfung bestanden, so öffnete sich die Pforte auf die Schläge des jüngsten Bruders. Der Fremde näherte sich nun dem Meister oder Parlierer, der in Abwesenheit des Meisters dessen Stelle vertrat mit drei Schritten, stellte seine Füsse in einen rechten Winkel, reichte dem Meister die Hand und sprach, während die Gesellen sich erhoben: „Gott grüsse Euch, Gott weise Euch, Gott lohne Euch, Obermeister.“ Darauf hiess ihn der Obermeister oder Parlierer willkommen mit den Worten: „Der Meister N. N. entbietet Euch seinen werten Gruss.“ Demnächst trat der fremde Geselle mit drei Schritten zurück und begrüsste jeden einzelnen Gesellen mit denselben Worten und bat um Beförderung oder Beschäftigung. Konnte er dieselbe nicht erhalten, so verabschiedete er sich vom Meister, welcher ihm Grüsse mitgab an alle frommen Steinmetzen zu Wasser und zu Lande, und nahm seinen Feierabend d. h. er ging zur geöffneten Hüttenthür von dannen. —

Bekanntlich liebte es der mystische Sinn des naiven Mittelalters, das reale Leben zu bedeutungsvoller Bildlichkeit umzuschaffen, jede Erdenhandlung zu idealisieren, das Geistige sinnlich wahrnehmbar zu gestalten, eine Wahrheit nicht in direkter Form dem Beschauer vorzulegen, sondern sie in sinnvolle Symbolik zu kleiden.

Diese symbolische Sprache stand wegen ihrer Zweckmässigkeit auch in den Bauhütten in grossem Ansehen und zwar waren hier die Grundsätze der Kunst symbolisiert. Sie vollkommen zu verstehen, galt jedem Bruder als Ehrensache. Sie galten als Norm und Richtschnur bei Ausübung des Gewerbes und erleichterten dem, der sie verstand, die Arbeit, über deren Zweck und Führung er dadurch auf dem kürzesten Wege verständigt wurde. Diese Symbole bestanden aus geometrischen Elementen: Dreieck, Viereck, Fünfeck, Sechseck, Achteck, Kreis, teils waren sie den Werkzeugen entlehnt, deren man sich zum Zeichnen, sowie zum Bauen bedient, dem Zirkel, Messstab, Winkelmass, Richtscheit, Spitzhammer etc.

Jene brachten die mathematischen Gesetze der Formation *) in Erinnerung und waren zu diesem Zwecke, und um den Mitgliedern den langen Weg des Lernens abzukürzen und zu erleichtern, auf Zahlen zurückgeführt. So wurde z. B. das Verhältnis des pythagoräischen Lehrsatzes zu seiner praktischen Anwendung auf die Zahlen 3, 4 und 5 reduziert. Die Grundfiguren waren auch mit einer Art kabbalistischer Umkleidung versehen. So stellte beispielsweise das Viereck in symbolischer Sprache die Beständigkeit, Unwandelbarkeit der christlichen Glaubenslehre dar.

Die Versinnbildung der Werkzeuge lag nicht allein im Charakter der Zeit, da alle Zünfte ihr Handwerksgeräte symbolisierten, sondern sie wies auch auf eine höhere geistige Auffassung des Berufes der Baubrüderschaft und ihres Bundes hin. So sollte der Messstab die Mitglieder an die Kürze des menschlichen Lebens erinnern und sie ermahnen, ihre Zeit weise einzuteilen. So war das Richtscheit das getreue Wahrzeichen der brüderlichen Gleichheit, der Zirkel das Symbol des

*) „Aus den drei Fundamenten: Kreis (Zirkel), Dreieck (Triangulatur) und Quadrat (Quadratur) entspringen die vornehmlichsten gotischen Konstruktionen.“

geschlossenen und festgefügten Bundes, der Spitzhammer das Zeichen der Arbeit, während das Winkelmass das Abbild eines unsträflichen gerechten Lebenswandels vorstellte.

c) *Die Auflösung der Bauhütte.*

Mit dem Eintritt des Humanismus und der Reformation, welche eine höhere Weltanschauung und ein idealeres Kulturstreben dem zerfallenen Gebäude hierarchischen Zwanges und scholastischen Geistesdruckes entgegenstellte, welche den Grundsatz der freien Forschung, des unbeirrten Strebens nach Erkenntnis und Wahrheit als Ziel und Frucht einer edleren, reineren Menschenbildung bezeichnete, erstreckte die wieder aufgegangene und allseitig erweiterte Kenntnis des klassischen Altertums ihre reformatorische Thätigkeit auch auf die Kunst, entriss den einzelnen Genossenschaften das ängstlich gehütete Wissen und brachte es auf den Markt des Lebens. Vom 15. Jahrhundert an begann „ein innerer, mächtiger anschwellender Zug sich fühlbar zu machen, welcher auf die Umkehr aus der Romantik zu dem Realismus der Natur abzielte“. So trat in der Architektur an die Stelle des gotischen Spitzbogenstils der griechische Säulenbau und die römische Kuppelform (Renaissancestil).

Mit dieser Umwälzung begann der Verfall der deutschen Baubrüderschaft, „weil die neuaufkommende Kunst sich nicht in die Fesseln des zünftigen Handwerks schlagen liess. Die künstlerische Individualität dürstete nach Freiheit, und sie vollzog den Bruch mit der Tradition.“ Hand in Hand damit ging ein zunehmender Mangel an Baulust, welcher zahllose Bauleute brotlos machte. Dazu kam der dreissigjährige Krieg, während dessen die Baukunst ganz darniederlag. Und als nun gar 1681 Strassburg, der Vorort der deutschen Bauhütten, in die räuberischen Hände Ludwigs XIV. gefallen war, lag es nahe, u. a. auch den Verein der deutschen Bauleute der Gerichtsbarkeit einer fremden Behörde zu entziehen. So wurde denn durch den Reichstagsbeschluss vom 16. März 1707 den deutschen Bauleuten aufgegeben, jede Verbindung mit der Strassburger Haupthütte abzubrechen. Wohl wurden vereinzelte Anstrengungen gemacht, eine deutsche Nationalhütte ins Leben zu rufen. Allein die Zeit der Baubrüderschaft war erfüllt. Eine Einigung kam nicht zustande; vielmehr brachen unter den einzelnen Hütten Misshelligkeiten aus. Die Folge war, dass endlich am 16. August 1731 durch ein kaiserliches Edikt das Institut der Bauhütte aufgehoben wurde.

Nichtsdestoweniger aber erhielt sich im Geheimen die Verbindung fort. Dies war in Deutschland noch bis vor wenigen Jahrzehnten an vielen Orten der Fall. Die sächsischen Steinmetzen anerkannten noch zu Anfang der sechsziger Jahre die Strassburger Hütte als ihre Haupthütte.

Der letzte „Wissende“ soll der Dombaumeister Schmidt in Wien gewesen sein. In dem Artikel „Dombaumeister Schmidt's Hüttengeheimnis“ der No. 1 Jahrgang 1892 der „Allgemeinen Kunst-Chronik“ versichert der „Baurat Mothes in Zwickau, dass Schmidt nicht der letzte Wissende sei, dass auch er zu den Wissenden gehöre und überhaupt in Deutschland noch mehrere Steinmetzhütten beständen, dass es ihm aber nicht erlaubt sei, darüber Näheres mitzuteilen.“ *)

*) Vgl. Findel a. a. O.

2. Die französischen Handwerker-Verbindungen.*)

Wie in Deutschland, so thaten sich auch in Frankreich, vielleicht im Anfange des 14. Jahrhunderts**), die Vertreter des Handwerks zu geschlossenen Verbindungen zusammen. Doch trat hier schon frühzeitig eine scharfe, ja feindselige Trennung zwischen den Zünften der Meister und den Gesellen-Vereinigungen hervor. Während jene eine einheitliche Organisation, die sich

*) Vergl. Schauberg, Schwalbach, Henne-Am Rhyn, C. Neuburg, Boos a. a. O. — A. Perdiguier: Le livre du Compagnonnage. 2 Bde. Paris; 1841. — L. Levasseur: Histoire des classes ouvrières en France. I. Bd. Paris; 1859. — R. F. Gould: The history of Freemasonry. I. Bd. London; 1882. —

**) Den Ursprung der französischen Handwerker-Verbindungen genauer festzustellen, ist bisher nicht gelungen. Möglicherweise sind sie aus der Gesellschaft der Brückenbrüder hervorgegangen, die bereits 1189 urkundlich nachweisbar sind. Die Brückenbrüder (fratres pontifices), ehedem nur im südlichen Frankreich unter diesem Namen zu finden, sahen in dem Bau und in der Erhaltung von Brücken, Strassen, Hospitälern u. s. w. zum Schutze und zur Pflege der nach dem heiligen Lande wallenden Pilger und Reisenden ein religiöses Werk. Die fromme Vereinigung soll von einem armen Hirten, dem späteren heiligen Bendikt 1178, ins Leben gerufen sein, nachdem er zu Avignon beim Eintritt einer Sonnenfinsternis dem Bischof und dem versammelten Volke verkündet hatte, dass er vom Himmel auserwählt und ausgesandt sei, eine Brücke über den Rhônestrom zu bauen. — Ihre Mitglieder, welche als Ordenszeichen einen Spitzhammer auf der Brust trugen, waren in drei Grade: Ritter, Mönche und Arbeiter geteilt, standen unter erwählten Grossmeistern und erfreuten sich einer merkwürdigen Verfassung. Lange Zeit in hohem Ansehen stehend, artete die Brückenbrüderschaft, als sie zu Reichtum gelangt war, aus und wurde vom Papste Pius II. aufgehoben. Viele ihrer Mitglieder sollen sich dem Johanniter-Orden angeschlossen haben. — Vergl. B. Grégoire: Recherches historiques sur les congrégations hospitalières des frères pontifes. Paris; 1818. —

über das ganze Land erstreckte, nicht aufzuweisen haben, weshalb sie auch keinen nennenswerten politischen Einfluss gewannen, bildeten die Bruderschaften der Gesellen (Compagnons) mächtige Verbindungen mit geheimer Verfassung und mysteriösen Gebräuchen. Obwohl von der Kirche mehrfach als ketzerisch in Verruf erklärt und harten Verfolgungen ausgesetzt, von den staatlichen Gewalten scharf überwacht und wiederholt aufgehoben, haben sich die französischen Gesellen-Bünde doch bis in die moderne Zeit*) hinein zu erhalten vermocht.

Unter ihnen sind besonders zwei Hauptgruppen bemerkenswert:

1. die „Compagnons de liberté“ oder „Enfants de Salomon“ genannt;

2. die „Compagnons du devoir“, welche sich wieder in die beiden grossen Parteien der „Enfants de Maître Jacques“ und der „Enfants de Maître Soubise“ scheiden.

Ein Zusammenhang unter diesen Verbindungen besteht nicht, im Gegenteil, die einzelnen Gruppen stehen einander feindlich gegenüber und befehden sich in echt gallischer Weise mit grimmigem Hass. Wie wir denn überhaupt fast vergeblich bei ihnen jene menschlich schöne Denk- und Handlungsweise suchen, welche die deutschen Handwerker-Associationen der mittelalterlichen Zeit vielfach vorteilhaft auszeichnete.

---

*) Ob der bekannte Geheimbund der Carbonari (Kohlenbrenner), der zu Anfang unseres Jahrhunderts im ehemaligen Königreich Neapel entstand und später auch in Frankreich zahlreiche Anhänger fand, wo Paris der Mittelpunkt der „Charbonnerie“ wurde, auf diese Compagnons zurückzuführen ist, wie Boos annimmt, oder aus ähnlichen Institutionen in Spanien und Deutschland hervorgegangen ist, wie andere Schriftsteller behaupten, bedarf erst noch des Beweises.

Die feindselige Haltung der verschiedenen Parteien findet in den von ihnen gepflegten seltsamen Sagen und Überlieferungen eine Art historischer Begründung. So erzählen die „Gesellen der Pflicht“: Bei dem Bau des Salomonischen Tempels habe Hiram, der kundige Werkmeister, unter seinen Arbeitern behufs Bewahrung von Zucht und Ordnung geheime Gesellschaften von Meistern und Gesellen gegründet. Einst hätten nun mehrere Gesellen versucht, von Hiram das geheime Losungswort des Meisterbundes zu erfahren. Als er sich weigerte, es preiszugeben, sei er elend von ihnen umgebracht worden. Hierauf hätten die Totschläger einen eigenen Gesellenverein, den der Freiheit, gestiftet. Unter den Pflichtgesellen nun seien auch zwei Franzosen gewesen, der Steinmetz Jakob, der in Ägypten und Griechenland sich in seiner Kunst vervollkommnet hatte, und der Zimmermann Soubise. Nach Vollendung des Tempels in die Heimat zurückgekehrt, hätten sie, jener in Marseille, dieser in Bordeaux, nach dem Vorbilde der Hiramschen Vereine solche unter den französischen Bauhandwerkern ins Leben gerufen. Jm Laufe der Zeit hätten sich diese Bau-Vereinigungen über alle anderen Handwerke ausgedehnt, ihre Mitglieder aber hätten sich verfeindet, weil die Steinmetzen und Zimmerleute den Vorzug des höheren Alters für sich in Anspruch nahmen. Jedes dieser Gewerke verlegt nämlich angeblich auf Grund authentischer Dokumente, deren Vorhandensein in Wirklichkeit nur in dem phantasievollen Wahne weniger auserwählter Gläubigen beruht, die Gründung der eigenen Genossenschaft auf das Jahr 558 v. Chr. und die der andern auf das Jahr 550 n. Chr.

Die Compagnons de Liberté weisen dieselbe geschmackvolle Tradition auf, nur mit dem Unterschiede, dass sie den ihnen gemachten Vorwurf, Abkömmlinge der Mörder Hirams zu sein, auf ihre Gegner, die Pflichtgesellen, zurückschleudern und sich als die eigentlichen Nachkommen der guten und getreuen Arbeiter bezeichnen, die kein Geringerer als König Salomo selbst zu einer Genossenschaft vereint und verpflichtet habe, die Welt zu durchwandern und überall die Segnungen des Handwerks zu verbreiten.

Die Gesellen der Freiheit zählen die Angehörigen des Steinmetz-, Zimmermanns-, Tischler- und Schlosser-Handwerks zu ihren Mitgliedern, während in der Partei der Pflicht 28 Handwerke vertreten sind, und zwar unter den „Kindern des Meisters Jakob“ die Tischler, Schlosser, Steinmetzen nebst 22 anderen später errichteten Gewerken, unter den „Kindern des Meisters Soubise“ die Zimmerleute, Dachdecker und Gipser.

Schuhmacher und Bäcker sind von den Verbindungen der Compagnons ausgeschlossen. Die Anhänger Jacobs, soweit sie dem Bauhandwerk angehören, blicken sogar mit Geringschätzung auf diese jüngeren Genossen herab; betrachten sie sich doch als die berufenen Vertreter jener Gewerke, deren Ausübung allein der Kunst und Geschicklichkeit bedarf; leiten sie doch das Wort Compagnon von Compas (Zirkel) ab, dem geheiligten Symbole der Baukunst.

Über die geheimnisvolle Art der Aufnahme in den Bund der Compagnons und die in ihm herrschenden sonderbaren Gebräuche sind zuverlässige Nachrichten nicht überliefert worden. Nur soviel scheint erwiesen, dass sie unter verschiedenen Zeremonien vor sich gegangen ist, welche, dem weihevollen Kultus der katholischen Kirche entlehnt, manche Berührungspunkte mit dem Ritual der Bauhütten aufweisen.

Trotz der unaufhörlichen Streitigkeiten, welche die verschiedenen Genossenschaften unter einander ausfochten, sollen doch in einzelnen von ihnen die Grundsätze der Treue, Verschwiegenheit, Brüderlichkeit und Hingebung eifrig gepflegt und unverbrüchlich gehalten worden sein. —

3. Die englischen Baukorporationen.*)

In keinem Lande war das Associationsprinzip von jeher so stark entwickelt, wie in England. War es doch für die bedrängten unteren Klassen häufig genug das einzige Mittel, in der unverschuldeten Not des täglichen Lebens das gefährdete Dasein zu erhalten, gegen die rücksichtslosen Übergriffe der besitzenden und bevorrechteten Kreise mit einigem Erfolg sich zu wehren. Wir finden darum auf englischem Boden zahlreiche korporative Genossenschaften, vom Handels- und Handwerkerstande gebildet, deren Mitglieder sich Brüder nannten. Jene hiessen Gilden, diese nannten sich Crafts, Mysteries oder Compagnies.

Diese Genossenschaften mit ihrem mystischen Evangelium einer allgemeinen Verbrüderung haben auf die Verbreitung und Entfaltung sittlicher Grundsätze im Volke einen grossen und wohlthätigen Eindruck dadurch geübt, dass sie das sittliche Verhalten ihrer Mitglieder beständig überwachten.

Obwohl jede Regung des öffentlichen Lebens in England durch harte Polizeigewalt darniedergehalten ward, blühte das Korporationswesen auf weltlichem und

*) Vgl.: Wilda, Findel, Gould, Schwalbach, Winzer, Hegel, Boos etc. a. a. O. — J. O. Halliwell: The Early History of Freemasonry in England. London; 1844. — G. Kloss: Die Freimaurerei in ihrer wahren Bedeutung aus den alten und ächten Urkunden der Steinmetzen, Masonen und Freimaurer nachgewiesen. Leipzig; 1846. — W. Keller: Gesch. der Freimaurerei in Deutschland. Giessen; 1859. — R. Gneist: Englische Verfasssungsgeschichte. Berlin; 1882. —

kirchlichem Gebiete im 14. Jahrhundert, nachdem der schwarze Tod unter den niederen Volksklassen fürchterlich gehaust und eine ernstere Lebensanschauung geweckt hatte, so mächtig auf, dass es die Aufmerksamkeit der Staatsregierung erregte. Sie gebot deshalb am 1. November 1388 allen Vereinen, Gilden und frommen Brüderschaften, ihre Statuten und Privilegien einzuliefern und einen Nachweis über ihren Vermögensbestand zu erbringen. Mehr als 500 Korporationen kamen dem Befehle nach, deren Berichte, meist in lateinischer Sprache verfasst, noch heute im Record-Office (Staatsarchiv) zu London aufbewahrt werden.

Wie in Deutschland so bildeten sich auch in den englischen Zünften viele seltsame Gebräuche aus, die nur mündlich überliefert wurden. Doch besassen sie auch schriftlich aufgezeichnete Statuten. Es sind deren 51 vorhanden, von denen das älteste aus dem 14. Jahrhundert datiert. In allen wird übereinstimmend als Zweck der Vereinigung angegeben: die brüderliche Gleichstellung der Zunftgenossen, die Sorge für ihre technische Ausbildung und die Überwachung der Mitglieder hinsichtlich ihres sittlichen Betragens.

Mit den Statuten war meist eine Zunftgeschichte verbunden, in der Regel harmloser Art, oft aber auch phantasievollen und abgeschmackten Inhalts. Unter anderem wurden darin mythologische und biblische Personen, wie Hermes, Nimrod, Abraham, David, Salomo und berühmte Mathematiker des Altertums zur Baukunst in Berührung gebracht.

Neben den Bauzünften finden sich seit der Einführung und in der Blütezeit des gotischen Baustiles auch Baulogen.*) Ausser der Pflege der Geselligkeit

*) Das Wort „Loge" bedeutet: 1. Die Hütte, in der Bausteine zugerichtet werden; 2. eine Gesellschaft von Bauleuten, die

und der humanen Pflicht gegenseitiger Unterstützung in Fällen der Not dienten auch sie dem praktischem Zwecke, ihren Mitgliedern technisches Wissen zu übermitteln.

Mit dem Verfalle der Gotik verloren die Baulogen ihre Bedeutung. Nur in Schottland scheinen sie eine grössere Lebenskraft bewahrt zu haben.

Als Versammlungslokal diente den Brüdern bei schlechtem Wetter irgend ein geschütztes und geräumiges Obdach. Vor Eröffnung der Loge wurden Wachen ausgestellt, um den Zutritt Unbefugter und Neugieriger zu verhüten. Wurde ein unbefugter Lauscher

---

zur Pflege der Geselligkeit an einem bestimmten Orte regelmässig sich versammelt.

Eine besondere Steinmetzenzunft, wie in Deutschland, hat sich in England nicht entwickelt. In den Baulogen waren nicht nur Bauhandwerker aller Art, sondern auch Angehörige anderer, sogar vornehmer Gesellschaftskreise vertreten. Die Bezeichnung free-masons, welche sich die Mitglieder der Logen beilegten und die zuerst 1350 urkundlich nachgewiesen ist, bezieht sich lediglich auf ihre Zugehörigkeit zu einer privilegierten Zunft. Wurden doch auch andere Handwerker, wie die Zimmerleute, durch das Prädikat „free" ausgezeichnet.

Ob den englischen Baulogen die deutschen Bauhütten, mit denen sie vielerlei Gebräuche und Einrichtungen gemeinsam haben, als Vorbild gedient haben, ob überhaupt deutsche Bauleute es gewesen, welche, wie Findel u. a. behaupten, die Baulogen auf englischer Erde gegründet haben, ist eine Frage, die noch der endgültigen Entscheidung harrt. Boos bestreitet die Einwirkung deutscher Hüttenbrüder auf die englischen Bauhütten, ohne indes seine von der bisherigen Auffassung abweichende Meinung näher zu begründen. Insbesondere lässt er die gewiss schwerwiegende Thatsache unberücksichtigt, dass nicht nur erwiesenermassen viele deutsche Werkleute in England und Schottland thätig gewesen sind und in den englischen Constitutionen Verzeichnisse von Werkmeistern mit unzweifelhaft deutschen Namen sich finden, sondern dass auch „die ältesten deutschen Steinmetzordnungen mit den ältesten englischen Constitutionen in den meisten Paragraphen wesentlich übereinstimmen".

ertappt, so wurde er so lange unter die Dachtraufe gestellt, „bis ihm das Wasser aus den Schuhen lief“. Bei schönem Wetter lagerte sich die Logenversammlung unter freiem Himmel, „am liebsten auf einem Hügel, wo niemand lauschen konnte.“

Über die merkwürdigen Gebräuche, die sich in den Logen herausgebildet, ist mancherlei interessante Kunde auf uns gekommen.

Bei der Aufnahme eines Kandidaten mussten mindestens 5 oder 6 Brüder zugegen sein, die nebst ihren Frauen von jenem mit Handschuhen beschenkt wurden. Nachdem ihm vom amtierenden Logenmeister die Konstitution vorgelesen war, wurde er vom Aufseher dem Meister und den anwesenden Brüdern vorgestellt, welche er der Reihe nach mit der Formel anzureden hatte:

„Ich möchte gern ein Maurergeselle sein, wie Eure Ehrwürden alle deutlich sehen können.“

Hierauf musste der Neuling den vorgeschriebenen Eid ablegen. Er schwor bei der Liebe, die ihm durch die Logen-Gesetze auferlegten Pflichten getreulich zu erfüllen, insbesondere die Passwörter, die Zeichen und sonstigen Geheimnisse der Loge nicht zu verraten, weder Mann noch Frau, Kind, Stock oder Stein, ausser einem echten und rechten Bruder, bei Strafe, „dass ihm die Gurgel abgeschnitten wird und er dereinst einen doppelten Anteil an Hölle und Verdammnis erhält“.

Demnächst wurden ihm die geheimen Zeichen, mittelst deren er sich als Mitglied der Brüderschaft ausweisen konnte, mitgeteilt und erklärt und ihm gleichzeitig Gelegenheit gegeben, sie seinem Gedächtnis unveräusserlich einzuprägen.

Nachdem die Anwesenden sich überzeugt, dass dies wirklich der Fall sei, flüsterte das jüngste Mitglied dem älteren Bruder das rätselhafte Wort „Maughbin“ zu. Dieser gab es weiter, bis es zum Meister gelangte, welcher es dem Neuaufgenommenen mitteilte, worauf derselbe zu sprechen hatte:

„Ein aufgenommener Maurer bin ich gewesen,
Boas und Jachin habe ich gesehen;
Zum höchst vortrefflichen Gesellen wurde ich vereidigt
Und kenne den Bruchstein, den Spitzstein und das Quadrat;
Ich kenne die Meister-Partie gar wohl,
Wie der ehrliche Maughbin euch sagen wird.“

Dann antwortete der Meister:

„Wenn Sie ein Meistermaurer sein möchten,
Beobachten Sie wohl die Regel von drei (Regel de tri),
Und was Ihnen in der Mauerei fehlt —
Deine Marke und Maughbin macht Dich frei.“

Von den zahlreichen bekannt gewordenen Zeichen führen wir hier nur die merkwürdigsten an, zunächst die Begrüssungszeichen. Hierbei wurde die rechte Hand von links nach rechts über die Brust geführt, alsdann mit der Rechten der Hut abgenommen und in der Richtung von rechts nach links geschwenkt und wieder aufgesetzt. Der Hut selbst wurde in der Weise erfasst, dass der Zeige- und Mittelfinger über, der Daumen und die übrigen Finger unter seinen Rand zu liegen kamen.

Im Weiteren hören wir von einer ganzen Reihe anderer unauffälliger Zeichen, an denen die Genossen der verschiedenen Korporationen sich erkannten. So wurde u. a. mit der Rechten das Taschentuch ergriffen und über die linke Schulter geworfen, von wo es über den Rücken herabhing. Liess man sich zu einem gemeinsamen Trunke nieder, so wurde das Trinkgefäss in der Richtung von links nach rechts unter das Kinn hingezogen. Kam ein wandernder Bruder an einen Ort, wo Handwerker beschäftigt waren, von denen er annehmen durfte, dass sie einer verwandten Genossenschaft angehörten, so legte er einige ihrer Werkzeuge in die Form eines Winkelmasses und war dadurch bei ihnen sofort als zünftiger Genosse legitimiert. Oder aber er schlug mit einem Werkzeuge oder einem Stabe auf die gerade in Arbeit befindlichen Gegenstände mit den Worten: „Das ist lose oder hohl!“ War nun ein Bruder zugegen, so antwortete er: „Es ist fest!“

Die Logenmitglieder waren unter sich gleichberechtigt. „Meister hiess nur der Genosse, welcher durch freie Wahl zum Vorsitzenden in der Loge berufen war.“ Jedoch hatten Meister und Gesellen ihren besonderen Handgriff. Die Gesellen fassten gegenseitig ihre rechte Hand und drückten mit aneinander gelegten Daumen das dritte Glied des Zeigefingers. Der Meistergriff bestand darin, dass man gegenseitig die Rechte ergriff und mit den vier fest an einander geschlossenen Fingern auf das dritte Glied des Zeigefingers einen leichten Druck ausübte. Der Meistergrad hatte ausserdem ein eigenes Passwort: „Maharyn“, das in zwei Teilen gegeben wurde. Während nämlich der Fragende dem Befragten die Silben „Maha“ zuflüsterte, antwortete dieser mit der Silbe „Ryn“.

Von einer höheren Symbolik, von tiefen Gedanken, die in ihr sinnbildlich zum Ausdruck gebracht worden wären, ist weder hier, noch überhaupt in dem ganzen Ritual etwas zu entdecken. Es entsprach vielmehr durchaus der niederen Bildungsstufe und dem engbegrenzten Gesichtskreis des damaligen englischen Handwerkertums.

Wollte ein Bruder die Loge besuchen, so musste er dreimal in kurzen Intervallen, zweimal leise und einmal stark, an die Eingangspforte klopfen und sich einer eingehenden Prüfung unterziehen, deren Gang genau vorgeschrieben war. Auf die Frage: „Sind Sie ein Maurer?“ hatte der Besuchende zu antworten: „Ja, ich bin einer.“ Auf die weitere Frage: „Wie soll ich das erkennen?“, musste die Antwort erfolgen:

„An Zeichen und Griffen von meiner Aufnahme in die Kirche und von da in die Hölle.“

Es folgte nunmehr ein Examen über die Art seiner Aufnahme. Hatte er auch hierüber genauen Aufschluss gegeben, so redete ihn einer der Aufseher an: „Gottes Gruss sei bei diesem Zusammentreffen und mit dem sehr ehrwürdigen Meister und den „ehrwürdigen Gesellen, die die Schlüssel der Loge, von wo sie herkamen, bewahren; und Sie sind auch willkommen, ehrwürdiger Bruder, in dieser ehrwürdigen Gesellschaft.“

Dann grüsste der Besuchende:

„Der sehr ehrwürdige Meister und die ehrwürdigen Gesellen der Loge, von der ich herkam, grüssen Sie vielmals.“

Die Prüfung war damit jedoch keineswegs abgeschlossen; sie erstreckte sich vielmehr noch auf die richtige Beantwortung einer Reihe aus dem Gebiete des Logenwesens entnommener Fragen. Insbesondere hatte der fremde Bruder die äusseren Merkmale einer gerechten und vollkommenen Loge anzugeben und mitzuteilen, wo er zum Maurer gemacht, wo die erste Loge gehalten worden, wie viele Ordnungen es in der Architektur gäbe, welchen Platz die Maurer bei der Arbeit einnehmen, wie viele Kleinodien und Lichter die Loge habe, ob ein Schlüssel zur eigenen, des Besuchenden, Loge vorhanden und wie er beschaffen, wo er aufbewahrt werde, wo der Schlüssel einer arbeitenden Loge sich befinde u. s. w.

Hatte der besuchende Bruder auf alle Fragen genügende Antwort gegeben, dann erst wurde er zur Beteiligung an der Logenarbeit zugelassen. —

4. Die Kalandsbrüderschaften.*)

Es ist bereits erwähnt worden, dass jede weltliche Gilde auch eine geistliche in sich schloss. Standen doch alle Genossenschaften unter dem Schutze eines Heiligen; hatten sie doch auch religiöse Zusammenkünfte und unterhielten zu Kirchen und Klöstern freundschaftliche Beziehungen.

Der Klerus trat der Entwickelung des Gildenwesens häufig hemmend entgegen oder suchte es völlig auszurotten. In allen zu diesem Zweck ergangenen kirchlichen Verboten aber waren die Gilden ausgenommen, welche zu Ehren der Heiligen, zum Besten der Armen und der Kirche errichtet waren. So geschah es denn, dass schon in der ersten Zeit der Entwickelung des Bruderschaftswesens eine besondere Vereinigung von den ausschliesslich weltlichen Zwecken dienenden Gilden sich lossagte und eine geistliche oder fromme Brüderschaft bildete, die trotzdem manche Berührungspunkte mit den weltlichen bot.

Im 14. und 15. Jahrhundert war die Zahl der geistlichen Brüderschaften bereits so angewachsen, dass es nicht leicht eine Kirche**) gab, zu der nicht eine oder mehrere derselben gehörten.

---

*) Vgl. Wilda, Hegel a. a. O. — Ch. G. Blumberg: Kurtze Abbildung des Kalands oder Derer so gen. Kaland-Brüderschaften etc. Chemnitz; 1721. — L. v. Ledebur: Die Kalands-Verbrüderungen. (In: Märkische Forschungen. IV.) Berlin; 1850.

**) In Köln zählte man damals 80, in Hamburg mehr als 100, in Lübeck 70 solcher geistlichen Korporationen.

Auf die frommen Brüderschaften sind auch, wenn man von der sagenhaften Tafelrunde des Königs Artus absieht, die älteren „höfischen Orden“ zurückzuführen, wie die „liebende Brüderschaft des Hosenbandordens“, der „Elefantenorden“ u. a. Sie waren „ursprünglich nicht blosse Veranstaltungen für die Verleihung äusserer Zeichen der Fürstengunst oder des Verdienstes um

Manche dieser frommen Korporationen haben sich Jahrhunderte hindurch erhalten; die meisten aber sind

---

das Gemeinwohl", sondern Brüderschaften, deren Mitglieder sich zur Übernahme ernster, sittlicher Pflichten eidlich verstehen mussten. Die Versammlungen (Kapitel) dieser Orden wurden geheim gehalten. Ihnen präsidierte der Grossmeister, ein Amt, das sich die Fürsten selbst vorzubehalten pflegten.

Von besonderem Interesse ist der Schwanenorden („Die Gesellschaft uns. l. Frauen zum Schwan"), welcher, 1440 von dem Kurfürsten Friedrich II. von Brandenburg gestiftet, seinen Hauptsitz in Ansbach und in dem Marienkloster auf einem Berge bei Brandenburg hatte und mit Recht als „Bruderschaft und gleichsam Tafelrunde" des Fürsten bezeichnet wird. Nach den Statuten des Ordens waren seine Mitglieder berufen, zur Heilung der mannigfachen Gebrechen der damaligen Zeit und zur Milderung ihrer schlimmen Sitten mitzuwirken. Der Jungfrau Maria geweiht, sollte er auch dazu dienen, die Genossen im Falle der Verarmung zu unterstützen und sie gegen Ehrverletzungen in Schutz zu nehmen. Den Mitgliedern war bei allen Reisen zu den Ordenskapiteln freies Geleit zugesichert. Als Ordenssymbol diente der Schwan, der bekanntlich in der griechischen und germanischen Mythologie eine bedeutsame Rolle spielt und den Ruf der Weissagung, insbesondere der Vorausverkündigung seines Todes, geniesst. (Vergl. Paulus Cassel: Der Schwan in Sage und Leben. Berlin; 1872.) Sein weisses Gefieder wurde auf die Reinheit des Herzens gedeutet, sein Bild sollte den Gedanken an die Vergänglichkeit alles Irdischen wacherhalten. Zu diesem Zwecke und als äusseres Erkennungszeichen wurde das „Juwelk" (der Schwan) unter dem von einem Strahlenkranze umgebenen Marienbilde von den Ordensbrüdern an einer Kette getragen, deren Glieder ein in Premsen (Folterklammern) eingeschlossenes Herz darstellten. Das Schwanbild selbst war von einer weissen „Dwele" (Tuch) umwunden, welche auf die Reinheit der Hände hinwies, während von der „Dwele" an Ketten Glöckchen herabhingen, welche die Wachsamkeit und die Bereitwilligkeit zur Verrichtung guter Werke symbolisierten. — Die Vorsteher des Ordens waren der „Grossmeister" und die „Schaffer" (Schaffner).

Der Orden erlosch in der Reformationszeit. Den hohen Gedanken aber, der in ihm zum Ausdruck gekommen war, nahm der romantische

nach kurzer Lebensdauer spurlos wieder verschwunden. Von der Mehrzahl sind lediglich die Namen und unbedeutende Notizen bekannt geworden. Von den wenigsten sind ausführliche Nachrichten, in Statuten und Gildebüchern niedergelegt, auf uns gekommen. in denen ausser den Namen der verstorbenen und lebenden Mitglieder ausführliche Berichte über innere Gildeangelegenheiten verzeichnet sind.

Hiernach war der Zweck aller geistlichen Vereine*): äusserliche Förderung der Gottesdienste, Pflege und Verrichtung guter Werke. Viele von ihnen gaben ihrer Thätig-

---

König Friedrich Wilhelm IV. von Preussen wieder auf, indem er ihn am 24. Dezember 1843 erneuerte als eine „Gesellschaft, in die man freiwillig eintritt, um sich thätig einem der Zwecke derselben zu weihen," nämlich der Linderung physischen und moralischen Elends, „aus welcher man aber auch ohne Unehre austreten kann, wenn man jener Thätigkeit sich zu widmen nicht ferner den Beruf fühlt. Männer und Frauen, ohne Ansehen des Standes und Bekenntnisses, können, wenn sie den Pflichten der Gesellschaft sich zu unterziehen bereit sind, in dieselbe aufgenommen werden . . ." Praktische Bedeutung hat der erneuerte Orden nicht gehabt.

Vergl. R. v. Stillfried: Der Schwanenorden, sein Ursprung und Zweck, seine Geschichte u. seine Altertümer. Halle; 1845. — S. Hänle: Urkunden und Nachweise zur Geschichte des Schwanenordens. Ansbach; 1876. — R. v. Stillfried und Hänle: Das Buch vom Schwanenorden. Berlin; 1881.

*) Hierher gehört u. a. auch die „Brüderschaft des h. Wolfgang". Von zwei frommen Berliner Bürgern i. J. 1476 gestiftet, erfreute sich diese Gilde des ausgedehntesten Schutzes des Kurfürsten Johann v. Br., der sogar i. J. 1482 mit seiner Gemahlin der Genossenschaft als Mitglied beitrat. Das Gebet für das Seelenheil der Verstorbenen war erste und heiligste Pflicht der Mitglieder, dann auch die Veranstaltung einer würdigen Leichenfeier. Friedsames Leben mit einander, sowie ein echt christlicher Wandel waren weitere Gebote. Als Beitrag zahlten die Brüder vierteljährlich einen Pfennig. Wer nicht pünktlich bei den gebotenen Konventen erschien oder einen Bruder beleidigte, musste Strafe zahlen. Wer seine Beiträge nicht entrichtete,

keit eine besondere Richtung und verwandten ihre Opfer in einer bestimmten Weise, indem sie sich u. a. verpflichteten, auf einem Altare Lichter*) in grösserer oder geringerer Anzahl zu erhalten.

Die s. g. Rosenkranz-Brüderschaften legten ihren Anhängern, die aus Männern und Frauen bestanden, die Pflicht auf, täglich drei Rosenkränze zu beten. Als Eintrittsgeld in den Verein wurde von jedem Mitgliede 1 Schilling erhoben.

Andere Brüderschaften vereinigten sich, um gewisse Messen lesen zu lassen, um eine Kirche oder einen Teil derselben in baulichem Stande zu erhalten, Geistliche und Klöster, namentlich auch arme Schüler, zu unterstützen, Wallfahrten zu fördern u. s. w. Von ihnen sind besonders die s. g. Elendsgilden bekannt geworden, deren Hauptaufgabe die leibliche Stärkung vertriebener, heimatloser Wanderer („Elende") war, die bei der egoistischen, echt mittelalterlichen Abgeschlossenheit der einzelnen Kommunen in ihrem Exil selten etwas Anderes als die bitterste Not fanden,

---

wurde aus der Gilde entfernt, in welche er nie wieder aufgenommen wurde.

Besonders beliebt bei den Mitgliedern waren Wallfahrten nach Rom, nach S. Jago di Compostella und nach „unserer l. Frau in Aachen". Die Pilger erhielten zu diesem Zweck eine vom Gildenmeister ausgefertigte Legitimation, die ihnen bei allen geistlichen Behörden und Instituten eine freundliche Aufnahme sicherte. — Neben dem einfachen Bürgersmann und Handwerker finden sich auch streitbare Ritter und angesehene Herren in der W.-Gilde friedlich vereint. Sogar ausländische Fürsten und Fürstinnen sollen ihr angehört haben. — Mit der Einführung der Reformation verschwand auch die gefeierte Bruderschaft. — Vergl. E. Fidicin: Hist.-diplom. Beiträge zur Gesch. der Stadt Berlin. II. u. III. Teil. Berlin; 1837.

*) So die Kreuzbrüder in der Stadt Heiligenhafen, so die Marienbrüderschaft in Flensburg.

sowie ein christliches Begräbnis im Falle ihres Hinscheidens. Keine aber hat die Aufmerksamkeit der Zeitgenossen in so hohem Grade erregt, als die merkwürdige Genossenschaft der Kalandsbrüder.

Schon im 8. Jahrhundert war es üblich, dass die Geistlichkeit eines gewissen Distrikts am ersten jeden Monats (calendae im römischen Kalender genannt) zu einer Beratung über die Verwaltung ihrer Ämter zusammentrat.

Die Kalandsbrüder folgten dieser alten Einrichtung und erhielten davon ihren Namen. Wenn auch in späteren Zeiten ihre Konvente nicht mehr regelmässig alle Monate stattfanden, so blieben sie dem alten Herkommen doch insofern treu, als sie den Genossen zur Pflicht machten, an jedem ersten Monatstage eine Messe zu lesen und andere Andachtsübungen für das Seelenheil Verstorbener zu verrichten.

Die Kalandsbrüderschaften verbreiteten sich von dem Kloster Ottberg in Westfalen über ganz Niederdeutschland, Dänemark, die Niederlande und wurden vielfach von Päpsten und Kaisern begünstigt. Im 15. Jahrhundert finden wir Kalandsgilden fast in jeder norddeutschen Stadt, in einer grösseren sogar deren mehrere. Hier unterschied man dann einen grösseren und kleineren Kaland. Jenem gehörten Geistliche höheren Ranges, diesem die niederen Kleriker an.

An der Spitze jeder Kalands-Brüderschaft stand ein freigewählter Propst mit mehreren Gehilfen (Diakonen). In ihrem Beisein nahm der Vorsteher den Neulingen, die eines untadelhaften Rufes sich erfreuen mussten, den Eid der Treue ab und verpflichtete sie feierlich auf die Regeln und Satzungen der Genossenschaft. Für seine Aufnahme hatte jeder Bruder eine kleine Eintrittsgebühr zu entrichten und den Brüdern und Schwestern ein Gastmahl zu geben. Ausserdem war er zu regelmässigen Geldspenden und zu einem ehrbaren, frommen Lebenswandel verpflichtet. Das vereinnahmte Geld wurde zu Werken erbarmender Nächstenliebe gegen notleidende Mitglieder sowohl als Laien verwendet, zur Stiftung von Altären und Seelenmessen.

Ursprünglich bestanden diese Brüderschaften nur aus Mitgliedern des Klerus. Später änderte sich dies, zumal die Erfüllung wohlthätiger Zwecke in ausgiebigem Masse nur durch die Hilfe wohlhabender Laien möglich war. So finden sich denn, namentlich in den grösseren Kalands, häufig angesehene und reiche Bürger nebst ihren Frauen. Jedoch besassen sie keineswegs die gleichen Rechte, wie die der Gilde angehörenden geistlichen Herren. So mussten sie u. a. bei den Festmahlzeiten, die den Schluss jeder Sitzung bildeten, an der Brüdertafel Platz nehmen, während die Herrentafel ausschliesslich dem Klerus vorbehalten war. —

Die Aufnahme der Laien brachte es mit sich, dass die Kalandsgilden allmählig eine Ausbildung und Gestaltung gewannen, welche sich von dem weltlichen Gildewesen kaum noch unterschied.

Die meisten Kalandsgilden besassen ausgedehnte Liegenschaften und eigene Häuser, in welchen ihre Versammlungen abgehalten wurden. Sie gaben den angesehensten und besten Gebäuden der Stadt nichts nach und waren gewöhnlich mit der Brauereigerechtigkeit und dem Privilegium des Wein- und Bierverkaufes ausgestattet. Die Brüder pflegten hier täglich „zum Bier und zum Wein“ zu gehen, und auch andere Bürger fanden dort als Gäste Bewirtung. Wie es in den Kalandshäusern zuweilen hergegangen, davon wissen die Zeitgenossen wenig Erbauliches zu berichten, wenngleich manches davon übertrieben sein mag. „Da sitzen sie, zechen und würfeln und prassen den ganzen Tag, streiten und schreien im Weinrausch, lästern Gott und alle Heiligen und kommen dann aus den Armen der Dirnen zum Altar Gottes.“ Daher denn die Redensart: „Kalandern“ zur Bezeichnung einer unmässigen Lebensweise üblich ward.

Wie die Veränderung der politischen Verhältnisse, der religiösen und sittlichen Begriffe und Ansichten der Gebräuche und Neigungen den Untergang der weltlichen Gilden herbeiführten, so bestimmten sie auch das Schicksal der geistlichen Bruderschaften. Insbesondere durch die Reformation sind sie in den Grundvesten erschüttert worden. Die Stellung der Geistlichen wurde eine völlig andere. Die guten Werke bahnten nicht mehr wie früher den Weg zum Himmel. Die meisten frommen Brüderschaften lösten sich auf aus eigenem Antriebe oder infolge energischen Eingreifens der erstarkenden Staatsgewalt. So geschah es auch mit den Kalandsgilden. Ihre reichen Güter wurden eingezogen zum Besten der Armen und für Schulzwecke verwendet.

Drittes Buch.

Die geheimen Gesellschaften im Zeitalter der Reformation.

I. Die Bauernverschwörungen.*)

Während im 14. Jahrhundert die Zünfte die Herrschaft der Geschlechter in blutigen Kämpfen brachen und die auf den Grundbesitz fussenden Vorrechte der städtischen Aristokratie vernichteten, lehnte sich im 15. Jahrhundert die Landbevölkerung gegen die Grundherrschaften auf.

---

*) Vergl. G. Sartorius: Versuch einer Gesch. des deutsch. Bauernkrieges. Berlin; 1795. — F. A. Deuber: Geschichte der Bauernkriege in Teutschland und der Schweiz. Freiburg; 1833. — H. W. Bensen: Gesch. des Bauernkrieges in Ostfranken. Erlangen; 1840. — F. F. Oechsle: Gesch. des Bauernkrieges in den schwäb.-fränk. Grenzlanden. Heilbronn; 1844. — Studien und Skizzen zur Geschichte der Reformation. I. Bd. Schaffhausen; 1846. — J. E. Jörg: Deutschland in der Revolutions-Periode von 1522—1526. Freiburg i. Br.; 1851. — W. Zimmermann: Allgem. Geschichte des grossen Bauernkrieges. I. Teil. Stuttgart; 1854. — C. A. Cornelius: Studien zur Geschichte des Bauernkrieges. München; 1861. — R. Zöllner: Zur Vorgeschichte des Bauernkrieges. (Progr. des Vitztum. Gymnasiums.) Dresden; 1872. — F. H. Kraus: Geschichte des deutsch. Bauernkrieges.

Unter den vielfachen Ursachen, welche die im Laufe der Jahre aufgehäuften Zündstoffe zu jenem verzehrenden Brande entfachten, der unter dem Namen „Bauernkrieg" mit blutigen Zügen in den Jahrbüchern der deutschen Geschichte verzeichnet steht, waren die sozialen Übelstände, die Not und das Elend der bäuerlichen Bevölkerung nicht die geringsten.

In seiner entwürdigenden Lage als Leibeigener oder Höriger*) oder, wo er ein verkümmertes Eigentum besass, von ungemessenen Frondiensten schwer bedrückt und bei dem zunehmenden Luxus, bei der

---

Wiesbaden; 1873. — G. Scheidel: Akten u. Urkunden zur Gesch. des Bauernkrieges. Ansbach; 1884. — H. Hartfelder: Zur Gesch. des Bauernkrieges in Südwestdeutschland. Stuttgart; 1884. — F. v. Bezold: Gesch. der deutsch. Reformation. Berlin; 1886. — W. Vogt: Die Vorgesch. des Bauernkrieges. Halle; 1886. — G. Egelhaaf: Deutsche Gesch. im XVI. Jahrh. bis zum Augsburg. Religionsfrieden. I. Bd. Stuttgart; 1891. — C. Lamprecht: Deutsche Geschichte V, 1. Berlin; 1894. —

*) Die Umwandlung der freien Grundbesitzer in Leibeigene oder Hörige hatte sich im 14. Jahrh. in allen ober- und mitteldeutschen Landen vollzogen, vielfach unter Zustimmung der Bauern, meist aber durch Verletzung alter urkundlich verbriefter Rechte. Der kleine freie Grundbesitzer hatte häufig dadurch gewonnen, dass er sich in die Hörigkeit einer geistlichen Herrschaft begab. War er doch dann von manchen Leistungen befreit, welche ihn früher schwer gedrückt hatten. Dazu kam, dass die Abhängigkeit von einem mächtigen Herrn grösseren Schutz als die Freiheit verleihen konnte, ja häufig genug die einzige Möglichkeit war, sich durch das gefährdete Dasein zu schlagen. Diese Abhängigkeit in Leibeigenschaft umzugestalten, war aber für die Grundherrschaft um so leichter, als den Bauern der Weg der Klage verschlossen blieb, zumal das eigene, volkstümliche Recht verloren gegangen und an seine Stelle der nivellierende, erstarrende Formalismus des römischen getreten war, „das den gemeinen Mann den Schlangenwegen jeder Rechtsverdrehung wehrlos preisgab. Hier lag überhaupt eine der wundesten Stellen der damaligen Zeit." —

Vielseitigkeit der Lebensbedürfnisse des Herrenstandes mehr und mehr mit unerschwinglichen Natural- und Geldleistungen aller Art*) belastet, in den zahllosen mutwilligen Fehden der verwilderten Herren brutal misshandelt, war der tief verachtete deutsche Bauer**) das allgemeine Lasttier der Gesellschaft.

Aller Menschenwürde bar und ohne Menschenrechte, in grausigem Elend, in Not und Trübsal schleppten die „armen Leute“ ihr mühseliges Dasein dahin. Kein Strahl freudigen Lebens, heiterer Lust, menschlicher Kultur fiel in ihre armseligen Hütten. Auf Besserung ihrer Lage war bei der wachsenden Ohnmacht der Staatsgewalt, bei dem herzensharten Übermut, der lieblosen Selbstsucht der unritterlichen Grundherrschaft nicht zu hoffen.

---

*) Hierher gehörte der grosse, der kleine und der Blutzehnte, eine unmenschliche Besteuerung aller Zweige des Feld- und Gartenbaues wie der Viehzucht. Da waren ferner die zahllosen unbelohnten Hand- und Vorspanndienste, ein unerhörter Eingriff in den Wirtschaftsbetrieb, der um so lästiger und bitterer empfunden wurde, als häufig genug die Leistung des Fröners das Bedürfnis des Herrn überstieg. — Eine der verhasstesten Abgaben war der berüchtigte Tod- oder Sterbfall, eine Art feudaler Erbschaftssteuer, die beim Ableben eines „Grundholden“ entweder das beste Stück Vieh oder das beste Gewand dem raubgierigen Lehnsherrn zusprach. Wir hören auch von der vielberufenen Abgabe für Erteilung der Heiratserlaubnis mit ihren fluchwürdigen Begleiterscheinungen (jus primae noctis).

**) In den Schwänken und Fastnachtsspielen des 15. und 16. Jahrh. erscheint der Bauer regelmässig in der Rolle eines albernen, einfältigen Tölpels oder dummdreisten Gesellen, der sich über seinen Stand erhebt, während er der Ritterschaft vielfach als vogelfrei galt. Vergl. u. a. L. Uhland: Alte hoch- und niederdeutsche Volkslieder. 2 Bde. Stuttgart u. Tübingen; 1844—45. — Sebastian Brants Narrenschiff. Herausgegeben von Fr. Zarncke. Leipzig 1854. — R. v. Liliencron: Die histor. Volkslieder der Deutschen. III. Bd. Leipzig; 1867. —

„Es wäre zu verwundern gewesen, und es hätte den deutschen Bauern auf die sittliche Stufe des polnischen herabgedrückt, wenn ein solcher Zustand nicht das Bestreben nach einer Veränderung in ihm erzeugt hätte. Und es wäre wahrlich schlimm gestanden um die Zukunft unserer Nation, wenn derjenige Stand, welcher beim Eintritt der Deutschen in die Geschichte der einzige gewesen war, an welchem die Kraft der Legionen zersplitterte, sich endgültig gefunden hätte in seine Knechtung und seine Verachtung."

Aber schon seit vielen Jahren ging der finstere Geist der Unzufriedenheit und des Hasses gegen Ritter und Pfaffen, gegen Privilegierte und Reiche durch die niederen Volksschichten. Selbst in den Reichsstädten bestand eine weite Kluft zwischen den Kleinbürgern, den gedrückten und verarmten Handwerkern und Hintersassen, und den adels- und geldstolzen Patriziern. Alle die klagenden Dulder, die hier mit den sozialen Zuständen unzufrieden waren, waren die natürlichen Parteigänger der geplagten Landbewohner. Der Gedanke, die vorenthaltenen Menschenrechte im Wege heimlicher Verschwörungen zu erringen, die unerträglichen Lasten abzuschütteln und die drückenden Ketten der Knechtsschaft mit nerviger Faust zu brechen — dieser gefährliche Gedanke kam auf und fand um so lauteren Wiederhall in allen noch nicht völlig stumpf und fühllos gewordenen Herzen, je fester und versteinerter die Gewalten dastanden, welche sich dem berechtigten Freiheitsdrange der Bauern entgegenstellten.

Einzelne Versuche dieser Art durchziehen das ganze Mittelalter. Obwohl blutig unterdrückt, hielten sie doch den Geist der Empörung wach und stärkten ihn. Zu dem alten Missmut über den fortdauernden barbarischen Druck gesellte sich noch das Gefühl ungestillter Rache, wilder Verzweiflung. Immer heftiger gährte es in den dumpfen Gemütern, immer zahlreicher wurden die Ausbrüche der wild erregten Leidenschaften.

Schon 1423 und 1449 hören wir von mehrfachen Widersetzlichkeiten schwäbischer Bauernschaften gegen ihre zuchtlosen Herren. Im Jahre 1462 entstand eine gefährliche Empörung der salzburgischen Bauern, durch unerhörten Steuerdruck hervorgerufen. Nur mit bairischer Hilfe konnte der Erzbischof der furchtbaren agrarischen Bewegung Herr werden. Im Jahre 1478 erhoben sich die kärntischen Bauern und errichteten, angeblich gegen die Türken, in Wahrheit aber gegen den Kaiser und den Herrenstand eine bewaffnete Verschwörung und forderten Adel, Klerus und Städte zum Beitritt auf. Der Bund wurde zersprengt, seine revolutionären Ideen aber wucherten unaufhaltsam fort.

Das letzte Jahrzehnt des 15. Jahrhunderts zeigt uns den Aufstand der Bauern und der städtischen Kleinbürger in Friesland und Holland, der s. g. „Käsebröder“, die in ihrer Fahne ein Brod und einen Käse führten, sowie der Unterthanen des Abts von Kempten, eines harten Mannes, der an rücksichtsloser Willkür alle seine Vorgänger übertraf.

Neben der wirtschaftlichen Missstimmung machte sich ein tiefer Groll gegen die verlotterte, reichbegüterte Geistlichkeit bemerkbar, hervorgerufen durch die von Böhmen ausgegangenen taboritischen Lehren*) und genährt durch die todesmutigen Kriegsbrüderschaften, die, eine Schöpfung der genialen Feldherrnkunst des dämonischen Ziska, in fast allen Kriegen der letzten Hälfte des 15. Jahrhunderts Verwendung fanden. Sie waren es auch, welche das niedere Volk für jene religiösen Richtungen empfänglich machten, die in der

---

*) Vgl. F. v. Bezold: Zur Gesch. des Husitentums. München; 1874.

Verwerfung des weltlichen Besitzes und der Betonung der Gleichheit aller vor Gott einen sozialpolitischen Charakter trugen. Und nicht lange mehr währte es, so trat der theokratische Sozialismus mit erschreckender Offenheit zu Tage.

Diese merkwürdige Erscheinung machte sich namentlich im Anschluss an das unheimliche Wallfahrtsfieber bemerkbar, das im Jahre 1475 zur Zeit des grossen Ablassjubiläums abermals die mittelalterliche Menschheit ergriff und ungezählte Tausende nach Rom und nach Wilsnack zum heiligen Wunderblut trieb. Sehnsüchtig harrte man des Propheten und Reformators, welcher sich der Mühseligen und Beladenen annehmen würde.

Dieser schien in der Person Hans Böhms*) gefunden zu sein. Ein echtes Kind des Volkes, Hirte und Spielmann zugleich, ein beschränkter, aber von mystischen Ideen erfüllter Kopf, verbrannte er im Frühjahr 1476 zu Niklashausen im freundlichen Taubergrunde, veranlasst durch Erscheinungen der Jungfrau Maria, seine Spielmannswerkzeuge und begann in träumerischer Fieberglut zu predigen.

Der Inhalt seiner feurigen Predigten drehte sich um Busse und Marienverehrung, um Opposition gegen die entartete Kirche, um den sozialen Umsturz aller bestehenden Verhältnisse und eine phantastische Träumerei von einem demnächst eintretenden paradiesischen Zustande. Dabei ging der jugendliche Schwärmer, hinter dem vielleicht einer jener umherschweifenden Begharden, Waldenser und Gottesfreunde stand, über

*) Vgl. C. Ullmann: Reformatoren vor der Reformation. II. Bd. Hamburg; 1842. — K. A. Barak: Hans Böhm und die Wallfahrt nach Niclashausen i. J. 1476. (In: Archiv d. histor. Ver. von Unterfranken u. Aschaffenburg. XIV. Bd.). Würzburg; 1858. — A. Thoma: Der Pfeifer von Niclashausen. (In: Preuss. Jahrbücher 60. Bd.). Berlin; 1887. —

das Programm*) Kaiser Sigmunds, das damals zuerst im Druck erschien, weit hinaus. Der Kaiser, erklärte er, sei ein Bösewicht, der Papst ein Taugenichts und mit dem Bannstrahl sei es nichts; die Güter der Geistlichen und der Herren müssten eingezogen und unter die Gemeinde verteilt, die Pfaffen aber totgeschlagen werden. Der Tag sei nicht fern, da Fürsten und Herren um Tagelohn würden arbeiten müssen.

„Die brüderliche Gleichheit, die Freiheit von allen Lasten nnd von jeder Herrschaft erschien dem gemeinen Manne als das wahre Evangelium, dessen Verkünder als der Mann Gottes, der sich des Volkes erbarme.“ So ertönten dann bald neu und verlockend die Gesänge der aus Baiern, Sachsen, Thüringen, Schwaben, Elsass, dem Rheingau, der Wetterau herbeiströmenden, sich mit der Losung „Bruder“ und „Schwester“ begrüssenden Wanderer:

„Wir wollen Gott vom Himmel klagen,
Kyrie eleison,
Das wir Pfaffen nit sollen zu tot schlagen,
Kyrie eleison.“

---

*) Unter den Schriften, welche zur Verbreitung der sozialistischen Ideen beitrugen, steht die sog. „Reformation des Kaisers Sigmund“ obenan. Ein förmlich durchdachtes Manifest und Programm für die deutsche Revolution, war sie bereits im Jahre 1439 verfasst worden von einem husitisch gesinnten, der waldensischen Sekte der „Winkeler“ angehörenden Weltgeistlichen Friedrich Reiser, der sein Machwerk durch einen angeblichen Auftrag des eben verstorbenen Kaisers Sigmund zu legitimieren versuchte. Diese „Reformation“ erschien im Jahre 1476, in welchem Böhm sein Wesen trieb, zum ersten Male im Druck und erlebte dann noch mehrere Auflagen. Mit gewaltigem Pathos geschrieben, verlangt das merkwürdige Buch eine Reformation des der Simonie verfallenen Klerus und der unchristlichen weltlichen Stände, Freiheit der Nutzniessung von Wiese, Weide und Holz, Aufhebung der Zölle etc. Vgl. W. Böhm: Friedrich Reisers Reformation des Kaisers Sigmund. Leipzig; 1876.

Ein Vierteljahr hatte die Wallfahrt gedauert und weit über Deutschlands Grenzen hinaus ungeheures Aufsehen erregt. Da schien dem tollen Fanatiker die Saat der sozialen Revolution reif zu sein. Er gebot seinen Anhängern am 13. Juli 1476 bewaffnet, aber ohne Weiber und Kinder, sich bei ihm einzustellen.

Angesichts der drohenden Gefahr liess der Bischof von Würzburg den kampfesfrohen Gottesmann verhaften und nach Würzburg abführen, wo er wegen Ketzerei, Zauberei und Aufruhr, den barbarischen Gesetzen der damaligen Zeit gemäss, dem Feuertode überliefert wurde. Vergebens stürmten an die vierzigtausend Pilger ihrem entführten Heiligen nach. Die armen Schwärmer wurden von den bischöflichen Reitern mit leichter Mühe auseinander gesprengt und hinterher elendiglich an Leib und Leben gestraft.

Der gestaltlose Traum von einem kommunistischen Gottesreiche auf Erden schien mit einem Schlage in nichts zerflossen. Allein er lebte in zahllosen Herzen fort und erschien bald wieder in jener weitverzweigten Bewegung, welche den Bundschuh zum Symbol nahm.

1. Der Bundschuh.

Zu derselben Zeit, da die Bauern des Stifts Kempten sich gegen ihren Herren erhoben, sann eine revolutionäre Partei im Elsass an eine allgemeine Erhebung des städtischen und ländlichen Proletariats.

Von den Bündnissen der Fürsten und Herren, der Ritter und der Städte hatten die Bauern gelernt, „dass man sich zusammenthun müsst in Haufen und einen eignen Bundsbrief machen und eigen Panier haben, darann man erkennen möcht, wes Standes man wäre und was man wollt gewinnen durch die Sammnung.“

So wählten sie denn zum Panier den Bundschuh*), die Fussbekleidung des armen Landvolkes.

An der Spitze der Verschwörung stand der Bürgermeister von Schlettstadt, Hans Ulmann, ein tüchtiger Mann, aber rücksichtslos und von gewaltsamer Leidenschaftlichkeit, der in manchen Zügen an den unglücklichen agrarischen Reformer Tiberius Gracchus erinnert. Bald zählte der Bund Eingeweihte aus Schlettstadt, Dambach, Sulz, Andlau, Kestenholz und anderen Orten.

Die Verschworenen hüllten sich in tiefes Geheimnis. Sie erkannten sich, wie es in den zeitgenössischen Berichten heisst, an geheimen Zeichen und Gebräuchen. Welcher Art indes diese waren, erfahren wir nicht. Unter merkwürdigen Zeremonien und unter Androhung fürchterlicher Strafen gegen etwaige Verräter mussten alle Neulinge zum Bunde schwören. „In tiefer Nacht, auf unwegsamen Pfaden schlichen sich die Mitglieder zu dem Orte ihrer Zusammenkünfte, dem wilden, in schauerlicher Einsamkeit gelegenen „Ungersberge“, und berieten hier die Bundesverfassung.“

In derselben war die Aufhebung aller Schulden und Abgaben bis auf eine sehr niedrig angesetzte Steuer vorgesehen, und die Abschaffung der geistlichen und kaiserlichen, d. h. von gelehrten Juristen geführten Gerichte, der geistlichen Besitztümer, die Plünderung und Ausrottung der unglücklichen Juden geplant. „Auch die Ohrenbeichte, eine Hauptstütze der geistlichen Herrschaft über die Menschen, sollte ganz und gar abgethan sein.“ Es waren nicht mehr die Forderungen alter Rechte und Freiheiten, sondern allgemeine Grund-

---

*) Die Fussbekleidung der Bauern, der „Bundschuh“, wurde mit langen Riemen um das Bein geschnürt, „während die höheren Stände den „Brisschuh“ trugen, welcher „eingebreiselt“ d. h. mit Schnüren zusammengezogen wurde.

sätze religiöser, politischer und sozialer Natur — ein deutliches Zeichen dafür, dass auch tiefere, geistige Kräfte in der agrarischen Bewegung wirkten.

Um eine sichere Operationsbasis zu gewinnen, sollte das feste Schlettstadt überrumpelt, von dort aus die Bauernschaften organisiert und bei den schweizerischen Eidgenossen um Beistand geworben werden. Als Zeitpunkt, da die Bundschuh-Fahne als Banner des Aufruhrs und der Freiheit entrollt werden sollte, war die Charwoche des Jahres 1493 ins Auge gefasst worden. Zu Anfang dieser sollte der Schlag auf Schlettstadt erfolgen. Allein im letzten Augenblick wurde der Anschlag verraten.

Die Verschwörer, so viel man ihrer habhaft werden konnte, starben eines grausamen Todes oder wurden mit Landesverweisung und Verstümmelung an Händen und Fingern bestraft. Aber selbst die furchtbarsten Martern und Strafen, in denen die gute alte Zeit zu schwelgen liebte, vermochten nicht die einmal vorhandene missvergnügte Stimmung aus den Köpfen zu treiben. Als Ulmann das Blutgerüst bestieg, brach er, wie man erzählt, in den Ruf aus: „Der Bundschuh muss seinen Fürgang haben, es stünd lang oder kurz“ — ein prophetisches Wort, das sich erfüllen sollte.

Vor der Hand freilich schien die revolutionäre Bewegung überwunden, und mehrere Jahre verflossen in äusserlicher Ruhe. Trotzdem vermochte eine frohe Stimmung nirgend in Süddeutschland aufzukommen. Es lag etwas in der gewitterschwülen Atmosphäre, was die Gemüter bedrückte und in ängstlicher Spannung hielt. Und in der That mehrten sich bereits im Anfange des neuen Jahrhunderts die unheimlichen Vorboten einer weitverzweigten Rebellion, deren Ausbruch von den Verschworenen für das Jahr 1502 vorgesehen war.

Während der letzten Jahre hatte sich in den aufgeregten, unzufriedenen Massen eine feste revolutionäre Tradition gebildet, als deren bedeutsamstes Schlagwort „die Gerechtigkeit Gottes“ oder „das göttliche Recht“ erscheint, d. h. also, es wurde die unbedingte Verneinung des historischen Rechts, die Anwendung eines frei gewählten idealen Massstabes auf alle bestehenden Verhältnisse erstrebt.

Dieses Schlagwortes, wohl der bekannten „Reformation“ entnommen, hatte sich ein grosser Bauernbund bemächtigt und es auf seine blauweisse Fahne gesetzt, die ausserdem neben dem Bilde des Gekreuzigten auf der einen Seite den Bundschuh, auf der andern einen knieenden Bauersmann mit emporgehaltenen Händen zeigte.

Der Mittelpunkt der Verschwörung*), deren Fäden sich über alle benachbarten Rhein-, Main- und Neckargaue hinzogen, war das speierische Dorf Untergrumbach im Bruchrain bei Bruchsal. In dem ihm benachbarten Walde fanden in düsterer Nachtzeit die heimlichen Zusammenkünfte statt, in denen die Bundessatzungen beraten und die Aufnahme neuer Mitglieder vorgenommen wurde.

Sie geschah unter religiösen Zeremonien: der Eintretende musste knieend fünf Vaterunser und Ave Maria beten und war als rechtmässiges Bundesglied gehalten, jeden Tag das Gleiche zu thun. Vermutlich diente diese Handlung den Verschworenen als Erkennungszeichen, das kein Mitglied verdächtigen und keinem Nichtwissenden auffallen konnte. Jeder Wissende musste ferner schwören, den Bund nach Kräften zu fördern, ihn selbst aber, seine Satzungen, Zwecke und Ziele sorglich vor

*) Vergl. J. Geissel: Der Kaiser-Dom in Speier. II. Bd. Mainz; 1828. — O. Lorenz u. W. Scherer: Gesch. des Elsasses. Berlin; 1872. —

allen Nichteingeweihten zu hüten, sowie die Bundeslosung getreulich zu bewahren, in welcher das böse Prozessionslied der Waller von Niklashausen nachklingt. Sie bestand aus der Frage: „Loset, was ist das nun für ein Wesen?“ — und der Antwort: „Wir mögen vor Pfaffen und Adel nit genesen!“, wobei der Antwortende dem Fragesteller die rechte Hand reichen musste.

War schon in dem Losungsreim die Spitze des Bundes gegen den Klerus angedeutet, so trat diese Tendenz in den Bundesartikeln ganz unverblümt hervor. Da war die Forderung aufgestellt, dass alle Klöster und Kirchengüter eingezogen werden, dass kein Zins noch Zoll noch Zehnte den Pfaffen und weltlichen Herren geleistet, dass überhaupt alle Unterthänigkeitsverhältnisse beseitigt und nur noch der römische König als alleiniges Oberhaupt anerkannt werden sollte. Daneben erhob sich auch hier der bekannte Ruf nach den alten Markrechten an Wasser, Wald und Weide.

Es verstand sich von selbst, dass einer Bewegung, die ein solch zeitgemässes Programm auf ihre Fahne geschrieben, aus den Reihen der Unzufriedenen zahlreiche Anhänger ungeheissen zuströmten. Und in der That waren im Frühjahre des Jahres 1502 bereits 7000 Männer und 4000 Weiber des Bundes wissend, eine entschlossene und verzweifelte Schar, die unverzüglich beschloss, die Stadt Bruchsal zu überrumpeln, worauf sie gedachte, die Revolution unter schonungsloser Vernichtung der Gegner, vor allem der reichen Prälaten, in raschem Laufe durch ganz Deutschland zu tragen. Allein das Geheimnis wurde kurz vor der That von einem Verschworenen einem Geistlichen in der Beichte anvertraut und von diesem unverzüglich an die bischöfliche Regierung weiter gemeldet. Ehe sich die Verschwörer dessen versahen, war ihr düsteres Werk vereitelt, war der furchtbare Bund abermals gesprengt. Nur durch zahllose Kriminalprozesse, die unter den Verschworenen entsetzlich aufräumten, ward man noch daran erinnert.

Der Hauptmann der Insurrektion, Jost Fritz, einer der gewiegtesten Demagogen jener wilden Zeit, entrann den bischöflichen Schergen und begann mit unermüdlicher Zähigkeit das verunglückte Werk von neuem.

Nach jahrelangen Irrfahrten durch die Schweiz, das Elsass und den Schwarzwald, welche er dazu benutzt hatte, alte Beziehungen zu erneuern und neue anzuknüpfen, hatte sich Fritz im Jahre 1512 im Dorfe Lehen*) im Breisgau niedergelassen und sofort nach Demagogenart seine Agitation unter den „armen Leuten" mit beispiellosem Erfolge wieder aufgenommen.

In hohem Grade besass dieser ehemalige Landsknecht alle die Eigenschaften, welche von dem Führer einer solchen Unternehmung verlangt werden: einen unbeugsamen Mut, zähe Energie, durchdringende Menschenkenntnis, ein weites Gewissen und jene dämonische Gabe der Verstellungs- und Überredungskunst, der sich die gedankenlose Menge willig unterwirft. Vermeinte doch jeder schlichte Mann, der seine glühenden Reden von der Schlechtigkeit der Welt gehört, von der Gerechtigkeit Gottes und dem Bundschuh, „von Stund an selig und reich zu werden." Was von einem solchen Gesellen zu erwarten stand, sollte sich bald zeigen.

Nachdem Jost Fritz die unzufriedenen Bauern des Dorfes genügend bearbeitet, versammelte er sie eines Abends auf der Hartmatte, einem vereinsamten Wiesengrunde an der Dreisam. Ringsherum herrschte feierliche

*) Vergl. H. Schreiber: Der Bundschuh zu Lehen im Breisgau und der arme Konrad zu Bühl. Freiburg i. Br.; 1824. —

Stille. Über den Versammelten wölbte sich der dunkle Nachthimmel mit seinen zitternden Lichtern, hier erklang das „geheimnisvolle Rauschen des Waldes im Nachtwinde“, dort das leise Murmeln des Flusses. Der gewiegte Verschwörer verstand sich auf sein Geschäft. In dieser Umgebung entwickelte er nun sein Programm: Fischerei, Vogelfang, Holz und Weide sollten frei sein, die geistlichen Güter eingezogen, alle Schulden, deren Verzinsung die Summe des Kapitals erreicht habe, kassiert und die Wucherzinsen nach göttlichem Recht behandelt werden. Jeder, der dem Bunde zufalle, solle an Leib und Leben gesichert, wer sich ihm widersetzt, erschlagen werden.

Sofort schlossen sich seinem Vorschlage, einen neuen Bundschuh aufzurichten, zahlreiche Bauern an. Die zaghaften Gemüter wusste der Ortspfarrer, der längst mit Jost im Einverständnisse war, zu ermutigen und für die Verschwörung zu gewinnen, indem er ihnen das unwiderstehliche göttliche Recht des Bundschuhs aus der Bibel nachwies. Im Verein mit ihm und einem dritten Oberen, Stoffel von Freiburg genannt, der auf einem Schimmel weithin im Schwarzwald und Rheinthal agitierend umherzog, wurden zahlreiche Anhänger geworben und in geschlossenen Gau-Verbänden vereinigt.

Die Verbindungen zwischen den einzelnen Gauen unterhielt die grosse Genossenschaft der fahrenden Leute, die unter eigenen Hauptleuten eine Art anerkannter Zunft bildeten: gewerbsmässige Bettler, heimatlose Hausierer, von Hof zu Hof ziehend, als Neuigkeitskrämer bei dem Landvolke beliebt, leichtfertige Gaukler und Musikanten, die in den Dörfern aufspielten, und anderes fried- und rechtlose Volk, das damals eine fürchterliche Landplage bildete. Den Hauptleuten dieser gefährlichen Gaunerbanden wurden hohe Summen Geldes verheissen, wenn sie durch ihre erprobten Agenten zur festgesetzten Stunde im Breisgau, im Elsass und der Markgrafschaft Baden an verschiedenen Punkten Feuer anlegen liessen.

Ganz Baden bis hinab in das Bistum Speier war unterminiert. Im oberen Elsass und in Württemberg zählte der Bund eifrige Anhänger.

In heimlichen zur Nachtzeit, namentlich in Wirtshäusern, stattfindenden Zusammenkünften hielten Jost und Stoffel über ihre Getreuen Musterung. Auch auf Kirchweihen und Märkten fanden Versammlungen der einzelnen Gaue statt.

Als Erkennungszeichen trugen alle Verschworenen ein lateinisches H, aus schwarzem Tuch geschnitten und auf rotem Grunde vorn in die Brusttücher eingenäht. Wer dem Bunde versprochen, aber in seine Geheimnisse noch nicht eingeweiht war, wies auf dem rechten Ärmel seiner Kleidung drei kreuzweise Schnitte auf.

Als Bundeslosung war zunächst mit einigen Änderungen die speierische bestimmt, nämlich die Frage: „Gott grüsse Dich, Gesell', was hast Du für ein Wesen?" mit der Antwort: „Der arme Mann in der Welt mag nit mehr genesen." Daneben war, vermutlich für die noch nicht eingeweihten Neulinge, das Passwort „St. Jörg" im Gebrauch. Kurz vor dem Ausbruch der Insurrektion sollte an alle Beteiligten ein neues geheimes Wortzeichen ausgegeben werden, das bis dahin ausschliesslich den Führern vorbehalten war.

Jost Fritz und seine Helfershelfer, darunter der welterfahrene redegewandte Bäckerknecht Hieronymus, erweiterten in wiederholten Zusammenkünften auf der Hartmatte das frühere Programm durch einige Zusätze. Es sollte fortan kein anderer Herr mehr anerkannt werden als Gott, der Papst und der Kaiser. Die geistlichen Gerichte sollen beschränkt, das kaiserliche aufgehoben werden. Nachdem Jost Fritz nach dem Vorbilde des Pater Johannes zu Lehen sich erboten hatte, die Wahrheit aller Bundesartikel aus der heiligen Schrift zu beweisen, schworen die Versammelten den Bundeseid und gelobten, „das Geheimnis heilig zu halten, bei einander zu bleiben und keiner von dem andern zu weichen.“

In derselben Versammlung wurde auch die Beschaffung einer Bundesfahne beschlossen mit bedeutsamen Symbolen, denen man eine magische Wirkung auf die Massen zuschrieb. Nach Überwindung vielfacher Schwierigkeiten gelang es endlich Fritz, in Heilbronn einen Maler aufzutreiben, der das gefährliche Werk zur Ausführung brachte. Auf blauem Grunde zeigte die Fahne das Bild des Gekreuzigten, zur Rechten die Mutter Gottes, zur Linken Johannes den Täufer. Ausserdem erblickte man da den Papst und den Kaiser und unter dem Kreuze einen knieenden Bauersmann mit dem Bundschuh, während durch das ganze Fähnlein die Worte zu lesen waren: „Herr, stehe deiner göttlichen Gerechtigkeit bei!“

Nachdem alles wohl vorbereitet schien, beschloss der Führerkonvent zu Lehen, im Spätherbst des Jahres 1513 loszuschlagen. Auf der Kirchweih zu Bingen am 9. Oktober sollten mit den Bettler-Hauptleuten die letzten Massregeln beraten und der Termin festgesetzt werden, an welchem die Fahne der Revolution im ganzen Rheinthale zu entfalten sein würde.

Ehe es indes hierzu kam, erhielt der Rat der Stadt Freiburg Kunde von der drohenden Gefahr. Zahlreiche Verschwörer fielen dem rächenden Arme der Justiz anheim und verbluteten unter grässlichen Martern auf dem Rabenstein. Jost Fritz entkam mit mehreren Führern nach der Schweiz und wurde in den nächsten

Jahren häufig in den Dörfern des Schwarzwaldes gesehen, agitierend und die Unzufriedenheit schürend.

---

2. Der arme Konrad.*)

Allen Blutszenen zum Trotz loderte die Flamme des Aufruhrs bald hier bald dort wieder auf. Die nächsten Jahre sahen den Aufstand nicht nur im Südwesten des Reiches und in der Schweiz, sondern auch in den Ostalpen und in Ungarn, wo sich 1514 die Hörigen und Leibeigenen zu Tausenden als „Kuruzzen" oder „Kreuzfahrer" gegen die Türken sammelten, um dann aber den Vernichtungskampf gegen Adel und Klerus zu eröffnen.

Das Frühjahr 1515 brachte einen Ausbruch der entfesselten Leidenschaften in Württemberg. Hier herrschte der Herzog Ulrich, jener wahnsinnige Tyrann, von dessen Jagden, Gastereien und Vergnügungen uns fabelhafte, meist aber gut beglaubigte Dinge erzählt werden. Seine Unterthanen seufzten unter unerhörtem Abgabendruck, der namentlich durch kolossale Verbrauchssteuern und durch falsches Gewicht bis zu einer unerträglichen Höhe gesteigert wurde. Kein Wunder, dass die revolutionären Ideen des Bundschuhs unter dem hungernden, schwer misshandelten Volke einen fruchtbaren Boden fanden.

Schon 1503 hatten sich die Bauern des lieblichen Remsthales zu einer Verbrüderung zusammen gethan, die sie ebenfalls, wie ihre unglücklichen Schicksalsgenossen jenseits des Schwarzwaldes, „Bundschuh" nennen wollten. Da aber dieser Name bei allen Obrigkeiten weit und breit einen üblen Klang hatte, so nannte man die Ver-

---

*) Vergl. Chr. F. Sattler: Gesch. des Herzogtums Württembergs. I. Teil. Tübingen; 1769. — Chr. F. Stälin: Wirtembergische Geschichte. Stuttgart; 1870. —

brüderung den „armen Konrad", ein Ausdruck, der den armen Mann schlechthin bezeichnen sollte.

Der „arme Konrad" bildete eine „stille Gemeinde, in welcher sich unter der Maske lustiger Schwänke und Possen die Tendenzen der früheren Bauern-Verbindungen fort erhielten und dem öffentlichen Auge entzogen."

Wo eine Rotte sich bildet, fehlt es nicht an Führern. So hatte der „arme Konrad" einen Hauptmann, den „Geispeter", an der Spitze, der in einem weissleinenen Bauernkittel, das Haupt mit einem grauen Filzhut bedeckt, einherschritt und alle Bundesgenossen in einer Stammrolle verzeichnete. Aufgenommen wurden in die Brüderschaft nur Arbeiter, Bettler, Landstreicher und anderes Gesindel, dagegen waren alle, die noch etwas zu verlieren hatten, von ihr ausgeschlossen. Der Aufzunehmende wurde vom Hauptmann durch Handschlag dem Bunde angelobt und verpflichtet, die geheime Losung und die Bundesartikel nimmer zu verraten. Darauf wurden ihm von den Gütern, die der Bund im Monde, auf der Fehlhalde und auf dem Hungerberge sein eigen nannte, Äcker oder Weinberge zugeteilt. Welche Bedeutung diese seltsame, offenbar symbolische Handlung gehabt hat, ist nicht bekannt geworden. Dass sie mehr war, als eine bittere Satire auf die bestehenden traurigen Verhältnisse, liegt auf der Hand.

Wie der „Bundschuh" führte auch die Remsthaler Verbindung ein eigenes Banner: eine blaue Fahne mit einem Kruzifix, vor welchem ein Bauer kniete, und der Inschrift „Der arme Konrad!"

Als im Frühjahr 1514 die s. g. Kapitalsteuer in Württemberg ausgeschrieben wurde, berief der Bundeshauptmann eine allgemeine Versammlung auf ein freies

Feld, ergriff eine Schaufel, zog damit einen grossen Ring, stellte sich in denselben und rief:

„Der arme Konrad heiss ich, bin ich, bleib ich,
Wer nicht will geben den bösen Pfennig,
Der trete mit mir in diesen Ring.“

Ausser den Verschworenen kamen mehr als zweitausend Bauern und Bürger der Aufforderung nach. Das war der erste Schritt, den die Verschwörer öffentlich zu unternehmen wagten.

Einen neuen probeweisen Versuch, wie weit der „arme Konrad“ auf das Landvolk würde zählen können, unternahm der Geispeter, indem er in feierlicher Prozession einer ungeheuren Menschenmenge eine Wasserprobe mit dem vom Herzog festgesetzten verringerten Gewichte veranstaltete. Schwimme das Gewicht auf dem Wasser, so solle der Herzog, sinke es unter, so solle der Bauer Recht haben. Unter dem frenetischen Beifallsgeschrei der Menge vollzog sich der tolle Schwabenstreich im Sinne seines Urhebers. Und alsbald machten sich bewaffnete Haufen nach der Stadt Schorndorf auf den Weg, die sie besetzten und zum Mittelpunkt der Insurrektion machten.

Im Hause des Messerschmiedes Caspar Bregenzer wurde eine Kanzlei errichtet, in welcher anfänglich geheim, später offen die Sache des „armen Konrad“ geführt wurde. Von hier erliess der Bundes-Schreiber Ulrich Entemeier Ausschreiben an alle Städte und Dörfer, wo man Missvergnügte vermutete. Entschlossene und gewandte Emissäre durchstreiften weithin die Lande und wiegelten den gemeinen Mann auf. In Markgröningen predigte sogar der Stadtpfarrer im Geiste des „armen Konrad“. Der geplagte Unterthan folgte allenthalben gern den lockenden Verheissungen und schwur freudigen Herzens, dem geheimen Bunde unverbrüchlich zu dienen. Verhiess dieser ihm doch

Befreiung von den schlimmen Neuerungen, von Abgaben und Frohndiensten, unbeschränkte Nutzniessung der Fischerei, der Jagd und des Waldes.

Die Gefangensetzung eines der Führer brachte wie mit einem Zauberschlage viele tausend bewaffneter Bauern auf die Beine, die sich gegen die Städte in Bewegung setzten und in der That sich Calw und Backnang bemächtigten.

Die aufständische Bewegung hatte ihren Höhepunkt erreicht. Es bedurfte jetzt nur eines zielbewussten, einheitlichen Handelns, und ganz Süddeutschland scharte sich um das Banner der Revolution. Aber nur allzu schnell ward offenbar, dass der „arme Kunz" zwar über viele geschickte Hände und nervige Fäuste, aber über keinen einzigen wirklich fähigen Kopf verfügte.

Nachdem die Regierung auf dem Tübinger Landtag, zu dem die Vertreter der Bauernschaft nicht zugelassen wurden, der bäuerlichen Wirtschaft ein paar kümmerliche Zugeständnisse wegen des Wildschadens gemacht hatte, wurden die Aufständischen durch allerlei schöne Versprechungen des perfiden Herzogs zum Auseinandergehen bewogen und dann durch die schauerlichen Blutgerichte zu Schorndorf und Stuttgart und durch eine gründliche Entwaffnung des gesamten Landvolkes jeder ferneren Widersetzlichkeit vorgebeugt. —

Noch leichter als in Württemberg gelangte die Unterdrückung eines im Entstehen begriffenen „armen Konrad" im Badischen. Achthundert Einwohner des Bühlerthales hatten sich unter Anführung des Gugelbastian zu einem geheimen Bunde zusammengethan. Ehe jedoch die Verschworenen zum Handeln sich aufraffen konnten, wurde die Bewegung vom Markgrafen Philipp von Baden niedergeworfen.

Nichtsdestoweniger hielt die Gährung im südlichen Deutschland an. Überall hören wir von heimlichen

Zusammenkünften und Bündnissen, die namentlich eine Verbindung mit den Schweizern planten. 1522 scharten sich die Bauern im Hegau um eine weisse Fahne, auf welcher ein goldener Bundschuh und eine Sonne zu schauen war. Dabei stand die Inschrift: „Wer frei sein will, folge diesem Sonnenschein."

Die allgemeine Abneigung der herrschenden Klassen, von ihren berechtigten oder unberechtigten Ansprüchen etwas nachzulassen, sorgte dafür, dass die Idee des „Bundschuhs" und des „armen Konrad" nicht untergingen. Selbst die grausamsten Strafen verfingen nicht, so lange der Glaube an die Unverbesserlichkeit der Herren und an die Zukunft der Revolution lebendig blieb. —

II.

Die altevangelischen Gemeinden*) und die Wiedertäufer.

Je mehr die römische Kirche bemüht war, die individuelle Freiheit des Glaubens und Denkens durch hierarchische Satzungen zu unterdrücken, das ganze religiöse Leben unter das eherne Joch einer prunkvollen Priesterkirche zu beugen, jemehr sie den Gottesdienst in un-

*) Vergl. Hurter: Gesch. Papst Innocenz III. u. seiner Zeitgenossen. 4 Bde. Hamburg; 1834. — C. Ullmann: Reformatoren vor der Reformation. 2 Bde. Hamburg; 1841—42. — U. Hahn: Gesch. der Ketzer im Mittelalter. 3 Bde. Stuttgart; 1845—50. — H. W. Erbkam: Gesch. der protestantischen Sekten. Gotha; 1848. — C. Schmidt: Histoire et doctrine de la secte des Chartares ou Albigeois. 2 Bde. Paris; 1849. — F. Bender: Gesch. der Waldenser. Ulm; 1850. — W. Dieckhoff: Die Waldenser im M.-A. Göttingen; 1851. — L. Ranke: Deutsche Gesch. im Zeitalter der Reformation. 5 Bde. Berlin; 1852. — K. A. Wenzel: Neuere Gesch. der Deutschen seit der Reformation. Bd. 1 u. 2. Breslau; 1854. — C. Hagen: Deutschlands literarische u. religiöse Verhältnisse im Reformationszeitalter. 3 Bde. Frankfurt; 1863. —

verständliche Formen, in wüsten Wunderglauben und masslosen Reliquien- und Bilderdienst hatte ausarten lassen, desto lebhafter regte sich im Volksleben die Sehnsucht nach tieferer Belehrung und religiöser Erleuchtung, desto kühner rang der Menschengeist, sich den drückenden Fesseln hierarchischen Zwanges zu entwinden. Protestierende Parteien traten in der Gestalt von geheimen Gemeinden auf, stellten dem Glanze und der irdischen Herrlichkeit der sichtbaren Kirche, dem schamlosen Eigennutz und der sittlichen Verwilderung ihrer Diener die apostolische Armut und Lebenseinfachheit entgegen, forderten anstatt des geistlosen Kultus- und Opferdienstes die Unterweisung aus den heiligen Schriften, die der Laienwelt gänzlich entzogen waren, und den Gebrauch der Landessprache bei ihren gottesdienstlichen Verrichtungen, verwarfen die Sakramente und setzten an die Stelle der sinnlichen Wassertaufe eine geistige Weihe mit Handauflegung, stellten an die Stelle des historischen Christus den idealen Gottessohn ihrer Einbildung und deuteten die Wunder und das ganze geschichtliche Leben Jesu in Allegorien um. Auch die im Urchristentum liegende Idee des Kommunismus rang in diesen Sekten vielfach nach Verwirklichung.

Jene orientalischen **Paulicianer,** die schon im 7. Jahrhundert der erstarrten griechischen Kirche eine Art

---

H. A. Schuhmacher: Die Stedinger. Bremen; 1865. — G. Lechler: Johann Wiclef u. die Vorgesch. der Reformation. 2 Bde. Leipzig; 1873. — W. Maurenbrecher: Studien u. Skizzen aus der Reformationszeit. Leipzig; 1874. — W. Preger: Gesch. der deutsch. Mystik. 2 Bde. Leipzig; 1874—76. — H. Reuter: Gesch. der religiösen Aufklärung im M.-A. 2 Bde. Berlin; 1875—77. — Douais: Les Albigeois. Paris; 1880. — H. Haupt: Die religiös. Sekten in Franken vor der Reformation. Würzburg; 1882. — Vergl. ferner die Kirchengesch. von Neander, Hase, Giseler, Baur.

reformatorischer Richtung entgegengesetzt hatten, bildeten den dualistischen Lehrbegriff der Manichäer mit anderen alten Träumereien zu einem seltsamen Religionssystem aus.

Verwandt mit ihnen waren unter den slavischen Völkern der Niederdonau die **Bogomilen** (Gottesfreunde). Nach ihrer Geheimlehre war die Schöpfung ein Werk Satanaels. Das böse Grundwesen stürzte Welt und Menschheit ins Verderben, bis Gott seinen zweiten Sohn Christus in die Welt sandte, der die Macht des feindlichen Bruders brach. Aber nur die Gläubigen, welche durch eine besondere Weihe in die Gemeinschaft der Heiligen aufgenommen sind, wurden der Erlösung teilhaftig.

Die Einweihung, durch Anrufung des heiligen Geistes mit Handauflegen an dem Proselyten vollzogen, der eine längere harte Prüfungszeit erfolgreich bestanden haben musste, war die heiligste symbolische Handlung der Bogomilen. Dagegen verachteten sie die Sakramente, die Anbetung der Heiligen, die Verehrung der Reliquien, überhaupt den ganzen kirchlichen Kultus als Wirkungen der Dämonen. Jedoch war es ihren Anhängern gestattet, um allen Anfeindungen zu entgehen, sich äusserlich daran zu beteiligen. Hierdurch gelang es in der That der geheimen Sekte, lange ungestört ihr Wesen zu treiben, bis endlich auch über sie das Verhängnis in Gestalt blutiger Verfolgungen hereinbrach. Trotzdem haben sich kleine Gemeinden von Bogomilen und Paulicianern als geheime Genossenschaften durch das ganze Mittelalter in den Thälern des Hämus erhalten.

Ungleich tiefer als sie griffen die **„Katharer“** (die Reinen) und Waldenser in das abendländische Kultur- und Religionsleben ein.

Der Ursprung der in Oberitalien und Süd-Frankreich weit verbreiteten Genossenschaft der Katharer ist in Dunkel gehüllt. Indes weisen der Name sowie die Grundzüge ihrer Lehre auf orientalische, besonders auf mannichäische Vorstellungskreise hin.

Wie die Bogomilen verwarfen sie jede äussere Kundgebung des religiösen Lebens in bestimmten Formen und setzten an die Stelle der sinnlichen Wassertaufe eine geistige Weihe mit Handauflegung, die sie „consolamentum“ (Tröstung) nannten und die nach dreitägigen Büssungen und Fasten erteilt wurde.

Das Consolamentum verpflichtete zur strengsten Entsagung aller Güter- und Sinnengenüsse, selbst zur Enthaltung animalischer Nahrung und ehelicher Gemeinschaft. Daher unterzog sich der Geistestaufe nur die auserwählte Klasse der „Vollkommenen“. Die meisten Katharer blieben in dem niederen Stande der „Gläubigen“ und empfingen erst bei herannahendem Tode das unerlässliche Heilmittel des Consolamentum. Ausser den Gläubigen gab es noch „Auditoren“ oder „Katechumenen.“

Aus der beschränkten Zahl der Vollkommenen, den wahren Trägern und Verwaltern der katharischen Lehren und Gebräuche, wurden die Vorsteher gewählt, und mit der Zeit bildete das Bedürfnis nach Ordnung und Zusammenhalt eine entsprechende Hierarchie — Bischöfe, Vikare, Diakone — unter ihnen aus, so entschieden sie auch die katholische verwarfen. In schmucklosen Bethäusern wurde eine Art Liebesmahl gefeiert, wobei die „Vollkommenen“ das Brod brachen und segneten. Nur das neue Testament galt den Katharern*) als ein göttliches Buch. Die Verbote der Berg-

*) Im Gegensatz zu ihnen verband eine in den letzten Jahrzehnten des 12. Jahrhunderts in Oberitalien sich verbreitende Sekte von Judenchristen, die „Passagier“, mit christlichen Lehren die buchstäbliche Beobachtung der mosaischen Gesetze mit Aus-

predigt wörtlich nehmend, verdammten sie den Krieg, die Todesstrafe und den Eid. Die Wunder und das ganze geschichtliche Leben Jesu deuteten sie allegorisch.

Während der langjährigen Kämpfe der Hohenstaufen mit dem Papsttum, infolge deren die Ketzerverfolgungen meistens ruhten, breitete sich die mystische Sekte, deren Glieder sich an geheimen Zeichen erkannten, mächtig aus. Der Reiz des Geheimnisvollen, der ihnen und ihrer Lehre beiwohnte, das heilige Leben der „Vollkommenen", der tugendhafte Wandel und der sittliche Ernst, der alle Katharer auszeichnete, und die todesmutige Standhaftigkeit einzelner katharischer Märtyrer mehrten unaufhörlich ihre Zahl. —

In Bestrebungen und Zwecken verwandt mit den Katharern, aber frei von deren mystischen und asketischen Schwärmereien, war die bibelgläubige Gemeinschaft der **Waldenser**.

Ihren Ursprung und Namen verdankten sie einem reich begüterten Kaufmann aus Lyon, Petrus Waldus, der, eine tiefinnerliche Natur, durch ein erschütterndes Ereignis auf die Nichtigkeit alles Irdischen hingeführt, um 1170 im Rhônegebiete als Bussprediger und Religionslehrer auftrat, nachdem er seine reichen Güter unter die Armen verteilt hatte.

Seine Vorträge zogen zahlreiche Hörer an und gewannen ihm viele Herzen. Vergeblich untersagte ihm und seinen Anhängern der Erzbischof von Lyon das Predigen. Barfuss und in wollene Bussgewänder gehüllt, zogen sie, zwei und zwei von ihnen, im Lande

---

nahme der Opfer. Im Übrigen waren sie in der Polemik gegen die katholische Kirche mit den anderen häretischen Vereinen jener Zeit durchaus verwandt.

umher, gleich dem Heiland und seinen Jüngern alles gemein haltend.

Da sprach Papst Lucius III. (1184) den Bann über sie aus. Aber unbekümmert um alle Drohungen und Gefahren widmeten sich die Waldenser dem freiwillig übernommenen Lehr- und Predigtamt, gründeten Gemeinden in Südfrankreich und in Oberitalien, in den Hochthälern der Kottischen Alpen, verbreiteten von Metz aus ihre Ansichten über Lothringen bis an den Rhein und zogen über die Pyrenäen nach Spanien.

In geheimen Konventikeln wurde die Bibel gelesen und erklärt, den mysteriösen Gnadenmitteln der Kirche und den überirdischen Wirkungen des Priesteramtes der Glaube und das bussfertige innere Christentum gegenüber gestellt.

Zu Anfang des 13. Jahrhunderts besassen im südlichen Frankreich die Katharer und Waldenser ein entschiedenes Übergewicht über die Kirche. Angesichts dessen rief sie ganz Frankreich zum Kreuzzuge wider die ketzerischen Rivalen auf. In zwanzigjährigem Vernichtungskampfe hielt die obsiegende Hierarchie ihren blutigen Triumphzug über die Ruinen des nationalen Glückes und Wohlstandes. Nach Beendigung des Krieges vollendete die Inquisition, jenes schreckliche, jedes Rechtsgefühl und alle Menschlichkeit schändende Glaubensgericht, die gewaltsame Bekehrung des unglücklichen Landes.

Die Albigenserkriege (1215—1235) haben die Waldensergemeinden*) ins Herz getroffen. Doch entgingen

*) Eine den Waldensern verwandte Richtung, jedoch selbstständigen Ursprungs waren die lombardischen Armen (Humiliati), hervorgegangen aus Arbeiterverbindungen und zehrend von der geistigen Hinterlassenschaft Arnolds von Brescia († 1155).

Wie dieser machten sie die Wirksamkeit der Gnadenmittel von der Würdigkeit der verwaltenden Priester abhängig und sahen

viele ihrer Mitglieder dem allgemeinen Verderben und retteten ihren Glauben und ihre kirchlichen Formen auf spätere Zeiten. „Mit geheimen Erkennungszeichen haben sie oft verborgen mitten in der katholischen Welt gelebt, ein Licht in der Finsternis, evangelische Tugenden mit der Bibel verbreitend, bereit, um mit der Kraft eines Christentums auf Grund der heiligen Schrift an jeder höheren Entwicklung teilzunehmen.“ —

Wie wenig der Widerstand gegen die entartete Kirche versiegt war, das beweisen im 14. und 15. Jahrhundert jene ungezählten frommen Genossenschaften, die unter den verschiedensten Formen bald in schwärmerisch-sinnlichen Andachtsübungen und Büssungen, bald in mystischer Vertiefung und Gemütserschütterung in die baufällige Hochburg der Hierarchie eindrangen, während die Massen mit ahnungsreichen Erwartungen diese Auswüchse einer unklaren religiösen Begeisterung begrüssten und dem verführerischen Reize des Mysteriums als gelehrige Schüler folgten.

Hierher gehören die **„Brüder und Schwestern des freien Geistes“** mit ihren Nachzüglern, den „Wilhelmiten“ und „Joachiten“, welche die Gütergemeinschaft für ein wahrhaft christliches Institut erklärten, die „Ortlieber“ im Elsass, die „Apostelbrüder“ in

---

in der heiligen Schrift die alleinige Quelle und Norm aller religiösen Erkenntnis.

Träger der gesamten Amtsgewalt war die Gemeinde, in deren Namen und Auftrag sie ausgeübt wurde von den Geistlichen (Ministri). Diese im Cölibat und freiwilliger Armut lebend und ohne Unterlass in der Bibel forschend, leiteten die Andachtsübungen und die Seelsorge in den Gemeinden oder zogen predigend unter allerlei Verhüllungen als Handwerker und Hausierer im Lande umher, versammelten die Gläubigen in abgelegenen Orten zur Predigt und Schrifterklärung, verteilten Andachtsbücher und nahmen die Beichte ab. —

Italien, die in freiem Gehorsam, ohne Gelübde und äusseren Zwang, die geistige Erneuerung der Welt anstrebten. Wie viel Schwärmerischss und Ungesundes auch in ihren Lehren enthalten war, sie zählten tausende gläubiger Anhänger.

Von den **„Spiritualen“** oder **„Fraticellen“**, welche aus dem Franziskaner-Orden hervorgegangen waren, starben viele Brüder freudig auf dem Scheiterhaufen dafür, dass sie auf Erden nichts besitzen wollten. Unter Gefahren und Drangsalen aller Art gründeten die kühnen Apostel der Armut und eines unsträflichen Wandels im Geheimen mehrere Niederlassungen, bis sie, durch einige Zugeständnisse versöhnt, als „Minoritenbrüder der strengen Observanz“ in Selbständigkeit und unter eigenen Oberen fortbestehen durften.

Die **„Beghinen“** und **„Begharden“** *) waren Vereine von Frauen und Männern zur Krankenpflege und Totenbestattung, welche, in eigenen Beghinenhöfen lebend, den vermittelnden Übergang vom Zwange des Mönchs- und Klosterlebens zur Freiheit des Laienlebens bildeten.

Erwähnung verdienen ferner die Genossenschaften der **„Turlupinen“** (Spassmacher) und **„Pastorellen“**, der **„Tänzer und Springer“**, **) welche, Männer und Frauen, Hand in Hand geschlungen, gleich den Derwischen, solange sich im Kreise drehten, bis sie erschöpft zu Boden sanken. Während des Tanzes glaubten sie den Himmel offen zu sehen und mit dessen Bewohnern im Verkehr zu stehen.

Allen diesen Erscheinungen krankhafter Religions-

---

*) Diese sonderbaren Bezeichnungen sollen von dem altdeutschen Verbum „bedgan“ = beten stammen.

**) Vergl. Hecker: Die Tanzwut, eine Volkskrankheit im M.-A. Berlin; 1832.

schwärmerei lag das Bestreben zu Grunde, die christliche Idee der Weltüberwindung und Weltentsagung mit gewaltsamen Mitteln zu verwirklichen, einen neuen Weg des Heils unabhängig von der Kirche zu finden.

Dieser sinnliche Drang nach dem Reiche Gottes bildete auch den tiefen Urgrund der **Geisslergenossenschaften***) (Flagellanten), die um so fruchtbareren Boden fanden, als weite Länderstrecken gerade damals von der Pest (dem schwarzen Tod), von Hungers- und Wassersnöten furchtbar heimgesucht wurden, und die Kirche in dem grässlichen Elend den verwirrten Gemütern keinen genügenden Trost gewähren konnte. Die Geissler durchzogen im 14. Jahrhundert die Gegenden am Rhein, Spanien, Frankreich, Britannien, unter schauerlichen Bussgesängen den Leib blutig schlagend und Christum anrufend. Sie standen unter selbstgewählten Meistern, die in der Regel nicht dem Klerus angehörten und auf Grund der blutigen Marterbusse die Absolution erteilten.

Hand in Hand mit diesen Sekten gingen die **Mystiker.** Während die bisherigen mystischen Richtungen der Kirche gegenüber negativ waren, begann jetzt — im 14. Jahrhundert — eine rein positive, die Kirche wahrhaft vertiefende Mystik sich aufzubauen.

Ihren Reigen führt der tiefsinnige Meister **Eck-**

---

*) Der Flagellantismus suchte die europäische Menschheit wie eine verheerende Epidemie heim, der Millionen rettungslos erlagen. Als endlich der Papst, nachdem die öffentliche Meinung sich entschieden gegen den zügellosen Fanatismus der Geisslervereine und die namenlose Rohheit ihrer religiösen Darstellungen gewandt hatte, deren Fahrten untersagte, verschwand allmählig die schreckliche Seuche. Und aufatmend erzählt die Limburger Chronik: „Da das Sterben, die Geisslerfahrt, Römerfahrt, Judenschlacht ein End hatten, da hub die Welt wieder an zu leben und fröhlich zu sein.“

hard*) von Strassburg († 1329) an. Der idealistischen Philosophie der Neuplatonismus ergeben, vielleicht auch von der durch die Kreuzzüge vermittelten indischen Weisheit berührt, „stand er mit seinem leidenschaftsvollen Gefühl der Gottesnähe und mit seiner heiligen Liebesglut gleichsam schwindelnd auf einer Höhe, auf welcher der Unterschied zwischen Gott und Mensch, zwischen Christus und Geist, zwischen Gut und Bös ihm verschwand.“

Die Gedanken Eckhards bauten begeisterte Schüler aus und trugen sie in alle Welt hinaus.

Die leidenschaftliche Neigung dieser Zeit zur Mystik beweist u. a. die weitverzweigte Verbindung der **Gottesfreunde,** die in Basel ihren Hauptsitz hatte, wo der grosse Nikolaus als sichtbarer Papst einer unsichtbaren Kirche waltete. Die Glieder derselben waren in einem stillen Geheimbund vereinigt, dessen Zweck hauptsächlich darin bestand, die römische Kirche auf ihre reinste Form zurückzuführen.

Der Bund selbst war nach verschiedenen Graden geordnet. Dem „Meister“ ward die grösste Machtvollkommenheit zugestanden. Seine Aussprüche, Visionen, Gebote fanden unbedingten Gehorsam und zweifellosen Glauben. Ihre Verbindung erstreckte sich über viele Länder. In Deutschland, Italien, Ungarn hatte sie eingeweihte Freunde.

In ihren philosophischen Spekulationen gerieten die Gottesfreunde zum teil auf das gefährliche Gebiet des Pantheismus. Von sonstigen Wissenschaften und Künsten pflegten sie mit Vorliebe eine mystisch alle-

---

*) Vergl. Bach: Meister Eckhard, Der Vater der deutschen Spekulation. Wien; 1864. — Lasson: Meister Eckhard der Mystiker. Berlin; 1868. — Linsemann: Der ethische Charakter der Lehre Meister Eckhards. Tübingen; 1873.

gorische Art von Poesie, wie das Buch der sieben Grade, worin das Streben der Seele nach einer Vermählung mit Gott sinnbildlich dargestellt wurde. Die Kirche bekämpfte die ketzerische Richtung mit Schwert und Brand, „aber Blut und Asche derer, die für ihre bessere Ueberzeugung gestorben waren, dämpften nicht die Bewegung, gab ihr vielmehr Kraft und Nachhaltigkeit!“

Mit den Gottesfreunden standen in Verbindung zwei Männer, die als Hauptrepräsentanten der Mystik des 14. Jahrhunderts anzusehen sind: **Johann Tauler** von Strassburg, der geist- und gemütvolle Kanzelredner († 1301), und der von göttlicher Lebenswärme durchglühte **Heinrich Suso** in Konstanz († 1365). Ihre Schüler bildeten die „Brüderschaft der ewigen Weisheit“ und standen in hohem Ansehen.

Auch Johann Ruysbroeck († 1381) hatte durch seine schwungvollen Schriften und durch sein in die göttliche Liebe versenktes Leben die Vergeistigung des religiösen Elements nicht unwesentlich gefördert. Unter dem Einfluss seines Geistes gründete Gerhard Grote die Genossenschaft der **„Brüder des gemeinsamen Lebens“**.

Diese Brüder lebten ohne Mönchsgelübde in eigenen Brüderhäusern und suchten durch Erbauungsstunden, an welchen Jedermann teilnehmen konnte, durch Volks- und Jugendunterricht, durch Abschreiben der Bibel und, nach Erfindung der Buchdruckerkunst, durch Drucklegung derselben christlich religiöses Leben bei sich und bei ihren Mitmenschen zu fördern. Sie gründeten auch zahlreiche Schwesternhäuser und entfalteten, besonders in den Niederlanden und im nördlichen Deutschland, eine ausgedehnte segenbringende Thätigkeit.

Die Anhänger aller dieser Bestrebungen, die sich in Böhmen zu einem wirren Knoten von Meinungen und Thaten zusammengeballt und daselbst den Husitismus zu Wege gebracht hatten, die Gottesfreunde, die Begharden und Waldenser, die Fraticellen und Lollharden, und wie die merkwürdigen Vereinigungen und wunderlichen Sekten alle heissen mögen, bildeten, besonders in Deutschland, eine unabsehbare Kette von Gemeinden, welche, obschon ohne feste innere Gemeinschaft und fern von der Idee eines zielbewussten Kampfes und einer planmässigen Agitation dennoch die von ihnen ausgesprochenen Gedanken den breiten Massen des Volkes unausrottbar einprägten und so ihrerseits den Boden bestellten, auf welchem dann die Saat der Reformation fröhlich emporspriessen konnte.

Im engen Zusammenhange mit den ketzerischen Reformparteien, vor allen Dingen mit den Waldensern, den böhmischen Brüdern und den Mystikern, stand die radikale Sekte der **Wiedertäufer.***)

Ein Kind der tieferregten Zeit der kirchlichen Revolution, erwachte in ihm das uralte asketische Ideal, wie es der mittelalterlichen Weltanschauung zu Grunde liegt, noch einmal zu neuem, ungeahntem Leben und zeitigte in wunderlichem Gemisch spitzfindige Spekulation und überschwengliche Gefühlsinnigkeit, altchrist-

*) Vergl. J. Döllinger: Die Reformation, ihre innere Entwicklung und ihre Wirkung. 3 Bde. Regensburg; 1846—48. — C. A. Cornelius: Gesch. des Münsterischen Aufruhrs. Leipzig; 1855—60. — K. W. Bouterweck: Zur Litteratur und Gesch. der Wiedertäufer. Bonn; 1864. — C. A. Cornelius: Die niederländ. Wiedertäufer während der Belagerung Münsters 1534—1535. München; 1869. — C. Egli: Die Züricher Wiedertäufer. Zürich; 1878. — L. Keller: Gesch. der Wiedertäufer und ihres Reichs zu Münster; 1880. — J. Janssen: Gesch. des deutschen Volkes. III. Bd. Freiburg i. Br.; 1881. — A. Brons: Ursprung, Entwicklung und Schicksale der Taufgesinnten oder Mennoniten. Norden; 1884. — F. O. Zur-Linden: Melchior Hoffmann, ein Prophet der Wiedertäufer. Haarlem; 1885.

liche Todesfreudigkeit und wildesten Fanatismus, mönchische Weltentsagung und phantastische Weltherrschaftsgedanken.

Die Anfänge des evangelischen Radikalismus in Deutschland finden sich im gewerbreichen Zwickau, wo noch husitische Regungen nachzitterten, in Alstädt und Mühlhausen, wo Münzer*) und Pfeiffer, fanatische Demagogen, von der Rolle eines Moses und Gideon träumend, sich ein rotes Kreuz und ein blosses Schwert vortragen liessen, nach wiederholten Krawallen im März 1525 den alten Rat stürzten und das kommunistische Gottesreich auf Erden organisierten.

Bald wurden Nürnberg, Augsburg, Strassburg, Zürich Sammelpunkte einer Sektenbildung, in welcher bereits die verschiedenen Elemente des entwickelten Täufertums deutlich erkennbar sind: Neben ängstlichem Biblizismus ekstatische Erregung, überschwengliche Gefühlsinnigkeit und der feste Glaube an die göttliche Inspiration des Einzelnen, neben altchristlicher Frömmigkeit ungezügelter Fanatismus, neben mönchischer Weltentsagung und Weltabgeschiedenheit phantastische Weltherrschaftsgedanken, wilde chiliastische Träume von einer Zukunft voll Blutvergiessen und Siegesjubel.

Seit Anfang 1525 besass die radikale Bewegung auch ein gemeinsames äusseres Kennzeichen in der Wiedertaufe, welche zuerst in den schweizerischen Gemeinden aufkam.

---

*) Eine von verzehrenden Leidenschaften beherrschte Natur, feurigen Blickes, nicht frei von sinnlichen Regungen, voll dämonischer Beredtsamkeit, war Thomas Münzer ganz geschaffen zu einem Revolutionsprediger. Den in ihm wohnenden agitatorischen Trieb verriet er u. a. durch Gründung von Geheimbünden in Halle und Alstädt „zur Verwirklichung des Reiches Gottes in Freiheit, Gleichheit und Lauterkeit“, deren Genossen sich durch eigene Tracht und lange Bärte auszeichneten. —

Nach dem grossen Bauernkriege (1525—26) mussten die Wiedertäufer zur Heimlichkeit ihre Zuflucht nehmen. In unauffälligen Verkleidungen schlichen sie in den deutschen Landen umher, drangen in die Häuser, bearbeiteten deren Bewohner, brachten geheime Zusammenkünfte zustande und wussten die Teilnehmer für ihre Ideen zu begeistern. Sie wandten sich vornehmlich an die niederen Volksklassen, die Handwerker und Bauern, die erkorenen Lieblinge aller Volksfreunde in diesen aufgeregten Jahrzehnten.

Namentlich waren ihre Lehren für den Handwerkerstand, der in dumpfer Werkstätte in seiner Weise über die Dinge dieser Welt nachsann, so einleuchtend, dass sie sich mit der wuchernden Schnelligkeit eines ansteckenden Übels nach allen Weltgegenden verbreiteten und überall schwärmerische Anhänger fanden. Es giebt kaum ein christliches Land, wo nicht Spuren von dem Wirken dieser fanatischen Religionsschwärmer nachweisbar sind. Mit ihrer allmählig bis zum hellen Wahnsinn gesteigerten religiösen Überspannung, die zum Umsturz aller bestehenden staatlichen und kirchlichen Ordnung führen musste, stiessen die Wiedertäufer auf den Widerstand und bald auf die unbarmherzigste Todfeindschaft aller Vertreter und Verteidiger der gesetzmässigen Zustände.

Und so begann 1526, von der Schweiz ausgehend, durch ganz Süd- und Mitteldeutschland eine wilde Jagd auf die gleich wilden Tieren gehetzten revolutionären Sektierer, in welcher menschliche Grausamkeit ihre ganze furchtbare Erfindungskraft aufbot, um zuletzt doch an dem Heroismus ihrer Opfer elend zu schanden zu werden. Die Empörung über die erlittenen Unmenschlichkeiten steigerte den Fanatismus wie die Standhaftigkeit der „Kinder Gottes.“ Das Martyrium bewährte wie immer seine ansteckende Kraft.

Wandernde Handwerker trugen die geheimnisvollen

Lehren weiter, sammelten Gläubige in geheimen Konventikeln, verkündeten die nahe Ankunft des Herrn zum Weltgericht und prophezeiten, dass die Kinder Gottes nicht nur aus dem allgemeinen Umsturz als Sieger hervorgehen, dass sie vielmehr selbst das göttliche Gericht vollstrecken müssten.

Mächtig wirkten die düsteren apokalyptischen Bilder und Ideen auf die erregte Phantasie des gemeinen Volkes, und begierig lauschten die Anhänger der Revolution den verwegenen Verheissungen. In Schwaben, Franken und Thüringen, in den gewerbereichen Städten des Rheins rührten sich die täuferischen Enthusiasten und bildeten Gemeinden. Bald war ganz Deutschland bis nach Holland hinein wie mit einem Netze von geheimen Separatisten überzogen, die durch Wanderprediger und Sendschreiben in regelmässiger Verbindung mit einander standen und jene erfolgreiche Propaganda ins Werk setzten, welche in kurzer Zeit in den Niederlanden und in Westfalen den täuferischen Fanatismus bis zu einer nie gesehenen Raserei steigerte und dann in Münster ein Feuer anfachte, „vor dessen Erglühen die Welt erschrack.“

Aber nicht lange währte es, da erreichte der rächende Arm der Nemesis den hier errichteten despotischen Gottesstaat, in welchem der Kommunismus seine scheusslichsten Orgien feierte, in welchem geistlicher Hochmut und sinnliche Lüste, mystisch religiöse Schwärmerei und barbarische Grausamkeit die Menschen in wilde Bestien verwandelten. Die münsterische Katastrophe (1555) hemmte die Entwicklung der wiedertäuferischen Sekte. Ihre weltgeschichtliche Rolle war ausgespielt. Niedergebeugt und im tiefsten Elende zerstreuten sich ihre überspannten und phantastischen Anhänger nach allen Ländern. Die sitten- und staatsgefährlichen Grundsätze legten sie allmählig ab und die in ihren Lehren enthaltenen echt christlichen Ideen erlangten die Oberhand.

Auf sie gestützt, sammelte der fromme und betriebsame Menno Simons, ein ostfriesischer Priester, am Niederrhein und an den Gestaden des Nordmeeres die zerstreuten Reste der Taufgesinnten in kleinen Gemeinden, die, abgesondert von der Welt, ein stilles, arbeitsames Leben in christlicher Gemeinschaft führten. Und im Geiste der alten Apostel, oft verachtet und verfolgt, hat Menno den „Grund zur Organisation jener brüderlichen Gemeinschaften gelegt, die ohne Priester und Sakramente, aber mit strenger Sittenzucht sich in Deutschland und den Niederlanden als Mennoniten, in England und Amerika als Baptisten bis auf den heutigen Tag erhalten haben.“ —

III. Die Jesuiten.*)

1. Ihre äussere Geschichte.

Als das Mittelalter unaufhaltsam dem Grabe zueilte, nachdem seine bisherigen Lebenskräfte unrettbar verloren waren, war das Bewusstsein, dass eine gründ-

*) Vergl. u. a.: L. Lucius: Jesuiter-Historie. Von des J.-O.s Ursprung, Namen, Regulen etc. Basel; 1626. — Agricola: Historia provinciae Societatis Jesu Germaniae. München; 1727—54. — Corpus institutorum Societatis Jesu. 2 Bde. Prag; 1757. — J. Ch. Harenberg: Pragm. Gesch. d. O. der J. 2 Bde. Halle; 1860.. — Sammlung der neuest. Schriften, welche die J. in Portugal betr. (Aus d. Ital.) 6 Bde. Frankfurt a. M.; 1760—62. — Sammlung der merkwürdigst. Schriften, die Aufhebung des J.-O. betr. o. O. 1773. — P. P. Wolf: Allg. Gesch. der J. von dem Ursprung ihres Ordens an. 6 Bde. Leipzig; 1803. — C. v. Lang: Gesch. d. J. in Bayern. Nürnberg; 1819. — J. Gurlitt: Gesch. der J. Hamburg; 1822. — F. Kortüm: Die Entstehungsgesch. d. J.-O. Mannheim; 1843. — E. Duller: Die J., wie sie waren u. wie sie sind. Berlin; 1845. — Geheime Verhaltungsbefehle der J. Belle-Vue (Constanz); 1845. — Fr. Schuselka: Der Jesuiten-

liche Neugestaltung der Dinge notwendig sei, in der europäischen Menschheit allgemein. Derweil aber die romanischen Nationen sich auf die durch die wunderbaren geographischen Entdeckungen eines Columbus und Vasco da Gama neu eröffneten unermesslichen Bahnen der Abenteuer und Eroberungen warfen in wilder Hast, mit ungezähmter Thatenlust, wandte sich allein das deutsche Volk mit seiner ganzen tiefen Innerlichkeit der geistigen Arbeit zu und begann mit ausserordentlichem Eifer an seiner geistigen Wiedergeburt zu arbeiten.

Schon seit geraumer Zeit regte sich, wie wir gesehen haben, in deutschen Landen lebhaft der Gedanke einer zeitgemässen, umfassenden Reform in allen Schichten der Bevölkerung. Nicht nur der Bürger- und Bauernstand, sondern auch zahlreiche verständige und wohlgesinnte Vertreter des hohen und niederen Adels, wie der ehrenwerte, feingebildete Erzbischof Berthold von Mainz (1442—1504) und der reichbegabte, rede- und

---

krieg geg. Oesterreich u. Deutschland. Leipzig; 1845. — J. G. Köberle: Aufzeichnungen eines Jusuitenzöglings im deutschen Kolleg zu Rom. Leipzig; 1846. — Junius: Der Jesuitismus in Belgien. Ein warn. Wort. (Aus d. Franz.) Düsseldorf; 1846. — H. v. Orelli: Das Wesen des J.-O. Potsdam; 1846. — J. A. M. Brühl: Neueste Gesch. der Gesellschaft Jesu. Gleiwitz; 1847. — S. Sugenheim: Gesch. d. J. in Deutschland bis zur Aufhebung des Ordens durch Clemens XIV. (1540—1773). 2 Bde. Frankfurt a. M.; 1847. — V. Gioberti: Il Gesuita moderno. 5 tomi. Losanna; 1847. (Übers. v. Seyfert. 3 Bde. Leipzig; 1849). — Enthüllungen der neuesten Umtriebe der J. in Deutschland. Leipzig; 1851. — Jesuiten u. Jesuitereien. Berlin; 1853. — H. A. Bergmann: Die geheimen Instructionen für die Gesellschaft Jesu. Erfurt; 1853. — Vigilantius: Die geheime Instruction d. J. Leipzig; 1863. — Carayon: Bibliographie histor. de la Compagnie de J. Paris; 1864. — P. Hoffmann: Die J., Gesch. und System des J.-O. 2 Bde. Mannheim; 1870. — E. Zirngiebl:

schriftgewandte Staatsmann Gregor Heimburg*) († 1472) kämpften und litten bis zum letzten Atemzuge für ihre Ideen von einer Wiedergeburt des deutschen Volkes

Und als nun die Zeit erfüllet war und der Wittenberger Augustinermönch das langersehnte, erlösende Wort sprach, furchtlos, selbstlos, mit unbeugsamer Ueberzeugung und mit der rücksichtslosen Energie eines ungewöhnlich starken Gemütes, da erglühten hunderttausende deutscher Herzen im Hochgefühl der Freiheit und im Hasse gegen die hierarchische Tyrannei. Unaufhaltsam zog die Reformbewegung ihre Kreise; ein neues Reich der Geister erstand, freilich um bald nachher einer heillosen Erstarrung und Verknöcherung anheimzufallen. Der ewige Wechsel der Geschicke behielt sein Recht. —

Jeden grossen Kulturfortschritt muss die Menschheit einkaufen mit einem Meer von Blut und Thränen. Das ist ihre unabweisbare Bestimmung. Auf Erden

---

Studien über d. Institut der Gesellschaft J. Leipzig; 1870. — J. C. Bluntschli: Rom u. die Deutschen. Berlin; 1872. (Zeit- u. Streitfrag.) — F. Deym: Beiträge zur Aufklärung über die Gemeinschädlichkeit des J.-O. Leipzig; 1872. — J. Fr. Schulte: Die neueren Kath. O. u. Kongregationen. Berlin; 1872. (Zeit- u. Streitfrag.) — J. Huber: Der J.-O. nach s. Verfassung u. Doktrin, Wirksamkeit u. Gesch. Berlin; 1873. — O. Thelemann: Der J.-O. nach s. Gesch. u. s. Grundsätzen. Detmold; 1873. — J. Friedrich: Beiträge zur Gesch. des J.-O. München; 1881. — Sommervogel: Dictionnaire des ouvrages anonymes et pseudon. publié par des religieux de la Comp. de J. 2 Bde. Paris; 1884. — O. Henne am Rhyn: Die J., deren Gesch., Verfassung, Moral etc. Leipzig; 1889. — M. Ritter: Deutsche Gesch. im Zeitalter der Gegenreformation u. des 30jähr. Krieges. I. Bd. Stuttgart; 1889. — H. J. Graeber: Die geheimen Vorschriften (monita secreta) u. 31 Instructionen der Novizen von u. für J. Barmen; o. J. —

*) Vergl. C. Brockhaus: Gregor (von) Heimburg. Leipzig; 1861.

scheint eben für ein reines und vollkommenes Dasein kein Raum zu sein. Das zeigt u. a. mit schneidender Klarheit die Geschichte der Gegenreformation.

Die in ihren Grundfesten erschütterte römische Kirche hatte der von Wittenberg drohenden Gefahr nicht unthätig zugeschaut, sie hatte vielmehr angesichts derselben eifrig an ihrer Regeneration gearbeitet, „ganz im alten hierarchisch-päpstlichen Sinne zwar, aber mit Berücksichtigung und Benutzung aller Mittel und Umstände, welche ihr die neue Zeitlage darbot.“ Zu diesem Zwecke setzten sie nicht nur eine umfassende Reform des veralteten Mönchs- und Klosterlebens ins Werk, welche den Zeitgenossen dessen Notwendigkeit und Nützlichkeit gleichsam vor Augen führen sollte, sondern schuf auch eine ganze Reihe neuer Ordensinstitute, die mehr eine dem Protestantismus entgegen wirkende Tendenz annahmen.

Die eigentliche Verjüngung des Katholizismus aber stellt sich dar in der Gesellschaft Jesu.*) Trat sie doch ins Leben, „um die mittelalterliche Idee der Kirche und der christlichen Herrschaft gründlicher als bisher und mit den Mitteln einer voranschreitenden Bildung zu verwirklichen.“

Sie ging aus Spanien hervor, der alten Heimat des

---

*) Es ist eine merkwürdige Erscheinung in der Geschichte der römischen Kirche, „dass jede Zeit grosser kirchlicher Krisen und ausserordentlicher Aufgaben neue Orden mit neuen Kräften hervorrief. So traten bei der entscheidenden Ausgestaltung der mittelalterlichen Hierarchie die Kluniazenser auf den Kampfplatz; die Vereinigung von Mission und Bodenkultur führte die Zisterzienser und Prämonstrazenser ins Feld; den Angriffen der Ketzer gegen die kirchliche Lehre und die verweltlichte Geistlichkeit stellten die Dominikaner ihre Studien, die Franziskaner ihr Armutsideal entgegen; die erfolgreichste Auflehnung gegen die katholische Lehre und die Art ihrer Begründung, gegen die hierarchische Verfassung und kirchliche Disciplin, welche die Welt bis dahin gesehen hatte, rief den Jesuitenorden ins Leben“. —

Fanatismus, und wurde 1540 durch Ignatius von Loyola*) gestiftet, der auch zu ihrem ersten General auf Lebenszeit erhoben wurde.

---

*) Ignatius von Loyola, aus altadeligem aber unbemitteltem Geschlecht, verlebte seine Jugend am strenggläubigen Hofe Ferdinands des Katholischen. Ein ritterlicher Kriegsmann von tadellosem Rufe, aber ohne tiefere Bildung, vorlor I. bei der Belagerung der Feste Pamplona (1521) das rechte Bein. Auf seinem Schmerzenslager las er in Ermangelung der tollen nationalen Ritterromane, an deren Lectüre der abenteuerliche Spanier so oft seine heissblütige Seele berauscht hatte, phantasievolle Heiligengeschichten, und nicht lange währte es, so hatte ein neues Ideal sich seines Geistes bemächtigt; er wollte „wie St. Franciscus durch der Erde Elend sich des Himmels Herrlichkeit erwerben.“ Vor seiner enthusiastisch erglühenden Seele stand das verführerische Bild eines geistlichen Rittertums, das an todverachtendem Heroismus, an glänzenden Ruhmesthaten nimmer zurückstehen sollte hinter dem weltlichen.

Notdürftig geheilt, pilgerte I. nach dem berühmten Kloster Monserat, weihte hier dem wunderthätgen Marienbilde seine Waffen, erklärte sich zum Ritter der heiligen Jungfrau und zog sich dann in das Dominikanerkloster in dem benachbarten Manresa zurück, um ganz der Askese und Kontemplation zu leben. Nach furchtbaren Kasteiungen, die ihn an den Rand des Grabes brachten, kehrte infolge wunderbarer Erscheinungen und seliger Erleuchtungen wieder Friede in die umnachtete Seele des wundersamen Mannes ein. Er fasste nun den Plan, ein wirksames Leben zu führen, und unterzog sich demgemäss einer weniger aufreibenden Art der Askese.

Als Bettler zog der ehemalige Hidalgo nach dem heiligen Lande. In die Heimat zurückgekehrt, begann er mit unglaublicher Anstrengung und unter den aufreibendsten Entbehrungen und Übungen in Alcala und Salamanca sich dem Studium der Grammatik, der Philosophie und Theologie zu widmen. Der scharfsinnige Kopf hatte schnell genug erkannt, dass er, um eine tiefgreifende Wirksamkeit auf fremde Seelen zu entfalten, der schulmässigen Bildung nicht entraten könne.

Von Salamanca eilte I., nur mit Mühe dem blutigen Arme der Inquisition entronnen, die in dem seltsamen Schwärmer ein

Zu den drei gewöhnlichen Ordensgelübden der Keuschheit, der Armut und des Gehorsams fügte die Gesellschaft Jesu noch ein viertes: beständig ihr Leben dem Dienste Christi und der Päpste oder dessen irdischen Stellvertretern zu weihen. Sie wollten gehalten sein,

---

Mitglied der mystischen Secte der Alombrados witterte, nach Paris, wo er unter den schwersten Kümmernissen sich der Rhetorik und Philosophie befleissigte. Hier wusste er seine Studiengenossen, den Savoyarden Pierre Lefèvre (1506—1546) und den Spanier Franz Xavier (1506—1552), ehrgeizige, aber schwärmerische und hingebende junge Männer, für sein Zukunftsideal zu begeistern: einen Orden zur Verbreitung der wahren Religion unter Ketzern und Heiden zu stiften. Nachdem er noch andere Genossen, wie den scharfsinnigen Salmeron und den mit leidenschaftlicher Beredtsamkeit begabten Lainez, durch ein Übermass aufopfernder Freundschaft an sich gefesselt hatte, legte die kleine Schar in der unterirdischen Kapelle der Marienkirche von Montmartre das Gelübde ab zu einem geistlichen Kreuzzuge gegen die Ungläubigen im heiligen Lande. Für den Fall, dass unüberwindliche Schwierigkeiten es unausführbar machen sollten, wollten sie dem Papste ihre Dienste anbieten und sich ihm zu unbedingter Verfügung stellen. Das war die geheimnisvolle Stiftung des Jesuitenordens.

Nach kurzem Aufenthalte in der Heimat traf I. mit seinen Freunden, denen sich bereits drei neue Genossen angeschlossen hatten, der Übereinkunft gemäss, in Venedig zusammen. Der zwischen der Republik und den Türken ausgebrochene Krieg verhinderte aber die geplante Fahrt nach dem Morgenlande, ein Umstand, welcher der Sache jene bereits vorgesehene Wendung gab. Schon damals begann der junge Orden den durch die Reformation hervorgerufenen grossen Abfall im Abendlande mit gespannter Aufmerksamkeit zu verfolgen.

Als sich auch ferner keine Gelegenheit bot, die Reise nach Palästina anzutreten, begaben sich die Freunde nach Rom. Unterwegs kam dem alten Offizier der hochfliegende Gedanke, seinem Verein den militärisch gemeinten Namen der „Compagnie Jesu“ (compañia de Jesus, societas Jesu) zu geben, eine Anmassung, welche die andern Orden dem wenig beliebten Kameraden niemals verziehen haben.

In Rom wusste die überernste Gesellschaft durch Speisung

allen Anordnungen des gegenwärtigen Papstes und seiner Nachfolger in Sachen des Seelenheiles, der Verbreitung des Glaubens überall und ohne jegliche Zögerung und Entschuldigung sogleich Folge zu leisten.

Zu einer Zeit, da die ganze Welt sich von Rom loszusagen schien, legte sich hier dem Papste ein aus phantastischen Anfängen rasch in das Stadium weltkluger Berechnung übertretender Orden bedingungslos zu Füssen. „Das ist der Finger Gottes!“ — rief Paul III. aus, als er die Statuten las. Und bald dar-

---

der Armen mit erbetteltem Gelde, als Krankenpfleger durch unvergleichliche Aufopferung im Dienste des Elends, durch unermüdliche priesterliche Thätigkeit, durch zahlreiche Bekehrungen unter der Judenschaft bald einen tiefen Eindruck auf alle Bevölkerungsklassen zu machen. Gleichzeitig erfolgte am 27. September 1540 die kirchliche Bestätigung der Gesellschaft durch die Bulle Regimini militantis.

Dem Charakter des neuen Ordens entsprechend, blieb das Leben des Stifters der Krankenpflege, Kinderlehre und Seelsorge geweiht. Mit eiserner, von glühendem Fanatismus gestählter Energie lag er unaufhörlich geistlichen Übungen ob, ertötete er alle sinnlichen Triebe. Dabei war er ein „abwägender, organisierender und strategischer Kopf“, ein Mann, der häufig genug die glänzendsten Beweise überraschender Weltkenntnis, Geschmeidigkeit und Klugheit abgelegt hat. Es ist alles gesagt, wenn er vorschreibt: „Ein guter Seelenjäger muss vieles übersehen, als verstände er es nicht. Ist er aber einmal Herr des Willens geworden, dann kann er den Lehrling der Tugend leiten, wohin er nur immer will.“

Der unermüdliche, schöpferische, vielvermögende General, eine der merkwürdigsten Erscheinungen der modernen Geschichte, starb am 31. Juli 1556. — Vergl. Spuller: Ignace de L. et la Compagnie de J. Paris; 1877. — M. Ritter: Ignaz von L. Seine innere Entwicklung bis zur Stiftung d. J.-O. München; 1875. (Sybels Hist. Zeitschr. 34). — A. v. Druffel: Ignatius v. L. an der römischen Kurie. München; 1879. — F. Gess: Ignatius v. L. (In: Histor. Taschenb. 1892.) — E. Gothein: Ignatius v. L. und die Gegenreformation. Halle; 1896. —

auf, am 27. September 1540, bestätigte der schlaue, in allen Künsten der Diplomatie erfahrene Oberhirte, dieses trotz seiner siebzig Jahre noch immmer fröhliche und liebenswürdige Weltkind, nicht nur den Orden, sondern verlieh auch dessen Mitgliedern die weitgehendsten Vollmachten, Gerechtsame und Indulgenzen aller Art. Seine Nachfolger machten den Orden zu einem eigenen, unabhängigen Staat in der Kirche, um sich auf ihr absolutes Regiment sicher zu stützen, freilich auch, um häufig genug nur ein Spielball in der Hand des Ordensgenerals zu sein.

„Mit jedem Jahr, mit jedem Monat, mit jedem Tag fast gewann die Gesellschaft Boden, und rasch wuchs die Zahl der hohen und freigebigen Gönner, die Ignatius in der devotesten Weise zu umschmeicheln wusste.“ Als der Stifter 1556 zu Rom starb, war die Wirksamkeit und Verbreitung des Ordens schon so ausgedehnt, dass er bereits 14 Provinzen zählte, von denen zwei auf Deutschland kamen.

In der Geschichte der folgenden 150 Jahre begegnen wir fast auf Schritt und Tritt den Jesuiten*) und ihrer allenthalben mit demselben Erfolg betriebenen Maulwurfsarbeit. Im Sinne einer weltlichen Kriegführung hielten sie jede Waffe, jeden Hinterhalt, jede Täuschung, ja auch jede Gewaltthat für erlaubt, wo es galt, der katholischen Kirche einzelne Seelen oder ganze Länderstrecken wiederzugewinnen.

---

*) Blieb auch der Jesuitenorden durch zahlreiche widerstrebende Elemente in seinem Innern von gefährlichen Krisen nicht verschont, so war trotzdem sein äusseres Gedeihen in stetiger Zunahme begriffen. Als er i. J. 1640 mit ungeheuerem Gepränge die erste Säkularfeier beging, zählte er 39 Provinzen mit 15 493 Mitgliedern und durfte mit berechtigter Siegeszuversicht bereits den Zeitpunkt ins Auge fassen, da er die ganze Erde zu einer Domäne des heiligen Stuhles gemacht haben würde. —

Man kann sich den Umschwung, welchen der Orden in der zweiten Hälfte des sechzehnten Jahrhunderts bewerkstelligt hat, nicht gross genug vorstellen. Es war eine schreckliche Zeit, furchtbar an Intriguen, Gewaltthaten und Erfolgen.

In Italien fanden die Jesuiten in allen vornehmen Kreisen Eingang und häuften grosse Reichtümer an.

In Portugal waren sie die Beichtväter der königlichen Familie. Mit Ehren und Reichtümern überschüttet, betrieben sie gleichwohl die Vereinigung Portugals mit Spanien unter Philipp II., der in dem Orden den zuverlässigsten Verbündeten für seinen Plan einer autokratischen Universalmonarchie entdeckte.

Von Belgien aus drangen die Jesuiten in die vereinigten Niederlande vor, wo sich sofort die Zahl der Katholiken wieder hob.

In Frankreich durchzogen unter der Guisen Schutz und Schirm ihre Missionen das Land. In den Kämpfen der Ligue waren sie die Seele des Aufstandes gegen Heinrich III.; sie intriguierten mit allen Mitteln gegen Heinrich IV., bis dieser sich ihnen näherte und einen jesuitischen Beichtvater annahm, eine Gepflogenheit, die seitdem im Hause Bourbon stehend wurde. In dieser Stellung hat der Jesuitismus zur Vernichtung des Hugenottentums, aber auch zu jener Korruption des französischen Volkes das Beste beigetragen, die dann in der furchtbarsten aller Revolutionen ihren Höhepunkt erreichte.

Auch in England und Schweden, wo sie den Enkel Gustav Wasas um seinen Thron brachten, waren sie unablässig für Wiederherstellung der römischen Kirche thätig. Ihre unaufhörlichen Verschwörungen und Machenschaften gegen die Königin Elisabeth hatten den Tod zahlreicher Katholiken, insonderheit Maria Stuarts, zur Folge.

In Polen, im protestantischen Livland, in Dorpat

und Riga, entstanden jesuitische Kollegien, von denen das Werk der Gegenreformation eifrig betrieben wurde. Nutzlose Kriege gegen Russland, zu welchen die Jesuiten, um es katholisch zu machen, Polen aufstachelten, brachten das in Bildung und Wissenschaft, in Handel und Gewerbe blühende Land in einen Zustand derVerkommenheit, daraus es sich nie wieder erholt hat. Von der Jesuitenherrschaft datiert das Ende Polens.

Auch in die Ukraine, in Podolien, in Wolhynien drangen die rastlosen Vorkämpfer des Katholizismus vor und gründeten in Konstantinopel, wo sie für die Zwecke der französischen Politik thätig waren, ein Kollegium.

Aber kaum dürfte ein Land in Europa zu nennen sein, welches sich schmählicher hat von den Jesuiten misshandeln lassen, als Deutschland. Hier eröffneten sie unter der sachkundigen Führung des Paters Canisius, eines der schlauesten und gewandtesten Geschöpfe, die der Orden je hervorgebracht hat, ihre Eroberungszüge hauptsächlich von Ingolstadt aus, der wissenschaftlichen Hochburg des Katholizismus. Und bald folgten Errichtungen von Jesuitenkollegien in München, Wien, Köln, Prag, Olmütz, Brünn und anderen Orten, blühten jesuitische Schulen in Trier, Mainz, Worms, Speier, Fulda, Würzburg, Münster, Paderborn u. s. w. Ihre Universitäten bildeten ein bedeutsames Gegengewicht gegen Wittenberg und Genf, während ihre Schulen sich durch die unfehlbare Sicherheit der Methode und durch glänzende Erfolge so sehr auszeichneten, dass selbst Protestanten ihnen ihre Söhne anvertrauten. Indem sie sich so der heranwachsenden Geschlechter bemächtigten, drang unaufhaltsam römische Gesinnung durch die Zöglinge in die Familien ein.

Ueberall, wo die Jesuiten auftraten, war es mit der religiösen Duldung vorbei. In Westfalen und am Rhein wurden die Anhänger der neuen Lehre fast vollständig bewältigt. Im Laufe von zwei Jahren machten die Jesuiten die Reformation in der Markgrafschaft Baden rückgängig. Der Bischof von Würzburg und der Erzbischof Dietrich von Salzburg, ein Jesuitenzögling, stellten ihren protestantischen Unterthanen die Wahl zwischen Uebertritt oder Landesverweisung; die Auswanderer verloren den dritten Teil ihres Vermögens.

Das aber war nur das Vorspiel zu der grossen, mit äusserster Härte durchgesetzten Gegenreformation, welche sich zuerst in Baiern, in Oesterreich, in Steiermark und, soweit es damals schon anging, auch in Böhmen und Ungarn unter der Fürsorge ihrer grossen Gönner, der deutschen Kaiser aus habsburgischem Hause, vollzog.

Die politische Geschichte dieser Länder zeigt, wie es den Jesuiten gelungen ist, den 30jährigen Krieg herauf zu beschwören und das deutsche Land in ihre Gewalt zu bringen. Massloses, in Jahrhunderten nicht zu hebendes Elend, gänzliche Verarmung, politische Ohnmacht, sittliche Verwilderung, geistige Lähmung der Nation, der jeder grosse Gedanke und alle fortschrittlichen Regungen auf lange hinaus ausgetrieben waren — das waren die Früchte der jesuitischen Herrschaft.

Der ursprüngliche Gedanke Loyolas hatte dem von ihm gestifteten Orden die Heidenmisson als lohnende Aufgabe zugewiesen. In der That gelang es der wunderbaren Geschicklichkeit und staunenswerten Opferfreudigkeit der Jesuiten hier Erfolge von ungeahnter Grösse zu erringen, obwohl die ungeheuren Massenbekehrungen in Indien, Japan und China, in welchen sie bestanden, ihrer Natur nach jeder soliden Grundlage entbehrten und darum auch der ersten Reaktion des Volksbewusstseins rettungslos unterlagen. —

Ihre dauerndsten Schöpfungen haben die Jesuiten

in Amerika begründet. Unwiderstehlich drangen sie in die Urwälder vor und wussten sich das Vertrauen der von den räuberischen Spaniern und Portugiesen grausam misshandelten Eingeborenen zu erwerben. Auf diesen Zügen betraten sie zuerst den Boden Paraguays, wo sie ein sozialistisch-kommunistisches Gemeindewesen einrichteten. Das jesuitische System feierte hier seinen glänzendsten Triumph; hier offenbarten sich aber auch seine eigentlichen Ziele mit erschreckender Offenheit.

Die Indianer wurden an Bodenwirtschaft, Viehzucht und religiöse Uebungen, d. h. mechanischen Formendienst, gewöhnt, im übrigen in jeder Beziehung gleich unmündigen Kindern bevormundet, beaufsichtigt und des Gebrauchs der Vernunft beraubt. Die braunen Naturkinder lernten lateinisch und spanisch lesen und schreiben, aber die Sprache durften sie nicht verstehen. Keines besass Eigentum, alle erhielten Nahrung und Kleidung aus dem Kollegium. Das ganze Land war Gemeindeacker, der bei den Klängen der Geige oder Flöte bearbeitet wurde. Mit dem Überschuss der Erträgnisse trieb der Orden einen schwunghaften Handel, dessen Gewinn dem Gemeinwesen selbst wieder zu gute kommen sollte.

Dem kommunistischen Jesuitenreiche, das der Welt lange Zeit ein Geheimnis blieb, wurde endlich im im Jahre 1758 durch eine spanisch-portugiesische Expedition ein unrühmliches, aber nicht unverdientes Ende bereitet. —

Auch in den übrigen amerikanischen Kolonien, zumal in Brasilien, waren die Jesuiten zahlreich und mächtig. Überall war ihre Missionsthätigkeit durchglüht von fanatischer Bekehrungswut, aber überall verbanden sie auch mit ihrer rohen Religionsauffassung, die des Glaubens und des Denkens, der Liebe und der

Hoffnung entbehrte, einen unsaubern, gewinnsüchtigen Spekulations- und Handelsgeist.

In den ersten Jahrzehnten des 18. Jahrhunderts stand der Jesuiten-Orden als eine gigantische Schöpfung unheimlichsten Gepräges da. Seine Macht und sein Einfluss hatten eine Höhe erreicht, wie sie kaum eine andere Gesellschaft jemals in der Welt erlangt hat.

Allein es ist dafür gesorgt, dass die Bäume nicht in den Himmel wachsen. Die eigene Masslosigkeit überlieferte den Orden den rächenden Armen der Nemesis. Die strenge Richterin und Rächerin, die der Menschen Wollen und Walten, ihre Verdienste und Verschuldungen mit unbestechlicher Hand abwägt, schickt immer zur rechten Zeit sich an, ihres heiligen Amtes zu walten.

Die tief unsittlichen Mittel, welche die Jesuiten bei ihren Heidenbekehrungen anwandten, ihre hoffärtige Unverträglichkeit gegen die übrigen Missionare, die offene Widersetzlichkeit, die sie aus der Ferne sogar dem Stuhle Petri gegenüber entfalteten, der wucherische Handelsgeist, der ihre Unternehmungen charakterisierte, ihre politischen Intriguen, teilweise auch ihr anstössiger Lebenswandel, die kasuistische Gewissenlosigkeit ihrer Moral und die unsägliche Rohheit ihres Ordensegoismus hatten allmählig die Höfe und Regierungen und die öffentliche Meinung wider sie aufgebracht. Der allgemeine Hass ward geschürt durch die philosophischen Aufklärer des 18. Jahrhunderts, die mit geistreichem Witz und sittlichem Pathos den Jesuiten die schwersten Wunden schlugen. Der vernichtende Sturm brach unaufhaltsam herein.

Der erste Schlag gegen den verhassten Orden wurde in Portugal geführt. Hier wurde er 1759 auf Veranlassung des Ministers Pombal, eines staatsmännischen Genies von der beispiellosen Grösse eines Julius Cäsar oder eines Bismarck, aufgehoben und die Mitglieder zu Schiffe nach dem Kirchenstaat gebracht.

Das energische Vorgehen Pombals wirkte auch auf Frankreich zurück. Das Parlament, der höchste Gerichtshof, verkündete 1761, dass die Statuten des Ordens mit den Gesetzen des Staates und den Privilegien der Nation unverträglich seien. Im vollkommenen Einverständnis mit dem Parlament sprach sich die öffentliche Meinung so nachdrücklich und entschieden für die Auflösung und Vertreibung der gefährlichen Gesellschaft aus, dass sie endlich 1764 durch ein königliches Dekret verfügt wurde.

Bald darauf entbrannte auch in Spanien der Kulturkampf. In Madrid hatten die Jesuiten 1766 einen gefährlichen Aufstand angestiftet. Nachdem eine gerichtliche Untersuchung ihre Teilnahme unzweifelhaft dargethan hatte, erfolgte 1767 ihre Ausweisung aus der iberischen Halbinsel.

Dasselbe Schicksal ereilte die Jesuiten in Sizilien, Neapel und dem Herzogtum Parma. Der Zeitgeist, die Abneigung der Regierung und der herrschenden Klassen, mächtiger als die kirchliche Autorität, erhoben immer lautere Anklagen gegen den Orden.

Angesichts des allgemeinen Entrüstungssturmes sah sich der Papst Clemens XIV., ein aufgeklärter, milder, gewissenhafter Greis, bewogen, Untersuchungen über die Lehren und die Wirksamkeit der Jesuiten anzustellen. Auf Grund der Ergebnisse jener verkündete er am 21. Juli 1773 in dem Breve „Dominus ac redemptor noster“ die gänzliche Aufhebung des damals an 30000 Mitglieder zählenden Ordens. Freilich hatte der unglückliche Pontifex damit sein Todesurteil unterzeichnet; denn schon im nächsten Jahre ereilte ihn der Tod, veranlasst, wie man erzählt, durch Gift, das ihm von Jesuiten beigebracht worden war. Die Aufhebung des

Jesuitenordens ist unzweifelhaft die bedeutendste Errungenschaft des liberalen Genius des philosophischen Aufklärungsjahrhunderts.

Nach mannigfachen vergeblichen Versuchen, den Jesuitismus wieder aufleben zu lassen, verfügte Papst Pius VII. am 7. August 1814 durch die Bulle: „Solicitudo omnium ecclesiarum“ die Wiederherstellung des Ordens. Ueberall fanden die Jesuiten um so bereitwilligere Aufnahme, als man in ihnen einen trefflichen Bundesgenossen gegen den Geist der Revolution zu erblicken wähnte.

Die von den Jesuiten verbreiteten gefährlichen Grundzüge einerseits, die von ihnen ins Werk gesetzte entschiedene Bekämpfung des neuen deutschen Reiches andererseits, das ihnen, weil durch das protestantische Preussen entstanden, ein Gegenstand tiefsten Abscheus ist, gaben die Veranlassung zu ihrer Ausweisung aus den deutschen Gebieten. Sie erfolgte durch das Reichsgesetz vom 4. Juli 1872. Seitdem hat es sowohl auf Seiten der Katholiken, als auch gewisser protestantischer Kreise nicht an Anstrengungen gefehlt, ihre Zurückberufung wieder herbeizuführen, angeblich, um sie, die staatsfeindlichen Fanatiker, als Vorkämpfer gegen den Sozialismus*) zu verwenden. Wer aber Augen hat zu sehen, der wird unzweifelhaft erkennnen, dass die zukünftige grosse Gefahr unseres Vaterlandes weniger in der Sozialdemokratie, als im Ultramontanismus liegt. —

*) Bekanntlich sind trotz zahlreicher Jesuiten weder das katholische Belgien von sozialdemokratischen Strömungen, noch auch Spanien, Frankreich und Italien von Revolutionen aller Art verschont geblieben. —

2. Die Organisation und die Verfassung des Jesuiten-Ordens.*)

Der Reformation war in der Gesellschaft Jesu ein Gegner erstanden, der, ein Produkt raffinierter Berechnung und überspannter Schwärmerei, ihr mehr als gewachsen war.

Um das zu verstehen, ist es nötig, der Gesellschaft Jesu vielbewunderte Verfassung**) kennen zu lernen. Sie ist niedergelegt in den Exerzitien und in den Konstitutionen. Jene sind von Ignatius den von ihm im Kloster Manresa gemachten Erfahrungen nachgebildet,

*) Vergl. J. Cornova: Die Jesuiten als Gymnasiallehrer. Prag; 1804. — A. Theiner: Gesch. der geistlichen Bildungsanstalten. Mainz; 1835. — O. Meyer: Die Propaganda, ihre Provinzen und ihr Recht. 2 Bde. Göttingen; 1852. — F. J. Buss: Die Gesellschaft Jesu, ihr Zweck, ihre Satzungen pp. 2 Bde. Mainz; 1853. — Köhler: Erinnerungen eines ehemal. Jesuiten. Leipzig; 1862. — G. Weicker: Das Schulwesen der Jesuiten. Halle; 1863. — K. Werner: Gesch. der kath. Theologie in Deutschland. München; 1866. — F. Paulsen: Gesch. des gelehrten Unterrichts in Deutschland. Leipzig; 1885. — L. v. Ranke: Die römischen Päpste in den vier letzten Jahrh. Leipzig; 1885. — K. Schmidt: Gesch. der Erziehung. II. Bd. Stuttgart; 1890. — P. v. Hoensbroech: Religion oder Aberglaube. Ein Beitrag zur Charakteristik des Ultramontanismus. Berlin; 1897. —

**) Der Orden hat seine Konstitution lange Zeit geheim gehalten. Gedruckt wurden die Regeln im J. 1584, jedoch nur für Mitglieder. Erst im J. 1635 erfuhr die Welt durch die Drucklegung der „ratio et institutio societatis Jesu“ davon, aber nur soviel als die Gesellschaft für gut befand. Ausser diesen Regeln giebt es noch eine Reihe geheimer Instruktionen, die, nur wenigen Ordensoberen vollständig bekannt, darauf berechnet sind, die unsauberen Machenschaften der Jesuiten in undurchdringliches Geheimnis zu hüllen. Die wenigen aus diesen Akten bekannt gewordenen Mitteilungen werfen einen Schlagschatten auf die unheimliche Gesellschaft, wie ihn düsterer selbst die lebhafteste Phantasie nicht schaffen kann.

diese, in ihren Grundideen ebenfalls von ihm herrührend, sind von seinem staatsklugen, scharfsinnigen Nachfolger Lainez endgiltig redigiert und eingeführt worden.

Es war das Ideal des schwärmerischen Stifters, seine Soldaten innerlich völlig umzuschaffen, ihre natürliche Weltanschauung zu vernichten und an Stelle dieser neue mystisch-asketische Gesichtspunkte und Triebe ihrem widerstandlosen Geiste einzupflanzen. Zu diesem Zwecke entwarf er den Plan zu den „exercitia spiritualia.“ Aus Gebet, Betrachtung, Gewissensforschung, verbunden mit wiederholten Beichten, körperlichen Kasteiungen und Gesprächen mit den drei Personen der Gottheit und allen Heiligen bestehend, überliefern sie das Individuum einem beständigen Taumel knechtischer Furcht und himmlischer Begeisterung und erzeugen vermöge der unaufhörlich gereizten Thätigkeit der Sinne und der Phantasie jenen krankhaften Zustand fieberhafter Halluzinationen und gefahrvoller Sinnenekstase, in welchem „die vom Subjekt selbst hervorgerufenen Seelenzustände dem Subjekt dienstbar werden.“ *)

---

*) Die Exerzitienzeit währt in der Regel dreissig Tage. Die erste Übung beginnt um Mitternacht, die zweite muss am Morgen unmittelbar nach dem Aufstehen, die dritte vor und nach der Messe, die vierte gegen Abend und die fünfte vor dem Abendessen vorgenommen werden. Während der Übungen werden Fenster und Thüren geschlossen und die Wände des Zimmers schwarz verhängt. Zunächst hat der Schüler die „via purgativa“ (Reinigungsweg) zurückzulegen. Wie der Jünger Buddha's die Erkenntnis vom Nirwana vor allem durch tiefe Meditation zu erringen strebt, so hat auch der Übende, auf dem Fussboden liegend, mit Aufgebot aller Kräfte seine Gedanken auf ein ihm vom Exerzitienmeister, der ihn auf dieser gefährlichen und hochbedeutsamen Reise als treuer Führer begleitet, gegebenes Thema zu lenken. Weltliche Gefühle und Erinnerungen sind unbedingt aus dem Gemüte zu entfernen. Um die Übungen besonders heilsam

Der vorzüglichste Gewinn für eine in diesem Geiste dressierte Gesellschaft ist eine auf blindem Gehorsam erbaute, den Willen und den Verstand und damit die

---

zu machen, werden gewisse „Zuthaten“ empfohlen, d. h. der Übende muss sich der Nahrung enthalten und seinen Leib mittels eiserner, mit scharfen Spitzen versehener Gürtel, mittels Stricke und eiserner Stangen kasteien. Vor allen Dingen soll während der Exerzitien das Gewissen erforscht und die Reinigung der Seele von den Sünden bewirkt werden. Alle Schrecken der Hölle und des Fegefeuers werden aufgeboten, auf dass der Unglückliche seiner ganzen Abscheulichkeit und Strafwürdigkeit inne werde und die tiefe Todesangst vor dem göttlichen Gerichte durchkoste. Um der ewigen Verdammnis zu entrinnen, ruft er den Heiland an, mit dem er sich freundschaftlich unterhält, dessen Antworten er deutlich empfindet.

Dieser Selbstbetrachtung, welcher das Fundamentum vorangegangen ist, in welchem die wahre Bestimmung des Menschen nach jesuitischer Auffassung erklärt wird, folgt eine dreimal am Tage vorzunehmende Prüfung, indem der Übende die inzwischen begangenen Sünden mit Punkten an gezogenen Linien vermerkt, und dann am Ende der ersten Woche an der Hand eines nach Gedanken-, Wort- und Werksünden mit ihren verschiedenen Unterstufen eingeteilten Registers — die Generalbeichte.

Hiermit verlässt der inzwischen der irdischen Welt entrückte Übende den Reinigungsweg, um nun in den folgenden zwei Wochen die „via illuminativa“ (Erleuchtungsweg) zu wandeln, eine Aufgabe, die der rein sinnlichen Betrachtung des Erlösers, seines Lebens, Wirkens und Leidens gewidmet ist.

Die vierte Woche endlich wird mit Exerzitien über die Auferstehung und Himmelfahrt Christi ausgefüllt und in der ekstatischen Wonne, der göttlichen Gnade teilhaftig geworden zu sein, kehrt der Übende zur Betrachtung des eigenen Zustandes zurück.

Die Übungen selbst werden von Gebeten begleitet, die sich als Meditationen darstellen, deren Form, Art, Inhalt und Verrichtung mit kleinlicher Sorgfalt vorgeschrieben sind.

Dass diese Exerzitien mit ihren dämonischen Phantasmagorien, ihren mysteriösen Seelenkuren bei phantasievollen Naturen die tiefsten sittlichen Eindrücke hinterlassen, bedarf kaum

ganze Persönlichkeit in stählerne Fesseln zwingende Unterordnung.

Und in der That, solche Subordination galt dem alten Soldaten Ignatius als das grosse Geheimnis aller Machtentfaltung, als die Seele aller Tugend. — Bei jedem Anlass schärfte er sie ein, und noch auf dem Sterbebette gedachte er ihrer in seinen Ratschlägen. „Ein jeder sei überzeugt," sprach er, „dass diejenigen, welche unter dem Gehorsam leben, von der göttlichen Vorsehung durch Vermittlung ihrer Oberen sich ebenso bewegen und regieren lassen müssen, wie wenn sie ein Leichnam wären (perinde ac si cadaver essent)."

Eine von solchem Geiste getragene und durchdrungene Verfassung trägt den Stempel einer absoluten Militärdespotie an der Stirn. Und das ist auch wirklich der innerste Charakter der Glaubensritterschaft. Ihre Mitglieder gehorchen dem in Rom residierenden General unbedingt und blindlings; es ist einzig und allein sein unabänderlicher Wille, der den Bund in allen Weltteilen beherrscht.

Die Gesellschaft rekrutiert sich aus den Novizen. Der zum Noviziat sich meldende junge Mann wird in Bezug auf seine geistigen und körperlichen Eigenschaften sorgfältig geprüft — Personen schwächlichen Leibes oder schwerfälliger Fassungskraft sowie Ketzer und Verheiratete werden unbedingt ferngehalten — und im günstigen Falle einer zweijährigen schweren Prüfungszeit im Novizenhause unterworfen, während der die geheimsten Gedanken, Neigungen und Leidenschaften des Neulings erforscht werden.

---

der Erwähnung. Die düstere Tendenz des Ordens, den menschlichen Geist zu beherrschen und zu fanatisieren, offenbart sich hier dem betrachtenden Auge in ihrer ganzen abschreckenden Hässlichkeit und Furchtbarkeit. —

Die Tagesordnung der Novizen ist von morgens 4 bis abends 9 Uhr genau vorgeschrieben — eine unabsehbare Kette von düstern Andachtsübungen, niedrigen Dienstleistungen im Hause, in der Küche, im Hospital, phantastischer Lektüre und herber Seelenqual, ganz dazu geeignet, die gesunde Eigenart des Individuums zu brechen und die geistige Verirrung, die es ins Novizenhaus getrieben hat, zu vollenden.

Jeder Verkehr mit der Aussenwelt ist dem Neuling versagt, alle Erinnerungen an die Vergangenheit muss er aus seinem Gedächtnisse tilgen, alle Bande, die ihn an die Welt knüpfen, lösen. Gegenstand seiner Liebe und Hingebung dürfen fortan weder Eltern, noch Geschwister sein, weder Bekannte noch Freunde, weder Vaterland noch Nationalität, sondern allein der Orden. Er ist sein Vaterland, die Oberen seine Eltern, seine Vorsehung. Dass der Novize auch schliesslich bestimmt wird, sein Vermögen dem Orden zuzuwenden, bedarf kaum der Erwähnung. Der Säckel der römischen Kirche ist ja von jeher unergründlich gewesen.

Hat sich der Novize in der Prüfungszeit als brauchbares Subjekt erwiesen, so tritt er, nach Ablegung der drei einfachen Mönchsgelübde, in die Klasse der Scholastiker ein. Seine Hauptaufgabe ist hier, sich weiter auszubilden. Fünf Jahre lang muss er sich mit ernstem Eifer in einem Kollegium des Ordens der Rhetorik, Litteratur, Philosophie, Physik, Mathematik befleissigen, ein Studium, vor dem man bei der vorausgegangenen völligen Erstickung jeder selbständigen geistigen Regung keine allzu grosse Hochachtung wird haben können.

Um die pedantische Dressur zu vervollständigen, wird der Scholastiker endlich einer Unterrichtsanstalt überwiesen, wo er das Erlernte als Lehrer nochmals praktisch einübt, worauf dann ein 4—6 jähriges Studium der scholastischen Theologie auf einer Ordensuniversität die Lehrjahre*) abschliesst.

*) Von einem wissenschaftlichen Studium in unserem Sinne, von methodischem Denken und kritischer Forschung ist nicht die Rede. Was die Jesuiten Wissenschaft nennen, ist nichts weiter als pedantischer, ausschliesslich auf praktische Zwecke gerichteter Formalismus. Welche Begriffe sie beispielsweise von metaphysischen Dingen hegen und lehren, zeigt am besten ihre unsäglich rohe Auffassung vom Jenseits, das sie mit den glühendsten Farben zu schildern wissen, und der an die niedrigste Form des Götzendienstes erinnernde Marien- und Heiligenkultus. Trotzdem ist nicht zu leugnen, dass es unter den Jesuiten tüchtige und gelehrte Lehrer gegeben hat. Ihre Verdienste aber sind allein in der intensiven Förderung zu suchen, die sie der Verbreitung der klassischen Sprache angedeihen liessen. —

Die Unterrichtsinstitute der Jesuiten heissen Kollegien. Ihre Zöglinge sind von dreierlei Art: teils Scholastiker, die für den Orden erzogen werden, teils Pensionäre, teils einfache Externe. Der Unterricht ist meist unentgeltlich und wird den Schülern durch kluge Beschränkung der Anforderungen möglichst angenehm und bequem gemacht. Er ist ein mechanischer Prozess, eine Art militärischen Exerzitiums, darauf berechnet, die Schüler nach vorgeschriebener Regel zu brauchbaren Subjekten im Sinne des Ordens abzurichten. Die wichtigste Rolle im jesuitischen Erziehungswesen spielt das gemeine Prinzip, die bösen Geister des Hochmuts, der Heuchelei, des Neides, der Eitelkeit, der Menschenverachtung und Schadenfreude in den weichen, empfänglichen Herzen der Jugend zu erwecken. Ein übermässiges Mass von Lob und Tadel, von kostbaren Prämien und herausfordernden Wettkämpfen, verbunden mit grossartigen Prüfungen und feierlichen Preisverteilungen, setzt die Schüler in aufreizende Bewegung und spornt den heissesten Wetteifer an, schafft aber jene unheimliche Ehr-, Herrsch- und Streitsucht, die von jeher den Jesuiten gekennzeichnet haben.

Die Grundlage der Disziplin ist die fortwährende polizeiliche Aufsicht über die Zöglinge bei Tag und bei Nacht, an allen Orten, auf allen Wegen und Stegen. Die Schüler selbst müssen einander beobachten und beaufsichtigen und die Fehltritte der Kameraden unweigerlich den Oberen anzeigen, ein unsittliches

Nachdem der Scholastiker alle Prüfungen und Studien durchgemacht, erhält er, etwa in einem Alter von 33 Jahren, die Priesterweihe und kann nun Coadjutor oder Professus werden. Die geistlichen Coadjutoren müssen für das Lehramt, die Kanzel und den Beichtstuhl in gleichem Masse befähigt sein, die weltlichen dagegen in allen Geschäften, die der Würde des Priesteramtes nicht entsprechen, hinreichende Kenntnisse aufweisen.

Den höchsten Grad in der jesuitischen Hierarchie nehmen die Professen der vier Gelübde ein, die in der Hand des Generals abgelegt werden müssen. Sie wohnen in den Professhäusern. Aus ihrer Zahl gehen die Würdenträger des Ordens hervor; sie erwählen den General, sie sind in die geheimsten Mysterien des Ordens eingeweiht. Ausser den bekannten Gelübden haben sie als viertes die Verpflichtung zu übernehmen, sich jeder Mission des Papstes unbedingt zu unterziehen.

Aber nicht alle Professen legen das vierte Gelübde ab. Die Mehrzahl begnügt sich mit den drei Gelöbnissen und bildet das gefährliche Institut der ge-

---

aber unübertroffenes Lauer- und Spürsystem, in dessen vielmaschigem Netz sich alles verfängt, was man zu wissen nötig hat, um die vollkommene Vernichtung jeder freiheitlichen Regung des Willens, Empfindens, Denkens und Urteils der Untergebenen zu erzielen. Es bedarf keines Beweises, dass, wer sich solcher traurigen Mittel zur Erreichung seines gemeinen Zweckes bedient, den höchsten Zielen der Menschheit feindlich gegenübersteht und in der Kulturgeschichte der Völker nur als eine dämonische Macht wirken kann.

Von den grauenhaften Lastern und Schändlichkeiten zu berichten, die namentlich im 16. und 17. Jahrhundert in den Jesuitenkollegien heimisch waren, ist hier nicht der Ort. Wer sich darüber näher unterrichten will, möge das im Jahr 1815 in München erschienene Werk „Lang: Jacobi Morelli S. J. Amores“ nachlesen. (Übers. v. K. v. Hutten. Leipzig; 1890.) —

heimen Jesuiten, welche besonders in Ländern, deren Gesetze den Aufenthalt jesuitischer Ordensleute verbieten, als Lehrer, Ärzte, Bediente, Kaufleute u. s. w. häufig auch in der Maske protestantischer Geistlichen im Volke leben, vermöge ihrer weltmännischen, gewandten, liebenswürdigen Umgangsformen, der fesselnden und einnehmenden Art ihrer Unterhaltungsgabe in die Familien, die Geschäftswelt, die Politik und Diplomatie einzudringen und auf ihren dunklen Wegen jene Intriguen zu spinnen wissen, von denen die moderne Geschichte ungezählte Beispiele aufzuweisen hat.

Die gesamte Verwaltung, Regierung und Jurisdiktion über die so organisierte Gesellschaft ruht in den Händen des auf Lebenszeit gewählten Generals. Innerhalb des ihm durch die Konstitution gewährten ungeheuren Spielraums schaltet er mit fast unbegrenzter Gewalt. Er entscheidet über die Aufnahme in den Orden, über Entlassung und Verstossung aus demselben; er ernennt die Provinziale, die Rektoren der Kollegien und sonstige Beamte.

Ihm zur Seite stehen als Ratgeber ein Generalsekretär und ein Admonitor, eine kontrollierende Behörde, die aber ihren Einfluss und ihre Macht fast nie geltend zu machen in der Lage war. Ebenso wenig Bedeutung hat die weitere Beschränkung des Generals durch die Generalkongregation, welche, aus den Professen zusammengesetzt, zur Wahl oder Absetzung des Ordenshauptes zusammentritt. Die Generale haben es zu allen Zeiten verstanden, das verhasste Institut unschädlich zu machen.

Die Stelle des Generals vertritt in den Provinzen der Provinzial, unter welchem in streng gegliederter Hierarchie die Superioren, die Vorsteher der einzelnen Ordenshäuser, stehen, die Konsultoren und Admonitoren, die Präfekten, Prokuratoren und Zensoren.

Der Vorsteher des Kollegiums hat über jeden Zögling eine Liste zu führen, in der er nach Namen, Alter, Studien, Beschäftigungen, geistiger Befähigung u. s. w. charakterisiert wird. Die Listen gehen jährlich durch den Provinzial an den General. Dieser erhält durch sie und durch die regelmässigen Monatsrapporte der Superioren, Novizenmeister, Rektoren, Missionare etc. die eingehendste Kenntnis von den persönlichen Eigenschaften der Mitglieder, von dem Stande der Professhäuser, Kollegien, Provinzen und Missionen. Alle bedenklichen Gegenstände werden in einer vom General bestimmten Geheimschrift behandelt.

Ausser dieser umsichtigen Arbeitsteilung sind noch von Wichtigkeit die Bestimmungen über Dinge, die im gewöhnlichen Leben als äusserlich und zufällig gelten, im Jesuitenorden aber das Bestreben kennzeichnen, über seine Mitglieder gleichsam als unveräusserliches Eigentum zu verfügen. So besteht z. B. die Ordenstracht, abweichend von der üblichen Mönchskleidung, aus einem langen schwarzen Gewand und Mantel, einer schwarzen viereckigen Mütze oder einem flachbodigen Krempenhut. Der in dieser Kleidung einhergehende Jesuit darf sein Haupt nicht frei bewegen, sondern muss es mässig vorgebeugt halten. Die Lippen darf er nicht zusammenpressen und auf Spaziergängen nicht laut sprechen oder lachen. Die Augen sollen den Boden suchen und während eines Gespräches nur den unteren Teil des Angesichts des Angeredeten fixieren. Verboten sind Unterhaltungen politischer Natur und solche, die ihrer Natur nach zu keinem bestimmten Resultat führen können.

Die folgerichtige Eingewöhnung in alle Formen inneren und äusseren Gehorsams, die unausgesetzte Überwachung, die nirgends eignem Belieben Raum gebende Tageseinteilung — bewirken, dass der Jesuit die ihm angeborene Eigentümlichkeit abstreift und mit der charakteristischen Ordensphysiognomie vertauscht.

Was etwa noch übrig bleibt von Differenzen der geistigen Begabung und der Richtung der Anlagen, wird zur kräftigsten Entwicklung gebracht und so jene vielseitige Betriebsamkeit geschaffen, die des Ordens vornehmste Stärke bildet. Diesem Mitgliede wird ein frommes Klosterleben gestattet, um die Verdienste des Ordens im Himmel und seine Heiligkeit auf Erden zu mehren, jener widmet sich in ungestörter Musse wissenschaftlichen Bestrebungen und arbeitet ganze Bände von Streitschriften und Abhandlungen aus. Wieder andere leiten den Unterricht der Jugend. Die Begabtesten und Gewandtesten suchen eine einflussreiche Wirksamkeit in Palästen und an Höfen. Feurige Redner wirken als Prediger, martyriumssüchtige Eiferer ziehen als Missionare in die Ferne. Also waren und sind die Ordensleute Alles, was die Oberen von ihnen verlangen, Prediger und Lehrmeister der Jugend, Schriftsteller und Gelehrte, Prinzenerzieher, Beichtväter und Minister der Herren dieser Welt. —

---

3. Die Grundsätze und die Moral des Ordens.

Ein Organismus von so klugberechneter kunstvoller Gliederung, wie sie die Verfassung des Jesuitenordens offenbart, ist nicht für die Pflege inneren Lebens in der beschaulichen Stille der weltentrückten Zelle geschaffen, er sucht vielmehr den Schauplatz seiner Wirksamkeit im feindlichen Leben. Und in der That weist die ihm gestellte Aufgabe: die Restauration und Ausbreitung des Katholizismus, die Herrschaft der römischen Kirche über die von den ehernen Fesseln des Papsttums sich lossagenden modernen Staatenbildungen, die

Bekämpfung und Unterdrückung des Protestantismus, der in die breiten Volksmassen eingedrungenen Geistesfreiheit — mit zwingender Notwendigkeit den Orden auf dieses Gebiet. Aber in der unheimlichen Grösse der Aufgabe lag auch schon von vornherein der Keim zu jener schlimmen Entartung verborgen, der die Gesellschaft in kurzer Zeit anheimfiel. Ein korrumpiertes System kann eben auf die Dauer mit lauteren, moralischen Mitteln nicht verteidigt werden. „Irgendwo und irgendwann wird an die Stelle der naiven Begeisterung die bewusste Unwahrheit, die Befleckung der innersten Gesinnung treten.“ —

Im Interesse des von ihr mit unermüdlicher Beharrlichkeit verfolgten Zieles schuf die Gesellschaft Jesu jene Moral, jene bequeme Art, des Sündenbewusstseins los und ledig zu werden, die bei allen Völkern der Erde sprichwörtlich geworden ist.

Indem die Jesuiten als Hauptgrundsatz ihrer Morallehre die Behauptung aufstellen, dass Sünde nur da vorliege, wo vollständiges Bewusstsein und die Verwerflichkeit einer Handlung mit vollkommener Beistimmung des Willens zusammentreffe, so dass also, was in Eile und Leidenschaft geschehe oder in der Absicht, nicht zu sündigen, begangen werde, keine Sünde und demgemäss straffrei sei, indem sie also den Begriff der Sünde nach allen Seiten hin einschränken, machen sie das Gewissen zum bequemen Tummelplatz einer heuchlerischen Sophistik*), die jedes sittliche Streben ver-

*) So lehrten sie u. a.: wer eine Arbeit leiste, habe Anspruch auf angemessenen Lohn; erhalte nun ein Arbeiter für seine Leistung eine nach seiner Ansicht nicht ausreichende Entschädigung, so dürfe er sich an dem Vermögen des Arbeitgebers schadlos halten. Das sei kein Diebstahl, sondern die Geltendmachung einer rechtlichen Forderung. — Der Zweikampf sei zwar verboten, in Fällen aber, wo jemand der Gefahr ausgesetzt sei,

nichtet, die an die Stelle des hohen Sittlichkeitsideals die niedrigste Gemeinheit setzt.

Gegründet ist dieses verbrecherische System auf den sog. Probabilismus, der, eine Frucht thomistischer Lehre, alle Forderungen des sittlichen Lebens in Frage stellt, der alles, was dem Menschen als sichere und unumstössliche Wahrheit gilt, in eine Reihe von Wahrscheinlichkeiten auflöst, zwischen welchen der spitzfindig klügelnde, raffinierte Verstand die Wahl hat. Wahrscheinlich oder probabel heisst nämlich eine Meinung, für welche Gründe von einigem Gewicht, besonders Autoritäten sprechen. Solche aber sind am besten in jesuitischen Kreisen zu suchen. Wer in seinen Handlungen der Meinung einer Autorität folgt, und wäre sie auch nur von einer einzigen vertreten, der beschwert sein Gewissen nicht, auch dann nicht, wenn er für seine Person vom Gegenteil überzeugt ist oder eine andere Meinung für sicherer hält.

Aus diesem empörenden Selbstbetrug entsprang jene lange Kette düsterer Ränke und verbrecherischer Gewaltthaten, denen der Orden seine ungeheuren Erfolge verdankt.

Ein anderer Grundsatz der jesuitischen Moral und Kasuistik ist die Lehre, wie man die Absichten lenken

---

für feig gehalten zu werden, dürfe er unbedenklich die Forderung annehmen. In ähnlicher Weise spricht sich der jesuitische Moralkodex über alle jene Dinge aus, die in den Gesetzen zivilisierter Völker mit den schwersten Strafen belegt sind. — Vergl. B. Pascal: Les provinciales ou les lettres écrites par Louis de Montalte à un provincial de ses amis et aux R. R. P. P. Jesuites. Pologne; 1685 (übers. v. Hartmann, Berlin; 1830). — H. Reuchlin: Pascals Leben u. der Geist seiner Schriften und Unternehmungen über d. Moral der J. Stuttgart; 1840. — Die J. und ihre Moral. Danzig; 1852. — H. A. Bergmann: Blumenlese aus der J.-Moral. Erfurt; 1853. —

könne. Danach kann man eine schlechte That begehen und doch fromm und rechtschaffen sein; ein Verbrechen kann eine gute That sein, wenn nur die Absicht dabei eine gute war. So erklären die Jesuiten ausdrücklich, wenn jemand an seiner Ehre beleidigt worden und es kein anderes Mittel zur Tilgung des ihm angethanen Schimpfes gebe, als die Ermordung des Beleidigers, den Mord für erlaubt, vorausgesetzt, dass ihm nicht die Absicht zu töten, sondern die, seine Ehre wieder herzustellen, zu Grunde liege.

Ein weiterer Lehrsatz lautet dahin, dass nur der Zweck den Handlungen die sittliche Beschaffenheit gebe, weshalb bei guten Zwecken nur gute, bei schlechten nur schlechte Handlungen begangen werden könnten. So wird namentlich als erlaubt gelehrt und empfohlen die reservatio mentalis. Jedermann, der in die Lage komme, eine Aussage oder eine Antwort, ein Versprechen oder einen Eid abzulegen, dürfe diesen Eid, dieses Versprechen u. s. w. nur um eines guten oder auch nur erlaubten Zweckes willen im stillen Herzen willkürlich auf einen engeren Sinn beschränken als der Wortlaut anzunehmen gestatte oder seine Zusage stillschweigend von Bedingungen abhängig machen, welche derjenige, dem sie gegeben wird, nicht kennt.

Hiermit hängt die Lehre von der Amphibolie zusammen, welche die absichtliche Anwendung eines zweideutigen Ausdruckes behufs Täuschung des Nächsten und zur Wahrung des eigenen Vorteiles rechtfertigt. Überhaupt dürfe man ungescheut sündigen, sobald es sich darum handelt, einen erheblichen Nachteil von sich abzuwehren. Gerade die angesehendsten Moralisten des Ordens haben in dieser Beziehung wahrhaft ungeheuerliche Behauptungen aufgestellt.

Während der Protestantismus des im Dienst der Kirche unschätzbaren Machtmittels der Ohrenbeichte freiwillig und gern entsagte, war der Jesuitismus darauf bedacht, dieses drückende Joch zwar wieder in allgemeine Aufnahme zu bringen, aber doch möglichst bequem, namentlich den Vornehmen und Mächtigen dieser Welt, zu gestalten. Dazu diente vortrefflich eine bis zur höchsten Frivolität ausgebildete Kasuistik, die alle jene wüsten Begierden und Lüste, denen man damals in den höheren Ständen fröhnte, mit dem Mantel der Liebe bedeckte. Der Orden trug auch hier in schlauester Weise lediglich den veränderten Zeit- und Weltverhältnissen Rechnung. Und da überdies die unbedingte Wahrung des Beichtgeheimnisses von Aquaviva allen Priestern eingeschärft war, so war es den Jesuiten ein Leichtes, Gebildete und Ungebildete an ihre Beichtstühle zu fesseln, wo das Geschäft der Sündenvergebung prompt und billig betrieben wurde.

Während die Ordenstheologen auf der einen Seite, um die durch die protestantische Lehre gefährdeten Seelen zu gewöhnen, ihr Heil in der Beichte und in verdienstlichen Werken zu suchen, die Dogmen von der Gnade, dem Verdienst und der Vorherbestimmung einer rein verstandesmässigen Behandlung unterwarfen, huldigten sie auf andern Gebieten einer Phantastik, die den Rationalismus im Aberglauben gleichsam als die Grundbestandteile der menschlichen Natur betrachtete.

Als fruchtbarstes Prinzip des Aberglaubens ist namentlich der unsäglich rohe, in geschmackloser und sittlich anstössiger Art betriebene Mariendienst wirksam. Der Marienkultus überwuchert bei den Jesuiten den ganzen Gottesdienst; unermüdlich sind sie in der Erfindung neuer Arten von Verehrungen der Jungfrau, die sie mit allem erdenklichen sinnlichen Reiz ausstatten.

Daneben findet durch sie der Heiligen-, Bilder- und Reliquiendienst die eifrigste Unterstützung, Fortbildung und Verbreitung. Sie erfanden und erfinden die tollsten Wundergeschichten, Talismane und Fetische in ungezählter Menge und wirken mit solchen Mitteln erfolgreich auf die Phantasie des gedankenlosen Volks. Auch das Ablasswesen wird eifrig von ihnen verteidigt, und nicht minder unermüdlich werden Prozessionen, Wallfahrten und fromme Feste gefeiert, wobei es nicht an religiösen Gaukeleien und himmlischen Erscheinungen aller Art zu fehlen pflegt.

Unablässig wiederholt und betont der Orden den Satz, dass er alles, was er thue, nur zur grösseren Ehre Gottes (ad majorem Dei gloriam) unternehme. Nun besteht aber Gottes Ehre nach jesuitischer Auffassung in seiner Herrschaft über die Welt, und da Gott nur in der Kirche waltet, die Kirche aber im Papsttum ihren Mittelpunkt hat, so ist in Wirklichkeit Gottes Ehre des Papstes Ehre, der als Stellvertreter Gottes die Kirche und die Welt regiert.*)

In diesem Sinne und auf Grund ihrer unsittlichen Lehre hat die Gesellschaft Jesu länger als zwei Jahrhunderte hindurch die Geschichte der Menschheit zu leiten versucht und auf das politische Leben einen Einfluss von so weitreichender Bedeutung geübt, wie niemals eine andere menschliche Einrichtung. —

IV. Die Akademien der Naturphilosophen.

Um die Wende des 16. Jahrhunderts zeigt sich dem oberflächlich prüfenden Blick ein scheinbarer Rückgang auf allen Gebieten und Formen des Daseins, ein Nachlassen der geistigen Regsamkeit und Thätigkeit,

*) Die gründlichste und sachkundigste Belehrung über das Wesen des Ultramontanismus bietet das in seiner Art einzige Werk: P. v. Hoensbroech: Das Papsttum in seiner sozial-kulturellen Wirksamkeit. Bisher erschienen 2 Bde. Leipzig; 1900—1902.

der Freude am Schaffen und Wirken, am Erwerben und Geniessen, ein Versiegen aller der Kräfte, die, eine Frucht der Reformation, fast ein Jahrhundert lang in ungeschwächter Frische sich erhalten hatten. Die verknöcherte protestantische Orthodoxie beunruhigte durch ihre hartnäckigen, geistlosen Lehrstreitigkeiten die treuherzige Gläubigkeit des Volkes, suchte den milden Geist Melanchthons aus Kirche und Schule zu bannen, zimmerte aus dogmatischen Formeln einen Kerker für die Geister, in „welchem die düsteren Gespinste der theologischen Metaphysik kaum mehr einen Blick zu den Sternen des Himmels gestatteten". Über dem Gezänk der Glaubenseiferer war der sittliche Gehalt des Christentums fast vergessen. Ultramontane Eiferer säeten den Samen der Zwietracht und schürten das Feuer der Unduldsamkeit. Und wo die vom Humanismus angeregte und gepflegte Lust des Denkens und Forschens sich geltend machte, wo der der Kindheit längst entwachsene Menschengeist sich den drückenden Fesseln hierarchischen Zwanges zu entwinden strebte, da ward er mit brutaler Gewalt niedergezwungen und ertötet. Das tragische Schicksal, das einem Giordano Bruno, dem begeisterten Pantheisten, Italiens kühnstem und tiefstem Denker, bereitet ward, († 1600), die leidensvolle Laufbahn eines Kepler und Galilei wiesen mit erschreckender Deutlichkeit das Ziel, dem Jesuitismus und Ultramontanismus zusteuerten.

Der alte morsche Bau des Reiches, im Innern von dem Streit der religiösen Gegensätze zerwühlt, war unfähig, seinen gefährdeten Gliedern gegen das waffengewaltige Ausland, das bereits drohend an die Thore pochte, Schirm und Schutz zu gewähren, den Frieden unter den hadernden Parteien aufrecht zu erhalten. Das Gefühl der Unsicherheit aller bestehenden Verhältnisse, die dunkle Vorahnung künftiger schrecklicher Ereignisse steigerten die dumpfe Aufregung der Gemüter.

Und doch geht, sieht man genauer hin, bei allem Verfall ein rüstiges, rühriges Streben nach geistigem Wiederaufbau durch das Zeitalter, und doch findet sich eine angeregte Gedankenarbeit auf mannigfachen Gebieten, erwacht immer mehr das Bestreben, sich der Wissensstoffe, die Welt und Wissenschaft bieten, von neuem auf neuen Wegen zu bemächtigen, die Lehrüberlieferungen in Schrift und Wort von den Fesseln des Hergebrachten zu befreien. Es sind nur zögernde Schritte, tastende Versuche, die vorerst gewagt werden, und wunderliche Experimente und Fehlgriffe verwirren hier und dort die Geister. Aber man lebt doch wieder in aufwärtsstrebender Bewegung. —

Es ist eine häufig wiederkehrende historische Erscheinung, dass in kritischen Zeiten strebsame Geister die Religion zum Gegenstand ihres Nachdenkens und ihrer Empfindungen machen, dass fühlende Herzen sich zu erwärmen und zu erquicken suchen an dem Gedanken, in Gott zu leben und Gottes Geist in sich leben zu lassen. Und es „gehörte immer zum eigentümlichen Wesen gerade des deutschen Volkes“, wie Neander einmal tiefsinnig bemerkt, „dass die Macht des religiösen Elements aus der Tiefe der Gemüter sich geltend machte, dass die Menschen von den Zerwürfnissen der Aussenwelt in unfruchtbaren Menschensatzungen hingetrieben wurden, in den Tiefen ihres Innern Gott zu suchen und zu finden.“

So suchte damals namentlich Jakob Böhme (1574—1624) in schmerzlichem Ringen den geheimnisvollen Zusammenhang des göttlichen Wesens und der kreatürlichen Welt zu ergründen. In seinen Schriften herrscht jene Dämmerung, wie sie stimmungsvoll unsere alten gotischen Kirchen erfüllt, in die das Tageslicht nur durch kunstvoll bemalte Fenster fällt. Mit seinem mystischen, den Charakter grübelnder, tiefsinniger Theosophie zur Schau tragenden, in ihrer gotttrunkenen

Herzensfreudigkeit an den gemütvollen Thomas von Kempen († 1471) erinnernden Ideen begegnen sich die Bestrebungen der Naturphilosophen. Ihnen, wie sie auch waren mit allen ihren Mängeln und Gebrechen, verdanken wir die grosse Wandlung, welche die Neuzeit von der mittelalterlichen Weltanschauung trennt. Sie erweckten mit den Idealen reiner Menschenbildung auch den vaterländischen Stolz in unserem Volke. „Denn wie unreif auch die politische Bildung der Zeit erscheint, wie verschwommen ihre weltbürgerlichen Träume, in allen ihren Führern lebte doch der edle Ehrgeiz, der Welt zu zeigen", dass, wie Herder sagt, „der deutsche Name in sich selbst stark, fest und gross sei." —

Die ausserordentliche Bedeutung dieser Geistesrichtung ist durch die erbitterte Gegnerschaft der kirchlichen Orthodoxie und der dadurch hervorgerufenen Streitlitteratur des 17. und 18. Jahrhunderts schmählich verdunkelt worden. Erst in jüngster Zeit ist die historische Forschung den verschlungenen Pfaden jener Bewegung nachgegangen, hat mit mühseligem Fleisse aus dem ungeheuren Triebsande überlieferter Nachrichten einen Schatz goldener Körnlein gehoben und mit dessen Hilfe festgestellt, dass „ein innerer geistiger Zusammenhang, ja sogar eine feste äussere Organisation die Mehrzahl der grossen Reformatoren verbindet, die auf dem Gebiete der Erziehungslehre, der exakten Wissenschaften und der Volkssprachen während des 17. Jahrhunderts sich einen Namen gemacht haben."

Gemeingut dieser Gelehrten und zugleich ein Mittel, sie fest aneinander zu schliessen, war vor allem eine tiefe Abneigung gegen den scholastischen Unterrichts- und Wissenschaftsbetrieb, wie er damals alle Hochschulen beherrschte, das Gefühl, dass die Philosophie aus dem Zustande der Unmündigkeit und Knechtschaft befreit werden müsse, in den sie unter dem Einfluss der herrschenden Kirchenlehre geraten war. „Originale Erkenntnisse“, „Beobachten“ und „Können“ sollten im Mittelpunkt der Wissenschaft stehen, die Liebe zur Natur regieren. Um sich auch äusserlich als grundsätzliche Gegner der mittelalterlichen Weltanschauung zu kennzeichnen, nannten sich die Anhänger der neuen Geistesrichtung Platoniker oder Neuplatoniker, ihre Wissenschaft Pansophie oder Naturphilosophie. Und in der That finden sich deren Grundzüge bereits bei Plato und Plotin.

Ihren Bestrebungen ging eine Reihe vorbereitender Erscheinungen im 15. und 16. Jahrhundert voraus. Hierher gehört vor allem das Wiederaufleben der klassischen Studien und die ungeahnte, mit Hilfe der neuentdeckten Buchdruckerkunst bewirkte, Verbreitung der antiken Litteratur*). „Aus den Geschichtsschreibern, den Dichtern und Philosophen der Alten traten dem Zeitalter die Gestalten entgegen, durch welche die Sehnsucht der Menschheit nach dem rein Menschlichen die nachhaltigste Nahrung erhielt, und an diesen ganz auf sich selbst ruhenden Persönlichkeiten suchten sich die Menschen der Renaissance zur einheitlichen und geschlossenen Entwicklung ihres Wesens emporzubilden.“ Bald standen die von dem universellen Geiste des Altertums erfüllten Gelehrten in offenem Kampfe mit dem Barbarismus der bisherigen wissenschaftlichen Form. Neue Ideen kamen in Umlauf: Das rege Streben nach nationaler Unabhängigkeit, die energischen Versuche des Staats und des Bürgertums, sich der Herrschaft der Kirche und ihrer Gewalten zu entziehen, das immer kühner hervortretende Bewusstsein von der Bedeutung der eigenen Persönlichkeit und das Verlangen nach Befreiung von den drückenden Fesseln der kirchlichen Autorität.

---

*) Vergl. die treffliche Einleitung bei G. Ellinger: Ph. Melanchthon. Berlin, 1902.

Alle diese Elemente fanden ihren natürlichen Mittel- und Einigungspunkt in der Reformation.

Was die Emanzipation der Geister von der hierarchischen Bevormundung wesentlich erleichterte und förderte, war die zugleich mit den klassischen Studien emporkommende Pflege der Naturwissenschaften, der erfahrungsmässigen Naturbeobachtung. Ausserdem erweiterten die Entdeckung Amerikas und die Auffindung des Seeweges nach Ostindien nicht nur die Grenzen der Erde, wiesen dem Thatendrange und dem Handelsgeiste neue Wege, sondern sie schufen auch der Wissenschaft ein Fundament, von dem aus sie sich anschickte, dem staunenden Menschenauge die Unermesslichkeit des Weltalls zu erschliessen, den Aufzeichnungen „in der Santa Casa heiligen Registern“ zum Trotz. Noch grössere Umwälzungen knüpften sich an die Entdeckungen eines Kopernikus († 1543), Kepler († 1631), Galilei († 1642).

Die Scholastik hatte sich von der Natur und Erfahrungswelt abgekehrt und in blindem Eifer sich den übersinnlichen Dingen zugewandt. Das kirchliche Bekenntnis hatte bisher als der einzige feste Massstab für das unsichere Denken gegolten; jetzt erschien das Wissen sicherer als der Glaube. Jetzt kam die Natur wieder zu Ehren. „In vernehmlichen Tönen sprachen die murmelnde Quelle und das Waldesrauschen wieder zum Menschen, die schneebedeckten Bergesgipfel erschienen wie geheimnisvolle beseelte Wesen, die unmittelbar mit einander und mit den Menschen verkehrten. Das so lange unterdrückte Naturgefühl regte sich mit ursprünglicher Gewalt.“ Und in ihrer Herrlichkeit und Erhabenheit, in ihrer Unendlichkeit und Lebensfülle wurde die Natur wieder unmittelbarer Gegenstand der Anschauung, ihre Erforschung wurde namentlich unter dem Einfluss von Männern, wie Paracelsus, Baco (1561—1626), Campanella (1568—1639), Cartesius (1596—1650), Bruno († 1600),

Vanini (1586—1619), Leibniz (1646—1716), ein wesentliches Objekt der Philosophie.

Die wissenschaftliche Naturforschung zerstörte nicht blos eine Reihe überlieferter Irrtümer und Vorurteile, sie führte auch den dumpfen Sinn der Menschen aus dem dämmerigen Dome mittelalterlicher Romantik hinaus in Licht und Luft, sie lenkte ihr geistiges Interesse auf die diesseitige Welt, auf die Wirklichkeit, sie nährte und schärfte den neuerweckten Geist der Kritik. „Jetzt erst erfuhr man, dass dem menschlichen Geiste wirklich eine einheitliche, unerschütterliche und voll befriedigende Erkenntnis zugänglich ist, die alles Dunkle aufzuklären versprach.“

Ausser einer besonderen Vorliebe für die Natur und für die Beziehungen der Menschen zu ihr, bemerken wir bei den Platonikern oder Naturphilosophen kräftige Züge ernster Religiosität. „Dieselben Männer, die eine vollkommene Gleichgültigkeit gegen die konfessionellen Lehren zeigen, wissen sich doch aufrichtig als Christen und fühlen sich an Gott gebunden.“*) Die Idee des Reiches Gottes, wie es Christus verkündet oder der Bau des „Tempels“, wie sie diese Idee nannten, war der Mittelpunkt ihrer Gedankenwelt. An seiner Vollendung haben sie mit hingebendem Eifer gearbeitet.

Es war in diesem Sinne, dass die Platoniker über

*) Harnack (Gesch. der Preuss. Akad der Wissensch.) urteilt über sie: „Dass dem Menschen auf der Erde eine Aufgabe gesetzt ist, dass er seine Pflicht zu thun hat, dass er eines guten Gewissens bedarf, dass ein unbestechlicher Richter über ihm waltet, sind Erkenntnisse, in denen alle die grossen Führer des Zeitalters einig sind. Das Bewusstsein, zum gemeinen Nutzen wirken zu müssen und in dem Dienst einer heiligen Aufgabe zu stehen, vor der jeder Eigenwille und alle Eigenlust zurückzutreten hat, zeichnet die Träger des fortschreitenden Gedankens seit der Mitte des 17. Jahrhunderts aus.“

das Wissen und die Wissenschaft die Weisheit stellten, dass ihnen der humane Sinn und der versöhnende Geist erbarmender Liebe, Tugenden, die der Weisheit entspringen, höher standen als der Glaube, den die in geistlosem Formalismus erstarrte Kirchenlehre vorschrieb. So bestand denn ihre Lebensaufgabe darin, das gesamte Gebiet des menschlichen Wissens, die „Allweisheit", für die Erziehung des Menschen nutzbar zu machen, das Menschengeschlecht auf dem Wege allgemeiner Bildung auf eine höhere Stufe der Entwicklung, über alle die Not des Werktagslebens in die ätherische Sonntagsstille zu führen.

Es war also ganz folgerichtig, wenn den Naturphilosophen nur solche Wissenschaft als erstrebenswert galt, die sich für die praktischen Bedürfnisse des Lebens nutzbar verwerten liess. Und man begreift, warum gerade aus ihrer Mitte heraus Jahrzehnte lang mit Wort und Feder, mit Rat und That für die Erhaltung und Ausbildung der Volkssprache und der nationalen Litteratur gestritten ward so — kühnen Mutes und brennender Begeisterung voll, wie einst die Vorkämpfer des Humanismus gegen die Scholastiker und Obskuranten zu Felde gezogen waren.

Es ist eine ebenso merkwürdige wie erfreuliche Erscheinung, dass jene Gelehrten, die sich zu so schönem Thun zusammenfanden, ein tiefes Verständnis für die Bedeutung einer festorganisierten Gemeinschaft, des brüderlichen Zusammenwirkens aller Glieder zeigen. Alte historische Überlieferungen und wohl auch die Summe eigener Erfahrungen hatten sie empfänglich gemacht für die Bedeutung der Thatsache, dass der einzelne Prophet nichts gilt im Vaterlande, dass neue, grosse Gedanken angesichts der die stumpfe Masse beherrschenden Trägheit und der sonstigen, widerstrebenden Kräfte nur Raum gewinnen, wenn geschlossene

Körperschaften sich ihrer annehmen und sie zielbewusst vertreten. Dass sie ihre Bestrebungen und ihre Organisation häufig mit dem Schleier des Geheimnisses umgaben, oft hinter wunderlichen Sinnbildern und Namen verbargen, darf uns nicht beirren. Diese Massregeln entsprangen meist einem dringenden Gebot der Selbsterhaltung. —

I. Die Alchemie und die Alchemisten.*)

Niemals hat, von Zauberei und Geistererscheinungen abgesehen, ein trügerischer Wahn die Menschheit länger und hartnäckiger beherrscht als der mit mystischen Vorstellungen gepaarte Glaube an die künstliche Erzeugung von Gold und Silber. Und schier unermesslich ist die Zahl derer, die sich mit Alchemie beschäftigt, d. h. die Gewinnung der Erkenntnis, auf welche Weise

*) G. Lewinstein: Die Alchemie und die Alchemisten (Sammlung gemeinverständlicher Vorträge). Berlin 1870. — Th. Schäfer: Über die Bedeutung der Alchemie (Progr. der Hauptschule zu Bremen) 1885. — H. W. Schäfer: Die Alchemie. Ihr ägyptisch-griechischer Ursprung etc. (Progr. des Gymnas. zu Flensburg) 1887. — G. Kopp: Die Alchemie. 2 Bde. Heidelberg 1886. (Mit erschöpfendem Litteratur-Verzeichnis und einer kritischen Würdigung der vornehmsten alchemistischen Schriften.) — Freimaurer-Zeitung. Jahrg. 1862, 1878, 1884. Leipzig. — J. Hartmann: A. u. Arkanologie im Gegensatz zur Schulmedizin. Zürich 1888. — F. Eyssenhardt: Arzneikunst und A. im 17. Jahrh. (Sammlung gemeinverst. Vorträge). Hamburg 1890. — E. Schultze: Das letzte Aufflackern der Alchemie in Deutschland vor 100 Jahren. Die hermetische Gesellschaft 1796—1819. Leipzig 1897. — M. Ritter: Deutsche Gesch. im Zeitalter der Gegenreform. und des 30jähr. Krieges. Stuttgart 1898. — J. Janssen: Gesch. des deutschen Volkes. VI. Bd. Freiburg i. Br. 1901. — Vergl. ferner Nicolai a. a. O.

das naturwissenschaftliche Problem zu lösen sei, mit heissem Bemühen angestrebt haben.

Während das Altertum nur das Verlangen nach Verwandlung und Werterhöhung der Metalle kannte, bemühte sich die hermetische Kunst*) seit dem 4. Jahrhundert nach Chr. um die Herstellung eines Präparates, das nicht nur imstande sei, die Umwandlung der unedlen Metalle in edle zu bewirken, sondern auch den

*) So genannt nach Hermes, dem mystischen Urheber der Kunst der Metallveredelung. Er galt den Alchemisten als Urquell aller Weisheit, als Inbegriff alles Denkens und Wissens, ja, sie verehrten ihn als den personifizierten Logos. Zur Zeit der Ptolomäer-Herrschaft, da die Götter des hellenischen Pantheons nach Ägypten übersiedelten und sich zum Teil mit den dortigen Gottheiten verschmolzen, glaubten die Griechen die Eigenschaften ihres Hermes in dem ägyptischen Gotte Thoth (Horus) wiederzufinden. Und bald wurde es Brauch, beide Gottheiten als ein und dieselbe Person anzusehen. Thoth war der kundige Schreiber der Götter, der Schutzgeist jeglicher Kunst und Wissenschaft. Sein Werk war die Erfindung der Schrift, der Musik, der Zeitrechnung etc. Er galt als Verfasser der 42 heiligen Papyrusrollen, der altägyptischen Bibel (S. 34). Seine ungewöhnliche Weisheit trug ihm solche Verehrung ein, dass man ihm die Bezeichnung des „zweimal grossen" beilegte. Um 240 v. Chr. wurden jene Papyrus ins Griechische übertragen und erhielten den Namen „hermetische Schriften"; sie wurden also zu Werken des hellenischen Gottes. Aus dem altberühmten „zweimal grossen" wurde jetzt der „dreimal grösste" (Trismegistus). Ihm wurde in der Folge eine unabsehbare Fülle von Schriften über die Kunst, Gold und Silber auf künstlichem Wege herzustellen, untergeschoben, so dass schon der als „göttlicher Wunderthäter" verehrte Neuplatoniker Jamblichos († um 333) von 20000 Büchern des Hermes zu erzählen wusste. Nach alchemistischer Anschauung lebte in ihnen das wirkliche oder vermeintliche Wissen der ägyptischen Priester fort. Sie gaben Aufschluss über alle Gebiete des Naturwissens und der alltäglichen Erfahrung. — Die umfangreiche Litteratur über Hermes Trismegistus bei H. W. Schäfer a. a. O. S. 4 ff. — Vergl. Creuzer, Symbolik I. S. 294 ff.

Menschen körperlich zu verjüngen, ihn geistig zu läutern und ihm alle Freuden des irdischen wie des zukünftigen ewigen Lebens zu sichern. Dieses wertvolle Mittel hiess der „Stein der Weisen“, das „Elexir“, die „Tinctur“, das „Magisterium“.

Wir wissen, dass in Ägypten seit alten Zeiten praktische Chemie getrieben wurde. Die Herstellung heilsamer Arzneien und fäulniswidriger Stoffe zur Einbalsamierung der Leichen, die vollendete Kunst der Metallbehandlung lassen auf ungewöhnliche chemische Kenntnisse schliessen.

Von Ägypten verbreiteten sich die vieltausendjährigen Keime chemischer Erkenntnis in alle Länder des römischen Weltreiches, freilich um bald im Schmelztiegel der Alchemie*) zu verdorren.

An der Hand der überlieferten Rezepte zu Metallmischungen und alter magischer Zauberformeln und veranlasst durch die trübe Lage der römischen Münzverhältnisse, kam man zur Metallfälschung und zur Goldmacherei. Im Jahre 296 gebot ein Edikt des Kaisers Diocletian, jene dem fabelhaften Hermes zugeschriebenen Bücher zu verbrennen. Der Unfug der Goldmacherei muss also damals bereits in ungewöhnlicher Blüte ge-

*) Das Wort Chemi (Cham, Chami) findet sich zuerst bei Plutarch (de Jsid. et Osiri cap. 33), der damit das schwarze Erdreich des Nillandes bezeichnet. Mit demselben Worte bezeichnete man aber auch das Symbol des Dunklen und Verborgenen. So bedeutete denn Chemi ursprünglich die ägyptische oder geheime Wissenschaft, später die geheime oder schwarze Kunst. Im J. 345 kannte bereits Firmicus Maternus den Ausdruck scientia chimiae, während der Lexikograph Suidas (um 970) in seinem Wörterbuche „Chemie“ als „künstliche Bereitung von Gold und Silber“ erklärte. Die Araber nannten diese Wissenschaft unter Hinzufügung des Artikels „Al“— Kimia oder auch wohl nachdem Anfangsbuchstaben geheimnisvoll die Wissenschaft des „K“, worauf sie dann unter dem Namen Alchemie allgemein bekannt wurde.

standen haben. Obwohl zahlreiche Schriften alchemistischen Inhalts dem kaiserlichen Verbote zum Opfer fielen, tauchten doch bald wieder neue auf und wurden in den folgenden Jahrhunderten immer zahlreicher mit allen jenen geheimnisvollen Andeutungen, rätselhaften und unausführbaren Anweisungen, die dieser Litteratur eigentümlich sind.

Von den Arabern, den begabten Erben des geistigen Lebens der griechischen Welt, gepflegt und überliefert, gelangte der Glaube an die Alchemie nach Spanien und trat von hier aus seinen Siegeszug an durch alle christlichen Länder Europas. Im 13. Jahrh. sprachen sich alle Autoritäten*) auf dem Gebiete der Naturwissenschaften zu ihrem Gunsten aus, machten ihren Einfluss in diesem Sinne geltend und bewahrten ihn auch für die Folgezeit. Im Anfang des 14. Jahrh. hatte die Goldkocherei einen solchen Umfang angenommen, dass Papst Johann XXII. i. J. 1317 mit einer, schwere Strafen verheissenden, Bulle gegen die Anhänger der Kunst einschritt. Der Erfolg blieb indess aus. Das alchemistische Übel hatte sich bereits unausrottbar in den Köpfen der Menschen festgesetzt.**)

---

*) Hierher gehören Albert von Bollstädt, Bischof von Regensburg, in Anerkennung seiner wissenschaftlichen Bedeutung Albertus Magnus genannt, und sein Schüler, der berühmte Dominikaner Thomas von Aquino († 1274), der berüchtigte Ketzer und Goldmacher Arnold von Villanova († um 1314), Roger Bacon († um 1294), als „Doctor mirabilis“ von den staunenden Zeitgenossen bezeichnet, und Raymundus Lullus, „Doctor illuminatissimus“, († 1315). Zahlreiche, ihm zugeschriebene, alchemistische Schriften standen bei allen Adepten der hermetischen Kunst in hohem Ansehen.

**) Im J. 1423 forderte König Heinrich VI. von England in mehreren Erlassen dringend alle Geistlichen und Professoren seines Reiches auf, den Stein der Weisen zu suchen. Die deutschen Kaiser Rudolf II. (1576—1612), Ferdinand III. (1637—57), Leopold I. (1658—1705) liessen sich gern von fahrenden Alchemisten Metall-

Als vielkundiger Chemiker und als wirklicher Forscher auf dem Felde der chemischen Wissenschaften,

---

veredelungen vormachen, überhäuften jene mit Gnaden aller Art, verlangten aber auch eingehendere Kenntnis von dem Stein der Weisen zu erhalten, als die Befragten anzugeben imstande waren, weshalb denn auch schwere Strafen über sie verhängt wurden. Die deutschen Fürsten schlossen sich so hohen Vorbildern an. Kurfürst Joachim II. von Brandenburg beschäftigte zahlreiche Alchemisten. Im Dienste seines Sohnes und Nachfolgers Johann Georg stand der berühmte Chemiker Leonhard Thurneysser zum Thurn (geb. 1530 zu Basel). Ursprünglich Goldschmied und Heilgehülfe, wurde er Soldat, arbeitete dann auf verschiedenen Berg- und Schmelzhütten Deutschlands und war Mechaniker in Nürnberg, Goldschmied in Strassburg und Constanz. 1560 bereiste er im Auftrage des Erzherzogs Ferdinand Schottland und die Orkney-Inseln, Spanien, Portugal und den Orient, Ungarn und Böhmen, um hüttentechnische und medizinische Kenntnisse zu sammeln. Heimgekehrt, ging er nach Frankfurt a. O. und liess dort Bücher medizinischen Inhalts drucken. Damals wurde er mit dem Kurfürsten Johann Georg bekannt und ward dessen Leibmedicus (1571). Bald erfüllte sein Ruf alle Lande. Dass er seinen Herrn auch durch alchemistischen Unfug betrogen, ist vielfach behauptet worden, aber nicht erwiesen. (Vergl. Moehsen: Beiträge zur Gesch. der Wissenschaften in der Mark. Berlin und Leipzig; 1783.) Der grosse Kurfürst Friedrich Wilhelm, ebenfalls der hermetischen Kunst zugethan, hielt sich zwar keinen eigenen Alchemisten, unterhandelte aber öfter mit umherziehenden Künstlern wegen des Ankaufs von Rezepten über Gewinnung von Gold. Er wurde auf den sächsischen Alchemisten Johann Kunkel, einen ehrlichen Mann, aufmerksam, der dann auch mit dem Charakter als „Geheimer Kammerdiener“ in seinen Dienst trat. Er leistete zwar im Goldmachen nichts, desto mehr in der Glasfabrikation. Er stellte Opal-, Avanturien- und Rubinglas her und wusste es zu kostbaren Gefässen zu bearbeiten. Nach seines grossen Gönners Tode trat er in den Dienst König Karls XI. von Schweden, der ihn 1691 in den Adelstand erhob. † 1703 in der Mark. — Noch unzählige Beispiele von Fürsten und Herren geistlichen und weltlichen Standes liessen sich anführen, die in jener geldarmen Zeit Hab und Gut nutzlos einem trügerischen Wahne opferten.

zugleich aber auch als wundergläubiger Phantast begegnet uns im 15. Jahrh. Basilius Valentinus*). Über seine Persönlichkeit ist nichts bekannt. Wir kennen ihn nur als Verfasser zahlreicher alchemistischer Schriften. Wahrscheinlich verbarg sich unter dem vollklingenden Namen ein Mönch aus dem Peterskloster in Erfurt, wie denn überhaupt die Klöster in dieser Zeit vielfach eine Stätte chemischer Versuche waren.

Unter dem Einfluss des genialen Arztes Paracelsus**),

---

*) Vergl. H. Hildebrand, der Alchemist Basilius Valentinus. Progr. d. Gymn. zu Zerbst, 1876.

**) Sein voller Name soll gelautet haben: Philippus Aureolus Theophrastus Paraceleus Bombastus von Hohenheim (1493—1541). Ein Mann von grossen Talenten, uneigennützig, schlicht und fromm, besuchte er deutsche und französische Hochschulen und bereiste einen grossen Teil von Europa, den Orient und Ägypten. Nach seiner Heimkehr bekleidete P. einen Lehrstuhl an der Universität Basel. Seine glänzende Begabung und seine ungewöhnlichen Erfolge als Arzt gewannen ihm zahlreiche Schüler und Anhänger. Aber sein lockerer Lebenswandel, vor Allem der schmutzige Konkurrenzneid der Ärzte der alten Schule, brachten ihn bald mit dem Rat der Stadt in unheilvolles Zerwürfnis. 1527 begann er wieder sein ruheloses Vagantenleben, das ihn von einem Ort zum andern trieb. In bedrängter Lage starb er bereits 1541 in Salzburg. Das unstete Leben dieses Mannes und sein unruhiges Wesen spiegelt sich in seinen zahlreichen Schriften wieder. Neben trefflichen wissenschaftlichen Beobachtungen, finden sich hier die abenteuerlichsten Anschauungen aus Alchemie und Astrologie. Dabei ist seine Schreibart häufig dunkel, wunderlich, verworren. Doch ist nicht sicher, wie viel davon auf Rechnung unverständiger, übelwollender Kopisten zu setzen ist, zumal die meisten Schriften, aus Diktaten hervorgegangen, nur handschriftlich verbreitet wurden. Vergl. M. B. Lessing: Paracelsus. Sein Leben und Denken. Berlin, 1839. — Marx: Zur Würdigung des Theophr. v. H. Göttingen, 1842. — Mook: Th. P. Würzburg, 1876. — Hartmann: Life of Th. P. London, 1887. — Schubert und Sudhoff: P.-Forschungen. 2 Hefte. Frankfurt a. M., 1887—89. — Sudhoff: Versuch einer Kritik der Echtheit der P.-Schriften. 2 Bde. Berlin, 1894—98.

der als die Aufgabe der Alchemie nicht mehr allein die künstliche Hervorbringung edler Metalle, sondern auch die Herstellung heilkräftig wirkender chemischer Präparate betrachtete, erhielt die hermetische Kunst eine nicht unwesentliche Erweiterung.

Die Folge war, dass noch in den ersten Dezennien des 17. Jahrh. der Glaube an die Möglichkeit der künstlichen Hervorbringung von Gold und Silber den Zweifel an ihr erheblich überwog. Und selbst der in der Geschichte der Medizin und der Chemie mit Ehren genannte Arzt Johann Baptist van Helmont († 1694) verfocht ganz ernsthaft die Überzeugung, dass Paracelsus wirklich im Besitze des Steines der Weisen (lapidis chrysopoei verus compos) gewesen sei.*)

Obwohl die Laufbahn der meisten Alchemisten eine lange Kette bitterer Enttäuschungen darstellte, obwohl nahezu allen Adepten statt der erhofften Reichtümer nur Not und Armut als einziger Lohn ihrer Mühen zu teil ward, so war doch so jämmerliche Erfahrung keineswegs imstande, die Zahl der Kunstbeflissenen zu ver-

— Frz. Hartmann: Th. P. als Mystiker. Leipzig, 1894. — Derselbe: Grundriss der Lehren des Th. P. Leipzig, 1894. — Neue, aussichtsreiche Bahnen zur Beurteilung der Philosophie des Paracelsus und Jakob Boehmes erschliesst ein lesenswerter Aufsatz von Wyneken: „Von P. zu B. Ein Jahrhundert christl. Naturphilosophie.“ (M. H. d. Com.-Ges. 1900. S. 78 ff.)

*) Dass sich auch schon frühzeitig entschiedene Gegner der Hermetik fanden, haben wir bereits an dem Beispiel Johanns XXII. erfahren. Im 16. und 17. Jahrh. mehrte sich die Zahl derer, die dem alchemistischen Unfug mit aller Kraft zu steuern trachteten. Hierher gehören vor allem der gelehrte Abt Johannes Trithemius († 1516), der bekannte Humanist Desiderius Erasmus († 1536). Im „Froschmeuseler“ goss Georg Rollenhagen († 1609) die volle Schale beissenden Spottes über die Adepten aus. Dann erklärten u. a. der gelehrte Jesuit Athanasius Kircher († 1680) und der Jenenser Professor der Medizin und Chemie Werner Rolfinck († 1673) die Alchemie für Blendwerk.

mindern oder gar dies geistig verirrte Geschlecht von weiterem törichten Beginnen abzuschrecken. Im Gegenteil. Da die Einzelforschungen nicht zum ersehnten Ziele führten, kamen die Anhänger der Alchemie jetzt auf den alten, in den grossartigen Lebensäusserungen des deutschen Bürgertums erprobten Gedanken zurück, durch genossenschaftliche Bestrebungen die Gewinnung des Steines der Weisen zu fördern. So entstanden im 17. Jahrh. aller Orten alchemistische Gesellschaften,*) die

*) Einige, wenn auch dürftige, Nachrichten berichten von sog. Alchemisten-Vereinen in Rostock und Nürnberg. Doch haben allem Anschein nach solche Sozietäten ausser in Wien (?) und Prag (?) in Braunschweig, Helmstädt, Lüneburg, Hamburg, Bremen, Erfurt, Danzig, Mantua, Venedig, Amsterdam, Haag bestanden. Im Jahre 1676 machte nämlich Johann Wulfert, Leibniz' Freund und später Mitglied der Berliner Akademie, eine Rundreise durch Deutschland zum Besuche jener Gesellschaften. Auch „Orvii Occulta Philosophia" bringt mehrere, offenbar zuverlässige, Notizen über sie.

Stifter der Rostocker Gesellschaft war Joachim Jungius (1587—1657). Gleich ausgezeichnet als Naturforscher, Mathematiker und Arzt, weshalb er nicht mit Unrecht der deutsche Baco genannt wird, war er mit Leibniz und Comenius und anderen hervorragenden Zeitgenossen eng befreundet. Nachdem er in Padua studiert und sich der dortigen Akademie angeschlossen hatte, hielt er sich von 1619 an einige Jahre in Rostock auf. Hier, wo manche Gesinnungsgenossen und Freunde Andreaes lebten, wie Stephan Stein und Angelo Sala, ein um seines Glaubens Willen vertriebener Italiener, der später Mitglied des Palmenordens wurde, wo Jungius, wie wir aus seinem Briefwechsel erfahren, freundschaftliche Beziehungen zu Künstlern und Werkleuten unterhielt, rief er eine philosophische Gesellschaft ins Leben, „Societas Ereunetica" oder „Zetetica" oder auch „Collegium Philosophicum" genannt. Zweck der Gesellschaft, die ihre Gebräuche und Mitgliederlisten sorgfältig geheim hielt, war: „Die Erforschung der Wahrheit aus der Vernunft und Erfahrung" oder das Streben, „alle Künste und Wissenschaften von der Sophistik zu befreien."

Der Öffentlichkeit gegenüber bezeichnete sie als ihre Aufgabe: die Förderung der Erziehungslehre. Über die Verhandlungen der Ge-

gegenseitig Erfahrung und Rat austauschten, die mit praktischen Übungen und Versuchen sich abmühten, zugleich aber auch an den theosophischen Tränklein spekulativer Mystik sich berauschten.

Von altersher waren mystisch-kabbalistische Elemente die unzertrennlichen Begleiter der hermetischen Kunst und ihre treusten Freunde. So wurde beispielsweise die „Dreieinigkeit" zu dem Stein der Weisen in Beziehung gesetzt; so wurden die christlichen Heilslehren,

---

sellschaft durften die Mitglieder, unter denen besonders Bewohner der Hansestädte vertreten waren, auch ausserhalb ihres Kreises Mitteilung machen, sofern jene nicht in „das Verzeichnis des zu Verschweigenden" eingetragen worden waren. Vergl. Keller a. a. O. — Guhrauer: Joachim Jungius und sein Zeitalter. Stuttgart und Tübingen; 1850. — Avé-Lallemant: Des Dr. J. aus Lübeck Briefwechsel. Lübeck; 1863. — Ders.: Das Leben des Dr. J. J. Breslau; 1882.

Um 1664 erschien in Nürnberg eine in tiefes Geheimnis sich hüllende Sozietät, die von Fernstehenden als eine Gesellschaft von „Alchemisten" und „Rosenkreuzern" bezeichnet wurde. Sie zählte zu ihren Mitgliedern Gelehrte, Geistliche, Künstler und einfache Handwerker. Wir finden unter ihnen die Namen von Daniel Wülfer und Justus Jacob Leibniz, dem Oheim der Philosophen. Jener war Pfarrer an der St. Sebalduskirche zu Nürnberg, dieser an St. Jacob daselbst. Ferner werden genannt: Johann Georg Volkammer, Mitglied des Blumenordens und der Akademie zu Padua, und andere Nürnberger Patrizier, Kaufleute, Stempelschneider etc. Versammlungsort der Gesellschaft war das Laboratorium der städtischen Münzstätte, ein Umstand, auf den wohl der Schimpfname „Alchemisten" zurückzuführen sein wird. Im Jahre 1667 wurde Gottfried Wilhelm Leibniz, damals 21 Jahre alt, Mitglied der Sozietät und bald darauf ihr Sekretär. Als solchem lag ihm die Pflicht ob, aus naturphilosophischen Schriftstellern Auszüge zu machen, die an der Arbeitsstätte vorgenommenen Arbeiten zu verzeichnen und die Korrespondenz zu führen, eine Arbeit, die ihn noch in späteren Jahren veranlasste, über die Deutung alchemistischer Rätsel nachzusinnen.

Die Nürnberger Societät stand in regem Gedankenaustausch mit gleichgesinnten Freundeskreisen in Oberitalien, Deutschland, England und den Niederlanden.

insbesondere von der Auferstehung der Toten am jüngsten Tage, wie auch Luther rühmt, durch chemische Prozesse erläutert, Tod und Auferstehung mit dem Schmelzen und Veredeln der Metalle im chemischen Ofen verglichen.

Es macht ganz den Eindruck, als ob jene Alchemisten-Vereine, die in Wahrheit aber wohl Akademien von Mathematikern und Naturforschern waren, sich dieses apokalyptischen Bombastes, dieser geheimnisvollen Bildersprache, die das Höchste und Heiligste, was des Menschen Verstand beschäftigen und sein Herz bewegen kann, mit den Lehren und Operationen der Alchemie verknüpfte, bedient haben, um dahinter Glaubens- und Wissensmeinungen und naturphilosophische Kenntnisse zu verbergen, die zu der herrschenden Kirchenlehre im offenen Widerspruch standen.

Einstweilen liegt über den meisten dieser Akademien noch ein dichter Schleier. Ihn zu lüften, ist der Forschung bisher nur zum kleinsten Teile gelungen. Doch ist wenigstens soviel bisher ermittelt worden, dass die Alchemie den Mitgliedern nur Nebenzweck war, dass in ihrer Mitte vielmehr die philosophische Richtung vorherrschte, und dass sich innerhalb der Gefolgschaft der Akademie unschwer drei Klassen oder Grade unterscheiden lassen.

Den ersten nahmen die philosophischen Alchemiker ein, welche die Chemie nur als Form für einen philosophischen Inhalt benutzten. Ihnen folgten die theoretischen und die praktisch thätigen Alchemisten. Jene stellten ihre Theorien über die Struktur und Beschaffenheit der Metalle und über die Möglichkeit, sie zu verwandeln und zu veredeln, auf, ohne sich sonderlich darum zu kümmern, „ob ihre Hypothesen sich auch würden experimentell beweisen lassen.“ Diese sahen gutgläubig die mehr oder weniger geistreichen Lehren der Theoretiker als unumstössliche Wahrheit an und bemühten sich in argem Selbstbetrug, sie in Tiegeln und Retorten praktisch zu bethätigen und ihre durch bittere Erfahrungen und Enttäuschungen geläuterte Weisheit zu Nutz und Frommen anderer zu Papier zu bringen.*)

Die Philosophie der alchemistischen Weisheitslehrer zeigt eine Tiefe des Wissens, eine Weite des Blickes, eine so ungeahnte Fülle tief religiöser Empfindung, dass wir einen Augenblick bewundernd bei ihr verweilen.**) Sie legt u. a. „keinen besonderen Nachdruck auf den Versöhnungstod Christi, und dass nun alle Menschen nur durch den Glauben an diesen Versöhnungstod das ewige Leben haben werden, sondern sie lehrt, dass derselbe göttliche Geist, welcher in Christo Fleisch wurde, auch in jedem Menschen als Keim eines ewigen Lebens vor-

---

*) An die Fersen der praktischen Alchemisten heftete sich alsbald das weitverzweigte betrügerische Geschlecht alchemistischer Abenteurer. Es waren dies geschickte Taschenspieler, welche die Kunst der Goldverwandlung zeigten. Mit Hilfe eines doppelten Bodens im Tiegel, vermittels eines hohlen Rührstabes oder ausgehöhlter Kohle brachten sie heimlich Gold in die geschmolzene Bleimasse, die nachher als verwandeltes Gold gezeigt wurde. Besonders geeignet zu solchen überraschenden Experimenten war ein Pulver, das sich herstellen liess, indem man Gold in Schwefelnatrium löste. „Aus diesem konnte sowohl in feurigem Fluss wie in wässriger Lösung das Gold durch Silber gefällt, also scheinbar eine Verwandlung des Silbers in Gold gewonnen werden.“ Einer der berüchtigsten Alchemisten war Don Domenico Manuel Caetano, auch Conte de Ruggiero genannt, eines Bauern Sohn im Napoleonischen. Von Beruf Goldschmied, verübte er grossartige alchemistische Betrügereien im Dienste des Kurfürsten Max II. Emanuel von Bayern, des Kaisers Leopold I., des Kurfürsten Johann Wilhelm von der Pfalz und des Königs Friedrichs I. von Preussen. In Berlin ereilte endlich den Erzgauner sein Schicksal. Er endete im August 1709 an einem vergoldeten Galgen.

**) Vergl. namentlich die lehrreiche Abhandlung von Th. Schäfer.

handen, dass also die kirchliche Lehre von der Auferstehung des Geistes nicht in materiellem, sondern in geistigem Sinne zu nehmen sei von einer geistigen Wiedergeburt.“ Nach der Ansicht der alchemistischen Philosophen konnten „ohne die Kenntnis Christi und des Evangeliums auch alle diejenigen seelig werden, (selbst Juden und Türken), die nur in Wahrheit und Liebe ein geistiges reines Leben führten, wenn sie vermochten, aus der Gesetzmässigkeit der Natur die Gesetze für das eigene innere Leben abzuleiten, wenn sie aus der Begeisterung für die Schönheit und Weisheit des Weltenplans selbst ihren Geist mit Weisheit und Tugend erfüllten, weil Mensch und Welt nach gleichen Gesetzen der Entwicklung und Erlösung regiert werden.“

Es steht mit Sicherheit zu erwarten, dass ein tieferes Eindringen in die Schriften der philosophischen Alchemiker noch überraschenden Aufschluss über ihre Lehrmeinungen geben wird, namentlich in Bezug auf „Weltschöpfung und den Verwandlungsprozess der Natur, wie auf die geistige Umbildung und Veredlung des einzelnen Menschen und seine Hinführung zu Gott.“ Erschwert wird das Studium dieser Bücher durch die Fülle seltsamer alchemistischer Bilder und Vorgänge, unter denen die spekulativen Ansichten dargestellt wurden und durch das dunkle Kauderwelsch einer Sprache,*) die nur dem Eingeweihten verständlich war.

*) Als klassisches Beispiel hierfür und zugleich als wertvollstes Rezept für alle alchemistischen Operationen, so alt und ehrwürdig, dass kein Adept je gewagt hat, an seiner Unfehlbarkeit zu zweifeln, ist die s. g. Smaragdtafel des Hermes anzusehen. Das kostbare Heiligtum, einst von Sarah im Grabe des Weisesten der Weisen im Thale Hebron gefunden, war zwar inzwischen verloren gegangen, aber man kannte ja ihre Inschrift, für die Bereitung der Universalmedizin die zuverlässigste Anweisung. Die Inschrift wird eingeleitet durch folgende Sätze:

Alle Autoren entschuldigen diese Art ihrer Darstellung mit ihrer Notwendigkeit. Sie berufen sich dabei auf das Beispiel Christi, der seine Lehre ebenfalls in Gleichnissen und Allegorien verkündet habe. Vom Volke sei sie nicht verstanden worden, sondern nur von wenigen Auserwählten.

Über die geheimen Lehren durften die Adepten, selbst wenn sie deren Sinn vollständig erkannt und begriffen hatten, nicht öffentlich sprechen; denn es galt als ausgemacht, dass z. B. die Preisgebung des Geheimnisses über die Bereitung des Steines der Weisen augenblicklichen Tod zur Folge habe. Auch die furchtbarsten Folterqualen vermochten nicht, überzeugte Alchemisten zum offenen Geständnis zu bringen.

Die Geheimniskrämerei ging schliesslich so weit, dass auch die allgemein bekannten chemischen Prozesse

---

„Warhafftig, sonder Lügen, gewiss und auff das allerwarhafftigste, diss so Unten ist, ist gleich dem Oberen, Und diss so Oben ist, ist gleich dem Untern, damit man kan erlangen und verrichten Miracula oder Wunderzeichen Eines Einigen Dinges. Und gleich wie alle Dinge von Einem Dinge alleine geschaffen durch den Willen und Gebot Eines Einzigen, der es bedacht, also entspriessen und kommen alle Dinge von demselben Einen Dinge durch Schickung und Vereinigungszusammenfügung. (S. Henricus Kunrath: Amphitheatrum Sapientiae. Lipsiae; 1602.) Wie spricht doch Faust?

„Was sagt er uns für Unsinn vor?
Es wird mir gleich der Kopf zerbrechen.
Mich dünkt, ich hör ein ganzes Chor
Von hunderttausend Narren sprechen.“

Und doch versteht es Schäfer, den scheinbaren Wust in sinnvolle Weisheit umzudeuten. Jene mystische Sprache erinnert vielfach an das Rotwelsch mancher Philosophen. Lehrt doch beispielsweise Hegel: „das Licht als eine zur selbständigen Materie gewordene Eigenschaft der Dinge ist das Metall, das geronnene Licht!“ (S. Michelet, Gesch. der letzten Systeme der Philosophie II. S. 759.)

in unverständlicher Sprache behandelt wurden. So nannte man den Ofen, in welchem die Glühversuche angestellt wurden, um darin den Stein der Weisen zu erzeugen, das philosophische Ei, und die wunderliche alchemistische Ermahnung: „Du musst den roten Bären dreimal durch den grauen Wolf jagen!" bedeutete weiter nichts, als die Anweisung, Gold durch Antimon zu läutern. —

Viele Jahrhunderte hatte die Alchemie die Menschen betört. Je entschiedener aber die Wissenschaft der Chemie sich von ihrer Mutter lossagte, um so grösser wurde namentlich in der Mitte des 18. Jahrh. die Zahl derer, die der alten Weisheit entgegentraten. Die betrübende Wahrnehmung, dass die meisten alchemistischen Versuche zur Verarmung führten, wenn nicht gar zu Lastern und Verbrechen, machte vor allem das grosse Heer der Philantropen gegen sie mobil. Und dann war die Aufklärung eifrig thätig, den Glauben an die hermetische Kunst zu verspotten, ihn auf eine Stufe mit dem Gespensterwahn zu stellen.*)

Unter solchen Umständen verminderte sich deren öffentliche Gefolgschaft, und nur selten hörte man noch von einem Manne, der sich ernstlich mit Alchemie befasste. Um so grösser war daher das Erstaunen, als im Oktober 1796 in dem zu Gotha erscheinenden Reichs-Anzeiger der Aufruf einer alchemistischen Gesellschaft bekannt gegeben wurde. Gestützt auf den „ganzen Vorrat ächter hermetischer Kenntnisse", stellte sie „9 Hauptsätze der höheren Chemie", in denen die Aus-

*) In dieser Richtung war namentlich der Apotheker Wiegleb zu Langensalza thätig. In seinem einst vielgelesenen Buche „Historisch-critische Untersuchung der Alchemie oder der eingebildeten Goldmacherkunst" (Weimar; 1777) zog er schonungslos mit den schärfsten Waffen der Satyre und des Spottes gegen die Anhänger des alchemistischen Unsinns zu Felde.

führbarkeit der Metallveredlung angedeutet war, zur öffentlichen Erörterung. Antworten und Anfragen an die geheimnisvolle Gesellschaft sollten durch Vermittlung des Reichs-Anzeigers an ihre Adresse befördert werden.

Der seltsame Aufruf brachte sogleich alle öffentlichen und geheimen Jünger der Alchemie auf den Plan, und unabsehbar war die Zahl der einlaufenden Briefe. Neben evangelischen und katholischen Geistlichen, neben Offizieren, Leibärzten, Geheimen Finanzräten und den Kanzlern deutscher Kleinstaaten, erschienen Professoren, Lehrer, Organisten, Kaufleute, Handlungs- und Apotheker-Gehülfen und biedere Handwerker, vielfach in der Absicht, um die Gesellschaft zu verspotten, meist aber, um sie auszuforschen. .... Quid non mortalia pectora cogis, auri sacra fames! — Und bald füllten der Alchemisten naive und unbefriedigende Antworten*) die Spalten der Zeitung.

Das fröhliche Treiben blühte mehrere Monate bis, ausser dem „Mann im Vollmonde", der Apotheker Wiegleb im November 1797 eine geharnischte Erklärung gegen die „Syrenenstimmen der lichtscheuen Gesellschaft, die das deutsche Publikum mit der verpesteten Seuche der Goldmacherei anstecken will", im Reichs-Anzeiger veröffentlichte und damit ihren Kredit gewaltig erschütterte. Durch Herausgabe eines „hermetischen Journals zur endlichen Beruhigung für Zweifler und Sucher", dessen erstes und einziges Heft 1797 erschien, durch Ernennung von Ehrenmitgliedern und andere Massregeln suchten die Gründer ihrem gefährdeten Unternehmen einen neuen Aufschwung zu geben. Allein ihr Bemühen war vergeblich. Und mit dem Augen-

*) In einer findet sich der komische Satz: „Ihr Chemisten, wenn ihr nicht werdet wie die Kinder, so könnet ihr den Weisenstein nicht erben".

blicke, da der Reichs-Anzeiger seine Spalten ihr verschloss, war es mit dem öffentlichen Auftreten des Vereins vorbei. Von nun an ist nur noch ein ziemlich lässig betriebener Briefwechsel*) zwischen den Männern zu beobachten, die sich durch die Gesellschaft kennen gelernt hatten. Der letzte Brief vom 18. April 1819 stammt aus Elbing und bedeutet wohl ihr Ende.

Gründer und lange Zeit die einzigen Mitglieder des famosen Vereins war Karl Arnold Kortum in Bochum, der bekannte Verfasser der Jobsiade, ein fruchtbarer alchemistischer Schriftsteller, der in der Steinkohle die wahre materia prima entdeckt zu haben wähnte, und der ehrgeizige Theologe Bährens zu Schwerte in der Grafschaft Mark.

Beide Männer lebten der festen Überzeugung, dass der eingeschlagene Weg gemeinsamer Erörterung der Stoffe und der Resultate, mit denen die Alchemisten arbeiteten, zur Entdeckung des Steines der Weisen führen müsste. Dagegen haben sie es verschmäht, durch das seltsame Unternehmen sich persönliche Vorteile zu sichern.**)

Beweist dieser Vorgang, dass der Glaube an die Alchemie noch im Beginn des 19. Jahrh. vorhanden war, so war er doch auf verhältnismässig kleine Kreise beschränkt. Und diese vermochten den gänzlichen Verfall der trügerischen Weisheit nicht mehr aufzuhalten, der durch die Fortschritte der Chemie und der Vertiefung der Naturerkenntnis der Boden abgegraben war. Mit dem Glauben an die Zauberkraft der Wünschelrute,

---

*) Er befindet sich heute im Besitze der Giessener Universitätsbibliothek.

**) Nähere Daten über die hermetische Gesellschaft und ihre Stifter finden sich bei Kopp (Alchemie II. S. 154 ff.), über Bährens und Kortum in der sorgfältigen Monographie Schultzes.

an Werwölfe und Wechselbälge, an Beschwören und Bannen von Geistern etc. schwand auch der an die vermeintliche Kunst der Alchemie mehr und mehr dahin. Zwar erloschen ist er nicht, wie Kopp an zahlreichen Beispielen erfolgreich nachweist. Aber die Zeit ist doch für immer dahin, da ein Lichtwer in seiner Erzählung „von den seltsamen Menschen, die, jenseits der Huronen elfhundert Meilen hinter ihnen“ wohnend, ihre ganze Aufmerksamkeit unverrückt einem Gegenstande zuwenden, ganz ernsthaft die Frage aufwerfen konnte: „So suchen sie vielleicht der Weisen Stein?“ —

---

2. Die Brüderschaft des „Rosencreutz“.

Die erneute Zunahme der meist wohl durch die Gründung alchemistischer Gesellschaften hervorgerufenen Überzeugung, dass die Aufgabe der Alchemie lösbar sei, verbreitete im ersten Viertel des 17. Jahrh. den Glauben an das Bestehen eines Bundes, dessen Mitglieder neben andern Geheimnissen auch das der künstlichen Hervorbringung von Edelmetall besässen und der allen Suchenden die lockende Aussicht gewähre, gleichen Wissens teilhaftig zu werden.

Die wirkliche Thatsache der Existenz jener Gemeinschaft schien durch mehrere, in den Jahren 1614 und 1616 erschienene, anonyme Schriften*) bekräftigt zu

*) 1. „Allgemeine und General-Reformation der gantzen weiten Welt. Beneben der fama fraternitatis dess Löblichen Ordens des Rosenkreutzes, an alle Gelehrte und Häupter Europae geschrieben: Auch einer kurtzen Responsion, von dem Herrn Haselmeyer gestellet, welcher desswegen von den Jesuitern ist gefänglich eingezogen und auff eine Galleren geschmiedet. Itzo öffentlich in Druck verfertiget und allen trewen Hertzen com-

werden. In ihnen wurde eingehend berichtet von einer Gesellschaft, welche die Weltreformation, die Veredelung der Menschen zur Aufgabe habe. Danach war ihr Stifter ein Deutscher, Christianus Rosencreutz, der, 1378 geboren, im jugendlichen Alter mit einem erfahrenen Klosterbruder nach dem heiligen Lande gesandt worden. Nach dreijährigem Aufenthalte in Damascus, Jerusalem und bei den weisen Arabern in Damcar ging Rosencreutz nach Ägypten und Fez, um sich mit den dortigen Weisen bekannt zu machen. Darüber vergingen zwei weitere Jahre, worauf „Vater R. C." über Spanien nach Deutschland zurückkehrte. Hier verband er sich mit drei gleichgesinnten Klosterbrüdern zur Durchführung der von ihm beabsichtigten Weltreformation. So entstand „die Brüderschaft des R. C." d. i. „des Rosencreutz". Nachdem noch vier Genossen in den neuen Bund aufgenommen waren, zerstreuten sich die Mitglieder, wirkten in allen Ländern des Erdballs für ihre Ideen, kehrten aber jedes Jahr zur Berichterstattung zurück und versammelten sich zu diesem Zweck in dem von Rosencreutz bewohnten Gebäude.

---

municiret worden. Gedruckt zu Cassel durch Wilhelm Wessel, Anno 1614."

2. „Fama fraternitatis R. C. Das ist Gerücht der Brüderschaft des Hochlöblichen Ordens R. C. An alle Gelehrte und Heupter Europae. Beneben deroselben Lateinischen Confession, Welche vorhin in Druck noch nie ausgangen, nunmehr aber auff vielfältiges nachfragen, zusampt deren beygefügten Teutschen Version zu freundlichen gefallen, allen Sittsamen guthertzigen Gemühtern wolgemeint in Druck gegeben und communiciret. Von einem des Liechts, Warheit, und Friedens Liebhabenden und begierigen Philomago. Gedruckt zu Cassel durch Wilhelm Wessel. Anno 1615."

3. „Chymische Hochzeit Christiani Rosenkreutz. Anno 1459." — 1616. —

Der ehrwürdige Greis starb in einem Alter von 106 Jahren. Die Stätte, wo er beigesetzt worden, blieb den Brüdern zunächst verborgen. Diese wirkten im Sinne des Stifters 120 Jahre weiter, worauf dann zufällig dessen Grab in einem Gewölbe des Bundeshauses entdeckt wurde. Neben zahlreichen anderen mystischen Dingen fand man hier auch schriftliche Aufzeichnungen der Geheimnisse und Offenbarungen des Ordens, insbesondere über den nahen Weltuntergang. Das hauptsächlichste Ziel des Bundes, der bis in den Anfang des 17. Jahrh. bestanden haben sollte, war die Verminderung des irdischen Elends durch Hinführung der Menschen zur wahren Philosophie, wie sie Adam nach seinem Fall erhalten und Moses und Salomo geübt hatten. Gleichzeitig verhiess er seinen Mitgliedern den Besitz des höchsten Wissens und eine Anleitung, wie sie bei sittlich reinem Leben frei von Krankheit und Schmerz bleiben könnten. Was bis dahin nur in ihrem kleinen Kreise bekannt und gelehrt worden, sollte jetzt der ganzen Welt zugänglich gemacht werden, Daher wurde zur Prüfung dessen aufgefordert, was über die Zwecke des Bundes bekannt gegeben sei. Wer in seinem Sinne ehrlich zu wirken bereit sei und seinen Namen angebe, werde alsbald weitere Aufklärung erhalten. Um die Neugier der Menschen anzuregen, liess man sie gleichzeitig einen flüchtigen Blick in die geheime Welt des Ordens thun. So ward u. a. das „verflucht Goldmachen" verdammt, zugleich aber laut gerühmt, dass dies Geschäft den Brüdern nur ein „parergon" (Nebenarbeit) sei, „deren gleichen sie noch wol andern etlich tausend bessere stücklein haben."

Wenn auch die Schriften über die Ziele der „Brüderschaft des Rosencreutz" und die geheimen Mittel zu deren Verwirklichung nur sehr unbestimmte Auskunft gaben, so erregten sie doch in der für solche Dinge besonders empfänglichen Zeit sogleich gewaltiges Aufsehen, fanden die weiteste Verbreitung und riefen eine schier unabsehbare Litteratur hervor. Mit grossem Scharfsinn, meist aber mit einem ungeheuren Aufgebot leeren Wortgepränges wurden hier alle möglichen Fragen erörtert, z. B. die nach der Thätigkeit des Bundes und den Hoffnungen, die an den Eintritt in seine Gemeinschaft zu knüpfen sein möchten. Ob aber der Bund in Wirklichkeit bestehe, mit welchem Rechte jene Schriften nähere Kunde von ihm verbreiten und wer ihr unbekannter Verfasser sei, diese und ähnliche naheliegenden Untersuchungen wurden seltsamerweise nicht angestellt. Man sieht, die Köpfe waren von vornherein so gründlich verwirrt, dass der Gedanke einer nüchternen Prüfung der fabelhaften Mitteilungen nicht Raum fand. Darum verhallten auch meist ungehört, so scheint es, jene Stimmen, welche die Existenz der Brüderschaft zu bestreiten und die Ansicht zu vertreten wagten, dass der Bund lediglich medizinische und theologische Irrlehren verbreite.

Unter denen, die die ganze Geschichte für eine arge Täuschung erklärten, befand sich auch der Verfasser der unheilvollen Bücher. Wenn auch erst spät, so ist doch mit steigender Sicherheit der württembergische Theologe Johann Valentin Andreae*) als Autor

*) A. (1586—1654) war ein Mann von vielseitiger Bildung, welterfahren und von weitem Blicke, hoch erhaben über seine kleinbürgerliche Umgebung und frei von jener Selbstseligkeit, die das damalige orthodoxe Luthertum erfüllte. Gegenüber den dogmatischen Streitigkeiten seiner Zeit betonte er in mehreren Schriften die Notwendigkeit eines in hilfreicher Bruderliebe sich bethätigenden Christentums und fasste den Plan zur Begründung einer religiösen Bruderschaft, die mit vereinten Kräften die Verwirklichung seines Ideals erstreben sollte. Als äusseres Erkennungszeichen sollten die Mitglieder das Sinnbild des Leidens in Liebe, das Kreuz in der Rose, führen. Doch konnte die i. J. 1620 that-

ermittelt worden. Hinsichtlich der Tendenz seiner Bücher herrscht die, mit einer Reihe immerhin beachtens-

---

sächlich ins Leben gerufene „Fraternitas christiana" infolge der Einwirkungen des 30jährigen Krieges nur ein kümmerliches Dasein fristen. — Vergl. hierzu die interessante und lehrreiche Abhandlung L. Kellers: J. V. A. u. Comenius. (MH. der Com.-G. 1892.) —

Dass die „Chymische Hochzeit", ein abenteuerliches Phantasiestück, eines seiner Jugendwerke sei, hat A. später selbst zugegeben. Von den übrigen Schriften hat er wohl versichert, ihr Inhalt sei lediglich Dichtung, doch hat er es unterlassen, sich als ihr Verfasser zu bekennen. Nicolai, wie später Buhle, hält A. für den Verfasser der Grundschriften und ist weiter der Ansicht, A. habe die dort behandelte Gesellschaft „aus moralischen und politischen Absichten als ein Gedicht ersonnen". Dieser Anschauung widerspricht Herder (Teutscher Merkur 1782. S. 224 f.), indem er bemerkt, A. sei die ganze Sache nur ein „Spiel" gewesen. Ihm schliesst sich Hossbach an (Joh. Val. A. u. sein Zeitalter. Berlin; 1819). Er stellt die inneren Gründe und die zeitgenössischen Berichte für die Thatsache zusammen, dass A. auch der Verfasser der „Fama" und „Confessio" gewesen, doch habe er damit nur ein „gegen die zahlreichen Schwärmer seiner Zeit gerichtetes Possenspiel" getrieben. Guhrauer (a. a. O. und Zeitschr. f. histor. Theologie. 1852 S. 298 ff.) hat die Gründe Hossbachs noch durch eine Reihe, allerdings sehr äusserlicher und wenig überzeugender Beweise vermehrt.

Kvačala (Joh. V. Andreäs Anteil an geheimen Gesellschaften. Dorpat; 1899) spricht A. die Autorschaft der Fama ab, während Begemann in einem lesenswerten Aufsatz (J. A. Andreae u. die Rosenkreutzer. Mon.-Hefte der Com.-G. 1899. S. 145—168) das Gegenteil nachzuweisen sucht, nachdem er seine Meinung schon vorher gegen F. Katsch (Die Entstehung u. der ware Endzweck der Freimaurerei. Berlin; 1897) verteidigt hatte. (M. H. der Com.-Ges. 1897. S. 204 ff.) — Vergl. übrigens auch J. P. Glökler, Lebensbild des J. V. An. Stuttgart; 1886. — Allg. deutsche Biographie I. S. 444 u. Allgem. Handbuch der FreiM. II. S. 260 ff.

In seinem trotz vielfacher Schwächen immerhin beachtenswerten Buche verficht Katsch energisch den Glauben an das wirkliche Dasein des Rosenkreutzer-Ordens d. h. an einen „Geheimbund auserlesener Gebildeter, welche ein und dasselbe gemein-

werter Gründe gestützte, Meinung vor, Andreae habe in ihnen die abenteuerliche Richtung der Zeit: die

---

schaftliche Grundinteresse verband". Dem unbekannten Stifter dieses Bundes, einem „deutschen Patrioten", habe als Ideal vorgeschwebt, „in der Errichtung seiner Brüderschaft ein geistiges Gegengewicht gegen den damals so übermächtigen Jesuitenorden zu schaffen". Die Rosenkreutzer „huldigen der Theosophie und deren menschenfreundlichen Geboten", während ihnen die Alchemie als eine „fragwürdige Privatsache" gilt. Als Stiftungsjahr kommt etwa das Jahr 1604 in Betracht. Für die Gestaltung des Helden der Fama, des ehrwürdigen „Rosencreutz", haben Raymundus Lullus und Thomas a Kempis, jene milden Vertreter der „Brüder vom gemeinsamen Leben", die entsprechenden Züge geliefert. Die Brüderschaft strebte „ein Gebäw Sti Spiritus" an zu Gottes und Jesu Ehren und zu eigener und anderer Unterweisung. Es konnte Jemand „Bruder" werden auf Vorschlag eines Bruders und auf Grund eines feierlichen Eides der Treue und Verschwiegenheit. Jeder Bruder war verpflichtet, „bei seinen Lebzeiten für eine taugliche Person zu sorgen", die nach seinem Tode „ihm möchte succediren". „Formelles Grundprinzip" der Vereinigung war „brüderliche Liebe und Einigkeit bei heiterem, aber genügsamem Lebenswandel und Wohlthätigkeit nach aussen hin." Sich selbst leisteten die Brüder gegenseitige Hilfe durch Rat und That. An ihrer Spitze stand ein „Oberster", der die Arbeiten verteilte und „Vater" genannt wurde. Unter ihm standen „Elteste", die für die „Jüngeren" sorgten. Diese bildeten „die Klasse der Schüler, die noch zu lernen haben". „Freund und Förderer rosenkreuzerischer Erziehungspläne" war nach K. u. a. Comenius, der verdienstvolle Schulmann. Um das Programm ihrer eigenartigen Theosophie konsequent und vollständig durchzuführen, thaten die Rosenkreuzer i. J. 1617 einen wichtigen Schritt, indem sie die Aufnahme in ihren Orden „zwar von keiner bestimmten Konfession innerhalb des Christentums abhängig" machten, aber gleichzeitig festsetzten, dass der Bund nur Christen zugängig sei. In dieser Bestimmung erblickt K. „die Grundlage der modernen Freimaurerei", wie denn überhaupt in der nächsten Zeit sich allmählich die „Rosenbreuzerbrüderschaft in den Bruderbund der Freimaurer" umgestaltet habe und zwar in England, wohin während des 30jährigen Krieges die Reste der deutschen Rosenkreuzer sich

theosophisch-alchemische Geheimnisthuerei und die Leichtgläubigkeit der Mitwelt geisseln wollen. Wie dem auch sei, fest steht jedenfalls die Thatsache, dass, wie gleich nach dem ersten Bekanntwerden jener Schriften, auch noch später das Bestehen des fabelhaften Bundes nicht in Zweifel gezogen wurde. Es meldeten sich zahlreiche Bewerber zum Eintritt in die mystische Gesellschaft. Keiner aber erhielt eine Antwort. So kam es, dass sich Betrüger der Sache bemächtigten, sich als „Rosenkreuzer" ausgaben und in zahlreichen Schriften den Glauben an ihren Bund zu nähren wussten.

In den meisten dieser zweifelhaften Machwerke*) tritt die Alchemie in den Vordergrund. Sie wird als ein Teil der dem Bunde bekannten Geheimnisse und Privilegien behandelt, die den Jüngeren alsbald nach ihrer

---

geflüchtet hatten. Damit würde also die bisher in Geltung gewesene „Werkmaurer-Deszendenztheorie" beseitigt sein.

Wägt man die Ergebnisse der bisherigen Forschungen über Andreae und sein Verhältnis zu den alten Rosenkreuzern unbefangen neben einander ab, so kommt man zu der Überzeugung, dass die Frage, ob der in „Fama" und „Confessio" angekündigte Bund wirklich bestanden hat oder ob beide Schriften nur die Gründung eines solchen angestrebt haben — was vielleicht am wahrscheinlichsten sein dürfte — oder ob endlich das Ganze nur ein Possenspiel gewesen, noch keineswegs endgültig gelöst ist.

*) L. Keller (Die Reformation und die älteren Reformparteien) weist (S. 469 f.) auf die gewiss sehr merkwürdige Thatsache hin, „dass einzelne der im 17. Jahrh. unter dem Namen ‚Rosenkreuzer' bekannt gewordene Schriften nichts anderes sind, als Reproduktionen solcher Werke, welche im 16. Jahrh. innerhalb der altevangelischen Gemeinden, die man ‚Täufer' nannte, entstanden sind". Danach würde allerdings sich ein gewisser Zusammenhang zwischen den sog. Rosenkreuzern des 17. Jahrh. und den „Nachkommen jener alten deutschen Bruderschaften" nachweisen lassen, „welche in Anlehnung an die deutsche Bauhütte erwachsen waren und die durch den Beitritt von ‚Liebhabern des Handwerks' sich vielfach zu Humanisten-Gesellschaft erweitert

Aufnahme offenbart werden sollten, und in der Kenntnis des „Steines der Weisen“ gipfelten.

In der That lockte so frohe Kunde zahllose Suchende an, die von angeblichen Vertretern der Gesellschaft zunächst zur Aufnahme in deren untere Grade würdig befunden wurden.

Auf diese Weise konnten an manchen Orten Vereinigungen von Personen zustande kommen, die der fabelhaften Gesellschaft anzugehören glaubten. Ein in der Rolle eines Vertreters der „Bundesleitung auftretender Mann konnte für sich oder im Namen der mit ihm an seinem Orte zusammengetretenen sich mit einem an einem andern Orte dieselbe Rolle Spielenden in Verkehr setzen. Die Legitimation hierzu konnte aber in diesem Falle nur von den vermeintlichen Mitgliedern des Bundes gegeben werden, die noch den unteren Graden angehörten, in keinem Falle von seiner Oberleitung, die ja nicht vorhanden war. Jeder dieser angeblichen Repräsentanten oder Vertreter einer lokalen

---

hatten“. — Und an einer andern Stelle (MH. der Com.-Ges. 1899 S. 127 f., 1902 S. 145 ff.) heisst es: „Eine Gemeinschaft, die sich selbst „Rosenkreuzer“ nannte, hat es nie gegeben, sondern nur solche Rosenkreuzer, von denen einer, der es wissen konnte, Robert Fludd, (Summum Bonum) sagt, sie nannten sich selbst nicht Rosenkreuzer, wohl aber Gottesfreunde und Brüder“ . . . „Wohl aber gab es Sozietäten, Akademien oder Schulen von Naturphilosophen, welche ausser andern Symbolen auch das Kreuz und die Rose unter sich besassen. V. Andreae, der von dem Wunsche erfüllt war, diese Sozietäten unter neuem Namen zu reorganisieren und zusammenzufassen, hat, indem er diesen Namen in die öffentliche Diskussion warf, dessen Verwendbarkeit für die ihm vorschwebenden Zwecke prüfen wollen. Nach wenigen Jahren leidenschaftlicher litterarischer Kämpfe war der Beweis erbracht, dass der Name unverwendbar war; es war den Gegnern gelungen, denselben zu einem Sektennamen von gehässigem Beigeschmack zu stempeln und ihn völlig zu diskreditieren“. —

Vereinigung von Rosenkreuzern mochte einem andern gegenüber sich so stellen, als ob er der Oberleitung näher stehe als dieser, einen höheren Rang im Bunde innehabe und demgemäss tiefer in dessen Geheimwissen eingeweiht sei. Wer von den Bundesbrüdern dem andern imponierte, das hing ab von der Zuversichtlichkeit und Gewandheit des Auftretens und davon, welche Vorspiegelungen der eine und der andere geltend zu machen verstand."

Die Mitglieder der unteren Grade waren durch das Gelübde vorsichtigster Verschwiegenheit gebunden. Sie kannten, wie sich von selbst versteht, ausser ihrem Oberen nur die an demselben Ort in den Bund aufgenommenen Genossen. Sonstigen Nachrichten, die namentlich über ihre angeblichen Erkennungszeichen*) auf uns gekommen sind — selbst öffentlich zu tragende sind genau beschrieben worden — wird man mit Vor-

*) Die Mitglieder der Alchemisten (Rosenkreuzer)-Akademie oder des mit ihr indentischen Vereins der „Gottesfreunde" in Amsterdam (um 1622) gingen zu ihren Versammlungen mit einem blauen Ordensbande geschmückt, an welchem ein goldenes Kreuz mit einer Rose hing. In der seltenen, phantasievollen, trotzdem aber sehr brauchbaren Schrift „Occulta philosophia" des Orvius, „gedruckt in der Jnsul der Zufriedenheit 1737 aus einem sehr alten und raren Manuskript" nebst „einer sehr curiösen Nachricht von dem Leben des Auctoris und einer Bande Adeptorum" ist zu lesen, dass die Rosenkreuzer eine schwarze seidene Schnur im obersten Knopfloch ihrer Röcke tragen und zwischen Wirbel und Stirn bloss geschoren seien wie ein „Luder", dass ein Rosenkreuzer den andern mit „Ave Frater" begrüsse und den Gegengruss empfange „Rosae et Andreae benedictus Deus Dominus noster, qui dedit nobis signum". Auch eines „Schurzes" wird in der Schrift gedacht, wie ihn der Stifter des Bundes getragen haben soll. Der Schurz erinnert, wie Keller (M. H. d. C.-G. IV. S. 143) nachweist, an das in den italienischen Akademien übliche Kleidungsstück und spielt „auf die Thätigkeit des Bauens" an dem „geistigen Tempel" an, der ihre Mitglieder sich widmeten. —

sicht begegnen müssen, wenn man nicht annehmen will, dass jene Zeichen dem Gebrauchtum der „Gottesfreunde" in ihren Konventikeln oder denen der geheimen „Akademien" und „Sozietäten der Naturphilosophen" entlehnt sind, jener Genossenschaften, die, wie wir gesehen, mit dem Schimpfnamen „Rosenkreuzer" von der urteilslosen Menge belegt wurden.

---

3. Die Sozietäten und Kollegien der „Böhmischen Brüder".*)

Es darf als eine, heute nicht mehr anfechtbare, Thatsache gelten, dass schon frühzeitig Waldenser-Gemeinden in Böhmen vorhanden waren, die mit der husitischen Reformation und Revolution in gewissem Zusammenhange gestanden haben. Obwohl im Besitze einer festen Organisation und eigener Kultusformen hatten die böhmischen Waldenser die Gemeinschaft mit der allgemeinen Kirche noch nicht völlig aufgegeben. Dieser Fall trat erst Ende des 15. Jahrhunderts ein. Damals erfolgte eine völlige Neugestaltung der alten Gemeinden. Als „Böhmische Brüder", von ihren Gegnern mit dem Spottnamen Anabaptisten oder Pikarden bezeichnet, haben sie in der Folge eine hervorragende Rolle in der Kirchengeschichte gespielt.

Um das Jahr 1500 zählten die „Stillen im Lande", die in einfachster Lebenshaltung das „Ideal einer christ-

*) Vergl. L. Keller: Die Reformation und die älteren Reformparteien. — Ders.: Johann von Staupitz und die Anfänge der Reformation. Leipzig; 1888. — Ferner die oben (S. 454 ff.) verzeichnete Litteratur, sowie A. Gindely: Gesch. der Böhmischen Brüder, 2 Bde. Prag; 1857—58. — Ders.: Gesch. der Gegenreformation in Böhmen. Leipzig; 1894. —

lichen Gemeinde“ zu verwirklichen strebten, etwa 200 000 Anhänger. Geleitet von „Senioren und Bischöfen“ besassen sie zahlreiche Schulen, die sich eines besonderen Ansehens erfreuten, verfügten sie über eigene Druckereien, die eine umfangreiche, von einer wunderbaren Fülle geistiger Regsamkeit zeugende Litteratur schufen.

Als vorzügliches Mittel zur Verbreitung von „Licht und Wahrheit über die ganze Welt“ diente ihnen ferner eine Reihe freier Verbände, die mit der Bruder-Unität nur „durch das lose Band gewisser allgemeiner Anschauungen geistig verbunden waren“. Solche Organisationen hiessen „Sozietäten“. Ihre Mitglieder, durch die Brüder gesammelt, nannten sich Christen und blieben Angehörige ihrer Kirchen.

Aus Furcht vor den grausamen Ketzergesetzen — der Gedanke der Toleranz war ja jener Zeit noch ein unbekannter Begriff — nahmen die Sozietäten gleich den ersten Christen-Gemeinden ihre Zuflucht zur Heimlichkeit, d. h. sie bildeten meist innerhalb einer staatlich anerkannten oder geduldeten Körperschaft, wie einer Handwerkergilde, einer Baukorporation, einer litterarischen Gesellschaft, eines fürstlichen Laboratoriums, einer Buchdrucker-Offizin, eine geschlossene Vereinigung. So gewannen sie die Möglichkeit, unbelästigt unter harmlosen Formen nicht nur die ihnen eigenen verbotenen Kulthandlungen zu begehen, sondern auch ihre Sonderzwecke zu verfolgen.

Die Mitglieder dieser heimlichen „Sozietäten“ bestanden aus Socii (Auditores), Fratres und Perfecti. Weitaus die Mehrzahl der Genossenschaften setzte sich lediglich aus Genossen des ersten Grades zusammen, die ohne Zweifel über die Thatsache, dass sie einer „häretischen“ Gesellschaft angehörten, völlig im Unklaren waren. Unter günstigen Umständen bildete sich aus den Socii allmählig ein Ring von „Brüdern“ oder „eine Akademie“. Die Zugehörigkeit zu ihr bedingte einen höheren Grad der Erkenntnis. Aber erst die Perfecti oder die erwählten Brüder waren imstande, den gesamten Bau des Tempels zu übersehen, an dem die Societät arbeitete.

Nachdem im Laufe des 16. Jahrhunderts zahlreiche ausserkirchliche Religionsgemeinschaften die öffentliche Bethätigung ihres Kultus erstritten hatten, traten auch die bisher verborgenen „Sozietäten“ oder „litterarischen Sodalitäten“ an das Tageslicht. Alsbald fanden sich in ihnen Männer aller Stände, aller Berufsarten, aller Bekenntnisse der böhmischen und mährischen Bevölkerung zusammen zur gemeinsamen Pflege des Gesanges und der Musik*), der Dichtkunst und Litteratur,

*) Es ist Thatsache, dass auch die geschlossene Genossenschaft der Meister-Singer sich nach aussen hin als eine Gesellschaft (Sozietät), im vertrauten Verkehr aber als Brüderschaft bezeichnete, als Menschen, welche die gleiche religiöse Weltanschauung verband und deren Hauptaufgabe war, nicht eine bestimmte berufliche Thätigkeit zu pflegen, sondern „den Menschen und seine höchsten Interessen zu fördern. In ihnen war ein festes System selbständiger religiöser Überzeugung lebendig.“ Strenge Vorschriften verhinderten aus Gründen der Vorsicht und Klugheit die Niederschrift der Verfassung, der Grundsätze, der in ihrer Mitte bestehenden Gebräuche. Unbedingte Verschwiegenheit war eine der vornehmsten Pflichten, die der „Bruder“ zu übernehmen hatte. Erst um die Mitte des 17. Jahrhunderts sind einige Nachrichten über die Ordnungen und Bräuche der „Schulen“ durch Philipp Harsdörffer († 1658), den Begründer des „Blumenordens an der Pegnitz“, bekannt geworden. Hiernach gab es in ihnen „Grade und Stufen“: des Lehrlings, des „Singers“ und „Dichters“ und des „Frei-Singers“ (Meister). Die Aufnahme des durch ein feierliches Gelübde verpflichteten Novizen in die „Zeche“ und seine Beförderung in die verschiedenen Grade geschah in feierlicher, zeremonienreicher Form, wobei „Gehänge und Kleinode“ zur Schau getragen wurden. Ausser den drei Graden bestand

zugleich aber auch zur „Förderung der Ehre Gottes, der Tugend und der guten Sitten", indem sie ihren Mitmenschen ein leuchtendes Beispiel einträchtiger Liebe gaben. Die Mitglieder nannten sich „Poetae" und „Musici". Der jeweilige Leiter einer solchen „Societas musica" oder „Societas poetica" war der Senior. Ihm gebührte der Titel „Ehrwürdiger". Manche Sozietäten erfreuten sich des Besitzes eigener Häuser, in denen meist eine Bibliothek und Unterhaltungsräume zu finden waren. In Fällen der Not und Krankheit unterstützten sich die Genossen.

Wie die italienischen Akademien, so wurden in den böhmischen „Sozietäten" neben den Künsten auch mathematische und naturwissenschaftliche Fächer, vor allem aber die Muttersprache gepflegt und auf die Begründung einer populären Litteratur hingewirkt. Es war einer ihrer Fundamentalgrundsätze, dass alle Menschen ohne Anwendung eines Glaubenszwanges an der Erkenntnis der christlichen Wahrheit, wie sie sie auffassten, an allem Wissenswertem Anteil haben sollten, ein ökumenischer Zug, eine tolerante Denkweise, die in jener Zeit einzig dasteht und die jenen Gemeinschaften in der menschlichen Geistesgeschichte ein unverwelkliches Ruhmesblatt sichert.

---

noch der Kreis der „Merker". Ihre Zahl betrug zwölf. Sie waren die „Hüter des Geheimnisses, der Lehre und der Sitten". Das unsichtbare Collegium tagte in tiefstem Geheimnis. — Mit dem Niedergang der bürgerlichen Freiheit und des bürgerlichen Wohlstandes im 17. Jahrhundert verloren auch die Singschulen ihre geistige Bedeutung.

Nach Keller (Die Kultgesellschaften der deutschen Meistersinger etc. M. H. d. Comen.-Ges. 1902 S. 27 u. ff.) haben die „Schulen" der Meister-Singer mancherlei Berührungspunkte, z. B. in ihren Überlieferungen, mit der älteren Genossenschaft der ritterlichen Minne-Sänger, deren letzte Vertreter schliesslich in den Bauhütten verschwanden.

Nach Erteilung des Majestätsbriefes (1609), der den böhmischen Brüdern ausserordentliche Freiheiten gewährte, nahmen auch die „Sozietäten“ einen ungewöhnlichen Aufschwung. Mit Privilegien aller Art ausgestattet, von wohlhabenden Freunden und Gönnern mit reichen Geldmitteln versehen, bethätigten sie eine ausserordentliche Rührigkeit. Doch währte ihre Blüte nur kurze Zeit. Mit der verhängnisvollen Schlacht am Weissen Berge (1620) sank sie in den Staub. Die „Sozietäten“ wurden von der katholischen Reaktion zwangsweise in „kirchliche“ Brüderschaften umgewandelt. An ihre Spitze traten als Senioren römische Priester. Doch „trug die Verfolgung, der die Brüdergemeinden ausgesetzt waren, die Funken des erlöschenden Feuers in die Weite, und das Licht, das sie entfachten, zündete kräftiger, als es von Böhmen aus möglich gewesen wäre.“ Das höchste Verdienst um die Ausbreitung der Grundsätze seiner Gemeinschaft unter den Völkern des Abendlandes gebührt Joh. Amos Comenius (1595—1670),*) dem letzten Bischof der böhmischen Brüder, jenem Manne, der als Begründer der neueren Pädagogik allgemein geschätzt wird, dessen unermüdliche Thätigkeit als Apostel des Völker-Friedens aber bisher noch nicht die verdiente Anerkennung gefunden hat. —

*) Ein liebe- und verständnisvoll gezeichnetes Lebensbild des trefflichen Mannes bietet L. Kellers Schrift: „Der letzte Bischof der böhmischen Brüder“. Lissa i. P.; 1898. —

4. Der „Teutsche Palmbaum“.*)

Zu derselben Zeit, da die Litteraten-Gesellschaften in Böhmen und Mähren vom Erdboden verschwinden, begegnen wir zum ersten Male im deutschen Reiche den „Poeten“ und ihren „Sprachgesellschaften“, deren innere und äussere Verwandtschaft mit der Lehre und der Organisation der böhmischen Brüder keinem Zweifel unterliegt. Wer in diesen Dingen lediglich unerklärliche oder merkwürdige Zufälligkeiten erblicken will, ist weit entfernt, jene geistige Bewegung in ihrer ganzen Tiefe zu erfassen.

Unter den deutschen Sprachgesellschaften steht die „Akademie (Sozietät) des Palmbaums“ an erster Stelle, namentlich im Hinblick auf ihre Einrichtungen und Grundsätze, auf Zahl und Stellung ihrer Mitglieder. Ihre Entstehung verdankte sie italienischen Vorbildern und Anregungen.

Die zahlreichen Kultgesellschaften in Italien**), gleichen oder ähnlichen Ursprungs wie die deutschen und böhmischen Bruder-Unitäten, traten vor der Öffentlich-

*) G. Neumark: Neusprossender teutscher Palmbaum. Nürnberg; 1668. — F. W. Barthold: Gesch. der fruchtbringenden Gesellschaft. Berlin; 1848. — G. Krause: Der Fr. G. ältester Ertzschrein. Leipzig; 1855. — H. Schultz: Die Bestrebungen der Sprachgesellsch. des 17. Jahrh. Göttingen; 1888. — H. Wolff: Der Purismus in der Litteratur des 17. Jahrh. Strassburg; 1888. — L. Keller: Comenius u. die Akademien der Naturphilosophen des 17. Jahrh. (M. H. der Com.-G. 1895).

**) Keller: Die römische Akademie und die altchristlichen Katakomben (M. H. der Com.-Ges.) 1899. S. 63 ff. Ein äusserer Zusammenhang des Palmbaums und verwandter Akademien mit den Singschulen und andern Sozietäten ist zwar sehr wahrscheinlich, aber nach dem heutigen Stande der Forschung noch nicht deutlich zu erkennen.

keit als litterarische Sozietäten*) auf. Sie suchten aber ihren Stützpunkt nicht wie jene in den Gewerken und Gilden der Städte, sondern in den Kreisen der Künstler und Gelehrten, ein Umstand, der ihnen die thätige Mitwirkung und Teilnahme der besten Kreise der italienischen Gesellschaft sicherte.

In diesen Akademien hatten von jeher zahlreiche deutsche Gelehrte, die sich in Italien zu Studienzwecken aufhielten, Aufnahme gefunden. In den empfänglichen Gemütern regte sich das Verlangen, die Einrichtungen und Grundsätze dieser Gesellschaften, die sie schätzen gelernt, auch in der Heimat zu bethätigen, die vielseitige Anregung und Förderung, die sie ihnen verdankten, gleichgesinnten Freunden zu teil werden zu lassen.

So war auch Fürst Ludwig von Anhalt-Köthen (1579—1650) im Jahre 1600 in Florenz in die „Akademia della Crusca“ aufgenommen worden und hatte ihren Satzungen gemäss den Gesellschaftsnamen „Acceso“ (der Entzündete), ein Abzeichen und einen Sinnspruch zu führen. Eine glückliche Natur, nicht gerade gross angelegt, aber feingebildet, poetisch empfindend, gründete Ludwig im Jahre 1617 in voller Würdigung der ausserordentlichen Bedeutung solcher Gesellschaften im Verein mit Herzog Johann Ernst von Weimar und andern Freunden nach dem Muster der Florentiner eine deutsche Akademie — in aller Stille, wie es später hiess, um nicht den Neid anderer Bruderschaften zu erregen. Das Geheimnis ward sorgsam bewahrt. Mehr als 30 Jahre vergingen, bevor die erste leise Kunde von

---

*) Auch sie sind als geheime Gesellschaften zu bezeichnen in so fern, als sie ihre Organisation, ihre wahren Zwecke und Ziele, die vor der Öffentlichkeit als harmlos und volkstümlich hingestellt wurden, ihre Symbolik und die Namen ihrer Mitglieder Aussenstehenden grundsätzlich vorenthielten.

der Verfassung, Symbolik und den Mitgliedern der neuen Sozietät in die Öffentlichkeit drang.

Ängstlich wurde auch, um jedem kirchenpolitischen Verdachte zu begegnen, die damals anstössige Bezeichnung „Akademie“ vermieden. Die Gesellschaft (Sodalität, Sozietät) nannte sich vielmehr die „Fruchtbringende“, weil jedes Mitglied „überall Frucht zu schaffen geflissen sei“. Als Sinnbild wählte sie den „Indianischen Palmbaum“ (Kokosnusspalme), der, das einzige Beispiel im Pflanzenreiche, „alles brächte, dessen der Mensch bedarf“, und als Sinnspruch den Satz: „Alles zu (m) Nutzen“. In den zeitgenössischen Quellen heisst die Genossenschaft „deutsche Sozietät“. Als jedoch später die Thatsache bekannt wurde, dass das Symbol der Sozietät die Palme sei, wurde ihr von der grossen Menge der Name „Palmen-Orden“ beigelegt.

Man stellte sich unter dieser Bezeichnung einen Verein vor, der sich die Reinigung und Pflege der deutschen Sprache zur Aufgabe gemacht habe. Indess findet sich unter den acht „Sodalen“ oder „Kollegen“, Fürsten und Edelleuten, die als seine Stifter in Betracht kommen, keiner, der sich auf dem Gebiete der deutschen Sprachwissenschaft oder Litteratur schriftstellerisch bethätigt hätte. Ebensowenig war in den nächsten Jahren bei der Aufnahme von neuen Genossen deren mehr oder weniger eifrig bekundetes Interesse für die „teutsche Heldensprache“ massgebend, sondern es entschied vor allem die Gleichheit der Gesinnung und des Strebens. Zudem ward kein Suchender zugelassen, für dessen Würdigkeit nicht ein wirkliches Mitglied Bürgschaft übernommen hätte. Die Sorge für die Erhaltung und Pflege der höchsten nationalen Güter, der Sprache und Litteratur, trat erst mit dem Augenblick mehr in den Vordergrund der Gesellschaftsbestrebungen, da die politischen Verhältnisse im Gefolge des 30jährigen

Krieges sich immer trüber zu gestalten begannen. Wohin man seine Blicke auch sandte im öffentlichen Leben, überall Ohnmacht, Zerstücklung, Fremdherrschaft. Dazu die drohende katholisch-jesuitische Restauration. Ähnliche Erscheinungen hatten die unglücklichen öffentlichen Ereignisse und Zustände in der Gesellschaft und auf geistigem Gebiete gezeitigt. Namentlich die Sprache, mit schlimmen abenteuerlichen Elementen aus allen Gebieten Europas vermischt, war unfähig, das Edle und Erhabene in einfacher Grossheit auszusprechen, und der Stil gründlich verwildert. Das verkommene Geschlecht, das, soweit es der gräuelvolle Krieg verschont, in Schmutz und Armut ein gedrücktes Leben führte, „zeigte nichts mehr von der alten Grossheit des deutschen Charakters, nichts mehr von dem freimütig heiteren Heldentum der Väter. Der Reichtum einer uralten Gesittung, was nur das Dasein ziert und adelt, war verschwunden und vergessen. Das Volk, das einst von Chrimhilds Rache sang und sich das Herz erhob an den heldenhaften Klängen lutherischer Lieder, schmückte jetzt seine verarmte Sprache mit fremden Flittern.“ Man braucht nur irgend einen beliebigen Briefwechsel aus jenen Tagen zur Hand zu nehmen, um mit Schrecken zu erkennen, wohin es mit unserm geliebten Deutsch gekommen war.

Unter solchen Umständen bot nicht nur die wirksame Pflege neuer Kulturkeime, wie sie, namentlich auf Veranlassung von Hübner und Martin Opitz, in der Reinigung der Muttersprache und der Geltendmachung einheimischer Dichtung hervortrat, erwünschte Sicherheit nach aussen, sondern sie erwies sich auch, zumal da sie auf ein praktisches und erreichbares Ziel zusteuerte, als ein unschätzbares Bindemittel.

Es war eine Thatsache von gewichtiger Bedeutung für die Erhaltung eines patriotischen Nationalbewusstseins, wenn mitten in den trennenden und erbitternden Stürmen des Krieges Fürsten, Edelleute und Gelehrte sich zum Zwecke der Pflege eines geläuterten deutschen Nationalsinnes zusammenfanden. Mochte dies für viele Mitglieder nur Form und Modesache sein, eine Art idealer Gemeinschaft war doch damit begründet und, was von besonderer Wichtigkeit, die höheren Stände nahmen an ihr teil, deren Einfluss wieder auf andere Kreise in der gleichen Stimmung wirken musste.

Als die Gesellschaft im Jahre 1673 der Auflösung nahe war, wurde die Mitgliederliste bekannt. Unfassbar erschien da der überraschten Welt die Thatsache, dass diese Sozietät unter ihren 789 Mitgliedern nicht blos Gelehrte und andere Männer bürgerlichen Standes zählte, sondern dass sie vor allem zahlreiche mächtige deutsche Fürsten*) und adlige Herren für ihre Bestrebungen gewonnen hatte.

---

*) Zu nennen sind: Landgraf Moritz von Hessen, Pfalzgraf Ludwig bei Rhein, König Karl Gustav von Schweden, Herzog August von Braunschweig, Fürst Christian von Anhalt etc. Das thätigste Interesse hatte das Kurhaus Brandenburg der Akademie zugewendet. 1627 wurde der Markgraf Christian Mitglied. Seinem Beispiele folgten 1637 der Kurfürst Georg Wilhelm und der Markgraf Sigmund, während der grosse Kurfürst 1644 seinen Anschluss an den „Palmbaum“ vollzog. Merkwürdig ist, dass auch Ausländer, darunter der schwedische Kanzler Oxenstierna ihm angehört haben, die, wie Keller mit Recht hervorhebt, „schwerlich wegen ihrer Verdienste um die deutsche Sprache Aufnahme gefunden haben“. Ferner finden wir hier in grosser Zahl böhmische und österreichische Exulanten etc. Die Milderung ihres harten Geschickes war der Gesellschaft ein Gegenstand eifriger Fürsorge. — Von den zahlreichen Gelehrten, die der Akademie angehörten, erwähnen wir: Georg Philipp Harsdörfer und seinen Lehrer Matthias Bernegger, Martin Opitz, Caspar Dornau etc. Es waren das zum Teil Schüler, Freunde und Verehrer von Hugo Grotius, Gallilei, Campanella. Bernegger stand ausserdem in regem Verkehr mit Samuel Hartlieb, dem eifrigsten Mitglied der „englischen Sozie-

Nicht auffallen kann es dem Kundigen, dass in dieser Vereinigung die reformierte Richtung vorherrschte. Dass aber hier auch Katholiken und Lutheraner Aufnahme fanden und Angehörige anderer staatlich nicht anerkannter Religionsgemeinschaften, ist eine ungewöhnliche Erscheinung in einer Zeit, die von den niedrigsten Leidenschaften ganz und gar beherrscht war. Von tiefer und ernster Frömmigkeit erfüllt, von jeder konfessionellen Engherzigkeit frei, bewiesen die Ordensleute durch die That, dass echte Humanität von wahrem Christentum nimmer zu trennen ist.

Als Ziel schwebte, so viel wir wissen, der Gesellschaft in erster Linie vor Augen die „Pflege löblicher Tugenden", die Förderung religiöser und sittlicher Fragen, in zweiter die der Muttersprache. Aus der im Jahre 1647 erschienenen Schrift, dem „Teutschen Palmbaum", ersehen wir ferner, dass es innerhalb der Vereinigung „geheime Sachen" gab. Sie kamen nur zur Kenntnis der Mitglieder, „die den Ordenssaal im Köthener Schloss betreten durften".

Einzelne Gebräuche der Akademie glichen den in den Gilden und Zünften üblichen Formen. Hier herrschte z. B. die groteske Sitte, dass die Kandidaten bei der Aufnahme und zur Prüfung der Festigkeit ihres Entschlusses sich dem „Wasser- oder Rauchspiele" und den „vier Hauptspielen" unterwerfen mussten. Dem entsprechend erfolgte in der Akademie des „Palmbaum" nach vollzogener „Prüfung" und „Einweihung", bei der jeder Aufgenommene einen mehr oder weniger geschmackvollen Gesellschaftsnamen*), ein Sinnbild und einen

tät" in London. Seit 1646 gehörte auch Joh. V. Andreae unter dem Brudernamen der „Mürbe" dem „Palmbaum" an.

*) Fürst Ludwig hiess „der Nährende", Kurfürst Georg Wilhelm von Brandenburg „der Aufrichtende", sein Sohn, der grosse Kurfürst, „der Untadeliche", Landgraf Wilhelm von Hessen

Sinnspruch erhielt, das „Hänseln". Es ging „an einem vergnügten Abend, bei einem guten Glase Wein" vor sich und bestand wohl hauptsächlich in einer Anzahl kräftiger Züge, die der Novize aus dem Gesellschaftspokal, dem „Oelberger", thun musste. Das kostbare Gefäss selbst durfte nur unter Beobachtung gewisser Formen in die Hand genommen werden.

Zwölf „Sodalen" bildete die vornehmste Klasse der Akademie. Ihr Vorsteher führte die Bezeichnung „Erzschreinhalter". Eine niedere Stufe umfasste die „Akademie des vrais amants". Sie zählte zweimal 24 Personen. Als Erkennungszeichen trugen die Sodalen „ein in Gold geschmelztes Gemähle, worauf einseitig der Baum und das Wort der Gesellschaft zugeordnet, anderseitig aber des Gesellschafters selbst eigenes Gemähl an einem sittig grünen Seidenbande".*)

Als wesentlicher Bestandteil der inneren Organisation der fruchtbringenden Gesellschaft nicht nur, sondern der damaligen Akademien überhaupt darf ein ausgebildetes, heute schwer zu deutendes System von Zeichen und Symbolen**) gelten.

„der Kitzliche", Eberhard Manteufel „der Säuerliche", Georg Neumark „der Sprossende", Pfalzgraf Christian „der Schnäbelnde", Kaspar von Teutleben „der Mehlreiche" etc. Diese Bezeichnungen hängen offenbar mit den dem Pflanzenreiche entnommenen Sinnbildern zusammen.

*) Eine Deutung des Bandes findet sich im „Palmbaum" S. 65. Es heisst hier:

„Reichbelobtes Tugendband
Wann Du keine Gleichheit findest
Unter hoch und schlechtem Stand
Sag, wie Du sie gleich verbindest?
Teutschgesinnter Tugendmut
Ist das reich- und gleichste Gut."

**) In Büchern, die von diesen Kollegien ausgegangen sind, findet sich eine Fülle interessanter Kupfer mit Darstellungen

In der Symbolik der deutschen Sozietät spielten namentlich eine Rolle die Sonne, drei brennende Lichter, die „Fried- und Einigkeitssäulen“, der Lorbeerkranz, der Altar, zwei verschlungene Hände, die drei Herzen, Zirkel, Winkelmass, Globus, Ritterhelm, eine Landschaft mit Bergen, Gebäuden und einem Fluss etc.

Ausser in Köthen haben in Weimar und Brieg Organisationen der deutschen Sozietät bestanden. Auch in Dänemark ist eine fruchtbringende Gesellschaft nachweisbar.

---

5. Die „Bruderschaft der drei Rosen“.

Im 17. Jahrhundert war Hamburg der Mittelpunkt eines regen wissenschaftlichen und litterarischen Strebens, das aus dem benachbarten Holland, wo Wissenschaften und Künste sich einer ungewöhnlichen Blüte erfreuten, manche fruchtbare Anregung erhielt.

In der alten Hansestadt hatte Paul Fleming mehrere Jahre bis zu seinem frühen Ende segensreich gewirkt, der begabte Arzt, der liebenswürdige, gemütvolle Poet, dessen Sinn ohne Falsch, „in stiller Einfalt klug“ gewesen war. Unter dem massgebenden Einfluss des sächsischen Sängers entwickelte sich frisch und kräftig eine Liederdichtung, die, dem allgemeinen Bedürfnis nach einer kräftigeren Auffassung der Sinnenwelt entgegen kommend, dem verschmachtenden Gemüte statt der dürren Herbarien Opitz'scher Poesie mit ihrer

symbolischer Art. Vergl. namentlich K. G. V. Hille (der „Unverdrossene“): Der teutsche Palmbaum. Nürnberg; 1647. — Candorins deutscher Zimber-Swan, darin des Hochlöbl. adelen Swan-Ordens Anfang, zunämen, bewandniss, Gebräuche etc. entworfen. Lubeck; 1667. —

phantasielosen Verständigkeit und ihrem nüchternen Formalismus blühende, duftende Blumen bot.

In diesen angeregten frohen Kreis trat auch Philipp von Zesen ein (1619–1689). Welterfahren, talentvoll, mit reichem Wissen ausgestattet, entfaltete der vielgeschmähte patriotische Mann eine umfassende litterarische Thätigkeit. Nachhaltige dichterische Erfolge blieben ihm freilich versagt. Die unglückliche Verquickung von Kunst und Gelehrsamkeit in seinen poetischen Werken vermochte den Leser auf die Dauer nicht zu fesseln.

Dieser Mann gründete am 1. Mai 1643 in Hamburg eine Gesellschaft, der die Akademie des Palmbaums als Vorbild diente. Die „deutschgesinnte Genossenschaft“ wählte als Abzeichen einen Rosenstock mit drei weissen Rosen, lehnte sich aber in ihrem Gebrauchtum noch enger als die Köthener Akademie an die Gilden und Zünfte*) an. Es liegt daher der Schluss nahe, dass in ihr die Zunftgenossen besonders zahlreich vertreten waren.

Der Gemeinschaft, deren Angehörige sich Brüder nannten, stand der Oberzunftmeister oder Erzschreinhalter vor. Unter ihm amtierten neun Zunftmeister oder Schreinhalter, von denen jeder eine „Bank“ von je neun Zunftgenossen leitete. Sie waren verpflichtet, jährlich mindestens dreimal an den Oberzunftmeister über die Entwicklung ihrer Bank Bericht zu erstatten.

Die Gesamtbrüderschaft schied sich in vier Grade: die Rosenzunft mit 9 mal 9, die Lilienzunft mit 7 mal 7, die Näglein- und Rautenzunft mit je 12 mal 12 Mit-

---

*) Die in Betracht kommende Litteratur ist bei Keller a. a. O. vollständig verwertet. — Auch der Name „Hanse“ oder „Hanseschaft“ kommt als Bezeichnung von Akademien vor. Erwähnt wird u. a. die „neunständige Hanseschaft“, über die aber nichts weiter bekannt geworden ist.

gliedern. Diese waren in den Zunftbüchern mit einem Gesellschaftsnamen verzeichnet. In den Versammlungen waren sie gehalten, den Zunftschmuck zu tragen: ein rosenfarbenes seidenes Band, das in seinem oberen Teil den Namen der Rosenzunft und den Gesellschaftsnamen des Mitgliedes, in himmelblauer Seide gestickt, aufwies und unten mit einem „Brustpfennig" geziert war.

Die Satzungen*) machten es den Brüdern zur Pflicht, für den Bund nur die „Allertugendhaftesten und Allertüchtigsten" zu gewinnen. Auch ihm war die Pflege der deutschen Sprache nur ein Schild, mit dem er andere, weitergehende Bestrebungen sorglich verdeckte. Hierzu gehörte beispielsweise die Herausgabe der „allernützlichsten" Bücher in „allerhand Wissenschaften und Künsten". Wer an der Verwirklichung dieser Aufgabe persönlich mitzuwirken nicht imstande war, sollte das grossangelegte Unternehmen wenigstens mit Geld oder anderen Mitteln unterstützen. Die Auswahl und Herausgabe der Bücher selbst unterlag der Prüfung und Genehmigung des Erzschreinhalters. Den Mitgliedern lag es ferner ob, „brüderliche Freundschaft" unter einander zu pflegen und alles zu vermeiden, was dieses brüderliche Band auflösen möchte. Nach den Grundsätzen zu urteilen, die der treffliche Zesen vertrat,

*) Um den masslosen Beschimpfungen, denen die Mitglieder der Akademien fortdauernd ausgesetzt waren, nachdrücklich zu begegnen, finden sich in ihren Satzungen entsprechende Bestimmungen. So heisst es in dem Statut der Rosengesellschaft: „Wenn sich ein naseweises Lästermaul erkühnen würde, auch den geringsten unter den Mitgenossen mit Schmähschriften oder anders ungebührlich anzutasten, so soll nicht allein der Erzschreinhalter, sondern auch ein jedes Zunftglied verbunden sein, solchem ihrem geschmähten und verleumdeten Mitglied unverzüglich Hülfe zu leisten und dem Spottvogel dermassen das unnütze Maul stopfen, dass hinfürder dergleichen zweibeiniges Müllervieh unsere Rosen- und Liliengenossen unangegigacket lasse."

wird auch seine Gesellschaft für Glaubens- und Gewissensfreiheit gekämpft und für Beseitigung der trennenden nationalen, kirchlichen und ständischen Gegensätze mannhaft gewirkt haben. Vorherrschend war in der Akademie der Rosen das niederdeutsche Element. Doch versteht sich von selbst, dass sie ihre Pforten, dem universalen Charakter der Genossenschaft entsprechend, gern auch Ausländern geöffnet und Böhmen, Schlesier, Ungarn, Holländer und Franzosen in ihre Gemeinschaft aufgenommen hat.

---

6. Der „Pegnesische Blumenorden".*)

Der Stifter der im Jahre 1644 in Nürnberg ins Leben getretenen Genossenschaft, die sich als litterarische Gesellschaft bis auf den heutigen Tag erhalten hat, war Philipp Harsdörfer**) (1607—1658), ein weitgereister Gelehrter, der mehreren Akademien angehörte.

*) Im Jahre 1633 erscheint in Strassburg i. E. die ebenfalls nach dem Muster der italienischen Akademien organisierte „Aufrichtige Gesellschaft von der Tanne", gestiftet „zur Förderung der Wissenschaften" von dem Wiener Studenten Jesaias Rumpler von Löwenhalt, einem Schüler Berneggers und Freunde Zesens und Harsdörfers. Ihre Mitglieder waren meist Studenten. Nach aussen hin suchte die „Tannengesellschaft" sich als Poetenschule geltend zu machen, indem sie die überlieferte Dichtweise festzuhalten trachtete und die Unterwerfung unter die metrische Kunst des schlesischen Sängers ablehnte.

**) Als Gehilfen bei der Gründung dienten ihm der Theologe Johann Klai († 1636) und der geschichts- und sprachkundige Siegmund Betulius von Birken († 1681), der Sohn eines böhmischen Pfarrers. 1658 fand Birken, der eine Zeit lang als Erzieher am Hofe zu Wolfenbüttel gelebt, Aufnahme in den Palmenorden, 1679 ward er Mitglied einer Akademie in Padua.

Die alten Ordenssatzungen, wahrscheinlich denen der Akademie der „Tetronati“ zu Siena nachgebildet, sind verloren gegangen. Wir sind deshalb über den ursprünglichen Charakter der Gesellschaft nur dürftig unterrichtet. Doch geht aus einzelnen Andeutungen ihres Stifters so viel hervor, dass als vornehmste Ordensregel das Gebot zu gelten hatte, „die Feinde der Tugend und der Teutschen Heldensprache“ von der Gemeinschaft auszuschliessen, „andächtig zu beten, fleissig zu studieren, fröhlichen Gemüts zu sein und Niemand zu beleidigen.“ Auch scheint es, als ob der Blumenorden ursprünglich als eine Art Pflanzschule für die Akademie des Palmbaums gedacht war.

Behufs Verschleierung seiner religiös-sittlichen Bestrebungen trat auch der Blumenorden den Opitzianern als Rivale gegenüber und schuf die Pegnitzer Schäferpoesie. Unter dem geschmackvollen Titel: „Poetischer Trichter,*) die deutsche Dicht- und Reimkunst in sechs Stunden einzugiessen“, gab Harsdörfer im Gegensatz zu Opitz eine eigene Poetik heraus und förderte im Verein mit seinen schreibfertigen Genossen eine stattliche Reihe verkünstelter poetischer Produkte zu Tage. Hirtenlieder und Winzergesänge galten den Nürnberger Triumvirn als höchste und ursprünglichste Dichtungsart, und aus der Sintflut des 30 jährigen Krieges flüchteten sie in das Phantasiegebilde einer extremen Idealität, „wo nur die Liebe grausame Wunden schlägt, wo alles friedlich unter Rosen und an stillen schönen Bächen und in sinnreich geschnörkelten und gezierten Gärten beim Klang der Pansflöte und Schalmeien lebt, und nur verschmähte Liebe oder der Schmerz um ein Lamm

---

*) Das seltsame Werk hat sich im Volksmunde als „Nürnberger Trichter“ erhalten.

das Leben trübt,“ eine Idylle im Zopfstil, die an die Innigkeit eines Claude Lorrain erinnert.

Das Ordenskleinod, ein Silberstück von der Grösse eines Thalers, wurde von den Mitgliedern, die sich mit Hirtennamen aus dem damals vielgelesenen Schäferroman „Arcadia“ schmückten, an einem grünseidenen Bande getragen. Das Sinnbild des Kleinods war die Passionsblume (Granadilla). Über ihr standen die Worte: „Die Blumengesellschaft“, unter ihr: „Alles zur Ehre des Himmels“. Die Rückseite wies die siebenfache Rohr-Pfeife auf mit der Umschrift: „Alles zu einem Ton einstimmend.“

Bei der Auswahl geeigneter Genossen liess man äusserste Vorsicht walten. Darauf deutet u. a. die Thatsache hin, dass in der Zeit von 1644—1658 nur 13 Aufnahmen stattfanden. Dass das Element der Glaubensflüchtigen auch im „Blumenorden“ stark vertreten war, kann uns nicht mehr auffallen. Nach der Prager Katastrophe war die freie Reichsstadt an der Pegnitz lange Zeit der Sammelplatz böhmischer und österreichischer Exulanten. —

---

7. Der Schwanenorden an der Elbe.

Keinem Poeten nächst Opitz haben warmherzige Zeitgenossen so überströmenden Beifall gespendet, wie dem „nordischen Apoll“ Johann Rist (1607—1667) aus Ottensen. Ein Mann von vielerlei Kenntnissen, nicht frei von gezierter Überschwenglichkeit, ein gottseliger Eiferer auf der Kanzel, als der „Rüstige“ in der fruchtbringenden Gesellschaft bekannt und als „Damphnis aus Cimbrien“ im Blumenorden, wirkte er als Prediger in

Wedel bei Altona. Rauschenden Beifall, auch in katholischen Kreisen, errang sich der fruchtbare Dichter besonders durch seine geistlichen Lieder. Mit wenigen Ausnahmen bewegen sich diese religiösen Reimereien in gewöhnlichen christlichen Bildern und Vorstellungen und in trivialen Redensarten ohne Schwung und Innigkeit. Vergleichen wir mit diesen kraftlosen, seichten Machwerken die feierliche Grösse und Erhabenheit des Lutherliedes, die natürliche Frische, die zarte Gefühlsinnigkeit, die aus den religiösen Gedichten eines Fleming, Simon Dach, Georg Neumark, Paul Gerhard ergreifend zu uns spricht, so will uns die Fülle der ihrem Verfasser zu teil gewordenen Auszeichnungen schier unbegreiflich erscheinen. Allein jede Zeit hat die Schriftsteller, die sie verlangt und verdient. Und das geistige Niveau jener Tage war ein niedriges. Trotzdem war es ein Gewinn für die deutsche Nation, wenn das harte Geschlecht, das durch den furchtbaren Jammer der dreissig Jahre gegangen war, das der drangvollen Not der wirtschaftlichen Sorgen zu erliegen drohte, angesichts der frommen Redensarten eines Rist beglückt still hielt und teilnahmsvoll der Stimme lauschte, die vom deutschen Parnass herab in so prosaischer Fasslichkeit zu ihm sprach. Rist wurde Pfalzgraf, gekrönter Poet und von Kaiser Ferdinand III. in den Adelsstand erhoben.

Um das Jahr 1660 begegnen wir an der unteren Elbe einer Gesellschaft des „Schwanen-Ordens", als deren Begründer jener Johann Rist bezeichnet wird. Sie war eine „Bruder-Vereinigung"*) und lag, wie es heisst,

---

*) Ihr gehörten u. a. an: Der „Reichsthürhüter" G. W. v. Wethern, der Maler und Radierer Matthäus Merian, der sich als Kunst- und Buchverleger eines geachteten Namens in ganz Deutschland erfreute, der Elbinger Bürgermeister Daniel Bärholz,

hauptsächlich der harmlosen Pflege der Musik und Dichtkunst ob. Dagegen scheint die an andern Akademien blühende Sprachreinigung nicht zu ihren Aufgaben gehört zu haben. Dem „Deutschen Zimber-Swan“, einer i. J. 1667 in Lübeck erschienenen Verteidigungsschrift aus der Feder Candorins (Joh. v. Hövel), entnehmen wir einige interessante Mitteilungen über die Verfassung und die wahren Aufgaben der sonst ziemlich unbekannten Sozietät.

Hiernach befleissigte sich die „Weisheits-Zunft des lieblichen Zimber-Swans zu Gottes Wohlgefallen und der Menschheit Wohlfahrt“ der Pflege der sieben „freien Künste, der sieben Wissenschaften und sieben Haupttugenden“, während ihre Organisation*) der der fruchtbringenden Gesellschaft glich.

Als Ordenszeichen ward in den Versammlungen ein blaues Seidenband getragen, „unten mit einem guldenen dran hänkenden Swan geziret“. Das Band

---

der Hofmusikus des Königs Christian V. von Dänemark Gabriel Voigtländer u. s. w. Ferner finden sich unter den Brüdern böhmische Emigranten, wie Joh. Brzetislaw Mislick, Freiherr v. Hirschhof u. a. — Eine ähnliche „Schwanen-Gesellschaft“ soll in den clevischen Landen bestanden haben.

*) Auch die Satzungen des Schwanen-Ordens enthalten Vorkehrungen gegen die üblichen Schmähungen. „Dafern sich es zutragen möchte, dass einiger Neider oder sonst ein höhnischer, stolzer oder aufgeblasener Phantaste sich unterstehen würde, einiges Mitglied dieser rühmlichen Gesellschaft mit lästerlichen Schriften, Verläumdung oder sonst ungebührlich anzugreifen, so sollen auf solchen Fall nicht nur der Urhäber, sondern alle und jede Mitglieder dieses löbl. Ordens gehalten und verpflichtet sein, ihrem angezapfeten und verfolgeten Ordensgenossen und Mitbruder unverzüglich beizuspringen und dessen guten Namen mit Hand, Mund und Feder gegen dessen Widersacher auf das äusserste zu vertheidigen“ . . . .

bedeutete „gute Wirkung, Einigkeit, Bestand". Dass es von „Seiden, weiset solches auf Herligkeit, Unstärbligkeit, Aufleben" . . . . „Unser blauen Herolds-Farbe Bedeutung ist herzliche Andacht gegen Gott, Glaube, Gerechtigkeit, Herrligkeit, Treue." Der Schwan zeigt „Treue, Liebe, Doht, Singspielekunst, Weisheit, Wissenschaft" an.

8. Die englischen Sozietäten.

Wir wissen, dass ausser in Italien und Deutschland auch in Holland, Spanien, Frankreich und England Akademien von Naturphilosophen bestanden haben. Doch sind wir über die Mehrzahl dieser ausserdeutschen Institute nur dürftig unterrichtet.

Etwas reichhaltiger sind die Nachrichten, die über die „englische Sozietät" in London zu uns dringen. Hier hatten sich seit dem Jahre 1620 verfolgte Reformierte, böhmische Brüder, „Rosenkreuzer" etc. in grosser Zahl zusammengefunden und in „unsichtbaren" philosophischen Gesellschaften und Kollegien einen Mittelpunkt für ihre Gesinnungsgemeinschaft geschaffen.

Der vornehmste Verein war die „Academia Londinensis". Zu ihren Jüngern zählte auch Samuel Hartlieb († 1662)*) aus Elbing, ein Freund des Comenius. Über seine Jugendjahre und seinen Bildungsgang ist leider nichts bekannt. Im Jahre 1628 ging er nach London, wo nahe Verwandte seiner Mutter, einer Engländerin, in angesehener Lebensstellung sich befanden. Seine Übersiedelung fiel in die Zeit, da die kriegerischen

*) Vergl. Fr. Althaus: Sam. Hartlieb. Ein deutsch-englisches Charakterbild. (Raumer's Hist. Taschenbuch) 1884. —

Erfolge Wallensteins das Ende des deutschen Protestantismus zu besiegeln schienen. Die Vermutung liegt nahe, dass die drohende Gefahr den jungen, weichherzigen, für die Ideale edelsten Menschentums begeisterten Mann aus der Heimat getrieben hat. Wären hierbei besondere Gründe, namentlich Rücksichten geschäftlicher Art, wie man wohl gelegentlich geäussert hat, im Spiele gewesen, so würde sicherlich eine Spur davon in Hartliebs umfangreichem, über ganz Europa, ja bis nach Westindien und den amerikanischenKolonien sich erstreckenden Briefwechsel sich erhalten haben. Statt dessen erfüllen ihn ausschliesslich Gedanken über Politik, Religion und Wissenschaft, über Schulen und Universitäten, über nützliche Erfindungen und soziale Verbesserungen.

Hartlieb war kein schöpferisches Genie. Aber ein Mann von tiefreligiösem Gefühl, humanistischer Sinnesweise und sanguinisch thätigem Temperament verstand er es, nach allen Seiten hin anregend zu wirken und zahlreiche Freunde zu gemeinnütziger Thätigkeit anzuspornen. Was ihn sein Lebelang begeisterte und ihm die trübsten Stunden des Daseins verschönte, die auch ihm, wie allen wahrhaft edlen Geistern, der Neid missgünstiger Mächte besonders reichlich zugemessen hatte, das war der schöne Gedanke einer grossen sozialen und wissenschaftlichen Reform, mittels der er den „Grundstein des Glücks der Welt" zu legen gedachte.

In mehreren Schriften*) behandelte er diesen Plan. Behufs seiner Verwirklichung suchte er gleichgesinnte Freunde zu gewinnen. Zur Mitarbeit an dem grossen

---

*) Die merkwürdigste entrollt dem Leser das interessante Phantasiegebilde eines glücklichen Landes und ist betitelt: „Eine kurze Beschreibung des berühmten Königreichs Macaria."

Werke war aber keiner geeigneter als Johann Amos Comenius. Er teilte dessen Ideen von der Vereinigung aller Evangelischen und der Förderung der Gewissensfreiheit; er wusste, dass der Freund seit 1628 mit den geistigen Führern der Akademie in engste Berührung getreten war. Durch Veröffentlichung einiger Schriften des Comenius gelang es Hartlieb, die öffentliche Meinung für ihn zu gewinnen. Und schon i. J. 1641 berief das Parlament den gefeierten Pädagogen zur Mitwirkung an der geplanten Reform des englischen Erziehungswesens.

Comenius zögerte nicht, dem Rufe Folge zu leisten. Noch in demselben Jahre verfasste er in London seine erst 26 Jahre später im Druck erschienene Schrift „Via lucis“ (Weg des Lichts). Er machte hier, um das Licht unter den Völkern zu verbreiten, Vorschläge zu einer einheitlichen Organisation der in zahlreichen Ländern vorhandenen Akademien, Kollegien und Genossenschaften unter englischer Führung. Aufgabe dieses „Collegiums des Lichts“ — seine Mitglieder sollten „Diener des Lichts“ heissen — sei, auf von Gott bestimmten Erkenntnisquellen, „dem Buche der Natur, der Schrift und den angeborenen Begriffen“, die Lehre der Pansophie aufzubauen und an ihrer Verbesserung unausgesetzt zu arbeiten, die Volkssprachen sowie eine Weltsprache zu pflegen, für die Errichtung von Schulen in allen Ländern zu sorgen und, sobald die „allgemeine Reformation“ in der Christenheit guten Fortgang habe, das Licht auch unter Juden, Mohammedanern und Heiden zu verbreiten.

Während aber Comenius unter den mannigfachen Sorgen und Kämpfen jener Jahre nicht an der Ausführung seines Planes, den er übrigens nur vertrauten Freunden mitteilte, zu arbeiten imstande war, widmete sich der unermüdliche Hartlieb begeistert der bedeutungsvollen Aufgabe. In Kurzem hatte er eine Anzahl Gleichgesinnter unter den Mitgliedern der Akademie für das Unternehmen gewonnen. Im Begriff, die Angelegenheit öffentlich zu betreiben und das pansophische Kollegium ins Leben zu rufen, setzte die beginnende Restaurationsepoche seinem Vorhaben ein vorzeitiges Ziel. Aus der „Academia Londinensis“ ward eine Königliche Gesellschaft (1662), die sich lediglich der Pflege bestimmter Wissenschaften widmete.

Ausser den philosophischen Kollegien gab es, wie wir aus dem, nicht ganz leicht verständlichen, Briefwechsel Hartliebs mit dem genialen Naturforscher Robert Boyle erfahren, geheime Vereinigungen. Um das Jahr 1618 gestiftet, nannten sie sich „Macaria“, „Nova Atlantis“, oder „Antilia“ und Utopia.*) Es waren also Gesellschaften, welche den genialen Ideen eines Thomas Morus († 1535), Hartlieb und Bacon die Wege zu bahnen suchten. Sie beschäftigten sich mit Naturphilosophen, Mechanik und Landwirtschaft, weil nach ihren Grundsätzen nur solche Kenntnisse zu schätzen seien, die im Leben praktische Verwendung finden. Ihr Hauptziel aber war auf die „Reformation der ganzen Welt“ gerichtet.

Diese Kollegien standen mit den deutschen Sozietäten in regstem Verkehr, der sich u. a. darin äusserte, dass sie sich gegenseitig ihre Statuten mitteilten. Man bemerkt auch, dass ihnen der in den Kreisen der Naturphilosophen übliche Gebrauch von Ausdrücken und Zeichen der Alchemie ganz geläufig war. Aber der Anbruch des neuen Gesellschaftszustandes, den alle diese Gesellschaften heraufzubeschwören gedachten, war noch in weiter Ferne. Um das Jahr 1660 mussten die

*) Nicht ausgeschlossen ist, dass sich unter den verschiedenen Bezeichnungen eine einzige Gesellschaft verbarg.

englischen erkennen, dass ihr Bemühen vergeblich, dass die Zeit für die Erfüllung so ausserordentlicher Aufgaben noch nicht reif sei. Wahrscheinlich lösten sie sich damals auf. Schreibt doch Hartlieb am 28. Juni 1661: „Von der Antilischen Gesellschaft ist der Rauch verweht, aber das Feuer ist noch nicht ganz erloschen. Vielleicht wird es zur rechten Zeit wieder aufflammen, wenn auch nicht in Europa.“ —

Nicht ohne innere Bewegung lauschen wir in diesen Sätzen der tiefen, ungestillten Sehnsucht des alternden, kranken Mannes nach der Verwirklichung seines Lebensideals. Seine Träume von einem Gesellschaftsbau, der es denkbar macht, dass eine Zeit kommen könnte, da Menschen menschlich mit einander leben würden, diese Phantasien, die ihn so häufig daheim im stillen Kämmerlein mit seliger Freude durchschauert, haben ein ganzes langes Leben jeder Enttäuschung, auch der bittersten, unverrückbar stand gehalten; sie hat er auch mit ins Grab genommen. —

Endlich war die europäische Welt der religiösen Kämpfe gründlich müde. Eine grundtiefe Veränderung war in der Weltanschauung der Menschheit vorgegangen. Ein hellerer Weltsinn begann in die Köpfe der Menschen einzuziehen und jedem konfessionellen Fanatismus die Spitze abzubrechen. Neue Lebensformen kamen auf und drängten die alten Gestaltungen achtlos bei Seite — das Schicksal jeder historischen Erscheinung. Die kosmopolitischen, auf die Erziehung des Menschengeschlechts gerichteten Ziele der freien Sozietäten und Akademien traten zurück vor der intensiven Pflege der Wissenschaft, die die neuerstandenen Gelehrten-Vereine sich zur Aufgabe machten. Da verloren denn auch die alten Namen und Formen, besonders die Bezeichnung

„Sozietäten“ und „Akademien“, ihre Bedeutung, zumal seitdem jene Vereine und hohe Schulen sich ihrer bemächtigten, und für die vielgestaltige sinnvolle Symbolik, die ehedem gleichgesinnten Freunden als Erkennungszeichen und Verständigungsmittel hatte dienen müssen, war in den neuen Verhältnissen kein Raum mehr.

Indess pflegen Erscheinungen des Geisteslebens, die auf ihre Zeit gewirkt, die als ein lebenskräftiges Erzeugnis menschlichen Denkens und Empfindens Überzeugungen beherrscht, Handlungen hervorgerufen oder beeinflusst haben, nicht spurlos aus dem geschichtlichen Leben eines Volkes zu verschwinden. Irgend wo und irgend wann machen sie sich wieder bemerkbar, wenn auch in anderer, neuer Form. Das ist z. B. der Fall bei der „Deutschübenden Gesellschaft“. Wir treffen sie um die Wende des 17. Jahrhunderts in Leipzig und Königsberg i. Pr., sie findet sich aber auch in Halle, Jena, Göttingen, in Hamburg und Bremen. Von Studenten der Leipziger Hochschule (1697) gegründet, erinnert sie in ihrer Verfassung und in ihren Aufgaben, auch in einigen Formen und Namen durchaus an die älteren Sozietäten. Aber auch die neue Vereinigung selbst hegte den Wunsch, als deren Nachfolgerin zu gelten, weshalb ihre Mitglieder sich „Poeten“ nannten.

Ihr Beispiel regte zur Bildung ähnlicher Gesellschaften an anderen Orten an. Es war das alte sturmerprobte Wahrzeichen, das die Genossen entfalteten, als sie die Pflege der deutschen Litteratur und Sprache, aber auch der „Tugend und Freundschaft“ zum Gegenstand ihres Strebens machten. Ihr Vorsitzender, „Ältester“ genannt, ward mit dem Titel „Verehrungswürdiger“ ausgestattet. Doch sind das nicht die einzigen historischen Nachwirkungen der alten Brüderschaften. Wie die „Königliche Gesellschaft“ (seit 1662) in London aus der Academia Londinensis hervorgegangen ist, so haben auch an der Entstehung der Berliner Sozietät der Wissenschaften*) (11. Juli 1700) die älteren Kollegien fraglos einen gewissen Anteil gehabt. Ihre ersten Mitglieder Leibniz, Jablonski, v. Krosigk, Hofmann, Sturm, Wülfer, Dohna etc. waren entweder früher Genossen freier Sozietäten oder hatten in Beziehungen zu der von Comenius erweckten und von den Akademien gepflegten geistigen Bewegung gestanden.

---

*) Vergl. A. Harnack: Gesch. d. Kgl. Preuss. Akademie der Wissenschaften. I. Bd. Berlin; 1900. —

Schon i. J. 1667 hatte der grosse Kurfürst den grossartigen, wenn auch undurchführbaren, von dem phantasievollen Schweden Benedikt Skytte erdachten „Plan einer brandenburgischen Universal-universität für die »Völker, Wissenschaften und Künste«" bestätigt und ihn in erhabenen und schwungvollen Worten verkünden lassen. „Eine Freistatt der Geister sollte sie sein, allen verfolgten Gelehrten Europas ein Asyl, allen bedrückten Confessionen ein Zufluchtsort, den reinen und den angewandten Wissenschaften ein Mittelpunkt werden — ein Band der Geister und eine Burg der erhabensten Beherrscherin der Welt, der Weisheit! Sie wird im Genuss ewigen Friedens sein; denn im Kriege wird sie durch Verträge als unverletzlich geschirmt; auch unter dem Schalle der Waffen werden die Musen dort nicht schweigen. Jede freie Kunst wird ohne Einschränkung gelehrt; sie wird sich selbst verwalten, nur unter dem Kurfürsten stehen; alle wissenschaftlichen Hilfsmittel werden ihr gewährt. Das, was einst die Schüler Plato's geträumt, was die Poeten der Renaissance im Geiste geschaut hatten — Platonopolis sollte als eine evangelisch-protestantische Schöpfung in Brandenburg entstehen." . . .

„Es bedeutet etwas in der Geschichte des preussischen Staats und der Wissenschaft, dass ein Monarch wie der grosse Kurfürst sich zu diesen Grundsätzen bekannt hat. Indem er der Wissenschaft volle Freiheit, unbedingten Schutz und alle nötigen Mittel zugleich zusagte, hat er den unerschütterlichen Glauben an die heilsame Kraft der Wahrheit ausgesprochen."

In neuer Form begegnen uns hier die alten wohlbekannten Grade in Gestalt von wirklichen und korrespondierenden, von ordentlichen und ausserordentlichen Mitgliedern wieder. Auch der humane Grundsatz der alten Sozietäten, dass Nationalität, Stand oder Bekenntnis kein Hindernis für die Aufnahme bilde, feierte in den modernen Instituten eine fröhliche Auferstehung.

Ebensowenig ging der comenianische Gedanke, die englischen Genossen an die Spitze einer zeitgemässen Neugestaltung der freien Akademien zu stellen, verloren. Als im beginnenden 18. Jahrhundert in England das Wagnis einer solchen Reform unternommen wurde, ward offenbar, was Hartliebs prophetische Worte zu bedeuten hatten.

Der Pflege der Wissenschaften und Sprache konnte man getrost entraten. Sie war jetzt Sache der neuen Akademien. Damit war die Bahn freigelegt für die Lösung jener Aufgaben die bereits den alten Sozietäten vorgeschwebt hatten: nämlich für die Förderung humaner und sittlicher Ziele und die Ausgleichung der religiösen und sozialen Gegensätze, für die Erziehung des Menschengeschlechts im Sinne des von der Kirche verheissenen Gottesreiches. —

Die geheimen Gesellschaften Verbindungen und Orden

Von

Dr. Georg Schuster
Archivrat am Königl. Preuss. Hausarchiv

Zweiter Band

Viertes Buch.

Die geheimen Gesellschaften und Orden des 18. Jahrhunderts.

I. Die Freimaurer.

1. Das englische Freidenkertum.*)

Wie in den Tagen der Renaissance eine grossartige litterarische Bewegung die europäischen Kulturländer durchdrang, die Menschheit mit den Ideen des Humanismus zu verjüngen, so entstand zwei Jahrhunderte später eine andere Weltlitteratur, die in England und Frankreich fast gleichzeitig zur Entfaltung kam und ihre Streiflichter auch nach Deutschland hinüberwarf. Auch dieser zweite Kampf der freien Geistesforschung und

---

*) Vergl. u. a. Lechler: Gesch. des engl. Deismus. Stuttgart u. Tübingen; 1841. — H. Taine: Histoire de la littérature Anglaise. Paris. 1863—64. — K. Fischer: Francis Bacon u. seine Nachfolger. Leipzig; 1875. — F. Ch. Schlosser: Gesch. d. 18. Jahrh. Heidelberg; 1864—66. — A. Stern: Gesch. d. neueren Litteratur. Leipzig; 1882—86. — A. Hettner: Gesch. d. engl. u. franz. Litteratur. Braunschweig; 1894. — D. F. Strauss, Voltaire. Leipzig; 1870. — Brockerhoff: J. J. Rousseau. Sein Leben u. seine Werke. Leipzig; 1866. — K. Rosenkranz: Diderots Leben u. Werke. ib. 1886. — F. A. Lange: Gesch. des Materialismus. Leipzig; 1896. — L. Keller: Zur Gesch. der Bauhütten u. des Hüttengeheimnisses. (M. H. der Com.-Ges.) 1898. —

Vernunftthätigkeit richtete sich gegen die herrschenden Anschauungen und Bildungsformen, die überlieferten Vorstellungen, Lehrsatzungen und Sittengebote. Ausgehend von dem stolzen Glauben an die Kraft und Wahrheit der eigenen Spekulationen, wollte das aufkommende neue Geschlecht, ähnlich den stürmischen Drängern und zügellosen Vorwärtsstrebern unserer Tage, an die Stelle aller jener verjährten Irrtümer und Missbräuche, die in Staat und Kirche den unverbrüchlichen Rechten des Menschen hindernd im Wege standen, eine neue, auf Philosophie, Gerechtigkeit und Humanität gegründete, Weltanschauung setzen, einen Zustand, der die Keime revolutionärer Umwälzungen im Schosse barg.

Die englische Nation hatte nach einer Reihe schwerster politisch-religiöser Kämpfe endlich einen Rechtsstaat geschaffen, in welchem die harmonische Ordnung durch das Gleichgewicht der öffentlichen Gewalten erhalten wurde. Alle edlen Gemüter waren des leidigen Haders herzlich müde, und die Zeit war erfüllet, da auch in der Gesellschaft wie im einzelnen Menschen eine neue Glaubens- und Lebens-Harmonie begründet werden konnte, von der bereits ein Menschenalter früher, inmitten eines furchtbar erregten Lebens, der schwärmerisch-fromme Sinn Herberts von Cherburg († 1642), zu träumen gewagt hatte.

Durch seine Gravitationslehre hatte Newton (1643 bis 1727) die Vorstellung begründet, dass das Universum eine Welt ewiger, stillwaltender Gesetzmässigkeit sei, in sich selbst ruhend und sich selbst erhaltend. Diese Ansicht von der Konstruktion des Weltalls wurde auf die Natur des menschlichen Geistes übertragen, der als ebenso in sich selbst bestehend, von allen willkürlichen Einflüssen frei gedacht wurde.

In seinem Hauptwerk: „Versuch über den menschlichen Verstand“ zeigt Locke (1632—1704), dass unser gesamtes Wissen seine Quelle und seinen Ursprung habe in der Fähigkeit des Geistes, sich seiner eigenen Thätigkeiten bewusst zu werden, dass mithin alles Erkennen auf Erfahrung und Induktion beruhe, alles übersinnliche Wissen nur das Resultat unserer eigenen Geistesthätigkeit sei, Irrtum und Missverständnisse häufig nur aus mangelhafter Kenntnis der Sprache und Wortbedeutungen entständen.

In mehreren Schriften religiösen Inhalts bekämpft Locke die Doktrinen der Episkopalkirche. Er sucht nachzuweisen, dass in der geoffenbarten Religion nichts enthalten sei, was den Begriffen der Vernunft widerstreite. Andere Arbeiten aus der nimmer rastenden Feder des vielseitigen Philosophen sind gegen die absolutistischen Staatslehren gerichtet. Hier giebt er eine klare und umfassende Begründung der Volkssouveränität und der Entstehung des Staates aus einem gegenseitigen Vertrag zwischen Herrscher und Unterthanen zum Schutz und Glück jedes einzelnen unter bestimmten, für beide Teile bindenden Gesetzen. Es ist der erste Versuch der Theorie von einem Rechts- und Verfassungsstaat mit geteilten Gewalten.

Und wie in seinen staatsrechtlichen Doktrinen, die bald ihren Weg nach Frankreich und Deutschland fanden, so hat Locke auch in seiner Erziehungslehre den Weg gebahnt, auf dem Rousseau und die deutschen Pädagogen fortgeschritten sind. Während die überlieferte scholastische Lehrmethode durch intensive Sprachstudien und rein äusserliche Gedächtnisübungen eine Fülle unfruchtbarer Gelehrsamkeit anzuhäufen suchte, empfahl er, entsprechend den Bestrebungen der Naturphilosophen, praktische Belehrung und Geistesentwicklung auf Grund einer genauen Beobachtung und Erkenntnis der Natur und der Menschenwelt.

Mit der von Locke begründeten Trennung von Staat

und Kirche und der von ihm verfochtenen Idee der religiösen Toleranz war der Boden für eine weitere Gedankenentwicklung hergerichtet, für Reformen, durch die der Sinn für Sittlichkeit und jegliche Tugend in der Gesellschaft geweckt und das innere Leben des Menschen reicher gestaltet werden sollte.

Männer wie Bolingbroke, Shaftesbury, Collins, Toland u. a. führten die intellektuellen und moralischen Kräfte der modernen Gesellschaft in den Kampf wider das historisch Gewordene und Geltende und gründeten eine Moralphilosophie, welche die Sittlichkeit unabhängig vom Dogma machte, sowie eine Glückseligkeitslehre als Lebenszweck, die nicht im Bibelglauben wurzelt, sondern auf der Verwirklichung der Ideen des Guten, Wahren und Schönen beruht.

Diese Philosophen und ihre Anhänger sind in der Geschichte der Wissenschaft unter dem Namen „Deisten“ oder Freidenker bekannt, weil sie die christliche Ansicht von einem dreieinigen Gott bekämpften und nur ein höchstes geistiges Wesen als Gott (Deus) verehrt wissen wollten.

Der geistreichste Vorkämpfer der neuen freien Lehre war Shaftesbury (1670—1713). Mit dem schwungvollen Glauben eines Idealisten an den Adel der Menschennatur und dem kritischen Geiste eines Bayle erforschte er Wesen und Aufgabe der Moral und Religion und gedachte in seinen Schriften der gebildeten Welt einen Kanon für ihr Denken, Glauben und Handeln aufzurichten, der im Geiste Platos Tugend, Schönheit und Sophrosyne als den Inbegriff echter Humanität, als die höchsten, ein glückliches Leben verheissenden Güter darstellte. Während nach der Kirchenlehre die Erde als ein Jammerthal zu betrachten und jedweder Lohn der Tugend und Gottseligkeit dem Himmel zuzuweisen ist, suchte dieser weltfrohe, einem fatalistischen Zuge seines Innern unbewusst folgende, Optimist die ewige Harmonie und Schönheit des Universums zu erweisen. Ihr Erkennen und Schauen führe den natürlichen Menschen zu einer merkwürdigen Vorstellung von der Gottheit und damit zur Glückseligkeit.

Wenn bei Tolland († 1722) der Schlachtruf lautet: „Kein dogmatisches Christentum“, bei Chubb († 1744): „Kein historisches Christentum“, so heisst er bei Bolingbroke (1672—1751): „Überhaupt kein Christentum“. Diesem geistreichen und witzigen Manne, der aller religiösen und moralischen Grundsätze bar und ohne den Glauben an selbstlose Tugend dahinlebte, dabei aber mit dem weiten und unbefangenen Blicke des erfahrenen Weltmannes tief in das Leben der Menschen und Völker eindrang, diesem aristokratischen Philosophen erschien der ganze, auf einer angeblichen Offenbarung beruhende, Kirchenglaube mit seinen geheimnisvollen Symbolen und Mysterien als ein Werk, geschaffen von grübelnden Theologen, ausgebildet und gepflegt von einer herrschsüchtigen Priesterkaste zu hierarchischen und politischen Zwecken und aufrecht erhalten, um der öffentlichen Ordnung und Wohlfahrt willen. Die Unsterblichkeit war ihm ein zweifelhaftes Gut; der Mensch sollte daher darauf bedacht sein, sich das zu verschaffen, „was ihm eine dauernde Reihe der angenehmsten Empfindungen oder Genüsse hinieden bietet“.

Die Rolle, die Bolingbroke auf dem Gebiete der Lebensphilosophie zugefallen war, spielte im Reiche der Dichtung sein Freund und Gesinnungsgenosse Alexander Pope (1688—1744). Mit vollen Segeln im Fahrwasser der modernen Weisheit und Aufklärung dahinfahrend, ward der „Fürst der Reime“ durch die Schönheit der Form, der gewinnenden Klarheit und Korrektheit der Sprache und Darstellung der gefeierte Lieblingsdichter der Nation. Freilich auf jene Höhen, wo die befreienden Ideen, die erlösenden Gefühle und die schaffende Phantasie thronen, vermochte seine leichtgeschürzte Muse sich nicht emporzuschwingen. Sein anziehendes komisches Epos der „Lockenraub“ ist ein luftiges Bauwerk von graziöser Konstruktion und farbenreichen Stoffen, eine „witzige Parodie des Erhabenen“. Er geisselt hier mit heiterem Spott das kleinliche Treiben des gesellschaftlichen Lebens und die lächerlichen oder thörichten Erscheinungen des Tages. Durch eine Uebersetzung der Homerischen Dichtungen suchte er die erhabene Schönheit und getragene Würde des ionischen Sängers dem Verständnis des englischen Volkes näher zu bringen. Obwohl einst viel gefeiert und bewundert, erreichen seine gereimten, glatten Verse doch bei weitem nicht die Vorzüge der Vossschen Bearbeitung. Dazu fehlt ihnen vor allem das griechische Kolorit, die frische, derbe Natürlichkeit und kindliche Einfalt, kurz, der ganze unvergängliche Zauber der hellenischen Epen. Ueberdies erscheint der alte Homer bei Pope als ein vornehmer, flitterhaft aufgeputzter Engländer. — In dem „Versuch über den Menschen“, einer Art Theodicee, entwickelt Pope mit philosophischer Selbstgefälligkeit die Ansichten und Doktrinen des Deismus über Welt und Menschentum in zierlichen Versen. Der kurzsichtige und flüchtige Betrachter sehe in der Welt eitel Unglück und Leid; trotzdem sei sie ein Werk der Weisheit voll innerer Vollkommenheit und trage alle Bedingungen menschlicher Glückseligkeit in sich. Die Tugend allein schaffe das Glück. Die Vollendung der Tugend und des Glücks bestehe in der Eintracht mit Gottes Weltordnung. Alle unsere Weisheit umfasse den Satz: „Kenne Dich selbst!“

Sein empfänglicher Natursinn regte den schottischen Dichter Thomson zu der beschreibenden Dichtung von den Jahreszeiten an. Wie wenig sie auch sonst dem

Ideal eines echten Kunstwerks entsprechen mag, so rühmt man von ihr doch mit Recht, dass die elegisch-idyllischen Verse Wahrheit, Anschaulichkeit und musikalische Schönheit atmen, dass sie aus den Stimmungen der Natur sympathisch den lebendigen Widerklang der menschlichen Seelenbewegungen heraushören lassen. Bekanntlich haben die anmutigen Klänge des Gedichts tiefen Eindruck auf Haller und Klopstock gemacht, während Haydn ihm Text und Motive für sein grosses Tonstück entnahm.

Von grossem Einfluss auf die Gemütsstimmung der Zeit, namentlich in Deutschland, waren auch die Dichtungen von Young († 1765) und Macpherson († 1796). „Hier ist ja derselbe wehmütige und sehnsüchtige Grundton und derselbe idyllische Hang nach der einsamen Mächtigkeit landschaftlicher Natur und nach den tadellosen Menschen einer reineren Vorzeit, wie bei Thomson und in den bebänderten Schäfergedichten Popes und wie in den grübelnden Träumereien der Rousseauschen Vorweltsbegeisterung.“

Aber auch die satyrischen Schriften, in denen der nervöse Pamphletist Swift seine verbitterte Seelenstimmung über die widerspruchsvollen Zustände in Kirche, Staat und Gesellschaft aussprach, die Wirklichkeit zu Zerrbildern entstellend, hatten eine reformatorische Tendenz. In dem „Mährchen von der Tonne“ und in den Reiseschilderungen des Matrosen Gulliver, in denen das dämmernde Zwielicht thatsächlicher Wirklichkeit und märchenhafter Wunderwelt reizvoll in einander schillert, werden die christlichen Bekenntnisse und Glaubenslehren, die Gebrechen und Verkehrtheiten, die thörichten Ansichten und Parteibestrebungen der Zeit gegeisselt und mit der scharfen Lauge der Ironie und Satyre übergossen.

Die dramatische Muse, die geleitet von Dryden

(1316—1700) und seinen talentvollen, aber zuchtlosen Nachfolgern, durch ihre steife Form, ihre hochtönende Sprache, am meisten aber durch ihren leichtfertigen Inhalt das getreue Abbild der sittenlosen höheren Gesellschaft in der stuartschen Restaurationszeit geworden war, lenkte allmählig in ehrbarere Bahnen und Formen ein, bis die bürgerlichen Rührstücke mit moralisierender Tendenz die Bühne beherrschten.

Dasselbe Ziel verfolgten Steele (1671—1729) und Addison (1672—1719). Ganz im politischen Leben ihrer Zeit stehend, führten sie in ihren vielgelesenen moralischen Wochenschriften alle Interessen und Erscheinungen des Daseins in meisterhafter Darstellung und in fesselnder Sprache ihren Lesern vor, ohne gerade in die tiefsten Fragen des menschlichen Handelns und Denkens sich zu versenken, aber immer unterhaltend und anregend, die Fehler der Menschen, ihre Gebrechen und Thorheiten mit heiterer Laune und Nachsicht strafend.

Die praktische Anwendung der zeitphilosophischen Ideen über den Bildungsgang des Menschen und der Gesellschaft auf Grund der Duldung und Nächstenliebe, der Tugend und Humanität bot der erfindungsreiche Daniel Defoe (1661—1731) in seinem spannenden, die Phantasie mächtig anregenden Roman „das Leben und die seltsamen Abenteuer Robinson Crusoes“. Dieser Lieblingsheld der germanischen Jugend ist das Spiegelbild der ganzen Menschheit, seine Insel eine Welt im Kleinen.

Alle diese Schriften weckten den Sinn für die reale Menschenwelt, für das reiche, vielgestaltige Leben der Wirklichkeit, wie es sich in grossen und kleinen Ereignissen in Haus und Familie, in Stadt und Land, im Gemeinwesen, in der bürgerlichen Gesellschaft, wie in den Wechselbeziehungen des Gemüts und der Seele entfaltet, und wurden so die Vorläufer der moralischen und humoristischen Romanlitteratur.

Richardson (1689—1761) entwarf ideale Lebens- und Charakterbilder in ergreifenden, gefühlsseligen Darstellungen. Fielding (1707—54) dagegen zeichnete die Menschenwelt mit einer Naturwahrheit und einer Kenntnis des menschlichen Herzens, die auf höchste Vollendung Anspruch macht. Ihm verwandt, aber elegischer im Grundton, ist Oliver Goldsmith (1728—74). In seinem „Pfarrer von Wakefield“ schuf er mit lieblicher Kleinmalerei eine „sentimentale Idylle“, deren holden Zauber wir gern auf uns wirken lassen. — Die Sittengemälde und Schilderungen eines Smollett (1721—71), oft von den Flammen der Komik beleuchtet, nicht selten mit heiterem Humor gewürzt, sind ebenfalls von ergreifender Realistik. Führt er die Leser in seinen Nachtstücken unbarmherzig durch die Höhlen des Lasters und Verbrechens, so schaut Sterne (1713—68) die Dinge dieser Welt mit menschenfreundlichem Auge an. Jeder Lebensäusserung, allen Stimmungen des Gemüts lässt er volle Gerechtigkeit widerfahren. In den Schilderungen dieses Herzenskündigers, der selbst durch das Fegefeuer heisser Seelenschmerzen gegangen war, liegt eine solche Fülle von wohlwollender Ironie, von gutmütigem Humor und duldsamer Menschenliebe verborgen, dass ihre Lektüre veredelnd und befreiend auf die Seele wirkt.

Die grossartigen Erfolge der Engländer in der Ausbildung ihres Staats- und Rechtslebens, nicht minder aber im Reiche der Gedanken und der Poesie wirkten auf das geistige Leben Frankreichs anregend und befruchtend ein. Rege Reiselust und ein fleissiger Gedankenaustausch unter den einflussreichsten Mitgliedern der Gesellschaft hatten die feindlichen Völker einander genähert und in ihren Umgangsformen, ihren geistigen Anschauungen und Richtungen eine gewisse Uebereinstimmung herbeigeführt. Der Nachbarn litterarische

Güter und Schätze wurden im Reiche des „Sonnenkönigs“ mit dem der französischen Nation eigentümlichen Geschmack und Schönheitssinn zu Kunstwerken von wunderbarem Gepräge. Dem ruhigen und klaren Geiste Montesquieus (1689—1755) schwebte die konstitutionelle Verfassung des Inselreichs vor Augen, als er in seinem grossen Werke „Vom Geist der Gesetze“ die Idealtheorie des modernen Staatsrechts schuf. Und wie viel Mittel, Stoffe, Ideen und Argumente Voltaire (1694—1778) und die Encyklopädisten, ja selbst Rousseau (1712—78), diese vielgepriesenen und vielgeschmähten Kinder, Führer und Herolde eines ideenreichen, neuerungssüchtigen und übermütigen Zeitalters, den englischen Philosophen und Naturforschern verdankten, braucht hier nicht näher erörtert zu werden. Am Ende des 18. Jahrhunderts trat ein auffallender Wechsel in diesen Beziehungen ein. Jetzt empfing die litterarische Bildung und Weltanschauung Englands willkommene Anregung und Förderung aus dem Kulturland jenseits des Kanals.

Während aber in Frankreich die Kluft zwischen den staatlichen und kirchlichen Zuständen und den Gebilden einer freien und kühnen Gedankenthätigkeit sich unaufhörlich erweiterte, während Zweifel und Unglaube die ganze Nation einem tiefen sittlichen Abgrund entgegen führten, die revolutionären Keime zu rascher Enfaltung gelangten, hielt sich in England teils infolge geschichtlicher und politischer Ereignisse, teils durch den festeren Bestand der überlieferten Einrichtungen und Ansichten die kritische und skeptische Philosophie innerhalb gewisser Gesellschaftskreise. Der kühne Flug des Gedankens ward schliesslich gehemmt, die Anwendung der Ideen auf die Welt der Wirklichkeit beschränkt, der naive Glaube an die biblischen Offenbarungen gegen alle Angriffe einer verwegenen Vernunft erfolgreich geschützt und gerettet.

Vor der Hand aber waren die Bestrebungen des englischen Freidenkertums von unermesslicher Wirkung. Schon die ungeheure Verbreitung ihrer Schriften, der weder die Widerlegungen der Kirchenmänner, noch gerichtliche Verfolgungen nennenswerten Abbruch thaten, legt unzweideutiges Zeugnis ab von dem tiefen Sehnen des Volkes nach Erlösung von dem drückenden Joche der kirchlichen Tradition und nach einem Zustand im Bereich des Denkens und Glaubens, in welchem ein freies Menschentum, allgemeine Duldung und werkthätige Nächstenliebe zu ihrem unveräusserlichen Rechte gelangen könnten. Die theologische Ansicht, dass durch den Sündenfall im Paradiese die Erde und die Menschenwelt nun in alle Ewigkeit dem Verderben verfallen sei, konnte den denkenden, gebildeteren Geistern nicht mehr genügen. Sie suchten daher in der Philosophie ein Schutz- und Heilmittel gegen die angebliche Sündhaftigkeit der menschlichen Natur, ein Ideal des Guten, Schönen, Wahren.

Angesichts dieser Erscheinungen, dieser gährenden, treibenden, die ganze Zeit erfüllenden Ideen wird es kaum überraschen, dass damals auf englischem Boden ein Bund entstehen konnte, in dem diese sich zu einer sinnlich anschaulichen Religion zu gestalten versuchten, in dem alle Standes- und Glaubensunterschiede verschwinden sollten, der, aufs innigste mit den Ueberlieferungen der alten Sozietäten verknüpft, sich an das Gemüt des Menschen und seine Phantasie wandte, der ihn zu harmonischer Vollendung zu erziehen und auf die Schönheit und den Adel seines eigenen Wesens zu stellen gedachte, der in Anlehnung an die alten Gewohnheiten der mittelalterlichen Bauhütten nicht einen äusseren sichtbaren Tempel, wohl aber einen inneren unsichtbaren Tempel des reinen Menschentums bauen wollte. „Nicht Holz, nicht Stein, nicht Erz und Mörtel und andere vergängliche Stoffe, sondern das Leben und die menschliche Seele selbst sollten fortan der Baustoff der königlichen Kunst sein."

Der Menschenfreund wird stets nur mit dem Gefühl reinster Befriedigung auf die edlen und hochherzigen Ziele des Freimaurerbundes blicken, und wer sich vor Augen hält, wie tief er in die wichtigsten Lebensverhältnisse eingegriffen, wie viel reines und echtes und rechtes Menschentum er und seine jüngeren Brüder, namentlich die Druiden und Odd-Fellows gebildet haben und noch bilden, der wird unzweifelhaft den Werdegang dieser merkwürdigen historischen Gebilde mit einiger Teilnahme begleiten. —

---

2. Die Freimaurerei in England.*)

Es ist oben (Band I, S. 422) bereits kurz der Thatsache Erwähnung geschehen, dass in zahlreichen englischen Baulogen**) nicht nur Bauhandwerker, sondern auch

---

*) Über die Geschichte der FM., ihre Verfassung, ihre Lehren und ihr Gebrauchtum verbreiten sich mehr als 10 000 Schriften. Eine übersichtliche Zusammenstellung und kritische Würdigung dieser ungeheuren Literatur bieten: G. Kloss: Bibliographie der FM. und der mit ihr in Verbindung gesetzten geheim. Gesellschaften. Frankfurt a. M; 1844. — R. Taute: Maurerische Bücherkunde. Ein Wegweiser durch die Literatur der FM. Leipzig; 1886. — Vergl. R. F. Gould: The history of Freemasonry. 6 Bde. London; 1882—87. — J. G. Findel: Gesch. der FM. von der Zeit ihres Entstehens bis auf die Gegenwart. 7. Aufl. Leipzig; 1900. — Geist und Form der FM. 6. Aufl. Leipzig; 1898. — Grundsätze der FM. im Völkerleben. 3. Aufl. Leipzig; 1893. — Die FM. und die moderne Weltanschauung. Leipzig; 1895. — Das Zeitalter der Verirrungen im Mbunde. Leipzig; 1892. — Boos a. a. O. — Allgem. Handbuch der FM. 2 Bde. Leipzig; 1900—1901.

**) Über die Verfassung der englischen Baulogen giebt das s. g. „Halliwell-Gedicht" Auskunft. Niedergeschrieben vermutlich

Angehörige aller Gesellschaftskreise vertreten waren, und dass diese „Liebhaber des Handwerks“ sich freemasons nannten, d. h. freie Männer der Bau-Korporationen. Im Laufe der Zeit haben sie sich wohl von den Werkmaurern getrennt. Wenigstens ist erwiesen, dass es im 17. und zu Anfang des 18. Jahrh. neben Werkmaurerlogen auch solche gegeben hat, deren Mitglieder sich im Sinne eines toleranten Christentums der Befriedigung freundschaftlicher oder brüderlich geselliger Zwecke widmeten, oder auch, wie die grosse Zahl der Akademien und Sozietäten, sich der Pflege höherer Aufgaben befleissigten. Die Organisation auch dieser Vereinigungen beruhte auf der der Werkmaurer. Auch sie entlehnten wie diese ihr Gebrauchtum und ihre Symbole der Baukunst. Auch ihre Angehörigen freuten sich der bekannten altersgrauen Überlieferungen und Zunftsagen.

---

zu Anfang des 15. Jahrh. von einen unbekannten Geistlichen, enthält dieses „älteste erhaltene Stückchen werkmaurerischer Litteratur“ ein „Buch der Pflichten“ und die Keime der später erweiterten Zunftsage. Hieran schliessen sich „Artikel“ mit Vorschriften für die Meister, die von ihnen bei Ausführung eines Baues zu beobachten sind, ferner „Punkte“ mit Vorschriften für alle Genossen und Gebote über die Art der Abhaltung und Leitung der Versammlungen. Vergl. die sachkundigen Erläuterungen Begemanns in „Zirkelkorrespondenz unter den St. Johannis-Logenmeistern der Gross. Landes-Loge der FM. von Deutschland.“ 1890. S. 272 ff., 1893. S. 234 ff., 1894. S. 253 ff. — Nach Krause (Die drei ältesten Kunsturkunden der FMbrüderschaft. 2. Aufl. Dresden. 1819 u. 21) ist das s. g. „Freimaurerverhör“, eine angeblich alte Handschrift über FM., „das älteste Fragestück über Ursprung, Wesenheit und Bestimmung der FMschaft.“ Ihr folgen dann die noch jetzt gebräuchliche „Lehrlings-Lektion“ und die s. g. Yorker Urkunde, ein Dokument, das sich lange Zeit eines nicht geringen Ansehens erfreut hat. Indess ist nach den eingehenden Untersuchungen, besonders Findels, an der Fälschung weder der Yorker Urkunde, noch des FM.-Verhörs zu zweifeln.

Es war im Jahre 1717, als vier solcher gesinnungsverwandten Logen*) sich zusammen thaten, um fortan eine dauernde Gemeinschaft — eine Grossloge — zur Hebung und Förderung des sittlichen Lebens zu bilden. Diese That bekundet den Beginn der humanistischen oder symbolischen Freimaurerei. Weitere Nachrichten über die Gründung des neuen Bundes sind nicht erhalten. Sogar die Namen der Männer, die hierbei mitgewirkt, sind in Vergessenheit geraten. Zweifelhaft ist auch, ob damals schon, wie Anderson**) berichtet, der Verfasser des berühmten

*) Es waren dies diejenigen, die ihre Versammlungen im Bierhaus zur Gans und Ross, im Bierhaus zur Krone, in den Schenken zum Apfelbaum und zu Römer und Trauben abzuhalten pflegten. Eigene Namen führten die Logen damals und auch später noch nicht.

**) James Anderson, vermutlich aus Aberdeen stammend, war Prediger an der schottischen Presbyterianerkirche in London. Nach allem, was über den phantasievollen Mann ermittelt worden, ist er erst i. J. 1721 FM. geworden. Am 24. Juni 1723 wird er als jüngerer Grossaufseher der Grossloge erwähnt. Dann verschwindet er längere Zeit aus unserem Gesichtskreise. Erst die Vorbereitung der 2. Ausgabe — die erste war 1723 erschienen — seines Konstitutionenbuches veranlasste A. i. J. 1735 aus dem Dunkel der Verborgenheit hervorzutreten. Nachdem er noch die Genugthuung gehabt, im Januar 1739 das Buch dem Prinzen von Wales, dem es gewidmet ist, persönlich zu überreichen, segnete er bereits wenige Monate später das Zeitliche. — A. war der erste frm. Schriftsteller. Am bekanntesten ist sein Konstitutionenbuch. Lange Zeit genoss es, obwohl schon Lessing (Ernst u. Falk V.) es eine „kahle Rhapsodie“, eine „Gaukelei“ gescholten, den Ruf, die erste und beste Quelle für die Gesch. der Londoner Grossloge, also für die Vorgeschichte der heutigen FM., zu sein. Neuere Forschungen haben die völlige Wertlosigkeit des kritiklos zusammengeschriebenen Werkes dargethan. Bei alledem bleibt aber doch die Thatsache bestehen, dass in der geschichtlichen Darstellung des Gesetzbuches die Bezeichnungen: Akademien, Sozietäten, Kollegien, Schulen, Museen und Logen „als gleichbedeutende

Konstitutionenbuches, die Bezeichnung „Grossloge“ und „Grossmeister“ in der neuen Organisation üblich war.

Eines grossen Zuspruchs scheint die neue Grossloge zunächst sich nicht erfreut zu haben. Auch ist sie bis z. J. 1722 wohl nur einmal im Jahre, nämlich am 24. Juni, zusammengetreten.*) Infolgedessen wird

---

oder nahe verwandte Begriffe gebraucht werden.“ Auch die andere Thatsache, dass während des ganzen 18. Jahrh. innerhalb der FM. die Namen Akademie und Sozietät in gleichem Sinne wie das Wort Loge in zahlreichen Ländern, namentlich in Frankreich, Italien, Österreich, Polen, Schweden, nachweisbar sind, ist nicht aus der Welt zu schaffen. Der Brauch war so tief eingewurzelt, dass die Grosse National Mutterloge zu den drei Weltkugeln sich im Juli 1792 veranlasst sah, gegen die Bezeichnung Akademie im Sinne von Loge einzuschreiten, ohne indess damit einen nennenswerten Erfolg zu erzielen. Das Nähere bei L. Keller: Die deutschen Gesellsch. des 18. Jahrh. u. die moralischen Wochenschriften. Berlin; 1900. — Ders. Eine verschollene Kunde. Gesch. Betrachtungen über Akademien und Logen. (Bundesblatt; 1901.) — u. Allg. Handb. der FM. Art. Akademie u. Sozietät. — Vergl. Gould IV. S. 291 ff., S. 354 ff. — Berl. Zirk.-Corr. 1887. S. 140 ff., 213 ff.; 1891. S. 267—306; 1892. S. 18—38; S. 152—190. —

*) Der erste Grossmeister (1717—18) soll Antony Sayer, die ersten Grossaufseher der Zimmermann James Lamball und der Kapitän Joseph Elliot gewesen sein. Sie wurden am 24. Juni 1818 von Payne, einem „gelehrten Altertumsforscher“, und von dem Zimmermann Cordwell und dem Steinhauer Morrice abgelöst. Dann folgten 1719 Dr. Desaguliers als Grossmeister und Sayer und Morrice als Grossaufseher. Desaguliers, geboren 1683 in La Rochelle, kam nach der Aufhebung des Edikts von Nantes (1685) mit seinem Vater nach England, ward in Oxford erzogen, erwarb sich als Mathematiker und Schriftsteller einen bedeutenden Namen und wurde auf Antrag Isaac Newtons, seines Lehrers, in die königliche Gesellschaft der Wissenschaften in London aufgenommen. Um das Jahr 1714 finden wir D. auch als Mitglied jener freien Genossenschaften, „die als Literary Societies, Societies of Music oder Societies of Gentleman in England neben der

der Johannistag von den FM. als Stiftungstag ihres Bruderbundes festlich begangen. Aber schon im Jahre 1724 zählte man ausser der Grossloge 52 Logen; 1732 war deren Zahl bereits auf 109 gestiegen. Darunter befanden sich vier ausserhalb Englands: in Madrid, Gibraltar, Bengalen und Paris.

Erst i. J. 1723 schuf ein Beschluss der Grossloge in den s. g. „alten Pflichten" das Grundgesetz der Freimaurerei: „so ist sie der Mittelpunkt der Vereinigung

---

Royal Society von Altersher bestanden." Dem genialen Manne gebührt das Verdienst, in Gemeinschaft mit Payne, dem Grafen Albrecht Wolfgang von Schaumburg-Lippe, der 1723 dem Bunde beitrat, u. a. die treibenden Kräfte der alten Sozietäten und ihre innere Übereinstimmung in Fragen der Weltanschauung, ohne die keine Organisation dauernden Bestand gewinnt, erfolgreich in den neuen Bund hinübergeleitet zu haben. Das weist L. Keller überzeugend nach in einer ergebnisreichen Studie: Graf Albrecht Wolfgang von Schaumburg-Lippe und die Anfänge des Maurerbundes in England, Holland und Deutschland. (Vorträge und Aufs. aus der Com.-G.) Berlin; 1901. — Wiederholt bekleidete Des. hohe Logenämter. Im J. 1731 nahm er im Haag den Herzog Franz von Lothringen, den nachmaligen Gemahl der Kaiserin Maria Theresia, 1737 den Prinzen von Wales zum Maurer auf. Der ausgezeichnete Gelehrte verschied 1744, allzufrüh für die von ihm so warm vertretene Sache. — Am 24. Juni 1721 ward der erste Edelmann, der Herzog von Montagu Grossmeister. Die nächsten Jahre zeigen dann einen auffallenden Zufluss von Angehörigen der höchsten Gesellschaftskreise. Zu nennen sind der Herzog von Richmond, Lord Paisly, Sir Thomas Prendergast, Graf Inchiquin, Graf Dalkeith, die sechs Söhne des Königs Georg III. v. England u. a. Angesichts solcher Vorgänge fielen sogleich die letzten staatlichen Schranken, die der Ausbreitung des Bundes noch etwa hindernd im Wege standen, verschwand auch das Misstrauen, zerrannen die Vorurteile, mit der sonst alle Gesellschaftskreise jeder neuen ungewöhnlichen Erscheinung des Lebens zu begegnen pflegen. Die Thore der Welt waren dem Menschheitsbunde geöffnet, und er zögerte nicht, durch sie seinen Siegeslauf zu beginnen.

und die Ursache treuer Freundschaft unter Menschen, die ausserdem sich nie näher getreten wären.“ Obwohl in ihrem Wortlaut mehrfach geändert, ist doch der Geist wahrer, reiner Menschenliebe, der die „alten Pflichten“ ziert, stets die Richtschnur für alles freimaurerische Thun und Treiben geblieben.

Einen weiteren Grund- und Eckstein des freimaurerischen Wesens legte die Grossloge dadurch, dass sie am 21. November 1724 eine Kasse zur Unterstützung notleidender Brüder und Mitmenschen ins Leben rief, zu der jede Loge nach Zahl und Vermögen beizusteuern hatte. Mochten auch die Leistungen dieses Instituts aus Mangel an Mitteln vorerst nur gering sein — ihre Einnahmen erreichten erst i. J. 1770 eine Höhe von 1500 £ — so war damit doch auch der praktischen Seite brüderlichen Wirkens ein erstrebenswertes Ziel gesetzt.

Wie der alte Bund in seinen schönen und sinnreichen Formen die Möglichkeit zu einer persönlichen Berührung von Angehörigen aller Gesellschaftskreise bot, so auch die neue Gesellschaft der FM. In ihr begegneten sich Männer aller Stände, Berufsarten und Konfessionen zu gemeinsamer Arbeit — für die Vervollkommnung des Einzelnen, wie für die Erziehung des Menschengeschlechts ein ungeheurer Fortschritt. Als einziger Massstab der Menschenwürde galt ihnen Sittlichkeit, Herzensgüte und Wahrheitsliebe. Sie behielten zwar die Symbole der Baulogen bei, deren Organisation und Gebrauchtum, aber sie legten sie nach dem Beispiel der alten Sozietäten in moralischem Sinne aus.

Man pflegt der alten Grossloge gern weitschauende Ziele unterzuschieben. Dafür geben aber weder der Gang ihrer geschichtlichen Entwicklung, noch die uns erhaltenen Protokolle ihrer Sitzungen einen Anhaltspunkt. Und doch wird man nicht übersehen dürfen, dass sie zuweilen zu Beschlüssen von schwerwiegender Bedeutung gelangt ist. So nahm sie schon frühzeitig das Recht für sich in Anspruch, dass ohne ihre Genehmigung keine Loge gestiftet werden dürfe. In der That giebt es bis heute kaum eine anerkannte FMLoge, die nicht ursprünglich und mittelbar von London aus gegründet worden wäre. Es verstrich jedoch geraume Zeit, bis die GL. sich entschliessen konnte, ihre autoritative Stellung geltend zu machen. Ihre anfängliche Lässigkeit und nachsichtige Schwäche gegen die ihr untergeordneten Körperschaften, ihre Teilnamlosigkeit gegenüber den eigenen grossen Aufgaben — Zustände, die sich besonders in der Zeit von 1741—51 übel bemerkbar machten, führten zu Irrungen und Spaltungen innerhalb des damals bereits in allen zivilisierten Ländern der Erde verbreiteten Bundes und damit zu einem bedenklichen Rückschritt in seiner äusseren Entwicklung.

Schon i. J. 1724 hatten sich abtrünnige FM. zu einer reaktionären Gesellschaft verbunden. Es war der Orden der Gormogonen.*) Er setzte sich aus Anhängern der Stuarts und der römischen Kirche zusammen, bekämpfte in leidenschaftlichen Schriften die Staatsregierung und bereitete dadurch auch seinen früheren Freunden mancherlei Verlegenheiten. Aber achtlos gingen diese an solchen Zeichen der Zeit vor-

*) Der „wirkliche Alte Edle Orden der G.“ soll vom ersten Kaiser von China, viele tausend Jahre vor Adam, gestiftet worden sein. Nach einer Mitteilung der Daily Post in London vom 3. September 1724 ist Confucius der „Okumenische Volgee“ der Ordens gewesen. Kürzlich sei, so heisst es dort weiter, der Orden durch einen Mandarinen Hang-Chi, hinter dem sich wohl ein päpstlicher Emissär verbarg, nach England verpflanzt worden. Der Grossmogul, der Zar von Moskau und andere gewaltige

über, liessen auch sonst in unbegreiflicher Sorglosigkeit den Dingen ihren Lauf.

Die „Alten Pflichten" hatten die Wahl der Meister auf den Kreis derer beschränkt, die das Amt des Aufsehers verwaltet hatten. Um eine regere Beteiligung der höheren Gesellschaftskreise an den Bestrebungen des Bundes zu erzielen, beschloss man, die Grossmeisterwürde ausschliesslich Herren von Rang und Ansehen vorzubehalten und ihren Beitritt dadurch zu erleichtern, dass man sie an einem Abend nicht nur einweihte, sondern ihnen auch alle Grade zugleich erteilte. Die also Beförderten waren natürlich aus Unkenntnis des maurerischen Rituals nicht imstande, die Pflichten ihres Amtes zu erfüllen. Sie mussten sich vielmehr beständig von deputierten Meistern vertreten lassen. Alles das erregte Unzufriedenheit innerhalb der Mitgliedschaft. Sie erblickte in der Bevorzugung der hohen Herren eine Verletzung des Grundsatzes brüderlicher Gleichheit. Mit Recht. Aber das Bessere ist der Feind des Guten. Und billig darf man bezweifeln, ob die FM. auf anderm Wege in so kurzer Zeit den gewaltigen Aufschwung genommen haben würde, der bei Mit- und Nachwelt staunende Bewunderung erregt hat.

Die Unzufriedenheit der Brüder wuchs in dem Masse, als die Logenthätigkeit in langdauernden, nicht selten in Völlerei ausartenden Gastereien, in prunkvollen Festlichkeiten, öffentlichen Prozessionen und

---

Herren seien bereits Mitglieder. Ihrem Beispiel würde bald das römische Kardinalskollegium folgen und was dergleichen Märchen mehr waren. — Soweit die heutige Kenntnis reicht, war der G.-Orden ein Jakobitenklub, der unter Führung des Herzogs von Wharton, eines berüchtigten Spielers und Trunkenboldes, die Restauration der Stuarts betrieb. Vergl. Gould: Der Herzog von Wharton und die wirkliche Gesch. der G. (Ars Quatuor Coronat. VIII. 114 ff.)

dergleichen nichtigen, die hehren Zwecke des Bundes geradezu verhöhnenden Äusserlichkeiten*) sich zu verlieren drohte. Dabei wurde ein Aufwand getrieben, dass Unbemittelte überhaupt nicht mehr Aufnahme finden konnten. Kein Wunder, wenn so geartete Gemüter am Ende noch sich erhitzten in leidenschaftlichem Streit über die Abzeichen der Beamten, namentlich über die schwerwiegende Frage, ob die maurerischen Kleinode: Winkelmass, Wasserwage, Senkblei von reinem Gold oder nur vergoldet sein, ob sie an weissem, blauem oder rotem Bande getragen werden, ob der Schurz mit blauer oder roter Seide besetzt sein sollte. Erst im J. 1752 raffte sich die GL. zu energischem Handeln auf. Sie erliess eindringliche Ermahnungen an die Beamten zur pünktlichen und gewissenhaften Erfüllung aller Gesetze und Verordnungen und überwachte unermüdlich die Ausführung ihrer Erlasse. Dieser Schritt war um so notwendiger, als sie Gefahr lief von einer anderen, ähnlich organisierten, Vereinigung überflügelt zu werden.

Seit dem Jahre 1751 war nämlich die von irischen Maurern in London ins Leben gerufene „Grossloge der Alten Maurer“**) (Ancient Masons) zu ungewöhnlicher Blüte gelangt. Im Jahre 1756 zählte sie bereits 54 Tochterlogen. Zwar befehdeten sich die rivalisierenden Gewalten, aber das hinderte nicht, dass die Mitglieder beider Vereinigungen in den Logen freund-

---

*) So beklagte sich u. a. ein die englischen Logen besuchender Bruder aus Basel über das „Punschsaufen“ in den dortigen Kreisen. — Am 27. Dezember 1728 zeigte der Grossmeister Lord Kingston eine Theatervorstellung mit „Prolog und Epilog zu Ehren der Maurerei“ an. Die Mitglieder erschienen dort ohne Schurz in weissen Handschuhen.

**) Die Seele der jungen Grossloge und ihre führende Kraft war ihr Grosssekretär Laurence Dermott, ein Irländer, seines Zeichens Maler und Weinhändler. Infolge seiner unermüdlichen

schaftlich verkehrten; ja es gab Brüder, die beiden Gruppen angehörten.

Nach mannigfachen Bemühungen, eine Ausgleichung der Gegensätze herbeizuführen, kam endlich am 27. Dezember 1813 die Vereinigung der beiden Grosslogen unter dem Namen „Vereinigte Grossloge von England“ zustande.

Bei dem Vereinigungsakt wurde bestimmt, dass die reine alte Maurerei aus drei und nicht mehr Graden bestehe, dem des Lehrlings, des Gesellen und des Meistermaurers mit „Einschluss des höchsten Ordens vom heiligen Royal Arch“*) (Königliches Gewölbe.) Ferner beschloss man eine vollständige Einheit in der Lehrart und den Arbeiten der Logen, sowie in der Auf-

---

Thätigkeit, seines biederen, uneigennützigen Wesens, seiner reichen maurerischen Kenntnisse und seiner sonstigen nicht gering zu achtenden Bildung wurde er 1771 als „Abgeordneter Grossmeister“ eingesetzt, ein Amt, das er lange Jahre zum Heile der „Alten Maurer“ verwaltete. Mit- und Nachwelt haben über den trefflichen Mann den Stab gebrochen, ihn als Fälscher und niedrigen Charakter gebrandmarkt. Erst nahezu 100 Jahre nach seinem Tode — D. starb 1791 — haben erneute, gründliche Forschungen den Vielgeschmähten zu seinem Rechte verholfen. Die Wahrheit nimmt sich gar häufig Zeit auf ihrem erhabenen Gange. Oft scheint es sogar, als ob sie gegenüber der Lüge und Bosheit absichtlich ihr strahlendes Haupt verhülle. Und doch dürfen wir uns des zuversichtlichen Glaubens geströsten, dass sie von den Dächern gepredigt wird, sobald die Zeit erfüllet ist. — Dermott ist der Verfasser des „Ahiman Rezon“, d. h. Ahimans Wille oder Rat. Es ist das Konstitutionenbuch der alten Maurer.

Vergl. Sadler: Masonic Facts and Fictions. London; 1887. — Sadler: Masonic Reprints and Revelations. London; 1898.

*) Wann und wo dieser Grad entstanden, ob er englischen, schottischen oder gar französischen Ursprungs ist, wissen wir nicht. Nur so viel ist bekannt, dass er i. J. 1751, als die GL. der alten Maurer entstand, bereits in England und Amerika verbreitet war.

nahme und Vereidigung der Lehrlinge, Gesellen und Meister, in der Unterweisung und Bekleidung der Brüder einzuführen, „so dass nur eine einzige, reine unverfälschte Bundeslehre zur Anwendung gelange in der ganzen maurerischen Welt von dem Tage und der Unterzeichnung der gedachten Vereinigung an, bis Zeiten nicht mehr sein werden.“

Die also „Vereinigte GL.“ begann ihre Thätigkeit mit 648 Bauhütten. Ende 1899 betrug die Gesamtzahl der Logen 2348. Dazu kamen 836 Royal Arch-Kapitel.

Weitaus die Mehrzahl von allen diesen Vereinigungen bethätigt ihre maurerischen Pflichten lediglich in glänzenden Äusserlichkeiten, prunkvollen Versammlungen und Gastmählern und in einer Wohlthätigkeit, von deren Grossartigkeit wir uns kaum eine Vorstellung machen können. Über der Pflege dieser „himmlisch schönen Tochter“ der Menschenliebe ist der Hauptzweck der „königlichen Kunst“ auf englischem Boden in Vergessenheit geraten. Wohl schreibt sie ihren Angehörigen die Linderung des menschlichen Elends vor, die Übung allgemeiner Menschenliebe. Aber das sind doch nur Mittel zum Zweck. Als höchstes Ideal erstrebt „der FMbund auf rein menschlicher Grundlage die harmonische Bildung des Einzelnen, wie die harmonische Gestaltung der Gesellschaft und zwar durch erziehliche Einwirkung auf seine Mitglieder mittels Symbol, Lehre und Beispiel, durch gemeinsame Arbeit und durch Ausbildung seiner Genossenschaft zu einem Vorbilde“. Es bedarf keines Beweises, dass von diesem schönen Ziele die heutige englische Werkheiligkeit weiter denn je entfernt ist. —

3. Die Freimaurerei in Frankreich.*)

Engländer, die sich in Paris aufhielten, gründeten dort um 1725 die erste Loge. Erst am 3. April 1732 erhielt sie von der Londoner GL. ihre Konstitution.

„Ein mächtiger Beweggrund, die Loge in Frankreich gesellschaftsfähig zu machen, war die Mode.“ Man schwärmte für den englischen Staat, den Montesquieu seinen Landsleuten als nachahmenswertes Beispiel pries, für das englische Volkstum, dem Voltaire Lobeshymnen sang, für englische Litteratur, englische Pferde und Kleider. „Zuletzt fehlte dem Franzosen weiter nichts, als das Glück, FM. zu sein, und er ist es geworden.“

Im Jahre 1736 begegnen wir einer GL. in Paris, die von vier Bauhütten gebildet worden war.

Als dies bekannt wurde, erging eine königliche Ordonnanz, die allen Unterthanen den Umgang mit den sträflicher Absichten verdächtigen FM. untersagte. In der That wurde bald darauf ein Weinhändler in Strafe genommen, weil er in seinem Lokale eine Logenversammlung geduldet hatte. Doch ist offenbar ein allgemeines Verbot gegen die geheimnisvolle Gesellschaft mit Rücksicht auf die ihr angehörenden vornehmen und einflussreichen Herren nicht erlassen worden. Denn sie setzte unter dem Zulauf zahlreicher Aspiranten ungestört ihre Arbeiten fort. Auch der von Papst Clemens XII. am 28. April 1738 gegen die FM. in der berüchtigten Bulle „In eminenti specula“ geschleuderte Bannstrahl verfehlte insofern völlig seine

*) Vergl. u. a. Schiffmann: Die FM. in Frankreich in der ersten Hälfte des 18. Jahrh. Leipzig. 1881. — Ders: Die Entstehung der Rittergrade in der FM. um die Mitte des 18. Jahrh. Leipzig. 1882. —

Wirkung, als das Parlament sich weigerte, dem verbrauchten mittelalterlichen Schreckmittel die staatliche Genehmigung zu erteilen. Um so eifriger waren gewisse Kreise bemüht, den verhassten Bund öffentlich in Misskredit zu bringen. Schauspieler verhöhnten seine Gebräuche, Tänzerinnen führten FMtänze auf, Jesuitenschüler stellten die Aufnahme eines Suchenden in einer Pantomime dar. Und am Ende beteiligten sich auch leichtfertige und verräterrische FM. an diesem Treiben, indem sie Rituale und Gebrauchtum gewissenlos in vielgelesenen, häufig sogar illustrierten, Schriften der Neugier des Publikums preisgaben. Daneben machten sich in dem Bunde selbst Bestrebungen geltend, die, wie die Adoptionsmaurerei*), das ganze Logenwesen in verhängnisvolle Bahnen leiteten.

---

*) In Frankreich, der klassischen Heimat vielfacher maurerischer Verirrungen, entstanden seit 1730 Genossenschaften mit maurerischen Formen, die auch Frauen in ihre Gemeinschaft aufnahmen (Adoptionsmaurerei.) Hierher gehören: der Mopsorden, l'ordre de la félicité, l'ordre des Dames écossaies de l'hospice du Mont-Tabor etc. Jede Gesellschaft verfügte über eigene Rituale und mehrere (bis zu zehn) Grade. Der angesehenste führte die Bezeichnung: „Grad der erhabenen schottischen Dame". 1775 war die Herzogin von Bourbon, 1780 die Prinzessin von Lamballe Grossmeisterin der „schottischen Adoptionsmutterloge". Zu den prächtigen Frauenlogen drängte sich alles, was einen Namen hatte im alten Frankreich: der hohe Adel, berühmte Künstler, gefeierte Gelehrte. Neugier und Eitelkeit auf der weiblichen, Galanterie und Vergnügungssucht auf der männlichen Seite leisteten dem Unwesen den nötigen Vorschub. Auch die Revolution beseitigte ihn nicht ganz. Erst mit dem Beginn des 19. Jahrh. ging die AM. ein. Neuerdings ist sie jedoch wieder aufgeblüht und erfreut sich ausser in Frankreich, besonders in der Schweiz und in Spanien eines wachsendes Zuspruchs.

Vergl. Lachmann: Gesch. und Gebräuche der Hochgrade. Braunschweig. 1866. — Am Reissbrete. 1884. S. 22 ff. — Latomia; 1896. S. 16 ff, 142 ff, 192 ff. 1897. S. 24 ff. —

Einzelne Versuche, von ernsten Maurern angestellt, dem Unwesen in den Logen und ihrer Verwilderung zu steuern, scheiterten meist an der Unbotmässigkeit dieser Bundesglieder. Eine eifrige, wenn auch erfolglose, Thätigkeit auf dem Gebiet der maurerischen Reform entfaltete namentlich der charaktervolle Schotte Ramsay.*)

Am 11. Dezember 1743 wurde der Prinz Louis von Bourbon, Graf von Clermont, ein naher Verwandter des französischen Königshauses, zum GM. erwählt. Er sollte der königlichen Kunst „den verlorenen Glanz und Kredit“ wiedergeben. Aber bitter enttäuschte der Prinz die auf ihn gesetzten Hoffnungen, zumal da er erst nach vier Jahren die Bewilligung des Königs zur Uebernahme des Amtes erhielt. Doch suchte die GL. dadurch einigermassen zu einer festen Ordnung zu gelangen, dass sie 1743 den Namen einer Grande Loge Anglaise de France annahm.

Die Misstände innerhalb der französischen FM. hatten von Tag zu Tag an Umfang zugenommen. Mit geradezu sträflichem Leichtsinn ward namentlich bei der Aufnahme neuer Mitglieder und der Gründung neuer Arbeitsstätten verfahren. Die Konstitutionspatente waren meist käuflich. Und bei dem gänzlichen Mangel an genügender Belehrung über Wesen und

---

*) R., ein schottischer Edelmann († 1743) von umfassenden Kenntnissen und tiefem, religiösem Gemüte, Schüler und Freund des edlen Fénélon, hat lange Zeit in dem Verdacht gestanden, die Einführung der Hochgrade in die FM. bewirkt, diese zu politischen Zwecken gemissbraucht zu haben, ein Helfershelfer der Jesuiten und Parteigänger der Stuarts gewesen zu sein. Der treffliche Mann stand allerdings mit den Stuarts in Verbindung; doch hat er sich politischen Intriguen innerhalb der Loge fern gehalten. Am allerwenigsten ist er an der Entstehung des Hochgradschwindels beteiligt. Vergl. Schiffmann: Andr. Michael R. Leipzig; 1878. —

Zweck der Maurerei waren die Beamten nicht imstande, ihre schwierige Aufgabe in angemessener Weise zu erfüllen.

Die FM. solcher Entartung zu entreissen und sie zu ihren ursprünglichen Zielen zurückzuführen, unternahmen um das Jahr 1741 mehrere ernstgesinnte Maurer, die sich den Namen „Akazien- oder schottische Meister“*) beilegten. Sie führten als Abzeichen die Akazie, das Symbol der Reinheit, und suchten sich zur Durchführung ihrer Bestrebungen der einflussreichen Beamtenstellungen in den Logen zu bemächtigen. Sie stiessen aber hierbei überall auf heftigen Widerstand, und i. J. 1743 verwarf die GL. die schottischen Meister als einen bevorrechteten Grad im Bunde. Die beabsichtigte Reform verlief im Sande. Aber Reste des schottischen Maurertums erhielten sich und wurden 1755 von der GL., die sich jetzt „Grande Loge de France“** nannte, förmlich als „Schottengrad“ anerkannt und mit der Oberaufsicht über die Logenarbeiten betraut.

Die Erhöhung der freien Meistervereinigungen bezeichnet einen Wendepunkt in der Geschichte der französischen FM. Sie war der Ausgangspunkt jener unheilvollen Bewegung, die man als Hochgradschwindel bezeichnet hat.

---

*) Mit Schottland oder schottischem Mtum hat diese Bezeichnung nichts zu thun. Als die Begrüssungsformel der schottischen Meister bekannt wurde, soll der Titel „Maître acassais“ (Akazienmeister), in „Maître écoissais“ (Schottischer Meister) umgeändert worden sein. Wahrscheinlich liegt der Namensänderung nur ein Missverständnis zu Grunde.

**) Auch grundsätzlich schied sich fortan die französische GL. von der englischen dadurch, dass sie die Aufnahme Suchender vom christlichen d. h. römisch-katholischen Glaubensbekenntnis abhängig machte.

Bekanntlich ist eine der ersten Forderungen des Bundes die Gleichheit aller Mitglieder. In ihrer Gemeinschaft — auch darin, wie in zahlreichen andern Punkten, berührt er sich mit verwandten Genossen — gilt weder Rang noch Stand. Der Charakter des Bruders allein, lediglich die Summe menschlich schöner Tugenden, die er zu üben weiss, sichern ihm einen Vorrang vor den Genossen.

Dergleichen Grundsätze entsprachen nicht der in den adelsstolzen Kreisen der französischen Brüder herrschenden Anschauung. Ein tiefer Abgrund schied wie im öffentlichen, so auch im Logenleben den adligen Herrn von dem missachteten schlichten Bürger.

Unter solchen Umständen war die Möglichkeit einer gedeihlichen Pflege und Entwicklung des fm. Gedankens in Frankreich von vornherein ausgeschlossen. Nichtsdestoweniger sann man auf Mittel und Wege zur Beseitigung der trennenden Schranken. Indem man z. B. den Mitgliedern bürgerlicher Herkunft den Titel Chevalier und einen besonderen Logennamen verlieh, gedachte man gleichzeitig der Empfindlichkeit oder Blasiertheit zu schmeicheln und den Anforderungen des Mtums hinsichtlich der brüderlichen Gleichheit in der Loge gerecht zu werden. Wie verkehrt diese bizarre Massnahme war, sollte den Beteiligten alsbald zum Bewusstsein kommen. Die Aristokraten traten aus den Logen aus, gründeten eigene Adelslogen und schufen für sie eigene Adelsgrade und endlich besondere höhere Abteilungen in der Stufenfolge der Grade. Ihre Versammlungen nannten sie fortan auch nicht mehr Logen, sondern Kollegien, Conseils oder Kapitel. Das Beispiel der Adelslogen in der Erfindung neuer Grade fand im Lager der Gegner natürlich sofort begeisterte Nachahmung.

So entstand ein wüstes, kaum zu entwirrendes

Konglomerat von Systemen und Graden, das seinen vornehmsten Ausdruck im „schottischen Ritus“*) gefunden hat. Hierher gehören das Kapitel von Clermont, das auf französischem Boden bald in andern Hochgradsystemen verschwand, in Deutschland aber um so traurigere Früchte trug, die Grade des „Chevalier d'Orient“ und des „Chevalier d'Occident“, der „Empereurs d'Orient et d'Occident“**), des „Chevalier du temple“ etc. Seine Sage knüpft an den alten Templerorden an. Dieser sei der wahre und uralte Vertreter der FM. Seine Mitglieder, die lediglich adligen Kreisen entstammten, hiessen „Tempelritter, weil sie das Recht haben, in den Tempel einzugehen und zu beten: in diesem Allerheiligsten sei die Ruhe des Friedens und der Gleichheit.“ Zu erwähnen sind ferner: die „Akademie der wahren Maurer“ (A. des vrais maçons), die, 1778 gegründet, in sechs allegorischen Graden hermetische Kunst lehrte; die „Akademie der Weisen“ (A. des sages), die, 1776 entstanden, angeblich Bacons Nova Atlantis nachgebildet war; die „Auserwählten Coëns“ (Elus Coëns, auserwählte Priester), ein theosophisches System, das um 1754 erfunden wurde und dem eine fabelreiche Weltgeschichte von der Schöpfung bis zur Geburt des Heilandes zu Grunde gelegt war. Zu dieser Gemeinschaft hatten auch Frauen Zutritt. Sie hatte neun Grade, später sogar deren elf. Im neunten musste das eidliche Versprechen abgelegt werden, der

*) Rite écossais ancien et accepté, Ancient and accepted scotsch rite, häufig auch nach seiner höchsten Behörde „Suprême Conseil“ (Oberster Rat) genannt.

**) Das Conseil der „Kaiser von Osten und Westen“ in Paris vereinigte sich 1762 mit dem 1760 gestifteten Conseil des Princes du royal secret in Bordeaux zu einem gemeinschaftlichen Gesetz, das unter dem Namen Grandes constitutions noch heute eines der Grundstatuten des schottischen Ritus bildet.

römisch-katholischen Religion treu zu bleiben und die Brüder mit Rat und That zu unterstützen. Genannt zu werden verdienen endlich auch: die „Auserwählten der Wahrheit“ (Elus de la vérité). Dieses System bestand (seit 1776) nur wenige Jahrzehnte. Es verwarf alle auf Magie, Kabbala, Alchemie etc. gerichteten Grade und beabsichtigte, wie es heisst, in den acht höheren — es zählte ausserdem 4 niedere — nur eine freimaurerische Elite zu schaffen. Der 12. war der des Rosecroix. In ihm, der überhaupt im Hochgradsystem eine hervorragende Rolle spielt, ward das Ritterwesen verherrlicht und die Erinnerung an den Tod und das Wiederaufleben Jesu auf katholische Weise gefeiert.

Die erschreckende Zunahme des Hochgradschwindels veranlasste endlich i. J. 1777 die GL., die seit 1773 den Namen „Grand Orient de France“ führte, sich gegen die Hochgrade zu erklären. Das Verbot erwies sich als wirkungslos. Dem Übel war nicht mehr Einhalt zu thun. Immerhin war es von Bedeutung, dass i. J. 1785 das „Grand Chapitre général de France“ sich mit seinen 4 Hochgraden der Grossbehörde anschloss, ein Vorgang, an den sich die Einführung der französischen Lehrart (Rite français) knüpft. Nach ihr arbeitet die Mehrzahl der französischen Logen. Sie besteht aus den drei niederen (symbolischen) und vier höheren Graden: Elu, Ecossais, Chevalier d'Orient und Chevalier de Rosecroix.

Unter den Stürmen der Revolution erlosch jegliche fm. Thätigkeit in Frankreich. Aber schon 1795 begann sich neues Leben in den verlassenen Logen zu regen. Der Grossorient ward wieder eingerichtet. Sofort entbrannten auch aufs neue die alten Streitigkeiten. Trotzdem stieg die Zahl der Logen und Kapitel von Jahr zu Jahr. 1814 waren von jenen 886, von diesen 337 vorhanden. Alle Bemühungen, die beiden rivalisierenden und sich heftig befehdenden Mächte zu vereinigen, waren vergeblich. Auch eine, im J. 1848 einsetzende, vielversprechende Reformbewegung versagte bald, da ihre Träger auf diesem Wege die Verwirklichung republikanisch-sozialistischer Ideen anstrebten. Zum Unglück begann jetzt auch die klerikale Presse die Logen zum Gegenstand massloser Angriffe zu machen. Es drohte bereits die Gefahr eines allgemeinen Verbots der FM. Hierzu kam es nun zwar nicht, aber die Regierung durfte und konnte dem schlimmen, den sozialen Frieden arg gefährdenden, Treiben nicht länger unthätig zusehen.

Am 11. Januar 1862 ernannte Napoleon III. einen Nichtmaurer, den Marschall Magnan, zum Grossmeister, eine ungewöhnliche, aber, wie sich zeigen sollte, durchaus verständige Massregel. Es kam ein Mann ans Ruder, dem es ernst war um die Hebung der französichen FM., der die Beseitigung der eingerissenen Übelstände mit rücksichtsloser Energie betrieb. Leider setzte schon nach wenigen Jahren der Tod seinem segensreichen Wirken ein Ziel. Als Verdienst muss es Magnan angerechnet werden, dass er dem Grossorient das freie Wahlrecht wieder gewann und den „Orden von Misraim",*) der über zahlreiche Anhänger verfügte, mit der GL. vereinigte.

---

*) Rite de Misraïm (Misphraïm, Egyptien) gelangte im Anfang des 19. Jahrhunderts durch den jüdischen Kaufmann Michel Bédarride aus Italien nach Frankreich und wurde hier von ihm und seinen Brüdern Marc und Joseph ausgestaltet und verbreitet. Nach der Ordenssage kam Misraïm, ein Sohn Hams, nach Ägypten, nahm das Land in Besitz und nannte es nach seinem Namen. Der von ihm ausgegangenen Geheimlehre von Isis, Osiris und Typhon etc. bemächtigten sich alle Philosophenschulen, Geheimbünde, die meisten Religionen und Maurervereinigungen. Das

So trostlos der bisher geschilderte Verlauf der Geschichte der französischen FM. sich darstellt, so unerfreulich ist auch ihr Gang bis zur Tageshelle der Gegenwart.

Als im J. 1869 der Grossorient die Aufnahme von Farbigen eifrig befürwortete, lösten die meisten amerikanischen Grosslogen ihre Beziehungen zu ihm. Während des deutsch-französischen Krieges erhoben zehn Pariser Logen eine Anklage wegen Eidbruchs gegen König Wilhelm und seinen Sohn, den Kronprinzen. Ein maurerischer Kongress sollte am 15. März 1871 in Lausanne zusammentreten und die beiden fürstlichen Maurer aburteilen. Infolge dieser wahnsinnigen Handlungsweise, die der Grossorient keineswegs verhinderte, brachen die deutschen Grosslogen jede Verbindung mit dem Grossorient und mit dem Suprême Conseil ab, während der Verwaltungsrat der schweizerischen GL.

---

pomphafte System des „Orientalischen Ordens von M.“ besteht aus vier Serien. Sie heissen die symbolische, philosophische, mystische und hermetisch-kabbalistische. Die Serien sind in 17 Klassen von 90 Graden geteilt. Die Inhaber des 87—90sten sind mit der Verwaltung der drei ersten, bis zum 77. Grade reichenden, Serien betraut. Der Souverain Prince des 78. Grades ist der Chef der 4. Serie. Der 90. Grad ist dem unbekannten Souverain Grandmaître absolu puissant suprême de l'ordre vorbehalten. — Vergl. M. Bédarride: De l'ordre maçonnique de Misraïm depuis sa création jusqu'à nos jours, de son antiquité etc. 2 Bde. Paris; 1845. — Lachmann: Gesch. und Gebräuche der Hochgrade. Braunschweig; 1866. —

Eine ähnliche Bewandtnis hat es mit dem „Rite de Memphis“ oder dem „Orientalischen FM. Orden von Memphis“. Er ist, wie die Ordenssage berichtet, ein Werk des Ormus, der im J. 46 v. Chr. durch St. Markus zum Christentum bekehrt worden. 1150 sollen die Ritter von Palästina die maurerische Weisheit nach Edinburg gebracht und dort eine GL. gegründet haben. Das sei der Ursprung des modernen Mtums. — Im J. 1815 gründete Sam. Honis aus Kairo die erste L. des Ordens in Frankreich: Les disciples de M. zu Montauban. Aber erst 1838 gewann sie einiges Ansehen.

Alpina seinen Logen jegliche Beteilung an dem geplanten Kongresse verbot.

Seit geraumer Zeit rang in den französischen Logen der böse Geist des Radikalismus nach Bethätigung. Nachdem ihm 1871 das Grossmeisteramt zum Opfer gefallen, wusste er es durchzusetzen, dass die Generalversammlung des Grossorients am 10. September 1877 das Prinzip vom Dasein Gottes und der Unsterblichkeit der Seele aus dem Bundesstatut strich. Die natürliche Folge war, dass die Grosslogen von England, Schottland, Irland, Kanada und mehrere der Vereinigten Staaten sich sofort gänzlich von ihm lossagten.

Streitigkeiten im Suprême Conseil führten 1879 zur Gründung einer neuen GL. unter dem Titel „Grande L. Symbolique Ecossaise", die nur die drei symbolisierten Grade nach dem schottischen Ritus anerkannte. Seit

---

Nach den damals bekannt gewordenen Statuten zu urteilen, war das System des neuen Ordens mit einem überschwenglichen, orientalisch-mystischen Beiwerk ausgestattet. Es forderte von seinen Mitgliedern Einvernehmen mit den Mitgliedern aller Maurerarten. Die Beförderung in einen höheren Grad sollte nach Verdienst — ohne Bezahlung — erfolgen. 1843 von der Polizei aufgelöst, lebte der Orden 1848 in Paris wieder auf mit 90 „Graden des Wissens", die in drei Reihen zu 30 Graden eingeteilt waren. Der oberste (Sanctuaire) sollte sich ausschliesslich dem Esoterismus widmen. Nachdem ihm abermals im J. 1851 ein vorzeitiges Ende in Frankreich bereitet worden, verlegte der Orden seinen Sitz nach London, von wo aus er sich nach Belgien, Italien, Spanien, Rumänien, der Schweiz, Amerika und Australien verbreitete. Auch in Berlin tauchten seine Agenten auf. 1860 wurde die Zahl der Grade auf 30 beschränkt. „In diesem, für einen gereinigten Geschmack unwürdig aufgeputzten, Ritus kann man nur einen der bestechendsten Versuche erblicken, die FM. auf einem neuen pikanten Wege, dem eines symbolischen Spazierganges durch die verschiedensten Kulturepochen hindurch, zu der Theosophie mancher längst überwundenen Hochgradsysteme einer früheren Zeit zurückzuführen."

1896 sind indess beide Grossbehörden als „Suprême Conseil Grande Loge de France“ wieder vereinigt.

An die Stelle des Grossmeisters ist (seit 1871) der dreissig Mitglieder zählende Ordensrat getreten. Er arbeitet in sechs Ausschüssen und wird von einem Präsidenten, zwei Vizepräsidenten, zwei Sekretären und einem Siegelbewahrer geleitet. Er und die durch geheime Wahl ernannten Abgeordneten der Logen bilden die Generalversammlung, der die höchste Autorität in allen Fragen der Gesetzgebung und Verwaltung innewohnt. Im Jahre 1898 unterstanden dem französischen Grossorient 322 Logen, 47 Kapitel und 17 Konseils. —

4. Die Freimaurerei in Deutschland.

Der grosse kosmopolitische Zug, der das FMtum durchweht, fand im Herzen des deutschen Volkes einen begeisterten Widerhall. Und es währte nur kurze Zeit, da erstanden im deutschen Vaterlande fm. Arbeitsstätten in dichter Menge, da entfaltete sich das fm. Wesen zu üppigster Blüte und gelangte zu einer Bedeutung, die sowohl dem französischen, als dem englischen Mtum bisher versagt geblieben.

Als eine Grundursache dieser auffallenden Erscheinung darf wohl — neben der Zugehörigkeit Friedrichs des Grossen zum Bunde — die Einsicht der deutschen Aufklärungsphilosophie in die „Notwendigkeit des Heraustretens der Wissenschaft aus der Schulstube“ in Anschlag gebracht werden, „des unmittelbaren und werkthätigen Einwirkens der Gebildeten auf die bildungsbedürftigen Massen.“

Aber es waren noch andere, zum Teil nicht weniger gesunde Gedanken, die dem fm. Treiben auf deutschem Boden Halt und Macht verliehen.

In Frankreich waren es auf der einen Seite unbezähmbare Neugierde, auf der andern unstillbare Sehnsucht nach der Glückseligkeit der Gleichheit, die Adlige und Bürgerliche in hellen Scharen in die Loge trieb. In Deutschland gab es so wenig, wie in Frankreich, ein öffentliches Leben. Von Vereinsthätigkeit war keine Rede, und polizeiliche Bevormundung sorgte dafür, dass jeder kraftvollen Regung des öffentlichen Lebens alsbald der Atem abgeschnitten wurde. Aber die vornehme Pariser Gesellschaft besass wenigstens ihre Salons, wo die Kunst der Unterhaltung gepflegt wurde. Hier durfte auch die öffentliche Meinung sich frei aussprechen, hier fand der bewegliche französische Esprit einen Mittelpunkt und eine Werkstätte. In Deutschland war nichts dergleichen, zumal da die tonangebenden vornehmen Kreise der Gesellschaft nur wenig geistige Interessen hatten. Da boten sich die stillen Räume der Logen als Stätten dar, in denen geistig angeregte, strebsame Männer, fern von dem stürmischen Tagestreiben, mit gleichgesinnten Freunden alle die damalige Zeit beschäftigenden Fragen, zumal die über Erziehung und Bildung, nach Belieben erörtern konnten, in denen ungestört Werke der Barmherzigkeit und des Friedens geübt werden durften, wo edle Geselligkeit herrschte, wo Unterhaltung und Anregung zu finden war, wo jeglicher Tugend Kränze geflochten wurden. „Wie tief und allgemein die Idee von der Notwendigkeit und dem Segen erziehender und leitender Geheimbünde im Bewusstsein der Gebildesten und Erleuchtetsten lebte, beweist die hervorragende und abschliessende Stellung, die denselben Goethe im „„Wilhelm Meister““ zuerteilt, in jenem unvergleichlichen Roman, der die buntdurchkreuzten Wirren und Kämpfe einer anderen, nach reinem und harmonischem Menschendasein ringenden Bildungsgeschichte mit tiefster Lebensweisheit und ergreifendster Naturwahrheit schildert."

Aber alle diese Momente blieben doch an Bedeutung zurück hinter der einzigen Thatsache, dass der Schleier des Geheimnisses das FMtum dicht umhüllte, dass die lockende Kunde, es sei im Besitze wunderbarer Arcana, sich verbreitete und alsbald in zahlreichen Köpfen sich festsetzte. Obwohl die aufklärerischen Ideen das Land erfüllten und tiefer und tiefer in das Innere des Volkslebens eindrangen, herrschte doch in den Gemütern eine mystisch gefärbte trübe Stimmung. So grosse Verdienste sich auch die Popularphilosophie um Befreiung und Hebung der gesamten Durchschnittsbildung des Jahrhunderts erworben, so sehr die philosophische Arbeit dadurch an Klarheit und formaler Ausbildung gewonnen hatte, so viel liess sie an Gehalt, Tiefe und Gründlichkeit vermissen. Ein oberflächlicher Eklektizismus, vom blossen Dilettantismus nicht sonderlich verschieden, gab sich für echte Weltweisheit aus. So schlug denn die Aufklärung vielfach in Materialismus um, wie Unglaube in Aberglaube und Wahnwitz. „Gerade die Schar der aufgeklärten, hellsichtigen Menschen wurde leicht die Beute von Schwindlern.“ Die Bildung, überhaupt der ganze wissenschaftliche und literarische Betrieb bewegte sich eben noch allzusehr an der Oberfläche. Die grossen Entdeckungen auf dem Gebiete der Naturwissenschaften fanden keineswegs die gebührende Würdigung. Unreine Begierden umnebelten die Sinne, und eine zügellose Phantasie strebte nach höheren Geheimnissen. Allgemein verbreitet war der Glaube, dass es eine geheimnisvolle Weisheit gebe, die ihre Besitzer befähige, in nähere Gemeinschaft mit Gott zu treten und über das Geisterreich eine gewisse Herrschaft auszuüben. Die Zunft der Astrologen und Alchemisten war ja, wie wir wissen, noch nicht ausgestorben und der Gedanke, das Lebenselixier oder den Stein der Weisen zu erlangen, übte unentwegt seine unwiderstehliche Anziehungskraft aus. —

Die FM. fand in Deutschland Eingang auf dem Wege über Hamburg und Frankfurt a. M. Seit den Zeiten des Mittelalters bestand vornehmlich zwischen der alten Hansestadt und dem britischen Inselreiche ein reger Handelsverkehr. Und nachdem der Kurfürst von Hannover als Georg I. den englischen Thron bestiegen hatte (1714), war Niederdeutschland dem englischen Einfluss schutzlos preisgegeben.

Schon zu Anfang der dreissiger Jahre begegnen wir in Nord- und Westdeutschland zahlreichen deutschen FM., die, nachdem sie in England in die Brüderschaft aufgenommen waren, nun ihrerseits sich eifrig bestrebten, den verheissungsvollen Bund auch nach dem Vaterlande zu verpflanzen.

Im J. 1733 erteilte die Londoner GL. „eilf deutschen Herren und guten Brüdern“ die Erlaubnis zur Gründung einer Bauhütte in Hamburg. Aber es vergingen noch vier Jahre, ehe (am 6. Dezember 1737) die erste deutsche Pflanzstätte des FMbundes eröffnet werden konnte. Sie verrichtete ihre Arbeiten in französischer Sprache, besass kein schriftliches Ritual, nahm Suchende mit offenen Augen auf und legte sich im J. 1741 den Namen Absalom bei.

Aus der Hamburger Loge entwickelte sich „die Provinzialloge von Hamburg und Niedersachsen“. Sie erhielt von London eine Stiftungsurkunde, und ihr schlossen sich allmählich ausser mehreren Logen an andern Orten 5 Logen in Hamburg an, die jetzt sog. „fünf vereinigten Logen“.

Durch die Einführung der strikten Observanz*) wurde die Verbindung mit London längere Zeit unter-

*) Seit 1757 griff in H. die Sucht nach neuen Orden und Geheimnissen um sich. Damals entstand eine Espérance-L. des „Ordre des chevaliers et des dames de l'espérance“, eines in Frankreich gegründeten geheimen, fm. Formen nach-

brochen, aber 1787 wieder hergestellt, bis sich 1811 die Provinzialloge für unabhängig erklärte und „Grosse Loge von Hamburg“ nannte. Inzwischen war — seit 1770 — eine Reihe von Bauhütten ins Leben gerufen

---

gebildeten, Männer- und Frauenordens, der bald auch in Deutschland Anhänger fand — namentlich in Jena, Göttingen, Hamburg, Schleswig, Leipzig, Hannover und Stuttgart. Seinen Namen deuteten die Buchstaben ZN geheimnisvoll an, die in der Form eines Fünfeckes niedergeschrieben wurden. Sein Sinnspruch war: Sinceritate et virtute conjuncti. — 1758 fand sich eine L. in H., die dem „Orden der Kette der Pilgrimme“ (auch „Gesellschaft der Kette“ genannt) angehört. Die merkwürdige Gemeinschaft ist nicht nur in H., sondern auch in Jena, Helmstedt und Kopenhagen nachweisbar, wo sie noch im 19. Jahrh. bestand. Sie setzte sich meist aus Personen höherer Stände zusammen. Als Erkennungszeichen, besonders in Briefen, gebrauchte man die Buchstaben W. B. S. Sie bedeuteten die drei Hauptpflichten des Ordens: Willfährigkeit, Beständigkeit und Stillschweigen. Sie bildeten aber auch zugleich das Ordenskleinod. In verschlungener Form wurde es am weissen Bande im Knopfloch der Weste getragen. Die Mitglieder nannten sich „Ritter von der Kette“, ihre Zusammenkünfte Union. Die versammelten Glieder hiessen Favoriten und konnten aus Frauen und Männern bestehen. „Ein Glied an die Kette hängen“, bedeutete: ein neues Mitglied der Ordensgemeinschaft zuführen. Ihr ganzes Ritual bezog sich auf Reise und Pilgrimschaft. — Vergl. Latomia. Bd. 27. S. 47 f. —

1759 wurde in H. eine Adoptionsloge Concordia gestiftet. In demselben Jahre entstanden hier Filialen der „Orden der Tugend und Ehre“ und „der Weisheit“. Als Stifter jenes wird der Herzog Louis von Newcastle und als Stiftungsjahr 1743 genannt. Das Ordenskleinod war ein Herz zum Zeichen, dass die Mitglieder einander mit brüderlicher Liebe begegnen sollten. Aufnahmefähig waren nur Adlige, Offiziere und Gelehrte. — Der „Orden der Weisheit“ soll ein Werk von Addison, Steele und Swift sein, worauf die Buchstaben A. S. S. auf den Mitgliederzeichen deuten. Besondere Bedeutung hat der Orden nicht erlangt. — Im Juni 1762 wurde ein Kapitel des Ritterordens von Jerusalem in H. eingerichtet, während im Januar 1765 die strikte Observanz ganz durchgeführt ward.

worden, die sich an die Grosse Landesloge in Berlin anschlossen. 1777 gründeten sie die dieser Grossbehörde unterstehende „Provinzialloge von Niedersachsen", der jetzt 6 Johannislogen angehören. Seit 1845 fanden noch andere Lehrarten in Hamburg Eingang, so dass nunmehr dort 16 Logen von 6 verschiedenen Verbänden arbeiten. Von Hamburg verbreitete sich die FM. 1744 nach Braunschweig, 1746 nach Hannover und andern Orten.

Von grösster Bedeutung für die Entwicklung des Bundes auf deutschem Boden war die Thatsache, dass Friedrich d. Gr. es nicht verschmähte, der brüderlichen Gemeinschaft als Mitglied beizutreten.

Bei Gelegenheit einer Reise, die König Friedrich Wilhelm I. von Preussen in Begleitung seiner ältesten Söhne, des Kronprinzen Friedrich*) und des Prinzen August Wilhelm, im März 1738 zur Truppenschau nach den Rheinlanden unternommen hatte, soll eines Tages bei Tisch das Gespräch auf die FM. gekommen sein. Der König hielt sie für staatsgefährlich und äusserte sich demnach sehr wegwerfend über sie. Der als Gast anwesende Graf Albrecht Wolfgang von Schaumburg-Lippe nahm sich aber eifrig der angegriffenen Gesellschaft an und bekannte sich selbst freimütig als Maurer.

*) Friedrich hatte in Rheinsberg, wo er seit 1736 sein Hoflager aufgeschlagen hatte, um der „militärischen Thätigkeit eine höhere Weihe" zu geben, den Bayard-Orden gestiftet. „In vieler Mummerei ein Kern von Ernst; als allzu gewichtig abèr werden wir die Bestrebungen dieser Brüderschaft kaum auffassen dürfen." Die Zahl ihrer Mitglieder war nach dem sagenberühmten Vorbilde der Tafelrunde des Königs Artus auf 12 beschränkt. Die Ritter führten einen besonderen Ordensnamen. Der Kronprinz hiess Le Constant, der romantische Ordensgrossmeister Fouqué nannte sich Le Chaste, andere Le Sobre, Le Gaillard u. s. w. Der Orden hat weit über die Rheinsberger Tage hinaus bestanden, auch zuweilen noch neue Mitglieder aufgenommen.

Dieser Vorgang blieb nicht ohne Eindruck auf den Kronprinzen. Nach Aufhebung der Tafel nahm er den Grafen bei Seite und gab ihm den dringenden Wunsch zu erkennen, seine Aufnahme in eine Gesellschaft zu vermitteln, die so wahrheitsliebende Männer zu ihren Mitgliedern zähle. Er fügte hinzu, dass dies, ohne Aufsehen zu erregen, nur in Braunschweig geschehen könne, wo der König etwa zu Anfang August eintreffen werde und wo während der Messe zahlreiche Fremde versammelt seien. Der Graf, in London aufgenommen und mit den deutschen Verhältnissen wenig vertraut, wandte sich an den Baron Albedyll in Hannover, teilte ihm mit, dass eine hohe Persönlichkeit FM. zu werden wünsche und ersuchte ihn, das Weitere zu veranlassen. Albedyll unterrichtete hiervon seine Loge Absalom in Hamburg. Nachdem sie unter der Hand erfahren, dass kein Geringerer als der Kronprinz von Preussen der hohe Suchende sei, entsandte sie eine Abordnung, bestehend aus den Mitgliedern v. Oberg, v. Löwen und v. Bielfeld*) nach Braunschweig. Am 11. August 1738 trafen diese dort ein und stiegen im Kornschen Gasthofe „Zum Schloss Salzdahlum" ab. Mit ihnen erschienen zugleich die Grafen von Schaumburg und Kielmansegge und der Freiherr von Albedyll. Tags darauf zog der

---

*) Jakob Friedrich v. B., geb. 31. März 1717 in Hamburg, gestorben 5. April 1770 in Treben, war bei der Aufnahme des Kronprinzen Friedrich als Sekretär und Redner thätig. 1740 trat er als Legationssekretär in dessen Dienst, wurde 1745 Gouverneur des Prinzen Ferdinand, 1747 Kurator der Preussischen Universitäten und Direktor des Hospitals in Berlin. 1748 wurde er zum Geheimen Rat ernannt und in den Freiherrnstand erhoben. In der Loge, in der König Friedrich kurz nach dem Tode seines Vaters den Hammer führte, verwaltete er mit Jordan das Amt des Aufsehers. Er war Mitstifter der Loge Zu den drei Weltkugeln und von 1754—57 deren Grossmeister. Vergl. Bielfeld: Friedrich d. Gr. und sein Hof. In vertrauten Briefen. Breslau; 1838.

preussische König mit seinem Gefolge in Braunschweig ein.

Der Kronprinz bestimmte die Nacht vom 14. zum 15. August zur Aufnahme. Ein geeignetes Zimmer des Gasthofes ward als Loge hergerichtet. Um Mitternacht erschien Friedrich in Begleitung des Grafen von Wartensleben, und es erfolgte nun seine und seines Begleiters Aufnahme in vorgeschriebener Form. „Um 4 Uhr Morgens war Alles zu Ende."

Die Zugehörigkeit zum FMbunde musste vor dem Vater streng geheim gehalten werden, dessen misstrauischem Geiste des Sohnes Briefwechsel mit Voltaire und andern französischen Freidenkern ein Gegenstand schwerer Sorge war. Doch fand Friedrich bald Mittel und Wege, sich praktisch mit FM. zu beschäftigen. Schon im nächsten Jahre rief er Oberg und Bielfeld nach Rheinsberg in die stimmungsvolle Welt seines abgelegenen Schlosses. Mit Unterstützung dieser kundigen Brüder wurde nun eine Reihe maurerischer Versammlungen abgehalten, Aufnahmen und Beförderungen vollzogen.

Schon wenige Tage nach seiner Thronbesteigung — am 3. Juni 1740 — bekannte sich der junge König öffentlich als FM. In der Zeit vom 13.—20. Juni hielt er mehrere feierliche Logen im Charlottenburger Schlosse und vollzog in ihnen die Aufnahme seines Bruders, des Prinzen August Wilhelm, des Markgrafen Karl v. Schwedt und des Herzogs Friedrich Wilhelm von Holstein-Beck. Ausserdem fanden im Laufe des Jahres in Charlottenburg, Berlin und Rheinsberg Logen unter des Königs Vorsitz statt. Die königliche Loge hatte keinen besonderen Namen. Sie hiess gewöhnlich: Loge du roi, Loge première oder Noble Loge.

Im ersten Schlesischen Kriege verlor die Hofloge mehrere Mitglieder. Sie ging daher 1743 ein, zumal da auch der König sich ihr nicht mehr persönlich zu widmen vermochte.*) Die übrigen Logenmitglieder schlossen sich der Loge Aux trois globes an. Auch die Gerät-

*) Förmlich ausgeschieden aus der fm. Gemeinschaft ist der König nicht. Es war natürlich, dass er bei der Last seiner Regierungsgeschäfte und Sorgen wenig oder gar keine Zeit fand, an maurerischen Arbeiten teil zu nehmen. Vielleicht hatte auch sein hochstrebender philosophischer Geist in ihr nicht gefunden, was er sehnsuchtsvoll wünschte: höhere Einsicht, tiefere Erkenntnis, endgültigen Aufschluss über die grosse Rätselfrage des Daseins. Er teilte in dieser Hinsicht nur das Schicksal Lessings. Dass der König infolge einer Verräterei des Ingenieur-Generals v. Walrave die Hofloge aufgelöst habe, wie oft, meist mit romantischen Zuthaten, erzählt worden, ist eine Fabel. W. ist niemals FM. gewesen.

Trotz aller persönlichen Enttäuschungen und bitteren Erfahrungen hat Friedrich bis an das Ende seines glorreichen Lebens dem Bunde sein vollstes Interesse bewahrt. Hiervon zeugen sprechend nicht nur die zahlreichen Logen-Gründungen während der langen Zeit seiner Regierung, sondern auch das „Protectorium“, das er der Grossen Landesloge am 16. Juli 1774 verlieh und verschiedene Handschreiben und Erlasse. In dem Kabinettschreiben, das dem Protektorium voranging, heisst es: „Se. M. wird sich immer zum besonderen Vergnügen gereichen lassen, durch Ihre mächtige Protektion mitzuwirken für den Zweck aller wahren FM., nämlich: die Menschen als Glieder der Gesellschaft höher zu bilden, sie tugendhafter und wohlthätiger zu machen.“ — 1777 gab der König der Bitte des Nationalgrossmeisters Prinzen Friedrich August von Braunschweig, sein Bild in den Logen aufstellen zu dürfen, gern nach und übersandte sein noch vorhandenes Porträt mit folgenden gnädigen Worten: „Ich kann dem Geiste, welcher alle ihre Mitglieder beseelt, gute Patrioten und getreue Unterthanen zu bilden, nur Beifall zollen . . . .“ Gleichzeitig fragt er, die eigene Person voll Laune persiflierend, ob sein Bild sich nicht besser als Vogelscheuche im Garten eignen würde, „als in einer Versammlung von Weisen, einen edlen Wettstreit anzuregen“.

Dieselbe freundliche Gesinnung zeigen zwei Schreiben an die Loge Royal York de l'amitié. In jenem vom 14. Februar 1777 lesen wir: „Eine Gesellschaft, welche nur dahin trachtet, in

schaften der Hofloge gingen durch Kauf in deren Besitz über, und noch heute werden als kostbarstes Heiligtum von der Grossen National-Mutterloge Zu den

---

Meinen Staaten alle Tugenden keimen und Frucht bringen zu lassen, kann immer auf Meinen Schutz zählen. Dies ist die rühmliche Pflicht eines jeden guten Fürsten, und Ich werde nie aufhören, sie zu erfüllen.“ — Ähnlich äusserte er sich in einem aus Potsdam vom 7. Februar 1778 datierten Briefe. — Aber auch ein sehr ungnädiger Erlass an die Mitglieder von Royal York unter dem 13. November 1783 ist aus dem Archiv der Loge bekannt geworden. Diese hatte nämlich um die Königliche Genehmigung und Unterstützung eines Konzertes zu wohlthätigen Zwecken gebeten. Darauf erwiderte Friedrich zornig: Er habe mit Missfallen aus der Eingabe ersehen, dass die Loge R. Y. sich von den ersten Grundsätzen der wahren FM. entferne und, anstatt sich mit dem ehrenhaften Endzweck dieser Verbrüderung zu beschäftigen, gebe sie sich damit ab, ein kostspieliges Konzert zu arrangieren, was wenig dazu beitragen möchte, ihre Mittel zu wohlthätigen Zwecken zu vermehren. In der That heisse dies mit einem sonst so ehrwürdigen Orden Spielerei treiben und er könne sich nicht bewogen finden, seine Autorisation und besonderen Schutz solchen Frivolitäten zu gewähren.

Gegenüber diesen Äusserungen kommen andere Aussprüche des Königs kaum in Betracht, aus denen man gern seine tiefe Abneigung, ja seine Verachtung gegen den Bund herauslesen will.

Am bekanntesten ist des Königs wegwerfende, aber historisch unbeglaubigte Äusserung: „La maçonnerie est un grand rien.“ Selbst ihre Richtigkeit vorausgesetzt, würde man doch zu erwägen haben, inwiefern sie nicht etwa ein Erzeugnis zufälliger übler Laune und Umstände ist. Dem geistreichen Fürsten war es ein Bedürfnis zu spotten. Als er einst den Astronomen Maupertuis um eine populäre Erklärung der Differenzialrechnung ersuchte, entgegnete dieser: „Sire, das geht nicht. Die höhere Mathematik ist wie das Geheimnis der FM. Durch Erzählen erfährt man es nicht, man muss sich einweihen lassen, um es völlig zu begreifen.“ Da soll der König lächelnd geantwortet haben: „Dann mag ich die höhere Mathematik lieber nicht lernen; denn ich merke an mir, dass das Einweihen nicht jedermann hilft.“ Er giebt also höchstens zu, dass er das Geheimnis der FM. nicht begriffen habe.

drei Weltkugeln der Hammer und der Maurerschurz des Grossen Königs aufbewahrt.

Um den Andrang zur Hofloge abzulenken, war

— Am 18. Mai 1782 schrieb er an d'Alembert: „Vernehmen Sie, dass die FM. in ihren Logen eine Religionssekte stiften, welche — und das ist viel gesagt — noch abgeschmackter ist, als die andern, schon bekannten Sekten.“ Und kurz vor seinem Tode (2. Juli 1786) äusserte er zu seinem Arzte Zimmermann: „Alchemie und Chiromantie haben ihren Ursprung in der FM.; ich verlache alle diese Thorheiten.“ Auffallend ist auch, dass er in seinen Gesprächen mit Henri de Catt, dem er sein innerstes Herz erschloss, niemals der FM. gedachte. — Dass die Sage sich schnell und mit besonderer Vorliebe einer Persönlichkeit, wie die des Grossen Königs, bemächtigt, nimmt nicht Wunder. So knüpft sich denn auch an seine fm. Thätigkeit eine Fülle von Phantastereien aller Art. Hierher gehört u. a. die Erzählung, dass Friedrich sich der von den Jesuiten verfolgten FM. in Aachen angenommen und zu ihren Gunsten ein anonymes Schreiben erlassen habe. —

Vergl. O'Etzel: Beschreibung der Säkularfeier der Aufnahme Friedrichs d. Gr. in den FMbund. Berlin; 1838. — Gesch. der Grossen National-Mutterloge Z. d. 3 W. Berlin; 1890. — Hamburg. Zirkel-Correspondenz 1896/97. Nr. 148. — E. Knorr: Friedrich d. Gr. als FM. (Hohenzollern-Jahrbuch) 1899. —

Von den nächsten Verwandten Friedrichs gehörten, ausser dem Prinzen August Wilhelm und dem Markgrafen Karl, der Prinz August Ferdinand und der Markgraf Heinrich von Schwedt († 1788) dem Bunde an. Auch des Grossen Königs Nachfolger auf dem Throne liessen der FM. nicht nur stets ihren landesherrlichen Schutz angedeihen, sondern zählten auch selbst der Mehrzahl nach zu ihren Jüngern. König Friedrich Wilhelm II. wurde vom 1. Oktober 1772 bis zu seinem Regierungsantritt bei der Loge Zu den drei Schlüsseln in Berlin als Ehrenmitglied geführt. König Friedrich Wilhelm III. wurde 1814 in einer russischen Feldloge unter dem Vorsitz des Kaisers Alexander I. zum FM. aufgenommen. Am 22. Mai 1840 trat Kaiser Wilhelm I. dem Bunde bei, vollzog am 5. November 1853 in seinem Palais die Aufnahme seines Sohnes, des nachm. Kaisers Friedrich, und bekleidete die Würde des Protektors sämtlicher FMlogen in Preussen. Sie ist am 2. Februar 1894 auf den Prinzen Friedrich Leopold v. Pr. übergegangen. —

auf Friedrichs Veranlassung am 13. September 1740 jene Loge Aux trois globes gestiftet worden. Sie arbeitete in französischer Sprache, entwickelte sich im J. 1744 zur GL. und legte sich den Namen Grosse Königliche Mutterloge Zu den drei Weltkugeln bei, den sie am 5. Juli 1772 in ihren jetzigen umwandelte.

Der König übernahm selbst das Grossmeisteramt in der neugegründeten GL. und trat es erst 1754 an den Baron von Bielfeld ab.

Von Berlin aus wurden in zahlreichen Städten, wie in Halle, Breslau, Frankfurt a. O., Meiningen, Bayreuth*) Tochterlogen gegründet.

Ausser Hamburg war es vornehmlich Frankfurt a. M., wo die FM. schon frühzeitig festen Fuss fasste. Zahlreiche Kaufherren der handels- und gewerbereichen Reichsstadt waren in London und Paris mit der neuen Humanitätsgesellschaft in engste Berührung gekommen und verbreiteten deren Ideen erfolgreich in der Heimat. Gelegenheit zu einem festen Zusammenschluss einer Anzahl FM. bot die Wahl und Krönung Karls VII. zum deutschen Kaiser (Januar-Februar 1742). Die das grosse Ereignis begleitenden glänzenden Festlichkeiten führten u. a. auch zahlreiche angesehene Maurer aus aller Herren Länder nach Frankfurt. Sie wusste, so scheint es, der französische Gesandte Marquis de Belle-

*) Hier stiftete der Markgraf Friedrich, der Schwager des Grossen Königs, am 21. Januar 1741 die (Schloss-)Loge Zur Sonne. Von ihr zweigte sich noch im Laufe des Jahres die Stadtloge ab. In beiden hat der Markgraf selbst den Hammer geführt. 1744 nahm jene den Titel Grosse Mutterloge an und eröffnete dem Bunde neue Arbeitsstätten in Ansbach, Erlangen, Fürth, Hof u. s. w. Seit 1811 besteht die Bayr. Loge als unabhängige GL. Zur Zeit unterstehen ihrer Oberleitung 32 Logen. Ihrer Verfassung liegt das Fesslersche System zu Grunde, wie es in der GL. Royal York noch heute verkörpert und wirksam ist.

Isles zur Bethätigung maurerischer Arbeit heranzuziehen. Die ersten verbürgten Nachrichten darüber liegen erst aus dem Monat März 1742 vor. Feste Gestalt gewann die Verbindung durch die am 27. Juni 1742 erfolgte Gründung der Loge L'Union.*) Französischen

*) Die junge Arbeitsstätte wollte indess nicht recht gedeihen. Der anfangs sehr rege Eifer der Brüder begann bald zu erlahmen. Der Besuch wurde immer spärlicher — eine Folge des Wegzuges angesehener Genossen. So kam man denn am 24. Oktober 1746 zu dem Entschluss, die Arbeiten bis zu gelegener Zeit einzustellen. Dieser Zustand währte bis zum August 1752. Nach Ausbruch des siebenjährigen Krieges geriet die Loge abermals in Schwierigkeiten. Im Gefolge der französischen Truppen waren auch Abenteurer und Glücksritter aller Art nach Frankfurt gekommen. Diese errichteten vielbesuchte Winkellogen mit hochtrabenden Titeln und widmeten sich hier ungestört ihrem dunklen Gewerbe. Dem schamlosen Treiben wurde erst nach dem Abzug der Franzosen ein Ziel gesetzt. Jetzt war auch die Loge wieder in der Lage, eine erfolgreiche Thätigkeit zu entfalten (1761). Aber schon nach Verlauf weniger Jahre stellten sich die Vorboten neuer Stürme ein. Sie kamen von Berlin her. Doch nur wenige Frankfurter M. wandten sich damals „dem neuen Lichte“ der strikten Observanz zu, stifteten die Loge „Zu den drei Disteln“ und verbanden sich mit einer Schottenloge „Wilhelm Zu den drei Rosen.“ Auf Ansuchen der Mehrheit ernannte die englische GL. die Frankfurter Bauhütte zur Provinzialloge über den Ober- und Niederrhein. Der Umstand, dass die Grossbehörde ihre Provinziallogen in Deutschland ohne weitere Rückfrage an die neue Berliner GL. (GLandesloge) überwies, veranlasste Fr., sich — allerdings vorübergehend — der strikten Observanz zu nähern.

Inzwischen hatte der wunderliche Freiherr v. Knigge den Plan zur Gründung eines FMbundes gefasst, in dem sich Mitglieder aller Systeme begegnen könnten, und seine phantasievollen Ideen in einer umfangreichen Denkschrift niedergelegt. Sie liegt vor in der trefflichen Bearbeitung der Frankfurter Brüder vom 18./21. März 1783 und ist gewissermassen als die Stiftungsurkunde des Eklektischen FMbundes anzusehen d. h. der zur „Wiederherstellung der königlichen Kunst der alten FM. ver-

Ursprungs scheint auch die erste Logen-Gründung in Dresden zu sein. Sie ging aus (1738) von dem Grafen von Rutowski, einem Sohn des Kurfürsten und Königs August des Starken, und führte den Namen „Aux trois aigles blancs". Ihre Mitgliederzahl wuchs bald so an, dass sich in demselben Jahre die Loge „Aus trois glaives d'or" und 1741 eine solche „Aux trois cygnes" bildete. Diese Bauhütten waren der Grundstock zu einer GL. Obersachsens, die bis 1753 thätig war. Von Dresden wurde auch die erste Leipziger Loge, die jetzige Minerva Zu den drei Palmen, 1741 gegründet, die ihrerseits wieder die Loge in Altenburg stiftete.

Weitaus die Mehrzahl der deutschen Logen kannte anfangs nur die drei Johannisgrade und legte ihren Arbeiten das Konstitutionenbuch der englischen GL. zu Grunde. Doch erwies diese den maurerischen Vorgängen auf dem Festlande nur geringe Teilnahme, eine Unterlassungssünde, die sich bitter rächen sollte.

---

bundenen Logen." 1788 stellte sich die Frankfurter „Direktorialloge für den ober- und niederrheinischen, sowie den fränkischen Kreis" wieder unter England, weshalb alle unter ihr arbeitenden Bauhütten anerkannt wurden. Während der Revolutionskriege stellte die Provinzialloge ihre Thätigkeit ein. Im J. 1801 wieder eröffnet, kam es im Laufe der Zeit zwischen ihr und der engl. GL. zu Zerwürfnissen, die schliesslich dahin führten, dass jene sich 1823 als „Grosse Loge des Eklektischen FMbundes" für unabhängig erklärte. Als solche war sie eifrig bemüht, den Ekl. Bund auf die Grundsätze zurückzuführen, welche die alten englischen Konstitutionenbücher von jeher als Bundesprinzip bezeichnet hatten. Und das geschah endgültig durch die 1849 beschlossene „Reorganisationsakte" und die 1879 u. 1882 zur Annahme gelangten Gesetze. Gegenwärtig zählt der E. B. 20 Logen, davon 12 in Preussen. Vergl. Kloss: Annalen der L. Zur Einigkeit etc. 1741—1811. Frankfurt; 1892. — K. Paul: Annalen des EFMB. zu Fr. 1766—1883. Festgabe zur Säkularfeier. Frankfurt. 1883. — Latomia. B. VIII. S. 5 ff.: XV. S. 121 ff.; XVI. S. 117 ff. —

Aus ganz Europa strömte damals die adlige Jugend nach der Hauptstadt Frankreichs, um dort ihre Bildung zu vollenden. Die ganze Kulturwelt stand unter dem bestimmenden Einfluss der religiösen und politischen, der philosophischen und philantropischen Ideen, die von Paris ausgingen, die Welt zu erleuchten. Die französische Sprache und Literatur ward in den Kreisen der vornehmen Gesellschaft allein gelesen und gesprochen.

Auch der Deutsche jener Tage war seit länger denn einem Menschenalter gewohnt, in den Franzosen seine Lehrer und vielbewunderten Vorbilder zu sehen und zu verehren. Diese Vorliebe für welsches Wesen brachte es mit sich, dass auch Logennamen und Logenarbeiten durchgängig französisch waren. Erst 1743 begann man in Berlin, 1744 in Frankfurt sich der deutschen Sprache bei der Logenarbeit zu bedienen.

Der Einfluss französischen Wesens in Deutschland führte auch zur Einführung der höheren Grade und der sog. schottischen Maurerei, deren erste Spuren auf deutschem Boden seit 1742 in Berlin nachweisbar sind. Damals wurde von der Loge Zu den drei Weltkugeln eine schottische Loge L'union gestiftet. Nachdem dann im Dezember 1758 gefangene französische Offiziere unter dem Marquis de Lernais eine eigene Militärloge La fidélité errichtet hatten, die aber nach Auswechselung der Gefangenen wieder einging, wurde 1760 auf Wunsch mehrerer in Berlin ansässiger französischer FM. die Bauhütte Aux trois colombes ins Leben gerufen. Sie nannte sich von 1761 an L'amitié aux trois colombes und führte seit dem 12. April 1765, da sie den Herzog Eduard August von York aufgenommen hatte, die Bezeichnung Royal York de l'amitié.*)

---

*) I. J. 1798 bildet sich die Loge Royal York zur Freundschaft zur GL. um und teilte sich in ihre noch jetzt in Berlin

Unter dem Namen La petite concorde findet sich seit dem 9. Dezember 1754 unabhängig neben der Mutterloge Aux trois globes eine Johannisloge. Bei ihr entstand 1761 eine Schottenloge L'harmonie, die sich noch in demselben Jahre mit der andern Schottenloge L'union vereinigte und am 5. März 1767 unter dem Namen Friedrich Zum goldnen Löwen zur strikten Observanz übertrat. Ihrem Beispiele folgte 1766 die Mutterloge Zu den drei Weltkugeln.*)

Am 19. Juni war hier auch von Lernais ein sog. Clermontsches Kapitel errichtet worden, an dessen Spitze ein angesehener FM., der Freiherr von Printzen**) als Obermeister und der berüchtigte Rosa als dessen Legat standen. Es hiess das „oberste und erste jerusalemische Kapitel deutscher Nation zu Berlin".

Die Seele des Ganzen war der ehemalige Konsisto-

---

bestehenden vier Tochterlogen. Sie arbeitet nach dem Fesslerschen System und zählt eine Gr. Provinzialloge von Schlesien, 11 Innere Oriente und 67 Johannislogen. — Vergl. Flohr: Gesch. der GL. v. Pr., gen. R. Y. z. F. Berlin; 1898. — Derselbe: Grundsätze u. Verf. der Gr. L. v. Pr., gen. R. Y. z. Fr. Berlin; 1889. —

*) Am 10. November 1783 sagte sich die Gr. Nat. Mutterloge samt ihren Tochterlogen endgültig von der strikten Observanz los. Heute gehören ihr an: 132 Johannislogen u. „69 Delegationen der Altschottischen Loge in Berlin." — Vergl. Gesch. der GNML. Z. d. 3 Weltkugeln. Berlin; 1890. — In die Zeit von 1770—76 fällt die Gründung der meisten noch bestehenden Berliner Logen. Am 27. Dezember 1770 entstand „Die Grosse Landesloge der FM. von Deutschland." In ihrem Bereiche arbeiten nach der schwedischen Lehrart 3 Provinziallogen (Mecklenburg, Schlesien und Niedersachsen) sowie 28 schottische Andreaslogen und 111 Johannislogen. — Vergl. Handbuch für die Brüder der GL.-L. v. D. Berlin; 1891.

**) Pr. war damals Meister vom Stuhl der Mutterloge Zu den drei Weltkugeln.

rialrat Rosa*) aus Köthen. Mit einer Vollmacht Printzens ausgestattet, bereiste er die norddeutschen Städte und suchte in deren Logen neue Hochgradkapitel**) zu errichten. Das gelang ihm in Leipzig, Jena, Magdeburg, Braunschweig, Hamburg etc. Die Grundsätze und Regeln des hohen Ordens teilte er als ein heiliges, streng zu hütendes Geheimnis mit in einem in lateinischer Sprache abgefassten Buche. Es gab er-

---

*) Philipp Samuel R. alias Dietrich Schuhmacher, aus Bremen gebürtig, wurde 1737 Superintendent und Konsistorialrat in Köthen. Wegen seines lasterhaften Lebenswandels entlassen, begann er ein unruhiges Vaganten- und Hochstapler-Leben. 1742 Mitglied der L. Zu den drei Weltkugeln geworden, ging er nach Halle, wurde aber 1745 auf Antrag der dortigen Loge aus dem Bunde ausgestossen. In den nächsten Jahren finden wir den skrupellosen Abenteurer bald in Braunschweig, bald in Berlin und Potsdam, wo er vergeblich sich um die Gunst des königlichen Kämmerers Fredersdorf für sein Verfahren, aus dem Sonnenstaube Gold zu machen, bewarb. Da bot sich R. eine erwünschte Erwerbsquelle in der Verbreitung der Clermontschen Hochgrade. Diese Thätigkeit führte ihn 1759 wiederum nach Halle, wo der Geächtete, so unglaublich es auch klingen mag, wieder Einfluss gewann und sogar 1760 zum Meister vom Stuhl erwählt wurde, ein Amt, aus dem er, da er die Logenkasse allzusehr in Anspruch nahm, aber nach 3 Jahren wieder entfernt wurde. Nachdem er noch im Geheimen mit dem berüchtigten Johnson in Verbindung getreten war, wurde er abermals aus der Loge ausgestossen. In drückendster Armut soll der weltgewandte Adept sein abenteuerliches Leben in Holland beschlossen haben.

**) Das HGK. trug den Namen „Kapitel der auserwählten Brüder des jerusalemischen Ritterordens.“ In Deutschland wurde es kurz als Clermontsches Kapitel bezeichnet nach dem französischen GMeister Grafen von Clermont, „in dessen Namen, unter dessen Autorität und mit dessen jerusalemischer Macht“ es von Lernais in Berlin errichtet wurde. Ausser den 3 Johannis- u. dem Schottengrade enthielt es die des Chevalier de l'aigle élu, des Chevalier illustre oder Templier und des Sublime chevalier illustre. — Vergl. Kloss u. Schiffmann a. a. O.

schöpfende Auskunft über alle 7 Grade, „lehrte scientias divinas elatas,“ und verbreitete sich über Maschinenkunde und die Geheimnisse der Mechanik.

Mit dem Clermontschen Kapitel stand das Templersystem in Zusammenhang. Trug es doch das seinige redlich zur Verbreitung der dort erfundenen wunderlichen Erzählung bei, die von der Verwandlung der Templer in FM. berichtet. Hiernach sei eine Anzahl Tempelritter, die dem über ihren Orden i. J. 1314 hereingebrochenen Verhängnis glücklich entronnen waren (I. S. 354 ff.), nach Schottland gekommen, habe sich den dortigen Bauhütten angeschlossen und hier die Geheimnisse ihrer Gemeinschaft fortgepflanzt. Diese seien dann von den FM. übernommen worden. Somit sei der neue Menschheitsbund nur eine Fortsetzung des alten Templerordens.

Auf Grund dieser kindlichen Fabelei entstanden zahlreiche fm. Lehrarten, die besonders in Frankreich und England, Irland, Schottland, Kanada und den Vereinigten Staaten*) Eingang fanden.

---

*) In Amerika blühen die „Encampments of Knight Templars“ (Die Lager der Templer) mehr als je zuvor, und ihre Mitglieder zeigen sich mit Vorliebe öffentlich in ihrer vollen Ordenstracht, einer modernen Uniform. Die Freude an bunten Kleidern ist längst keine Eigentümlichkeit der alten Welt mehr. — Nicht zu verwechseln mit diesen „Encampments“ ist der in England und Nordamerika blühende „britische Templerorden“ und die im 18. Jahrh. zu Paris entstandenen „Chevaliers de l'Ordre du Temple“ (Neutempler). Jener ist eine orthodoxchristliche und ritterliche Gesellschaft, deren vornehmster Zweck die Verteidigung der christlichen Religion ist und hat mit den FM. nichts zu thun. Diese, eine religiöse Genossenschaft, hat ursprünglich mit dem FMbund in Verbindung gestanden, sich jedoch bald wieder von ihm getrennt. Um das Jahr 1848 verschwindet sie aus der Geschichte. Die Gesetze der Neutempler sind in 43 Artikeln enthalten, deren 31. die Eidesformel enthält. Sie

Auch in der schwedischen Lehrart hat die Templerei sich eingenistet und in den nordischen GL. bis auf den heutigen Tag erfolgreich sich behauptet.*)

Von Frankreich kam die Templer-Liebhaberei nach Deutschland. Sie hierher verpflanzt zu haben, ist das zweifelhafte Verdienst des „C. G. M., ritters vom reissbrede d. z. Heermeisters an der E. und Oder." Hinter dem mystischen Titel verbirgt sich wahrscheinlich ein Marschall von Bieberstein auf Herrengrosserstädt in Thüringen. In Frankreich in die Geheimnisse der neuen Templerei eingeweiht, errichtete er als Provinzialgrossmeister der VII. Provinz: Deutschland zwischen Elbe und Oder in Naumburg die Bauhütte Aux trois marteaux und stattete ihre Mitglieder schon im Lehrlingsgrad mit Ritternamen aus.

Nach seinem Tode ging die phantastische Würde (1742) auf den Reichsfreiherrn v. Hund**) über. Von

---

musste von den Neophyten mit Blut unterzeichnet werden. Sie bezieht sich auf Gehorsam, Armut, Keuschheit, Brüderlichkeit, Hospitalität, Kriegsdienst. Die Neutempler behaupten, das Johanneische Christentum sei die Religion der alten Templer gewesen. Ihre ganze Lehre ist ein konfuses Gemisch von Spinozistischem Pantheismus, Lockeschem Empirismus, dem Materialismus des übelberufenen la Mettrie und der Monadenlehre Leibnizens. Auch Frauen war der Eintritt in die seltsame Ritterschaft gestattet. Vergl. Manuel des Chevaliers de l'O. du T. Paris; 1825. — Leviticon ou exposé des principes fondamentaux de la doctrine des Chrétiens-Catholiques-Primitifs. Paris; 1831. — Maillard de Chambure: Règle et statuts secrets des Templiers. Paris; 1840. — Clavel: Histoire pittoresque de la Franc-Maç. Paris; 1843. —

*) Die grosse Landesloge der FM. von Deutschland hat die Lehre von dem Zusammenhang der FM. mit den Templern erst in jüngster Zeit aufgegeben.

**) Karl Gotthelf Reichsfreiherr v. H., geb. 1722, ist eine der merkwürdigsten Erscheinungen, welche die deutsche FM. des 18. Jahrh. hervorgebracht hat. Mit Unrecht ist er als Betrüger verdächtigt worden. Vertrauensselig, wie es seine Art war, ist er

schwärmerischen Ideen erfüllt und mit einem Herzen voll aufrichtiger Nächstenliebe, aber beschränkten Geistes und von geringer Menschenkenntnis fasste der seltsame Mann den Plan, für die Wiederbelebung des Templerordens in Deutschland seine ganze Kraft einzusetzen. Unter der Bedingung strengsten Stillschweigens nahm er heimlich eine Anzahl Edelleute und höhere Beamte zu Rittern an, die von ihm Ordensnamen empfingen und zu unbedingtem Gehorsam verpflichtet wurden. Er war die Grundlage der sog. strikten Observanz.*) Auf mehreren in Unwürde abgehaltenen Ordenskonventen kam man auf den Gedanken, die Zahl der Tempelritter dadurch zu vermehren, dass man die bestehenden Pflanzstätten des Mtums für die neue Richtung zu gewinnen suchte.

---

vielmehr selbst das Opfer abgefeimter Schelme geworden. 1741 in Frankfurt a. M. zum FM. aufgenommen und ein Jahr darauf in einer Genter Loge zum Meister befördert, ging H. nach Paris, erhielt hier für schweres Geld mystische Andeutungen über das „neue Licht" und wurde zum Coadjutor der VII. Provinz ernannt. Nach Deutschland zurückgekehrt, trat er zu der von Marschall gestiftete Naumburger Loge in nahe Beziehungen und errichtete seinerseits auf seinem Gute Unwürde eine Bauhütte Zu den drei Säulen.

Seine Wirksamkeit auf fm. Gebiet erforderte grosse Aufwendungen, denen er auf die Dauer nicht gewachsen war. Der einst so wohlhabende Mann geriet schliesslich in die bitterste Not, musste vor seinen Gläubigern fliehen und warf sich verzweiflungsvoll dem Katholizismus in die Arme. Von aller Welt verlassen, segnete er am 8. November 1776 zu Meiningen das Zeitliche und wurde in voller Tempelherrntracht am Fusse des Hochaltars zu Mellrichstadt im Würzburgischen beigesetzt. Vergl. Kessler: Anti-Saint-Nicaise. Leipzig; 1786. — Schröder: Gesch. der FM. in Naumburg a. d. S. Naumburg; 1896. —

*) Ihr gegenüber stand die „late (schlaffe) Observanz", ein Begriff, der die der englischen Lehrart treu gebliebenen Logen umfasste.

Aber erst nach Abschluss des Hubertusburger Friedens konnte Hund die Ausführung jener aussichtsvollen Ideen näher ins Auge fassen. Da störte seine Kreise ein Abenteurer schlimmster Art, ein Hochstapler, der dem berüchtigsten Gaunerpaar Cagliostro und St. Germain würdig sich anreiht. Es war Johann Samuel Leuchte, der unter dem betrügerischen Namen und Titel eines Baron von Johnson*) bereits zahllose

---

*) Von jüdischen Eltern in Thüringen abstammend, ohne Bildung, in den ihm nahe stehenden Kreisen als schwarzer Salomon gefürchtet und mit einem nicht gerade einnehmenden Aeussern ausgestattet, ging J. 1752 nach Prag, wurde dort FM. und kam nach vorübergehendem Aufenthalte in Wien nach Rastatt. Wegen zahlreicher Schwindeleien zur Galeerenstrafe verurteilt, entsprang der geriebene Gauner auf dem Transport nach Marseille. 1757 tauchte er als Jägerbursche auf im Dienste des Fürsten von Anhalt-Bernburg. Bald darauf wurde er dessen Sekretär, da er vorgab, Gold machen zu können, und setzte seine Betrügereien fröhlich fort. Als ihm der Boden zu heiss wurde, machte er sich davon, trat in sächsische Militärdienste, desertierte indess nach kurzer Zeit, betrog einen Hamburger Juden um 30000 Dukaten, flüchtete nach Preussen und wurde vom Grossen Friedrich als „Rittmeister König" angestellt, aber bald wieder entlassen. Von dem württembergischen Rittmeister von Prangen, der als preussischer Kriegsgefangener in Magdeburg in verschiedene Hochgrade eingeweiht worden war, wurde J. mit dem Hochgradwesen bekannt gemacht, worauf beide sich zu gemeinschaftlichem Handeln auf dem lukrativen Gebiete verbanden. Bald nach dem Konvent in Altenberge wurden seine Schwindeleien ruchbar. Seiner Verhaftung entzog er sich durch schleunige Flucht. Doch jetzt ereilte ihn der Arm der rächenden Nemesis. Im J. 1765 wurde der Gauner auf anhaltischem Gebiete festgenommen, zu lebenslänglicher Haft verdammt und auf die Wartburg gebracht, wo er in dem Zimmer, das einst Luther bewohnt, am 13. Mai 1775 seine Verbrecherlaufbahn beschloss. Vergl. R. Taute: J. u. die strikte Observanz. Leipzig. 1885. — L. v. Aigner-Abafi: J. ein Hochstapler des XVIII. Jahrh. Beitrag zur Gesch. der FM. Nach archival. Quellen. Frankfurt a. M. 1902. —

Gimpel in seine aus Mystik und Sinnlichkeit gewebten Netze zu locken verstanden hatte. Sie warf er jetzt auch nach dem Heermeister aus. Sich als „Grossprior des höchsten, wahren und verborgenen Grossordenskapitels der ganzen Welt“ aufspielend, errichtete der freche Schelm ein „Hochkapitel,“ nahm Novizen und Ritter auf und tischte den leichtgläubigen Seelen die abenteuerlichsten Märchen auf von ungeheuren Schätzen des Geheimen Ordens, seinen Armeen, Flotten u. s. w. Der plumpe Schwindel verwirrte dem fassungslosen Hund so gründlich das leere Hirn, dass er Johnson und sein Kapitel anerkannte, auch seinem Begehren nach einem Konvente*) in Altenberge bei Kahla (Dezember 1763) willig statt gab.

Allein die Stunde der Vergeltung schlug endlich auch für Johnson. Nach und nach wurde man in den Kreisen der arg ausgeplünderten Ritter misstrauisch, zumal da der hohe Obere keines seiner glänzenden Versprechen, mit denen er verschwenderisch um sich warf, einzulösen vermochte. Aber zu spät erkannte man, dass man einem gemeinen Betrüger in die Hände gefallen war.

---

*) Auf Kosten seiner begeisterten Anhänger, die er weidlich rupfte, wusste J. den Konvent zu einem glänzenden Ordensfeste zu gestalten. Die eigene Persönlichkeit mit einem Schimmer von Romantik verklärend, gab er sich als das unglückliche Opfer der Ränke und Tücke des preuss. Königs aus. Um sich gegen dessen Nachstellungen zu sichern, in Wahrheit aber wohl um sich gegen unliebsame Ueberraschungen zu schützen, stellte er mehrere seiner Ritter mit gezücktem Schwerte vor seinem Schlafzimmer auf, sandte er andere zu Pferde und in voller Rüstung in die umliegenden Wälder zur Vertreibung der angeblich dort versteckten preuss. Soldaten, versammelte er seine Getreuen zur Musterung, bedrohte er Widerspenstige mit schweren Strafen, kurz er suchte seine Rolle als Ordensgewaltiger nach jeder Richtung und mit Nachdruck zu spielen.

Nachdem Johnson beseitigt war, wurden die von ihm gegebenen Gesetze aufgehoben und die ehemalige Landeseinteilung des Templerordens wiederhergestellt. Doch nur die VII. Provinz (Germania inferior ad Albim et Oderam) wurde vollständig organisiert und nach dem Muster des alten Templer- und des Jesuiten-Ordens in Priorate, Präfekturen, Komtureien u. s. w. eingeteilt.

Einer der eifrigsten Apostel der strikten Observanz war der Kriegskommissar Schubart.*) Rastlos zog der ebenso kluge wie umsichtige und beredte Mann im Lande umher. Unter allegorischen Bildern und in mystischer Sprache pflegte er von der Gewalt und Macht des Ordens und von der hohen Glückseligkeit zu reden, die er seinen folgsamen Brüdern gewähre, beseelte so den Eifer der Brüder durch hochgespannte Erwartungen und bewog zahlreiche Kapitel und Logen zum Uebertritt. Eine neue Jahrzahl, die von der Aufhebung des Templerordens datierte (1314), wurde zu grösserer Verwirrung eingerichtet. Ausser den drei Johannisgraden wurde der schottische Meistergrad eingeführt. Darüber erhoben sich noch drei höhere: der des Novizen, des Tempelherrn, der in die drei Klassen des Eques, Armiger und Socius zerfiel, und des Eques professus. Die Ritter erhielten lateinische Ordensnamen; Hund nannte sich Eques ab ense (Ritter vom Schwert).

Die Einführung in jeden höheren Grad geschah in feierlicher, zermonienreicher Form und unter Entfaltung

---

*) Johann Christian Schubart, geb. 1734, † 1787, war während des 7jährigen Krieges englischer Kriegskommissar, widmete seine Kraft seit 1763 der FM., besonders der Verbreitung des Tempelherrnsystems, zog sich aber, nachdem er durch eine reiche Heirat zu Vermögen gekommen war, 1768 von ihm zurück. Wegen seiner Verdienste um die Hebung der Landwirtschaft wurde er 1782 als Edler vom Kleefelde in den Adelstand erhoben. In der strikten Observanz hiess er „Ritter vom Vogel Strauss.“

gewaltigen Pompes. Für die Aufnahme und Beförderung waren hohe Gebühren (500 Thaler) zu zahlen, aus denen die ansehnlichen Gehälter des unbekannten Obern, des Heermeisters und der übrigen Beamten bestritten wurden. Durch Verleihung von Ehrenämtern gedachte man die Mächtigen dieser Erde in die Verbindung zu ziehen. In der That liessen sich zahlreiche regierende Fürsten und andere vornehme Herren durch den geheimnisvollen Spuk betören und traten der Gesellschaft bei. So wurde die strikte Observanz die vorherrschende Lehrart in Deutschland. Die Ritter behandelten die Brüder niederer Grade mit beleidigender Geringschätzung, während die der Neuerung abholden Logen als unecht in Acht und Bann gethan wurden. Die „alten Grundgesetze“ der FM. schienen in Vergessenheit geraten zu sein. An ihrer Stelle schwang der Schwindel mit brutaler Gewalt sein luftiges Scepter.

Aber ungestört sollte die strikte Observanz sich ihrer Herrschaft nicht erfreuen. Denn schon um das Jahr 1767 kündigte sich ein neuer Zweig des Ordens*)

---

*) Als eine Nachbildung der strikten Observanz erscheint der Ritterbund in Wetzlar, der sich besonders durch Vermittlung und Beihülfe des am Reichskammergericht amtierenden braunschweigischen Hofgerichtsassessors von Goué gebildet hatte, „eines schwer zu entziffernden und zu beschreibenden Mannes.“ Die Mitglieder führten Ritternamen und unterhielten sich scherzweise im Stil des mittelalterlichen Rittertums, so dass Fremde sie nicht verstehen konnten. Ausser den Ritternamen war auch ein symbolisches Buch: „Die vier Haimonskinder“ vorhanden, dessen Inhalt bei Festlichkeiten mit Ehrfurcht vorgetragen wurde. „Der Ritterschlag geschah mit hergebrachten, von mehreren Ritterorden entlehnten Symbolen.“ An der Spitze des Bundes stand der Heermeister, ihm zur Seite der Kanzler und andere Staatsbeamte. „In dieses Ritterwesen verschlang sich,“ wie Goethe, der während seines Wetzlarer Aufenthaltes (1764) Mitglied der Gesellschaft wurde, erzählt (Dichtung und Wahrheit 12. Buch) „noch ein

an, indem er mit dreister Sicherheit den ausschliesslichen Besitz des wahren Geheimnisses für sich in Anspruch nahm.

Der Umstand, dass die Templer sich eines ausserordentlichen Ansehens erfreuten und weitgreifenden Einfluss gewannen, brachte eine Reihe ehrsüchtiger Intriguanten auf den Gedanken, sich in dieser Verbindung Einfluss und Geltung zu verschaffen. Der Begabteste unter ihnen war Starck.*) Ihm verdanken wir die Erfindung eines angeblich geistlichen Zweiges der Tempelherren, der Kleriker (Clerici Ordinis Templariorum).

Sein System enthielt ausser den drei Johannisgraden noch 4 höhere Stufen: den Jungschotten, den St. Andreas-Ritter, den Provinzial-Capitular vom roten Kreuze und den Magus oder Ritter der Klarheit und

---

seltsamer Orden, welcher mystisch und philosophisch sein sollte und keinen eigentlichen Namen hatte. Der erste Grad hiess der Uebergang, der zweite des Uebergangs Uebergang, der dritte des Uebergangs Uebergang zum Uebergang und der vierte des Uebergangs Uebergang zu des Uebergangs Uebergang. Den hohen Sinn dieser Stufenfolge auszulegen, war die Pflicht der Eingeweihten, und dieses geschah nach Massgabe eines gedruckten Büchelchens, in dem jene seltsamen Worte auf eine noch seltsamere Weise erklärt oder vielmehr amplificiert waren."

*) Johann August Freiherr von Starck, 1741 in Schwerin geboren, war Lehrer der orientalischen Sprachen in Petersburg und Paris und 1768 Konrektor in Wismar, von 1769—97 Professor der Theologie, Hofprediger und Generalsuperintendent in Königsberg. 1781 wurde er als Oberhofprediger und Konsistorialrat nach Darmstadt berufen, 1811 in den Freiherrnstand erhoben. — Schon 1761 hatte sich Starck als Student in Göttingen einer französischen Militärloge angeschlossen; dann ging er zur strikten Observanz über, die er wohl in Petersburg kennen gelernt hatte. Wegen seines auffallenden, an jesuitische Vorbilder erinnernden, Verhaltens wurde er des Krypto-Katholizismus beschuldigt. Nicht unwahrscheinlich ist, dass er in Paris heimlich seinen evangelischen Glauben aufgegeben hat.

des Lichts. Dieser Grad hatte 5 Abteilungen und endete im Leviten und Priester. Starck führte den Ordensnamen Archimedes ab aquila fulva und ernannte sich zum Kanzler des Klerikats. Die geistlichen Brüder, so erzählte er, die bisher in stiller Abgeschiedenheit gelebt, hätten zu ihrer Freude von den ausserordentlichen Fortschritten des weltlichen Ordenszweiges gehört und seien jetzt entschlossen, die Verbindung mit ihm wieder anzuknüpfen, um dadurch dem Ganzen grösseres Ansehen und innere Festigkeit zu verschaffen. Gleichzeitig machte er dunkle, aber umso wirkungsvollere Andeutungen über Geheimnisse, die im Besitze der fratres Clerici seien. Der Obere des Ordens, Pylades, habe seinen Sitz in Petersburg.

Auf Starcks Betreiben war i. J. 1767 zu Wismar eine Loge Zu den drei Löwen gegründet worden. Er bekleidete in ihr das Amt eines zweiten Vorstehers und gewann für seine theosophisch-magische Erfindung den Meister vom Stuhl der Loge Zu den drei Sternen in Rostock namens von Raven, einen achtungswerten, treuherzigen, aber geistig sehr beschränkten Bruder, der bereits auf dem Konvent zu Altenberge zum Präfekten ernannt worden war und als hervorragender Verehrer magischer und alchemistischer Bestrebungen galt. Von den beredten Worten und den glänzenden Verheissungen Starcks bezaubert, lebte er des unerschütterlichen Glaubens, dass der „geistliche“ Bruder mit geheimen Aufträgen seiner Ordensoberen an die weltlichen Glieder des Ordens versehen sei. Durch Ravens Vermittlung trat Starck mit dem Heermeister von Hund in Verbindung. Dieser entsandte zur Prüfung der Kleriker und ihres Systems jenen abenteuernden Kriegsmann v. Prangen, den wir bereits im Gefolge Johnsons kennen gelernt haben, und den „Ordenssecretarius in sede magistrali“ Jacobi. Das Resultat der in Wismar geführten Verhandlungen war, dass die Abgesandten mit ritualem Gepränge in die Zahl der Kleriker aufgenommen wurden. Unverschämte Geldforderungen Starcks machten v. Prangen zwar stutzig; aber erst in Petersburg, wohin er inzwischen übergesiedelt war, gingen dem Verblendeten die Augen auf, als er die überraschende Entdeckung machte, dass der „geheime Obere Pylades“ ein ungebildeter Uhrmacher Schürges sei. Ihm pflegte Starck schriftliche Mitteilungen über die Dinge zu machen, die man von dem Oberen zu erfahren begehrte.

Aber Starck war nicht der Mann, der sich durch derlei Geschehnisse ausser Fassung bringen liess. Im Mai 1772 ordnete er den Prior Clericorum von Raven ab zu dem in Kohlo (Niederlausitz) zusammentretenden Konvente von Vertretern des Systems mit einem von ihm entworfenen, die förmliche Verbindung der Kleriker und der strikten Observanz bezweckenden, Vertrage. Aufschlüsse über die angeblich von jenen gehüteten templerischen Geheimnisse erhielt die Versammlung zwar nicht, wohl aber erschien v. Raven in der auffallenden geistlichen und Haustracht der Kleriker. Auch hatte ihm Starck ein prunkvolles, katholischen Orden nachgebildetes Gebrauchtum mitgeteilt, nach welchem die von den Rittern in den heiligen Kriegen geführten Banner geweiht worden sein sollten. Das begeisterte den eitlen Hund derartig, dass er es sofort bei den Kapitelversammlungen in Anwendung bringen liess. Die geplante Vereinigung kam zustande. Doch wurde mit den geheimen Oberen völlig gebrochen und beschlossen, fortan nur selbstgewählte Obere anzuerkennen.*) Starck, dessen Unredlichkeit immer mehr

---

*) Damit war das Amt v. Hunds gegenstandslos geworden. Doch stellte man den alten Narren dadurch einigermassen zufrieden, dass man ihm den Vorsitz auf einer thronartigen Erhöhung einräumte.

zu Tage trat, verlor jeglichen Einfluss*). Der Herzog Ferdinand von Braunschweig wurde zum Magnus Superior ordinis und zum Grossmeister aller vereinigten Schottenlogen ernannt, zugleich in Dresden ein Ordensdirektorium eingesetzt.

Allein der Ausbreitung des Klerikats stellten sich, namentlich durch das Auftreten Zinnendorfs**) in Berlin, unerwartete Hindernisse in den Weg. Dazu kamen schwere Zwistigkeiten innerhalb der Logen. Ueberall herrschte Misstrauen, Unzufriedenheit, Uneinigkeit.

---

*) Er rächte sich dafür später durch Veröffentlichung des giftigen Pamphlets: Stein des Anstosses und Fels des Aergernisses. (Teutschland; 1780), in welchem er das ganze System der strikten Observanz schonungslos enthüllte.

**) Joh. Wilh. Ellenberger, in Halle am 10. August 1731 geboren, wurde von seinem Grossvater, dem preuss. Hofrat Kellner von Zinnendorf, adoptiert und widmete sich dem Studium der Medizin. 1765 wurde er Generalchirurgus und Chef des Midizinalwesens der preuss. Armee. Er starb am 8. Juni 1782. — Schon 1754 war Z. in Halle FM. geworden und bis zum Meistergrad emporgestiegen. Während seines Aufenthaltes in Berlin schloss er sich der Loge Zu den drei Weltkugeln an. Von Schubart wurde er für die strikte Observanz gewonnen. 1758 erhielt er in Breslau den Schottengrad und 1763 in Halle die französischen und Rosaschen Kapitelgrade. In demselben Jahre verband er sich mit gleichgesinnten Freunden, „um die wahre FMrei aus England bezw. Schottland“ oder Schweden nach Deutschland „herüberzuholen.“ Ein zu diesem Zwecke nach London gesandtes Schreiben blieb unbeantwortet. Nun erbot sich Z. mit einer von der Stockholmer GL. erteilten und von der Londoner bestätigten Stiftungsurkunde eine Schottenloge als „Loge Germanien“ zu errichten und alle auswärtigen Schottenlogen mit der neuen Gründung zu vereinigen. Demgemäss knüpfte er Beziehungen zu dem schottischen Obermeister in Stockholm K. F. v. Eckleff an. Am 15. September 1765 erhielt Z. aus Stockholm die vollständigen, damals in Gebrauch gewesenen, schwedischen Rituale und Akten nebst einem Freibrief. Infolge von Gelddifferenzen trat Z. 1766 von seinem Amte als Grossmeister der National-

Der Versuch, auf einem Konvent zu Braunschweig (1775) die entstandenen Schwierigkeiten zu beseitigen und die vielfachen Wirren zu schlichten, scheiterte. Ebenso erfolglos war der im folgenden Jahre in Wiesbaden auf Veranlassung des plötzlich aufgetauchten Adepten v. Gugomos*) versammelte Kongress.

Mutterloge zurück, gab sogar bald darauf seine Mitgliedschaft auf, worauf er für ausgeschlossen erklärt wurde. Nun stiftete Z. nach dem schwedischen System in Berlin, Potsdam, Stettin, Hamburg u. a. Orten sieben Logen, mit denen er am 27. Dezember 1770 die „Grosse Landesloge der FM. von Deutschland" in Berlin gründete. Zwistigkeiten mit dem damaligen schwedischen Ordensmeister, dem Herzog Karl von Südermannland, bewogen sie, nachdem Z. nach 1776 das grosse Ordenskapitel in Berlin eingesetzt hatte, i. J. 1777 die Verbindung mit Schweden zu lösen. Obgleich rastlos thätig für sein Werk und dessen Festigung, war der wackere, verdienstvolle Z. doch wiederholt die Zielscheibe grundloser persönlicher Angriffe, Beleidigungen und Verleumdungen, die ihm das Leben arg verbitterten. Er starb als 7. Grossmeister und zugleich als Kapitelsmeister. Vergl. FM. Zeitung 1848 Nr. 9/10. — B. Z. C. 1872. — Schles. L. Blatt 1887. S. 163 ff. — Latomia 1886. S. 143 ff. Flohr: Gesch. der Grossen L. von Preussen gen. R. Y. S. 18 ff.

*) Ueber die Herkunft und das Vorleben des Freiherrn v. G. ist nichts bekannt. Unter dem Namen Eques ab Cygno triumphante (Ritter vom triumphierenden Schwan) begann er seine Schwindlerlaufbahn am 19. April 1776 mit einem Rundschreiben an die Kapitel und Logen des Templersystems und lud sie zu einem Konvent nach Wiesbaden ein. Er habe im vergangenen Jahre den Braunschweiger Konvent besucht, um in Erfahrung zu bringen, ob die Versammlung aus wirklichen Templern bestehe. Seine Zeichen seien indess nicht verstanden worden. Seitdem sei er in fernen Landen „nach dreifach physisch und moralisch überstandenem Noviziat zum wahren Tempelritter eingeweiht, damit er sein Volk erretten möchte, das so viel Gutes in der Seele besitze und gern zur Vollendung hinarbeite." Er versprach, den Abgeordneten die geheimsten aller geheimen Wissenschaften mitzuteilen, und fand ungezählte Gläubige.

Der Kongress wurde am 15. August 1776 in Gegenwart

Bei solcher Lage der Dinge sannen alle einsichtigen Brüder ernstlich auf eine Reform. Es wurde die Berufung eines Generalkonvents beschlossen. Er sollte das Wesen der FM. untersuchen und ihre Stellung zur Templerei und den geheimen Oberen klarstellen.

---

zahlreicher Fürstlichkeiten und angesehener Männer — zugegen waren u. a. die Prinzen von Hessen und der Herzog von Gotha, die Rosenkreuzer Wöllner und Bischoffwerder — von G. mit einer schwülstigen Rede eröffnet. Zum Schluss erzählte er, er sei von einem weisen Lehrer unterrichtet worden. Kurz vor seinem Tode habe ihm dieser eine Anzahl geheimer Dokumente eingehändigt, deren Inhalt er nach 77maliger Durchsicht sich einprägen, dann zu Asche verbrennen und diese vergraben sollte. Darauf habe er in Rom die Ordensweihe empfangen. Ueber die heiligen Weisungen, die dabei geschehen, habe er unverbrüchliches Stillschweigen gelobt. Zu seiner Beglaubigung wies er eine ihm vom heiligen Stuhl in Cypern ausgestellte Vollmacht vor. An ihr hing in einer Blechkapsel das grosse Ordenssiegel. Sie war unterzeichnet von Wilhelmus Albanus Supremus M. T. H. Ferner produzierte er seine eigene Aufnahmeurkunde. Sie war überreich mit unverständlichen Zeichen und allegorischen Bildern geschmückt. Unter der Weste trug er am roten Bande ein vergoldetes Kruzifix, ein kleineres auf der blossen Brust, beide auf der Rückseite mit Hieroglyphen versehen. Der Sitz der eigentlichen Ordensoberen, so fabelte er dann weiter, sei Cypern. Der Zweck des Tempelordens, der auf ein Alter von 3911 Jahren zurückblicke, sei die Bearbeitung der Alchemie. Hierzu benötige man eines auf eigene Art zu erbauenden Adytum sacrum. Dessen Bau versprach er zu leiten. Den anwesenden Brüdern, die im Mbunde Eide geleistet und Reverse unterschrieben hätten, sollte das dreijährige Noviziat erlassen werden; sie würden sogleich — allerdings nach dreitägiger Prüfung — in den Grad der Armiger und Ritter eintreten können. — Nach diesen abenteuerlichen „Aufklärungen," die jedem Unbefangenen sofort den wahren Zusammenhang der Dinge hätten offenbaren müssen, forderte G. die Abgeordneten zum Anschluss an das Cyprische System auf. Als er um nähere Beweise angegangen wurde, hüllte er sich mehrere Tage in geheimnisvolles Schweigen. Endlich erklärte er, Belehrung in den höheren Wissenschaften dürfe er nur im Adytum sacrum erteilen. Bei

Der von zahlreichen Abgeordneten besuchte Konvent ward am 16. Juli 1782 in Wilhelmsbad bei Hanau eröffnet. Nach langwierigen Verhandlungen kam man am 29. August zu dem Entschluss, die strikte Observanz endgiltig aufzugeben und ein schon seit 1778 in Frankreich blühendes System unter dem Namen „Der

---

dessen Einweihung werde das natürliche Feuer vom Himmel fallen, um das unschuldige Opfer auf dem Altar zu verzehren. Die Kosten der von ihm aus Cypern zu beschaffenden heiligen Gefässe und Werkzeuge — 3000 Zechinen — trüge der heilige Stuhl, die des Gebäudes und der Einrichtung — 6000 Thaler — müssten von den Kapiteln aufgebracht werden. Er hoffe indess, die Oberen zur Darleihung dieser Summe bewegen zu können.

Obwohl vielfache Bedenken gegen die Wahrhaftigkeit des Adepten laut wurden, drängten sich doch zahlreiche Brüder zur Aufnahme in den Rittergrad. Sie wurden zunächst von den vorgeschriebenen Fasten entbunden, erhielten dafür aber 20 Denksprüche ad reflexionem primae noctis, die mündlich oder schriftlich zu beantworten waren. Ihr Inhalt erregte vielfach Anstoss und Aergernis. So hiess es im 19. „Den Bruder, der zum Verräter am Allerheiligsten geworden, zu morden, sei Pflicht, aber die schmerzlichste, die es gebe.“ 11 Offiziale und Bediente mussten den Eid der Verschwiegenheit leisten und jeder eine Bittschrift in lateinischer Sprache an die Oberen um Zulassung richten, in der sie auch versprachen, sich den Befehlen des heiligen Stuhls bedingungslos zu unterwerfen.

Als G. später zur Abreise nach Cypern gedrängt wurde, verschwand er spurlos von dem Schauplatz seiner bisherigen Thätigkeit. Am 14. Oktober 1780, nachdem bereits durch seinen Diener verraten worden, dass er selbst der Verfertiger der Dokumente, Siegel, Kruzifixe sei, sandte er einen förmlichen Widerruf an alle FM., worin er seine Lehrer als Verführer und Irrlehrer brandmarkte. Im J. 1818 soll er als bayerischer Oberst gestorben sein. — Die Vermutung, dass der geriebene Patron die Komödie als Sendling der Jesuiten aufgeführt habe, in der Absicht, den FMbund zu sprengen, ist zwar häufig ausgesprochen worden, lässt sich aber mit Sicherheit nicht erweisen. — Vergl. FM.-Zeitung 1861. S. 392 f; 1862. S. 71 f; 1874. S. 348 f., 395. — Astraea 1892. S. 76 ff. —

Ritter der Wohlthätigkeit“ einzuführen. Die gleichfalls auf dem Konvent angenommenen sog. FMregeln entsprachen den damaligen Anschauungen der Moralphilosophie und verpflichteten die Brüder zum Glauben an die Lehre Jesu und zum unbedingten Gehorsam gegen die Oberen. Herzog Ferdinand wurde Generalgrossmeister aller vereinigten Logen, Landgraf Karl von Hessen sein Vertreter.

Ihre Weisheit spendete die neue Gemeinschaft in sechs Graden, den drei gewöhnlichen Maurergraden und dem (4.) Schottengrad,*) in dem alle die stehen blieben, die man nicht zu Rittern zu machen beabsichtige, sowie in dem des Novizen und des Tempelritters. Später kam als 7ter noch der Eques professus hinzu. Aber das neue System befriedigte nach keiner Seite hin und sank rasch in den „Orkus der Vergessenheit“ hinab. —

Seit den Tagen des letzten Konvents griff eine ernstere Stimmung um sich im Einklang mit den stürmischen Zeitereignissen. Die falschen Ideale verflogen, zahlreiche Logen stellten ihre Thätigkeit ein. Um so kräftiger regte sich in den übrigen das Streben nach Rückkehr zu den alten, einfachen Grundlagen der rechten FM. Und deutsche Brüder übernahmen die Aufgabe, durch gründliche Erfassung der Idee der M. und durch sorgfältige Erforschung ihrer Geschichte diese Rückkehr anzubahnen.

---

*) Im Schottengrad wurde der Aspirant als einer der Mörder Hirams (Molays) verdächtigt, aber ohne eigentliche Verteidigung begnadigt. Der Novizengrad sollte die Prüfungsstufe für den künftigen Ritter darstellen. In ihm wurde die Geschichte des Ordens seit Molays Tod behandelt. Das lateinische Ritual des 6. Grades war höchst feierlich. Der neue Ritter ward mit der Ritterrüstung bekleidet, erhielt knieend den Ritterschlag und einen lateinischen Ritternamen nebst Denkspruch. Auch das Ritual des Eques professus war lateinisch. Der Aufgenommene musste die Regel des heiligen Bernhard beschwören.

Der erste reformatorische Schritt von dauerndem Erfolge ging aus vom Eklektischen Bunde in Frankfurt, dessen wir bereits oben gedacht haben.

Seinem Beispiel folgte die Grosse National-Mutterloge Zu den drei Weltkugeln. Sie nahm 1797, hauptsächlich auf Veranlassung Zöllners*), eine Revision ihrer Verfassung vor und erklärte das Wesen der FM. in den drei Johannisgraden für abgeschlossen. Allerdings fügte sie ihnen als „Erkenntnisstufen" noch die altschottische Loge und drei weitere Grade hinzu, deren Mitglieder „auserwählte Brüder," „Geweihte des inneren Tempels" und „Vertraute der Vollendung" heissen. Diese Stufen sollen lediglich dem Zwecke dienen, die Kenntnis der verschiedenen Systeme, ihrer Symbole und Formen zu vermitteln. Auf Verwaltung und Gesetzgebung haben sie keinen Einfluss.

In gleicher Weisse revidierte die Loge Royal York Zur Freundschaft, bis dahin „ein Sammelplatz guter und ehrlicher, aber ganz gewöhnlicher kenntnisloser Genussmenschen," unter Fesslers**) Leitung Verfassung und Ritual, beseitigte alles, was mit Ritter-

---

*) Johann Friedrich Z., geb. 1753, war 1785 Probst von Berlin und starb 1804 als Oberkonsistorial- und Oberschulrat. — Von 1799 bis zu seinem Tode war er Nationalgrossmeister und erwarb sich in diesem Amt ausserordentliche Verdienste um die Bearbeitung des Ritualwesens. „Schnell und tief eindringend in jeden Gegenstand des menschlichen Wissens, war sein Geist vorzüglich fähig, Wahrheit zu erforschen, Irrtum aufzudecken, Zweifel zu lösen, Allem neue Ansichten abzugewinnen und grosse Ideen zu fassen. Diese seltenen Fähigkeiten des Geistes standen in einem schönen Bunde mit den liebenswürdigsten Eigenschaften des Herzens." —

**) Ignaz Aurelius Fessler, geb. 1756 in Ungarn, wurde von Jesuiten erzogen und trat 1773 in den Kapuzinerorden. 1779 zum Priester geweiht, verliess er nach heissen Seelenqualen das Kloster und wurde 1784 als Professor der orientalischen Sprachen

wesen, Templerorden, Katholizismus zusammenhing und nahm statt der vier höheren Grade 6 Erkenntnisstufen an und zwar die des Schottischen vollkommenen Baumeisters, des Andreasritters, der Feier, des Uebergangs, der Heimat, der Vollendung. Sie

---

nach Lemberg berufen, trat hier der L. Phönix Zur runden Tafel bei, musste aber 1787 wegen seines Trauerspiels „Sidney" nach Breslau fliehen. In Schlesien trat er dem Bunde der Evergeten (Wohlthäter) bei. Auf m. Formen sich aufbauend, wollte er die besseren FM. in einem höheren Grade vereinigen, in welchem „durch Bearbeitung und Verbreitung reiner, von aller Mystik gesonderter, Moral und auf diese gegründeter Religion den verderblichen Absichten der Feinde der Vernunft entgegengewirkt werden sollte." Den Mitgliedern war innige Freundschaft untereinander, rechtschaffener Lebenswandel, treue Pflichterfüllung und unbedingter Gehorsam gegen die Oberen in Ordensangelegenheiten zur Pflicht gemacht. F. suchte den Bund „zu einer Gesellschaft von Freunden umzugestalten, die an ihrer eigenen sittlichen und wissenschaftlichen Ausbildung arbeiten sollen." Doch ist es bei dem blossen Versuch geblieben. 1795 löste sich die Vereinigung wieder auf. 1791 trat F. zum Protestantismus über, worauf er (seit 1796) in Berlin litterarisch thätig war. Von der L. Royal Y. wurde er nebst Fichte beauftragt, Statuten zu entwerfen und das Ritual zu reformieren. Sein schwärmerisches, zum Mysticismus hinneigendes Wesen, seine vornehme Zurückhaltung und seine geistige Ueberlegenheit unterlagen in dem rationalistischen Berlin vielfachen Missdeutungen. Mehrfach angefeindet und jesuitischer Bestrebungen beschuldigt, trat er in bitterer Enttäuschung 1802 aus dem Bunde aus und ging als Professor der Philosophie nach Petersburg. Da man aber dort in seinen Vorträgen Atheismus witterte, verlor er sein Amt, wurde 1820 Konsistorial-Präsident der evangelischen Gemeinden in Saratow und 1833 Generalsuperintendent der lutherischen Gemeinde in Petersburg, wo er 1839 sein bewegtes Leben beschloss.

Vergl. Fessler: Aktenmässige Aufschlüsse über den Bund der Evergeten in Schlesien. Freiberg; 1804. — Derselbe. Kritische Geschichte der Constitution des grossen Bundes scientifischer M. Dresden 1803. — Köthener Taschenbuch für FM. 1805. S. 127 ff. — Am Reisbrette 1886. S. 38 ff. — Latomia XXII. S. 129 ff. —

sollten in einem ausführlichen historischen Unterrichte von den verschiedenen, teils erloschenen, teils noch thätigen Logensystemen bestehen. Mit ihnen, die als engere Ausschüsse*) des Meistergrades gedacht waren, waren Weiheakte (Initiationen) verbunden d. h. Mysterien rein moralischer Art, die lediglich als Mittel dienen sollten, auf das sittliche Gefühl zu wirken und für die Zwecke des Bundes zu begeistern.

Eine noch entschiedenere, bedeutsamere und tiefer greifende Umgestaltung erfuhr die Grosse L. von Niedersachsen zu Hamburg durch Schröder.**)

---

*) Im Zusammenhang mit dieser Einrichtung und von dem Schröderschen Engbund nicht wesentlich verschieden, stand der Scientifische Bund, der 1802 von Fessler gebildet wurde, aber nur kurze Zeit bestand. Die Mitglieder verpflichteten sich, die Gesch. der FM. durch gemeinschaftliche Forschung zu fördern und in höchst möglicher Vollendung zu bearbeiten. Auf diese Weise hoffte man einen Schatz gründlicher maurerischer Kenntnisse anzuhäufen und für die Aufgabe der L. dienstbar zu machen. Jeder M. jeglicher beliebigen Lehrart konnte Mitglied werden. — Vergl FM.-Zeitung. 1861. Nr. 1. —

**) Friedrich Ludwig Sch., geb. 1744, verlebte eine bewegte traurige Jugend. Aber der reichbegabte, von brennendem Ehrgeiz beseelte Knabe arbeitete sich spielend aus dem Sumpfe heraus, in den ihn das Schicksal mitleidslos geworfen hatte. Er wurde Schauspieler, übernahm 1771 die Leitung des Stadttheaters in Hamburg und errang ungeahnte Erfolge. Seit 1797 in behaglichem Wohlstande auf seinem Landsitze bei Pinneberg lebend, überliess er sich ganz seinen litterarischen Neigungen. Als er 1816 das Zeitliche segnete, beklagte die Welt in ihm „nicht nur den grossen Künstler, sondern auch einen wahrhaft guten und edlen Menschen. — 1774 wurde Sch. in Hamburg in den FM. aufgenommen und 1787 zum Meister vom Stuhl erwählt. Ein Jahr darauf wurde ihm die Reform des Logenwesens und die Bearbeitung des Gebrauchtums übertragen. Aus den Ergebnissen seiner Studien entstand die „Schrödersche Lehrart,“ die „auf zeitgemässe, vernünftige Anschauungen gegründet,“ noch heute besteht.

Ein selbstloser, reiner Charakter, kenntnisreich und von energischem Willen beseelt, beseitigte Schröder alle höheren Grade, behielt nur die drei Johannisgrade bei und schuf Gesetze und Gebrauchtum, denen die „Alten Pflichten“ zu Grunde lagen. Für die redlichen und wissbegierigen Mitglieder des dritten Grades gedachte er eine Abteilung zu schaffen, in der die Geschichte des Bundes und des Gradwesens mitgeteilt wurde. Daraus entstanden die „Vertrauten Brüder,“ ein Name, der sich später in den des „Engbundes“ verwandelte. Ihm gehörten bis 1892, da die letzte offizielle Sitzung stattfand, zahlreiche deutsche Brüder an. Der Engbund stellte keinen höheren Grad dar, sondern seine Mitglieder beschäftigten sich meist mit historischen und philosophischen Studien, mit der Kritik maurerischer Schriften und Berichte über Logenangelegenheiten, mit der Erforschung der m. Geschichte und liessen es sich angelegen sein, durch Lehre und That andern Brüdern ein beherzigenswertes Beispiel edlen Mtums zu geben.

Von dem überall sich regenden, frischen Leben blieb allein die Gr. Landesloge in Berlin völlig unberührt. Indem sie die Ansicht vertrat, dass sie allein die „wahre geheime Lehre uralten Herkommens“ besitze, warf sie sich zu einer Art maurerischer Oberbehörde auf, um die sich freilich die meisten Bauhütten herzlich wenig kümmerten, und hielt unentwegt an der schwedischen Lehrart fest. Sie besteht aus 9 Graden in 3 Abteilungen. Die erste nimmt die Johannisloge mit 3 Graden ein, die zweite die Schotten- oder Andreasloge mit 2 Graden (dem Andreas-Lehrling-Gesellen und dem Andreas-Meister). Die Stewardsloge oder das Kapitel bildet mit 4 Graden die dritte Abteilung. Sie umfasst „die vertrauten Brüder Salomonis,“ die „Ritter vom Osten im Anfang von Jerusalem;“ die „Ritter vom Westen," die „Johannisvertrauten" und die „Andreas-Auserwählten." Hieran schliesst sich noch ein Ehrengrad, der der Brüder mit dem roten Kreuz. An der Spitze des Ganzen stehen die „Höchsterleuchteten Brüder Architekten." Der „Vicarius Salomonis", ihr Oberhaupt, bildet für Lehre und Ritual die höchste Instanz, wie der Landesgrossmeister für die äussere Verwaltung. Die Johannisgrade sind lediglich Vorstufen für die höheren. —

Während 1798 ein Edikt in Preussen alle geheimen Gesellschaften verbot, den drei Berliner GLverbänden jedoch Schutz und Duldung zusicherte, während die Zahl der ihnen zugehörigen Logen wuchs, hatten andere deutsche Logen schwer unter dem französischen Druck zu leiden. Dessenungeachtet erhielt sich in den meisten ein regsamer Geist, zeigte sich in ihnen eine warme Empfänglichkeit für die Ideale des Mtums. Die jugendliche Unfertigkeit der deutschen Kultur, die noch nichts wusste von vielseitiger grossstädtischer Geselligkeit, kam der Andacht, der friedlichen Sammlung des maurerischen Schaffens zu gute. Mehrere neue m. Vereinigungen traten ins Leben. Die Berliner GL. bildeten 1810 einen Grossmeisterverein für Beratungen gemeinsamer Interessen. 1811 entstanden die Landesloge von Sachsen, die GL. des Königreichs Hannover, die 1866 sich auflöste und deren Tochterlogen sich der GL. Royal York anschlossen, die GL. zur Sonne in Bayreuth und endlich 1846 die GL. zur Eintracht in Darmstadt.

Nach dem Friedensschlusse, der die grosse Zeit der Befreiungskriege beendete, begann eine Epoche stiller Sammlung, reizlos und nüchtern, arm an grossen Ereignissen, reich an harter Arbeit. „Zum ersten Male seit drei Jahrhunderten war über das stille Norddeutschland eine wirkliche Volksbewegung dahingebraust; der

Anblick aller der elementarischen Kräfte, die in solchen Zeiten des Sturmes sich entfesseln, hatte manches schwache Gemüt betäubt und verwirrt. Wie in England zur Zeit Karls II. tausende ehrlicher Leute von dem Dasein der eingebildeten Papistenverschwörung überzeugt waren, so griff jetzt in Deutschland ein finsterer Wahn gleich einer verheerenden Seuche um sich; nicht blos schlechte Gesellen glaubten an die geheime Wühlerei demagogischer Bünde.“ Das alte Verbot der geheimen Gesellschaften ward erneuert und jede freie Regung gewaltsam niedergehalten. Das öffentliche Leben ward eingesargt in den Mechanismus des Polizeistaats. Es brach jene schmähliche Zeit herein, da selbst ein Arndt, „dieser Treueste der Treuen,“ sich gezwungen sah, seine Briefschaften im Keller und unter den Dielen seiner Zimmer zu verstecken. Der verbitternde Druck der polizeilichen Schikanen machte sich auch im Logenleben bemerkbar. Gerade die besten Kräfte zogen sich verstimmt zurück. Und inmitten der allgemeinen Abspannung verfielen die glücklichen Freistätten der Duldung und Menschenliebe, soweit sie nicht gar, wie in Kurhessen, verboten wurden, der trostlosen Herrschaft kümmerlicher, philiströser Geister.

Eine sanfte Aufrüttelung aus dem tiefen Schlummer erfolgte erst seit dem Ende der dreissiger Jahre. Da begann das fr. Leben in Deutschland wieder etwas fröhlicher zu keimen, angeregt vor allem durch den Anschluss des damaligen Prinzen von Preussen (1840) an den Bund, ein Vorgang, der auch andere deutsche Fürsten, wie den König Georg von Hannover, den Herzog Ernst II. von Koburg-Gotha, zum Beitritt veranlasste. Gleichzeitig suchte auch wieder der wohlthätige Geist der Korporation und Association sich zu bethätigen, indem er die Brüder in Orten und Gegenden, wo dem Bunde keine Heimstatt errichtet war, zu maurerischen Vereinen zusammenschloss und die Mitglieder benachbarter Logen in Gauverbänden vereinigte.

Aber noch hatte der FMbund die Schwelle seiner langen, an Irrtum und Enttäuschung überreichen, Lehrzeit nicht überschritten. Der realistische Zug der Zeit, der Drang nach sinnlicher Fülle des Daseins, die demokratische Weltanschauung, die ziellose Freigeisterei, die schlechthin verneinende Gesinnung, diese Erscheinungen der 40ger Jahre begannen den unschuldig gemütlichen Idealismus langweilig und leer zu finden. Mit überlegenem Lächeln blickten sie hinweg über die, gemeinem Alltagsleben abgewandte, Welt der Ideale als ein Ding, das längst verdient hätte, zum alten Eisen geworfen zu werden, und machten die stimmungsvollen Mtempel zum Tummelplatz ihrer Leidenschaften.

Allein die beschränkte Einseitigkeit des Partei- und Sektengeistes hat dem freien deutschen Gemüte niemals zugesagt, und doktrinäre Unfehlbarkeit, namentlich in einer Zeit weltverwandelnder Geschicke, ist immer der Charakterzug der breiten, plumpen Mittelmässigkeit gewesen. So konnte es denn nicht fehlen, dass innerhalb der Logen der friedliche Genius des Mtums beschämt sein Haupt verhüllte und die Stätte mied, wo, anstatt andächtiger Sammlung, schulmeisternder Hochmut, sittenrichterlicher Eifer und demokratischer Despotenhass das grosse Wort führten. Die weiten Hallen des Menschheitsbundes leerten sich, und wo vielleicht noch etwas zu spüren war von dem humanen Geiste vergangener Tage, von dem Hauche des Schönen und Guten, der dort einst still geweht, da siechte er hoffnungslos dahin in der starren kalten Atmosphäre der Reaktionsperiode.

Aber gerade in den Zeiten der höchsten Not, da Himmel und Erde einzustürzen drohen, finden sich auch wieder die Männer, die That und Rettung verheissen und bringen. Wir wissen nicht, von wannen sie gekommen, aber sie sind da. Noch weniger vermögen wir den geheimnisvollen Zusammenhang der Dinge zu ergründen, die sich an so merkwürdige Erscheinungen des historischen Lebens knüpfen. So bedeutete denn auch das Erscheinen der von Findel*) begründeten und herausgegebenen „Bauhütte“ (1858) für die deutsche Mwelt geradezu die Erlösung aus einem Zustande qualvoller Agonie. Mit keckem frischem Wagemut und starker Leidenschaft, aber ehrlich und voll sittlichen Ernstes, drang sie auf eine ideen- und zeitgemässe Weiterbildung der Einrichtungen und des Gebrauchtums der FM. Und der Erfolg bewies, dass ihr Herausgeber die Gebrechen der Zeit scharf erkannt und dem Uebel an seiner schlimmsten Stelle begegnet war. Alsbald strömten alle tüchtigen Kräfte ihm zu und erregten allerorten eine Begeisterung, der schliesslich auch die misstrauisch und scheltend abseits vom Wege stehenden GL. sich nicht entziehen konnten. Sie entschlossen sich wohl oder übel zu einer zeitgemässen Revision ihrer Verfassungen und Rituale, namentlich seitdem der 1861 begründete Verein deutscher FM. begonnen hatte, auf jährlichen Wanderversammlungen sich energisch für Reformen im Bunde auszusprechen und für Einführung eines allgemeinen Grundgesetzes, für grössere Oeffentlichkeit, thatkräftige Förderung geschichtlicher Forschung, Beseitigung des starren Dogmatismus und christlicher Ausschliesslichkeit,

*) Joseph Gabriel Findel, geb. 21. Oktober 1828 zu Kupferberg in Franken, besuchte 1848 die Universität München, wurde 1849 wegen seiner Beteiligung an der politischen Bewegung in Untersuchung gezogen, verurteilt, aber nach 10 monatlicher Haft begnadigt. Hierauf widmete er sich in Heidelberg dem Buchhandel und siedelte später nach Leipzig über, wo er heute noch thätig ist. Von seinen zahlreichen Schriften frm. Inhalts haben wir oben die wichtigsten verzeichnet.

für Abschaffung des inhaltsleeren Titelwesens, der noch bestehenden Hochgrade und anderer Mängel, vor allem aber auch für umfassende maurerische Werkthätigkeit einzutreten.

Eines der aussichtsreichsten Ergebnisse dieser Wirksamkeit ist die im J. 1872 ins Leben gerufene Stiftung des deutschen GLbundes mit wechselndem Vorsitz, schön und aussichtsreich deshalb, weil auf diesem Wege die geplante Vereinigung aller GL. zu einer einzigen National GL. voraussichtlich sich vollziehen wird. Selbst die GLandesloge musste ihre einseitige, doktrinäre Haltung angesichts der stürmischen Bewegung der Geister aufgeben. Als Findels Aufsehen erregende Schrift (die Schule der Hierarchie und des Absolutismus) erschien, in der der Autor gegen die historische Ueberlieferungen der GLandesloge als ein Werk des Betruges zu Felde zog und ihr ganzes System als ein Ueberbleibsel der m. Verirrungen des vorigen Jahrhunderts kennzeichnete, sprach sich der preussische Kronprinz Friedrich Wilhelm als Ordensmeister in seiner berühmten Johannisfestrede*) (24. Juni 1870) für unbefangene historische Forschung aus und forderte für die ermittelte Wahrheit unbedingte Geltung. Im Anschluss hieran betraute er den Provinzialgrossmeister Schiffmann**) mit archivalischen Erhebungen über die Lehrart und die historischen Grundlagen der GLandesloge. Als das Ergebnis seiner eifrigen Untersuchungen zu Ungunsten des schwedischen Systems ausfiel, als er insbesondere nachwies, dass die Lehren des 8. Grades kabbalistische Träumereien seien, und der Kronprinz erfahren musste, dass die Orthodoxen in der L. seinem Drängen nach historischer Gewissheit und nach einer

*) Abgedruckt in FM. Zeitung 1872. S. 2 ff.

**) Gustav Adolf Schiffmann, 1814 zu Stettin geboren, war Archiakonus an St. Jacob daselbst und starb 1883. —

Läuterung des Systems passiven Widerstand und kaum verhüllte Feindseligkeit entgegensetzten, legte er am 7. März 1874 sein Amt nieder.

Nun geriet die Einigungsbewegung innerhalb der deutschen FM. ins Stocken. Bald griff auch die antisemitische Bewegung in den Logen Platz und gab dem christlichen Prinzip, das die GLandesloge und die G. National-Mutterloge fester denn je behaupteten, neue Nahrung. Von umso grösserer Bedeutung war es daher für die Entwicklung des FMtums in Deutschland, als der Grossmeister von Royal York Settegast sich zu einem kühnen Schritte entschloss, indem er die Rechtsgültigkeit des Edikts von 1798 erfolgreich anfocht.*)

Eine interessante, aber die deutschen Logenverhältnisse nur wenig berührende Episode schuf der in den neunziger Jahren von den Ultramontanen mit grossem

---

*) Im Jahre 1891 gewann eine Bewegung an Umfang, die besonders auf den in Berlin herrschenden Zuständen beruhte. Hier befanden sich zahlreiche FM., die aus konfessionellen Gründen keine Aufnahme in den zu den preuss. GL. gehörigen Tochterlogen gefunden, ihren Beitritt aber ausserhalb Preussens bewirkt hatten. Immer lauter wurde ihr Wunsch nach Gründung eigener Bauhütten. Diesem Verlangen stand die in den altpreuss. GL. herrschende und von dem preuss. Ministerium des Innern geteilte Meinung entgegen, dass nur diese berechtigt seien, in Preussen FMlogen zu gründen. Das Oberverwaltungsgericht verwarf indess auf Antrag Settegasts das monopolartige Recht, worauf 1893 die Bildung einer vierten GL. in Preussen „Kaiser Friedrich zur Bundestreue“ stattfand. Ohne von den alten Grossbehörden anerkannt zu sein, arbeitete das junge Institut mit 10 Tochterlogen nach dem Schröder'schen, den neuen Zeitverhältnissen angepassten, System. Im J. 1900 lösten sie die GL. auf und gingen zum Verbande der Hamburger GL. über, die dann in Berlin eine ProvinzialGL. gründete. — Vergl. Settegast: Die Gr. FMloge von Preussen, gen. Kaiser Friedrich zur Bundestreue. Berlin; 1893. — Katz: Die FM. in Preussen und das Edikt vom 20. Oktober 1798. Berlin; 1893. —

Kraftaufwande gegen die FM. unternommene Sturmlauf.*)

Trotz aller dieser unangenehmen Ereignisse, die einem grösseren und rascheren Aufschwung sehr hinderlich waren, zeigte sich die deutsche Mwelt doch ihren Aufgaben gewachsen und blieb ein vorbildliches Muster für das ganze übrige FMtum. Und so steht denn zu erwarten, dass die deutsche FM., wenn es ihr gelingt, über das christliche Prinzip zu einer Verständigung zu gelangen, auch in Zukunft gerade infolge ihrer idealen Auffassung dem von Herder bezeichneten Zwecke dienen wird, nämlich: die Humanität zu einem Gemeingut der ganzen Menschheit zu machen.

---

*) Die Mittel zu diesem Kampf bot ein ziemlich dunkler Ehrenmann namens Leo Taxil alias Jogand-Pagès. 1854 zu Marseille geboren, wandte sich J. nach einer freudlosen, in einer jesuitischen Korrektionsanstalt verbrachten, Jugend der Publizistik zu, gründete zahlreiche Freidenkervereine, trat 1881 in den FMbund, verliess ihn aber bereits wieder nach vier Jahren. Der gewissenlose Agitator kehrte nun, angeblich reumütig, in den Schoss der katholischen Kirche zurück. Seine Bekehrung ward von der klerikalen Presse aller Länder als ein ungeheurer Triumph der Kirche gefeiert und dem gottseligen Manne eine Audienz beim Papste erwirkt. Auf die gedankenlose Leichtgläubigkeit der Klerikalen vertrauend, gab J. 1885 sein erstes antifrm. Werk, die „Drei Punkte-Brüder“, heraus, das von haarsträubenden Dingen strotzt. Der unerwartete Anklang, den er damit in allen fmfeindlichen Kreisen fand, ermutigte ihn, mit Unterstützung eines Dr. Hacks und des bekannten Antifm. Margiotta den Schwindel in grossartigem Massstabe fortzusetzen. „Frei aus dem Handgelenk“ erfand er u. a. die „Memoiren einer Expalladistin,“ worin er von einer Sophie Walder, deren Mutter ein Teufel gewesen, erzählt und von Miss Vaughan, die Luciferanerin und Grossmeisterin der Palladisten (FM.) gewesen sei, sich jetzt aber bekehrt habe aus Empörung über den in den FMlogen getriebenen Satanskult. Der lasterhafte Inhalt des Romans, eines Meisterwerks der Pornographie, ward wie ein Evangelium geglaubt und von der Jesuitenpresse über die ganze Erde verbreitet. Taxils Idee, zur Vernichtung

5. Die Freimaurerei in den übrigen Ländern.

Nach **Österreich***) gelangte die FM. im Jahre 1726, wo in Prag eine Loge gestiftet wurde. In Wien und Umgegend entstanden 1742 mehrere Arbeitsstätten und erfreuten sich des Schutzes des 1731 dem Bunde beigetretenen Kaisers Franz I, der auch Mitglied der ersten Wiener Loge Zu den drei Kanonen war. Das 1764 von der Kaiserin Maria Theresia gegen die FM. erlassene Verbot gelangte nicht zur Ausführung. 1771 fasste die strikte Observanz in Wien Fuss, während hier gleichzeitig die GLandesloge von Berlin Filiallogen errichtete. In den siebziger Jahren finden sich FMtempel in Innsbruck, Graz, Görz, Klagenfurt, Linz, Passau, Triest, in Siebenbürgen, Ungarn, der Bukowina u. s. w. Sie unterstanden seit 1784 der „Landesloge von Österreich" und blühten eine Zeit lang auch unter dem milden Scepter Josephs II., obwohl dieser Monarch nicht zu den Brüdern zählte, bis die bekannte Verordnung vom

der FM. einen internationalen Kongress zu berufen, fand begeisterte Anhänger. Er trat 1896 in Trient zusammen, nahm aber ein klägliches Ende. Bald darauf, im März 1897, gestand Taxil mit cynischer Offenheit in Paris bei Gelegenheit einer zahlreich besuchten Versammlung, dass er mit seinen sog. Enthüllungen nur eine Mystifikation des Ultramontanismus bezweckt hätte. Er habe der Welt einmal zeigen wollen, wessen man sich von der klerikalen Dummheit und Leichtgläubigkeit zu versehen habe. Dieser Zweck sei wider Erwarten voll und ganz erreicht. — Vergl. D. Margiotta: Die zentrale Leitung der FM. u. ihr derzeitiges Oberhaupt. Paderborn; 1896; — Findel: Katholischer Schwindel. Leipzig 1896. — Derselbe: Die Germania u. der Gockelhahn des Teufels Bitru. Leipzig; 1896. — Ders. Die katholische Klerisei auf der Leimrute. Leipzig. 1897. — Th. Ch. Der entlarvte Lucifer. Berlin. 1897. — H. Gerber-Gruber: Leo Taxils Palladismus-Roman. 3 Teile. Berlin. 1897—98. — Ders. Betrug als Ende des Betruges. Berlin; 1897. —

*) L. v. Aigner-Abafi: Gesch. d. FM. in Österreich-Ungarn. — Bisher 5 Bde. — Budapest; 1890—1900. —

11. Dezember 1785 gegen die geheimen Gesellschaften erschien.

Allem Anschein nach war sie hauptsächlich gegen das immer lästiger sich gestaltende Unwesen der Rosenkreuzer, der Asiatischen Brüder und anderer Verbindungen gerichtet; sie traf aber auch den FMbund insofern sehr hart, als sie dessen freie Bewegung in erheblichem Masse beschränkte. Von da an ging es mit ihm abwärts, und als 1795 das Edikt des Kaisers Franz II. gegen die geheimen Gesellschaften veröffentlicht ward, waren sämtliche Logen in Österreich bereits geschlossen.

Damals gehörten die gebildetsten und geachtetsten Männer des Reiches dem Bunde an, wie der Landesgrossmeister Graf von Dietrichstein, Fürst Karl von Lichtenstein, Graf Franz von Esterhazy, eine Anzahl Exjesuiten: der Philosoph Reinhold, der Naturforscher Born, die Dichter Alxinger, Denis und Blumauer, die Komponisten Haydn und Mozart u. s. w. Unter deren Einfluss entfalteten die Logen eine wahrhaft grossartige Thätigkeit. Indem sie den Begriff des Mtums in möglichst weitem Sinne erfassten und auslegten, schufen sie Bibliotheken, richteten sie physikalische Kabinette, naturhistorische Sammlungen ein, gaben sie wissenschaftliche Zeitschriften heraus, suchten sie überhaupt die Wissenschaft nach Kräften zu fördern. Mozarts Zauberflöte ist eine Darstellung maurerischer Ideen, und in den Prüfungen des Helden sind die maurerischen Aufnahmegebräuche nach damaligem System angedeutet. Auch die Wohlthätigkeit wurde in reichem Masse geübt.

Trotz der Auflösung ihres Bundes hielten die FM. in Österreich in der Hoffnung auf bessere Zeiten treu zusammen. Nun wurden allerdings vorübergehend in der Zeit von 1809—12 und 1841 im geheimen neue Logen gegründet und in den Jahren 1848—67 Versuche zur Neubelebung der FM. in Österreich angestellt. Aber alle Mühe war vergeblich. Dagegen bildete sich an Stelle der verbotenen Logen eine Reihe maurerischer Vereine, die sich der GLoge von Ungarn unterordneten. Solche „wohlthätigen Gesellschaften“ finden sich in Wien, Karlsbad, Franzensbad, Marienbad, Pilsen, Prag, Troppau etc.

Die Logen in **Ungarn**, die seit 1867 gestattet sind, hatten ein ähnliches Schicksal zu bestehen. 1763 wurde in Pressburg die erste Arbeitsstätte des Menschheitsbundes eröffnet, der bald zahlreiche Gründungen an andern Orten folgten. Nach vielfachen Streitigkeiten wurde am 21. März 1886 die „Symbolische GL. von Ungarn“ durch Vereinigung von 26 Johannis-L. und 13 Logen des schottischen Grossorients gebildet. Unter ihrer Leitung arbeiten jetzt 52 Logen mit 3029 Mitgliedern. Die meisten von ihnen besitzen eigene stattliche Logenhäuser und verfügen über reiche Mittel. —

Die erste Loge in der **Schweiz***) wurde von einigen Engländern 1736 in Genf errichtet. Engländer gründeten auch 1739 eine Bauhütte in Lausanne und an andern Orten des Waatlandes. Auch in der deutschen Schweiz gingen die FM. rüstig an die Gründung ihrer Tempel. 1740 entstand ganz im Geheimen ein solcher in Zürich. 1745 wurden die Geheimen Gesellschaften auf schweizerischem Boden verboten. Die M. mussten ihre Mitgliedschaft abschwören. Aber ihre völlige Unterdrückung gelang hier ebenso wenig, wie in andern Ländern. Immer wieder entstanden und verschwanden neue Logen. Als besonders massgebend nach dieser Richtung erwies sich der Einfluss Frankreichs und seiner Hochgradsysteme. 1772 traten mehrere Züricher und Baseler Logen der strikten Observanz bei und er-

---

*) Vergl. Asträa 1849; S. 226 ff.

richteten eine Präfektur. Auch Cagliostro, die Rosenkreuzer und Illuminaten bereiteten der FM. vielerlei Hindernisse. Das Logenwesen geriet in unheilvolle Verwirrung, aus der es endlich durch die 1844 gegründete GL. Alpina errettet wurde. Unter ihr stehen jetzt 32 Logen mit ca. 3300 Mitgliedern. Neben ihr arbeitet in Lausanne das „Suprême Conseil pour la Suisse".

Schon um 1730 kam die FM. von England nach **Italien.** Ihre ersten Spuren weisen nach Rom, wo am 16. Aug. 1735 eine Loge eröffnet wurde. Hieran schlossen sich L.-Gründungen in Florenz, Livorno, Padua, Mailand, Venedig, Neapel. Die jungen Pflanzstätten konnten sich aber unter dem Drucke kirchlicher und staatlicher Verfolgungen nicht sonderlich entfalten. Erst unter französischer Herrschaft gelangte die FM. in Italien zur Blüte. 1805 entstand der „Grossorient von Italien" zu Mailand, 1809 konstituierte sich in Neapel eine zweite GL., deren erster GMeister Napoleons I. Schwager Joachim Murat war, der als König von Neapel 1815 ein so unrühmliches Ende fand. Nach dem Sturze der napoleonischen Herrschaft erlosch die FM. fast ganz. Erst nach dem Kriege von 1859 nahm der Grossorient seine Thätigkeit wieder auf, indem er sich für Wohlthätigkeit und Toleranz erklärte und Enthaltung von religiösen und politischen Streitigkeiten, Förderung der Geistesfreiheit, Verbesserung der Verfassung, Gründung von Schulen und Asylen als Hauptzweck seiner Thätigkeit bestimmte. Daneben entstanden noch GL. zu Neapel, Mailand, Florenz und Palermo (unter Garibaldi). 1873 vereinigten sich diese zu einer einzigen GL., die als „Grossorient von Italien" nach Rom verlegt wurde. Nach vorübergehenden Wirren, hervorgerufen durch Anhänger des Schottenritus, wurde 1900 die Einigkeit abermals hergestellt. Unter dem GOrient arbeiten jetzt 177 Logen, ausserdem 37 im Auslande.

In **Spanien** bildete sich schon 1728 eine L. und zwar unter dem Schutz der englischen GL. 1738 waren bereits 11 m. Pflanzstätten vorhanden. Da verbannte König Philipp V. 1740 alle FM. aus Spanien und belegte zahlreiche Mitglieder des Bundes mit Galeerenstrafe.*) Obwohl Ferdinand II. 1751 das Edikt erneuerte und die Inquisition schrecklich gegen die FM. wütete, bestanden doch im Geheimen zahlreiche Logen fort und traten 1807 nach dem Einmarsch der Franzosen plötzlich offen hervor. Nun blühte rasch aller Orten das Lwesen auf, und schon im November 1809 trat in den Räumen des Inquisitionspalastes zu Madrid der „Gran Oriente de España“ zusammen — eine merkwürdige Ironie des Schicksals. Um so schlimmer gestalteten sich die folgenden Zeiten. Kaum war Ferdinand VII. nach Madrid zurückgekehrt (1815), als er auch die Inquisition wieder einrichtete, sämtliche Tempel schliessen liess und den Beitritt zur FM. mit harten Strafen bedrohte. Obwohl sogar Todesurteile gegen FM. nichts Seltenes waren, gelang es doch nicht, den Bund auszurotten, der nach Vertreibung Isabellas 1868 sofort wieder ans Licht trat. Es folgten nun Gründungen auf Gründungen namentlich von Seiten der republikanischen Elemente. 1877 zählte man 5 GLogen, die sich heftig befehdeten, bis 1885 eine neue Grosskörperschaft als „Nationaler Grossorient von Spanien“ ins Leben trat. Von ihr trennte sich 1889 der „Spanische Grossorient“, 1893 entstand ein Iberischer Grossorient, daneben bildete sich die Symbolische GL. von Galizien und die Provinzialloge von Malaga und Murcia.

In den letzten Jahren hatten die spanischen FM. schwer unter dem Verdachte zu leiden, den Aufstand

---

*) Vergl. Eybert: Die Märtyrer der FM. Spaniens. Weimar 1854. —

auf den Philippinen und auf Cuba angezettelt zu haben, was zur Folge hatte, dass die Lthätigkeit fast gänzlich ruhte. Ein Umschwung zum Besseren macht sich neuerdings bemerkbar. Angeblich sollen heute 700 Logen in dem heiligen Lande der Glaubensmärtyrer maurerischen Werken sich widmen.

Wechselvolle Schicksale hat die FM. auch in **Portugal***) gehabt. Frühzeitig (1728) dahin verpflanzt, gewann sie, nachdem die englische GL. die erste Arbeitsstätte in Lissabon errichtet hatte (1735), schnell an Boden, wurde jedoch bald auf das grausamste verfolgt und unterdrückt. Erst seit 1834 haben die Nachstellungen aufgehört. Jetzt stehen etwa 25 Logen unter dem Vereinigten Grossorient von Lusitanien in Lissabon, die teils nach dem französischen (Rite français), teils nach dem schottischen Ritus arbeiten.

In den **Niederlanden****) finden sich bereits um d. J. 1734 mehrere, von Engländern errichtete, Logen der „altberühmten FMbrüderschaft.“ 1756 konstituierte sich die „Grosse Loge der Niederlande“, 1780 setzte die strikte Observanz ein Nationalkapitel von Holland ein. 1837 bildete sich als maurerische Oberbehörde der „Grossosten (Groot Oosten) der Niederlande.“ Unter ihm arbeiten (1899) 93 Logen in Europa und 25 in den Kolonien mit etwa 4600 Brüdern. — Seit 1807 ist auch die schottische Maurerei in den Niederlanden vertreten. Sie zählt (1899) 15 Kapitel.

---

*) Vergl. A. M. da Cunha-Bellom: Le Grand Orient Lusitanien. Lisbon; 1869. — Alpina 1875. S. 126 ff. — Latomia; 1894. S. 200 ff., 1895. S. 119 ff. —

**) Vergl. Scheltema: Jets voor of over de openbare Geschiedenis van de Orde de V. M. 's Gravenhage; 1837. — Leutbecher: Die Grande Besogne der N. u. die Loge Post Nubila Lux in Amsterdam. Erlangen; 1855. —

Die Logen **Belgiens***) haben unter fortwährendem Kampfe gegen die Anfeindungen der politisch-kirchlichen Obskuranten-Partei nur mühsam Fuss fassen können. Es bestehen heute zwei Grossbehörden: der „Grossorient“ und der „Suprême Conseil“ in Brüssel. Jener hat 19 Tochterlogen unter sich, dieser 2 Areopage, 7 Kapitel und 4 Logen.

In **Schweden****) hielt die FM. 1735 ihren Einzug. Am 7. Juli 1753 übernahm der König Adolf Friedrich († 1771), wahrscheinlich ohne jemals selbst förmlich Mitglied geworden zu sein, die „Obermeisterschaft über alle FMvereinigungen im Reich.“ 1754 gründeten die schwedischen Logen die Landesgrossloge von Schweden zu Stockholm. In den ihr untergeordneten Bauhütten wurde zweifellos nach französischer Weise gearbeitet. Nichtsdestoweniger wurde sie 1771 von England anerkannt. Bald darauf fanden auch die Bestrebungen der strikten Observanz und des damit verbundenen Klerikats in Schweden freundliche Aufnahme, so dass hier 1781 die Aufrichtung der IX. Provinz erfolgte. Die Andreaslogen erhielten Sitz und Stimme in der GL. Unter ihr stehen heute 4 Provinziallogen, 12 Andreas- und 21 Johannislogen mit etwa 4000 Brüdern.

König Gustav IV. trat dem Bund nach seiner Thronbesteigung förmlich bei und begünstigte die FM. dadurch, dass er die schwedischen Prinzen für alle Zeiten zu FM. erklärte. Ueberhaupt hat in keinem Lande die FM. eine so weit gehende Förderung und Teilnahme von Seiten des Herrscherhauses gefunden wie in Schweden.***)

---

*) Vergl. Dubreuil: Hist. des Francs-Maçons. Brüssel; 1838. — Cordier: Hist. de l' Ordre Maçonnique en Belgique. Mons; 1854. — Lat. II. S. 179 ff. —

**) Vergl. Meddelanden från Svenska Stora Landslogens arkivoch bibliotek. Stockholm; 1892/98. —

***) Im J. 1811 stiftete König Karl XIII, „um die Tugenden

Gegenwärtig ist König Oskar II. „Ordensmeister und Beschützer", der Kronprinz Gustav Adolf „Landesgrossmeister." —

Im Jahre 1749 wurde zu Christiania in **Norwegen** eine Loge gegründet. Nach wechselvollen Schicksalen lebte sie 1816 wieder auf und vereinigte sich 1819 mit der schwedischen GL. 1891 wurde die norwegische Provinzialloge zu einer „Gr. Landesloge von Norwegen" erhoben und Norwegen zur X. Provinz nach der schwedischen Lehrart erklärt. Seit 1900 zählt die GL. 2 Andreas- und 7 Johannislogen mit etwa 2700 Mitgliedern.

Dänemark besass schon 1743 eine L. Unter Christian VII. fand die FM. staatliche Anerkennung und infolgedessen grosse Verbreitung. 1855 nahm man das schwedische System an. Seit 1858 besteht die „Gr. Landesloge von Dänemark" mit 9 Johannis- und 2 Andreaslogen und 4100 Brüdern. Auch hier steht an der Spitze des Bundes der Landesherr als Protektor; Ordensmeister ist der Kronprinz.

Die **russische***) M. ist eine „eigentümliche Kopie der hervorragendsten deutschen und auch anderer frm. Institutionen". Ueber die Einführung der FM. in Russland hat sich keine zuverlässige Kunde erhalten. 1750 bestand in Petersburg eine L. Zur Verschwiegenheit. 1776 vereinigten sich die Anhänger der schwe-

---

zu ehren, die von keinem Gesetz vorgeschrieben sind", den „Orden Karls XIII". Er ist gewissermassen als die Spitze der ganzen schwedischen Lehrart zu betrachten. Der regierende König ist der Ordensmeister. Ausser den Prinzen zählt der Orden nur 30 Mitglieder, 27 weltliche und 3 geistliche. Die Inhaber müssen 30 Jahre alt sein. —

*) Pekarski: Ergänzungen zur Gesch. der FM. in Russland im 18. Jahrh. Petersburg; 1869. — Pypin: Quellen und Beiträge zur Gesch. d. FMlogen R.'s. Riga; 1896. —

dischen und englischen Lehrart zu einer „Gr. Nationalloge“. 1779 entstand wieder eine Provinzialloge des schwedischen Systems, die 1781 ihre Arbeiten einstellte. Im nächsten Jahre zogen die Rosenkreuzer in Russland ein. Paul I. erliess, obwohl selbst FM., ein Verbot gegen die geheimen Gesellschaften, das alsbald deren Erlöschen zur Folge hatte. Alexander I. bestätigte zuerst das Verbot, hob es aber später auf und trat selbst dem FMbunde bei. Nun dehnte sich die FM. unter seinem Schutze über das ganze Reich aus und trug wesentlich dazu bei, in der russischen Bevölkerung Weltbürgersinn und allgemeine Menschenliebe zu verbreiten. Da machte plötzlich ein i. J. 1822 erschienener Ukas dem Dasein der M. ein schnelles Ende. —

Aus dem Jahre 1814 dringt eine unsichere Kunde zu uns von einer GL. in **Griechenland,** deren Aufgabe es vornehmlich war, das harte Loos der in der Sklaverei der Türken schmachtenden Volksgenossen zu mildern. Sonst erfahren wir nichts über die Thätigkeit griechischer Bauhütten. Nicht unmöglich ist, dass die 1820 gebildete „Gesellschaft der Freunde“ sich aus FM. zusammensetzte. Im Anfang der 60er Jahre eröffnete der italienische GO. mehrere Logen auf hellenischem Boden, die 1867 den „Grossorient von Griechenland“ bildeten. Dieser beseitigte die Hochgrade, reformierte und verbesserte auch sonst die von Italien übernommenen Einrichtungen, behielt aber im übrigen den italienischen Charakter bei. Ende 1897 bestanden 12 Logen und 3 Rosenkreuzerkapitel mit insgesamt 1889 Mitgliedern. Ausserdem arbeiten englische und französische Logen in Korfu und Zante.

In der **Türkei** *) zählen wir 14 Pflanzstätten des

*) Vergl. Lat. 1858. S. 170 ff. — Gould a. a. O. VI. S. 320 ff. —

FMtums. 1769 stiftete die GL. von Genf eine Tochterloge in Konstantinopel, 1784 eine solche der Grossorient von Polen. Beide hatten nur kurzen Bestand. Eine lebhaftere m. Thätigkeit entfaltete sich in der Hauptstadt des türkischen Reiches nach Beendigung des Krimkrieges. Seitdem haben hier und an andern Orten, wie Saloniki, Janina, Smyrna, Ephesus, Aleppo, Jerusalem die englische GL., die Grossoriente von Frankreich und Italien, die GL. von Hamburg zahlreiche Gründungen vorgenommen, die allerdings nicht von Bestand waren. Ihre Mitglieder sind meist Abendländer. Der Anhänger Mohammeds ist weniger imstande, den fm. Gedanken in seiner ganzen Tiefe zu erfassen.

Die erste FMloge in den **Vereinigten Staaten** wurde 1731 in Philadelphia gegründet. Einer der ersten, der sich ihr anschloss, war Benjamin Franklin, der auch, als sie sich 1735 zur GL. erhob, das Amt des Grossmeisters bekleidete. Von dieser Zeit an nahm die FM. einen gewaltigen Aufschwung, um so mehr, als sie das Glück hatte, Männer wie Washington, Jefferson, Monroe, Harrison, Tyler, Lincoln, Garfield, Mac Kinley u. a. zu den Ihrigen zu zählen. 1892 bestanden in den Vereinigten Staaten 50 GLogen mit etwa 12,900 Logen und ca. 800000 Mitgliedern. Neben diesen Grossbehörden haben sich noch 32 Neger-GL. mit 1318 Filialen und ca. 29000 Brüdern gebildet. Sie werden indess von jenen nicht anerkannt. Einer sorgsamen Pflege erfreut sich ferner die schottische Maurerei. Dem Generalgrosskapitel unterstehen 45 Grosskapitel mit etwa 200000 Royal-Arch-Maurern.

In **Mexiko, Zentral-Amerika** und **Westindien** arbeiten 14 GL. mit etwa 450 Tochterlogen, in **Südamerika** 10 GL. mit etwa 250 Filialen.

In **Afrika** befinden sich ungefähr 223 Logen, namentlich in Kairo, Alexandria, Tunis, Algier, Monrovia, St. Helena, Kapland etc. Sie unterstehen meist europäischen GL.

Australien und **Ozeanien** weisen 11 GLogen mit 808 Filialen auf. —

6. Die Organisation des Freimaurerbundes.*)

Der FMbund ist weder einheitlich organisiert, noch untersteht er einer Zentral- oder Oberbehörde. Ebenso wenig kennt er s. g. „unbekannte Obere". Für autokratische Gewalten dieser Art ist in der modernen Staatsordnung kein Raum, sie sind aber auch ein radikaler Widerspruch gegen die Fundamentalsätze der Humanität. Die Einheit im Bunde ist rein geistiger Art. Sie stellt sich lediglich dar in der Idee, in der Gemeinsamkeit der Grundsätze, des Strebens und des Zieles, der Erkennungszeichen und der Ähnlichkeit des Gebrauchtums. Verschieden dagegen sind in den einzelnen Ländern die Mittel, durch die man den Zweck der Maurerei zu erreichen sucht, sowie die Organisation der Logen und die Einrichtung der Arbeiten.

Ein engerer Verein von Maurern, die sich regelmässig versammeln, heisst eine Loge. Der Ort, an dem sich eine oder mehrere Logen befinden, wird Orient genannt. Zur Gründung einer „gerechten und vollkommenen" Loge, zu der die Erlaubnis einer GL. einzuholen ist, bedarf es nach einzelnen Verfassungen 7, nach andern 9 FM., von denen mindestens 5 bezw. 7 den Meistergrad besitzen müssen.

---

*) Vergl. O. Henne-Am Rhyn: Adhuc Stat. Die FM. in zehn Fragen u. Antworten. 5. Aufl. St. Gallen; 1890. — R. Fischer: Entwurf zu einem Handbuch für die Amtsthätigkeit der Lmeister. Leipzig; 1891. — Derselbe: Histor.-dogmat. Darstellung der hauptsächlichsten fm. Systeme. 6. Aufl. Leipzig; 1896. — Findel: Geist u. Form der FM. 6. Aufl. Leipzig; 1898.

Die einzelnen Logen*) führen besondere Namen, für deren Wahl eine historische Person oder örtliche Beziehungen massgebend sind, die aber auch einer Tugend oder maurerischen Sinnbildern entlehnt werden. Unumgängliches Erfordernis für jede L. ist ein gedecktes d. h. gegen jeden Einblick und jedes Eindringen Unberufener geschütztes Lokal. Verbunden damit sind in der Regel Unterhaltungs- und Erfrischungsräume und solche für Bibliothek und Archiv.

Die Loge ist ein länglich viereckiges, von Osten nach Westen sich erstreckendes, auf die Allgemeinheit der FMrei hindeutendes, Zimmer mit je einem Fenster im Osten, Süden und Westen. Auf der Mitternachtsseite befindet sich keine Lichtöffnung, weil die Sonne von dieser Richtung keine Strahlen senden kann. Die Himmelsgegenden haben für die Loge eine besondere symbolische Bedeutung. Im Osten, wo die Sonne aufgeht, haben die ersten Beamten ihren Sitz, meist unter einem Baldachin, dem Sinnbild des Himmels. Vor ihnen erhebt sich der Altar, zu dem drei Stufen hinaufführen. Auf ihm befinden sich die heiligsten Symbole, „die drei grossen Lichter“: Bibel, Winkelmass und Zirkel. Die Südseite bedeutet das Licht, der Westen den Ausgang, der Norden die Finsternis. Hier haben die Lehrlinge und Gesellen ihren Platz. Im Osten, Westen und Süden der Logen sind die drei Säulen der Weisheit, Stärke und Schönheit aufgestellt mit den „drei kleinen Lichtern“, die als Kerzen auf ihnen leuchten. Sie bedeuten die Sonne, die den Tag, den Mond, der die Nacht erhellt, und den Meister vom Stuhl, der die Loge regieren soll.**)

---

*) Über die „Inaktivierung“ von Logen, ihre Wiedereinsetzung, über Auflösung, Suspension etc. Vergl. Groddeck u. Henne-Am Rhyn: Positives inneres FMrecht. Leipzig; 1877. —

**) In manchen fm. Lehrarten wird der M. v. St. mit der Sonne verglichen. Wie diese den Tag regiert und die Welt erleuchtet,

Wenn die Arbeit beginnt, wird in der Mitte der Halle der Teppich (Tapis) entrollt, die m. Arbeitstafel. Ausserhalb der Arbeitszeit bleibt er verdeckt. Im Rahmen eines länglichen, rechtwinkligen Vierecks weist er eine Darstellung der hauptsächlichsten fm. Sinnbilder auf, deren Auswahl und Zusammenstellung je nach der Lehrart verschieden ist.*)

Um den Teppich versammeln sich die FM. in der Regel in schwarzer Kleidung, mit weissen Handschuhen angethan, den Hut auf dem Kopfe und mit einem Schurz aus weissem Lammfell versehen. Der Hut ist ein Merkmal der Freiheit und brüderlichen Gleichheit. Die weissen Handschuhe, die jeder Neuaufgenommene**) er-

---

so soll er die Loge regieren und ihre Mitglieder erleuchten. Der Mond, der sein Licht von der Sonne empfängt und zur Nachtzeit leuchtet, ist das Sinnbild für die beiden Aufseher, die unter Leitung des Meisters bemüht sind, die Wahrheit zu finden. Die Meister und Gesellen werden auch mit den Sternen verglichen. Wie diese im Dunkel der Nacht dem einsamen Wanderer den Weg erleuchten, so sollen Meister und Gesellen die Lehrlinge unterrichten und sie liebevoll geleiten auf den unbekannten Pfaden der M.

*) In dem System der GLLoge finden sich auf der „Lehrlingstafel“ 16 Symbole: die drei Zieraten (der flammende Stern, die Franzen, der musivische Fussboden), die drei beweglichen Kleinodien (Winkelmass, Wasserwage, Senkblei), die drei unbeweglichen (der rauhe Stein, der kubische Stein und das Reissbrett), die drei Sinnbilder (Kelle, Hammer und Zirkel), die vier Gleichnisse (Sonne, Mond und die beiden Säulen Jachin und Boas).

Der Teppich wird auch „Umriss und Grundriss des Salomonischen Tempels“ genannt, weil dieser das erste prachtvolle, dem Dienste des einzigen unsichtbaren Gottes geweihte, Gebäude war. Versuche, den T., wie es z. B. im schwedischen Systeme geschieht, „zum Träger eines tiefsinnigen Systems der Weltweisheit, verborgener Mysterienwahrheiten und historischer Thatsachen zu machen“, sind lediglich als kindliche Spielereien zu betrachten.

**) Gleichzeitig empfängt er ein paar weisse Frauenhandschuhe, die er der Gattin als ein Zeichen der Achtung der Mit-

hält, sind „ein Zeichen der Reinheit seines Lebenswandels, der Lauterkeit seiner Gesinnung und der Erhabenheit seines Wirkens". Der Schurz soll den Maurer daran erinnern, dass er ein „Arbeiter ist und in redlicher Arbeit im Dienste der Menschheit seine höchste Ehre zu finden hat". Das Lammfell und die weisse Farbe gemahnen an die Unschuld des Einzelnen und des Friedensbundes, das Weiss insbesondere auch an das Licht und an die Wahrheit, wonach in Maurertempeln gerungen wird.

Die Mitglieder einer Loge sind ordentliche, ständig Besuchende mit beschränktem Stimmrecht — sie bleiben ihrer Heimatloge unterworfen — Ehrenmitglieder — auf Grund besonderer Verdienste, die sie sich um die FM. oder die Loge erworben haben — musikalische und dienende Brüder.*)

Der Vorsitzende der Loge heisst Meister vom Stuhl.

---

glieder zu überreichen hat. Ist er noch unvermählt, so ist er gehalten, sie bis zu dem Zeitpunkt aufzubewahren, da er eine Lebensgefährtin gefunden hat. — In den Johannislogen der Gr. Landesloge tragen die Mitglieder einen Degen zur Erinnerung an den Wiederaufbau der Mauern von Jerusalem. Er dient aber nicht zum Angriff, sondern zur Abwehr. Der Degen, dem Gebrauchtum der alten Baukorporationen entlehnt, ist hauptsächlich durch die strikte Observanz zur Einführung gekommen.

*) Die musikalischen Brüder, meist unter gewissen Vergünstigungen hinsichtlich der Zahlung der Aufnahme- und Beförderungsgebühren, der regelmässigen Beiträge etc. aufgenommen, sind nach Anordnung des Musikmeisters zur Mitwirkung bei musikalischen Vorträgen verpflichtet. In Holland heissen sie „broeders van talenten", in Frankreich werden sie in ihrer Gesamtheit als „colonne d'harmonie" bezeichnet. — Die dienenden oder helfenden BBr. besorgen die bei Logen und sonstigen fm. Zusammenkünften erforderlichen Arbeiten. Für ihre Dienste erhalten sie eine Entschädigung; sie sind von der Zahlung von Beiträgen befreit, besitzen aber nicht alle Rechte der ordentlichen Mitglieder.

Er wird alljährlich von sämtlichen Mitgliedern gewählt und bei seiner ersten Wahl feierlich in sein Amt eingesetzt. Er vertritt die Loge nach aussen, leitet die Logenarbeiten, überwacht die Aufrechterhaltung der Gesetze, die Befolgung der fm. Grundsätze und die Thätigkeit der übrigen Beamten. Ausserdem liegt ihm ob, für die geistige Förderung der Mitglieder zu sorgen, ihnen mit Rat und That zur Seite zu stehen.

Es ist klar, dass ein so schwieriges und verantwortungsvolles Amt Männer von Charakter und Bildung, von Geist und Gemüt erfordert, Männer, die von festem Willen und überlegener Einsicht, nicht minder aber auch von milder versöhnender Denkungsart und hingebendem Eifer beseelt sind. Abtretende Meister*) werden nicht selten durch den Titel Ehren- oder Altmeister, auch Alt- und Ehrenmeister ausgezeichnet.

Neben dem Meister sind der erste und der zweite Aufseher, zwei Schaffner, der Schriftführer und der Schatzmeister thätig. In zahlreichen Logen finden sich ausserdem der zugeordnete Meister v. St., der Redner, der Ordner, der Armenpfleger, der Ökonom, der Bibliothekar, Archivar und Musikmeister, Auch ihre Wahl erfolgt meist auf die Dauer eines Jahres. Die Aufseher**) unterstützen den Meister in seinem Amt, vertreten ihn in Behinderungsfällen und überwachen u. a. das Verhalten der Brüder ausserhalb der Loge. Der Schriftführer führt das Logenprotokoll und erledigt den Briefverkehr. Die Aufgabe des Redners ist es, ritualmässig geeignete Vorträge zu halten und die Symbole zu erklären. Der Ordner empfängt und prüft die besuchen-

*) In England heissen sie Pastmaster.

**) Nach der Lehrart der Gr. Landesloge in Berlin „vergegenwärtigt der erste Aufseher den Verstand, der zweite das Gemüt, das Herz, das Gewissen."

den Brüder und sorgt für ihre rituelle Einführung. Die Schaffner sind Gehülfen der Aufseher und unterstützen den Ordner bei Empfang besuchender Brüder, bei dem Geschäft der Kugelung, bei der Ordnung der Tafelloge. Zuweilen haben sie auch das Amt des Almosen- und Krankenpflegers zu versehen. Der zweite Schaffner hat meist die Obliegenheit des Ziegeldeckers oder wachhabenden Bruders zu erfüllen. Er hat insbesondere darauf zu achten, dass Niemand die Logenräume betritt, der nicht als echter FM. anerkannt ist.

Meister und Aufseher sind durch besondere Zeichen (Kleinodien): Winkelmass, Wasserwage, Senkblei, die an blauen Bändern um den Hals getragen werden, äusserlich als oberste Beamte gekennzeichnet. Die blaue Farbe, dem Azurblau des Himmels entlehnt, bedeutet Treue und Beständigkeit. Sie führen ausserdem als ernstes Zeichen ihrer Würde, ihrer obersten Gewalt, als Mittel der Leitung aller m. Versammlungen den Hammer.*) Er ist das Sinnbild der Kraft, die alle, die

---

*) In der Hand des vorgeschichtlichen Menschen verrichtete der Steinhammer die Wunder der ersten Arbeit. Und als der Mensch, an der Schwelle der Kultur die Naturkräfte personifizierte, da wusste er seinen Göttergestalten kein höheres Zeichen ihrer Macht als den H. zu geben. Thor, der Germanengott z. B., der durch Blitz und Donner seine Gegenwart verkündet, der des Ackerbaus und jeglicher menschlischen Kultur Beschützer ist, führt den Miölnir. Mit ihm zermürbt er in zermalmendem Wurf das öde Felsgebirge, um es in fruchtbares Bauland zu verwandeln. Dass die altdeutsche Kriegskunst sich des Streithammers als einer gefürchteten Waffe bedient hat, ist bekannt. — Der H. dient aber auch friedlichen Zwecken: „er heiligt die Schwelle des Hauses, schlägt die ehrwürdigen Marksteine in den Boden, festigt die Wegsäulen, zimmert die Völker verbindende Brücke." — Der H. ist in die christliche Symbolik übergegangen als Sinnbild der Kraft und Stärke und der segenbringenden Arbeit. Den H. trägt der heilige Bischof Eligius, der Schutzheilige der Schmiede und Schlosser.

Menschheit trennenden, Schranken und Hindernisse zertrümmert, um so den Weg zu ihrer Einigung zu ebnen.

Je nach den Teilnehmern sind die m. Versammlungen Lehrlings-, Gesellen- oder Meister-, Trauer-, Tafel- und Schwester-Logen. An den Lehrlingslogen nehmen die Mitglieder aller Grade teil; ihre Aufgabe ist die Beratung sämtlicher Logenangelegenheiten, die Vornahme der Wahlen und die Aufnahme neuer Lehrlinge.*)

Die Gesellenlogen sind für die Mitglieder des 2. Grades und für die Meister bestimmt; sie dienen lediglich der Beförderung der Lehrlinge, die während eines Zeitraumes von meist einem Jahre Eifer und Treue bewiesen haben, in diesen Grad.

Die Meisterlogen, ausschliesslich den Meistern vorbehalten, bereiten die Geschäfte der Lehrlingsloge vor und befördern Gesellen zu Meistern.

Alle drei Grade heissen Johannisgrade und die

Auch dem Schutzpatron der Steinmetzen, dem h. Reinoldus, ist er eigentümlich. Und noch in unsern Tagen ist der H. das Sinnbild gewerblicher und künstlerischer Thätigkeit. — Vergl. Schulz: Der H. in seiner symbol. Bedeutung. Naumburg; 1825.

*) Von der Werkm. übernahm der neue Bund die Grade des Lehrlings, des Gesellen und des Meisters. Er folgte in dieser Beziehung nicht nur dem Beispiele der Zünfte und dem Vorgange der Kirche, des Rittertums, der Universitäten, sondern auch dem Gebote äusserer Notwendigkeit. Mit dem Augenblicke, da der Bund sich auszubreiten begann und das Zeremoniell sich entwickelte, wurde auch die Leitung und Verwaltung der Loge schwieriger. Und bald sah man sich ausser stande, den Neuling im Verlaufe weniger Stunden erfolgreich in den vollen Umfang der fm. Lehre einzuführen. So kam man auf den Gedanken, die Arbeit zu teilen, sie aber auch gleichzeitig zu vertiefen, indem man die neuaufgenommenen Mitglieder, wie im wirklichen Leben, gewisse Stufen durchlaufen liess.

Logen Johannislogen,*) weil Johannes der Täufer, der Repräsentant freudigen Gehorsams, strenger Wahrhaftigkeit, mannhaften Mutes, demütiger Bescheidenheit und religiöser Hingabe, als Schutzpatron der FMbrüderschaft gilt. Sein Geburtsfest, mit dem das Mjahr beginnt, wird, reich mit blühenden Rosen**) geschmückt, von Brüdern und Schwestern festlich begangen. In den Tagen, da das Tagesgestirn am längsten am Himmel steht, ist die Natur ein Garten blühender Lust und berauschender Freude. Wohin das Auge blickt, überall Licht und Lust und Liebe und frisch pulsierendes Leben! — Auf dass nun sein Bund zu einer Gemeinschaft des Lichts, der Liebe und des Lebens werde,

*) Zum Unterschiede von den Andreasl. der schottisch-schwedischen Lehrart, die sich den h. Andreas zum Schutzpatron erkoren haben.

**) Seit alten Zeiten ist die Rose das Sinnbild der Schönheit, der Jugend, der Liebe, der Freude und der Verschwiegenheit. Die alten Hebräer bekränzten sich mit Rosen bei festlichen Gelegenheiten. Lesen wir doch in der „Weisheit Salomonis“ II. 8: „Lasset uns Kränze tragen von jungen Rosen, ehe sie welk werden“. Eine ähnliche Sitte bemerken wir bei Hellenen, Römern und Germanen. Bei den Gastmählern unserer Altvordern hing von der Decke des Zimmers ein Kranz herab, in dessen Mitte eine Rose glänzte, um die Gäste an die Geheimhaltung der an dem Orte des Frohsinns gepflogenen Gespräche zu erinnern. Die Hellenen weihten der goldenen Aphrodite die Rose als Sinnbild der Schönheit und gaben der Hore des Frühlings eine Rose in die Hand. Von den rosigen Fingern der Morgenröte singt der alte Homer. In Aegypten und Hellas schmückten Rosen die Mysterien und ihre heiligen Stätten. Die Neophyten trugen Rosen als Symbol der versprochenen, aber auch treu zu beobachtenden Verschwiegenheit. So erinnert denn auch die Rose, die mit ihrer zarten Pracht der FM. höchstes Fest zu zieren pflegt, an Liebe, Freude und Verschwiegenheit. — Vergl. Hauck: Die Rose als Sinnbild. (Album des litter. Vereins. S. 213 ff.) Nürnberg 1865. — Die Rose in Gesch., Sage und Symbolik. FZ. 1867. S. 377 ff; 1869. S. 385 ff; 1874; S. 200 ff; 1879. S. 293 ff; 1893 S. 193 ff.

daran gemahnt an seinem Geburtstage St. Johannes die festlich gestimmte Menge seiner Jünger.

Männer machen die Geschichte, und FM. ist Männerarbeit. Zu allen Zeiten haben die Frauen redlich mitgewirkt am Gewebe der Weltgeschichte, haben sie an der vieltausendjährigen Kulturarbeit der Völker wirksam teilgenommen, am fördersamsten jedoch dadurch, dass sie, indem sie rechte Frauen waren, die Männer befähigten, rechte Männer zu sein. Es ist des Weibes Bestimmung, „nach Sitte zu streben“, „das Scepter der Sitte zu führen.“ Und fest steht, dass es im allgemeinen idealer gesinnt ist, inniger fühlt, hingebungsvoller und opferbereiter ist als der Mann. Aber grosses Schaffen, kühnes Handeln und abstraktes Denken sind keine dem fraulichen Wesen eigentümlichen Züge. Nicht jede Frau ist — gottlob — eine Semiramis oder Zenobia, und wahrhaft edel ist nur die, die da glänzt nicht durch grosses Thun, sondern durch schönes Sein.

Wohl auf Grund solcher und anderer Erwägungen schliessen die FM.*) die Frauen zwar von den regelmässigen Arbeiten aus, geben ihnen aber Gelegenheit, an ausserordentlichen festlichen Zusammenkünften teil zu nehmen und an dem grossen Zukunftsbau mitzuschaffen. Solche Versammlungen heissen Schwesterlogen, wenn sie mit besonderen Feierlichkeiten verbunden sind. Die hier gehaltenen Vorträge sind geeignet, die Frauen, Schwestern und Töchter der M. mit dem Geiste und den Grundsätzen des Bundes bekannt zu machen und das empfängliche weibliche Gemüt für die Aufgaben der Brüderschaft zu begeistern.

---

*) Durchaus zutreffend erklärt und begründet Herder den Ausschluss der Frauen von der m. Arbeit in seiner „Adrastea“ (Gespräch zwischen „Faust und Linda über die Freymäurer.“) — Die Erfahrung lehrt, dass die strikte Bewahrung des Geheim-

Die Logen eines Bezirks oder Landes stehen in der Regel unter einer gemeinsamen Verwaltungsbehörde, welche die Bezeichnung GLoge oder GOrient führt. Sie besteht aus den Abgeordneten der Logen und den von ihnen auf eine bestimmte Zeit von Jahren gewählten Beamten. Der erste ist der Grossmeister. Er muss ein „Mann von staatsmännischer Einsicht“ sein, ein „philosophischer Kopf, voll Verständnis für den Zeitgeist, mit tiefer Einsicht in das Wesen der menschlichen Dinge, ein Mann von organisatorischem Talent und festem Charakter, bestimmt, ursprünglich, wahrhaftig.“

Bestimmungsmässig findet in der GL. keine jener Arbeiten statt, wie sie in den Johannislogen vorgenommen werden. Ihre Aufgabe ist vielmehr, die Logen einer Lehrart oder eines Landes zu grösserer Einheit zusammen zu fassen und sie zur Erfüllung ihrer Pflichten anzuhalten. Ihre Geschäfte erstrecken sich demgemäss auf die Feststellung maurer. Verordnungen und Gesetze für die ihr untergeordneten Logen, auf Ueberwachung der von diesen entfalteten Thätigkeit, auf Förderung des brüderlichen Verhältnisses unter ihnen durch Beseitigung etwaiger Streitigkeiten u. s. w. Grosslogen mit ausgedehntem Gebiet haben oft Provinziallogen oder ProvinzialGL. für die Verwaltung besonderer Bezirke eingerichtet.

Aufnahmefähig in den FMbund sind alle nach den Gesetzen ihres Landes volljährigen „freien Männer von gutem Rufe.“ Notwendige Voraussetzungen dabei sind ein gewisses Mass von Bildung, um das Wesen der FM. verstehen zu können, Liebe zur Menschheit, ein

nisses auf Seite der Frauen, einträchtiges und einmütiges Handeln in Verbindung mit Männern auf die Dauer ausgeschlossen ist.

selbstloser Sinn, stets bereit, Opfer zu bringen und edlen Zwecken sich hinzugeben, sittlicher Ernst, Trieb zur Unterordnung unter eine Autorität. Vor allen Dingen soll der Eintritt in den FMbund freiwillig sein und nicht auf Ueberredung beruhen. Für die Würdigkeit des Suchenden muss ein Mitglied Bürgschaft leisten. Ausserdem werden seine äusseren Verhältnisse und Charaktereigenschaften auf das genaueste und gewissenhafteste geprüft. Ueber die endgiltige Aufnahme entscheidet, wenn alle Bedingungen erfüllt sind und der Beschluss des Prüfungsausschusses günstig lautet, die Loge durch Kugelung. Diese soll möglichst „hellleuchtend“ sein d. h. einstimmig erfolgen.

Das Ausscheiden eines FM. aus dem Bunde geschieht, ausser durch den Tod, entweder durch freiwilligen Austritt — in diesem Falle sagt man von ihm, er habe die Loge gedeckt oder er habe gedeckt — durch Streichung von den Mitgliederlisten namentlich wegen Nichterfüllung pekuniärer Verpflichtungen, oder durch Ausschliessung, die härteste Strafe wegen maurerischer oder bürgerlicher Vergehen. Sie setzt ein Verfahren vor dem Ehrenrat voraus und erfolgt entweder nur aus der Loge oder gleichzeitig aus dem Bunde oder nur auf Zeit. Aber kein FM. kann jemals, „ohne sich selbst aufzugeben, seiner fm. Pflichten sich entäussern, mit Ausnahme jener, die auf das äussere Logenwesen sich beziehen.“ —

7. Die Gebräuche und die Lehre der Freimaurer.*)

Das ganze Werk der FM. wird unter dem ausdrucksvollen Bilde des Bauens aufgefasst. Demgemäss

*) Ueber Gebrauchtum, Symbolik u. s. w. der FM. liegt eine stattliche Reihe auch dem Profanen zugänglicher Schriften vor,

werden auch die Hauptwahrheiten ihrer Lehre in Sinnbildern oder Symbolen (Lehrzeichen) und bildlichen Handlungen zur Darstellung gebracht, die im einzelnen durch die Rede erläutert und begründet werden. Doch erreicht die „Weisheit des Wortes" bei Weitem nicht die „Schönheit der Gestalt" und die Stärke der Handlung. „Die Symbolik, grösstenteils dem Tempelbau entnommen, ist hervorgegangen aus dem ästhetischen Bestreben, den geistigen Inhalt anzuschauen und zu geniessen in sinnlich schöner Form." Und so bezeichnet denn der FM. „bedeutungsreich sein Werk als die königliche Kunst."

---

so dass nach dieser Richtung von einem m. Geheimnis füglich nicht mehr die Rede sein kann. Eine erstaunliche Summe fm. Gelehrsamkeit stellt dar: J. Schauberg: Vergl. Handbuch der Symbolik der FM. 3 Bde. 3. Aufl. Schaffhausen; 1866. — Ferner bieten, ausser Findel (Geist und Form), eine Fülle von Anregung und Belehrung, namentlich die geistvollen Schriften von Fischer und Marbach, nämlich R. Fischer: Ritual u. Symbol. Instruktions-Vorträge. Leipzig; 1878. — Ders.: Lehrlingskatechismus. 31. Aufl. Leipzig; 1902. — Ders.: Gesellenkatechismus. 21. Aufl. Leipzig; 1902. — Ders.: Meisterkatechismus. 17. Aufl. Leipzig; 1902. — Ders.: Maurerweihe. 3. Aufl. Leipzig; 1900. — O. Marbach: Agenda J. Ritual u. Material für Aufnahme-, Unterrichts-, Tafel-, Trauer- u. Festl. im Lehrlingsgrade. 5. Aufl. Leipzig; 1901. — Ders.: Agenda B. Ritual etc. für Beförderungs- u. Unterrichtsl. im Gesellengr. 3. Aufl. Leipzig; 1894. — Ders.: Agenda MB. Ritual etc. für Beförderungs- etc. L. im Meistergr. 3. Aufl. Leipzig; 1902. — Ders.: Katechismusreden — I. 4. Aufl. Leipzig; 1892. — Zu warnen dagegen ist vor: Sarsena oder der vollkommene Baumeister. 1. Aufl. Bamberg; 1816. — 10. Aufl. Leipzig; 1882. — Das vielgelesene Buch gehört zu den nicht gerade seltenen Verräterschriften u. behandelt das System der GLL. Neben einigen zutreffenden Angaben enthält das Werk auch sehr viele falsche. Was es z. B. — auch noch in der neuesten Aufl. — über Gesch. u. Entstehung der FM. dem neugierigen Leser auftischt, ist eitel Humbug.

Zu den symbolischen Handlungen gehören die fm. Erkennungszeichen und die sinnbildlichen Gebräuche. Die Ordnung, in der diese zu erfolgen haben, bestimmt das Ritual. Zum grössten Teil den Handwerksgebräuchen der alten Steinmetzen nachgebildet, ist es in jeder fm. Lehrart von verschiedener Form. Die sinnbildlichen Gebräuche gelangen da zur Anwendung, wo Brüder zu m. Thun sich versammeln, also in den Logen.

Sobald hier die Beamten und Brüder ihre Plätze eingenommen haben, wird die Eingangsthür verschlossen, und der Ziegeldecker tritt auf seinen Posten. Der Meister v. St. ergreift den Hammer und thut damit einen Schlag auf den Altar. Die Versammlung erhebt sich und stellt sich in vorgeschriebener Ordnung auf. Darauf erklärt der Meister nach einem von ihm gesprochenen Gebet und nach einer bestimmten Wechselrede mit den Aufsehern, während der Teppich entrollt wird, durch einen dreimaligen Hammerschlag, den diese erwidern, die Loge (Arbeit) für eröffnet. Ihr Schluss erfolgt in derselben Form.

Um nun eine sachgemässe Vorstellung von dem Umfang und der Bedeutung der m. Gebräuche*) zu gewinnen, wollen wir einen Blick werfen auf die bei der Einweihung eines Kandidaten und andern Gelegenheiten sich abspielenden Vorgänge, und zwar soweit diese ihren Ausdruck in der Literatur gefunden haben.

„Die Aufnahme zum FM. und Lehrling der ‚königlichen Kunst‘ vollzieht sich sinnvoll in drei mal drei Stadien: „Suchen, Zulassen, Vorbereitung — Eintritt, Wanderung, Verpflichtung — Lichterteilung, Unter-

---

*) Schon die Einweihung (Lichteinbringung) eines Mtempels geht nicht ohne Beobachtung feierlicher Gebräuche vor sich. In England gelangen dabei Weizenkörner, Wein und Öl zur Verwendung. —

weisung, Begrüssung." Die Aufnahmehandlung*) selbst ist gewissermassen das Abbild der fm. Lehre.

Nachdem der „Lichtsuchende" zur Aufnahme zugelassen, wird er an dem für die Einweihung festgesetzten Abend — um Hochmittag — zunächst in das „Vorbereitungszimmer" geführt, wo er eine Zeit lang sich selbst überlassen bleibt. Die hier angebrachten sinnreichen Sprüche sollen ihn auf den Ernst des Schrittes und die Bedeutung der Gemeinschaft hinweisen, in die er einzutreten im Begriff ist. Dann erscheint der vorbereitende Bruder**) in Begleitung eines zweiten Bruders, um sich noch einmal durch persönliche Rücksprache mit dem Kandidaten über dessen Gesinnung Gewissheit zu verschaffen. Nachdem er darüber der L. berichtet, kehrt er mit seinem Begleiter, nunmehr in maurerischer Bekleidung, zurück. Der Suchende verpflichtet sich durch Unterschrift eines Reverses, über die nun folgenden Handlungen unverbrüchliches Schweigen zu beobachten, auch über die Dauer seiner Mitgliedschaft hinaus.

Hierauf wird der Suchende in die „schwarze Kammer" geleitet, die mit den düstern Schrecknissen des Todes (— — — —) ausgestattet ist, um ihm die Vergänglichkeit alles Irdischen, die Hinfälligkeit und Gebrechlichkeit der menschlichen Natur und die rechte Bestimmung seiner Aufgabe als M. und Menschen eindringlich vor die Seele zu führen. Nachdem er eine Anzahl hierauf bezüglicher Fragen beantwortet, wird er in die zur Aufnahme notwendige „äussere Stellung

*) In besonderen Fällen, namentlich wo es sich um Fürstlichkeiten handelt, erfolgt die Aufnahme historisch, d. h. so, dass die Gebräuche nur in erzählendem Tone vorgetragen werden.

**) Im französischen Ritual heisst er der „fürchterliche Br." wegen der schweren Prüfungen, die er dem Kandidaten auferlegt.

gebracht.“ Durch Entäusserung „alles Metalls“, alles Schmuckes und alles dessen, was ihn an das äussere Leben kettet und ihn hindert, das geistige Licht der FM. in sich aufzunehmen, wird er in den Zustand höchster Hilfsbedürftigkeit versetzt, „um die Ohnmacht der Vereinzelung kennen zu lernen, um von einer Ueberschätzung all der äusseren Güter und Vorzüge, von denen der Bund bei seinen Bestrebungen absehen muss, frei zu werden und sich ganz unbehindert der Erleuchtung von Innen heraus, der bundesgemässen Belehrung hingeben zu können.“

Mit — — — —, die Augen durch eine Binde verdeckt, um den Blick lediglich auf das Innenleben zu richten — — — also vorbereitet wird der Neophyt auf Umwegen von dem vorbereitenden Bruder an die Eingangspforte der L. geführt. Auf dem Gange selbst wird er mehrfach angehalten und nach seinem Ziele gefragt. Sein Begleiter beantwortet die Fragen und weist die Lockungen der Verführer ab.

Den Einlass in die Loge sucht sich der Suchende durch drei starke Schläge an deren Thür *) zu verschaffen. Aber „das Thor der Erkenntnis“ öffnet sich ihm erst nach Erledigung einer Reihe weiterer Formalitäten, die der Versammlung die Ueberzeugung verschaffen, dass sie es in der That mit einem würdigen Manne zu thun hat.

Nun übergiebt der vorbereitende Bruder den Aspiranten dem ersten Aufseher. Es folgt die „Wanderung.“ Dabei setzt ihm jener mit „den bedeutungsvollen Worten“ den im rechten Winkel geöffneten — — auf die linke Brust, weniger um seinen Leib, als sein Gewissen zu berühren, auf dass er vielmehr erfahre, „einer-

*) Sie bedeuten: Suche, so wirst Du finden; bitte, so wird Dir gegeben; klopfe an, so wird Dir aufgethan.

seits dass Irrtum und geistige Blindheit sich im Zirkel drehen, ohne das vorgesteckte Ziel zu erreichen, und andererseits dass nur die treue Freundschaft derer, die im Lichte wandeln, sein sicherer Führer ist." Dreimal erfolgt der Umgang um das „längliche Viereck." Er versinnbildlicht der Hauptsache nach des Menschen Pilgerfahrt durch das Leben, durch das Knaben-, Jünglings- und Mannesalter, und die drei Stufen der m. Verbrüderung.

Der Zustand der Vorbereitung erreicht mit der Wanderung sein Ende. Beharrt der Suchende, dem es noch jetzt frei gestellt ist, sich zurückzuziehen, standhaft auf seinem Vorsatze, so tritt er in das sechste Stadium der Aufnahme, die Verpflichtung. Sie ist der Höhepunkt des m. Dramas.

Die Aufseher geleiten den Kandidaten über den Teppich zum Altar der Wahrheit. Hier legt er die rechte Hand auf die „grossen Lichter", auf Bibel und Winkelmass, zum Zeichen, dass er entschlossen ist, an Religiosität und Rechtschaffenheit festzuhalten. Dann kniet er mit dem linken Knie vor dem Heiligtum der FM. nieder, während im frommen Gebet der Segen des „Allmächtigen Baumeisters aller Welten" für seinen Eintritt in den Bund erfleht wird, während aus der Ferne die feierlich getragenen Klänge der Orgel herübertönen und sanft und leise schwingend ihm in die Seele dringen. Die anwesenden Brüder stehen „im Zeichen". Der Suchende vernimmt die ihm als FM. obliegenden Pflichten, insbesondere der Verschwiegenheit, und gelobt*), sie getreulich zu beobachten und zu erfüllen.

---

*) Die anfangs übliche, in England, Nordamerika und Schweden noch heute geforderte Eidesleistung ist, als dem Geist der Zeit nicht mehr entsprechend, in Deutschland längst beseitigt.

Drei Hammerschläge des Meisters auf den — — vollenden die zeremonielle Verpflichtung. „Geschlossen, mein Bruder, ist nun der Bund fürs ganze Leben.“ Mit diesem bedeutsamen Zurufe lässt der Meister den „Br. Lehrling“ sich erheben.

Er tritt nun zurück nach Westen, die Brüder schliessen um ihn „die Kette“ und, nachdem er seinen Wunsch nach „Licht“ zu erkennen gegeben, fällt die Binde. Der Lehrling hat das ersehnte Ziel erreicht: die innere Wiedergeburt.

Den also Geweihten und in die Kette aufgenommenen Bruder geleitet der erste Aufseher mittels der drei FMschritte, — sie gemahnen ihn an die Stufen der m. Thätigkeit und bedeuten, dass rechtwinkelig des M. Wandel durch das Leben sein soll — nach Osten von der Säule der Stärke zur Säule der Weisheit. Hier erfolgt als achter Teil der Aufnahme die Belehrung.

Sie erstreckt sich auf die Mitteilung derjenigen Merkmale*) (Zeichen, Griff und Wort), an denen die M. sich gegenseitig erkennen. Der Vortrag des Lehrlings-Katechismus, der die Symbole dieses Grades in Frage und Antwortform behandelt, sowie die feierliche Begrüssung des neuen Br. Lehrlings „seitens der nun mit

*) Das Zeichen ist der — —, durch entsprechende Handbewegungen dargestellt. Er soll den FM. erinnern, dass jeder seiner Schritte, jede seiner Handlungen so „wenig vom Pfade des Rechts abweichen soll, als die Arme des rechten Winkels gegen einander nach der einen oder andern Seite geneigt sind.“ Der Griff besteht in einer auf besondere Weise ausgeführten Darreichung der rechten Hand. Das „Wort“ (I. . . . .) ist hergenommen von den Bezeichnungen einer Säule im Vorhofe des Salomonischen Tempels, es wird nicht ausgesprochen, sondern nur wechselweise den einzelnen Buchstaben nach angegeben. Jeder Grad hat sein besonderes Wort.

ihm zu gleichem Streben und in einem Geiste verbundenen Brüder", schliesst die Aufnahmehandlung, die, wenn sie in würdiger Form und mit dem nötigen Verständnis verrichtet wird, durchaus geeignet sein dürfte, empfängliche Gemüter zu rühren und einen bleibenden Eindruck auf sie zu machen. Immerhin bleibt zu bedenken, ob hierbei nicht auch des Guten zu viel geboten wird, ob nicht der innerhalb kurzer Zeit auf den Neophiten hereinstürmenden Eindrücke zu viele sind, als dass er imstande wäre, sie alle in ihrem tiefen Sinn und mit jener Deutlichkeit zu erfassen, die der Bund im Interesse des Ganzen von seinen Mitgliedern fordern muss. Ob schliesslich nicht auch eine zeitgemässe Reform des komplizierten Zeremoniells unbeschadet seiner Wirksamkeit am Platze wäre, mag dahingestellt bleiben.

Den Aufgenommenen werden Handschuhe und Schurz, der Logenpass, eine meist von der GL. ausgestellte Urkunde über seine gesetzmässig erfolgte Aufnahme, die Verfassung der Loge und das Mitgliederverzeichnis ausgehändigt.

An die „Weihe" schliesst sich vielfach eine Tafelloge*). Sie ist gewissermassen das freundliche Finale des feierlich ernsten Aufnahmeaktes. Auch bei ihr wird ein bestimmtes Gebrauchtum beobachtet. Trinksprüche auf den Landesherrn und das Vaterland, auf die GL., die besuchenden Brüder, den Neuaufgenommenen, auf die Schwestern, auf sämtliche Maurer des Erden-

---

*) Nach F. A. Fallou (Die Mysterien der FM. Leipzig; 1848. S. 118 f.) wurde ehedem die Tafell. in ähnlicher Form wie die Arbeitsl. eröffnet. Nachdem dies geschehen, „spricht der M. ein einfaches Tischgebet. Dann fordert er die Brüder auf, ihre Waffen zu laden (d. h. ihre Gläser zu füllen) und sie auf das Wohl des Landesvaters nach Handwerksgebrauch und Gewohnheit abzufeuern. Nun erst beginnt die Mahlzeit selbst. Hierbei erhalten Flaschen und Gläser, Wein und Wasser etc. andere Namen. . .

runds, musikalische Vorträge und gemeinschaftliche Gesänge würzen das Mahl und bieten eine Fülle von Anregung und Erhebung. Als oberstes Gesetz des Mahles, bei dem jeder Luxus vermieden werden soll, gilt die Mässigkeit. Dadurch wird es möglich, nicht nur die gebrauchtümliche Ordnung bis zum Ende durchzuführen, sondern auch die Gemüter für die ernsten Worte der Sprecher empfänglich zu erhalten. „Durch die schöne Mischung von Ernst und Scherz, von Rede und Gesang, durch die Verbindung von leiblichen und geistigen Genüssen, flechten die Tlogen einen Blütenkranz von hohen Freuden, bilden sie die Krone des maurerischen geselligen Frohsinns und geben allen Tischgenossen das freudigste Bewusstsein edler Menschlichkeit.“ —

„Die Maurerei“ bestrebt sich, bei den Aufnahmen in die verschiedenen Grade stets eine neue grosse sittliche Wahrheit kund zu thun, „das Welt- und Menschenleben in einem Bilde, in einem Drama, in einem Epos vorzuführen.“ Das Wandern des Lehrlings aus der Finsternis in das helle Licht der Loge ist die „symbolische Einführung in das Weltall“, stellt die „Weltschöpfung, die Lichtwerdung durch Gottes Wort und Allmacht“ symbolisch dar.

Hat der Lehrling den „Gedanken erfasst, dass ein ewiger Gott sei, der Himmel und Erde geschaffen habe, wird er bald weiter denken und fragen, wer er denn selbst sei und was er thun und erstreben, wie er leben solle“. Indem der zum Gesellen zu befördernde

---

Das Feuern geschieht in einer eigentümlichen, angeblich von den Franzosen eingeführten militärischen Form mit Tempo in drei Zügen. . . . Das s. g. Kettenlied macht den Beschluss des Festes.“ Mittels eines Wechselgesprächs der Beamten wird die Tafell. aufgehoben. (Vergl. I. Bd. S. 411) Fallou war Mitglied der L. Archimedes in Altenburg. — Vergl. hinsichtlich der heute üblichen Gebräuche: Marbach, Agenda J. —

Lehrling „vor den — — geführt“ und ihm das Winkelmass dargereicht wird, ruft die M. ihm zu: „Erkenne Dich selbst und Deine Gebrechen, um Dich selbst nach dem Winkelmass durch ein rechtes Denken, Reden und Handeln zu vervollkommnen.“ „Der Geselle empfängt zu dem Lichte des Lehrlings, zu dem Glauben an Gott die Selbsterkenntnis, die Lebens- und die Baukunst, das Winkelmass, das Gesetz.“

Hat der Geselle unermündlich fortgebaut an dem Lichttempel der Menschheit und der Gottheit, „wird die endliche Frage nicht ausbleiben: Was ist das Ziel, das Ende unseres Bauens und unserer Mühen?“ „Der müde Geselle ist an der Pforte der Meisterloge angelangt und erhält aus ihr auf seine Frage die dumpfe Antwort: Dein Ziel ist das Grab.“

„Die Maurerei in ihrer tiefsten Bedeutung,“ sagt Schauberg, „ist die Lehre vom Tode.“ Sie betrachtet nach dem Beispiel der antiken Mysterien das menschliche Leben als „eine erhabene Tragödie.“ Ihre symbolische Darstellung findet diese in der Meisterweihe; sie ist das höchste Mysterium der M.“ „Wenn der Meister für die höchsten Ziele des Daseins im Geiste der ewigen Weltordnung und nach der aller Gestaltung innewohnenden Gesetzmässigkeit mitarbeiten will, so muss er demütig seine irdische Freude und sein Leben niederlegen können auf den Altar der Menschheit; er muss imstande sein, zu leiden und zu sterben für Wahrheit und Tugend und für die Sache der Gesamtheit.“

„Um dem aufzunehmenden Meister*) diesen Gedanken unauslöschlich einzuprägen, wird er nach dem uralten Gebrauche der Mysterien — — — und mit

*) In der Meisterl. sind Altar und Stühle der drei ersten Beamten schwarz bekleidet. In der Mitte der Wände sind die Wahrzeichen des Todes angebracht. Vor dem Meister befinden sich — — — — und ein Gefäss mit Akazienzweigen.

— — umhüllt, wird er — — und — — — gefeiert.“ Der irdische Mensch mit all seinen Gebrechen und Irrtümern soll begraben werden, auf dass ein neuer Mensch erstehe und eingehe zum reineren und vollkommeneren Leben und Lichte. —

Sinnvoll und erhebend sind endlich die Gebräuche, die bei der Trauerloge zur Anwendung kommen. Sie wird zu Ehren des „in den ewigen Osten eingegangenen“ Bruders gefeiert. Zu ihr haben auch dessen Angehörige Zutritt. Der Arbeitssaal wird in düsteres Schwarz gekleidet, die Beleuchtung gedämpft. In der Mitte des Raumes erhebt sich ein Katafalk, mit Akazienzweigen geschmückt, als stummer aber beredter Zeuge des Todes. Nach einem Gebet und einem gemeinschaftlichen Gesange widmet der Redner dem Andenken des Verstorbenen einen Nachruf. Hieran schliesst sich die Trauerrede, die in der Regel von einem Bruder gehalten wird, der dem Verstorbenen im Leben besonders nahe gestanden hat. Alsdann wird vor dem Sarkophage eine Flamme entzündet zum gläubigen Symbol, dass der Verblichene in den ewigen Osten, in das ewige Licht und Leben eingehen möge. Das Licht, das er als M. im Leben gesucht, hofft er jetzt im Tode zu finden. Schliesslich schmücken die Anwesenden, hoffend und glaubend, in drei Zügen und Umgängen mit Rosen und blühenden Akazien den Katafalk: mit Rosen als letztem Liebeszeichen, mit Akazien als Zeichen des Todes, aber auch des ewigen Lebens, der Unsterblichkeit. —

Die Lehre*) der FM., wie sie in den Instruktionslogen von den Meistern und den Rednern der L. vor-

*) Es konnte nicht ausbleiben, dass die Grundgedanken einer kulturgeschichtlich sich so ausserordentlich bemerkbar machenden und behauptenden Idee, wie die der FMrei, zum Gegen-

getragen wird, beruht auf den Ueberlieferungen der einzelnen Systeme und erstreckt sich auf die Moral, auf die Geschichte des Bundes und seine Symbolik.

Zweck und Inhalt der FM. ist: Bruderliebe, allgemeine Menschenliebe, Gottesliebe oder nach der bestimmteren Fassung Findels: „Wahrheit, Sittlichkeit, Menschenliebe.“ Diesen Forderungen soll der einzelne, wie die Gesellschaft gerecht werden. „Mit der fortschreitenden Erkenntnis der Wahrheit wächst im Allgemeinen auch die Sittlichkeit, mit der Ausbreitung des Reiches der Tugend wächst die Bethätigung der Menschenliebe, und mit der Förderung der Menschenliebe und mit der Verwirklichung dieses drei-einigen Ideals wachsen Friede, Freude und Eintracht unter den Menschen!“

Betont wird insbesondere die „Mahnung zu werkthätiger Bruder- und Nächstenliebe, zu milder, schonender Beurteilung des Nächsten“. Daraus folgt, dass die fm. Moral mit der unter dem Einfluss des Christentums

---

stand rein philosophischer Betrachtung und Begründung gemacht wurden. Doch ist man über blosse Versuche nicht hinausgekommen.

Der erste findet sich bei Lessing in den „Gesprächen zwischen Ernst und Falk.“ Das Wesen der FM. wird hier wohl nach der Seite der sozialen Berechtigung des Bundes hin und seiner praktischen Bedeutung erörtert, dagegen unterlassen, es unter bestimmten philosophischen Gesichtspunkten zu erfassen und es in Verbindung mit anderen sittlichen Ideen der Menschheit zu beleuchten und zu prüfen.

Einen erheblichen Schritt weiter ging Fichte, der in geschlossener philosophischer Entwicklung seine Ansichten von der FM. darlegte. Er stellte nicht nur „den allgemeinen Anknüpfungspunkt zwischen der FM. und andern Erscheinungen der menschlichen Kultur mit innerer Bestimmtheit fest, sondern er brachte auch zuerst deren „sittliche Ideen in ein gewisses inneres und zwar gleichfalls genau begrenztes Verhältnis zur Idee der FM.“

zur Entwicklung gelangten allgemeinen Moral übereinstimmt. Eigentümlich ist der FM. nur die Form, in der sie ihre Morallehre darstellt, da sie hierbei an die überlieferten Symbole anknüpft.

Von einem fm. Dogma zu sprechen, wie das schon geschehen, ist völlig verkehrt. Gerade die FM. vermeidet es sorgfältig mit Rücksicht auf den ihr innewohnenden rein menschlichen und weltbürgerlichen Charakter ein Dogma aufzustellen. Glaubenssätze trennen die Menschen und führen leicht zu Meinungskämpfen. Streit über religiöse Fragen aber facht die schlimmsten Leidenschaften zu verzehrender Flamme an und hat notwendig Verbitterung und Gehässigkeit im Gefolge. Ueberdies zeigt das Leben an einer überreichen Fülle von Beispielen, wie häufig ein und derselbe Glaube jenen zum Höchsten begeistert, diesen in widrige Gemeinheit stürzt. Nun will die FM. die Menschen nicht trennen, sondern Männer jeden Bekenntnisses in ihre Hallen sammeln. Sie ist daher zu jener Auffassung der Religion emporgehoben worden,

---

Seine scharfsinnige, aber viel zu gesuchte Defininition, „dass der FMbund die Aufgabe habe, die einseitige Standesbildung in eine allgemein menschliche zu verwandeln,“ fand nicht den Beifall Fesslers. Dieser unterschied scharf zwischen FMrei und FMbrüderschaft, und erblickte in jener „eine Schule der Vernunft und der Sittlichkeit, in welcher sich die Geweihten zum Zweck der Menschheit und der Menschlichkeit d. i. zur reinen sittlichen Güte und Glückseligkeit bilden“. — Es liegt auf der Hand, dass eine Auffassung so rein dichterischer Art schon deshalb nicht befriedigen kann, weil sie den praktischen Aufgaben des Mbundes allzuwenig Rechnung trägt. Auch der kühne Denker R. Ch. Fr. Krause († 1832) geriet auf einen ähnlichen Abweg. Sein m. Ideal erblickte er in einem „Menschheitsbund“. „Indem er den FMbund als einen wesentlichen Bestandteil des von ihm entwickelten Organismus des Menschheitslebens hinstellte, verlieh er dieser Idealisierung zugleich den schärfsten Ausdruck.“

die — nach Heinrich v. Treitschke — „allein eines freien Mannes würdig ist." Die FM. erkennt: „religiöse Wahrheiten sind Gemütswahrheiten, für den Gläubigen ebenso sicher, ja noch sicherer als was sich messen und greifen lässt, doch für den Ungläubigen gar nicht vorhanden; die Religion ist ein subjektives Bedürfnis des schwachen Menschenherzens und eben darum kein Gegenstand des Meinungskampfes. Denn über des Menschen sittliche Würde entscheidet nicht, w a s er glaubt, sondern w i e er glaubt."

In der Pflege der wechselvollen lehrreichen Geschichte des Bundes erblickt und findet die fm. Lehre ein „wesentliches Mittel, die eigne Zeit nicht zu hoch zu stellen und zu zeigen, dass die Ueberlieferung ehrwürdig ist, dass, wie Goethe sagt, im Vergangenen das Tüchtige lebt."

An der Hand der Ueberlieferungen und der historischen Entwicklung und in reger Verbindung mit den Ergebnissen und Fortschritten der menschlichen Kulturentwicklung ist endlich die fm. Lehre bestrebt, die fm. Symbole *) in ihrer sittlichen Bedeutung und belebenden

*) Dass die symbolische Lehrweise gegenüber der rein sachlichen, bestimmten und klaren Belehrung vielfach erheblich im Nachteil ist, dass sogar mancherlei schwerwiegende Bedenken gegen sie obwalten, ist unbestreitbar. Das Symbol giebt die in ihm verkörperte Idee meist nur in unbestimmten, dunklen Umrissen wieder, ein Mangel, dem die Phantasie abzuhelfen suchen muss. Da liegt denn die Gefahr der Spielerei und des unfruchtbaren, phrasenreichen Moralisierens sehr nahe, und der oberflächlichen Betrachtung wird leicht begegnen, dass sie die äussere Form und Schale dem Inhalt und dem Wesen der fm. Lehre gleichstellt, dass sie Mittel und Zweck verwechselt. Allein wie jede Kunst, so kann auch der „m. Lichtkultus" des Symbols und der symbolischen Lehrweise schon deshalb nimmer entraten, weil diese unzweifelhaft einen erziehlichen Wert besitzen und ein „wirksames Bindemittel für die Gesamtheit" der gleich gesinnten Brüder darstellen. „Flüchtig ist die Erinnerung an die in Worte ge-

Kraft darzulegen, eine Aufgabe, schön und gross und dankbar, aber deshalb auch mühselig und voller Schwierigkeiten.

Die FM. unterscheidet — nach Findel — 3×3 Hauptsymbole und zahlreiche ($3 \times 3 + 3 \times 3 + 3 + 3$) Nebensymbole. Zu jenen zählt er die „Drei grossen Lichter“ (Bibel, Winkelmass, Zirkel), die „Drei Säulen“ (Weisheit, Stärke, Schönheit) und die „Drei unbeweglichen Kleinode“ (Reissbrett, roher Stein, kubischer Stein); zu diesen die „Drei kleinen Lichter“ (Sonne, Mond, Meister), die „Drei Zieraten“ (flammender Stern, musivisches Pflaster, zackige Einfassung), die „Drei beweglichen Kleinode“ (Hammer, Wasserwage, Senkblei). Hierzu kommen noch 3×3 Erlebnisse (Lehrling, Geselle, Meister, Vorbereitung, Wanderung u. s. w.), 3 Gleichnisse (Längliches Viereck, Kette, Bekleidung), 3 m. Ausweise (Zeichen, Griff, Wort) u. s. w.

Es verlohnt sich, der Bedeutung und dem Inhalt dieser meist ausdrucksvollen Sinnbilder hier einen, wenn auch nur flüchtigen, Augenblick stiller Betrachtung zu widmen.

„Bei Ausübung seiner Kunst leuchten dem FM.“ drei grosse Lichter: Bibel, Winkelmass und Zirkel. Die Bibel ordnet seinen Glauben, das Winkelmass seine

---

fasste Wahrheit“; „das Symbol“ aber, sagt Findel, „tritt uns, da es in der Regel ein uns häufig vor Augen liegender Gegenstand ist, von allen Seiten entgegen. Die Eindrücke durch das Auge sind überhaupt nachhaltiger, als die Eindrücke durch das Ohr.“ „Wo der M. in der Bauhütte in die Gesellschaft von Brüdern tritt, sei es an den lachenden Ufern des Delaware, oder an des Ganges heiligen Fluten, an den Ufern der Themse oder des Nils, überall redet die Mrei zu ihm in denselben verständlichen Ausdrücken.“ — Eine Reihe anderer schöner Gedanken über Wert und Bedeutung des fm. Symbols entwickelt anschaulich und anregend Findel (a. a. O.). Hier auf das reizvolle Thema näher einzugehen, liegt ausserhalb des Rahmens unserer Aufgabe.

Handlungen, der Zirkel bestimmt sein Verhältnis zu den Mitmenschen. Diese Symbole entsprechen den drei Säulen und den drei Kleinodien. Alle deuten in inniger Harmonie auf die Bestimmung der FM. und des Bundes hin, auf: „Religiosität, Sittlichkeit und Liebe."

Den höchsten Rang im m. Gebrauch nimmt die Bibel ein. Sie ist dem FM. das Sinnbild jener Religion, in der alle Menschen, auch die verschiedener Bekenntnisse, übereinstimmen, nämlich des Glaubens an eine sittliche Weltordnung und an den endlichen Sieg des Guten in der Welt, sowie jener Frömmigkeit, die sich nicht auf die Anerkennung dogmatischer Formeln beschränkt, sondern, unbekümmert um zeitlichen oder ewigen Lohn, das Gute thut um des Guten willen.

Als ebenbürtige Zeichen sind der Bibel Winkelmass und Zirkel beigeordnet. Das Winkelmass war im alten Aegypten das sprechende Wahrzeichen des Totenrichters Osiris, und bei den Pythagoräern bedeutete es das Mass der Zeit, des Raumes und der Zahl. In der m. Symbolik bezeichnet das W. Gesetzmässigkeit als Grundlage der gesellschaftlichen Ordnung, Rechtschaffenheit und Sittlichkeit. Es richtet und ordnet des M. Handlungen, auf dass sie sich stets innerhalb der durch das göttliche und menschliche Gesetz gebotenen Schranken bewegen. Der Zirkel bildet die vollkommenste Linie, die weder Anfang noch Ende hat, die in allen ihren Teilen den gleichen Abstand vom Mittelpunkt aufweist. Infolgedessen vergegenwärtigt er den abgeschlossenen Kreis der FM., ruft er das Bewusstsein der Gemeinsamkeit wach, versinnbildlicht er die vollendetste Form des Verhältnisses des M. zu seinen Mitmenschen: allumfassende reine Menschenliebe.

Die drei Säulen sind die Stützen des Tempels der Humaniät: Die Weisheit entwirft und leitet den Bau, die Stärke führt ihn aus, und die Schönheit ziert das

Ganze. Demgemäss muss die heilige Dreizahl im Denken und Handeln des einzelnen Bruders wie der Gesamtheit zum Ausdruck kommen. Um den M. eindringlich auf diese Wahrheit hinzuweisen, werden die Säulen auch durch die drei obersten Beamten der L. liturgisch dargestellt: Die Weisheit durch den Meister, die Stärke durch den ersten und die Schönheit durch den zweiten Aufseher.

Die drei Kleinode „bezeichnen die drei Stufen des Lehrlings, des Gesellen, des Meisters und deren Arbeitskreis.“ Der rohe Stein ist das Sinnbild des an Verstand und Herz unvollkommenen Menschen, der aber mit heiligem Eifer nach geistiger und sittlicher Vervollkommnung strebt. Der rohe Stein verkörpert des M. wichtigste Pflichten: die der Selbsterkenntnis, Selbstbeherrschung und Selbstveredelung. Der M. soll sich bestreben, den Verstand von Irrtümern und Vorurteilen zu befreien, um so zur Klarheit der Anschauung und des Denkens, zur Erkenntnis des Wahren und Schönen und Guten zu gelangen und das Herz den Regungen selbstloser Nächstenliebe zu öffnen. Also muss der Lehrling unter Anwendung von Massstab und Spitzhammer den r. St. bearbeiten, auf dass er zu einem kubischen werde, zu einem Würfel mit ebenen, schön gearbeiteten, rechtwinklig aufeinanderstossenden Flächen. Die rohen Steine geben, übereinandergeschichtet, nur einen wüsten Haufen. Nur der kubische Stein fügt sich schön und fest mit andern seinesgleichen zum Aufbau des Tempels der Humanität. Nur wer durch Selbsterkenntnis zur Selbstbeherrschung und Selbstveredelung sich emporarbeitet, darf mitschaffen „an der geistigen und sittlichen Hebung seiner Mitmenschen, kann ein würdiges Glied sein des idealen Bundes sittlich freier Geister.“

Am Reissbrett arbeitet der Meister. Mit dem

Massstab der Wahrheit, mit dem Winkelmass des Rechts und mit dem Zirkel der Pflicht zeichnet er darauf seine Entwürfe, die sich auf den Teil des Baues beziehen, den jeder an seinem Platze auszuführen sich bemühen soll. So gemahnt das R. zu weisem Ueberdenken der Arbeit und zu planmässigem Schaffen am Maurerwerk.

Während die drei grossen Lichter drei geistige Symbole darstellen, sind die drei kleinen Lichter wirkliche, indem sie als drei Kerzen auf den drei Säulen leuchten. Sie erinnern den M. an die Beschränktheit und Endlichkeit seiner Wirksamkeit auf Erden. In der Sonne, um welche die Weltkörper kreisen in ewigem unwandelbarem Lauf, die durch ihre Strahlen jeden Keim zum Leben erweckt, sieht er das Urprinzip der schaffenden, erhaltenden und regierenden Macht. Wie alles irdische Leben ersterben muss ohne die belebenden Sonnenstrahlen, so siecht alles geistige und sittliche Leben im Menschen dahin, wenn das Licht der Erkenntnis Gottes in ihm sich verdunkelt oder wohl gar erlischt.

Wenn die Sonne zur Rüste geht, lässt sie den Mond als freundlich tröstendes Licht zurück, das öde Grauen und düstere Schweigen der Nacht zu mildern. Also findet der M. „in stiller geräuschloser Wirksamkeit seine Freude und seinen Lohn.“

Der flammende Stern gehört zu den Zieraten. Mit seinen leuchtenden und erwärmenden Flammen versinnbildlicht er das geistige und sittliche Leben, das sich offenbart im Lichte der Erkenntnis, in der Stärke des Willens und in der warmherzigen Bruder- und Menschenliebe. Seine fünf Spitzen weisen auf die Tugenden der Klugheit, der Gerechtigkeit, der Stärke, der Mässigkeit und des Fleisses.

Das „musivische Pflaster“, fälschlich mosaisches Pflaster genannt, soll den mosaikartig ausgelegten Fussboden im Vorhof des Salomonischen Tempels darstellen. Es vergegenwärtigt die reiche Mannigfaltigkeit der göttlichen Gaben, nicht weniger aber auch die Wandelbarkeit des irdischen Glückes und soll dem M. eine Mahnung sein zur Demut im Glück, zur Stärke im Unglück und zur beständigen Hilfsbereitschaft der Not den Mitmenschen gegenüber.

„Die zackige (buntgewirkte) Einfassung“ bildet das Randwerk des musivischen Pflasters und erinnert den M. daran, dass, „wie die Wellen des Ozeans das Land kosend umspülen, ihn liebreiche Sorge der Vorsehung zärtlich umfängt, so lange er sich der Tugenden der Mässigung, Standhaftigkeit, Klugheit und Gerechtigkeit befleissigt.“

Mit Hilfe der Wasser- oder Bleiwage fügt der Werkmaurer die Steine an einander, dass sie eine wagerechte Ebene bilden. So ist die W. den FM. ein Bild der Gleichheit. Sie sind Genossen gleichen Strebens, haben aller Vorurteile des Lebens entsagt und erkennen sich als gleichberechtigte und gleichverpflichtete Brüder. Da die wagerechte Stellung aller Teile eines Bauwerkes wesentlich zu dessen Stärke beiträgt, so ist die W. das Sinnbild des ersten Aufsehers, der an der Säule der Stärke steht. „Mit Stärke hat er auf die Gleichheit aller vor dem Gesetz zu achten, aber auch alle ihre m. Bestrebungen auf deren Einigkeit im Geist hin zu messen, damit brüderliche Eintracht in allen Stücken unter ihnen walte.“

Wie das Senkblei dem Werkmaurer als Mittel dient, das Bauwerk senkrecht aufzuführen, so ist es dem FM. eine Mahnung zur Gradheit und Aufrichtigkeit gegen sich selbst und gegen seinen Nächsten. Als Zeichen seines Amtes führt das S. der zweite Aufseher, der an der Säule der Schönheit seinen Platz hat. Auf Beobachtung der geraden Linien beruhen äussere

Gestalt und Schönheit des Baues. Das S. erinnert daher den Aufseher an seine Pflicht, allzeit darauf zu achten, dass die Mitglieder die Pfade der Tugend und Ehre wandeln; denn nur in diesem Falle kann der fm. „Bau in gerader Richtung sich erheben und erstrahlen in der Schönheit himmlischen Lichts.“ —

II. Die „Fraternität der goldenen Rosenkreuzer“.

1. Ihre Schicksale.*)

„Wo viel Licht, ist starker Schatten.“ Das Jahrhundert der Voltaire und Diderot, der Lessing und Herder, der Goethe und Kant sah auch einen Schrepfer

*) Am zuverlässigsten unterrichten über die RK: H. Ch. Albrecht: Geheime Geschichte eines Rosenkreuzers. Aus s. eig. Papier. Hamburg; 1792. — Der Rosenkreuzer in seiner Blösse. Zum Nutzen der Staaten hingestellt, durch Zweifel wider die wahre Weisheit der so gen. ächten Freymäurer, oder goldnen Rosenkreutzer des alten Systems vom Magister Pianco, vieler Kreisen Bundsverwandten. Amsterdam (d. i. Nürnberg); 1778. — Verf. der Schrift ist der Freiherr Hans Heinrich v. Ecker u. Eckhoffen (Nichneri Vockart), der, weil er die ganze Hohlheit und Nichtigkeit des Systems sehr bald erkannt hatte und dagegen eiferte, wegen „Mangel an Gehorsam, Glauben und Verträglichkeit“ aus dem Orden entfernt worden war. Gegen seine Schrift wandte sich Schleis v. Löwenfeld mit seinem widerlichen Buche: Der im Lichte der Wahrheit strahlende RK, allen lieben Mitmenschen, auch dem Magister Pianco, zum Nutzen hingestellt von Phoebron. Leipzig; 1782. — Ein Versuch zur Widerlegung des Gegners wird nirgend gemacht. Statt dessen wird er mit einer Flut grober Schimpfworte überhäuft. — Die theoretischen Brüder oder zweite Stuffe der Rosenkreutzer und ihrer Instruktion, das erstemahl ans Licht herausgegeben von einem Prophanen nebst einem Anhang aus dem dritten und fünften Grad als Probe. Athen; 1785 zur Zeit der Aufklärung. — Vergl. ferner: Eleusinien des

und Gassner, einen St. Germain und Cagliostro, einen Swedenborg, Messmer und Lavater, liess sich Geister zitieren, forschte nach dem Stein der Weisen und eilte, in schwärmerischem Eifer und phantastischem Wunderglauben sich der Wohlthaten eingebildeter oder vorgespiegelter Geheimnisse zu versichern. Die Menschen hatten den alten Mysterien entsagt, aber ihre geschäftige Phantasie verlangte nach neuen, mittels deren sie auf eine höhere geistige und sittliche Stufe gelangen könnten. Sie leugneten ein zukünftiges Leben. Um so begieriger aber und in wahnsinniger Angst suchten sie nach Mitteln gegen Alter und Tod. Wer solche Erscheinungen der Menschengeschichte erwägt, darf mit Lächeln der Besorgnis begegnen, es könnte jemals zu hell werden in den Köpfen der blöden Sterblichen.

Die ersten verheissungsvollen Entdeckungen auf dem Gebiete der Physik und Chemie hatten die Erwartungen des Publikums aufs Höchste gespannt. Diesen Zustand machte sich das dunkle Geschlecht der Alchemisten zu Nutz, indem es seine sinnlosen Schriften*) in hellen Haufen auf den Markt warf, wo sie willige Abnehmer fanden. Da begann denn auch die niemals ganz erloschene Erinnerung an die fabelhafte Brüder-

19. Jahrh. 1. u. 2. Bd. Berlin; 1802. — Der Signatstern oder die enthüllten sämmtlichen 7 Grade der mystischen FM. nebst dem Orden der Ritter des Lichts. III. Tl. Berlin; 1804. (Aus d. m. und rk. Nachlass Woellners.) — v. Nettelbladt: Gesch. Fm. Systeme in England, Frankreich u. Deutschland. Vornehmlich auf Grund der Archivalien der GLLoge der FM. v. D. Berlin; 1879. —

*) Hierher gehören u. a.: Die wahrhafte und vollkommene Bereitung des philosophischen Steins der Brüderschaft aus dem Orden der Gülden- und Rosen-Creutzes von S. R. (Sincerus Renatus-Samuel Richter) Breslau; 1710 u. 1714. — Unter den Hirngespinnsten, die das Buch behandelt, finden sich auch Ordensgesetze, die unzweideutige Spuren jesuitischer Einwirkung aufweisen. Diese Statuten sind fraglos vorbildlich für die des RKO. gewesen.

schaft des „Rosencreutz“ (I. 522 ff.) wieder aufzuleben. Und so geschah es, dass obskure Gelehrte, wie ein Dr. Schleis von Löwenfeld*) in Sulzbach und ein Dr. Doppelmayer in Hof, den Plan fassten, die alte „Societas roseae et aureae crucis“ wieder erstehen zu lassen, jedoch in einem neuen, der fortgeschrittenen Zeit entsprechenden Gewande. Sie entlehnten es, wie ungezählte andere damals und später entstandene geheime Gesellschaften, dem FMbunde und seinen Hochgraden. Ihre Verbindung, die zuerst i. J. 1757 in Frankfurt auftrat, nannten sie Sozietät oder Fraternität der goldenen Rosenkreuzer.

Die Nachricht, dass der neue Orden im Besitze untrüglicher Weisheit sei und in seinen höheren Graden die Bereitung des Weisensteins lehre, drang zunächst in die Reihen der FMbrüderschaft ein. Sie fand hier namentlich bei allen jenen freudigen Anklang, die in den Hochgraden nicht die ersehnte Befriedigung ihres Wissensdurstes gefunden hatten, des erhabenen Geheimnisses aber endlich bei den kundigen Adepten teilhaftig zu werden hofften. Lehrten diese doch, dass die FM. lediglich „der Vorhof des Tempels sei, dessen verborgener Eingang nur den würdigen M. entdeckt und geöffnet werde“.**) Dann aber ward die lockende Kunde durch entsprechende Druckschriften***) auch in die verschieden-

---

*) S. war ein rabiater Anhänger des berüchtigten Pfarrers, Wunderarztes und Teufelsbanners Gassner († 1779). —

**) So u. a. Woellner in seiner Schrift: Die Pflichten der Gold- und R. K. alten Systems in Juniorats-Versammlungen abgehandelt von Chrysophiron. Berlin; 1782. Dieses Buch, „im schwülstigen, halb poetischen, übermässig schwunghaften“ Stile geschrieben, wurde unter die Mitglieder des Ordens verteilt und galt als dessen wahre Lehre und Anleitung zur Erkenntnis.

***) Die grösste Verbreitung fanden namentlich: C. H. L. v. Plumenoeks geoffenbarter Einfluss der ächten FM. etc. Amsterdam; 1777. (Als Verfasser gilt Hans Karl v. Ecker u. Eckhoffen) und

sten Schichten der s. g. gebildeten Klassen getragen. Alle Rätsel des Daseins schien das verheissene Geheimnis zu lösen und die Pforte zum Paradiese zu öffnen. „In seinen (des Adepten) Händen“, so liest man in einem dieser wahnwitzigen Erzeugnisse, „sind die Mittel wider Armuth und Krankheit, diese beiden Hauptfeinde der Ruhe des Menschen. Glücklicher Bruder, du besitzest Alles, was dich zeitlich und ewig beglücken kann. Dir gehorcht die folgsame Natur ohne Zwang. Sie leihet dir ihre Kräfte. Du hast Kenntniss, und Macht, und Erlaubniss, das durch den Flug der Sünde inwärts gekehrte Licht wieder herauszuwenden, alle Gerinnung hinwegzunehmen, Körper von ihren harten Schlacken zu reinigen, helle zu machen und auf den höchsten Punkt der Vollkommenheit zu bringen.“ Da mochte denn Keiner zurückbleiben, wo es galt, innere Befriedigung durch höhere Erkenntnis zu erlangen, Gewalt über die Geisterwelt zu haben, Ehre, Reichtum, Gesundheit, langes Leben sich anzueignen.

1761 finden wir RK. in Prag; 1773 zeigten sie sich in der Oberlausitz und in Schlesien, 1775 hatten sie in Wien ihr Hauptquartier aufgeschlagen. Bald wurde für Norddeutschland und Russland Berlin das Zentrum rosenkreuzerischer Bestrebungen.

An der Spitze der Berliner RK. standen Bischoffwerder und Woellner. Eine ungezügelte Tageslitteratur

---

der — Compass der Weisen von einem Mitverwandten der inneren Verfassung der ächten und rechten Freymäurerey beschrieben. Herausgegeben etc. von Ketmia Vere. Berlin u. Leipzig; 1779. — „Twote, verbesserte etc. Ausgabe von Ada Mah Booz“ erschien 1782. Der Verf. (Woellner?) des von den Rosenkreuzern wegen seiner (erdichteten) Ordensgeschichte hochgeschätzten Buches ist nicht genau bekannt. Herausgeber der 2. Aufl. war Dr. Melchior Adam Birkholz in Leipzig, der ersten der Advokat Jäger in Regensburg.

hat auf diese Männer kaum auszudenkende Schmach gehäuft. Wenn sie darin auch weit über die Wahrheit hinausgegriffen hat, so ist dennoch genug übrig geblieben, um das Verdammungsurteil zu rechtfertigen, das die geschichtliche Gerechtigkeit über diese Totengräber des alten Preussen verhängt hat.

Vom Herzog Karl von Kurland war Johann Rudolf von Bischoffwerder*) i. J. 1774 nach Leipzig gesandt

---

*) Am 13. November 1741 zu Ostermonda in Thüringen als Sohn eines sächsischen Offiziers geboren, nahm B. nach vorübergehendem Aufenthalt auf der Universität Halle als Adjutant des Reitergenerals von Seidlitz an den letzten Feldzügen des 7jährigen Krieges teil. Nach dem Friedensschlusse trat er, am Dresdener Hofe zum Kammerherrn befördert, in den Dienst des Prinzen Karl von Sachsen, der den Titel eines Herzogs von Kurland führte. Dieser Fürst († 1796), Mitglied des v. Hundschen Systems und „Superior et Protector ordinis in Saxonia", dann „Chef de tous les maîtres écossais", wurde in seinem drangvollen Streben nach „höherer Wissenschaft" einer der eifrigsten Anhänger des wüstesten Wunderglaubens.

Beim Ausbruch des bayer. Erbfolgekrieges (1778) warb B. eine Freikompagnie und stellte sich mit ihr unter den Befehl des Prinzen Heinrich v. Preussen. Damals war es, da er mit dem Prinzen, nachmalig. Könige Friedrich Wilhelm II., bekannt wurde. Er wurde dessen unzertrennlicher Begleiter und Ratgeber und blieb ihm mit aufrichtiger Anhänglichkeit ergeben. „Von auffallender Körpergrösse, von feinem, intriguantem Geiste, einer unergründlichen Zurückhaltung, mit dem Höflingstalente ausgestattet, unbedeutend zu erscheinen, und doch auch wieder sehr geschickt, durch eine geheimnisvolle, mystisch-feierliche Aussenseite zu imponieren, voll Herrschsucht, ohne sie äusserlich an den Tag zu legen, hatte B. die offene, arglose Natur Friedrich Wilhelms völlig umstrickt."

Nach der Thronbesteigung Fr. W.'s wurde B. Flügeladjutant und 1789 Generaladjutant. Seit 1791 ging er wiederholt in diplomatischen Missionen nach Wien und bewirkte zwischen Preussen und Oesterreich eine Verständigung über die französischen Dinge, die zu dem unglücklichen Feldzug von 1792 führte. Er machte

worden, um die Geheimnisse des Kaffeewirtes Schrepfer*) zu prüfen, der Geister zitierte und im Besitze der wahren Maurerei zu sein behauptete. Von dem Wundermanne

---

ihn im Hauptquartier des Königs als Generalmajor mit. 1796 zum Generalleutnant befördert, wurde er wenige Monate nach dem Tode des Königs im Januar 1798 verabschiedet. Er starb am 31. Oktober 1803 auf seinem Gute Marquardt bei Potsdam. —

Dem FMbunde trat B. als Hallenser Student i. J. 1758 bei, ging aber in seiner Sehnsucht nach Alchemie und Magie bald zur strikten Observanz über.

*) Gewöhnlich wird Schrepfer als Werkzeug der Jesuiten und als einer der ersten Apostel der RK. bezeichnet. Verdächtig ist, dass diese sich eines jeglicher Bildung so baren Menschen zur Ausbreitung ihrer Ideen bedient haben sollten. Andererseits ist nicht zu leugnen, dass S.'s Auftreten unzählige Gläubige aus allen Schichten der Gesellschaft angelockt und für Spuk und Geisterseherei begeistert hat. Joh. Sam. Benedikt Schlegels „Tagebuch seines mit J. G. Schrepfer gepflogenen Umgangs nebst Beylagen, vielen Briefen und einer Charakterschilderung Schrepfers, zu deutlicher Uebersicht seiner Gaukeleyen und natürlichen Magie“ (Berlin u. Leipzig; 1806) — ist ein lehrreiches Beispiel für die Thatsache, wie viele selbst gebildete und denkende Köpfe in gährender Zeit der Versuchung unterliegen, der Lüge und dem Wahn zu huldigen. —

Johann Georg Schrepfer, aus Nürnberg gebürtig (1739), diente im 7jährigen Kriege als Husar im preuss. Heere und wurde nach dem Friedensschlusse Kaffeewirt in Leipzig. Nun führte er ein höchst verschwenderisches Leben. In seinem Lokal richtete er eine Loge ein und zitierte hier die Geister Abgeschiedener. Da aber der gewaltthätige Zauberer die Leipziger FM. mit Schmähungen überhäufte, bewaffnet in ihre Versammlungen eindrang und die Mitglieder bedrohte, ward er auf Befehl des Herzogs v. Kurland mit 100 Stockprügeln bedacht, über deren richtigen Empfang er eine Quittung ausstellen musste. (Abgedruckt in FZ. 1886. S. 115). Infolge dieser bösen Erfahrung wandte sich S. nach Frankfurt a. M. und Braunschweig, wo er sein Unwesen ungestört weiter trieb. Man fürchtete, der unverschämte Gesell möchte etwaige Geheimnisse der FM. verraten und behandelte ihn rücksichtsvoll. Schliesslich setzten es seine Freunde durch, dass er in der Minerva-L. zu

völlig betört, geriet er auf dem Konvente zu Wiesbaden (1776) in die Netze des berüchtigten Charlatans Gugomos. Nun wurde es ihm zur fixen Idee, dass Alchemisten und Rosenkreuzer im Besitze des höchsten Geheimnisses, dass sie Gold zu bereiten und über die Geisterwelt zu herrschen imstande wären. So schloss er sich denn

---

Leipzig feierlich eingeführt, dass er und seine Anhänger für Ehrenmänner und wahre Maurer erklärt wurden. Seinen Anhängern erzählte er, er sei beauftragt, den FMbund mit dem aufgehobenen Jesuiten-O. zu verschmelzen. Der Glaube an seine magische Kraft war so gross, dass schliesslich auch der Herzog Karl neugierig wurde und Bischoffwerder zur Prüfung der Arbeiten S.'s entsandte. Die Folge war, dass der Gaukler nach Dresden berufen wurde, wo man bald den Prinzen mit dem Kaffeewirt Arm in Arm auf der Strasse sah. In französischer Uniform und als Baron v. Steinbach kehrte S. nach Leipzig zurück. Sein marktschreierisches Auftreten erschien aber den Oberen schliesslich doch zu plump und gefährlich, weshalb sie ihn fallen liessen. Er geriet nun in bitterste Not, und da er auch vom französischen Gesandten zur Rechenschaft gezogen werden sollte, zog er es vor, freiwillig aus dem Leben zu scheiden. In der Frühe des 8. Oktober 1774 erschoss er sich in Gegenwart etlicher Freunde im Rosenthal bei Leipzig. Seine Geisterapparate gingen in den Besitz Bischoffwerders über. — S. teilte seine magischen Arbeiten in zwei Klassen: in pneumatische und elementarische. Dort erschienen Geister unter schrecklichem Geräusch und Gebrüll, von einer dicken Rauchwolke umgeben, hier auf seine Beschwörung jede verlangte Person. Der Gauner war imstande, Sturm, Blitz und Donner zu erzeugen, ja sogar die Sterne zu beschwören und zu versetzen, obwohl er weder ihren Namen, noch ihre Stellung kannte. Während der Geistererscheinungen mussten die Zuschauer auf den Knieen liegen. In den Pausen wurde ihnen Punsch gereicht, dem wahrscheinlich betäubende Ingredienzien beigemischt waren. — Vgl. Ertappter Briefwechsel von der Zauberei, S.'s Künsten, Nativitätsstellen u. s. w. herausgegeb. von Erzstein. Leipzig; 1777. — Weber: Aus 4 Jahrhunderten. N. F. I. Leipzig; 1861. — F. Bülau: Geh. Geschichte und rätselhafte Menschen. I. Bd. Leipzig; 1863. — E. Sierke: Schwärmer und Schwindler des 18. Jahrh. Leipzig; 1874. — FZ. 1847. S. 210 ff., 1874. S. 337 f., 1886. S. 113 f. — Lat. 1882. S. 165 ff. —

eng dem sächsischen Kammerrat du Bosc an, der vom Wiener RKzirkel entsandt war, Norddeutschland für die von ihm ausgehende Weisheit zu gewinnen. Als Farferus ward Bischoffwerder i. J. 1777 der Gemeinschaft der neuen Heiligen einverleibt.

Auf dem fm. Konvente zu Wolfenbüttel (1778) gewann Bischoffwerder den Kammerrat Woellner*), der als

*) Johann Christoph Woellner, am 19. Mai 1732 zu Döberitz bei Spandau geboren, war der Sohn eines märkischen Landpfarrers. Durch seine feingebildete Mutter erhielt der begabte Knabe eine sorgfältige Erziehung. Im Alter von 17 Jahren verliess er die Spandauer Schule, um sich in Halle dem Studium der Theologie zu widmen. Wenige Jahre später kam W. als Erzieher in das Haus des Grafen Itzenplitz auf Gross Behnitz in der Mark. Bald gelang es dem gewandten, liebenswürdigen, mit einem ausserordentlichen Talente zur Intrigue begabten Kandidaten sich bei der Herrschaft, insbesondere bei der Frau v. I., derart einzuschmeicheln, dass er 1755 in einem Alter von 23 Jahren die Pfarrstelle in Gross-Behnitz erhielt. Seine Kanzelreden, von denen etliche gedruckt sind, zeigen ihn als gewandten, wort- und phrasenreichen Redner; sie entbehren jedoch der Kraft und Tiefe und sind bar jener Herzenswärme, die den Zuhörer ergreift und fortreisst.

Nach dem Tode des Generalleutnants v. I., seines Patrons (Sept. 1759), überliess W. die Pfarrstelle seinem Vater, angeblich wegen schwacher Brust. Frau v. I. erkaufte ihm die Expectanz auf eine Domherrnpfründe in Halberstadt und gab ihm ihr Gut Gross-Behnitz in Pacht. Seitdem widmete sich W. mit Eifer und Erfolg der Landwirtschaft. Aber das genügsame und arbeitsvolle Leben eines märkischen Landmannes wollte auf die Dauer einem Manne nicht zusagen, der, von brennendem Ehrgeiz verzehrt, sich zu Höherem berufen glaubte. Um sich dem Grossen Könige vorteilhaft bekannt zu machen, verfasste er 1766 ein Werk über „Die Aufhebung der Gemeinheiten in der Mark Brandenburg" in deutscher und französischer Sprache. Er widmete es dem Monarchen mit überschwenglichen Lobreden. In der That lenkte er dadurch die Aufmerksamkeit der Regierung auf sich Aber die Hoffnung, in das Generaldirektorium berufen zu werden, zerstörte seine Heirat mit dem Fräulein v. I. Bemühungen günstig gesinnter Verwandter, ihm den Adel zu verschaffen, hatten keinen Erfolg. Mit scharfem

Vertreter der Mutterloge Zu den drei Weltkugeln der Versammlung beiwohnte und dessen Bekanntschaft er schon früher gemacht hatte, für das RKtum. In Dresden

---

Tadel wies der „alte Fritz“ das Gesuch zurück, indem er den Emporkömmling „einen betriegerischen und intriganten Fafen“ schalt.

Diese Ereignisse erfüllten W. mit grimmigem Hass gegen den König und gaben seinen Plänen eine andere Richtung. Im J. 1765 hatte sich W. dem FMbund angeschlossen, in dem er es durch rührige Strebsamkeit und rednerische Gewandtheit bald zu einer hervorragenden Stellung brachte. „Was ihn in diese Kreise trieb, war neben der mystischen Geistesrichtung der Zeit, neben dem Verlangen nach geheimer Wissenschaft, vor allem sein massloses Streben nach hohen Verbindungen, nach Macht und Einfluss.“ In der That trat er in nahe Beziehungen zu dem Herzog Friedrich August von Braunschweig, dem Prinzen Ludwig von Darmstadt, dem Landgrafen Karl von Hessen und andern einflussreichen Persönlichkeiten, die damals an dem grassierenden Unwesen der Geheimbündelei hervorragenden Anteil hatten.

Auf solche Verbindungen sich stützend, näherte sich W. dem Prinzen Heinrich. 1770 wurde er als Kammerrat bei dessen Domänenkammer angestellt. Einige Jahre später trat er auch dem Prinzen v. Preussen näher.

Schon wenige Monate nach dessen Thronbesteigung wurde W. zum Geh. Oberfinanzrat befördert und in den Adelstand erhoben (October 1786) und, nachdem er am 3. Juli 1788 zum Justizminister und zum Chef des geistlichen Departements ernannt worden war, stand der ehrgeizige intriguante Streber am Ziel seiner Wünsche. Bis z. J. 1794 leuchtete ihm die Gnadensonne, dann begann sie zu erblassen. Wenige Wochen nach dem Regierungsantritt König F. W. III. ward W. ohne Pension entlassen. Er zog sich auf sein Gut Gross-Rietz bei Beeskow zurück, wo er am 10. September 1800 das Zeitliche segnete. „Die Persönlichkeit und das Wirken eines solchen Mannes waren möglich und sind verständlich nur in einer Zeit, da Unglaube und Aberglaube und allgemeine Zersetzung in wüstem Durcheinander die Welt beherrschten.“ Vergl. M. Philippson: Gesch. d. Preuss. Staatswesens vom Tode Friedrichs d. Gr. bis zu den Freiheitskriegen. 2 Bde. Leipzig; 1880. — Allgem. Deutsche Biographie. 44. Bd. S. 148 ff. —

wurde der wundersüchtige Mann 1779 förmlich in den Orden aufgenommen.

Von Stund an hatte das höllische Blendwerk grossen Zulauf aus den vornehmsten Kreisen der hauptstädtischen Bevölkerung. In hellen Scharen strömten sie herbei, die närrischen Käuze, die grübelnden Weisheitssucher und verschrobenen Lerngierigen, atemlos, schier aufgerieben von der brennenden Sehnsucht nach der endlichen Lösung des gramschweren Weltenrätsels. In Kurzem war der erste Zirkel*) eingerichtet. Bald folgten ihm andere. Woellner wurde Zirkeldirektor und schon nach Verlauf von zwei Jahren sah er sich als Oberhauptdirektor an der Spitze von 26 Zirkeln mit etwa 200 Mitgliedern. Unermüdlich war der geschäfts- und weltkundige Mann für des Ordens Interessen thätig: er führte einen ausgedehnten Briefwechsel mit den aller Orten sich aufthuenden Zirkeln, hielt fleissig Sitzungen ab, beschäftigte sich mit chemischen Experimenten, gab dem Orden ein Lehrbuch, suchte durch erbauliche Vorträge die Mitglieder unauflöslich in den mystischen Unsinn zu verstricken, und trat schliesslich in das innigste Verhältnis „zu den in Gott ruhenden Vätern“. Als öffentlichen Namen im Orden führte er die Bezeichnung Chrysophiron, als geheime, nur den Oberen bekannte, Heliconus und Ophiron.

Von Berlin fanden die RK. ihren Weg nach Braun-

*) Ihm gehörten an, ausser Woellner als Direktor, Herzog Friedrich v. Braunschweig (Redivivus) als Justitiar, v. Rochow (Cruciflorus) als Aktuar, der Generalchirurgus v. Theden (Neaster), v. Bischoffwerder (Farferus), der aber bald Zirkel-Direktor in Potsdam wurde, der Graf v. Haugwitz, der Kammergerichtspräsident v. Goldbeck, der Oberfinanzrat Baumann, der Geheime Kabinetsrat Beyer, der Konsistorialrat Zöllner, der Hofprediger Hermes, der Geheime Oberhofbuchdrucker Decker, der Naturforscher Jugel, der Chemiker Klaproth, der später an der neugegründeten Berliner Universität eine Professur bekleidete, u. a.

schweig und Hamburg, nach Marburg, Kassel, Königsberg, Glogau u. s. w. Auch in Warschau, St. Petersburg und Moskau entstanden Zirkel. Süddeutschland war von Wien als Versuchsfeld auserkoren worden. Und fröhlich blühte die RKrei in München, Regensburg, Nürnberg, Augsburg, Stuttgart und anderen Orten.

„Das wichtigste Ereignis in der Entwicklung des RKordens und zugleich in Woellners Leben, dasjenige, worauf die Bedeutung des Ordens für die preussische Geschichte beruhte,“ war, dass der Erbe des fridericianischen Reiches in die gefährlichen Kreise frömmelnder Heuchler und spekulativer Mystiker gezogen ward. Prinz Friedrich Wilhelm (II.) war von edlem Gemüte, voll Milde und Wohlwollen, grossherzigen Anregungen zugänglich, auch ein ritterlicher und tapferer Kriegsmann wie seine Ahnen. Aber schlechte Erziehung, ein wirres Jugendleben, der Umgang mit selbstsüchtigen und mittelmässigen Menschen und die Qualen einer unglücklichen Ehe hatten verwüstend auf das Leben des wohlbegabten jungen Fürsten gewirkt und ihn gewöhnt, sein Wohlwollen an Unwürdige zu vergeuden. Schon im Frühjahr 1780 war der Thronfolger rettungslos den Netzen verfallen, die Bischoffwerder und Woellner, seine Vertrauten, nach ihm ausgeworfen hatten. Es wird erzählt, dass die weltklugen Ordensleute den gläubigen Sinn des Prinzen und sein weiches Gemüt durch die üblichen grossen Verheissungen, durch die Aussicht auf ein langes Leben, auf unermessliche Schätze, auf den Verkehr mit der Geisterwelt umstrickt hätten. Gewiss ist indess nur, dass die ihm von Bischoffwerder während einer Krankheit gereichten „Ordensarzneien“ und die in ihnen „wirkende göttliche Segenskraft“ sein Vertrauen zum Orden erweckt haben. Seinem lebhaften Wunsch, in diesen eingeführt zu werden, wurde erst nach Jahresfrist stattgegeben. Inzwischen hatte man mit ernsten Ermahnungen auf ihn eingewirkt, um ihm so höhere Achtung und Ehrfurcht vor der geheimnisvollen Kongregation und gegen deren Gebote einzuschärfen. Endlich am 8. August 1781 wurde der Kronprinz unter dem Ordensnamen Ormesus in die Mysterien der RK. eingeweiht und durch Woellner feierlich eingesegnet.*) Rasch durchschritt der Prinz die ersten Grade, wo ihm u. a. Belehrung über den Geisterseher Swedenborg und dessen Aufsehen erregende Thätigkeit zu teil wurde, und erhielt schon im Voraus zum „Lohn für seine als König zu erwerbenden Verdienste um den Orden den Titel Omesus Magnus."

Die eigentliche Seele der ganzen RK. war Woellner. Geschickt und unverschämt, heuchlerisch und zudring-

*) Im Charlottenburger Schlosse war die Loge für die Aufnahme hergerichtet, ein Vorgang, der mit seinen düsteren Begleiterscheinungen lebhaft an die Serapis-Mysterien und Eleusinien erinnert. Mit Hilfe der Schrepferschen Apparate wurden unter Blitz und Donner die Geister Marc Aurels, des Philosophen Leibniz und des Grossen Kurfürsten hervorgezaubert und das Gemüt des Prinzen durch diesen ruchlosen Hokuspokus auf das Heftigste erschüttert. Man hatte ihm gestattet, Fragen an die Geister zu richten; doch sah er sich dazu begreiflicherweise ausserstande. Dagegen richteten diese nun selbst in dumpfem Grabeston strenge Ermahnungen und harte Worte an ihn. Willenlos, in einem Zustande völliger Erschöpfung, ward der unglückliche Fürst noch in derselben Nacht nach Potsdam geführt, wo sich das frevelhafte Spiel wiederholte. — Auf Grund der hier gewonnenen Erfahrungen, unter schlauester Auskundung des fürstlichen Herzens, seiner innersten Regungen und Wünsche wurden dann vielfach im Laufe der nächsten Jahre in den Berliner und Potsdamer Zirkeln, in der Wohnung Woellners, wo eine förmliche Geisterbühne eingerichtet war, und im Hôtel der Lichtenau die Geister Leibnizens, Julius Cäsars, des früh verstorbenen Grafen v. d. Mark, eines Sohnes der Lichtenau, herbeigerufen, um sich ihrer zur Verwirklichung eigennütziger Pläne zu bedienen. Die Rolle der Geister spielte damals ein Sachse Namens Steinert, der, mit Bischoffwerder eng befreundet, ein

lich, der Lüge und Verleumdung niemals abhold, wo sie ihm dienlich schienen, voll Salbung und Wucht, wo die Umstände es erforderten, also stellte sich dieser Mann „in den Dienst der höchsten und edelsten Wahrheit", wie er sie auffasste, und machte den Orden zum Werkzeug der eigenen Herrschsucht.

Die Schar der Geisterseher und mystischen Dunkelmänner*) am Hofe wuchs von Tag zu Tag. „Wer nicht zu ihr gehörte, hatte keine Aussicht auf Beförderung." Die Finanzen des Staates, die Justiz, die geistlichen und Schulangelegenheiten waren durchaus der Leitung von Rosenkreuzern unterstellt. Bald kamen auch die Handels- und Zollgesetzgebung und die auswärtige Politik in ihre Hand. Allerorten gab die Partei, die sich des königlichen Ohres bemächtigt, den Anstoss zu einer Bewegung, die mit der Natur und den Aufgaben des preussischen Staates in vollkommenem Widerspruch stand.

Am unheilvollsten war des allmächtigen Woellner Wirksamkeit. Umnebelt von den apokalyptischen Dünsten des RKtums, glaubte er der rationalistischen Geistesrichtung und der religiösen Aufklärung entgegen treten zu müssen, die unter Friedrich II. um sich gegriffen

---

Meister in der edlen Kunst der Physiognomik und des Bauchredens war. In seinem Roman: Rosenkreuzer und Illuminaten hat Max Ring solche Scenen anschaulich, wenn auch nicht ganz der Wirklichkeit entsprechend, geschildert.

*) Aus Sachsen kamen die Grafen Lindenau und Brühl und der Bankerotteur du Bosc, aus Memel der Kaufmann Simson. Lindenau wurde Oberstallmeister, Brühl, der Sohn des ärgsten Feindes des preussischen Namens, ein Mann, der lange Jahre in der strikten Observanz eine hervorragende Rolle gespielt, ward Erzieher des jungen Kronprinzen. Der „ehrwürdige Bruder Soc" (du Bosc) kam als Geheimer Kommerzienrat an die Spitze des Kommerzdepartements, Simson erhielt die Leitung des Kommerzkollegs.

und sich meist zu einem widrigen Gemisch von Frivolität und Trivialität gestaltet hatte. So kamen u. a. die berüchtigten Religions- und Zensuredikte (1788) zustande. Und 1790 wurden theatralische Aufführungen, die dem Zelotismus und Obskurantismus von jeher ein Gräuel waren, im Bereiche der ganzen Monarchie untersagt. Ausgenommen von dem Verbot waren nur das Nationaltheater in Berlin und die privilegierten Truppen Döbbelins und Wäsers.

Aber so schnell sich die RK. auch ausbreiteten, so glücklich ihre Geschäfte auch gingen, so glänzend ihre Aussichten auch waren, sie verfolgten ihren Weg nicht ohne Ungemach. Im J. 1785 eröffnete die „Berliner Monatsschrift" ihren Feldzug gegen die gefährliche Obskurantenpartei. Der Vorwurf wurde laut, dass sie im Solde und im Dienste der Jesuiten stände, dass die geheimen Oberen unter den Jesuiten zu suchen wären. Der Verdacht war nicht unbegründet. Verfügungen, Erlasse, Bannflüche, die von Seiten der Oberen ergingen, waren meist in Formeln abgefasst, die allein in der römischen Kirche gebräuchlich waren. Und dann hatte man auch in Erfahrung gebracht, dass Woellner mit dem Rosarius Senex und dem Ex-Jesuiten Frank in lebhaftem brieflichen Meinungsaustausch stand. Jener, Abt eines bayerischen Benediktiner-Klosters, war Oberer des dritten Grades, dieser, Beichtvater des Kurfürsten Karl Theodor von Bayern, stand dem Zirkel in München als Direktor vor.

Anstoss erregte aber vor allem die haarsträubende Unwissenheit der RK. auf dem Gebiete der Naturwissenschaften. Die chemischen Prozesse, die sie den Mitgliedern als unantastbare Geheimnisse anvertrauten und als tiefe Naturerkenntnis priesen, die Anweisungen, Tiere und Metalle zu produzieren, waren teils und zwar in flüchtiger Abschrift alten Büchern entnommen, teils waren solche Arcana mühsam von Schäfern, Scharfrichtern und alten Weibern erforscht werden. Die Instruktions-Vorträge auf den Quartal-Konventen sprachen mit ihrem unsinnigen Inhalt nicht weniger dem gesunden Menschenverstande Hohn, wie die allen Anhängern zum Nachlesen und Studium empfohlenen Bücher. Die Verheissungen, die unausgesetzt von den Obern ausgingen, waren ebenso vermessen, wie die Härte empörend, mit der jedem Zweifel begegnet ward.

Bekanntlich aber ist dafür gesorgt, dass die Bäume nicht in den Himmel wachsen. Der Umstand, dass von den grossen Versprechungen kein einziges in Erfüllung ging, machte schliesslich auch die gläubigsten Jünger des mystischen Spektakels stutzig. Der Sturm brach zuerst in Russland los. Hier war der Woellnersche Legat v. Schröder (Sacerdos) beschäftigt, die RK zu organisieren. Zu diesem Zwecke war er durch einen „Erlass der hochheiligen in Gott ruhenden höchsten Oberen“ mit ausserordentlicher Gewalt „über alle bösen Geister und deren Kräfte“ ausgestattet worden. Zum Glück gingen dem armen Beelzebub bald die blöden Augen auf. Schon im Mai 1786 sandte er seinem hohen Auftraggeber ein Schreiben, worin er ihn und den Orden direkt des Betruges beschuldigte. Woellner versuchte zwar den Vorwitzigen einzuschüchtern, indem er ihn suspendierte. Aber die einmal laut gewordenen Zweifel waren damit keineswegs beseitigt. Rasch wuchs die Zahl derer, die mit öffentlichen Anklagen drohten. Angesichts so bedenklicher Vorzeichen schrieben die Oberen schleunigst eine General-Konvention aus, auf der jede erwünschte Aufklärung gegeben, wo alle Beweise vorgelegt und den Gläubigen die Pforte zum Himmelreich geöffnet werden würde. Aber anstatt der angekündigten Konvention, die Ende 1787 zusammen treten sollte, erfolgte plötzlich ein allgemeines „Silanum“,

d. h. ein Gebot, alle rk. Arbeiten und Versammlungen bis auf weitere Verordnung ruhen zu lassen. Nun erlosch die furchtbare Seuche. Nichtsdestoweniger hielten die Berliner Dunkelmänner, allen voran ihr frömmelnder Führer, unentwegt am Orden fest. Allzu innig war ja die eigene Machtstellung mit dem geheimnisvollen Ansehen der unbekannten Oberen verknüpft. Erst mit dem Thronwechsel in Preussen (1797) begann auch die Erinnerung an den düsteren Bund aus dem Gedächtnis der Zeitgenossen zu schwinden. —

Derweil die rk. Verdummung und Schelmerei ihre schmachvollen Triumphe feierte, trat eine Reihe glänzender Industrieritter, wie St. Germain, Cagliostro u. a., auf den Plan und machte im engen Anschluss an jene Bestrebungen die üppig wuchernde Geheimnissucht und Pietisterei der Gesellschaft zum Tummelplatz gaunerischer Spekulationen. Man wollte Wunder und Zeichen sehen, und die Wunderthäter fanden sich.

Nach seiner Angabe war St. Germain*) in die

---

*) St. G., nach einigen ein Portugiese oder Elsässer von jüdischer Abkunft, nach anderen ein spanischer Jesuit Aymar, nach der Ansicht vieler der Sohn eines Steuereinnehmers zu San-Germano in Savoyen, wohl zu Anfang des 18. Jahrhunderts geboren, trat um 1750 in den vornehmen Kreisen verschiedener Städte auf: in Venedig als Graf de Bellamare, in Pisa als Chevalier Schöning, in Genua als Graf Soltikow, und liess gelegentlich durchblicken, dass er eigentlich ein Fürst Rakoczy sei. In Paris ergötzte er mit seinen Künsten die Marquise von Pompadour und den König Ludwig XV. Dann ging der rätselhafte Mensch als Graf v. St.-Germain 1760 mit einem diplomatischen Auftrag nach dem Haag. Aber eine in Paris angezettelte Intrigue stempelte ihn zum russischen Spion. Um der drohenden Auslieferung zu entgehen, entfloh er nach England. Von hier eilte er nach St. Petersburg, wo er bei dem Thronwechsel (1762) eine dunkle Rolle gespielt haben soll. Bald darauf erschien der Abenteurer in Berlin und 1772 in Nürnberg, 1774 hielt er sich als Graf Tzarogy in Franken auf, trat in die Dienste des Markgrafen Karl Alexander

höchsten Grade der FM. eingeweiht, verstand er Gold und Edelsteine herzustellen, eine Kunst, die er angeblich in Indien erlernt hatte. Er kannte die Bereitung eines Thees, der dem Alter die Kraft und die Schönheit der Jugend wiedergeben sollte, auch die eines demselben Zweck dienenden Balsams. Allerdings warnte er vor einer übermässigen Anwendung des Präparats, da es vorgekommen sei, dass eine 70jährige Dame hierdurch nicht nur die verlorene Jugendfrische zurückgewonnen habe, sondern allmählig auch wieder in den Zustand embryonaler Existenz zurückversetzt worden sei. Ein von ihm erfundenes Lebenselexir habe ihm selbst ein hohes Alter zu erreichen ermöglicht. Je nach dem Grade der Leichtgläubigkeit, die er bei seinen Zuhörern voraussetzen durfte, gab er sein Alter auf 400, auf 1000 und mehr Jahre an und erklärte, mit Christus und den Aposteln eng befreundet gewesen zu sein. Als einst sein Kutscher in Dresden gefragt wurde, ob sein Herr wirklich 400 Jahre alt sei, antwortete er: er wisse das zwar nicht genau, aber in den 130 Jahren, da er in seinen Diensten stehe, habe er immer so ausgesehen, wie jetzt. Häufig sprach der Gauner „mit mysteriöser Emphase über die Tiefen der Natur und öffnete der Phantasie einen weiten Spielraum in Betreff seines Wissens, seiner Schätze und seiner erlauchten Abkunft."

Seine Persönlichkeit ist ein ungelöstes Rätsel. Im Allgemeinen scheint er mit seinen Gaukeleien nur den Zweck verfolgt zu haben, ein behagliches Leben zu führen auf Kosten reicher Leute und solcher, die es

---

von Ansbach und begleitete ihn auf einer Reise nach Italien. Nach Deutschland zurückgekehrt, wusste er sich in die Gunst des Landgrafen Karl von Hessen, des freundlichen Gönners aller Charlatane, zu setzen, der ihm auf seinem Schlosse Gottorp bei Schleswig ein Asyl gewährte. Dort starb der Diamantenverfertiger bettelarm und lebensmüde i. J. 1780.

liebten, die sonderbaren Gewohnheiten eines heimatlosen Vagabunden zu bewundern. —

Unübertroffen an Glanz und Erfolgen gestaltete sich die Laufbahn jenes Sicilianers, der unter dem Namen eines Grafen Allessandro Cagliostro*) die Welt mit seinen Gaunereien erfüllte und sich eine grosse Gemeinde blinder Anhänger schuf. —

Ein vielseitiges Talent, Mystiker, Geisterbeschwörer

*) Sein ursprünglicher Name war Guiseppo Balsamo. Zu Palermo 1743 geboren, machte er schon frühzeitig Gebrauch von der gefährlichen Gabe, sich hervorzuthun, die Gemüter an sich zu fesseln, leichtgläubige Menschen durch magische Schwindeleien und Urkunden-Fälschungen zu betören und zu betrügen. Nachdem er, „der unglückliche Sohn der Natur", so erzählte er, seine Jugend in Arabien verlebt, habe er auf Reisen durch Aegypten, Syrien, die Türkei und Griechenland hervorragende Geheimnisse sich angeeignet. Fest steht indess nur, dass er einige Kenntnis orientalischer Sprachen besass und etwa seit 1770 in verschiedenen Städten Südwesteuropas, der Niederlande und Deutschlands ein wüstes Abenteurerleben führte, 1779 in Mitau auftauchte, wo er von Elisa v. d. Recke entlarvt wurde, in Petersburg, Warschau, Berlin, Strassburg und Paris sich umhertrieb, dann nach mehrjährigem Aufenthalt in Italien, England und Südfrankreich 1785 nach Paris zurückkehrte, wo er in die bekannte Halsband-Geschichte des Kardinals Rohan verwickelt wurde, weshalb er eine Zeit lang die Bastille zierte. Seine Entlassung aus der Feste ward durch glänzende Feste gefeiert, und als er sich 1787 in Boulogne nach England einschiffte, standen Tausende am Strande, den Segen des Grosskophtas erflehend. Nach vorübergehendem Aufenthalte in der Schweiz, in Oberitalien und Tirol kam er 1789 nach Rom. Als er auch hier für seine aegyptische M. zu wirken begann, geriet er in die Hände der Inquisition. 1791 als fm. Ketzer und Zauberer zum Feuertode verurteilt, wurde er von Pius VI. zu lebenslänglicher Haft im Kastell San-Leo unweit Urbino begnadigt, wo er 1795 starb. — Vergl. Leben und Thaten des Joseph Balsamo s. g. Grafen Cagliostro. Aus den Akten des in Rom wider ihn geführten Prozesses. Frankental; 1814. — K. v. Weber: Aus vier Jahrh. I. Bd. Leipzig; 1857. — Der Neue Pitaval VIII. Leipzig; 1860. — Bülau a. a. O. I. —

und Prophet, Alchemist, Arzt und Wunderthäter, verstand er die bestrickenden Reize seiner Frau kupplerisch für seine gemeinen Zwecke auszubeuten. Ob der wüste Gesell wirklich in London FM. geworden, wie er behauptete, ist nicht ganz sicher. Viel eher dürfte er in die Geheimnisse des geistersehenden Swedenborgianismus eingeführt worden sein. Jedenfalls datiert seine europäische Berühmtheit von dem Tage, da er mit seiner Zugehörigkeit zum FMbunde zu prunken begann. Sie verschaffte ihm Zutritt zu den höchsten Kreisen und umgab ihn mit einem geheimnisvollen Zauber, den er durch seine magischen Operationen noch zu erhöhen verstand.

Im Haag erkannten alle Logen den unergründlichen Fremdling als Visitator an und empfingen ihn mit hohen Ehren. In Paris vertrat er die von ihm gegründete oder seinem Vorgeben nach von ihm wiederhergestellte altägyptische M., deren Stifter Henoch und Elias gewesen seien, als deren Grosskophta und gründete 1784 zu Lyon die Gr. Mutterloge Zur triumphierenden Weisheit. Namentlich rühmte er sich des Besitzes des Steines der Weisen, einer Lebenstinctur und eines ebenso unfehlbaren Schönheitsmittels. Selbst Abkömmling eines Engels, gab er vor, den himmlischen Heerscharen gebieten zu können und zu dem Zwecke entsendet zu sein, die Gläubigen durch physische und moralische Wiedergeburt zu hoher Vollkommenheit zu leiten. Darum war die Arbeit in seinen Logen hauptsächlich darauf gerichtet, mit den Engeln und den Propheten des alten Testaments in Verbindung zu treten. Sein System bestand aus 90 Graden und war Männern und Frauen zugänglich. Seine Anhänger beteten ihn förmlich an. Stundenlang lagen sie ihm zu Füssen in dem Glauben, durch die geringste Berührung von ihm geheiligt zu werden. „Der Kranke suchte in ihm seinen Aeskulap, der Maurer seinen grossen Meister, der Alchemist seinen Paracelsus, das alte Mädchen den Erneuerer ihrer Jugend, der Kosmopolit den wahren Staatsmann und Belehrer der Könige."

---

2. Der Rosenkreutzer Organisation und Ziel.

Der Raum (Zirkel), in dem sich die Anhänger der Fraternität regelmässig zu versammeln pflegten, war durch einen Kronleuchter erhellt. In der Mitte des Zimmers lag auf dem Fussboden ein viereckiger Teppich. Auf ihm sah man ausser fm. Symbolen vier konzentrische Kreise in roter, gelber, weisser und schwarzer Farbe. Dem Teppich gegenüber stand ein Tisch, mit einer grünen Decke behängt. Auf ihm war in einem hölzernen Gestell eine Glaskugel aufgestellt, mit Regenwasser gefüllt und zur Hälfte mit schwarzer Farbe bestrichen. Neben der Kugel lag die Bibel und standen drei brennende Lichter. Hinter dem Tisch stellte sich der Zirkeldirektor auf, in der rechten Hand einen Eschenstab haltend (Stab Aarons), der oben mit einem goldenen A und unten mit einem goldenen O verziert war. Zu seiner Linken befand sich ein zweiter Tisch für den Bruder Actuarius. Die Brüder sassen auf grün überzogenen Sesseln.

Vor Eröffnung des Zirkels entspann sich folgendes Zwiegespräch zwischen dem Direktor und den anwesenden Brüdern:

D: „Wer ist gegenwärtig?"

Die Brüder, die Arme andächtig über der Brust gekreuzt: „Lauter geheime Freunde und Mitverwandte der wahren Verbrüderung."

D: „So ist notwendig, dass man die Thür untersuche und sich in vollkommene Sicherheit setze."

Der jüngste Bruder, nachdem er festgestellt, dass die Thür

verschlossen: „Die Thüren sind annoch wirklich verschlossen und wir von allen Profanen wirklich abgesondert.“

D: „So seien sie aufmerksam und werkthätig und schicken sich an zu unserm Vorhaben.“

Die Brüder: „Wir sind alle bereit, des Oberen guten Willen getreu und brüderlich in Allem zu erfüllen.“

D: „Wohlan, so lassen sie uns, um Wahrheit, Kunst und Tugend zu erlangen, Gott zu gefallen und den Nächsten zu dienen, ein löbliches Ordensgeschäft verrichten.“

Damit war die Arbeit des Abends eröffnet.

Der zur Einweihung in die Mysterien des ersten Grades würdig befundene Neophyt wurde zunächst in ein spärlich erleuchtetes Zimmer geführt. An einem Tische, auf dem sich Tinte, Papier, Siegellack, zwei rote Stränge, ein blosses Schwert befanden, wurde ihm die Frage vorgelegt, ob er „eifrig, ferm und fleissig, ja ein vollkommener gehorsamer Lehrjünger der wahren Weisheit werden wolle.“ Antwortete er bejahend, so musste er Hut und Degen ablegen, eine gewisse Summe dem Orden verschreiben, die Verschreibung selbst versiegeln und dem Introductor einhändigen. Dann musste er sich die Hände waschen. Hierauf wurden ihm diese, nachdem er mit „dem Schurz der Salomonischen Weisheit“ umgürtet war, mit einer roten Schnur zusammengebunden, während die Augen mit einem weissen Tuche bedeckt waren. Der also „präparierte“ Kandidat ward nun an einer um seinen Hals gelegten roten Fessel vom Introductor an die Logen-Pforte geführt, an die er neunmal leise klopfte. Von innen ward durch einen Schlag erwidert, worauf die Thür sich öffnete und eine Stimme rief:

„Wer ist da?“ Der Introductor: „Ein irdischer Leib, der seinen Geistmenschen in der Unwissenheit gefangen hält.“ Thürhüter: „Was willst du, dass man ihm thun soll?“ Führer: „Seinen Leib töten und den Geist reinigen.“ Thürhüter: „So bringe ihn herein an den Ort der Gerechtigkeit.“

Der Kandidat trat nun auf den Teppich und liess

sich vor den Kreisen auf das rechte Knie nieder. Ihm zur Rechten stellte sich der Direktor mit dem Stabe, zur Linken der Führer mit dem gezückten Degen auf.

Dann hub jener an zu sprechen: „Menschenkind, ich beschwöre Dich bei dem unendlichen Zirkel, der alle Kreaturen und die höchste Weisheit in sich fasst, dass Du mir sagest, zu was Ziel und Ende Du anhero gekommen bist." Der Kandidat: „Um Weisheit, Kunst und Tugend zu erlangen, Gott zu gefallen und meinem Nächsten zu dienen." Der Meister: „So lebe! Doch Dein Geist soll von neuem über Deinen Körper herrschen. Du hast Gnade gefunden, steh auf und sei frei."

Der Kandidat wurde jetzt von seinen Fesseln befreit, trat in die Kreise, legte drei Finger auf Stab und Schwert, die kreuzweis gehalten wurden, und schwor folgenden Eid:

„Ich N. N. schwöre, gelobe und verspreche dem Dreieinigen, der hocherleuchteten Verbrüderung und euch, ehrwürdigstem Meister, ganz frei und ungezwungen, auch mit gutem Vorbedacht: mich in der Furcht Gottes zu üben, die Liebe des Nächsten vorsätzlich nie zu betrüben, die höchste Verschwiegenheit unfehlbar zu halten, in unzerbrüchlicher Treue zu eralten, den Obern einen vollkommenen Gehorsam zu zeigen, der hocherleuchten Verbrüderung kein Geheimnis zu verschweigen*), und letztens lebe ich dem Schöpfer, seiner Weisheit und diesem Orden ganz alleinig zu eigen. So wahr mir Gott helfe und sein heiliges Wort."

---

*) Hinsichtlich dieses Punktes war den ZDirektoren noch eine besondere Anweisung zur Belehrung des Neophyten gegeben. „Da", so heisst es in ihr, „weder ein Natur-Geheimnis noch ein Geheimnis in der wahren Kunst in der Welt möglich ist, das sich nicht schon bei dem O. befinden und den höchsten Obern bekannt sein sollte, und also der O. eigentlich keinen Nutzen von solchen Anzeigen, sondern blos der anzeigende Br. selbst hat, als dem sein Besitzungsrecht in Nichts gekränkt, sondern ihm zu schneller Beförderung in dem O. und zu besserer Nutzung seines Geheimnisses beförderlich ist, so findet kein Grund statt, warum ein Br. damit zurückhaltend sein könnte; es müsste denn ein straffälliges Misstrauen gegen den O. oder gar ein elender Neid sein, welches beides sich bei einem R. C. nicht denken lässt. Dies müssen die

Nach der Eidesleistung trat der zum Jünger der „Gold- und Rosenkreuzer alten Systems“ Aufgenommene an den Meister heran, der ihn mit dem Zeichen, dem Griff und dem Wort des Grades bekannt machte. Das Zeichen bestand darin, dass die Arme kreuzweis über die Brust gelegt wurden. Der Griff wurde in der Art ausgeführt, dass beim Handreichen die Daumen sich gegen einander kehrten. Das Wort*) lautete anfangs Aesch, später Dalet.

Brüder ZDirektoren allen neu aufgenommenen Brn sorgfältig erklären und sie zugleich verwarnen, dass, da den höchsten O. O. in der Natur Nichts verborgen sei, also auch ihnen, sobald sie es wissen wollten, nicht unbekannt bleiben könne, ob ein Br. ein Geheimnis besässe und damit rückhaltig wäre. Auf eben diese Weise muss das Gewissen derer beruhiget werden, die etwa von Jemandem ein Geheimnis unter dem Siegel der Verschwiegenheit, eines Eidschwurs, oder gar Fluches erhalten haben. Einem solchen ist vorzustellen: a. dass die im ZReglement vorgeschriebene Anzeige zur Erfüllung des sechsten Eidespunktes ihn dergestalt sichere, dass dies Geheimnis in Niemandes Wissenschaft im O. komme, als blos zur Kenntnis des hohen präsidirenden Magi; b. dass dieser aber nicht nur das Geheimnis schon kenne, sondern, wenn er wolle, zugleich bereits wisse, dass der anzeigende Br. es im Besitz habe, und er also Nichts entdecke, als was schon entdeckt sei; c. dass, da ein jeder Br. dem O. ganz zu eigen lebe, er gleichsam mit dem O. eine Persón vorstelle und also sein Geheimnis nur sich selbst sage. Unter dem Titel eines Geheimnisses, so in das Fach des O. einschlägt, so gehört dahin noch: 1) Alles, was auf eine nahe oder entfernte Weise Bezug auf den O. hat oder ihm nützlich oder schädlich werden kann. 2) Alle und jede gegen den O. verübten Verrätereien eines Brs., sie bestehen, worin sie wollen, oder geschehen auf eine Art, wie sie wollen. 3) Alle kleinen Plaudereien der Brbr. unter einander, welche kein Br. vor dem andern verschweigen, sondern sogleich seinen unmittelbaren Obern anzeigen muss. 4. Alle unerlaubten Handlungen und jede gesetzwidrige Aufführung eines Brs., die ebenfalls heimlich oder öffentlich den Obern hinterbracht werden müssen.“

*) Das Wort des zweiten Grades war: Maim, des dritten: Wetharetz — also vielleicht die hebräischen Anfangsworte der

Nachdem der Kandidat als Einweihungsgebühr drei Louisd'or entrichtet, erhielt er Signum*) und Wappen, die Chiffre zur geheimen Korrespondenz und den Schlüssel dazu ausgehändigt. Das Signum bestand in einem goldenen, mit Hieroglyphen versehenen Ring. Das Wappen, sauber gemalt, enthielt seine Ordensnamen, die von den höchsten Ordensoberen mittels der Kabbala für ihn „geschöpft" waren.

Im Anschluss hieran wurde dem „wirklichen Bruder" die „Tabula mystica expliciret und mit den experimentalischen Gleichungen der Anfang gemacht." Der vierfache Kreis sei das Bild der Ewigkeit und diene dem Bruder „vermittels der sieben Eidespunkte zur Erinnerung an den ewigen Bund, den er heute mit Gott und seinen Brüdern gemacht habe." Von den vier Farben bedeute „die schwarze die Fäulung, die weisse die Reinigung, die gelbe die Erhöhung, die rote die Vollendung des grössten Naturgeheimnisses." Das Verbinden der Augen zeige an, dass er mit sehenden Augen blind gewesen. Die rote Schnur sei ein „Zeichen der Liebe und Freundschaft, freilich auch der über ihn herrschenden Gewalt der oberen Brüder und seines den geheiligten Kreisen schuldigen Gehorsams." Das blanke Schwert bedeute „das feurige Strafgericht, wie auch die Absonderung des Guten vom Bösen und endlich den Bann", dem der Verräter verfalle. Der Stab des Meisters verkörpere „Magiam sacram et naturalem"

Bibel — der übrigen: „Gihon, Pison, Phrat, Hitakel, Zebaoth, Jehovah."

*) Die Signa der übrigen Grade waren: „ein Globus terrae von Kristall", ein „Kreuz von Silber emaillirt", ein „Kreuz von Silber mit schwarzer Kante", ein „Kreuz von Gold emaillirt", ein „Kreuz mit den vier Hauptfarben", ein „blaues Kreuz mit Diamanten", „Urim, Thumim et Schemhamphoras (Schild Aarons), hochglänzend und feuerfarb." —

oder die „heilige und natürliche Zauberei, Recht und Ordnung und endlich den Anfang und das Ende aller Dinge.“

Im Anschluss hieran verlas der Br. Actuarius die Ordensgesetze, in deren fünftem Paragraphen den „wertgeschätzten Brüdern“ verboten wurde, in den Direktor „mit spitzfindigen Fragen zu dringen, oder aus eingebildeter grosser Gelehrsamkeit ihn für unfähig zu halten.“ Dann schloss der Direktor mit einer kurzen Danksagung für den erwiesenen „Diensteifer und Gehorsam“ und mit der Mahnung, „alle Geheimnisse“ so gut als mögich zu verwahren, den Zirkel. Teppich, Tische u. s. w. wurden schnell beseitigt, die Thür geöffnet und das Mahl gerüstet. Es wurde durch salbungsvolle Redensarten des Direktors und der Brüder und durch eine Art stiller Andacht, „Meditation“, eingeleitet und ebenso geschlossen. Die Unterhaltung bei Tische erstreckte sich auf theosophische und rosenkreuzerische Gegenstände.

Die Einführung in die übrigen Stufen vollzog sich in ähnlicher Weise. Bei der Eidesleistung im zweiten Grade setzte der Kandidat den rechten Fuss auf die „Weltkugel“, während er die Schwurfinger auf das Evangelium St. Johannis legte.

Die Fraternität wies neun Grade auf, zu denen später noch der Salomonische als zehnter hinzukam. Den ersten nahmen die Lehrlinge (Juniores) ein. Als Anfänger in den Wissenschaften erhielten sie Aufschluss über die vier Elemente und die alchemistischen Zeichen. Die Mitglieder des zweiten hiessen „Theoretici“. Sie wurden mit der Theorie der Alchemie und deren Charakteren vertraut gemacht. Sie erfuhren, dass „die Natur ein unsichtbarer Geist sei, welcher doch sichtbarlich in den Körpern wirke und seinen Sitz in dem göttlichen Willen habe“. Die Erforscher der Natur, also die Theoretici, müssten „gottesfürchtig, einfältig und geduldig sein“. Dann wurde ihnen die Lehre vom Dasein und Entstehen aller Dinge vorgetragen, „von den Wasser-, Erd-, Luft- und astralischen Feuergeistern“, von den Krankheiten des Menschen u. s. w. Das Chaos, „ein vermengter Klumpen“, aus Feuer und Wasser bestehend, sei ein Ei, „aus dem die englische, himmlische und elementarische Welt hervorgehe. In der englischen ruhe der Geist Gottes“. Schliesslich wurden sie mit dem Charakter der Metalle vertraut gemacht. Im dritten Grade sollten die Brüder „Practici“ sein, aus der Praxis den ersten Nutzen zu schöpfen. Sie erhielten Anleitung zur Bereitung „des mineralischen, vegetabilischen, des animalischen Radikal-Menstrui, des Universal-Menstrui“ u. s. w. und mussten „fleissig Regenwasser sammeln und es faulen lassen, um Krebse darin zu erzeugen“. Im vierten Grade wurde ein Bruder zum „Philosophus“, kannte er die Natur und tingierte er auf weiss (Silber). Auch wurde ihm die Zahl 4 nach kabbalistischem Vorbild erklärt.*) Die in den fünften Grad Aufgenommenen (Minores) kannten „die philosophische Sonne“ und verrichteten Wunderkuren. Auch wurde hier die Auflösung des Goldes gelehrt. In der sechsten Stufe wurden die Mitglieder Majores, hatten den „Lapidem mineralem“

*) „Diese geheimnisvolle Zahl bedeutete vorzüglich a. jene vier Flüsse, so aus dem Paradiese um die ganze Welt aus- und in alle natürlichen Dinge zu ihrer Erhaltung und Zerstörung wirksam einfliessen, und aber deswegen auch b. die vier wirkenden Eigenschaften der Elemente im physikalischen Verstande, sowie auch vorzüglich c. die vier Evangelisten des neuen Gnadenbundes darunter verstanden werden: dass daher auch diese vierfache Bedeutung durch vier hebräische Daleth-T ausgedrückt wird, welche mit ihren Winkeln gegen einander zusammengesetzt unser ╬ formieren und addirt 16 machen, folglich dass 1 und 6 die Zahl der Weisheit, 7, erzeugen, die wiederum die 3 und 4 in sich unterscheidlich enthält.“

und tingierten auf Rot (Gold). Wer in den siebenten Grad gelangte, wurde „Adeptus exemptus“. Als solcher wurde er bekannt mit dem Stein der Weisen, der Kabbala und der Magia naturalis. Im achten Grad erlangte man die Würde eines Magisters und war im vollkommenen Besitz der drei Hauptwissenschaften. Ausserdem erhielt man hier eine Anweisung, aus gekochten Eiern Hühner zu brüten. Wer aber den höchsten Grad*) erreichte, war Magus. Ihm war nichts verborgen; er war Meister über alles, wie Moses, Aaron,

*) Ein widerliches Gemisch von wüstem Aberglauben, plumpem Schwindel und frechster Anmassung weist die geheime Konstitution des letzten Grades auf. Es heisst hier: „Unsere Magi treiben keine gemeine Magie. Unsere Magie ist nicht die natürliche, denn diese verstehen bei uns alle Philosophen (4 Gr.). Sie ist keine Schwarzkunst, denn diese ist ein Werk des Teufels, und kein Teufel kann den Anblick unserer Magier ertragen. Sie ist nicht die s. g. weisse Magie, deren Wirkung durch Hülfe der sogenannten guten Geister geschieht, die noch viel zu unrein sind, um sich vor Gott zu zeigen; sondern unsere Magie ist die wahre göttliche Magie, kraft welcher wir, wie Moses und Elias, uns persönlich mit Gott unterreden, oder unsere wechselweise Botschaften durch die im Feuer Gottes gereinigten und wohnenden Geister schicken. Wir besitzen die zwei Hauptwissenschaften des Jehovah: d. i. die Gebährung und Zerstörung aller natürlichen Dinge. Wir können wie Moses Wasser in Blut verwandeln; wir können wie Josua ganze Städte durch den Schall der Instrumente in Schutt verwandeln. Wir können der Sonne, dem Monde und den Sternen und den Winden gebieten, wir können wie die Propheten die Toten erwecken, wir können die Sterne verwandeln und an verschiedene Orte setzen.“

„Wenn die (in der Tabelle angegebene) kabbalistische Hauptzahl erfüllt sein wird, so wird der Grösste der Kleinste und der Herr der Diener seines Dieners und der Knecht seines Knechtes sein und wir werden herrschen, wie Moses und Josua über die Hebräer geherrscht haben, denn die Sünden der Profanen werden vor den Augen des Jehovah die Wagschaale überwerfen, und ihr Maass wird voll sein, ein Hirt und ein Schafstall, ein Herr und ein Knecht, und die Weisen werden gehen auf Rosen aus Eden.“

Hermes und Hiram Abif. Die Zahl der in die verschiedenen Grade Aufzunehmenden war beschränkt. Mehr als neun Mitglieder durften die niederen nicht aufweisen. Dann sollten sie allmählig bis auf eines im neunten Grade herabgehen.

Die Brüderschaft selbst war in Zirkel (Logen) geteilt. Der Vorsteher eines solchen, der aus mindestens 5, höchstens 9 Mitgliedern bestehen konnte, hiess Zirkel-Direktor. Neben ihm waren als Beamte thätig der Senior, der Justitiarius, der Actuarius und der „Cassier". Der einführende Bruder wurde Introductor genannt. Ausser den Mitgliedern ihres Zirkels kannten die Brüder keine andern Teilnehmer der Verbindung. So kam es, dass in manchen Städten zwei und mehr Zirkel bestanden, ohne dass der eine von ihnen von dem Dasein des andern Kenntnis hatte.

Die Zirkel unterstanden der Hauptdirektion, der die Protokolle und Berichte eingereicht werden mussten. Dem Zirkel-Direktor war nur der zweite Hauptdirektor hinsichtlich seines weltlichen Namens und seines Aufenthaltes bekannt. Von den beiden andern erfuhr er lediglich den Ordensnamen.

Die Hauptdirektoren standen unter den Oberdirektoren oder dem Triumvirate, jeder Grad unter eigenen Oberen. In ihrer Gesamtheit bildeten diese das Generalat. Der ganze vielgliedrige Körper wurde von den Magiern, die vorgeblich in allen Weltteilen lebten, regiert. Das Oberhaupt der Magier aber war der Magus majorum, der regierende Obere.

Die verschiedenen Grade hatten zu bestimmten Zeiten Konventionen: Der erste am 20. Tage des dritten, sechsten, neunten und zwölften Monats, der oberste alle zehn Jahre, wo neue Aufklärungen und Mitteilungen erfolgen sollten. Ausserdem waren für Revision des ganzen Bundes Haupt- und Reformations-

Konventionen angesetzt. Die letzte dieser Art soll angeblich i. J. 1767 stattgefunden haben. Gegenstand der Quartals-Versammlungen waren Andachts-Uebungen, Verlesen der Zirkel-Gesetze, Beratungen über Geldangelegenheiten, Erledigung von Kassengeschäften, und langatmige, süssliche Reden des Vorsitzenden, in denen er u. a. die Lektüre der Brüder behandelte.

Scheinbar beschäftigten sich die RK. mit einer kabbalistischen Auslegung der Bibel und anderer angeblich heiliger oder geheimer Bücher, mit unsinniger Deutung der Naturereignisse u. s. w. Ihr vornehmster Zweck war jedoch die Pflege der Alchemie, und ihr einziges Ziel, mit deren Hilfe die FMLogen sich unterthänig zu machen und endlich zu Macht und Ansehen, zur Herrschaft über die Geister, über die Welt zu gelangen. Vorgespiegelt wurde den Suchenden, dass den höheren Graden des Ordens das Geheimnis aller Geheimnisse: die Darstellung des Steins der Weisen bekannt sei und dass es den bis in diese Grade vordringenden Brüdern mitgeteilt werde. Um sie dem erhabenen Ziele nahe zu bringen, um sie würdig für den grossen Augenblick vorzubereiten, da sie der selbständigen Kenntnis der Metallveredelungskunst teilhaftig würden, waren sie in den unteren Stufen gehalten, sich des Studiums theosophischer, chemischer und alchemistischer Bücher zu befleissigen. Unter jenen standen die Schriften Jakob Böhmes (I. S. 500 f.) an erster Stelle. Unter diesen finden wir als besonders wichtige die Aurea catena Homeri, die 1781 unter dem Titel Annulus Platonis herausgegeben wurde, den „Compass der Weisen“ und ähnliche Machwerke mystischen, magisch-thaumaturgischen Inhalts.

In den höheren Graden sollte die Alchemie praktisch betrieben werden. In der That versuchte man sich in Berlin, dem Sitze der Ordensleitung, an der

Darstellung des Weisensteins. Im Palaste des Herzogs Friedrich von Braunschweig war ein Laboratorium eingerichtet. Als hier die Mitglieder des neunten Grades nach Anweisung der weisen Väter sich zur Ausführung des entscheidenden Prozesses anschickten, wies der anwesende Chemiker Klaproth auf die Gefährlichkeit des Experimentes hin, bei dessen Durchführung das ganze Gebäude unfehlbar in die Luft gesprengt werden würde. Die Warnung bewirkte wenigstens so viel, dass der Herzog die tollen Nekromanten zum Tempel hinausjagte und ihre Hexenküche abbrechen liess. —

III. Die Illuminaten.

1. Ihre äussere Geschichte.*)

Aus der unabsehbaren Menge der geheimen Ordensbündnisse und Verbrüderungen, die im 18. Jahrhundert namentlich auf deutschem Boden entstanden, um unter

*) Mit einer neuen, umfassenden Darstellung der Geschichte des Itums auf Grund eingehender archivalischer Forschungen ist der Custos des heutigen I.-Ordens, Herr Leopold Engel in Dresden, beschäftigt. Vielversprechende Anfänge sind bereits 1902 im „Wort", dem früheren Organ des I.-O., veröffentlicht. In liebenswürdiger Weise hat Herr Engel mir einen Teil seines wertvollen, mit grosser Umsicht gesammelten Materials zur Verfügung gestellt und mich dadurch zu dauerndem Danke verpflichtet. — Vergl. Vollst. Gesch. der Verfolgung der I. in Bayern. 2 Bde. Frankfurt und Leipzig; 1786. — Weishaupt: Apologie der I. Frankfurt u. Leipzig; 1786. — Ders.: Kurze Rechtfertigung meiner Absichten. Zur Beleuchtung der neuesten Originalschriften. Frankfurt u. Leipzig; 1787. — Philos (d. i. Knigge): endliche Erklärung und Antwort auf verschiedene Antworten und Fragen, die an ihn ergangen, seine Verbindung mit dem O. der I. betr. Hannover; 1788. — A. Weishaupt: Pythagoras oder Betrachtungen über die geheime Welt- u. Regierungskunst. Frankfurt u. Leipzig; 1790. — Ders.:

den mehr oder weniger herz- und phantasieansprechenden Formen eines neuen religiösen Kultus die neuen freien Gedanken einer über die kirchlichen Glaubenssätze hinausschreitenden Philosophie zu verbreiten, hat keine ein so grosses Aufsehen erregt, keine eine so reiche Litteratur hervorgerufen als der von Adam Weishaupt*) gestiftete Orden der Illuminaten. In Liebe und

---

Die neuesten Arbeiten des Spartacus u. Philo in dem I.-O. 1794. — Ders.: Das verbesserte System der I. mit allen seinen Graden und Einrichtungen. 3. Aufl. Leipzig; 1818. — Cl. Th. Perthes: Politische Zustände u. Personen in Deutschland zur Zeit der französ. Herrschaft. Gotha; 1862. — F. C. Schlosser: Gesch. des 18 Jahrh. VI. Bd. Berlin; 1879. — H. Hettner: Gesch. der deutsch. Litteratur. III. 2. Braunschweig; 1893. — A. Kluckhohn: Die I. u. die Aufklärung in Bayern unter den Kurf. Maximilian Joseph. (In: Vorträge u. Aufsätze.) München u. Leipzig; 1894. — J. Hartmann: Professor Adam W. zu Ingolstadt u. sein Illuminatismus. (Altbayr. Monatsschrift. 1900. S. 81 ff.) — Handbuch der FM. Art. Illuminaten. — L. Abafi: a. O. III. S. 116 ff.

*) W. wurde am 6. Februar 1748 zu Ingolstadt geboren. Sein Vater war Professor der Jurisprudenz an der dortigen Universität. Seine Bildung erhielt der junge W. auf dem Jesuiten-Gymnasium seiner Vaterstadt. Kaum 15 Jahre alt, verliess er es, um sich dem Studium der Philosophie, der Geschichte und Staatswissenschaften, vornehmlich aber dem der Rechte zu widmen. Talentvoll, von heissem Wissensdurst erfüllt und beseelt von brennendem Ehrgeiz, versenkte er sich in die französische Aufklärungsphilosophie. Sie und der Druck dumpfer Erziehung schufen aus ihm einen geharnischten Gegner des Jesuitenordens, zumal von der Zeit an, da er persönlich unter den Ränken seiner Anhänger zu leiden hatte. Weniger ist ihm zum Bewusstsein gekommen, dass er nicht ohne Gefahr mit der jesuitischen Moral solange vertraut gewesen war. 1772 wurde W. ausserordentlicher und 1775 ordentlicher Professor des Natur- und Kirchenrechts an der Ingolstädter Universität. Diese Professur war seit 90 Jahren von Jesuiten verwaltet worden. Kein Wunder, dass er deren Neid erregte, dass sie gegen ihn mit den ehrlosen Waffen der Lüge und Verleumdung intriguierten und hetzten, um so mehr, als er

in Hass hat die Welt sich mit ihm beschäftigt und vielfach die abenteuerlichsten Beschuldigungen gegen die Verbindung erhoben, während ihr in gleichzeitigen und späteren Schriften eine ungeheuerliche Wirkung zugeschrieben wurde. U. A. sollte sie die französische Revolution hervorgerufen haben.

Um Weishaupts Unternehmen richtig zu würdigen, um zu begreifen, warum dieser junge unerfahrene Mann auf den Gedanken kam, die Rolle eines Loyola der deutschen Aufklärung zu spielen, muss man sich die Zustände des damaligen Kurfürstentums Bayern vergegenwärtigen. Seit Jahrhunderten hatte hier die römische Kirche den geistigen Aufschwung des kraftvollen deutschen Volksstammes niedergehalten. Sittlich verwahrlost, in Unwissenheit und Aberglauben, in Wundersucht und Verfolgungsgeist lebten die rohen Gemüter dahin. Da schränkte der Kurfürst Max Joseph, ein

---

grossen Zulauf hatte und seine Hörer auch durch Vorlesungen über Moralphilosophie im Sinne der deutschen Aufklärung zu fesseln wusste. 1777 trat W. einer Loge der strikten Observanz — Karl Theodor Zum guten Rat — in München bei. Nachdem er alle Grade erhalten hatte, fühlte er sich enttäuscht. Nach seiner Flucht aus Bayern fand W. in Gotha ein Asyl bei dem Herzog Ernst II. Der aufgeklärte Fürst, der selbst dem I.-Orden angehörte, ernannte den Heimatlosen zum Hofrat und setzte ihm ein kleines Jahrgehalt aus. In Gotha entfaltete der geistvolle Gelehrte eine reiche litterarische Thätigkeit. Seine Schriften dienten nicht nur der Verteidigung des Illuminatismus, sondern richteten sich auch gegen Kant, dessen Metaphysik er hartnäckig im Sinne der Popular-Philosophie bekämpfte. 82 Jahre alt, starb der menschenfreundliche, von den besten Absichten beseelte Mann, von einer zahlreichen Gemeinde treuer Freunde aufrichtig betrauert, am 18. November 1830. Seine Söhne Karl und Alfred traten in bayerische Dienste und brachten es hier zu hohen Ehrenstellen. Jener verschied 1853 als General in München, dieser segnete 1872 als Oberberg- und Salinenrat das Zeitliche. — Vergl. Allgem. Deutsche Biographie. Bd. 41. S. 539 ff.

humaner, aufgeklärter Fürst, in ernster Sorge für die Wohlfahrt seines Volkes, die Uebermacht des Klerus ein und wies das entartete Mönchtum in seine Schranken zurück. Das von den Jesuiten untergrabene Volksschulwesen wurde verbessert, neue Schulen gegründet, der Gymnasialunterricht reformiert. Die 1759 in München errichtete Akademie der Wissenschaften erweckte die schlummernden Geister, brachte Licht und Leben in die dumpfe geistige Atmosphäre und gab heilsame Anregungen nach allen Seiten hin. Aber bald machte sich der Mangel an geeigneten Lehrkräften geltend, so dass man wieder zu den Mitgliedern des aufgelösten Jesuitenordens zurückgreifen musste. Es fehlte auch an einsichtigen, pflichttreuen Verwaltungsbeamten, um die Durchführung der Schulreform, „dem Widerstand des bildungsfeindlichen Klerus und der trägen, vorurteilsvollen Masse des Volkes zum Trotz, zu erzwingen.“ Es gebrach schliesslich den leitenden Männern vielfach an ernster Ausdauer und der notwendigen Eintracht im Handeln. Politische Einsicht ist niemals die starke Seite des deutschen Mannes gewesen, und der Gedanke, dass der einzelne sich willig unterzuordnen, freudig Opfer zu bringen, selbstlos seine ganze Persönlichkeit einzusetzen habe, sobald es sich um das Gemeinwohl handelt, um den unter tausend Mühen, Gefahren und Leiden geschaffenen Staat, dieser Gedanke hat nur vorübergehend in den grössten Stunden der vaterländischen Geschichte seine heilsame Kraft bewährt. Auch in Bayern hinderten damals persönliche Neigungen und Meinungen, heimliche Einflüsterungen und offene Streitigkeiten ein gemeinsames und nachhaltiges Wirken. Um dem neuen Geist gegen Dummheit und Trägheit zum Siege zu verhelfen, bedurfte es eines Fürsten, der festen Sinn und klaren staatsmännischen Blick mit rücksichtsloser Thatkraft in sich vereinigte. Der wackere Max

Joseph aber war kein Mann des raschen Entschlusses, noch weniger der kühnen That. Und als mit seinem Tode (1779) die ältere Wittelsbach'sche Linie ausstarb und Bayern an den Kurfürsten Karl Theodor von der Pfalz fiel, mussten alle Patrioten auf das Schlimmste gefasst sein. Ein Fürst von mässigen Gaben, äusserem Glanz und Prunk zugethan, umgeben von einem trägen sittenlosen Adel, ist Karl Theodor allzeit ein gefügiges Werkzeug in der Hand ränkevoller Weiber und Finsterlinge gewesen. Dominikaner, Franziskaner und Exjesuiten stritten sich in edlem Wettbewerb um die Einführung der Inquisition.

Diese unheilvollen Zustände warfen ihre Schatten bald auch dahin, wo die Männer der Wissenschaft die geistigen Güter hüteten, für Wahrheit und Aufklärung lebten und stritten. Schon 1777 war Weishaupt infolge jesuitischer Ränke nahe daran, sein Amt zu verlieren. Von Feinden und Verfolgern überall umringt, verleumdet und in seiner Ehre schwer gekränkt, sah sich der Bedauernswerte nach Rettung und Hilfe um.

„Eine heimliche, aber um so festere Verbrüderung gleichgesinnter Vorkämpfer der Aufklärung, eine antijesuitische und doch nach demselben Vorbild geschulte und gegliederte Genossenschaft, schien ihm das geeignete Mittel hierzu.“ Als ehemaliger Jesuiten-Zögling hatte er den Geist des mächtigen Ordens, seine Erziehungsgrundsätze und Verfassung, aber auch seine unheimliche Macht von Grund aus kennen gelernt.*)

---

*) Als die Aufgabe der Verbindung, die ihm vorgeschwebt, bezeichnet W. in seinem „Pythagoras“ .... „selbstdenkende Menschen aus allen Weltteilen, von allen Ständen und Religionen, unbeschadet ihrer Denkfreiheit, trotz aller so verschiedenen Meinungen und Leidenschaften, durch ein gegebenes höheres Interesse in ein einziges Band dauerhaft zu vereinigen, sie dafür glühend auf den Grad empfänglich zu machen, dass sie in der

Ursprünglich gedachte er durch engen Anschluss an die, damals die Welt beschäftigende, FM. für sein Unternehmen einen festen Rückhalt zu schaffen. Von einem Reisenden, der eine zeitlang in Ingolstadt verweilte, erhielt er erwünschte Aufklärung über den Menschheitsbund und seine Einrichtungen. Von Begeisterung ergriffen, warf sich der Idealist alsbald auf das Studium fm. Schriften, soweit er ihrer habhaft werden konnte. Seine Aufnahme in eine Loge, um die er dann nachgesucht, verzögerte sich bis zum Jahr 1777. Teils schreckten ihn die hohen Receptionsgebühren ab, teils enttäuschten bitter sein hoffnungsreiches Gemüt die damals hochgehenden Wogen der m. Verirrungen. Da reifte in ihm der Entschluss *)

---

grössten Entfernung als gegenwärtig, in der Unterordnung als Gleiche, dass viele wie ein Einziger handeln und begehren und aus eigenem Antrieb, aus wahrer Ueberzeugung von selbst thun, was kein öffentlicher Zwang, seit Welt und Menschen sind, bewirken konnte; eine solche Gesellschaft ist das Meisterstück der menschlichen Vernunft, in ihr und durch sie hat die Regierungskunst ihre höchste Vollkommenheit erreicht.“ —

*) Ueber die Entstehung des I.-O. hat W. in seinem, von Rousseau'schem Geist durchwehten, gedankenreichen, noch heute lesenswerten „Pythagoras“ S. 660ff. ausführliche und dankenswerte Auskunft gegeben. Es heisst hier: „Wie wäre es, dachte ich bei mir selbst, wenn Du selbst Hände an ein neues Werk legen wolltest? Es war mir freilich ein übereilter, tollkühner, wo nicht rasender Gedanke, ohne Ruf und Ansehen, ohne Welt- und Menschenkenntnis, ohne auswärtige Connexionen und Bekanntschaften, ohne Unterstützung, ohne hinlängliche Erfahrung an einem solchen Orte, wie Ingolstadt war, blos mit studierenden Inländern, den Grund zu einer solchen Verbindung durch mich ganz allein zu legen. Dazu gehörte viel Vertrauen auf sich selbst, ein hohes Gefühl seiner Kraft, ein Mut, welcher sich über alle Schwierigkeiten hinwegsetzt oder, was bei mir der Fall war, ein hoher Grad von Unerfahrenheit und Blindheit, welche wenig oder gar keine Schwierigkeiten vorhersieht. Zwei Umstände aber gaben

zur Gründung eines eigenen Bundes. Sogleich machte er sich an die Arbeit und entwarf die allgemeinen

---

vollends den Ausschlag. Zu eben dieser Zeit hatte ein Offizier, Namens Ecker, in Burghausen eine Loge errichtet, welche auf Alchemie ging und sich gewaltig zu verbreiten anfing. Ein Mitglied dieser Loge kam nach Ingolstadt, um dort zu werben und die Fähigsten unter den Studierenden auszuheben. Seine Auswahl fiel zum Unglück gerade auf Diejenigen, auf welche auch ich mein Auge geworfen hatte. Der Gedanke, so hoffnungsvolle Jünglinge auf diese Art verloren zu haben, sie auch überdies mit der verderblichsten Seuche, mit dem Hang zur Goldmacherei und ähnlichen Thorheiten angesteckt zu sehen, war für mich quälend und unerträglich. Ich ging darüber mit einem jungen Mann, auf welchen ich das meiste Vertrauen gesetzt hatte, zu Rate. Dieser ermunterte mich, meinen Einfluss auf die Studierenden zu benutzen und diesem Unwesen durch ein wirksames Gegenmittel, durch Errichtung einer eigenen Gesellschaft, so viel als möglich zu steuern. Da kam die letzte Impulsion, durch welche mein Vorhaben zur That wurde. Unter den vielen Büchern, welche ich lesen musste, um meinem Lehrstuhl der praktischen Philosophie gehörig vorzustehen, fiel ich auch auf Abbts vortreffliche Schrift vom Verdienst. Nicht leicht hat ein Buch so sehr auf meinen Charakter und Willen gewirkt. Bei Durchlesung dieser Schrift stiess ich auf eine Stelle, welche eine Seele, in welcher so wie in der meinigen so viele brennbare Materialien lagen, in volle Flammen setzen muss. Diese Stelle ist folgende: „„Vieler, sehr vieler Menschen zeitliche und ewige Wohlfahrt befördern, ihr Leben und Wandel so einzurichten, dass sie immer glückseliger und immer vollkommener werden, die Veranstaltung treffen, dass ihnen dergleichen Regeln ebenso geläufig als beliebt seien, solche Lagen aussinnen, durch welche sie sich Alle ungeachtet aller Widerspenstigkeit zu einem gemeinschaftlichen Guten müssen hinführen lassen, sich an die Arbeit machen, wenn noch Niemand sie nur als möglich ansieht, jahrelang arbeiten, manchmal ohne Furcht, sich trösten, aufrichten, selbst anspornen müssen, keine Widerwärtigkeiten, keine Gefahr achten, keine innere Abneigung oder Laulichkeit überhandnehmen lassen; und dies Alles blos darum, weil es zu Nutzen und Frommen der herzlich geliebten Nebenmenschen gehört, ihrer, die nach einerlei Bild mit uns ge-

Statuten, denen er, ehe er auf die Bezeichnung „Illuminaten“ fiel, den Namen „Statuten der Perfektibilisten“ gab.

Am 1. Mai 1776 wurden die ersten Mitglieder aufgenommen.*) Ein neues, aussichtsreiches Unternehmen war ins Leben getreten. „Die Glückseligkeit, das höchste Ziel der herrschenden Sittenlehre, sollte That und Wahrheit werden, und als die einzige Quelle aller wahren Glückseligkeit wurde die Vermehrung der Sittlichkeit, der inneren Vollkommenheit des Menschen betrachtet.“

Die Anfänge der Gesellschaft waren herzlich unbedeutend. Sie war damals „nicht viel mehr als eine phantastisch zugestutzte Fortbildungsschule für katholische Jünglinge, die sich vom Druck der Jesuitenerziehung erlösen und sich an eine freiere Richtung und an selbständiges Denken gewöhnen sollten“. Weishaupt stellte sich als Ordensgeneral an die Spitze, nicht auschliesslich aus Herrschsucht, wie man ihm vorgeworfen, sondern weil er von der Ueberzeugung durch-

---

schaffen sind; o, wo ist der Mensch, der das thut? Wenn er nicht mehr ist, wo ist seine Bildsäule, wo ist sein marmornes Bruchstück? Sagt mir's, dass ich hingehe, den kalten Stein in die Arme schliesse und des Urbildes eingedenk mit heissen Thränen der Dankbarkeit das Bild benetze.““ Nun frage ich, ist diese Stelle, welche ich in der Folge, so oft mir der Mut sinken wollte, noch oft las, nicht erhaben, und fähig Begeisterung zu wecken?“

*) Der Raum, in welchem die Illuminaten in Ingolstadt ihre Zusammenkünfte abhielten, hat dem Zahn der Zeit getrotzt und sich bis auf den heutigen Tag erhalten. Noch heute heisst er der „Illuminatensaal“. Die Decke ist mit einem Gemälde „in stuckiertem Rahmen“ und allegorischen Bildern im Barockstil geschmückt, Scenen und Figuren aus der antiken Mythologie darstellend, die möglicherweise zu dem damaligen Gebrauchtum in irgend einer Beziehung gestanden haben. Die Erneuerung des Saales hat der Io. bereits in die Wege geleitet.

drungen war, dass das monarchische Regiment für das Gedeihen seiner weitaussehenden Pläne unbedingt erforderlich sei. Er durfte sich sagen, dass Männer, wie Ignatius, Franziscus, Dominicus, seine Vorbilder, niemals ihre Aufgabe gelöst haben würden, hätten sie ihre Gewalt mit andern teilen müssen.

Die ersten Vertrauten und Gehilfen des Meisters waren ältere Studenten: Massenhausen, Merz, vor allem aber der nachmalige pfalzbayerische Regierungsrat v. Zwack*) und der Marquis v. Costanzo. Sein vertrautes Verhältnis zu den Studenten, von denen etliche in seinem Hause wohnten und an seinem Tische assen, bot die Möglichkeit, noch weitere Jünger zu gewinnen. Bald gingen seine Sendboten nach München und Freising, während W. selbst im nahen Eichstädt Kandidaten warb. Jenen trug er auf, Vornehme, Gelehrte, Mächtige, Reiche aufzusuchen, junge Leute von einnehmendem Wesen, intriguant und geschickt.

Allein entgegen seiner Absicht wurden unfähige und unwürdige Menschen aufgenommen, die vom Orden teils eigennützige, teils übertriebene Erwartungen hegten, nach W.'s eigenen häufigen Klagen der Verbindung zur Unehre gereichten und die wenigen rechtschaffenen

*) Auch Zwack, der 1778 FM. geworden war, soll den Vorschlag gemacht haben, „den Orden mit der FM. in einen gewissen Zusammenhang zu setzen". W. war damit einverstanden, dass alle Areopagiten (Abteilungsvorsteher) von Z. die drei ersten Grade der Maurerei erhielten. In München und Eichstädt zu errichtende FMlogen sollten die Pflanzschule des Ordens sein. Die Mitglieder dieser Logen sollten nach Z.'s Plan „jedoch gar nicht wissen, dass noch etwas Anderes oder Höheres da sei, und alle des Illuminatismus Unfähige sollten nicht weiter befördert werden". Aus dem darüber gepflogenen Briefwechsel erhellt, dass W. mit dem Wesen der FM. noch wenig vertraut war. Vergl. Graf Du Moulin Eckart: Aus den Papieren eines I. (Forsch. zur Kultur- u. Litteraturgesch. Bayerns. III. S. 186 ff. Ansbach u. Leipzig; 1895). —

Mitglieder in ihrer Wirksamkeit hemmten. Infolgedessen hielt sich die Mitgliederzahl trotz aller Werbekünste in mässigen Grenzen. Die Jünger des Ordens waren grösstenteils junge Männer, die für die Zwecke der Gesellschaft erst herangebildet werden sollten. Und die also Gebildeten sollten als die Erzieher des folgenden Geschlechts an die Spitze des Werks gestellt werden. In edler Selbstverleugnung erwartete Weishaupt für sich und die Gegenwart nichts, verzichtete er darauf, die Früchte seiner Lebensarbeit persönlich zu schauen. „Wer aber Gelegenheit hatte, tiefer in das innere Triebwerk zu blicken, die laxe Moral des Stifters und seiner Gehilfen kennen zu lernen und sie bei ihrer Ordensthätigkeit und bei ihrem vertraulichen Verkehr zu belauschen, der konnte vollends nicht zweifeln, dass der phantastische Bau, den so verwegene Hände aufzuführen unternahmen," auf die Dauer keinen Bestand haben würde. Weishaupt's Phantasie zumal verlor sich in Träumen von „Feuerdienst, Feuerorden, Feuertempeln". Bei dem fortwährenden Hader zwischen dem despotischen Führer und den leichtfertigen, unbotmässigen Gehilfen schien in der That der Augenblick bereits nahe zu sein, da das merkwürdige Werk wieder zerfallen würde. Aber in der Stunde höchster Gefahr konnte ihm noch rechtzeitig ein neuer Geist eingehaucht und neues frisches Leben zugeführt werden.

Gegen Ende des J. 1779 wurde der Marquis v. Costanzo (Diomedes) nach Frankfurt a. M. abgeordnet, um auch auf norddeutschem, protestantischem, von den FM. mit so ungeheurem Erfolg beackertem Boden Propaganda für die Illuminatenlehre zu machen. In Frankfurt machte Constanzo die Bekanntschaft des jugendlichen Freiherrn v. Knigge*), ein Vorgang, der für die Ent-

*) Adolf Freiherr v. K., geb. 1752 in Bredenbeck bei Hannover, war Reisender, Hofmann, Publizist, Lebenskünstler und journalisti-

wicklung des Ordens von allergrösster Bedeutung werden sollte.

Mit dem ihm eigenen, leicht entzündlichen Feuereifer ging Knigge, der damals ernstlich die Gründung eines verbesserten Mtums erwog, auf die ihm vorgetragenen Ideen ein. Im Iorden, den er für längst bestehend und ausgebildet hielt, glaubte er das ihm vorschwebende Ideal gefunden zu haben, „ein Bündnis der Edelsten, eine heilige Legion unüberwindlicher Streiter für Weisheit und Tugend". Als Bruder Philo ward er der Minervalklasse zugeführt. Überschwengliche Briefe*) Weishaupts an ihn steigerten noch seine Begeisterung.

Knigge begnügte sich nicht mit der Anwerbung der Jugend, sondern er machte vornehmlich Jagd auf die vornehmsten, gelehrtesten, rechtschaffensten Männer. Geschäftsgewandt, wie er war, gelang es ihm bald, eine grosse Zahl zu Minervalen zu befördern und in

---

scher Vielschreiber, je nachdem die Umstände es gerade erforderten. Immer aber blieb er ein abenteuernder armer Schlucker. Unklare Ideen von Volksbeglückung und religiöser Besserung hatten ihm die ehrsüchtige Seele verwirrt. „Voll brennender Grossmannnssucht, halb Schwärmer, halb Schwindler", anschlägig und betriebsam, war er seit 1773 der M. ergeben, in deren Mitte er eine führende Rolle zu spielen gedachte. — Seine ruhelose Feder hat viele Bände gefüllt meist mit Bettelsuppen voll geschwätziger Seichtheit; seine Schilderungen sind aber kulturhistorisch nicht ohne Wert. Denn die gesellschaftlichen Zustände seiner Zeit stellt K. naturgetreu dar, mit Laune und witzigem Spott. Zu einer Art europäischer Berühmtheit machte den vielseitigen Mann sein Buch „Über den Umgang mit Menschen". Es wird erst voll verständlich, wenn man sich des Verf. Zugehörigkeit zum Ibunde erinnert. Knigge starb als Landdrost im Herzogtum Bremen 1796. — Vergl. Allgem. Deutsche Biogr. Bd. 16. S. 288 ff.

*) So verhiess ihm W. gelegentlich „einen neuen Himmel, eine neue Erde; ein Welt und Menschen umfassendes System, noch nicht zu seiner Höhe, aber mit sicheren Schritten dahin eilend".

ihnen die höchsten Erwartungen zu erwecken. Von glühender Begeisterung erfüllt, bemühten sie sich ihrerseits, die besten Freunde für die Sache des Iordens zu gewinnen.

Seine rasche und allgemeine Verbreitung grenzt ans Wunderbare. Und doch ist sie eine unanfechtbare geschichtliche Thatsache. Eine schwärmerische Humanitätssucht, ein ungestümer, wenn auch unklarer Drang nach Freiheit und Weltbürgertum erfüllten Zeit und Menschen, und den meisten Mitgliedern sagte offenbar die greifbare Wirklichkeit der vorgetragenen Lehren zu. Dass diese „der sittlichen Veredlung der Menschennatur, der Läuterung des Volksglaubens, dem neuen Evangelium der eben eroberten Humanitätsidee die segensreichsten und nachhaltigsten Dienste leisteten“, war allzu offenkundlich, als dass man daran hätte zweifeln können. Nicht nur im katholischen Süden, sondern auch im protestantischen Norden, in Dänemark, Schweden und Russland fand der Orden begeisterte Anhänger. Unter den 2000 Mitgliedern des Bundes finden sich Männer aus allen Gesellschaftskreisen, sogar Minister, Bischöfe und Fürsten.*)

Aber bald zeigte sich die Kehrseite des schönen Bildes. Mit Recht forderte Knigge, zum Zwecke weiterer gedeihlicher Wirksamkeit endlich auch in das ganze System eingeweiht zu werden. Auf sein Drängen rückte

---

*) Es überrascht, unter ihnen Namen zu finden, wie den des Herzogs Ernst II. von Gotha, des Herzogs Karl August von Weimar des Herzogs Ferdinand von Braunschweig, des Fürsten von Neuwied, des Coadjutors Dalberg, der Grafen Pappenheim und Seinsheim, der Göttinger Professoren Koppe, Feder und Mertens, Goethes, Herders, Nicolais, Jacobis, Pestalozzis, Johann Georg Schlossers u. a. Auch Bode, der bekannte Schriftsteller und Uebersetzer, zählte zu den I. Einer der einflussreichsten Führer der M., wurde B. unter dem Namen Amelius auch einer der mächtigsten Förderer des Illuminatismus.

Weishaupt endlich mit dem Geständnis heraus, „dass der Orden eigentlich noch gar nicht, sondern nur in seinem Kopfe existiere, dass nur die untere Klasse in einigen katholischen Provinzen errichtet sei, er aber zu den höhern Graden die herrlichsten Materialien in Menge gesammelt habe; dass er ihm als dem einzigen brauchbaren Mitarbeiter, den er bis jetzt gefunden, alle seine Papiere mitteilen wolle, mit denen er das Ganze ausarbeiten, nach seinem Gutdünken umschaffen und umändern sollte.“ Zur näheren Besprechung lud er ihn zu sich ein. „Die Brüder, die ihn sehnlichst erwarteten, seien bereit, ihm die Unkosten der Reise zu erstatten.“

So überraschend diese Entdeckungen auch waren, Knigge waren sie willkommen. Denn nun konnte nach seiner Meinung der Orden einen für protestantische Mitglieder geeigneten Zuschnitt erhalten. Auch sei die Zeit günstig, die ganze FM. unter „unsere Direktion“ zu bringen.

Im November 1781 machte sich Knigge auf den Weg nach München. Auf seiner Reise lernte er zahlreiche Illuminaten kennen, die den liebenswürdigen Mann mit Hochachtung und unter Ausdrücken warmer Verehrung empfingen. Ihre Thätigkeit für den Orden liess indess viel zu wünschen übrig. Die Meisten, ohne Welt- und Menschenkenntnis, huldigten den seltsamsten Anschauungen über die Aufgaben der Aufklärung. Auch führten die Areopagiten heftige Klagen über Weishaupt. Sie beschuldigten ihn des Despotismus und Jesuitismus. Es war klar, Meister und Gesellen verstanden einander nicht. Mittelmässigen Naturen ist das Genie immer unbequem, und halben und kleinen Talenten erscheint als Tyrannei, was in Wahrheit nur der Ausfluss eines starken Willens, eines eigenwilligen Kopfes ist. Knigge erfasste offenbar die Sachlage ganz richtig. Wenigstens fand er damals nicht

Worte genug, den uneigennützigen Eifer Weishaupts zu preisen, seine Gelehrsamkeit, Klugheit und seine unbescholtenen Sitten zu rühmen. So gelang es dem gewandten Vermittler, die Entzweiten zu versöhnen und die notwendige Eintracht im Orden wiederherzustellen.

Die Hauptsache jedoch war, dass Knigge mit den Areopagiten über die künftige Gestaltung der Dinge sich verständigte. Am 1. Dezember 1781 schloss er mit ihnen einen förmlichen Vertrag ab. Darnach sollte er unter Benutzung der Materialien Weishaupts das ganze I.-System bis auf die höheren Grade ausarbeiten, es mit der FM. verknüpfen und schliesslich dahin wirken, dass die I. in deren Logen das Uebergewicht erhielten. Er erhielt Vollmacht, soviel Obere einzusetzen, als ihm erforderlich dünkte. Der Areopag selbst versprach, Vorsicht in allen Beziehungen zum Staate und zur Religion walten zu lassen. Endlich ward, um herrschsüchtigen Gelüsten vorzubeugen, eine Art republikanischer Verfassung vereinbart. Sie bestand darin, dass die fähigsten und besten Minervalen „zum Range von Regenten erhoben, in Lokalobere, Provinzialinspektoren und Nationalobere gegliedert, die ganze Regierung zu besorgen hatten, während die bisherigen Areopagiten ein Oberkollegium bildeten“, dessen Vorsitz Spartacus (Weishaupt) führte.

Knigges geschäftiger Phantasie war eine reizvolle Aufgabe gestellt. Und er löste sie in tiefsinniger, schwärmerisch-theosophischer Weise. Nach Frankfurt zurückgekehrt, machte er sich sofort ans Werk. Während die von Weishaupt geschaffene Pflanzschule, die Klasse des Novizen, des Minervalen und kleinen Illuminaten umfassend, bestehen blieb, arbeitete er das Ritual für die mittleren Grade und die kleinen Mysterien aus. Die höheren mit dem Magier- und Königsgrad kamen nicht zur Ausführung.

Das Ganze behielt den jesuitischen Charakter, despotische Bevormundung und Ueberwachung der Einzelnen, bei. Jene war dem Zeitalter des aufgeklärten Despotismus weniger anstössig als uns. Ja, sie war ihm für die Verbreitung der Aufklärung ein Gebot der Notwendigkeit. Und gegen die Ueberwachung wussten Männer von Rang und Ansehen sich von vornherein gesichert. Den Novizen und Minervalen, zu fleissigem Studium angehalten und zu unbedingtem Gehorsam verpflichtet, blieb der übrige Orden ein unenthüllbares Geheimnis. Befand sich die Leitung der Pflanzschule in geschickten Händen, so konnte es nicht ausbleiben, dass, wie z. B. Bode versichert, „der Fleiss der Jünger belebt, der Sinn für Wissenschaften geweckt und gefördert und das Herz für alles Gute und Edle empfänglich gemacht wurde."

Während Knigge an der Vollendung des Ordenssystems arbeitete, war er zugleich rastlos um die Ausbreitung des Ordens bemüht. Ueberall in Nord und Süd, in Ost und West fand das Illuminatentum Bekenner in Fülle. Der General Spartacus stand auf der Höhe seines Ruhmes. Aber nur kurze Zeit durfte sein stolzes Herz sich des grossartigen Erfolges freuen. Denn kaum aufgeführt, begannen die Grundmauern des luftigen Ordensgebäudes bedenklich zu schwanken. Allzu heftig rüttelte die Leidenschaft der beiden Baumeister daran, während gleichzeitig am fernen Horizont die ersten dunklen Wolken des kommenden Gewitters drohend sich zusammenzogen.

Die Ursache des Zwistes der beiden Führer lag in den grundverschiedenen Ansichten, die sie über Religion und Kirchentum hegten, über die Verwaltung des Ganzen und über die Ausbildung der verschiedenen Rituale. Knigge hatte seine Freude an dem phantastischen Gebrauchtum der sog. höheren Grade der strikten Observanz.

Er hatte daher den dringenden Wunsch, es in den neuen Bund hinüberzunehmen und hier in womöglich noch phantastischerem Gewande zur Anwendung zu bringen. Weishaupt hingegen, der nüchterne Denker, wie die Mehrzahl der deutschen Gelehrten, nicht frei von Eigensinn und Rechthaberei, vielleicht sogar von Eifersucht geplagt, konnte weder dem bunten Flitterkram Geschmack abgewinnen, noch sich entschliessen, den unbestreitbaren Verdiensten seines Mitarbeiters Gerechtigkeit widerfahren zu lassen. Niemals hat ehrliche Arbeit schnöderen Lohn empfangen. Knigge fühlte sich durch Weishaupts unentschuldbares Verhalten tief verletzt. Es kam zu scharfen Auseinandersetzungen. Den völligen Bruch führte indess ein anderer Umstand herbei.

Weishaupt nämlich, der den ursprünglichen Grundgedanken des Jtums in den Einzelheiten seiner Zwecke und Mittel durchzubilden und auszugestalten versuchte, war allmählig zu Anschauungen gelangt, welche die Ziele der herrschenden deutschen Moralphilosophie weit überschritten. Er träumte bereits von der Utopie allgemeiner Freiheit und Gleichheit.*) In diese unbekannten Gefilde aber wollte oder konnte Knigge seiner ganzen Naturanlage nach dem Meister nicht folgen. Er zog es vielmehr jetzt vor, sich gänzlich vom Orden loszusagen. Papiere, die er von Weishaupt und andern in Händen hatte und deren Veröffentlichung manchem recht unbequem werden konnte, vernichtete er, ein Zug von Hochsinn und Edelmut, der den wunderlichen, oberflächlichen Aufklärer unserm Herzen menschlich näher bringen würde, wüssten wir nicht, dass er just in dem Augenblicke das Feld räumte,**) da die Lemuren sich

*) Ganz unverhüllt sind diese Gedanken in der „Anrede an die neu aufzunehmenden Illuminatos dirigentes" dargelegt.

**) Fortan wies K. jede weitere Gemeinschaft mit den Geh. Gesellschaften öffentlich ab. Trotzdem wirkte er bald darauf bei

anschickten, dem Jtum das Grab zu graben. Der Vorwurf selbstsüchtiger Ueberlegung ist daher nicht zu hart für einen Mann, der niemals Charakter gezeigt, der Philantrop nur für die eigene Person gewesen, der, wie er ehedem FM. nur aus Ehrgeiz und Neugier geworden, auch als J. „nie hingebender Schwärmer, nie Diener der Ideen“ gewesen ist.

Der Sturmlauf gegen die J. begann im Jahre 1783. Ein Buchhändler Strobl in München hatte sich um Aufnahme in den Orden beworben, war aber abgewiesen worden. In seinem Aerger über die ihm angeblich widerfahrene Kränkung ging er hin und schlug öffentlich Lärm. Dann beschuldigte der Historiker Westenrieder, „eine ernste tiefsittliche Natur“, der unter dem Namen Pythagoras Illuminat geworden, den Bund der Selbstsucht und des Mangels an Vaterlandsliebe, während der Kanonikus Danzer bittere Klage darüber führte, dass er von J. verfolgt und benachteiligt würde. In wie weit solche Stimmen öffentlich Gehör gefunden, ist nicht bekannt. Man weiss nur, dass plötzlich mehrere angesehene Mitglieder ihrer Zugehörigkeit zum Orden entsagten. Unter ihnen befand sich der „verdienstvolle“ Utzschneider,*) Hofkammerrat und Geheimschreiber der Herzogin Maria Anna von Bayern, der Abt Renner, der Professor Grünberger, der Priester Cosandey, der Dichter Zaupser u. a. Sie gaben die schreckhaftesten

---

der „Deutschen Union“ thätig mit, um sie aber, als Gefahr drohte, dreist zu verleugnen.

*) Ihm, einem der „verdienstvollsten Männer Bayerns“, ist in der „Allg. Deutsch. Biogr.“ Bd. 39 S. 420 ff. ein litterarisches Denkmal gesetzt worden, dessen Umfang und Inhalt in gar keinem Verhältnis zu der historischen Bedeutung U.’s steht. Dabei sind des so pomphaft aufgeputzten „Helden“ Beziehungen zu den J. auffallend kurz, aber um so wohlwollender behandelt. Wer tiefer blickt, wird leicht ermessen können, welche Bewandtnis es in Wahrheit mit der patriotischen Haltung U.’s gegenüber den J. hatte.

Enthüllungen, sprachen von landesverräterischen Anschlägen der J. und andern entsetzlichen Dingen.*) Das wirkte. Schon längst waren ja die J. den Jesuiten und Rosenkreuzern, die den Hof beherrschten, ein Dorn im Auge. Am 22. Juni 1784 erschien ein kurfürstlicher Befehl, der alle geheimen Verbrüderungen verbot. Sogleich schlossen Freimaurer und Illuminaten ihre Tempel. Diese erboten sich sogar zur Vorlegung aller Ordenspapiere und forderten öffentlich die feigen Verleumder zum Beweis ihrer Anklagen auf. Statt dessen erliessen der allmächtige Pater Frank und sein würdiger Gehilfe Kreytmair am 2. März 1785 im Namen des Kurfürsten ein zweites Verbot.

Obwohl die J. dem landesherrlichen Gebote den schuldigen Gehorsam leisteten, wurden doch mehrere ihrer rechtschaffensten Mitglieder zur Verantwortung gezogen. Als erstes Opfer fiel das Ordensoberhaupt. Am 11. Februar 1785 wurde Weishaupt „als ein hoch-

*) Sie sind zum Teil niedergelegt in den von Strobl verlegten Schriften: Babo: Gemälde aus dem Leben des Menschen. München; 1784. — Ueber Freymaurer, besonders in Bayern. Erste Warnung. 1784. — Landesverräterischer Umtriebe sollen sich die J. dadurch schuldig gemacht haben, dass sie die österreichischen Pläne, Bayern gegen Belgien oder ein für Karl Theodor zu schaffendes Königreich Burgund einzutauschen, förderten. Freilich den Beweis für so ungeheuerliche Anklagen blieben U. und Genossen schuldig. Dessenungeachtet ist das frivole Märchen bald nachher von Heinrich Zschokke in seiner Gesch. des bayer. Volkes mit behaglichem Gruseln wieder aufgewärmt worden. Den weitverzweigten Fäden der angeblichen J.-Intrigue, in der sogar Friedrich d. Gr. und der Herzogin Maria Anna eine klägliche Rolle zugedacht wird, ist neuerdings Engel mit Eifer nachgegangen; aber auch die eingehendsten Forschungen in den dafür in Betracht kommenden Archiven haben bisher nicht die leiseste Spur von politischen Umtrieben der J. ergeben. — Vergl. Vollständige Gesch. der Verfolgung der J. in Bayern. Frankfurt u. Leipzig; 1786. —

mütiger renommierter Logenmeister“ seiner Professur entsetzt, zu einem öffentlichen Glaubensbekenntnis verurteilt und aller Verteidigung für unfähig erklärt.

Um sich nicht, wie er in einem Briefe sich ausdrückt, als Lohn für seine Arbeit einen Galgen erbaut zu haben, floh er nächtlicherweile aus Ingolstadt und ging, als man glücklich auch seinen Versteck in Regensburg ausspioniert hatte, ausser Landes. Durch einen Erlass des ängstlich um sein Leben besorgten Kurfürsten wurden Utzschneider und Genossen vor das Forum einer geheimen Untersuchungskommission*) geladen. Die Aussagen jener Kronzeugen bieten ein so schmachvolles Gewebe von Verlogenheit, Niedertracht und Hass, dass der Leser schaudernd sich abwendet. Man glaubt sich in die Zeit der Inquisition und Hexenbrände versetzt, wenn man erfährt, dass die J. den Untersuchungsrichtern schon deshalb verdächtig waren, weil sie das Lesen alter heidnischer Bücher d. h. der alten Klassiker empfohlen hatten; wenn man liest, dass sie als Religionsspötter bestraft und gebrandmarkt wurden, weil sie über Wallfahrten unvorsichtig sich geäussert und an einem Fasttage Fleisch genossen hatten.

Auf Grund des so gewonnenen Materials wurde nun die ruchlose Meute der Spürhunde und Angeber auf die unglücklichen Ordensleute losgelassen und Preise auf die Entdeckung der Verschwörer gesetzt. Eine allgemeine Hetzjagd entstand. Wer der Mitgliedschaft überführt wurde, ward entweder nächtlicherweile gefänglich eingezogen oder ohne förmlichen Prozess des Landes verwiesen, ein Schicksal, das namentlich den Regierungsrat Zwack, den Professor Baader, den Marquis v. Constanzo, den Hofrat Hertel u. a. traf.

---

*) Dass die Kommission, wie Zschokke behauptet, gelegentlich Todesurteile gefällt und geräuschlos vollstreckt habe, ist ohne Frage eine Ausgeburt des Wahnwitzes.

Doch gab das heilige Tribunal gelegentlich auch den Geboten der Menschlichkeit Gehör. Wenigstens wurden die einflussreichen Grafen v. Pappenheim und Holnstein sehr bald ausser Verfolgung gesetzt. Vergeblich baten die Beschuldigten um Gerechtigkeit, indem sie auf die krassen Lügen und Widersprüche in den Zeugenaussagen hinwiesen, vergeblich erboten sie sich zum Gegenbeweis. Eine am 11. und 12. Oktober 1786 bei Zwack in dessen Abwesenheit vorgenommene Haussuchung förderte eine Anzahl Dokumente*) zu Tage, die bald darauf veröffentlicht und an alle europäischen Kabinette versandt wurden, um diese zum Einschreiten gegen den Orden zu veranlassen. Aber keine Regierung fand es geraten, der Aufforderung Bayerns Folge zu geben.

Gleichwohl hatte die Todesstunde der Brüderschaft geschlagen. Was die Fanatiker in Bayern nicht erreicht hatten, das bewirkte der Ausbruch der französischen Revolution. Der Umstand, dass zwei Illuminaten von dem Ansehen und der Bedeutung Bodes und des Majors v. d. Busche 1788 nach Paris reisten, gab Anlass zu der lächerlichen Beschuldigung, die deutschen J. seien die Väter der französischen Jacobiner. So unsinnig die Anklage auch war, das Gespenst der Furcht, das damals unter dem Eindruck der Pariser Schreckensherrschaft in Europa umging, verschaffte ihr schnell das willigste Gehör. Und noch 1798 lieferte das verleumderische Geschwätz Robinson und dem Abbé Baruel Stoff zu umfangreichen Schriften.**)

*) Veröffentlicht in: Einige Originalschriften des J.-Ordens, welche bei dem gewesen. Reg.-R. Zwack durch vorgenommene Hausvisitation etc. vorgefunden worden, auf Befehl etc. zum Druck befördert. München; 1797. — Anhang zu den Originalschriften des J.-O. Frankfurt u. Leipzig; 1787. —

**) Auch die Denkwürdigkeiten des Landgrafen Karl von Hessen (1866) zeigen ganz deutlich, dass dieser fromme Mysta-

Der JOrden verschwand aus dem öffentlichen Leben, man weiss nicht wann. Seine letzten Spuren verlieren sich seit dem Jahre 1790. Aber erloschen ist er nicht. Wiederholte Versuche, ihn den veränderten Zeitverhältnissen entsprechend auszubauen, hatten zunächst keinen Erfolg. Es fehlte dazu an geeigneten Kräften. Endlich — es war im Jahre 1880 — traten in München mehrere Meister des FMbundes in der Absicht zusammen, das Jtum wieder aufleben zu lassen.*) Aber erst 1896 gelang es der Thatkraft Engels, das Werk Weishaupts neu zu organisieren, ihm ein festes Gefüge zu verleihen und ihn mit neuem Geiste zu erfüllen. Was ehedem in einem despotischen Staat Geheimbund gewesen, ist heute unter freieren Verhältnissen eine freie öffentliche Genossenschaft, die bereits Anhänger nicht nur in Deutschland und Oesterreich-Ungarn, sondern auch in Frankreich, Russland und Amerika zählt. Der Sitz der Ordensleitung ist Dresden. —

---

2. Das System des Illuminaten-Ordens.**)

Wie Weishaupt selbst gesteht, legte er seiner Verbindung die Verfassung und die despotischen Formen der Kompagnie Jesu zu Grunde. Wie viel Verkehrtes und Verwerfliches die von ihm entworfenen Bestimm-

---

gog die Eindrücke, die er später von den Ereignissen der franz. Revolution empfing, auf die harmlosen Zukunftsträumereien der J. übertragen hatte.

*) Vergl. (Th. Reuss): Gesch. des J. O. o. o. 1896. —

**) Der ächte Illuminat oder die wahren, unverbesserten Rituale der J. Enthaltend 1. die Vorbereitung, 2. das Noviziat, 3. den Minervalgrad. 4. den kleinen und 5. den grossen Illuminatengrad. Edessa (Frankfurt a. M.) 1788. — Der Inhalt des Buches, den „Papieren eines J.“ entnommen, ist zweifellos authentisch. Vergl. auch: Vollständige Gesch. der Verfolgung der J. in Bayern.

ungen*) auch enthalten mochten, seine gute Absicht ist unverkennbar. Ausserdem ist zu bedenken, dass der Ordensleiter für seine Zwecke anfangs nur solche Kreise zu gewinnen suchte, die, aufgewachsen unter der geistigen Bevormundung der Jesuiten, weniger Anstoss an seinen Vorschriften nahmen, als jene, die solchem Einfluss nicht ausgesetzt waren. In reiferem Alter hat Weishaupt auf Grund ernster Lebenserfahrungen seine Anschauungen wesentlich geändert.

Am 10. März 1778 schrieb W. an Zwack, seinen Bundesgenossen: „Mon but est faire valoir la raison. Als Nebenzweck betrachte ich unsern Schutz, Macht,

*) In den „Allgemeinen Ordensstatuten“ verbreitet sich W. ausführlich über die Aufgaben seiner Gesellschaft. „Zur Beruhigung und Sicherheit sowohl angehender als wirklicher Mitglieder dieser Verbindung und, um allen ungegründeten Mutmassungen und ängstlichen Zweifeln zuvorzukommen, erklärt der Orden vor allem, dass er keine für den Staat, die Religion und gute Sitten nachteilige Gesinnungen und Handlungen zum Zweck habe, noch an den Seinen begünstige. Seine ganze Absicht und Bemühung geht blos allein dahin, dem Menschen die Verbesserung und Vervollkommnung seines moralischen Charakters interessant zu machen, menschliche und gesellschaftliche Gesinnungen einzuflössen, boshafte Absichten zu verhindern, der bedrängten notleidenden Jugend gegen das Unrecht beizuspringen, auf die Beförderung würdiger Personen zu denken und noch meistens verborgene menschliche Kenntnisse allgemein zu machen. Dies ist der ungeschminkte Zweck des Ordens; weiter steht selbiger auch für nichts. Die einzelnen Teile verlangen wechselseitigen Beistand, gute Eintracht, treue Freundschaft, Streben nach innerlicher und äusserlicher Vollkommenheit, Menschenliebe, Tugend und Rechtschaffenheit, von den dazu befähigten Mitgliedern Pflege und Verbreitung von Künsten und Wissenschaften, ferner Mässigkeit, Häuslichkeit, Zufriedenheit mit seinem Stande, Achtung gegen das Alter, gegen Obere, gegen vorgesetzte Staatsbediente, Freundschaft und Liebe gegen Mitbrüder, Höflichkeit und Mitleiden gegen alle Menschen, Treue, Eifer und Standhaftigkeit im Amte, die Eigenschaft guter Väter, Ehemänner und Herren.“ —

sichern Rücken vor Unglücksfällen, Erleichterung der Mittel zur Erkenntnis und Wissenschaft. Am meisten suche ich diejenigen Wissenschaften zu betreiben, die auf unsere allgemeine oder des Ordens Glückseligkeit Einfluss haben und die entgegengesetzten aus dem Weg zu räumen. Sie können also wohl denken, dass wir es mit dem Pedantismo, mit öffentlichen Schulen, Erziehung, Intoleranz, Theologie und Staatsverfassung werden zu thun haben. Dazu kann ich die Leute nicht brauchen, wie sie sind, sondern ich muss sie mir erst bilden. Und jede vorhergehende Klasse muss die Prüfungsschule für die künftige sein."

Demgemäss wurden die Jünger nur ganz allmählig und stufenweise in die Gedanken und Bestrebungen des Ordens eingeführt. Das geschah mit einem unverhältnismässigen Aufwand grobsinnlicher Mittel, mit einem wunderlichen Gemisch von jesuitischen und maurerischen Einrichtungen. Unergründlich sind die geheimnisvollen Regungen der menschlichen Seele. Und so wird auch die Thatsache, dass ernste und gebildete Männer an jenem Treiben sich begeistern konnten, immerdar ein ungelöstes Rätsel bleiben.

In Vorschlag gebrachte „anständige Subjekte" wurden eine Zeit lang sorglich hinsichtlich ihrer Tauglichkeit für den Orden beobachtet.*) Sie hiessen Insinuaten. Hatte der Insinuat einen Beweis seiner Tüchtigkeit auf Grund einer wissenschaftlichen Arbeit erbracht und sich zum Eintritt in den Orden bereit erklärt, wurde er Novize. Als solcher musste er, nachdem er sich in einem Revers zur unbedingten Verschwiegenheit verpflichtet hatte, ein „Diarium" anlegen, darinnen er getreulich alles das, „was er vom Orden bekam oder an ihn angab", aufzeichnete. Auf Ver-

*) Das Nähere hierüber bei Kluckhohn a. a. O. S. 360 f.

langen war das Buch den Oberen einzureichen. Alsdann musste der Novize eine Tabelle ausfüllen, die ausser Personalien Angaben über die von ihm gepflegten Studien, über seinen Briefwechsel und die Frage enthielt, wie er dem Orden zu nützen gedenke. Ferner waren von ihm Aufzeichnungen zu machen über „Charaktere, Handlungen, Denkungsart gelehrter und angesehener Männer alter und neuer Zeiten, deren Gedanken, Kernsprüche, Sentiments.“ Auch diese Aufzeichnungen waren zum Beweise des Fleisses einzusenden. Am Ende des Monats hatte der Novize einen verschlossenen Zettel mit der Aufschrift „Quibus licet“ zu übergeben. Das Schriftstück enthielt eine Äusserung über alle seine Verhältnisse zum Orden. Diese Pflicht, eine Art Beichte, dauerte durch alle Grade hindurch. Niemand war davon befreit. Wer sich ihr zu entziehen suchte, verfiel einer Geldstrafe. Hatte der Kandidat ein besonderes geheimes Anliegen, so fügte er dieses mit der Aufschrift „Soli“ dem Quibus licet-Zettel bei. Wünschte er sein Anliegen vor den höchsten Obern zu bringen, so hatte er statt Soli „Primo“ zu schreiben.

Je nach Eifer und Fähigkeiten hatten die Kandidaten eine ein-, zwei- oder dreijährige Prüfungszeit zu bestehen. Meist waren sie nach deren Ablauf so gründlich vorbereitet, dass sie nicht nur die Frage, ob sie noch nach der Aufnahme Verlangen trügen, bejahten, sondern auch kaum die Stunde erwarten konnten, da die Pforte zu dem geheimnisvollen Bunde sich ihnen öffnen sollte.

Die Einführung in die Klasse der Minervalen, der Jünger der Weisheit, erfolgte entweder bei Tage an einem einsamen, düsteren Orte, oder bei Nachtzeit, da der Mond am Himmel stand, in einem abgelegenen stillen Initiationszimmer. Die feierliche Handlung wurde geleitet von dem Oberen als Initians, dem Secretarius und dem Recipiens des Kandidaten als Paten. Dieser führte den Novizen in ein dunkles Gemach und überliess ihn hier seinen Betrachtungen. Nach Verlauf einer Viertelstunde wurde er, wenn er auf seinem Verlangen bestand, der Mitgliedschaft des Ordens teilhaftig zu werden, in das in mystischem Halbdunkel liegende Initiationszimmer geleitet. Auf dem Tisch des mit dem Hute bedeckten Oberen lag ein Degen und die aufgeschlagene Bibel. In einiger Entfernung von ihm stellte sich der Kandidat auf, und es entspann sich nun zwischen ihm und dem Vorsitzenden ein Gespräch über den Zweck des Ordens und über des Kandidaten Sehnsucht, ihm anzugehören, über die von ihm zu übernehmenden Pflichten und seine Erwartungen, und die Strafe, die ihn für etwaigen Verrat treffen würde. Hierbei wurde dem Kandidaten die Degenspitze auf die Brust gesetzt. Hatte er mit Hilfe seines Paten alle Fragen in befriedigender Weise beantwortet, so musste er den Ordens-Eid *) ablegen. Zu diesem Zwecke kniete er nieder, während er die Rechte flach über den Kopf hielt, um symbolisch anzudeuten, dass er sein Haupt dem Orden zu Füssen lege, und sprach die Eidesformel nach. Bei den Worten: „So wahr mir Gott helfe" nahm der Initiandus die Hand vom Haupte und legte die Schwurfinger auf die Bibel.

*) Der Kandidat „versprach und gelobte" u. a. „weder sein gegenwärtiges, noch künftiges Ansehen, noch seine Macht zum Nachteil des allgemeinen Besten aufzuwenden, wohl aber damit den Feinden des menschlichen Geschlechts und der bürgerlichen Gesellschaft nach Kräften und Umständen zu widerstehen, alle Gelegenheiten, der Menschheit zu dienen, begierig zu ergreifen, seine Kenntnisse und seinen Willen zu verbessern und seinen nützlichen Einsichten zum allgemeinen Besten verwenden zu wollen." Ferner gelobte er „ewiges Stillschweigen in unverbrüchlicher Treue und Gehorsam allen Obern und den Satzungen des Ordens."

Hierauf wurden dem Kandidaten das Kennzeichen, der Griff und das Passwort mitgeteilt, die je nach dem Grade verschieden waren. Das Kenn- oder Blendzeichen der Minervalen bestand darin, dass er die Hand in horizontaler Richtung über die Augen hielt; der Griff, dass er dreimal mittels des kleinen Fingers einen leisen Druck auf die Rechte des Bruders ausübte. Die „Parole“, die zweimal im Jahre gewechselt wurde, enthielt den Namen eines Ortes und einer Person.

Hieran schloss sich die Mitteilung der altpersischen Zeitrechnung und der Ordensgeographie*) und die Bekanntgabe der Chiffer für die Ordenskorrespondenz. Schliesslich empfing der Kandidat seinen Ordensnamen,**)

---

*) Sie beginnt mit d. J. 632 n. Chr., die Stiftung des J. O. (1776) fällt also in das Jahr 1144. — Das J. Jahr — auch der heutige J. O. bedient sich dieser und anderer Einrichtungen — beginnt am 21. März. Der erste Monat (Pharavadin) zählte 41 Tage und umfasste zugleich den ganzen April. Dann folgten Adarpahascht (Mai), Chardad (Juni), Thirmeh (Juli), Mesdedmeh (August), Schaharimeh (September), Meharmeh (Oktober), Abenmeh (November), Adarmeh (Dezember), Dimeh (Januar), Benmeh (Februar), Asphander (März 20 Tage). — Bayern hiess Graecia oder Achaia, Franken — Illyricum, Hessen — Lydia, Schwaben — Pannonia, Tirol — Peloponnes, Österreich — Ägypten. München erhielt die Bezeichnung Athen, Augsburg — Nicomedia, Freising — Theben, Regensburg — Corinth, Eichstädt — Erzerum, Bamberg — Antiochia, Frankfurt a. M. — Edessa, Innsbruck — Samos, Wien — Roma. Mit vollem Bedacht wurde Ingolstadt Eleusis genannt. Eleusis im alten Hellas war ja die gefeierte Stätte der berühmten Mysterien. (S. Bd. I. S. 164 f.) Gleich ihm sollte auch Ingolstadt eine neue Kultstätte werden, der Ausgangspunkt eines neuen Lebens.

*) W., der Generalissimus, nannte sich Spartacus, ein Name, der nicht ohne Absicht gewählt war. Wie einst der tapfere Thraker Spartacus das rebellierende Sklavenproletariat Italiens siegreich gegen das allmächtige Rom ins Feld geführt (73—71 v. Chr.), so gedachte W. die geknechteten Geister der Menschen gegen dasselbe Rom mobil zu machen und eine radikale Umwälzung und Verbesserung der Gesellschaft herbeizuführen. v. Knigge hiess

der meist dem römischen und hellenischen Altertum entnommen war. Wie sich von selbst versteht, sollten alle diese Dinge lediglich der besseren Bewahrung des Geheimnisses gegenüber Unbefugten und Ungeweihten dienen.

Nun erst war der Novize vollberechtigtes Mitglied des Minervalgrades. Trotzdem durfte er in die in diesem Grade arbeitende Loge*) nicht ohne Weiteres eintreten. Das geschah vielmehr durch Vermittlung

---

Philo, Massenhausen — Aiax, Zwack — Cato, Domherr Baron Schröckenstein in Eichstädt — Mohammed, Baron Ecker in Amberg — Perikles, Graf Pappenheim in Ingolstadt — Alexander, Professor Krenner — Arminius, Herzog Ferdinand von Braunschweig — Aaron, Nicolai in Berlin — Lucian, Professor Moldenhauer in Kiel — Godoscalcus, Herzog Ernst von Gotha — Timoleon u. s. w. —

*) In dem Zimmer befanden sich drei kleine Tische für den leitenden Oberen, den Sekretär und denjenigen Bruder, der etwas vorzulesen hatte. Der erste Tisch war durch eine matt brennende Lampe mit grünem Schirm erleuchtet; auf den beiden andern brannte je eine Wachskerze. Über dem Stuhl des Oberen war ein Bild der Pallas Athene angebracht, durch zwei Flammen in buntem Glase erleuchtet. Auf Geheiss des „Erlauchten“ traten die im Vorzimmer versammelten Brüder in den Logenraum und nahmen ihre Plätze an den Längsseiten ein. Sobald Ruhe eingetreten, erhob sich der Obere und begrüsste die Anwesenden, indem er den Hut abnahm und ihn vom Gesicht herunter bis auf die Brust führte und wieder aufsetzte. Nachdem der Zensor festgestellt, dass „kein Sohn der Finsternis“ zugegen, und der Quaestor zu Gunsten armer Brüder mit der Almosenbüchse die Runde gemacht, gab der Obere durch 2 Schläge mit dem Schlüssel das Zeichen zur Eröffnung der Arbeit. Der jüngste Bruder verlas die „herzerhebende Ode auf die Weisheit.“ Hieran schloss sich die Verlesung der Statuten, der eingegangenen Befehle, die Erledigung von Anfragen und anderen Geschäften. Alsdann widmete sich die Versammlung ihrer eigentlichen Aufgabe: den Geist zu bessern und zu erleuchten. Zu diesem Zwecke erklärte der Vorsitzende eine geeignete Stelle aus der Bibel, aus Seneca, Epictet,

des Zensors. Dieser führte den Introducendus an die Eingangspforte, die sich auf 2 Schläge öffnete. Beim Eintritt machten Beide das Blendzeichen, das von den Anwesenden erwiedert wurde. Der Introducendus näherte sich nun dem Teppich, verneigte sich vor der auf ihm abgebildeten Pyramide und begab sich dann an den Tisch des Oberen. Dieser hiess ihn niederknieen, die Schwurfinger ans Herz legen und, so seltsam das auch klingen mag, schwören, den bei der „Initiation“ abgeleisteten Eid getreulich und ohne geheimen Vorbehalt zu erfüllen. Hatte er auch diesen Eid geleistet, so schmückte ihn der Obere mit dem Signum*) des Minervalgrades.

Die dritte Stufe der Pflanzschule nahm der Illuminatus minor ein. Seine Mitglieder setzten sich aus

---

Marc Aurel, Confucius etc., während die Brüder der Reihe nach Aufschluss gaben über ihre Lectüre und ihre sonstigen Ordensarbeiten. Zwei Schläge mit dem Schlüssel, während deren der Obere den Schirm von der Lampe entfernte, beendeten die Arbeit. Die Brüder erhoben sich, machten das Blendzeichen und verliessen in dem Bewusstsein, dass ihre „Augen heller, ihr Geist heiterer“ geworden seien und dass sie einen „Schritt näher zum Lichte“ gethan, die Loge. Ein einfaches Mahl, aus Früchten, Brod und Wein, der mit Wasser gemischt wurde, bestehend, beschloss die Arbeit.

*) Eine Art Medaillon aus vergoldetem Metall, wurde es an einem drei Finger breiten „grasgrünen“ Bande um den Hals getragen und stellte eine Eule dar, die, über Wolken schwebend und umrahmt von einem Lorbeerkranze, in ihren Klauen ein aufgeschlagenes Buch hielt. Das Buch wies die Buchstaben P. M. C. V. auf. Sie bedeuteten: Per me Coeci vident (Durch mich werden die Blinden sehend.) Die Pyramide stellte den Orden dar, das Bild der Pallas und die Eule symbolisierten Weisheit und Wachsamkeit. Andere Sinnbilder waren der Wasserkrug; er deutete auf Mässigkeit hin, der Köcher mit den Pfeilen, der die Macht der Beredsamkeit bildlich zum Ausdruck bringen sollte; der Palmenzweig, der Frieden, Duldung und Ruhe anzeigte.

den „besten, eifrigsten, arbeitsamsten“ Minervalen zusammen. Sie empfingen hier den ersten eingehenden Unterricht, wie sie die ihnen untergeordneten Minervalen, drei oder vier an der Zahl, im Geiste des Ordens und seinen Grundsätzen gemäss zu leiten und zu bilden hatten. Die Aufnahme geschah ohne besondere Gebräuche. —

In der zweiten Klasse wurde der J. minor zunächst mit der symbolischen Maurerei ohne eigentliche Aufnahme bekannt gemacht. Wer sich für die höheren Zwecke des Itums nicht eignete, wurde hier zurückgehalten. Wer dagegen brauchbar befunden war, ward in die Schottische Maurerei eingeführt*) und zum Range eines Illuminatus major erhoben.

*) Zu diesem Zwecke versammelte sich die Schottenloge an einem der Tage des ersten Mondviertels. Der Versammlungsraum war schwarz drapiert. Im Hintergrunde sah man eine schwere, verschlossene Thür, den Eingang zur höchsten Erkenntnis symbolisch andeutend. Vor dieser Thür sass am schwarz bedeckten Tisch der Obermeister mit dem Sekretär zur Linken. Die beiden Oberaufseher hatten ihren Platz an einem andern Tisch an der Eingangsthür. Die Brüder trugen den grünen schottischen Schurz und schwarze Mäntel. Der Obermeister, zu dessen Rechten ein „brennender Mond im ersten Viertel“ hing, und die Oberaufseher führten als Zeichen ihrer Würde den Hammer. Auf ihren Tischen standen je vier Leuchter mit brennenden Kerzen.

Sobald der Kandidat sich „dem Thor des Vorhofs“ näherte, erloschen die Kerzen. Das Zimmer war jetzt nur durch den Mond erleuchtet. Die Brüder hüllten sich in ihre Mäntel. Nach den üblichen Schlägen trat der Novize „in den heiligen Zirkel festverbundener treuer Männer im Vorhofe der Weisheit“, wurde vom Obermeister mit dem schottischen Schurz bekleidet und ihm „Zeichen, Wort und Berührung“ bekannt gegeben und die ihm obliegenden Pflichten erklärt. Zum Zwecke des Zeichens legte man den Zeigefinger der Rechten auf das Herz, während man die Linke mit ausgestrecktem Zeigefinger in die Höhe hielt. Das Wort war „Nosce te ipsum“. Es musste mit „ex te nosce alios“ erwidert werden. Die „Berührung“ geschah dadurch, dass man gegenseitig Herz an Herz legte und die Stirn küsste.

Die Aufgabe des Illuminatus major oder des „schottischen Novizen“ bestand darin, die Verzeichnisse, die man von den untern Klassen erhalten hatte, zu berichtigen und zu vermehren, alle Angelegenheiten der Minervalversammlungen zu entscheiden, die Charaktere der Mitglieder auf das Peinlichste zu erforschen, ihre geheimsten Herzensfalten zu ergründen, und die Ordensapostel, denen die Anwerbung neuer Mitglieder oblag, zu unterrichten.

Als Jlluminatus dirigens oder schottischer Ritter ging der Illuminatus major schliesslich in die s. g. Mysterienklasse der höheren Maurerei ein.

Die Mitglieder der unteren Grade sollten Moral, Geschichte und Menschenkenntnis erlernen. Zu diesem Zwecke lag ihnen ob, das Studium solcher Bücher zu pflegen, die reich waren an Bildern oder moralischen und politischen Maximen. Von den alten und neuen Philosophen und Geschichtsschreibern kamen in dieser Beziehung in Betracht: Seneca, Epiktet, Antonin, Plutarch, Adam Smith, Basedow, Meiners, Abbt, Helvetius, La Bruyère. Den höheren Graden war das Studium der Staats- und Religionsbücher vorbehalten. Wenn unter diesen Robinet, Helvetius und das von Holbach

---

*) Die Kapitelsitzungen der schottischen Ritter wurden in dem grün ausgeschlagenen, mit einem Thronhimmel von derselben Farbe ausgestatteten Logenzimmer abgehalten. Unter jenem sass der Präfekt, geschmückt mit der Ritterschärpe, dem Kreuz am grünen Bande, und dem Andreasorden. Die anwesenden Ritter waren ähnlich gekleidet. Die Hüte der Beamten trugen wallende Federbüsche. Der Priester des Ordens dagegen erschien in weisser Kleidung und entblössten Hauptes. Zur Rechten des Präfekten stand der Schwertträger mit dem Ordensschwert, zur Linken der Zeremonienmeister mit dem Stabe und dem Ritualbuch. Über dem Haupte des Präfekten brannte der flammende Stern; an einem mit vier brennenden Lichtern besetzten Tisch in der Mitte des Zimmers sassen Kanzler und Schatzmeister.

und seinen Freunden zusammengeschriebene, langweilige Système de la nature hervorgehoben wurde, so offenbart sich darin eine Hinneigung zum französischen Materialismus, die jedoch später der Einfluss Rousseaus wieder verdrängt zu haben scheint.

Der höheren Stellung des J. dirigens „entsprachen tiefere Einsichten in das ganze System und in die politischen und religiösen Tendenzen der immer noch unbekannten Oberen.“ Nach Rousseauscher Anschauung ward hier der staatenlose Naturzustand der Wilden als das glücklichste Loos der Sterblichen gepriesen. Aber nicht bloss der Barbar, sondern auch der im höchsten Sinne Aufgeklärte sei zur Freiheit bestimmt. Sei eine Nation volljährig geworden, so falle der Grund zur Bevormundung hinweg.

„Die Moral“, sagt Weishaupt, „ist die Kunst, welche die Menschen lehrt, in ihr männliches Alter zu treten und die Fürsten zn entbehren. Wenn also die Moral, und die Moral ganz allein, dem Menschen seine Freiheit geben, das Reich der Edlen errichten, Heuchelei, Laster, Aberglauben und Despotismus zerstören soll, so wird begreiflich, warum der Orden von seiner untersten Klasse an die Sittenlehre, die Kenntnis seiner selbst und anderer so gewaltig empfiehlt; warum er jedem Neuling erlaubt, seine Freunde herüberzuführen, um den Bund zu verstärken und eine Legion zu errichten, die mit grösserem Grund als jene zu Theben den Namen der heiligen und unüberwindlichen führt, weil der Freund an der Seite des Freundes, fest an einander geschlossen, streitet und die Rechte der Menschheit, der ursprünglichen Freiheit und Unabhängigkeit verteidigt.“

„Was endlich das Christentum betrifft, so wird gelehrt, dass der Grundgedanke des JOrdens, die ursprüngliche Freiheit und Gleichheit der Menschen, der geheime innere Kern der göttlichen Lehre Jesu sei, wie dieselbe zur Zeit des Priesterregiments und des Despotismus unter der Hülle der Freimaurerei verborgen gewesen.“ —

Die Gestalt des heutigen JOrdens zeigt ein wesentliches anderes Aussehen.*) Er ist ein internationaler Verein, der den Zweck verfolgt, „durch Hebung der Bildung seiner Mitglieder deren geistiges und geselliges Leben zu fördern und dadurch ihren religiösen und moralischen Charakter zu verbessern und zu vervollkommnen“. Geleitet wird er von dem Kustosamt. Dieses setzt sich zusammen aus dem Kustos, dem Vizekustos und dem Archivar. Ihnen steht ein Aufsichtsrat von fünf Ordensmitgliedern zur Seite, die von dem ordentlichen stimmberechtigten Mitgliedern gewählt werden. Kustosamt und Aufsichtsrat bilden den „Geheimen Areopag.“ Dieser erledigt alle laufenden Ordensgeschäfte, verwaltet das Ordensvermögen und überwacht die gesamte Organisation.

Jede „freie unbescholtene, grossjährige Person von sittlichen Grundsätzen kann als Mitglied aufgenommen werden.“ Diese werden zu Zirkeln (Synoden) vereinigt, die höchstens 12 Mitglieder zählen dürfen. Auf die Stiftung von Logen, von denen je eine in Berlin und Dresden besteht, legt der Orden einen geringeren Wert.

Zur Erreichung des rein idealen Ordenszweckes dient ein Lehrgang in drei Abteilungen. Er ist von den Mitgliedern geheim zu halten und wird ihnen nur nach Massgabe des Eindringens in die erhaltenen Lehren überwiesen.

Der erste Teil des Lehrganges mit seiner sinnvollen Symbolik**) dient der „Selbsterkenntnis,“ der

---

*) Vergl. Ordensanzeiger von 1903 Nr. 1. 2. 4. 7.

**) „Bei der Aufnahme werden zwei Lichter entzündet; sie bedeuten das Licht des Lebens und das des Geistes, sie finden ihre Parallele in zwei Säulen, Willen und Ausdauer; diese um-

zweite der „Daseinserkenntnis", der dritte endlich soll zum „ethischen Erkennen" führen, „zu einem Erkennen, das zugleich ein Wollen des Guten ist", wodurch der J. „zum wahren Menschentum" gelangt. „Wer dieses Ziel erreicht, der ist auch der Gotteserkenntnis nicht fern." —

---

rahmen eine verschlossene Thür, die keine Handhabe noch Verschluss zeigt, so dass ihre Öffnung ein Geheimnis darstellt. — Diese Tür ist ein Hauptsymbol."

„Ohne eigene Arbeit des Suchenden ist kein Erfolg möglich, er steht sonst immer vor einer verschlossenen Thür, die zu öffnen ihm nicht gelingen wird. Die Zaubermittel, sie zu sprengen, bestehen in Arbeitsamkeit, Aufmerksamkeit und Strenge gegen sich selbst. Hinter der geöffneten Pforte findet der Suchende die Lehren der Daseinserkenntnis, wird aber auf seiner Wanderung bald wiederum vor einer gleichen verschlossenen Pforte stehen, die sich nur durch Bethätigung des Gelernten erschliesst und ihm zwar noch nicht reine Gotteserkenntnis, wohl aber ein Ahnen der Gottheit eröffnen wird. Jedoch nur in dem Masse, wie der Suchende sich bethätigt, erscheint ihm auch sein Gott, entsprechend dem Grundsatze: Wie der Mensch ist, so ist sein Gott. — Er steht noch nicht vor der letzten Pforte, wohin zu dringen ihn Zweifel, Trägheit, Unentschlossenheit, Misserfolge und viele Widerwärtigkeiten hindern. — Es gilt die letzte, dritte Pforte zu erreichen, alle missgünstigen Hüter der letzten Schwelle zu überwinden, um der Wahrheit selbst entgegenzutreten. — Hier endet die Führerschaft, denn ist diese Pforte erreicht, so ist der innere Geist hell erwacht, der Mensch bedarf keines Führers mehr, er ist sich selbst des rechten Weges wohl bewusst, Licht ist um ihn, Licht in ihm. Wer an diese letzte Pforte klopft, dem wird sie aufgethan; was und wer hinter ihr gefunden wird, das ist das innerste Mysterium der eigenen Seele, das sich offenbaren muss, jedoch niemals von Führerhand gegeben werden kann. — Das eigentliche Heimatland des Menschen ist nach Durchwanderung der dritten und letzten Pforte erreicht". —

IV. Der Vereinigte Alte Orden der Druiden.*)

(V. A. O. D.)

1. Seine Schicksale.

In dem dürren nebeligen Gebirgsland von Wales hat sich der alte welsche Stamm bis auf den heutigen Tag wohl erhalten. Von gedrungenem Körperbau und meist dunkelharig, unterscheidet sich der „Welshman“ mit dem flackernden Feuer seiner lebhaften Augen gar sehr von dem zugewanderten Sachsen. Aber eine unfreundliche Natur und eine drangvolle Geschichte haben seinen Zügen einen eigentümlichen Ausdruck von Düsterheit und Unglück verliehen. Wie alle Gebirgsvölker haben die Waliser uralte Sitten und Gebräuche, auch abergläubischer Art, festgehalten, vor allem aber die alte kymrische Sprache zähe bewahrt. Ihre seltsamen Zeremonien bei Trauungen und Leichenbegängnissen reichen bis in die graue Vorzeit zurück, und noch immer leben in ihrer Vorstellung fort das luftige Heer der Feen und Elfen, die freundlich sich dem

---

*) Die Literatur namentlich über den deutschen Zweig des V. A. O. D. ist gering und schwer zugänglich. Die unmittelbare Folge dieser Erscheinung ist, dass über den Orden und seine Bestrebungen nur ganz unsichere, meist sogar falsche Kunde sich verbreitet hat. Um so mehr bin ich daher dem Herrn Schulinspektor Fricke in Hamburg, dem obersten Leiter der deutschen Druiden, verpflichtet. Seiner Güte verdanke ich nicht nur die wertvollsten Aufschlüsse über die heutigen und die alten Druiden, sondern auch die soeben erschienene, auf umfassendem Quellenstudium beruhende, anregende Schrift: H. Wiese und H. Fricke: Vereinigter Alter Orden der D. Hamburg; 1904. —

Vergl: Joh. Meinken: Handbuch für die Haine und Mitglieder des V. A. O. D. von Deutschland. Geestemünde; 1880. — Ders: Der deutsche D. O. Sein Wesen u. s. Ziele. 3. Aufl. Berlin; 1898. — F. Wolgast: Was will der D. O.? Hamburg. o. J. — Grundgesetze des V. A. O. D. in Deutschland. O. O. u. J. —

Menschen zugesellen, der Glaube an Hexen und Zauberer, deren düsteres Handwerk den armen Sterblichen gar häufig das Dasein verbittert.

Zu denjenigen Einrichtungen, die sich in Wales aus der keltischen Zeit bis auf unsere Tage herab erhalten haben, zählt auch der „Ancient Order of Druids." Er ist als der legitime Nachkomme des alten Barden-Ordens zu betrachten. Seine Anfänge reichen — nach den sachkundigen Ausführungen Wieses und Frickes — bis in das 8. Jahrhundert unserer Zeitrechnung hinauf.*) Ursprünglich lag ihm die Pflege der Musik und Literatur der Kymren, ihrer Sprache und Sitten und des patriotischen Geistes ob. Heute besteht seine Aufgabe hauptsächlich in der Förderung der keltischen Studien, des Zusammenhangs der verschiedenen Zweige der keltischen Rasse, der nationalen Musik und Dichtkunst neben der Pflege der anderen bildenden Künste.**)

---

*) Hiernach ist unsere Darstellung (I. S. 219 ff.) zu ergänzen und zu berichtigen. —

**) Das geschieht besonders auf grossen, jährlich stattfindenden Festversammlungen (Eisteddvods), an denen oft 15—20000 Menschen teilnehmen. Verwaltet und geleitet werden die Eisteddvods von dem „Gorsedd" d. h. einer Versammlung von Mitgliedern des D. O. Er besteht aus 3 Graden, nämlich dem 1. der Barden. Seine Mitglieder sind Dichter. „Sie haben sich bei ihrer Aufnahme einer Prüfung zu unterziehen und nachzuweisen, dass sie die Grundsätze des Bardentums und die Gesetze der welschen Poesie beherrschen." 2. Der Druiden. Zu ihnen gehören hervorragende Schriftsteller und solche, die sich um die Wissenschaften verdient gemacht haben. Auch sie müssen mit der kymrischen Literatur vertraut sein. 3. Der Ovaten oder Musiker. Die Voraussetzung bei ihrer Aufnahme ist ihre Künstlerschaft auf musikalischem Gebiete. — Die Barden tragen in den Versammlungen des Gorsedd blaue, die Druiden weisse und die Ovaten grüne Gewänder. Jedes Mitglied führt einen besonderen druidischen Namen.

Von Alters her werden die Gorsedds in „eigenartigen Stein-

Neben der Druiden-Vereinigung in Wales entstand i. J. 1781 in London ein neuer Bund. Von Mitgliedern jener gestiftet, nannte er sich ebenfalls „Ancient Order of Druids“ und setzte sich in Anlehnung an die Lehren der Alten Druiden und deren Ritual als Ziel die Bruderliebe, „die in den Zeiten der Not sich durch hilfreiche Hand zu bewähren habe.“

Die neue Bruderschaft erregte bald das öffentliche Interesse. Mochte sie auch die Grundlage irdischen Glückes in einem veredelten Menschentum erblicken und betonen, dass der Wert des Menschen unabhängig von religiösen und politischen Dogmen sei, von Reichtum, von Rang und Stand — sie sprach damit nur dieselben Gedanken aus, die bereits seit Jahrzehnten der Bund der Freimaurer als sein Evangelium verkündete.

---

gehegen“ abgehalten, „angesichts der Sonne, in dem Auge des Lichts und unter der unendlichen Freiheit des Himmels, frei allen Augen und Ohren“ und nach den Vorschriften des Rituals, das seit uralten Zeiten lediglich auf dem Wege mündlicher Tradition fortgepflanzt worden. Den Vorsitz führt der höchste Ordensbeamte, der Erzdruide. Er trägt eine kostbare Regalie und hält in der Hand ein Schwert, in dessen Knauf ein glitzernder Kristall eingelassen ist. Das Kleinod weist seltsame Runen auf, die ehrwürdige keltische Bezeichnung für die Gottheit.

Nach der Aufnahme neuer Mitglieder ziehen die Festteilnehmer unter Vorantritt des nach Graden geordneten Gorsedd-Kreises nach dem Festplatze. Hier finden Wettgesänge (Quartette) und Wettrezitationen über ein vorher bestimmtes Thema statt. Das Preisgericht setzt sich aus vier hervorragenden Künstlern des Landes zusammen. Sie sind Mitglieder des Ordens: einer von ihnen muss aus Wales stammen. Auch die konkurrierenden Sänger und Dichter sind meist Waliser. Doch werden auch Männer und Frauen anderer Nationen zu dem Wettbewerb zugelassen und in die Brüderschaft der A. D. aufgenommen, eine Ehre, die u. a. Carmen Sylva (Königin Elisabeth v. Rumänien) und dem Maler Hubert v. Herkomer zu teil geworden. Ursprünglich zählte man drei Arten von Gorsedds:

Wollten also die Druiden neben dem mächtigen Rivalen zur Geltung kommen und ihren Platz an der Sonne behaupten, so mussten sie auf andere Mittel bedacht sein. Sie bot ihnen, wie so häufig im geschichtlichen Leben, ein ungeahnter Glückszufall. Die erste Kunde von ihrem Dasein drang in weitere Kreise just in dem Augenblicke, da die entschwundenen Schätze welscher Bardenpoesie wieder ans Licht gezogen wurden, da die längst verklungenen Weisen Merlins, Ossians, Taliesins — hauptsächlich ein Werk des Schotten Macpherson — wiederauflebten und mit ihrer sanften Melancholie, mit der Gewalt ihrer zarten und zugleich überschwenglichen Gefühle, der Macht ihrer weichen und zugleich ungeheuren Phantasiegestalten die zur Schwermut und Kontemplation neigenden Herzen erquickten. Die ungesunde Neigung jener Tage, die kindische Lust der Zeit am Wunderbaren, Zauberhaften,

---

1. „Die königlichen oder solche, welche die Gesetze verordneten;“ 2. den Gorsedd des Rechts, in welchem „Verbrechen untersucht und über Rechtsfragen entschieden wurde;“ 3. den Barden-G., „gemäss den Vorrechten und den Gebräuchen der Barden der britischen Insel.“ Die Rechte des ersten sind auf das heutige Parlament übergegangen, die Funktionen des zweiten den Gerichten und anderen Einrichtungen überwiesen, „aber dem Barden-Eisteddvod, in welchem die Dichter zusammen kamen, um die Geschichte ihres Vaterlandes zu preisen und in dem die Sänger das Entzücken der Edlen steigerten, ist es vergönnt gewesen, unverändert zu bleiben.“ —

Anfangs tagten Gorsedd und Eisteddvod alle drei Jahre. Dann (11.—15. Jahrh.) traten sie nur in grösseren unregelmässigen Zwischenräumen zusammen. Erst unter der Regierung der Tudors (1485—1603) brach eine neue glückliche Zeit für das Institut der Bardenkongresse herein. Sie erhielten gesetzliche Anerkennung und konnten nunmehr die alten nationalen Überlieferungen ungehindert pflegen.

Vergl. Druiden-Zeitung; 1900. Nr. 22. 1901. Nr. 4 ff. —

Magischen wandte sich alsbald den Druiden zu. Schien doch der uralte, mit geheimnisvollem Wesen eng verknüpfte, Name der urteilslosen Menge eine sichere Gewähr dafür zu bieten, dass der rätselhafte, mit mystischen Symbolen und Gebräuchen sich umgebende Bund ein neues Lebensideal darbiete und neue ungeahnte Weisheit spende.

Dieser Glaube führte dem DOrden zahlreiche Jünger zu. Bald entstanden auch ausserhalb Londons druidische Vereinigungen in Fülle, die, obwohl sie die gleichen Ziele verfolgten und dasselbe Ritual in Anwendung brachten, unter einander nur in ganz losem Zusammenhange standen. Erst viele Jahre später gelang es, die zerstreuten Glieder zu sammeln und einer einheitlichen Leitung zu unterstellen, die ihren Sitz in London hatte. Die also vereinigten nannten sich fortan „Vereinigter Alter Orden der Druiden" (United Ancient Order of Druids).

Mancherlei Übergriffe der Ordensregierung führten i. J. 1833 zu einer schweren Krisis. Der Bund schien dem Untergange geweiht. Da traten im Dezember dieses Jahres Delegierte von 53 Logen zu einer gemeinsamen Sitzung zusammen und entwarfen eine neue Konstitution, mit der eine vollständige Reorganisation des Ordens verbunden war. In dem Masse, wie das neue Grundgesetz die praktische Verwirklichung der materiellen Ordensaufgaben sich angelegen sein liess, vernachlässigte es die Pflege der ethischen Bestrebungen des Bundes. Damit hing es denn wohl auch zusammen, dass in England zahlreiche Logen ins Leben traten, die sich zwar auch die Bezeichnung „Druiden" beilegten, aber dem Verbande der GL. nicht angehörten. Versuche, sie unter deren Gerichtsbarkeit zu stellen, blieben ergebnislos. Und 1859 traten die freien Vereinigungen zu einem selbständigen Orden, „The Order of Druids“ *), zusammen.

Um das Jahr 1825 wurde der V. A. O. D. von England nach den Vereinigten Staaten verpflanzt. **) In unglaublich kurzer Zeit breitete sich hier das Dtum aus. Im Jahre 1839 blickte es bereits auf einen Bestand von 112 Logen herab, die nunmehr zur Gründung einer GL. schritten. Die sehr verständige That führte aber den Abfall mehrerer widerspenstiger Logen herbei, ein Ereignis, aus dem sich dann eine lange Kette widerlicher Streitigkeiten entwickelte. Wie zu erwarten stand, zahlte der Orden als solcher die Busse für so schmähliches Verhalten einzelner seiner Glieder. Zahlreiche Logen lösten sich auf. Es dauerte zehn Jahre, bis die Abtrünnigen sich besannen und sich dem Gesamtorden wieder anschlossen. Die GL. reorganisierte nun den amerikanischen Zweig, ersetzte die Bezeichnung „Loge“ durch den ehrwürdigen Namen „Hain“ (Grove) und erteilte im Jahre 1855 der bis dahin von ihr abhängigen Tochter einen Freibrief. Das merkwürdige Dokument ermächtigte die Druiden Amerikas zu selbständiger Gründung von Logen und GL. und bestimmte, dass reisende Brüder auf Grund eines „gesetzmässigen Zertifikats“ und eines gemeinsamen Passwortes in

---

*) Er charakterisiert sich als ein Unterstützungs-Verein und zählt, wie der V. A. O. D. in England, z. Z. etwa 60000 Mitglieder.

**) I. J. 1850 entstand in Melbourne die erste Druiden-Loge, die nach wechselvollen Schicksalen erst i. J. 1861 zu innerer Kräftigung kam. Seitdem hat das Dtum in Australien erstaunliche Fortschritte gemacht. I. J. 1901 bekannten sich zu seiner Lehre 346 Logen mit 33331 Mitgliedern. Sie stehen mit dem englischen Orden in engstem Zusammenhang. Sie erhalten von ihm das gemeinsame Passwort und arbeiten nach dem englischen Ritual.

beiden Ländern als besuchende zu den Logen-Sitzungen zugelassen, gastfreundlich aufgenommen und nötigenfalls unterstützt werden sollten.

Die Selbständigkeit der amerikanischen Tochter führte allmählig zu einer völligen Trennung von der Mutter. Dagegen näherte sich jene dem Order of Druids in England, und bald entwickelte sich zwischen beiden Orden ein freundschaftliches Verhältnis. Ihm liegt ein 1869 zustandegekommener, noch heute gültiger Vertrag *) zu Grunde. Hiernach sind unter bestimmten Voraussetzungen die Mitglieder beider Vereinigungen zum Besuche der beiderseitigen Logen berechtigt.

Der erste glückliche Erfolg zeitigte bald weitere Früchte. U. a. war er Veranlassung, dass der U. A. O. D. in Amerika **) sich nunmehr ernstlich bemühte, „die druidische Eiche“ auch nach andern Ländern zu verpflanzen.

Zuerst suchte man ihr in Frankreich Eingang zu verschaffen. In der That konnte schon in den Weihnachtstagen d. J. 1869 in Paris der Persévérance-Hain konstituiert worden. Das zarte Reis ging indess unter den Stürmen des deutsch-französischen Krieges jämmerlich zu Grunde und hat bisher keinen Nachfolger gefunden.

Um so grösseren Erfolg hatten die fast gleichzeitig im deutschen Vaterlande unternommenen Versuche. Am 15. Dezember 1872 wurde in Berlin der Dodona-Hain Nr. 1 von Preussen mit 35 Mitgliedern eröffnet.

---

*) Ein ähnlicher Vertrag ist i. J. 1903 zwischen dem Gross-Hain (Supreme Grove) von Amerika und dem V. A. O. D. in England vereinbart worden. Die Herstellung einer Verbindung aller Ordenszweige wird jetzt von den beteiligten Grosskörpern mit Eifer betrieben.

**) I. J. 1902 unterstanden dem Supreme Grove in Amerika 13 Distrikts- Gr.-L. mit 239 Logen und 14733 Mitgliedern.

Hieran schlossen sich Gründungen in Hamburg, Stuttgart, Bremerhaven und Leipzig.

Im August 1874 erhielten die deutschen Logen einen Freibrief vom amerikanischen Grosshain. Auf Grund dessen wurde ein eigener selbständiger Grosshain für das deutsche Reich errichtet. Er tauscht alljährlich mit dem amerikanischen das Passwort aus und ist sonst nur verpflichtet, das „geheime Werk“ des Ordens niemals einer Aenderung zu unterwerfen.

Nach einer Periode des Niederganges in den 80er Jahren des 19. Jahrhunderts, ist das Dtum in Deutschland wieder in frohem Aufblühen begriffen. Der Orden umfasst jetzt 1 Reichs-GL., 5 Distrikts-GL. und 51 Logen mit etwa 2600 Mitgliedern. Seit 1887 nennen die deutschen Druiden ihre Tempel nicht mehr „Haine“, sondern „Logen“. —

---

2. Organisation und Ziel des V. A. O. D.

Die Arbeitsstätten des Ordens sind die Logen. Jede Loge versammelt sich in einer ritualmässig eingerichteten und ausgestatteten, geschlossenen Halle, zu der Uneingeweihte keinen Zutritt erhalten. Die regelmässigen Sitzungen finden im Ovatengrade statt. Jeder Termin umfasst mindestens 24 regelmässige Sitzungen dieses Grades.

Der erste unter den Brüdern, der Führer der Loge*), heisst Edel-Erz (E.-E.). Er wird in der Aus-

*) Zur Mitgliedschaft ist befähigt, wer „das 25. Lebensjahr vollendet und im Besitze einer gewissen Selbständigkeit ist; wer gesund an Leib und Geist und durch seinen Wandel das Zeugnis der sittlichen Würde vor seinen Mitmenschen geniesst und wer erklären kann, aus freiem Entschlusse dem Grundgesetze des Ordens, seinen Gebräuchen und den Nebengesetzen der betr. Loge unterthan sein zu wollen.“

übung seines Amtes von mehreren Beamten*) unterstützt. Hat der E.-E. seiner Loge einen Termin in diesem Amte gedient, so wird ihm in der Gr.-L. der Ex-Erz-Grad verliehen. Aus der Zahl der Ex-Erze wählt die Loge Repräsentanten, die mit den Grossbeamten die Gr.-L. bilden. Ihrer Aufsicht unterstehen die Logen eines Distriktes. Sie wacht darüber, dass deren Arbeiten gesetzmässig gehandhabt werden und das Ritual in richtiger Form zur Anwendung gelangt.

Der Vorsitzende der Gr.-L. heisst Edel-Gross-Erz (E.-G.-E.). Der aus seinem Dienst ausscheidende E.-G.-E. wird Ex-E.-G.-E. genannt. Er hat das Recht, sich jederzeit an den Verhandlungen der G.-L. zu beteiligen.

Aus der Zahl der Ex-E. wählen die Gr.-L. ihre Gross-Repräsentanten in die Reichs-Gr.-L.**). Aus den Repräsentanten und den R.-Gr.-Beamten zusammenge-

---

*) Hierzu gehören: Der „Unter-Erz (U.-E.), der Schriftführer, der Schatzmeister, der Führer, Innere und Aeussere Wache. Dazu kommen ferner: Rechter Hand-Barde des Oberstuhls (R.-H.-B.-O.), Linker Hand-Barde des Oberstuhls (L.-H.-B.-O.), Rechter Hand-Barde des Unterstuhls (R.-H.-B.-U.), Linker Hand-Barde des Unterstuhls (L.-H.-B.-U.). Während diese vom E.-E. bezw. U.-E. ernannt werden, werden jene in einer Sitzung des Druidengrades für ihre Aemter gewählt. Alle Beamten, die im Besitze des III. Grades sein müssen, dienen einen Termin (1. Mai — 30. April), sind dann aber wieder wählbar.

**) Das Bestreben, alle Mitglieder des Ordens, die im Besitze sämtlicher Grade sind, zu sammeln und in Gegenden mit zahlreichen Nachbarlogen eine lokale Zentrale zu schaffen, hat innerhalb des V. A. O. D. zur Errichtung eines Hochgrades geführt, den man im Alten Orden vergeblich sucht. Er heisst Royal Arch Chapter, Arch Chapter, Degree-Grove und wird in Deutschland Hoch-Erz-Kapitel genannt. Mitglieder können Ex-E. und Druiden werden. Die Kapitel sind den GL. untergeordnet. Ihre Aufgaben sind in den verschiedenen Ländern verschieden. Im Allgemeinen sollen sie jegliche Ordensarbeit fördern. In einigen

setzt, übt sie dieselben Befugnisse den GL. gegenüber aus, wie sie gegenüber den Unter-L. für Klagesachen die höchste Instanz bildet.

Der Vorsitzende der R.-Gr.-L. führt den Titel Hoch-Edel-Gross-Erz (H.-E.-G.-E.). Bei seinem Scheiden aus dem Amte wird er zum Ex-H.-E.-G.-E. ernannt. Er geniesst dieselben Rechte in der R.-Gr.-L., wie der E.-G.-E. in der GL. —

Wir wissen, dass die Alten Druiden sich befleissigten, „Gott zu dienen, die Wissenschaft zu erhalten und zu mehren, die Menschen (d. h. soweit sie keltischer Nationalität waren) zu veredeln, die Kunst zu pflegen, Weisheit zu üben.“ Diese Grundsätze und den Ritus des alten Ordens übernahm der i. J. 1781 ins Leben getretene neue Orden. Er drängte jene indess durch das Gebot in den Hintergrund, Mitgliedern in Zeiten der Not Hilfe zu bringen „und zwar solche Hilfe, die nicht auf Grund eines Vertrages von den Notleidenden zu fordern ist, sondern die ihren Ursprung in der Barmherzigkeit, in der Liebe hat.“ Ferner forderte er von ihnen einen sittlichen reinen Lebenswandel und verfügte den Ausschluss religiöser und politischer Debatten aus den Versammlungen.

Ländern erteilen sie die Ex-E.-Grade. In Deutschland geschieht dies von Seiten der GL. Hauptzweck des Hoch-Erz-Kapitels Eintracht in Berlin ist die Verbreitung des Ordens auf deutschem Boden. — „Wenn in einem Orte Druiden sich in so geringer Zahl befinden, dass sie keine ordnungsmässige Loge bilden können, so kann mit Genehmigung der vorgesetzten Gross-Körperschaft ein D.-Klub oder Zirkel auf Antrag der am betreffenden Orte ansässigen Druiden gebildet werden, falls daselbst keine andere Druidenloge besteht.“ — Die Frauen der Brüder des V. A. O. D. treten zu einem „Druiden-Frauen-Zirkel“ zusammen. „Der Zweck dieser Vereinigung soll zunächst der geselligen Annäherung unter sich, sowie der Unterstützung der Männer in ihren Wohlthätigkeitsbestrebungen dienen.“

Dieselben Ziele verfolgt der V. A. O. D. in England und Australien. Auch er betrachtet die Hilfe in der Not als eine seiner vornehmsten Pflichten. Gleichzeitig aber hat er den Logen als zu erstrebendes Ziel die Aufgabe gestellt, die sittlichen Lehren, die von den Druiden der alten Zeit überliefert worden, zu pflegen und in den Herzen der Brüder zu befestigen. Suchende werden zur Aufnahme nur zugelassen, wenn hinsichtlich ihres Charakters und Lebenswandels keine Bedenken obwalten. Alle Bewerber müssen „gute, moralische Menschen, friedfertige Unterthanen, gute Ehemänner und Väter sein.“ Ihre politische Anschauung und ihre Konfession bilden kein Hindernis für die Aufnahme; doch ist „der Glaube an einen persönlichen Gott notwendige Voraussetzung.“

Der amerikanische Zweig verlangt von seinen Mitgliedern strenge Moralität und bezeichnet als seinen Zweck: „Verbreitung der Grundsätze allgemeiner Wohlthätigkeit, Freundschaft und Menschenfreundlichkeit.“ Ihm fehlt die religiöse Grundlage, während von der Pflege der Künste und Wissenschaften, wie sie sich der alte Orden zur Aufgabe gemacht, weder in Amerika, noch in England die Rede ist.

Anders steht es hiermit in Deutschland. Hier kam man bald zur Erkenntnis, dass der Orden, falls er etwas gelten wollte im Lande der Denker, das ideale Banner entfalten, seine Ziele unter einem höheren Gesichtspunkte zusammenfassen müsse. Allerdings stellt auch er für Notfälle Mittel bereit insbesondere zur Unterstützung von Witwen und zur Erziehung von Waisen. Aber auf materielle Hilfe hat kein Bruder einen Anspruch; sie wird nur gewährt zur Bethätigung der Bruderliebe.

Das i. J. 1903 erschienene Grundgesetz bezeichnet als Zweck des deutschen Ordens „die Mitarbeit an der Erziehung des Menschen, an der Veredelung des Menschentums." Um seine Mitglieder zu dieser hehren Aufgabe zu befähigen, sucht er sie zur Bruderliebe, zur Duldung, zum Wohlthun und zur Sittlichkeit zu erziehen. Die Lösung dieser Aufgabe verteilt er auf drei Grade: den Ovaten-, Barden- und Druiden-Grad.

Der Ovaten-Grad ist der Grad der Erkenntnis und des Wissens. Ovaten sind „Seher" d. h. Beobachter. Bei der feierlichen Einführung wirken auf seine Sinne die Formen und ritualen Gebräuche und die Ausstattung der Logenräume. Der Neuling soll das alles sehen, beobachten, aber auch die gewonnenen Anschauungen und Vorstellungen durch weiteres Nachdenken verarbeiten. Insbesondere soll er die Ordens-Symbole und ihre eindrucksvolle Lehre auf sich wirken lassen und darüber nachsinnen. Zur Förderung der Erkenntnis und zur Vermehrung des Wissens werden im Ovatengrade Vorträge gehalten. Solche religiösen und politischen Inhalts sind der Natur der Sache nach ausgeschlossen.

Im Bardengrad*) wird besonders das aesthetische Gefühlsleben betont. Wir wissen, dass schon im grauen Mittelalter sich die Barden versammelten, um Kunst zu üben und Kunstgesetze aufzustellen. Besonders widmeten sie sich der Pflege der Musik und Dichtkunst. Zu demselben Zwecke versammeln sich ja noch heute unter Führung des Bardengrades die Mitglieder des D. O. in Wales. Aber auch Malerei, Skulptur und

*) Im alten Orden ist dieser Grad der höchste. — „Die Verleihung eines Grades gilt als Ausdruck der Zufriedenheit, der Anerkennung, des Fleisses und der Fähigkeit, dem Orden bei dem ernsten Teile seiner Arbeit zu nützen. Gesuche um Erteilung des 2. oder 3. Grades müssen schriftlich oder persönlich eingereicht werden, jedoch nicht eher, bevor der betreffende Bruder nicht mindestens 15, resp. 30 Sitzungen seiner Loge beigewohnt hat. Das Ballot über solche Gesuche findet nur im 3. Grade statt." —

Kunstweberei ziehen diese in den Kreis ihrer Bestrebungen. Nach diesem Vorbilde handelt der V. A. O. D. in Deutschland. Wie die Ovaten Seher, so sollen die Barden Künstler sein. Selbstverständlich kann nicht von jedem Einzelnen gefordert werden, dass er sich künstlerisch schaffend bethätige; wohl aber wird von ihm verlangt, dass er der Kunst „ein empfängliches Herz entgegen bringe, sich mit ihr vertraut mache und ihre Bestrebungen fördere.“

„Der Bardengrad beobachtet ferner die Bewegung auf literarischem und musikalischem Gebiete. Die besten neuen Gedichte werden durch geeignete Deklamatoren im Bardengrad vorgetragen, Proben aus neuen Dramen und Romanen vorgelesen und ihrem Inhalt und ihrer Bedeutung nach erläutert.“ Ebenso werden hier neue Lieder und Kompositionen vorgetragen. Aufmerksame Beachtung findet schliesslich auch das Kunsthandwerk und seine Bestrebungen.

„Der Druidengrad ist der Grad des Wollens, der Beschlüsse und des Handels.“ In ihm wird die Ordensethik und Symbolik durch Vorträge und Beratungen „verarbeitet und die Umsetzung der vollkommensten Sittlichkeitsgrundsätze in das praktische Leben innerhalb und ausserhalb der Logen als die höchste Aufgabe des Ordens angebahnt.“ —

V. Der Unabhängige Orden der Odd Fellows.*)

(Independent Order of Odd Fellows. — I. O. O. F. —)

1. Seine Geschichte.

a) Der Orden in England.

Wie der Freimaurer und der Druiden Anfänge in England zu suchen sind, so hat auch der Odd Fellows Wiege dort gestanden. Der Ursprung ihrer Bruderschaft verliert sich jedoch im unsicheren Zwielicht jenes jungen schönen Tages, dessen Nahen frische Morgenwinde verkündeten. Die rastlose Forschung unserer Zeit hat sich zwar mit Eifer bemüht, die Geheimnisse zu durchdringen, die märchenhaft sich an die Entstehung des Weltbundes knüpfen, hat es aber bisher noch nicht zu einer klaren Lösung gebracht. Wir erfahren nur, dass der geistvolle, aus

---

*) Eine eingehende Würdigung der deutschen OFO-Literatur findet sich in Nr. 23/24 des „Odd Fellow" (Organ für die Interessen des OFO.) 1895. — Vergl. J. Spry: The history of OFship: its origin, tradition etc. London; 1867. — J. Ridgely: History of American OFship. Baltimore; 1878. — E. Bauer: Zwei Ordensskizzen. (Die Odd Fellows Englands u. Amerikas etc.). Leipzig; 1881. — Andraeas: Der Orden der Odd Fellows, dessen Geschichte, Organisation und Wesen. Leipzig; 1882. — O. Quasdorf: Betrachtungen über den Wert des OFtums. Leipzig; 1886. — A. B. Grosh: A new manual of OFship, teaching its origin, history, philosophy, principles, aims, government etc. New York; 1888. — A. Weiss: Der OFO. (I. O. O. F.) Seine geschichtliche Entwicklung, Verfassung und Grundsätze. 3. Aufl. Leipzig; 1892. — R. Rothenburg: Die OF. Ihr Ziel und ihre Arbeit. Leipzig; 1894. — H. Gerlach: Phasen der Entwicklung des OFO. in Deutschland. Leipzig; 1894. — F. Maser: Jubelschrift zur 25jährigen Feier der Einführung des OFO. in Europa. Leipzig; 1895. — O. Läuger: I. O. O. F. Der unabhängige Orden der OF. Ein kurzer Abriss seiner Geschichte u. Verfassung, seines Wesens u. Wirkens. Leipzig; 1897. — G. Werner: Ultramontanismus u. OFtum. Leipzig; 1897. — History and literature of OFship, the three-link fraternity. Boston; 1897. — A. Ohorn: Der Orden der OF. (I. O. O. F.) 4. Aufl. Leipzig; 1898. — Rules

bürgerlichen Dissenterkreisen stammende, für Volkswohl und Recht, für religiöse und politische Freiheit kämpfende Daniel Defoe († 1731) zuerst einer Gesellschaft gedenkt, die sich Odd Fellows nannte. Ferner wird 1745 in „Gentlemans Magazine“ eine Loge der OF. erwähnt, in der man „behagliche und anregende Abende“ verbringen könne. Dann dringt erst wieder aus dem Jahre 1788 eine beachtenswerte Kunde zu uns. Damals widmete der jugendliche James Montgomery — er gehörte der mährischen Brüdergemeinde in Schottland an († 1854) — einer, das Motto des OFOrdens führenden, Gesellschaft in London ein Lied, das mit den Worten begann:

„Wenn Freundschaft, Liebe, Wahrheit wohnen
Bei Brüdern . . . .“

Im übrigen wissen wir nur mit einiger Bestimmtheit, dass der OFOrden *) eine Brudervereinigung von schlichten Handwerkern war, die, durch die Not des Tages zusammengeführt, mit nüchternem, verständigem

---

of the I. O. O. F. Manchester Unity Friendly Society etc. Manchester; 1901. — Ch. Hardwick: The history, present position and social importance of friendly societies etc. London; o. J. — Th. Ross: OFship: Its history and manual. New York; o. J. — J. Ridgely: Gedächtnisrede auf Thomas Wildey. Leipzig; 1883. — Ein gründliches, auf eindringenden kritischen Forschungen beruhendes Handbuch des OFO. aus der bewährten Feder von A. Lotthammer in Leipzig ist in Vorbereitung und wird in Kurzem im Verlage von Theodor Leibing daselbst erscheinen. Die nie versagende Güte des mir freundschaftlich nahestehenden Verfassers bot mir willkommene Gelegenheit, das Manuskript für meine eigene Arbeit benutzen zu dürfen.

*) „Odd Fellow“ heisst schlechthin „Sonderbarer Geselle“. „Odd“ bedeutet aber auch soviel als „einzeln, ungleich, überzählig“. Odd Fellows wurden ursprünglich, im Gegensatz zu den organisierten Steinmetzen, diejenigen Bauhandwerker genannt, die keinem, über Zunftgerechtsame verfügenden, Verbande angehörten. Erst die Not zwang diese „Überzähligen“ oder Hilfsarbeiter zu festem Zusammenschluss.

Sinn für die harten Wirklichkeiten des Daseins ausschliesslich den Sorgen der Gegenwart lebte: der Unterstützung und Hülfeleistung in Krankheitsfällen, der Bestattung der Toten, der werkthätigen Fürsorge für Witwen und Waisen.

Nach dem bewährten Vorbilde ähnlicher Bruderschaften umgaben sich die OF. mit einem allmählig immer feierlicher sich gestaltenden Gebrauchtum, schufen sie eine Reihe von Merkmalen und Zeichen, an denen sie sich innerhalb und ausserhalb ihrer Vereinigung erkannten, nannten sie ihre Versammlungen „Logen“, verboten sie die Erörterung politischer und religiöser Fragen bei ihren Zusammenkünften. Dem Zwecke der Vereinigung entsprechend, waren diese ausschliesslich der Erledigung weltlicher, sinnenfälliger Dinge gewidmet. Sehr naiv, aber desto umständlicher, war das Verfahren zur Aufbringung der nötigen Geldmittel. Beim Eintritt in die Loge hatte jedes Mitglied und jeder Gast einen Penny zu entrichten. Bedurfte ein Bruder der Unterstützung, so wurde ihm eine entsprechende Summe durch Stimmenmehrheit zuerkannt. War er arbeitslos, so wurde er mit Geld versehen und mit einer Ausweis-Karte ausgestattet. Damit wandte er sich an die Loge des nächst gelegenen Ortes. Gelang es ihm auch dort nicht, Arbeit zu finden, so sorgte jene für sein weiteres Fortkommen. Erhielt er aber Beschäftigung, so gab er seine Karte bei der nächsten Loge ab. In Fällen, wo eine Loge ihre Mittel aufgebraucht hatte, machte sie von ihrer bedrängten Lage den Schwestervereinigungen Mitteilung. Diese sandten ihr nur Gäste zu, um die Penny-Sammlungen zu erhöhen. Und es war garnichts Seltenes, dass Logen vollzählig eine bedürftige Schwester besuchten, dass zahlreiche OF. unablässig Woche für Woche ihre Beisteuer lieferten, bis die erschöpfte Kasse wieder gefüllt war.

Die Beiträge sammelte der Kassenführer ein. Mit der Axt, dem Symbol des Handwerks, die an der Spitze ein Sinnbild, das „Herz in der Hand", trug, trat er an jeden der Anwesenden heran und erhob die wöchentliche Zahlung. Erst im Jahre 1835 kam man auf den Gedanken, diese merkwürdige Art der Sammlung von Geldmitteln durch die Erhebung regelmässiger wöchentlicher, monatlicher oder vierteljährlicher Beiträge zu ersetzen und bestimmte Unterstützungsquoten zu gewähren.

Die augenfälligen Vorteile, die der Bund den Brüdern bot, hatten ein schnelles Steigen seiner Mitglieder- und Logen-Ziffer zur Folge. Aber bei dem Mangel jeglicher Organisation strebten die frischen Kräfte in heilloser Zersplitterung auseinander, gingen die einzelnen Logen ihres eigenen Weges. So kam es, dass schon in den 90er Jahren des 18. Jahrhunderts eine Anzahl von OFGenossenschaften *) auf englischem Boden genannt wurde, die das Bewusstsein ihres gemeinsamen Ursprungs und ihres Zusammenhanges völlig verloren hatten.

Dieser Zustand dauerte bis zum Jahre 1803, da die London Unity OF. sich den Titel Grossloge beilegte und auf Grund dessen eine unumschränkte Machtbefugnis über alle OF. innerhalb des vereinigten Königreichs für sich in Anspruch nahm. Indes erwuchs ihr bald in der Abercrombie-GL. von Salford ein gefährlicher Nebenbuhler. Eine Zeitlang wirkten beide nebeneinander und suchten sich zu überbieten in der Gründung und in dem Ausbau von Wohlthätigkeitseinrichtungen. So wiederholt sich denn auch hier die wider-

*) Hierher gehören die Imperial Odd Fellows in Nottingham, die Ancient noble OF. in Bolton, die Grand United OF. in Sheffield, die Economical OF. in Leeds, die National OF. in Salford, die London Unity OF., die Manchester Unity OF. etc.

liche Erscheinung, die ein untrügliches Merkmal unfertiger, unreifer Gebilde ist: der gierige, in seinen Mitteln wenig wählerische Wettbewerb schädigte die ohnehin gelockerte Zucht der Logen schwer. Die Mitglieder vergassen des schuldigen Dankes für die Wohlthaten der Brüderschaft, wenn sie die Wirren, Kämpfe und Gegensätze um sich her betrachteten. Es giebt eben unter den Menschen wie unter den Staaten nur einzelne Glückskinder, denen der leichte Erwerb gedeiht; den meisten gereicht nur das in schweren Sorgen und Kämpfen errungene Gut zum Heile.

Da von den beiden bestehenden GL. eine Wendung zum Besseren nicht zu erwarten war, wagten endlich in richtiger Würdigung der gefährlichen Sachlage die Logen des Manchester-Distrikts einen kühnen Schritt zu einer einheitlichen Gestaltung des Ordenswerkes. Sie beriefen eine allgemeine Beamten-Konferenz nach Manchester. Der alte mannhafte Grundsatz der rücksichtslosen Anspannung aller Kräfte gewann die Oberhand über die weichliche Philanthropie des Zeitalters. Die versammelten Vertreter der Logen erklärten sich in ihren künftigen Einrichtungen für unabhängig von den bestehenden Grosskörpern und riefen als eine selbständige, gesetzgebende Körperschaft die „Manchester Unity des unabhängigen Ordens der OF.“ ins Leben.

Schon am 21. Januar 1814 war die neue GL. innerlich so weit gekräftigt, dass sie trotz des hartnäckigen Widerstandes der rivalisierenden GL. ihre Machtbefugnisse im Interesse des Ganzen mit Erfolg geltend machen konnte. Da sie massvoll, aber mit Ernst und Würde ihres Amtes waltete, auch den Bedürfnissen ihrer Mitglieder in verständiger Weise entgegenkam und ihnen Gelegenheit gab, ihre Talente im Dienste des Ordens zu bethätigen, so konnte es nicht fehlen, dass die Zahl der Brüder von Jahr zu Jahr wuchs. 1839 zählte sie

1632 Logen mit 112218 Mitgliedern. Seitdem ist die MU. of OF*) in beständigem Vorschreiten begriffen.

b) Der I. O. O. F. in Amerika.

Englische Emigranten trugen das OFtum über den Ozean und errichteten ihm am 23. Dezember 1806 in New-York einen Altar, den ersten auf nordamerikanischem Boden. Die junge Loge erfreute sich bald grossen Zuspruchs aus den Kreisen des städtischen Bürgertums. Doch scheint sie ihre Aufgabe mehr in der Pflege gemütlicher Geselligkeit erblickt zu haben, als in der selbstlosen Hingabe an die grossen Ordenszwecke. Nach einer langen Ruhepause während des amerikanisch-englischen Krieges im Dezember 1818 wieder eröffnet, suchte die Shakespeare-Loge bei der Manchester Unity die Erteilung eines Freibriefes nach. Es ist jedoch zweifelhaft, ob sie das erbetene Dokument, mittels dessen sie sich an die Spitze des amerikanischen Ordenszweiges zu stellen gedachte, erhalten hat. Denn nirgend ist später davon die Rede, dass sie ihre Autorität geltend gemacht hätte, oder dass diese von andern Logen anerkannt worden wäre.

Inzwischen hatte das OFtum auch in Halifax und Baltimore Eingang gefunden. Hier war am 26. April 1819 die Washington-L. ins Leben getreten. Ihr Gründer und erster Meister war der geniale Thomas Wildey **).

*) I. J. 1901 betrug die Zahl ihrer Mitglieder 996534, darunter etwa 116000 Angehörige von Jugendlogen. Ihr Vermögen belief sich auf 10 Millionen Pfund Sterling.

**) Als Sohn unbemittelter Eltern am 15. Januar 1782 in London geboren, kam der ernste, gemütvolle Knabe, nachdem er dürftigen Schulunterricht genossen, zu einem Wagenfedernschmied in die Lehre. Er verblieb in ihr die üblichen 7 Jahre und bildete sich zu einem geschickten Arbeiter in seinem Fache aus. Nach seiner Lossprechung arbeitete er in London und andern Städten

Der Name Washingtons, des hochsinnigen Patrioten, dessen Ruhm die Welt erfüllte, war von guter Vorbedeutung. Mit ihm beginnt nicht nur die Geschichte der nordamerikanischen Union, sondern auch die Geschichte des „Unabhängigen Ordens der Odd Fellows" auf amerikanischem Boden.

---

seines Vaterlandes. Er war ein Mann, der, so viel wir wissen, es ernst nahm mit seinen Pflichten, der mit einem übervollen, liebeglühenden Herzen einen gerechten und wahrhaften Sinn verband, der sich auch durch ein nicht gewöhnliches Mass mühsam errungener Kenntnisse auszeichnete, kurz, der alle den reinen und guten Menschen kennzeichnenden Vorzüge und die fortreissende Macht der grossen Persönlichkeit besass. Jedes unedle Wort verstummte, wenn er seine Gedanken aussprach so kunstlos und so volkstümlich, so gütig und so treuherzig, so tapfer vor den Menschen und so demütig vor Gott. Später trat W. in eine der zahlreichen Logen in London, die nicht der Manchester Unity angehörten. In verhältnismässig kurzer Zeit gewann er den höchsten Beamtenposten, den er ehrenvoll verwaltete. Nachdem er in London die Morgenstern-L. Nr. 38 organisiert und in ihr in Verlauf von 10 Jahren dreimal zum vorsitzenden Meister erwählt worden, siedelte er im Juli 1817 nach Baltimore über. Vermöge seiner fachmännischen Tüchtigkeit und seiner sonstigen Kenntnisse und Vorzüge gelang es ihm bald, in der Fremde festen Fuss zu fassen. Seine Vorliebe für freundschaftlich-geselligen Verkehr fand freilich zunächst keine Befriedigung. Das Land begann zwar von den Wunden, die ihm der Krieg geschlagen, zu genesen, aber die Abneigung gegen England und seine Kinder blieb bestehen und artete nicht selten in wütenden Hass aus. Unter diesen Umständen kam W. der Gedanke, die in der Stadt ansässigen gleichgesinnten Landsleute, namentlich die OF., zu sammeln und durch Gründung einer Loge einen Mittelpunkt für ihre geistigen und materiellen Bedürfnisse zu schaffen. So entstand die Washington-L. — Nach Errichtung der „GL. der Vereinigten Staaten" bekleidete W. viele Jahre hindurch des Ordens höchste Ehrenstelle und diente ihm dann bis zum letzten Atemzuge erfolgreich als Reiseapostel. Ganz durchglüht von der weichen Poesie des philanthropischen Zeitalters, war W. doch eine wunderbare Verbindung von derber Naturkraft und holdem Zartsinn, von ausgleichen-

Das Licht, das in Baltimore leuchtete, sandte seine belebenden Strahlen weit hinaus in die Lande. Von ihm ging eine humanitäre Bewegung aus, die unaufhaltsam über den ganzen Erdkreis sich verbreitet hat, die ihre Segnungen hauptsächlich jenen Mühseligen und Beladenen spendet, die „am Banket des Lebens“ keinen Platz finden.

Am 5. Februar 1821 trat ein Ausschuss von Ex-Meistern in Baltimore zusammen, um die Notwendigkeit der Errichtung einer GL. zu prüfen. Infolgedessen entstand die „GL. von Maryland“ des I. O. O. F. Wildey ward einstimmig zu ihrem Grossmeister erwählt. Un-

---

der Gerechtigkeit und billiger Erwägung. Als der tapfere Pionier der Menschenliebe am 19. Oktober 1861 in die Ewigkeit einging, trauerten mehr als 400 000 Brüder an seiner Bahre. Ein prachtvolles Denkmal, von seinen dankbaren Ordensgenossen auf der Höhe der Broadway-Hügel in Baltimore errichtet, verkündet der Welt den Ruhm eines treuen Mannes aus dem Volke.

Wenig bekannt ist, dass W. bis zu seinem Lebensende gleichzeitig dem Druiden-O. angehört hat. Auch in ihm entfaltete der Philanthrop im Handwerkerkleide eine edle und rastlose Thätigkeit. Zweimal bekleidete er das höchste Amt im DO. Und als er das Zeitliche gesegnet, widmete ihm der H. E. G. E. Br. Hastings in seinem Berichte einen tiefempfundenen Nachruf. „Bald nach unserer letzten GL-Sitzung“, so heisst es dort, „ist der geniale, freundliche und hochverehrte Br., Ex H. E. G. E. Th. W. aus unserer Mitte genommen und eingeführt in die GL. dort oben, in der Jehova präsidiert. Als Vater und Begründer eines Ordens (OF.), der dem unsrigen ähnlich ist, hat er sich grosse Ehren erworben. Als Mitglied unseres Ordens war er ein ernster, begeisterter und energischer Förderer seiner Bestrebungen und brachte ihn zu grossem Ansehen in der Bevölkerung. Er war ein Mann von gesundem Urteil, unzweifelhafter Ehre und grosser Liebe für die Verbrüderung aller Menschen. . . . Möge sein Beispiel unter uns fortwirken! Möchten wir nie vergessen seine Tugendhaftigkeit, seine Geselligkeit und die zahlreichen Beweise edler Freundschaft!“ Vergl. D. Zeitung 1900 Nr. 15 S. 157f.

ermüdlich bestrebt, seinen Orden öffentlich zur Geltung zu bringen, seiner Ausbreitung die Wege zu ebnen, ihn innerlich zu kräftigen und auszubauen, wirkte der wackere Mann mit dem ihm aus einem wechselreichen Leben zu Gebote stehenden Reichtum praktischer Erfahrung dahin, dass bald auch in den Staaten Massachusets, New-York und Pennsylvanien Gross-L. eingesetzt wurden. Diese errichteten am 15. Januar 1825 im Verein mit der Grosskörperschaft von Maryland die „GL. der Vereinigten Staaten"*) und erwählten Wildey zum Grossmeister, ein Titel, der bereits im nächsten Jahre durch die Bezeichnung Gross-Sire zur genauen Unterscheidung von dem höchsten Beamten der Staats-GLogen ersetzt wurde.

Für die ruhige und stetige Fortentwicklung des amerikanischen Ordenszweiges war die Unabhängigkeit von dem englischen Grosskörper unumgängliche Voraussetzung. Nach langwierigen Verhandlungen mit den Ordensbehörden in Manchester, wohin Wildey im Mai 1826 gereist war, wurde der „GL. der Vereinigten Staaten" die ausschliessliche Gerichtsbarkeit über den Orden in Amerika zugesprochen. Nun drangen seine Sendboten frischen und begeisterten Mutes vorwärts. Staat um Staat ward für seine Lehre gewonnen und das weisse Ordensbanner in Delaware, Ohio, Kentucky, Louisiana und Virginien entfaltet. Da trat plötzlich ein Stillstand und damit auch ein Rückschritt in seiner äusseren Entwicklung ein — eine Folge jener auf Veranlassung der Baptisten einsetzenden unseligen Freimaurerhetze**) (1827—33), unter der alle geheimen Gesell-

*) 1879 nahm die „GL. der Vereinigten Staaten" den Titel „Souveräne GL. I. O. O. F. (SGL.)" an. Sie erhob sich damit aus der Reihe der ihr angegliederten GL. in anderen Ländern und Erdteilen und damit zum Haupte des Ordens in der ganzen Welt.

**) Die grosse Verfolgung ist verknüpft mit dem unglück-

schaften schwer zu leiden hatten. Kaum war der vernichtende Orkan vorübergebraust, brachen Streitigkeiten mit der Manchester Unity aus. Die Willkür, mit der diese in die verbrieften Rechte der amerikanischen Brüder eingriff, die ungerechtfertigte Aenderung der Rituale und Zeichen, die sie wiederholt vornahm, und andere schlimme Dinge erregten die Leidenschaften und führten endlich dahin, dass die „GL. der Vereinigten Staaten" die Verbindung mit der Mutter löste und sich als selbständiges Haupt des OFOrdens erklärte.

Unterdess hatte sich der Orden über den ganzen nordamerikanischen Kontinent und bis nach den Sandwichs-Inseln und Australien verbreitet. Obwohl die kriegerischen sechsziger Jahre des 19. Jahrhunderts schwere Opfer auch von ihm forderten, so war sein Bau doch so fest gefügt, dass er allen Schicksalsschlägen

---

lichen Namen William Morgans. Nach mannigfachen Schicksalen liess sich der rätselhafte Mann in Batavia nieder, wo sich 1826 das Gerücht verbreitete, er arbeite an einem Werke über die geheimen Gebräuche und Lehren der Freimaurer und habe bereits einen Maler für die Ausstattung seines Buches mit Illustrationen gewonnen. Diese Kunde erregte in FMkreisen eine gewaltige Aufregung. Um die Veröffentlichung des geplanten Werkes zu verhindern, wurde M. im September 1826 nach Kanada entführt und dort in sicherem Gewahrsam gehalten. Die unbesonnene Gewaltthat wurde ruchbar. Eine Anzahl FM., die an ihr beteiligt gewesen, musste ihr Vergehen mit schweren Gefängnisstrafen büssen. Stürmische Protestversammlungen, von den Baptisten veranstaltet, forderten die Unterdrückung der FM. Morgan selbst wurde als unschuldiges Opfer einer verbrecherischen Gesellschaft hingestellt, die ihn in den Niagara gestürzt hätte, weil er die Geheimnisse ihres Bundes verraten habe. Trotz jahrelanger Nachforschungen blieb er verschollen. Derweil führte, wie sich später herausstellte, der vielbeklagte Ermordete unter dem mysteriösen Namen Mustapha ein ruhiges und beschauliches Leben in Smyrna, wo er noch 1843 gelebt haben soll. — Vergl. Handbuch der FM. II. Bd. S. 53 f.

siegreich Trotz bot. Heute arbeiten unter seinem völkerverbindenden Friedensbanner in Amerika, Australien, den Südseeinseln und Asien 13 083 Logen mit 1 056 807 Mitgliedern.*)

c. Der Orden in Deutschland.

Der junge Tag, der in dem schicksalsschweren Jahre 1870 über das deutsche Vaterland heraufdämmerte, sah auch die emporsteigende Sonne jener Weltanschauung, welche die intellektuelle Kultur Amerikas inmitten einer Welt abstossender Barbarei in dichterisch schönen Zügen als ein bedeutsames Merkmal der modernen Geschichte aufgestellt hat.

Der Gedanke, das OFtum nach Deutschland hinüberzutragen, der lieben alten Heimat, ward i. J. 1869 von einem deutschen Bruder namens Ostheim in der GL. des Staates Oregon angeregt und trotz grosser Schwierigkeiten, die anfangs seinem Beginnen sich entgegenstellten, unentwegt mit deutscher Zähigkeit verfochten. Seine Begeisterung überwand schliesslich alle Hindernisse. Auf seine Veranlassung erklärte sich die SGL. einstimmig für die Verwirklichung des ebenso schönen wie verheissungsvollen Planes. Die nötigen

*) Rechnet man hierzu die europäischen OFLogen mit etwa 12000 Mitgliedern, die Manchester Unity mit rund 900 000 Mitgliedern, die übrigen freien OFVerbände in England und seinen Kolonien mit etwa 700 000 Mitgliedern, so beziffert sich die Gesamtzahl aller OF. auf der Erde auf nahezu 3 Millionen. — Dem I. O. O. F. nachgebildet ist der „Ancient Order of Good Fellows“ in Nordamerika. Im J. 1829 in New-York gestiftet, hat er unter dem Panier: Glaube, Liebe, Hoffnung in den Kreisen der Deutsch-Amerikaner grosse Verbreitung gefunden. Ausser dem Einführungsgrade bestehen noch 5 andere Stufen, nach den in ihnen vorherrschenden Farben: grün, rosa, blau, karmoisin und gold genannt. Sie dienen als Vorbereitung zu 2 Hochgraden, die im Lager (Encampment) erteilt werden.

Mittel für die deutsche Mission spendete hochherzig die meist aus deutschen Brüdern zusammengesetzte Templer-L. Nr. 18 von Kalifornien.

Der grossen Aufgabe unterzog sich mit Eifer und Hingebung der damalige Gross-Sire Farnsworth in eigener Person. Auf dem Wege nach Deutschland überraschte den Hoffnungsfrohen in einem englischen Hafen die Kunde von dem Ausbruch des deutsch-französischen Krieges. Durch die Macht der Verhältnisse zu einem unfreiwilligen Aufenthalt in England genötigt, aber von dem Wunsche beseelt, das schöne Werk unter allen Umständen zu fördern, berief Farnsworth unverzüglich den damals in Berlin weilenden Bruder Dr. Morse zu sich nach London. Ihm übertrug er die deutsche Mission und rüstete ihn zu diesem Zwecke mit allen notwendigen Mitteln aus: mit Ritual-Büchern, geschriebenen Instruktionen, Gegenständen zur Ausstattung der Logen etc. Gleichzeitig übergab er ihm Empfehlungsschreiben angesehener amerikanischer Senatoren, des deutschen Gesandten v. Gerolt, des Vizepräsidenten Schuyler-Colfax und anderer Staatsmänner. So ausgestattet, kam Morse nach Berlin.

Durch den amerikanischen Gesandten Bancroft liess er der preussischen Regierung das Gesuch um Zulassung des Ordens vorlegen. Aber Woche um Woche verstrich, ohne dass ihm der ersehnte zusagende Bescheid zuteil wurde. Unterdes gelang es der zähen Thatkraft Morses in Verbindung mit mehreren, in Stuttgart lebenden, Brüdern die Württemberg-Loge zu gründen. Es brannten die Weihnachtskerzen, als drunten im anmutigen Schwabenlande das „erste Reis des grossen Baumes der Brüderlichkeit in die deutsche Erde“ gesenkt wurde.

Inzwischen hatte Morse die amtliche Erlaubnis zur Einführung des Ordens in Preussen erhalten. Die Brust geschwellt von frohen Hoffnungen, kehrte der Unermüdliche Anfang Januar 1871 nach Berlin zurück. Aber die kriegerische Zeit war seinem Unternehmen wenig hold. Noch drei Monate sah er ins Land gehen, ehe eine grössere Zahl geeigneter Kandidaten beisammen war und um Aufnahme in den völlig unbekannten Orden nachsuchte. Nun erst konnte der Versuch mit einiger Aussicht auf Erfolg gewagt und am 2. April zur Einweihung der Germania-L. Nr. 1 von Preussen geschritten werden. 13 Kandidaten wurden an diesem Tage in den Bruderbund aufgenommen, wenige Tage darauf noch 9 andere.

Von Berlin eilte Morse, nachdem er am 23. Mai das Farnsworth-Lager eingerichtet, nach Dresden. Am 6. Juni entstand in der sächsischen Hauptstadt die Saxonia-L. Und nun entfaltete sich das OFtum in Deutschland still und stetig. Niemals in aller Geschichte hat eine bisher unbekannte Form des Idealismus so gänzlich jeglicher Gunst der äusseren Lebensverhältnisse entbehrt, wie dieser Orden. Wie ganz anders war das doch bei den Freimaurern! Hier waren mächtige Fürsten, die den Schutz und die Pflege einer so eigenartigen idealen Erscheinung als eine Zierde ihrer Krone hegten; hier war auch ein empfängliches Publikum, das die Träger der neuen Ideen ermutigte und ihm zugleich fruchtbare Aufgaben stellte. Bei den OF. nichts von alledem! Unter dem Siegesdonner deutscher Geschütze hielt ihr Orden seinen Einzug in das deutsche Land. Das war immerhin von guter Vorbedeutung. Fiel doch seine Gründung hier zusammen „mit jenen denkwürdigen Tagen, da mit Blut und Eisen der neue deutsche Kaiserthron zusammengeschmiedet ward. zu dessen Säulen auch jene Humanität gehört, deren Hohepriester die OF. sein wollen". Also darf auch ihr Orden als ein Beweis gelten für die Thatsache, dass eine neue Gedankenwelt, sobald sie sich in der Seele eines Volkes angesammelt oder festgesetzt hat, der Sonne äusseren Glückes getrost entraten kann; sie ist nicht mehr zu hemmen, sie bricht sich ganz von selbst, ohne fremdes Zuthun unaufhaltsam Bahn. Mit etwa 50 Bekennern trat das OFtum in Deutschland vor 33 Jahren seine Laufbahn an. Heute dienen ihm daselbst in 98 Logen 5400 Brüder.

d. Die OF. in den übrigen Ländern Europas.

Schon nach Verlauf weniger Monate gingen des Ordens Segensspuren über die deutschen Grenzen hinaus, die frohe Botschaft der Humanität, der „echten Freiheit des Geistes“, den stammverwandten Völkern in Süd und West und Nord zu verkünden.

Es war im Juni d. J. 1871, als die Regierung des Kantons Bern Bruder Morse zu seiner Absicht, dem OFtum auch in der **Schweiz** eine Heimstätte zu errichten, beglückwünschen liess. Nichts konnte dem rührigen Apostel erwünschter sein. Indess es galt zuvörderst noch mancherlei Vorurteilen zu begegnen, die ihren Grund in politischen Besorgnissen vor Deutschland hatten. Die öffentliche Meinung huldigte dem fatalen Glauben, der Orden sei dort zur Förderung der politischen Zwecke des neuen Reichs ins Leben gerufen worden. Die Welt ist schnell fertig mit ihrem Urteil, und jedes lächerliche Märchen darf auf eine Gemeinde gläubiger Hörer rechnen. Aber bald war Morse zur Hand. Der Zauber seiner liebenswürdigen Persönlichkeit wirkte überall beruhigend, und leicht waren alle Besorgnisse zerstreut, so dass schon am 19. Juni 1871 die Helvetia-L. Nr. 1 in Zürich eingeweiht werden konnte. Ihr folgten weitere L-Gründungen in Baden und Bern und bald darauf (1874) die Errichtung der GL. der Republik Schweiz, die aber erst i. J. 1901 völlige Selbständigkeit erhielt. Nach einem kräftigen

Aufblühen in der Zeit von 1871—78 trat — eine auch anderweitig beobachtete Erscheinung — ein jäher Rückgang in der äusseren Entwicklung ein. Erst i. J. 1887 ging die Krisis zu Ende. Seitdem weist das OFtum in der Schweiz von Jahr zu Jahr grössere Fortschritte auf. —

In **Dänemark** ist der Orden seit 1878 heimisch. Am 29. Juni entstand in Kopenhagen die erste Loge, und am 21. April 1884 konnte hier eine GL. errichtet werden. Unter ihr arbeiten jetzt 30 Logen und Lager mit 3000 Mitgliedern. Eine rührige Thätigkeit entfaltet der dänische Orden auf praktisch-humanitärem Gebiete. Eine seiner schönsten Thaten ist die Gründung des Lepra-Asyls auf Island, während die eines Tuberkulosen-Genesungsheims bereits in Angriff genommen ist.

Auch auf **Island** fiel das Samenkörnlein des OFtums auf guten Boden. Die 1897 in Reykjavik gegründete Loge zählte 1903 bereits 52 Mitglieder.

In **Schweden** ist das OFtum seit dem Jahre 1884 heimisch und gewinnt augenscheinlich in allen Schichten der Bevölkerung an Ansehen und Bedeutung. Am 1. Juni 1902 bestanden hier 1 GL., 2 Lager und 30 Logen mit 2700 Mitgliedern.

In **Norwegen** (Stavanger) befindet sich seit 1898 eine OFLoge. Die Gründung einer zweiten in Christiania steht nahe bevor.

Die Paradijs-L. zu Amsterdam war der erste Tempel, der am 19. März 1877 dem OFtum in **Holland** errichtet ward. Ihr folgte am 13. Januar 1878 die Gründung der Mount Sinai-L. Lange blieben sie die einzigen Pflanzstätten. Erst in den 90er Jahren des 19. Jahrh. regte sich ein frischeres Leben in den holländischen Logen. Der 1900 errichteten GL. unterstehen z. Z. 11 Logen mit etwa 550 Mitgliedern.

Die ersten Versuche, den OFO. nach **Frankreich** zu verpflanzen, wurden i. J. 1876 angestellt. Damals scheiterten jedoch alle Bemühungen, die sich auch, so oft sie in den nächsten Jahren wiederholt wurden, als vergeblich erwiesen. Endlich konnte aber doch am 2. März 1887 in Havre die erste Loge eröffnet werden. Eine hier zwei Jahre später errichtete zweite L. musste 1899 ihre Arbeiten wieder einstellen. So ist also der Orden in Frankreich über Havre nicht hinausgekommen.

Ebensowenig Aussicht auf Erfolg ist ihm bisher auf dem klassischen Boden **Italiens** erwachsen. Der am 12. März 1895 in Neapel unter ziemlich günstigen Aussichten geweihte OFtempel schloss seine Pforten bereits nach kurzer Zeit — man weiss nicht, aus welchem Grunde. —

2. Die Verfassung des OFOrdens und seine Lehre.

Die alte Welt lebt in Zuständen, die in der geschichtlichen Entwicklung von Jahrtausenden geworden sind, und hat die grosse Aufgabe zu erfüllen, Vergangenheit und Gegenwart schonend zu vermitteln. Die Vereinigten Staaten von Nordamerika dagegen sind von vornherein nach einer modernen, durch die vorhandenen Verhältnisse bedingten, Staatstheorie angelegt und entbehren der Herrlichkeit, aber auch der Schwierigkeit eines althistorischen Hintergrundes. Demnach beruht auch ihre Staatsform auf dem Prinzip des Föderalismus, das den einzelnen Teilen soviel Freiheit und Selbständigkeit gestattet, als das Interesse des Ganzen irgend vertragen will. Selbstregierung und Selbstbestimmungsrecht durchdringen das gesamte Volks- und Staatsleben und gewähren schrankenlosen Raum zur freien Bewegung und Bethätigung aller Kräfte. Allein das föderative Prinzip beschränkt jene; und diese Beschränkung ist eine freiwillig auferlegte und notwendige.

Diesem Vorbilde entspricht der Organismus des OFOrdens. Wohlgegliedert und einfach, umfasst und regelt er dessen Thätigkeit. Alles atmet Einheit, Klarheit, Ordnung. Auch hier ist die Unter-Loge die Hauptstätte der ganzen Ordensthätigkeit. Sie wird von erwählten und ernannten Beamten verwaltet. Zu jenen gehören: der Obermeister, der Untermeister, der protokollierende Sekretär, der Finanz-Sekretär und der Schatzmeister. Sie haben an besonderen Tischen ihren Platz. Der OM. hat den Hauptstuhl inne. Gewöhnlich rot drapiert, ruht er auf einer Plattform, zu der drei Stufen hinaufführen. Ihm gegenüber in der Nähe der Eingangsthür nimmt der UM. einen blau drapierten Stuhl ein. Während der OM. als Zeichen seiner Würde einen Scharlachkragen anlegt, der mit Silberfransen und zwei kreuzweis über einander gelegten Hämmern von Weissmetall verziert ist, trägt der UM. eine blaue Regalie. Sie ist mit Silberbesatz versehen und weist die Nachbildung eines Stundenglases in Weissmetall auf. Hat der OM. einen vollen Termin seinem Amte vorgestanden, so tritt er in den Rang des Ex-Meisters ein. Ernannte Beamten sind: der Aufseher, der Führer, die Äussere Wache, die Innere Wache, der rechte und linke Gehilfe des OM., der rechte und linke Gehilfe des UM., der rechte und linke Gehilfe des Führers. Hierzu kommen meist noch der Marschall und der Kaplan.

Alle untergeordneten Logen eines bestimmten Distrikts stehen unter der Oberaufsicht einer Gross-L. Diese setzt sich zusammen aus den erwählten [G.-M.*),

*) Der GM. führt bei den Verhandlungen der GL. den Vorsitz. Zu seinen Pflichten gehört es, Logen zu weihen, Beamte zu installieren, das Ordenswerk zu erklären, Anklagen und Gesetzesfragen zu entscheiden und die Arbeiten der ULogen zu über-

Deputierter G.-M., G.-Aufseher, G.-Sekretär, G.-Schatzmeister] und den ernannten (G.-Marschall, G.-Wache, G.-Kaplan) Beamten, aus sämtlichen in den Büchern gutstehenden Ex-Meistern der zugehörigen Unter-L. und aus Repräsentanten der Unter-L., die alle zwei Jahre gewählt werden.

Über allen diesen Körperschaften waltet in Deutschland die „Grossloge Deutschen Reiches" (GLDR.). Sie hat die Befugnis, Freibriefe auszugeben, Logen und Lager sowie GL. und GLager zu gründen innerhalb des Deutschen Reiches oder in andern germanisch-europäischen Ländern, die sich ihr mit Genehmigung der SGL. anschliessen wollen. Sie ist aber verpflichtet, das geschriebene und ungeschriebene Werk des Ordens, wie es in der Jurisdiktion der SGL. gehandhabt wird, getreu zu bewahren. In allen Klagesachen ist sie die höchste Instanz.

Die GLDR. besteht aus den alle zwei Jahre mittels geheimer Abstimmung gewählten Beamten: dem Gross-Sire, dem Deputierten Gr.-S., dem Gr.-Sekretär und dem Gr.-Schatzmeister und den Repräsentanten der verschiedenen Grosskörper.

Die Quelle der wahren und gesetzmässigen OFschaft auf der weiten Erde ist die „Souveräne Gross-Loge". Ihre Beamten entsprechen denjenigen der GLDR. Ihr steht die Befugnis zu, „das ungeschriebene Werk des Ordens zu regeln und zu beaufsichtigen, sowie Gebräuche und Gewohnheiten betreffs aller dahin gehörigen Dinge zu bestimmen und festzusetzen". Ihr ist das Recht vorbehalten, den I. O. O. F. in solchen Ländern zu begründen, wo er noch nicht besteht. Sie erlässt alle Gesetze, die den Orden im Allgemeinen betreffen, und

---

wachen. — Die GL. als solche bezw. ihr GM. hat ferner die Befugnis, in ihrem Bereiche Freibriefe zur Errichtung von L. zu erteilen.

erteilt alljährlich das Reisepasswort zum Gebrauch in ihrer gesamten Gerichtsbarkeit.

Eine Art Hochgrade stellen die „Untergeordneten Lager" und die „Gr.-Lager" dar. Sie werden geleitet von dem Hauptpatriarchen bezw. G.-Patriarchen, dem Hohepriester (GH.), dem ersten und zweiten Aufseher (GA.), dem Sekretär (GS.), dem Schatzmeister (GSchm.). — Die GLager, die übrigens in Europa nicht vertreten sind, beaufsichtigen die patriarchalischen Grade und die Einheit ihrer Lehre.

In den Vereinigten Staaten weist der Orden (1903) auch einen Bestand von 6027 Rebekka-Logen*) mit 411 955 Mitgliedern auf.

Der OFOrden hat sich eine hohe Aufgabe gesetzt: durch Erwecken weihevoller Stimmungen will er die Herzen der Brüder für die Herrlichkeiten des Schönen begeistern und zur Bethätigung einer auf Freundschaft, Liebe und Wahrheit begründeten Lebensführung anregen. Er will den Charakter der Brüder veredeln, ihnen weitere und höhere Begriffe ihrer Fähigkeiten zum Guten einprägen, ihren Geist erleuchten, den Kreis ihrer Neigungen zum Guten erweitern, kurz den Menschen behufs seiner Vollendung „jener brüderlichen Gesinnung zuführen, wie sie durch den grossen Urheber alles menschlichen Seins bestimmt ist."

---

*) Mitglieder können werden alle gutstehenden OF. und deren Frauen und alle unverheirateten, weissen Personen weiblichen Geschlechts über 18 Jahre, die an ein höchstes Wesen als den Schöpfer und Lenker des Weltalls glauben und sich eines guten Rufes erfreuen. In Deutschland hat früher eine Anzahl Rebekka-L. bestanden. Im Laufe der Zeit haben sich daraus „Schwestern-Vereine" gebildet, um die Arbeit der deutschen OF. in den Logen zu unterstützen. In Dänemark hat das Institut der Rebekka-Logen einen günstigeren Boden gefunden.

Auf der breiten Grundlage allgemeiner Humanität errichtet, sieht das OFtum seine Jünger, abgesehen von den eigentümlichen Beziehungen, die sie zur Familie, zu Kirche und Staat haben, und abgesehen von ihren persönlichen Anschauungen in Bezug auf Philosophie, Theologie und Politik als Glieder der grossen Menschenfamilie an, „die Gott als den Schöpfer aller Dinge, den Geber aller Güter, den treuen Menschenhüter erkennt.“ Es nimmt sie in die kleinere, engere Familie, die Loge, als Brüder auf. Hier sollen sie in den Kenntnissen, Pflichten und Tugenden belehrt, erzogen und vorbereitet werden, deren Bethätigung die grössere Familie, der Orden, von seinen Mitgliedern fordert. Und diese Pflichten sind wiederum nur Vorbereitung für jene, die der Mensch der grossen Menschenfamilie schuldet.

Demnach stellt das OFtum eine Reihe unumgänglicher Forderungen an alle Suchenden. So verlangt es z. B. eine gewisse Entwicklung ihres Mannestums nach körperlicher, geistiger, sozialer und moralischer Art, auf dass nur tüchtige und fähige Kräfte zur Mitarbeit an den Aufgaben des Ordens in die Loge gelangen. Jeder Suchende muss im Vollbesitz seiner geistigen und körperlichen Kräfte sein, muss über einen Teil seiner freien Zeit und seiner finanziellen Mittel in der Weise verfügen, dass er den unentbehrlichsten Anforderungen der Loge entsprechen kann. Jeder muss sich eines unbescholtenen Rufes erfreuen, sich eines sittlichen Lebenswandels befleissigen und denjenigen Grad geistiger Bildung und diejenige Empfänglichkeit des Gemütes besitzen, die ihn zu einem begehrenswerten Mitarbeiter, einem freudigen Erfasser der Ordenslehren und zu einem gläubigen Anhänger der Brüderschaft machen. Jeder soll sich auch des Glaubens getrösten, dass Gott der Lenker des Weltalls und der Vater des Menschengeschlechts ist. „Auf solchen Glauben gestützt, wird er der Verantwortlichkeit für seine Pflicht sich bewusst sein und sich beeifern, für die grosse und gute Sache seine ganze Kraft einzusetzen.“

Erst wenn alle diese Bedingungen erfüllt sind, was durch sorgfältige Prüfung festgestellt wird, soll der Bewerbung des Kandidaten stattgegeben werden. Seine Einführung in den Kreis der Brüder erfolgt in Formen, die in ihrer inhaltsvollen Bedeutung, ihrer ernsten Feierlichkeit und würdevollen Erhabenheit das Gewissen rühren und das Herz erheben.

Schon bei der Aufnahme wird jedes Mitglied nachdrücklich darüber belehrt, dass es sich einer argen Täuschung hingiebt, falls es aus persönlichem oder selbstischem Interesse, vielleicht auch nur um einen pekuniären Nutzen sich zu verschaffen oder eitle Neugier zu befriedigen, seine Aufnahme nachgesucht haben sollte. Der Orden ist keine blosse Wohlthätigkeitsgesellschaft, die, wie so oft fälschlicher Weise behauptet worden, den Zweck verfolgt, ihre Mitglieder und deren Familien in den Widerwärtigkeiten des Daseins zu unterstützen. Allerdings gebietet der Orden: die Kranken zu besuchen, den Bedrängten zu helfen, die Toten zu bestatten und die Waisen zu erziehen. Doch sind solch schöne Thaten nur Mittel zum Zweck; sie bilden gewissermassen nur die Sprossen jener Leiter, auf der seine Mitglieder zu jeglicher Tugend und Vollkommenheit emporsteigen.

Innerhalb der Loge hat jeder Bruder mit Hülfe einer eigenartigen Lehrmethode einen auf drei Grade sich erstreckenden Entwicklungsgang zurückzulegen. Dieser ist dazu bestimmt, ihm erweiterte Belehrung über das Wesen des Ordens zu verschaffen und sein Interesse an ihm zu steigern. Die Erlangung eines höheren Grades ist an regelmässigen Logenbesuch und an die Erfüllung aller OFPflichten geknüpft.

Nach seiner feierlichen Einweihung in die Mysterien des Ordens erreicht der Bruder als erste Stufe zunächst den Grad*) der Freundschaft. Hier wird er inne, dass er mit dem ersten Schritte in die Loge noch nicht den ganzen Inhalt des OFtums besitzt. Im Gegenteil, an der Hand erhabener Beispiele aus der Menschheitsgeschichte wird er darüber belehrt, dass er auf dem geweihten Boden der Bruderschaft fortzuschreiten habe, um sich Willensstärke, Gefühlsinnigkeit und Gedankentiefe anzueignen. In diesem Grade trägt der Bruder eine weisse, mit rosarotem Bande eingefasste Regalie. Weiss ist das Symbol der Unschuld, der Reinheit und Aufrichtigkeit. Aus der roten Farbe der Einfassung zieht der Br. die Lehre, dass die Bruderliebe heiss, glühend sein muss.

Auf der zweiten Stufe empfängt den OF. der Genius der Bruderliebe. Er zeigt ihm, dass das Feld, auf dem sich diese bethätigen muss, ein hohes, grosses, heiliges ist. Nächst der Liebe zu Gott soll ihm die zu seinem Nächsten die vornehmste sein; für ihn soll er stets eine offene Hand und ein offenes Herz haben. Die Regalie dieses Grades ist ein weisser Kragen mit hellblauem Bande besetzt. Unbegrenzt und unermesslich wie die Bläue des Äthers, so soll auch die Liebe, die Wohlthätigkeit und Barmherzigkeit sein.

Die Liebe ist eine treibende, bewegende Kraft, die

*) Die Grade werden in besonderen Graden-L. erteilt, die vom Graden-M. und dem Deputierten Graden-M. geleitet werden. In Deutschland geschieht dies in den UL. selbst. — Wie der FM. einen Schurz trägt, so trägt auch jeder OF. einen Kragen (Regalie), dessen Besatz je nach der Stufe, die ein Bruder erreicht, von verschiedener Farbe ist. Für Beamte sind diese Regalien von reicherem Stoff und Besatz. Die Beamten selbst werden von einander durch Abzeichen oder Juwele, die auf der Regalie befestigt sind, unterschieden.

Quelle aller sittlichen Gefühle. Die Wahrheit die krönende Tugend. Sie zu suchen, wahrhaftig zu sein im Denken und Handeln lehrt der dritte Grad, der Grad der Wahrheit. Hier legt der Bruder einen weissen Kragen an, der mit einem Scharlachband verziert ist. Nach dem 2. Buch Mosis 28 ist Scharlach die Farbe der Priester, die in das Heiligtum eingehen und für die Gemeinde beten und opfern. Scharlach ist aber auch die Farbe der Richter, an die die ernsten Sinnbilder dieses Grades erinnern.

Auf den verschiedenen Stufen werden überdies die ethischen Gedanken der Ordenslehre in einer Reihe inhaltsvoller Zeichen und eindrucksvoller, der alttestamentlichen Geschichte und dem thätigen Leben entnommener Sinnbilder veranschaulicht. Sie sollen den Bruder warnen vor Unrecht und sündhaftem Thun, sie sollen aber auch gleichzeitig sein Gemüt erquicken, ihn beruhigen und trösten, ihn stärken in dem Kampfe gegen die Mächte der Finsternis, gegen Heuchelei und Hinterlist und jegliches Laster. Sie sollen ihn ferner lehren, die flüchtigen Augenblicke des Daseins zu nützen zu Gottes Ehre, zu dem eigenen und des Nächsten Besten; sie sollen ihn endlich hinweisen auf das Ende aller Dinge und ihm die ewige Wahrheit verkünden, dass im Tode alle Unterschiede dieses Lebens dahin schwinden. Der OF. soll inne werden und sich beständig vor Augen halten, dass seine Werke ihm nachfolgen, dass, während der irdische Leib vergeht, seine guten, aber auch seine bösen Thaten ihn überleben. —

Das „Lager“ will eine Auswahl der Edelsten und Besten im Orden sein. Darum können die drei Lager-Grade *) nur solche Brüder erlangen, die sich in Freund-

*) Es sind: 1) Der „Patriarchen-Grad“. Der Name stützt sich auf die Begriffe der Vaterschaft und Herrschaft, der Friedfertigkeit, Gastfreundschaft und des gläubigen Vertrauens, wie

schaft, Liebe und Wahrheit bewährt haben, „die ein innerer Drang zur Vollendung vorwärts treibt und aufwärts zieht.“

Der Rebekka-Grad*) will durch Beispiele zu allen jenen Tugenden anspornen, die echte Weiblichkeit zieren. Die weiblichen Mitglieder, soweit sie nicht Beamte sind, tragen eine Schleife von rosenrotem und grünem Bande — die Farben der Liebe und der Hoffnung. —

VI. Die Studentenorden.**)

Der geheimbündlerische Hang des Jahrhunderts der Aufklärung liess auch die Studentenwelt nicht unberührt. Auch in ihrer Mitte entstanden zahlreiche

sie in den Erzvätern verkörpert waren, die in ihrer Familie als Haupt, Priester und Herrscher erschienen. 2) Der „Goldene Regelgrad.“ Die goldene Regel, die den Brüdern gegeben und von ihnen beachtet werden soll, ist Jesu Ausspruch: „Alles, was ihr wollet, dass Euch die Menschen thun sollen, das thut ihr ihnen.“ 3) Der „Königliche Purpurgrad“ entnimmt seinen Namen dem Pflichtenkreise des Königs und des Priesters. Er ist eine „mimische Darstellung der Lebensreise“. Die besten Führer auf dem Lebenswege sind Glaube, Liebe, Hoffnung.

Die schönen Sinnbilder der Lagergrade verkörpern u. a. den erhabenen Gedanken der Toleranz. Sie zeigen, dass die drei grossen Weltreligionen, so verschieden sie auch in ihren Formen, in ihrem Ritual, in ihrer Gotteserkenntnis sein mögen, doch eine gemeinsame Basis haben, auf der ihre Bekenner, die Diener desselben Gottes, einander mit Achtung und in brüderlicher Duldsamkeit begegnen können.

*) Seine Sinnbilder: „Der Bienenkorb“, „Die Taube“ etc. bezeichnen Fleiss, Sanftmut und Unschuld und lehren „einen festen Pol im Leben zu suchen, der nicht auf Erden, sondern im Himmel liegt.“ —

**) Die spärlichen Nachrichten über das akademische Ordenswesen sind von W. Fabricius sorgfältig gesammelt und kritisch

Vereinigungen mit Formen und Formeln, deren Ursprung offenbar auf die Freimaurerei zurückgeht.

So alt wie die Universitäten sind auch die studentischen Korporationen. Das Grundmotiv zu ihrer Bildung lag in dem Gefühl landsmannschaftlicher Zusammengehörigkeit. Lehrer und Studierende eines Stammes, einer Heimat bildeten ehemals einen berechtigten Verein, eine Nation. Das war in Paris und Bologna, in Prag, Wien und Leipzig der Fall. Später wichen die Nationen den Fakultäten. Dafür entwickelte sich im 15. Jahrhundert das Bursenwesen.*) Ebenfalls auf landsmannschaftlicher Grundlage beruhend, beherrschte es längere Zeit das gesamte studentische Korporationsleben.

Mit der Ausbreitung der Reformation jedoch war die Zeit der Bursen dahin. Aber der in ihrer Mitte zur Ausbildung gelangte landsmannschaftliche Geist blieb und äusserte sich, besonders auf den protestantischen Universitäten, in Vereinigungen, die sich „Neue Nationen", „National-Kollegien" oder Landsmannschaften nannten. Sie rekrutierten sich, dem landsmannschaftlichen Prinzip getreu, aus ziemlich engbegrenzten Distrikten, waren zu Anfang des 17. Jahrhunderts schon

---

verwertet in seiner Schrift: Die Studentenorden des 18. Jahrh.'s und ihr Verhältnis zu den gleichzeitigen Landsmannschaften. Jena, 1891. — Die — von einigen Irrtümern abgesehen — treffliche Arbeit enthält auch eine vollständige „Bibliographie des studentischen Ordenswesens."

*) Bursen waren Stiftungen vermögender Leute für ärmere studierende Landsleute. Die Nutzniesser (Bursarii, Bursiati) einer solchen Stiftung standen unter Aufsicht eines Vorstehers oder Lehrers, mußten sich der Hausordnung unterwerfen, sich vorschriftsmässig kleiden etc. An deutschen Universitäten bezeichnete Burse (bursia = Tasche, Säckel) auch die gemeinschaftliche Wohnung mehrerer Studenten unter Aufsicht eines Magisters, dem sie für Wohnung und Unterhalt einen bestimmten Preis zahlten.

vollständig organisiert, hatten ihre Senioren, Fiskale (Schatzmeister), Konvokanten (Pedelle), Matrikel, Kassen, Siegel etc. Jeder neu eintreffende Landsmann musste sich wohl oder übel bei seinem Kollegium einschreiben, Gehorsam gegen die Vorsteher und Verschwiegenheit über die Angelegenheiten der Nation geloben. Viele Kollegien gewährten ihren Mitgliedern Hilfe in Krankheitsfällen und sorgten für ein anständiges Begräbnis Verstorbener. Es galt als ehrlos, Klagen bei der Obrigkeit, anstatt bei den Senioren anzubringen. — Die einzelnen Nationen unterschieden sich von einander durch eigentümliche Trachten und durch Tragen farbenreicher Bänder etc. Da sie aber übermässig das Unwesen des Pennalismus*) kultivierten, wurden sie durch Beschluss des Regensburger Reichstags (1654) aufgehoben.

Allein alte, tiefeingewurzelte Erscheinungen und Aeusserungen des vollen, jugendfrischen Lebens lassen sich nicht durch einen Federstrich beseitigen. Stärker als alle Verbote erwies sich denn auch das Gefühl der landsmannschaftlichen Zusammengehörigkeit. Die National-Kollegien lebten im Geheimen fort und zwangen moralisch jeden Landsmann zum Eintritt. Solche Mittel gereichten indes der korporativen Ausbildung nicht sonderlich zum Vorteil. Wandel schufen erst jene Studentenorden, die in der zweiten Hälfte des 18. Jahr-

*) Die älteren Semester hiessen Schoristen, weil sie die jüngeren — Pennale, auch Vulpeculae — Füchse, Neovisti — Neulinge, Galli domestici — Haushähne genannt — „schoren", d. h. foppten, verhöhnten, sie als Famuli betrachteten und nicht selten unter groben körperlichen Misshandlungen zu den niedrigsten Dienstleistungen zwangen. Erst nach Verlauf eines Jahres erfolgte die Deposition oder „Enttölpelung" unter sinnbildlichen, aber nicht besonders geistvollen Handlungen. Die Schoristen der verschiedenen Universitäten standen unter sich in enger Verbindung und gewährten einander Sicherheit gegen behördliche Verfolgungen.

hunderts neben den Landsmannschaften in die Erscheinung traten. Ohne auf die Pflege des landsmannschaftlichen Prinzips besonderen Wert zu legen, übten sie einen entscheidenden Einfluss auf die weitere Entwicklung des Studentenlebens. Denn indem die Landsmannschaften allmählig neben jenem Merkmal der Orden auch deren straffere Organisation sich aneigneten, verdrängten sie diese und bildeten sich im Anfang des 19. Jahrhunderts allmählich zu Corps*) im heutigen Sinne heraus. Mit der nachmals sich entwickelnden Burschenschaft haben die studentischen Orden — bei dem gänzlichen Mangel politischer Bestrebungen in ihrer Mitte — nichts zu thun. —

---

1. Der Mosellaner- oder Amicisten-Orden.

Die Stiftung der Studentenorden ist höchstwahrscheinlich von Studierenden ausgegangen, die ehedem Mitglieder von Freimaurerlogen waren. Dem ersten begegnen wir in Jena. Hier bestand seit längerer Zeit die Landsmannschaft der Mosellaner. In den sechziger Jahren artete sie in eine Gesellschaft von „Saufbrüdern" aus, die in Ausschweifungen aller Art eine Ehre suchten. Duelle, selbst unter den eigenen Landsleuten, waren eine alltägliche Erscheinung. Da bildeten i. J. 1771 ihre „tauglichsten Subjecte" zum Schutze gegen die Pöbeleien und Insulten der Genossen den L'Ordre de l'Amitié. Er wollte lediglich ein Elite-Konventikel innerhalb der Landsmannschaft sein. Die Ordensbrüder waren zugleich Mitglieder der Landsmannschaft; ihre Gesetze waren denen jener ähnlich, aber „positiver und strenger".

---

*) Die Symbole der Corps, Zirkel und Wahlsprüche, verdanken unzweifelhaft ihren Ursprung den Studentenorden.

Anfangs waren die Amicisten, dem Ordenszweck entsprechend, darauf bedacht, durch einen geordneten Lebenswandel sich hervorzuthun, die rohen Sitten der Mosellaner zu verbessern. Die Brüder führten ein zurückgezogenes, beschauliches Dasein und vermieden alle Händel. Aber dieser Zustand währte nur kurze Zeit. Schon während der Amtszeit des zweiten Seniors, eines „Erzsäufers und Balgers", kam der Orden, zumal da er die Senioren aller Landsmannschaften an sich zu ziehen und sich damit die führende Rolle in der Studentenschaft zu sichern suchte, in Verruf. Kein Student war mehr sicher vor den brutalen Insulten der Amicisten. Sogar an den profanen („nichtinitiierten") Landsleuten versuchte sich der ungestüme Thatendrang der Raufbolde. Das unheimliche Gebahren war schon im Januar 1772 zur Kenntnis der akademischen Behörde gelangt. Doch scheint es damals noch nicht zu scharfen Massregeln gegen die Ordensbrüder gekommen zu sein; setzten diese doch ihr wüstes Zecher- und Zank-Leben fröhlich fort. Erst i. J. 1779 war die behördliche Langmut erschöpft. Eine grosse Zahl von Amicisten, darunter ihre Führer, wurden religiert, der Orden selbst und alle Landsmannschaften verboten und das Tragen farbiger Kokarden untersagt.

Trotzdem begannen die übrigen Amicisten bald wieder den „Meister auf der Universität" zu spielen. In Kurzem erstanden auch die Landsmannschaft der Mosellaner und der Orden selbst wieder zu neuem Leben, bis endlich eine im Jahre 1781 angestellte Untersuchung, die mit zahlreichen Relegationen endigte, die Schreckensherrschaft der gefährlichen Streithähne brach. Ihre Loge ging ein. Immerhin hielten die zurückgebliebenen Brüder treu und fest zusammen und konstituierten 1784 abermals eine Landsmannschaft. Schliesslich lebte auch der AO. in der früheren Gestalt wieder auf.

In den folgenden Jahren vollzog sich ganz im Stillen ein bemerkenswerter Umschwung in seiner Mitte.*) Eine Anzahl „klingenscheuer“ Genossen, der rohen Gewaltherrschaft des Ordens überdrüssig, stiftete im Geheimen eine Loge, zu der auch Fremde Zutritt hatten. Als eine Art Pflanzschule für den Orden gedacht, sollte sie ihre vornehmste Aufgabe in der Bekämpfung und Beseitigung des Duellwesens und in der Pflege litterarischer Interessen erblicken. 1790 wurde das neue Unternehmen im Kreise der überraschten Ordensbrüder bekannt. Es kam zu einem Kartell zwischen der alten AL. und der „gelehrten Loge“. Darnach waren beide Vereinigungen unabhängig von einander. Die Aufnahme fand in beiden nach den allgemeinen A.-Grundsätzen statt.

Wie lange der alte Amicisten-O., der 1791 39 Mitglieder zählte, noch bestanden, ist mit Sicherheit nicht anzugeben. Wahrscheinlich hat er die 1792 erfolgte Auflösung der Mosellaner-Landsmannschaft nicht lange überlebt.

Derweil strebte die „gelehrte“ Loge ernstlich einem höheren Ziele zu. Ihre Bemühungen, dem neuen Orden auch im bürgerlichen Leben durch Errichtung von Provinziallogen Einfluss zu verschaffen, hatten keinen Erfolg, und die Versuche, mit Hilfe des Studiums der Encyklopädisten den Mitgliedern eine „natürliche“ Gottesverehrung einzupflanzen, scheiterten kläglich. 1793 nahm die „gelehrte“ Loge den Namen „Zu den drei Schwertern“ an, und ein Jahr später ward eine Einrichtung getroffen, die sie vollständig ihres studentischen Charakters beraubte und sie in das Lager der FM. hinüberführte. Als die akademische Behörde 1798 von dieser Einrichtung Kenntnis erhielt, wurden

*) Vorher hatten sich bereits die „Schwarzen Brüder“ abgezweigt.

12 Amicisten cum infamia relegiert. Nun erlosch der Orden in Jena. —

Von der thüringischen Universität war der AO.*) zuerst (1772) nach Giessen gelangt, wo er unter dem Namen „Elsässerorden“ bekannt wurde. Schlimme Raufhändel seiner Mitglieder führten 1777 eine zeitweilige Suspension des Bundes herbei. Aber schon 1779 wurde er wieder aufgethan und, obwohl auch in den nächsten Jahren Relegationen von Mitgliedern nichts Seltenes waren, bestand er noch 1795. Allerdings war [damals seine Mitgliederzahl auf die drei Chargierten beschränkt — der Anfang vom Ende.

In Marburg ist der AO. von 1776—89, in Göttingen von 1778—91 nachweisbar. In Mainz, wo ein verlottertes Genie vom Schlage Friedrich Laukhards i. J. 1777 eine A-Loge gegründet hatte, bestand der Orden noch 1781.

Zu hohem Ansehen und grosser Verbreitung gelangten die A. in Erlangen. Relegierte Jenenser stifteten in Erfurt und Tübingen A-Logen, während Halle es nur zu einem Klub brachte. In Leipzig entwickelte sich 1792 der AO. aus dem Indissolubilisten. In demselben Jahre wurde er auch in Würzburg eingeführt. Auch in Frankfurt a. O. und in Wien haben 1790 und 1791 AL. bestanden.

---

*) Da er anfangs nur Elsässer und Badenser aufnahm, den Hessen dagegen den erbetenen Eintritt versagte, bildeten diese den „Hessenorden“, der aber gesprengt wurde, als die A. ihre Abgeschlossenheit aufgaben. — 1775 that sich in Giessen der „Ordo Sanctae Fenestrae“ auf, auch „Schiefer-O.“, „Renommisten-O.“, „Lause-O.“ und „Heiliges Fenster“ genannt. Die Mitglieder dieser Vereinigung, „die ein Fenster in die Stammbücher zu malen pflegten“, waren „eitel schiefe Prinzen, die den ganzen Tag auf dem Selzerweg lagen, Kaffee tranken und dummes Zeug angaben.“

Den letzten schwachen Ausläufern der berüchtigten Genossenschaft begegnen wir i. J. 1811. Damals wurden seine Anhänger von den Landsmannschaften zu Jena, Leipzig und Halle in Verruf gethan. —

Der AO. setzte als erstes Ziel fest: unverbrüchliche Freundschaft der Mitglieder auf Lebenszeit. Sie sollten sich stets eines honetten Betragens befleissigen, sich jederzeit bestreben, ihrem Orden den Vorrang auf der Universität zu verschaffen, diesen selbst nicht ohne die höchste Not verlassen und den Vorgesetzten willigen Gehorsam leisten, auch nach ihrem Abgang von der Universität mit dem Orden in Verbindung bleiben und den Bundesbrüdern bei ihrem Fortkommen behilflich sein, auch im Falle der Not Gut und Blut für sie opfern. Die Verbindung*) sollte also für das ganze Leben gelten.

*) Ein anschauliches Bild von dem Wesen der „gelehrten" L. geben ihre Gesetze. Es heisst in ihnen: 1) „Jedes Mitgliedes heiligste Pflicht ist: das tiefste Stillschweigen über solche Sachen zu halten, die das Wohl des Ordens betreffen. Dahin gehören: Ordens- und Erkennungszeichen, Namen der Brüder, Feierlichkeiten der L." etc. 2) „Da der Endzweck unserer Verbindung lebenslängliche Freundschaft ist, so ist jedes Mitglied gehalten, lebenslänglich seine Pflichten als Ordensbruder zu erfüllen und unter keine andere Verbindung zu gehen." 3) „Jeder bemühe sich, nicht bloss ein rechtschaffener Mann zu scheinen, sondern es auch in der That zu sein." 4) „Jeder beobachte den andern und benachrichtige den L-Meister, wenn einer unmoralisch oder lieblos gehandelt und dadurch den Endzweck unseres Ordens untergräbt, oder verweise es ihm selbst, wenn er Freund genug ist, um nicht zurückgewiesen zu werden." 5) „Jedes Mitglied ist verbunden, so oft es Zeit und Musse hat, ein Produkt seines Geistes zu liefern. Die Materie sei philosophischen, ästhetischen oder auch anderen Inhalts, wenn sie nur allgemein interessiert. Vorzüglich aber über philosophische Moral. Der Styl kann poetisch oder Prosa sein." 6) „Jeder soll seinem Studieren so obliegen, dass er dereinst ein brauchbares Mitglied im Staate sei, und nicht seinen

Die Leitung des Ordens lag in der Hand des Seniors oder LMeisters, des Subseniors oder Untermeisters und des Sekretärs. Ihnen standen ein Zeremonienmeister und ein Adjutant zur Seite.

Die Aufnahme vollzog sich anfangs in denkbar einfachsten Formen. Nachdem der Rezipient gelobt, den vorgelesenen Gesetzen der Verbindung aufs Genaueste nachzuleben, wurde er vom Senior mit den „Geheim-

---

übrigen Brüdern und dem Orden zur Last falle. Ein Zeitverschwender, der nicht den Zweck seines Hierseins erfüllt, verdient die Verachtung seiner Mitbrüder.“ 7) „Ein gegebenes Wort, ein gethanes Versprechen zu erfüllen, sei Jedem die heiligste Pflicht, es sei mit oder ohne Verpfändung der Ehre geschehen.“ 8) „Nie fange einer mit einem Fremden Händel an. Bekommt er sie aber, so ist es ihm keine Schande, durch gütliches Zuvorkommen sie beizulegen zu suchen. Überhaupt soll das Schlagen gänzlich vermieden werden, weil wir nicht verbunden sind, uns durch Schlagen Ruhm zu erwerben, sondern vielmehr unserer wahren Bestimmung näher zu kommen. Es sei denn, dass dieses dem guten Rufe eines Mitgliedes Schaden brächte, und es sich der Verachtung der ganzen Akademie aussetzte.“ 9) „Wer mit einem Bruder Händel anfängt, zumal vor Fremden ihn mit dummen Jungen, niederträchtigen Menschen oder andern Schimpfnamen belegt, oder gar Maulschellen anbietet, wird mit einer starken Geldbusse belegt. Die nämliche Strafe bekömmt der, welcher ausschlägt.“ 10) Haben mehrere einerlei Vaterland, so müssen sie ihre auf Universitäten gepflogene Freundschaft fortsetzen, und ist ihre Zahl vier oder darüber, so ist es ihre Pflicht, eine Provinzialloge zu errichten und die Einrichtung derselben von einer älteren Provinzialloge einzuholen.“ 11) „Es soll jeder solche Mitglieder, die nicht durch liederliches Leben und Verabsäumung der Collegien, sondern durch andere Umstände unglücklich geworden sind, nach Vermögen unterstützen. Auch wenn er ihnen durch Empfehlung nützen kann, es nie unterlassen.“ 12) „Bei geheimen Zusammenkünften muss Jeder erscheinen und zwar pünktlich, sobald es ihm der Ordensmeister ansagen lässt.“ 13) „Jeder junge Mann, der aufgenommen werden soll, muss Verstand und gutes Herz haben, aber auch den gehörigen Fleiss und die erforderliche Liebe für

nissen“ des Ordens bekannt gemacht und ihm das Ordenszeichen *) übergeben.

Bald wurden die Zeremonien vermehrt; namentlich nahm die Einweihung einen durchaus freimaurerischen Charakter an. Die Receptionslogen fanden um die Mitternachtsstunde statt. Am oberen Ende des LZimmers befand sich ein Altar, mit einer orangefarbenen Decke behängt. Auf ihm standen und lagen im Winkel mehrere Leuchter mit Wachskerzen, ein Schädel mit 2 Armknochen, 4 Schläger in der Form des Ordenskreuzes, dazwischen das Gesetzbuch in orangefarbenen Sammt gebunden, links und rechts je eine Sanduhr. Vor dem Altar befand sich ein Postament mit einer Spiritusschale, vor diesem ein Kniepolster. Hinter dem Altar sassen der Logenmeister, der Unterlogenmeister und der Sekretär in schwarzer Gewandung, vor ihnen im Halbkreis die Brüder mit blossen Degen, ohne Rock und Weste, mit den orangefarbenen Ordensbändern und den Kreuzen be-

---

die Wissenschaften. Übrigens aber kann keiner anders, als mit Bestimmung aller recipiert werden.“ 14) „Man überrede keinen, in die Verbindung zu gehen, sondern sage ihm bloss, man sei in Verbindung und wünsche ihn auch darunter. Allenfalls kann man einen solchen mit dem Hauptzwecke des Ordens bekannt machen, nämlich Freundschaft, Bildung des Verstandes und Herzens.“ 15) „Wird die Akademie auf unsere Verbindung aufmerksam, so entlässt der Logenmeister die Mitglieder ihres Eides und ihrer Pflichten. Ein Rechtschaffener wird nach überstandenem Sturme willig wieder zurückkehren und seiner Pflicht eingedenk sein.“ 16) „Unterstützung ist der Zweck unserer Verbindung. Dies geht auch auf den Todesfall eines Bruders, wo die übrigen, im Falle sein Nachlass oder seine übrigen Vermögensumstände nicht zureichten, ihm ein ordentliches Begräbnis besorgen müssen“ etc. —

*) Das Ordenszeichen war ein Kreuz. Es wurde an einem orangegelben Bande getragen und zeigte auf der Vorderseite die Buchstaben J. S. A. C., auf der Rückseite die Buchstaben S. I. V. N. Sie bedeuten den Wahlspruch: Jungimur Sancto Animorum Consensu; Sit Indissolubile Vinculum Nostrum.

kleidet. Die Wachskerzen waren noch nicht entzündet, nur der brennende Spiritus erzeugte einen matten Schein. Nachdem der Meister eine schwülstige Anrede gehalten, in der Freundschaft und Menschenglück gepriesen wurden, erscholl der Hochgesang „Heil dem Tage, festlich töne heut ein jubelvolles Lied“ u. s. w.

Nach wiederholter Anfrage, ob keine Abneigung gegen den neu Aufzunehmenden vorwalte, holte der Zeremonienmeister den Kandidaten und klopfte mit der Faust dreimal — ᴗ ᴗ an die Thüre. Der Adjutant forschte nun nach dem Zweck des Klopfens, über den der Zeremonienmeister Auskunft gab. Endlich wurde der Kandidat, ohne Rock und Weste, mit verbundenen Augen eingelassen, dreimal im Kreise herumgedreht und dann vom Logenmeister aufgefordert, sein Ehrenwort darauf zu geben, dass er nichts von dem verraten werde, was er sehe und höre. Dabei schwangen die Brüder ihre Degen über seinem Haupt. Es folgte nun ein weiteres Lied, das mit den Sätzen schloss: „Wir huldigen, O Freundschaft, Dir in Deinem Heiligtum, und Du giebst huldvoll uns dafür ein Erdelysium.“ Dem Kandidaten wurde die Binde von den Augen genommen, der Sekretär verlas die Gesetze und der Logenmeister richtete an den Rezipienten die Frage, ob er noch entschlossen sei, den Eid zu leisten. Antwortete dieser im bejahenden Sinne, so stellte ihm der Meister eindringlichst die Heiligkeit des Eides vor. Darauf kniete der Kandidat nieder, die Chargierten setzten ihm die Schläger auf die Brust, und, die Schwurfinger auf den Degen des Meisters legend, sprach er den Eid*) nach.

*) „Ich N. N. schwöre einen feierlichen Eid in meine Seele, dass ich das, was man hier von mir verlangt, bestmöglichst erfüllen will, gegenwärtige Verbindung nie aus eigener Willkür verlassen, sondern alles, was zu ihrer Aufrechterhaltung und wahrem Flor gereichen kann, treu und redlich anwenden will, auch über

Bei dem letzten Wort erhellte ein Blitz — durch Kolophonium dargestellt, das mittelst einer Blechröhre durch die Spiritusflamme geblasen wurde — den Raum. Die Lichter wurden angezündet, der Rezipierte erhob sich, die Brüder stellten sich im Halbkreis um ihn auf und richteten ihre Degen gegen seine Brust, während der Meister sprach: „Alle Degenspitzen, die Du hier auf Dich gerichtet siehst, sind sowohl zu Deiner Verteidigung, als auch zu Deiner Bestrafung, wenn Du den Schwur brichst.“ Dann hing er dem neuen Bruder das Ordenskreuz um, umgürtete ihn mit dem Schwert, gab ihm den Bruderkuss und erklärte ihm die Erkennungszeichen. Unterdess sangen die Brüder: „Nimm hin das Pfand der Bruderliebe“ etc. Sodann gab sich der Neuaufgenommene jedem der Anwesenden durch Kuss und Händedruck als Bruder zu erkennen. Der Kuss erfolgte auf beide Wangen und den Mund, der Händedruck durch den Zeige- und Mittelfinger der rechten Hand in die flache Hand „des Andern“. Während der Aufgenommene dann noch den Eid unterzeichnete und seinen Namen in das Gesetzbuch eintrug, sangen die Brüder abermals ein entsprechendes Lied, der Sekretär legte Rechnung ab und, wenn nichts mehr vorzubringen war, ward die Loge*) durch „dreimal drei“ (Händeklatschen) und einen Schlussgesang beendet.

Alles, was unsere heilige Verbindung betrifft, gegen jeden Laien ein tiefes Stillschweigen beobachten will, so wahr mir Gott helfe durch sein heiliges Evangelium.“

*) Bei den Trauerlogen trugen die Brüder „schwarzen Flor über den Hemden, die Leuchter waren schwarz umwunden, an der Altardecke befand sich eine schwarze Florguirlande. An der Thüre standen zwei Marschälle in schwarzer Kleidung; sie trugen weisse Florschärpen und schwarz-weisse Stäbe.“

Auch Abschiedslogen fanden statt, wenn ein Bruder die Universität verliess. Der Scheidende hielt eine Rede, auf welche der Logenmeister angemessen antwortete.

Nachdem der Neuaufgenommene sich längere Zeit im Orden als Br. bewährt, erfolgte seine Beförderung — unter einfachen Förmlichkeiten — in den ersten Grad. Die Rezeption in den zweiten und letzten Grad sollte „erst in den Jahren geschehen, in denen sich ein fester Charakter entwickelt hat". Dort empfing er Belehrung über „Rechtschaffenheit, wahre Aufklärung, Patriotismus, solide Gelehrsamkeit, vollkommene Schätzung der menschlichen Freiheit" und andere schöne Dinge. Hier sollte er „prüfen und forschen nach der Wahrheit süssem Ziel" ohne Eigennutz, ohne Neugierde, „wohl aber begleitet von der Wissbegierde". Hier wurde er angehalten, zu handeln „aus reiner Absicht, nicht um gesehen zu werden, nicht um gelobt zu werden," auf dass ihm mit dem Tode das „Zeugnis seiner Tugenden folge." Hier wurde er endlich auch verpflichtet: „niemals bei einer Untersuchung zu gestehen, dass er Bruder sei, aber es zu bleiben, wenn auch der Neid durch einen Eid ihn davon zu trennen suchen sollte." —

---

2. Der Orden der „Schwarzen Brüder", „Harmonistenorden" oder „Litterärische Harmonie"*).

Nach der Unterdrückung der Amicisten in Jena 1781 traten dort Reste dieser Korporation in einer Vereinigung ans Tageslicht, die schon längere Zeit innerhalb des Ordens bestanden hatte. Ihre Mitglieder wollten sich eines soliden Lebenswandels befleissigen.

*) Authentisches Material zur Gesch. u. Organisation dieses Ordens bietet: Tyrtäus: Der geh. Bund der S. Br. Urquell der vorzüglichsten akadem. Verbindungen. In einer Reihe verbürgter Originalurkunden. Mainz; 1834. —

und sich gegenseitig dazu anhalten, das alte Amicistengesetz wieder zu Ehren bringen, „fleissig studieren und fechten." Man nannte diese „Braven" scherzweise „Schwarze Brüder", eine Bezeichnung, die der schottischen Maurerei entlehnt war.

Trotz ihrer guten Vorsätze unterschieden sich die S. Br. in ihrer Lebensweise nicht sonderlich von der herkömmlichen der Amicisten. Als sich deren Orden wieder aufthat, schlossen sie sich ihm nicht an, behielten vielmehr ihre Vereinigung bei, nahmen 1785 das schottische System an und nannten sich fortan Harmonistenorden*) und ihre Loge „Christian Zu den sieben goldenen Sternen."

Eine lange Lebensdauer war dem Harmonisten-O., der übrigens schon anfangs der 90er Jahre die neue Bezeichnung „Orden der litterärischen Harmonie" führte, nicht beschieden. Aller Wahrscheinlichkeit nach hat er sich im Jahre 1796 aufgelöst. Seltsamerweise regte sich nicht lange darauf innerhalb der Jenenser Landsmannschaften, namentlich in solchen Kreisen, denen wissenschaftliche und sittliche Fortbildung am Herzen lag, das Verlangen, den „in rühmlichem Andenken stehenden Orden der S. B." zu erneuern. Die Loge „Jason Zum silbernen Mond" in Erlangen, an die man sich zu diesem Zwecke wandte, entsandte eine geeignete Persönlichkeit mit den nötigen Papieren. Und sogleich ward in dem geräumigen Saale eines Gasthofes in Jenas Nähe die Loge installiert.

*) Bemerkenswert ist, dass ein Mann wie Fichte damals Mitglied des Bundes war. Später wurde er ein entschiedener Gegner des student. Ordenswesens, das er für die zunehmende Verwilderung in den Kreisen der Studierenden verantwortlich machte. Sein Bekehrungseifer ward ihm schlecht gelohnt. Im Sommer 1795 musste der unglückliche Professor vor den ihm Nacht für Nacht dargebrachten Katzenmusiken und anderen Plackereien das Feld räumen. Er verlegte seinen Wohnsitz nach Osmannstädt bei Weimar.

Erfolgreich scheint jedoch ihre Wirksamkeit nicht gewesen zu sein. Denn sie wurde 1799 in eine Untersuchung verwickelt, weshalb sie ihre Arbeiten bis auf bessere Zeiten einstellte. Über die ferneren Schicksale des O. in Jena ist nichts bekannt. „Hier wie überall verschwand er i. J. 1804.“

Wie den Amicisten, so gelang es auch dem dreisten Auftreten der S. B. in Erlangen, sich eine führende Rolle in der dortigen Studentenschaft anzueignen. Im Innern lebte die böse Schoristen-Zeit mit allen ihren Schrecken wieder auf. Die Folge war, dass 30 Brüder ihren Austritt erklärten und das noch heute blühende Corps Onoldia stifteten. Andere Harmonisten folgten dem Beispiel ihrer Genossen und gründeten die Landsmannschaft der Berliner. Seit dieser Zeit hörte man nichts mehr vom Orden.

In Heidelberg begegnen wir seit 1799 der Harmonisten-L. „Aurora Zu den sieben Rosen“. Ihr Meister war ein Nichtstudent.

Die Giessener und Marburger Studentenschaft erfreute sich je einer Loge der „S. B.“, die in lebhaftem Verkehr mit einander standen. Nach kurzer Unterbrechung in den 90er Jahren wurde der Orden 1799 in Marburg und bald darauf auch in Giessen erneuert.

Eine Harmonisten-L. „Albertine Zur Freundschaft“ findet sich seit 1788 in Göttingen. Sie bestand hier bis zur allgemeinen freiwilligen Auflösung des Ordens i. J. 1804.

Nach der Meister-Instruktion hatte sich der Orden „als Zweck vorgesetzt, durch weises und thätiges Wirken die Menschheit der Stufe der Vollkommenheit wenigstens immer näher zu bringen, worauf der Mensch, seiner Bestimmung nach, eigentlich stehen soll.“ „Untergeordnete Zwecke, die zur Förderung des Hauptzweckes beitragen und als Mittel zu dessen Erfüllung dienen, sind wissenschaftliche und sittliche Aufklärung und die durch sie als notwendige Folge produzierte wahre menschliche Glückseligkeit.“

An der Spitze jeder Loge stand der von den Brüdern erwählte Meister.*) Er berief zu seiner Unterstützung in der Führung der Geschäfte mehrere Mitglieder, die Liebe und Vertrauen genossen. Es waren: der erste Vorsteher, der Zensor, der Sekretär, der Schatzmeister, der Sprecher und der Zeremonienmeister. Die Erledigung der Ordensgeschäfte, der Unterricht der Brüder in den verschiedenen Graden d. h. die Erklärung der Sinnbilder „unter dem Gesichtspunkt einer reinen und interessanten Moral“ erfolgte in einem entsprechend dekorierten Logen-Zimmer.**) Der Einzug

---

*) Sein Symbol war eine silberne Wage, die er am rot-schwarzen Bande auf der Brust trug. Der Querbalken enthielt die Inschrift: „Si judicas, cognosce. — Si regnas, jube.“

**) Das Zimmer war rot drapiert und mit sieben Wandleuchtern geziert. Über dem Altar war eine schwarze Tafel angebracht, die folgenden Satz in silberner Schrift aufwies: „Was hier geredet und gelehrt wird, soll nicht über die Schwelle kommen.“ Im Osten hinter dem Meister hingen drei Teppiche an der Wand. Auf dem ersten erblickte man eine Weltkugel, einen blühenden Obstbaum, eine Melone, ein Bergwerk, ein fruchtbares Land voll Unkraut. Auf dem zweiten: den bewölkten Himmel mit durchbrechender Sonne und der Inschrift: „Post nubila Phoebus.“ Auf dem dritten: Hund, Fisch, Bienenschwarm, Pelikan, einen Löwen, eine Maus, einen Affen, sein Junges würgend, Schlange, Taube, Pfau und Eule. Vor den Teppichen brannten auf 2 hohen schwarzen Säulen-Leuchtern 2 grosse weisse Wachskerzen. Vor ihnen sass der Meister in einem Armstuhl. Der blosse Degen lag zu seiner Rechten auf dem rot behängten Altar. Auf ihm befanden sich: Totenschädel, auf Knochen ruhend, Gesetzbuch und 7 Leuchter. Bei Rezeptionen lag vor dem Schädel eine aufgeschlagene Bibel (Bergpredigt!). Auf beiden Seiten des Altars hatten die Brüder ihren Platz, ihrem Logenrange gemäss: zur Rechten des Meisters der erste Vorsteher,

der Brüder in die Loge erfolgte vom „Antritts-Zimmer“ aus nach siebenmaligem Klopfen an die Eingangsthür unter den vorgeschriebenen Begrüssungszeichen und Worten. Sobald alle Brüder versammelt waren, sprach der Meister ein kurzes Gebet, worauf nach einem Eröffnungsgesange „die Arbeit des Tages“ begann.

War die Aufnahme eines „Lehrlings“ vorzunehmen, so wurde dieser von seinem Paten in das Vorbereitungszimmer geführt, um hier zuvörderst über den Schritt, den er zu thun im Begriff war, nachzusinnen. Nachdem er einen Fragebogen mit seinen Personalien ausgefüllt, wurden ihm die Augen mit einer roten Binde verbunden. Darauf wurde er bis aufs Hemd entkleidet und in diesem Zustande von dem Paten in das Logenzimmer geleitet, während barsche Stimmen ihn unterwegs anriefen und Auskunft heischten über sein Begehren. In der Loge nahmen zwei Marschälle den Kandidaten in Empfang und stellten ihn im Hintergrunde auf. Alsdann hielt der Meister eine auf die Bedeutung des Aktes hinzielende Ansprache und nahm dem „Lehrling“ ein vorläufiges Gelübde der Verschwiegenheit ab. Zu diesem Zwecke liess sich dieser auf das rechte Knie

---

zur Linken jenes der Sprecher. Alle waren mit dem Kreuz ihres Grades geschmückt, den Degen an der Seite, bekleidet mit weissen Handschuhen, Strümpfen und Schuhen, den Kopf mit dem Hute bedeckt. An ihm befand sich eine schwarz-rote Schleife. — Das Vorbereitungszimmer war schwarz ausgeschlagen, sein Fussboden mit einer schwarzen Decke belegt. Auf schwarz behängtem Tisch brannte hinter einem Totenkopf und neben einer Sanduhr ein schwachleuchtendes Lämpchen. Ihm zur Seite stand ein Glas mit frischem Wasser. Über dem Tische hing an der Wand eine schwarze Tafel mit folgenden Worten in grossen weissen Buchstaben: „Das Leben ist eine goldene Halskette, aussen mit gleissendem Golde übertüncht. Aber inwendig morsch und faulend, und am Ende dieser goldenen Halskette hängt statt des Kleinods — kalt und eisig der Tod!“ —

nieder, legte die Schwurfinger auf den ihm vom Meister hingehaltenen Degen und schwor, während die anwesenden Brüder sich erhoben und ihr Haupt entblössten.

Es folgte nun die Verlesung der allgemeinen Grundgesetze des Bundes, worauf der Novize vom Paten in den Vorhof zurückgeleitet wurde, um hier abermals „seinem Nachdenken" überlassen zu bleiben. Zum zweiten Mal mit verbundenen Augen in die Loge geführt, vernahm der Rezipient eine Ermahnungsrede des Meisters und die „besonderen Gesetze und Pflichten eines Bruders der litterärischen Harmonie" und leistete schliesslich den „unwiderruflichen Eid der Treue und des Gehorsams", wobei er die Linke auf den Totenschädel, die Rechte auf die aufgeschlagene Bibel legte, und Meister und Beamte ihm die Spitze ihrer Degen auf die Brust setzten. Nach Ableistung des Eides wurde ihm die Binde abgenommen. Der Meister beglückwünschte den neuen „Sohn der Bundesgöttin Harmonie" und, nachdem dieser im Vorzimmer seine Kleider angelegt, schmückte er ihn unter salbungsvollen Worten mit dem Ordenskreuze, übergab ihm Handschuhe und Hut, umgürtete ihn mit dem Degen und weihte ihn in die geheime Zeichensprache des Ordens*) ein.

*) Das Ordenskreuz am schwarz-roten Bande enthielt auf der Vorderseite das Zeichen des H-O.  (frater fidelis) und die Devise des ersten Grades: E. F. T. S. M. (Est fideli tuta silentio merces), auf der Rückseite die Devise des zweiten Grades: F. N. Q. I. T. C. (Felices nos quos irrupta tenet copula. — Horaz, Carm. I. 13.) Als Erkennungsmerkmale im schriftlichen Verkehr der Brüder kamen folgende Zeichen zur Anwendung:  = Litterärische Harmonie;  = Brüder des Ordens; ,  = erster zweiter Grad; 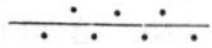 bedeutet die heilige Zahl (7) des O., ein Anklang an die pythagoräische Zahlenmystik. Dazu kamen besondere „Chiffres" zur Kennzeichnung der Beamten der Loge und ein „Chiffrealphabet". — Um einen Fremden als „Sohn der H.

Sobald der Meister die Unterweisung beendet, wurde der neue Bruder an seinen Platz geführt, während die Anwesenden über die Bedeutung der Sinnbilder einer Prüfung unterzogen wurden, ein Vorgang, dessen kindische Einzelheiten nicht der Lächerlichkeit entbehrten. Dann sammelte der „Bruder Aumonier“ für die Armen, der Sekretär verlas das Protokoll, der Meister gab „die Parole“ bekannt, liess das Schlusslied singen, klopfte siebenmal mit seinem Degen und schloss die Loge mit den Worten: „Die Weihe ist geendigt, denkt täglich daran und liebt Euch ewig.“

Da der Orden nur allmählig seinen Zweck zu erreichen suchte, so bediente er sich hierzu „gewisser Grade, die alle ein harmonisches Ganzes ausmachen und von denen jeder wieder einen untergeordneten

---

des ersten Grades“ zu erkennen, legte der Br. den Zeigefinger auf den Mund, worauf „der andere, der dies wahrgenommen hat, nachlässig die entgegengesetzte Hand“ in den Busen steckt. Beim Trinken stiess A „mit niedergeschlagenen Augen den unteren Teil seines Glases, das er nur mit den drei ersten Fingern der rechten Hand hielt, an den oberen Teil des Glases von B. Dieser erwiderte in derselben Weise, dann setzten A und B gleichzeitig das Glas nieder, nahmen es wieder zur Hand und tranken. Beim Essen nahm A das Messer in die rechte, die Gabel in die linke Hand, stiess beide zugleich zur Seite des Tellers nieder, beugte die Spitzen über dem Teller zusammen, stiess nochmals auf und legte sie nieder. B sagte: „Es kommt!“ —

Beim „Hauptbruderzeichen“ bog A. mit „dem Daumen und dem Mittelfinger der linken Hand ein V im unteren Teil seines Gesichts und legte den Zeigefinger derselben Hand auf den Mund! (Dies soll das alte Zeichen der pythagoräischen Freiheit gewesen sein!).“ B. legte die rechte Hand aufs Herz. Dann umarmten und küssten sie sich. Alle diese Zeichen wurden der Sicherheit halber mehrmals gewechselt. Es folgten schliesslich noch die geheimen Fragen: A: „Auf wieviel Säulen ruht der Tempel?“ B: „Auf sieben.“ A: „Haben Sie geopfert?“ B: „Ja, im Vorhof mit verbundenen Augen.“ A: Wie heissen Sie?“ B: „Bembo.“

Hauptzweck kultiviert.“ Es gab deren drei: den Sternen-, Monden- und Sonnengrad. Die Einführung ging unter wesentlich einfacheren Formen vor sich. Die Mitglieder der beiden ersten Stufen hiessen „allgemeine“, bezw. „geheime“ Brüder. Der dritte war der Meistergrad. Auf allen Stufen *) empfingen die Brüder weitere Belehrung über den Zweck des Ordens, insbesondere über die von ihm erstrebte Förderung der Sittlichkeit, der Freundschaft, Wohlthätigkeit und Veredelung der Mitglieder durch Rat und That. —

---

3. Der Constantistenorden.

Am 23. Februar 1777 in Halle gegründet, erfreute sich diese weitverbreitete Vereinigung eines grossen Ansehens in der Studentenschaft. Im Jahre 1783 war sie in Jena heimisch und hielt sich hier trotz widriger Schicksale bis 1809. Mit dem Auftreten der Constantisten machte sich namentlich in Jena, wie in Wittenberg und Göttingen eine erhöhte Streit- und Händelsucht in der Studentenschaft bemerkbar. Wir begegnen dem Orden**), dessen Zweck, Einrichtungen und Ge-

*) Die Erkennungschiffre der Grade war ein Kreis mit einem A und drei Sternen, ein Kreis mit einer Mondsichel und eine strahlende Sonne. Deren Bild trugen die Geweihten des Meistergrades am blauen und schwarzen Bande. — Im Mondengrad zeigte die Loge eine etwas veränderte Ausstattung. Über dem Meister hing eine schwarze Ampel mit drei Lampen, auf einem Tische standen 2 Opferbecken, in denen helle Flammen loderten. Meister und Brüder trugen schwarze Kleidung. Einer der aufgehängten Teppiche wies ein Totengerippe auf, ferner den vollen Mond mit der Umschrift: Quod ratio nequivit, sanat mora; die 3 Grazien am Baum des Lebens mit der Überschrift: Ubi Concordia, ibi sunt opes, eine sternhelle Nacht und eine Schlange. —

**) Sein Wahlspruch: V. F. C. C. (Vivant fratres Constantia conjuncti) war in den vier Ecken des silbernen Ordenskreuzes an-

bräuche, ebenso wie die der übrigen, noch zu erwähnenden Korporationen, in den Grundzügen meist mit denen der Harmonisten übereinstimmten, ferner in Marburg, Giessen, Erlangen, Leipzig, Heidelberg, Frankfurt a. O. und Wien, wo seine Mitglieder den Namen „Brüder der Beständigkeit“ führten. Er hat zwar, namentlich in der Zeit von 1786—98, mehrfach auch Offiziere in seine Reihen aufgenommen, doch hat er im Allgemeinen den studentischen Charakter der Verbindung mehr gewahrt als seine Rivalen.

---

4. Der Unitistenorden.

Er ist höchstwahrscheinlich um 1771 in Halle entstanden, wo er neben den Constantisten eine nicht unbedeutende Rolle spielte. Die Mehrzahl seiner Mitglieder entstammte norddeutschen Adelsfamilien; besonders stark waren in ihm die Mecklenburger vertreten. Die O.-Gesetze forderten von den Brüdern die Pflege der Freundschaft und der brüderlichen Liebe und bebekämpften das Laster in allen seinen Formen. Die Ordenslehre ward in drei Graden vorgetragen, über die aber Näheres nicht bekannt ist. Ausser in Halle bestanden U.-Logen nachweisbar in Jena, Göttingen, Leipzig, Erlangen und Frankfurt a. O. In Jena knüpfte der Orden 1782 Beziehungen mit den „Schwarzen Brüdern“ an und schloss 1760 mit den Amicisten ein Kar-

---

gebracht. Es wurde an blauem, weiss gerändertem Bande getragen und zeigte in der Mitte ein Herz, während aus den Winkeln Strahlenbündel hervortraten. Am unteren Ende war ein Totenkopf mit zwei gekreuzten Gebeinen befestigt. Die „heilige“ Zahl der C. war 8, dargestellt durch $\overline{.\;:\;:\;:\;.}$. Seit 1800 findet sich auch die Chiffre „21—23“. Anfangs hatte der Orden keine Grade; später soll er deren zwei eingerichtet haben.

tell. Wie die Constantisten, so verschwanden auch die U. im Jahre 1809 aus dem Universitätsleben.

---

5. Der Orden der Indissolubilisten.

Seine Heimat war Leipzig. Drei Freunde riefen ihn am Johannistage 1790 ins Leben. Sie nahmen zunächst keine Mitglieder auf. Erst im Dezember 1791 öffneten sie die Pforte ihrer Loge,*) die grosse Aehnlichkeit mit der „gelehrten" Amicisten-L. in Jena hatte, auch andern Studenten.

Als Zweck ihrer Vereinigung bezeichneten die I.: Pflege der Freundschaft, gegenseitige Hilfe, „Beistand mit Rat und That, Gut und Blut." Die Mitglieder waren verpflichtet, jede Beleidigung des Bundes als ihre eigene zu betrachten, ihr Wort heilig zu halten, der Forderung Profaner „bei 1 Thaler 8 Groschen Strafe" stattzugeben. Konnte oder wollte ein Bruder sich dazu nicht verstehen, so „sagte er es dem LMeister, der sich gegen Erlegung der Strafe für ihn schlagen musste." —

1792 vereinigten sich die I. mit den Amicisten. —

---

*) Die Aufnahmefeier stellt sich als eine reine Spektakelszene dar. Die Brüder trugen an ihren Hüten Kokarden von himmelblauer Farbe. Des Meisters Hut war mit einem wallenden Federbusch geziert; die Würde seines Amtes charakterisierte ferner „ein doppeltes Triangel mit Sonnenstrahlen und Kleeblatt", das an breitem blauem Bande von der Schulter herabhing. Das silberne Ordenszeichen in Form einer Medaille zeigte auf der einen Seite ein doppeltes, strahlenumkränztes Triangel mit den Buchstaben U. N. I. T. A. S., in der Mitte drei zusammengebundene Schwerter, die aufgehende Sonne und den Namen Jehovah in hebräischen Buchstaben. Die andere Seite enthielt die Buchstaben I. D. S. L. T. O., (Indissolutio) und in der Mitte eine, die Namen der Stifter „R. H. L." umringelnde Schlange. —

Ausser diesen Orden finden wir im ausgehenden 18. Jahrhundert auf den deutschen Universitäten noch eine Reihe ähnlicher Vereinigungen.*) Doch kamen diese gegenüber ihren Rivalen wenig oder gar nicht zur Geltung. Hierher gehören: Die Inviolabilisten und Desperatisten in Halle, die Concordisten, Conformisten, Defensionisten, der Fassbinder- und Lilienorden in Jena, Erlangen und Göttingen, die Jukundisten in Giessen, die Independisten in Erlangen und die Chokoladisten**) in Jena.

VII. Die Ritter und Brüder St. Johannis des Evangelisten aus Asien in Europa.***)

(Asiatische Brüder.)

Als ein Hochstapler im grossen Stile darf der Freiherr von Ecker und Eckhoffen gelten. Wir haben den geriebenen Geschäftsmann bereits als Mitglied des Rosenkreuzer-Ordens (II. S. 115) kennen gelernt. Nachdem er sein Vermögen verschwendet, gedachte er auf

---

*) Die meisten führten als Ordenszeichen ein Kreuz, weshalb sie kurz „Kreuzbrüder" hiessen. Die Desperadisten, die, wie Laukhardt berichtet, „ein sehr desperates Ende genommen", verbanden mit dem Kreuz auch einen Totenkopf. —

**) Mit ihrer Hilfe gedachte der Stifter Stephani, der 1791 als Hofmeister in Jena lebte, dem grassierenden Duell-Unwesen erfolgreich entgegen zu treten. Übrigens war die Bezeichnung „Chokoladisten" ein „Ekelname", mit dem die „honorigen Studenten die Anhänger der Stephanischen Reform" belegten. —

***) Zuverlässige Nachrichten über diesen Bund enthält u. a.: Der Asiate in seiner Blösse. Bremen; 1790. — Die Brüder St. Johannis d. Evang. aus Asien. Berlin; 1803. — Der Signatstern. III. S. 351 ff. — Handbuch der FM. I. S. 49 ff. —

Kosten gläubiger Seelen sein wüstes Schlemmerleben fortzusetzen. Wie alle Industrieritter jener geheimnissüchtigen, pietistelnden Zeit gründete auch E. seine gaunerische Spekulation auf den Missbrauch, der damals mit dem Logenwesen getrieben wurde. Schnell war er in Berghausen mit einem Orden „Pro fratribus rotae et aureae crucis“ *) bei der Hand und nahm gegen Entrichtung hoher Aufnahme-Gebühren Suchende auf, die er mit kabbalistischen Namen, Wappen und Zeichen ausstattete (1776). Der Meister ging hierbei so unvorsichtig zu Werke, dass auch seine wundersüchtigsten Anhänger die betrügerischen Absichten bald erkannten und ihr Geld zurückforderten. Der Rache der Geprellten entzog er sich durch schleunige Flucht.

In München, wohin er sich gewandt, setzte E. das einträgliche Gauner-Geschäft in grösserem Massstabe fort. Wegen Betruges angeklagt und von den Rosenkreuzern verfolgt, eilte er 1781 nach Wien. Hier fand der formgewandte, rührige, sich überall mit anmutiger Sicherheit bewegende Herr Anschluss an die FMLoge „Zu den sieben Himmeln“ und wurde nach Verlauf weniger Monate deren zugeordneter Meister. Sogleich verkündete er als neue, bisher unbekannte Wahrheit den „hochwürdigsten, mächtigsten und weisen Orden der **Ritter und Brüder des Lichts“,** der angeblich von den „sieben weisen Vätern, Vorstehern der sieben Kirchen in Asien“, errichtet sei, mit der Bestimmung, „Licht und Wahrheit zu verbreiten, Seligkeit und Frieden zu schenken und die echten geheimen Bilder der drei Grade der Brüder FM-Ritter aufzuschliessen.“

---

*) Sein System war hinsichtlich der Grade eine getreue Nachbildung des Rosenkreuzer-O. Der „Hauptplan“ war ein „Kreuz, einem Kreise eingefügt, dessen leere Zwischenräume den Text enthielten.“ —

Das lächerliche Zerrbild bestand aus 5 Graden: dem Ritternoviz vom 3., 5. und 7. Jahr, dem Leviten und dem Priester.*) Die Versammlungen jeder Stufe hiessen Kapitel. Sieben solcher Kapitel bildeten ein Haupt- und ihre Gesamtheit ein Provinzkapitel. Über allen stand das Protektorat-Kapitel von Europa.

In seiner Eigenschaft als bevollmächtigter Kanzler dieses Ordens hielt Ecker dessen Thore allen denen offen, die bereit und imstande waren, gegen angemessene Bezahlung den Zugang zu der erbaulichen Kultstätte zu erkaufen. Auch Israeliten nahm er in die Gemeinschaft auf. Als die Obern der Rosenkreuzer von diesem Treiben erfuhren, liessen sie nichts unversucht, den gefährlichen Mann unschädlich zu machen. Wegen Gradfälschungen und Betrügereien von seiner Loge in Anklagezustand versetzt, verliess er unter dem Vorwande, nach München zu reisen und seine Ehre zu retten, in Gesellschaft des Grafen de Latour mit Hinterlassung zahlreicher Schulden Wien. Anstatt aber seine Schritte nach Westen zu lenken, wandte sich Ecker schleunigst gen Norden und gelangte nach Berlin, um hier mit ungeschwächter Kraft und Frechheit seine Mission wieder aufzunehmen. Da er es auch jetzt wieder in erster Linie auf die Juden abgesehen hatte, die, von allen andern Orden ausgeschlossen, ihm in hellen Haufen zuströmten,**) so stand das Unternehmen bald in voller

---

*) Über die grotesken Uniformen der Mitglieder und die bizarren Rituale des Ordens, in der frm. und alttestamentliche Gebräuche sich in komischem Wirrwarr begegnen, vergl. Signatstern II. S. 1 ff. —

**) Die oft erzählte Nachricht, dass der preussische Thronfolger Prinz Friedrich Wilhelm (II.), sowie die rosenkreuzerischen Grössen Woellner und Bischoffwerder dem neuen Orden ergeben gewesen, beruht offenbar auf Erfindung. Ecker, der abgesagte und verfehmte Feind der Rosenkreuzer, hatte begründete Ursache, diesen seinen ärgsten Gegnern aus dem Wege zu gehen. Ebenso

Blüte, zumal da auch FM, die bereits alle Systeme durchgekostet und nirgends Befriedigung gefunden hatten, herbeieilten, das neue Wunder aus nächster Nähe zu schauen.

Nachdem die Gimpel gehörig ausgeplündert waren, verschwand Ecker spurlos aus den gastlichen Mauern der preussischen Hauptstadt. Auf dem fm. Konvent zu Wilhelmsbad (1782) tauchte der Prophet wieder auf und suchte hier mit Eifer und Geschick seinem Werke Anerkennung und Verbreitung zu verschaffen. Das gelang ihm zwar nicht, immerhin aber hatte er die Genugthuung, den Landgrafen Karl von Hessen für seinen Orden zu gewinnen und ihn zur Annahme der Stelle des obersten Vorstehers zu bewegen. Auf dessen Wunsch musste das ganze System verändert und umgetauft werden, weil es inzwischen von den Rosenkreuzern veröffentlicht worden war.

Diese Arbeit ging unter der betriebsamen Hand des geschäftskundigen Ecker rasch von statten, und noch während des Konvents erblickten „Die Ritter und Brüder St. Johannis des Evangelisten aus Asien in Europa“, kurz „Asiatische Brüder“ genannt, das Licht der Welt.

Der Orden, angeblich schon seit 1750 bestehend, sollte nichts anderes als eine „brüderliche Vereinigung edeldenkender, frommer, gelehrter, erfahrener und verschwiegener Männer ohne Rücksicht auf Religion, Geburt und Stand sein, die bemüht sind, nach den Anweisungen des Ordens die Geheimnisse aus den Erkennt-

---

unwahrscheinlich ist, dass seinem Treiben in Berlin ein „Machtspruch“ des Grossen Königs ein Ende gemacht habe. Der alte Herr hatte bekanntlich auch für die schlimmsten Auswüchse der FM. nur einen Blick unsäglicher Verachtung. Die Entfernung des Abenteurers ist fraglos ein Werk der Berliner Rosenkreuzer gewesen. —

nissen aller natürlichen Dinge zum Besten der Menschheit zu erforschen.“ —

Aufnahmefähig*) war jeder rechtschaffene Mann, der an Gott glaubte und durch eine ordentliche Melchisedek-**) oder eine Johannisloge der FM. Ritter und Meister geworden war. Ausgeschlossen von der Aufnahme waren Gotteslästerer oder Religionsspötter und solche, die „die heiligen Rechte der Könige und Fürsten, die das Bild der Ewigen auf Erden sind, im geringsten verletzen“, die die „Rechte der Menschheit kränken oder auch nur mit Vorsatz einzuschränken suchen, die heiligen Rechte der Tugend gewissenlos entweihen, die Gerechtigkeit frevelhaft mit Füssen treten, Witwen und Waisen mit Vorsatz bedrücken und verfolgen.“

---

*) Auf Grund der „Untersuchungs-Punkte“ versprach jedes Mitglied, „allen Geheissen des Ordens, da sie wahres Licht verbreiten, getreu bis an sein Lebensende zu folgen, ohne jemals zu fragen, wer sie ihm gegeben hat, woher sie gekommen sind, wirklich kommen oder in Zunkunft kommen werden. Denn wer das Licht klar siehet, muss unbekümmert um seinen Ursprung sein.“ Ferner gelobte jeder Br, „den hohen Orden von allen Geheimnissen, die zu einem Verbande mit oder wider den Orden führen könnten, rechtschaffen und ohne Verweilen zu benachrichtigen.“

**) Melchisedek- oder Toleranzlogen wurden diejenigen Bauhütten genannt, deren Mitglieder Israeliten, Türken, Perser, Araber etc. waren. Eine 1787 in Hamburg errichtete ML ging in demselben Jahre wieder ein. Eine „Toleranzloge“ findet sich in den 90er Jahren des 18. Jahrh. in Berlin. Sie arbeitete nach dem Ritual der GLandesl., wurde aber weder von dieser, noch von der GL. Zu den drei Weltkugeln anerkannt, während Royal York sich gleichgültig verhielt. Trotzdem erlangte die L. einen königlichen Schutzbrief, konnte sich aber auf die Dauer nicht halten. Ihr Zweck war, „Juden und Christen durch die Maurerei näher zu bringen und veraltete Vorurteile zu verwischen“. Näheres über die offenbar von höchst einsichtigen Männern geleitete m. Pflanzstätte enthält die lesenswerte Schrift: „Bekenntnis der L. der Toleranz“. Berlin; 1790. —

Der Orden bestand aus 5 Abteilungen, nämlich 2 Probestufen — der Suchenden und Leidenden — und 3 Hauptstufen. Zu ihnen gehörten die Ritter und Brüder „Eingeweihten St. Johannis des Evangelisten aus Asien in Europa, die weisen Meister, die königlichen Priester oder echten Rosenkreuzer.“ Diese höchste Stufe hiess auch „Melchisedek Eins“.

Jede Probestufe oder Meisterschaft durfte nicht mehr als 10 Glieder zählen, jede Hauptstufe höchstens deren 33. Je 10 Meisterschaften, eine Dekade, standen unter einer Obermeisterschaft. Die Obermeisterschaften einer Provinz regierte ein Kapitel, bestehend aus dem Provinzialgrossmeister und 11 andern Beamten. Die vier europäischen Provinzen: Ost, Süd, West und Nord, wurden von einem Generalkapitel geleitet. An seiner Spitze stand der Generalobermeister mit einem Stabe von 12 Beamten. Die höchste Ordensinstanz, das „kleine fürwährende Synedrion“, zählte 72 Mitglieder unter dem obersten Ordensgrossmeister und dem obersten Synedrion-Vicarius. Die Mitglieder der unteren Grade erschienen in schwarzen, die der oberen in Purpurmänteln. Diese Brüder waren mit einem Triangel in Silber oder Gold geschmückt, der, mit grünen und roten Kreuzen bestickt, an einem Bande um den Hals getragen wurde.

Mit diesem Orden erschien sein Erfinder 1782 abermals in Wien, und so gross war der Zauber, der von dem klangvollen Namen des Systems ausging, dass alle Feinde und Gläubiger Eckers sich scheu verbargen. Unter der geschickten Führung des Grossmeisters Grafen Sinzendorf und des Ordenskanzlers und Ordenslehrers Ecker und dem Protektorate des Fürsten Karl v. Lichtenstein breitete er sich rasch aus und fand auch ausserhalb der schwarz-gelben Grenzpfähle Freunde und Verehrer in nicht geringer Zahl. Wiederum hiess er auch Juden als „uralte echte Brüder aus Asien“ in seinen

Reihen willkommen. Um so höher stieg nunmehr des Kanzlers Anmassung, um so freier und offener trug er sein Stegreifrittertum zur Schau. Die Fülle seiner Schelmenstreiche öffnete schliesslich auch dem harmlosen Sinzendorf die Augen. Voll bitteren Leids trat der schmählich Betörte vom Orden zurück und mit ihm die Mehrzahl der diesem angehörenden einflussreichen Herren. Nun geriet das trügerische Gebäude ins Wanken, und als 1785 das Freimaurer-Verbot erging, wiesen nur noch dürftige Trümmer stumm auf die einstige Herrlichkeit hin. Der Pseudo-Messias hatte längst das Weite gesucht. Mit einer Ehrenerklärung des Herzogs Ferdinand von Braunschweig erschien er in Hamburg, errichtete hier, in Hannover, Lübeck und andern Orten Logen und verschaffte seinem Orden auch in Schweden Eingang. 1797 finden wir Ecker wiederum in Wien. Sogleich traten einige Obermeisterschaften — auch in Ungarn und Böhmen — wieder in Thätigkeit. Erst mit dem Tode des ruhelosen Abenteurers (1790) erlosch das gefährliche Übel und fiel rasch verdienter Vergessenheit anheim.

VIII. Die Deutsche Union der XXII.*)

Einer der berüchtigsten Freigeister des 18. Jahr-

*) Vortrefflich unterrichtet über die D.U. — (Bode): Mehr Noten als Text oder die Deutsche U. der Zwey und Zwanziger, eines neuen geheimen Ordens zum Bessten der Menschheit. Leipzig; 1788. — Der Deutschböhme L. A. Hoffmann († 1801 als Professor in Wien), bekannt durch verleumderische, gegen die FM. gerichtete Schriften, suchte in seiner „Aktenmässigen Darstellung der D. U. und ihrer Verbindungen mit den Illuminaten" etc. (Wien; 1796), ebenso Robinson in Edinburgh in s. „Proof of a conspiracy" (Edinb. 1797) die D. U. mit den Illuminaten und der französischen Revolution in Verbindung zu bringen.

hunderts war der bekannte Dr. Karl Friedrich Bahrdt,*) infolge seiner litterarischen Fehden mit dem Leibarzt Zimmermann in Brauschweig von Kotzebue als „Bahrdt mit der eisernen Stirn" bezeichnet. Bei seinem Hang zum Projektenmachen kam der verlotterte Gesell auch auf die Idee, einen Bund zur Förderung der Aufklärung zu stiften. In einem Zirkular, das „allen Freunden der Wahrheit, der Vernunft und der Tugend" gewidmet

---

Gegen Robinson wandte sich mit Erfolg Karl August Böttiger († 1855), der „Hauptstifter" der sächs. GL., in einem geharnischten Artikel des „London. Monthly Magazine". 1798 (Januar). — Vergl. auch: Die D. U. in ihren letzten Zügen oder der gefangene Doctor, ein dramatisches Gemälde. Bahrdtruhe (Wittenberg); 1789. — Signatstern III. S. 297 ff. — Kloss: Bibliographie der FM. S. 246 f. —

*) „Ein guter Kopf von grosser Behendigkeit", aber ein wüster, skandalsüchtiger Bursche von haltloser Ungebundenheit und gemeiner Gesinnung, war Bahrdt (1741—92) der Thersites der Aufklärungszeit. Früh verdorben, bezeichnete er selbst den Leichtsinn als „seine angeborene unüberwindliche Krankheit". Nachdem er in Leipzig als Privatdozent orthodoxe Dogmatik gelehrt und an der dortigen Peterskirche orthodoxe Predigten gehalten, musste er infolge eines skandalösen Liebeshandels das damalige „Klein Paris an der Pleisse" verlassen. Als Professor der biblischen Altertümer in Erfurt (seit 1769) und in Giessen (seit 1771), wo er als Professor und Prediger wirkte, sagte er sich von Glauben und Sitte los nicht aus der „Notwendigkeit innerer Bildungskämpfe, sondern wie ein Bankerotteur, der verzweifelt nach einem neuen Geschäft greift, um sich aus dem Schiffbruch des alten zu retten." Im Jahre 1775 von den Landamman v. Salis nach Marschlins bei Chur als Direktor der von jenem eingerichteten Erziehungsanstalt berufen, ging B. nach Dessau, um sich in Basedows Philanthropinum bei „L'Hombrespiel, Malaga und Tabak" zum Pädagogen auszubilden. Nach einjährigem Aufenthalt in der Schweiz, wo er Schulden auf Schulden gehäuft, erhielt B. einen Ruf als Hofprediger des Grafen v. Leiningen nach Dürkheim a. d. Haardt (1776). In dem benachbarten Heidesheimer Schlosse gründete der pädagogische Falstaff ein neues Philantropinum, ein Spektakelstück sonder Gleichen, bestimmt,

war, nannte er den Bund: „Deutsche Union der XII“, indem er behauptete, es hätten sich bereits 22 Männer zusammengefunden, „den grossen Zweck des erhabenen Stifters des Christentums,*) Aufklärung der Menschheit und Dethronisierung des Aberglaubens und des Fanatismus, durch eine stille Verbrüderung aller, die Gottes Werk lieben, fortzusetzen.“ Die schöne Aufgabe sollte durch eine umfassende litterarische Thätigkeit erreicht werden. Die Gesellschaft sollte allmählig der gesamten

---

dem in ewiger Geldnot steckenden Manne die Mittel zur Fortsetzung seines liederlichen Wandels zu verschaffen. Wegen fortgesetzer Religionsspöttereien seines Amtes entsetzt, ging der Schwindler bei Nacht und Nebel davon. In Halle, wohin er sich wandte, hielt er philosophische Vorlesungen, bei seiner glänzenden Beredtsamkeit meist unter dem grössten Zulauf, eröffnete für Studenten eine Weinschenke auf einem Weinberge und errichtete hier eine Winkelloge und die „Deutsche Union“. Wegen dieser Bestrebungen und wegen Verhöhnung des Religionsedikts (1788) wurde B. verurteilt und auf die Festung gebracht. Nach seiner Rückkehr aus Magdeburg setzte er in Halle sein wildes Schankwirtsleben fort, bis er am 23. April 1792 seine Vagabundenlaufbahn beschloss. — Im Jahre 1777 war B. in England, wohin er sich behufs Anwerbung von Schülern begeben, dem FMbunde beigetreten. — Vergl. G. Frank: K. Fr. B. (Raumers Histor. Taschenbuch 1866.) —

*) Die Union sollte Jesu Plan wieder aufnehmen. Nach der 1783 erschienenen Schrift Bahrdts: „Ausführung des Plans und Zweckes Jesu“ ist Jesus der Stifter einer geheimen Ordensgesellschaft mit drei Graden, welche die vernünftige Religion im Stillen verwahren und sie gegen Aberglauben und Priesterbetrug schützen sollte, wie denn auch schon Moses mittelst einer Art von Freimaurerei die Israeliten vom Joche der Ägypter befreit habe. Die Ordensbrüder hätten Jesu bei den wunderbar scheinenden Handlungen beigestanden und sich besonders zur Zeit seines Leidens und Sterbens als stärkende Engel und als Engel in weissen Kleidern thätig erwiesen. Nach der scheinbaren Himmelfahrt habe Jesus fortgelebt „als unbekannter Oberer einer Mutterloge, in der noch Paulus aufgenommen worden sei.“ —

Presse und des gesamten Buchhandels sich bemächtigen und so sich die Mittel schaffen, der Aufklärung zum Siege zu verhelfen. Durch Errichtung von Lesegesellschaften an allen Orten, wo Teilnehmer an der Verbrüderung vorhanden seien, sollte die Deutsche Union als vorhanden erklärt werden, und es sollte nun „der verbrüderte Teil der Nation in Provinzen oder Diözesen eingeteilt werden. Dabei würden zwei Klassen der Verbrüderten entstehen, die der gemeinen und die der dirigierenden Brüder, von denen nur die letzteren eigentlich die Union ausmachten und um deren letzten Zweck wüssten."

Bald wurde ein „verbesserter Plan" der D. U. bekannt gemacht. Er lief darauf hinaus, die U. in Maurerei zu verwandeln. Bahrdt hatte hierzu 3 Grade erdacht und die erforderlichen Rituale ausgearbeitet. Hiernach waren die Hauptzwecke der Union: „Vervollkommnung der Wissenschaften, der Künste, des Handels etc., insbesondere der Volksreligion; die Verbesserung der Erziehung und Unterstützung guter Erziehungsanstalten, Hervorziehung gemeinnütziger Talente von aller Art; Belohnung entschiedener Verdienste; Versorgung verdienstvoller Menschen im Alter und Unglück; Versorgung von Mitgliedern der Union, hinterlassener bedürftiger Witwen und Waisen." Die nötigen Mittel zur Ausführung dieses umfassenden sozialen Programms sollten durch Sammlungen aufgebracht werden.

Bahrdt hatte mit der Verwirklichung seiner phantasievollen Ideen wenig Glück. Nachdem der verdienstvolle Bode den ganzen Plan als eine gemeine Finanzspekulation öffentlich an den Pranger gestellt, stoben die schwachen Anfänge jählings auseinander, während gegen ihren Urheber die Anklage wegen Geheimbündelei erhoben wurde. Trotzdem veröffentlichte der unermüdliche Weltverbesserer 1791 einen neuen

„Entwurf zur Stiftung einer Verbindung zwischen den Freunden und Beförderern des Verdienstes.“ —

IX. Societas Alethophilorum.*)

Im Jahre 1736 rief der Graf v. Manteuffel,**) der Mitglied der Berliner und Londoner Akademie war, die „Gesellschaft der Wahrheitsfreunde“ in Berlin ins Leben.

---

*) Die Nachrichten über die S. A. sind sehr zerstreut und meist nur mit Vorsicht zu benutzen. Einigermassen zuverlässige Kunde findet sich bei Holdenrieder: Histor. Nachricht von der Weissenfelsischen Alethophilotischen Gesellschaft, Leipzig; 1750. — Vergl. ferner R. v. Weber: Aus vier Jahrh. N.F. I. S. 108. Leipzig; 1861. — J. G. Droysen: Gesch. der Preuss. Politik. IV d. S. 7 ff. Leipzig; 1870. — S. S. 261 „Les Philatèthes“ oder „Les Chercheurs de la vérité“. —

**) Ernst Christoph von M., 1676 in Pommern geboren, hatte sich auf der Universität Leipzig und durch ausgedehnte Reisen eine vielseitige Bildung erworben. Nachdem er am Hofe König Friedrichs I. von Preussen Kammerjunker gewesen, trat er in sächsische Dienste und leitete 1716—30 unter August II. v. Polen als Geheimer Kabinettsminister die auswärtigen Angelegenheiten. Im Sommer 1730 in Dresden verabschiedet, lebte M. teils auf seinen pommerschen Gütern, teils in Berlin und Leipzig, unterhielt aber gleichzeitig mit dem Dresdner Hofe und dem Grafen Brühl einen lebhaften Briefwechsel „nicht ohne den lebhaften Wunsch, wieder in die Geschäfte einzutreten, nicht ohne die Hoffnung, durch unermüdliche und oft zweideutige Thätigkeit für das sächsische Interesse Augusts III. Gunst zu verdienen.“ In die Zeit seines Berliner Aufenthaltes fällt die Stiftung jener Gesellschaft. Bald nach der Thronbesteigung Friedrichs d. Gr. musste M. Berlin verlassen. Der ebenso geistvolle wie medisante und frivole Staatsmann schlug nun seinen Wohnsitz auf seinem in der Nähe von Leipzig gelegenen Landgut auf und stand bis zu seinem i. J. 1749 erfolgten Tode in freundschaftlichem Verkehr mit Gottsched und Christian Wolff, für dessen Philosophie er lebhaft Propaganda machte.

Ursprünglich entbehrte sie der geschlossenen Form, und ihre ersten Mitglieder (Manteuffel, der Propst Reinbeck und der Buchhändler Haude) bildeten einen harmlosen Zirkel, in dem „Abends bei einer Pfeife Tabak allerhand Vorwürfe der Gelehrsamkeit beleuchtet wurden.“

Allmählig gab M. diesen Zusammenkünften eine grössere Erweiterung und damit zugleich eine bestimmtere Gestaltung. Er nannte die Gesellschaft fortan „Societas Alethophilorum“ und arbeitete eine Verfassung für sie aus, für die der damals auf dem Festland bekannt gewordene Freimaurerbund das vielbewunderte Vorbild war.

An der Spitze der Sozietät standen der gewandte Manteuffel als Präsident, Propst Reinbeck als Hauptmann („illustre Primipilaire“) und Haude als Lanzenträger (Doryphore). Das Ordenszeichen war eine Münze mit der bedeutungsvollen Umschrift: Sapere aude und dem Brustbild der Minerva. Auf ihrem Helm erblickte man unter einem Lorbeerkranz die Köpfe der Philosophen Leibniz und Wolff*) in Janusgestalt. Die Ge-

*) Christian Wolff (1679—1754) schuf sich schon in jungen Jahren als Professor in Leipzig und Halle durch seine Schriften und durch ungewöhnliche Erfolge als Universitätslehrer einen bedeutenden Wirkungskreis. Pietistische Schwärmer und orthodoxe Zeloten wussten ihn beim Könige Friedrich Wilhelm I. v. Pr. erfolgreich als Feind des Christentums zu verdächtigen. Infolgedessen erhielt W. plötzlich den Befehl, „bei Vermeidung des Stranges“ innerhalb vierundzwanzig Stunden das preussische Gebiet zu verlassen. Er ging nun nach Marburg und setzte hier seine Thätigkeit fort, bis er vom Grossen Friedrich nach Halle zurückgerufen wurde. — W. war derjenige unter den Schülern des grossen Leibniz, der des Meisters zerstreute Grundgedanken zusammenstellte und zu einem förmlichen Lehrgebäude nach mathematischer Methode entwickelte und ausbildete. Seine grösste Leistung besteht — nach Zellers Urteil — darin, „dass er der erste war, der es in Deutschland unternahm, alle Wissensgebiete vom Standpunkte der modernen

setzestafel „der wahrheitsliebenden Gesellschaft“ verordnete, dass die Mitglieder „nichts für wahr oder für falsch ansehen sollten, ohne durch zureichenden Grund — das Stichwort der Wolffschen Philosophie — davon überzeugt zu sein.“ Ihre Aufgabe sei die Erforschung der Wahrheit, deren Ausbreitung und der Schutz aller derjenigen, welche die Wahrheit suchen oder verteidigen.

Jeden Mittwoch fanden sich die Mitglieder zusammen zu gemeinsamer Beratung der Gesellschaftsangelegenheiten und zu gemeinschaftlicher Tafel, geschmückt mit dem Ordenszeichen und dem an einem ziegelfarbigen Bande hängenden „Insigne“, einer Maurerkelle. Sie trug auf der einen Seite die Worte „La confrérie des francmaçons“, auf der andern Senecas Spruch: „Coagulum amicitiae est cum bonis convivium“, den Manteuffel voll Laune also übersetzte: „Redlicher Leute Freundschaft wird dadurch befestigt, wenn sie öfters bei einander essen.“

Jedes Mitglied der Sozietät, zu der die höchsten Staats- und Hofbeamten gehörten, führte einen besonderen Ordensnamen.*)

In verhältnismässig kurzer Zeit wuchs die Zahl der Teilnehmer, unter denen sich besonders junge Theologen finden, und bald konnten in Weissenfels, Leipzig, Stettin und an andern Orten Zweiggesellschaften er-

Philosophie zusammenhängend und methodisch in erschöpfender Vollständigkeit zu bearbeiten. Es war von höchstem Wert, dass einmal mit dem Gedanken einer rein rationalen Weltbetrachtung Ernst gemacht, dass die Forderung, alles aus seinen natürlichen Ursachen zu erklären, nicht bloss aufgestellt, sondern auch in eingehender Untersuchung an dem ganzen Erkenntnisstoff durchgeführt wurde.“ —

*) U. a. finden wir in ihr die Minister v. Thulemeyer („der Gütige“), v. Cocceji („der Weise“), v. Podewils („der Vorsichtige“), den russischen Gesandten v. Brakel („der Wohlbedächtige“).

richtet werden. Diese liessen sich die Verbreitung der Wolff'schen Philosophie und zweckdienlicher Schriften angelegen sein. U. a. wurden Gottscheds*) „Erste Gründe der gesamten Weltweisheit" (1734) überall hin verbreitet und „zu grösserer Bequemlichkeit vornehmer Gönner" ins Französische übersetzt. Formey**), durch Reinbecks Vermittlung am französischen Gymnasium zu Berlin als Professor angestellt, hielt vielbesuchte Vorträge über die Wolff'sche Philosophie und stellte ein gemeinverständliches Handbuch „La belle Wolffienne" für solche zusammen, denen selbst Gottscheds Anfangsgründe noch zu streng wissenschaftlich waren. Dieser

*) Johann Christoph G. (1700—1766), Professor an der Universität Leipzig, ein Mann von untergeordneten Talenten, aber vielseitiger Thätigkeit, übte in der ersten Hälfte des 18. Jahrhunderts im nördlichen Deutschland eine wahrhaft diktatorische Gewalt über Literatur und Geschmack. Als Verehrer von Opitz und seiner Schule hatte er deren zahlreiche Anhänger auf seiner Seite. Als Lehrer der Poesie und Redekunst bildete er Schüler, die ihm Beifall und Anerkennung in reichem Masse darbrachten. Die Anhänger der Leibniz-Wolff'schen Philosophie gewann er dadurch, dass er nach ihrem System seine „kritische Dichtkunst" entwarf. Als Verehrer der französischen Dichter, die er ins Deutsche übertrug, erlangte er die Gunst der vornehmen Welt. Durch seinen Widerstand gegen die hereinbrechende Aufklärung und Freigeisterei erwarb er sich das Vertrauen der Anhänger des positiven Christentums und infolge der Begünstigung, die er halben und kleinen Talenten angedeihen liess, scharte sich um den Gefeierten ein grosser Kreis von Verehrern und Freunden. — Vergl. E. Wolff: Gottscheds Stellung im deutschen Bildungsleben. 2 Bde. Leipzig; 1895/97.

**) Jean Henri Samuel F., zu Berlin 31. Mai 1711 geb., widmete sich dem Studium der Theologie, wurde 1731 Prediger der französisch-reformierten Gemeinde in Brandenburg, 1737 Professor der Beredsamkeit, 1739 Professor der Philosophie am franz. Gymnasium in Berlin, 1748 Sekretär und Historiograph der Akademie der Wissenschaften daselbst. 1788 zum Direktor der philosophischen Klasse ernannt, starb er 8. März 1797. —

erhielt von der Gesellschaft ferner den Auftrag, auf die Kanzelberedsamkeit einzuwirken. Demgemäss verfasste er den „Grundriss einer Lehrart, ordentlich und erbaulich zu predigen". Seiner und seiner ihm an Geschmack und Talent weit überlegenen Gattin Luise, geb. Culmus, betriebsamen Feder wird überdies eine Anzahl Flugschriften zugeschrieben, die ebenfalls die Verbreitung der Wolffschen Lehrmeinung bezweckten. Kurz, die Alethophilen entwickelten einen Missionseifer, der nur von Voltaire und den Encyklopädisten übertroffen wurde, den grossen Wortführern der Aufklärung, die jedes Idol stürzten, weil sie selbst der Abgott sein wollten.

Nach der Verbannung ihres Präsidenten aus Berlin scheint die Gesellschaft sich aufgelöst zu haben. Wenigstens hören wir seitdem nichts mehr von ihr.

Wiederaufgenommen wurden ihre Bestrebungen von dem

X. Orden der Afrikanischen Bauherrn.*)

Er stellt sich dar als ein in den sechziger Jahren des 18. Jahrhunderts in Deutschland und Frankreich bekannt gewordenes freimaurerisches System, das aber nur geringe Ausbreitung fand und 1785 gänzlich erlosch. Sein Hauptträger war der Kriegsrat Köppen **) in Berlin.

*) Der vollständige Titel lautet: „Afrikanische Bauherrn von der Königlichen Loge der Verschwiegenheit, Freunde freier Künste und schöner Wissenschaften." Nähere und beachtenswerte Nachrichten über diese Gesellschaft bieten: Die entdeckten Trümmer der Bauherrn-L. von G. v. B., Constantinopel (Berlin); 1790. — Das Ganze aller geh. Ordens-Verbindungen, Leipzig; 1805. — Der entdeckte Orden der afr. Bauherrn-L., 1806. — v. Nettelbladt a. a. O. S. 491 ff. —

**) Karl Friedrich K. (1734—1798) wurde 1759 Mitglied der

Das Ziel der Vereinigung war auf die Erforschung der Geschichte und der Geheimnisse der Freimaurerei gerichtet, um sie durch schonungslose Preisgabe ihrer Mysterien zu vernichten. Mitglieder konnten nur Gelehrte und Künstler werden. Geistliche waren von der Aufnahme ausgeschlossen. In den Kapiteln wurde in lateinischer Sprache verhandelt, und an den Hauptfesttagen — dem 5. Oktober und dem Himmelfahrtstage — sollte ein Preis von je 50 Dukaten für die beste statutenmässige Arbeit zur Verteilung gelangen.

Die Verwaltung der merkwürdigen Gesellschaft lag in der Hand von 15 Beamten. Es waren: Summus Magister, Summi Magistri locum tenens, Prior, Subprior, Magister, Thesaurarius, Grapharius (Schreiber), Drapiarius (besorgte die Ornate), Balconiferus, Signifer (lehrte die Zeichen), Tricuplerius (hielt bei Aufnahmen die Ornate), Bibliothecarius, Elemosinarius, Oeconomus, Custodes (dienende Brüder). Die Vereinigung wies 7 Grade auf: den des schottischen Lehrlings (Armiger), des schottischen Bruders (Socius), des schottischen Meisters (Miles), des schottischen Ritters (Eques), des Eques regii, des Eques de secta consueta, des Eques silentii regii. Die ersten vier Grade*) ver-

NationalML. Zu den drei Weltkugeln, trennte sich aber mit mehreren Anhängern 1767 von ihr und stiftete den Orden der „Afr. B.“ Ihm widmete er einen grossen Teil seiner Thätigkeit und seines Vermögens.

*) „Der erste Grad beweist, wie sorgfältig die alten Egypter die Wahrheit und Weisheit aus Furcht vor dem Pöbel in redende Figuren einzukleiden gewusst haben, und überzeugt uns, ob die BBr. furchtsam sind.“ — „Der zweite Grad zeigt Moses als den grossen Weltweisen, der den Juden die Lehre der wahren Religion beizubringen wusste, und lehrt uns, ob die BBr. wohlthätig sind.“ — „Der dritte Grad stellt die Notwendigkeit der Selbstkenntnis figürlich dar und erforscht, ob der Br. durch Kleinigkeiten zum Zorn gereizt werden kann.“ — „Der vierte Grad lehrt

lieh die Bauherrn-L., die beiden nächsten wurden im Kapitel erteilt, während die Mitteilung des letzten dem Tribunal vorbehalten war. Ihre groteske Symbolik lehnte sich an das französische Hochgradwesen an.

Ausser in Berlin sollen in der Oberlausitz, in Cöln, Worms und Paris Logen des Ordens bestanden haben. Doch ist ihr Dasein nicht ausreichend beglaubigt.

XI. Schluss.

Aus der unabsehbaren Fülle von Erscheinungen, die der alles beherrschende Geist der Geheimbündelei im Laufe des 18. Jahrhunderts erstehen liess, stellen wir im folgenden noch diejenigen zusammen, die damals zu irgend einer, wenn auch nur vorübergehenden, Bedeutung gelangten. Auch sie liefern charakteristische Beiträge zum Verständnis jener merkwürdigen, gährenden, ideenreichen, zwar vielfach noch unklaren, aber doch unaufhaltsam vorwärts strebenden Zeit.

1. Der „**Abels-Orden**“ oder der „Orden der wahren Aufrichtigkeit und Redlichkeit“.*)

Die Mitglieder dieser 1745 in Greifswald gestifteten

---

die genaue Verbindung des Menschen mit der Welt und zeigt, dass Christus der Eckstein der Religion sei.“ — „Der fünfte Grad teilt die Geschichte von dem Tode Conrads von Montferrat zu Tyrus mit.“ — „Im sechsten erfährt der Bruder die Geschichte der Gilde: Fost-Brädere-Law.“ — „Im siebenten wird ihm die Geschichte des Ordens zu Cypern und des Ritterschlages in Neapel gelehrt.“

*) Eine umständliche, wort- und phrasenreiche Rechtfertigung der Ordensbestrebungen und Auszüge aus seinen Statuten enthält: Der Abelit. Leipzig 1746. — Vergl. Biedenfeld: Gesch. und Verf. aller Ritterorden I. S. 181—83. —

geheimen Gesellschaft nannten sich Abeliten oder Abels-Nachfolger und suchten in der Bethätigung ihres Ordenswahlspruches: Aufrichtigkeit, Freundschaft und Hoffnung — christlich-moralisch-philanthropische Grundsätze zu pflegen.

Der Orden bestand aus zwei Graden. Die Jünger des ersten streben „mit allem Fleisse“ auf Grund eines wohlbedächtig und freiwillig gefassten Entschlusses nach einer „wahren Aufrichtigkeit und Redlichkeit bey allen ihren pflichtmässigen Handlungen und suchen sich darin zu üben.“ Die obere (II.) Klasse besteht aus solchen, „die schon würkliche und verschiedene Proben in dieser grossen Vollkommenheit gezeiget haben und nur nach einem grösseren Grade in derselben sich bestreben.“ Über die geheimen Zeichen der Gesellschaft und ihre Zeremonien ist nichts bekannt geworden. Als „Sinn- und Denkbilder“ galten das „Allsehende Auge“, Kreuz, Herz, die „gekreuzten Schlüssel“, Ring und Totenkopf.

Dauernden Bestand hat der Orden nicht gehabt; auch ist er über Greifswald schwerlich hinausgekommen.

2. **Adoptionsorden,** d. h. frm. Systeme, die auch Frauen als thätige Mitglieder aufnahmen, waren der Concordien- und der Mopsorden. Jener entstand 1759 in Hamburg, wurde 1760 aufgelöst, aber 1779 wieder eröffnet und blühte einige Jahre auch in Hannover und Göttingen. (Vergl. II. S. 24).

Über den Ursprung der Möpse*) sind sichere

*) Sinnbild des Ordens war der „Mops“. Er galt als Symbol der Treue. Bei der Aufnahme „krazten“ Kandidaten und Kandidatinnen, die Hundehalsbänder trugen, an die Logentür und, da man sie draussen warten liess, bellten sie nach Hundeart. Nachdem ihnen der Zutritt in das Heiligtum gewährt worden, wurden sie unter dem Geheul der anwesenden Möpse mit verbundenen Augen und an Hundeleinen neunmal im Logenzimmer

Nachrichten nicht überliefert. Unkontrollierbaren, des romantischen Beigeschmacks nicht entbehrenden Gerüchten zufolge hätten sich in Frankreich nach dem Erscheinen der Bannbulle „in eminenti specula“ (1738) ehemalige katholische Freimaurer zur Gesellschaft der Möpse zusammengethan, um „das Vergnügen zu haben, einer geheimen Verbindung anzugehören.“ Unter den Stiftern hätte sich auch der Erzbischof Clemens August v. Cöln befunden, der als ehemaliger FM. die Gesellschaft besonders deshalb gefördert habe, weil ihm dadurch Gelegenheit zum Verkehr mit Damen geboten wurde.

In Deutschland begegnen wir dem seltsamen Orden um die Mitte des 18. Jahrhunderts. Er erfreute sich ausser in Frankfurt a. M., Nürnberg, Göttingen, Hamburg, Pommern namentlich unter den Damen und Herren des Schweriner Hofes eines ausserordentlichen Zuspruches.

3. Der „Orden der **Affen-** und **Löwenritter**“ (1776—1780) rühmte sich, im Besitze der wahren Geheimnisse der alten Tempelritter zu sein. Seine Symbole waren der Affe und der mit offenen Augen schlafende Löwe. Jener galt als Sinnbild der Nachahmung, dieser als das der Wachsamkeit.

4. **„Antimasonische Sozietät“***) nannte sich eine adlige Gesellschaft, die durch wohlthätige Werke und Übung jeglicher Tugend sich auszuzeichnen gedachte. Obwohl der Freimaurerei nachgebildet, verfügte sie über keine Grade. Ihre Mitglieder erkannten sich an geheim gehaltenen Zeichen, wiesen sich auch durch einen Ring und besondere Kleidung aus. Kein Mitglied des Freimaurerbundes durfte dem Bunde angehören. Auch

---

umhergeführt, worauf sie, nach Ableistung des Mitgliedseides, über die „geheimen, durchaus scherzhaften Ausweise“ belehrt wurden. — Vergl. Lisch: Über den Mopsorden in Mecklenburg (Jahrb. für Mecklenb. Gesch. 7. S. 211; 39. S. 90 ff.).

*) Braunschweig. Logen-Corresp. 1883/84. S. 49 ff.

Frauen war der Beitritt zur Sozietät gestattet. Sie bestand hauptsächlich in Gottorf in der Zeit von 1741—79.

5. Der **„Argonautenorden“**,*) 1772 von dem braunschweigischen Hofrat Schrader gestiftet, nahm Männer und Frauen der besseren Gesellschaft kostenlos in seine Mitte auf. Die Mitglieder trugen als Erkennungszeichen einen silbernen, grünemaillierten Anker und vergnügten sich „an schönen Sommertagen auf einer Insel, die in einem zur braunschweigischen Domäne Riddagshausen gehörenden Teiche lag,“ bei Musik und Tanz und durch Vorlesen ihrer Geistesprodukte. Ein üppiges Mahl, vom „Grossadmiral“ Schrader gespendet, gab den romantischen Schäferstunden einen würdigen Abschluss. Mit dem „Schiffsgruss“: „Es lebe die Freude!“, mit dem sich die modernen Argonauten begrüssten, gingen sie auch auseinander. Wann dieses süssliche Arkadiertum sein glückliches Dasein beschlossen, ist nicht bekannt.

6. Die **„Arkadische Gesellschaft in Philandria“**,**) eine Art Freimaurerei, wurde 1764 von jugendlichen Schwärmern, die wegen ihres Alters keine Aufnahme in den Menschheitsbund finden konnten, auf dem Isenburgischen Gute Neuhof bei Offenbach gegründet. Die Anhänger der Gesellschaft rekrutierten sich meist aus vornehmen Familien. Es wird erzählt, dass auch Goethe in einem Alter von 15 Jahren sich um die Aufnahme beworben habe. Dass ein Gebilde von so unreifer Hand keine Aussicht auf Bestand haben konnte, versteht sich von selbst. Immerhin ist es bis 1771 nachweisbar.

7. Die **„Centralisten“*****) (1770—80) wurde eine

*) Lachmann, Gesch. der Hochgrade. Braunschweig 1866.

**) Latomia XXIX. S. 105 ff. Am Reissbrette. 1887. S. 51.

***) Obereit: Gerade Schweizererklärung vom Centralismus, Exjesuiterei etc. Berlin; 1786. — Vorläufige Darstellung des heutigen Jesuitismus, der Rosenkreuzerei etc. Deutschland (Frankfurt); 1786.

Verbindung genannt, die unter frm. Formen angeblich praktische Alchemie trieb, in Wahrheit aber religiöspolitische Zwecke verfolgte. Ihre Absicht war, alle Religionsbekenntnisse zu zentralisieren, zu verbinden und sie auf diesem Wege mit der römischen Kirche zu vereinigen. Der Verdacht liegt nahe, dass an diesem Spiele die Jesuiten nicht unbeteiligt waren.

8. Die **„Ritter vom Kreuze der Dreifaltigkeit“.***) Dieses frm. System, um 1785 in Grünstadt entstanden, als Grünstädter Lehrart bekannt, war ein Werk des früheren preussischen Hauptmanns v. Assum. Der phantasievolle Projektenmacher berief sich geheimnisvoll auf unbekannte Obere und erstrebte, wie zahlreiche andere Abenteurer vor und nach ihm, die Wiederherstellung der echten, höheren Freimaurerei. Den von ihm zum Ritter geschlagenen Novizen wurden Aussichten auf irdische Glücksgüter eröffnet, die sie „durch physische und moralische Kräfte“ erlangen würden.

Um die Öffentlichkeit irre zu führen, wurden Lotterien veranstaltet, deren Lose die Ritter im Publikum vertreiben mussten. Schliesslich sollte ein Nationalkongress aller deutschen Maurer dem Lotterie-Unternehmen eine breitere Grundlage schaffen. Indes hören wir nichts von dem weiteren Schicksal des originellen Projektes. Wir wissen nur, dass seine Durchführung dem Landgrafen Ludwig von Hessen erhebliche Kosten verursachte. Assum starb bereits 1787. Mit seinem Tode hatte auch die ganze Herrlichkeit ein Ende.

9. Der **„Sozietätsorden der Echten“,****) 1758 zur Bethätigung „echter, redlicher und aufrichtiger Freundschaft“ von dem Kapitän von Bessel zu Landshut in

— v. Göschhausen: Enthüllung des Systems der Weltbürgerrepublik Rom. (Leipzig); 1786.

*) Vergl. Freymäurer-Bibliothek. Stück VI, Berlin 1893.

**) Signatstern IV. 167—230.

Schlesien gestiftet und 1763 erloschen, war in Provinzen und Diözesen eingeteilt, die dem Provinzial, den Definitores und Maîtres en chaire unterstanden. Jede Provinz bestand aus den 6 Logen der Aufrichtigkeit, Treue, Freundschaft, Erkenntlichkeit, des Vergnügens und der Beständigkeit. Jede Loge setzte sich zusammen aus dem Passe-Maître, dem Vice-Passe-Maître, dem Kassierer, dem Sekretär und dem Apostel, den Frères honorairs und einem Frère servant. Das Ganze ward geleitet vom Ordensmeister, dem der Grosskanzler, der Gross-Schatzmeister, der Gross-Siegelbewahrer, der Kanzleidirektor und zwei Kanzleiräte zur Seite standen.

„Die Ordens-Requisita, so jedes Mitglied haben muss", waren Ordenszeichen,*) Ring, Hammer, Kokarde, Patent und ein Auszug aus den Statuten. Die Kokarde war je nach der Loge von hellblauer, weisser, gelber, hellblauer und weisser, „halbroter" und dunkelgrüner Farbe. Das Ordenszeichen wurde „an dem Knopfloch hangend getragen".

„Logen-Sessiones" (Hauptlogen) wurden im März und September gehalten. „Logen-Winke" d. h. Zusammenkünfte einiger Ordensmitglieder konnten so oft stattfinden, als es den Oberen beliebte.

Die Aufnahme-Zeremonien und die sonstigen Gebräuche erinnern in einzelnen Punkten an das freimaurerische Ritual, laufen aber im übrigen auf kindische Spielerei hinaus.

Identisch mit dem „O. d. E." ist offenbar der „Sozietäts-O. der redlichen Freundschaft.**)

*) Es bestand aus vier brennenden Herzen, „in Form eines Kreuzes mit den Spitzen gegeneinandergesetzet." Die Vorderseite des Signums wies die Buchstaben F. S. C. V. (fide sed cui vide), O. P. (Orestes u. Pylades), die Rückseite die Buchstaben F. I. N. U. (fidelitas inter nos utrosque) und den „Berg der Erfüllung" auf.

**) Schlesisch. Logenblatt 1889. S. 81. — Frm.-Ztg. 1889. S. 193.

10. Die **„Harmonische Gesellschaft“** war eine Gründung des Magnetiseurs Mesmer*) in Paris, die ihre Formen zum Teil der FM. nachgebildet hatte. Wer um Aufnahme nachsuchte, musste sich einem längeren Noviziat unterziehen, worauf seine Einweihung unter Entfaltung eines pomphaften Zeremoniells vor sich ging.

Der Orden erblickte seine Aufgabe darin, Kranke zu heilen, „der Harmonie der ganzen Natur nachzuforschen und physisch und moralisch auf die Menschheit einzuwirken.“ Etliche Wunderkuren, die Mesmer mittels des Magnetismus verrichtete, verschafften ihm nicht nur ein stattliches Vermögen, sondern auch seiner Gesellschaft zahlreiche Anhänger und Freunde. In kurzem entstanden in allen grösseren Städten Frankreichs 30 solcher harmonischen Vereine, die der Pariser Hauptloge untergeordnet waren. Sie blühten, bis die Stürme der Revolution ihrem magnetischen Dasein ein jähes Ende bereiteten. Mesmer selbst entging dem drohenden Tode nur durch schleunige Flucht.

11. Das **„Tribunal des Himmels“** war eine geheime Verbindung, deren Spuren sich in der Zeit von 1750—90 in Rom, Florenz und Venedig verfolgen lassen. Augenscheinlich übte sie eine Art Feme-Gerichtsbarkeit aus, wobei sie sich nach der Landessitte auch des Dolches und des Giftes gegen die Schuldigen bedient haben soll.

12. Der **„Jerusalemorden“**,**) um das Jahr 1791 ge-

*) Anton Friedrich M. (1733—1815), bekannt als Begründer der Lehre vom tierischen Magnetismus, studierte Mathematik, Physik, Jurisprudenz und Medizin und begann 1775 seine Theorie systematisch auszubilden. Zu der angeblich wissenschaftlichen Seite des Magnetismus gesellte sich alsbald eine mystische. Nachdem M. anfänglich in Wien gelebt und in der Schweiz sich aufgehalten, ging er nach Paris, wo seine Lehre endlich den gewünschten Anklang fand. — Vergl. Sierke a. a. O. — Kiesewetter: A. F. Mesmers Leben und Lehre. Leipzig; 1893.

**) Im Zusammenhange mit ihm steht der „O. der wahren

stiftet und angeblich 1793 nach Deutschland verpflanzt, nahm nur Christen als Mitglieder auf und suchte diese „zu Gott hinzuführen und zur Menschenliebe zu erziehen". Jeder Jünger musste geloben, „nie zugegen zu sein, wo ein Christ unbilliger und unrechtmässiger Weise seiner Existenz beraubt wird, und nie durch Rat und That daran Teil zu nehmen."

Geleitet wurde der Gesamtorden vom Obermeister oder Jehova-Zebaoth. Unter ihm dienten Grossmeister und Vicarii als Vorsteher der Provinziallogen. Andere Ordenswürden nahmen die Ordenspriester, die Korrespondenten und Konventualen etc. ein. Die Gesellen hatten zwar alle sieben Grade durchschritten, hatten aber kein Amt inne. Sie lehrten in der Akademie des Ordens und leiteten die Knappen (Novizen). — Das System bezweckte offenbar die Ausbeutung derer, die blinde Zuversicht in seine Netze trieb.

13. Der Orden von **„Jonathan und David"** *) war eine Gesellschaft katholisierender Tendenz mit sieben Graden: Ostearius, Lector, Exorcist, Acoluthus, Subdiakonus, Diakonus, Summus Superior. Ihre Heimat war Holland, wo sie 1770 zuerst auftrat. Hier hatte auch die Ordens-Leitung — Vicarius und Plenipotentiarii — ihren Sitz. Oberhaupt war der Papst.

Patrioten" oder der „wahren Menschenfreunde". Er ist nachweisbar seit 1787 in Frankfurt a. M. und bestand noch i. J. 1800. Seine Satzungen (erschienen 1787) fordern, „dass der ganze rechtschaffene Teil der Menschheit in ein Bündnis trete." Hierzu solle der neue Orden dienen. Ein Fürst solle als Grossmeister an seine Spitze treten, die volle Gerichtsbarkeit dagegen dem Generalvorsteher zustehen, den die „stets geheimen" Zensoren in seinen Obliegenheiten unterstützen.— Vergl. Berl. Monatsschrift. 12. S. 568ff.; 27. S. 43 ff. — Zimmermann: Statistisch-historisches Archiv. I. S. 98ff. — Handbuch der FM. I. S. 503.

*) Kloss, Gesch. der FM. in Frankreich. I. 530.

14. **„Kreuzbrüder“** (Kreuzfromme)*) waren eine vom Grafen Haugwitz, dem bekannten nachmaligen preussischen Staatsminister († 1831), gestiftete theosophisch-mystische Brüderschaft, in der die drei Johannisgrade eine durchaus christliche Deutung erfuhren.

15. Die **„Mersener Bockreiter“.****) In dem volkreichen Dorfe Mersen im Limburgischen hauste im 18. Jahrhundert ein verwegenes Räubergesindel. Obwohl seine Schandthaten sich von Tag zu Tag mehrten, blieben die Verbrecher selbst unbekannt. Es wird nun berichtet, das gemeine Volk sei infolgedessen auf den Gedanken gekommen, dass der Böse mit dem Gesindel gemeinsame Sache mache und es bei Ausführung seiner Räubereien unterstütze. Die allzeit rege Volksphantasie habe sich mehr und mehr erhitzt und schliesslich ein ausführliches Gemälde schrecklicher Teufeleien entworfen: Die Räuber verbänden sich „über einem blutigen ermordeten Körper“ mit grässlichem Eidschwur. Die Zeremonie werde von Belial in eigener Person geleitet. Jedem Mitgliede der Bande stände ein „zottiger schwarzer Ziegenbock“ zur Verfügung, auf dem er durch die Luft reite, um sich und seinen Raub schnell in Sicherheit zu bringen. Von diesen merkwürdigen Luftfahrten hätten die Räuber den Namen „Bockreuter“ erhalten.

---

*) Signatstern II. S. 152 ff.

**) Vergl. „Nachricht von den sogenannten oder sich so genennet habenden Bockreitern, einer für unsere Zeiten unförmlichen Bande verschworener Räuber; welche zu Herzogenrode oder 'sHertogenrade und in den angränzenden holländischen Gegenden an der Maass aufgesucht und hingerichtet worden sind. Nebst beygefügten unvorgreiflichen Gedanken über dieses unerhörte Beginnen“ (1781). — Kritisch behandelt die Bockreiter-Frage: Avé-Lallemant in s. interessanten Schrift: Die Mersener Bockreiter des 18. u. 19. Jahrh. Leipzig; 1880. —

Diesen Erzählungen liegt ein thatsächlicher Vorgang zu Grunde. Die Gauner nämlich bemächtigten sich der „Bocksdogmatik“ und suchten sie für das Mysterium ihrer verbrecherischen Kunst auszunützen. Der Räuberhauptmann Kirchhof, der als Chirurg und Klosterökonom anscheinend ein friedliches und exemplarisches Dasein führte, nahm im Frühling zu stiller Mitternachtszeit und bei schwachem Mondschein in der Nähe der Kapelle von Hertogenrod geeignete Novizen in die Verbrecher-Gemeinschaft auf und verpflichtete sie auf den „Räuberkontrakt, nach welchem sie und die Geister einander ewigen Dienst und Treue versprachen.“ Das Gelöbnis, auf Pergament niedergeschrieben, musste vom Kandidaten mit seinem Namen unterzeichnet werden. „Die Unterschrift erfolgte bey einer Umleichtung, ohne dass man wusste, wo das Licht herkam, indem sich jeder in den linken Daumen schnitt, Blut in die Feder sammelte, und von Kirchhofen augenblicklich geheilet ward.“ An die Aufnahme schloss sich eine ruchlose Gasterei. Die durch die Aufnahme-Zeremonie krankhaft erregte Phantasie der Neulinge wurde hierbei durch Getränke oder Schnupftabak, denen Betäubungsmittel beigemischt waren, in einen Zustand nervöser Aufregung versetzt, dem das ohnehin schwach entwickelte Denkvermögen völlig erlag. In diesem Zustande wurden nun den Unglücklichen die Schaudermärchen von der Erscheinung des Bockes und seiner Benutzung als behendes Reittier vorgetragen und ihrem Gedächtnisse als unvertilgbares Eigentum eingepflanzt.

Viele Jahrzehnte trieben die Räuber ungestört ihr Schandgewerbe, bis der rächende Arm der Justiz mit Folter, Rad und Strang gegen die Verbrecher einschritt. Obschon dies furchtbare Strafgericht gehörig unter dem „zauberischen Räuberverein“ aufgeräumt hatte, dergestalt, dass ganze Häuserreihen in Mersen völlig entvölkert wurden, so suchten doch schon nach wenigen Jahren die Bockreiter von neuem Land und Leute in Holland und den Rheingegenden durch Brandschatzungen, Raub und Mord heim. Nach glaubhafter Versicherung hatte die 205 Köpfe starke Bande bis gegen das Jahr 1804 die Summe von 3½ Millionen Franken geraubt. 1798 hatte sie ihr Hauptquartier von Mersen nach Neuwied verlegt. Seit dieser Zeit verlor sie allmählig ihren gefürchteten Namen.

Mystisch-moralische Zwecke verfolgten

16. **„Les Philalèthes“** oder **„Les Chercheurs de la Vérité“.** Das im Jahre 1773 zu Paris gegründete System bestand aus 12 Klassen. Sie begannen mit denen des Lehrlings, Gesellen und Meisters und endigten in der des Philalethen.

17. Der **„Bund der Salpeterer“.** Als der Abt von St. Blasien in der Mitte des 18. Jahrhunderts die Einwohner der Grafschaft Hauenstein in Baden zu Frondiensten heranziehen wollte, stifteten diese zur Abwehr dieser Übergriffe einen Geheimbund, dessen Oberhaupt ein Salpeterhändler war. Aus diesem Grunde nahm die Gesellschaft die Bezeichnung Salpeterer an. Nach kurzem Bestande unterdrückt, tauchte der Bund vorübergehend im 19. Jahrhundert wieder auf, angeblich zur Bekämpfung fortschrittlicher Tendenzen in Kirche und Schule.

18. Der **„Salzbund“.***) Im Jahre 1790 hatte Bode, der ausgezeichnete Vorkämpfer des Freimaurer- und Illuminatentums, für den von ihm geplanten deutschen FMbund ein Ritual ausgearbeitet. Teile davon gelangten später unter dem Titel „der Salzbund“ an die Öffentlichkeit, so dass das Gerücht, es habe ein solcher Bund wirklich bestanden, vielfach Glauben fand.

*) Vergl. K. H. Schaible: Der Salzbund. Ein Zweig des FMordens in den thüringischen Landen im 18. Jahrh. London; 1882.

19. **„L'Ordre sacré des Sophisiens".***) Mehrere französische Offiziere, die unter Napoleon an dem Feldzug in Aegypten teilgenommen hatten, gründeten 1790 diese freimaurerische Vereinigung. Sie wies drei Grade auf: der Aspiranten, der Eingeweihten und der Mitglieder der grossen Mysterien.

20. Der „Orden **vom Senfkorn**" **) war ein angeblich seit 1708 in England, Holland, Deutschland verbreiteter, protestantischer geistlicher Ritterorden. Seine Jünger sollten, gleich dem Senfkorn (Marcus 4, 30—32), im „Verborgenen und Geheimen" für Jesu Religion wirken. Sie trugen als Erkennungszeichen einen goldenen Ring mit der Umschrift: „Unser Keiner lebet ihm selber." Das besondere Ordenszeichen war ein an den Ecken grün emailliertes goldenes Kreuz, in dessen Mitte ein Senfbaum in einem Oval mit den Worten „Quod fuit ante nihil" abgebildet war. Es ward an goldener Kette oder an einem farbigen Seidenband getragen, je nachdem das Mitglied ein weltlicher oder geistlicher Herr war.

21. Der **„Rosenorden"**,***) auch „Rosen-Institut" genannt, 1783 von dem berüchtigten Grossinger****) in

*) Vergl. Kloss: Gesch. der FM. in Frankreich. I, 406.

**) Berliner Monatsschrift XV. 546. — Biedenfeld a. a. O. I, 80; Eleusinien des 19. Jahrh. II, 197.

***) L. Wadzeck: Leben und Schicksale des berüchtigten Franz Rudolph v. Grossing, eigentlich Franz Matthäus Grossinger genannt, nebst der Gesch. u. Bekanntmachung der Geheimnisse des Rosen-O. Berlin: 1789. — Berl. Monatsschrift 13. S. 291 ff. — Latomia 27. S. 50 f. —

****) Franz Matthäus Gr., geb. 1752 zu Komorn, trat in den Jesuiten-Orden ein und flüchtete nach dessen Aufhebung (1777) und nach Verübung mannigfacher Schwindeleien nach Deutschland. Als Franz Rudolph Edler v. Grossing führte er in Frankfurt a. M., Halle, Leipzig, Berlin und zuletzt in Baden nach bekannten Rezepten und auf Kosten gläubiger Seelen ein höchst

Halle a. d. S. ins Leben gerufen, war ein gross angelegtes Schwindelsystem, von dessen Erträgen sein Stifter ein behagliches Leben führte. Als vermeintliche Grossmeisterin bezeichnete Grossinger eine Frau von Rosenwald, als deren immerwährender Sekretär er thätig war. Nach seiner Angabe verfolgte der Orden philosophische und erziehliche Zwecke. Aufnahme fanden nur Männer und Frauen von „hohem Gesinnungsadel", die aber zugleich auch reichbemessene Gebühren zu zahlen imstande waren. Die Mitglieder trugen ein Ordensband von rosafarbener Seide, dessen beide Enden in drei Spitzen ausliefen. Ausser einer Rose wies es den Namen des Inhabers oder der Inhaberin auf, ein grosses, von einem Rosenkranz umgebenes Rosensiegel und eine verschwommene Silhouette der angeblichen Grossmeisterin. 1786 zählte der Orden 120 „Geweihte", löste sich aber nicht lange nachher auf, nachdem man Grossingers wahre Absichten erkannt hatte.

Um sein bequemes Lotterleben fortsetzen zu können, siedelte der Abenteurer nach Berlin über. Wegen mehrfacher Betrügereien in Verhaft genommen, brach er aus dem Gefängnis aus, gelangte nach Sachsen und fand schliesslich auf einer Besitzung des Grafen Fugger im Schwarzwalde eine Freistatt. Von seinem Gönner verpflichtet, sich öffentlich zu rechtfertigen und zugleich einen Plan auszuarbeiten, wie der Rosen-Orden unter anderm Namen fortzusetzen sei, verkündete Grossinger den „Harmonie-Orden" und veröffentlichte zu diesem Zweck das Buch: „Die Harmonie oder Grundplan zur besseren Erziehung, Bildung und Versorgung des weib-

verschwenderisches Leben, bis ihn 1788 das Schicksal ereilte. Zu mehrjähriger Freiheitsstrafe verurteilt, aber bald wieder begnadigt, lebte der letzte grosse Vertreter des im Gefolge des Geheimbundswesens auftauchenden und es gleich einem Schatten begleitenden Gaunertums seit 1790 in Graz, wo er 1830 starb.

lichen Geschlechts aus dem Englischen von Karl, Reichsgrafen v. F." (Reutlingen; 1788). Da das Werk ohne Vorwissen des Grafen Fugger erschienen war, jagte dieser seinen Schützling davon.

Auch die neue Gründung (Harmonie-O.) umfasste Männer und Frauen, die einander ewige Freundschaft, ihren Vorgesetzten nicht nur Freundschaft und Liebe, sondern auch Unterwürfigkeit gelobten. Oberin des Ordens war angeblich eine Gräfin von Staff, verw. Herzogin v. Newcastle. Alleim Anschein nach hat das neue Unternehmen besonders in Ungarn Anhänger gefunden.

22. Orden der **„Verschwiegenheit, Tugend und Treue"***) hiess eine i. J. 1759 in Berlin gestiftete, anscheinend bald wieder erloschene, moralische Gesellschaft. Sie nannte ihre Versammlungen Logen, schuf sich nach dem Muster des frm. Rituals ein Gebrauchtum und verpflichtete ihre Mitglieder, „von jedem Menschen nur das Beste zu sprechen und Alles zum Besten zu wenden." Als Ordenszeichen galt ein Kreuz mit dem Sinnspruch „Parlez pas mal d'autrui".

*) Vergl.: Gesetze vor die Mitglieder des Ordens der V. T. u. T., wornach sie sich sämtlich auf das genaueste zu halten. 1759.

Fünftes Buch.

Die geheimen Gesellschaften und Verbindungen der neuesten Zeit.

I. Deutschland.

1. Der Tugendbund.

a. Seine Schicksale.

Von den grossen vermorschten Staaten Europas hatte keiner unter dem furchtbaren Druck der Napoleonischen Zwingherrschaft mehr zu leiden als Preussen. Der unglückliche Krieg von 1806/7 vernichtete die mühsam in jahrhundertelanger harter Arbeit erklommene Grossmachtstellung des Staates, stürzte ihn in tiefste Erniedrigung und in den ganzen Jammer völliger Auflösung. Um die Hälfte an Flächenraum und Einwohnerzahl gemindert, durch unerschwingliche Kriegsleistungen und Erpressungen erdrückt, verwüstet und ausgesogen bis aufs Mark, der Gnade des Weltdespoten schutzlos preisgegeben, so stand der Staat des Grossen Kurfürsten, des Grossen Friedrich nach dem Tilsiter Frieden (9. Juli 1807) da. Noch mehr als der Krieg selbst lasteten die darauf folgenden Jahre der französischen Besetzung auf dem Lande. Im Frieden sollte seine Vernichtung vollendet werden. Es waren ungeheure Zeiten. Aber niemals in aller Geschichte hat sich das inhaltsschwere Wort von dem „grossen, gigantischen

Schicksal, welches den Menschen erhebt, wenn es den Menschen zermalmt“ schöner erfüllt.

Die staatliche Erneuerung und sittliche Wiedergeburt des preussischen und damit zugleich des gesamten deutschen Volkes ist untrennbar mit dem Namen des Freiherrn vom Stein verbunden. In dieses Mannes Thatkraft und Willensstärke feierte die unbeugsame Energie und der trotzige Stolz der alten Reichsritterschaft gleichsam seinen letzten grossen Triumph. Nur ein Held, dessen stolzes, patriotisches Herz von dem unverwüstlichen Glauben an die Zukunft des heissgeliebten Vaterlandes durchglüht war, dessen Mut auch in den grössten Widerwärtigkeiten der Zeit unerschütterlich blieb, dessen Pflichttreue aller Not, Verzweiflung und Erbärmlichkeit wacker stand hielt, dessen fester Wille sich nicht beirren liess von Menschenfurcht und Kleinmut, der mit zäher Ausdauer sein Ziel verfolgte, mochte er mit starker Faust die Geschicke der Völker lenken, oder mochte er als heimatloser und geächteter Flüchtling im Verborgenen ein kümmerliches Dasein führen: nur dieser Mann war imstande, das riesengrosse Werk in Angriff zu nehmen und jedem Widerstand zum Trotz durchzuführen.

Stein begann seine aus der genauesten Vertrautheit mit den Bedürfnissen und den Fähigkeiten eines Volkes hervorgehende Thätigkeit mit einer Reihe von Erleichterungen der gewerblichen Produktion und des Handelsverkehrs; dann schuf er einen persönlich freien und auf eigenem Grund und Boden sesshaften Bauernstand, während die Städteordnung von 1808 bestimmte, dass die Verwaltung der Städte von ihren Bürgern selbst besorgt werde. Der Unterthan veredelte sich so zum Staatsbürger und ward der wichtigste Träger des nationalen Geistes.

Mit der Reform des bürgerlichen und staatlichen

Lebens hielt die Erneuerung des Heereswesens gleichen Schritt. Die alte ruhmbedeckte Armee war bei Jena vernichtet worden; aber die Kraft des Volkes war ungebrochen. Es galt, auf der Grundlage der schlummernden Volkskräfte mit neuem Geist und in neuen Formen die Wehrfähigkeit des Staates wiederherzustellen. Unter des Königs fürsorglicher Leitung arbeitete die unvergleichliche Schar kühner, treuer, hochherziger Männer: die Scharnhorst, Gneisenau, Grolman, Boyen, Clausewitz etc. an dem grossen Werk. Die zahlreichen Ausländer im Heere und die unfähigen, überlebten Offiziere wurden entfernt, und gegen die pflichtvergessenen und eigennützigen wurde mit strengen Strafen eingeschritten. Dem sachgemäss unterrichteten, durch einen hohen Begriff von Ehre und Pflicht geleiteten Offizier sollte eine Mannschaft unterstehen, die es ebenfalls als Ehrensache betrachtete, an der Verteidigung des Vaterlandes teilnehmen zu dürfen. In den weitgreifenden Entwürfen der „Reorganisationskommission“ traten bereits die Grundsätze der allgemeinen Wehrpflicht auf, der Volksbewaffnung, der Landwehr mit ihrer verborgenen Kraft, der nationalen militärischen Erziehung, die wenige Jahre später die kriegerische Wiedergeburt Preussens herbeiführten.

Aber nicht bloss das staatliche Leben wies grosse Schäden auf; auch das Volk selbst hatte viel gut zu machen. Wahrhaft kläglich und trostlos sind die Züge, welche die damalige Gesellschaft kennzeichnen. Hier herrschten Stumpfheit und Leichtfertigkeit, Selbstsucht und Niedrigkeit der Denkart, feige Resignation, demütiges Kriechen vor der fremden Gewalt, Mangel an Gemeinsinn und ein Fatalismus, der jede ideale Regung im Keime erstickte. Trotzdem begann sich bald aus diesem Sumpfe ein tüchtiger, kräftiger Geist, eine ernste Lebensanschauung emporzuringen. Die ästhetische Selbstgenügsamkeit, die Goethische Freude an „ruhiger Bildung“, die kosmopolitische Gleichgültigkeit gegen das Schicksal des eigenen Vaterlandes, das schreckliche Erbteil des 18. Jahrhunderts, verloren in den Kreisen der gebildeten Welt, wo sie bisher ausschliesslich die Gemüter beherrscht, ihren Wert.

Der sittenstrenge Ernst der Kantschen Philosophie, das nationale Pathos und der ideale Freiheitsdrang der Schillerschen Dichtungen äusserten ihre erhebende Wirkung auf das Denken und Fühlen des Volks. Die romantische Dichterschule lenkte den Blick auf die Schätze des alten deutschen Geistes und Wesens. Der helle Glanz der deutschen Ritterzeit that sich auf mit ihrem Minnesang und ihren Heldengestalten und ihren Heldenliedern. Uralte, längst verschollene Empfindungen des germanischen Volksgemüts wurden wieder lebendig. Es klang wieder von Waldesstille und Maienluft, vom Rosengarten und vom goldnen Hort im Rhein, während Beethoven in ergreifenden und zugleich erhebenden Tönen aussprach, was an „Erlösungshoffnung“ und an Kraft dem deutschen Volke in jenen Tagen innewohnte.

Zur Entwicklung des patriotischen Sinnes hat keiner mit so heissem Eifer, mit so kühnem und energischem Mute beigetragen, wie Fichte. In den „Reden an die deutsche Nation“, die er im Winter 1807/8 in Berlin vor einer zahlreichen und erlesenen Zuhörerschaft hielt, wies er in schneidenden Worten auf die Wunden und Schäden der Zeit, predigte er mit hinreissender Beredsamkeit dem selbstsüchtigen, erschlafften Geschlecht eine ernste sittliche Geistesbildung, eine nationale Erziehung, wahre Religion, Liebe zum Guten und Edlen, einen erhabenen Idealismus, zeigte er, dass „kein Mensch und kein Gott und keins von allen möglichen Ereignissen uns helfen“ könne, sondern dass allein „wir selbst uns helfen müssen, falls uns geholfen werden soll.“ So gross und schön und tief und stolz, so volkstümlich und mit so praktischem Sinne hatte seit Luthers Tagen kein Mann wieder vor dem deutschen Volke gesprochen.

Der Anregung des idealen Philosophen ist auch eine andere That wahrhafter Befreiung zu danken. Preussen entschloss sich in Pestalozzis Weise und mit seiner Schüler Hülfe das Volksschulwesen zu reformieren, das hohe Bild, das jenem vorschwebte, zu verwirklichen: „ein selbstdenkendes und kräftiges Geschlecht zu erziehen.“

In derselben Richtung arbeitete Schleiermacher, der vorurteilslose Gottesgelehrte. Seine frischen und geistvollen Predigten vertieften das sittlich-religiöse Leben und wiesen ihrerseits dem national-vaterländischen Geiste den richtigen Weg.

Aus dem Kreise dieser patriotischen Gelehrten, dem insbesondere Wilhelm von Humboldt,*) der Freund Schillers, der Staatsmann „von perikleischer Hoheit“, Niebuhr u. a. angehörten, ging die Anregung zur Gründung der Universität Berlin hervor. Es war in Humboldts Sinne, dass die neue Hochschule (1810) Forschen und Wissen in Beziehung zum thätigen Leben setzte, dass sie als eine ihrer schönsten Aufgaben die Belebung und Pflege des deutschen, des vaterländischen Sinnes betrachtete. Ihre Gründung ist darum ein geistiges Denkmal an die nationale Erhebung des deutschen Volkes geblieben.

Grossen Anteil an der Erweckung des vaterländischen Sinnes hatte damals auch Ernst Moritz Arndt, der Mann der kerndeutschen Kraft, des ungestümen

---

*) Vergl. B. Gebhardt: Wilhelm v. H. als Staatsmann. I. Stuttgart; 1896. —

Freiheitsmutes, der herben Sittenstrenge, der „mit rechtem treuen Zorn die Welschen zu hassen lehrte.“ Sein „Geist der Zeit“, dessen erster Teil 1807 erschien, wirkte mit seinem lodernden Zorne gegen alles Undeutsche und seiner leidenschaftlichen Vaterlandsliebe mächtig auf die nationale Erhebung und war eine patriotische Mannesthat im besten Sinne des Worts.

Hand in Hand mit der sittlichen Erziehung ging eine gesunde körperliche Zucht. Auf den Wert einer kräftigen leiblichen Ausbildung der Jugend wiesen die Reorgarnisatoren des Heerwesens eindringlich hin; das Turnen begann damals ein wichtiger Bestandteil des Erziehungsplanes zu werden und die Erhebung des Volkes mächtig zu fördern, namentlich als einige Jahre später der „Turnvater“ Jahn dieses Mittel körperlicher Dressur zur vollen Ausbildung brachte.

Naturgemäss flossen alle edleren Regungen in dem vaterländischen Hass gegen die despotische Fremdherrschaft, in dem Gefühl bittersten Schmerzes über die nationale Unterdrückung zusammen. Was die besten Geister der Nation in Wort und Schrift unermüdlich predigten und vorbereiteten, das althomerische: Ein Wahrzeichen nur gilt, das Vaterland zu retten — diese Überzeugung drang in immer weitere Kreise des Volkes ein. Den „Idiologen“ öffneten sich die Herzen und das Verständnis von Hunderttausenden. Denn „die Ideen sind es, welche die Massen bewegen und das Leben adeln, des geschichtlichen Daseins unsterblicher Teil“. Es waren Zeiten, da alle Tiefen des Lebens sich regten, die verborgenen Schätze des Gemüts sich erschlossen. In der Menschenbrust ruhen geheimnisvolle Gewalten, dem klügelnden Verstande unbegreiflich, ja unheimlich. Fort und fort quellen sie aus unerforschter Tiefe, „aus dem mystischen Urgrunde des Menschenwesens“. Und je wüster der Lärm der Endlichkeiten, je kläglicher Zerstörung, Untergang, Hoffnungslosigkeit, desto mächtiger offenbaren sie sich. „Wenn die Wunderwelt des Gemüts sich aufthut, herrschend ohne Rechenschaft, zuversichtlich ohne Beweis, allmächtig, wenn sie sich, in ihrem stillen Heiligtum verletzt, in sittlicher Empörung erhebt, dann gebietet sie über Zorneskräfte, die unwiderstehlich sind.“ In solcher Stimmung zog das preussische Volk in den „heiligen Krieg“. —

An der Beförderung sittlich-wissenschaftlichen Lebens, vaterländischer Gesinnung, tüchtiger Volksbildung, zur Verbreitung der grossen Idee der nationalen Erhebung haben auch die an den verschiedensten Orten sich bildenden geheimen Gesellschaften und Vereine, die die Gleichgesinnten eng zusammenführten, einen gewissen, wenn auch nicht gerade in die Augen fallenden, Anteil gehabt.

Unter dem frischen Eindruck der Ermordung Palms hatten schon vor der Katastrophe bei Jena Marburger Studenten einen geheimen Bund „zur Wahrung deutscher Art und Freiheit“ gestiftet, während zur selben Zeit Friedrich Perthes*) ernsthaft mit einigen Freunden den Plan erörterte, einen Verein ins Leben zu rufen, der alle „Vaterlandsfreunde“ von den Alpen bis zur Ostsee umfassen sollte. Als geistigen Mittelpunkt dieses „Bundes deutschgesinnter Männer“ hatte er den nachmaligen Renegaten Johannes v. Müller in Aussicht genommen.

In der Denkschrift, die Hardenberg 1807 über die Reorganisation des preussischen Staates aus Riga einsandte, legte er dem König den Gedanken nahe, dass „in solcher Zeit Geheimbünde unentbehrlich“ seien, und empfahl namentlich die Freimaurerlogen „zur Ver-

---

*) Vergl. Clem. Th. Perthes: Friedrich Perthes Leben. I. S. 172 ff. Gotha; 1855. —

breitung guter politischer Grundsätze“, zumal auch Napoleon den Menschheitsbund für seine Zwecke zu benutzen suchte und seinen Schwager Murat zum Grossmeister wählen liess.

Ernsthafte Pläne verfolgten vor allem jene patriotischen Vereine, denen Männer, wie Leo von Lützow, der Graf Chasot, Reimer, Eichhorn, Schleiermacher und andere wackere Vertreter des Heeres, der Wissenschaft und des Bürgertums angehörten. Man kaufte Waffen auf, soweit die ärmlichen Mittel reichten, suchte die Gesinnungsgenossen in Deutschland zu sammeln, zu ermahnen, zu ermutigen.

In Pommern waren Blücher und Bülow Mittelpunkt dieser Bestrebungen, in Schlesien Graf Goetzen. Vertrauensmänner zogen unter falschem Namen und in allen möglichen Verkleidungen umher, sammelten Nachrichten, bedienten sich bei ihrer Korrespondenz sympathetischer Tinte, schlichen sich in die vom Feinde besetzten Festungen: Erfurt, Magdeburg, Spandau, Stettin und Küstrin, um im Falle der Erhebung diese Plätze in die Hände der Preussen zu spielen. Wir hören auch von geheimen Verbindungen in Hessen und Hannover. Ihr Zweck war, im Rücken des Feindes Aufstände zu erregen.

Nur wenige der deutschgesinnten Preussen haben sich von dem geheimnisvollen Treiben fern gehalten. Selbst die hellen Köpfe standen ihm nahe und suchten in den dunklen Künsten der Verschwörung Gelegenheit, die Kraft ihres Franzosenhasses zu erproben. Sogar Stein traf in Königsberg zuweilen in tiefem Geheimnis mit Scharnhorst, Gneisenau und anderen Freunden zusammen, um die Lage des Vaterlandes, die Möglichkeit der Wiedererhebung zu besprechen.

Der wunderliche lärmende Urteutone Friedrich Ludwig Jahn stiftete im Verein mit Friedrich Friesen,

Harnisch und andern Turngenossen einen „Deutschen Bund“. Und wie einst die Eidgenossen auf dem Rütli, so trafen die Verschworenen zur Nachtzeit in einem Walde bei Berlin zusammen, um sich zum Kampfe für das Vaterland zu weihen. Man mag über den polternden Recken denken, wie man will, fest steht: „die Söhne eines geistreichen Volkes verehrten ihn als ihren Lehrer“ und für die Verwirklichung des einen Gedankens, der damals not that, des Entschlusses zum Kampfe, hat der „Alte im Bart“ heilsam gewirkt.

„Wie hatte sich doch die stille norddeutsche Welt verwandelt!“ Was war doch aus den schönen Träumen vom ewigen Frieden geworden, in denen die gebildeten Menschenfreunde zu schwelgen liebten! Sie hatten längst begriffen, dass nur der Glaube an den Gott, der Eisen wachsen lässt, der Menschheit frommt. „Welche Wildheit dämonischer Leidenschaft flammte jetzt in den vormals so friedlichen Herzen! Stürmisch, furchtbar, wie noch nie aus eines Deutschen Munde erklang von Heinrich von Kleists Lippen“ die wilde Poesie des Hasses:

„Rettung von dem Joch der Knechte,
Das aus Eisenerz geprägt,
Eines Höllensohnes Rechte
Ueber unsern Nacken legt.“ —

Der bekannteste und berühmteste unter jenen Geheimbünden, mit dessen Namen die Franzosen alle andern zu bezeichnen pflegten, war der **Tugendbund,***) dem die Klopstocksche Muse den Willkommengruss bot:

*) Geschichte und Wesen des Tugendbundes sind Gegenstand zahlreicher Darstellungen. Vorzüglich orientieren über ihn:

W. T. Krug: Das Wesen u. Wirken des sogen. Tugendbundes u. anderer angebl. Bünde. Leipzig; 1816. — J. Voigt: Gesch. des s.g. Tugend-Bundes oder des sittlich-wissenschaftl. Vereins. Nach den Original-Acten. Berlin; 1850. — G. Baersch: Beiträge zur Gesch. des s.g. T.-B. mit Berücksichtigung der Schrift des Herrn Prof.

„Vieles sah ich, ich weiss, was schön und gross ist im Leben
Allein, das ist das Höchste, was des Sterblichen Auge kann sehen:
Bund der Edlen, der Glückliche macht.“ —

Die Gründung des Bundes war so recht eine That jener patriotischen Kreise von Offizieren, Beamten und Gelehrten, die „altpreussische Zucht und staatlichen Sinn mit geistigem Streben und mit den Humanitätsideen des 18. Jahrhunderts vereinigten.“

Am 16. April 1808 traten in Königsberg mehrere patriotische Männer, Mitglieder*) der Königsberger

---

Voigt etc. Hamburg; 1852. — A. Lehmann: Der Tugendbund. Aus den hinterlassen. Papieren des Mitstifters Professor Dr. Hans Friedrich Gottlieb Lehmann. Berlin; 1867. — A. Fournier: Zur Gesch. d. Tugendb. (Hist. Studien u. Skizzen. Prag-Leipzig; 1885). — Vergl. ferner: Fr. Förster: Neuere u. neueste Preuss. Gesch. Seit dem Tode Friedrichs II. bis auf unsere Tage. II. Berlin; 1854. — L. Häusser: Deutsche Gesch. vom Tode Friedrichs des Gr. bis zur Gründung des deutschen Bundes. III. Berlin; 1869. — H. v. Treitschke: Deutsche Gesch. im 19. Jahrh. I. Leipzig; 1897. —

*) Die Stifter des Bundes waren: der Oberfiskal Mosqua, der Direktor des Kneiphöfschen Gymnasiums Lehmann, Kriegsrat Velhagen, Major v. Both, Kriegsrat v. Tepper, Konrektor Janke, der Kapitän v. Creilsheim, die Leutnants v. Hannsen, v. Sikorski, und Schmidt. Nach einigen Tagen schlossen sich an: die Professoren Baczko, Krug, Hoffmann, der berühmte Statistiker, der Geheimrat v. Ribbentrop, der Leutnant Bärsch, der Assessor Bardeleben, der Major v. Grolmann, der künftige Chef des Generalstabs, Boyen, der erste Kriegsminister und Urheber des ersten Wehrgesetzes, „der fromme Romantiker Thile“, der spätere Minister Friedrich Wilhelms IV., der grosse Rechtshistoriker Karl Friedrich Eichhorn. Ja, es fehlte auch nicht an Mitgliedern fürstlichen Standes. Hierzu gehörten der Herzog Friedrich v. Holstein-Beck und der Prinz Hermann von Hohenzollern-Hechingen. — Stein, Gneisenau, Scharnhorst, wie oft behauptet worden, sind nicht Mitglieder gewesen, haben aber den Bund beschützt und seine Bestrebungen auf jede Weise gefördert. Dem Staatskanzler erschien es wünschenswert, in dem Bunde ein „Werkzeug zur Einwirkung auf die

Freimaurerlogen, zusammen und stifteten einen „wissenschaftlich-sittlichen Verein"*) in der zwiefachen Absicht: „durch Belebung der geistigen, sowohl intellektualen als moralischen, Kräfte des preussischen Volkes den Verlust des preussischen Staates an physischer und politischer Kraft so viel als möglich zu ersetzen" und „eben dadurch die Wiedergewinnung dieser physischen und politischen Kraft vorzubereiten, wenn einst Umstände eintreten sollten, die eine solche Wiedergewinnung begünstigten."

Kurz der leitende Gesichtspunkt war: das preussische Volk, zu einer sittlich-freien Macht herangebildet, sollte, um seinen König geschart, die Befreiung nicht nur des engeren Vaterlandes, nein, des ganzen Deutschland von französischer Herrschaft im stillen vorbereiten und vollbringen.**) Naturgemäss durfte dieser

---

Volksmassen zu besitzen". Auch von Seiten der Königin Luise erfreute sich der Bund lebhafter Teilnahme. Die ideale, einsichtsvolle, hochstrebende Frau begrüsste die Stiftung des Bundes mit ausserordentlicher Freude und Genugthuung. — Vergl. H. Vaihinger: Königin Luise als Erzieherin. Halle; 1894. — E. v. Conrady: Leben und Wirken des Generals K. v. Grolmann. I. Berlin; 1894. — M. Lehmann: Freiherr vom Stein. II. Leipzig; 1903. —

*) Der Bund führte ursprünglich den Namen „Tugendverein", nicht „als sei es ein Verein von Tugendhaften, sondern ein solcher, der auf das Gute der Mitglieder und anderer Menschen einwirken solle." Der Name blieb in Geltung, bis er im Juni 1808 auf Krugs Anregung durch die Bezeichnung „Gesellschaft zur Hebung öffentlicher Tugenden oder der sittlich-wissenschaftliche Verein" ersetzt wurde. Trotzdem kam bald ausserhalb des Vereins die Benennung „Tugendbund" auf. Sie hat sich bis auf den heutigen Tag erhalten.

**) Diese Anschauung findet ihre volle Bestätigung in Aufzeichnungen des nachmaligen Kriegsministers v. Boyen. Er bezeichnet geradezu als den Hauptzweck des Vereins „eine Volksbewaffnung und den zu ihrem Gelingen erforderlichen Geist vorzubereiten". — Vergl. Beiheft zum Militärwochenblatt. 1855.

Gedanke in den Statuten keinen sichtbaren Ausdruck finden. Aber jedes Mitglied wusste, dass die Spitze des Bundes sich gegen den Erbfeind richtete, und war von dieser Idee im innersten Herzen erfüllt. Von dieser Seite betrachtet, ist der Tugendbund als eine geheime Verbindung anzusehen, als ein Verein, der zwar der Mysterien, aber nicht der geheimen Erkennungszeichen*) entbehrte.

Am 30. Juni 1808 ward der neue Verein und seine Verfassung vom Könige bestätigt. Um die Verbreitung des Bundes auch in andern Orten möglichst zu beschleunigen, wurden daselbst ansässige geeignete Persönlichkeiten vom Königsberger Stammverein mit den erforderlichen Vollmachten versehen. Mehrfach wurden zu diesem Zwecke besondere Emissäre mit einem „General-Kommissorium“ ausgestattet, das sie bevollmächtigte, „die Verbreitung des Bundes überall zu befördern, allenthalben innerhalb des preussischen Staates Mitglieder aufzunehmen, Kammern zu stiften und den Bund an allen Orten, wo sein Zweck Anklang finde, zu konstituieren.“ In Frage kamen für diese schwierige Aufgabe nur solche Männer, die durch ihre Lebensstellung,

---

S. 143 ff. — F. Meinecke: Das Leben des Generalfeldmarschalls Hermann v. B. I. S. 202. Stuttgart; 1896. —

*) Es wird zwar von allen ehemaligen Mitgliedern, die sich öffentlich über den Bund vernehmen liessen, mit Energie bestritten, dass der Bund geheime Erkennungszeichen benutzt habe. Indes betont eines seiner rührigsten Mitglieder, der Leutnant und nachmalige Geh. Regierungsrat Bärsch, ein glaubwürdiger Gewährsmann, dass dies dennoch der Fall gewesen. „Das Zeichen bestand darin, dass man den Zeigefinger der rechten Hand über die rechte Augenbraue strich. Der, dem dieses Zeichen gemacht wurde, fragte hierauf: „Kennen Sie den Verein?“ Worauf die Antwort erfolgte: „Ich liebe mein Vaterland.“ — Ein Händedruck bekräftigte dies Geständnis. „Der Verein hatte also wirklich Zeichen, Wort und Griff.“ —

ihre amtlichen Verhältnisse, zugleich aber auch durch ihren Charakter und ihren Wandel sich besonderen Ansehens und Einflusses erfreuten.

Auf diese Weise fasste der Bund zuerst festen Fuss in Braunsberg. Dem vaterländischen Sinne der Bevölkerung sagten seine edlen Aufgaben zu, und in hellen Scharen strömten alle tüchtigen Männer herbei, um ihre Kraft selbstlos in den Dienst der guten Sache zu stellen. So geschah es auch in Elbing. Im Verlauf des Jahres 1808 schloss sich hier eine stattliche Zahl geachteter Männer aus allen Bevölkerungsschichten dem Vereine an, und schon nach wenigen Monaten konnte die Errichtung einer Hauptkammer in Aussicht genommen werden. Nicht weniger günstigen Boden fanden die Bundesbestrebungen in Pillau, Hohenstein, Memel und Stallupönen.

Der Anfang war vielversprechend, erfüllte aber doch nicht ganz die Erwartungen der leitenden Männer in Königsberg. Schon damals begegnete der Bund offenem und verstecktem Misstrauen. Es wird erzählt, dass namentlich die Freimaurer in ihm einen gefährlichen Konkurrenten fürchteten und ihm deshalb entgegenwirkten. Dass solchen Gerüchten thatsächliche Vorgänge zu Grunde lagen, ist nicht von der Hand zu weisen. Die Königsberger Logen z. B. waren erklärte Widersacher des neuen Unternehmens. Trotzdem liessen seine Anhänger den Mut nicht sinken und bemühten sich mit enthusiastischer Seele ihrem Ziele nachzustreben.

In Schlesien gelang es der Umsicht und dem Eifer Bardelebens, zahlreiche Anhänger zu gewinnen. Bald war in Glogau eine Kammer errichtet. Diesem Beispiele folgten Liegnitz, Brieg, Schweidnitz, Neisse, Waldenburg, Hirschberg, Landshut, Reichenbach, Schmiedeberg, Glatz und Tarnowitz, wo der Graf Henckel von

Donnersmark im Sinne der Patrioten thätig war, während in Breslau eine Hauptkammer gegründet werden konnte. Und im Dezember 1808 konnte Bardeleben dem Hauptverein voll froher Zuversicht melden, dass es bald „kein Städtchen, kein Dorf in Schlesien mehr geben werde, wo nicht Kammern oder Mitglieder wirksam seien."

Aus Schlesien wandte sich Bardeleben nach der Mark. In Frankfurt a. O. glückte es ihm, mit Hülfe einer Anzahl tüchtiger Männer eine Hauptkammer zu errichten, an deren Spitze der berühmte Rechtsgelehrte Professor Eichhorn stand. Bald darauf trat eine Nebenkammer in Küstrin in Wirksamkeit.

Die Berliner Philister dagegen, die Bardeleben „bei Weissbier und Toback" zu gewinnen hoffte, brachten seinen Bestrebungen nur geringe Teilnahme entgegen. Nur drei Männer schlossen sich ihm an: sein Schwager, der Geheime Sekretär Jochmus, der Kriegsrat Ahlefeld und der Professor und Geheime Rat Schmalz.*) Sie wurden zur Stiftung einer Kammer ausersehen. Schmalz sollte als Direktor ihre Leitung übernehmen, war aber vor lauter Bedenken zu keinem Entschluss zu bringen. Schliesslich trat er mit Ahlefeld ganz vom Bunde zurück. Nicht viel besser als Bardeleben erging es dem von Königsberg nach Berlin versetzten und mit einem Kommissorium ausgestatteten Leutnant Bärsch. Die geringen Sympathien, die man für den Bund in der Landeshauptstadt hegte, entschwanden gänzlich, als sich böse Zungen fanden, die das gegen den König Jerome von Westfalen gerichtete Unternehmen des Ritt-

*) Es ist der bekannte Staatsrechtslehrer Sch., jener Mann, der in seinen Schriften den Absolutismus als die beste Verfassungsform pries, der später aus leidiger Grossmannssucht zum Demagogenriecher wurde und sich durch sein lärmendes Denunziantentum und seinen wilden Hass gegen die s.g. Geheimbünde erniedrigte.

meisters Dörnberg und die abenteuerliche Expedition Schills*) im April 1809 mit den Bestrebungen des Bundes in Zusammenhang brachten. Auch das plötzlich auftauchende Gerücht, der Verein werde in kurzem unfehlbar aufgelöst werden, mag zu dem gänzlichen Misslingen des Werkes beigetragen haben.

Ganz anders dagegen gestaltete sich die Entwicklung der Dinge auf pommerschem Boden. Hier, wo die Wogen des Patriotismus besonders hochgingen, wo die Erinnerung an die heldenmütige Verteidigung der Festung Kolberg alle Herzen höher schlagen liess, entstanden innerhalb weniger Monate Kammern in Treptow, Stolp und Kolberg. Von dort aus wurden Mitglieder in Naugard, Stettin und Dramburg gewonnen und für die grosse Aufgabe geweiht.

Am 1. August 1809 wies die dem Könige eingereichte Mitgliederliste 696 Teilnehmer auf. Sie rekrutierten sich aus allen Ständen und Berufsarten. Offiziere, Gelehrte, Künstler, Beamte, Vertreter des Adels und des Bürgertums, Lutheraner, Reformierte und Katholiken scharten sich einmütig um das Banner des Tugendbundes in edlem Wetteifer, die Herzen geschwellt von lebendiger Vaterlandsliebe, von Selbstvertrauen und opferfreudiger Thatkraft, alle einig in dem Entschlusse, ihres deutschen Wesens wieder so recht von Herzen froh zu werden.

Der Tugendbund hatte den Höhepunkt seiner Ent-

---

*) Ob Schill Mitglied des Tugendbundes gewesen, wird ebenso häufig bestritten, wie behauptet. Die Möglichkeit ist keineswegs ausgeschlossen. Dafür spricht z. B. das bei Voigt a. a. O. S. 35 erwähnte Protokoll einer in Königsberg am 4. Mai 1808 zusammengetretenen Generalversammlung. Hiernach war der Major v. Schill vom Geh. Finanzrat Ribbentropp vorgeschlagen und ihm die Aufnahme sogleich allgemein zuerkannt worden. Dass der Bund später bestrebt war, Schill zu verleugnen, ist erklärlich.

wicklung erreicht. Von nun ging es rückwärts mit ihm. Es wollte wenig bedeuten, dass mancher unnütze Formenkram mit untergelaufen war, dass Pathos und Phrase zuweilen eine grössere Rolle spielten, als der Sache dienlich war. Auch der Umstand, dass zweideutige und unbrauchbare Elemente in die Reihen der Auserwählten eingedrungen waren, hätte, so unangenehm er auch empfunden wurde, dem Ganzen kaum sonderlichen Abbruch gethan. Schlimmer wog die Abneigung der Franzosenfreunde, der grossen Gemeinde der Furchtsamen und Lauen, die besorgten, die Welschen möchten angesichts des Bundes dem armen Staate vollends den Garaus machen, und jener bequemen Philister, die gern die Rüstigkeit und Tapferkeit anderer bewundern, aber die Mahnung, selbst daran teilzunehmen, mit Entrüstung von sich weisen. Am verhängnisvollsten erwies sich jedoch das Misstrauen, mit dem die Regierung den von ihr genehmigten Bund betrachtete. Die Zeiten, da der patrimoniale Polizeistaat sein Daseinsrecht in der Bevormundung der Bürger fand, waren noch nicht überwunden. Im Frühjahr 1809 erhielt der Bund eine Verwarnung, weil die hohe Obrigkeit die Wahrnehmung gemacht zu haben glaubte, dass er „den Charakter einer geheimen Verbindung“ annehme. Zugleich erging der Befehl zur Einreichung der Mitgliederliste. Infolgedessen wandten angesehene Mitglieder dem Bunde den Rücken. Dann kam Schills Unternehmen, dem sich Mitglieder, wie der Leutnant Bärsch und der Graf von Krockow, anschlossen. Obwohl sie alsbald wegen Konspiration ausgeschlossen wurden, konnte doch der dadurch von neuem entfachte Argwohn nicht beseitigt werden. Lügenhafte Berichte, mit Vorliebe kolportiert, beschuldigten den Bund gesetzwidriger, staatsverräterischer Handlungen und verunglimpften ihn aufs schmählichste. Obwohl der Prinz Hermann von Hohenzollern-

Hechingen, der seit dem 3. August 1809 als Ober-Zensor an der Spitze stand, die Grundlosigkeit jener Beschuldigungen beim Könige nachzuweisen sich bemühte, war das Verhängnis nicht mehr abzuwenden, um so weniger, als jetzt auch der korsische Gewalthaber die Auflösung des Vereins gebieterisch forderte. Mit dem Instinkt des Hasses witterte er in diesen „nordischen Jakobinern" eine schwere Gefahr für seine Machtstellung in deutschen Landen. Schliesslich gelangten sogar Vorschläge und Anträge aus der Mitte des Bundes an den König, welche die Auflösung nachsuchten. Diese erfolgte am 31. Dezember 1809. Die Akten der Gesellschaft wurden beschlagnahmt und versiegelt aufbewahrt, den bisherigen Mitgliedern ihre „Mitgliedschaft weder im Guten, noch im Bösen angerechnet" und angeordnet, „dass keine Schriften und Aeusserungen über diese ganze Angelegenheit zum Druck gelangen" sollten.

b. Die Organisation des Tugendbundes.

Die ursprüngliche Verfassung des Bundes bewegte sich in den einfachsten Formen. Ihre Grundlage bildeten die bei der Stiftung entworfenen Grundgesetze. Massgebend war hierbei der Gedanke, dass die Mitglieder, entsprechend den verschiedenen Aufgaben des Bundes, in besonderen Abteilungen oder Kammern sich zu bethätigen hätten. Die Gesamtheit der Mitglieder am Stiftungsorte Königsberg sollte den „Stammverein" bilden. Sämtliche Kammern daselbst sollten als „Hauptkammer" an des Bundes Spitze stehen, während die von hier ausgehenden Gründungen in anderen Orten die Bezeichnung „Zweigverein" zu führen hatten.

Diese einfachen Formen entsprachen bald nicht mehr den wachsenden Bedürfnissen. Die Verfassung ward umgearbeitet und vervollständigt. Namentlich wurden die einzelnen Zweige der auf den allgemeinen

Zweck des Bundes hinzielenden Thätigkeit mehr als bisher von einander geschieden.

Der neue Entwurf fand nicht die Billigung der Regierung; er wurde daher einer Revision unterzogen und die also abgeänderte Urkunde am 5. April 1809 dem Könige zur Genehmigung eingereicht. Sie hatte jetzt einen schwerfälligen und verwickelten Charakter angenommen. Und deutlich zeigte sich, dass die damalige, eben erst aus den früheren gebundenen Verhältnissen sich herausarbeitende Generation noch wenig Geschick hatte zu einer freien, praktischen und wirksamen Vereinsthätigkeit in grossem Stile.

Die revidierte Verfassung nahm als oberstes leitendes Bundeshaupt einen „Hohen Rat“ in Aussicht. So lange er noch nicht bestand, sollte der Königsberger Stammverein die oberste Verwaltungsbehörde sein. Sie zählte 18 Mitglieder und setzte sich zusammen aus dem „Rat“ des Stammvereins und der Königsberger Kammern, aus den fünf „Gehülfen“ dieser Behörden und aus dem Vorsteher eines für sittliche Bildung des Soldatenstandes bestehenden Instituts.

Dem also organisierten „Stammverein“ waren die Provinzial- und Nebenkammern untergeordnet und zum Gehorsam verpflichtet. Sobald in einer Stadt eine bestimmte Anzahl von Mitgliedern, in der Regel 10—12, in den Bund aufgenommen war, konnte der Verfassung gemäss zur Bildung einer Provinzial-Kammer geschritten werden. Jede von ihnen bildete zur Führung der ihr obliegenden Geschäfte einen Verwaltungs-Ausschuss.

Bestand die Kammer aus 10 Mitgliedern, so genügten für den angegebenen Zweck je ein Rat und ein Zensor. Wuchs aber die Zahl ihrer Mitglieder bis auf 50 an, so waren 5 Räte und ein Zensor zu wählen. Dieser Ausschuss, in seiner Gesamtheit „Rat“ genannt, blieb ein Jahr im Amte, dann schied ein Drittel seiner

Mitglieder, die das Los bestimmte, aus. An ihre Stelle traten zwei andere, so dass immer vier alte und zwei neue Mitglieder im Rate sassen.

Der Rat einer Kammer versammelte sich zur Besorgung seiner Obliegenheiten wöchentlich einmal. Der Vorsitz wechselte monatlich. Jeden Monat fand eine allgemeine Versammlung der Kammer statt.

Sämtliche Provinzial-Kammern unterstanden dem aus ihrer Mitte gewählten Provinzialrat. Solche Provinzialräte sollten eingesetzt werden in Königsberg für Ost- und Westpreussen diesseits der Weichsel; in Kolberg für die Gebiete zwischen Weichsel und Oder (Westpreussen, Pommern und Neumark); in Berlin für die Provinzen zwischen Oder und Elbe; in Breslau für Schlesien und die am linken Oderufer liegenden Teile der Neumark.

Die Mitglieder des „Provinzialrates“ konnten drei Jahre im Amte bleiben. Zu seinen Geschäften gehörte die Errichtung neuer und die Aufsicht über die Arbeiten der bestehenden Kammern, die Prüfung der einlaufenden Gesetzesvorschläge, die Erstattung der Geschäftsberichte an den Stammverein, die Bekanntmachung der von diesem ausgehenden Verordnungen. Er versammelte sich zu diesem Zweck jeden Monat mindestens zweimal.

Eine Art Nebenkammern bildeten die s.g. „Freivereine“ d. h. Gesellschaften, deren Mitglieder sich rekrutierten aus den für Bildung und höhere Lebensideale empfänglichen, aber zu den eigentlichen Bundes-Arbeiten noch nicht hinlänglich vorbereiteten Angehörigen der unteren Volksklassen in den Städten und auf dem Lande. Die Freivereine versammelten sich in den Feierstunden oder an Sonn- und Festtagen, um ihre Teilnehmer durch Vorlesen von Schriften gemeinnützigen Inhalts oder durch anregende Gespräche zweckmässig zu unterhalten und ihren Gesichtskreis zu erweitern. Ihre Mitglieder waren verpflichtet, durch Wort und Beispiel auf ihre Umgebung zu wirken, „um diese für vernünftige Einsicht und reine sittliche Gesinnung zu gewinnen und ihr wärmere Liebe für die vaterländische Verfassung und ein lebendiges Gefühl für die Ehre der Nation einzuflössen.“

Solche Freivereine waren namentlich in Ostpreussen, Pommern und Schlesien in grosser Zahl anzutreffen, und der wohlthätige Einfluss, den sie auf die Erziehung der Jugend und die sittliche Bildung und Hebung der unteren Volksschichten ausgeübt, wird allgemein anerkannt.

Des Zensors Aufgabe, der dem Rat jeder Kammer zur Seite stand, war vornehmlich die Verwaltung der sechsten Geschäftsabteilung. Diese übte die innere Polizei aus und führte die Aufsicht über das gesetzliche Verhalten der Bundesmitglieder. Jedes Vergehen gegen die Bundesgesetze musste von dem Mitgliede, das davon Kenntnis hatte, dem Zensor gemeldet werden. Unbedeutende Verfehlungen rügte dieser, schlimmere Fälle legte er der Kammer zur Entscheidung vor, welcher der Missethäter bei Vermeidung des Ausschlusses sich unterwerfen musste. Anklagen gegen Bundesbeamte oder Ratsmitglieder waren beim Zensor anzubringen, der die Voruntersuchung führte, während das Urteil vom Rat gefällt wurde. Der Zensor hatte Zutritt zu jeder Sitzung der verschiedenen Abteilungen. In seiner Amtsführung war er nur dem Provinzial-Zensor verantwortlich. Ihm lagen in Beziehung auf seine Provinz dieselben Verpflichtungen ob, die der Kammer-Zensor in seinem engeren Bezirke zu erfüllen hatte. Verantwortlich war er nur dem Oberzensor.

Dieser stand mit an der Spitze des Bundes. Seine Wahl erfolgte durch den Stammverein. Er war zugleich Mitglied der obersten Gesetzgebungskammer, die ausser ihm noch aus zwei Räten des Stammvereins bestand.

Ihre Wirksamkeit erstreckte sich auf die Prüfung der von Mitgliedern des Stammvereins oder von den Provinzialräten eingebrachten Gesetzes-Vorschläge und auf die Beschlussfassung über die auf Grund solcher Vorschläge auszuarbeitenden Gesetze. Der Oberzensor hatte ferner das Recht, Bundes-Mitglieder als Abgeordnete mit besonderen Aufträgen in die Provinzen zu senden, das Verhalten jedes Mitgliedes des Stammvereins, sowie überhaupt jedes Vereinsmitgliedes zu rügen, sobald es den Bundesgesetzen nicht entsprach. Beschwerden gegen ihn erledigte der Stammverein.

An den Oberzensor gelangten alle von den Provinzialräten eingehenden Berichte über die Beschaffenheit und Thätigkeit der Kammern. Er hatte im Stammverein den Vortrag über die Verbreitung und die innere Polizei des Bundes. Vor allem aber lag ihm die Pflicht ob, bei den Verhandlungen und Beschlüssen des Bundes die Rechte des Staates zu wahren und zu vertreten und mit Hilfe der ihm untergeordneten Zensoren darauf zu achten, dass der Bund nirgend gegen die Bundesgesetze verstiess und die seiner sittlich-wissenschaftlichen Wirksamkeit vorgezeichneten Schranken genau innehielt. Die Amtsdauer des Oberzensors erstreckte sich übrigens nur auf den Zeitraum von sechs Monaten. Nachdem ursprünglich der Professor Krug das wichtige Amt verwaltet, wurde es im August 1809 dem Prinzen Hermann von Hohenzollern-Hechingen übertragen. Kein staatsmännischer Kopf und ohne welt- und menschenumspannenden Weitblick, gehörte der hochherzige Fürst doch zu denen, die der geistigen Arbeit der Zeit mit lebendigem Verständnis gefolgt waren. Und mit offenem Auge in das furchtbare Getümmel des damaligen Lebens schauend, hat er wackeren Mutes und mit begeisternder Zuversicht sich allzeit um die Erfüllung der Bundes-Aufgaben bemüht, den Verzagenden und Schwachen ein unerschütterlicher Tröster und Mahner, zu harren auf die Erfüllung der Zeit.

Nach den Bestimmungen der Bundes-Verfassung durften nur solche Männer zur Aufnahme vorgeschlagen werden, „die den Ruf eines unbescholtenen, rechtlichen, thätigen Lebenswandels und eines treuen Staatsbürgers vor sich hätten.“

Vorschläge zur Aufnahme neuer Mitglieder gingen schriftlich an den Zensor und durch diesen an den Rat, und zwar in nachstehender Form: „Ich, der Unterschriebene, trage darauf an, den N. N. in den Verein aufzunehmen, weil er nach meiner Überzeugung die in der Verfassung benannten Eigenschaften besitzt.“ Zwei andere Mitglieder hatten den Antrag durch Namensunterschrift und durch Hinzufügung der Formel: „Wir bezeugen ein Gleiches“ zu unterstützen. War der Kandidat allen Bundesmitgliedern unbekannt, so war der Vorschlagende verpflichtet, zwei ausserhalb des Vereins stehende, zuverlässige Gewährsmänner namhaft zu machen. Bei ihnen hatte der Zensor mit Zustimmung des Rates „auf eine schickliche Art“ Erkundigungen über den Kandidaten einzuziehen und auf Grund dieser die „fehlende Gewährleistung“ durch seine eigenhändige Bemerkung auf dem Antrage zu ergänzen.

Erhob sich keine Stimme gegen den Kandidaten, so durfte er zur Wahl gestellt werden. Nachdem der Antrag den Kammer-Mitgliedern in einer allgemeinen Versammlung verkündet worden, konnte innerhalb vierzehn Tage gegen die Aufnahme Einspruch erhoben werden. Geschah das nicht, so wurde in der nächsten öffentlichen Kammer-Versammlung die Aufnahme des Kandidaten als zulässig bekannt gemacht, worauf die Abstimmung erfolgte. Für den Fall, dass Mitglieder ihre Stimme gegen die Aufnahme abgaben, mussten sie dem Geschäftsführer ihre Gründe angeben. Schienen sie ihm erheblich zu sein, wurden sie dem Zensor und durch diesen dem Vorschlagenden mitgeteilt. Nach Ermittlung der Wahrheit bestimmte der Rat der Kammer, ob der Kandidat für alle Zeiten oder nur für eine bestimmte Frist vom Eintritt auszuschliessen sei.

Von seiner Aufnahme wurde der Kandidat alsbald in Kenntnis gesetzt und ihm gleichzeitig aufgegeben, einen Revers folgenden Inhalts auszustellen: „Ich, der Unterschriebene, habe mich dem sittlich-wissenschaftlichen Verein durch Handschlag verpflichtet, für den Fall, dass mir die Gesetze und Zwecke desselben nach deren Bekanntwerdung nicht gefallen und ich ihm nicht beitrete, mich aller öffentlichen Aeusserungen, besonders des Tadels darüber zu enthalten." Nachdem er von dem Inhalt der Gesetze gehörig Kenntnis genommen, konnte er sich für seinen Eintritt entscheiden oder seinen Verzicht aussprechen. In jenem Falle wurde er durch Handschlag zur Befolgung der Satzungen und zur Förderung der Bundeszwecke verpflichtet.*)

---

*) Dies geschah durch Unterzeichnung folgenden Reverses: „Ich, der Unterschriebene, habe mich dem sittlich-wissenschaftlichen Verein durch Handschlag verpflichtet, mich eines würdigen und anständigen Lebens ganz vorzüglich zu befleissigen, als Preussischer Staatsbürger meine Pflichten mit grösster Aufmerksamkeit zu erfüllen und dem jetzigen Könige und seinem Hause mit ganz besonderer Treue anzuhangen, mich der Controlle der Censoren des Vereins in Rücksicht meines öffentlichen und privaten Lebens zu unterwerfen, mich allen mir nach dem Geist und den Gesetzen des Vereins von seinen Behörden gemachten Anträgen, Anordnungen und Befehlen zu unterziehen, gesetzmässig über mich verhängte Strafen willig zu übernehmen und selbst nach freiwilligem oder durch den Verein veranlassten Austritt mich jedes öffentlichen Tadels desselben oder gehässigen Gegenwirkens zu enthalten. Ich habe mich für den Fall der Nichter-

Seine Einführung ging in der nächsten allgemeinen Versammlung vor sich. Nachdem er sämtlichen Mitgliedern vorgestellt war, musste er im Hauptbuche der Kammer seinen Revers nochmals unterzeichnen und dem Zensor den vorgeschriebenen Handschlag erteilen. Von diesen Formalitäten der Wahl und Abstimmung durfte nur in dem Fall abgegangen werden, wo es sich um einen Mann allgemeinen Vertrauens handelte.

Das Ausscheiden aus dem Bunde geschah entweder freiwillig oder durch Bundes-Beschluss. Ausgestossen wurden diejenigen, die ihren Versprechungen zuwider lebten, sich lästig oder unthätig in Erfüllung ihrer besonderen Pflichten zeigten, sich im bürgerlichen Leben Vergehen zu schulden kommen liessen, oder sich gegen den Verein gesetzwidrige und willkürliche Handlungen erlaubten. So wurden, wie bereits bemerkt, u. a. der Graf v. Krockow und der Leutnant Bärsch ausgestossen, weil sie sich an dem Schillschen Abenteuer beteiligt hatten.

Ein auf Grund eines Bundes-Beschlusses Ausgewiesener durfte niemals wieder aufgenommen werden. Wer dagegen freiwillig austrat, konnte später seine Aufnahme wieder nachsuchen.

c. Die Aufgaben des Tugendbundes.

Der Bund hatte sich ein grossartiges, weitumfassendes Ziel gesteckt. Seine Wirksamkeit sollte sich erstrecken auf „Erziehung, Volksbildung, Wissenschaft und Kunst, Volkswohlstand, äussere und innere Polizei.“ Sechs verschiedenen Geschäftsabteilungen lag die Pflege dieser Aufgaben ob.

Auf dem Gebiete der Erziehung sollte die „vor-

füllung dieser Verpflichtungen der Geringschätzung und Verachtung aller besser gesinnten Menschen freiwillig unterworfen und mich ihres Umgangs überall unwürdig erklärt.“

züglichste Erziehungs- und Unterrichtsmethode“ ermittelt werden, durch welche „die Jugend zu möglichst vollständigem und einstimmigem Gebrauch aller ihrer körperlichen und geistigen Kräfte gelange.“ Ferner sollte auf die Verbesserung der häuslichen Erziehung hingewirkt und den „Grundwahrheiten der allgemeinen Sittlichkeit, des Bürgersinns und der Religion bei Hausvätern und Hausmüttern kräftiger Eingang verschafft werden.“ Eine weitere Aufgabe der Abteilung war, die zur Verbesserung der Gewerbe nötigen naturwissenschaftlichen, mathematischen und chemischen Kenntnisse mit Hinweisung auf ihre praktische Anwendung im Volke zu verbreiten, Waisen oder Kinder verarmter Eltern zu unterstützen und für ihre Erziehung Sorge zu tragen.

In Sachen der Volksbildung hatte sich die Thätigkeit der Mitglieder zu erstrecken auf Beförderung richtiger Erkenntnis und richtiger Begriffe über die Pflichten des Menschen in seinen ehelichen, gesellschaftlichen, staatlichen und kirchlichen Verhältnissen behufs Erhaltung und Ausbildung seiner körperlichen und geistigen Kräfte. Diesem Zwecke dienten hauptsächlich die Freivereine.

Eine Nebenabteilung dieses Geschäftszweiges (das „Militär-Institut“) sollte die dem Bunde angehörigen Mitglieder des Militärstandes bilden. Ihre Aufgabe war „teils gemeinschaftliche Ergründung der Kriegswissenschaft, teils Einwirkung auf die Fortbildung junger Offiziere in Wissenschaft und Sittlichkeit.“ Ebenso sollte der gemeine Mann über seine Pflichten genau unterrichtet werden.

Die Abteilung für Wissenschaft und Kunst sollte durch ernste Unterhaltung, durch gegenseitige Mitteilung und Beurteilung schriftlicher Ausarbeitungen über wichtige Aufgaben aus jenen Gebieten unter den

Mitgliedern gründliche Erkenntnis des Wahren und geläuterten Geschmack am Schönen, den Sinn für Wahrheit, echte Tugend, Vaterlandsliebe, Denk- und Gewissensfreiheit, deutsche Sitte und Sprache erwecken und in gleicher Weise auf andere wirken.

Die auf dem Felde des Volkswohlstandes thätigen Mitglieder hatten die jeder Provinz eigentümlichen Quellen des Wohlstandes zu ermitteln und zu erschliessen, die den örtlichen Verhältnissen angemessenen Gewerbsarten einzuführen, zu fördern oder zu erweitern, durch Belehrung und Aufmunterung auf den Arbeiterstand einzuwirken, den schuldlos Zurückgekommenen durch Gewährung von Kredit, Vorschüssen, Erschliessung von Absatzquellen aufzuhelfen, die infolge von Krankheit und Alter zur Arbeit Unfähigen zu versorgen. Neue Erfindungen, verbesserte Herstellungsarten usw. sollten den einzelnen Gewerbszweigen zugänglich gemacht, Industrie-, Handels- und Kunstschulen errichtet, dem hemmenden Zunftgeist entgegen gearbeitet und dem weiblichen Geschlechte Gelegenheit zur Betätigung seiner Kenntnisse und Kräfte verschafft werden.

Die Abteilung für „äussere Polizei“ richtete ihr Augenmerk darauf, dem Volke die Überzeugung beizubringen, dass „alle Polizeigesetze ihren Zweck nur dann erreichen, wenn jeder Einzelne willig für ihre Erfüllung eintritt.“ Ein Lehrbuch sollte in leichtfasslichen Sätzen die Wohlthaten der polizeilichen Ordnung für Erhaltung des Lebens, den Schutz des Eigentums, der Gesundheit usw. zur Darstellung bringen.

Die „innere Polizei“ hatte ausschliesslich das gesetzliche und sittliche Verhalten der Vereinsmitglieder zu überwachen.

Jede dieser Geschäfts-Abteilungen, die von einem Vorsteher geleitet wurde, hielt wöchentlich eine Sitzung. Die Mitglieder waren verpflichtet, an diesen Sitzungen pünktlich teilzunehmen. Genaue Bestimmungen regelten die Handhabung der Geschäfte. —

Es war ein grosses und schönes, aber zugleich auch unübersehbares Feld, das der Verein zum Besten der Menschenbildung und des Menschenwohls zu beackern sich vorgenommen, und man darf sagen, dass er es an treuer Hingebung und opferwilligem Fleiss nicht hat fehlen lassen. Weniger ist von unmittelbar praktischen und greifbaren Erfolgen seiner Arbeiten zu berichten.

Ein nennenswerter Einfluss auf die Verbesserung des Erziehungswesens und der Jugendbildung ist nicht nachweisbar. Ebenso wenig kann von einer tiefgehenden Förderung der Volksbildung die Rede sein. Das Beste wurde auf diesem Gebiete von den Freivereinen geleistet. Die dritte Abteilung beriet zwar zahlreiche Pläne und schmiedete unaufhörlich neue Projekte, brachte es aber schliesslich nur zur Gründung der Zeitschrift „Der Volksfreund",*) die in Königsberg ins Leben trat, und des „Vaterlandsfreundes" in Breslau.

Zu bedauern bleibt, dass diese vielverheissenden Anfänge einer wirklichen, kulturfördernden Presse mit der Auflösung des Bundes spurlos wieder verschwanden.

Die vierte Abteilung wirkte wohlthätig in Königsberg durch Errichtung einer Armenspeise-Anstalt, eines „Industrie-Comptoirs" für den Absatz weiblicher Hand-

*) Der „Volksfreund" fand auch den Beifall Steins. In ihm erschien u. a. der eindrucksvolle, herrliche Aufsatz aus Gneisenaus Feder „Über die Freiheit des Rückens", der die grausamen Strafen der alten Kriegsartikel verdammte und für den preussischen Soldaten den Antrieb zum Wohlverhalten lediglich im Ehrgefühl suchte. Auch Boyen schrieb mehrere Aufsätze für den „Volksfreund". „Wie hatte sich doch die Welt verwandelt, dass jetzt preussische Offiziere in der Presse die Mängel des Heerwesens besprechen durften!" —

arbeiten, durch Errichtung von Zeichen- und Industrie-Schulen usw. Andere, im grossen Stile geplante Wohlthätigkeits-Bestrebungen fanden nicht den Beifall der Regierung, weshalb sie unterbleiben mussten.

Der Bund krankte von vornherein an einer Überfülle von Aufgaben und Pflichten. Dazu kam das dauernde Misstrauen der Fernstehenden und der Regierung, die die Begeisterung gerade der besten Mitglieder herabstimmte und ihre Kräfte lähmte. Zu bleibenden Leistungen fehlte es schliesslich dem Bunde an der nötigen Zeit. In den wenigen Monaten seines Daseins hat er gethan und erreicht, was unter den obwaltenden Umständen nur immer möglich war. Und mit einem Gefühl beschämender Bewunderung müssen wir unverträglichen, hadernden Epigonen auf diese kleine Gemeinde tüchtiger Menschen blicken, die eng miteinander verbunden, von einem Gefühl ergriffen, von einem Grundsatze geleitet, von einem Entschlusse durchdrungen waren. Was auch eine alles besser wissende Zeit gegen den Tugendbund einwenden mag, seine Bestrebungen bleiben „ehrwürdig und rührend durch die reine Begeisterung, aus der sie hervorgingen, durch den herzlichen Willen, die Thätigkeit der grossen Reformer zu unterstützen, ihre Ideen im Volke zu verbreiten“, es zu erziehen für die grosse Stunde des Befreiungskampfes. —

---

2. Die Deutschen Gesellschaften und der Hoffmannsche Bund.*)

Die stolzen Hoffnungen, welche die Romantik der Befreiungskriege für Deutschlands Zukunft erregt hatte,

*) Zu Grunde gelegt ist die geistvolle, aktenmässige Darstellung von F. Meinecke: Die deutschen Ges. u. der Hoffm. Bund.

lebten in den Besten der Zeit lebendig fort. Namentlich war es die glühende Sehnsucht nach Wiederherstellung der nationalen Eigenart, die zahllose Herzen in Bewegung setzte. Nachdem der äussere Gegner erfolgreich niedergeworfen war, sollte nun auch der innere Feind, die Herrschaft des französischen Geistes und der welschen Sprache in deutschen Landen, gebrochen werden.

Mit diesem Gedanken stand die Idee der „Deutschen Gesellschaften“ in engstem Zusammenhang. Öffentliche Vereine, über ganz Deutschland verbreitet, sollten die Pflege deutscher Denkweise und Sitte übernehmen und fördern. Der Gedanke wurde zuerst von Ernst Moritz Arndt*) ausgesprochen. Her rührt er ohne Frage von Christian Gottfried Körner,**) dem Vater Theodors. Schon 1813 hatte er der in den Krieg ziehenden preussischen Jugend voll Zuversicht zugerufen, dass „die Wiederherstellung der nationalen Gemeinschaft in Denkweise, Sitte und Sprache die herrlichste Frucht dieses Kampfes sein würde.“ Und als er dann bald darauf an die Spitze der Dresdener Loge gerufen ward, überliess er sich ganz dem schönen Wahne, dass „die zerstückelte deutsche Nation in der Freimaurerei ein

---

Ein Beitrag zur Gesch. der politischen Bewegungen in Deutschland im Zeitalter der Befreiungskriege. Stuttgart; 1891. — Vergl. J. D. F. Mannsdorf: Gesch. der geh. Verbindungen der neuesten Zeit. 2 Bde. Leipzig; 1831. —

*) In seinen Schriften: „Noch ein Wort über die Franzosen u. über uns.“ Leipzig; 1814 — und „Entwurf einer teutschen Gesellschaft.“ Frankfurt a. M.; 1814. —

**) Gleichzeitig machte der in Zürich lebende Arzt und Naturforscher Ebel den Vorschlag zur Bildung einer allgemeinen deutschen vaterländischen Gesellschaft zur Pflege der deutschen Sprache. Diese Gesellschaft war als eine Art Akademie gedacht, welche die Litteratur beeinflussen, der Schriftsprache aus den Dialekten neues Leben zuführen sollte. — Vergl. über Ebel A. D. Biogr. 5. S. 518. —

Band der Vereinigung finden und sich eines gemeinschaftlichen Vaterlandes freuen lerne."

Deutsche Gesellschaften sollten nach Arndts Meinung in allen grösseren Städten gegründet und jeder unbescholtene Deutsche vom Bauer bis zum Fürsten in ihnen Aufnahme finden. Als ihre Aufgabe bezeichnete er die Erhaltung deutscher Art, Kraft und Zucht und die Pflege der nationalen Erinnerungen. Als letztes Ziel schwebte ihm vor die Begründung einer öffentlichen Meinung und eine freimütige Aussprache über die Angelegenheiten des Vaterlandes.

In ihrer Organisation erinnern die deutschen Gesellschaften lebhaft an den Tugendbund. Neben den Vorstehern und Schreibern stehen vier „Rüger". Diesen Beamten fällt die Ausübung einer Art Sittenpolizei zu. Sie haben nicht nur für die Wahrung der Disziplin in den Versammlungen Sorge zu tragen, sondern auch die „ungebührliche oder unsittliche That zu strafen, am unerbittlichsten aber die undeutsche Gesinnung und die Aefferei mit dem Ausländischen und Französischen."

Die Gesellschaften versammeln sich ein- oder zweimal im Monat. Patriotische Reden und Vorträge, für deren Inhalt vorher die Billigung der Rüger einzuholen ist, unterhalten die Anwesenden. Der Gesang froher Lieder und ein heitres Mahl, bei feierlichen Gelegenheiten auch Tanz und Saitenspiel, beschliessen angenehm jede Zusammenkunft. Der Tag der Hermanns- und der Leipziger Schlacht und der Todestag Andreas Hofers werden als heilige Feste feierlich begangen. An jenen schmücken sich die Teilnehmer mit einem Eichenblatt am Hute, an diesem mit einem Kreuze.

Bei dieser Anregung liess es Arndt bewenden. Sie auch in die That umzusetzen, war seinem gefühlvollen Herzen nicht gegeben. Zunächst riefen seine Vorschläge eine Reihe von Schriften hervor, in denen sie teils phantastisch ausgesponnen, teils mit Erbitterung bekämpft oder auch böswillig verdächtigt wurden. Dann sannen die Brüder Ludwig und Wilhelm Snell*) in dem hessischen Städtchen Idstein ernsthaft auf die Verwirklichung der Arndtschen Pläne. „Hochbegabte, reichgebildete, junge Männer, waren sie von feurigen Ideen und dem Drange erfüllt, sie in das Leben zu führen.“ Die Triebfeder des Unternehmens war Wilhelm Snell. Auf seine Veranlassung kamen im Sommer 1814 in Usingen mehrere Patrioten zu einer Beratung über die Gründung deutscher Gesellschaften zusammen. Unter den Teilnehmern finden wir zwei Männer, deren Namen mit der Geschichte der liberalen Bewegung in Deutschland eng verbunden sind: Karl Theodor Welcker, damals Professor in Giessen, und den Konrektor Weidig aus Butzbach, „jenen beredten Apostel der Egalité, der schlechtweg jede Regierung für sündhaft erklärte“. Greifbare Ergebnisse hatte die Usinger Besprechung nicht aufzuweisen.

Wilhelm Snell plante einen Bund, der „alle Edlen des Mittelstandes zum Streben für das Volk vereinigen und mit seinen Armen das ganze Volk unsichtbar umfassen sollte.“ Aus drei Klassen sollte er sich zusammensetzen: 1) aus den enger Befreundeten, unter denen „Geheimnis herrsche“; zu ihnen dürfen nur die geprüftesten gehören und solche, die „alles für die reinere Menschheit aufopfern können;“ 2) aus rechtschaffenen Männern aller Stände ohne Unterschied, die

*) In der Demagogenzeit mussten die Brüder Snell nach der Schweiz flüchten. Hier wirkten sie erfolgreich als akademische Lehrer in Basel, Zürich und Bern und spielten nach der Juli-Revolution als Parteiführer der radikalen Demokratie eine hervorragende Rolle. Wilhelm Snell († 1851) wurde der Begründer einer neuen, einflussreichen Rechtsschule für die Schweiz. — Vergl. A. D. Biogr. 34. S. 508 ff.

öffentliche Gesellschaften zu bilden hatten; 3) aus dem ganzen Volk, „auf welches durch die Gesellschaften gewirkt wird."

Auf Grund dieser Vorschläge trat am 24. August 1814 die Idsteiner Gesellschaft ins Leben. Sie war als eine offene gedacht. Die Mitgliedschaft war ohne Schwierigkeit zu erlangen. Jeder, der die patriotischen Zwecke des Vereins billigte und seine Versammlungen besuchte, sollte schon dadurch der Eigenschaft eines ordentlichen Mitgliedes teilhaftig werden. Für das Jahr waren zwei Haupt- und zehn Untersitzungen in Aussicht genommen. Hier hatte Jedermann anzugeben, wie er bisher für den Zweck der Gesellschaft in seinem Kreise gewirkt. Französische Sitte, Sprache und Gesinnung sollten bekämpft werden. Auch wurde die Erwartung ausgesprochen, dass die Fürsten ständische Verfassungen geben und „ein echtes deutsches Reich einrichten würden". Die Unterdrückung der kleinstaatlichen Souveränitäten und die preussische Hegemonie über Deutschland wurden wenigstens in Aussicht genommen. Besonders sollten einzelne Züge deutscher Tugenden und vaterländischen Geistes gesammelt und mitgeteilt werden. Geeignete Mittel zur Förderung der Gesellschaftszwecke erblickte man in der Feier vaterländischer Gedenktage, besonders des 18. Oktobers, in der Vertiefung in die deutsche Vergangenheit, in der Verbreitung patriotischer Lieder usw.

Unter den Mitgliedern waren hauptsächlich Pfarrer, Lehrer und Juristen vertreten. Daneben finden sich einige Handwerker und Gewerbetreibende und drei Studenten.

Wohl war die Gesellschaft als moralische gedacht. Aber bei dem lebhaften politischen Empfinden ihrer Leiter geschah es von selbst, dass sich solche Anschauung auch auf die übrigen Mitglieder übertrug. Doch scheint es zu irgend einer Bethätigung politischer Gedanken damals noch nicht gekommen zu sein.

Von Idstein aus wurde am 8. November 1814 in Wiesbaden eine Tochter-Gesellschaft ins Leben gerufen. Vorwiegend aus jüngeren nassauischen Beamten bestehend, trat sie für Bildung eines bewaffneten Korps ein und erstrebte die geistige Führung in der städtischen Bevölkerung. Aber schon nach wenigen Tagen (14. November) verschwand sie wieder infolge eines Winkes der Regierung.

Auch die Idsteiner Gesellschaft entging ihrem Schicksal nicht. Am 21. November erhielt sie eine Verwarnung, während im Januar 1815 an die ihr angehörenden Geistlichen und Lehrer der Befehl zum Austritt erging. Bald nachher löste sie sich auf, blieb aber zunächst als Gesellschaft ohne Form bestehen, bis alle ihre Mitglieder sich verloren.

In naher Beziehung zu den Idsteiner Patrioten standen die deutschen Gesellschaften in Heidelberg und Giessen. Jene entnahm ihre Anhänger vornehmlich den Kreisen der studierenden Jugend. Ihre Gründung fiel in den Januar 1815. Sie gedachte für den Erlass einer landständischen Verfassung einzutreten.

Die Giessener Gesellschaft bildete einen engeren Zirkel ohne feste Form. Ob ihr eine Einwirkung auf die Bildung der „Deutschen Lesegesellschaft“ und der von dieser ausgegangenen Bewegung der „Giessener Unbedingten“, von der wir noch zu erzählen haben werden, zugeschrieben werden kann, ist nicht festzustellen.

Am 17. November 1814 tauchte auch in dem hessischen Städtchen Butzbach eine deutsche Gesellschaft auf. Sie ist bis 1817 nachweisbar. Ihre Anfänge sind in einer Lesegesellschaft zu suchen und ihre Aufgabe war „Rückkehr zur eigenen Art und Sitte, Wiedergewinnung der urangestammten Kraft des deutschen Volkes, Hoffnung auf das Wiedererstehen der alten

Herrlichkeit“. Bemerkenswert ist die starke Beteiligung der Geistlichkeit an dem Unternehmen und der Umstand, dass der Verein in der Einwohnerschaft des Städtchens ein ungewöhnliches Interesse an politischen Fragen hervorrief.

Deutsche Gesellschaften bestanden ferner eine Zeitlang in Langenschwalbach, Kreuznach und andern Orten am Mittelrhein. Die Pflege „Deutschen Sinnes, deutscher Sprache und Einigkeit im Geiste“ war ihr Ziel. Jedem unbescholtenen deutschen Volksgenossen stand der Zutritt offen. Nachdem Kreuznach dem preussischen Staate einverleibt war, konstituierte sich 1815 die dortige Gesellschaft, die eine zeitlang geruht, von neuem und unter festeren Formen. Als ihre Aufgabe bezeichnete sie nunmehr die Verbreitung von „Liebe zur preussischen Verfassung und Anhänglichkeit an den König“. Sie fand indes in der Bürgerschaft nicht die erhoffte Teilnahme, weshalb sie sich im Februar 1816 sang- und klanglos auflöste. —

Auffallend ist, dass sich dem Arndtschen Weckruf nur in den Gegenden am Main und Mittelrhein empfängliche Herzen öffneten, während er in den altpreussischen Gebieten ungehört verhallte. Allein das kriegerische junge Geschlecht, das an den Grossthaten der letzten Kriegszeit so ruhmvollen Anteil gehabt, glaubte der Erinnerung an die Teutoburger Schlacht und das ruhmvolle Walten der Staufer getrost entraten zu können. Ausserdem hatte es ja den Anschein, als ob die ganze Haltung der Regierung und die am 22. Mai 1815 feierlich wiederholte Zusage einer Verfassung auch allen jenen Wünschen nach einem freieren öffentlichen Leben Erfüllung gewähre, die das Arndtsche Programm geheimnisvoll im Innern barg. In den süddeutschen Rheinbundstaaten dagegen, die seitab von der grossen Heerstrasse der Kriegsbegeisterung lagen, stand die öffentliche Meinung noch unter obrigkeitlichem Drucke. Hier nahm auch nicht die Masse der Bevölkerung teil an der neuen Bewegung, sondern es waren nur einzelne kleine Kreise geistig angeregter Männer „von mehr philosophisch-litterarischer als politischer Bildung“, die sich den deutschen Gesellschaften anschlossen. Unbefriedigt durch das kleinstaatliche Dasein, suchten sie im politischen Vereinsleben, was ihr engeres Vaterland ihnen versagte.

Als die Begriffe Deutschtum und Nationalität, auf denen die deutschen Gesellschaften aufgebaut waren, wegen ihres viel zu allgemeinen Charakters versagten, als die kunstvollen Veranstaltungen zur Pflege der Vereinsaufgaben ihren Zweck verfehlten, fanden sich zwar bald greifbarere Ziele: Pressfreiheit, Landstände, Landwehr, aber sie waren mehr „Ahnung als System“. Wollten die Vereine zu einem positiven Inhalt gelangen, so gab es für sie nur zwei Wege: entweder Anschluss an Preussen, den deutschesten und liberalsten Staat, dem ob dessen die Führerrolle in Deutschland gebührte, oder, unabhängig von den Regierungen, die Ausbildung des konstitutionellen oder gar demokratischen Gedankens.

Man schlug den ersten Weg ein. Die Gestaltung der Dinge i. J. 1815 drängte dazu. Angesichts der Konflikte des Wiener Kongresses und des mehr und mehr zu Tage tretenden Gegensatzes zwischen Preussen, Oesterreich und den Mittelstaaten kam die öffentliche Meinung in die Lage, sich die Frage vorzulegen, was man zu thun habe und wem man sich anzuschliessen habe für den nicht unwahrscheinlichen Fall eines gewaltsamen Zusammenstosses der Mächte oder eines neuen Krieges mit Frankreich. Die Beantwortung dieser Frage fanden die rührigen und politisch denkenden Mitglieder der deutschen Gesellschaften in dem Gedanken der Hegemonie Preussens über Deutschland. Zu seiner Verwirklichung stifteten sie einen geheimen

Verein, der als s.g. **Hoffmannscher Bund** bekannt geworden.

Von seinem Wesen und Wirken können wir uns bei dem Mangel gleichzeitiger Zeugnisse und Akten nur eine ungefähre Vorstellung machen. Wir sind hierbei auf spätere Aussagen und Verhöre Beteiligter vor der Mainzer Untersuchungs-Kommission angewiesen d. h. auf Nachrichten, die sich zum Teil widersprechen, zum Teil nur halbe Wahrheit bieten.

Allem Anschein nach ist die Anregung zur Gründung des Bundes von Wilhelm Snell ausgegangen, während der Entwurf der Gesellschaftsstatuten ein Werk des Justizrats Karl Hoffmann in Rödelheim bei Frankfurt a. M. ist. Ein unklarer, unruhiger Kopf, aber ein eifriger Patriot, war Hoffmann, der schon 1796 dem Erzherzog Karl Volksbewaffnungspläne vorgelegt haben will, durch eine „Verfassungsurkunde“ für deutsche Gesellschaften bekannt geworden.

Nahe standen dem Bunde der preussische Diplomat Justus v. Gruner, damals Generalgouverneur von Berg, ein Mann „von raschem Verstand, lebhaftem Temperament und feurigem Geiste“, und sein Polizei-Inspektor Martin. Gruner, der sich gern mit verwegenen Plänen zu einer Volkserhebung beschäftigte, ermunterte Hoffmanns Thun und revidierte die von diesem entworfenen Statuten.

Der Bund, „eine geheime Verbindung“, sollte hinwirken auf Nationalbewaffnung und Landsturm, Turnwesen, deutsche Sprache und Tracht und Vereinigung Deutschlands unter Preussen. Diesem Hauptzweck aber wollte man erst nähertreten, wenn durch unglücklichen Ausgang des bevorstehenden Krieges (1815) Entzweiung der verbündeten Mächte, vielleicht auch durch eine dem Bunde fremde Revolution eine Krisis entstehe, welche die Vereinigung Deutschlands unter einem Oberhaupte notwendig mache. Eine Freischar, aus Freiwilligen aller deutschen Länder bestehend, sollte unter preussischer Führung am Kriege teilnehmen, ein Plan, der von Hardenberg und Gneisenau gebilligt wurde, aber schliesslich, vielleicht aus politischen Bedenken, nicht zur Ausführung kam. — Am 7. April 1815 veröffentlichte Wilhelm Snell im „Rheinischen Merkur" einen Aufruf zur Bildung einer solchen Freischaar. Ein Meer von phantastischen Hoffnungen knüpften sogleich die Gesinnungsgenossen an diesen Plan. Die Freischaar sollte allmählig zu einem Heere anwachsen, im Frieden die Wache des Reiches und des künftigen Kaisers bilden und das Reichspanier führen.

Die endgültige Konstituierung des Bundes kam nicht zustande, obwohl „die Mitwisser" es sich angelegen sein liessen, namhafte Persönlichkeiten zu werben. Die Hauptursache des Misslingens war der Ausgang des Feldzuges von 1815. Er bewirkte, dass diejenigen Elemente, die eben noch unter dem Drucke einer ungewissen Gefahr zu einem aussichtsreichen Wirken sich vereinigten, wieder auseinanderfielen. Ausserdem war Hoffmann schon mit mehreren Mitwissern in Streit geraten, weil sie nicht mit der gehörigen Vorsicht zu Werke gingen. Eine am 18. Oktober 1815 in Frankfurt zusammengetretene General-Versammlung, von etwa 20 Personen besucht, erkannte die Zwecklosigkeit des Unternehmens. Man gab die Sache auf und beschloss, alle Schriftstücke über den Bund zu vernichten.

Die Bedeutung des Unternehmens liegt weniger in seiner äusseren Verbreitung, als darin, dass er für einige, „besonders tief erregte Mitglieder das natürliche Durchgangsstadium war von der ungeklärten patriotischen Aufwallung des Jahres 1814 zu dem Radikalismus der späteren Jahre". —

3. Die deutsche Burschenschaft.*)

a. *Die Burschenschaft als akademischer Verein.*

Es war eine ritterliche, eine „eiserne“ Jugend, die, vielfach als ehrendes Zeichen der Tapferkeit das Kreuz auf der Brust, nach glorreich geschlagenen Schlachten auf die vereinsamten Hochschulen zurückkehrte. Reich an Lebenserfahrung, geläutert durch den geistigen Schwung jener Tage, unvertilgbar im Herzen die Liebe zum einigen deutschen Vaterlande, strebte sie den lichten Höhen reiner Menschenbildung zu. Ihre „Sehnsucht war die That, die aus freier Selbstbestimmung entspriessende That, wie sie Fichte gepriesen.“ Durchdrungen von der Überzeugung, dass die Aufgabe jeglichen Studiums die Vorbereitung für die Zwecke der Gesamtheit, für eine künftige politische Thätigkeit im Staate sein müsse, wollte sie das studentische Dasein verjüngen und sittlich kräftigen, wollte sie das akademische Leben zu einem treuen Vorbild des nachfolgenden öffentlichen gestalten und durch festen Zusammenschluss und gemeinsames Zusammenhalten auch nach beendeter Studienzeit den vaterländischen Sinn be-

---

*) Aus der reichen Literatur, welche durch die burschenschaftliche Bewegung gezeitigt worden, verzeichnen wir: Gesch. der christlich teutschen Burschensch. in Giessen seit 1813. Teutschland; 1818. — Haupt: Landsmannschaft u. B. Leipzig; 1820. — Wesselhöft: Deutsche Jugend in weiland Burschenschaften u. Turngemeinden. Magdeburg; 1828. — L. Bechstein: Wollen u. Werden. Deutschlands B. u. Burschenleben. Halle; 1850. — Richard u. Robert Keil: Gesch. des jenaischen Studentenlebens. (1548—1858.) Leipzig; 1858. — Dies.: Die Gründung der deutschen Burschenschaft in Jena. Jena; 1865. — U. R. Schmid: Das Wesen der Burschenschaft auf geschichtlichem Grunde etc. Jena; 1875. — Bayer: Die Entstehung der deutschen B. Berlin; 1883. — Vergl. G. Gervinus: Gesch. d. 19. Jahrh. II. Bd. Leipzig; 1856. — H. v. Treitschke a. a. O. II. Bd. —

wahren und beleben, um so dem erwachten Nationalbewusstsein des deutschen Volkes würdig zu entsprechen.

So geartete junge Männer konnten den verrotteten Formen und hergebrachten Unsitten des Universitätslebens keinen Geschmack abgewinnen; ihnen musste vielmehr die Renommisterei und Raufsucht der Studenten und ihr — nach Immermanns Ausspruch — „problematischer Staat, in welchem kindische Thätigkeit, kindische Tapferkeit, kindische Ehre regierten nebst einiger wahren Freundschaft, Hingebung und Brüderlichkeit,“ ein Gegenstand des Abscheus sein.

Die eigentlichen Träger jener Übelstände waren von Alters her die Landsmannschaften (S. II. S. 213 ff.) mit ihrer Anmassung, ihrer Heimlichkeit, ihren Feindseligkeiten und in ihrer Spaltung ein abschreckendes Bild der jämmerlichen Zerrissenheit des deutschen Volkes.

Gegen sie richtete sich demgemäss der Unwille der heimgekehrten Freiheitskämpfer. Die s.g. „Neuerer“ hielten sich zuerst nur freundschaftlich zusammen. Obwohl ihre Zahl durch den Zugang „Neutraler“ oder neueingetroffener Studenten sich vermehrte, sahen sie doch bald ein, dass sie als Einzelne ihre Unabhängigkeit gegenüber geschlossenen Korporationen auf die Dauer nicht zu bewahren imstande seien. Und da ferner die akademischen Gesetze zur Regelung der Verhältnisse der Studierenden zu einander nicht ausreichend waren, wurde alsbald der Plan zu einer neuen festen Organisation erwogen. Sie erschien um so dringender, als die Neuerer nur kurze Zeit auf den Hochschulen blieben und deshalb zu befürchten war, dass bei dem fortwährenden Wechsel der akademischen Generationen der schöne Gedanke bald wieder spurlos verschwinden möchte.

Wie die Dinge lagen, war eine gründliche Verbesserung des Studentenlebens nur durch Aufhebung der Landsmannschaften und durch Errichtung eines einzigen grossen, alle Studenten umfassenden Jugendbundes und durch Anerkennung zeitgemässer Gesetze zu erzielen. Diese Bestrebungen der akademischen Jugend wurden von einsichtsvollen, vaterländisch gesinnten Männern, wie Schleiermacher, Fries, Steffens, Jahn, Arndt gebilligt und nach Kräften gefördert. Trotzdem wollten die ersten Versuche nicht überall sofort gelingen. Nur in Giessen, Berlin, Halle*), besonders aber in Jena ging man vom vertraulichen Gedankenaustausch zu praktischen Thaten über.

Noch bestanden hier i. J. 1814 vier Landsmannschaften: Frankonia, Vandalia, Thuringia, Saxonia, und suchten nach alter Gewohnheit die übrigen Studenten zu beherrschen. Ihnen traten einzelne Freiheitskämpfer gegenüber und gründeten im Sommer 1814 eine Art akademischen Landsturm unter dem Namen „Wehrschaft".**)

Inzwischen gewann die reformatorische Richtung mehr und mehr Anhänger. Im Winter 1814/15 geschahen die ersten Schritte zu ihrer festen Organisation. Mehrere deutsch gesinnte Studenten,***) die

---

*) Hier hatte sich im Winter 1814/15 die geheime studentische Verbindung Teutonia aufgethan. Sie hatte die Einheit der deutschen Nation und die Reform der unhaltbaren studentischen Verhältnisse auf ihre Fahne geschrieben. Aber es fehlte ihr zu einer gedeihlichen Entwicklung der rechte sittliche und patriotische Geist.

**) Ihre Mitglieder betrieben eifrig körperliche Übungen, exerzierten in den Mussestunden, legten Schanzen an, übten sich im Felddienst und studierten theoretisch die Kriegswissenschaft.

***) Es waren Karl Horn aus Neustrelitz, nachmals Lehrer von Fritz Reuter, Adolf Fried. Schröder, Karl Uterhart und Heinrich Riemann aus Mecklenburg-Schwerin, Karl Hermann Scheidler aus Gotha, Wilhelm Kaffenberger aus Frankfurt a. M., J. Walter aus Liefland u. a.

als Lützower Jäger am Feldzuge teilgenommen, betrieben in hochgespanntem Idealismus die Auflösung und Umgestaltung der alten Verbindungen zu einer einzigen Burschengemeinde auf freisinniger Grundlage. „Die Einseitigkeit, deren jede neue Richtung, zumal unter jungen Männern, bedarf, steigerte sich bald bis zum Terrorismus.“ Heftige Fehden waren die unmittelbare Folge. Überlegene Waffentüchtigkeit, Charakterstärke und Entschlossenheit gewannen aber schliesslich die Oberhand und brachten abweichende Meinungen zum Schweigen. Die Vandalia ging in das Lager der Neuerer über, zum Teil auch Angehörige der Frankonia und Thuringia. Die Bahn war frei.

Ein Aufruf lud alle ehrenwerten Studenten zu einer öffentlichen Versammlung auf dem Markte ein, dem alten „Forum“ der Jenenser Studentenschaft. Hier strömten am 12. Juni 1815 um 9 Uhr vormittags die Musensöhne zusammen und zogen mit einem Musikkorps an der Spitze — die Landsmannschaften mit wehendem Banner — zum Gasthof „Zur Tanne“. Zum ersten Male erklangen an dieser Stätte die frohen Töne des herrlichen Burschenliedes: „Sind wir vereint zur guten Stunde“, während langsam sich die landsmannschaftlichen Fahnen senkten zum Zeichen der Auflösung der überlebten Verbindungen. Nach einer von patriotischer Begeisterung durchwehten Ansprache des Studenten Horn wurde die Burschenschaft proklamiert, die entworfene Konstitution verlesen und genehmigt. Einhundert dreizehn Studenten traten sofort zu dem neuen Bunde zusammen. Es folgte brüderliche Umarmung der Anwesenden unter den rauschenden Klängen des deutschen Nationalliedes: „Was ist des Deutschen Vaterland?“, das hier zum ersten Male stolz des Vaterlandes Einheit pries. Ein festlicher Kommers mit dem Landesvater beschloss den weihevollen Tag.

Die neuen Ideen durchdrangen befruchtend Geist und Gemüt der studierenden Jugend. „Das Gute und Edle, was von jeher in der akademischen Jugend gelebt hatte, kam nun erst zu seiner vollen Entwickelung und Anerkennung.“ Nachdem sich im Sommer 1816 auch die letzte, in Jena noch bestehende Landsmannschaft Saxonia aufgelöst, erschien die Burschenschaft, wie sie es wollte, mit etwa 300 Mitgliedern als einzige Vereinigung der ganzen „christlich-deutschen Studentenschaft“.

Geist, Sitte und Verfassung der Burschenschaft verbreiteten sich von Jena aus nach Nord und Süd. Auf den preussischen Hochschulen schlug die neue Bewegung nur langsam Wurzel. Am frühesten schlossen sich ihr die Giessener Studenten an. Der beständige Krieg gegen die akademischen Gesetze hörte mit einem Male auf, und der Ton des akademischen Lebens ward ein um vieles edler. Doch darf man bei der Fülle der Vorzüge, welche die Burschenschaften aufwiesen, auch ihrer Schattenseiten nicht vergessen. Der politische Idealismus, dem ihre Jünger huldigten, war viel zu „gestaltlos, um eine bestimmte Gesinnung hervorzurufen.“ Ihre „wortreiche Schwärmerei, ihre unklare Sehnsucht und die beständige Verwechselung von Schein und Wirklichkeit waren der Entwicklung des politischen Talentes wenig günstig.“ Und die christliche Frömmigkeit, obwohl bei vielen echt und innig, stellte sich doch häufig allzu prahlerisch zur Schau. „Niemals vielleicht“, so urteilt Treitschke—sicherlich zu hart, „ist ein so warmes religiöses Gefühl, so viel sittlicher Ernst und vaterländische Begeisterung in der deutschen Jugend lebendig gewesen; aber mit diesem lauteren Idealismus verband sich von Haus aus eine grenzenlose Überhebung, ein unjugendlicher, altkluger Tugendstolz, der alle Stille, alle Schönheit und Anmut aus dem deutschen Leben zu verdrängen drohte. Wenn diese Spartaner auf Abwege gerieten, dann konnten die Verirrungen des überspannten sittlichen Selbstgefühls leicht verderblicher wirken als die holde Torheit des gedankenlosen jugendlichen Leichtsinns.“ —

Die Grundideen der von Kaffenberger und Heinrichs mit Unterstützung der Professoren Kieser, Oken und Luden bearbeiteten Konstitution wurzelte in den Begriffen Freiheit, Ehre, Vaterland. Sie wurden zum Wahlspruch der neuen Verbindung erkoren. Diese sollte alle Burschen umfassen in Liebe und Wahrheit. Jeder ehrenhafte Student sollte Mitglied werden können, aber Niemand zum Beitritt gezwungen werden. Keinerlei Autorität, ausser der des überlegenen Geistes, sollte sich geltend machen. Ein schwarzer Rock mit langem schwarzem Beinkleid galt als gemeinsame Tracht und als Erkennungszeichen, und das brüderliche „Du“ zwischen allen Mitgliedern war der Ausdruck freundschaftlicher Einigkeit. Nicht nur die Mitglieder der Burschenschaft, sondern jeder Student sollte durch die neue Vereinigung gegen mutwillige und grundlose Beleidigung geschützt werden. Das Duell galt fortan nur als letztes Mittel zur Wiederherstellung der Ehre.

Ein Kollegium, aus 9 Vorstehern und drei Kandidaten bestehend, übernahm die Verwaltung, ein Ausschuss von 21 Mitgliedern und 7 Kandidaten führte die Aufsicht. Alle Verhandlungen, alle Versammlungen waren öffentlich, ebenso offen auch das Verhältnis zu den Landesbehörden.

Als Symbol wählte man die Farben der Lützower Uniform: Schwarz, Rot, Gold. Schwarz bedeutete das Joch der Knechtschaft, das man abschütteln wollte; Rot das Blut, das der Kampf voraussichtlich kosten würde; Gold symbolisierte die Sonne der Freiheit, die dem Vaterlande aus dem Kampfe gegen die Knechtschaft aufgehen sollte. — So ist „jene Trikolore entstanden, die durch ein halbes Jahrhundert die Fahne der nationalen Sehnsucht blieb, die so viel Hoffnungen, so viel Thränen, so viel edle Gedanken und so viel Sünden über Deutschland bringen sollte, bis sie endlich, gleich dem schwarzblauroten Banner der italienischen Carbonari, im Toben der Parteikämpfe entwürdigt und gleich jenem durch die Farben des nationalen Staates verdrängt wurde.“ —

Allgemeine Versammlungen der Burschenschaft wurden in der Regel alle Vierteljahre in der „Tanne“ abgehalten. Im Versammlungssaale nahmen die Mitglieder des Vorsteher-Kollegiums einen gesonderten Platz ein. Zu beiden Seiten sassen die Angehörigen des Ausschusses. Unentschuldigte Versäumnis der Sitzungen wurde mit einer Geldbusse geahndet.

Die Vorsteher gingen aus den Reihen der „alten Burschen“ hervor d. h. derjenigen Studenten, die wenigstens im vierten Semester standen. Die Angehörigen des Ausschusses mussten mindestens ein Jahr studiert haben. Jene wurden auf die Dauer eines Semesters gewählt. Ihre Wiederwahl war zulässig. Die Ausschuss-Mitglieder blieben für die Zeit ihres Aufenthaltes in Jena im Amte.

Das Vorsteher-Kollegium wurde vom Sprecher geleitet. Er verwaltete sein Amt einen Monat und durfte nach Ablauf dieser Frist nicht wieder gewählt werden. In Verhinderungsfällen wurde er durch den zuletzt abgegangenen Sprecher vertreten.

Bezüglich der übrigen Mitglieder schrieb die Verfassungsurkunde vor: „Ein jeder jenaische Student, ausgenommen die ewigen Feinde des deutschen Namens, die Welschen und Franzosen, kann in die Burschenschaft eintreten; es darf dem Aufzunehmenden aber nichts zu schulden kommen, wodurch er in den Augen seiner Kommilitonen herabgesetzt wird, und hierbei muss er stets seine Ehre rein und unbefleckt erhalten oder, sofern dieselbe angetastet war, alles angewendet haben, um sich vom Verdachte der Ehrlosigkeit zu befreien." Kein Student, der einer Landsmannschaft angehörte, konnte zugleich Burschenschafter sein. Aufnahme-Gesuche waren beim Sekretär einzureichen. Erhob sich kein Einwand, so wurde dem Antrage in der nächsten allgemeinen Versammlung stattgegeben und der Neuling vom Sprecher durch Abnahme seines Ehrenwortes zur treulichen Erfüllung der Bundessatzungen verpflichtet. „Füchse" wurden erst nach Ablauf eines Probe-Vierteljahrs Mitglieder. In Angelegenheiten der Burschenschaft hatte jedes Mitglied gleiche Rechte und Ansprüche. Alle Unterschiede der Geburt kamen in Wegfall. Jedoch bestand innerhalb der Verbindung eine gewisse Rangordnung.*)

Den Versammlungen wohnten die Burschen bedeckten Hauptes bei. Während der Sitzung waren Tabak-

*) 1) „Füchse" — bis zum Anfang des zweiten Semesters; 2) „Brandfüchse" — bis zum Schlusse der Kollegien des zweiten Semesters; 3) „Junge Burschen" — bis zum Schlusse der Kollegien des dritten Semesters; 4) „Alte Burschen" — bis zum Schlusse der Kollegien des vierten Semesters; 5) „Junge Herren" — bis zum Schlusse der Kollegien des fünften Semesters; 6) „Alte Herren" — bis zum Schlusse der Kollegien des sechsten Semesters, dann 7) „Bemooste Herren". Zu ihnen gehörten diejenigen, welche bereits drei Jahre auf Universitäten zugebracht hatten.

Die unter 5—7 bezeichneten Stufen hiessen „Kandidaten". Zur besseren Übersicht und Ordnung waren sämtliche Mitglieder in vier Klassen geteilt: Kandidaten, alte Burschen, junge Burschen, Füchse und Brandfüchse. Jede wurde von einem durch das Vorsteher-Kollegium ernannten Vorsteher geleitet. In den Versammlungen hatten diese Abteilungen ihre besonderen Plätze und gaben gesondert ihre Stimme ab.

rauchen und Trinken verpönt. Das Mitbringen von Hunden war verboten, ebenso jede Art von Hasard-Spiel im „Commersch-Hause“ und dessen nächster Umgebung.

Den Vorsitz in der Versammlung führte der Sprecher; in seiner Nähe lag die Verfassungs-Urkunde der Burschenschaft, geziert mit deren Farben und Zeichen.*) Sie enthielt eine Einleitung, einen allgemeinen und besonderen Teil.

Jene hob mit treffenden Worten hervor, dass eine deutsche Universität „die Einheit aller Bestrebungen des Volksgeistes für Bildung und Wissenschaft in sich schliessen und zu Leben und That für Vaterland und Wahrheit gestalten müsse. Dieser Zweck könne aber nur „in Freiheit und Selbständigkeit des Geistes, in ungestörter Bewegung und Regung der Kräfte, in ungefesselter Selbstentwicklung und Selbstthätigkeit der eigentümlichen Charaktere erreicht“ werden. Von jeher habe sich das Burschenleben als der reine und volle Ausdruck des Freisinns und des Kraftgefühls entwickelt, in denen zahllose Männer in Jugendblüte und Jugendfülle gemeinsam leben und streben nach dem einen grossen Ziel.

Der „allgemeine Teil“ gedachte der Thatsache, dass die bisherigen Studenten-Verbindungen des gemeinsamen Vaterlandes vergessen und sich selbst nur als Teil eines bestimmten Volksstammes gedacht hätten.**) Solche

---

*) Es bestand in folgenden Zahlen IX. XXI.
113
VI
18 —— 15
12

und bedeutete die Zahl der Vorsteher, Ausschussmitglieder, Gründer und den Tag der Stiftung.

**) „In einem Zeitpunkte,“ so lesen wir hier, „wo sich der Deutsche dem Deutschen überall nähern, wo nur Ein Geist alle Deutschen beleben und ganz Deutschland überströmen soll, wäre es eine Schande, wenn gerade auf Universitäten, von denen doch

Verbindungen seien auf deutschen Hochschulen nicht mehr zu dulden. Alle Studierende müssten einer Verbindung angehören, alle müssten Mitglieder einer Burschenschaft sein. „Nur in der edlen Liebe und in dem grossen Gedanken an ein gemeinschaftliches, allumfassendes Vaterland, an den gemeinsamen deutschen Vaterheerd kann sich der Deutsche gross und zu jeder Heldenthat entschlossen fühlen."

Der „besondere Teil" behandelte zunächst die inneren Verhältnisse der Burschenschaft: Vorsteher, Ausschuss, deren Wahl, Pflichten und Rechte, Mitgliedschaft, Versammlungen, Strafen — Geld- und Ehrenstrafen — Beleidigungen und deren Ausgleichungen, Festlichkeiten, Fechtboden und Fechtzwang, und setzte dann das Verhältnis der Burschenschafter zu den ihnen nicht angehörigen Studiengenossen, zu den Landsmannschaften, Orden usw. fest, enthielt Bestimmungen über die Beiträge der Mitglieder — sie betrugen ein Prozent des jährlichen, auf Ehrenwort anzugebenden Wechsels*) — usw.

*b) Das Wartburgfest und seine Folgen.**)*

In dem verhängnisvollen Hungerjahr 1817 wurde das dreihundertjährige Jubelfest der Reformation im

alles Bessere ausgehen und sich über das gemeinsame Vaterland verbreiten sollte, wenn auf diesen dieser schöne Geist erstarren und Kleinländereien und Erbärmlichkeiten weichen sollte, die doch nur in einem Getrenntsein der verwandten deutschen Stämme ihren Ursprung und ihre Rechtfertigung finden konnten."

*) Wer nicht einmal 100 Thaler jährlichen Wechsel hatte, war von der Beitrags-Leistung befreit. —

**) Vergl. (Massmann): Kurze und wahrhaftige Beschreibung des grossen Burschenfestes auf der Wartburg bei Eisenach am 18. u. 19. des Siegesmonds 1817. Gedruckt in diesem Jahr. — Kieser: Das Wartburgfest am 18. October 1817 in seiner Entstehung, Ausführung und Folgen. Jena; 1818.

protestantischen Deutschland, dem tiefreligiösen Zug der Zeit entsprechend, mit hohem Eifer gefeiert. Das grosse Ereignis erweckte allgemeine Begeisterung und ein „frohes Gefühl dankbaren Stolzes". Auch Goethe sang in diesen Tagen: „Jch will in Kunst und Wissenschaft wie immer protestieren." — Von dieser Stimmung ward auch die Burschenschaft ergriffen. Der Gedanke, die Reformationsfeier und die wiederkehrenden Leipziger Schlachttage zu einem grossen Verbrüderungsfeste der deutschen Burschen auf der Wartburg zu gestalten, das schöne Doppelfest zur Verbreitung und Befestigung der von der Burschenschaft vertretenen Ideen von Vaterland, Freiheit und Ehre zu benutzen, tauchte zuerst in Jahns Turnerkreisen auf, wurde dann aber sogleich von der Jenenser Burschenschaft aufgegriffen und in die Tat umgesetzt.

Am 11. August 1817 lies sie an die Studierenden der protestantischen deutschen Universitäten*) eine Einladung zur Beteiligung an der vielgestaltigen Feier auf der Lutherfeste am 18. „des Siegesmonds" ergehen.

Der Ruf fand allgemeinen Anklang in der deutschen Studentenschaft. Wer hätte auch nicht wünschen sollen, „einem solchen Fest beizuwohnen, welches eine herrliche Veranlassung, einen so schönen Zweck und einen so geheiligten Ort hatte, einem Fest, wie noch keins gefeiert wurde und vielleicht sobald keins wieder gefeiert wird?" Von den meisten Hochschulen liefen begeisterte Kundgebungen**) in Jena ein.

---

*) Halle wurde infolge von Streitigkeiten bei der Einladung übergangen.

**) Die Giessener Burschen schrieben: . . . „Aber auch darüber seid ihr ohne Zweifel mit uns einverstanden, dass an diesem Fest, bei der Erinnerung an so vortreffliche Tat freien Geistes, ein kräftiges Wort fürs Vaterländische und für die Vereinigung in demselben besonders gut gelingen müsse. Demzufolge sind wir

Schon am 16. Oktober zogen von allen Himmelsrichtungen die rüstigen Scholaren, nach Turnerbrauch meist zu Fuss, das Ränzel auf dem Rücken, mit flottem, frohem Gesang in Eisenach ein. „Jede neu eintreffende Schar ward schon am Thore mit stürmischer Freude begrüsst und dann in den ‚Rautenkranz‘ geleitet“, um dort vor dem Festausschuss „auf dreitägigen Burgfrieden Urfehde zu schwören“.

Der Morgen des 18. Oktobers brach an, ein sonnenklarer Herbsttag. Bei dem Geläute der Kirchenglocken sammelten sich gegen 500 Studenten, meist im schwarzen Rock, auf dem Markte, schmückten die Mützen mit Eichenlaub und ordneten sich zum „heiligen Zuge“. Unter Glockengeläut und festlicher Musik setzte sich dieser um halb neun Uhr in Bewegung. Voran schritten ihm der Burgvogt Scheidler mit dem Burschenschwerte und vier Burgmänner, die für Ordnung und Ruhe zu sorgen hatten. Dann folgte das Bundesbanner, vom Grafen Keller getragen und umgeben von den Fahnenschützen. Ihnen schlossen sich der Ausschuss und schliesslich die Burschen an — „Paar an Paar, viel schöne germanische Reckengestalten darunter, mancher im Vollbart, was bei ängstlichen Gemütern schon als ein Zeichen hochverräterischer Gesinnung galt. Allen lachte die Freude aus den Augen, jene glückliche Selbstvergessenheit der Jugend, die noch ganz im Genusse des Augenblicks

der Meinung, dass keiner, der sich dazu aufgefordert fühlt, verhindert sein dürfe, sei dies nur durch frühere Anordnungen oder sonst was, das, was er weiss, in öffentlicher Rede mitzuteilen. Der Himmel segne unser gemeinsames Streben, ein Volk zu bilden, das voll der Tugenden seiner Väter und Brüder durch Liebe und Eintracht die Schwächen und Fehler beider beseitigt.“ — Nur die Rostocker Burschenschaft glaubte infolge Erschöpfung ihrer Kasse die Beteiligung „an dem herrlichen Feste“ als pium desiderium betrachten zu müssen. Von Greifswald erging keine Antwort. Vermutlich ist die Einladung nicht dorthin gelangt.

aufzugehen vermag; ihnen war, als ob ihnen heute zum ersten Mal die Herrlichkeit ihres Vaterlandes leibhaftig entgegenträte.“ Still und ernst zog man nach der Wartburg hinauf und trat in den mit Eichenlaub und Tannenreisern geschmückten Rittersaal, in jenen Raum, an den sich seit der Minnesänger frohen Tagen eine reiche Fülle erhebender Erinnerungen knüpft. Nachdem das Lutherlied verklungen, hielt der Lützower Riemann aus Ratzeburg, die Brust mit dem Eisernen Kreuz geschmückt, die Festrede. Sie feierte in „hochpathetischen, überschwänglichen Sätzen“ die Thaten Luthers und Blüchers und schloss mit der Mahnung „zum Streben nach jeglicher menschlichen und vaterländischen Tugend“. Nach dem Gesang des Liedes „Nun danket alle Gott!“ und einer Ansprache des Professors Fries aus Jena begab sich die Versammlung auf den Burghof und löste sich dort in Gruppen auf, bis um 12 Uhr das Mittagsmahl begann. Es ward im Minnesängersaal und in den anstossenden Gemächern eingenommen und hielt etwa 700 Festteilnehmer bis 2 Uhr in fröhlicher Stimmung beisammen. Darauf begab sich die Versammlung zugleich mit dem Eisenacher Landsturm in die Stadtkirche. Nach Beendigung des Festgottesdienstes zogen Burschen und Landsturm auf den Markt, sangen Lieder und füllten mit Turnspielen und traulichen Gesprächen die Zeit bis zum Abend aus.

Als die Dämmerung hereinbrach, versammelte man sich von neuem auf dem Markte und marschierte von da in langem Fackelzuge mit Musik nach dem Wartenberge, auf dessen Höhe der Landsturm 18 mächtige Feuer angezündet hatte. Mit Raketen empfangen, schlossen die Burschen um die hochlodernden Feuer einen Kreis und berauschten ihre von überspanntem Idealismus erfüllten Herzen an den feurigen Weisen der Burschenlieder und an den begeisterten Worten der Festredner.

Während die Feuer noch brannten und die meisten Burschen sich anschickten, nach der Stadt zurückzukehren, trat plötzlich eine kleine extreme Partei in Thätigkeit. Ihr Führer war der Student Massmann aus Berlin, ein „sehr mässig begabter junger Schwärmer, der unklarste Kopf von allen den Berserkern aus Jahns engerem Kreise“. Dieser trat plötzlich hervor, höchstwahrscheinlich infolge eines ihm vom Turnmeister erteilten Auftrages, der sich die schöne Gelegenheit zu einer „Eulenspiegelei“ nicht entgehen lassen mochte, und forderte die Anwesenden auf, zu schauen, wie nach Luthers Vorbilde das Siegesfeuer zum Fegefeuer für gewisse verhasste Schriftsteller benutzt werde. Unterdess hatten seine Gesellen einige Ballen Makulatur, alte Predigten, Ritterromane usw., die sie von einem Eisenacher Buchhändler erworben, herangeschleppt. Diese Packete, mit grossen schwarzen Zetteln versehen, auf denen die Namen der verdammten Schriften und ihrer Autoren zu lesen waren, sollten die Originalwerke vorstellen. „Auf einer Mistgabel aufgespiesst, flogen nun die Werke der Vaterlandsverräter*) unter tobendem Gejohle in das höllische Feuer.“ Zuletzt wurden ein Schnürleib, ein „Pracht-, Prahl- und Patent-Zopf“ und ein „grossmächtiger Korporalstock“ der glühenden Lohe übergeben, auf dass sie die „Flügelmänner des Kamaschendienstes, die Schmach des ernsten, heiligen Wehrstandes“ vernichte und verzehre. Mit einem Ge-

*) Dem Untergang wurden geweiht: der Code Napoleon. — Kotzebue: Gesch. des deutschen Reichs. Leipzig; 1814—15. — L. Th. Kosegarten: Rede. Gesprochen am Napoleonstage 1809. Stralsund; 1809. Derselbe: Gesch. m. 50. Lebensjahres. Leipzig; 1816.— v. Kamptz: Allgem. Codex der Gendarmerie. Berlin; 1815 — Schmalz: Berichtigung einer Stelle in der Bredow-Venturinischen Chronik für 1808. Berlin; 1815. (Die Schrift war gegen den Tugendbund gerichtet.) — Ascher: Die Germanomanie. 1815. — Werner: „Die Weihe der Kraft“, „Die Söhne des Thales“ u. a. —

sang schloss die merkwürdige Scene. Unter Pereat-Rufen auf die „schuftigen Schmalzgesellen“ gingen die Femerichter auseinander. Der Landsturm holte die Burschen zur Stadt ab, wo dem Grossherzog ein Lebehoch dargebracht wurde. Den meisten Teilnehmern erschien die ungefährliche Verbrennungsscene nur als ein harmloses Satyrspiel.

Für den 19. Oktober war eine allgemeine Burschenversammlung vorgesehen, um die in jüngster Zeit aufgetauchten Streitfragen zu erörtern und beizulegen. Dann sollte eine gemeinschaftliche Feier des Abendmahles das Fest beschliessen. So zogen denn am 19. Oktober alle der Burschenschaft angehörenden Studenten zum zweiten Male zur Wartburg hinauf in den Rittersaal. Bei der herrschenden Begeisterung kam die Versöhnung bald zustande. Unter den mannigfachen Beschlüssen, die hier noch gefasst wurden, war der bemerkenswerteste: zur Werbung neuer Teilnehmer die Herausgabe einer Burschenzeitung in Jena vorzubereiten.

Am Abend nahmen die Burschen in wehmütig-freudiger Stimmung Abschied von einander. Vielen strahlte in späteren Jahren die Erinnerung an die froh verlebten Tage „wie ein Maientag der Jugend“.

Im ganzen war die Wartburgfeier eine harmlose und glückliche. Was wollte es denn auch bedeuten, wenn in jener Zeit ungestümer, gährender Triebe, jugendlich erregter Leidenschaften die Grenze ruhiger Besonnenheit einmal überschritten wurde! Jedenfalls verdiente das „Feuer-Gericht“ nicht tragisch genommen zu werden. Gleichwohl erhob sich bald ein betäubender Lärm über den Wartburg-Unfug. Namentlich regten sich Berliner Stimmen. Ihnen schlossen sich die tief beleidigten Schriftsteller an, deren Werke den Feuertod gefunden hatten. Als Heerführer und Vertreter dieser Kohorte trat der bekannte, sich einer traurigen

Berühmtheit erfreuende, Geheime Regierungsrat v. Kamptz in Berlin auf den Plan. Er stellte den Thatbestand „des Lasters der beleidigten Majestät“ fest und forderte mit stürmischen Worten Genugthuung vom Grossherzog Karl August, indem er behauptete, ein Haufe „verwilderter Professoren und verführter Studenten habe die klassische Burg durch einen recht eigentlichen Vandalismus demagogischer Intoleranz entwürdigt.“

An diesen Wahnwitz knüpfte sich alsbald eine heftige litterarische Fehde, da Fries und Oken zu den gegen sie und ihre Schüler erhobenen Beschuldigungen nicht still schwiegen, bis endlich das Misstrauen der ängstlichen Regierungen so gründlich erregt war, dass sie überall Verschwörung, Revolution, Demagogie, umstürzende, staatsgefährliche Ideen witterten. Daraus entsprang jener halbhundertjährige Kampf, der für die politische Entwicklung Deutschlands so verderblich werden sollte, und jener feindliche Gegensatz zwischen den berufenen Lenkern der Staaten und den besten Elementen des Bürgertums, der unserer nationalen Geschichte wahrlich nicht zum Ruhme gereicht. Zwei hochmögende Herren, der preussische Staatskanzler Fürst Hardenberg und der österreichische Gesandte am Berliner Hofe, Graf Zichy, erschienen in Weimar, um Karl August zu ermahnen, dass er gegen den umgehenden Geist des Jacobinismus ernstlich einschreite. Jedoch gelang es vor der Hand dem Grossherzog, die aufgeregten Gemüter zu beruhigen und ihre Besorgnisse zu zerstreuen.

Bald nach dem Wartburgfest wurden auf Anregung der Jenenser Burschenschaft Vorbereitungen zur Abhaltung eines „Allgemeinen Burschentages“ getroffen. Solche, auf denen die meisten deutschen Burschenschaften durch Abgeordnete vertreten waren, tagten in der Zeit vom 29. März bis 3. April und 10. bis 19. Oktober 1818 in Jena. Das Ergebnis der Beratungen war die Gründung der

„Allgemeinen deutschen Burschenschaft“*). Sie sollte eine „Vereinigung von Jünglingen sein, die das ganze volkstümliche Leben nach allen seinen verschiedenen Richtungen lebendig im Gemüte tragen“. Der Zweck dieser Vereinigung, so hiess es weiter, könne kein anderer sein, als die Aufrechterhaltung und Beförderung desselben Lebens. Nicht-Christen und Nicht-Deutsche waren von dem Bunde ausgeschlossen. Die Förderung von Einheit und Gemeinsinn im Burschenleben war damit erreicht.

Inzwischen hatte die reaktionäre Strömung an Macht und Einfluss gewonnen. Der längst aufgelöste „Tugendbund“ verfiel der öffentlichen Beschimpfung, während die Begeisterung der Befreiungskriegszeit als eine Erscheinung hingestellt wurde, die mehr Schaden als Nutzen gestiftet habe. Waren schon solche Verleumdungen geeignet, die edelsten Gefühle der akademischen Jugend zu verletzen, so steigerte sich ihr Unmut bis zur Erbitterung, als im November 1818 die pöbelhafte Schrift „Mémoire sur l'état actuel de l'Allemagne“ erschien. Ihr Verfasser, der russische Staatsrat von Stourdza, ein walachischer Bojare, hatte sie dem in Aachen versammelten Fürsten-Kongress überreicht. In diesem Machwerk wurden die deutschen Universitäten, besonders Jena, als Schlupfwinkel aller Verworfenheit und Nichtswürdigkeit bezeichnet, während gleichzeitig zur Heilung dieser Übelstände empfohlen wurde, Schulen und Universitäten den Händen eines hierarchischen Regiments zu überliefern. So weit also war es schon ge-

---

*) An der Spitze der Burschenschaft stand der auf ein Halbjahr gewählte Vorstand. Er war aus 9 Vorstehern und 3 „Anwarten“ zusammengesetzt und hatte als Aufsicht führende Behörde einen Ausschus von 21 Mitgliedern und 7 „Anwarten“ neben sich. Im übrigen war die Organisation der der Jenenser B. nachgebildet.

kommen, dass deutsche Fürsten sich von einem russischen Spion über die Zustände ihres eigenen Landes belehren liessen. Von Stund an bemächtigte sich eine nie geahnte Aufregung der Burschenschaft. Namentlich in Jena gährte es gewaltig.

Längst galt, und nicht mit Unrecht, in allen patriotischen Kreisen Russland als der vornehmste Feind der Freiheit, der die europäischen Grossmächte auf seiner rückschrittlichen Bahn mit fortgerissen. Mit ingrimmigem Hass begegnete man daher überall den russischen Agenten, die dem Petersburger Hof über die wissenschaftlichen und politischen Vorgänge in Deutschland Bericht erstatteten und des allmächtigen Zaren Ruhm mit unterthäniger Schmeichelei feierten.

Zu diesen Schelmen gehörte auch der Staatsrat August von Kotzebue, der sich als Verfasser seichter Lust- und Rührstücke einen Namen gemacht hatte. Seit geraumer Zeit war gerade diese gemeine Natur den Burschen ein Gegenstand des Abscheus. Sie verdammten die weichliche Lüsternheit seiner Dramen und fürchteten ihn zugleich als witzigen und gewandten Widersacher; sie hassten ihn, der in seiner „Geschichte des deutschen Reiches" die grosse Vergangenheit der Nation entstellt und vorurteilsvoll herabgesetzt hatte, und schalten ihn einen Denunzianten im russischen Solde. Hass und Erbitterung wuchsen, als der alte Fuchs für das seinen Büchern auf der Wartburg bereitete Schicksal durch höhnische Ausfälle auf den deutschen Charakter und die deutsche Jugend bittere Rache nahm. In seinem „Literarischen Wochenblatt", das sich der besonderen Gunst Metternichs erfreute, bezeichnete er die burschenschaftlichen Bestrebungen geradezu als demagogische und hochverräterische Umtriebe und warf sich zum Verteidiger der Stourdzaschen Schrift auf. Als er dann noch heftige Angriffe auf die Pressfreiheit richtete und auf die Verfassung des Grossherzogtums Weimar, das als ein wahres Schreckbild für Deutschland hingestellt wurde, nahmen Luden und Oken in leidenschaftlichen Schriften den Kampf gegen den bösen Dämon auf.

Während der Streit am heftigsten tobte und alle Gemüter verbitterte, kam plötzlich, wie ein Blitzstrahl aus heitrem Himmel, die Kunde von der am 23. März 1819 in Mannheim erfolgten Ermordung des schmähsüchtigen Literaten. Eine That des Studenten Sand*), erregte sie furchtbares Aufsehen in deutschen Landen und erfuhr die verschiedenartigste Beurteilung. Frommen Gemütes, und patriotisch fühlend, aber auch in einer Welt verworrener. düsterer Ideen lebend und von dem Dämon der Eitelkeit beherrscht, huldigte Sand dem verbrecherischen Wahne, „dass der Baum der Freiheit mit Blut gedüngt werden müsse.“ Als besonders geeignetes Opfer hatte er sich seit dem Wartburgfeste Kotzebue ausersehen, dessen nahe Beziehungen zu Russland den Schwärmer erregten.

---

*) Karl Ludwig S., zu Wunsiedel am 5. Oktober 1795 geb., bezog 1814 die Universität Tübingen, um sich dem Studium der Theologie zu widmen, trat in die dortige Burschenschaft Teutonia ein, nahm nach Napoleons Rückkehr von Elba bayerische Kriegsdienste, bezog nach Beendigung des Feldzuges die Universität Erlangen, wo er eine burschenschaftliche Verbindung stiftete, nahm am Wartburgfeste teil und wandte sich dann nach Jena (27. Oktober 1817). Hier lebte er still und ernst für sich. Er war Mitglied der dortigen Burschenschaft und einer sog. literarischen Bildungsgesellschaft, der, ausser dem Privat-Dozenten Karl Follen, nur Studenten angehörten. — Sand büsste seine That auf dem Blutgerüst am 20. Mai 1820. „Keine sittliche und rechtliche Erwägung kann je eine so blutige und dazu sinnlose Unthat entschuldigen. Aber damals haben unzählige Deutsche unter jung und alt diesen Meuchelmord als eine politische Grossthat gepriesen.“ S. wurde als Freiheitsheld und Rächer vaterländischer Schmach gleich Harmodios und Aristogeiton verherrlicht. Reliquien von ihm wurden als teure Vermächtnisse bewahrt.

Die kopflose Torheit dieser Unthat, der, wie allen politischen Verbrechen, eine ansteckende Kraft innewohnte*), zeitigte die traurigsten Folgen. Abenteuerliche Vorstellungen von demagogischen Umtrieben — so lautete der neu aufkommende amtliche Ausdruck —, deren Hauptziel der Tyrannenmord, der Umsturz aller göttlichen und menschlichen Einrichtungen sei, griffen um sich und erfüllten die deutschen Regierungen anfangs mit blindem Schrecken, dann aber mit einem Verfolgungswahn, der uns in die schlimmen Zeiten der Ketzer- und Hexenbrände zurückversetzt. Und die Angst vor einer Gefährdung des monarchischen Prinzips führte schliesslich dahin, dass auf Beschluss des Bundestages (20. September 1819) eine Zentralbehörde**)

---

*) So wurde von einer Anzahl roher Gesellen, die sich zum Richter aufwarfen über ihre Zeit, als nächstes Opfer der Präsident Ibell in Wiesbaden ausersehen. Ein unreifer Bursche, der Apotheker Löning aus Nassau, nahm die Ausführung der Blutthat für sich in Anspruch und überfiel den unglücklichen I. Zum Glück ging der Dolchstoss fehl, und I. wurde gerettet. Der Verbrecher entleibte sich im Gefängnis.

**) Die „schwarze Kommission" war ein Jahrzehnt hindurch in Wirksamkeit. Aber die Ergebnisse ihrer Untersuchungen standen mit dem aufgebotenen mächtigen Apparat in kläglichstem Widerspruch. Höchstens bestätigten sie die auch ohnedies offenkundige Thatsache, dass das deutsche Volk von einer tiefgehenden Bewegung und Missstimmung erfasst war. Hochverräter wurden nirgend entdeckt, wohl aber harmlose Jugendvereine zu revolutionären Geheimbünden aufgebauscht. Dabei zeugte die ganze Art der Untersuchung von widerwärtigster Rheinbundsgesinnung und verbissenem Preussenhass. Das Volk, das, wie kein zweites in der Geschichte, die unerhörtesten Opfer für des deutschen Vaterlandes Befreiung willig dargebracht, das buchstäblich den letzten Mann und den letzten Groschen selbstlos für den grossen Zweck hingegeben, dieses Preussenvolk ward nun zum Dank für solche Hingabe polizeilich gemassregelt, sein glorreicher Staat dem allgemeinen Hohngelächter überantwortet und der Geist, aus

in Mainz errichtet wurde, der die Oberleitung aller Untersuchungen gegen die „Jenenser Feme“, gegen die vermeintlichen Mitwisser und Teilhaber an Sands That, gegen revolutionäre Verbindungen und demagogische Umtriebe übertragen ward.

Wenn auch der Burschenschaft eine Beteiligung an dem Mannheimer Verbrechen nicht nachgewiesen werden konnte, so wurde sie doch von den Gegnern einer freieren Gestaltung der deutschen Verhältnisse gefährlicher Verschwörungen und revolutionärer Gesinnung beschuldigt. Von blossen Verdächtigungen bis zur Verfolgung*) war damals nur ein Schritt.

Schon wenige Tage nach Kotzebues Tode mussten die in Jena studierenden preussischen Landeskinder infolge eines Befehls der Berliner Regierung die Musen-

---

dem die Befreiungskriege hervorgegangen, zum Verbrechen gestempelt. Seitdem begannen republikanische Gedanken sich geltend zu machen, für die bisher in unserer monarchischen Geschichte kein Raum gewesen. „Die Nation ward irr an ihrem Staat, an ihren schönsten historischen Erinnerungen!“ — Und das alles war das Werk der reaktionären Kunst Metternichs, jenes kalten Weltmannes, „der niemals für eine Idee sich erwärmt, niemals über eines der grossen Kulturinteressen nachgedacht, der die gemeinste der menschlichen Leidenschaften, die Angst, als seinen natürlichen Bundesgenossen betrachtete und mitten in den Thorheiten polizeilicher Verfolgungssucht sich noch einbildete, ein weiser Vertreter staatsmännischer Mässigung zu sein.“

*) Sie ward besonders nachdrücklich und unerbittlich in Preussen betrieben. Die Seele der Verfolgungssucht war hier Kamptz, der Direktor des Polizei-Departements. Unter diesem „Fanatiker der Angst wirkten mit flammendem Eifer gemeine Ehrgeizige, wie sie in der Sumpfluft des Misstrauens und des Verdachtes zu gedeihen pflegen: der Lausitzer Tzschoppe, der glatt und leise, wie ein Wiesel, und überall horchend, immer bereit war, mit sauberen, wohl abgezirkelten Schriftzügen unsaubere Anzeigen in die Akten einzutragen, die Räte Grano und Dambach, gefühllose Aktenmenschen,“ u. a.

stadt an der Saale verlassen, während die übrigen „Ausländer“ einen Erlaubnisschein ihrer Landesbehörden einzureichen hatten. Im Juni 1819 wurde der ehrliche Polterer Oken seiner Professur enthoben. In Preussen wurden die Turnplätze geschlossen, die altdeutschen Röcke und die schwarz-rot-goldenen Farben und Fahnen verboten. Männer wie Jahn, Arndt, Görres, die Gebrüder Welcker und viele andere vermeintliche Rädelsführer des grossen Geheimbundes wurden wegen hochverräterischer Umtriebe verhaftet oder zur Flucht aus dem Vaterlande genötigt. Die Predigten Schleiermachers wurden polizeilich überwacht*), eine neue Ausgabe von Fichtes „Reden an die deutsche Nation“ verboten. Selbst an die Heroen der grossen Zeit, Stein und Gneisenau, wagte sich der düstere Inquisitionseifer.

Im November 1819 erging aller Orten auf Grund der Karlsbader Beschlüsse der Befehl zur Auflösung der Burschenschaft. Die Jenenser versammelte sich zahlreich am Abend des 26. Novembers, beschloss der behördlichen Anweisung nachzukommen und ging dann, nachdem die letzte Strophe des Bundesliedes verklungen war, mit dem Gelöbnis, am Geiste des Bundes festzuhalten, still und ruhig auseinander. Der Stimmung, die damals alle Gemüter angesichts der „zerstörten Burg“ beherrschte, gab das oft gesungene, wehmütig gottvertrauende Lied des Holsteiners Binzer beredten Ausdruck:

„Wir hatten gebauet
Ein stattliches Haus“ u. s. w.

---

*) „Spione zeichneten auf, wie er von der Befreiuung aller geistigen Kräfte des Menschen, die wir der Lehre Christi verdanken, sprach, wie die Gemeinde sang: ‚Lobsingt! Nun hat er schon am Holz ein Fluch gehangen!‘ — und wie endlich gar vier mit Bärten versehene Studenten nach erhaltenem Abendmahl knieend scheinbar inbrünstig beteten.“ —

c. Die Burschenschaft als geheime Verbindung.)*

Die Burschenschaft war nicht mehr. Allein dieser Zustand währte nur kurze Zeit. Im Laufe des Frühjahres 1820 thaten sich in Jena die Corps Thuringia und Saxonia auf. In engster Anlehnung an die alten landsmannschaftlichen Überlieferungen und Formen huldigten sie ausschliesslich frohem Lebensgenuss. Von Freiheit und Vaterland und allen jenen bisher von der Burschenschaft gepflegten, auf die studentische Einheit und Vereinigung gerichteten Bestrebungen war keine Rede mehr.

Unter diesen Umständen beschloss die burschenschaftliche Partei, die an bestimmten Abenden zwanglos sich zusammenfand, sich von Neuem zu organisieren. Da sie öffentlich einen solchen Schritt nimmer wagen durfte, so that sie ihn im Verborgenen: sie nahm den Charakter einer geheimen Verbindung an. So entstand im Sommer 1820 in Jena die Germania. Das Beispiel fand sofort Nachahmung. Auch in Berlin, Halle, Leipzig, Heidelberg, Erlangen und anderen Orten lebte die alte Burschenschaft im Geheimen wieder auf, hier unter dem alten Namen, dort als Allgemeinheit oder in der Form verbündeter Kränzchen. Der Reiz des Verbots übte, wie immer, seine magische Wirkung aus.

Man blieb indess keineswegs auf halbem Wege stehen. Bald war die Wiederherstellung der Allgemeinen Burschenschaft die Losung der jugendlichen Schwärmer. Zu diesem Zwecke versammelten sie sich in den Herbsttagen der Jahre 1820—22 zu Dresden, zu Streitberg im bayerischen Ober-Mainkreise und im Odenwald an der Bergstrasse. Tiefes Geheimnis umgab nach

---

*) Vergl. K. v. Raumer: Gesch. der Pädagogik. IV. Teil. Stuttgart; 1854. — H. v. Treitschke a. a. O. III. und IV. Bd. —

der Meinung der Beteiligten diese Burschentage. Aber in den Künsten der Verschwörung ist der Deutsche allezeit ein Stümper geblieben. So erhielt denn auch die Polizei frühzeitig Kenntnis von den geheimen Zusammenkünften, worauf das Mainzer Inquisitions-Tribunal eine besondere Untersuchung anordnete. Sofort löste sich die Germania auf. Aber ihre Mitglieder, damals meist noch harmlose Gemüter, „die in einem Atem ihr angestammtes Fürstenhaus und den Kaiser im Kyffhäuser priesen", vielfach auch unfähig, Traumleben und Wirklichkeit zu unterscheiden, wurden meist mit harten Strafen belegt und ihnen ausserdem jegliche Aussicht auf künftige Anstellung im Staats-, Kirchen- und Schuldienst geraubt.

Allein die Gloriole politischen Märtyrertums, die nun die Häupter der jungen Verschwörer umstrahlte, sorgte dafür, dass die Anhänger der burschenschaftlichen Idee nimmer ausstarben.

Auf ihre Entwicklung in den nächsten Jahren hat ohne Zweifel der sog. **„Bund der Jungen"** einen unheilvollen Einfluss ausgeübt.

Im Frühjahr 1821 kam der Jenenser Student Adolf von Sprewitz aus Rostock, ein wackerer junger Mann, aber überspannter Kopf, nach der Schweiz. Hier lernte er die Brüder Snell, Karl Follen, den alten Unheilstifter, und andere rote Republikaner kennen. Sie weihten den Arglosen in ihre geheimen Pläne ein, zeigten ihm, dass die Gründung eines Bundes von Männern beabsichtigt sei oder dass ein solcher bereits bestehe, der, nach dem Muster der italienischen Geheimbünde organisiert, den Umsturz der bestehenden Regierungsformen im Vaterlande anstrebe und den lang ersehnten Zustand deutscher Einheit unter einer gewählten Volksvertretung herbeiführen wolle, und bewogen ihn, nach ihren Weisungen auf den deutschen Hochschulen einen geheimen Jünglingsbund*) zu gleichem Zwecke zu stiften.

Sprewitz fand für solche Bestrebungen daheim auf den Universitäten einen wohl vorbereiteten Boden. Die Wiener Schlussakte vom 15. Mai 1820 und die im unmittelbaren Anschluss daran scharf einsetzende Reaktion hatte die politische Unzufriedenheit gerade in den gebildeten Kreisen bedenklich gesteigert. Namentlich waren alle ehemaligen Burschenschafter von einem Groll erfüllt, von dem vorauszusehen war, dass er nicht immer besonnen das rechte Mass halten werde.

In der Zeit vom August 1821 bis Oktober 1823 wurden auf zehn deutschen Hochschulen etwa 150 Studenten, darunter zahlreiche Burschenschafter**), feierlich, nach Ablegung einer eidlichen Verpflichtung, in den „Bund der Jungen" aufgenommen. Die Bestimmung der Mittel, die der Förderung des nebelhaften Bundeszweckes dienen sollten, überliess man getrost den leitenden Organen des Männerbundes, als den unbekannten Obern, von denen in nicht gar zu langer Zeit eine ungeheure Revolution zur politischen Verbesserung und Neugestaltung Deutschlands, vielleicht sogar des ganzen alten Europa ausgehen werde. Als sich später ergab, dass der bedeutungsvolle Männerbund ein eitles Phan-

---

*) Seine Grundgesetze waren: unbedingter Gehorsam gegen die Befehle unbekannter Obern; Anschaffung von Waffen und Übung darin; Errichtung einer Kasse, zu der jedes Mitglied nach Massgabe seines Vermögens beizusteuern hatte; Tod dem Verräter u. s. w.

**) Unter ihnen begegnen wir zahlreichen tüchtigen Köpfen: den begabten Söhnen Anselm Feuerbachs und dem Theologen Karl Hase, Arnold Ruge, dem unermüdlichen Freiwerber des Bundes, dem unglücklichen Franz Lieber, einem hervorragenden Schüler und Genossen Jahns, u. a. m. — Vergl. A. Ruge: Aus früherer Zeit. 3 Bde. Berlin; 1862/63. —

tasiebild sei, erwarteten „die Jungen“ vertrauensselig einen Anstoss von aussen.

Die gesamte Wirksamkeit des Bundes beschränkte sich darauf, ihm eine möglichst grosse Zahl von Mitgliedern zuzuführen, die Ansicht von der Notwendigkeit der politischen Einheit Deutschlands zu verbreiten, und auf Versuche, die Bundesorganisation auf gemeinsamen Versammlungen zu beraten, die jedoch niemals zustande kamen. Allmählig wurden die Mitglieder sich der ganzen Abenteuerlichkeit ihres Bundes bewusst. Die Teilnahmlosigkeit wuchs, und als der Winter des Jahres 1823 ins Land kam, war der Verein bereits so zerfallen, dass er als aufgelöst gelten durfte.

Obwohl der Jünglingsbund als solcher zur Burschenschaft in gar keiner Beziehung stand, so gab seine Entdeckung*) der Demagogenhetze einen neuen Antrieb. Und unablässig sannen die Helden der Polizei über neue Fesseln nach, die der gebildeten Jugend noch angelegt werden könnten.

Am 12. August 1824 wurde auf Beschluss der deutschen Bundesversammlung die Allgemeine Burschenschaft von neuem für aufgelöst erklärt. Seitdem bestand sie ohne feste Form meist als „Kneipverbindung“ fort, bis sie gegen Ende des Jahres 1826 in Jena sich aber-

*) Seine Entdeckung war das Werk eines halbverrückten Abenteurers. Einst der Schwurgenosse Karl Follens und der vertraute Freund Sands, hatte Wit von Döring in einem wüsten Bummlerleben, das ihn durch alle Staaten Europas geführt, die Geheimnisse der dortigen Verschwörer, aber auch die Gefängnisse jener Länder gründlich kennen gelernt. Dieser würdige Mann spielte jetzt daheim die Rolle des Sykophanten. — Am 25. März 1826 verurteilte das Breslauer Oberlandesgericht 27 Mitglieder des „J. B.“ zu 2 bis 15jähriger Festungsstrafe. Trotz seiner strengen Grundsätze erliess König Friedrich Wilhelm III. den meisten schon nach Jahresfrist den Rest der Strafe.

mals als geheime Verbindung zusammenthat. Sie teilte sich in zwei Grade: die „engere Verbindung“ und die „Renoncenschaft“. Jene zählte zu ihren Mitgliedern alle diejenigen Burschen, die ihre Aufnahme ausdrücklich gewünscht hatten; dieser gehörten Studenten an, die zwar der burschenschaftlichen Idee ergeben waren, aber Bedenken trugen, sich der neuen Richtung offen anzuschliessen.

Die Verwaltung der gesamten Burschenschaft war Aufgabe des ersten Grades, in den die Renoncen erst nach vierwöchentlicher Probezeit aufgenommen wurden. Allmonatlich hielt er eine Versammlung ab und wählte den Vorstand und das Ehrengericht, Verwaltungs-Organe, die aus je fünf Mitgliedern zusammengesetzt waren. Ohne Billigung des Ehrengerichts durfte sich kein Bursch in einen Zweikampf einlassen. Die Mitglieder der zweiten Klasse trugen die alten Farben, hatten aber in den Burschenversammlungen weder eine beratende noch eine beschliessende Stimme.

Bald thaten sich ähnlich organisierte Burschenschaften in Leipzig, Erlangen, Würzburg, Heidelberg, Marburg und Giessen*) auf. Sogleich strebte nun Jena die

---

*) Giessen, wo die Lehren der französischen Revolution längst feste Wurzeln geschlagen, war der Herd des studentischen Fanatismus und Radikalismus. Hier hatte sich i. J. 1817 eine Burschenschaft gebildet, die, von den Landsmannschaften mit dem Schimpfnamen „Die Schwarzen“ belegt, ihr radikales Gesetzbuch, den „Ehrenspiegel“, der ganzen Studentenschaft aufzwingen wollte. Sie ward geleitet von den Brüdern Adolf, Karl und Paul Follen, den radikal gesinnten Söhnen eines Giessener Beamten. Dieser Umstand brachte die Schwarzen bald in den, anscheinend nicht unbegründeten, Verdacht, eine geheime Verbindung mit revolutionärer Tendenz zu sein, und verhinderte ihre Entfaltung und Verbreitung. — Vergl. die merkwürdige Schrift: Gesch. der christlich-teutschen Burschensch. in Giessen. Teutschland; 1818 — welche die unnatürliche Vereinigung mit Geschick zu rechtfertigen sucht.

Vereinigung aller dieser Korporationen zu einem grossen Verbande an, und es entstand eine neue allgemeine deutsche Burschenschaft. Als politisches Ziel schwebte ihr die Begründung der deutschen Einheit*) vor Augen. Ihre Thätigkeit kam auf Burschentagen zum Ausdruck, die in Bamberg (September 1827), Würzburg (Ostern 1829) und Nürnberg (Ostern 1830) abgehalten wurden. Die Verwaltung des Ganzen lag der „geschäftsführenden“ Burschenschaft ob.

Die unklare Stimmung und die heillose Verwirrung der Gemüter, die in jenen Jahren das ganze öffentliche Leben durchdrang und erfüllte, fand natürlich ihren Weg auch in die Kreise der Burschenschaft und führte ihre Spaltung in zwei Lager herbei.

Das Übel machte sich zuerst in Erlangen bemerkbar. In der hier zu neuem Leben erwachten Burschenschaft rangen seit 1827 christlich-germanische Ideen, verbunden mit dunklen, mystischen Tendenzen, nach äusserer Gestaltung. Ihnen trat alsbald eine Richtung entgegen, die in Anlehnung an das auf den süddeutschen Hochschulen noch lebendig in der Erinnerung fortwuchernde Illuminatentum die Burschenschaft in einen geheimen Orden mit Graden und Mysterien umzugestalten gedachte. Ihre Anhänger verschworen sich „auf Leben und Tod“. Die oberen Grade der „Eingeweihten“ und „Auserkorenen“ gaben den burschenschaftlichen Grundsatz der Sittlichkeit auf, der lediglich für die unteren Stufen bindend sein sollte.

Naturgemäss führten solche Gegensätze bald zu einem vollständigen Bruch. Die Anhänger der christ-

*) Darüber findet sich in ihrer Konstitution folgende Bestimmung: „Die A. D. B. will die Vorbereitung zur Herbeiführung eines frei und gerecht geordneten und in Volkseinheit bestehenden Staatslebens mittels sittlicher, wissenschaftlicher und körperlicher Ausbildung auf der Hochschule.“

lichen Richtung riefen die Burschenschaft Arminia ins Leben, während ihre Gegner sich in der Germania zusammenfanden. Beide Vereinigungen erklärten sich gegenseitig in Verruf. Die Germania stand ihrem ganzen Wesen nach nicht mehr auf burschenschaftlichem Boden. Trotzdem machte sie den Versuch, für sich die Anerkennung als einzig wahre Erlanger Burschenschaft von der damals geschäftsführenden Jenenser Verbindung zu erlangen. Aber auch die Arminen wandten sich zu gleichem Zwecke dorthin. Die Folge war, dass beide Parteien nicht nur in Jena, sondern auch auf den übrigen deutschen Hochschulen Freunde und Anhänger gewannen. Es kam dort zwar nicht zu einer Spaltung in zwei Verbindungen, wie in Erlangen, aber die Streitigkeiten zwischen den Anhängern beider Richtungen waren nicht mehr zu beseitigen. Sie füllten auch die Verhandlungen auf den Würzburger und Nürnberger Burschentagen aus. Und als dann die Juli-Revolution (1830) den Sinn der Burschenschafter noch mehr auf das politische Gebiet lenkte und diese mit steigendem Interesse die politische Bewegung in Deutschland, Frankreich, Holland, Polen u. s. w. zu verfolgen begannen, wuchs die Spannung zwischen beiden Parteien so bedenklich an, dass eine Trennung der Burschenschaft nicht mehr zu umgehen war.

In diesem Sinne entschied thatsächlich eine im November 1830 zusammenberufene Generalversammlung. Zwar traten Germanen und Arminen auf den verschiedenen Universitäten in ein Kartellverhältnis. Doch gelang es jenen, das arminische Element allmählig in den Hintergrund zu drängen und schliesslich den förmlichen Verruf über dessen Vertreter auszusprechen.

Nun ging es schnell auf der revolutionären Bahn weiter. Der germanisch gesinnte Burschentag zu Frankfurt a. M. fasste u. a. den Beschluss, dass eine Revolution von Seiten der Burschenschaft zwar nicht zu erregen, dass es aber geboten sei, an allen Bestrebungen sich eifrigst zu beteiligen, welche die Herbeiführung eines frei und gerecht geordneten Staatslebens zu ermöglichen imstande seien. Unter Umständen sollten die Burschenschafter auch einem etwa ausbrechenden Volksaufstande ihre thätige Mitwirkung nicht versagen.

Diese Beschlüsse genügten den radikalen Elementen unter den Germanen, den s.g. „Unbedingten" *) noch keineswegs. Ihr Bestreben lief darauf hinaus, das

---

*) Schon im Winter von 1818/19 waren in Jena ähnliche Bestrebungen unter Karl Follens Führung hervorgetreten. Dieser, 1795 zu Giessen geboren, machte den Feldzug gegen Frankreich 1813/14 als hessischer freiwilliger Jäger mit, habilitierte sich dann nach seiner Heimkehr in Giessen als Privatdozent der Rechtswissenschaft, siedelte jedoch, nachdem er wegen demagogischer Umtriebe in Untersuchung geraten war, in gleicher Eigenschaft nach Jena über. Aber auch dort machte er sich bald verdächtig, weshalb er es vorzog, das Feld zu räumen und nach Frankreich zu gehen, wo er in enge Beziehungen zu den über das ganze Land verbreiteten radikalen Geheimbünden trat. Im folgenden Jahr schlug F. seinen Wohnsitz in Chur auf und begab sich 1824, auf Ersuchen der preuss. Regierung ausgewiesen, nach Paris und endlich nach Nordamerika, wo er 1839 bei dem Brande eines Dampfers auf dem Eriesee einen schrecklichen Tod fand. — „Ein Fanatiker des harten Verstandes", von Gesinnung Jakobiner, in seinem Wesen eine rätselhafte Mischung von Kälte und Fanatismus zeigend, war F. ein „frühreifer, ganz mit sich einiger Charakter, der nach der Weise radikaler Propheten sich den Anschein dämonischer Unergründlichkeit zu geben wusste und manchen seiner jungen Genossen wie der Alte vom Berge vorkam". Dieser Schwarmgeist hielt Vorlesungen über Pandekten. Seine Philosophie gipfelte in dem Satze: Alles, was die menschliche Vernunft als gut, schön und wahr erkenne, das müsse mittels des sittlichen Willens auch verwirklicht werden, sofort, ohne jede Rücksicht, unbedingt, bis zur Vernichtung aller Andersdenkenden. Dieser Satz wurde schlechtweg als „der Grundsatz" bezeichnet. Nach ihm nannten sich F.'s Anhänger „die Unbedingten". —

Grundgesetz der französischen Republik auf deutscher Erde zu verwirklichen. Mit schnellfertiger Logik entwickelten sie ein System des krassesten Subjektivismus, gedachten sie für die Volksfreiheit, wie sie von ihnen verstanden wurde, alles zu wagen. Wohl beschränkten sie sich zuvörderst auf die Anregung eines Planes, den aufständischen Polen durch Bildung einer akademischen Legion Beistand zu leisten, waren aber nichtsdestoweniger entschlossen, nötigenfalls auch mit den Waffen in der Hand den erstrebten besseren Zustand in Deutschland erringen zu helfen.

Trotzdem kam im Januar 1831 eine Versöhnung zwischen Germanen und Arminen zustande, worauf beide Parteien sich zu einer grossen Burschenschaft verschmolzen. Aber schon nach wenigen Monaten trennte die Verschiedenheit der politischen Anschauung die kaum Vereinten wieder, und sogleich traten sich auch Arminen und Germanen wiederum feindlich gegenüber. Ihre Boten gingen geschäftig von Hochschule zu Hochschule, sammelten die Freunde und Gesinnungsgenossen und trugen geheimnisvolle Kunde hin und her.

Derweil geriet die Germania*) immer tiefer ins revolutionäre Fahrwasser hinein. Man kam schliesslich dahin, die freche Verunglimpfung aller Gegner für das sichere Kennzeichen der Gesinnungstüchtigkeit zu halten, während der Stuttgarter Burschentag (25./26. Dezember 1831) bestimmte, die deutschen Burschen sollen fortan ihre Aufgabe, die Einheit und Freiheit Deutschlands,

*) Zu ihren Mitgliedern zählten u. a. der romantische Schwärmer Heinrich Leo und Jens Uwe Lornsen, jener „nordische Berserker", der sich nachmals als begeisterter Vorkämpfer für die Rechte seiner meerumschlungenen Heimat einen Namen gemacht hat. Ihm hat bekanntlich Theodor Mügge in seinem ehedem vielgelesenen Roman: „Der Voigt von Sylt" ein schönes Denkmal gesetzt.

auf dem Wege des Umsturzes alles historisch Gewordenen erzwingen. Mit diesem Beschlusse hatte die Burschenschaft aufgehört, eine studentische Verbindung zu sein; sie war ein politischer Bund geworden. „Dergestalt hielt das Evangelium vom Umsturz aller sittlichen und politischen Ordnung zum ersten Male in Deutschland seinen Einzug, jene furchtbare Lehre, die, in mannichfacher Verkleidung wiederkehrend, das Jahrhundert stets von neuem beunruhigen und schliesslich in der Doktrin der russischen Nihilisten ihre höchste Ausbildung empfangen sollte.“ —

Die unheilvolle Saat, die man in Stuttgart so verschwenderisch ausgestreut, ging auf und trug üppige Frucht. Zahlreiche Germanen von verschiedenen Universitäten nahmen an dem grossen Volksfest auf der Schlossruine zu Hambach bei Neustadt a. d. Haardt teil (26.—28. Mai 1832), an jener mächtigen politischen Demonstration, auf der gegen 30—40000 Menschen an hochtönenden Reden voll wogenden Freiheitsdranges, an den glühenden Phrasen überspannter Demagogen und namenloser Zeitungsschreiber, hergelaufener Franzosen und Polen, dieser Sturmvögel der Revolution, sich bis zur Sinnlosigkeit berauschten. Dann kam das Frankfurter Attentat (3. April 1833). Von der Ansicht ausgehend, dass auf dem friedlichen Wege der Verständigung und des geistigen Kampfes keine durchgreifende Staatsreform möglich sei, zettelten jugendliche Brauseköpfe, unbekannte und unzufriedene Literaten, Burschenschafter, schwärmende Freiheitsfreunde und das grosse Heer der polnischen Flüchtlinge, die überall zu finden waren, wo die politische Phrase das grosse Wort führte und wo es etwas im Trüben zu fischen gab, eine Verschwörung an und versuchten den gewaltsamen Umsturz nunmehr herbeizuführen. Sie machten mit dem alten Frankfurt, dem Sitz des Bundestags, den Anfang, indem sie die

Wachen überfielen, in unbezähmbarem Thatendrange mehrere wehrlose Soldaten totschlugen und das Volk zur Freiheit und Republik aufriefen. Allein die Frankfurter Philister und Spiessbürger zeigten nur geringes Verständnis für den lockenden Ruf und die vielgepriesenen Segnungen einer republikanischen Staatsverfassung, und bald erlagen die tollen Wagehälse den anrückenden Kompagnien. Wer sich nicht durch schleunige Flucht in Sicherheit bringen konnte, ward in Haft gebracht, aus der freilich die meisten im Laufe der Zeit entschlüpften.

Alle diese törichten Unternehmungen und ihr kläglicher Ausgang veranlassten die besonnenen Elemente, sich von der Burschenschaft zurückzuziehen, während die schwere Hand der Verfolgung den ausharrenden Mitgliedern tiefe Wunden schlug. Eine neue Untersuchungsbehörde wurde, diesmal in Frankfurt, wegen der auf den Universitäten umgehenden bösen Geister eingesetzt. Sie stand ihrer Mainzer Vorgängerin ebenbürtig zur Seite und mühte sich fast ein Jahrzehnt lang ab, den rebellischen Anschlägen auf die Spur zu kommen. Durch ganz Deutschland erfolgten Massenverhaftungen angeblicher Demagogen. Zahlreiche hoffnungsvolle junge Männer, die Blüte der deutschen Jugend, wanderten auf die Festungen und bevölkerten die Zuchthäuser. Viele verloren die Anstellungsfähigkeit, gegen manche wurde sogar auf Todesstrafe erkannt, die indessen auf dem Wege der Gnade in Freiheitsentziehung umgewandelt wurde. In Preussen gab erst der Thronwechsel im Jahre 1840 den meisten Verurteilten die Freiheit wieder.*)

*) Ein beklagenswertes Opfer dieser stürmischen Jahre war bekanntlich Fritz Reuter. Der junge Student hatte bis dahin sein Tagewerk fleissig auf der Kneipe oder auf Spritzfahrten verbracht. Von den ruchlosen Anschlägen seiner „eingeweihten“ Genossen

Während der nächsten Jahre suchte sich das burschenschaftliche Leben in gemeinsamen Kneipereien zu bethätigen, hie und da auch in geselligen Kränzchen, auf denen aber jegliches politische Gespräch streng verboten war. Die Kränzchen wurden von einer geheimen Verbindung geleitet, der etwa 8—10 meist ältere Mitglieder der früheren Arminia und Germania angehörten. Aus diesem Verhältnis entwickelte sich seit dem J. 1836 wiederum eine fest und einheitlich organisierte Burschenschaft. Auch sie trieb ihr Wesen im Geheimen und bestand aus einer engeren und äusseren Abteilung. Die Mitglieder beider Klassen wurden beim Semesteranfang in Kränzchen von 8—10 Teilnehmern eingeteilt und der Führung eines erfahrenen Burschen anvertraut. Die Gesamtheit der Leiter bildete den Ausschuss, der den Vorstand auf eine vierwöchentliche Amtsdauer wählte.

In dieser Verfassung begann die Burschenschaft wieder aufzublühen, bis sich i. J. 1840 sechzig Mitglieder von ihr lossagten und eine neue burschenschaftliche Vereinigung stifteten. Aus Anhängern beider Parteien bildete sich dann eine dritte, vierte und fünfte Burschenschaft. Neugründungen und Auflösungen gingen meist Hand in Hand. Dauernden Bestand hatte keine dieser Verbindungen. Da brach das tolle Jahr 1848 an.

Auf Anregung der Jenenser Burschenschaft ward für die Pfingsttage eine Zusammenkunft aller deutschen Burschen auf der Wartburg heimlich verabredet. Inzwischen aber erfolgte die Zurücknahme der gegen die

---

wusste er nichts. Sieben lange, düstre Jahre wurde dem Unglücklichen „der lebendige Strom seines Lebensweges zu einem See aufgestaut.“ In seinen Erinnerungen „Ut mine Festungstid“ hat er ein erschütterndes Gemälde von jenen tragischen Vorgängen entworfen und mit treuherzigem, „durch Thränen lächelnden Humor“ den ganzen Aberwitz der Demagogenjagd beleuchtet.

Universitäten gerichteten Ausnahmegesetze, und damit fiel jeder Grund für die Heimlichkeit hinweg.

Zur verabredeten Zeit strömten von allen deutschen Hochschulen die Musensöhne herbei. Ihrer 1500 waren in Eisenach versammelt. Am dritten Feiertage bewegte sich ein imposanter Zug, wie ehedem mit fliegenden Bannern und unter Vorantritt eines Musikcorps, nach der ehrwürdigen Wartburg hinauf, der Stätte, die vor 31 Jahren die erhebende Feier des ersten Festes in ihren Mauern geschaut. Es war, wie 1817, ein Fest der Freiheitsbegeisterung und der Einigung. Aber während damals die jungen Männer einen Bund schlossen, „der sich ausbreiten und verjüngen sollte von Gau zu Gau, von Geschlecht zu Geschlecht und durch alle Adern des deutschen Landes die immer frischen Pulse eines wahrhaft glücklichen, gerechten und ehrenhaften Lebens voll Kraft und jugendlicher Schönheit strömen sollte“, standen jetzt die Jünglinge in der rauschenden Flut der Revolution und verlangten einerseits die Erhebung der Universitäten zu Nationalinstituten und andere durchgreifende Reformen, andererseits begehrten sie in überschäumendem Radikalismus die Beseitigung der Studenten und Volk trennenden Schranken und das Aufgehen jener im deutschen Bürgertum.

Das schönste Ergebnis der Wartburgtage war die am 18. August 1850 zu Eisenach erfolgte Gründung des „Allgemeinen Deutschen Burschenbundes“ ohne politische Tendenz und praktisch-politische Thätigkeit. Die Leitung des Bundes übernahm eine dazu erwählte Verbindung als Vorort. Als aber die Leipziger Burschenschaft 1851 an die Spitze trat und den Bund zum Organ politischer Bestrebungen machen wollte, zerfiel das aussichtsreiche Unternehmen. So gründlich hatte sich bereits der Sinn gewandelt.

Im Laufe der Zeit entwickelte sich neben der germanischen und arminischen Richtung noch eine dritte, die teutonische, mit starker Hinneigung zum landsmannschaftlichen Wesen. Nach mehrfachen vergeblichen Versuchen, die deutschen Burschenschaften zu vereinigen, kam am 20. Januar 1870 die „Eisenacher Konvention" zustande, nach deren Auflösung (1872) am 10. November 1874 in Eisenach der noch jetzt bestehende „Allgemeine Deputierten-Konvent" (A. D. C.) gegründet wurde. Da indess der Grundsatz der unbedingten Satisfaktion von ihm angenommen, das Turnen nicht mehr Zwang ist und die wissenschaftlichen Abende Kneipereien gewichen sind, da ferner Bestimmungsmensuren sogar unter den Mitgliedern der Burschenschaft eingeführt sind und endlich die Wiederherstellung des Deutschen Reiches den politischen Traum der Burschen erfüllt hat, so haben die meisten der jetzt bestehenden burschenschaftlichen Vereinigungen*) mit den alten nichts weiter als den Namen gemein.

Seit dem 23. August 1883, dem Tage, da das Burschenschafts-Denkmal in Jena enthüllt wurde, hat sich eine neue Bewegung geltend gemacht, die als Reform-Burschenschaft Duellwesen und Luxus unter der Studentenschaft bekämpft. Sie hat jedoch bisher nur geringen Anklang gefunden, zumal sie von den ADC-Burschenschaften nicht anerkannt wird.

---

*) I. J. 1904 zählte man etwa 61 ADC-Burschenschaften mit ungefähr 2400 aktiven Mitgliedern. — Gegenwärtig bestehen 8 Reform-B., von denen sich sieben zum „Allgemeinen Deutschen Burschenbunde" (A.D.B.) zusammengeschlossen haben. Seine Vertreter versammeln sich jährlich um Pfingsten in der Reichshauptstadt. — Vergl. E. Wolff: Die neue B. Berlin; 1883. — Fahrenbruch: Die B. am Scheidewege. Strassburg; 1884. — David: Zweck und Mittel einer einheitlichen Organisation der deutschen Studentenschaft. Leipzig; 1888. — Kalb: Die alte B. u. ihre Ent-

II. England.*)

Der ansehnlichste Gewinn aus dem Napoleonischen Weltreich war dem britischen Insellande in den Schoss gefallen. Aus dem zwanzigjährigen Kampfe war England mächtig und siegreich hervorgegangen. Es hatte die Flotten der alten Seemächte in ruhmvollen Seeschlachten vernichtet und behauptete fortan allein die Herrschaft über die Meere. Ungeheure Kolonialreiche, über die ganze Erdkugel zerstreut, wunderbare Inselwelten in Himmelsstrichen, wohin kein anderer weltlicher Arm mehr reichte, beugten sich unter das Szepter der seegewaltigen Britannia und boten dem britischen Gewerbefleiss einen ausgedehnten Markt.

Aber bei aller Macht und Blüte nach aussen litt der Staat im Innern an tiefen Wunden. Die kostspieligen Kriege hatten die Nationalschuld auf eine für die damalige Zeit unerhörte Höhe gesteigert. Dazu gesellte sich eine furchtbare Handelskrise. Die Dampfmaschine und ein mit ihrer Entwickelung verbundener grossartiger Fabrikbetrieb hatten die englische Industrie wunderbar vervollkommnet. Nun setzte mit ihrer Hilfe unmittelbar nach Beseitigung der Kontinentalsperre die Spekulationswut ein und überschüttete die Märkte der ganzen Erde mit einer Unmasse englischer Fabrikate, ohne zu bedenken, dass einerseits die Kaufkraft der von jahrelangen Kriegen heimgesuchten Länder eine bescheidene war, dass andererseits auch die Industrie des Festlandes der fremden Konkurrenz allmählig

---

wicklung in Erlangen. Erl.; 1892. — Burschenschaftl. Blätter. Organ des ADC. Berlin; 1886 ff. —

*) Vergl. Reinh. Pauli: Gesch. Englands seit den Friedensschlüssen von 1814 und 1815. 3 Bde. Leipzig; 1864. — Spencer Walpole: Hist. of England from the conclusion of the great war ni 1815. London; 1878. —

leistungsfähiger gegenüber trat. Der Rückschlag blieb nicht aus. Der Absatz stockte, die Preise fielen, Arbeitslosigkeit, Hunger und Elend nahmen überhand, ein Zustand, der um so unheilvoller war, als der Handwerkerstand dem Grossbetriebe hatte weichen müssen. Der bürgerliche Mittelstand, der Kern jedes staatlichen Gemeinwesens, war dahin geschwunden. Seine Stelle hatte ein ungeheures Fabrikproletariat eingenommen, das von der Hand in den Mund lebte. Im Gefolge des Hungers zog das Verbrechen einher. Wiederum stellten sich, wie vor Jahren, die geheimnisvollen Banden der Luddisten ein, jenes Diebsgesindel, das einem unbekannten „General Ludd" Treue geschworen, und zerstörten nächtlicherweile die Maschinen und Fabriken. Kein Mensch wusste etwas Näheres von dieser unheimlichen Gesellschaft. Nur rauchende Trümmerstätten erinnerten an ihr Dasein.

Den Zuständen in den Städten gaben die ländlichen Verhältnisse an düsterer Schrecklichkeit nichts nach. Die schwere Besteuerung des Einkommens und Grundbesitzes brachte den Bauern und kleinen Landeigentümer an den Bettelstab. Der Grundbesitz floss in der Hand begüterter Edelleute zusammen, die durch unerschwinglichen, mit rücksichtsloser Härte eingetriebenen Pachtzins ihre Einkünfte zu steigern suchten, obwohl massenhafte Zufuhren aus den unerschöpflichen Kornkammern Russlands die Getreidepreise zum Sinken brachten und schwere Missernten über das Land kamen.

Die wundeste Stelle im britischen Staatskörper, die ihn häufig mit schweren Fieberschauern heimsuchte, ist bis auf den heutigen Tag Irland geblieben. Seit Jahrhunderten bestanden zwischen der herrschenden angelsächsischen und der unterworfenen keltischen Bevölkerung Green Erins Gegensätze, die durch die Verschiedenheit der Konfession beider, durch Natur und Einrichtung getrennten, Völker noch wesentlich gesteigert wurden.

Zu allen Zeiten darf das Opfer der Gewalt auf rege Fürsprecher rechnen, während den mächtigen Bedrücker der Fluch der Mit- und Nachwelt trifft. So hat denn auch die Leidenschaft des Mitgefühls zu Gunsten der armen Iren in einer Weise Partei ergriffen, die vor dem Richterstuhl der Geschichte nur zum Teil bestehen kann.

Land und Volk von Irland entbehren der Eigenschaften, die den Bestand eines selbständigen Staatswesens dauernd verbürgen. Die Natur hat ihre Gaben nicht gerade verschwenderisch über die Insel ausgestreut. Der Rand von felsigem Gestein, der sie umgiebt, fördert nahe bei einander reiche Vegetation und ewige Öde. „Manche herrliche Strecke mit dem üppigsten Baum- und Graswuchs, wie ihn der warme, feuchte Niederschlag des atlantischen Ozeans hervorzaubert, berechtigt zu dem dichterischen Namen Green Erin. Doch gilt er meistens nur von romantischen Bezirken unfern der Küste. Von dem weiten Plateau des Innern dagegen wendet sich der Blick oft mit Schrecken; es ist, als ob ein Ring von Brillanten ein hässliches Bild einfasse.“ Vielleicht die Hälfte von ganz Irland bedeckt eine ungeheure Torfkruste. Darum ist es seit alten Zeiten mehr ein Land der Viehzucht als des Ackerbaues, und ungezählt sind die Scharen seiner Bewohner, die ihr jämmerliches Dasein vom Bettel und vom Raube fristen.

Seinem ganzen Wesen nach ist der Irländer Kelte geblieben. Den masslosesten Unterdrückungen ist er mit bewunderungswürdiger Zähigkeit begegnet und hat ein gutes Stück irischer Nationalität bis auf unsere Tage gerettet. Wie dem Franzosen, seinem Stammesbruder, schlägt auch ihm eine geistreiche Ader. Seine Begeisterung ist leicht entzündbar. Er besitzt ein lebhaftes Gefühl für das Schöne. Aber eine ungezügelte Phantasie raubt ihm das Verständnis für die Wirklichkeit. Sorg- und ziellos, wie sein Volkslied klingt, ist auch der Sinn des Menschen und trügerisch sein Gemüt, gleich dem schwarzen Moorboden, der seine schmutzige Hütte einrahmt. Unter der Maske biederer Zutraulichkeit verbirgt sich tückische Rachsucht, und in der Seele des Volkes stehen die zartesten und reinsten Saiten menschlichen Empfindens mit den schlimmsten Misstönen unvermittelt neben einander.

Seitdem Cromwell und Wilhelm von Oranien das rebellische Inselvolk niedergeworfen, seines Besitztums und aller politischen Rechte beraubt hatten, führten seine Nachkommen als Pächter, Tagelöhner und Knechte ein Leben, das jeder Menschenwürde Hohn sprach. Alle öffentlichen Aemter waren lediglich den Angehörigen der anglikanischen Kirche zugänglich. Ihre Bischöfe, im Besitze des irischen Kirchenvermögens, erhoben auch von dem geplagten katholischen Volke, das überdies die eigene Geistlichkeit von seinem Bischen Armut erhalten musste, den Zehnten; Schulen und Bildungsanstalten waren an die Staatskirche geknüpft und die öffentliche Ausübung des katholischen Kultus untersagt. Die Erzeugnisse der irischen Wollmanufaktur, ehedem, die Hauptquelle eines gewissen Wohlstandes, waren durch hohe Zölle vom englischen Markt fern gehalten. Der Druck der protestantischen Gutsherren lastete schwer auf dem armen Landvolke. Im Jahre 1761 nahmen sie dem geplagten Bauern sogar das Recht der freien Weide, indem sie ihre liegenden Gründe mit Zäunen abschlossen. Vergeblich war der Ruf der Iren nach Reformen, nach Gerechtigkeit und Humanität. Druck, Not, Verzweiflung trieben Armut und Elend schon um die Mitte des 18. Jahrhunderts zu geheim organisiertem Raub und Mord.*)

1. Die Gesellschaft der „Vereinigten Irländer" (United Irishmen).**)

Eine mächtige Gährung ergriff die heissblütigen Insulaner, als die Kunde von dem Ausbruch der franzö-

*) U. a. schlossen in der zweiten Hälfte des 18. Jahrhunderts hungernde Arbeiter und vertriebene Pächter den Bund der „White Boys". So wurden die Verschworenen nach den weissen Hemden genannt, die sie, um sich unkenntlich zu machen, über ihre Kleider zogen. Sie versammelten sich im Dunkel der Nacht, um hartherzige Gutsherren auszuplündern und zu ermorden und die Landsitze ihrer Zwingherren zu verwüsten. Da sie auch die verhassten Zäune niederrissen, wurden sie vom Volke „Levellers" genannt. — Ähnliche Ziele verfolgten die „Oak Boys", ein Name, der auf ihr Sinnbild, ein Eichenblatt, zurückgeht, und die „Right Boys", eine geheime Gesellschaft, die für die Abschaffung des Zehnten eintrat. Zu diesem Zwecke verpflichteten sie ihre Volksgenossen durch einen Eid, die Zahlung der drückenden Abgabe zu verweigern, und bestraften diejenigen, die ihrer Verpflichtung vergassen. — Vertriebene Pächter waren es, die 1772 die gefürchtete Gesellschaft der „Hearts of Steel" stifteten. Der Name sollte die eiserne Beharrlichkeit darthun, mit der die Mitglieder den verhassten „Sassenach" verfolgten, ihn mordeten, seine Gehöfte demolierten und seine Ernten vernichteten. Erst nach Jahren wurde die Staatsgewalt dieser geheimnisvollen Bande Herr. Die meisten Mitglieder fanden in Amerika eine neue Heimstatt, wo sie sich den aufständischen Kolonisten anschlossen. — Die geheime Verbindung der „Threshers" bekämpfte ebenfalls die Kirchensteuern. Der Bund der „Break of Day Boys", 1785 von Protestanten gebildet, pflegte in der Morgendämmerung die Hütten der katholischen Nachbarn in Asche zu legen, deren Vorräte und Ackergeräte zu vernichten, während gegen sie der katholische Verein der „Defenders" mit gleichen Mitteln wütete. Andere geheime Gesellschaften, wie die „Caravats", „Corders", „Shanavests", suchten ebenfalls die Bedrückung auf religiösem und agrarischem Gebiete blutig zu rächen. —

**) Gut unterrichten über die irischen Gesellschaften: Johs.

sischen Revolution nach ihrer meerumspülten Heimat drang. Befreiung vom englischen Joch, Vertreibung der Sachsen, Losreissung von der britannischen Staatsgemeinschaft, das war die Losung, die alle Herzen mit magischem Zauber ergriff.

Um diesen Gedanken zu verwirklichen, bildete sich im Spätherbst des Jahres 1791 der grosse Bund der „U. I.“ Seine Mitglieder rekrutierten sich aus allen Gesellschaftskreisen Irlands, und nach Verlauf eines Jahres war ihre Zahl auf mehr als eine halbe Million angewachsen. Um die Regierung irre zu führen, bezeichnete der Bund als seine Aufgabe, die auf französichem Boden sich abspielenden Ereignisse und die Grundsätze der Revolution in seinen Zirkeln zu erörtern. Im Geheimen aber betrieb er die Rebellion, ein Bündnis mit Frankreich und die Gründung einer irischen Republik nach dem Vorbild der französischen Direktorialverfassung.

Es zeugte nicht gerade von staatsmännischer Einsicht, dass die Regierung der drohenden Gefahr durch eine Reihe halber Massregeln begegnen zu können

---

Frost: The Secret Societies of the Europ. Revolution. London; 1876. — J. Rutherford: The Secret History of the Fenian Conspiracy. Lond.; 1877. — C. F. Döwsett: Striking Events in Irish History. Lond.; 1890. — H. Le Caron: Twenty-five Years in the Secret Service. Lond.; 1892. — Vergl. ferner M. Busch: Wunderliche Heilige. Religiöse und politische Geheimbünde und Sekten. Leipzig; 1879. Das ziemlich oberflächliche Buch geht zum Teil zurück auf Ch. W. Heckethorn: Geheime Gesellsch., Geheimbünde u. Geheimlehren, dessen 2. Aufl. von L. Katscher aus d. Englischen ins Deutsche übertragen wurde. (Leipzig: 1900). In diesem vielgerühmten „Standard work“ dürfen nur die wenigen Kapitel Anspruch auf Beachtung erheben, in denen englische Verhältnisse zur Darstellung gelangen. Des Verfassers Schilderung z. B. der deutschen geh. Gesellschaften zeugt von geradezu stupender Unkenntnis und beispielloser Naivität. —

glaubte, indem sie den Makel des Helotentums von den keltischen Bewohnern zu nehmen und ihnen den Zugang zu den Aemtern und zum Parlamente zu erleichtern trachtete. Die revolutionären Ideen gewannen immer mehr Boden, besonders als ein Versuch der liberalen Parlamentsmitglieder, ein Emanzipationsgesetz für alle Katholiken zu erwirken, an dem Widerstande der Tories scheiterte. Die U. I. rüsteten nun mit aller Kraft zum Aufstande und traten mit dem stammverwandten Nachbar jenseits des Kanals in Verbindung. Das Erscheinen einer französischen Flotte in den irischen Gewässern sollte das Signal zum allgemeinen Aufstande sein. Die Fäden der Verschwörung umspannten die ganze Insel, liefen über Stadt und Land, von der Hütte zum Palaste.

Die Eingeweihten erkannten sich an geheimen Zeichen und Worten und waren durch schwere Eidschwüre zu unbedingtem Gehorsam verpflichtet, zur Treue gegen den Bund, zur strengen Geheimhaltung seiner Statuten und Ziele. Trotzdem fanden sich damals und später Verräter in Menge, welche die Regierung von den geplanten Anschlägen unterrichteten.

Die Seele des Ganzen war Lord Edward Fitzgerald, aus dem altirischen Adelsgeschlecht der Geraldinen, ein Mann von ritterlichem Wesen und gewinnenden Umgangsformen. Der revolutionäre Geist, der die ganze Insel erfüllte, äusserte sich bald in aufrührerischen Volksausschreitungen. Bewaffnete Banden durchzogen sengend und plündernd das Land, verhinderten die Eintreibung der Pachtzinsen, der Kirchenzehnten, der Heerdsteuern und kühlten die heisse Glut ihrer Rache in dem Blute der schmählich hingemordeten Gutsherren. Da die Staatsgewalt sich ausser stande sah, der angelsächsischen Bevölkerung und deren Eigentum wirksamen Schutz zu gewähren, griff diese zur Selbsthilfe, schloss den Geheimbund der **Orangemänner** und stellte ihn den anarchischen Banden der Patrioten-Partei entgegen.

Schon im September 1795 kam es zu blutigen Zusammenstössen zwischen beiden Vereinigungen. Mit Unterstützung der von England aufgebotenen Milizen gewannen die Orangisten die Oberhand, liessen sich aber zu Thaten wilder Grausamkeit hinreissen. Selbst englische Schriftsteller müssen zugeben, dass damals von den Siegern Schandthaten verübt wurden, angesichts deren der Genius der Geschichte schaudernd sein Haupt verhüllt. Die Historie des Inselreiches, ohnehin reich an blutigen Thaten, trieft in diesen Jahren förmlich von Blut und Thränen.

Die U. I. schienen ausgerottet zu sein. Trotzdem organisierten sie sich 1798 von neuem und begannen abermals Vorbereitungen zu einem bewaffneten Widerstande zu treffen, kühn und grossartig in Anlage und Ausführung. Das treibende Element im Bunde war damals der katholische Klerus, der sich ihm in hellen Haufen angeschlossen hatte. Zum Rassenhass und den hochgehenden Wogen der politischen Leidenschaften gesellte sich jetzt noch der religiöse Fanatismus. In aller Stille und Heimlichkeit wurden die Bauern und Pächter militärisch ausgebildet, während die Häupter des Bundes mit französischen Generalen Verhandlungen wegen Landung einer Armee in Irland anknüpften. Die Regierung, der diese Anschläge nicht verborgen blieben, liess sogleich die Führer der gefährlichen Bewegung in Verhaft nehmen. Das hinderte indess nicht, dass im Vertrauen auf die Hilfe der französischen Stammesgenossen die lange vorbereitete Rebellion in hellen Flammen ausbrach. Allein dem energischen Vorgehen der Engländer gelang es, zumal die Hilfe in dem erhofften Umfange ausblieb, den Aufstand nach kurzer Zeit niederzuschlagen. Um so unbarmherziger lastete fortan die eiserne Hand der englischen Machthaber auf der besiegten irischen Insel.

Abermals war der Bund der U. I. zersprengt, aber ihn völlig auszurotten, gelang nicht. Schon nach Verlauf weniger Jahre machte er sich von neuem bemerkbar, ohne indess die frühere Bedeutung wieder zu erlangen. Er nannte sich jetzt „Ribbon Men" und in den dreissiger Jahren des 19. Jahrhunderts „Saint Patrick Boys",*) die besonders den verhassten Orangisten blutige Rache schworen.

---

*) Im Jahre 1833 wurden ihre Statuten durch Verrat bekannt. Ihnen entnehmen wir u. a. die Thatsache, dass sich die Mitglieder der Gesellschaft durch ein Zwiegespräch als Eingeweihte zu erkennen gaben. Es lautete:

„Ein schöner Tag heute."

„Es wird ein noch schönerer kommen."

„Die Strasse ist sehr schlecht."

„Sie wird ausgebessert werden."

„Womit?"

„Mit den Gebeinen der Protestanten."

„Wie lautet Dein Glaubensbekenntnis?"

„Vertilgung der Philister."

„Wie lang ist Dein Stab?"

„Lang genug, um damit meine Feinde zu erreichen."

„Von welchem Stamme ist das Holz genommen?"

„Von einem französischen Stamme, der in Amerika blüht, und dessen Blätter die Söhne Erins vor der Sonne schützen werden."

Der Eid, der von den Verschworenen zu leisten war, hatte folgenden Wortlaut: „Ich schwöre, dass ich mir lieber die rechte Hand abhauen und an die Thür des Gefängnisses in Armagh nageln lassen, als einen Bruder täuschen oder verraten will; dass ich getreulich der Sache anhangen will, der ich mich wohl überlegt weihe, und dass ich weder Geschlecht noch Alter schonen will, wenn es meiner Rache an den Orangemännern im Wege stehen sollte."

2. Der Orden der „Orange Men".*)

Angesichts der Bestrebungen der U. I. vereinigten sich i. J. 1794 die entschlossensten der in Irland ansässigen Orangemen, wie die dem Oranier Wilhelm III. und seinen Nachfolgern ergebenen Protestanten sich nannten, namentlich jene „Break of Day Boys", in einem Orden, der im folgenden Jahre nach freimaurerischem Vorbilde**) eingerichtet wurde. Er hatte ursprünglich nur den Grad des Orangeman; doch kam bald der Purpur- und Markmans-Grad und schliesslich die „Heroine von Jericho" hinzu.

Als Zweck des Bundes bestimmten seine Gesetze: die Aufrechterhaltung des protestantischen Übergewichts, die Erhaltung der wahren, durch den Staat geschützten Religion, den Schutz des protestantischen Hauses Hannover auf dem englischen Königsthron und die Verteidigung aller Mitglieder und ihres Besitztums gegen Angriffe der irischen Verschwörer.

---

*) Über die Geschichte dieser politischen Verbindung finden sich schätzbare Nachrichten bei Collier: Staats- u. Kirchengesch. Irlands. Sein Ritual und seine Verfassung sind veröffentlicht in: Ritual and illustrations of Freemasonry. London; 1851 u. in Latomia I. S. 63 ff. — Vergl. ferner: Gilbert: Hist. of the Irish Confederation. 7 Bde. Dublin; 1882—91. — Bellesheim: Gesch. der kathol. Kirche in J. 3 Bde. Mainz; 1890—91. —

**) Das Erkennungswort des Bundes ist „Migdol", d. i. der Name des Ortes, an dem die Kinder Israels vor ihrem Zuge durch das rote Meer lagerten, das Losungswort „Schibboleth". Das Erkennungszeichen bestand darin, dass man die ersten drei Finger jeder Hand auf die Kopfbedeckung legte, um dann beide Hände seitwärts in senkrechter Richtung hinabfallen zu lassen. Dieses Zeichen soll die Seitenpfosten und den Querbalken der mit dem Blute des Opferlammes besprengten Thüren versinnbildlichen. Der Notruf der O., aus der Bibel entlehnt, lautet: „Wer ist auf meiner Seite, wer?" Kenn- und Losungsworte des Purpurgrades sind „Gideon" und „Rote Mauern" (rotes Meer).

Regiert wurde der Orden von einer Grossloge, die sich jährlich zweimal versammelte. In der Zwischenzeit führte ein dazu gehöriger Grossorient die Geschäfte. Ihm unterstanden die Provinzial- und Bezirkslogen und schliesslich die untergeordneten Logen. In der Zeit der höchsten Blüte verfügte der Orden, der weit über Irlands Grenzen hinaus auf englischem und amerikanischem Boden verbreitet war, über 20 Provinzialgrosslogen, 90 Distriktslogen, 1860 Privatlogen mit etwa 300 000 Mitgliedern.

Infolge der Katholiken-Emanzipation von 1829 gerieten die Bestrebungen der Orangemen in Widerspruch mit den Absichten der Regierung, den Staatsgesetzen und der öffentlichen Meinung. Der Orden wurde demnach 1832 durch königliche Verordnung förmlich aufgehoben, bestand aber nichtsdestoweniger im Geheimen fort und zählte in allen Kreisen der protestantischen Bevölkerung des Inselreichs Anhänger und Freunde in Hülle und Fülle. Der Herzog von Cumberland, der nachmalige König Ernst August von Hannover, trat sogar als Grossmeister an die Spitze der O.-Logen.

Unter solchen Umständen erreichten die Orangisten eine die öffentliche Ordnung und Ruhe und jegliches Vertrauen derart gefährdende Macht, dass endlich im Jahre 1835 das Parlament gegen ihre verfassungsfeindlichen Umtriebe einzuschreiten beschloss. Demgemäss wurde 1836 abermals eine Auflösung des Ordens von Staatswegen angeordnet. In Wirklichkeit aber blühten die Orangistenlogen ruhig fort und erfreuten sich in allen Bevölkerungsschichten fördernder Teilnahme. So durften sie es wagen, nicht nur Volksversammlungen und Demonstrationen für ihre Zwecke zu veranstalten, sondern auch energisch bei den irischen Insurrektionsversuchen einzugreifen und die revolutionären Pläne der Fenier zu bekämpfen. Neuerdings haben die Gladstoneschen

Homerule-Pläne eine vermehrte Thätigkeit der O. hervorgerufen.

---

3. Das „Junge Irland".

Als unter dem Ministerium Canning der antipapistische Fanatismus in den gebildeten Kreisen der englischen Bevölkerung mehr und mehr einer liberaleren und humaneren Anschauungsweise Platz zu machen begann, schien die Zeit gekommen, da man auch den Katholiken Irlands den Zutritt zu dem Parlamente und zu den Staatsämtern gewähren müsse. Dies geschah durch die im April 1829 beschlossene Emanzipationsakte. Gleichzeitig bemühte sich die Regierung, um den Jahrhunderte alten Fluch der Eroberungspolitik zu sühnen, durch Anlegung von Strassen, durch Urbarmachung wüster Landstrecken, durch Regelung der Stromläufe u. s. w. den schlimmsten Notständen abzuhelfen, während hervorragende Verfechter volkstümlicher Freiheit, wie der bekannte Lordstatthalter Mulgrave, beflissen waren, durch Errichtung von Erziehungsanstalten Bildung, Gesittung und den Sinn für Ordnung und Fleiss in den stumpfen Gemütern der Iren hervorzurufen, durch Ausdehnung der Wahlberechtigung das katholische Volk zur regen Beteiligung am öffentlichen Leben heranzubilden und durch Einführung einer geregelten Armenpflege nach dem Muster Englands das furchtbare agrarische Elend zu mildern. Allein alle diese Versuche scheiterten einerseits an dem Umstande, dass die Hauptquelle der Unzufriedenheit, der geistliche Zehnt, bestehen blieb, andererseits an der bornierten Gleichgültigkeit und Trägheit der Irländer, die, anstatt aus eigenem Antrieb emsig die Hände zu rühren, lieber bummelten und bettelten, lieber „tranken und rauften" und sich „für die kalte Jahreszeit auf die Kaserne des

Arbeitshauses vertrösteten“, und an der Unduldsamkeit des anglikanischen Klerus, den engherzigen Vorurteilen der hochkonservativen Tories. Kein Wunder, dass die Wühlereien und sozialen Kämpfe nimmer aufhörten, und die nationalen und konfessionellen Gegensätze sich unablässig scharf und unversöhnlich gegenüber traten.

Die Verarmung nahm in dem trotz zahlreicher Auswanderung nach Amerika übermässig bevölkerten Insellande von Jahr zu Jahr zu. Als die Quelle des Elends bezeichnete der grosse Demagog Daniel O'Connel,*) der mit einer Gefolgschaft von 40 und mehr gleichgesinnten Iren ins Parlament eingezogen war, die kirchlichen und politischen Misstände. Dass das Volk zum

---

*) Von stattlicher Gestalt, Erbe und Abkömmling eines altirischen Clangeschlechts, war O'C., der gelegentlich auch als Raufbold zu glänzen wusste, zugleich ein Mann von grossem Demagogentalent, glänzender, beweglicher Redekunst, voll Feuer und volkstümlicher Kraft. Sein derber Humor und seine gemütvolle Treuherzigkeit machten ihn zum Liebling der Bürger und Bauern. „Allein seine rastlose Thätigkeit, die warme Begeisterung, die in der Union nur Trug und Verrat an der nationalen Selbständigkeit erblickte, war doch durchwachsen von den Grundschäden keltischen Ursprungs. Der Schärfe seines Verstandes und der schwunghaft lebensfrohen Biegsamkeit seines ganzen Wesens stand der Mangel an Wahrhaftigkeit grell gegenüber. Sobald ihm das Wort, die Hörer bezaubernd, von den Lippen floss, so schäumte auch stets die nationale, grenzenlose Übertreibung auf. Seine Thatsachen liessen sich nie nach der Elle faktischer Sicherheit bemessen; es ging ihm, sozusagen, wie der Rasse, der er angehörte, die Fähigkeit für gewissenhafte Überlieferung des Geschehenen, der achtungsvolle Sinn für die Wahrheit ab. Dazu hat sein verschlagener, rasch berechnender Geist niemals die Eigenschaft der Scham gekannt, so dass die dreisten Behauptungen, in denen er sich erging, den Freunden und der blind folgenden Masse im Lichte der treuherzigsten Zuversichtlichkeit, den misstrauischen und hasserfüllten Gegnern als abgefeimte, teufelische Lüge erschienen.“

Teil mit Schuld an diesen Zuständen war, davon wollte er freilich nichts wissen. Wohl gelangte 1833 die irische Kirchenbill, welche die Steuern für Kirchenbauten abschaffte und den ertraglos gewordenen Zehnten durch eine vom Grundherrn zu zahlende Abgabe ersetzte, nach furchtbaren parlamentarischen Kämpfen zur Annahme. Aber diese „Abschlagszahlung“ befriedigte O'Connel keineswegs. Das Kirchengut sollte dem Anglikanismus ganz und gar entrissen werden. Seinen Klagen im Parlament suchte er durch die Drohung eines Widerrufs der Union (Repeal), einer Trennung Irlands von Gerichtsbarkeit und Gesetzgebung der Sachsen, Nachdruck zu verschaffen. Doch wirkungslos verhallten die leidenschaftlichen Worte. Das reizte den ungestümen Mann und bestärkte ihn in seinem Entschluss, die nationale Unabhängigkeit zu begründen. Irland sollte höchstens durch Personalunion mit der Krone Englands verbunden sein. Das Beispiel der glücklich vollbrachten Lostrennung Belgiens von Holland sollte auf britischem Boden Nachahmung finden. Bei der nervösen Reizbarkeit und der beweglichen Natur der Irländer war es dem Demagogen ein Leichtes, seine engere Heimat in beständiger Gährung zu erhalten und Sinn und Kraft seines Volkes nach einem Ziele zu lenken.

Zur Förderung dieses Zweckes veranstaltete der grosse Agitator „Monstre Meetings“, in denen er den Nationalhass der keltischen Iren gegen den sächsischen Bedrücker schürte und die Auflösung der Union als einziges Rettungsmittel des unglücklichen Landes darstellte. Eine gewaltige Bewegung ergriff das ganze Volk. Bewaffnete Scharen durchzogen die grüne Insel und trugen Mord und Brand in die Landgüter der Reichen. Es half nichts, dass England bei der schrecklichen Hungersnot, die infolge der Missernte des Jahres 1846 eintrat, die grössten Opfer brachte. Aller Orten und Enden bildeten sich Repeal-Vereine,*) in denen die das unwissende Volk unbedingt beherrschende Geistlichkeit die Führerrolle inne hatte. Einen vorübergehenden Stillstand in der aufrührerischen Bewegung führte der Tod O'Connels herbei, der im Mai 1847 auf einer Reise nach Rom in Genua dahingerafft wurde. Aber die Februarrevolution warf einen neuen Feuerbrand in die entzündliche Masse und erzeugte einen Zustand von Gesetzlosigkeit und Faustrecht, der endlich in einen revolutionären Aufstand überging. Und wenn es auch den englischen Truppenkorps ein Leichtes war, die ungeordneten, schlechtbewehrten, zügellosen Scharen der Pächter und Tagelöhner zu überwältigen, dauernde Ruhe und geordnete Zustände blieben aus.

Dafür sorgte das „Junge Irland". Eine aus den Repeal-Vereinen hervorgegangene, nach dem Vorbild von Mazzinis „Jungem Italien" gebildete revolutionäre Verbindung, erblickte sie ihre Hauptaufgabe in der Verhetzung der Gemüter. Geheime Klubs unter Führung von Männern wie O'Brien, Mitchell, Meagher

*) Zu ihnen gehörte die „Molly Maguires", die ursprünglich in West-Irland ihr Wesen trieben, später aber ihr gefährliches Handwerk nach den Vereinigten Staaten verpflanzten. Hier machten sie sich im Jahre 1870 dadurch einen gefürchteten Namen, dass sie alle im Mormonenstaate Utah ansässigen Engländer mit mörderischen Überfällen heimsuchten. Zur Abwehr solcher Angriffe stifteten diese den „Orden der Söhne des Heiligen Georg". Ihm gelang es, zahlreiche Mitglieder der Mördergesellschaft vor das Forum der ordentlichen Gerichte zu ziehen. Die Rädelsführer büssten ihre Thaten am Galgen; der Bund löste sich auf, während der Orden der Georgssöhne als Wohlthätigkeitsverein noch heute eine segensreiche Thätigkeit entfaltet. — Den Namen „Molly Maguires" nahm später ein Geheimbund von Bergarbeitern in Pennsylvanien an, die sich ebenfalls zu Mord und Brand zusammengethan hatten. Nachdem 1890 mehrere Mitglieder der Bande hingerichtet waren, hört man nichts mehr von ihr.

u. a., in denen hochherzige und ritterliche Bestrebungen mit donquixotischen Verkehrtheiten durchsetzt waren, rüsteten zum Aufstande und suchten in Paris um Unterstützung nach. Ehe es hierzu kam, wurden die Führer verhaftet und zur Deportation verurteilt, und das wunderliche Treiben des „Jungen Irland" hatte ein Ende.

---

4. Die „Bruderschaft der Fenians".

Ein weiteres Glied in der Kette der irischen Geheimbünde bildeten die „Fenians".*) Die Urheber der gefährlichen Bruderschaft waren der Oberst John O'Mahoney und Michael Doheny, einer der talentvollsten und gefährlichsten Revolutionäre aus den Kreisen des „Jungen Irland". Nachdem er den Nachstellungen der englischen Häscher glücklich entschlüpft und nach Amerika entkommen war, nahm er in den fünfziger Jahren den Kampf mit dem verhassten Albion wieder auf. Zu diesem Zweck beteiligte er sich an der Gründung der Bruderschaft, die ihre Versammlungen und ihre Thätigkeit streng geheim hielt. Rasch verbreitete sich das Feniertum in allen Staaten der Union, in Kanada und allen übrigen britischen Besitzungen Amerikas. Auch nach der grünen Insel fand es seinen Weg und ward hier bald in hohem Masse beliebt.

Auf den grossen Nationalkonventen, die 1863 und 1864 auf Veranlassung der fenischen Organisation in Chicago und Cincinnati stattfanden und auf denen gegen

*) Ihren Namen, eine Erfindung O'Mahoneys, leiteten die F. von Fionn her, einem sagenhaften Helden, der mit dem Fingal Macphersons identisch ist. Fionn habe in Leinster, einer der 4 Provinzen Altirlands, die Küstenwache befehligt und habe mit dieser das Land gegen den Einfall feindlicher Heerhaufen geschützt. Gewichtige Gründe scheinen indess dafür zu sprechen, dass jener Held Fionn einem germanischen Stamme angehört hat.

250 000 Fenier vertreten waren, wurde als Hauptzweck der Verbrüderung die Losreissung Kanadas und Irlands von England und die Gründung einer, beide Länder umfassenden, irischen Republik verkündet. Zur Vorbereitung des Krieges mit England wurden eifrig Geldmittel gesammelt, die in Kurzem mehrere Millionen Dollars betrugen.

Geheime Passwörter, mysteriöse Sinnbilder und schreckliche Eidschwüre ketten die Brüder aneinander und an den grossen Bund*), dessen Farben Grün und Gold sind, und dessen Gesetze jeden Verrat mit den schwersten Strafen bedrohen. Geleitet wird die Bruderschaft von bürgerlichen und militärischen Beamten, in deren Auftrage geheime Agenten zwischen den einzelnen Bundes-Zentren den Verkehr vermitteln.

In Amerika und in Irland wurden ehedem Waffenmagazine errichtet. Zur Nachtzeit sammelten sich die Verschworenen, um sich für den grossen Befreiungskampf in den Künsten des Krieges zu üben. Wüste Propagandaschriften und Zeitungen, heimlich unter der Bruderschaft verbreitet, predigten unaufhörlich Kampf und Rache, und feurige Kriegslieder schürten die Begeisterung bis zur Siedehitze.

Allein trotz aller Strafen und Eide folgte den Spuren der fenischen Konspiration auf leisen Sohlen der Verrat. Hungrige Abenteurer vom Schlage O'Mahoneys, der als Hauptführer ein ansehnliches Gehalt bezog, und Stephens', der dem Feniertum in Irland vorstand, knüpften Beziehungen zur englischen Regierung an und versorgten sie gegen gute Besoldung mit allen wünschenswerten Nachrichten. Auf Grund des so gewonnenen Materials schritt England 1867 in Irland

*) Neben der fenischen Bruderschaft besteht auch eine grosse Schwesternverbindung, die sich besonders durch Opferwilligkeit auszeichnet.

und Kanada gegen die Fenier ein und verhaftete die Häuptlinge, von denen viele wegen Hochverrats einen schimpflichen Tod erlitten.

Nichtsdestoweniger wühlte der Bund im Geheimen fort und zwar, wie man, vielleicht nicht ohne Grund, behauptet, in Gemeinschaft mit der roten Internationale. Für Aufstände im Stile der vergangenen Zeiten war allerdings kein Boden mehr. Um so unheimlicher und gefährlicher blühten Verschwörung und Geheimbundwesen. Agrarische Gewaltthaten aller Art waren tägliche Ereignisse. Losreissung von England und einheimische Regierung (Homerule) war und blieb das Feldgeschrei der irischen Bewegung, so sehr auch die englische Regierung durch eine Reihe entscheidender Reformen, insbesondere durch die irische Kirchenbill von 1869 und die irische Hausbill von 1870 bemüht war, der Unzufriedenheit auf der grünen Insel ein Ende zu machen.*)

Im Jahre 1880 schlossen sich die radikalen Elemente des Feniertums in Irland zur „Landliga“ zusammen, die zeitweilig eine wahre Schreckensherrschaft ausübte. Ihre Anhänger, die „Mondscheinmänner“ genannt, suchten mit Vorliebe nächtlicherweile solche Pächter heim und ermordeten sie, die trotz des Bundes-Verbotes ihren

*) Um dieselbe Zeit hatte sich in Amerika unter O'Donnovan Rossa der Geheimbund der „Neu-Fenier“ gebildet, der jedoch nicht recht gedeihen wollte. — Grosse Verbreitung in Nord-Amerika hat dagegen der „Alte Orden der Hibernier“ gefunden. Er bezweckt lediglich den Schutz der in der neuen Welt lebenden Irländer. Doch soll er sich gelegentlich auch an dem Treiben der „Molly Maguires“ und den Umtrieben der Fenier beteiligt haben. Mitglieder können nur irische Katholiken werden. Der Orden umfasst etwa 6000 Logen, die ihre geheimnisvolle Weisheit nur den Eingeweihten des zweiten (Haupt-)Grades spenden. Diese empfangen ihre Kenn- und Passworte von einem unsichtbaren und unbekannten „Komitee von Erin“, das angeblich vierteljährlich in Schottland oder Irland tagt.

Pachtzins entrichteten. Wiederum suchte die Regierung durch Unterdrückungsmassregeln und Reformgesetze den anarchischen Zuständen zu steuern und ein billiges Verhältnis zwischen Pächtern und Grundherren herzustellen. Der Liebe Müh war vergebens. Die „Landliga“ wollte nichts wissen von Versöhnung und den wohlgemeinten Absichten der Staatsgewalt und liess es an furchtbaren Schreckensthaten nicht fehlen. Auf ihre Rechnung sind die bekannten Phönixparkmorde in Dublin 1882 zu setzen, denen zwei hohe englische Beamte zum Opfer fielen. Das gerichtliche Verfahren gegen die Mörder, die dem rächenden Arme der Justiz durch Verrat aus den eigenen Reihen anheim fielen, führte zur Entdeckung einer anderen geheimen Mordverschwörung von erschreckender Ausdehnung. Ihren Mittelpunkt hatte sie in den „Irischen Unüberwindlichen“, jenen schlimmen Gesellen, die in den Jahren 1883 und 1884 wiederholte Versuche unternahmen, öffentliche Gebäude in London mittels Dynamits in die Luft zu sprengen. Die anarchistische Bande wurde von Nr. 1 geleitet, einem Pseudonym, hinter dem sich lange erfolgreich der bekannte Revolutionär Tynan verbarg. Die Beteiligung Parnells und anderer Führer der irischen Bewegung an dem Dubliner Verbrechen ist vielfach behauptet, aber nicht erwiesen worden.

Die wiederholten Homerule-Vorlagen Gladstones in den letzten Jahrzehnten, die den Forderungen der Irländer in umfassendstem Massstabe entgegenkommen wollten, die aber auch eine völlige Auflösung des staatlichen Bandes zwischen Irland und England zur Folge haben und der Machtstellung des britischen Reiches einen tötlichen Stoss versetzen mussten, fanden nicht die Billigung des britischen Parlaments und der Mehrheit des englischen Volkes.

So dauert denn die Gährung in dem unglücklichen

Lande fort. Und wenn man auch in den letzten Jahren nichts mehr von verbrecherischen Anschlägen der Fenier gehört hat, so glimmt doch das Feuer unter der Asche weiter, und ein Windstoss dürfte genügen, es wieder zu verzehrender Flamme anzufachen und die irische Frage von neuem aufzurollen.

III. Frankreich.*)

„Die Geschichte der Neuzeit ist die Geschichte der geheimen Gesellschaften". Ein böses Wort; doch ist ihm ein Körnlein Wahrheit nicht abzusprechen. Das zeigt uns ein Blick auf Frankreich und die Zustände in den südeuropäischen Staaten.

Es war am 11. April 1814, als der stolze Imperator dem Thron entsagte und sich nach der ihm zugewiesenen Insel Elba wandte, verfolgt von den Verwünschungen, Schmähreden und Drohungen desselben Volkes, das ihn kaum ein Jahr später mit Jauchzen und Frohlocken empfing. Die Liebe der grossen Masse ist kurz und unheilvoll, und die Menschen änderten sich in jenen Tagen schneller als die Dinge.

Den alten Königsthron nahmen die Bourbons ein, jene Dynastie, die, anmassend und eigensinnig und in Vorurteilen gegen die neue Weltanschauung befangen, in 25 schicksalsschweren Jahren „nichts gelernt und nichts vergessen hatte." Alles ward wieder im alten Stile hergerichtet. Sitten und Lebensanschauungen

---

*) Vergl. Vaulabelle: Hist. des deux restaurations. Paris; 1847 ff. — A. L. v. Rochau: Gesch. Frankreichs seit dem Sturz Napoleons bis zur Wiederherstellung des Kaisertums. Leipzig; 1858. — Viel-Castel: Hist. de la restauration. 20 Bde. Paris; 1860—1878. — K. Hillebrand: Gesch. Frankreichs von der Thronbesteigung Louis Philipps bis zum Fall Napoleons III. Gotha; 1877—1881. — Gervinus a. a. O. Bd. III. —

knüpften an die alte, längst vergessene Zeit an. „Die Zeit, die Ordnungen, die Ideen, die der einen Seite als der Gipfel aller vaterländischen Grösse galten, wollte die andere Seite als Verirrung, Schmach und Verbrechen brandmarken, oder womöglich in aller Erinnerung austilgen. Die Geistlichkeit wollte zum grossen Teil nach der mittelalterlichen Dunkelheit zurück, der Adel zu seinen feudalen Ordnungen, der Hof zu seiner früheren Allgewalt.“ In der vornehmen Gesellschaft herrschte bald wieder die leichte geistreiche Art, die frivole Genusssucht und die raffinierte Eleganz, wie sie einst vor der Revolution in den Salons gewaltet.

Eine tiefe Verstimmung bemächtigte sich der Nation, die, müde und abgehetzt und von tiefer Sehnsucht nach einem ruhigen, friedlichen Dasein erfüllt, unter der drückenden Last unverminderter Abgaben seufzte. Die anfängliche Begeisterung für die Bourbons war in wenigen Monden unwiederbringlich dahin. Man begann mit Bewunderung auf die heldenhafte Vergangenheit zu schauen, mit Widerwillen auf die kleinliche Gegenwart voll von Ränken und unredlichen Reaktionskünsten. In Béranger's satirischen Liedern spiegeln sich die Empfindungen des Hohnes und der Verachtung, mit denen das Volk damals auf die rückkehrenden Gespenster der alten Zeit blickte. —

Einem Mann von dem dämonischen Ehrgeiz eines Napoleon litt es nicht lange in der Nähe des aufgeregten, gährenden Landes. Und eines Tages entstieg, einem phantastischen Märchen gleich, die stolze Kaiserzeit dem Grabe und bezauberte die Gemüter von Neuem. Ratlos und bestürzt verliessen die Bourbons zum zweiten Mal den heimatlichen Boden. Die Herrschaft der hundert Tage begann unter glücklichen Vorzeichen für Napoleon, und eine neue Revolution schien Europa zu bedrohen. Schon schallten die Gesänge der Revolutionszeit wieder durch die Strassen; die Arbeiter verlangten Waffen, patriotische Verbindungen traten in's Leben. Aber Napoleon hatte seine Abneigung gegen Volksbewegungen und revolutionäre Kräfte noch nicht abgelegt. Er hasste und fürchtete die Freiheit der Strasse. Ueberdies hatte er alles Selbstvertrauen und das Gefühl des Gelingens verloren. So hatte denn die Herrlichkeit bald wieder ein Ende. Am 18. Oktober 1815 landete der „General Bonaparte" als englischer Staatsgefangener auf der Insel St. Helena mitten im grossen stillen Weltmeer. Ohne Sinn für die vom Schicksal niedergeworfene Grösse, lediglich den Eingebungen kalt berechnender Klugheit folgend, erniedrigte sich das stolze Inselreich zur schmachvollen Rolle eines Büttels. Nach sechs peinvollen Jahren fand der gramgebeugte Prometheus im Grabe die Ruhe, die ihm im Leben fremd geblieben. Tragischer hat nie ein dämonisches Heldenleben geendigt.

Unter dem Schutze englischer Bajonette zogen Louis XVIII. und sein Hof wieder in die Tuilerien ein. Das Volk verhielt sich diesmal still und teilnahmlos. Wiederum nahm die Bourbonenherrschaft den Charakter eines Parteiregiments im Interesse einer Klasse von Auserwählten und Bevorzugten an.

Mit der Wiederbefestigung des Königtums war eine Art Schreckensherrschaft verbunden. Die Angebereien, die gerichtlichen Anklagen, die Verfolgungen, Einkerkerungen, Verbannungen häuften sich bis ins Unglaubliche. Man hat berechnet, dass innerhalb einer Zeit von zehn Monaten 70,000 Menschen wegen ihrer politischen Gesinnung ins Gefängnis geworfen, gegen 100,000 Beamte aus derselben Ursache abgesetzt worden seien, Zahlen, die übertrieben sein mögen, denen sich indess immerhin ein Massstab für die Wirklichkeit entnehmen lässt.

Gegenüber der eisernen Gewalt der Reaktion bildete sich eine schier unabsehbare Reihe geheimer Gesellschaften, welche die Ideen des neuzeitlichen Staatslebens zu bewahren und den Vergewaltigungen durch konspiratorische Mittel entgegen zu wirken suchten.

---

1. „Die Freunde der Wahrheit".*)

Der rückläufige Geist der Zeit wurde 1820 durch mehrere Gesetzesvorlagen eingeleitet, die eine Beschränkung der persönlichen Freiheit und der Presse bezwecken und die Wahlberechtigung vermindern sollten. Bei der Beratung dieser Vorlagen kam es in der Kammer und auf den Strassen der Hauptstadt und in den Provinzen zu lärmenden Kundgebungen. Strassenkämpfe, Ueberfälle und andere Schandthaten liessen erkennen, dass die Erinnerung an die Stürme der Konventszeit noch nicht erloschen war.

An diesen Ereignissen hatten „die Freunde der Wahrheit" einen hervorragenden Anteil. Von Unbekannten nach freimaurerischem Vorbild organisiert, zählte die geheime Verbindung zu ihren Mitgliedern

*) Von der inneren Geschichte der meisten dieser Geheimbünde, ihrer Organisation, Verfassung u. s. w. wissen wir wenig. Ihre Führer trugen Bedenken, sich über diese Dinge, die ihnen im Falle einer Entdeckung leicht zum Verhängnis werden konnten, schriftlich zu äussern. Das beste einschlägige Material verdanken wir den Aufzeichnungen De la Hoddes, eines Polizeispions, der als thätiges, nicht selten sogar als führendes Mitglied zahlreicher geheimer Vereine gut unterrichtet war. Seine Mitteilungen sind zwar nicht frei von Tendenz und Übertreibung, dürfen aber in ihren Grundzügen als zuverlässig gelten. Sein Werk: Hist. des sociétés secrètes et du parti républicain de 1830—1848. Louis Philippe et la révolution de Février. Portraits, scènes de conspirations, faits inconnus. Paris; 1850 — ist auch ins Deutsche übertragen worden. Pest, Wien und Leipzig; 1850.

Studenten, Handlungsdiener, namenlose Schriftsteller und Künstler. Ihr Zweck war der Sturz der bourbonischen Dynastie und die Schürung der Volksleidenschaften. Aus Anlass eines von ihr erregten Strassenkampfes wurde sie in eine gerichtliche Untersuchung verwickelt und aufgelöst. Ueber ihre Mitglieder, soweit sie nicht ihr Heil in der Flucht gesucht, wurden schwere Strafen verhängt.

Zwei der einflussreichsten Führer entkamen nach Neapel und liessen sich dort in die Geheimnisse der Carbonaria einweihen. Heimgekehrt, sammelten sie die zersprengten Reste des Vereins und gründeten in einer Mainacht des Jahres 1821 nach carbonarischem Muster eine Verbindung,*) in der die Ideen der Republik oder einer demokratischen Staatsform auf Grund der Volksherrlichkeit genährt und gepflegt wurden.

Eine Anzahl geheimer, über ganz Frankreich verbreiteter Klubs, von einem unsichtbaren obersten Komitee geleitet, sollte auf ein gegebenes Signal sich sofort zum Aufstande rüsten. Jedes Mitglied musste zu diesem Zweck den Eid unbedingten Gehorsams ablegen und jederzeit ein Gewehr und 50 Patronen bereit halten.

Zahlreiche Notabilitäten und Kammer-Mitglieder, darunter der alte Freiheitskämpfer General Lafayette, traten der Verbindung bei, die nicht nur in Paris, sondern auch in jeder bedeutenden Provinzialstadt ihre Affiliierten hatte.

Der geplante Aufstand sollte in Béfort und La Rochelle ausbrechen, wo die Verschwörung unter der

*) Im Laufe des Sommers vereinigten sich die Wahrheitsfreunde mit den „Rittern der Freiheit“, einer geheimen Gesellschaft, die, von einem ehemaligen Militärarzt gestiftet, ihre Mitglieder hauptsächlich in militärischen Kreisen fand. Sie verzweigte sich rasch über das ganze Loiregebiet und hatte dort angeblich 30—40000 Anhänger.

Besatzung und der bürgerlichen Bevölkerung eine grosse Anzahl zuverlässiger Anhänger gefunden hatte. Man wollte sich zuerst der kleinen Festung Béfort bemächtigen, dort eine provisorische Regierung ausrufen und sich dann auf Colmar und Strassburg werfen und von hier aus den Aufstand im östlichen Frankreich organisieren. Gleichzeitig sollte eine revolutionäre Bewegung im Westen beginnen. Die Kraft der Regierung, auf diese Weise zwischen zwei Feuer genommen, würde, so hoffte man, dadurch rasch und sicher gelähmt werden. Die Polizei, die mit wachsamem Auge alle revolutionären Bewegungen beobachtete, kam jedoch den Anschlägen zuvor. Die Leiter der Verschwörung büssten ihren Wahnwitz meist unter dem Beile des Nachrichters.

Dem Dasein der „Freunde der Wahrheit" war damit der Lebensfaden abgeschnitten. Ihre Mitglieder zerstreuten sich oder fanden eine Zuflucht in anderen Vereinigungen.

---

2. Die „Gesellschaft der Volksfreunde".

Am 25. Juli 1830 unterzeichnete Karl X., der von Vorurteilen erfüllte, in unbegrenztem Herrscherhochmut sich bewegende Nachfolger Ludwigs XVIII., die berüchtigten Ordonnanzen, die in der Weltgeschichte eine neue Aera begründen sollten. Sie stellten die Zensur von 1814 wieder her, lösten die neugewählte Abgeordnetenkammer vor ihrem Zusammentreten wieder auf und verkündeten eine neue Wahlordnung mit wesentlichen Verkürzungen der bisherigen Rechte.

Die Folgen dieses Staatsstreiches zeigten sich sogleich. Adolf Thiers, der berühmte Verfasser der „Geschichte der Revolution und des Kaiserreichs", entwarf einen flammenden Protest gegen die „schreiendste Verletzung der Gesetze", der von den Oppositionsblättern schnell verbreitet wurde. Eine erregte Menge durchzog die Strassen. Mehrere Verhaftungen steigerten den Ingrimm. Es kam zum Handgemenge mit den Organen der Polizei, zu lärmenden Auftritten, Gewaltthätigkeiten und Ausschreitungen. Man begann die Trikolore zu entfalten und Barrikaden zu bauen, die sogleich von Studenten, Napoleonischen Soldaten und Volkskämpfern besetzt wurden. Schauerlich läuteten die Sturmglocken die Pariser Julirevolution ein, die den nahezu tausendjährigen Thron der Capetinger zum dritten Male stürzte. Fehler, Missgriffe und Schwächen der beiden letzten Könige und die geschichtliche Notwendigkeit, die für neue Staatsordnungen neue Menschen verlangt, waren die Ursachen der staatlichen Umwälzung.

Selten tritt im geschichtlichen und politischen Leben die Wechselbeziehung von Ursache und Wirkung so nachdrücklich hervor, wie sich bei diesem Ereignis nachweisen liess. „Es war gleichsam die Revolution der doktrinären Staatsvernunft, der politischen Theorie, daher auch der Liberalismus der nächsten Zeit die Logik und die Beweisgründe für seine Anschauung von Regierung und Staatskunst aus diesem Ereignis hernahm."

Den Strassen- und Barrikadenkämpfen stand die Gesellschaft der „Volksfreunde" sehr nahe. Obwohl erst wenige Tage vor dem Ausbruch der Revolution gegründet, hatte sie doch sogleich starken Zulauf aus den Reihen der Unzufriedenen, der republikanischen Klubs und jener katilinarischen Elemente, die bei bevorstehenden Umwälzungen immer zur Stelle zu sein pflegen. Der Eintritt in die neue Gemeinschaft stand jedem Staatsbürger offen, der eine bindende Erklärung hinsichtlich seiner patriotischen Gesinnung abzugeben gewillt war.

Das traurige Erbe der vertriebenen Dynastie war auf Louis Philipp, Herzog von Orleans, übergegangen. Eine bürgerlich-prosaische Natur, war dieser Fürst von berechnender Weltklugheit und infolge eines sturmbewegten, wechselvollen Lebens in Verstellungen und diplomatischen Ränken wohlbewandert. Die Leiter und Wortführer des neuen Regiments, der bewegliche, geistvolle, beredte Adolf Thiers, sein Freund und Gesinnungsgenosse Graf Rémusat, der Seinepräfekt Odilon Barrot u. a. waren ehrenwerte Männer, aber wegen ihrer massvollen konstitutionellen Ansichten dem alten legitimistischen, wie dem neuen demokratischen Frankreich nicht nach dem Sinn. Und als nun gar der König sich mit Ministern umgab, die seinen dynastischen Interessen dienten, und sich den Grundsätzen der alten Höfe näherte, traten ihm nicht nur seine bisherigen Anhänger, sondern auch die Republikaner der neuen Ordnung feindlich entgegen. Insbesondere erhoben die radikalen „Volksfreunde" die bürgerliche und soziale Gleichheit zu ihrem Evangelium, arbeiteten an einer staatlichen Umwälzung im Sinne der Republik, entwickelten demgemäss eine umfassende Agitation in Wort und Schrift und suchten sogar durch Emissäre in den Nachbarländern die dortigen missvergnügten Elemente zu sammeln, was ihnen auch, namentlich in Belgien, durchaus gelang.

Indess schon nach wenigen Monaten wurde der Verein polizeilich aufgelöst. Nun wandelte er sich in eine geheime Verbindung um. Empört über die Massregeln einer Regierung, die im Innern die politischen Verbindungen beseitigte, die republikanischen Zeitungen unterdrückte, strenge Gesetze gegen Zusammenrottungen und staatsfeindliche Demonstrationen erliess, die Demagogen und Journalisten den Prozess machte, die nach aussen mit den alten Kabinetten diplomatische Ränke gegen die Volksfreiheit schmiedete, in Italien und

Deutschland die Bannerträger des Liberalismus der Rache ihrer Gegner preis gab, setzten die „Volksfreunde“ die Agitation mit Erfolg fort und benutzten jede Gelegenheit zu Zusammenrottungen auf den Strassen in Paris und zu republikanischen Kundgebungen. Die Erstürmung des Palais Royal und die Ermordung Louis Philipps ward ganz offen und ungescheut als die vornehmste Aufgabe ihres Thatendurstes verkündet. Mitglieder der Bande waren auch in der Pariser Nationalgarde vertreten.

Am heftigsten loderten die wilden Leidenschaften der Gesellschaft empor, als die Kunde von dem Falle Warschaus einlief und die Cholera, die im Frühjahr und Sommer 1832 ihre furchtbare Todesernte hielt, die Phantasie des Volkes mit den schrecklichsten Bildern des Argwohns und der Verleumdung erfüllte. Die Verbindung bereitete jetzt eine allgemeine Erhebung vor. Das Signal dazu sollte der Brand der Notre Dame-Kirche sein. Sobald die Flamme an dem ehrwürdigen Bauwerke emporzüngeln würde, sollten sich die Banden in den Strassen zerstreuen und das Volk zur Revolution auffordern. In der That wurde das Balkenwerk der Kirche von sechs bis zum Wahnsinn exaltierten „Volksfreunden“ in Brand gesetzt, das Feuer aber noch rechtzeitig gelöscht. Zum Aufruhr kam es diesmal nicht.

Am 5. Juni 1832 wurde der von der Cholera dahingeraffte, volksbeliebte General Lamarque beigesetzt. Die Wegführung des Leichnams wurde zu feindseligen Demonstrationen benutzt, die bald einen aufrührerischen Charakter annahmen. Militär und Nationalgarde schritten ein und gingen gegen die von den Aufständischen besetzten öffentlichen Gebäude und die von jenen errichteten Barrikaden vor. Nach entsetzlichem Blutbade ward der Aufstand niedergeschlagen, und am

Abend des nächsten Tages war hiervon nichts mehr übrig als das Blut der Opfer, etliche zerstörte Gebäude und der Unwille des Volkes.

Über Paris ward der Belagerungszustand verhängt, die Kriegsgerichte traten in Thätigkeit: sieben Verschwörer wurden zum Tode, zahlreiche andere „Volksfreunde“ zur Deportation verurteilt.

Den Emeuten und gewaltsamen Umsturzversuchen war damit vorläufig ein Ziel gesetzt. Die Geheimbünde jedoch blieben bestehen, sammelten im Stillen zur Verwirklichung ihrer anarchistischen Bestrebungen eine schlagfertige Armee und untergruben durch Pamphlete, deren giftiger, revolutionärer Inhalt unaufhörlich die gedankenlose Menge in Atem hielt, jede öffentliche Autorität. Und im Jahre 1834 war der Boden so weit hergerichtet, dass ein Aufstandsversuch Aussicht auf Erfolg zu gewähren schien. Ihren Mittelpunkt hatten die Umsturzideen jetzt in der

3. „Vereinigung der Menschenrechte“.

Gegen Ende des Jahres 1832 beschlossen hervorragende Parteimänner, wie Cavaignac, Guinard, Vignerte u. a., die Leitung des bereits seit einiger Zeit bestehenden Vereins der „Menschenrechte“ zu übernehmen und alle revolutionär gesinnten Elemente an sich zu ziehen. Nach dem Muster mancher Vorgängerin gab sich die Gesellschaft eine Art militärischer Organisation, die sich über einen grossen Teil Frankreichs erstreckte und die ihr gestattete, von Paris aus auf die entlegensten Landschaften einzuwirken.

Elf Mitglieder bildeten das „Comité directeur“. Unter ihm arbeiteten 12 Kommissare, deren Befehlen wiederum 48 Unterkommissare Gehorsam zu leisten hatten. Diesen fiel die Aufgabe zu, Sektionen zu bilden und zu leiten, die aus höchstens 20 Mitgliedern bestanden. Jede dieser Abteilungen führte einen andern Namen.

Eine rührige und rücksichtslose Agitation sammelte alle unzufriedenen Elemente, und nach Verlauf von drei Monaten sprach man bereits „von der Armee der Menschenrechte“.

Wie der Name andeutete, war das Ziel der Gesellschaft auf die Einrichtung der sozialen Republik gerichtet. Ihr Glaubensbekenntnis war des grossen Citoyen Robespierre vielberufene „Erklärung der Menschenrechte“.

Die Vereinigung schied sich in die gemässigte Richtung der „Girondisten“ und in die radikale der „Montagnards“. Nachdem diese das Übergewicht erlangt, rief sie einen engeren Ausschuss, „Société d'Action“, ins Leben, der die Revolution vorbereiten sollte. Bei einer von der Oberleitung des Bundes im Frühjahr 1834 veranstalteten Musterung wurden in Paris 3500 Mitglieder gezählt. Auch in den Provinzen und ebenso in der Armee hatte die staats- und gesellschaftsfeindliche Propaganda festen Fuss gefasst. Im Besitze solcher Machtmittel glaubte der Bund nunmehr zur That schreiten zu sollen.

Die Verkündigung des Assoziationsgesetzes, das allen geheimen Gesellschaften den Untergang drohte, gab den äusseren Anstoss dazu.*) Die Vorsteher der einzelnen Gruppen versammelten sich in Paris, um sich über die letzten Massnahmen zu verständigen, und

---

*) Man rechnete dabei auf die Mitwirkung verwandter Vereinigungen, wie der „Gesellschaft zum Schutze der Presse“, des „Père Andrée“, der „Gesellschaft zur Unterstützung politischer Gefangener“, des „Vereins zur freien und unentgeltlichen Volksbildung“, der Freimaurerlogen, die ihre philanthropischen Zwecke zum Teil mit anarchistischen vertauscht hatten, der „Gesellschaft Aide-Toi“ und anderer Klubs von anarchistischer Färbung.

bestimmten den 13. April 1834 zum Losbruch. Nun schritt die Regierung ein, verhaftete eine Anzahl Sektionschefs und schien entschlossen, dem Aufruhr mit allen Mitteln zu begegnen.

Trotzdem wurden zur festgesetzten Zeit schnell an zahlreichen Punkten der Hauptstadt Barrikaden errichtet. Gleichzeitig brachen Emeuten, durch Sendboten des Anarchistenbundes angezettelt, in Lyon, St. Etienne, Grenoble, Marseille und anderen Orten aus. Aber alle Versuche, die rote Republik zu errichten, scheiterten. Die Empörung wurde von den Truppen nach greuelhaften Mordszenen niedergeschlagen. Die dem Tode entgangenen Insurgenten wurden nach einem umständlichen Gerichtsverfahren meist zur Deportation verurteilt. Die „Gesellschaft der Menschenrechte“ hatte aufgehört zu bestehen.

---

4. Die „Gesellschaft der Familien“.

Die gewaltthätigsten Elemente des verbrecherischen Geheimbundes mit Blanqui, Bernard und Barbés an der Spitze setzten das anarchistische Geschäft fort und organisierten im Spätherbst des Jahres 1834 die „Gesellschaft der Familien“. Sie erklärten allen Besitzenden den Krieg, schmeichelten der Eigenliebe und dem Selbstgefühl der arbeitenden Klassen, predigten Ausgleichung von Kapital und Arbeit, kurz, sie eigneten sich die von politischen Schwärmern und verschrobenen Köpfen, wie Proudhon und Louis Blanc, ausgesonnenen Systeme des Kommunismus und Sozialismus an. Ohne Einsicht in das komplizierte Räderwerk des Völkerverkehrs legten sie an die menschliche Gesellschaft den dürftigen, engherzigen Massstab der Werkstätte und der Räsonnierklubs. Umrahmt von einem sophistischen Truggewebe von Gleichheit und

Brüderlichkeit, verbreiteten sich die verführerischen Ideen in den durch politische Zurücksetzung erbitterten Volksklassen. In den Schleier des Verbotenen und Geheimnisvollen gehüllt, erschienen sie beschränkten Köpfen und gedrückten Gemütern als tiefe Weisheit und als Rettung aus allen Nöten des Daseins. Von den gebildeten Klassen wenig beachtet oder als Hirngespinste verspottet, blieben sie unwiderlegt und wurden von böswilligen Volksverführern unkrautartig in allen Ländern ausgestreut.

Der Bund vollzog die Aufnahme neuer Mitglieder unter mysteriösen Feierlichkeiten. Der einzuweihende Jünger wurde mit verbundenen Augen in die Versammlung geführt. Nach einem Wechselgespräch des Präsidenten Blanqui und eines andern Würdenträgers musste der Kandidat geloben, über alles, was er hören und sehen werde, unverbrüchliches Schweigen zu beobachten. Darauf erklärte ihm der Vorsitzende den Zweck der Gesellschaft: sie bilde eine geheime geschlossene Verbindung gegen Tyrannei, gegen Press- und Assoziationsgesetze, verbreite die republikanischen Lehren durch alle möglichen Mittel und sei entschlossen, zu gehöriger Zeit die Waffen zu ergreifen, um die vaterlandsverräterische Regierung zu stürzen. Im Anschluss hieran musste der Kandidat schwören, den Bundesgesetzen unbedingten Gehorsam zu leisten, alle Verräter mit seiner Rache zu verfolgen und dem Verein Freiheit und Leben freudig zu opfern. Nach Ableistung des Eides wurde der Neuling unter einem selbstgewählten Namen in die Mitgliederliste eingetragen, ihm ausserdem zur Pflicht gemacht, sich mit Waffen und Munition zu versorgen und im Falle seiner Verhaftung dem Untersuchungsrichter keinerlei Geständnis abzulegen.

Die leitende Bundes-Behörde war den Mitgliedern nicht bekannt; sie hatte aber die Verpflichtung, im Falle des

Kampfes sich als Anführer zu stellen und zu erkennen zu geben.

Jede „Familie“ durfte nur aus höchstens 12 Mitgliedern zusammengesetzt sein und sich niemals an einem öffentlichen Orte versammeln. Hierzu mussten die Verschworenen ihre Wohnungen hergeben. Mehrere „Familien“ standen unter einem Bezirkskommandanten. Die Mitglieder des einen Zirkels hatten keine Kenntnis von denen des andern.

Die der Selbstsucht, der Schlaffheit, wie der wirklichen Not zusagenden Lehren des Geheimbundes fanden bei dem ungebildeten, beschränkten, oft auch kindlich arglosen Proletariat einen günstigen Boden. Aufregende, den Hass gegen das Bürgertum nährende Gedichte, ergreifende Schilderungen der sozialen Verhältnisse und des menschlichen Elends steigerten die Unzufriedenheit. Regierung und Obrigkeit wurden als eine durch Gewalt begründete Ordnung geschildert, gegen die es keine Verpflichtung gebe und die nur so lange bestehe, als „das Volk“ sich seiner Kräfte nicht bewusst sei oder sie nicht in Anwendung bringe.

Von der Ansicht geleitet, dass der französische Staat nur durch die Gewandtheit und Klugheit des Oberhauptes zusammengehalten werde, trachteten die „Familien“ dem Könige nach dem Leben, um im Augenblick der Verwirrung eine republikanische Staatsform zu begründen und alsdann rasch zu den sozialen Reformen, wie sie von ihnen verstanden wurden, zu schreiten.

Einer ganzen Reihe von Mordanschlägen entging Louis Philipp mit wunderbarem Glück. Aber am 28. Juli 1835 trat ein Ereignis zu Tage, das Europa mit Entsetzen und Furcht vor den in der Tiefe der Schreckenspartei lauernden Gefahren erfüllte. Auf dem

Boulevard du Temple richtete eine „Höllenmaschine“ ein furchtbares Blutbad in dem Gefolge des vorüberziehenden Königs an, er selbst blieb unverletzt. Die Urheber des furchtbaren Verbrechens, der Corse Joseph Fieschi, ein Strolch gemeinster Sorte, und mehrere andere fanatische Mitglieder der „Familien“ starben auf der Guillotine, verleugnet und verabscheut von den ehrlichen Republikanern, von den anarchistischen Geheimbündlern und den sozialistischen Massen dagegen als Märtyrer der Freiheit gepriesen. Kein Wunder, wenn bei solcher politischen Überspanntheit die Mordversuche nicht aufhörten. Der Drang nach dem wohlfeilen Herostratusruhme ergriff die Fanatiker, wie eine ansteckende Geisteskrankheit. Es kam eine Zeit, da nur Hochverratsprozesse in unabsehbarer Zahl die Justiz beschäftigten. Das niedere Bürgertum, dessen Gunst sich das orleanistische Königtum längst verscherzt hatte, sah dem Treiben der Umsturzpartei, der sozialistischen und kommunistischen Verbindungen mit Gleichgültigkeit, wenn nicht gar mit unverhüllter Schadenfreude zu. Diese Kreise pflegen sich meist erst dann auf ihre Pflicht gegen den Staat zu besinnen, wenn die Gefahr sie selbst zu verschlingen droht.

Unter solchen Verhältnissen gewannen „die Familien“ zahlreiche Anhänger. 1836 zählte man deren 1000. Diese drangen im August zur Entscheidung. In einem einsamen Hause wurde eine Pulverfabrik errichtet, deren Pforten sich nur dem öffneten, der seine Anwesenheit dadurch zu erkennen gab, dass er eine Hand voll Sand gegen ein bestimmtes Fenster warf.

Trotz aller Vorsichtsmassregeln und Eide erhielt die Polizei Kenntnis von dem geheimnisvollen Treiben der Verbrecher, verhaftete ihre Führer und machte ihnen den Prozess.

---

5. „Die Jahreszeiten."

Die der Verurteilung entgangenen Leiter der Umsturzpartei fanden vorübergehenden Anschluss an die vom Prinzen Louis Bonaparte geplante Verschwörung und den von ihm am 30. Oktober 1836 in Strassburg unternommenen Versuch, durch einen Militäraufstand den Julithron zu stürzen und den Bonapartistischen Kriegsadler wieder aufzupflanzen. Das unbesonnene Unternehmen misslang, obwohl der Bonapartismus, durch Poesie und Sage verklärt und durch den tragischen Ausgang seines Helden geweiht, die politische Glaubenslehre war, zu der sich die Mehrheit der Nation bekannte.

Das Scheitern des Strassburger Putsches bewog die Meister in der Kunst des Konspirierens die zerstreuten Gruppen „der Familien" zu sammeln und sie als „die Jahreszeiten" neu zu konstituieren. Ihre Organisation war der „der Familien" ähnlich. Sechs Mitglieder unter Führung eines Siebenten, „Sonntag" genannt, bildeten eine „Woche"; vier „Wochen", unter dem Befehl eines „Juli" stehend, bildeten einen „Monat". Drei „Monate" oder „Jahreszeiten" waren unterthan einem Chef, der „Frühling" hiess; vier „Jahreszeiten" waren dem „revolutionären Agenten" ergeben. Diese waren die unmittelbaren Untergebenen der unbekannten Obern, d. h. Bernards, der aus dem Pulverprozess frei hervorgegangen war. In Wochen-, Monats- und Jahresversammlungen wurde der Tyrannenmord empfohlen, wurden die Gemüter durch revolutionäre Reden erhitzt. Jedes Mitglied musste sich bereit halten, ohne vorhergegangene Anzeige einer Aufforderung zum Kampfe Folge zu leisten.

Die Anhänger der „Jahreszeiten" waren der Mehrzahl nach Arbeiter. Daher entwickelte sich das Unternehmen anfangs nur langsam. Nach mehreren Monaten eifrigster Agitation hatten Bernard und seine Adjutanten erst etwa 500 Rekruten geworben.

Das strengste Geheimnis umgab die neue Verschwörung. Der „republikanische Moniteur", ihr Verbandsorgan, predigte Mord, Raub und Zerstörung und machte die Runde durch alle Schenken. Die Propaganda drang in die entlegendsten Winkel. Mittels eines Handstreichs gedachte man die soziale und radikale Revolution herbeizuführen.

In der That bemächtigte sich am 12. Mai eine Bande von Verschwörern durch einen bewaffneten Überfall des Stadthauses und des Justizpalastes, errichtete Barrikaden und rief die Republik aus. Aber eine Hand voll alter Soldaten, von einem entschlossenen Offizier befehligt, bereitete der Revolution ein jähes Ende. Die Schuldigen wurden durch das Pairsgericht teils zum Tode, teils zur Deportation verurteilt.

Aber Verschwörungen anzuzetteln, Geheimbünde und Aufstände zu organisieren, lag so sehr im Charakter der Zeit und war vielen neuen Propheten so sehr zur zweiten Natur geworden, dass sie jeder geordneten Regierung immer wieder als unversöhnliche Feinde gegenüber traten. An die Fersen dieser antimonarchischen Volksbeglücker hefteten sich die Männer der in aller Stille fortlebenden „Jahreszeiten" mit ihren sozialistischen und kommunistischen Zielen und trafen ihre Vorbereitungen für den Fall eines Umschlages. Und die kommenden Ereignisse zeigten, wie richtig sie die Zeichen der Zeit zu deuten verstanden hatten.

Während der „Barrikadenkönig" immer rücksichtsloser in die rückschrittlichen Pfade der „Heiligen Allianz" einlenkte, durch juristische Kniffe die konstitutionellen Rechte zu vernichten suchte und sich in seiner auswärtigen Politik in entschiedensten Widerspruch mit der öffentlichen Meinung setzte, wurden in der nächsten Umgebung des Julithrones die schlimmsten Gaunerstreiche entdeckt. Der Ruf der Käuflichkeit und schmutzigen Gewinnsucht, der auf der Regierung lastete, fand in einem ungeheuren Skandalprozess gegen Angehörige des Kabinetts seine Bestätigung. Und die scheussliche Ermordung der Herzogin von Praslin durch den eigenen Gatten liess einen Blick thun in einen Abgrund von Sittenlosigkeit und Entartung der höheren Stände, der ähnliche Erscheinungen in der alten Monarchenzeit an Schrecklichkeit noch übertraf.

So ging denn Frankreich mit Riesenschritten einer neuen Umwälzung entgegen. Sie erfolgte in den Tagen des 22.—24. Februars des Jahres 1848 und war in jeder Beziehung ein glücklich vollführter Handstreich der „Jahreszeiten“ und der von ihnen fortgerissenen erbitterten Massen. Am 24. Februar war ganz Paris in den Händen der Aufständischen. Die Republik ward ausgerufen. Louis Philipp entfloh unter Todesängsten nach England, wo er, ein gebrochener Mann, zwei Jahre später verschied. Seine Dynastie hatte keine Anhänger, keine Partei und fand kein Zeichen der Teilnahme. Wenige Stunden hatten genügt, die mächtige Monarchie zu beseitigen.

Es folgte nun eine Reihe von Jubeltagen, da politische Leidenschaften und anarchistische Ausschreitungen mit republikanischen Festlichkeiten abwechselten, bis die harte Wirklichkeit des praktischen Lebens ihre Rechte geltend machte. Die blutrote Fahne, die bisher das Feld behauptet, musste der Trikolore weichen; die anarchistischen Banden mit ihrer ungeheuren Gefolgschaft brotloser, arbeitsscheuer, zerlumpter Proletarier, deren Erhaltung nach dem sozialistischen Grundsatze des „Rechts auf Arbeit“ einen zwecklosen Aufwand von ungezählten Millionen erforderte, wurden beseitigt und die schlimmsten Aufwiegler, wie Huber,

Blanqui, dem die Revolution die Freiheit gebracht, Sobrier u. a. verhaftet. Allerdings schändeten die Männer der „Jahreszeiten“, die wiedererstandenen „Montagnards“ und andere verwilderte Anhänger der roten Republik im Juni 1848 noch einmal die Menschenwürde durch Thaten tierischer Barbarei. Aber in viertägigem entsetzlichem Strassenkampfe wurden die entmenschten Gesellen niedergezwungen und dann zu Tausenden nach den überseeischen Kolonien deportiert. Und schon am 10. Dezember 1848 erhob der klerikale Einfluss, der Widerwille aller ordnungsliebenden und einsichtsvollen Elemente gegen Anarchismus und Sozialismus einen vielgewandten Abenteurer, den Prinzen Louis Bonaparte, zur Präsidentschaft der neuen republikanischen Aera. Scharfe Pressgesetze, strenge Polizeiaufsicht und eine schlagfertige Armee sorgten dafür, dass fortan die Ruhe äusserlich ungestört blieb.

Nach dem Sturze Napoleons entfaltete der frevelhafte Fanatismus der sozialistischen und kommunistischen Geheimbünde im März 1871 unter dem wilden Triumvirat Blanqui-Rigault-Rochefort wiederum die rote Fahne in Paris und versagte der dritten Republik den Gehorsam. Ein fürchterlicher Bürgerkrieg verwandelte die Schöpfungen der Kunst, des Luxus, des Geschmacks, die Sitze des Reichtums und des Lebensgenusses in trostlose Wüsteneien und fügte der Geschichte der Verbrechen und Greuel, die schon so oft in den Strassen der unruhigen Seinestadt gewütet, ein neues dunkles, unvertilgbares Blatt hinzu. —

IV. Spanien.*)

Im Mai 1808 zwang Napoleon das bourbonische Regentenhaus der spanischen Krone zu entsagen, die

---

*) Für die Geschichte der geheimen Gesellschaften in Spanien

er seinem Bruder Joseph verlieh. Aber in seiner Erwartung, das Land zu einem französischen Klientelstaat zu machen, sah sich der Gewaltige getäuscht. Das spanische Volk, unfähig, die wohlthätigen Wirkungen der französischen Staatsumwälzung zu würdigen, und erbittert über die ihm zugefügte Schmach, griff zu den Waffen. Edle und unedle Gefühle, glühender Nationalstolz und wilder Fremdenhass, patriotische Begeisterung und religiöser Fanatismus stachelten zu jahrelangem Widerstande an und zu einem verzweifelten Guerillakrieg, den ein höher kultiviertes Land nur wenige Monate hätte ertragen können. Zum ersten Male hatte Napoleon mit einem Volke zu kämpfen; der spanische Krieg gab ganz Europa Lehren, die nicht verloren gingen.

Nach den Missgeschicken in Russland und Deutschland beschloss der Imperator, um seine Streitkräfte zu

---

kommen in Betracht: B. v. Schepeler: Geschichte der spanischen Monarchie von 1810—23. Aachen; 1829—30. — H. Baumgarten: Geschichte Spaniens vom Ausbruch der französischen Revolution bis auf unsere Tage. 3 Bde. Leipzig; 1866—71. — Hubbard: Hist. contemporaine de L'Espagne. Paris; 1869—83. — W. Lauser: Gesch. Spaniens vom Sturz Isabellas bis zur Thronbesteig. Alfonsos. 2 Bde. Leipzig; 1877. — Lafuente: Historia general de España. 15.—22. Bd. Barcelona; 1888. — Tief eingeweiht in die Geheimnisse der spanischen Konspiratoren war der Franzose Jullian. Doch ist sein Werk: Précis historique des principaux évènemens qui ont amené la révolution d'Espagne. Paris; 1821 — mit Vorsicht zu benutzen, da viele Dinge darin romanhaft ausgeschmückt sind. — H. Brück: Die geheimen Gesellschaften in Spanien und ihre Stellung zu Kirche und Staat von ihrem Eindringen in das Königreich bis zum Tode Ferdinands VII. Mainz; 1881. — Das tendenziöse Buch bietet weniger eine Geschichte der geh. G. als eine Darstellung der „Leiden“ der von jenen verfolgten Kirche in Spanien. Es sucht besonders die „bösen“ Freimaurer für alles Unheil verantwortlich zu machen. Vergl. ferner Gervinus a. a. O. II. u. III. Bd.

sammeln und des verhassten spanischen Krieges entledigt zu werden, den seit sechs Jahren gefangen gehaltenen König Ferdinand VII. über die Pyrenäen zu entlassen.

Der zurückkehrende Monarch (März 1814) wurde mit enthusiastischem Jubel empfangen. Die Volksbegeisterung war dem übelberufenen Manne, der von dem öffentlichen Leben und den Vorgängen in Spanien nur notdürftige Kenntnis hatte, ein Beweis, dass die Nation und die Armee die Rückkehr zur alten staatlichen und kirchlichen Ordnung wünsche. Daher öffnete er Herz und Ohr den Einflüsterungen der Klerikalen und Absolutisten, und der Gedanke eines Umsturzes der von den Cortes 1812 proklamierten, die monarchische Gewalt erheblich beschränkenden Verfassung gewann immer mehr Boden.

In der Nacht, die dem Einzuge des Königs in die Hauptstadt voranging, wurden die angesehensten Männer der liberalen Partei in schmutzige Kerker geworfen und ein reaktionäres Ministerium zur Führung der Staatsgeschäfte berufen. Alle Übelstände der alten Zeit, alle Missbräuche des Despotismus und der Priesterherrschaft kehrten wieder. Die Jesuiten hielten ihren Einzug, und die Inquisition, von den Zeloten als eine der wertvollsten Eigentümlichkeiten der katholischen Kirche gepriesen, feierte mit ihrer Folter und ihren sonstigen Schrecknissen neue ungeahnte Triumphe. Eine Kamarilla, bestehend aus selbstsüchtigen Bevorrechteten, aus fanatischen Priestern, lasterhaften Höflingen und ränkevollen Weibern, trieb den König zur grausamen Verfolgung aller Liberalen. Haussuchungen, Verhaftungen zur Nachtzeit durch die Schergen der Inquisition, ein verruchtes System von Angeberei, Ränkesucht und Terrorismus und zahllose politische Prozesse erfüllten alle Gemüter mit Angst und Schrecken. Viele der kühnsten und heldenhaftesten Häuptlinge der Guerillas starben unter der Hand des Henkers oder wanderten als Verbannte und Flüchtlinge ins Ausland. Der blutgierige Generalkapitän Elio liess in Valencia die Liberalen und Unzufriedenen zu Hunderten abschlachten.

Verwaltung und Rechtspflege befanden sich in jammervollem Zustande, die Armee sah sich in beispielloser Weise vernachlässigt und musste, gleich dem Beamtentum, elend Hunger leiden, derweil Hof und Mönche im Überfluss schwelgten. Die Staatskasse war trotz unerhörten Steuerdrucks beständig leer, die südamerikanischen Kolonien rissen sich vom Mutterlande los, Handel und Wandel stockten, Unmut und Verstimmung, aber auch ein gewisser Schicksalstrotz herrschten im ganzen Lande.

Sechs Jahre währte dieses Regiment der Schmach und Bedrückung, das goldene Zeitalter der Beichtväter. Während die bigotte, abergläubische Menge das unwürdige Joch mit stumpfer Ergebung trug, griff die Gährung in den gebildeten Ständen, in der Armee, in dem Beamtentum immer mehr um sich.

Aber die Häscher der Inquisition lagen beständig auf der Lauer, Tausende von Mönchen spähten, kein Brief war sicher. Die Unzufriedenen mussten die geheimsten Pfade wandeln, zu raffinierten Künsten ihre Zuflucht nehmen, um die Gleichgesinnten zu sammeln, die verwandten Elemente für den gemeinsamen Zweck in Bewegung zu setzen.

Das geschah durch die Bildung geheimer politischer Gesellschaften, für welche die in den Kriegsjahren verbreitete Freimaurerei die Organisation hergab. Das schreckliche Übel politischer Verschwörungen gedeiht überall, wo der Despotismus herrscht und den Sinn für Recht und Gesetz zerstört.

Bald sassen in den meisten Städten zahlreiche

Verschworene beisammen, denen die Lockungen ihrer Agenten, die allgemeine Not und die dem Spanier eigene Lust zur Intrigue unaufhörlich neue Scharen Anhänger zuführten.

Der „Feuerherd“ der Verschwörungen und der Mittelpunkt der geheimen Konventikel (Junta revolucionaria) war anfangs Granada, später Madrid und Cadix. Ihre Mitglieder, die meist gleichzeitig dem Freimaurerbunde angehörten, waren Offiziere, höhere Beamte und einflussreiche Kaufleute, standen mit den in Frankreich und England lebenden spanischen Emigranten in regelmässigem Verkehr und unterhielten auch Beziehungen zu der Revolutionspartei in den spanischen Kolonien Südamerikas.

Die in den Konventikeln gehaltenen aufreizenden Reden, die wilde Sprache der massenhaft verbreiteten Zeitungen und Flugblätter, in denen natürlich nur die Freunde des Umsturzes das Wort hatten, fachten den politischen Eifer unermüdlich an, indem sie dem herrschenden Elend das lockende Bild der von der Revolution zu begründenden allgemeinen Glückseligkeit entgegen hielten. So stieg allmählig die Flut des öffentlichen Lebens und bedeckte endlich die anscheinend tot daliegende Halbinsel mit dem rauschenden Wogenschlage politischer Leidenschaften.

Als die zur Unterdrückung des amerikanischen Aufstandes mobilisierten Truppen in Cadix eingeschifft werden sollten, verweigerten sie den Gehorsam (1. Januar 1820). Der Oberst Riego, ein heisser Kopf von grosser Leidenschaft, aber unklar, von massloser Eitelkeit erfüllt und von geringer Bildung, war die Seele des Unternehmens. Die Führung übernahm der aus der Haft befreite General Quiroga. In Coruña, Saragossa, Pampelona, Cartagena, Valencia und andern Orten brach die Empörung aus. Überall ward die liberale Verfassung verkündet und dem absoluten Königtum der Krieg erklärt. Dem erschreckten König blieb nichts übrig, als nach der Vorschrift der Insurgenten die Cortes einzuberufen und die Konstitution von 1812 zu beschwören. Nun begann die Blütezeit der geheimen Verbindungen und demokratischen Klubs.

Die „patriotische Gesellschaft des nationalen und konstitutionellen Café Lorencini“ zu Madrid, ein Seitenstück zu dem ehemaligen Pariser Jacobinerklub, suchte das Staatsleben in revolutionärer Bewegung zu erhalten und die Männer eines besonnenen Fortschritts (Moderados) in der Regierung und in der Kammer zu beseitigen. Und der eitle Riego geberdete sich, gestützt auf die radikalen Gesellschaften, wie ein Staatsretter und Diktator. Er war des Volkes Abgott; es lauschte seinen Reden voll von revolutionärem Pathos mit Entzücken und brachte ihm prunkvolle Ovationen dar. In ganz Europa ward sein Name gefeiert, wie später der Garibaldis.

Die Moderados in den Cortes befanden sich in schwieriger Lage, zumal Zwietracht und Parteiwut ihre Reihen schwächten und die Kabalen Ferdinands, der Servilen und Klerikalen, die konspiratorischen Umtriebe der Exaltados alle Bemühungen, ein konstitutionell monarchisches Staatswesen ehrlich zu begründen, vereitelten. So bewegte sich unter den Stürmen leidenschaftlicher Kämpfe das Staatsleben mühsam fort einer dunklen und drangvollen Zukunft entgegen. Und als dann bei den neuen Corteswahlen (1822) die Radikalen mit Hilfe der geheimen Verbindungen und Klubs einen vollständigen Sieg über die Moderados errangen und die Führer der Strassendemagogie die Kammersitze einnahmen, war die Revolution auf dem besten Wege, sich der Leitung des wracken Staatsschiffes zu bemächtigen.

Von den zahllosen, damals bestehenden und das öffentliche Leben Spaniens beherrschenden, geheimen Gesellschaften kennen wir kaum mehr als den Namen. Hierher gehören, ausser jenem Lorencini-Klub, die „Fontana de Oro“, der „Klub zum Malteserkreuz“ u. a. Zu nennen sind in diesem Zusammenhange ferner die Carbonari, die, hauptsächlich in Catalonien verbreitet, nur kurze Zeit bestanden, und „die Gesellschaft zur Regeneration Europas“. Sie hatte ihren Sitz in Barcelona und zählte besonders Italiener in ihren Reihen. Die „französische Association“ in Madrid stand mit den Geheimbünden in Frankreich in Verbindung. In allen grösseren Städten bestanden „patriotische Gesellschaften zur Beförderung des öffentlichen Wohls“. Ihr Hauptquartier befand sich in Madrid. Dort waren auch die „Freunde der Ordnung“ zu finden. Einen gemässigten Liberalismus und eine Reform der Konstitution erstrebten die Anilleros, deren Mitglieder als Erkennungszeichen einen Ring (anillo) trugen. Schliesslich sannen die radikalen Elemente auf die Gründung einer Gesellschaft, der Name, Statuten und Mitglieder gleichmässig den extremsten Charakter sichern sollten. Diese Bedingungen erfüllten

die Comuneros oder
„die Söhne des Padilla“.*)

Diese Gesellschaft, die es in kurzer Zeit bis auf 60000 Mitglieder brachte, trat im Oktober 1821 ins Leben. Ihre Stifter und Wortführer waren die ex-

*) Spaniens Vergangenheit wies eine grosse populäre Bewegung auf, deren Tendenzen den radikalen Bestrebungen der Gegenwart einigermassen verwandt gewesen waren: den Aufstand der Comuneros Kastiliens gegen den Despotismus Karls V., gegen die brutale Habgier und Willkür der ihn umgebenden Günstlinge. Die Erinnerung an diese revolutionäre Volkserhebung, an die

tremen Republikaner Romeo Alpuente, Mejia, Riego, Mina u. a. Als Oberhaupt fungierte Ballesteros. Sie wollte die Befreiung der Menschheit fördern (!), die Rechte des spanischen Volkes gegen die Uebergriffe und Missbräuche des Königtums und des Klerus schützen, die Bedürftigen unterstützen und die revolutionären Ideen bis zur äussersten Konsequenz durchführen. Ihre Anhänger waren meist unerfahrene, heissblütige junge Männer aus dem niederen Volke.

Ihre Logen, die von einem „Gran Castellano" geleitet wurden, nannten sie „Türme und Schlösser" (torres y castillos). Mittels der „Türme" gedachten sie den Feinden der Freiheit zu widerstehen bis zum Tode.

Die Aufnahme in den Bund wurde so imposant und so phantastisch wie möglich ausgestattet. Unter bizarren Zeremonien, die das hohle Pathos der Ritterschaft affektierten, als hätte sie ein neuer Don Quixote ersonnen, gelangte der Novize in den „Waffensaal", um hier die nötige Belehrung über die Pflichten der Mitglieder zu erhalten. Darauf wurde er mit verbundenen

tragische Katastrophe seines heldenmütigen Führers Juan de Padilla, der noch auf dem Blutgerüste die Hoffnung ausgesprochen, es werde dereinst ein Rächer aus der Mitte der Freiheitshelden hervorgehen, war in den letzten zwanzig Jahren zu einem lebendigen Eigentum aller Liberalen geworden. Sie waren stolz darauf, in der eigenen Vergangenheit einen so beweglichen, allen Anforderungen einer glühenden Phantasie so entsprechenden Vorgang zu besitzen. Sie schwärmten für diese heroischen Comuneros, welche dem habsburgischen Absolutismus so kühn entgegen getreten waren, und Padilla galt für das wahre Muster eines Patrioten, da er für die Freiheit ebenso stolz zu sterben, als tapfer zu kämpfen verstanden hatte. Da war es denn eine fruchtbare Idee, dass die Radikalen ihrer neuen Gesellschaft den Namen der Comuneros beilegten, sich selbst „Söhne des Padilla" nannten. — Vergl. C. v. Höfler: Der Aufstand der kastilianischen Städte gegen Kaiser Karl V. 1520—22. Ein Beitrag zur Geschichte des Reformationszeitalters. Prag; 1876. —

Augen in einen düstern Raum geleitet, wo er sein Ansuchen um Aufnahme in den Bund wiederholen musste. Alsdann wurde der Kandidat von der „Schildwache“ zum Wachthause des Schlosses geführt. Auf dem Wege dorthin musste er eine Zugbrücke überschreiten und ein Fallgatter passieren. In dem Wachtlokal, dessen Wände mit Waffen und kriegerischen Trophäen und Inschriften geschmückt waren, wurde ihm in Gegenwart der versammelten Ritter die Binde abgenommen. Nach einigen Augenblicken tiefer, geheimnisvoller Stille erschien der „Gran Castellano“ und nahm dem Novizen den Eid*) ab, der diesen unauflöslich an den Bund der Comuneros fesselte. Mit den Worten des Vorstehers: „Du stehst ganz unter dem Schilde unseres Obersten Padilla“ war die Aufnahmehandlung beendet.

Ihren Hauptsitz hatten die Comuneros in Andalusien, Valencia und in einem Teile von Alt-Kastilien. Nach dem Muster der französischen Verbindungen bedienten sich auch die spanischen der Tagespresse als wirksamstes Agitationsmittel auf die Massen. Namentlich zeichnete sich das „Eco de Padilla“, das Hauptorgan der Comuneros, durch wüsten Fanatismus und Kommunismus aus.

Eintracht und Einigkeit sind Eigenschaften, die sich mit der zügellosen Leidenschaft des spanischen Nationalcharakters nicht vertragen. So kam es auch bald innerhalb der Comuneros zu Zerwürfnissen und

---

*) Der Novize schwor, während die anwesenden Ritter ihre Schwerter zückten, „die Rechte und Freiheiten des Menschengeschlechts, insonderheit des spanischen Volkes zu verteidigen,“ an jedem Tyrannen Rache zu nehmen, jeden zu töten, den die Oberen als Verräter bezeichnen würden. Erfülle er den Schwur nicht, so erkläre er sich bereit, „seinen Hals dem Henker, seinen Leichnam der Flamme, seine Asche den Winden zu überliefern.“

Spaltungen. Aus den extremsten Elementen der Verbindung bildete sich die Genossenschaft „Landaburiana“. Ihr präsidierte Alpuente mit dem Titel „moderador del órden,“ während gemässigte Dissidenten sich „Comuneros Constitucionales“ nannten und Anschluss an die Freimaurerei suchten.

So armselig es auch mit den positiven Bestrebungen der Comuneros bestellt war, es lag doch in ihrem Auftreten an sich eine grosse Bedeutung. Ihre Begründung war ein unendlich trauriges Symptom der im liberalen Lager herrschenden Zuchtlosigkeit, des Unvermögens, die wilden Leidenschaften eines unbändigen, ehrgeizigen, hab- und machtgierigen Herzens der zwingendsten patriotischen Pflicht unterzuordnen.

Das wüste Lärmen der Gesellschaft, in der die verächtlichsten Individuen das grosse Wort führten, die unerhörte Schamlosigkeit ihrer Presse, machte endlich manche Bürger stutzig, die bisher exaltierten Meinungen geneigt gewesen. Wer überhaupt noch einige Ruhe des Urteils, einiges Gefühl für Sitte und Recht besass, musste sich von dem pöbelhaften Wesen dieser Strassendemagogen, für die damals der bezeichnende Name Descamisados (Ohnehemden) aufkam, mit Widerwillen abwenden. In der That kam es an verschiedenen Orten zu kräftigen Kundgebungen eines gesunden Bürgersinnes.

Die Unterdrückung der liberalen Schilderhebungen in Italien durch Österreich flösste den vom Klerus geführten spanischen Royalisten neue Hoffnung ein. Sie bildeten ihrerseits Junten*) und sammelten eine Glaubens-

*) Zu nennen sind die „Gesellschaft der Conceptionisten“, die „Verteidiger des Glaubens“, und die 1827 gegründete Gesellschaft der „Würgengel“. Sie wurde von einer Zentralstelle in Rom geleitet, hatte hauptsächlich Mönche zu Mitgliedern und

armee, um dem Liberalismus und der Konstitution ein Ende zu machen. Ihr Mittelpunkt war die „apostolische Junta“ in Bayonne. Mit ihren Bestrebungen war Ferdinand, der es in seiner heuchlerischen Art mit jeder gerade am Ruder befindlichen Partei hielt, durchaus einverstanden.

Der Monarchen-Kongress zu Verona (Oktober 1822) übertrug Frankreich die bewaffnete Intervention gegen die revolutionären Gewalthaber in Spanien und ihr System des Schreckens. Vergeblich riefen diese das Volk unter die Waffen. Die von fanatischen Priestern und Mönchen geleiteten Massen zeigten kein Verständnis für die konstitutionelle Freiheit und die neue Ordnung der Dinge, die gar zu sehr ihren alten Gewohnheiten und Gefühlen widersprach. Die alte glorreiche Guerilla, auf welche die Cortes ihre ganze Hoffnung gesetzt, kam nicht zustande. Vielmehr begrüssten die wilden Haufen der Glaubensbanden und die Servilen die französischen Truppen überall als Befreier von dem schlimmen Regiment der tötlich gehassten „Freimaurer“. Die Revolution ward niedergeworfen und ein reaktionärer Terrorismus voll entsetzlicher Willkür und Grausamkeit liess alle Wut- und Rachegeister auf das unglückliche Land los. Südländische Rachsucht und Parteiwut erstickten alle menschlichen Regungen, zerrissen die Bande der Landsmannschaft und brachten Gesetz und Recht in Verachtung. Wie die Natur des Landes nichts Kleines, nichts Mittelmässiges aufweist, so tragen auch Tugend und Verbrechen in Spanien das Gepräge des Grossen und Gewaltigen.

Die Anhänger der Moderados und Exaltados fielen

---

war über ganz Spanien verbreitet. Ihre „Conciliabeln“ hielt sie des Nachts in den Kirchen ab. Ihr Dasein wird von kirchlich gesinnten Schriftstellern, wie La Fuente, vergeblich bestritten.

unter den Streichen der Henker, erlagen dem Dolche des raub- und blutgierigen Pöbels oder irrten zu Tausenden als brot- und heimatlose Flüchtlinge in der Fremde umher, mit leidenschaftlicher Seele den Tag der Rückkehr ersehnend. Mit derselben masslosen Wut, wie in Frankreich für die Vernichtung des alten Zustandes gekämpft worden, ward in Spanien für die Erhaltung tausendjähriger Gewohnheiten gestritten. In beiden Ländern war der Pöbel das vielbegehrte Werkzeug, hier gelockt durch „Freiheit, Gleichheit und Brüderlichkeit", dort fanatisiert für Glauben und Königtum. Die spanische Nation, zerschlagen und niedergetreten, bezahlte die Busse. Ihre geistige Schwungkraft war gelähmt, ihr materieller Wohlstand untergraben, das Vertrauen des Auslandes verscherzt, die Regierung ohne Ansehen und Achtung.

Aber trotz aller Verfolgungen fuhren die geheimen Gesellschaften fort, allerdings mit äusserster Vorsicht, ihre Kräfte zu sammeln und gegen die bestehende Gewalt zu konspirieren. Fortan waren Andalusien und Katalonien die Hauptherde der Bewegung. Und in dem langjährigen barbarischen Bürgerkriege zwischen den Karlisten, den bigotten Anhängern Don Carlos', eines jüngeren Bruders des söhnelos verstorbenen und mit dem Fluch des Landes beladenen Ferdinand, und den Christinos, den freisinnigen Parteigängern der Königin-Wittwe Marie Christine und ihrer Tochter Isabella II., haben sie häufig die Hand im Spiele gehabt und ihr Vaterland wiederholt in die Gefahr gebracht, eine Beute der Anarchisten zu werden. Und noch in unsern Tagen werden die volkreichen Städte von ihnen in steter Unruhe gehalten, umbrausen radikale und anarchistische Stürme, von den Verschwörern erregt, den spanischen Königsthron. —

V. Italien.*)

Der Wiener Kongress hatte Österreich zur vorherrschenden Macht im Apenninenlande erhoben. Ein ausgedehnter Länderbesitz im oberen Italien und verwandtschaftliche Beziehungen zu den zahlreichen kleinen Fürstentümern im Lande schienen den Vorrang des alten Kaiserstaates zu rechtfertigen. Und Metternich beeilte sich, mit allen Mitteln machiavellistischer Staatskunst diese Stellung zu befestigen. Jede geistige Bewegung, jede nationale Regung zu politischer Selbständigkeit, jede Art von Verbindung wurde aufs Schärfste durch einen mit künstlicher Feinheit ausgebildeten Organismus von Späherei, Polizei, Zensur überwacht und unterdrückt.

Aber das absolutistische System mit seinem allmächtigen Beamtentum konnte nur dann Wurzel fassen, wenn sich die Möglichkeit bot, den Geist des Rückschrittes auch nach den übrigen italienischen Staaten zu verpflanzen. Die Aussichten waren keineswegs ungünstig. Denn die Regierungsweise in Parma und Modena entsprang in allen Stücken dem Vorbild des lombardo-venetianischen Reichs, während in Sardinien, Piemont und Rom dem modernen Zeitgeist auf allen Lebensgebieten der Krieg erklärt wurde. Auch

*) Vgl. H. Reuchlin: Gesch. Italiens von der Gründung der regier. Dynastien bis auf die Gegenwart. 4 Bde. Leipzig; 1859 bis 1873. — E. Ruth: Geschichte von Italien. 2 Bde. Heidelberg; 1867. — H. v. Treitschke: Cavour. (Hist. u. politische Aufsätze. II. Leipzig; 1886). — Montanelli: Memorie sull' Italia del 1814 bis 1850. 2 Bde. Torino; 1854—55. — La Farina: Storia d'Italia del 1815—50. 2 Bde. Milano; 1864. — Anelli: Storia d'Italia del 1814—63. 4 Bde. Milano; 1864. — Coppi: Annali d'Italia del 1750. 15 Bde. Roma; 1868. — Rey: Histoire de la renaissance politique de l'Italie 1814—61. Paris; 1864. — Butt: Hist. of Italy from the abdication of Napoleon I. 2 Bde. London; 1860.

im Königreich beider Sicilien herrschte nach Beseitigung Joachim Murats, des Gastwirtssohnes, den Kriegsmut und die Gunst seines Schwagers Napoleon zum Marschall und schliesslich zum König von Neapel erhoben hatte, der Bourbon Ferdinand I. nach Metternichs Weisungen. Durch wüsten Umgang zu rohen Neigungen herangewachsen, Zeit und Mittel in gemeinen Zerstreuungen vergeudend, war der König, obwohl wechselvolle Schicksalsschläge nicht spurlos an ihm vorübergegangen waren, allen revolutionären Neuerungen abhold.

Die Rückkehr Napoleons von Elba führte nur eine vorübergehende Unterbrechung der reaktionären Geschäftigkeit herbei, die nach dem zweiten Pariser Frieden um so energischer wieder einsetzte.

Die Folgen des Metternichschen Systems äusserten sich alsbald in dem verhängnisvollen Ruin der Staatswirtschaft. Die Finanzen gerieten in trostlose Unordnung; von Handel und Industrie war bei der Unsicherheit aller Verhältnisse kaum die Rede, und der Ackerbau, ehedem die Quelle des Volkswohlstandes, konnte neben den gering besteuerten Latifundien der Adelsfamilien sich nicht entfalten. Unterschleife und Bestechungen der Beamten waren bekannte und geduldete Übel, und das Räuber- und Bandenwesen wuchs zu einer Macht heran, mit der die Regierungen bald unterhandelten und Verträge schlossen, bald blutige Kämpfe führten.

An der Zersetzung und Zerbröckelung des staatlichen Wesens hatten aber auch die seit Jahren in Italien bestehenden politischen Geheimbünde, insbesondere die Carbonari, einen wesentlichen Anteil. In allen Provinzen durch Zweigvereine vertreten, suchten sie im Mittelstande und in der Armee konstitutionelle Ansichten zu wecken und zu nähren. Die Regierungen besassen weder Ansehen noch Kraft, dem wühlerischen Treiben nachdrücklich zu steuern.

Als die Nachricht von dem Militäraufstande in Cadix und den raschen Fortschritten der Cortesrevolution nach Neapel gelangte, gerieten die Carbonari in heftige Bewegung. Ihre Sendboten wiegelten die Besatzungen von Nola und Avellino auf. Den Aufständischen schlossen sich sogleich der Bischof, die Behörden und die Bürger von Avellino an, und im revolutionären Rausch des Tages beschloss man, den König zur Einführung der spanischen Verfassung zu zwingen, obwohl Niemand eine klare Vorstellung von dieser hatte.

Nun vollzogen sich die revolutionären Vorgänge in ähnlicher Art, wie wir sie in Spanien kennen gelernt. Dem General Wilhelm Pepe, einem ehemaligen Muratistischen Offizier und Vertrauensmann der Carbonaria, wurde der Oberbefehl des gesamten Heeres übertragen und eine Regierungsjunta aus geachteten Männern von liberaler Gesinnung errichtet. Am 13. Juli beschwor der greise König, mit den rot-schwarz-blauen Carbonarifarben geschmückt, die Verfassung. Jedermann schien befriedigt; eine aufrichtige Begeisterung bemächtigte sich aller Herzen. Die öffentliche Meinung im Ausland blickte mit Bewunderung auf diesen Akt vaterländischen Aufschwunges.

Anders verliefen die Dinge in Palermo. Es war am Vorabend des Festes der heiligen Rosalie, der Schutzpatronin der Stadt. Wie stets, waren auch diesmal zahllose Volkshaufen vom Lande zur Feier herbeigeströmt. In die versammelte, festlich gestimmte Menge fuhr zündend, einem Blitzstrahl aus heiterem Himmel gleich, die Nachricht von der in Neapel glücklich vollzogenen Revolution und von der Weigerung des Königs, die soeben beschworene Verfassung auch auf die Insel auszudehnen. Sogleich durchbrach der revolutionäre Freiheitsschwindel des Augenblicks alle Schranken. Vereint mit abtrünnigen Soldaten, auswärtigen Carbonari und Demokraten und entlassenen Sträflingen, liess die zuchtlose Menge ihrer Wut und Zerstörungslust freien Lauf. Erst nach mehreren Tagen wurde eine schnell organisierte Sicherheitsjunta der Pöbelherrschaft Herr.

Im Vergleich mit den Ausschreitungen in Sicilien hielt sich in Neapel die Revolution noch immer in den Bahnen der Mässigung. Dies war hauptsächlich ein Verdienst der einflussreichen Carbonari. Der Geheimbund, dem damals etwa 300000 Eingeweihte angehörten, hatte mit seinen 1000 Abteilungen oder Venditen für die Gestaltung der öffentlichen Zustände eine ähnliche Bedeutung, wie der Jakobinerklub in der französischen Revolution. Die Zeichen und Farben der Carbonari waren überall ein Gegenstand scheuer Ehrfurcht; ihre Träger hielten treffliche Manneszucht, überwachten das agitatorische Treiben der Strassendemagogen, wirkten bestimmend ein auf die Organisation der Polizei, der Bürgerwehr, auf die Vervollständigung des Heeres und liehen der Regierung ihren weitreichenden, starken Arm bei der Eintreibung der Steuern und bei der Unterdrückung der in den Provinzen sich hervorwagenden anarchistischen Bestrebungen.

Das Parlament, ebenfalls unter dem Einfluss der Carbonari stehend, bewegte sich je länger, je mehr auf der schiefen Ebene neuerungssüchtiger Leidenschaft und suchte besonders die Rechte der Krone zu beschränken und die eigene Macht im demokratischen Sinne zu erweitern und zu befestigen. Zum Schutze der Kammer erschienen auf den Ruf der Bundesleitung aus den Provinzen Tausende bewaffneter Carbonari, ihnen voran eine Anzahl Mönche, das Kreuz und den Dolch am Gürtel.

Die parlamentarische Thätigkeit erlitt jedoch nach wenigen Wochen eine unliebsame Unterbrechung.

Metternich war nicht unthätig gewesen. Auf sein Drängen beschloss der im Januar 1821 zu Laibach versammelte Fürstenrat die konstitutionelle Regierungsform in Neapel mit Waffengewalt zu beseitigen. Die Exekution wurde Österreich übertragen.

Diese Abmachungen gossen Öl in die Flammen der nationalen Begeisterung. In hellen Haufen strömten die Milizen zu den Fahnen, die von des Kronprinzen Gemahlin mit dreifarbigen Bändern ihrer Arbeit geschmückt waren, und wetteiferten mit den Gemeinden in opferwilliger Hingabe an das Vaterland. Die Logen der Carbonari überströmten von patriotischen Reden. Alles war von dem feurigen Entschluss beseelt, für die Unabhängigkeit und Verfassung des Landes mit Leib und Leben einzustehen. Die Liberalen von ganz Europa sahen mit erwartungsvoller Teilnahme dem Ausgang des bedeutungsvollen Kampfes entgegen. Denn das neuerdings aufgestellte politische Prinzip, auf Grund dessen das Monarchen-Tribunal der Grossmächte sich das Recht beilegte, als europäischer Areopag über die inneren Angelegenheiten und Streitigkeiten der Kleinstaaten zum Schaden der Volksfreiheiten zu entscheiden, sollte jetzt seine Weihe erhalten.

Aber in der Stunde der Entscheidung versagten die kühnen Worte und Verheissungen der Carbonarihelden. Als die österreichischen Truppen anrückten, liefen die schlechtgerüsteten, undisziplinierten Milizen und Landwehrlegionen in panischem Schrecken auseinander, während die Linientruppen meist zum Feinde übergingen. Das Parlament löste sich auf. Der Generalissimus Pepe flüchtete ausser Landes und trieb sich, mit der Acht belegt, viele Jahre lang als politischer Aufwiegler und Abenteurer in verschiedenen

Ländern umher. Andere grosssprecherische, phrasenkühne Führer folgten seinem Beispiel. In wenigen Tagen war die Revolution schmachvoll zusammengebrochen. Und schon war auch die Reaktion bei der Arbeit, die Ketten zu schmieden, mit denen die unbotmässigen Geister von neuem gefesselt werden sollten.

Die Armee ward neu gebildet, die Bürgerwehr aufgelöst, die Carbonaria durch polizeiliche und gerichtliche Verfolgungen unterdrückt, das absolute Regiment wiederhergestellt. Ausnahmegerichte verhängten in endlosen Prozessen grausame und entehrende Strafen.

Die Laibacher Kongressbeschlüsse und das Vorrücken der österreichischen Heere nach Mittel- und Unteritalien hatten auch in Piemont und anderen Teilen der Halbinsel eine tiefgehende Gährung zur Folge. In Turin verschworen sich Offiziere, Studenten und die adlige Jugend und bildeten eine liberal-patriotische Partei. Unter den Teilnehmern und Mitwissern glänzten manche Namen, die an den folgenden Geschicken des Apenninenlandes hervorragend beteiligt waren. Das Ziel der Verschwörer war die Wiedergeburt Italiens und die Begründung eines würdigen nationalen Staatslebens, ein Ideal, das erst nach vierzig leidens- und schicksalsvollen Jahren verwirklicht wurde.

Als die Häupter der Konstitutionellen, die anfänglich den Prinzen Albert von Savoyen zum Fahnenträger der italienischen Unabhängigkeit machen wollten, zur Erkenntnis kamen, dass sie den unentschlossenen Fürsten nicht zum Mithandeln fortreissen könnten, gingen sie auf eigene Hand vor. In Alessandria bemächtigten sie sich unter Mitwirkung der bürgerlichen Carbonaria der Zitadelle und riefen das „Reich Italien“ aus. Aehnliche Vorgänge spielten sich in Turin, Pignerol, Vercelli und andern Orten ab. Ein allgemeiner

Revolutionssturm durchbrauste Piemont, und im ganzen Lande prangte die dreifarbige italienische Fahne. Aber König Victor Emanuel war nicht der Mann, die Gelegenheit beim Schopf zu fassen. Er entsagte der Krone zu Gunsten seines bigotten Bruders Karl Felix, eines blinden Anhängers der Metternichschen Staatsweisheit und ergebenen Jesuitenfreundes.

Dieser Schritt war ein tötlicher Nachtfrost für die Konstitutionsbewegung in Piemont. Er erzeugte Unentschlossenheit in den Gemütern der Patrioten und spaltete ihre Reihen. Vor den Mauern von Novara erlagen sie, tapfer kämpfend, der überlegenen Kriegskunst der piemontesisch-österreichischen Regimenter (April 1821). Der Absolutismus ward unter priesterlicher und polizeilicher Obhut in seiner strengsten Form wieder hergestellt. Nun lagerte sich zehn Jahre lang die Ruhe des Kirchhofs über das unglückliche Italien. Tod, Kerker, Verbannung lähmten und unterdrückten die mutlosen Geister und trugen unsägliches Elend gerade in die besten Familien.

Nach dem Scheitern der revolutionären Erhebungen richteten sich die Hoffnungen der Liberalen auf Frankreich. Hier hatten namentlich die italienischen Flüchtlinge und Verbannten erfolgreich vorgearbeitet. Während der Regierung Karls X. hatte das „Junge Italien“ die Franzosen in die „Kunst der Komplotte“ eingeweiht und zugleich das Feuer der Geheimbünde in der Heimat unterhalten. Die Fäden der Konspiration liefen in der Hand Giuseppe Mazzinis zusammen. Eine mystische Natur, von einnehmendem Wesen, von ungewöhnlichem publizistischen Talent und wunderbarer Organisationsgabe, betrieb er das Konspirieren und Wühlen mit dem glühenden Eifer eines Apostels. Was war da natürlicher, als dass die Julirevolution auch die italienische Nation in einen fieberhaften Taumel versetzte, dass die polnische und belgische Bewegung den Wogenschlag der nationalen Leidenschaften noch erhöhte.

Vom Po bis zum Faro waren Verschworene und alte Carbonari, Bonapartisten und Muratisten in eifrigster Bewegung. Auch die beiden Söhne der ehemaligen Königin Hortensia von Holland, Napoleon und Louis, waren in die Konspiration verflochten. Die Romagna, die Marken, die meisten Städte des östlichen Kirchenstaates bis nach Ancona fielen in die Gewalt der Aufständischen. Die bedrängten Regierungen wandten sich an die Hofburg um Hülfe. Den erprobten österreichischen Truppen wagten die Insurgenten, die, uneinig und nach verschiedenen Zielen strebend, sich gegenseitig des Verrats beschuldigten, keinen Widerstand zu leisten. Ihre grosssprecherischen Häupter begaben sich auf die Flucht oder gerieten in Gefangenschaft.

Mit Eifersucht hatte man unterdess in Paris die neue Machtentfaltung des Kaiserstaates verfolgt, von dem man befürchtete, dass er seine Schutzherrschaft über die ganze Halbinsel ausdehnen würde. Das wollte man aber an der Seine unter keinen Umständen ruhig hinnehmen. Ein französisches Geschwader lief aus und nahm am 22. Februar 1832 die Stadt Ancona durch einen Handstreich in Besitz. Eine phrasenreiche Proklamation verkündete den Bewohnern der überraschten Stadt, Frankreich sei gekommen, die Sache Italiens gegen den Despotismus und Österreich zu führen und zu schirmen.

Seit den Julitagen hatte kein Ereignis die europäische Welt in solche Aufregung versetzt, als dieser schnöde Bruch des Völkerrechts. Mehr als je schien die Gefahr eines allgemeinen Krieges zu drohen. Die Grossmächte protestierten gegen die Gewaltthat. Aber dabei blieb es. Die französische Besatzung ward erst 1838 zurückgezogen. Ancona wurde dadurch zum Herd und Stützpunkt des italienischen Staatsgedankens und zu einem Bollwerk gegen reaktionäre Gewalt und österreichische Schutzherrschaft. Die alten Geheimbünde lebten wieder auf, und mannigfache Verschwörungen zeugten von dem leidenschaftlichen Feuer, das unter der Asche glühte. Und als gar Papst Pius IX. die Fahne des politischen Fortschrittes und der freiheitlichen Reformen entfaltete, regte der Liberalismus weit und breit im Lande seine Schwingen, hoffnungsreich und thatenmutig wie nie zuvor.

Der neue Kirchenfürst, der im Juni 1846 den Stuhl Petri bestiegen, war eine bewegliche Natur. Seine Milde und Leutseligkeit gewannen ihm die Herzen seiner Unterthanen; seine raschen Reformen, besonders seine Vorbereitungen zu einem nationalen Zollverein und Staatenbund, erweckten die kühnsten Hoffnungen. Dass von der Stätte aus, wo bisher alle Regungen des Liberalismus so unbarmherzig unterdrückt worden, nunmehr der Antrieb zu Reformen und freiheitlichen Einrichtungen gegeben ward, dass der Pontifex selbst das misshandelte Volk ins Land der Freiheit zu führen verhiess, war eine so unerhörte Erscheinung, dass begreiflicherweise die erregbare Nation dem Nachfolger Petri aus voller Brust zujauchzte und ihn als den Messias einer neuen Weltanschauung pries.

Die Wirkungen der päpstlichen Politik zeigten sich sofort. Zuerst trat Sicilien, die verarmte, geknechtete Insel, erfolgreich in den Befreiungskampf ein (Januar 1848). Wenige Tage später erzwang ein Aufstand in Neapel den Erlass einer Verfassung nach französischem Vorbild und ein liberales Ministerium. Von hier ergoss sich die revolutionäre Glut, welche durch die Literatur, die geheimen Gesellschaften und durch den europäischen Zeitgeist genährt und angefacht war, über die gesamte italienische Welt.

Von den Patrioten gedrängt, zog König Karl Albert von Sardinien-Piemont das Schwert gegen Österreich. Die meisten Regierungen, durch die Macht der öffentlichen Meinung fortgerissen, schlossen sich an, und bewaffnete Freischaren rückten in unabsehbarer Zahl ins Feld. Das ganze Land stand wider den Erbfeind unter Waffen.

Unter den Fürsten, die ihre Beteiligung an dem volkstümlichen Kriege wider Österreich versagt hatten, befand sich auch der gefeierte Pontifex. Kein Wunder, dass das Gefühl die Oberhand gewann, das Oberhaupt der Kirche sei der nationalen Sache untreu geworden. Schnell glätteten sich seitdem die trügerischen Wogen der Volkstümlichkeit, die den Papst bisher schmeichelnd und kosend getragen. Er wurde jetzt ebenso sehr der Gegenstand des Aergernisses der Patrioten und ihrer Anfeindung, wie er vorher ihr Idol gewesen. Mit Hülfe des Pöbels zwangen ihn Mazzini und der Demokrat Karl Lucian Bonaparte, ein Neffe Napoleons I., zur Berufung eines radikalen Ministeriums. In seiner Sicherheit bedroht, entfloh Pius nach Gaëta, ein Schritt, den die republikanische Partei weidlich auszunützen verstand. Eine römische Republik wurde ausgerufen (Februar 1849) und die Vereinigung Italiens unter einer demokratischen Staatsform als Ziel aller Vaterlandsfreunde verkündet. Der Bannstrahl des Papstes wurde mit einem höhnenden Aufzug beantwortet. Der kühne Freischarenführer Giuseppe Garibaldi aus Nizza (geb. 1807), der sich lange Zeit als politischer Flüchtling in Amerika und anderwärts umhergetrieben, organisierte eine starke Volkswehr. Der Kirchenstaat sollte als einziger Hort der Freiheit bis zum letzten Blutstropfen verteidigt werden. Ein Terrorismus der wildesten Art schaffte die nötigen Hilfsmittel herbei. Aber die Armeen der Schutzmächte Österreich und Frankreich vertilgten nach wochenlangen blutigen Kämpfen und Stürmen alle Spuren der republikanischen Herrlichkeit. Garibaldi rettete sich unter tausend Gefahren nach Genua, während Mazzini nach London entkam, wo er sein agitatorisches Treiben unentwegt fortsetzte.

In Neapel trieb der hinterlistige König Ferdinand II. ein gewissenloses Spiel, das endlich zur Auflösung der Deputiertenkammer führte. Nachdem die Aufstandsversuche in Neapel, Kalabrien und Sicilien in Blut erstickt waren, fiel das unglückliche Land wieder dem finsteren, von Grausamkeit und Rachsucht geleiteten Reaktionssystem anheim, das aller Gesetze der Kultur und Humanität Hohn sprach.

In Oberitalien hatte inzwischen die Erhebung Karl Alberts den Charakter eines Kreuzzuges angenommen. Mit glühendem Fanatismus predigte der Klerus den Volkskrieg gegen die Fremden und verlieh dem Unternehmen die Weihe der Kirche. Die Freischaren schmückten sich mit roten Kreuzen zum heiligen Krieg. Der Feind wurde bis an die Nordgrenze zurückgedrängt. Überall wehte die hoffnungsreiche italienische Trikolore. Da hemmten die glänzenden Siege, die der 82jährige Feldmarschall Radetzky bei Santa Lucia (Mai 1848) und Custozza (Juli 1848) erfocht, den ungestümen Siegeslauf der Befreiungshelden.

Im nächsten Jahre versuchte Karl Albert, von gekränktem Fürstenstolz betört, von den Radikalen fortgerissen, abermals das Kriegsglück. Ein viertägiger Feldzug Radetzkys (20.—24. März 1849) in dem durch kriegsgeschichtliche Ereignisse berühmten Stromgebiet des Tessin vernichtete jedoch die letzten Hoffnungen der Patrioten. An seinem Glück verzweifelnd, entsagte

Karl Albert der Krone zu Gunsten seines Sohnes Victor Emanuel. Wenige Monate später befreite ihn in Porto der Tod von allen Leiden und Kümmernissen des Erdenlebens.

Der junge König, der mit militärischem Sinn und festem Mut ein für des Vaterlandes Ehre und Grösse empfängliches Herz verband, schloss Frieden mit Österreich und bemühte sich, sein schwergeprüftes Land durch liberale Reformen für die ungeheuren, der Wohlfahrt Italiens dargebrachten, Opfer zu entschädigen und es auf dem Wege gesunder innerer Entwicklung einer besseren Zukunft entgegen zu führen. —

Die Versuche, die heiss ersehnte nationale Einheit und ein glückliches, würdiges Volksleben mit Waffengewalt zu erzwingen, waren bisher gescheitert; darum sollte das österreichische Regiment zuerst geistig erschüttert werden, ehe man, gestützt auf fremde Hilfe, den Feind abermals in die Schranken forderte.

In diesem Sinne wirkte vor allem der von Manin, Garibaldi, Lafarina, Pallavicino und andern Patrioten gegründete Nationalverein. In flammenden Manifesten und in Flugschriften voll leidenschaftlicher Beredsamkeit suchte Manin sein Volk für diese Ideen zu gewinnen. Der radikale „Bund der That“, ein Werk Mazzinis, trug sich mit weitergehenden Plänen, war aber entschlossen, den nationalen Aufschwung unter den volkstümlichen Namen Cavour und Garibaldi kraftvoll zu fördern. Andere geheime Gesellschaften, wie die Camorra im Königreich Neapel, benutzten die dort herrschende Verwirrung und Gesetzlosigkeit zu Raub und Mord. Einzelne Aufstandsversuche, Attentate, Mord- und andere Greuelthaten, namentlich in Parma und Neapel, meist blutig gerächt, hielten das Volk in beständiger Aufregung und lenkten die Blicke der auswärtigen Staaten auf das tief durchwühlte Land, wo

Regierungen und Unterthanen im ewigen Kampfe lagen, wo Gesetz und Recht und bürgerliche Ordnung unbekannte Güter waren.

Bei der gespannten Lage der Dinge war der Krieg mit Österreich nur eine Frage der Zeit. Die politischen Verhältnisse waren den Absichten der italienischen Patrioten günstig. Der Kaiserstaat stand infolge seiner zweideutigen Haltung im Krimkriege vereinsamt da. Die Heilige Allianz hatte einen tötlichen Stoss erlitten, und Victor Emanuel und Napoleon hatten sich zusammengethan, Österreichs Übergewicht in Italien zu brechen. So schritt denn der Kriegsgott abermals verheerend durch die lieblichen Fluren Oberitaliens, die er bereits seit Jahrhunderten als bevorzugten Tummelplatz sich ausersehen.

Mit dem alten Recken Radetzky, der vor Ausbruch des Krieges dahingeschieden, war auch das Waffenglück des Kaiserreichs ins Grab gesunken. Nie zuvor waren die Gebrechen des morschen Staatswesens schrecklicher zu Tage getreten als in diesem Feldzuge. Bei Magenta und Solferino von Franzosen und Italienern geschlagen (Juni 1859), mussten die Österreicher die Lombardei aufgeben. Die kleinen Dynasten verliessen ihren mühsam behaupteten Besitz. Toscana, Florenz, Parma, Modena, Bologna und ein Teil der Romagna vollzogen ihren Anschluss an Sardinien.

Der Friedensvertrag von Zürich (11. Nov. 1859) vernichtete den Einfluss Österreichs auf der Halbinsel, legte aber auch weit über Napoleons Absichten hinaus den Grund zu ihrer staatlichen Einigung. Am 2. April 1860 wurde das erste italienische Parlament eröffnet.

Aber zu einem einigen Italien gehörte auch der Kirchenstaat, gehörten ferner Neapel und Sicilien. Da jener von französischen Truppen besetzt war, so versuchten die nationalen und revolutionären Kreise, wenigstens das süditalienische Gebiet zu gewinnen. Garibaldi, Francesco Crispi u. a. nahmen an der Spitze einer Insurgentenschaar im Namen „Victor Emanuels, Königs von Italien“, Besitz von Sicilien. Von hier eilte Garibaldi mit seinen Freiwilligen nach dem Festlande hinüber. Der gefeierte Volksheld erschien den Bewohnern als der Vollstrecker göttlicher Ratschlüsse. Am 7. September 1860, nachdem Tags zuvor die Bourbons sich nach Gaëta geflüchtet, feierte er seinen Einzug in Neapel und bestellte eine provisorische Regierung aus national gesinnten Männern, worauf eine grossartige Volksabstimmung in Sicilien und Neapel sich für den Anschluss an Piemont entschied.

Unter diesen Vorgängen stieg die Aufregung des italienischen Volkes zu einer fieberhaften Höhe. Garibaldis Erklärung, dass er vom Quirinal aus das Königreich Italien in seiner natürlichen Hauptstadt verkünden wolle, fand begeisterten Wiederhall.

So sehr auch Napoleon auf Reformen im liberalen Sinne und auf einen billigen Ausgleich der streitenden Interessen drängte, der Vatikan verharrte in der alten Taktik, die Interessen seiner weltlichen Herrschaft den ewigen unveränderlichen der Kirche gleichzustellen. Denn nur auf diese Weise konnten die Ultramontanen hoffen, die Leidenschaften der katholischen Völker zu erregen. Angesichts der Hartnäckigkeit der Kurie und des dringenden Hilferufes des französischen Klerus gab Napoleon der piemontesischen Regierung freie Hand, unter der Bedingung, dass sie Rom und das sog. Patrimonium Petri, das von französischen Truppen besetzt blieb, unangetastet lasse. Danach wurde denn auch gehandelt. Die piemontesischen Heere rückten in den Kirchenstaat ein, vertrieben die päpstlichen Truppen und drangen ins Neapolitanische vor. Auf einem französischen Schiffe floh Franz II. (13. Februar 1861) nach

Rom, wo er 10 Jahre lang des Augenblicks harrte, da eine Gegenrevolution ihm den Thron der Väter wiedergewinnen sollte.

Am 18. Februar 1861 nahm Viktor Emanuel den Titel „König von Italien“ an. Die Proteste der entthronten Fürsten, des Papstes und des Kaisers von Österreich blieben tote Worte.

Allein die Geschicke des vielgeprüften Landes waren nicht erfüllt, die Einheit innerhalb seiner natürlichen Grenzen nicht fest begründet, so lange die Losung: Frei bis zur Adria! noch der Erfüllung harrte, so lange Rom noch in andern Händen war. Aber auch diese langersehnte Stunde schlug. In dem Augenblick, da es den Jesuiten gelang, durch das Dogma von der Unfehlbarkeit den päpstlichen Absolutismus über Kirche und Episkopat zu erheben, trat eine jener Katastrophen ein, „die in das Drama der Weltgeschichte zuweilen einen Zug von grossartiger Ironie und erschütterndem Humor einflechten, um die Hinfälligkeit aller menschlichen Pläne und Schöpfungen desto drastischer erscheinen zu lassen“: der Kirchenstaat wurde, während die deutschen Völker auf französischem Boden sich die Einheit ihres Vaterlandes erkämpften, dem Königreich Italien einverleibt und die weltliche Herrschaft des Papsttums aufgehoben. „Ein wohldienerischer Klerus hatte den Papst über die Schranken der Menschheit gestellt, und gleichzeitig raubte das Schicksal ihm den irdischen Boden, dessen er in seiner Erhabenheit nicht mehr zu bedürfen schien.“

So war denn das grosse Werk nach blutiger und heisser Arbeit vollbracht. Die Staatsklugheit Cavours, die kriegerische Entschlossenheit Viktor Emanuels, die patriotische Hingebung Garibaldis, der politische Takt der gebildeten Stände und die Thätigkeit der geheimen Gesellschaften, selbst die Aufwiegelungen Mazzinis und seiner republikanischen Freunde, alles das hatte zum endlichen Gelingen des unerhörten Unternehmens beigetragen. —

1. Die Carbonaria.*)

Der Ursprung**) der C. d. h. des Köhlerbundes ist unsicher. Den ersten Spuren einer Verschwörung carbonaristischen Gepräges begegnen wir um das Jahr 1807. Die Bewegung war gegen die französische Herrschaft gerichtet. Ob sie von Anhängern des 1747 in Frankreich errichteten und noch 1809 bestehenden „L'Ordre

*) Vergl.: Denkschriften über die geheim. Gesellsch. im mittägl. Italien und insbesondere über die Carbonari. Mit 12 Kupfern u. einem Holzschnitt. Stuttgart u. Tübingen; 1822. — Verf. der verdienstvollen Schrift ist der Baron v. Bertholdy, der lange Jahre als russischer Gesandter am Vatikan gewirkt hat, und deshalb als gut unterrichtet gelten darf. — Vergl. ferner: Del governo austriano società segrete e polizia. Capolago; 1850. — Greco: Jl tentativo dei C. di Calabria citeriore nel 1813. Cosenza; 1866. — Der Roman „Die Carbonari oder das Blutbuch. Aus dem Französ. übers. von Friedrich Gleich. 2 Bde. (Leipzig; 1821) enthält wenig zuverlässige Nachrichten.

**) Die Zunftsagen der C. leiten teils den Ursprung der Gesellschaft auf den König Philipp von Macedonien zurück, teils knüpfen sie an den sächsischen Prinzenraub (1455) an, bei dem bekanntlich Köhler eine wichtige Rolle gespielt haben. Nach einer andern Überlieferung ist der C.-Bund von Engländern gestiftet worden, die unter der Regierung der Königin Elisabeth nach Schottland geflüchtet seien, wo sie ihr Dasein als Kohlenbrenner gefristet hätten. Nach einer weiteren Sage ist die Heimat der Vereinigung in Frankreich zu suchen. König Franz I. († 1547) habe einst, im Walde umherirrend, bei Köhlern gastfreundliche Aufnahme gefunden, weshalb er sich zum Schutzherrn ihres Gewerbes erklärt habe. — Als Schutzpatron der C. wurde der heilige Theobald (1066) verehrt, der, ein Mann vornehmer Abkunft, als Einsiedler in einem ungeheuren Walde gehaust und sich mit der Herstellung von Holzkohlen beschäftigt habe.

des Fendeurs" (Holzhacker)*) ausgegangen, wie vielfach angenommen wird, ist nicht gerade unwahrscheinlich, lässt sich aber nicht beweisen.

Den äusseren Anlass zu der Bezeichnung C. mag der Umstand gegeben haben, dass unzufriedene republikanische Elemente und politisch Verfolgte sich vor ihren Feinden in die Schluchten und Wälder des Apennin zurückzogen und dort eine Art Köhlerleben führten. Genug, die C. war ein politischer Geheimbund, der seine Verfassung und sein vielfach an kirchliche Ideen und Gebräuche erinnerndes Ritual hauptsächlich den zahlreich in seiner Mitte vertretenen Mitgliedern des höheren und niederen Klerus verdankte.

Bald als regierungsfreundlich geduldet und gefördert, bald als staatsgefährlich in Acht und Bann gethan, wirkte der Köhlerbund mit der ganzen fieberhaften Rastlosigkeit südländischer Verschwörer und gelangte bei der Unsicherheit aller Lebensverhältnisse zu hoher Blüte. Glühende Anhänger und unermüdliche Freiwerber fand er namentlich in den Kreisen der unzufriedenen Geistlichkeit und der zahlreichen, nach Napoleons Sturz abgedankten Offiziere. In wenigen Jahren verbreitete er sich unter dem Schlagwort: „Säuberung des Waldes von Wölfen" über ganz Italien. Zur Zeit seiner höchsten Blüte — in den zwanziger Jahren — sollen ihm gegen 700 000 Mitglieder angehört haben, eine Zahl, die zweifellos übertrieben ist, die aber von der Volkstümlichkeit der geheimnisvollen Gesellschaft Kunde giebt.

Die C. predigte den Kampf gegen die Tyrannen Italiens d. h. gegen die von Frankreich und Österreich

*) Einige Gebräuche der C. entsprachen dem Ritual der Fendeurs und frm. Formen. Bei der Gründung des Bundes mögen auch ehemalige FM. mitgewirkt haben. Im Übrigen haben keinerlei Beziehungen des Menschheitsbundes zur C. bestanden.

beschützten kleinen Dynasten und Despoten, diesen ewigen „Thränenquell" des zerrissenen Landes, und gegen jene Grossmächte selbst. Zeitweilig traten die C. auch kraftvoll für die Einigung ihres unglücklichen Vaterlandes ein und liehen, wie wir gesehen, ihre Unterstützung der dieses Ziel verfolgenden liberalen Partei.

Die ursprüngliche Verfassung des Bundes war nicht von Bestand. Es stellte sich bald die Unmöglichkeit heraus, eine so weitverzweigte und zum Teil auch aus widerstrebenden Elementen zusammengesetzte Gesellschaft im Zaume zu halten. Die leitenden Männer entwarfen daher einen Plan zur Neugestaltung der Verbindung und führten ihn in aller Stille durch. Bei dieser Gelegenheit wurden zahlreiche missvergnügte und unwürdige Mitglieder ausgestossen. Diese schlossen sich sogleich der inzwischen in Palermo entstandenen geheimen Gesellschaft der „Calderari"*) (Kesselschmiede) an, die zwar ebenfalls die Befreiung Italiens betrieben, aber bald in scharfen Gegensatz zu den C. traten.

Wir haben deren wechselvolle Schicksale bereits kennen gelernt. Wir wissen ferner, dass sie auch in Frankreich und Spanien sich bethätigt haben. Sogar in Deutschland soll die C. als „Totenbund" Eingang gefunden haben. Obwohl meist harten Verfol-

*) Der Bund ist wahrscheinlich eine Schöpfung des Fürsten Canosa († 1838), der als Parteigänger der aus Neapel vertriebenen Bourbonen die Insassen der süditalienischen Gefängnisse und Bagnos in ihm vereinigte, um mit seiner Hülfe die franz. Herrschaft zu belästigen und womöglich zu stürzen. Nach der Rückkehr Ferdinands I. 1816 zum Polizeiminister ernannt, verwandte Canosa die Calderari hauptsächlich zur Bekämpfung der Carbonaria, ohne aber das erwünschte Ziel zu erreichen. Nach der Revolution von 1820 hörte man nichts mehr von seinen Schützlingen. Vergl. Orloff: Mémoires sur le royaume de Naples. 5 Bde. Paris; 1819 — 21. — J pifferi di montagna. Dublin; 1820.

gungen in Italien ausgesetzt, blühte die Vereinigung doch Jahrzehnte lang im Verborgenen weiter und führte namentlich dem radikalen Bunde des „Jungen Italien"*) viele Anhänger zu. Im fünften Dezennium des vorigen Jahrhunderts verschwanden die C. allmählig vom Schauplatz ihrer Thätigkeit. Wie die Polen, so wussten auch diese Italiener für ihr Vaterland nur Verschwörungen anzuzetteln, zu leiden und zu kämpfen, aber ihm zu dienen in nüchterner, ausdauernder Arbeit, das verstanden sie nicht.

Der Versammlungsraum der C. hiess „baracca" (Hütte), ihr Inneres „vendita" (Kohlenhandlung), ihre äussere Umgebung ward als Wald bezeichnet. Die Gesamtheit der Hütten einer Provinz bildete eine „Republik", die von einer „alta vendita" (Grosshütte) geleitet wurde. Dagegen scheint der Bund einer Zentralregierung entbehrt zu haben.

Die Mitglieder einer Hütte nannten sich „buoni cugini" (gute Vettern), Nichtzugehörige hiessen „pagani" (Heiden).

Die Hütte war ein länglicher, rohgezimmerter,

*) Das „J. J.", eine von Mazzini 1831 errichtete geheime Gesellschaft, erstrebte die Unabhängigkeit und Einheit Italiens auf revolutionärem Wege. Schon zwei Jahre später hatte sie sich über die ganze Halbinsel ausgebreitet. Aber die österr. Polizei, durch Spione, die sie in den Reihen der Verbindung unterhielt, von deren Bestrebungen unterrichtet, veranlasste die sardinische Regierung, gegen den Bund vorzugehen, zahlreiche Mitglieder zu verhaften und zu prozessieren. Im Februar 1834 wollte das „J. J." einen Rachezug gegen Savoyen unternehmen, um dann Italien zur Befreiung und Einigung als Republik aufzurufen. Das tollkühne Unternehmen scheiterte, wie vorauszusehen war, kläglich. Seitdem verlor der Bund seine Volkstümlichkeit. Die entschiedenen Patrioten zogen sich von Mazzini und seinen Sturmgenossen zurück und widmeten ihre Kraft dem Nationalverein.

scheunenartiger Raum, dessen Fussboden mit Backsteinen gepflastert war. Rechts und links von der Eingangsthür standen zwei Holzblöcke, und an der ihr gegenüber befindlichen Schmalseite der Hütte befanden sich deren drei. Dort hatten zwei Aufseher, hier der Vorsitzende, der Redner und der Schreiber ihren Platz. Der Meister und die Aufseher hielten als Zeichen ihrer Würde ein Beil in der Hand.

Auf dem mit einem leinenen Tuche bedeckten Blocke des Meisters erblickte man zwischen zwei brennenden Lichtern ein Kruzifix und daneben kleine Gefässe, gefüllt mit glimmenden Kohlen, mit Wasser, Salz, Erde, Blättern, einem dürren und einem grünen Zweige, eine Krone von Weissdorn, eine Leiter, ein Zwirnknäuel und ein blaues, rotes und schwarzes Band.*) An der Wand zu Häupten des Meisters war ein Gemälde, den heiligen Theobald darstellend, angebracht. Ausserdem zierten 5 leuchtende Dreiecke, in denen die Anfangsbuchstaben der Losung des zweiten Grades, das Wappen der Vendita und die heiligen Initialen des ersten Grades zu schauen waren. Noch andere Sinnbilder waren: ein Wald, ein brennender Kohlenmeiler, ein Baum, der, auf seinem Wipfel stehend, die Wurzeln gen Himmel streckte, Axt, Spaten, Hacke, Schürstange etc.

Die Angehörigen der oberen Grade, die Meister, sassen, gleich den Beamten, bedeckten Hauptes an der rechten Längsseite auf erhöhten Sitzen, während ihnen gegenüber an der andern Wand sich barhäuptig die Lehrlinge niederliessen. Alle Mitglieder waren mit einem Strick umgürtet.

Bei der Aufnahme eines Neulings mussten mindestens drei gute Vettern zugegen sein. Von einem Meister

*) Sie symbolisieren die Kardinal-Tugenden des C.: Glaube, Hoffnung, Liebe.

und dem Einführenden geleitet, gelangte der Kandidat, in einen Sack gehüllt, aus der „Kammer des Nachdenkens“ auf Umwegen bis zur Hüttenthür. Hier stampfte der Meister dreimal mit dem Fusse auf und rief: „Meister, gute Vettern, ich bedarf der Hülfe.“ Sogleich gab in der Hütte eine Stimme die Antwort: „Ich habe den Ruf eines guten Vetters gehört, der Hülfe braucht. Vielleicht bringt er Holz, um den Meiler zu nähren.“

Auf Anweisung des Vorsitzenden erhielt nun der Einführende Einlass in die Halle, und nach einem Zwiegespräch*) zwischen Beiden ward der Kandidat hereingeführt. Nachdem er von jenem über die Pflichten eines C. belehrt worden, trank er aus der „Schale der Vergessenheit“. Dann wurde er durch den Wald — die Umgebung der Hütte — durch Wasser und Feuer (!) geführt, worauf nach Ablegung des vorgeschriebenen Eides**) seine Aufnahme in den Bund der

---

*) Vors. M.: „Mein guter Vetter wo kommst Du her?“ — Einf. Br.: „Aus dem Walde.“ — „Wo gehst Du hin?“ — „In die Kammer der Ehre, um meine Leidenschaften zu besiegen, meinen Willen zu unterwerfen und in den Lehren der Köhler unterrichtet zu werden.“ — „Was hast Du aus dem Walde mitgebracht?“ — „Holz, Laub und Erde.“ — „Bringst Du noch etwas mit?“ — „Ja, Glaube, Hoffnung und Liebe.“ — „Wer ist der, welchen Du da bei Dir hast?“ — „Ein Mensch, der sich im Walde verirrt hat.“ — „Was sucht er?“ — „Eintritt in unsre Bruderschaft.“ — „So führe ihn herein.“

**) Der Kandidat leistete knieend folgenden Eid: „Ich N. N. schwöre und verspreche auf die General-Statuten des Ordens, auf dieses Kreuz und auf dieses rächende Eisen des Meineids, das Geheimnis der Köhlerei gewissenhaft zu bewahren und darüber weder etwas zu malen, noch in Kupfer zu stechen, ohne die schriftliche Erlaubnis dazu erhalten zu haben. — Ich schwöre, meinen guten Vettern im Notfall und, so weit es meine Kräfte erlauben, beizuspringen, so wie auch die Ehre ihrer Familien nicht anzutasten. Ich willige ein und schwöre, falls ich meineidig würde,

C. als vollzogen galt. Nun erst wurde der Lehrling von dem Sacke befreit.

An die Aufnahme schloss sich sogleich eine Erläuterung der auf dem Block des Vorsitzenden befindlichen Sinnbilder und der sonstigen Symbole.*) Hierbei fehlte es nicht an Anspielungen auf Personen und Gegenstände der christlichen Religion, namentlich auf den Weltheiland, den „guten Vetter aller Menschen“, vermutlich um dem ganzen, ziemlich nüchternen Vorgange eine höhere mystische Weihe zu geben.

Die tiefere Bedeutung der Bundes-Geheimnisse wurde dem Kandidaten erst bei seiner Aufnahme in die höheren Grade zu teil. Seine Beförderung erfolgte, wenn er sich eine Zeit lang als Lehrling bewährt und Proben seiner Zuverlässigkeit abgelegt hatte.

Im zweiten, dem Meistergrade, spielte das Martyrium Christi die Hauptrolle. Der Kandidat wurde, an den Händen gefesselt, von einem Beamten der Vendita zum andern geführt. Er sollte Christi Beispiel nachahmen auf seinem Wege zum Hohenpriester und zu Pilatus, den der Vorsitzende, mit einem roten Mantel angethan, darstellte, während den Aufsehern die Rolle des Herodes und Kaiphas und den übrigen Anwesenden die des Volkes zufiel.

---

dass mein Körper zerstückelt und verbrannt und die Asche in den Wind geworfen werde, damit mein Name bei allen guten Vettern auf dem Erdrunde verstreut, verabscheut werde. Und so helfe mir Gott!“

*) So stellte z. B. das Feuer die höchsten Pflichten der Vereinigung dar, das Salz deutete an, dass die Mitglieder Christen seien; das Kruzifix erinnerte sie an ihre Erlösung, die Dornenkrone an die Schmerzen und Kämpfe der guten Vettern, der Meiler an ihre Schule, die sie durchzumachen hätten; der Knäuel sei das geheimnisvolle Band, das die C. umschlinge; der Baum solle veranschaulichen, dass, wenn alle Bäume der Wälder so beschaffen wären, es der Arbeit der Brüder nicht bedürfe.

Zum Schlusse wurde der Novize in den „Oelgarten“ geführt, unter das Kreuz gelegt, aber begnadigt, nachdem er sich zu einem zweiten Eide verstanden. Die Einweihung erhielt auf diese Weise einen düsteren Charakter, darauf berechnet, den Neophyten zu erschrecken und zu überraschen. Demgemäss hatten jetzt auch die Sinnbilder einen völlig andern Inhalt,*) indem man sie in Beziehung setzte zu der Leidensgeschichte des „guten Vetters Jesus“.

Das wahre Geheimnis des Bundes wurde also auch im II. Grade noch nicht enthüllt. Erst in der Klasse der „Grossen Auserwählten“ erhielt der C. Einblick in die wahren Ziele und Zwecke der Gesellschaft.

Die Aufnahme in den dritten Grad wurde nur solchen Mitgliedern der zweiten Stufe zu teil, die unzweideutige Beweise ihrer Klugheit, ihres Mutes, ihres Eifers und ihrer unbedingten Ergebung in den Willen der Bundesoberen abgelegt hatten. Ausserdem mussten die C., welche Einlass begehrten in die „Grotte der Aufnahmen“ nach dem Carbonari-Codex „treue Freunde der Volksfreiheit und bereit sein, gegen tyrannische Regierungen zu kämpfen, welche die verabscheuten Beherrscher des alten schönen Ausonien sind“.

Ueber die Aufnahme in den auserwählten Kreis entschieden dessen Mitglieder durch Kugelung. Drei schwarze Kugeln versagten dem Suchenden den Eintritt.

---

*) Der Meiler bedeutete hier das heilige Grab, der dürre Zweig die Geisselung des „guten Vetters“, „des Grossmeisters des Universums“; das Knäuel erinnerte an die Mutter Gottes, die ihn „gesponnen“ u. s. w. Man wird vielleicht auch annehmen dürfen, dass die veränderte Auslegung der Symbole des II. Grades darauf berechnet war, etwaige Gegner des Bundes irre zu führen, denen es gelungen war, unter der Maske der Verstellung und Täuschung bis hierher vorzudringen. Sie sollten über die letzten Zwecke des Carbonarismus im Ungewissen gehalten werden.

Dieser musste „33 Jahre und drei Monate alt sein, wie Christus, da er starb."

Im Uebrigen vollzog sich das Drama der Aufnahme ohne jede Beziehung auf religiöse Vorstellungen. Die Feierlichkeit fand an einem entlegenen Orte statt, der nur den „Geweihten" bekannt war. Die Aufnahme-Grotte hatte die Gestalt eines Dreiecks. Der Grossmeister der „Auserwählten" hatte seinen Platz auf einer thronartigen Erhöhung. Zwei Wachen, nach der Gestalt ihrer Schwerter „Flammen" genannt, behüteten den Eingang. Die Gehilfen des Grossmeisters führten die Bezeichnung Sonne und Mond. Erleuchtet wurde die „Grotte" durch drei in den Ecken hängende Lampen, die in ihrer Gestalt an Sonne, Mond und Sterne erinnerten.

In dieser Umgebung wurde dem Kandidaten bekannt gemacht, dass der Zweck der Carbonaria ein politischer sei, dass sie den Sturz aller Gewalthaber Italiens erstrebe und dass die Zeit der Völkerbefreiung nahe gerückt sei. Gleichzeitig wurde er über seine Pflichten bei einem etwaigen Zusammenstosse mit der öffentlichen Gewalt belehrt. Die theatralische Zeremonie*) schloss damit, dass die Versammelten niederknieten, einander ihre Degen auf die Brust setzten und gelobten, „ihr ganzes Leben den Grundsätzen der Freiheit, der Gleichheit und des Fortschrittes zu weihen, welche die Seele aller geheimen und öffentlichen Akte des Carbonarismus sind." Für den Fall, dass sie sich

---

*) Die Symbole fanden hier ihre endgültige Erklärung. Schrecklicher vermag sie selbst die blutigste Henker- und Folterkammerphantasie nicht zu ersinnen. Das Kruzifix deute auf die vom Bunde erstrebte Kreuzigung der Tyrannen, deren Haupt die Dornenkrone schmücken solle. Der Knäuel stelle den Strick dar, der sie am Galgen befestigen solle, zu dem sie auf der Leiter emporsteigen. Die Blätter versinnbildlichen die Nägel, die man ihnen

ihrem Eide untreu erweisen sollten, willigten sie ein, dass die guten Vettern sie in einer Loge an das Kreuz heften, ihnen das Herz und die Eingeweide aus dem Leibe reissen u. s. w.

Nach Ableistung des Eides betraten andere gute Vettern die Grotte und verkündeten jubelnd den allgemeinen Sieg des C. über Tyrannei und Fremdherrschaft und die bevorstehende Gründung der Republik Ausonia, worauf die Vendita geschlossen wurde.

Der vierte Grad*), der eines Grossmeisters der Auserwählten, war nur wenigen und zwar den geistig regsamsten, kenntnisreichsten und thatkräftigsten C. vorbehalten.

Jedes Mitglied führte einen besonderen Ordensnamen. Dieser wurde in ein Buch eingetragen, während ein zweites den bürgerlichen Namen aufwies. Beide Bücher wurden aus begreiflichen Gründen an verschiedenen, streng geheim gehaltenen Orten aufbewahrt.

Die höheren Beamten hiessen „Lichter", gewisse,

---

durch Hände und Füsse treiben werde. Das Beil werde ihre Köpfe vom Körper trennen, das Salz deren Verwesung hindern, damit sie als ein Denkmal ewiger Schande erhalten bleiben. Im Meiler werde ihr Leib verbrannt, mittels der Schaufel ihre Asche in alle Winde zerstreut werden. Das Wasser werde die Thäter von dem schändlichen Blute reinigen, das sie vergossen haben, das Linnen alle Flecken vertilgen.

*) Auch noch einen höheren, „ganz geheimen" siebenten Grad soll es nach der Angabe des bekannten Abenteurers Wit v. Döring (S. II. S. 327) gegeben haben. W. behauptet, in seine Mysterien eingeweiht gewesen zu sein. Der Umstand aber, dass der „Siebente" angeblich auch auf schriftlichem Wege verliehen worden, kennzeichnet seine Mitteilung sofort als plumpe Erfindung. — Wits — ist ein Buch: Les sociétés secrètes de France et d'Italie. Paris; 1830 Machwerk, in dem alle Ausgeburten seiner toll gewordenen Phantasie einen wahren Hexensabbath feiern.

für besonders gefährliche Unternehmungen bestimmte gute Vettern „verlorene Hoffnung".

In den zwanziger Jahren, da die C. immer mehr an Einfluss im öffentlichen Leben gewann, traten auch zahlreiche Frauen der Verbindung bei. Sie wurden in Damen-Logen (Gärten) vereinigt und führten Namen, die der reichen südländischen Flora entnommen waren. Da die „Giardinieri" (Gärtnerinnen) häufig gleichzeitig auch Mitglieder von Wohlthätigkeitsgesellschaften und anderen humanitären Vereinigungen waren, so konnten sie unauffällig Beziehungen zu allen Ständen unterhalten und mancherlei Nachrichten sammeln, deren Kenntnis ihren Mitverschworenen willkommen sein musste.

---

2. Die Camorra.*)

Der Bund der C., um 1820 im Neapolitanischen entstanden und dort hauptsächlich verbreitet, war ursprünglich nur in den Strafanstalten anzutreffen, wo die Gefangenen sich fest verbanden, um sich gemeinsam gegen die Brutalitäten der Beamten zu schützen. Jeder ankommende neue Häftling wurde sogleich für die Genossenschaft in Anspruch genommen und ihr tributpflichtig gemacht. Weigerte er sich, die geforderte Spende „für die Lampe der Madonna" zu entrichten, lief er Gefahr, zu Tode gemartert zu werden. Andernfalls fand er Schutz und Schirm.

In den dreissiger Jahren bildeten entlassene Gefangene die Strassen-Camorra, die, gleich der Carbonaria, anfänglich aus politischen Gründen geduldet,

*) C. bedeutet im Altneapolitanischen eine Bluse, Camorristen also Blusenmänner (Proletarier). — Vergl. Monnier: La Camorra. Notizie storiche. Florenz; 1863. — Alongi: La C. Turin; 1890. — De Blasio: Usi e costume dei camorriste. Neapel; 1897. —

bald in alle Stände, selbst in das Heer und in das Beamtentum eindrang.

Wer Camorrist werden wollte, musste Mut und Eifer an den Tag legen und wurde zu diesem Zwecke in die Klasse der Novizen eingeweiht; er wurde „picciotto di sgarro".

Das Noviziat dauerte wenigstens drei, häufig sogar sechs Jahre. Während dieser Zeit wurde der Kandidat einem „Bruder" übergeben, der ihn mit allen Gaunerkniffen und mit den Zwecken der Gesellschaft bekannt zu machen, ihn im Gebrauche des Dolches zu unterweisen und s. Z. auch mit der Ausführung schwieriger Aufträge zu betrauen hatte. Hatte der Lehrling seine Befähigung, vielleicht durch einen Meuchelmord, glänzend dargethan, erfolgte seine Aufnahme in den Camorristen-Grad.

Hierzu versammelten sich die „Brüder" an einem entlegenen Orte und setzten sich an einen Tisch, auf dem die unheimlichen Wahrzeichen des Bundes: Dolch, Pistole, ein Glas mit vergiftetem Wein und eine Lanzette sich befanden. Vor diesem Tisch erschien der Picciotto in Begleitung des „Barbiers", der ihm eine Ader öffnete. Der Kandidat benetzte seine Rechte mit dem hervorquellenden Blute, hob sie empor und schwor, des Bundes Geheimnisse unverbrüchlich zu bewahren, seinen Gesetzen*) sich unbedingt zu unterwerfen, seine

*) Die Bundesstatuten wurden lediglich auf dem Wege mündlicher Ueberlieferung überliefert. Hiernach durfte kein Polizist als Mitglied aufgenommen werden. Doch war es C. gestattet, als Polizeispione zu dienen, um so von etwaigen Massregeln der Behörden gegen den Bund Kunde zu erhalten. Genossen, die zu Verrätern wurden oder die Sicherheit der Gesellschaft gefährdeten, waren dem Tode verfallen. C., die im „Dienst" Verletzungen erlitten oder mehr als 60 Lebensjahre zählten, hatten Anspruch auf dauernde Unterstützung.

Befehle getreulich zu erfüllen. Und indem er darauf die Mordwerkzeuge ergriff, sie gegen seinen Körper richtete und das Glas an die Lippen setzte, deutete er an, dass er bereit sei, im Dienste der Gesellschaft sein Leben zu lassen. Darauf hiess ihn der Meister niederknieen, legte die Rechte auf das Haupt des Kandidaten, feuerte die Pistole ab, zerschmetterte das Glas, überreichte ihm den Dolch, der in seiner besonderen Form als Erkennungszeichen diente, zog dann den neuen Bruder empor und umarmte ihn, ein Beispiel, dem die Anwesenden folgten. Nun war der Picciotto gleichberechtigtes Mitglied der Bande.

Diese bestand aus zahlreichen Zentren, jedes Zentrum aus mehreren Abteilungen. Regiert wurde das Ganze von dem Vicario. Ihm standen als beratende Gehilfen die Meister der Zentren zur Seite. Jedes Zentrum hatte ausserdem seinen Rechnungsführer, Schatz- und Proviantmeister, seinen Schriftführer und seinen Rufer, der den Mitgliedern Ort und Stelle der Versammlung ansagte.

Diebstahl, Raub, Plünderung, Falschspielerei, Erpressungen aller Art und andere Schandthaten machten den Beruf der C. aus. Sie arbeiteten meist in Gruppen und verständigten sich nach Gaunerart durch bestimmte Rufe, Schreie und Zeichen. Während sie Reisende und wohlhabende Mitbürger auf jede Weise brandschatzten, erhoben sie in den Spielhöllen Neapels und an den sonstigen Stätten des Lasters und Verbrechens einen regelmässigen Zoll und zwangen die Schmuggler zur Hergabe eines Teiles ihres Gewinnes. Bei der elenden Beschaffenheit der Polizei wurden C. häufig von begüterten Kaufleuten und Besitzern zur Bewachung ihres Eigentums in Sold genommen. Hohe Regierungsbeamte, vom Bunde bestochen, liessen ihm Schutz angedeihen, und nicht selten standen die Meister gegen ein ansehnliches Monatsgehalt im Dienste der Behörden, um das übrige zahlreiche Gesindel, das ihrer Gesellschaft nicht angehörte, in Schranken zu halten.

Nach der politischen Einigung Italiens wurde von der Regierung wiederholt der Versuch gemacht, dem entsetzlichen Unwesen der Camorra zu steuern. In den Jahren 1862, 1877, 1885 und noch später wurden zahlreiche Mitglieder der Bande verhaftet und, obwohl Richtern und Geschworenen schreckliche Rache angedroht wurde, zum Teil zu schweren Strafen verurteilt. So wurden zwar die schlimmsten Verbrecher beseitigt, aber die Verbindung völlig zu unterdrücken ist bisher nicht gelungen. Allzu tief wurzelt sie in den Landessitten, und noch in unsern Tagen hören wir von camorristischen Verbrechen und Gewaltthaten. Immerhin ist die Mitgliederzahl und die Bedeutung des Bundes erheblich gesunken; er beschränkt sich heute auf die unteren Volksklassen. —

---

3. Die Mafia.*)

Seit alter Zeit unterhielt die Geistlichkeit, der Feudaladel und andere Grundeigentümer der Insel Sizilien zum Schutze ihrer Person und ihres Besitzstandes eine bewaffnete Truppe, der die zahlreiche Klasse der Hintersassen, der Vasallen und Leibeigenen

*) Den dankenswertesten Aufschluss über diese ebenso unbekannte, wie merkwürdige geheime Gesellschaft und ihr dunkles Treiben gewährt ein Aufsatz aus der Feder Luigi Montis in der Zeitschrift „Atlantic Monthly“ (I. Boston, 1876). Der Verf., von Geburt Sizilianer, hat lange Zeit in verschiedenen Beamtenstellungen auf der Insel zugebracht und schildert die Dinge aus eigener unmittelbarer Anschauung und mit massvollem Urteil. Vergl. ferner Umilta: Camorra e Mafia. Neuchâtel, 1878. — Villari: Lettere meridionali. Turin, 1885. — Alongi: La M. Turin, 1887. —

die erforderlichen Rekruten lieferte. Es war ein verwegenes, schwer zu zügelndes Gesindel, das seinen Herren um so williger diente, als diese ihm auf Grund ihrer Privilegien und Immunitäten Schutz gewährte, wenn die öffentliche Gewalt wegen begangener Ausschreitungen und Verbrechen, die freilich zum Teil auch auf das Konto der Herren entfielen, einzuschreiten drohte.

Im ersten Jahrzehnt des 19. Jahrhunderts, zu einer Zeit also, da Sizilien noch zum Königreich Neapel gehörte, wurden die feudalen Herren geistlichen und weltlichen Standes gezwungen, ihrer Vorrechte zu entsagen. So mussten sie u. a. auch ihre, das öffentliche Wohl arg gefährdende Schutztruppe entlassen. Die Folge war, dass die wilden Gesellen, die von Ordnung und Gesetz nichts wussten und nichts wissen wollten, sich zu regelrechten Räuberbanden zusammenschlossen. Um sie unschädlich zu machen, nahm die Regierung die Banditen in ihre Dienste, bildete aus ihnen ein Gendarmerie-Korps und übertrug ihm die Handhabung der Sicherheitspolizei im Innern der Insel. Das hinderte indes nicht, dass die Truppe im Geheimen das Räuberhandwerk lustig fortsetzte und ihre Macht dadurch stärkte, dass sie die schlimmsten Verbrecher als Affiliierte in ihre Kompagnien aufnahm unter der Bedingung freilich, sich offener Raubthaten zu enthalten, wogegen ihnen das Recht zugestanden wurde, die bemittelten Einwohner nach Belieben durch Erpressungen auszusaugen.

Allmählig gewöhnte sich die sizilianische Bevölkerung an diesen barbarischen Zustand und betrachtete ihn als ein notwendiges Übel. Sie fügte sich den Forderungen der wilden Burschen mit guter Manier, indem sie ihnen einen regelmässigen Tribut zahlte, ihren Hauptleuten bei Gelegenheit Geschenke darbrachte und einzelne Mitglieder des Korps zu Hütern des eigenen

Besitztums bestellte, vor allem aber gegenüber den Behörden in allen Dingen, die sich auf die Banditen bezogen, absolutes Stillschweigen beobachtete. Wurde dies gelegentlich gebrochen, so folgte die blutige Vendetta auf dem Fusse.

Schrecken und Furcht gingen den staatlich privilegierten Räubern voran, die sich Mafiusi*), Malandrini, gelegentlich auch Camorristi nannten; und das niedere Volk gewöhnte sich, sie als Mitglieder einer Genossenschaft zu betrachten, die stärker und mächtiger als die Regierung selbst sei. Bald sah man es als eine Ehre an, Mitglied dieser Verbindung zu werden.

Erst ein Mann wie Garibaldi durfte es 1860 in seiner Eigenschaft als Diktator Siziliens wagen, dem schmachvollen Systeme staatlicher Räuberei entgegenzutreten. Er löste die compagnie d'armi auf und versuchte die Mafia auszurotten. Vergeblich. Die gemassregelten Mafiusi kehrten zu dem verbrecherischen Handwerke, aus dem sie hervorgegangen waren, zurück und bildeten, durch reichen Zuzug aus den Reihen der Gefangenen und Sträflinge, denen die Revolution die Freiheit gebracht hatte, verstärkt, fortan eine weitverzweigte, wohlorganisierte geheime Genossenschaft.

Ihre Mitglieder bezeichnen sich als „giovanni d'onore", ehrenhafte Jünglinge, und müssen geloben, den Bestimmungen der „Omerta"**) d. h. des Gesetzbuches der Mafia unverbrüchlich nachzuleben.

---

*) Die Bezeichnung Mafiuso oder Malandrino hat allmählig ihre ursprüngliche Bedeutung verloren. Heute versteht man in Sizilien darunter nichts mehr und nichts weniger als einen tapferen Mann.

**) Sie bestimmt u. a., dass jedes Mitglied „Abhilfe bei ihm widerfahrener Unbill mit eigener Hand zu suchen" habe; dass Niemand vor dem Richter Zeugnis ablegen dürfe, „selbst wenn er der Geschädigte oder Zuschauer bei einem Verbrechen gewesen"

Die Aufnahme eines Kandidaten in den Bund findet erst statt, nachdem die Hauptleute dessen Vorleben geprüft, seine Unerschrockenheit in einem Zweikampf erprobt und festgestellt haben, dass er sich keiner feigen Handlung schuldig gemacht. Taschendiebe und solche, deren Handlungen mehr von Gewandtheit und Raffiniertheit als von Mut und Entschlossenheit zeugen, dürfen auf Zulassung nicht rechnen. Dagegen verleiht ein Mord, der aus Rache für widerfahrene Beleidigung verübt worden, ein Anrecht auf Mitgliedschaft.

Der eigentliche Zweck der Mafia ist heute nicht Raub und Diebstahl, sondern die Herrschaft in ihrem Bezirk, Unabhängigkeit von den bürgerlichen Behörden, eine Stellung neben und sogar über dem Gesetze. Offene Räubereien werden nur von gemeinen Verbrechern unter den Genossen begangen, die der Bund verbergen und der gesetzlichen Strafe entziehen muss, was ihm häufig sehr unbequem ist. Sein hauptsächlichstes und einträglichstes Geschäft ist die Erhebung eines bestimmten Schutzgeldes von den Einwohnern ihres Bezirks. Dafür steht er den Paschern von Nahrungsmitteln und Getränken gegen die Zollwächter bei, leistet er den von den Behörden Verfolgten Hülfe, behütet er den besitzenden Klassen Leben und Eigentum.

Die M. hat ungezählte Angehörige in den Städten wie auf dem Lande; sie verfügt über Losungen, Passwörter und Erkennungszeichen für Mitglieder und Schützlinge. Ihr Einfluss durchdringt alle Verhältnisse der Insel, und die wohlhabende Bevölkerung hat in der Erkenntnis, dass es unmöglich sei, gegen deren Macht erfolgreich anzukämpfen, sich mit ihr auf guten

---

sei. Mörder oder andere Verbrecher vor der Verfolgung durch das Gericht zu schützen, gilt als edle Handlung; „denn nicht die Gerechtigkeit, sondern der Lebende soll den Toten rächen.“

Fuss gestellt. Sie zahlt ihr auch noch heute gern den geforderten, sich in mässigen Grenzen haltenden Tribut, auf Grund dessen ihre Besitzungen gegen Plünderung und Raub gesichert sind.

Die Häupter der M. auf dem Lande sind kleine Pächter und Grundbesitzer, in den Städten meist Handwerker und Arbeiter. In ihrer Art sind sie gewöhnlich ehrliche Leute, die allen kleinen Räubereien nach Kräften wehren und unter ihresgleichen viel Gutes wirken. Durch ihre Spione, ihre Polizei, ihre Gerichtshöfe halten sie Ordnung in den Reihen der weitverzweigten Verbindung.

Freilich giebt es auch gefürchtete Messerhelden unter den Mafiusi, und die Verbrechen, die viele begangen haben, häufig nur deshalb, um sich einen ungeschmälerten Einfluss zu sichern, schreien zum Himmel. Aber aus Furcht vor ihrer Vendetta wagt Niemand, Zeugnis wider sie vor Gericht abzulegen, scheuen sich Geschworenengerichte, das Schuldig über sie auszusprechen. Daher sind alle Versuche, die M.*) zu unterdrücken, bisher erfolglos geblieben. Auch heute noch gilt sie

*) Bekannt ist das verbrecherische Treiben der M. in New Orleans, wohin das gefährliche Institut durch ausgewanderte Italiener verpflanzt worden. Als Mafiusi hier in den neunziger Jahren des vorigen Jahrhunderts aus Rache zahlreiche Morde an andern Landsleuten begingen, sich auch der Ermordung der sie verfolgenden Polizei-Beamten schuldig machten, wurden zahlreiche Mitglieder der Bande gefänglich eingezogen, aber von den eingeschüchterten Geschworenen trotz erdrückender Schuldbeweise freigesprochen. Ehe die Verbrecher jedoch aus ihrer Haft entlassen wurden, bemächtigte sich ihrer eine erbitterte Volksmenge und schlug sie tot, ein Verfahren, das zwar eine diplomatische Spannung zwischen Italien und den Vereinigten Staaten zur Folge hatte, die M. aber so einschüchterte, dass sie bisher nicht wieder die öffentliche Aufmerksamkeit erregt hat.

den niederen Volksschichten als eine Macht, der zu widerstreben ein gefährliches Unternehmen ist.

---

4. Die Mala Vita.

Dieser süditalienische Geheimbund, offenbar aus der Camorra hervorgegangen, hat seinen Namen dem bekannten, vielgelesenen Roman von Degia Como entlehnt. Die erste Kunde von dem Dasein der M. V. drang 1891 und 1892 in die Oeffentlichkeit, als in Bari mehrere hundert Mitglieder der Bande öffentlich abgeurteilt wurden.

Der Bund besteht aus drei Klassen: den „Giovanotti“ (Novizen), den „Picciotti“ und „Camorristi“. Die Genossen der dritten Klasse nennen sich „Onkel“, ihrem Führer gebührt der Titel „Weiser Meister.“

Um Mitglied der Gesellschaft zu werden, bedarf es der Empfehlung und Bürgschaft mehrerer Genossen. Zollbeamte und Polizisten dürfen nicht aufgenommen werden.

Nachdem die „Würdigkeit“ des Kandidaten festgestellt, entscheidet eine Versammlung der M. V. über seine Aufnahme. Wird sie beschlossen, muss der Neuling sich zu einem furchtbaren Eide verstehen. Mit einem Fuss angekettet, mit dem andern in einem offenen Grabe stehend, schwört er, Vater und Mutter, Frau und Kinder, alles, was ihm lieb und teuer ist auf Erden, zu verlassen und sich gänzlich der M. V. und ihren Zwecken zu widmen.

Der Eidbruch zieht grässliche Strafen, Folterung und Tod nach sich. Das Verdammungsurteil wird von einer allgemeinen Versammlung gefällt und der Vollstrecker durch das Los bestimmt.

Zweifellos hat es der Bund auf Raub, Plünderung und Brandschatzung der wohlhabenden Bevölkerung abgesehen. Der aus der Beute erzielte Gewinn fliesst in eine gemeinsame Kasse. Aus ihr erhalten die Verschworenen der unteren Grade einen bestimmten Anteil, während der Rest der dritten Klasse zufällt.

Die Genossen erkennen einander an Tätowierungen, die Brust und Arme kunstvoll zieren. Beliebte Figuren sind Schlangen, Engel und Teufel, Garibaldi, der Löwe von S. Marco u. a.

---

5. Andere italienische Geheimbünde.

Neben den erwähnten Vereinigungen finden sich in Italien noch zahlreiche andere geheime Verbände mit ähnlichen Bestrebungen. Die meisten von ihnen bestanden jedoch nur kurze Zeit oder brachten es zu keinem nennenswerten Einfluss.

Zu ihnen zählte u. a. der Bund der „Patriotischen Reformer". Im Jahre 1820 zu Messina gegründet, rief er Zweigvereine in Florenz, Mailand, Turin und an anderen Orten ins Leben und verständigte sich mit diesen mittels Notenschrift. — Gefürchtet war zeitweilig der 1823 in Palermo entstandene Orden der „Italienischen Literaten". Hinter dem harmlosen Namen verbargen sich weitgehende Bestrebungen, insbesondere die Befreiung des Volkes von dem Drucke der Kirche. Bundesbevollmächtigte sammelten in allen grösseren Städten des Landes Anhänger und vereinigten sie zu einer Loge, denen sie als „Centurionen" vorstanden. Doch durfte eine Loge nicht mehr als 10 „Söhne Barrabas" zählen. Die Eingeweihten erkannten einander an einem Ringe von seltsamer Art und an den bekannten Buchstaben „J. N. R. J.", die sie in ihrem Briefwechsel verwendeten. Die meisten Anhänger des Vereins endeten im Gefängnisse.

Im Anfange des 19. Jahrhunderts begegnen wir

im südlichen Italien den Geheimbünden der „Europäischen Patrioten“ oder „Weissen Pilger“, der „Philadelphier“, die im Interesse Frankreichs wirkten und den „Decisi“ (Entschiedene).*) Diese, militärisch organisiert, pflegten sich zur Nachtzeit in einsam gelegenen Häusern, in verlassenen Klöstern, in Schluchten und Höhlen zu versammeln und sich in den Waffen zu üben. Unter Führung ihres Grossmeisters Ciro Annichiaro, eines schlauen und verwegenen, wegen Mordes zur Galeere verurteilten Priesters, bildeten sich die D., die ursprünglich ein republikanischer Verein gewesen waren, zu einer verwegenen Räuberbande um, die viele Jahre ganz Süditalien mit Angst und Schrecken erfüllte, bis eine militärische Expedition dem Unwesen ein Ziel setzte. 230 Genossen endeten samt ihrem Grossmeister auf dem Blutgerüst.

Andere politische Verbindungen jener Zeit waren „Die Gespenster in der Gruft“, die, 1822 in Neapel nachweisbar, auf die Vertreibung der Bourbonen hinarbeiteten, und die „Neue Reform“, ein Bund, der nur ehemaligen Carbonari oder „europäischen Patrioten seine Geheimnisse erschloss.“

Mit der Carbonaria verwandt war auch das „Apostolat Dantes.“ 1855 gegründet, suchte dieser politische Geheimbund, besonders in Mittel-Italien und im Kirchenstaat nationale Ideen zu verbreiten. Geleitet

---

*) Ihre Sinnbilder waren ein Blitz, der aus den Wolken jäh herniederfährt und Tiara und Kronen zerschmettert, ein Rutenbündel mit dem Beile, und die phrygische Mütze zwischen zwei Beilen auf Totenköpfen. Ihr Wahlspruch lautete: „Tod, Schrecken und Trauer“, und Gelb, Rot und Blau waren ihre Farben. Erkennungszeichen waren eine schwarze Schärpe und ein langer Dolch, dessen Klinge die Buchstaben V. D. (vero Deciso) aufwies. Jeder Genosse erhielt ein mit Blut geschriebenes Mitgliedsdiplom.

wurde er von dem bekannten Patrioten Tamburini, der aber seine Verwegenheit mit 10jährigem Gefängnis büssen musste. Seitdem hat man von seinem Unternehmen nichts mehr gehört.

In den zwanziger Jahren spielten die „Guelphen“ in Mittel- und Oberitalien eine gewisse Rolle. Sie suchten eine allgemeine Erhebung des Landes gegen seine Despoten ins Werk zu setzen und wählten mit Vorliebe die Angehörigen des höheren Carbonaritums zu Führern. Sie sind also zweifellos aus diesem hervorgegangen. Ihre Logen, Ratsversammlungen genannt, bestanden aus je 6 Mitgliedern, die aber einander nicht kannten, sondern nur durch Vermittlung des „Sichtbaren“ in Verkehr traten. Eine Zentralleitung, der oberste Rat, mit dem Sitze in Bologna überwachte die Ratsversammlungen.

Aehnliche Ableger des Carbonarismus waren die „Gesellschaft der Latiner“ und der „Mittelpunkte“*) und die „Delphischen Priester“. Ihre Versammlungsorte, die „Schiffe“, wurden vom „Lotsen“ geleitet. Die Anhänger Frankreichs nannten sie „Heiden“, die Freunde des Kaiserstaates „Ungeheuer“, die Deutschen „Wilde“. In der „Zeit der Kur“ d. h. eines Weltkrieges erwarteten sie Hilfe für ihr Vaterland „vom Ocean“ d. h. von Amerika.

Hierher gehören schliesslich noch die „Amerikanischen Jäger“, die „Freunde der Pflicht“, die „Söhne des Mars“, die „Sonnenritter“, der Bund der „Schwarzen Nadel“ und die „Gesellschaft der allgemeinen Wiedergeburt.“ Mehr oder weniger aus Anhängern des Bonapartismus bestehend, ge-

*) Ihr Losungswort war: „Hilf den Unglücklichen“, das Erkennungszeichen bestand in dreimaligem Erheben der Rechten zur Stirn.

dachten sie mit Hülfe der Napoleoniden und der Amerikaner dem Liberalismus in Italien und in Europa zum Siege zu verhelfen.

Für die Sache des Papsttums, seine weltlichen Rechte und die kirchliche Reaktion und gegen die Bestrebungen der Carbonari traten die geheimen Verbindungen der „Sanfedisten“ (Heilige Union), vom Kardinal Consalvi ins Leben gerufen, die „Consistorialen“ und die „Apostolische Congregation“ ein. Die Sanfedisten, von niedrigen Leidenschaften, von Habgier und Rachsucht erfüllt, hausten in barbarischer Weise namentlich 1831/32 gegen die liberalen Patrioten im Kirchenstaate. 1847 übten diese an ihren Peinigern blutige Vergeltung. — Die „Consistorialen“, die der Führung des Exjesuiten Talbot unterstanden, erstrebten eine Vergrösserung des Kirchenstaates und richteten ihr Augenmerk auf ein strenges theokratisches Regiment und die Erhaltung aller feudalen Rechte.

Die Congregation*), in Frankreich entstanden, verbreitete sich unter dem Abbé Lamennais nach Oberitalien und suchte „Theokratie und Freiheit“ zu fördern.

---

*) Die Mitglieder der Logen, die nur aus 5 Auserwählten bestanden, trugen als Erkennungszeichen eine gelbe Schnur mit fünf Knoten. Die Vereinigung hatte mehrere Grade. In den unteren war nur von Wohlthun und Frömmigkeit die Rede. Erst die Inhaber der höheren Grade lernten die Bundesgeheimnisse kennen. Das Passwort der niederen war „Eleutheria“ (Freiheit), das der höheren „Ode“, d. h. Unabhängigkeit der kirchlichen Gewalten von den bürgerlichen Gesetzen und Behörden. Die Kirche und der Papst würden nach der Meinung dieser seltsamen Heiligen die Menschheit regenerieren, sie frei und glücklich machen.

VI. Griechenland.*)

An dem grossen Weltkampf gegen Napoleon hatten die Türken keinen Teil. Dennoch blieb die Umgestaltung der europäischen Dinge infolge dieses Kampfes nicht ohne Wirkung auf das Osmanenreich. Die Heilige Allianz kehrte den christlichen Charakter ihres Bundes geflissentlich hervor, um den Sultan vom Beitritt auszuschliessen. Indes die Blicke der schmählich misshandelten Rajah in allen Provinzen der Türkei sich nun voll Hoffnung und Zuversicht nach Wien wandten, wurde die Pforte mit steigender Besorgnis erfüllt.

Seit Jahren schon waren im Innern des osmanischen Reiches Anzeichen beginnender Auflösung zu Tage getreten. Mehrere Vasallenstaaten, wie Albanien, die Moldau und Walachei, hatten die Bande der Suzeränität so sehr gelockert, dass sie der Selbständigkeit nahe kamen. In Serbien wurzelte der Hass gegen die türkische Zwingherrschaft so tief, dass eine allgemeine Erhebung des geknechteten Volkes zu erwarten stand. Und in Aegypten traten unter Mehemed Ali Bestrebungen hervor, welche den Rechten des Grossherrn in Stambul entschiedenen Abbruch thaten.

---

*) Eine ausführliche und wohlbegründete Darstellung der griechischen Hetärie, ihrer Verfassung und Thätigkeit findet sich in des gut unterrichteten A. v. Prokesch-Osten: Gesch. des Abfalls der Griechen vom türkischen Reich 1821 u. der Gründung des hellen. Königreichs. 6 Bde. Stuttgart; 1867 — und bei K. Mendelssohn-Bartholdy: Gesch. Griechenlands von der Eroberung Konstantinopels bis auf unsere Tage. I. Leipzig; 1870. — Vergl. ferner: G. F. Hertzberg: Gesch. Griechenlands seit dem Absterben des antiken Lebens bis zur Gegenwart. III. u. IV. Teil. Gotha; 18—79. — Th. Flathe: Das Zeitalter der Restauration und Revolution. 1815—1851. Berlin; 1883. — E. Rothpletz: Der Genfer Gabriel Eynard als Philhellene (1821—1829). Zürich; 1900.

Die unwürdige Lage der Rajah in der Türkei, ihre politische Rechtlosigkeit und soziale Unterordnung bestand schon seit Jahrhunderten. Aber niemals hatten sie sich ausgesöhnt mit ihren mitleidslosen Herren. „Mitten im Schmutz und Elend ihrer Knechtschaft geboten sie auch über jene unverwüstliche Kraft der Verjüngung und Selbsterneuerung, welche das Christentum überall von der geistlosen Erstarrung des Islam unterscheidet.“ —

In politischen Dingen ist die vorherrschende Zeitströmung, ist das Beispiel anderer Völker von massgebender Bedeutung. Die „weltbürgerliche Heilslehre der französischen Revolution und mit ihr zugleich die nationalen Freiheitsgedanken der spanischen und der deutschen Unabhängigkeitskriege fanden langsam ihren Weg in den fernen Osten“ und lenkten die Blicke der Griechen auf die eigenen öffentlichen Zustände, brachten die Uebelstände des eigenen Daseins zum deutlicheren Bewusstsein, steigerten die Hoffnung auf Umgestaltung und Verbesserung.

Zu einer Zeit, da englische und französische Reisewerke die Welt mit den Oertlichkeiten und Zuständen des Mutterlandes der antiken Kultur bekannt machten, da in den europäischen Kulturstaaten die griechischen Studien mit begeistertem Eifer betrieben wurden, da die griechische Jugend auf den Universitäten des Abendlandes Kenntnisse und Bildung sammelte und ihre grosse Vergangenheit verstehen lernte, mussten die Nachkommen*) jener Heroen der Bildung ein schmäh-

*) Die lange Zeit in Geltung gewesene Behauptung, dass das altgriechische Volkstum im frühen Mittelalter durch slavische Einwanderung vernichtet worden, dass „in den Adern der Romäer kein Tropfen echtes ungemischtes Heldenblut mehr fliesse“, hat längst einer anderen, stichhaltigeren Auffassung Platz gemacht. Allerdings haben sich sarmatische und albanesische Stämme

liches Barbarenjoch tragen und dulden, dass unwissende und fanatische Moslems die christlichen Bewohner der griechischen Erde als eine verächtliche Kaste behandelten.

Am 8. März 1821 las man an den Strassenecken Jassys einen Aufruf an das Hellenenvolk, die Waffen zu ergreifen zur Befreiung des geknechteten Vaterlandes von der schmählichen Tyrannei der Nachkommen des Darius und Xerxes. Eine Grossmacht — Russland — werde hierbei Schutz und Hilfe leisten. Die griechische Welt war erwacht. „Die schwerste aller europäischen Fragen, die orientalische, geriet wieder in Fluss.“

Diese „ungeheuren Nachrichten“ aus dem Orient, die eine neue grosse Wendung der Völkergeschichte zu verkünden schienen, erfüllten die in Laibach versammelten Monarchen und Staatsmänner mit Bestürzung. Und Metternich beeilte sich, in ihnen die Ueberzeugung zu wecken, dass die griechische Insurrektion einen Angriff auf die Ruhe Europas bedeute, dass sie aus demselben revolutionären Geist hervorgegangen sei, der in Italien, Spanien und Südamerika umgehe. So überliess man denn die Griechen ihrem Schicksal und hielt an dem doktrinären Gedanken der Erhaltungspolitik fest. „Ohne Sinn für die elementarische Kraft des nationalen Instinkts, die in solchen Krisen des Völkerlebens allein

mit dem Hellenentum im nördlichen und mittleren Griechenland vermischt. Aber es steht auch fest, dass die Küsten- und Inselwelt Jahrhunderte hindurch im Besitz der alten Bevölkerung geblieben ist. Zur Zeit der byzantinischen Herrschaft fand eine starke Rückwanderung hellenischer Volkselemente nach Hellas statt, und der Einfluss der Kirche, die Thätigkeit angesiedelter alter mächtiger Fanariotenfamilien, die natürliche Übermacht der Kultur über jegliche Barbarei — alles das trug dazu bei, dass die griechische Bildung ihre Wurzeln immer tiefer und fester schlug, dass die griechische Sprache sich erhielt und die Nachbarwelt weithin beherrschte.

entscheidet, suchte Metternich den Grund dieser Entladung uralten Rassenhasses allein in den schlechten Künsten einer Rotte ehrgeiziger Bösewichter". —

Die Erhebung der Hellenen gegen die Osmanenherrschaft war die Wirkung einer agitatorischen Bewegung, die seit vielen Jahren von der Hetärie unterhalten ward. Die Proklamation war von Alexander Ypsilanti*) ausgegangen, dem Führer der Genossenschaft, einem patriotischen Fanarioten aus albyzantinischem Fürstengeschlecht. Der tapfere, aber eitle und charakterschwache Mann hatte im russischen Heere wider Napoleon gestritten und in der Dresdener Schlacht die rechte Hand verloren. Neben dem Ionier Kapodistrias aus Korfu, seinem Freunde und Gesinnungsgenossen, der damals Minister des Auswärtigen in Petersburg war, genoss er die besondere Gunst des Zaren Alexander I. Gerade dieser Umstand war es, der ihm das Vertrauen des Bundes erworben hatte.

Trotz der Abmahnungen einsichtiger Freunde überschritt Ypsilanti den Pruth und rief die Freiheit des Hellenenvolkes aus. Aber die Absage der Westmächte, insbesondere die schroff ablehnende Haltung des Zaren, der überall in der Welt nur das Schreckgespenst des grossen demagogischen Geheimbundes sah, lähmten seine Thatkraft. Den unaufhaltsam vordringenden türkischen Regimentern vermochten die schlecht bewaffneten Insurgentenschaaren trotz heldenmütigster Tapferkeit keinen

*) Schon sein Vater Konstantin, ein kluger, in allen Künsten des Krieges und der Diplomatie erfahrener Dynast in der Moldau, hatte alle Hebel in Bewegung gesetzt, den Zaren zum Vorgehen gegen die Türkenherrschaft zu bewegen, indem er ihn an die erbliche Tradition des Hauses Romanow erinnerte, den Halbmond auf der Hagia Sophia durch das Kreuz zu ersetzen. Seine Söhne erbten die überlieferte Familienpolitik und befreundeten sich mit den Plänen der Hetärie.

dauernden Widerstand zu leisten. Bei Dragatschan (19. Juni 1821) sanken sie dahin, „wie blühende Zweige unter der wuchtigen Axt des Holzhackers". An seiner Sache verzweifelnd, verliess Alexander seine Waffengefährten und flüchtete auf österreichisches Gebiet. Sieben lange Jahre wurde er in Munkacz und Theresienstadt in ungrossmütiger Haft gehalten. Die Welt sollte lernen, den glücklichen Kaiserstaat „als das grosse Zuchthaus für alle Demagogen Europas zu fürchten." Nachdem Kaiser Nikolaus dem Unglücklichen endlich die Freiheit erwirkt, starb er 1828 in Wien. Sein leidensvolles Schicksal hat seine Fehler in Vergessenheit gebracht und ihm die Gunst der öffentlichen Meinung zurückgewonnen. Und die Dichtung hat um den Märtyrer der hellenischen Freiheit ihren verklärenden Glanz verbreitet.

Die Niederlage der Hetärie bewies, dass die Griechen von anderem Geist beseelt waren, als die spanischen und italienischen Freiheitskämpfer. In den Kreisen der Liberalen Europas begann die Hoffnung Wurzel zu schlagen, dass die Politik des Wiener Hofes dort im Osten ihre erste schwere Niederlage finden werde.

Fast gleichzeitig mit Alexander Ypsilanti hatten die Verschworenen in Morea zu den Waffen gegriffen. Die griechischen Inseln, Rumelien und Thessalien folgten dem Beispiel. Die seekundigen Einwohner von Hydra und Spezzia, wo der Hetärist Ökonomos die patriotischen Ideen eifrig gepflegt hatte, machten gemeinsame Sache mit den Brüdern auf dem Festlande. In Böotien pflanzte der schlaue und unbändige Klephtenführer Odysseus die Fahne der Empörung auf. Grausam und selbstsüchtig, rachsüchtig und verschlagen, gedachte dieser Mann, der mit seltener Verstellungskunst sich in den Tugendschein eines rechtschaffenen Mannes zu hüllen verstand, aus dem Aufstand ein unabhängiges Fürstentum als Preis davon zu tragen. Der Ruf der Freiheit hallte durch die ganze Hellenenwelt.

Die Antwort der Pforte auf die Empörung der Giaurs liess nicht lange auf sich warten. „Noch einmal erhob sich der alte streitbare Islam in der ungebrochenen Barbarei seiner Glaubenswut.“ Der ehrwürdige griechische Patriarch Gregorias in Konstantinopel, die Metropolitane von Ephesus, Nikomedien und Anchialos wurden von dem mohamedanischen Pöbel schmählich ermordet. Chios, die blühende, glückliche Insel, ward 1822 zum Entsetzen der ganzen gesitteten Welt in eine Wüste verwandelt. 23 000 Männer, Weiber und Kinder erlagen dem Schwerte der barbarischen Horden, gegen 47 000 Menschen wurden in die Sklaverei verkauft.

Derweil hatte die türkische Flotte durch griechische Schiffe schwere Verluste erlitten. Auch auf dem Festlande waren die Griechen im Vorteil gewesen. Peter Mauromichalis, der Führer der wilden Mainoten, und der alte Klephtenhäuptling Kolokotronis brachten den türkischen Truppen bei Tripolitsa und Valtetsi (Mai und Oktober 1821) empfindliche Niederlagen bei.

Die heldenmütige Tapferkeit der Griechen und die unmenschlichen Greuelthaten der Osmanen weckten unter den europäischen Völkern Teilnahme und Bewunderung. Obwohl „der leuchtende Frühling“, den die Menschheit im alten Hellas gefeiert, dahin ist, obwohl die 400jährige Knechtschaft ihr Brandmal den modernen Griechen aufgeprägt hat, so lebt doch in der Brust dieser Epigonen ein lebendiges Gefühl für Freiheit und nationale Selbständigkeit. Und die männliche Kraft und Entschlossenheit und der standhafte Mut, mit dem sie das Leben eingesetzt haben, um die hohen Güter zu gewinnen, die das Dasein erst lebens-

wert erscheinen lassen, machten sie nicht unwürdig der hingebenden Teilnahme der europäischen Philhellenen.*)

---

*) Die Vereine der Philhellenen, die in allen Ländern des Abendlandes sich begeistert zu Hilfeleistungen und Unterstützungen des bedrängten Griechenvolkes zusammenthaten, darf man als einen lauten Protest der Humanität und Bildung gegen die kaltherzige Staatskunst der Regierenden bezeichnen, als die erste werkthätige Regung der öffentlichen Meinung gegenüber der Kabinettspolitik. Menschliches Mitgefühl, religiöse Erwägungen, liberale und ästhetische Begeisterung, alles das wirkte zusammen, um den griechischen Freiheitskampf zu einer Angelegenheit aller Kulturvölker zu stempeln. Der feurigste Herold dieser begeisterten Stimmung war bekanntlich Lord Byron. Zauberisch war der Eindruck in Europa, als er, seinem weltbürgerlichen Freiheitsdrange folgend, der grossen Sache, der er bisher als Sänger gedient, nun auch sein Schwert weihte und die Wahrhaftigkeit seines Glaubens mit einem schönen Tod besiegelte. — Auch das stille Deutschland wurde tief und nachhaltig von der philhellenischen Schwärmerei ergriffen. Zu ihr fanden sich „fast alle Richtungen des deutschen Lebens zusammen: der Freiheitsdrang der Liberalen, die Kreuzfahrergesinnung der christlichen Teutonen und die romantische Lust am Fernen und Wunderbaren.“ Eine seltsam gemischte Gesellschaft deutscher Kampfgenossen eilte nach Griechenland, um ihren Arm der Sache der Freiheit zu widmen: neben jugendlichen Schwärmern und hochherzigen Enthusiasten, die, wie Franz Lieber, von den Demagogenjägern in der Heimat schier zu Tode gehetzt, nun im Orient „das Ideal der Freiheit suchten“, finden wir „napoleonische Landsknechte“ und jenen General Normann aus Württemberg, der einst die Lützower bei Kitzen niedergemetzelt hatte. Und „in kräftigen melodischen Klängen“ liess der Dessauer Wilhelm Müller noch einmal hinaustönen „jenen weitherzigen, gläubigen Enthusiasmus, der mit der Freiheit des Vaterlandes zugleich die Freiheit aller Völker zu erringen hoffte.“ — Der Übersetzer Homers, der greise Joh. Heinr. Voss, der dem grossen deutschen Befreiungskampfe nur mit mässiger Teilnahme gefolgt war, erhob jetzt freudig seine Stimme und steuerte, obwohl nicht gerade mit irdischen Glücksgütern gesegnet, 1000 Gulden bei, „als einen kleinen Beitrag jener grossen Schuld für die von Hellas erhaltene Bildung.“

Indessen raste der Kampf weiter. Trotz der Zwietracht, Selbstsucht und Verräterei einzelner Führer war bis zum Jahre 1825 der Sieg grösstenteils auf Seiten der Griechen, die auf der See und im Hochgebirge mit unvergleichlichem Heldenmut zu kämpfen und zu sterben wussten. Ihr Ziel schien nicht mehr fern zu sein. Da gewann die Pforte einen mächtigen Bundesgenossen in Mehemed Ali von Aegypten. Sein waffenkundiger Adoptivsohn Ibrahim zog mit einem wohlgerüsteten Heere und einer starken Flotte aus gegen die kleinen Griechenscharen in Morea, die, ohne einheitliche Führung, dem sieggewohnten Aegypter nicht Stand zu halten vermochten. Ueber Blut und Leichen und rauchende Trümmer ging der Zug der entmenschten Horden. Zwei Jahre lang hauste der furchtbare Ibrahim mit morgenländischer Grausamkeit in Morea. Da schreckte der Fall der Seefeste Missolunghi, die nach langer Belagerung dem Hunger und dem Ansturm der Aegypter erlag und am 22. April 1826 in Flammen aufging, die europäischen Kabinette aus ihrer Lethargie auf.

Nach langwierigen diplomatischen Verhandlungen kam endlich zwischen England, Frankreich und Russland ein Vertrag zustande, der unter der Form friedlicher Vermittlung versteckte Drohungen gegen die Türkei im Schosse barg. Um so mehr suchte diese der griechischen Rebellion vollends Herr zu werden. Ibrahim setzte im Peloponnes seine barbarische Kriegsweise fort. Am 5. Juni 1827 fiel auch die feste Akropolis in Athen, nachdem ein Angriff auf das Belagerungsheer den Griechen eine vollständige Niederlage eingebracht hatte.

Aber das kleine Griechenvolk harrte nichtsdestoweniger aus in seinem tapferen Widerstande und suchte den Grund zu legen zu seiner staatlichen Selbständigkeit. Abgeordnete sämtlicher Landschaften, Städte und Inseln entwarfen in Trözene eine Verfassung, die eine republikanische Staatsform nach nordamerikanischem Muster als künftige Konstitution des freien griechischen Gemeinwesens in Aussicht nahm. Die schroffe Zurückweisung, die ein Vermittlungsversuch der drei Vertragsmächte von Seiten der Pforte erfuhr, nötigte jene zu den vorgesehenen Zwangsmassregeln. Im Hafen von Navarino vernichteten ihre Flotten die türkisch-ägyptische Seemacht. In Morea landete eine französische Armee und erzwang die Räumung des Landes durch Ibrahim. Gleichzeitig erklärte Russland der Pforte den Krieg.

Am 14. September 1829 musste sie im Frieden von Adrianopel sich den Beschlüssen der Vertragsmächte über Griechenland unterwerfen. Die Londoner Konferenz brachte dessen Angelegenheiten zur endgültigen Erledigung. Im Protokoll vom 3. Februar 1830 wurde die Unabhängigkeit der Griechen ausgesprochen, ihr Staat zu einer konstitutionellen Monarchie erhoben und ihm in der Person des Prinzen Otto aus dem wittelsbachischen Hause der erste König gegeben. Ihm fiel die schwere Aufgabe zu, auf dem ungeheuren griechischen Trümmerfeld einen modernen Staat zu errichten. Aber bald ward offenbar, dass „solcher Kulturmission das wittelsbachische Wesen nicht gewachsen ist."

Die Hetärie.

Seit den Tagen, da Griechenland dem Joche der Fremden verfiel, war die Neigung zu Verschwörungen und Geheimbünden in seinen Bewohnern lebendig. Sie erschien nur als natürliche Reaktion gegen die Fremdherrschaft, als Ausdruck des nationalen Gedankens, der schliesslich in Selbsthilfe und Klephturie verwilderte.

Die ersten Keime der Hetärie sind in den engen Verbrüderungen, den unverbrüchlichen Freundschaftsbündnissen zu suchen, die unter den Klephten, den Räubern der griechischen Berge, geschlossen wurden. Diese Bruderschaftsbündnisse erweiterten sich allmählig. Als geheime Bündnisse wurden sie die Zufluchtsstätte derer, die angesichts des jammervollen Knechtsdaseins Trost suchten und fanden in der Gemeinschaft gleichgesinnter Schicksalsgenossen. Zahlreiche Mitglieder zog auch der mystische Kram mächtig an, mit dem Gesellschaften dieser Art sich geheimnisvoll zu umgeben pflegen.

Anfangs waren die Hetärien nur auf den Schutz persönlicher und materieller Interessen gerichtet und umfassten die verschiedensten griechischen Stämme. Der nationale Charakter trat in den Hintergrund. Erst gegen Ende des 18. Jahrhunderts legten diese Brüderschaften, die überall zu finden waren, wo Hellenen unter türkischer Zwingherrschaft seufzten, ihren selbstsüchtigen Charakter ab, und unter dem Einfluss der französischen Revolution und des verheissungsvollen Zuges, den Bonaparte nach Aegypten unternahm, entstand die erste nationale Genossenschaft: die Hetärie des Rhigas. *)

*) Rhigas, zu Phelestinae, dem althomerischen Pherä, um d. J. 1753 geboren, widmete sich dem Kaufmannsstande. Aber seiner unersättlichen Lernbegierde, seiner raschen Auffassungsgabe, seiner lebhaften Phantasie sagte dieser nüchterne Beruf nicht zu. Er ward Lehrer der althellenischen Sprache und fand nun den wahren Mittelpunkt seines Daseins in der Begeisterung für die Grösse und Herrlichkeit des Vaterlandes. Schon frühzeitig war der phantastische Plan in seiner Seele aufgetaucht, alle Griechen in einem grossen Geheimbund wider den Erbfeind der Christenheit zu vereinigen; aber erst, nachdem er es zu hohem Ansehen unter seinen Landsleuten gebracht hatte, fand er Gelegenheit jenen Gedanken zu verwirklichen. In Bukarest sammelte er einige Freunde zu diesem Bunde. Bald traten ihm die hervor-

Nach seinem frühen Tode zerstreute sich die Hetärie, zumal die Hoffnungen auf fränzösische Hilfe sich nicht verwirklichten, in alle Winde. Erst im Jahre 1812 gewann die hetäristische Idee wieder Gestalt. Damals entstand in Athen unter dem Einfluss der dort lebenden Fremden die Hetärie der Philomusen. Sie erblickte ihre Aufgabe in der Erhaltung der Altertümer, in der Gründung eines Museums, einer Bibliothek, in der Errichtung von Schulen und in der Vermittelung des Gedankenaustausches zwischen den weithin in allen Hafenplätzen der Balkanhalbinsel und Kleinasien zerstreuten Griechen. So hoffte sie allmählich auf friedlichem Wege eine Verbesserung der äusseren Lage zu erlangen. Durch einen Vertrauten traten die Philomusen mit Kaiser Alexanders Günstling, dem Grafen

---

ragendsten Geister der griechischen Nation bei. Im Jahre 1796 eilte Rhigas nach Wien und dichtete hier jene leidenschaftlichen Kriegslieder, die, wie einst die Gesänge des Tyrtäus, unter den Griechen eine tiefgehende Bewegung hervorriefen. Mit erstaunlicher Schnelligkeit verbreiteten sie sich und trugen den Ruf des Dichters durch ganz Griechenland. Die Hetärie, die er in Wien um sich versammelt hatte, trat zu Napoleon in Beziehung. Bei der von ihm beabsichtigten Neugestaltung des Orients rechnete der Korse auf die Kräfte der Griechen und glaubte in den Hetäristen einen zuverlässigen Stützpunkt für seine Pläne gefunden zu haben. Die lärmende und übermütige Art aber, mit der diese jetzt in den Wiener Kaffeehäusern den bevorstehenden Sturz der Osmanenherrschaft verkündeten, erregte die Aufmerksamkeit der österreichischen Regierung.

Zu Anfang d. J. 1798 wurde Rhigas in Triest, wohin er sich inzwischen begeben und wo er sich als Obergeneral der Hellenen zu erkennen gab, verhaftet und mit fünf Gefährten bedingungslos dem Pascha in Belgrad ausgeliefert, der die Unglücklichen in der Donau ertränken liess. Nur Rhigas, der sich zur Wehr setzte, endete unter den Kugeln der Wächter mit den Worten: „So sterben Pallikaren! Ich habe Saat genug gesäet; die Stunde kommt, wo mein Volk die süssen Früchte ernten wird!“

Kapodistrias, in Verbindung und beriefen ihn zum Vorsteher der Gesellschaft. Auf seine Veranlassung erklärten sich Minister, Prinzen und Fürsten bereit, den ehernen Ring, das äussere Erkennungszeichen der Philomusen, anzulegen. Kaiser Alexander, die Kronprinzen von Bayern und Württemberg traten dem Bunde bei und unterstützten ihn mit namhaften Summen.

Es leuchtet ein, dass die harmlosen Philomusen, die sich mit Vorliebe in der Hofgunst sonnten, nicht die Männer waren, deren das bedrängte Vaterland zu seiner Rettung bedurfte. Diese Erkenntnis brach schnell sich Bahn und führte nach Verlauf von zwei Jahren zur Gründung der Hetärie der Philiker (der Befreundeten). Es war ein politischer Geheimbund, der von Anfang an mit rücksichtsloser Entschlossenheit die grosse Aufgabe der Befreiung Griechenlands in Angriff nahm. Merkwürdiger Weise entstand er auf russischem Boden und zwar in Odessa, der grossartigen Handelskapitale, wo griechische und russische Interessen von jeher sich berührt hatten.

Die neue politische Hetärie war ein Werk achtbarer, aber namenloser und ungebildeter Griechen, des Kaufmanns Skufas, des Athanasius Thakalof und des Freimaurers E. Xanthos. Diese Männer beschlossen auf eigene Faust zu vollbringen, was das Griechenvolk seit langer Zeit vergeblich von der Menschenliebe der europäischen Fürsten erhofft hatte.

Die Hetärie der Philiker erstrebte eine bewaffnete Gemeinschaft der Christen zur Vernichtung des Halbmondes. Nach den Erfahrungen, die Rhigas gemacht, schien es geboten, sich in den Schleier des Geheimnisses zu hüllen und das Ziel der Gemeinschaft hinter Formen zu verbergen, die dem Freimaurertum entlehnt waren.

Die Hetärie wies sieben Abteilungen oder Grade

auf. Dem untersten gehörten die Lehrlinge an. Dann folgten die der Bundesbrüder, Priester, Hirten, Oberhirten, Eingeweihten und Höchsteingeweihten. Die beiden letzten Grade hatten einen militärischen Charakter und waren direkt für den Krieg bestimmt.

Das düstere Zeremoniell der Vorbereitung und Einweihung in allen Abteilungen versinnbildlichte und lehrte die That. Die Aufnahmen fanden zur Nachtzeit statt. Der Kandidat ward in das „Betzimmer“ geführt und musste hier knieend unter Gebräuchen*), in denen sich Begriffe aus alter und neuer Zeit wunderlich mischten, vor dem Bilde der Auferstehung den Eid der Treue und Beharrlichkeit, der Verschwiegenheit und unbedingten Unterwerfung in die Hand eines „Priesters“ ablegen, der ihn aufnahm vermöge der Macht, die ihm der Grossmeister der Eleusinien verliehen. Dann ward der Neuling dahin unterrichtet, dass es seine Pflicht sei, Waffen und Patronen in Bereitschaft zu halten und des Rufes der Oberen gewärtig zu sein. Es gelte den Kampf gegen die Feinde des Glaubens und des Vaterlandes. Der „Priester“ erfuhr, dass die Befreiung des Vaterlandes von der Hetärie angestrebt werde. Aehnlich war der Inhalt des Katechismus der oberen Grade. Man sieht, wesentlich Anderes, als ihm in der Weihestunde verkündet worden, erfuhr das Mitglied auch in den übrigen Abteilungen nicht. Die hierarchische Stufenleiter erweckt daher den Eindruck, dass sie lediglich dazu gedient hat, dem Ganzen Feierlichkeit und Würde zu geben. Innerlich begründet war sie nicht.

Zahlreiche Mitglieder zählte namentlich der zweite Grad. Der „Priester“ war berechtigt, Brüder aufzunehmen und den Priestergrad zu verleihen. Da die Kan-

*) Die Hetäristen beschäftigten sich u. a. mit Alchemie, glaubten an den Stein der Weisen und waren bemüht, unedle Metalle in Gold und Silber zu verwandeln.

didaten bei ihrem Eintritt in die Hetärie eine bestimmte Summe zu entrichten hatten, die in der Hand des Einführenden verblieb, wählten zahlreiche Brüder die Stufe des Priesters und verwerteten sie zum Gelderwerb.

Dies Treiben ist scharf verurteilt worden. Mit Recht. Aber man vergisst, dass solche Wunderlichkeiten nun einmal zum Handwerk gehören, dass, je seltsamer und geheimnisvoller eine Gesellschaft sich darstellt, um so grösser der Zulauf ist. Mag man die Unwissenheit und Schamlosigkeit der Hetäristen verdammen, das eine steht fest, dass diese Männer wussten, was sie erstrebten, und dass sie auf ihr Ziel, die Befreiung des geknechteten Vaterlandes, geraden Weges und mit rascher That lossteuerten.

Das höchste Oberhaupt der Hetärie blieb den Eingeweihten verborgen. Aber dunkle Andeutungen und geheimnisvolle Winke der Stifter, die als Direktoren den Bund leiteten, leisteten der Meinung Vorschub, dass die Philiker mit den Philomusen in Verbindung ständen, und dass die geheime Spitze in Petersburg d. h. in der Person des Zaren zu suchen sei. Um allen Zweifeln zu begegnen. nahmen sie den Fürsten Alexander Ypsilanti in das Direktorium auf und betrauten ihn mit der Oberleitung des Bundes. Und die magische Trias: 'Αρχή, Petersburg und Ypsilanti übte solchen Zauber auf alle Herzen aus, dass sie weiter hinaus nicht zu forschen wagten, sondern blindlinks dem neuen Bunde sich verschrieben.

Um den Feind aus nächster Nähe bekämpfen zu können, verlegten die verwegenen Gesellen im April 1818 den Sitz der Hetärie nach Konstantinopel. Von hier aus wurden nun in allen Provinzen des Osmanenreiches und des Auslandes Ephorien eingesetzt. Jede dieser Behörden hatte Vollmacht, nach eigenem Ermessen zu handeln und alle die Mittel zur Anwendung zu bringen, die der grosse Zweck erheische. Jedoch waren sie verpflichtet, mit der Bundesleitung in beständigem Verkehr zu bleiben, die sich die letzte Entscheidung in allen wichtigen Fragen vorbehielt.

Im Jahre 1820 war die Hetärie unter allen Bevölkerungsschichten der griechischen Welt verbreitet. Auf den Cykladen, den Sporaden, den Jonischen Inseln, an der kleinasiatischen Küste, ja, selbst in Jerusalem hatten die Sendboten der Hetärie alle entschlossenen Männer griechischen Stammes für das nationale Werk gesammelt. —

Nachdem Ypsilanti an die Spitze des Bundes getreten war, wurde die schwerfällige Verfassung, die im kritischen Augenblicke zu versagen drohte, vereinfacht. Die Grade der Bundesbrüder, der Lehrlinge und Oberhirten wurden beseitigt. Jene wurden durch die der Priester und der Hirten ersetzt und eine strenge Glaubensprüfung als Bedingung für den Eintritt in sie festgesetzt. Für den zweiten wurden vorzüglich die Mitglieder des hohen Klerus bestimmt. An die Stelle der Oberhirten traten Militärbeamte. Sie mussten in des Oberhauptes Gegenwart Treue und Gehorsam schwören, erhielten den Ritterschlag und wurden schliesslich mit einem Schwert umgürtet. Ueberdies schärften 15 Kriegsartikel allen Mitgliedern die strengste Disziplin ein. —

VII. Russland und Polen.

1. Die Dekabristen und ihre Vorläufer.*)

Die vielfachen Berührungen des Russentums mit dem Ausland, die Einwanderung französischer Flücht-

*) Ueber die russischen Zustände in den ersten Jahrzehnten des 19. Jahrh. verbreiten sich eingehend: M. J. v. Crusenstolpe:

linge, die Einführung des Freimaurertums (II. S. 83 f.), die wiederholten Kriegszüge nach dem europäischen Westen, die Reisen gebildeter Russen, ihr Aufenthalt in den Hauptstädten Europas führten auch in das halbasiatische Moskowiterreich neue Gedanken und Anschauungen ein. Namentlich bedeutete der französisch-deutsche Feldzug für den jungen Adel der Garderegimenter den Eintritt in eine neue Welt. Unter einem milderen Himmel, inmitten neuer Verhältnisse, die das Gepräge einer höheren Kultur trugen, unter dem Einfluss sanfterer Sitten und humanerer Lebensanschauungen gewannen viele von den jungen Fremdlingen neue Gesichtspunkte für die Beurteilung der heimatlichen Zustände. Die politischen Parteikämpfe, die Frankreich erfüllten, fanden an ihnen, die der Besatzungsdienst dort festhielt, aufmerksame und gelehrige Zuschauer. Gerade die tüchtigsten und strebsamsten Elemente nahmen die Ideen von Bürgertum, Freiheit, Verfassung mit Begeisterung auf und vertieften sich mit leidenschaftlicher Bewunderung in das Leben des Volkes, zu dessen Bekämpfung sie ausgegangen waren. Und in zahlreichen Herzen fasste alsbald der Gedanke Platz, die ferne barbarische Heimat der gleichen Wohlthaten teilhaftig zu machen. Dass die jungen Männer in ihrer warmherzigen Begeisterung die tiefe Kluft übersahen, die

---

Der russische Hof von Peter I. bis Nikolaus I. IV. u. V. Bd. Hamburg; 1855—56 — und Th. v. Bernhardi: Gesch. Russlands u. der europäisch. Politik. 1814—31. 3 Bde. Leipzig, 1863 — 77. — Über die vornihilistischen Verbindungen orientieren zuverlässig: (A. v. Rosen): Aus den Memoiren eines russischen Dekabristen. Beiträge zur Gesch. des St. Petersburger Militäraufstandes vom 14. (26.) Dezember 1825 und seiner Teilnehmer. 2. Aufl. Leipzig; 1874. — Aus den Memoiren des Dekabristen Wolkonski. Petersburg; 1901. — Die beste zusammenfassende Darstellung bei Th. Schiemann: Gesch. Russlands unter Kaiser Nikolaus I. I. Bd. Berlin 1904.

zwischen der russischen und westlichen Bildung sich gähnend aufthat, darf man ihnen nicht zu hoch anrechnen. Idealer Schwung, nicht klügelnder Verstand ist ja zu allen Zeiten das schöne Vorrecht der Jugend gewesen.

Die erregte Stimmung der Zeit hatte das Bedürfnis nach Mitteilung in den gebildeten Kreisen Russlands derart gesteigert, dass das Vereinswesen rasch in Blüte kam. Infolgedessen entstanden neben den Logen eine grosse Zahl anderer, humanitärer und literarischer Vereine. Im Jahre 1815 war die literarische Gesellschaft „Arsamass“ gegründet worden. Sie bestand bis 1818, da sie von dem Verein der „Nacheiferer der Aufklärung und Wohlthätigkeit“ abgelöst wurde.

Den literarischen Vereinigungen folgten die politischen auf dem Fuss. Drei junge Gardeoffiziere, Alexander Murawjew, sein Vetter Nikita und der Fürst Trubetzkoi thaten sich 1816 zu dem formlosen „Bündnis zur Rettung Russlands“ zusammen. Es erstrebte die Aufhebung der Leibeigenschaft, die Verbreitung der Bildung, die Bekämpfung der empörenden Missstände in Verwaltung und Justiz, die Einführung einer freieren Staatsform. In kurzer Zeit breitete sich die kleine Gesellschaft unter den Petersburger Offizieren weiter aus. Gegen Ende des Jahres wurde ihr der Adjutant Pawel Pestel*) zugeführt, eine jener ungewöhnlichen, wilden Naturen, „die entweder für den

*) Als Sohn des General-Gouverneurs von Sibirien, üblen Angedenkens, I. B. Pestel, 1792 geboren, trat P. 1810 in das Pagenkorps und kam in das litauische Leib-Garde-Regiment. Im deutsch-französischen Feldzuge diente er mit Auszeichnung, wurde 1813 zum Adjutanten Wittgensteins ernannt, verblieb in dieser Stellung bis 1818, worauf er 1819 zum Oberstleutnant und 1821 zum Oberst eines Infanterie-Regiments befördert wurde.

Gipfelpunkt menschlicher Grösse oder für Kerker und Zwangsarbeit bestimmt scheinen." Bald nach seinem Eintritt trat das Bestreben nach einer festeren Organisation hervor. Da man sich über die Statuten nicht einigen konnte, wurde eine andere geheime militärische Gesellschaft gegründet, der fast alle besseren Elemente unter den jüngeren Gardeoffizieren sich anschlossen.

Die an sich nicht unbedenklichen, aber gut gemeinten Bestrebungen der Verbindung begannen i. J. 1817, nachdem ihre Ideen auch in den Moskauer Regimentern Eingang gefunden hatten, einen gefährlichen Charakter anzunehmen. Die Stimmung war gerade damals sehr erregt. Die polnischen Pläne Alexanders, die augenfällige Begünstigung, die der Kaiser den Fremden angedeihen liess, u. a. m. wurden als Verrat am Vaterland empfunden. In diesem Zusammenhange tauchte dann in der Mitte des Vereins die Frage auf, ob es nicht Pflicht sei, den Zaren zu beseitigen, um weiteres Unheil abzuwehren. Zum Glück blieb es bei Gedanken und Worten. Einer der Heisssporne verliess die Gesellschaft, andere folgten seinem Beispiele. Die übrigen aber hielten fest zusammen und gründeten nach dem Muster des deutschen Tugendbundes den geheimen „Bund der öffentlichen Wohlfahrt." Er bestand aus vier Abteilungen.*)

*) Die erste hatte die Philanthropie zu fördern, die Fortschritte der öffentlichen und privaten Wohlthätigkeit zu überwachen; der zweiten lag die Pflege der Erziehung ob, die Verbreitung der Aufklärung, die Bildung der Jugend; die dritte hatte die Justiz zu überwachen, ungetreue Beamte der Regierung namhaft zu machen u. s. w. Die Mitglieder der vierten Stufe, die nur einem engeren Kreise Auserwählter zugänglich war, beschäftigten sich mit dem Studium der National-Oekonomie und mit politischen Fragen, suchte die Industrie zu heben und den Volkswohlstand zu vermehren.

Die Gründer des Bundes und die ersten Mitglieder bildeten den Zentralverein. Aus ihm wurde der aus dem Vorsitzenden, dem „Bundeshaupt“ und fünf Beisitzern bestehende Zentralkonseil gewählt. Die Gemeinschaft beider Behörden bildete die Zentraldirektion. Sie hatte gesetzgebende Gewalt und übte die oberste Rechtspflege im Bunde aus. Die Aufnahme neuer Mitglieder erfolgte ohne besondere Formalitäten nach unterschriftlicher Vollziehung eines Reverses. Der Austritt konnte jederzeit erfolgen, jedoch war der Scheidende zur unverbrüchlichen Bewahrung des Geheimnisses verpflichtet.

Der Bund war damals ein patriotisch-philanthropischer Verein, dessen Statuten, das s. g. grüne Buch, nichts enthielten, was den Interessen des Staates zuwiderlief. Erst die steigende Entrüstung*) über die Willkür und Unredlichkeit der Regierung, die Ueberhebungen des Militarismus, die barbarische Härte bei der Errichtung der Militärkolonien und die immer deutlicher zu Tage tretende Wahrnehmung, dass der Kaiser seine Macht den Westmächten zur Unterdrückung aller freiheitlichen Regungen zur Verfügung stellte, vergifteten allmählig die ganze Bewegung und gaben ihr einen staatsgefährlichen Charakter. Aus patriotischen Reformern wurden leidenschaftliche Umstürzler.

In kurzer Zeit war der Bund über ganz Russland verbreitet. Seine treibende Kraft wurden bald der radikal gesinnte Pestel und seine Jünger.

Im Jahre 1821 traten die von jenem verfassten Statuten in Kraft mit ihren strengen und geheimnisvollen Vorschriften. Die Mitglieder teilten sich nun in Brüder, Männer und Bojaren. Die Aufnahme erfolgte

---

*) Die Gedichte von Puschkin und Rylejew, der damals der Gesellschaft beitrat, die Memoiren und vertraulichen Korrespondenzen der Zeit geben einen treuen Reflex der herrschenden Stimmung.

nach einem dem freimaurerischen Ritual sehr ähnlichen Gebrauchtum.

Die gemässigten Elemente, die Pestel nicht zu folgen gewillt waren, bewirkten die Auflösung des „Wohlfahrtsbundes“ und bildeten den „Nordbund“, während Pestel mit seinen Getreuen den „Südbund“ organisierte. Jener, dessen Hauptquartier in Petersburg war, bestand aus zwei Kreisen, dem der Ueberzeugten, die das Direktorium wählten, und dem der Anhänger oder Uebereinstimmenden. An der Spitze der Verbindung standen Nikita Murawjew und die Fürsten Trubetzkoi und Obolensky. Der geheime Bund des Südens, dem sich die „Gesellschaft der vereinigten Slaven“*) anschloss, von Pestel, Juschnewsky und Murawjew-Apostol geleitet, entfaltete eine ungewöhnliche Thätigkeit, suchte 1823 Anschluss an den Petersburger Rivalen und bewirkte, dass auch dort die radikalen Ansichten des Südens Platz griffen. Gleichzeitig verhandelte der Südbund durch Pestel und Wolkonski mit dem Fürsten Jablonowski, dem Vertreter der polnischen Verbindungen. Beide Parteien einigten sich schliesslich dahin, dass sie sich für den Fall der Revolution zu gegenseitiger Hülfeleistung verpflichteten.

Die Durchführung der Pläne der Verschworenen setzte den Sturz des Zarentums voraus. So beschlossen sie denn, eine Truppenbesichtigung, die Alexander im Mai 1826 im südlichen Russland vornehmen wollte, zu seiner Ermordung zu benutzen.

Der unerwartete Tod des Kaisers (1. Dezember 1825) brachte das Unternehmen zur Ausführung, ehe es reif

*) Ihr Ziel war die Vereinigung der slavischen Stämme zu einer Föderativ-Republik. Das achteckige Siegel der Gesellschaft enthielt die Namen der acht „Geschlechter“ des slavischen Stammes: der Russen, Serben, Bulgaren, Tschechen, Slovaken, Wenden, Slovenen und Polen.

geworden. Alexander war ohne Kinder aus der Welt gegangen. Der zweite Bruder Konstantin hatte bereits feierlich der Krone entsagt. Nikolaus, der dritte Bruder, der angeblich ohne amtliche Kenntnis von diesem wichtigen Akt geblieben war, huldigte in Petersburg dem Grossfürsten Konstantin, und dieser leistete in Warschau dem jüngeren Bruder den Eid der Treue. Der vierte Prinz, Grossfürst Michael, reiste von einer Hauptstadt zur andern, um den Wettstreit auszugleichen.

So bestand thatsächlich drei Wochen lang ein Interregnum. Die Erinnerung an den grausigen Ausgang ihres Vaters, des Kaisers Paul, schien in den Söhnen jeden Drang nach Thron und Herrschaft erstickt zu haben. Endlich verkündete Nikolaus am 24. Dezember 1825 seine Thronbesteigung, deren Anfang durch ein Manifest auf den Todestag Alexanders zurückverlegt wurde.

Diese Ungewissheit und Verwirrung der Lage glaubten die Verschworenen sich zu nutze machen zu sollen. Sie verbreiteten das Gerücht, Konstantin habe dem Thron keineswegs entsagt, Nikolaus sei ein Usurpator und habe seine Brüder ins Gefängnis werfen lassen. Durch allerlei Mittel brachten sie es dahin, dass ein Teil der Petersburger Garnison am 26. Dezember 1825 dem neuen Zaren, der wegen seiner militärischen Strenge bei dem gemeinen Mann wenig beliebt war, Eid und Huldigung verweigerte und in vollem Aufruhr nach dem Denkmal Peters d. Gr. zog.

Die Lage war nicht ohne Gefahr. Zum Glück aber für den Kaiser war das Unternehmen ohne Plan und einheitliche Führung. Trubetzkoi, dem der Oberbefehl anvertraut war, war nicht zu sehen und Pestel in der Ferne. Kein leitendes Haupt war da, um die lärmenden, zum Teil betrunkenen Insurgentenhaufen, denen die Winterkälte sehr beschwerlich zu werden begann, zu einer entschlossenen That zu bewegen. So gewann Nikolaus Zeit, die treu gebliebenen Truppen um sich zu sammeln. Als die ersten Kartätschenschüsse fielen, verloren die Meuterer den Mut. Sie stürzten nach allen Richtungen auseinander oder kehrten in die Kasernen zurück, um die Gnade des Zaren zu erflehen. Viele fanden auf der Flucht unter den Säbeln der verfolgenden Reiter den Tod oder in der Newa, deren Eisdecke durchschossen ward, ein feuchtes Grab.

Dieser Ausgang in der Hauptstadt entschied auch über die gleichzeitigen Aufstandsversuche in den südlichen Landesteilen. Die Verschworenen kamen in Haft. Ihre Führer, darunter Rylejew und Pestel, büssten ihre unbesonnene Handlungsweise, ihren Traum von einem freien Staatswesen am Galgen, andere Gesinnungsgenossen, wie Trubetzkoi, Wolkonski, Rosen, wanderten, mit Ketten beladen, in die Quecksilberbergwerke von Nertschinsk. Nikolaus gebrauchte seinen Sieg mit brutaler Strenge. Niemals verzieh der hartherzige Mann den Dekabristen, wie man die Verschworenen des Dezember (Dekaber) nannte, dass er einen Augenblick vor ihnen gezittert. —

---

2. Die polnischen Verbindungen.*)

Kaiser Alexander I. hatte das in den Tagen seiner grossmütig humanitären Geistesrichtung aus eigenem

*) R. O. Spazier: Gesch. des Aufstandes des Poln. Volkes in den Jahren 1830/31. Nach authentisch. Dokumenten etc. 3 Bde. Altenburg; 1832. — Das Werk stützt sich auf ein weitschichtiges, wertvolles, aber kritiklos verwertetes Material. Der Verf. ist überdies blinder Polenschwärmerei ergeben und deshalb zu Übertreibungen geneigt. — Schätzbar, aber durch tendenziöse Färbung — der Verf. schiebt das ganze Unglück Russlands u. Polens den bösen Freimaurern in die Schuhe — beeinträchtigt, ist die Schrift

Antrieb gegebene Wort eingelöst. Er hatte Polen eine Verfassung und eine ziemlich selbständige Stellung eingeräumt. Der in Senat und Landboten geteilte Reichstag war wieder hergestellt, Verwaltung und Rechtspflege polnischen Beamten und Richtern anvertraut, und die wehrhafte Jugend in einer National-Armee vereinigt worden.

Dieses ungewöhnliche Mass geordneter Freiheit, verbunden mit einer verständigen Förderung des Handels und der Industrie, der Kunst und Wissenschaft, der Schulen u. s. w., verbreitete Wohlstand und Bildung und schuf in den Städten einen achtbaren Mittelstand. Zwischen Edelmann und Bauer stellte sich ein besseres, auf persönliche Freiheit gegründetes Verhältnis fest. Es war ein Zustand des Aufblühens, wie ihn das alte Polen bisher nicht gekannt hatte.

Dennoch fand die russische Herrschaft viele Widersacher, namentlich im Beamten- und Militärstande. Dem unseligen Volke waren die schlichten Tugenden des Bürgers gänzlich verloren gegangen. Es entstand eine starke Opposition, die sich zuerst in der Presse und im Reichstage vernehmen liess, und dann, als die Regierung die Zensur einführte und die Oeffentlichkeit der Verhandlungen untersagte, in geheimen Verbindungen, wie sie damals in den romanischen Ländern und anderwärts bestanden, sich erhielt und fortpflanzte.

---

von G. Michalov: Die geheime Werkstätte der polnischen Erhebung von 1830. Mit Streiflichtern auf Russland u. Frankreich. Amberg u. Leipzig; 1877. — Beachtenswert ist auch das Buch von A. Knorr: Die polnischen Aufstände seit 1830. Berlin; 1880. — Vgl. Th. v. Bernhardi: Unter Nikolaus II. u. Friedrich Wilhelm IV. Briefe u. Tagebuchblätter aus d. J. 1834—1857. Leipzig; 1893. — H. v. Treitschke a. a. O. IV. u. V. Bd. u. Gervinus a. a. O. VII. u. VIII. Bd.

In der polnischen Geschichte wiederholt sich immer und immer wieder dasselbe Bild: „patriotische Gesellschaften, Insurrektionen, Emigrationen kehren typisch wieder wie der Refrain eines Liedes. Unter einer milden Regierung erheben sich die Polen, weil sie es können, unter einer harten, weil sie dazu genötigt werden.“

Schon im Jahre 1814, als die Bildung der polnischen Armee durch Russland begann, trugen gesinnungstüchtige Patrioten silberne Ringe mit rotem Emailleeinsatz als Symbol künftiger Befreiung. Diese Ringe zeigten auf der einen Seite drei, auf der andern zwei Punkte und die Buchstaben P. P., d. h. prawodziwy polak (echter Pole). Auch die zahlreichen Freimaurerlogen pflegten den polnischen Patriotismus. Aber erst 1819 hören wir in Russisch-Polen von der Thätigkeit geheimer Verbindungen.

Damals gründete der Major Lukasinski den Bund der „Nationalen Freimaurer“, welcher die Herstellung Polens in den Grenzen von 1772 anstrebte. Das neue Unternehmen mit seinen vier Graden, seinen geheimen Erkennungszeichen und Symbolen entsprach der herrschenden Zeitströmung so sehr, dass es in kurzer Zeit in der ganzen polnischen Armee Anhänger fand und auch in Posen und Berlin geheime Zweigniederlassungen gründen konnte. Die Posener Loge entsagte ihrem maurerischen Charakter und wandelte sich unter Führung der Generale Melczinski und Uminski in die geheime „Gesellschaft der Sensenmänner“ um. Schliesslich kamen die russischen Behörden dem verdächtigen Treiben auf die Spur. Der Bund der „Nationalen Freimaurer“ wurde aufgelöst und seine Logen geschlossen.

An ihre Stelle aber trat sogleich unter der Bezeichnung „Nationale Patriotische Gesellschaft“

eine ausgedehnte Verschwörung*), die mit den „Sensenmännern“ Verbindungen anknüpfte. Ihr Ziel war die Vereinigung aller jemals zu Polen gehörigen Gebiete zu einem unabhängigen Königreiche. Dass die Verwirklichung solcher Aufgabe nach Lage der Dinge schlechterdings ausgeschlossen war, musste jedem Urteilsfähigen klar sein. Aber in diesem heissblütigen Volk kommt die Stimme der Vernunft und kühler Ueberlegung niemals zu Gehör. — Das unheimliche Wahrzeichen der Verschworenen war ein Kreuz, gebildet aus Dolch und Sense, mit dem Bilde Kosciuszkos in der Mitte. In Warschau trat ein Zentralkomitee zusammen und leitete als provisorische Zentralgewalt „die sieben Provinzen“, auf die sich die Verschwörung erstrecken sollte: Polen, Posen, Litauen, Wolhynien, Podolien, Kiew und Krakau. Jede Provinz war in Kreise und diese in Gemeinden eingeteilt. Die Gemeinden durften nur höchstens zehn Mitglieder zählen. Diese zahlten ein Eintrittsgeld, das zwischen 20 polnischen Gulden und 10 Dukaten schwankte, und einen monatlichen Beitrag von einem Dukaten.

Die Zentralleitung entwickelte eine fieberhafte Thätigkeit. Geheime Agenten zogen aus in die „Provinzen“ und verbreiteten in dem ungeheuren Gebiet die Bundesideen mit solchem Erfolge, dass im Jahre 1822 die Gesellschaft 5000 Eingeweihte, meist aus den Kreisen des niederen Adels, der Subalternoffiziere und der Literaten zählte, während eine Armee von 250000 „Mit-

*) Die Verschwörer legten einen ruchlosen Eid ab, in welchem es u. a. hiess: „Ohne jede Rücksicht werde ich nicht nur das Blut der Verräter vergiessen, sondern auch jedes andern, der dem Wohle meines Vaterlandes hinderlich ist“. — So weit sich erkennen lässt, hat kein einziger der Verschwörer den — übrigens unhaltbaren — Eid gehalten.

wissenden und Ahnenden" bereit stand, dem Winke der Oberen Folge zu leisten.

Aehnliche Zwecke verfolgte der im Jahre 1820 von dem phantastischen Husaren-Rittmeister Majewski organisierte Geheimbund der „Templer".*) Sein pomphaftes Gebrauchtum, seine geheimnisvolle Symbolik und der Umstand, dass er Frauen in seine Reihen aufnahm, verschafften ihm grossen Zulauf.

Die wachsende Unzufriedenheit im Lande, die steigende Erregung der Jugend, das geheimnisvolle Treiben der revolutionären Agenten, die Verräterei einzelner Mitglieder und die Entdeckung mehrerer Gemeinden und Kreise musste die russische Regierung zur Vorsicht mahnen. Es gelang ihr, des Zentralkomitees habhaft zu werden, dessen Mitglieder, so weit sie es nicht vorzogen freiwillig aus dem Leben zu scheiden, mit schweren Strafen belegt wurden.

Die schlimme Erfahrung hielt indes andere unklare Patrioten, namentlich den Gardeobersten Krzyzanowski und den Staatsrat Grzymala, keineswegs ab, die Zentralleitung sofort wieder herzustellen. Doch wurde die Aufnahme neuer Mitglieder bis auf bessere Zeiten ausgesetzt. Nur unbedingt zuverlässige und wohlhabende Personen, wie der Fürst Jablonowski und der Graf Osolinski, wurden ausnahmsweise eingeweiht und der alte Graf Soltyk an die Spitze des Zentralkomitees berufen.

Während unter solchen Umständen die Verschwörung in Polen keine Fortschritte machte, trieb die

*) Die Logen der T. hiessen mit Bezug auf ihren kriegerischen Charakter „Lager". Die Grossloge hiess das „Hauptlager". Ausser drei symbolischen Graden verfügten sie über einen Hochgrad; erst in ihm wurde den wissensdurstigen Adepten das volle Geheimnis des Bundes enthüllt. Verbreitet war die Gesellschaft in Wolhynien, in Podolien und der Ukraine.

nationale Propaganda in Posen, auf den Universitäten Breslau, Berlin*) und Krakau ungestört ihr Wesen. Von den preussischen Universitäten griff die Bewegung auf polnische Schulen über. In Wilna entstand die literarisch-patriotische Gesellschaft der „Philomaten", aus denen der engere geheime Bund der „Strahlenden Brüder" und, als dieser 1821 aufgelöst wurde, der der „Philareten"**) unter der Führung des Studenten Zan hervorging. Die literarische Beschäftigung war gewissermassen nur das Schild, das die Gesinnungspropaganda gegen die neugierigen Blicke der Polizei verdecken sollte. Aber die stürmischen „Philareten" verrieten sich bald selbst. Ihre Verbindung fiel der Auflösung anheim, und ihre Mitglieder fanden ein Asyl in Sibirien.

Inzwischen hatte die patriotische Gesellschaft Beziehungen zu der grossen russischen Militärverschwörung angeknüpft. Die nach den Dezember-Ereignissen eingeleitete Untersuchung brachte sie ans Licht. Mehr als 200 der vornehmsten Mitglieder der Gesellschaft wurden zur Untersuchung gezogen, aber vom Gerichtshofe des polnischen Reichstages freigesprochen, ein Urteil, das jedem Hochverräter einen Freipass ausstellte.

Dieser Ausgang erfüllte den Zaren Nikolaus mit tiefem Misstrauen gegen die ganze Nation. Wie in den übrigen Ländern seines unermesslichen Reiches suchte er nun auch in Polen den Absolutismus zur Herrschaft zu bringen, das konstitutionelle und das parlamentarische

---

*) In Breslau und Berlin bestanden polnische Burschenschaften von wildester Gesinnung.

**) Das geistige Haupt des Bundes und der geheimen Verbindungen Polens und Litauens waren der bekannte Wilnaer Geschichtsprofessor Lelewel († 1861 in Paris) und der Dichter Adam Mickiewicz.

Leben allmählig zu unterdrücken, die nationalen Eigentümlichkeiten und Einrichtungen zu schwächen und zu vernichten. Sein Bruder Konstantin, der als Vizekönig das Land regierte, ein despotischer Herr, erbitterte die reizbare Nation durch die Strenge der polizeilichen Ueberwachung und der Zensur, durch verächtliche Behandlung aller Nationalgesinnten.

Die konspiratorische Bewegung hatte inzwischen auch auf der Fähnrichsschule in Warschau Wurzel gefasst. Lehrer und Schüler stifteten hier jenen folgenreichen Bund, der den Hauptanteil an der polnischen Erhebung von 1830 hatte. Aber bei den geteilten Interessen und Zielen der einzelnen Parteiführer, der Schwierigkeit der Lage inmitten dreier absoluter Reiche würden sich die Verwegenen kaum zu einem allgemeinen Unternehmen geeinigt haben, hätten nicht die Nachricht von der Pariser Julirevolution und die Sendboten der französischen Radikalen den zündenden Funken in den aufgehäuften Brennstoff geworfen und in der erregten Nation eine begeisterte Erhebung geweckt, die zum raschen Handeln führte und alle Bedenken niederschlug.

Die Kunde, dass in Petersburg der Befehl gegeben sei, eine Anzahl polnischer Studenten und junger Offiziere, die als Häupter und Mitglieder geheimer Verbindungen bezeichnet worden, zu verhaften, beschleunigte den Ausbruch der Revolution.

Es war am 29. November 1830 gegen Abend, als 20 bewaffnete Kadetten, Teilnehmer des Fähnrichs-Bundes, in den Palast des Vizekönigs drangen, um diesen zu beseitigen. Andere Verschworene riefen das Volk der Hauptstadt zu den Waffen, eine dritte Schar unter Jalewski bemächtigte sich des Arsenals. Nur mit Mühe entging Konstantin dem ihm zugedachten Schicksal.

Erbittert über den Abfall des Heeres, auf dessen Treue er sicher gerechnet hatte, wich der Grossfürst in einem Anfall weichmütiger Schwäche dem Sturm und zog mit seinen russischen Truppen und Beamten aus dem Land.

Nun nahmen die Dinge den herkömmlichen Verlauf. Allerorten entstanden politische Klubs, das Volk wurde durch phrasenreiche Proklamationen zum Aufstand aufgerufen, Nationalgarden errichtet, Truppen ausgehoben. Aufwiegler durcheilten in allen Richtungen das Land, um das Volk zu bearbeiten und für die Sache der Revolution zu gewinnen. Kurz, „Kampflust und Opfermut im Ueberschwang, flammende Reden und brüderliche Umarmungen, zeternde Priester und hochsinnige schöne Frauen, dazu Punsch und Mazurka, soviel das Herz begehrte, aber daneben auch Parteihass und Unbotmässigkeit, und in diesem Gewoge begeisterter Männer kein einziger staatsmännischer Kopf, kein einziger Charakter.“

Die aristokratisch-konservative Partei trachtete nach Beibehaltung der Union, nach einer Reform der Verfassung und nach Beseitigung der autokratischen Willkürherrschaft. Die demokratischen Häupter und Führer der Verschwörungen und Geheimbünde hingegen, sowie die jüngeren Militärs strebten nach einer Losreissung von Russland, nach völliger nationaler Unabhängigkeit. Die Konservativen wiesen deren Vorschlag, die unter österreichischer, preussischer und russischer Obmacht stehenden Provinzen des ehemaligen Polenreichs zur Empörung aufzurufen, entschieden ab. Statt einen Volkskrieg zu organisieren, der allein Erfolg und Rettung versprach, setzten sie ihr Vertrauen auf Frankreichs gleisnerische Zusagen und auf diplomatische Unterhandlungen. So hofften sie die polnische Revolution in den Augen der europäischen

Mächte als eine legitime That darzustellen und sich wohl auch auf alle Fälle den Weg der Gnade bei dem Kaiser offen zu halten. Sie vergassen indes die alte Lehre, dass, wer das Schwert zum Aufruhr erhebt, die Scheide wegwerfen müsse. Unterdes traf Nikolaus Anstalten zum Kriege.

Im Felde vergassen die Polen ihre Zwietracht und bewährten die alte Tapferkeit aufs glänzendste. Endlich führte der Sieg, den Diebitsch bei Ostrolenka über seine heldenmütigen Gegner (26. Mai 1831) erfocht, den Wendepunkt der polnischen Revolution herbei. Zwietracht, Parteiung, Verrat thaten das übrige, um Polen dem Untergange zu weihen. Der Gnade des zürnenden Kaisers misstrauend, kehrten die polnischen Patrioten zu Tausenden ihrem Vaterlande den Rücken. Sie büssten Vermögen, Rang und Bürgerrecht ein und verfielen dem schlechten Handwerk der Verschwörer. Die menschliche Teilnahme aller weichen Herzen im liberalen Europa war ihnen sicher. Der sarmatische Adel erschien wie ein echter Vorkämpfer der Freiheit. Das Volk selbst kannte man nur „nach den landläufigen Märchen der französischen Historiker als unschuldiges Opfer einer gewissenlosen Kabinettspolitik.“ Namentlich in Deutschland bemitleidete der gefühlvolle Philister das selbstverschuldete Unglück der ruhelosen Nation, die für die Freiheit der Völker und die Gesittung Europas das Schwert gezogen habe. Diese warmherzige, aber völlig unpolitische Teilnahme vergilt heute das unter dem schützenden Banner des Reichs erstarkte, mit den Segnungen der deutschen Kultur genährte Polentum mit orientalischem Hasse.

In Polen ergingen schwere Strafgerichte über die Schuldigen. Viele wurden am Leben, noch mehr an Freiheit, Ehre, Gut geschädigt. Sibiriens Schneegefilde und Bleibergwerke bevölkerten sich mit Verurteilten. Das „Organische Statut" vom 26. Februar 1832 machte Polen zu einer russischen Provinz. Das ganze geistige und wirtschaftliche Leben ward erstickt. Die Universitäten in Warschau und Wilna wurden aufgehoben, die Schätze der Kunst nach Russland geführt, das polnische Wappen zerbrochen, die National-Armee aufgelöst. Das alte Erbübel des polnischen Adels, unheilvolle Zuchtlosigkeit, Parteiung, Zwietracht, Verrat, hatte auch diesmal die Wiederbelebung des nationalen Staats vereitelt, wie sie früher ihn zu Grunde gerichtet hatte.

Die nationale Propaganda, dieser Fluch Europas, ruhte jedoch keinen Augenblick. Denn die Emigranten,*) die ihr Hauptquartier in Paris aufgeschlagen hatten, waren unausgesetzt an der Arbeit, durch Sendlinge und Flugschriften den Boden für eine neue Erhebung vorzubereiten, in allen Ländern den Aufruhr zu schüren und auf jeder Barrikade zu kämpfen. Da aber die despotische Hand des Zaren allen noch fühlbar in der Erinnerung war, beschloss man, diesmal in Posen, Galizien und Krakau die Fahne der Revolution aufzupflanzen, die dann, gleich der Lawine wachsend, sich über Polen, Litauen und Kleinrussland ausbreiten würde. Schrankenlos waltete die Phantasie dieser internationalen Schwarmgeister.

*) Die polnischen Patrioten schieden sich, wie bereits bemerkt, in zwei grosse Gruppen, die jetzt die Bezeichnung der „Weissen" oder Aristokraten und die der „Roten" oder Demokraten erhielten. Jede Gruppe hatte ihre eigene Organisation. Im Sinne der Roten war besonders auch das „Junge Polen" thätig, ein revolutionärer, kommunistischer Bund, der 1834 in der Schweiz entstanden, dann 1836 ausgewiesen, nach London und Paris übersiedelte, wo er unermüdlich agitierte. In dem wiederhergestellten Polenreiche sollten alle sozialen Unterschiede verschwinden, „alle Polen wollten Brüder sein, Kinder eines Vaters, Gottes, einer Mutter, des Vaterlandes."

Der kleine Freistaat Krakau, der einzige Rest der polnischen Herrlichkeit, bildete fortwährend den natürlichen Herd revolutionärer Umtriebe. Aus diesem Grunde kam 1836 die Stadt unter österreichische Polizeiüberwachung, was aber nicht hinderte, dass die Bestrebungen der einheimischen und auswärtigen Agitatoren nach wie vor hier ihren Mittelpunkt hatten.

Die abenteuerliche Erhebung sollte mit der Ueberrumpelung von Thorn und Posen beginnen. Die preussische Regierung kam jedoch dem unbesonnenen Unternehmen mit rascher Hand zuvor, indem sie die Rädelsführer, darunter den zum Anführer erkorenen Mieroslawski*), festnehmen liess. Ein Riesenprozess gegen die gefangenen Verschwörer in Berlin (1847) brachte das Treiben der ausgewanderten Polen, ihre opferwillige Vaterlandsliebe, aber auch ihre Verlogenheit, ihre grenzenlose Selbsttäuschung und die jesuitischen Grundsätze ihrer Führer zu Tage.

In Galizien trieb Oberst Benedek mit Hilfe der ruthenischen Bauern die krakauischen Insurgentenhaufen in mehreren Gefechten zu Paaren. Damit hatte sich auch das Schicksal des elenden Freistaats Krakau, dieses Brutnestes aller polnischer Aufstände, erfüllt; er wurde Oesterreich einverleibt.

Bei den im Gefolge der französischen Februarrevo-

---

*) Ludwig v. M., die Seele der roten Partei, war ein „echter Vertreter des vornehmen, internationalen Demagogentums. In Frankreich geboren, im Kriege gegen Russland geschult", war er ein „leichtes Talent, nicht ganz ohne mathematisch-militärische Kenntnisse, aber noch mehr bewundert als Redner und Improvisator, ritterlich, eitel, geschwätzig, liebenswürdig, nach Sarmatenart bald sanft, bald gewaltthätig, ein Freund der Weiber, des Tanzes, der Toilettenkünste, so durch und durch frivol, dass er in einem Atem die Jungfrau Maria, das polnische Vaterland und seine eigene Geliebte hoch leben liess." —

lution ausbrechenden Unruhen hatten vornehmlich polnische Emissäre die Hand im Spiele. Hervorragend beteiligt waren sie namentlich an der Berliner Märzrevolution i. J. 1848. Unter dem Druck der öffentlichen Meinung wurden damals sogar die 1847 verurteilten Polen entlassen, die sofort nach Posen gingen und die Waffen erhoben.

Der unzeitgemässen Schwäche der preussischen Regierung und der schwärmerischen Unklarheit des preussischen und deutschen Volkes war es zuzuschreiben, dass Mieroslawski vorübergehenden Erfolg hatte. —

Weder in Galizien noch in Russisch-Polen war es 1848 zu Aufständen gekommen. Auch während des Krimkrieges blieb es dort ruhig. Als jedoch Kaiser Alexander II. auch in Polen umfassende Reformen einführte, den meisten polnischen Flüchtlingen die Rückkehr in die Heimat und die Wiedereinsetzung in ihre bürgerlichen Rechte gewährte, gerieten die öffentlichen Zustände wieder in Bewegung. Es ist eine alte Erfahrung, dass Hass und Leidenschaft, die sich unter einer drückenden Zwingherrschaft in den Gemütern eines Volkes ansammeln, erst dann in wildem Aufruhr sich Luft machen, wenn die Lage erträglicher sich gestaltet, wenn der Wille sich kund giebt, alte Wunden nach Kräften zu heilen. Dieser Satz sollte aufs neue sich bestätigen bei dem Volk, dem in dem Drama der Weltgeschichte die tragischste Rolle zugefallen ist.

Es war den Polen nicht entgangen, dass die in aller Welt verbreiteten überspannten Vorstellungen von Russlands kriegerischer Macht im Krimkriege einen gefährlichen Stoss erlitten hatten, und dass in seinem weiten Ländergebiet ein politisch-sozialer Zersetzungsprozess im Gange war, der den Ausbruch revolutionärer Bewegungen mit Sicherheit erwarten liess. Ausserdem übten die Ereignisse in Italien, wo die volkstümliche

Erhebung zur Befreiung und Einigung des Vaterlandes führte, einen unverkennbaren Einfluss auf die erregten Gemüter aus. In solcher Stimmung und von grenzenloser Ueberhebung getragen, legten sogar die gemässigten Kreise des Volkes die Nachgiebigkeit Russlands als Schwäche aus. Die Forderung nach der Verfassung von 1815 und der blossen Personalunion wurde laut. Im Geheimen hetzten die Emigranten, die radikalen Verschwörer und der fanatische Klerus.

Eine geheime Nationalregierung, die sich kurz vor dem Ausbruch des Krimkrieges gebildet hatte, lähmte alle wohlgemeinten Schritte des Kaisers. Es wird erzählt, dass diese Regierung zu mitternächtlicher Stunde an unbekannten, schwer zugänglichen Orten sich zu versammeln pflegte, dass ihre ebenso unbekannten Sendboten in Hütte und Palast einen unerhörten Terrorismus ausübten und den Befehlen der Oberen, unter Umständen durch Meuchelmord, Gehorsam zu verschaffen wussten. Wie immer, so werden auch in diesem Falle Dichtung und Wahrheit sich die Hand reichen. Doch steht fest, dass die Partei des nationalen Widerstandes ungezählte Anhänger in den bürgerlichen Elementen der alten Städte zählte, dass ihr die gebildete Jugend, die fanatische Priesterschaft und die missvergnügte Judenschaft, der bisher die bürgerliche Gleichstellung versagt worden, blindlings ergeben waren. Dagegen hielt sich die ländliche Bevölkerung, durch die bitteren Erfahrungen der Vergangenheit belehrt, der ganzen Bewegung fern. Dass von einer aus so gemischten Elementen zusammengesetzten Partei, die nur durch blinden Schrecken und wüste Agitation zu wirken vermochte, keine fruchtbringenden Thaten ausgehen konnten, musste jedem Besonnenen einleuchten. Nichtsdestoweniger schien der Bürgerkrieg unvermeidlich. Grossartige Aufzüge und Demonstrationen am Jahrestag der Revolution von 1830 und anderer nationalen Gedenktage, Mordanfälle auf den Statthalter und seine Beamten waren schlimme Zeichen von der herrschenden revolutionären Gesinnung.

Beschleunigt wurde der Ausbruch der Revolution durch die im Januar 1863 befohlene Rekrutierung. In den Wäldern sammelte die Nationalpartei die Teilnehmer der patriotischen Verbrüderung und die flüchtigen Scharen der zur Aushebung bestimmten jungen Männer. Und mit diesen Kriegshaufen begann der Diktator Langiewicz den Bandenkrieg, in welchem er hie und da über einzelne russische Truppenteile Erfolge errang, bis er vor den überlegenen Streitkräften des Feindes sich auf österreichisches Gebiet flüchten musste. Nun ergriff die geheime Nationalregierung wieder die Zügel. In dem Masse, als die Insurrektion dahinschwand und die einzelnen Banden aufgerieben und zersprengt wurden, bildete die unsichtbare Macht die Gewalt geheimer Verschwörungen in einer Weise aus, welche die Welt in Erstaunen setzte. Sie erliess Verfügungen und Gesetze, sie schrieb Steuern aus und erhob sie und untersagte alle Zahlungen an die russischen Behörden. Ihre Fehmgerichte bestraften unnachlässig als Staatsverbrechen alle Handlungen, die den Gang der Erhebung hemmen oder der nationalen Sache schädlich sein konnten. Am Ende aber erwiesen sich die Machtmittel der Russen ungleich nachhaltiger, als die der Revolution, zumal die strenge Grenzsperre jede Zufuhr an Kriegsbedarf und Mannschaft abschnitt und die ländliche Bevölkerung jede Unterstützung versagte. Gegen Ende des Jahres war der Widerstand gebrochen, die Thätigkeit der unsichtbaren Macht unterdrückt, die Stimme der Patrioten verstummt. Seitdem verfolgt die russische Regierung den Plan, einerseits in dem Bauernstand sich willfährige Unterthanen zu erhalten, andererseits durch rücksichtslose Strenge gegen alle widerstrebenden Elemente im Adel und in der Geistlichkeit die Wiederkehr unzeitgemässer „Träumereien" zu verhindern.

---

3. Der Nihilismus.*)

Nach Ueberwindung der weitverzweigten blutigen Militär-Revolution gelangte Zar Nikolaus zum ruhigen Besitz des damals mächtigsten Thrones. Eine straffe militärische Natur von stolzem Selbstgefühl, aber beschränktem Gedankenkreis und einfachen politischen Anschauungen, führte der Kaiser mit derselben rücksichtslosen Entschlossenheit und Kraft, mit der er jener Bewegung Herr geworden, die Zügel der Regierung nach aussen und innen, einem römischen Imperator nicht unähnlich. Die liberalen Grundsätze seines Vorgängers fanden keine Gnade vor den Augen des neuen Machthabers. An die Stelle des bisherigen milden,

*) Die reichhaltige, meist aber historisch sehr unzuverlässige Literatur über den Nihilismus setzt ziemlich spät ein. Die erste beachtenswerte, auf eigener Anschauung beruhende Schrift veröffentlichte Baron de Fircks unter dem Titel: Le nihilisme en Russie. Berlin u. Brüssel; 1867. — Karlowitsch (Nikolaus v. Gerbel-Embach): Die Entwicklung des N. 3. Aufl. Berlin; 1880 — bietet weniger eine Gesch. des N. als eine Kritik der russisch. Bildungszustände. — Die Bücher von E. Lavigne: L'introduction à l'histoire. du nihilisme. Paris; 1880 u. P. Frédé: Le n. en Russie. Paris; 1880 — behandeln ihren Gegenstand ziemlich oberflächlich. — Geringe Sachkenntnis verraten auch die Broschüren: Was ist Nihilismus? von einem Eingeweihten. Leipzig; 1881 — der N. in Russland. Berlin; 1881 — Les n. et la révolution en Russie. Paris; 1882 u. eine Reihe von einschlägigen Aufsätzen in der Réforme, in der Revue socialiste 1879/80 u. a. Zeitschriften. — Dagegen entwirft ein ebenso farbenreiches und fesselndes, trotz mannigfacher Schönfärberei meist auch zutreffendes Bild von der

schwankenden Regierungssystems trat der unumschränkteste Absolutismus. Vor dieses eisernen Mannes Allmacht zerrann jeder persönliche Wert und jede selbständige Kraft in nichts, beugten sich ganze Völker in zitternder Unterwürfigkeit.

Nikolaus war nicht nur das Oberhaupt des Staates und der Kirche, sondern auch die Quelle aller Gesetzgebung. Entehrende, barbarische, das Leben vernichtende Strafen sicherten den kaiserlichen Ukasen und Gesetzen unbedingten Gehorsam. Die Knute des entmenschten Zuchtmeisters und lebenslänglicher Soldatendienst hielten jede Art von Widerspenstigkeit nieder. Das ungeheure Heer der Beamten und Offiziere bestand aus willfährigen Dienern, die ihres Herrn Befehle blindlings zu vollziehen hatten. Aber für die Knechtschaft, in der sie dienten, hielten sie sich schadlos durch grenzenlose Bestechlichkeit, durch himmelschreiende Betrügereien und Unterschleife. Für humane Bildung,

---

n. Bewegung u. ihrer Organisation: Stepnjak: Russia sotteranea. Mailand; 1882. Der Verf., ein ehemal. Artillerieleutnant Krawtschinsky, war einer der wildesten Nihilisten in Petersburg. Die deutsche Ausgabe (Das unterirdische Russland) ist im Deutschen Reich verboten. — Auf Grund eines umfassenden, meist auf authentische russische Quellen zurückgehenden Materials schrieb der Deutschrusse und hervorragende Kenner der neuesten russischen Gesch. A. Thun seine wertvolle „Gesch. der revolutionären Bewegungen in Russland.“ Leipzig; 1883. — Das Buch von G. Kupczanko: Der russische N. Leipzig; 1884 — ist ein ungeschicktes Machwerk. — Auf Thun, Stepnjak u. a. geht die geistvolle, in manchen Abschnitten aber nur mit Vorsicht zu benutzende Schrift von Joh. Scherr zurück: Die N. Leipzig; 1885. — Ausser Thun ist mit grossem Nutzen zu verwerten: K. Oldenberg: Der russische N. von s. Anfängen bis zur Gegenwart. Leipzig; 1888. — Vergl. ferner die Memoiren Herzens — Russland vor u. nach dem Kriege. Leipzig; 1879. — Von Nikolaus I. zu Alexander III. Leipzig; 1881. — Fürst Peter Krapotkin. Memoiren eines Revolutionärs. 2 Bde. Stuttgart; 1900.

für Wissenschaft und Kunst und Volksaufklärung hatte der Zar nur insoweit Verständnis, als nationale Rücksichten dabei in Frage kamen.

In die armselige schmutzige Lehmhütte des Leibeigenen drang kein Sonnenstrahl der Zivilisation. Stumpfsinnig, in blindem Aberglauben und roher Sinnlichkeit lebte er dahin, suchte er im Branntweinrausch Vergessenheit von dem düstern Elend seines Knechtsdaseins. Die höheren Stände hatten sich wohl einen gewissen äusseren Kulturfirnis angeeignet, aber von wahrer Bildung war hier keine Spur zu finden. Bar jeglichen Gefühls von Ehre und Menschenwürde, hündisch kriechend vor dem Höhergestellten, roh und despotisch gegen die Untergebenen, erblickte der vornehme Russe in der Befriedigung seiner orientalischen Genusssucht, seines grenzenlosen Ehrgeizes, seiner lächerlichen Rang- und Titelsucht den Zweck des Lebens. Ideales Streben war ihm fremd, und den Segen, der auf jeder ehrlichen Arbeit ruht, hatte er nie erfahren. Ohne höhere Beweggründe hatte er bei allen seinen Handlungen nur den eigenen Vorteil und Gewinn im Auge.

Das war die Erbschaft, die Nikolaus' Sohn und Nachfolger Alexander II. am 2. März 1855 antrat. Der neue Herrscher gedachte nicht in des Vaters Wegen zu wandeln; er wählte sich eine bessere Lebensaufgabe. Sein grosses Reich sollte fortan der Schauplatz eines erspriesslichen Auflebens sein. Der Fortschritt sollte in einer grossartigen Förderung des Volkswohlstandes und in einer umfassenden Bildung des Volksgeistes bestehen. Und was der Kaiser versprochen, das wurde im Zeitraum weniger Jahre gewährt. Eine That, wie die Bauernbefreiung, reicht allein hin, ihm ewigen Ruhm zu erwerben. Aber damit ist sein segensvolles Schaffen nicht erschöpft. Die Beseitigung der Körperstrafe, die

Justizreform, die neue Städteordnung, die Einführung der allgemeinen Wehrpflicht, die Verbesserung des Unterrichtswesens, die Hebung des Verkehrs und Handels, die dem gesamten inneren Leben Russlands ein neues Gepräge aufgedrückt haben, sind unverwelkliche Blätter in dem Lorbeerkranze des Zar-Befreiers.

Und doch hatten die grossen und edlen Bestrebungen Alexanders meist nur Misserfolge zu verzeichnen. Sein Schicksal gleicht in dieser Beziehung dem des humanen, aufgeklärten Kaisers Joseph II. Beide waren redliche, das Beste ihres Volkes erstrebende Herrscher; beide aber erfuhren schnödesten Undank und endeten tief unglücklich. Edle Geister finden eben auf Erden selten ihren Lohn.

Der unvermittelte Gegensatz zwischen dem äusserlichen Zivilisationsfirnis, der die höheren russischen Gesellschaftskreise überzog, und einer unausrottbaren Barbarei waren der ergiebige Nährboden, auf dem die Sumpfpflanze der sozial-revolutionären Bewegung des Abendlandes Wurzel schlug und fröhlich gedieh. Die leichtempfängliche, aber oberflächliche und exzentrische Naturanlage des Slaventums bewirkte, dass auch gebildete Russen phantastischen Umsturz- und Weltverbesserungsplänen leichtfertig ihr Ohr liehen. Nun rächte sich bitter, dass man es bisher sträflich versäumt hatte, einem massvollen Fortschritt auf allen Gebieten die Wege zu bahnen. Immer tiefer drangen die revolutionären Lehren ein, immer lebhafter ward die Neigung, sie noch mehr als anderwärts ins Masslose, Wilde und Grauenhafte zu steigern.

Den Anfängen nihilistischen Wesens*) begegnen wir

*) Der Ausdruck „Nihilisten" und „Nihilismus" entstammt dem Roman Turgenjews „Väter und Söhne." Hier entwickelt der berühmte Novellist den Begriff des Nihilismus, d. h. „Ideen und Doktrin einer allgemeinen und unbedingten Verneinung" und

in der s. g. Petrachewskischen Verschwörung*) vom Jahre 1849. Der Titularrat Petrachewski pflegte einen Kreis strebsamer junger Leute, namentlich Beamte, Offiziere und Studenten, um sich zu sammeln und mit ihnen soziale und politische Fragen zu erörtern, wobei natürlich auch die Möglichkeit und Notwendigkeit in Erwägung gezogen wurde, das Banner der sozialen Revolution auch in Russland aufzupflanzen. Die Teilnehmer an diesem Privatzirkel büssten ihr „staatsverbrecherisches“ Treiben in Sibiriens Eisfeldern.

Nachdem der willensstarke, aber von masslosem Unfehlbarkeitswahn erfüllte Despot zu seinen Vätern versammelt und der verfehmten Zeitströmung plötzlich Luft und Licht gegönnt war, suchte sie mit derselben Gewaltsamkeit sich Bahn zu brechen, mit der sie so lange unterdrückt worden.

Dem Glauben, dass mit der Thronbesteigung Alexanders eine neue Epoche für Russland angebrochen

---

stellt in der Person Bazarows den Typus eines Nihilisten auf. Vollkommene Nihilisten könnte man vielleicht auch schon bei Puschkin und Lermontow und zwar in ihren Helden Onägin und Petschorin entdecken. — In geradezu cynischer Weise definiert ein 1876 aufgefundenes nihilistisches Aktenstück den Begriff Nihilismus: „Der Nihilist“, heisst es da, „hat nicht blos in Redensarten, sondern thatsächlich alle Bande zerrissen, welche ihn mit der bürgerlichen Ordnung verknüpfen können, und hat vollständig gebrochen mit der ganzen gebildeten Welt, mit allen Gesetzen, Anstandsregeln, allgemein giltigen Prinzipien und mit der Moral der bestehenden Weltordnung. Er ist der unversöhnliche Feind alles Bestehenden, und wenn er inmitten der bestehenden Ordnung verbleibt, so ist es nur, um sie zu zertrümmern, indem er bei Tag und bei Nacht keinen andern Gedanken hat, als ihre rücksichtslose Zerstörung.“

*) Darüber verbreitet sich ausführlich und zuverlässig das Buch eines unbekannten Verfassers: Von Nikolaus zu Alexander III. Leipzig; 1881. —

sei, gab Alexander Herzen*) kühnen Ausdruck in einem denkwürdigen Sendschreiben an den Zaren. Er forderte darin einen offenen und ehrlichen Bruch mit dem nikolaitischen System und riet die Aufnahme der zeitbewegenden Ideen in die russische Staatsverwaltung an.

---

*) Alexander H. (Psd. Iskander), 1811 geboren, war der natürliche Sohn des Gardehauptmanns Iwan Jakowlew und der schönen und gemütvollen Schwäbin Henriette Heg, die jener 1811 aus Stuttgart mit nach Moskau gebracht hatte. Der lebhafte, fein empfindende Knabe reifte schnell zu selbständigem Urteil heran. Frühzeitig lernte er die innere Leere des sittlich verwahrlosten Treibens kennen und verabscheuen, in welchem die ihm nahestehenden vornehmen Kreise Befriedigung suchten. Am meisten aber empörte das traurige Loos der Leibeigenen auf den väterlichen Besitzungen sein weiches Herz. So wenig er Zeit seines Lebens den verwöhnten Aristokraten verleugnen konnte, so bekundete er doch seitdem ein lebhaftes Mitgefühl mit den Aermsten der Armen. Verzogen und vernachlässigt, studierte der Vierzehnjährige die besten Werke der französischen und deutschen Literatur und schöpfte aus ihnen jenen Idealismus, dem er leidenschaftlich ergeben blieb. Die Dekabristen-Verschwörung und das traurige Schicksal ihrer Teilnehmer erfüllten ihn mit tiefem Abscheu vor dem Staatsdienst. Um ihm zu entgehen, studierte er Naturwissenschaften an der Moskauer Universität. In dem damals sich bildenden Kreise sozialistischer Philosophen fiel dem glänzend Begabten bald eine führende Rolle zu. Die Gewöhnung an den geistig anspruchsvollen Verkehr und das böse Beispiel eines ihn umgebenden Lebens ohne Arbeit, ohne Zweck und Ziel haben dem Charakter Herzens jenen spezifisch russischen Stempel aufgedrückt, der das Individuum unfähig macht, seine Kräfte zu schaffender Thätigkeit zu sammeln. — 1834 wurde H. wegen seiner Zugehörigkeit zu dem Philosophenzirkel nach Wjätka verbannt, wo er bis 1840 blieb. Wegen einer harmlosen Äusserung i. J. 1842 abermals ins Exil gesandt, verliess H. 1847 nach dem Tode des Vaters seine Heimat, mit dem festen Entschluss, dessen geistige Befreiung zu seiner Lebensaufgabe zu machen. In Italien, Paris und London, wo er 1850 eintraf, entwickelte er eine umfassende publizistische Thätigkeit, trat mit den Führern der westeuropäischen Revolution

Ungeheuer war die Wirkung dieses offenen Briefes. Der Schreiber wurde der anerkannte Führer und Prophet der öffentlichen Meinung, die sich mit überraschender Schnelligkeit bildete. Unvermittelt, sprunghaft, voreilig, wie der russische Nationalcharakter nun einmal ist, verlangte er stürmisch den sofortigen Uebergang aus dem barbarischen zum modernen Staat. Da dieser

---

in Verbindung und geriet dabei in das Lager der extremsten Partei, deren anarchistischen Ideen der humane Mann sich nur mit Widerwillen hingab. — Die Niederlagen Russlands im Krimkriege galten ihm als Ursprung einer glücklicheren Zukunft seines armen Vaterlandes. Seine 1854 gegründete berühmte Wochenschrift „Die Glocke“ (Kolokol), mit raffinierter Geschicklichkeit über die streng bewachte Grenze geschmuggelt, brachte die liberale Bewegung in Fluss und sein offener Brief an Alexander II. unterwarf dem genialen Wortführer die meisterlose Menge. Diese Herrschaft behauptete er mittels seiner „Glocke“, von der 1859 auf der Messe zu Nowgorod 100000 Exemplare konfisziert wurden, fast ein Jahrzehnt lang. Die gefürchtete Zeitschrift berichtete mit Vorliebe über Missstände in der Staatsverwaltung, über alle Begebenheiten von Bedeutung und enthüllte oft sogar intime Staatsgeheimnisse. Der Kaiser selbst war regelmässiger Empfänger und Leser der „Glocke.“ In dieser Zeit war das publizistische Wirken H.s eine wahre Wohlthat für Russland. Als er aber, umnebelt von dem Weihrauch, den ihm seine halbgebildeten Leser überreichlich spendeten, mehr und mehr Parteiinteressen sich widmete und sogar für die polnische Revolution eintrat, begann sein Ansehen zu erblassen. Hierzu kam, dass Michael Katkow, der grosse Realist und begeisterte Vorkämpfer des Panslawismus, in einer Reihe wohldurchdachter Arbeiten den utopischen Charakter des Herzenschen Programmes nachgewiesen und den Zauber seiner Unfehlbarkeit jählings zerstört hatte. 1863 siedelte H. nach Genf über und liess sich 1868 in Paris nieder, wo er 1870 starb. —

Ausführliche Nachrichten über H.s Leben und Wirken enthält sein Werk: Aus den Memoiren eines Russen. 4 Bde. Hamburg; 1855—56 — und des trefflichen J. Eckardt verdienstvolles Buch: Jungrussisch und Altlivländisch. Leipzig; 1871.

kindischen Illusion die Enttäuschung nicht ausblieb, gingen die Liberalen sofort in das Lager des Radikalismus über.

Die Presse, plötzlich zu riesigem Umfange angeschwollen, warf eine wahre Sturmflut schwerster Bildungsstoffe unter ihre halbgebildeten Leser. Die Lehren von Darwin, Moleschott, Mill, Buckle u. a., die moderne staatswissenschaftliche und sozialistische Literatur des Abendlandes ward ihnen in Dosen dargeboten, die sie nimmer bewältigen konnten. Ausserdem gebrauchte die Presse ihre Freiheit in einer Weise, in der jungenhafte Unreife und greisenhafte Ueberreife widerlich sich verbanden.

Auch in der damaligen Literatur begegnen wir nicht einem Zuge frischen, frohen Lebens. Hier herrschte vielmehr nörgelnde Kritik und ödester Materialismus, hier sass der souveräne Dünkel des Unverstandes und der Unwissenheit zu Gericht über alle Errungenschaften einer vieltausendjährigen Kultur. Das trübselige und doch so aufgeblähte Schriftstellergeschlecht der Tscherny-schewski,*), Pisarew, Sokolow, Saizew, Nekrassow u. a. wusste nichts von den wohlthuenden Lauten der Menschheitströsterin Poesie, sondern predigte den materialistischen Wahnwitz, ertötete in seinen Lesern die Begriffe von Pflicht und Gewissen und verkündete von

*) In seinem inhaltlich und stilistisch gleich unzulänglichen Buch „Was thun"?, das einen geradezu unheilvollen Einfluss auf die verstand- und urteilslose Menge in Russland ausgeübt hat, entwirft T. das Gemälde eines Zukunftsstaates, wie es nur einem kranken Gehirn entspringen kann. Er schildert hier eine Gesellschaft von Lumpen und Narren, die „völlig losgebunden von Gesetz und Sitte, aller Wonnen unbedingter Anarchie sich zu erfreuen haben." — Würdig reiht sich diesem Tollhäusler der „moderne Dichter" und Nihilist Nekrassow an mit seinem cynischen Ausspruch: „Ein Stück Käse ist mir lieber als der ganze Puschkin."

eingebildeter Höhe das neue Dogma von der „Gleichberechtigung“ der Frauen mit den Männern und selbstverständlich auch das der „freien Liebe“. Und bald begann die im Ausland gedruckte nihilistische Presse, wie die „Sturmglocke“ (Nabat) und die „Volksjustiz“ (Narodnaja Rasprawa) mit brutalem Wutgezeter und mongolischem Kulturhass den Umsturz alles Bestehenden zu fordern.

Die unreife, zuchtlose russische Jugend männlichen und weiblichen Geschlechts, an der Staat und Gesellschaft schwer gesündigt haben, und die ganze s. g. Intelligenz, durch die einseitige Pflege der naturwissenschaftlichen Rudimente der humanen Bildung entzogen und berauscht von der in vollen Zügen genossenen destruktiven Weisheit des Jahrhunderts, folgte mit lautem Jubelschall den tönenden Phrasen dieser Narren und wähnte sich befähigt, Staat und Gesellschaft im Handumdrehen zu demokratisieren und das goldene Zeitalter, wie sie es verstanden, heraufzuführen. Auf der andern Seite darf man freilich auch nicht übersehen, dass häufig auch die Verzweiflung an dem Gelingen des zarischen Reformwerkes heissblütige Patrioten in das Lager der Umstürzler führte. Die Wahrnehmung, dass die Regierung, obwohl sie theoretisch in die Bahnen des Rechtsstaates einzulenken suchte, in Wirklichkeit aber auf diesem Wege vielfach versagte, ja dem alten System der Willkür huldigte, wie die zahlreichen „Verschickungen“ nach Sibirien bewiesen, bestärkte sie in der Annahme, dass alles Heil für Russland nur von dem Nihilismus kommen könne. Die so dachten und fühlten, waren Männer, die, aus echter Begeisterung auf die schiefe Ebene gedrängt, geduldig unsägliche Drangsale auf sich nahmen und schliesslich für ihre „Idee“ mit standhaftem Heldenmut in einen schimpflichen Tod gingen. Für die Mehrzahl der Nihilisten und Nihilistinnen dagegen gab es kein Sittengesetz mehr. In ihrem Wahnwitz und in ihrem Dünkel setzten sie sich frivol und gleichmütig hinweg über alles, was dem Menschen heilig ist. So wurden sie zu gemeinen Verbrechern, für die in der menschlichen Gesellschaft selbstverständlich kein Platz ist.

Bald nach der Verkündung des Ukas vom 19. Februar 1861, durch den die Leibeigenschaft aufgehoben wurde, machten sich revolutionäre Regungen bemerkbar. Sie kamen teils aus den Kreisen des geschädigten Adels, teils aus dem Dunkel geheimer Gesellschaften, deren radikalen Elementen jener Erlass eine grosse Enttäuschung gebracht hatte.

In mehreren Nummern einer Zeitung, die heimlich von einer im Petersburger Generalstabsgebäude errichteten Druckerei hergestellt war, wurde die „Einberufung einer verfassunggebenden Versammlung" gefordert. Von diesen Reformwünschen ging es schnell weiter zum Sozialismus und schliesslich zum „nihilistischen Terror".

In dieser Richtung wirkte besonders der im Dezember 1861 aus Sibirien nach London entwichene Bakunin*).

---

*) Michael Bakunin, 1814 geboren, einer hochadligen Familie angehörend, erhielt seine erste Erziehung in der durch ihre revolutionäre Gesinnung berüchtigten Artillerieschule in Petersburg. Nachdem er vorzeitig den Abschied genommen, verlebte er mehrere Jahre in Moskau in dem Herzenschen Kreise, studierte dann Philosophie in Berlin und wurde in den 40ger Jahren einer der wütendsten Agitatoren der Revolution. 1849 in Sachsen und Oesterreich zum Tode verurteilt, wurde er an Russland ausgeliefert, das diesem gefährlichen Phantasten in dem äussersten Osten Sibiriens ein Asyl bereitete. 1861 entwich Bakunin und gelangte über Japan und Amerika nach London, wo er in die Redaktion der „Glocke" eintrat. Seine wilde asiatische Leidenschaft lenkte die russische Bewegung in Bahnen, die ihren revolutionären Entwicklungsprozess abkürzten. Der Fall Herzens hatte auch B.'s Sturz zur Folge.

Die seit 1857 in Petersburg bestehenden geheimen Gesellschaften thaten sich im Jahre 1863 zusammen und gründeten die Partei „Land und Freiheit“ (Semlja i Wolja). Sie forderte demokratische Staatseinrichtungen und ausgiebigen Landbesitz für die Bauern.

Nur dem Umstand, dass der von Michael Katkow und seiner Gefolgschaft während des polnischen Aufstandes aufgestachelte russische Patriotismus nicht nur die polnische Revolutionspartei schwer traf, sondern auch dem russischen Sozialismus eine Zeit lang energisch entgegentrat, ist es zu danken, dass jene Bewegung nicht über den Kreis der Partei hinausgewachsen ist. Ihre Angehörigen und Tschernyschewski wurden nach Sibirien verbannt.

Aber im Geheimen griff der Brand radikaler Umsturzideen immer weiter um sich. Davon zeugten die Mordanschläge, die 1866 und 1867 auf das Leben des Zaren gerichtet waren, Ereignisse, die, wie die Frevelthaten in den 70ger und 80ger Jahren von Europa meist nur mit frivoler Neugier hingenommen wurden.

Die geheimen Verbindungen erhielten ihre Rekruten meist aus den „Selbstbildungsklubs“, die in den 60ger Jahren von den russischen Studenten eingerichtet wurden und sich grossen Zulaufs erfreuten.

So entstand u. a. im Jahre 1865 zu Moskau der Klub der „Hölle“ (Ad), der unter der Führung eines nervenkranken Fanatikers den Versuch machte, mit gleichgesinnten Genossen in Petersburg sich zu vereinigen, Beziehungen zur „roten Internationale“ an-

---

Nun wurde er tätiges Mitglied der „internationalen Friedens- und Freiheitsliga“, einer radikalen politischen Gesellschaft, und der Marx'schen Internationale, deren Organisation er 1872 sprengte, und anderer sozialistisch-kommunistischer Vereine. Die letzten Jahre seines Lebens verlebte B. in der Schweiz, wo er 1876 starb. Vergl.: „Michael Bakunin und der russische Radikalismus“ in: Russland vor und nach dem Kriege. Leipzig; 1879.

knüpfte und die „Propaganda der That“ durch ein Attentat auf den Zaren einleitete.

Die Folge dieses „schmetternden Signals“, durch das man das russische Volk auf die Barrikaden zu rufen gedachte, war die Abkehr der zarischen Politik vom Reformeifer. Wie überall, so war auch hier der politische Mord der willkommene Wegebahner der Reaktion.

Die ungeschickten Abwehrmassregeln der russischen Regierung trugen nur dazu bei, die revolutionäre Strömung zu vertiefen. Namentlich das brutale Vorgehen des Unterrichtsministers bewirkte, dass die nihilistischen Tendenzen und die Revolutionssucht in Schüler- und Studentenkreisen und unter den Subalternbeamten und Offizieren zu einer wahren Epidemie anwuchsen. Der krankhafte Reiz, mit dem verbotenen Feuer zu spielen, verführte reiche und vornehme Leute, die nihilistischen Bestrebungen mit Geldmitteln zu unterstützen. Im Bedarfsfall zögerten die Umstürzler auch nicht, durch Raub und Erpressung sich in den Besitz des Notwendigen zu setzen.

Die Beziehungen zu Bakunin und zur „roten Internationalen“ waren für den Nihilismus von weitgehender Bedeutung. Seitdem begann das massenhafte Einschmuggeln revolutionärer und anarchistischer Zeitungen, Flugschriften und Bücher vom Auslande her. Obenan standen unter diesen hirnverbrannten Produkten das aus der Feder Bakunins hervorgegangene Pamphlet „die Volkssache“ (Narodnoje djelo) und der von Lawroff in Zürich gegründete „Vorwärts“ (Wperòd). Die in diesen Schriften vertretenen Ideen von der „Vernichtung der gegenwärtigen Kultur“ und einer „neuen Organisation der Gesellschaft von unten herauf“ suchte u. a. der ehemalige Lehrer Sergei Netschajew zu verwirklichen.

Vom „grossen“ Bakunin, dem „Genius der Zerstörung“, mit Empfehlungsschreiben versehen und von Herzen mit reichen Mitteln ausgestattet, erschien der Apostel eines „geheimnisvollen Generalkomitees“ auf russischem Boden und stiftete unter den jungen Männern der bessern Klassen in Petersburg und Moskau einen weitverzweigten revolutionären Geheimbund, der seine völkerbefreiende Tätigkeit mit der „Hinrichtung“ eines angeblichen Verräters der „heiligen Sache“, des Studenten Iwanow, begann. Der Mörder Netschajew entkam zwar nach der Schweiz, wurde aber von dieser als gemeiner Verbrecher ausgeliefert. Darauf begann ein Riesenprozess in Moskau, der die Umtriebe der Revolutionspartei vor den Augen der gesamten Nation enthüllte und eine grosse Reihe von Verurteilungen zur Folge hatte.

Nach mehrjähriger Pause begann der Nihilismus sich wiederum zu regen. Die Verzweiflung an der Möglichkeit und Erspriesslichkeit einer Reform von obenher erzeugte eine allgemeine Unzufriedenheit mit der bestehenden Ordnung und schliesslich das Verlangen nach einer radikalen Aenderung.

Alle diese Anschauungen fanden ihren Mittelpunkt in den nihilistischen Klubs und Zirkeln*) (Kruschki). Da die Verschwörer die Erfahrung gemacht, dass eine

---

*) Die thätigsten Vereine waren die „Malikowsky“ und „Lawrisky“, die „Buntari“ in Moskau und die „Tschaikowzen“ in Petersburg. Während jene einen mehr friedlichen Weg zur Revolutionierung des Volkes einschlugen, arbeiteten diese im Sinne Bakunins auf eine gewaltsame Erhebung hin. Die Verbindung der Tschaikowzen war das Werk Tschaikowskis, eines geistvollen und entschlossenen Studenten. Meist aus Studenten und Studentinnen bestehend, begann sie eine eifrige Agitation unter den Fabrikarbeitern der Hauptstadt. Nach ihrem Muster erfolgte (1873) dort die Gründung einer Reihe ähnlicher geheimer Ver-

Revolution ohne die Beteiligung des Volks nicht zu bewerkstelligen sei, wurde jetzt die Parole ausgegeben: „ins Volk zu gehen“ (idti w narod). Es begann infolgedessen eine Wühlarbeit, von der man sich kaum eine Vorstellung machen kann. Studenten und Studentinnen, Gymnasiasten und Seminaristen, ehemalige Offiziere, Handwerker und Kleinbürger stellten sich mit fanatischer Glaubenswut als Agitatoren zur Verfügung. Hier sammelte sich ein Menschenmaterial für die Zwecke revolutionärer Verneinung, mit dessen Hülfe ein genialer und rücksichtslos zugreifender Staatsmann für Russland voraussichtlich Grosses hätte leisten können. Aber es ist der Fluch des unglücklichen Landes, dass ihm solche Männer dauernd versagt sind. Seit Peter d. Gr. schaut es vergeblich nach einem Retter aus.

Von den beiden Hauptstädten des Zarenreiches zerstreuten sich die Arbeiter „am Werke“ in die Provinzen. Eine geheime Druckerei in Moskau lieferte ihnen ungeheure Mengen revolutionärer Traktate, die geschickte Verwendung fanden. Einer der thätigsten Agitatoren war der Fürst Peter Krapotkin*). Und schon nach kurzer Zeit (1874) waren die meisten Gouvernements mit nihilistischen Klubs ausgestattet. Man errichtete Schulen und errichtete Werkstätten, in denen das Evan-

---

bindungen: der „Lermontows“, der „Kowaliks“, der „Orenburger“, der „Artilleristen“ u. s. w., die die lebhafteste agitatorische Thätigkeit entwickelten.

*) Anfänglich Offizier, begleitete Kr. mit eifriger Teilnahme die liberale Bewegung, verlies 1865 den Dienst, studierte Geographie und Geologie und wurde Kammerherr der Kaiserin. 1872 kam er auf einer seiner Reisen mit der „Internationalen“ in Berührung und trat, in die Heimat zurückgekehrt, dem Tschaikowzen-Bunde bei. 1873 gefangen gesetzt, entkam er nach dreijähriger Haft ins Ausland. Hier trat er in Bakunins Fusstapfen und verkündete mit leidenschaftlichem Eifer die Lehre des Anarchismus.

gelium der Revolution gepredigt wurde. Doch entsprach der Erfolg nur wenig den Erwartungen. Das Volk war noch nicht reif für die neue Heilslehre.

Gegen die geheimen Klubs erging ein scharfer Ukas. Die Gefängnisse füllten sich mit Verdächtigen. Die Maschen des Verschwörungsnetzes zerrissen. Junge Enthusiasten und alte Fanatiker, erschreckt durch das gewaltsame Eingreifen der Regierung, oder an dem Erfolg verzweifelnd, wandten sich ab vom „Werk“. Der Kern der revolutionären Partei liess sich jedoch durch diesen Fehlschlag nicht entmutigen.

In den Jahren 1876—77 kam die Bewegung erheblich ins Stocken, sog aber aus dem Pulverdampf des grossen Kriegsabenteuers, in das sich Russland 1877 kopflos stürzte, neue Nahrung. Der Verlauf des Krieges hatte die grenzenlose Verderbnis der gesamten russischen Staatsverwaltung widerlich blosgelegt. Diese Erfahrung goss frisches Wasser auf die in Stillstand geratene Mühle des Nihilismus. „Die Verschwörung der Idee“ ward endgiltig aufgegeben. Dafür erschien „am Horizont eine Gestalt, leuchtend von höllischem Glanz, mit stolzer Stirne, mit Hass und Herausforderung sprühendem Blick, Bahn sich brechend in der erschrockenen Menge, um mit festem Schritt auf die Bühne der Geschichte zu treten. Das war der Terrorist.“

Der Revolverschuss, mit dem am 24. Januar 1878 Vjera Sassulitsch, ein verwildertes und durch Polizei-Chikanen verbittertes Mädchen, den Petersburger Stadthauptmann General Trepow, den damals verhasstesten Mann in Russland, lebensgefährlich verwundete, war gewissermassen das Signal, das die nihilistischen Terroristen auf die Schanzen rief. Die Verwirrung aller Rechtsbegriffe in Russland gab sich in dem freisprechenden Urteil der Jury, die sich zum grössten Teil aus Staatsbeamten zusammensetzte, und in dem lauten Jubel kund, mit dem dies Erkenntnis bis in die höchsten Schichten der Gesellschaft hinauf verherrlicht wurde. Die Meuchelmörderin ward zur gefeierten Heldin des Tages, eine russische Charlotte Corday. Der Nihilismus hatte durch den Wahrspruch des Gerichts seine öffentliche Rechtfertigung gefunden. Seitdem wurde der Mord als „recht- und zweckmässiges" Kampfmittel verkündet, um den Zarismus zu zwingen, dem Despotismus zu entsagen.

Geheime Laboratorien für die Bereitung von Explosivmaterial und verborgene Werkstätten zur Herstellung von Handbomben, falscher Pässe und sonstiger Ausweispapiere wurden angelegt. Mittels einer sinnreichen Zeichensprache und einer rätselhaften Ziffernschrift wussten die Verschwörer sich aller Orten zu verständigen. Odessa, von Alters her der internationale Sammelpunkt eines heimatlosen Verbrechertums und eines verwegenen Proletariats, wurde jetzt der Hauptsitz der Nihilisten. Ein geheimes Exekutivkomitee begann seine unheimliche Thätigkeit mit der Verurteilung des Generals Mesenzew, des Leiters der Geheimpolizei, d. h. der verhassten dritten Abteilung der kaiserlichen Kabinetskanzlei. Seine grausame Härte gegen politische Verbrecher hatte ihn in den Anarchistenkreisen besonders verhasst gemacht. Er wurde auf offener Strasse erdolcht. Die Thäter blieben unentdeckt.

Bald streckte ein wohlgezielter Revolverschuss den gefürchteten Gouverneur von Charkow, Fürsten Krapotkin, den Bruder des Agitators Peter, nieder. Ein weiteres Opfer dieser Mordepidemie war der Nachfolger Mesenzews, General von Drentelen.

Angesichts dieser entsetzlichen Ereignisse wurden ausserordentliche Massregeln ergriffen: in Petersburg und andern grossen Städten wurden Militärgouverneure mit fast diktatorischer Gewalt zur Herstellung der Ruhe und Sicherheit eingesetzt. Aber trotz zahlloser Verhaftungen und Verurteilungen, trotz eines unerhörten Polizeiterrorismus mit schnell arbeitenden Kriegsgerichten vermochte man die nihilistischen Attentate nicht zu verhindern.

Zu Dolch und Revolver gesellte sich das Feuer. Die Städte Irkutzk, Irbis, Orenburg, Koslow und Uralsk haben zu ihrem Schaden erfahren, wie geschickt die russische Revolutionspartei auch mit der Brandfackel umzugehen versteht.

Endlich wagte sich der Meuchelmord auch an das Oberhaupt des Staates. Im Jahre 1879 wurde der Kaiser vom Exekutiv-Komitee förmlich zum Tode verurteilt.

Der üble Ausgang des Attentats, das Solowjew in diesem Jahre auf den Zaren verübte, hielt zwar den Nihilismus nicht ab von der Verfolgung des einmal beschrittenen Weges, er beschleunigte aber innerhalb der Partei die Spaltung zwischen Terroristen und der wesentlich sozialistisch-Marxistischen Richtung, die an der hergebrachten Agitation im Volke festzuhalten gedachte. Während ihre Anhänger, die „Narodniki“*) (Volkstümler) auf dem platten Lande thätig waren, blieben die Städte der Schauplatz des Terrorismus. Ihm standen die thatkräftigsten Elemente der Partei zur Verfügung.

---

*) 1883 vereinigten sich die verschiedenen Gruppen der „Narodniki“ unter dem Namen „sozial-revolutionäre Partei für die Befreiung der Arbeit“ zu einer Gemeinschaft, welche die politischen Ziele und Mittel der Sozialdemokratie als zweckmässig anerkennt, da nach ihrer Meinung der weitaus grösste Teil — also die Bauern — des russischen Volkes „noch nicht die geschichtliche Entwicklungsstufe der Revolutionsreife erreicht hat“. Sie betrieb daher ihre Agitation hauptsächlich unter den Fabrikarbeitern. Mit welchem Erfolge, haben die Ereignisse seit dem Winter 1904/05 gezeigt.

Auf der Heimreise von Livadia nach Petersburg im Herbst 1879 sollte der Eisenbahnzug des Kaisers in die Luft gesprengt werden. Drei Minengänge wurden unter die Eisenbahndämme geführt, die der Zug zu benutzen hatte. Nur durch einen Zufall entging der Zar den verbrecherischen Anschlägen.

Der Misserfolg zeitigte andere, schlimmere Pläne. Man drohte den kaiserlichen Winterpalast in Petersburg, ein riesiges Bauwerk, mit seinen sämtlichen Bewohnern in die Luft zu sprengen. Am 5. Februar 1880 zerstörte in der That eine furchtbare Dynamitexplosion zwei Stockwerke des Palastes und lieferte den Beweis, wie ernst die Drohung gemeint war. Doch wurde der Kaiser auch diesmal vor Schaden bewahrt.

Infolge dieser Katastrophe trat der Graf Loris-Melikow mit schrankenloser Machtfülle an die Spitze einer neugebildeten Verwaltungsbehörde. Dem klugen und energischen Armenier gelang es, durch entsprechende Massregeln einen Zustand von Ruhe und Sicherheit zu begründen, wie er in Petersburg lange Zeit unbekannt gewesen war, so dass die Jubelfeier des fünfundzwanzigjährigen Regierungsantritts des Kaisers zu einem Nationalfest sich gestaltete.

Die Ruhe im weiten Zarenreiche war aber nur eine scheinbare. Am 13. März 1881 erlag Kaiser Alexander II. dem Verhängnis, dem er mehrmals durch glückliche Fügung entgangen. Die nihilistische Mordgier feierte ihren äussersten Triumph.

Von Polizei und Militär gegen neue nihilistische Frevelthaten fast wie ein Gefangener bewacht, trat Alexander III. die Regierung an, schwankend zwischen absolutistischen und liberalisierenden, zwischen panslawistisch-kriegerischen und dreikaiserbündisch-friedlichen Neigungen. Der Nihilismus ist nicht mit den Zarenmördern am Galgen gestorben. Wenige Tage nach der

Hinrichtung seiner Führer hatte sich das Exekutiv-Komitee wieder gesammelt und die Fortführung des „Werkes“ beschlossen. Sie äusserte sich bald in weitern Mordthaten gegen die Leiter des Polizeiwesens und wiederholten Anschlägen gegen das Leben des neuen Zaren. Im Laufe der Jahre hat der wilde Zerstörungstrieb*), wie die jüngsten Ereignisse beweisen, an Ausdehnung, Vertiefung und Stärke gewonnen. Und wenn nicht alle Zeichen trügen, wird über kurz oder lang der Tag kommen, da in Russland die Posse der Massenherrschaft in Szene geht, um mit dem furchtbarsten Trauerspiel zu endigen, das die Welt je gesehen und im Vergleich zu dem die Greuelthaten der französischen Revolution und der Kommune nur ein lächerliches Kinderspiel sind. —

Hoffen wir, dass Russland diese furchtbare Krisis überwindet. Nur blöde Kurzsichtigkeit kann seinen völligen Zerfall oder seine dauernde Ohnmacht im deutschen Interesse wünschen. Liegt das Zarenreich erst machtlos am Boden, dann dürfte die Stunde schlagen, da wir uns der Herrlichkeit eines neuen Polenreiches zu erfreuen haben. Dann dürfte auch das Frührot des Panslawismus im Osten blutig heraufdämmern und für Oesterreich die Todesglocke läuten. Der natürlichste Bundesgenosse Deutschlands gegen das böse Trachten der Westmächte ist und bleibt Russland. Ein deutsch-russisches Bündnis, für das Russland selbstverständlich einen hervorragenden Preis zu Gunsten

---

*) In den 90ger Jahren des vorigen Jahrhunderts entstand in Warschau eine nihilistische Liga, die als die „Verbrüderung des Blutes“ sich einen schlimmen Namen machte. Im Jahre 1902 wurde in Südrussland die nicht minder gefürchtete „Verbrüderung des schwarzen Schädels“ gegründet. Die Mitglieder dieses Geheimbundes wurden auf der linken Fusssohle mit den griechischen Buchstaben Alpha und Omega gebrandmarkt.

unseres Handels und unserer Industrie zu zahlen hätte und auch gern zahlen würde, müsste ihm geben, was es nötig braucht: Geld, vor allem aber Rat und fähige Köpfe. Deutschland hat genug darbende Talente. Das Bündnis würde aber auch diesem ein Wall sein gegen britische Drohungen. Schon heute scheint nahezu allen Engländern ein Krieg gegen Deutschland unvermeidlich. Und er wird, mögen weisheitsgesättigte Philister und Demokraten ihn tausendmal „den absurdesten, der zu erdenken wäre", nennen — spätestens dann geführt werden, wenn ein zweiter Palmerston oder D'Israeli das britische Parlament beherrscht. —

VIII. Oesterreich-Ungarn.

Die stumpfe Ruhe, die in den oesterreichischen Kronländern viele Jahrzehnte hindurch geherrscht hatte, begann mehr und mehr einer rührigen Bewegung der Geister zu weichen. Namentlich traten in den mit slawischen Elementen stark versetzten Provinzen nationale Bestrebungen hervor. Von russischer Agitation genährt, erhoben in Böhmen die Ideen des Panslawismus kühn ihr Haupt. Die nächste Folge dieser Bewegung war die vermehrte Pflege der fast gänzlich verdrängten tschechischen Sprache, eine beispiellose, noch heute andauernde, die gänzliche Vernichtung des deutschen Wesens bezweckende Verhetzung der Gemüter und ein umfassendes Drängen und Streben nach Erweiterung der politischen Rechte, nach administrativer Unabhängigkeit.

Diese Bewegung teilte sich den Polen und Ruthenen in Galizien und den Südslawen mit, den Kroaten, Slowenen, Serben. Bald gerieten diese Völkerstämme in einen ebenso schroffen nationalen Gegensatz zu dem herrschenden Magyarentum, wie die Slowaken im nördlichen Ungarn.

Von der ratlosen, verlegenen Regierung in Wien wurden alle diese Bestrebungen anfangs mit Befriedigung betrachtet. Aber anstatt dass sie, wie man gehofft, ein politisches Gegengewicht gegen die anspruchsvolle Art des Magyarentums bildeten, stachelten sie im Gegenteil die Ungarn auf, nun auch ihrerseits Sprache und Nationalität in den Vordergrund zu stellen. Nicht minder verlangten die Kroaten für das „dreieinige Königreich" (Kroatien, Slawonien, Dalmatien) einen Grad von Freiheit und Selbständigkeit, der ihrer staatlichen Unabhängigkeit nahe kam. Mit noch grösserer Leidenschaft trat der nationale Widerstand gegen die Zugehörigkeit zum österreichischen Staat in den italienischen Provinzen des Reiches auf.

Die Früchte dieser Sonderbestrebungen liessen nicht lange auf sich warten. Im Jahre 1867 spaltete sich das alte Kaiserreich in ein deutsch-slawisches Ländergebiet und in ein ungarisches Königreich. Damit ging der einheitliche Mittel- und Schwerpunkt verloren. Die zentrifugalen Kräfte gewannen an Raum und Wirksamkeit. Und schon begann in manchen Köpfen die Idee von den „Vereinigten Staaten Oesterreichs" zu keimen.

Im Februar 1879 trat Graf Taaffe an die Spitze des Kabinetts. War es schon ein schwerer Fehler gewesen, dass die Deutschen die Besetzung Bosniens bekämpft hatten, so erwies sich ihr hartnäckiger Widerstand gegen ein neues Wehrgesetz (Oktober 1879) als geradezu verhängnisvoll. Es rächt sich immer, wenn eine politische Partei, zur Mitarbeit an den Geschicken des Vaterlandes berufen, ihren Beruf ausschliesslich in zersetzender Kritik und unfruchtbarer

Verneinung erblickt. Die Unterstützung, welche die Regierung vergeblich bei den Deutschen gesucht, wurde ihr freigebig von den Slawen gewährt. Das brachte die massgebenden Kreise zur Ueberzeugung, dass die veränderte politische Lage eine grössere Berücksichtigung der slawischen Bevölkerung notwendig mache. Neue Wahl- und Schulgesetze hatten das unverkennbare Ziel, dem Slawentum, dem Feudalismus und Klerikalismus für alle Zeiten das Uebergewicht über das liberale deutsche Bürgertum zu sichern, das von dem von ihm geschaffenen, mit ungeheuren Opfern erhaltenen Staat grollend sich abgewandt hatte. Die berüchtigte Sprachenverordnung für Böhmen und Mähren entzog der deutschen Sprache den Charakter als Amtssprache. Die uralte deutsche Universität Prag wurde einer tschechisch-deutschen Zweiteilung unterzogen. Pöbelhafte Ausschreitungen, wie der brutale Ueberfall der deutschen Studenten in Kuchelbad, zeugten von dem fanatischen Hass des Tschechentums. Die Vergewaltigungen des Deutschtums in Böhmen wurden und werden noch überboten von dem nationalen Fanatismus der Magyaren in Ungarn.

Aber wie sehr auch immer die feindlichen Mächte des vielgegliederten Staates, Nationalismus, Klerikalismus Feudalismus, dem Deutschtum entgegenstreben mögen, dem germanischen Element in Oesterreich liegt die Erfüllung einer grossen Aufgabe ob: das Ganze mit seiner Kultur zu umfassen, zu durchdringen und zusammenzuhalten. Aus eigener Kraft zu einer kulturfördernden Macht sich zu erheben, dazu sind die slawischen Völkerschaften, wie Geschichte und Erfahrung lehren, völlig ausser Stande. Dies und der Umstand, dass alle jene Nationalitäten unter sich wieder getrennte Wege gehen und verschiedenartige Zwecke verfolgen, wird — das ist nur eine Frage der Zeit — den Deutschen das ihnen gebührende Uebergewicht sichern. In diesem Falle dürfte der alte Kaiserstaat sich verjüngen und die ihm zugefallene grosse Mission auf der Balkanhalbinsel zu erfüllen imstande sein.

---

1. Die Omladina in Ungarn und Serbien.

Ein thätiges Organ der panslawistischen Unionsideen war ein im Gebiete des südlichen Slawentums bestehender, der griechischen Hetärie nachgebildeter Geheimbund. Er nannte sich Omladina*) d. h. Jugend und war ursprünglich ein schon vor 1848 von slawischen, besonders serbischen Studenten in Pressburg gegründeter, literarischer Verein, der unter dem Titel „Omladina“ eine Anzahl poetischer Erzeugnisse veröffentlichte, was zur Folge hatte, dass der Name sich auf die ganze slawische Studentenschaft in Ungarn übertrug.

Aus dieser Gesellschaft entwickelte sich in den sechziger Jahren des vorigen Jahrhunderts eine national-slawische Vereinigung, welche die Gründung eines grossen, alle Südslawen umfassenden Reiches anstrebte.

Ihren Sitz hatte die neue Organisation zu Neusatz in Südungarn. Von dieser Stelle aus spann die „Zentralleitung“ ein dichtes Netz lokaler Komitees über alle serbischen Ortschaften diesseits und jenseits der Donau, verbreitete mit Hilfe jener omladinistische

---

*) Die wenigen, in die Oeffentlichkeit gedrungenen Nachrichten über die O. finden sich bei: Miličevič: Das Fürstentum Serbien. Belgrad; 1876. — Kallay: Gesch. der Serben. Budapest; 1877. — C. Bulle: Gesch. der Jahre 1871—77. II. Bd. Leipzig; 1878. — Schwicker: Polit. Gesch. der Serben in Ungarn. Budapest; 1880. — M. Miličevič: Das Königr. Serbien. Belgrad; 1884. — Vergl. auch L. von Ranke: Serbien u. die Türkei im 19. Jahrh. Leipzig; 1879.

Volksbücher, Kalender und Zeitungen, namentlich die von ihrem Führer Miletitsch redigierte „Zastava", unter den slawischen Volksgenossen und suchte durch Veranstaltung von Wanderversammlungen deren Nationalsinn zu wecken und zu stärken. Die geräuschvolle Thätigkeit, bei der flüchtige Agitatoren aus Bosnien, Serbien und Montenegro mitwirkten, erregte die Aufmerksamkeit der ungarischen Regierung. Als ihrer Forderung, fremde Unterthanen von der Mitgliedschaft auszuschliessen, nicht stattgegeben wurde, ward der Bund in Ungarn aufgelöst und verboten. Dasselbe Schicksal erlitten seine Zweigniederlassungen in Serbien.

Infolgedessen setzte die Gesellschaft ihre Thätigkeit im Geheimen fort. Und bei dem Feuereifer, den ihre Jünger und Sendboten entwickelten, wuchs sie in Ungarn und Serbien rasch zu einer gefährlichen Macht heran. In Serbien suchte sie die autokratische Regierung des Fürsten Michael zu stürzen und in Ungarn die Ergebnisse des Ausgleichs mit Oesterreich zu bekämpfen. Infolge der Ermordung Michaels (10. Juni 1868), an der die O. ohne Frage beteiligt war, ergingen scharfe Massregeln gegen ihre Mitglieder. Aber der Bund selbst blieb bestehen und stärkte sich von Jahr zu Jahr. Die serbische Regierung knüpfte sogar Beziehungen zu ihm an, die schliesslich dazu benutzt wurden, dem jungen Fürsten Milan Obrenowitsch bei seinem Regierungsantritt am 22. August 1872 Huldigungen aller Art von Seiten der österreichischen Serben zu bereiten. Auf dem in demselben Jahre zu Karlowitz tagenden serbischen Nationalkongress hatten die Omladinisten die Mehrheit. Als 1876 der serbisch-türkische Krieg ausbrach, hatten sie auch in Serbien das Heft in der Hand. Der intriguante Ministerpräsident Ristitsch verfocht die Bundes-Ideen in seinem Organ „Istok" (Osten), bis 1880 ein energischer Einspruch Oesterreichs die serbische Regierung veranlasste, die omladinistischen Umtriebe zu unterdrücken. Auch in Ungarn wurde die agitatorische Bewegung durch geeignete Massregeln eingedämmt. Ob sie aber gänzlich ausgerottet worden, wird billig zu bezweifeln sein. Das grauenhafte Schicksal, das dem letzten der Obrenowitsch am 11. Juni 1903 im Belgrader Konak bereitet worden, und die seit Jahren andauernde terroristische Bewegung, die das unglückliche Balkanland mit Mord und Brand erfüllt, dürften geheimnisvoll wirkenden Kräften auf Rechnung zu setzen sein, die mit den von der O. einst so erfolgreich verfochtenen Bestrebungen im Zusammenhang stehen.

---

2. Die Omladina in Prag.*)

Im Januar 1894 erregte ein in Prag sich abspielender Riesenprozess gegen Angehörige einer geheimen, anarchistischen Tendenzen huldigenden Verbindung weit und breit berechtigtes Aufsehen.

Ihre Entstehung hängt ebenfalls mit der panslawistischen Agitation zusammen. Im Jahre 1890 wurde in Wien ein Kongress der slawischen Studentenschaft Oesterreichs abgehalten und auf ihm beschlossen, eine Verbrüderung der slawischen Arbeiterschaft mit den intelligenten Elementen des Slawentums anzubahnen.

In Prag wurde dieser Beschluss von tschechischen Studenten, Literaten und anderen nationalen Fanatikern ins Werk gesetzt. Es wurde eine Gesellschaft gegründet, die ihre staatsgefährlichen Ziele geheim hielt. Man gab ihr den klangvollen, in allen Slawenkreisen bekannten Namen Omladina. In der That folg-

*) Die folgende Darstellung stützt sich auf die im „Deutschen Reichsanzeiger“ und andern Berliner Zeitungen (Januar 1894) veröffentlichten Prozessberichte.

ten ihrem Rufe zahlreiche Arbeiter; aber es waren meist unreife und unklare Elemente, darunter viele verkommene und arbeitsscheue Burschen, die für die Beteiligung an den Bestrebungen der Verbindung klingenden Lohn zu empfangen hofften.

Das Tagebuch eines der Führer der O., das in die Hände der Anklagebehörde fiel, giebt genaue Auskunft über die Organisation und das Treiben der Gesellschaft. Sie war ganz nach anarchistischem Muster eingerichtet. Je fünf Mitglieder bildeten eine Gruppe oder eine „Hand." Der „Daumen" wählte sich seine vier „Finger", und diese fünf bestimmten wieder einen „Daumen", der eine neue „Hand" zu bilden hatte. Die „Finger" waren nur unter einander, nicht aber mit den „Fingern" der andern „Hände" bekannt. Nur der erste „Daumen" kannte alle übrigen. Er war der „Direktor" und hatte einen Aufsichtsrat von fünf Genossen zur Leitung und Ueberwachung des ganzen Bundes zur Seite.

„Daumen" und „Finger", deren Zahl Ende 1893 auf mindestens 700 sich belaufen haben soll, waren durch den Eid der Verschwiegenheit und des Gehorsams an die Gesellschaft gebunden. Als Erkennungszeichen trugen die Omladinisten, die einen besonderen Namen führten, ein weisses Bändchen mit den Buchstaben R. V. B. (rovnost = Gleichheit, volnost = Freiheit, brawstoi = Brüderlichkeit) auf rotem Grunde. Der schriftliche Verkehr der Gruppen wurde mit Hilfe einer Geheimschrift bewerkstelligt.

Die O. hatte Zweiggesellschaften in allen volkreichen tschechischen Städten, in Wien und andern Orten und unterhielt mit ähnlichen Verbindungen in Galizien, Kroatien etc. freundschaftliche Beziehungen.

Bei allen terroristischen Exzessen, die seit dem Jahre 1892 in und um Prag sich ereigneten, hatte sie die Hand im Spiele. Sie hetzte die Arbeiterschaft zum Widerstande gegen die Polizei und das Militär auf und rief im ganzen tschechischen Volke Aufregung und Beunruhigung hervor, offenbar in der Absicht, gelegentlich einen entscheidenden Ausbruch des künstlich genährten Unwillens herbeizuführen.

Am Vorabend des Geburtstages des Kaisers Franz Joseph (18. August 1893) kam man zuerst auf die Spur der O. Damals fand man in den Prager Strassen Zettel mit groben Schmähungen und Beschimpfungen des ehrwürdigen Monarchen, und, von den Omladinisten aufgehetzt, fielen die Helden der Gasse über die Polizei-Mannschaften her, schlugen sie zu Boden und verübten noch eine Reihe anderer Schandthaten. Erst das aufgebotene Militär konnte Ordnung und Ruhe wieder herstellen und eine Anzahl Verschwörer zur Haft bringen. Auf Grund umfassender Geständnisse und sonstigen Beweismaterials, das der Polizei in die Hände fiel, gelang es, das gefährliche Treiben der O. zu enthüllen. 77 ihrer Mitglieder — die Mehrzahl hatte die raffinierte Bundes-Organisation gegen Entdeckung geschützt — wurden wegen Hochverrats angeklagt und die meisten zu schweren Strafen verurteilt.*)

*) Die Verurteilung der Genossen war von heilsamster Wirkung. Von der Prager Omladina ist fortan keine Rede mehr gewesen. — Ungewiss bleibt, ob mit ihr eine andere, damals bestehende geheime Gesellschaft, „Das unterirdische Prag“, in Verbindung gestanden hat. Es wird von ihr erzählt, dass sie versucht habe, mittels unterirdischer Gänge in die Häuser reicher Leute einzudringen und diese auszuplündern. Wahrscheinlich aber verbargen sich auch hinter diesen abenteuerlichen Plänen revolutionäre Tendenzen.

IX. Die Schweiz.

„Unverkennbar nahte die Zeit heran, da die arbeitenden Massen durch den Druck unverschuldeter Not zum Selbstbewusstsein erwachen, ganz neue Ansprüche an Staat und Gesellschaft erheben mussten. Noch war der soziale Friede überall ungestört. Was sich aber von langer Hand her vorbereitete, das lehrte die Haltung der deutschen Arbeiter im Auslande.“

Seit der Juli-Revolution begann die grosse Mehrzahl der deutschen Handwerker in Paris und in der Schweiz, von fremdländischen Agitatoren bearbeitet, und von sozialem Unbehagen erfüllt, am wenigsten von politischen Sorgen gedrückt, in das Lager des extremen Radikalismus überzugehen.

Nach dem Muster der „Gesellschaft der Menschenrechte“ und auf deren Lehren eingeschworen, bildeten sich in Paris deutsche „Hütten“ zu je 4—5 Mitgliedern, die in ihrer Gesamtheit die „Gesellschaft der Bergknappen“ und den „Bund der Geächteten“ *) darstellten.

Hier sollten die Rekruten ausgebildet werden, mit

---

*) Die in die letzten Ziele der „Geächteten“ Eingeweihten bildeten den „Berg“. An der Spitze des Ganzen stand der „Brennpunkt“. Das Glaubensbekenntnis eines „Geächteten“ begann mit dem Satze: „Der Herr schuf alle Menschen nach seinem Bilde, er schuf sie alle gleich. Sonach bleibt nur die sozialdemokratische Republik übrig.“ Die „G.“ verherrlichten ferner den Widerstand, der die Unterdrücker zu Boden schlage, als „die heiligste und dringendste Pflicht der Bürger“ und sagten schon, freilich nur in bescheidenen Andeutungen: „die Gleichheit der Rechte fordere auch Annäherung der Gleichheit in den äusseren Verhältnissen, also Steuerfreiheit der kleinen Leute, Progressivsteuer, öffentliche Unterstützung der Arbeiter.“

deren Hilfe man Deutschland einer völligen Umwälzung in die Arme zu treiben gedachte.

Zur Förderung dieses Zweckes wurde ausserdem von Paris aus eine Propaganda in Bewegung gesetzt, die ausser Belgien, dem Rheinland und Süd-Deutschland besonders die Schweiz zu ihrem Kampfplatz wählte. Das gastfreie Alpenland, in diesem Jahrhundert bürgerlicher Kämpfe eine europäische Notwendigkeit, war seit Jahren der Zufluchtsort aller Opfer der Demagogenhetze und sonstiger politischer Flüchtlinge und der Sammelpunkt wandernder deutscher Handwerksburschen. Gelang es diese Elemente, die ja über kurz oder lang in die Heimat zurückkehrten, für den Gedanken des Umsturzes zu gewinnen, so war viel gewonnen.

Im Frühjahr 1833 hatten sich, um polizeilichen Untersuchungen zu entgehen — eine Folge des Hambacher Festes und des Frankfurter Attentats — zahlreiche deutsche Studenten auf der Universität Zürich zusammengefunden. In diesen Kreisen fanden die Gedanken und Anschauungen der „Gesellschaft der Menschenrechte" schnell Freunde und Anhänger. Und von ihnen wurden nun die Landsleute aus dem Handwerkerstande bearbeitet. Im Herbst 1833 waren die Deutschen in Zürich und Bern bereits für den Umsturz gewonnen. Ihre Häupter — es waren meist alte Burschenschafter aus der Schule der Unbedingten — der Göttinger Rauschenplatt, der kluge Odysseus der deutschen Emigrantenschar, der Friese Harro Harring, der Geck- und Prahlhans, Sauerwein, das verbummelte Dichterlein aus Frankfurt, der Hesse Karl Becker, ein Tagedieb schlimmster Art, u. a. verabredeten mit Mazzini den abenteuerlichen Zug nach Savoyen zur Revolutionierung Italiens. (S. II. 405).

1. Das „Junge Europa.“*)

Das Misslingen des geplanten Putsches veranlasste die radikalen Elemente unter Führung Mazzinis zur Gründung eines republikanischen Bundes, der alle Völker Europas umfassen, ein neues verjüngtes Europa schaffen und daher „Junges Europa“ heissen sollte.

Demgemäss traten die drei schon bestehenden Gesellschaften: das „Junge Italien“ (S. 393), das „Junge Polen“ (S. 455) und das „Junge Deutschland“ am 15. April 1834 in einer von Mazzini ausgearbeiteten Verbrüderungsakte zusammen, welche „Freiheit, Gleichheit und Humanität“**) als Wahlspruch trug. Das „Junge Polen“ war bald fast nur noch ein Name. „Jungitalien“ hatte die Mehrzahl seiner Mitglieder ausserhalb der Schweiz. So bildeten im Grunde nur die Deutschen und eine Anzahl Franzosen, lockere, unzuverlässige Gesellen, den Stamm des neuen Unternehmens. Ein geheim-

*) Die im „J. E.“ und seinen Brudervereinen sich kundthuende revolutionäre Bewegung wird eingehend geschildert in der vielfach auf authentischen Quellen beruhenden Schrift: Die geh. deutschen Verbindungen in der Schweiz seit 1833. Ein Beitrag zur Geschichte des modernen Radikalismus und Kommunismus. Basel; 1847. — Vergl. hierzu das lehrreiche Kapitel über das „J. E.“ bei Gustav Freytag: Karl Mathy. Leipzig; 1872. —

**) Mazzinis Programm verherrlichte zwar den Aufruhr, den Kampf bis aufs Messer wider die bestehenden Gewalten, den Bund der Unterdrückten gegen die Unterdrücker; „aber nicht die Menschenrechte der Jakobiner sollten den Bürger begeistern, sondern der Gedanke der Pflicht, der Hingebung, des Martyriums für das Vaterland; nicht die individualistische Demokratie von 1789 sollte die Freiheit verwirklichen, sondern ein soziales Regiment, das jede Menschenkraft in den Dienst des Volkes, des Königs der Zukunft, zwinge.“ „Wir glauben“, rief M. aus, „an die heilige Allianz der Völker, wir glauben an die Freiheit und Gleichheit der Völker, wir glauben an die Nationalität, das Gewissen der Völker, wir glauben an das heilige Vaterland. Glauben und That. Uns gehört die Zukunft.“

nisvolles Zentralkomitee in Paris, aus den Bevollmächtigten der drei Nationalausschüsse zusammengesetzt, bildete die gemeinsame Bundesbehörde. Alle Mitglieder sollten durch sie ein gemeinschaftliches Symbol erhalten, und jeder öffentliche Erlass sollte durch einen gemeinschaftlichen Sinnspruch kenntlich sein. Die inneren lokalen Angelegenheiten dieser „republikanischen Verbindung aller Völker“ würden auf National-Kongressen, die allgemeinen Interessen auf europäischen Versammlungen entschieden werden, auf denen alle Volksstämme „moralisch und national“ gleich vertreten sein sollten.*)

Der neue Bund betrieb durch rohe Brandschriften und andere freche Presserzeugnisse, durch zuchtlose Lieder und cynische Gedichte eine umfassende Agitation.

Seit 1835 trug sich das „J. E.“, in phantastischer Selbsttäuschung befangen, auch mit Anschlägen auf die Nachbarstaaten. Mehrere Jahre mussten namentlich die deutschen Garnisonen in der Nähe des Bodensees beständig auf bewaffnete Einfälle vorbereitet sein. Da die wüsten Gesellen sich auch sonst sehr unliebsam bemerkbar machten, verlangten Oesterreich, der deutsche Bundestag und Sardinien in wiederholten scharfen Noten ihre Ausweisung. Nun begann die berüchtigte „Flüchtlingshatz“. Schuldige und Unschuldige, sogar Schweizerbürger, wie der Publizist Julius Fröbel, wurden unter polizeiliche Aufsicht gestellt, eingesperrt,

---

*) Es wird immer ein Rätsel bleiben, wie dieses mystische Evangelium der Verbrüderung gleichberechtigter Völker, dieses strahlende Traumbild eines Zukunftstaates, das sich nur in einer Reihe von Phrasen offenbart und die realen Staatsverhältnisse mit kalter Nichtachtung verwirft, gerade die gebildete Jugend aus dem Vaterland eines Kant und Hegel längere Zeit mit opfermutiger Hingabe erfüllen konnte.

verhört, kurz, einer planlosen und willkürlichen Verfolgung überliefert und schliesslich über die Grenze gejagt. In Deutschland pflegte man menschlicher mit den Demagogen umzugehen.

Durch diese Massregeln wurde der thatendurstige Bund in seiner Wirksamkeit lahm gelegt, und schnell löste sich nun das förmliche Band auf, das die einzelnen nationalen Gruppen bis dahin vereinigt hatte.

---

2. Das „Junge Deutschland.“ *)

Neben dem „Jungen Italien“ war 1834 das „Junge Deutschland“ entstanden. Die revolutionäre Verbindung entfaltete unter den in der Schweiz weilenden Landsleuten eine rührige Thätigkeit. In Strassburg, Zürich, Biel, Bern und andern Orten kam es zur Gründung von Sektionen zu je 5 Personen. Die Sektionen, etwa 45—50 an der Zahl, unter einander nur in lockerer Verbindung stehend, lösten sich häufig auf und traten dann wieder von neuem zusammen. Die Mitglieder waren meist Studenten, Techniker, Handwerker. Gesellig, geräuschvoll, eifrig und warmherzig, sehr mitteilsam und üble Bewahrer von Geheimnissen, hielten die verlorenen Kinder der grossen Mutter Germania doch treu zusammen. Der ehrlichste Wille und die beste Haltung war bei den Arbeitern. Aber ihre Führer! Vielfach verschrobene Menschen von flacher Bildung und eitler Renommisterei, ohne Verständnis für grosse poli-

---

*) Das „J. D.“ findet eingehende Würdigung in dem durchaus glaubwürdigen Buche eines urteilsfähigen Augenzeugen und Mitkämpfers, des Revolutionärs Wilhelm Marr: Das J. D. in der Schweiz. Ein Beitrag zur Gesch. der geh. Verbindungen unserer Tage. Leipzig; 1846. — Vergl. Julius Fröbel: Ein Lebenslauf. Aufzeichnungen, Erinnerungen und Bekenntnisse. I. Stuttgart; 1890. — Ferner: Treitschke a. a. O. IV. Bd.

tische Verhältnisse, sassen sie am liebsten in der Schenke oder trieben thatenlos umher und waren unbotmässig gegen Mazzini. Freilich dieser begeisterte und rücksichtslose Fanatiker mit den grossen schwarzen Augen, deren strahlendes, wechselndes Feuer so unwiderstehlich auf Freund und Feind wirkte, stand auf einer Höhe, welche die Blicke der kleinen und halben Talente nicht erreichen konnten. Im ganzen verkörperte „Jungdeutschland" eine klägliche und kraftlose Einrichtung, einen Zustand gemütlicher Anarchie.

Auf seine Veranlassung fand am 27. Juli 1834 im Steinhölzli bei Bern eine Versammlung deutscher Flüchtlinge und Handwerker statt — ein Hambacher Fest im Kleinen, wobei es auf eine Bearbeitung der Versammelten im revolutionären Sinne abgesehen war. Bei dieser Gelegenheit wurde feierlich das schwarz-rot-goldene Banner entfaltet und die Fahnen der süddeutschen Staaten zerrissen und in den Schmutz gezerrt, ein Vorgang, den die Menge mit dem Gesange Harringscher Lieder begleitete. Eilige Beschwerden der Nachbarstaaten bewirkten, dass die deutschen Klubs wegen Missbrauch des schweizerischen Gastrechtes aufgelöst und viele Mitglieder des Landes verwiesen wurden.

Allein die ausgewiesenen Flüchtlinge kehrten schon im nächsten Jahre im Geheimen zurück und begannen abermals ein „J. D." zu organisieren. Dieser „rein humanitäre Bruderbund wollte den Deutschen republikanische Ideen einimpfen und als sittliches Vorbild voranleuchten." Wenn man den Angaben Ludwig Lessings, eines Mitverschworenen von gemeinem Charakter, trauen darf, sollte dadurch die Wachsamkeit der deutschen Regierungen eingeschläfert werden, bis die Zeit kommen würde, da der „grosse Volksschmaus losgehen" werde.

Der Bund vereinigte die deutschen Handwerker in

Lese-, Gesang- und Bildungsgesellschaften und bearbeitete sie hier durch die gemeinschaftliche Lektüre demagogischer Schriften. Nach Deutschland heimgekehrt, sollten sie „freundschaftliche Vereine" gründen, in ihnen für die neue Heilslehre wirken, um die Verbreitung revolutionärer Schriften sich bemühen und nichts unterlassen, was dem Zwecke der Revolution dienen könnte. Diese langjährige, still wühlende Arbeit der deutschen Verschwörer half die Aufstände des Jahres 1848 wirksam vorbereiten.

In den Jahren 1837—39 trat augenscheinlich ein Stillstand in der Thätigkeit der deutsch-revolutionären Propaganda ein, bis neue Anregungen ihren Bestrebungen unerwartet frisches Leben zuführten. Sie gingen diesmal von Deutschland und zwar von den Jung-Hegelianern*) aus, die in den „Halleschen Jahrbüchern" ihren Sprechsaal hatten. Im Hass gegen die Monarchie und die historischen Bedingungen des Staatslebens dem „J. D." verwandt, unterschieden sich die Jung-Hegelianer von ihm dadurch, dass sie aus den Sätzen Hegels, wie sie von ihnen verstanden wurden, die letzten Folgerungen mit blendender Geschicklichkeit zogen. Der völlige Bruch mit der Kirche und mit der Religion sollte der erste Satz des Lehrers und der erste Schritt

*) Sie vertraten auf dem Gebiete der deutschen Philosophie und Theologie den politischen und religiösen Liberalismus und den Kampf mit den solchem Ziele entgegenstehenden Mächten, der von Heine, Börne, Gutzkow, Laube, Theodor Mundt und andern Wortführern auf dem Felde der deutschen Literatur ausgefochten wurde. Dieses literarische Jungdeutschland, das den gesamten Lebensgehalt der seitherigen deutschen Dichtung als wirkungslos betrachtete, das Goethe und Schiller zum alten Eisen warf und Lessing, Herder und Kant als überwundene Mächte betrachtete, wollte neue Gefühle, neue Gesinnungen und Ueberzeugungen erwecken, neue gesellschaftliche Zustände schaffen und neue, moderne Menschen bilden.

der Schüler werden, Forderungen, die der Lehre des Meisters schnurstracks zuwiderliefen.

Was Arnold Ruge und seine Gesinnungsgenossen: Ludwig Feuerbach, der gemütvolle Denker und edle Schwärmer, der scharfsinnige Theologe David Friedrich Strauss u. a. in den „Jahrbüchern“ als neuentdeckte Weisheit vortrugen und was dort zunächst nur die gelehrte und gebildete Welt erreichte und berührte, das wurde in der Faust verwegener Agitatoren zu einer atheistisch-republikanischen Propaganda, die abermals als „Junges Deutschland“ von 1839 ab in der Schweiz auftrat.

Die Organe, die bemüht waren, die „Ideen der Menschheit,“ die „Negation der Religion und der Vaterlandsliebe“ in die unteren Klassen einzuführen, waren der radikale Thüringer Döleke, Standau, der besonnene Mann aus der Schule des praktischen Lebens, und der kühne, begabte Wilhelm Marr.

Der Bund weihte sich, wie es im § 1 seiner Statuten hiess, „dem Dienste der Freiheit.“ „Er war seiner Natur nach geheim, seinem Wesen nach eine politische Propaganda.“ An Orten, wo volkstümliche Vereine bestanden oder wo für seine Bestrebungen ein empfänglicher Boden vorhanden war, bildete eine grössere oder kleinere Zahl von Eingeweihten eine „Familie“. Deren Aufgabe war, bestehenden Gesellschaften beizutreten oder solche — Lese- und Gesang-Vereine*) — zu

*) Die in allen Städten der französ. Schweiz von „J. D.“ gestifteten Vereine wurden später durch den „Lemanbund“ fest mit einander verknüpft. An dieser Stätte wurden die Rekruten für den engeren geheimen revolutionären Bund geworben und gedrillt.— Aufnahmebedingungen waren: sittlicher Lebenswandel, Charakterfestigkeit und Verschwiegenheit. — Die Einführung erfolgte nach den Vorschriften der Illuminaten und Carbonari. Der Kandidat wurde zunächst vom „Praeparateur“ zur Nachtzeit mit verbundenen Augen kreuz und quer geführt, worauf er auf selt-

gründen, die „Gemüter mit Hass gegen die bestehenden Zustände zu erfüllen und sie für die Revolution empfänglich zu machen“.

Die praktische Seite dieser Theorie suchte Marr in seinem Journal „Blätter der Gegenwart für soziales Leben“ klarzulegen. Es wurde mit Eifer in allen „Familien“ und den von ihnen abhängigen Vereinen gelesen und verbreitet. Doch wurden bald Klagen laut über die „wahnsinnige Deutschtümelei“ der Handwerker und über die Thatsache, dass die Predigt des Atheismus noch nicht die sehnsüchtig erwarteten Früchte der Sittlichkeit trage.*)

---

samen Gängen in ein dunkles Zimmer gebracht und hier eine Zeit lang seinen Gedanken überlassen wurde. Nachdem er durch Ehrenwort absolute Verschwiegenheit gelobt, kam er in die Versammlung der „Familie“. Nach einer langen Pause tiefen Schweigens wurde der Kandidat vom „Sprecher“ durch verwirrende Fragen in eine Stimmung versetzt, in der er „sein Inneres so deutlich zeigen musste, dass man ihn besser kennen lernte, als er vielleicht sich selbst bisher kannte.“ Im Anschluss an diese Szene beschloss die „Familie“ die Aufnahme des Neulings, der inzwischen immer wieder, noch mit verbundenen Augen, in das dunkle Zimmer geführt worden war, oder lehnte sie ab. In jenem Falle ward er zurückgeholt, vom „Sprecher“ ernstlich auf die seiner harrenden Pflichten und „schweren Strafen für begangenen Verrat hingewiesen, der Binde entledigt und durch den Bruderkuss willkommen geheissen.“ — Die Bundesbrüder bedienten sich verschiedener Erkennungszeichen und Worte. Sie gaben sich stets die Linke mit einem dreimaligen leisen Schütteln. Auf Reisen pflegte jedes Mitglied ein Epheublatt am Hute oder im Knopfloch zu tragen. Die Gewissheit, dass man es mit einem Eingeweihten zu thun habe, erlangte man, indem man im Laufe eines Gesprächs die unverdächtige Frage hinwarf: „Human“?, worauf der Verbündete die Losung durch Hinzufügen der Silben „ität“ zu ergänzen hatte. Die geheime Bundesleitung bildeten Döleke, Standau und Marr.

*) Den Zielen des „J. D.“ arbeitete eine andere Richtung ent-

In die heissen Redekämpfe, die in allen Klubs über diese Frage entbrannten, fiel plötzlich i. J. 1845 ein Beschluss der geängstigten Kantonalbehörden, der die Führer aus dem Lande wies und die „Familien", von deren Dasein man durch ein Versehen Dölikes Kenntnis erhalten hatte, auflöste. Die traurigen Reste des jungdeutschen Bundes siedelten nach London über, wo sie in den dort bestehenden radikalen Vereinen verschwanden.

---

3. Die „Junge Schweiz."

Die Verbindung „J. Schw." konstituierte sich erst am 26. Juli 1835, nachdem Mazzini durch einen Aufruf zu ihrer Bildung aufgefordert hatte. Der neue Verein war aber grundverschieden von den übrigen Landsmannschaften, praktisch in seinen Zwecken, gemässigt in seinen Mitteln, nur durch seinen Namen und ein kühles Einvernehmen seiner Stifter dem „J. E." nahe stehend. Der Gegensatz zwischen den weltumspannenden Idealen des Italieners und dem nüchternen Sinn der Schweizer bedrohte das Bündnis sofort mit ernsten Gefahren. Schon im nächsten Jahre (1836) löste sich die Sektion auf, begann aber seit 1840 in den „Grütli-Vereinen" sich wieder bemerkbar zu

---

gegen. Die allmählig unter den deutschen Arbeitern in Paris ausgebildete kommunistische Propaganda war auch unter den deutschen Handwerkern in der Schweiz thätig. Der Preusse Weitling, ein Schneider, und der Württemberger Schmidt stifteten 1840 in Genf einen geheimen kommunistischen „Bund der Gerechten", der sich auch nach Lausanne, Vevey und Zürich verbreitete. Weitlings Büchlein „Die Menschheit, wie sie ist und wie sie sein sollte" — war „auf Fassungskraft und Neigung der Massen wohl berechnet und nicht ohne Begeisterung geschrieben, obwohl das gute Es-en und Trinken unter seinen Zukunftsidealen einen unbillig breiten Raum einnahm."

machen und fand schliesslich Anschluss an das „J. D.“

---

4. Die „Jungtürken.“

Ausläufer der revolutionären Bewegung, die im zweiten Drittel des 19. Jahrhunderts die west- und mitteleuropäischen Staaten erschütterte, drangen auch bis in die Türkei. Der Ruf nach einer gründlichen Reform der gesamten, bis ins Mark korrumpierten Verwaltung wurde laut, hatte aber für seine Urheber meist nur schlimme Strafen im Gefolge. Die liberalen Reformer, welche der Gefahr, geräuschlos erdrosselt zu werden, entronnen waren, stifteten in Genf nach den bekannten Vorbildern den „Bund der Jungtürken,“ der 1867 mit den Hauptsitzen in Paris, London, Stambul neu organisiert wurde. Die Vereinigung will ihr Vaterland von jeglicher Willkürherrschaft befreien, die Macht des Korans und die Selbstherrlichkeit des Sultans brechen und beseitigen. Eines der hervorragendsten Mitglieder des Bundes war Midhat Pascha, der bekanntlich seine liberalen Ideen mit schmählichem Tode büssen musste. Nennenswerte Erfolge hat die jungtürkische Bewegung bisher nicht gezeitigt.

X. Asien.

1. China.

Die Geschichte Chinas,*) des Staates, der das Hochland von Inner-Asien und seine östlichen Stufenländer

*) Vergl. darüber: Strauss: La Chine, son histoire, ses ressources. Paris; 1874. — Boulger: History of Ch. 3 Bde. London; 1881—84. — F. v. Richthofen: Ch. Ergebnisse eigener Reisen u. darauf gegründeter Studien. 4 Bde. Berlin; 1877—84.

umfasst, bewegt sich in Zahlen, an die alle andern Daten der Menschheitsgeschichte nicht heranreichen. Einigermassen zuverlässig wird die chinesische Zeitrechnung erst mit dem Jahre 800 vor Chr. Eingeborene Dynastien regierten bis 1279 n. Chr., dann folgten bis 1368 das mongolische Geschlecht der Yuen und von da an bis 1644 die einheimischen Ming. Der letzte Kaiser, von Rebellen hart bedrängt, rief die Mandschu aus dem Amurlande zu Hülfe. Aus den Bundesgenossen wurden Herren. Mit Schunschi bestieg 1644 die Dynastie der Mandschu*) oder der Ta-Tsing d. i. grosse Reinheit den Thron, den sie bis heute einnimmt.

Existenz und Geschicke des mythischen Ostreichs blieben der europäischen Welt lange unbekannt. Die ersten genauen Nachrichten gelangten nach dem Westen durch den Venetianer Marco Polo (1272—1295). Eine nähere Bekanntschaft mit China wurde jedoch erst im Jahrhundert der grossen Seefahrten und durch die dem Handel folgenden Missionare vermittelt.

Allmählig begann die Regierung des fabelhaften Landes, dem Wetteifer europäischer Mächte, mit China in möglichst enge Beziehungen zu treten, mit Misstrauen zu begegnen und die Grenzen mehr und mehr zu sperren.

Einen entscheidenden Bruch mit dem System selbstzufriedener Ausschliesslichkeit führte ein Krieg mit England herbei (1840—42). Seine, für die europäische Zivilisation tief beschämende Ursache war der abscheuliche Opiumhandel und Schmuggel, den die chine-

*) Nach den Rechtsbegriffen der Chinesen gehört ihrem Kaiser das ganze Erdenrund, in dessen Mitte er thront. Nur der Ungehorsam und die Blindheit der am Rande der Erdscheibe wohnenden Barbarenvölker lassen jene Anschauung nicht zur Geltung kommen.

sische Regierung zum Wohle ihrer Unterthanen gänzlich vernichten, auf den aber die Habgier englischer Kaufleute nicht verzichten wollte. Die Folge des Krieges war die Oeffnung einer Anzahl Häfen für den englischen Handel. Wenige Jahre später (1844 und 1845) erlangten Frankreich und die Vereinigten Staaten neue Freundschafts- und Handelsverträge.

Bald darauf ging das himmlische Reich im Innern einer schweren Krisis entgegen. 1850 brach die Tai-ping-Revolution aus. Der Sturz der Mandschudynastie war ihr letztes Ziel. Während dieser Wirren begannen 1857 England und Frankreich einen neuen Krieg und erzwangen im Vertrage von Tientsin (1858) die Eröffnung weiterer Seehäfen. Nicht minder wichtig war die Bestimmung, dass Ausländer unbelästigt im ganzen Umfange des weiten Reiches mit kaiserlichen Pässen reisen dürfen und dass den Christen erlaubt sei, ihre Religion frei zu bekennen, auszuüben und zu verbreiten.

Durch einen am 2. Dezember 1861 zu Tientsin abgeschlossenen Handels- und Freundschaftsvertrag wusste auch Preussen den deutschen Kaufleuten und Rhedern ähnliche Handelsrechte zu sichern, und heute sind die wichtigsten Häfen Chinas allen seefahrenden Nationen geöffnet.

Mit Hülfe englischer und französisischer Hülfsvölker wurde 1864 die Rebellion der Tai-ping niedergeworfen. Aber an ihre Stelle traten andere Rebellenhorden und die verhängnisvolle Wirksamkeit geheimer Gesellschaften. Damit steht das Erwachen eines fanatischen Europäerhasses in engstem Zusammenhange, der vielfach zur Ermordung europäischer Missionare und im J. 1900 zu Angriffen auf die Gesandtschaften in Peking führte. Ein gemeinsamer Feldzug der europäischen Grossmächte, Japans und der Vereinigten Staaten (1900—01) unter deutscher Führung zwang das Reich der Mitte zu grossen Zugeständnissen. —

So lange Europa mit China im Verkehr steht, hat das ungeheure Land, die neueste Zeit ausgenommen, weder Fortschritt noch Rückschritt gezeigt und sich in unveränderlicher Starrheit stets auf derselben Stufe gehalten. Wohl hat strenge Abgeschiedenheit gegen das Ausland und ein hochmütiger Nationaldünkel, der überall das Beste und Vollkommenste zu besitzen meint, an dieser auf Erden einzigen Erscheinung mitgewirkt; der hauptsächlichste und letzte Grund ist aber in der Verschlossenheit für fortschreitende Entwicklung des Geistes überhaupt zu suchen, die diesem Volke eigentümlich ist. Die gewandten und fleissigen Chinesen mit ihrer kalten Lieblosigkeit und ihrer betrügerischen Verschmitztheit sind ein abschreckendes Beispiel von Nützlichkeitsmenschen. Trotzdem sind ihnen die Pflichten der Elternliebe tief ins Herz geschrieben, und die Ehrfurcht vor dem Alter ist ein rührender Zug in ihrem sonst so abstossenden mongolischen Wesen. Auch Mässigkeit in Speise und Trank ist ihnen nachzurühmen.

Aus diesen Erscheinungen erklärt sich zum grossen Teil auch die ziemlich gleichgültige Stellung des Chinesen zur Religion. Ursprünglich soll sie aus der Verehrung eines höchsten Wesens, Thian d. i. Himmel, und einer Menge untergeordneter Schutzgeister bestanden haben. Im 6. Jahrhundert vor Chr. verkündete Laotse die Tao-Tao d. i. Lehre der Vernunft. Sie sei das höchste, göttliche Wesen. Von ihr stamme die menschliche Seele. Nach tugendhaftem Leben fliesse sie in die Tao zurück, nach einem lasterhaften wandele sie durch irdische Formen.

In einer Zeit tiefen politischen und religiösen Verfalls trat Confuzius (552—477 v. Chr.) als Reformator auf. Er suchte eine entschwundene, goldene, sittenreine Zeit zurückzuführen. Sein oft überschätztes System, die Religion der Gelehrten und Vornehmen, ist eine pantheistische Moralphilosophie. Im Laufe der Zeit sind die Religionen des Lao-tse und des Confuzius in rohen Götzendienst und Verehrung von Untergöttern und Geistern der Abgeschiedenen ausgeartet. Durch Verbeugungen, Räucherungen, Verbrennen goldener Papierschnitzel, durch Paukenschläge und Darbringen von Lebensmitteln und dergleichen wird der Chinese seinen Pflichten gegen sie gerecht.

Nicht lange nach Christi Geburt verbreitete sich auch Buddhas Lehre in China und übersäete das Land mit seinen Klöstern und Pagoden. Zu ihr bekennt sich die kaiserliche Familie. —

Die Geheimbündelei gehört zu den Lieblingsneigungen der Bewohner des himmlischen Reiches, und die chinesische Geschichte bildet eine lange Kette folgenreicher Verschwörungen.

Die Anfänge der geheimen Gesellschaften*) reichen bis in die Zeit der Han-Dynastie (207 v. Chr. bis 263 n. Chr.) zurück. Als eines Tages 800 Mandarinen auf den blossen Verdacht hin, dass sie der kaiserlichen Politik feindlich gegenüberständen, hingerichtet wurden, entstanden geheime Verbindungen, um künftigen Gewaltthaten ähnlicher Art vorzubeugen. Ihre Mitglieder

---

*) Nach Berichten des Ostasiatischen Lloyd, des chinesischen Journals „Shen-pao", des Daily Chronicle, des Deutschen Reichsanzeigers und anderer Organe, die meist auf Mitteilungen urteilsfähiger, in China lebender Europäer — u. a. des Bischofs Anzer (†) von Südschantung — beruhen. — Schätzbare Nachrichten auch bei F. Heigl: Die Religion und Kultur Chinas. Berlin; 1900.— und M. v. Brandt: Drei und dreissig Jahre in Ostasien. Erinnerungen eines deutschen Diplomaten. 3 Bde. Leipzig; 1901. —

Mit Rücksicht auf den uns zur Verfügung stehenden beschränkten Raum müssen die folgenden Schilderungen sich auf das notwendigste Mass beschränken.

verpflichteten sich eidlich zu gegenseitigem Beistande und erkannten sich an mysteriösen Zeichen und Worten. Auf den Einfluss dieser Gesellschaften sind die langjährigen Bürgerkriege zurückzuführen, die schliesslich zum Sturz der herrschenden Dynastie führten.

Besonders bemerkbar machten sich die geheimen Verbindungen im 14. Jahrhundert. Die mächtigste war die „Gesellschaft der drei Lilien". Sie arbeitete auf die Vertreibung der damals regierenden mongolischen Dynastie hin, verstand es aber nach aussen hin ihr Ziel durch die Pflege religiöser Zwecke erfolgreich zu verschleiern.

Unter den Verbindungen der neueren Zeit nimmt die „der himmlischen Vernunft" die erste Stelle ein. Mehr als eine Million Mitglieder zählend, suchte sie im Jahre 1813 durch eine Revolution sich der Regierungsgewalt zu bemächtigen. Der aufrührerischen Bewegung ward die Regierung nur mit Mühe Herr.

Die mächtigsten der gegenwärtig bestehenden geheimen Verbindungen*) sind „die Freiheitsgesell-

---

*) Organisation und Ritual dieser und der meisten andern chinesischen Geheimgesellschaften erinnern vielfach an ähnliche Einrichtungen der bekanntesten europäischen Verbindungen. Bei der Aufnahme in den „Hungbund" wird dem Kandidaten ein Eid abgenommen, den er durch Trinken einiger, den Schwurfingern entnommener Tropfen Blut zu bekräftigen hat. Im Anschluss hieran schlägt er einem weissen Hahn den Kopf vom Rumpfe zum Zeichen dafür, dass er einem ähnlichen Schicksal für den Fall der Untreue und des Verrats verfalle. — Jeder Aufgenommene erhält ein Diplom, zwei Dolche und ein Buch, das die Satzungen und die geheimen Zeichen des Bundes enthält. Die Aufnahmehandlung leitet der vorsitzende Meister mit folgenden Worten ein: „Diese Nacht geben wir zum Pfande, dass die Brüder in der ganzen Welt sein sollen wie aus Einem Leibe, wie erzeugt von Einem Vater und alle genährt von derselben Mutter, dass wir dem Himmel gehorchen und rechtschaffen han-

schaft“ (Tien-ti-hui d. i. Himmel, Erde, Mensch) und die „Dolchgesellschaft“ oder „Hungfamilie“. Ihre Mitglieder, die nach Millionen zählen, nennen sich Brüder, bedienen sich geheimer Erkennungszeichen und Passwörter, schwören den Führern unbedingten Gehorsam und erkennen keine andere Gerichtsbarkeit als die ihrer Gesellschaft an. Ihr Zweck ist ein politischer. Sie erstrebt die Beseitigung der heutigen, der Tsing-Dynastie. Daher ihr Wahlspruch: „Nieder mit den Tsing, hoch mit den Ming!“

Mit dieser einflussreichen Gesellschaft waren zeitweilig die Tai-ping eng verbunden, deren Vereinigung von einem religiösen Schwärmer gegründet worden war.

Die „Verbindung des älteren Bruders“ (Ko-lai-wai) verfolgt ebenfalls, wie die „Schwarzflaggen“ und die „Weisse Lilie“, Verbindungen, in denen die Reste der Tai-ping sich zusammengefunden haben, politische Ziele, kämpft aber nicht für die Wiederherstellung der Ming-, sondern der Tang-Dynastie, die 618—907 n. Chr. geherrscht hatte.

Grossen Ansehens erfreut sich ferner die 1724 gestiftete „Weisse Lotosblume“, die, nachdem sie infolge eines misslungenen Anschlages auf den kaiserlichen Palast in Peking, grausamen Verfolgungen aus-

---

deln werden und dass die Treue unseres Herzens nie wechselt. Wenn der erhabene Himmel gewährt, dass wir die Ming wieder auf den Thron setzen, dann kehrt das Glück ins Reich zurück.“ — Der Kandidat hat auf die Frage: „Leben Deine Verwandten noch?“ die bezeichnende Antwort zu geben: „Sie sind tot.“ — Logen des Hung-Bundes finden sich nur an entlegenen Orten. In verkehrsreichen Städten versammeln sich die Mitglieder in der Wohnung des örtlichen Meisters. Die Oberleitung führt der Grossmeister der 5 Hauptlogen. Die Angelegenheiten der einzelnen Logen verwaltet der Meister mit Hülfe der „Einführer“ und eines Rates von 13 Brüdern.

gesetzt war, in neuerer Zeit sich in den „Bund der Nichtsthuer“ umgewandelt hat. Die Mitglieder der „weissen Lotos“, der auch Frauen angehörten, enthielten sich des Fleischgenusses. Geleitet wurde ihr Bund von einem Grossmeister und dessen Frau.

Gefürchtet ist die geheime Verbindung der „Sam-Tien“. Fast die Hälfte der Küstenbevölkerung gehört ihr an. Die meisten Mitglieder sind allerdings friedliche Kaufleute und Landbesitzer, die jährlich eine bestimmte Summe zahlen, um unbelästigt ihrem Berufe nachgehen zu dürfen. Die aktiven Mitglieder sind Seeräuber, Diebe und andere Missethäter, die unter dem Befehl eines Oberanführers stehen, der absolute Macht über die ganze Gesellschaft*) hat.

Neuerdings hat die „Gesellschaft der langen Messer“**) oder „Boxer“ sich einen gefürchteten

---

*) Zur Zeit des Neu- und Vollmondes finden nachts an entlegenen Orten sehr sorgfältig bewachte Versammlungen statt, und obgleich manchmal 4000 bis 5000 Mann daran teilnehmen, ist es fast unmöglich sie zu überraschen. Die Versammlungen werden den Mitgliedern durch Baumzweige angezeigt, die auf die Felder gepflanzt werden, und die Eingeweihten erkennen den Ort an der Art, wie die Zweige geknickt sind. Der Sam-Tien hat eine eigene Geheimsprache und Schrift, und alle Mitglieder schwören, sich gegenseitig zu helfen und keine Geheimnisse zu verraten. Bei der Eidesleistung wird ein Hühnchen geschlachtet und das Blut aufgefangen. Jeder Teilnehmer trinkt einen Schluck davon und bekommt darauf einen neuen Namen. Verrat oder Ungehorsam werden auf die schrecklichste Art gerächt.

**) Neben den geheimen politischen Gesellschaften giebt es auch zahllose geheime Vereine, die harmlose Zwecke verfolgen. Ihr Dasein, wie das der „Brüderschaft der weissen Nelke“, der „Reisspuddingreligion“, der „Tuchausbreiter“ u. a. beruht lediglich auf dem krankhaften Hang des Chinesentums sich zu solchen Verbindungen zusammenzuschliessen. Das Geheimnis wird streng bewahrt, und Beispiele von Verrat oder Untreue zählen zu den Ausnahmen. — Vergl. Sir Rob. Hart. Die Boxer.

Namen gemacht. Sie wendet sich in fanatischem Hasse gegen die Fremden, die von diesen ausgehenden Neuerungen und ihre Freunde. Ueber Ursprung und Organisation dieser Verbindung sind nur wenige, zum Teil widersprechende Nachrichten bekannt geworden. Wahrscheinlich hängt der geheime „Bund der langen Messer“ oder „Boxer“, wie er von den Engländern genannt wird, mit der „Freiheitsgesellschaft“ zusammen. Indem sie die Unzufriedenheit breiter Volksschichten weidlich auszunützen verstand und von der Regierung heimlich unterstützt wurde, bot sie im J. 1900 die über ganz China zerstreuten politischen Verbindungen zur Vernichtung der Fremden auf. Daher die ungeheure Verbreitung des Aufruhrs. —

2. Persien*).

In Persien, dem halbbarbarischen Lande, dem Vaterlande Zarathustras, der Heimat des pantheisti-

---

(D. Revue 26 S. 257 ff.). Trotzdem das chinesische Strafgesetzbuch die Zugehörigkeit zu einer Verbindung, deren Angehörige sich an geheimen Zeichen erkennen, streng bestraft und die Strafen noch erheblich verschärft, falls die Mitglieder durch „Bluttrinken unter Verbrennen von Weihrauch“ sich verbinden, ist es bisher nicht gelungen, dem Verschwörungseifer des Volkes einigermassen zu steuern. Den meisten Mitgliedern der Geheimbünde sind die politischen Zwecke und Ziele ihrer Verbindung höchst gleichgültig; vielfach mögen sie auch nicht imstande sein, deren Tragweite zu ermessen. Ihnen dient die Zugehörigkeit zum Bunde lediglich zur Stärkung der eigenen Persönlichkeit. Sie erfreuen sich des Schutzes und Beistandes einer grossen Gesellschaft gegen ihre Feinde, entziehen sich mit Hülfe der Mitverschworenen dem Arme der Justiz, der Unterdrückung und Ausbeutung von Seiten der Mandarinen und bilden so eine Macht im Staate, vor der die kaiserlichen Behörden häufig ohnmächtig Halt machen müssen.

*) Vergl. Bd. I. S. 52 ff. — S. 309 ff.

schen Sûfismus hat in neuerer Zeit eine Bewegung begonnen, die berufen sein dürfte, dereinst noch eine hervorragende Rolle in der asiatischen Welt zu spielen. Es ist der Babismus*)

Im J. 1840 trat ein junger Perser, Mohammed Ali, als Prophet und Reformator des Islams auf und nannte sich Bab (d. i. Pforte), weil der Mensch durch seine Vermittlung zu Gott gelange. Das gewinnende Wesen und die feurige, volkstümliche Beredsamkeit des neuen Apostels machten tiefen Eindruck auf die rohen Herzen seiner Landsleute und führten ihm zahlreiche Anhänger zu. 1844 hatte die auf eine völlige Umgestaltung des religiösen und öffentlichen Lebens abzielende Bewegung bereits einen Umfang erreicht, dass die herrschenden Kreise sich veranlasst sahen, ihr mit Feuer und Schwert entgegenzutreten. Mehrere Jahre wütete der entsetzliche Kampf, der mehr als 8000 Menschen das Leben kostete. 1849 mussten die Reste der bab. Gemeinschaft, so weit sie nicht über die Grenze geflüchtet waren, sich den kaiserlichen Truppen ergeben. Sie fielen nach entsetzlichen Martern samt ihrem Propheten dem Henker anheim.

Trotzdem war der B. nicht ausgerottet. Aus der tiefen Niederlage erhob er sich zu um so grösserer Blüte. Die Zahl seiner Anhänger wuchs mit erstaunlicher Schnelligkeit. Auch in Indien fand er Anklang und weite Verbreitung.

---

*) Zu Grunde liegen unserer Darstellung die Werke von: J. A. de Gobineau: Les religions et les philosophies dans l'Asie Centrale. Paris; 1865. — Vambery: Wanderungen und Erlebnisse in Persien. Leipzig; 1867. — Benjamin: Persia and the Persians. London; 1886. — Browne: A travellers narrative, written to illustrate the episod of the Bab. 2 Bde. Cambridge; 1891. — Ders.: The Táríkh-i-Jadid or New History of the Bab. ebend; 1893. — Andreas: Die B. in Persien. Leipzig und Berlin; 1896.

In Persien nahm die bab. Sekte infolge der erlittenen Nachstellungen den Charakter eines geheimen Ordens an. In tiefstem Geheimnis und von fanatischem Glaubenseifer getrieben, durchwanderten die 18 Jünger des neugewählten Bab Mizza Jaia, der sich in Bagdad niedergelassen, das Land nach allen Richtungen und stifteten aller Orten Gemeinden. Sie standen mit dem Oberhaupt des Bundes in beständiger Verbindung und empfingen von dem schlauen und ehrgeizigen Propheten Verhaltungsmassregeln. Trotzdem vermochte er ein Attentat auf den Schah nicht zu verhindern. Die daraufhin eingeleitete Untersuchung ergab die überraschende Thatsache, dass an allen grösseren Plätzen starke B.-Gemeinden bestanden, die sich zur Beseitigung der herrschenden Dynastie verschworen hatten. Nun brach abermals eine fast zwei Jahre dauernde Schreckenszeit voll barbarischer Martern und Hinrichtungen über den Orden und seine Anhänger herein. Nasr-ed-din, derselbe, der 1873 und 1878 in den europäischen Weltstädten mit lautem Jubelschall begrüsst wurde, watete förmlich im Blute der Unglücklichen. Den gefühllosen Despoten erreichte am 1. Mai 1896 die Kugel des Babisten Mirza Mohammed Risa, den das Los zum Mörder bestimmt hatte.

Obwohl jeder Perser, der sich zur bab. Lehre bekennt, einem martervollen Tod verfallen ist, hat der merkwürdige Orden von Jahr zu Jahr an Ausbreitung gewonnen. Nach den Berichten amerikanischer Missionare zählt er gegenwärtig Millionen von Bekennern, die über die ganze islamitische Welt verbreitet sind.

Ueber die Lehre des B., die in zahlreichen Schriften niedergelegt ist, gehen die Ansichten auseinander. Es scheint, als ob sie, wie die meisten orientalischen Religionen, auf dem Dogma von dem Ausströmen aller Dinge aus einem höchsten Urwesen (Emanations-System) beruhe. Die von ihm emanierte Kreatur vereinigt sich nach dem Tode wieder mit der Wesenheit Gottes. — Der B. schreibt nur wenige Gebete vor, verhält sich gleichgiltig gegen die rituellen Vorschriften des Korans und gestattet seinen Anhängern engeren Verkehr mit Christen.

Die B. zeichnen sich durch kindliche Frömmigkeit und opferwillige Hingabe, durch Mässigkeit und Sittenreinheit vor ihren verlotterten Volksgenossen rühmlich aus. Als Erkennungszeichen tragen sie eine Art Amulett, das für Männer die Form eines Sternes hat, für weibliche Personen von runder Gestalt ist.

Mädchen und Frauen dürfen sich ohne Schleier in der Oeffentlichkeit bewegen und werden zu lebendiger Teilnahme am bürgerlichen Leben erzogen.

---

3. Armenien*)

An das iranische Plateau ist das armenische Gebirgsland angeschlossen, das von Kleinasien, dem Kaspischen Meere, dem Kaukasus und dem Flusse Murad begrenzt wird. — Das Land, bis ins Mittelalter hinein zeitweise unter einheimischen Königen stehend, dann von mohammedanischen Staaten überwältigt, ist heute unter Russland, Persien und die Türkei geteilt. Aber die armenische Nationalität hat sich mit eigenem religiösen Bekenntnisse, mit eigener Sprache und Literatur und scharf hervortretendem Volkscharakter erhalten.

---

*) Näheres über die armen. Anarchistenpartei bei R. de Coursons: La rébellion arménienne. Paris; 1895. — Lepsius: Armenien und Europa. Berlin; 1896. — Vergl. auch Langlois: Essai historique et critique sur la constitution sociale et politique de l' Arménie. St. Petersburg; 1860. — Creagh: Armenians, Koords and Turks. London; 1880.

Auf dem armenischen Hochlande wohnen meist Hirten und Ackerbauer. Fast ein Drittel der fleissigen, betriebsamen Bevölkerung lebt in den türkischen Provinzen, in Persien, Indien und in den grossen Handelsstädten des schwarzen und mittelländischen Meeres, wo sie als Handwerker und Lastträger, als hausierende Krämer und geachtete Bankiers und Kaufherren ihren Erwerb finden.

Die unerträglichen Missstände des türkischen Regiments, das Beispiel der Griechen und der slawischen Völker, die sich vom Türkenjoch befreit hatten, riefen in vaterlandsliebenden Männern den Gedanken wach an ein unabhängiges, alle Volksgenossen umfassendes Armenierreich. Zur Verwirklichung dieser Idee rief der Armenier Loris Melikow, der bekannte russische General, 1887 im Verein mit mehreren Landsleuten die Association anglo-arménienne ins Leben.

Fast gleichzeitig wurde von unbekannter Seite nach nihilistischem Vorbilde der anarchistische Geheimbund Hintschak (Glocke) gegründet. Seine Sendboten zwangen die reichen Armenier zur Hergabe bedeutender Summen und wiegelten die ruhigen Bewohner des Stammlandes auf. Im Sommer 1895 brach hier die offene Empörung gegen die Türkenherrschaft aus.

Inzwischen waren in Konstantinopel und anderen Orten neue, unter einander nur lose zusammenhängende, anarchistische Klubs*) entstanden, wie der Troschak (Flagge), Abdag (Blasebalg), Gaisag (Donnerschlag), Wotschintschak (Zerstörung). Ihre Mitglieder

*) Die einzelnen Klubs sind einander nicht bekannt; ebenso wenig kennen sie die geheime Zentralbehörde, die in unsichtbarer Weise die Thätigkeit der untergeordneten Verbände lenkt und alle Fäden der weit ausgesponnenen Verschwörung in der Hand behält. —

waren unaufhörlich thätig das Feuer der Revolution zu schüren und die Gemüter zu verwirren.

Am 15. Juni 1896 kam es gelegentlich der Verhaftung eines armenischen Mädchens in Wan von neuem zu blutigen Zusammenstössen und vom 26.—28. August in den Strassen Stambuls infolge eines von den Armeniern auf die Ottomanische Bank ausgeführten Handstreiches zu einem furchtbaren Morden, bei dem Tausende von Armeniern ihr Leben verloren haben sollen. — Seit dieser Zeit ist der armenische Anarchismus*) nicht wieder aktiv hervorgetreten.

XI. Nordamerika.

An die flüchtigen Sohlen des von ungesättigter Habsucht getriebenen Entdeckers der neuen Welt hat sich sofort das harte Geschlecht geheftet, das in Amerika, bis auf den heutigen Tag üppig fortwuchernd, zum allmächtigen Dollar spricht: Du allein bist mein Trost! Und mehr als irgend ein anderer Teil der Erde ist dieses Land aufgegangen in den schnödesten materiellen Interessen, im krassem Mammonismus, so viel es sich auch mit dem gleisnerischen Scheine religiöser Idealität umkleidet hat.

Den Kampf mit diesen furchtbaren Mächten erfolgreich zu bestehen, ist der einzelne Mensch völlig ausserstande. Dieser Erkenntnis und der Ueberzeugung, dass die wilde Jagd nach Erwerb und Genuss ein unbefriedigtes Dasein schafft, verdankt jene unabsehbare Reihe von Ordens-Vereinigungen und Brüderschaften

*) Ob der im Juli 1905 zu Konstantinopel erfolgten Dynamit-Anschlag auf das Leben des Sultans auf arm. Umtriebe zurückzuführen ist, konnte bisher nicht festgestellt werden.

ihre Entstehung, die Nordamerika nächst China zur klassischen Heimat der geheimen Verbindungen*) macht. Die meisten von ihnen erstreben die Erreichung unmittelbarer praktischer Zwecke. Aber es giebt auch viele, die ihren Mitgliedern eine Stätte zu breiten suchen, wo sie sich als freie Kinder Gottes fühlen lernen, wo sie emporstreben können über die jämmerliche Wirklichkeit und die gemeine Bedürftigkeit des Augenblicks in eine reinere, schönere Welt.

1. Der Orden der Hermanns-Söhne.**)

Nächst Odd-Fellows, Freimaurern und Druiden nimmt in den Vereinigten Staaten der „Orden der Hermanns-Söhne", so genannt nach „Hermann dem Cherusker", den vornehmsten Platz ein. Diese jetzt stärkste und festeste Stütze des deutschen Wesens in Nordamerika trat vor mehr als 60 Jahren im Staate New York ins Leben zum Schutze des damals schwer bedrängten Deutschtums, zum Zwecke gegenseitiger Unterstützung, zur Pflege deutscher Geselligkeit, deutscher Sprache und Kultur und zur Verbreitung wahrer deutscher Gesinnung.

Von New York aus verbreitete sich der Orden über die Vereinigten Staaten und fand in Kanada und neuerdings auch im alten Vaterlande eine Heimstätte.

Die Logen***) jedes Staates unterstehen einer Gross-

---

*) Wir behandeln im Folgenden nur die Verbindungen, die es zu einiger Bedeutung gebracht haben.

**) Latomia 1897. S. 191. — Ausserdem nach Mitteilungen der verschiedenen Organe der deutschen Ordenspresse 1903 u. 1904. — Vergl. Bd. II. S. 1 ff., S. 177 ff., 190 ff.

***) Die Einführung geschieht nach freimaurerischem Vorbilde in einfacher, mannhafter Weise „ohne Grade, Proben, Täuschungen oder Versuchungen." Das Motto des Ordens ist: „Freundschaft, Liebe und Treue", und seine Farben sind die der alten deutschen Fahne „Schwarz-Rot-Gold".

loge. Die aus der Gesammtheit der Grosslogen gewählten Repräsentanten bilden die alle vier Jahre tagende Nationalgrossloge. —

Gleiche Zwecke verfolgt

2. Der Deutsche Orden der Harugari.*)

Im J. 1847 verbanden sich in New York 12 deutsche Männer zu gegenseitiger Unterstützung in Krankheits- und Todesfällen. Aus diesem unscheinbaren Anfange ist die mächtige Gemeinschaft der „Harugari" erwachsen. Sie zählt heute etwa 330 Männer- und 110 Frauenlogen, die unter 17 Grosslogen und einer Nationalgrossloge der Vereinigten Staaten arbeiten. Ordensorgan ist seit 1869 „Die deutsche Eiche". —

Der Orden hat sich die Bewahrung deutscher Sitte, Gesinnung und Sprache — unter Ausschluss aller politischen und religiösen Dinge — zur Aufgabe gemacht und giebt allen Deutschen Gelegenheit, ihre geistigen, geselligen und materiellen Interessen zu heben und zu veredeln. Wesentlich gefördert wird der grosse und schöne Zweck durch mehr als 50 Ordensgesangvereine, in deren Mitte das deutsche Lied eine Stätte liebevoller Pflege findet. Hiervon legt das alle zwei Jahre veranstaltete „Harugari-Sängerfest" beredtes Zeugnis ab.

---

3. Order Knights of Pythias.**)

Die Ordensgesellschaft der „Knights of Pythias" verdankt ihre Entstehung (1864) dem menschenfreund-

---

*) Der seltsame Name H. hängt zusammen mit dem altdeutschen Wort haruc (heiliger Hain) und bedeutet soviel wie Priester. —

Vergl. Triangel 1870. S. 24 f., 28, 128 f. — Bundesblatt 1893. S. 371 f. — Latomia 1897. S. 151 f., 1898. S. 183 f. —

**) Vergl. Triangel 1871. S. 164 f. — Latomia 1898. S. 200 ff. —

lichen Sinne eines geachteten Beamten im Kriegsministerium der Vereinigten Staaten namens Rathborne.

Dem Wesen des Ordens liegt die in Schillers Bürgschaft verherrlichte Freundschaft des Damon und Phintias zu Grunde. Ehedem war es sein Bestreben, das durch den amerikanischen Bürgerkrieg über zahllose Familien hereingebrochene Elend zu mildern; heute ist es seine Aufgabe, kranke und notleidende Mitglieder zu unterstützen und zu pflegen und ihren Hinterbliebenen mit Rat und That zur Seite zu stehen.

Der Orden besteht aus den drei Graden des Pagen, des Esquiere (Knappe), Knight (Ritter) und des „Uniform-Rank“. Die Mitglieder des dritten und vierten Grades geben sich militärischen Spielereien hin, die man pomphaft Uebungen nennt. Und die naive Vorliebe des Amerikaners für bunte Phantasie-Kostüme brachte es dahin, dass für die Angehörigen der höchsten Stufe das Tragen eines dunkeln Waffenrocks, eines Tropenhelms mit rotem Haarbusch, eines Bandoliers und Seitengewehrs vorgeschrieben wurde. In Regimenter, Brigaden und Divisionen eingeteilt, wird der „Uniform-Rank“ gelegentlich zu öffentlichen Paraden aufgeboten, die der Eitelkeit dieser wunderlichen Heiligen schmeicheln und der Befriedigung der öffentlichen Schaulust dienen.

Die Angehörigen der unteren Grade tragen eine Regalie von blauem, gelbem oder rotem Stoff, die ersten Logenbeamten, der Past Chancellor und der Chancellor, eine Robe aus roter Seide oder rotem Sammet und ein goldgesticktes Barett aus demselben Stoff; ihr Gehilfe, der Patriarch, eine seidene Robe und Mütze mit Silberstickerei. Jeder Grad besitzt seine besonderen Erkennungsmerkmale, bestehend aus Passwort, Zeichen und Handgriffen, die bei der Einführung gelehrt und erläutert werden.

Bei der Aufnahme in den ersten Grad spielen Sarg

und Totengebein die Hauptrolle, um die Unerschrockenheit des Kandidaten zu prüfen; der zweite Grad bietet eine Mystifikation, die den Kandidaten zwingt, sich gegen den Vorwurf des Verrats zu verteidigen. Im dritten Grad wird der Kandidat nach seiner Verpflichtung mit Helm, Schwert und Schild bekleidet, vor den Sitz des Patriarchen geführt, der ihm eröffnet, dass er nicht berechtigt sei, die ritterlichen Zeichen zu tragen, weshalb er sich einem Gottesurteil unterwerfen müsse. Natürlich ist das nur eine harmlose Spielerei. — Die Einführung in den vierten Grad erfordert eine vollständige Szenerie. Der Vorsitzende im Hermelinmantel, Hölle, Tod und Teufel und andere schreckliche Gewalten vereinigen sich hier, um den Mut und die Unerschrockenheit des Kandidaten zu prüfen. —

Im Jahre 1896 zählte der Orden 6504 Logen mit etwa 464,000 Mitgliedern. In den letzten Jahren ist diese Zahl aber erheblich zurückgegangen. —

4. Der Ku-Klux-Clan.

Nach der Niederlage der Südstaaten (1865) blieben die vom Kongress der Union zu Gunsten der Neger beschlossenen Massnahmen nicht nur unausgeführt, sondern die ehemaligen Sklaven wurden nach wie vor misshandelt, aus den ihnen zum Anbau überwiesenen Distrikten verjagt und nicht selten unter Martern umgebracht. Zahllos sind die Greuelthaten, die im J. 1866 in Memphis und New-Orleans gegen die wehrlosen Farbigen verübt wurden. Diese rotteten sich nun zusammen und verübten ihrerseits grässliche Schandthaten an allen Weissen, die in ihre Hände fielen. Diese Ereignisse führten 1867 in Nordkarolina zur Bildung des geheimen Bundes (Clan) der „Ku-klux“. Er vereinigte alle Anhänger der Sklaverei und Feinde der Union und der republikanischen Partei in seiner Mitte.

Die Mitglieder des Ordens, zu gegenseitiger Hilfe und zu strengstem Geheimnis bei Todesstrafe verpflichtet, richteten ihre Gewaltthaten besonders gegen die verhassten Neger und ihre Beschützer. In Kleidern aus schwarzen Baumwollstoffen („Leichentüchern"), auf dem Haupte einen schwarzen Spitzhut, das Antlitz mit einem schwarzen Schleier verhüllt, überfielen sie diese, ermordeten sie und verbrannten ihre Häuser.

Am schlimmsten hauste der furchtbare Bund in Süd-Karolina und in Kentucky. Seinem verbrecherischen Treiben trat endlich der Kongress entgegen, indem er im April 1871 die „Anti-Ku-Klux-Bill" annahm, die dem Präsidenten Grant bis 1. Juli 1872 eine fast diktatorische Gewalt übertrug. Er machte von ihr ausgiebigen Gebrauch und es gelang ihm mit militärischer Hilfe die Schreckensherrschaft der Ku-Klux zu unterdrücken.

---

5. Unabhängiger Orden B'nai-Brith*) (U.O.B.B).

Die geheime jüdische Gesellschaft „B.B." (d. i. Söhne des Bundes) wurde 1843 in New York gegründet. Ihre Aufgabe ist, „die Israeliten in einer Weise zu verbinden, in der die Entwicklung der höchsten Interessen des Judentums am ehesten und allgemein ermöglicht wird. Während der Orden die Gefühle wahrer Freundschaft und Brüderlichkeit weckt und nährt, dem Kranken Trost und Hilfe, dem Sinkenden die rettende Hand bietet, die Thränen der Wittwen und Wai-

*) Vergl. Bauhütte 1897. S. 271 f.; 1898, S. 282 f.; 1899 S. 139. — Freimaurer-Zeitung 1894, S. 68, 100, 109; 1897, S. 212 u. a. — Von jüdischen Geheimbünden in N.A. sind ferner bekannt: „Die Söhne Abrahams", „die Söhne Benjamins", „Athawath Israel" und „Kesher Shel Barzol". Sie verfolgen meist praktische Zwecke, die Unterstützung ihrer Mitglieder und deren Familien in Krankheits- und Todesfällen.

sen trocknet und durch warme Teilnahme in allen Lagen des Lebens die Freuden des Glückes erhöht und die Bürde widrigen Schicksals erleichtert, ist es seine Absicht, die geistige Ausbildung seiner Mitglieder zu heben, ihnen die Grundsätze ernster Sittlichkeit einzuprägen und die Erkenntnis des reinen Brudertums zu fördern."

Der Orden weist drei Grade auf und besitzt in Amerika Frauen- und Jugendlogen. Seit 1882 ist er auch in Deutschland, seit 1889 in Oesterreich-Ungarn und in Rumänien heimisch. Auf deutschem Boden bestehen etwa 38 Logen mit 5000 Mitgliedern unter der Leitung der „Grossloge für Deutschland VIII".

---

6. Die Mormonen*).

Der Stifter der merkwürdigen Sekte (1830) war Joseph Smith, ein Mann, der sich besonderer Offenbarungen rühmte. Aus den östlichen Staaten vertrieben, gründeten die M. unter Führung Brigham Youngs am grossen Salzsee den Staat Utah, der sich bald zu einem blühenden Gemeinwesen erhob. Young, von der Regierung zum Gouverneur ernannt, übte bis zu seinem Tode (1877) unter den M. ein strenges Regiment und führte 1852 auf Grund einer göttlichen Offenbarung die Vielweiberei ein, von der er die Erlösung der Menschheit erwartete. Die Zahl der Frauen ist abhängig von der Stellung und dem Einkommen des Mannes.

Der Mormonenstaat stellt ein theokratisches, den republikanischen Verhältnissen der Union geschickt angepasstes Gemeinwesen dar. Die Aufnahme von Männern und Frauen in dieses geht unter Gebräuchen vor sich, die dem freimaurerischen Ritual nachgebildet sind.

*) R. v. Schlagintweit: Die M. in ihrer Entstehung bis zur Gegenwart. Leipzig; 1878. —

Um vollkommener Mormone zu werden, muss der Kandidat drei Erkenntnisstufen durchwandern, von denen jede ihren eigenen Eid, Griff, Erkennungszeichen und Passwörter hat.

---

7. Der „Orden vom östlichen Stern"*)
(Order of the Eastern Star)

wurde 1850 mit biblischer Symbolik ausschliesslich für Frauen gestiftet. Diese sollen hier zur Teilnahme an der allgemeinen Arbeit der Menschheit erzogen werden. Solchen Zwecken dienen in den „Kapiteln" (Logen) 5 Grade. „Die Tochter Jephtas" (1. Gr.) stellt den Gehorsam gegen das Gelübde dar; „Ruth" symbolisiert die Anhänglichkeit an die religiösen Grundsätze; „Esther" die Treue gegen Freunde; „Martha" den Glauben in der Stunde der Gefahr; „Electa" die Geduld und Unterwürfigkeit selbst gegenüber der Ungerechtigkeit.

---

8. Der Orden der Rotmänner

ist besonders unter den im Westen der Union ansässigen Deutschen verbreitet. Als seinen Zweck bezeichnet er die Unterstützung der Kranken, Wittwen und Waisen; sein Wahlspruch ist: „Freiheit, Edelmut, Bruderliebe". Sein Formen erinnern an die Gebräuche und die Tracht der Indianer**). Die Logen heissen „Stämme", die Grosslogen — „Grosse Ratsversammlung"; die Grade sind: Der tapfere Grad, der Krieger- und der Häuptlingsgrad. —

---

*) Vergl. Handbuch der F.M. 3. Aufl. Leipzig; 1901. II. S. 431.

**) Aehnlich organisiert war die „Tammany", eine ursprünglich geheime, wohlthätige Zwecke verfolgende Gesellschaft, die aber später sich in einen politischen, höchst anrüchigen, namentlich in New York sein Unwesen treibenden Verein umwandelte. — Vergl. R. Clemen: Ursprung, Entwicklung und Be-

9. Der „Orden der Edlen vom mystischen Schrein“*)

(Ancient Arabic O. of the Nobles of the Mystic Shrine) besteht seit 1872 in der Union und zählt etwa 50000 Mitglieder mit 181 „Tempeln“ und einem „Imperial Council“. An der Spitze steht ein „Imperial Potentate“. Der Orden nimmt nur solche FrM. auf, die den 18°. des alten und angenommenen schottischen Ritus erreicht haben oder Templer-Ritter sind; er verwendet bei seinen Aufnahmen arabische Gebräuche und führt seinen Ursprung auf Ali, Mohammeds Schwiegersohn, zurück. Sein Zweck ist die Pflege wahrer Toleranz unter den Gebildeten aller Nationen.

---

10. Die Brüderschaft „Maltas Söhne“,

in den fünfziger Jahren des 19. Jahrhunderts zu New York gestiftet, ist eine Narrenzunft, die in ihren Gebräuchen die geheimen Gesellschaften karrikiert und mit schlechtem Witz verspottet.

---

11. Protestant association

nennt sich eine weitverzweigte geheime Unterstützungs-Gesellschaft, deren Mitglieder sich nur auf die Kreise der Protestanten beschränken.

---

deutung der geh. Gesellschaften. Columbus-Ohio 1860. — Latomia 1897, S. 200 f.; 1898, S. 24. — Reform 1868, S. 97 f. —

*) Vergl. Latomia 1897, S. 176; — 1898, S. 168 f. — Br. Peregrinus: Was muss man von der FrM. wissen? II. Aufl. Berlin 1905. —

XII. Die Internationale.*)

Wenn ein alter Organismus in Trümmer geht, pflegt die Gesellschaft lange und schwer zu ringen, ehe sie neue feste Formen und Gesetze für ihr sozialwirtschaftliches Leben findet.

Was in Zeiten patriarchalischer Staatsbegriffe, engbegrenzter Wirtschafts- und Verkehrsverhältnisse notwendig und heilsam war, ist nicht mehr brauchbar in unsern Tagen einer ungeheuer entwickelten Maschinenthätigkeit, der Mobilisierung des Kapitals, der weiten Ausbildung des Kreditwesens, der wunderbaren Schnelligkeit und Leistungsfähigkeit des Transportwesens, bei Dingen, die ihrer Natur nach keine Schranken kennen und vertragen. Freilich die Folgen solcher Umgestaltungen sind nicht immer wohlthätiger Art, um so weniger, je schneller, unvermittelter der Uebergang aus dem alten Zustand in den neuen sich vollzieht.

So weist denn auch unser modernes wirtschaftliches Leben unleugbare Schattenseiten auf. Arbeit und Lohn, Mühe und Genuss stehen häufig im schlechtesten Verhältnis zu einander. Die sichtbaren Vorteile kommen zunächst nur einer Minderzahl zu gut, während

---

*) Für die Geschichte d. I. kommen hauptsächlich folgende Schriften in Betracht: Eichhoff: Die intern. Arbeiter-Assoziation. Berlin; 1868. — Pachler: Die intern. Arbeiterverbindgn. Essen; 1871. — O. Testut: Die I. Ihr Wesen u. ihre Bestreb. Aus dem Franz. Leipzig; 1872. — Yorke, (Ps. für Hepworth Dixon): Geh. Gesch. der intern. Arbeiterverb. Stuttgart; 1872. — M. Busch: Zur Gesch. der I. Leipzig; 1872. — F. Mehring: Zur Gesch. d. deutsch. Sozialdemokr. Magdeburg; 1877. — L. Favre: L' Histoire de l' I. et de socialisme. 2 Bde. Paris; 1879. — R. Meyer: Der Emanzipationskampf des vierten Standes. 2 Bde. Berlin; 1882. — (Hier werden die wechselvollen Schicksale der I. mit vieler Umsicht dargestellt.) — Zacher: Die rote I. Berlin; 1884. — G. Adler: Gesch. des Soz. u. Kommun. I. Leipzig,; 1899. —

die „arbeitenden Klassen“ nach wie vor seufzend die Last des Lebens tragen, die durch die Vergrösserung des Abstandes gegenüber den Begünstigten noch fühlbarer, noch bitterer wird.

Diese Erscheinungen sind den Entwicklungskrankheiten zu vergleichen, ohne die der Organismus der menschlichen Gesellschaft nicht in einen völlig neuen, noch unerprobten Zustand übergehen kann. Ein weiser Ausbau der sozialpolitischen Staatsgesetzgebung nach der Richtung, die namentlich das Deutsche Reich in so grossartiger Weise eingeschlagen hat, eine umsichtige Förderung des Genossenschaftswesens, der Einfluss fortschreitender allgemeiner Bildung, die Macht des Gewissens — alles das wird dazu beitragen, die Schärfe der sozialen Kämpfe zu mildern, die Schmerzen zu lindern. Sie völlig aus der Welt zu schaffen, liegt nicht in der Hand des Menschen, würde auch dem Interesse der stetigen Fortentwicklung seines Geschlechts widersprechen.

Die grossen Umwälzungen auf dem Gebiete der ökonomischen und gesellschaftlichen Verhältnisse haben auch die Wissenschaft angeregt, die Erscheinungen des wirthschaftlich-sozialen Lebens zu erforschen, seine Grundbegriffe festzustellen, aus der wirren Masse ungezählter Einzelthatsachen Systeme zu entwickeln, durch die Beweisführung der Geschichte, der Logik, der Vernunft allgemeine sozialpolitische Wahrheiten darzuthun, zweifelhafte und widerspruchsvolle Probleme aufzuklären und auf Grund wissenschaftlicher Theorien praktische Reformen im volkswirtschaftlichen Leben anzubahnen.

Aber die Spekulation über die sozial-wirtschaftlichen Thatsachen und Erscheinungen des Menschenlebens begnügte sich nicht mit der wissenschaftlichen Forschung und mit praktischen Besserungsbestrebungen auf Grund der bestehenden Ordnung und nach einem erreichbaren Ziel. Neben die theoretischen Forscher und die praktischen Reformatoren trat der ehrliche Träumer, der sich einbildete ein ideales Zukunftsreich voll allgemeiner Glückseligkeit schaffen zu können, und der bewusste Aufwiegler, der auf den allgemeinen Umsturz, auf Revolution und Bürgerkrieg hinarbeitete, beide in der Schürung der schlimmsten Leidenschaften, des Klassenhasses und des Neides der Besitzlosen gegen die Besitzenden, die Wege zur Erreichung ihres Zweckes erblickend. In grellroten Farben schildern sie die ganze Fülle himmelschreiender Ungerechtigkeiten und grausamer Härten dieser Welt. Hier wird der Arbeiter, der moderne Sklave, unter das kaudinische Joch des Kapitals gebeugt, hier stehen schwelgender Reichtum und bitterste Not sich unvermittelt gegenüber, hier gehen unter den Misshandlungen der „oberen Zehntausend“ die Millionen des Volkes hoffnungslos in Elend und Verzweiflung zu Grunde; hier sind Religion, Staat, Gesetz, alle Errungenschaften einer vieltausendjährigen Entwicklung lediglich dazu bestimmt, diesen Zustand brutaler Ungerechtigkeit zu schützen und aufrecht zu erhalten. Kein Wunder, dass mit solchen aufreizenden Lehren und Schilderungen und dem wahnwitzigen, aber sinnberückenden Hinweis auf ein, mit einem einzigen Entschluss zu erringendes Dasein allgemeiner Glückseligkeit jene Sozialdemagogen eine Bewegung anfachen konnten, die, lawinenartig anwachsend, unsere ganze Kultur in Schutt und Graus zu verwandeln strebt. Das dumpfe Dröhnen dieser Lawine fordert die wachsamste Sorge und thatkräftigste Gegenwehr des Staates und der Gesellschaft heraus und mahnt unaufhörlich an das Problem der sozialen Reform und seine endliche Lösung, die ohne grosse Opfer von Seiten der Gesellschaft nicht zu erlangen ist.

Die Thatsache, dass die wirtschaftlichen Notstände, die den sozialistischen Lehren so viele Anhänger verschaffen, in den meisten Staaten ungefähr gleicher Art waren, führte zu dem Plan, eine internationale Verbrüderung gleicher Bestrebungen gegen gleiche Widersacher herbeizuführen.

Auf einem Meeting in London (28. September 1864), auf dem die Sozialisten und radikalen Republikaner fast aller europäischen Länder durch Abgeordnete vertreten waren, setzte der kommunistische Agitator Karl Marx*) einen Beschluss durch, der die Gründung eines grossen Arbeiterbundes ins Auge fasste. Der Bund trat 1866 auf Grund des bekannten, von Marx entworfenen, radikalen Programms als Internationale Liga, oder kurz Internationale genannt, ins Leben.

Die I. hielt anfangs ihre staatsgefährliche Organisation, ihre umstürzlerischen Doktrinen und Ziele, ihre unterirdische Wühlarbeit sorgfältig geheim. Erst ganz allmählig traten diese aus der künstlichen Verhüllung hervor.

---

*) Karl M. (1818—1883), der einer jüdischen Familie in Trier entstammt, war ein berechnender, kalt-egoistischer Geist, aber ein Mann von gründlichster Gelehrsamkeit. Frühzeitig in die politischen Kämpfe des Liberalismus und der Demokratie gegen den Absolutismus verflochten, ein thätiger Teilnehmer an der Revolution des Jahres 1848, hat er den weitaus grössten Teil seines Lebens im Exil zugebracht, in Paris, wo er Diktator des Geheimbundes „der Gerechten“ wurde, in Brüssel und London. Sein Bestreben ging dahin, das Proletariat aller Länder zu gemeinsamem Kampf gegen die bestehende Staats- und Gesellschaftsordnung und die Herrschaft des Bourgeoistums aufzurufen. Seine umfassenden sozial-wirtschaftlichen Kenntnisse legte er in tiefgründigen Schriften nieder. Sein Hauptwerk ist „Das Kapital“ (3 Bde.). Es ist zwar das wissenschaftlich bedeutendste der sozialistischen Literatur, aber doch von viel geringerem Wert als M. und seine Anhänger wähnen. In schwerfälliger Hegelscher Sprache und Terminologie verfasst, verurteilt es in der rücksichtslosen Art,

Die an einem Orte sich aufhaltenden Mitglied redes Bundes vereinigten sich in Lokalsektionen. Deren Abgeordnete bildeten die Föderationen. Aus den Delegierten der Föderationen setzte sich der alljährlich tagende Kongress zusammen, das souveräne Bundesorgan. Er wählte den Vorsitzenden und die Mitglieder des Generalrates, der leitenden Verwaltungsbehörde, die ihren Sitz in London hatte. In ihr waren zugleich die Generalsekretäre für die einzelnen Länder thätig. Hier wirkten auch Personen, die, mit der Gabe volkstümlicher Beredtsamkeit ausgestattet, als agitatorische Wanderlehrer und Vereinsredner Verwendung fanden. Eine Bundeskasse, aus bestimmten Beiträgen aller Teilnehmer gebildet, sollte die Mittel zum Unterhalt der Räte, Beamten und wandernden Agenten beschaffen und die Arbeitseinstellungen (Strikes) einzelner Genossenschaften durch Unterstützungen daraus ermöglichen.

Kongresse der I. versammelten sich in Genf (1866), Lausanne (1867), Brüssel (1868), Basel (1869). Hier wurde das radikale politische und wirtschaftliche Programm des Bundes in allen Einzelheiten festgesetzt.

---

die den modernen Weltverbesserern eigen ist, die kapitalistische Produktionsweise. Es gipfelt in der Forderung, alle Arbeitsmittel, Grund und Boden, Gerätschaften und Rohstoffe der Gesamtheit zu überweisen, das Privateigentum aufzuheben, für Rechnung der Gesamtheit zu arbeiten, absolute Allmacht des Staates in wirtschaftlichen Dingen einzuführen.

M's. hauptsächlichster Mitarbeiter und Gesinnungsgenosse war Friedrich Engels (1818—1895). Er verfasste mit M. das gedankenreiche, „an die Proletarier aller Länder" gerichtete „Kommunistische Manifest" (1848), über dessen Ideen der heutige Sozialismus noch nicht hinausgekommen ist. E's. bedeutendstes Werk ist „Die Lage der arbeit. Klassen in England". Neue Aufl. Stuttgart; 1892. — Vergl. K. Gross: Karl M. Leipzig; 1885. — G. Adler: Die Grundlagen der M.'schen Kritik der bestehend. Volkswirtschaft. Tübingen; 1887. — Sombart: Friedrich E. Berlin; 1895. —

Wie ein weitleuchtendes Hoffnungszeichen flammte die Thatsache der Existenz der I. am proletarischen Horizonte auf und schuf den Arbeiterbestrebungen in den verschiedenen Ländern mit einem Schlage einen ideellen Mittelpunkt. So kam es, dass die I. ausser in England schnell in allen industriellen Ländern Anhänger fand. Die Mitgliederzahl betrug 1869 viele Hunderttausend.

Diese äusseren Erfolge bestärkten die Führer in der Hoffnung auf den nahen Sieg der sozialen Revolution und steigerten den Uebermut der Agitatoren ins Masslose. Nach der Gründung der dritten französischen Republik (1870) trug sich die I. sogar mit dem Gedanken, ein ähnliches Regiment auch auf deutschem Boden aufzurichten, wo Liebknecht und Bebel, ihre begeisterten Apostel, bedeutsame Organisationen geschaffen hatten.

In der Pariser Kommune feierte die I. ihren ersten Sieg. Sie begann zu einer ernsten Gefahr zu werden. Da machten sich unter den Führern die Mächte der Eifersucht und des Misstrauens geltend. Den zuchtlosen romanischen Revolutionären war die Alleinherrschaft des „deutschen Juden“ Marx mit seiner kalten, lauernden Art längst zuwider. Für seine geistige Ueberlegenheit hatten diese wüsten Gesellen kein Verständnis. Einer seiner wütendsten Gegner war Bakunin, jener degenerierte Phantast, der die Anarchie als Selbstzweck erstrebte. Seinem Wahnwitz erschien der Marx'sche Zukunftsstaat als ein reaktionäres Bourgeoisgebilde und die Herrschaft dieses überlegenen Geistes als eine unerträgliche Despotie. Auf dem Kongress im Haag (1872) kam es zur Spaltung und damit zur Auflösung des Bundes. Seitdem trat die Internationale in der allgemeinen Arbeiterbewegung immer mehr zurück. Ihren Platz nahmen die sozialdemokratischen Parteien der verschiedenen Länder ein. Obwohl gespalten in Anarchisten und Gemässigte, unterhalten sie doch noch internationale Beziehungen; aber eine einheitliche Organisation, wie sie die I. hatte, besteht nicht mehr.

Das Wesen der I. ist inhaltsloser Radikalismus; ihr Zweck verschwindet mehr oder weniger in einem dichten Phrasennebel. Es ist zweifellos nicht immer bewusste Schlechtigkeit, die uns hier entgegentritt, sondern eine absonderliche, gefährliche Art geistiger Entartung, welche die Dinge dieser Welt nur noch „so zu sehen vermag, wie sie der verzerrende Spiegel einer verzerrten Weltanschauung auffängt."

Nach dem System der I. sind die monarchischen Staaten, sind Kirche und Christentum nur Schein und Unwahrheit, ein willkürliches Menschenwerk, auf List, Gewalt und Täuschung gegründet. Ihr wichtigstes Anliegen war daher, das Proletariat aller Länder für den neuen Jacobinismus der Freiheit, Gleichheit, Brüderlichkeit zu gewinnen und zu einem gegliederten Bund von mehreren Millionen Menschen zu vereinigen.

Um die Ausbeutung des „Volkes" in Zukunft zu verhindern, müsse, so lautet ihre Lehre, das Privateigentum und Erbrecht abgeschafft, die Arbeit und der daraus hervorgehende Lohn und Gewinn nach einem, für alle Mitwirkenden gleichen Verhältnis geregelt werden. Das sei jedoch nur möglich, wenn der Staat diese neue Ordnung und die Verteilung des durch Arbeit und Produktion erzeugten Nationalvermögens in die Hand nehme. Und dieser Zustand könne wiederum nur eintreten, wenn die Staatsgewalt nicht einer durch Geburt, Reichtum, Intelligenz hervorragenden Minderheit, sondern dem die Menschheit bildenden „Volk" d. h. dem arbeitenden und dienenden vierten Stand zu Gebote stände. Daher sei die soziale Revolution, durch welche die vorwiegende Macht der Besitzenden und Gebildeten für alle Zeiten gebrochen werde, der höchste Zweck, das Endziel der I. Damit würden denn auch alle Einrichtungen, auf denen die menschliche und bürgerliche Ungleichheit beruhe, von selbst fallen, vor allem das Christentum und das angebliche göttliche Gesetz, dass jenen angemassten Rechten zur Stütze diene. An seine Stelle werde eine neue Wissenschaft und Sittenlehre treten, wie sie der Gleichheit und Gleichberechtigung aller Menschen entspreche.

Als diese und ähnliche inhaltsleere Phrasen auf den Kongressen laut wurden, blickte die Welt mit gelassenem Gleichmut auf die bunt zusammengewürfelte Gesellschaft. Derartige Träume und Schäume waren in alter und neuer Zeit schon häufig zu Tage getreten und man hatte sie schnell wieder vergessen. Abgesehen von den nihilistischen Phantasiegebilden über Religion, Staatsordnung und bürgerlicher Sitte, ging selbst die Wirtschaftslehre, wie sie Marx, der fähigste Kopf der neuen Richtung, der Welt vortrug, von so falschen Voraussetzungen aus, dass man ihre endgültige Widerlegung getrost der Zukunft überlassen durfte. Zerfahrene Theorien, Lehren von so krasser Einfältigkeit, wie die des internationalen Kommunismus, zerschellen über kurz oder lang kraftlos an der gesunden Vernunft, an dem Sittlichkeits- und Rechtsgefühl, das der Mehrzahl der Menschen innewohnt, und an der Gewalt der realen Machtverhältnisse. Indess sind bei der Würdigung radikaler Bestrebungen und Lehren zweierlei Umstände zu beachten: Doktrinen dieser Art, mit dem ganzen Schwall aufregender Schlagwörter vorgetragen, üben auf die Gemüter ungebildeter, im Denken ungeübter, mit den thatsächlichen Welt- und Lebensverhältnissen wenig vertrauter Menschen einen geradezu bestrickenden Reiz aus. Hierzu kommt, dass in Fällen grosser politischer und kriegerischer

Ereignisse leicht Momente der Erschütterung eintreten können, in denen der revolutionäre Geist des Sozialismus nicht zögern wird, seine zerstörende Kraft zur Geltung zu bringen. Der furchtbare Bürgerkrieg zwischen der Pariser Kommune und der französischen Nationalregierung (1871) ist ein tragisches Beispiel für den Grad unheimlicher Verwilderung und Zerstörungswut, bis zu dem die bestialischen Kräfte des Umsturzes heranwachsen, sobald sie zur Herrschaft gelangen. Wehe dem Staate und seinen Bürgern, die von solchem Sturme unvorbereitet sich überraschen lassen!

XIII. Der Anarchismus.*)

1. Der theoretische Anarchismus.

Wie weit auch die Aufklärer des 18. Jahrhunderts und alle die rücksichtslosen Vorkämpfer der politischen und geistigen Revolution in der schonungslosen Kritik aller Lebensverhältnisse und Einrichtungen gegangen

*) Die geringe Literatur des A. richtet sich hauptsächlich gegen ihn. Die Sozialhistoriker E. de Lavelaye (Die sozialen Parteien der Gegenwart. Deutsch von Eheberg. Tübingen; 1890) kennt nicht einmal Proudhon. Nach ihm ist Bakunin der charakteristische Vertreter des A. — Dürftig nach Inhalt und Form sind: J. Garin: Die A. Leipzig; 1887. — R. Stammler: Die Theorie d. A. Berlin; 1894. — G. Plechanow: A. u. Sozialismus. Berlin; 1894. — C. Lombroso: Die A. Eine kriminalpsychologische und soziolog. Studie. Hamburg; 1895. — Beachtung verdient dagegen der Artikel von G. Adler: Der A. im Handwörterbuch d. Staatswissenschaft. I. Jena; 1890. Auf ihn geht die Mehrzahl der seitdem erschienenen Broschüren, Artikel u. Bücher über den Anarch. zurück. — Das wissenschaftlich ergebnisreichste und zuverlässigste Werk über den A. ist unzweifelhaft die Schrift von E. V. Zenker: Der A. Kritik u. Gesch. der anarch. Theorie. Jena; 1895.

waren, die Religion, den Staat und das Eigentum hatten sie im allgemeinen nicht angetastet. Erst als der unerwartete Ausgang der grossen Revolution alle kindlichen Hoffnungen auf das Ende jeglicher Tyrannei und jeglichen Elends grausam getäuscht hatte, brach sich langsam in den Massen die Erkenntnis Bahn, dass die staatsrechtliche Gleichheit noch nicht die vollkommene Gleichheit sei, dass zu deren Verwirklichung die Abschaffung aller Vorrechte, vor allem des Eigentums, erforderlich sei. Darum setzte fortan jede revolutionäre Kraft nicht mehr in politischen Punkten, sondern in der Eigentumsfrage ein.

Der Vater des sozialistischen und politischen Anarchismus ist Proudhon.*) Mit der ganzen Verwegenheit des Unwissenden, die den Anfänger in der schweren Kunst der Philosophie kennzeichnet, griff dieser Proletarier das Grundproblem der sozialen Frage, das Eigentum, auf und machte es an der Hand der Hegelschen Dialektik zum Gegenstande seiner viel genannten Schrift: „Qu'est que la propriété?" Hier kommt er zu dem seltsamen Ergebnis: „la propriété c'est le vol" (Das Eigentum ist der Diebstahl), während er in andern Schriften als höchste Vollendung der Gesellschaft die Vereinigung von Ordnung und Herrschaftslosigkeit (Anarchie) preist.

---

*) Pierre Joseph P. (1809—1865) durchwanderte als Buchdruckergehilfe sein Vaterland Frankreich und widmete sich dann, nachdem er seinen heissen Wissensdurst durch fleissige Studien zu stillen versucht, in Paris der literarischen Lautbahn mit Hülfe eines Stipendiums der Akademie von Besançon. — Vergl. Saint Beuve: P. J. Proudhon, sa vie et sa correspondence 1838—48. Paris; 1865. — L. Pfau: Pr. u. die Franzosen. Ges. Werke VI. Stuttgart, Leipzig, Berlin; 1888. — St. Gans E. H. zu Putlitz: P. J. Pr. Sein Leben u. seine positiven Ideen. Berlin; 1881. — K. Diehl: P. J. Pr. Seine Lehre u. sein Leben. Jena; 1890. — A. Mülberger: Studien über Pr. Stuttgart; 1891. — Noch andere Literatur bei Zenker a. a. O. S. 22 ff.

Fast gleichzeitig mit Proudhon, aber unabhängig von ihm, bekämpfte in Deutschland, weitab von den Pfaden des wirklichen Lebens, Max Stirner*) grundsätzlich jede Organisation der Gesellschaft und verlangte an deren Stelle eine freie Vereinigung auf Grund von Konventionalregeln.

Während Stirner für seine Ideen kein Verständnis fand, war auf deutschem Boden Moses Hess**) der erste, der das von Proudhon erfundene Schlagwort „Anarchie“ weiter verbreitete. Einen eifrigen Jünger fand die neue Lehre auch in Wilhelm Marr. Sein Programm gipfelte in dem Satze: „Vernichtung aller herrschenden Begriffe von Religion, Staat und Gesellschaft.“

Die dem Revolutionsjahr 1848 folgende Reaktion erstickte die spärlichen Keime, welche vordem von der Saat Proudhons und Stirners aufgegangen waren. Erst als in den sechziger Jahren die sozialdemokratische Bewegung entstand, ging man daran, den von jenen begonnenen Bau zu vollenden. Aber die philosophierende Periode des Anarchismus war vorüber; an der Wiege des modernen „Reiches der vollendeten freien und sittlichen Persönlichkeit“ standen Russen Pate: Bakunin

*) Max St., Ps. für Kaspar Schmidt, geb. 25. Okt. 1806 zu Bayreuth, studierte in Berlin, Erlangen u. Königsberg Theologie u. Philologie, ward Gymnasiallehrer zu Berlin, dann Lehrer an einer höheren Töchterschule daselbst. Er starb in Berlin den 26. Juni 1856. Sein Hauptwerk: Der Einzige und sein Eigentum. (2. Aufl. Leipzig; 1882) „darf als das Äusserste gelten, was der philosophische Radikalismus der Hegelschen Linken an kühner u. geistreicher Negation hervorgebracht hat.“

**) 1812 zu Bonn geboren, anfänglich für den Kaufmannsstand bestimmt, wandte sich H. später der Hegelschen Philosophie zu und wurde Literat. In seinen heute vergessenen Schriften „Philosophie der That“ und „Sozialismus“ vertrat er ein unklares, kommunistisches Programm.

und Krapotkin.*) Darum trägt der heutige A. das Kainszeichen der russischen Halbkultur an sich, dessen einziges Ziel nur die brutale Zerstörung alles Bestehenden ist.

Neben diesem anarchistischen Kommunismus, der in Verbindung mit der Propaganda der That hauptsächlich bei den romanischen Völkern eine Heimstatt findet, geht bei den germanischen Nationen eine Richtung einher, die man als individualistischen Anarchismus bezeichnet hat. Sie unterscheidet sich von ihrer Schwester dadurch, dass sie deren blutgierige Propaganda entschieden verurteilt. Und um jeder unliebsamen Verwechselung mit den Anwälten der Bombe zu begegnen, zieht sie es vor, ihre Systeme unter der harmlosen Flagge: „Freiland", „Einiges Christentum", „Vo-

---

*) Um Krapotkin schart sich eine grosse Zahl anarchistischer Schriftsteller, die an der weiteren Ausbreitung seiner anarchistischen Theorie arbeiten. Die bedeutendsten sind der namhafte Geograph und phantastische Politiker Elysée Reclus und Jean Grave, der Redakteur der „Révolte". Reclus († im Juli 1905) hat sein politisches Glaubensbekenntnis niedergelegt in dem Buche: „L'évolution, la révolution et l'idéal anarchique." Paris; 1896. — Die Schrift „enthält nur die bekannten anarchistischen Gemeinplätze; aber hinter jedem Satze taucht die edle Persönlichkeit des Verf. auf, sein hohes sittliches Wollen, seine begeisterte Hoffnung, die auch dem Andersgesinnten die Irrtümer rührend macht. Alles das giebt dem Buche für die Gläubigen die Bedeutung, die das contrat social einst für die Demokraten hatte."

Als die Karrikatur des Sozialrevolutionärs im Unterrocke hat Luise Michel eine Art typischer Berühmtheit erlangt. 1836 auf dem Schlosse Broncourt geboren, von Beruf Lehrerin, ist sie als Petroleuse in den Maikämpfen der Commune von 1871 bekannt geworden. Der politische Idealismus dieses verbitterten, hysterischen Weibes verliert sich in den Nebelregionen der Unklarheit und grenzt an Mystizismus; ihr Anarchismus ist die schonungslose Verneinung der heutigen Gesellschaftsformen. — Vergl. O. Zetkin: Charakterköpfe aus der franz. Arbeiterbewegung. Berlin; 1893. —

luntarismus“ öffentlich anzupreisen. Diesem Umstande wird es zuzumessen sein, dass in Deutschland und Oesterreich eine Geistesrichtung ungescheut ihr Wesen treiben darf, die von der Lehre Krapotkins thatsächlich nur durch die menschliche Auffassung der gemeinsamen Grundsätze abweicht.

Von allen modernen Erscheinungen, die im Sinne Proudhons die Anarchie auf dem Wege wirtschaftlicher Einrichtungen herbeiführen möchten, ist die von Hertzka*) angefachte Freilands-Bewegung fraglos die bedeutendste.

Die seltsamste Figur im Kreise der individualistischen Anarchisten war Moritz v. Egidy.**) Er brachte

*) Theodor H., Nationalökonom, geb. 1845 zu Budapest, schildert in seinem sozialen Roman „Freiland“ (10. Aufl. Dresden; 1896) ein wunderbares Gemeinwesen, dessen Grundlage schrankenlose Öffentlichkeit und schrankenlose Freiheit bilden Hier giebt es nur freie Arbeiter, keine Herren und Knechte, keine bezahlten Richter, keine Polizisten, keine Soldaten. Das Eigentum ist in dieser „freien Assoziation der Arbeiter“, der besten aller Welten, zu Nutz und Frommen ihrer Bewohner beseitigt. Oberste Behörde ist die Generalversammlung der Gesellschaftsmitglieder, während ein Direktorium die notwendigen Verwaltungsgeschäfte erledigt. Es wird von der Generalversammlung auf einen bestimmten Zeitraum gewählt und von einem Aufsichtsrat überwacht. Frauen, Kinder, Kranke, Invalide und alle Männer über 60 Jahre erhalten auskömmlichen Unterhalt. — Als ein Seitenstück zum „Freiland“ ist der Roman „Die Anarchisten.“ (Kulturgemälde aus dem Ende des 19. Jahrh. Zürich; 1891) aus der Feder Henry Mackays zu betrachten. Das beachtenswerte Buch bietet keine neuen Gedanken, giebt aber eine gründliche und klare Auseinandersetzung des individualistischen Anarchismus mit dem kommunistischen.

**) 1847 zu Mainz geboren, trat M. v. E. in die preussische Armee, stieg hier bis zum Oberstleutnant auf und vertauschte dann seinen militärischen Beruf mit einem Apostolat, dem er bis zu seinem Ende (1902) die rührigste Thätigkeit widmete. — Dass

den Anarchismus mit einer religiösen Neubildung in Verbindung. Sein „Einiges Christentum“, eine Religion ohne Dogmen und Konfession, sollte alle Menschen in der Idee des wahren und „angewendeten“ Christentums vereinigen und in das irdische Paradies führen. Der heutige Staat war ihm nur eine Stufe in der allgemeinen Entwicklung. Von ihr aus schaute er mit prophetischem Blicke in ein gottgewolltes Reich der Zukunft, in dem es keine Regierten und keine Regierung mehr geben werde. Man sieht, das „Einige Christentum“ ist blanker Sozialismus. Egidy ist ferner auch Anarchist, vielleicht der unklarste, aber doch der reinste von allen. Die Begriffe „Gleichheit“ und „Freiheit“ ersetzte er durch „Selbständigkeit“ und „Unabhängigkeit“. Er verdammte die „Blut-Anarchisten“ und rühmte die „Edel-Anarchisten“, zu denen er sich und seine Gefolgschaft rechnete. Sein Anarchismus hinderte ihn jedoch nicht, den „monarchistischen Gedanken“ als in „keinem Widerspruch mit dem Selbständigkeits- und Unabhängigkeits-Bewusstsein“ des Einzelnen zu erklären.

Einen überzeugten anarchistischen Theoretiker edleren Stiles besitzt England in Auberon Herbert. Wie Bakunin und Krapotkin Abkömmling eines vornehmen Geschlechts, verkündet er den „Voluntarismus“*)

auch in Deutschland, wie in Frankreich, noch andere starke Geister mit Vorliebe sich als Anarchisten und Individualisten geben — Eugen Düring, Pudor, Bruno Wille etc. — ist bekannt. Düring hat das zweifelhafte Verdienst, den Anarchismus mit brutaler Judenhetzerei verquickt zu haben.

*) Ähnliche Anschauungen sind auch in Amerika vertreten. Hier entwickelte sich selbständig von Europa unter dem Einfluss von Männern, wie Warren, Andrews, Sponer, Tucker u. a., eine individualistische Schule, deren Ideen von einer freien Gesellschaft rasch bis zu dem Gedanken der „individuellen Souveränität“ vorschritten.

d. h. den freiwilligen Staat, der sich von dem heutigen „Zwangsstaate“ dadurch unterscheide, dass es jedem Individuum frei steht, nach Belieben in die staatliche Gemeinschaft einzutreten oder sie zu verlassen.

---

2. Die Propaganda der That.

Im Jahre 1867 hielt die „Gesellschaft der Friedensfreunde“ ein Heer von Schöngeistern, Doktrinären, Schwärmern in Genf ihre Jahresversammlung ab. Hier fand sich auch Bakunin ein, von der Hoffnung beseelt, die allgemeine Friedensbegeisterung für seine anarchistischen Ideen ausbeuten zu können. In der That fanden seine Reden in den Herzen der anwesenden Radikalen lebhaften Widerhall. Es entstand die „Friedens- und Freiheitsliga“ in Bern, und Bakunin wurde in das Zentral-Komitee berufen. Aber sein fieberhaftes Bemühen, den Bund in anarchistische Bahnen hinüberzuleiten, scheiterte an der Haltung der Mehrheit. Er zog sich daher 1868 mit einigen Getreuen von der Liga zurück und schuf in Genf die „Alliance de la démocratie socialiste“ mit rein anarchistischer Tendenz.

Die Alliance war ein Verband öffentlicher Vereine. Sie bestand nach dem Vorbild der Internationalen aus einem Zentral-Komitee und nationalen Abteilungen.*)

---

*) Neben dieser Gliederung bestand aber auch noch eine geheime Organisation. Sie zählte drei Grade: 1. „Die internationalen Brüder“, 100 an der Zahl, die eine Art heiliges Kollegium bildeten und die führende Rolle in der nahe bevorstehenden sozialen Revolution bilden sollten. Ihr Haupt war Bakunin. 2. „Die nationalen Brüder.“ Sie wurden in jedem Lande durch die internation. Brüder in einer nationalen Assoziation vereinigt, durften aber nichts von der internationalen Organisation erfahren. 3. „Die geheime internationale Alliance“, das Gegenstück zur öffentlichen.

In den ersten Jahren ihres Bestehens verbreitete sich die „Alliance“ über die Schweiz, Südfrankreich, Spanien und Italien und fand auch in Belgien und Russland Anhänger. Trotzdem war Bakunin mit der Entwicklung der Dinge nicht zufrieden, und die führende Rolle, die ihm im Bunde zugefallen war, genügte seinem Ehrgeiz keineswegs. So suchte er denn Anschluss an die grosse Internationale. Aber erst als die Alliance das Versprechen abgegeben, ihrer geheimen Organisation entsagen zu wollen, wurden die bakunistischen Sektionen im Juli 1869 für international erklärt. Das Versprechen ward indess nicht gehalten, und die geheime Organisation blieb unter Bakunins Oberleitung bestehen.

Als am 4. September 1870 in Paris die dritte Republik verkündet wurde, hielt die Alliance den Moment für günstig, um die „Hydra der Revolution zu entfesseln.“ Aber alle Aufstände, die sie zu diesem Zwecke in der Schweiz und Lyon anzettelte, wo sie grosssprecherisch die „Vernichtung des Staates“ verkündete, scheiterten kläglich.

Nach dem Haager Kongress (S. 524) gründeten die anarchistischen Sektionen eine internationale anarchistische Vereinigung, die es jedoch zu keiner Bedeutung brachte. Nur der „Jurassische Bund“, der die Sektionen der Internationalen im Jura umfasst, bildete mehrere Jahre einen vielgefürchteten Herd des Anarchismus in der französischen Schweiz und in Südfrankreich. Er war ein gefährliches Werkzeug in der Hand der Bakunisten Paul Brousse und Peter Krapotkin. Jener, ein rücksichtsloser Agitator und gewandter Publizist, war einer der ersten, der in seinem Blatte „Avantgarde“ die „Propaganda der That“ öffentlich predigte. Nachdem er 1878 zu Gefängnis und Landesverweisung verurteilt und seine Zeitung unterdrückt worden, weil sie die Berliner Attentate verherrlicht hatte, übernahm der ehemalige russische Fürst, der seinen Stammbaum bis auf den Waräger Rurik, den Begründer des russischen Reiches, zurückführt, die Leitung der internationalen an. Vereinigung.

Im Jahre 1878 legte das deutsche Sozialistengesetz die Agitation der Sozialdemokratie in Deutschland teilweise lahm. Das war die Ursache, dass nun innerhalb der sozialistischen Partei sich eine radikale Gruppe zusammenfand, die, von Most, Hasselmann und andern Vertretern extremsten Jakobinertums geführt, sich in den Dienst des gewaltsamen Umsturzes stellte. Vorbereitet sollte nach Mosts Erklärung die grosse Stunde der Entscheidung werden durch Bewaffnung aller Sozialisten, durch fortgesetzte, heimlich betriebene Aufwiegelung der Massen, vor allem durch Attentate und andere Verbrechen. Diese Aufgabe fiel kleinen, aus höchstens 5 Personen bestehenden Verbänden zu.

Aus Berlin infolge dieser Agitation ausgewiesen, ging Most nach London und begründete hier die „Freiheit", ein blutrünstiges Organ, das an Rohheit, Niedertracht, Wut und Gemeinheit alles in den Schatten stellte, was man bisher von dieser Seite zu hören gewohnt war. Most kannte seine Leute und die Kost, nach denen ihr verwirrter Gedankenkreis verlangte. Neben einer öffentlichen Organisation schuf er den geheimen „Propagandisten-Klub", der die international-revolutionäre Agitation zu betreiben und auf die allgemeine Revolution hinzuarbeiten hatte. Er hatte demgemäss die Aufgabe, in jedem Lande ein Komitee zu schaffen, das nach nihilistischem Vorbild Gruppen zu bilden und in der Stunde der Entscheidung an die Spitze der Bewegung zu treten habe. Diese Länderorganisation hatte in dem international zusammengesetzten Zentral-Komitee in London ihren Mittelpunkt.

Die neue Richtung nahm einen gewaltigen Aufschwung. Und schon im Jahre 1881 konnte in London der erste „International-revolutionäre Kongress“ stattfinden, der von 40 Abgesandten, die mehrere Hundert Gruppen vertraten, besucht war. Der Kongress*) ist insofern merkwürdig, als er beschloss, die Propaganda der That als zeitgemässes Programm aufzustellen, das Gruppensystem in allen Ländern einzuführen, Waffen und Gift zu sammeln und die Ausrottung der Fürsten und ihrer Minister, des Adels, der Geistlichkeit, der Kapitalisten zu betreiben. Neben der Londoner Zentral-Leitung (Krapotkin, Most, Peukert, Gautier u. a.) trat ein Exekutiv-Komitee und ein Auskunftsbureau in Thätigkeit. Jenes hatte für die Ausführung der Beschlüsse der obersten Instanz zu sorgen, dieses die Korrespondenzen zu erledigen. Furchtbarer denn je zuvor erhob der Anarchismus sein verbrecherisches Haupt. Von dem Dasein des Exekutiv-Komitees gaben

*) In der „Freiheit“, wie in zahllosen Schriften hat Most ein unerschöpfliches Kompendium für die Jünger der Propaganda geschaffen. Hier wurde unaufhörlich zu Mord und Brand aufgehetzt. „Die Wissenschaft“, heisst es dort gelegentlich, „giebt uns Mittel an die Hand, die es ermöglichen, dass man ganz trocken und ruhig Bestienvertilgung im Grossen zu besorgen vermag.“ In der Schrift „Die wissenschaftliche revolutionäre Kriegskunst und der Dynamitführer“ giebt er genaue Anweisungen, wohin Bomben zu schleudern seien: in Kirchen, Ball- und Festsäle. Niemals solle mehr als ein A. das Geschäft besorgen, damit im Falle der Entdeckung die Partei möglichst vor Schaden bewahrt bleibe. Das fürchterliche Buch enthält ferner ein vollständiges Verzeichnis der schnell und unfehlbar wirkenden Gifte, genaue Angaben über ihre Gewinnung und verheerende Wirkung. Gift soll namentlich gegen Verräter, Polizisten, Spione zur Anwendung kommen. Und nichts kennzeichnet die bestienhafte Natur des Verf. mehr, als die empfehlenden Worte, mit denen er die Verwendung des Leichengiftes begleitet.

die in allen Ländern verübten Attentate Kunde. Und um das Banner „Kommunismus und Anarchie“ scharte sich eine Gemeinde von konfusen radikalen und verworfenen Elementen, von deren ruchlosem, entmenschtem Sinn die Gesellschaft alles zu erwarten hatte.

Die Propaganda der That ist, wie bereits oben angedeutet, vornehmlich in Frankreich, Belgien, Spanien und in Italien vertreten. Die Städte gerade dieses Landes mit ihrem wuchernden Proletariat, von dessen wirtschaftlichem Elend und dessen sittlicher Verwahrlosung man sich kaum eine Vorstellung machen kann, der unausrottbare Hang der Italiener zur politischen Geheimbündelei und zahlreiche andere Gründe boten dem gefährlichen Uebel einen erwünschten Nährboden. Gleichzeitig trat mit dem A. die Sozialdemokratie in rücksichtslosen Wettbewerb um die Gunst des vierten Standes. Ihr rasches Anwachsen beeinträchtigte erheblich das Umsichgreifen der an. Seuche, und in den letzten Jahrzehnten ist sie augenscheinlich zu einem gewissen Stillstand in Italien gekommen.

In Spanien hatte die anarchistische Agitation anfangs der 80ger Jahre starken Zulauf, nahm dann aber, als die Regierung kraftvoll gegen sie einschritt, ebenso schnell wieder ab, bis sie im folgenden Jahrzehnt*) die Propaganda der That, von der zahlreiche

*) Gefürchtet war hier eine Zeit lang der anarchistische Geheimbund „Mano Negra“ (Schwarze Hand), der 1892 die Stadt Xeres überrumpelte. Das im Hause des Rädelsführers entdeckte Statut des Bundes weist auf der rechten Seite die Abbildungen eines schwarzen Handrückens mit gespreizten Fingern und breiten Fingernägeln, zweier gekreuzten Dolchklingen und eines „Stilllebens“ auf, das von einem Totenschädel, einem Revolver und einem geöffneten Taschenmesser gebildet wird. Unter diesem Vertrauen erweckenden Gemälde befindet sich die Inschrift: „Sociedad de pobres contra sus ladrones y verdugos. Europa. Siglo XIX.“

Verbrechen in Barcelona und Madrid zu erzählen wissen, wieder aufnahm.

Die namentlich in Frankreich*) zügellos betriebene Agitation war von entsetzlicher Wirkung. Im Herbst 1882 brachen blutige Revolten in Lyon und anderen Orten aus. Im März 1883 rotteten sich in Paris arbeitslose Scharen zu grossen, mit Plünderungen und Dynamitattentaten verbundenen Strassenaufzügen zusammen. Und im Juli desselben Jahres kam es an zahlreichen Orten aus gleicher Veranlassung zu blutigen Zusammenstössen mit der bewaffneten Macht. Zwar wanderten die Rädelsführer Krapotkin, Gautier und eine Anzahl Gefährten ins Gefängnis. Aber die anarchistische Bewegung blieb bestehen, und Frankreich

(„Bund der Armen gegen ihre Ausbeuter und Peiniger. Europa. 19. Jahrhundert.") Dann folgt eine in bilderreicher Sprache abgefasste Vorrede, die gleichsam eine philosophische Begründung der Theorien der „Schwarzen Hand" enthält. Hier heisst es: „Alles, was die Reichen geniessen und zu ihrem Wohlbefinden brauchen, ist durch die angestrengte Thätigkeit der Arbeiter geschaffen worden. Die verkehrte Organisation der modernen Gesellschaft hindert die Arbeiter, die Früchte ihres Thuns selbst zu geniessen. Die Regierungsform mag wechseln, die Reichen massen sich doch immer die Herrschaft über die Armen an, und keine der jetzt bestehenden politischen Parteien wagt an den Grundvesten dieses Ausbeutungssystems zu rütteln. Da auch die Gesetze nur dazu dienen, die Privilegien der Besitzenden zu schützen, haben die Mitglieder der „Mano negra" beschlossen, zur Selbsthilfe zu greifen und die Reichen mit allen erdenklichen Mitteln, Mord und Brandstiftung nicht ausgeschlossen, zu bekämpfen." — Von den Mitgliedern des Geheimbundes wird verlangt, dass sie über alle Angelegenheiten der „inneren Verwaltung" strengstes Stillschweigen beobachten. Wer diesem obersten Grundsatze zuwiderhandelt, wird mit dem Tode bestraft.

*) Hier waren in kurzer Zeit die „Ligue revolutionaire internationale" (Paris), die „Fédération Lyonnaise" und die „Fédération Stephanoise" mit etwa 8000 Mitgliedern entstanden.

darf den traurigen Ruhm für sich in Anspruch nehmen, das Hauptland des A. zu sein. In Paris hat seine führende Presse ihren Sitz, die den ungezählten, über das ganze Reich zerstreuten Gruppen die nötige geistige Nahrung zuführt. So feierte denn auch in diesem Lande die Propaganda der That ihre traurigsten Triumphe, wie die Fälle Ravachol, Vaillant, Henry, Caserio beweisen.

Die Hauptthätigkeit der Schweizer Anarchisten, die mit dem „Jurassischen Bund" in enger Verbindung stehen, ist die Verschmuggelung anarchistischer Druckschriften.

Deutschland wird am wenigsten von der schrecklichen Seuche heimgesucht. In den 70ger Jahren des 19. Jahrhunderts waren einige anarchistische Gruppen in Berlin und Hamburg gegründet worden, in denen der bekannte Reinsdorf den Ton angab, und die zum Teil auch heute noch bestehen.

London ist die gelobte Stätte für anarchistische Klubs, Zeitungen und Kongresse. Dennoch hat es zu allen Zeiten nur die Rolle einer internationalen Börse für anarchistische Ideen und agitatorische Literatur gespielt. Die einheimische Arbeiterschaft hat sich dem tollhäuslerischen Treiben ferngehalten. Als Most seiner wutschnaubenden Agitation immer mehr die Zügel schiessen liess, wurde er wiederholt zu Zwangsarbeit verurteilt, worauf er mit seiner „Freiheit" dem ungastlichen England grollend den Rücken wandte und nach New York ging.

Ziemlich stark machte sich die anarchistische Agitation in Oesterreich geltend, dem klassischen Lande der politischen Zerfahrenheit. Der Maler Peukert, ein Mann von nicht geringem Wissen, leitete im Verein mit Stellmacher und Kammerer in Wien und Budapest in Prag, Lemberg und Krakau die Bewegung. Geheime

Pressen schufen Hetzschriften ohne Zahl, in denen zu Raub und Brand und zur Ermordung der Polizeibeamten aufgefordert wurde. Als dies mehrfach geschah, ging die Staatsgewalt mit rücksichtsloser Energie gegen die Verbrecher vor. Stellmacher und Kammerer endigten am Galgen. Peukert hatte sein teures Leben in Sicherheit gebracht. Nun hatte der A. seine Rolle in Oesterreich ausgespielt.

Seitdem Most vom europäischen Boden verschwunden ist, entbehrt der A. augenscheinlich der Zentralleitung. Der Schwerpunkt der verbrecherischen Bewegung liegt heute in den Gruppen. Je nach Beruf, persönlichen Beziehungen, Aufenthaltsort und dergl. vereinigen sich 5, 7 höchstens 12 Anarchisten zu einem Klub, um ihn nach kurzem Bestande wieder aufzulösen und von neuem zu gründen. Unter einander stehen die Klubs, über deren Zahl übrigens nur unsichere Nachrichten vorliegen, durch ambulante Mittelspersonen in Verbindung. Eine Organisation dieser Art bietet naturgemäss eine schwierige Angriffsfläche dar und macht ein summarisches Vorgehen gegen den Anarchismus von Seiten der Regierungen fast unmöglich.

XIV. Nachträge.

1. Der Orden der Köhler

war viele Jahrhunderte unter den Kohlenbrennern und den Bewohnern einsamer Waldhütten im Spessart und Westerwald heimisch. Es war ein geheimer Schutz- und Trutzverein mit symbolischen Aufnahmen und Zeichen. Nur Angehörige der bezeichneten Klassen wurden aufgenommen. Die Mitglieder erkannten sich an unauffälligen, an der Kleidung angebrachten Merkmalen. —

2. „Die löbliche 1746er Sozietät.“
(Dukaten-Sozietät.*)

Graf Franz Karl Ludwig zu Wied († 1765), der als General in preussischen Diensten die Segnungen des Schulzwanges kennen gelernt hatte, plante ein Unternehmen, aus dessen Einkünften „zum Besten der Jugend beiderlei Geschlechts und aller Religionen wohl eingerichtete Freischulen aufgerichtet und erhalten werden könnten.“ Es entsprach dem herrschenden Zeitgeiste, wenn er dem Glauben huldigte, diese Absicht nur im Rahmen eines Ordens verwirklichen zu können.

Des Grafen Idee, die im Kreise der preussischen Offiziere in Wesel, wo er in Garnison stand, viel erörtert wurde, fand bald eine Erweiterung. Man entschloss sich, „erstens die in den letzten Zügen liegende Nächstenliebe wiederum aufleben zu lassen durch Veranstaltungen, die sich auf das ganze und allgemeine Wohl erstreckten und zweitens sich eine gute und vernünftige Erziehung der Jugend mit gleicher Unparteilichkeit zu einem ebenso nützlichen als nötigen Vorwurf zu nehmen.“

So entstand 1746 in Wesel „die löbliche 1746er Sozietät“**), die am Schlusse des Jahres 56 Mitglieder,

*) A. Liersch: Dukaten-Sozietät und Glaubens-Akademie. Zwei Wiedische Gesellschaften des XVIII. Jahrh. Neuwied; 1904. — Die verdienstvolle Schrift beruht auf aktenmässigen, aus den Beständen des Fürstl. Wiedischen Archivs zu Neuwied geschöpften Nachrichten.

**) Nach Ausweis der in deutscher, franz. u. holländ. Sprache gedruckten, geheim gehaltenen Statuten zahlte jedes Mitglied monatlich einen Dukaten an die Kasse der Sozietät, erhielt aber für jeden 3., 5., 7., 9., etc. Verehrer, den es der Gesellschaft zuführte, eine „Revenue“ von je 1 Dukaten. Ausserdem hatte es für den Fall, dass es in „fatale Umstände“ geraten möchte, Anspruch auf

darunter die regierende Gräfin Caroline zu Wied und drei andere Damen, zählte. Im Juli 1747 gehörten ihr bereits 416 Mitglieder, 86 weibliche eingerechnet, an. Bald darauf wurde der Sitz des Ordens nach Neuwied verlegt und der Graf Friedrich Alexander zu Wied zum Protektor erwählt*).

In der Folgezeit richtete man zur Vermehrung der Kapitalien noch eine Lotterie ein, deren Gewinne aber nicht zur Auszahlung kamen, sondern mit jährlich 5% lebenslang verzinst werden sollten.

Im Juni 1747 wurde beschlossen, die ganze Organisation, die man bisher sorgsam als Geheimnis gehütet hatte, in einer Druckschrift der Oeffentlichkeit preiszugeben. Die Veröffentlichung zerstörte den mystischen Glanz, der den Orden bisher umhüllt und der ihm zahlreiche Anhänger zugeführt hatte. Man erkannte die Dürftigkeit seiner Leistungen. Die öffentliche Kritik bemächtigte sich seiner und machte ihn lächerlich. Die Mitglieder wurden lässig und zogen sich zurück. Auch das Interesse des Direktors liess nach, und schliesslich erging am 1. Dezember 1747 ein scharfes Edikt des grossen Königs, das den preussischen Unterthanen die Beteiligung an der „gefährlichen Sozietät" untersagte, „durch welche das Publikum unter dem Scheine eines zu hoffenden considerablen Profits sehr dupiert und hinter das Licht geführt worden."

---

hinreichende Kosten zu einer „konvenablen Taffel, Kleidung und Wohnung." — Das Mitgliedszeichen war ein in Silber gefasster „Kremnitzer Dukaten". Er wurde am himmelblauen Bande von den Mitgliedern im Knopfloche, von den Beamten am Halse getragen.

*) Der Orden wurde geleitet von einem Protektor, dem Direktor, Grafen Franz Karl Ludwig, 7 Senioren, dem Kassierer, dem Sekretär und dem Archivar.

Dadurch kam die Sozietät*) immer mehr in Missachtung. So blieb nur übrig, sie 1748 aufzulösen. Reichtümer hat durch sie Niemand erworben.

---

3. Der Guttemplerorden.**)
(Independent Order of Good Templars.)

Die Geburtsstätte des verdienstvollen Ordens ist New-York. 1852 gegründet, verbreitete er sich von dort rasch über die Unions-Staaten, wurde 1868 in England eingeführt und gelangte dann in alle Weltteile. Die erste deutsche Guttempler-L. wurde 1883 zu Hadersleben eröffnet, und schon 5 Jahre später wurde „Deutschlands Grossloge I" gestiftet, der 1889 eine zweite Gr.L. folgte. Heute sind in Deutschland unter dem Guttempler-Banner etwa 22000 Mitglieder in 630 Logen vereinigt. Im Ganzen zählt der Orden jetzt 86 Gross-

---

*) 1756 entstand in Neuwied unter dem Protektorate des Grafen Alexander die „Glaubens-Akademie" oder die „Hoch-Gräflich Neuwiedische Freye Akademie zur Vereinigung des Glaubens und weiteren Aufnahme der Religion". Diese merkwürdige Akademie, die bereits nach 2 Jahren ihre Pforten wieder schloss, ist verknüpft mit der Person des hessischen Predigers Oest. Er wollte eine Gesellschaft gründen, die den Zweck haben sollte, insbesondere die in Deutschland anerkannten christlichen Religionen zu vereinigen. „Es sollte der Versuch gemacht werden, die in den Glaubenslehren liegenden Wahrheiten herauszuziehen, die vielen Zweifel in Religionsfragen zu lösen und allen religiösen Zwist ohne Konzilien, Synoden oder Kolloquien aus der Welt zu schaffen." Oest fand in Neuwied für seine Bestrebungen einen günstigen Boden. Der Gesellschaftszweck sollte u. a. auch durch eine Lotterie gefördert werden. Die Angriffe der Katholiken und andere Ereignisse bereiteten aber der Akademie ein frühes Ende. Das Nähere bei Liersch a. a. O.

**) Auf Grund der trefflichen Schrift von G. Asmussen: Der Guttempler-O. — J.O.G.T. — und sein Wirken in Deutschland. O. O. u. J. (1903.). —

logen mit 9600 untergeordneten Logen und etwa 630 000 Mitgliedern.

Der Orden verfügt über mehr als 40 periodische Zeitschriften. Das deutsche Ordensorgan ist „Der deutsche Guttempler."

Der J. O. G. T. ist errichtet auf dem Grundsatz der praktischen Menschenliebe und der Gerechtigkeit. Er will für seinen Teil mitarbeiten an der sittlichen und intellektuellen Fortentwicklung des Menschengeschlechts. Er hält es daher für seine vornehmste Aufgabe, den Kampf gegen den Alkoholismus zu führen, weil dieser der Quell zahlloser Leiden ist. Demgemäss verpflichtet sich jeder Guttempler zur lebenslänglichen Enthaltsamkeit von allen alkoholischen Getränken. Er darf auch solche weder herstellen und vertreiben, noch an andere empfehlen. Verlässt ein Mitglied den Orden, so darf es sich der moralischen Pflicht, das Gelübde auch ferner zu halten, nicht entziehen.

Das Ordensgeheimnis beschränkt sich auf bestimmte Formalitäten und gewisse Erkennungszeichen. Der Orden gewährt seinen Angehörigen Ersatz für rauschende und kostspielige Vergnügungen durch harmlose Genüsse, durch Bildung, Belehrung und Pflege einer guten Geselligkeit.

Sein vielsagendes Symbol ist der Tempelritter; „er fasst das Schwert, um kraftvoll die Gegner abzuwehren, er zeigt aber auf dem Schilde das Malteserkreuz. Er führt scharfe Streiche gegen die Ritter und Söldlinge des mächtigen Königs Alkohol und kämpfend dringt er vorwärts, ‚Schritt für Schritt.' Er hält gleichzeitig den Schild über die, welche verwundet und matt am Wege liegen, er schützt und stützt sie, er führt sie mit sich in die Herberge und heilt ihre Wunden. Er lässt sie dann auch nicht wehrlos allein ihren Weg weiter ziehen, sondern giebt ihnen Wehr und Waffen und lehrt sie diese führen, er macht sie zu Mitkämpfern für seine edle und gerechte Sache.“

Geleitet wird der Bund von der Weltloge. Unter ihr arbeiten Grosslogen, Distriktslogen und untergeordnete Logen. Die Logen eines Landes schliessen sich in der Regel zu einer Grossloge zusammen, die sich wieder in Distriktslogen teilt.

Diese vier Systeme entsprechen vier Graden. Die Mitglieder rücken in diese ein je nach Alter und verrichteten Diensten. Sie bedeuten, wie anderwärts, eine immer tiefere Durchdringung der Bundesgrundsätze. Der Orden verfügt auch über Kinder- und Jugendlogen. In Deutschland sind deren bereits 56 mit 2500 Mitgliedern vorhanden.

---

4. Der Orden der Samaritaner*).

1874 in Hannover gegründet, verwarf der Orden der S. alle Geheimnisse und beabsichtigte die Gründung einer Gross-Loge. Er wollte die Wirksamkeit der Odd-Fellows auf dem Gebiete praktischer Werkthätigkeit mit der der Fr.-M. verbinden und suchte mit Hilfe der Loge „Archimedes zum ewigen Bunde“ in Gera einer Verschmelzung des Odd-Fellow-Ordens mit dem Fr.-M.-bunde die Wege zu ebnen. Der gutgemeinte Versuch scheiterte an äusseren Förmlichkeiten, worauf der Orden seine Thätigkeit einstellte.

---

5. Symbolische Grossloge des Schottischen Ritus für Deutschland, ehemals Grosse Freimaurerloge von Deutschland.**)

Im Jahre 1896 gründeten in Berlin frühere Logenmitglieder die „Allgemeine Bürger-Loge“, eine

*) Bauhütte; 1874. S. 153 f. — F.M.Zeitung; 1874. S. 197 f.

**) Nach Berichten des Ordensorgans „Matthäus“ und seines

geheime Gesellschaft mit frm. Formen und einem umfassenden Programm: „Unterstützung der wirtschaftlich Schwachen, Hebung sinkender Existenzen, Hilfeleistung in Notlagen und bei Sterbefällen, Veranstaltung von Festlichkeiten zu wohlthätigen Zwecken, Errichtung von Logenhäusern und Altersheimstätten, Erteilung von Auskünften über Kredit- und Rechtsverhältnisse, über wissenschaftliche nnd andere Fragen."

Das neue Unternehmen entwickelte sich, namentlich auf Grund einer intensiven Zeitungsreklame, ziemlich schnell. Im Jahre 1898 gehörten ihm bereits eine Grossloge (in Berlin) und 14 Zweiglogen an. Dann kam es aber zu Spaltungen. Einzelne Logen wollten ohne Grade und nach einem möglichst einfachen Zeremoniell arbeiten, andere dagegen suchten sich dem Johannissystem anzupassen. Diese Richtung sagte sich 1900 von der A.B.L., der damit der Lebensnerv abgeschnitten wurde, los und bildete den

Matthäi-Logenbund.

Es war ein kühnes Wagnis, den alten festgefügten Fr.-M.-Verbänden in Deutschland einen neuen Bund an die Seite zu stellen, der ohne die hergebrachte, durch die Zeit geheiligte, mr. Sanktion aus freier Entschliessung der Pflege mr. Werke sich hingab. Nach Lage der Umstände durfte der M.-L.-Bund auf Anerkennung von Seiten der frm. Kreise nicht zählen, musste sogar mit der Möglichkeit rechnen, von jenen als „unberechtigte Winkelloge" betrachtet und verworfen zu werden. Trotzdem und obwohl die Dinge den gefürchteten Verlauf nahmen, liessen sich die führenden Männer in ihrem

---

Nachfolgers „Der Freimaurer" und authentischen Quellen, die mir, wie ich dankbar hervorhebe, der derz. Grossmeister, Herr Eberhardt in Leipzig, freundlichst zur Verfügung gestellt hat.

Vorhaben nicht beirren. Sie bauten ihren Bund auf den „Alten Pflichten“ von 1723 (S. II. S. 16 f.) auf und waren mit heissem Eifer bemüht, ihnen im Sinne des vom deutschen Grossmeistertage im J. 1870 bezeichneten Zweckes und Endzieles aller wahren Fr.-M. gerecht zu werden, nämlich „in einer zumeist den Gebräuchen der zu Bauhütten vereinigten Werkmaurer entlehnten symbolischen Form die sittliche Veredlung des Menschen und menschlicher Glückseligkeit zu befördern.“ Indem die M.-Brüder, wie die übrigen Fr.-M., bei ihren Mitgliedern den Glauben an Gott als den obersten Baumeister der Welt, an eine höhere sittliche Weltordnung und an die Unsterblichkeit der Seele voraussetzten, verlangten sie von ihnen die Bethätigung des höchsten Sittengesetzes: „Liebe Gott über Alles und Deinen Nächsten wie Dich selbst.“

An der Spitze des Bundes stand die Grossmeisterschaft. Die setzte sich zusammen aus dem Grossmeister, dem Grosssekretär, dem Grossschatzmeister und vier Grossbeamten *).

Ihren Arbeiten legten die Logen, die sich auch im „Matthäus“ ein eigenes, ihre Interessen mit Eifer und Geschick vertretendes Ordensorgan schufen, meist die Agenden von Marbach und die Katechismen von Fischer (S. II. S. 97) zu Grunde.

Ernstem sittlichem Wollen und zielbewusstem Vorwärtsstreben ist der äussere Erfolg niemals versagt. So brachte es denn auch die Matthäi-Vereinigung**) auf

*) Es waren das idealgesinnte Männer — sie leiten z. T. noch heute die Gr. F.M.-L. — die mit treuer Hingebung und grossen Opfern an Mühe und Kraft und Zeit ihren Bund gefördert haben. Um den inneren Ausbau des Ganzen hat sich vor allem der Grossmeister verdient gemacht.

**) Ihre Mitglieder, die ein mässiges Eintrittsgeld, einen bescheidenen Monatsbeitrag und verhältnissmässig geringe Grad-

deutschem Boden in verhältnismässig kurzer Zeit auf einen Bestand von etwa 800 Mitgliedern, die in 36 Logen der Pflege mr. Ideale sich widmeten und an ihrem Teile redlich beflissen waren, sie zu erfüllen. Wer solcher erfreulichen Erscheinung in unseren materiellen Tagen begegnet, da den meisten Menschen es gebricht an stiller Sammlung des Gemüts, an innerem Frieden, an Hochsinn, vor allem an reiner Idealität der Gesinnung, da schrankenlos sich geltend macht das Gemeine, das unser heutiges Geistesleben bändigt — der soll sich nicht achtlos von ihr wenden, sondern still halten auf seinem Wege und sich liebevoll versenken in ihren Anblick.

Aus rein taktischen Erwägungen und um seinen frm. Charakter noch sinnfälliger zu machen und vor der Öffentlichkeit noch deutlicher darzulegen, wandelte im Juli 1903 der Bund auf Beschluss der Grossmeisterschaft seinen bisherigen Namen „Matthäi-Logenbund“ in „Grosse Freimaurerloge von Deutschland“ um. Da trotzdem mancherlei Missgeschick sich einstellte, wie es die isolierte Stellung der humanitären Gemeinde bedingte, gewann in ihrer Mitte allmählig die Erkenntnis die Oberhand, dass es auf die Dauer nicht möglich sei, gegen bestehende, auf dem Wege historischer Entwicklung entstandene Rechte mit Erfolg anzukämpfen oder sie zu ignorieren. So entschloss sich denn die Gr.Fr.M.L. im Interesse der von ihr vertretenen Sache zu einem wohl nicht leichten, aber doch sehr notwendigen Schritt, der der Einsicht und Umsicht der leitenden Instanzen zur Ehre gereicht: sie suchte und fand Anschluss an

---

Gebühren zu zahlen hatten, entstammten augenscheinlich den breiten Schichten des gutsituierten Bürgertums. Als äusserliches Erkennungszeichen trugen sie eine goldene Busennadel mit Hammer, Setzwage und Zirkel. — Beim Ableben eines Brs. gewährte der Bund den nächsten Angehörigen des Verstorbenen ein „Totenopfer in Höhe von 200—1000 Mark.“

ein hervorragendes maurerisches Institut. Im Mai 1904 erteilte das „Souveräne Sanktuarium und der Gross-Orient des Schottischen Memphis- und Misraim-Ritus" in Deutschland der Grossen Fr.-M.-Loge einen vollgültigen mr. Freibrief, rektifizierte und rekonstruierte in aller Form deren bisher unregelmässige Logen und Kränzchen und erteilte ihnen das Recht, die ersten drei (Johannis-) Grade zu bearbeiten. Damit ist die „Gr. Fr.-M.-Loge von Deutschland" als ein neues Glied der grossen Bruderkette des Freimaurertums einverleibt worden. Als solches führt die ehemalige Gr. Fr.M.-Loge v. D. den offiziellen, in der Stiftungs-Urkunde festgelegten Titel: „Symbolische Grossloge des Schottischen Ritus für Deutschland im Orient Leipzig."

---

6. Der „Orden der alten Freimaurer vom Memphis- und Misraim-Ritus und des Schottischen, Alten und Angenommenen (33.⁰) Ritus."*)

Dieser rührige, neuerdings auch in Deutschland kraftvoll emporstrebende Orden leitet sein maurerisches

---

*) Ueber diesen Orden liegen nur wenige, ungenaue, zum Teil einander widersprechende Nachrichten in den bekannten frm. Handbüchern vor. Auf mein Ansuchen gewährte mir daher der General-Gr.-Meister des Souveränen Sanktuariums für das Deutsche Reich, Herr Reuss in Berlin, in liebenswürdigster Weise jeden gewünschten Aufschluss. Auf Grund seiner sachkundigen Mitteilungen, der mir bereitwilligst vorgelegten Ordens-Patente und sonstigen Urkunden, die für die Geschichte der Geisteskultur von höchstem Interesse sind, und den historischen Berichten der „Oriflamme", des deutschen Ordensorganes (1902—04), war es möglich, die nachstehende Schilderung zu entwerfen. Herrn Reuss, dessen rastlosem Streben die Einführung des bisher in Deutschland unbekannten Ritus gelungen ist, auch an dieser Stelle für seine freundliche Belehrung zu danken, ist mir eine angenehme Pflicht. — Vergl. Bd. II. S. 23 ff. —

Herkommen vom Grand Orient de France ab. Durch ihn wurde das Souveräne Sanktuarium für Frankreich und später — am 21. Juli 1862 — das für Amerika*) gestiftet. Von der amerikanischen Ordensbehörde wurde am 23. Februar 1872 ein Patent zur Konstituierung des Souveränen Sanktuariums für Grossbritannien und Irland ausgefertigt, während dieses am 24. September 1902 das Souveräne Sanktuarium**) für das Deutsche Reich einsetzte. Dem Orden dienen ausserdem Souveräne Sanktuarien in Italien, Spanien, Rumänien, Aegypten, Indien, Kanada, in Süd-Amerika und Australien.

Es kann keinem Zweifel unterliegen, dass der Ritus auf Grund seiner rechtmässigen maurerischen Abstammung vom Grand Orient de France das — überdies in aller Form verbriefte — Recht besitzt, vollgültige Johannis-Logen zu stiften. Diese Thatsache ist bereits von zahlreichen Landes-Gr.-Logen ausdrücklich anerkannt worden. Und nur da, wo solche Gr.-Logen mit dem M.- und M.-Ritus in freundschaftlichen Verkehr getreten sind, hat dieser in den betreffenden Sprengeln auf Grund besonderer Vereinbarungen und im Interesse mr. Eintracht seinem Rechte entsagt.

Der M.- und M.-Ritus bestand ursprünglich aus 33 Zeremonien und 57 nominellen Graden, bis in den Jahren 1862—66 der Gross-Orient von Frankreich jene Zeremonien mit den Graden des Schottischen Ritus (Ancien et Accepté) in Uebereinstimmung brachte. Er zählt nunmehr 33 bezw. 90 (95) Grade, die in 7

---

*) Das Patent für das S.S. für Amerika ist im Gr.-Siegelbuch des Gr.O. de France unter Nr. 28911 eingetragen.

**) Dem Ritus gehörten in Deutschland zu Anfang des Jahres 1905 an: 1 Gr.-Orient, 3 Gr.-Räte, 7 Kapitel, 1 symb. Grossloge, 46 symbolische Logen und 3 Kränzchen mit zusammen 845 Mitgliedern.

Klassen oder Ritual- und Verwaltungsgrade eingeteilt sind.*)

---

*) Über ihre Einteilung und Benennung giebt nachstehende Aufstellung Auskunft:

1.°	Lehrling	1.°	Symbolische oder Blaue Loge (St. Johannis-Logen)	I.
2.°	Geselle	2.°		
3.°	Meister	3.°		
4.°	Geheimer, Erleuchteter Meister	4.°	Vollkommene Loge	II.
5.°	Erhabener u. Vollkommener Meister	6.°		
6.°	Ritter des Heiligen Arches	13.°	Schottisches Kapitel	III.
7.°	Ritter des Heiligen Gewölbes	14.°		
8.°	Ritter vom Schwert	15.°	Kapitel Rose Croix	IV.
9.°	Ritter von Jerusalem	16.°		
10.°	Ritter vom Orient	17.°		
11.°	Ritter vom Adler u. Pelikan	18.°		
12.°	Ritter vom Rothen Adler	19.°	Senat und Rat oder Grossrat.	V.
13.°	Tempel-Ritter, Master ad Vitam	20.°		
14.°	Ritter vom Tabernakel	24.°		
15.°	Ritter der Ehernen Schlange	25.°		
16.°	Weiser der Wahrheit, Ritter der Sonne	26.°		
17.°	Ritter des Heiligen Andreas von Schottland	29.°		
18.°	Ritter Kadosch	30.°		
19.°	Ritter des Königlichen Geheimnisses	32.°		
20.°	Gross-Inspektor (Prinz Harodim)	33.°		
21.°	Patriarch-Gross-Installator	65.°	Oberster Rat	VI.
22.°	„ Konservator	66.°		
23.°	„ Eulogist	67.°		
24.°	„ der Wahrheit	68.°		
25.°	„ dor Planisphären	70.°		
26.°	„ der heiligen Vedanten	71.°		

Die Hochgrade*) haben keinen Einfluss auf die rein geschäftliche Verwaltung der ersten drei symbolischen oder Johannisgrade. Sie pflegen lediglich die Geschichte und die Wissenschaft der FrM. Ihr Ziel lässt sich in die Worte fassen: Selbsterkenntnis, Gotteserkenntnis, Nächstenliebe, Friede, Toleranz und Wahrheit.**)

Auf dem langen Gange durch des Ordens Grade und Erkenntnisstufen soll dem Kandidaten die Belehrung zu teil werden, die ihn befähigt, den rechten Pfad zum

---

27.°	Patriarch-Gross-Installator der Isis	76.°	Oberster Rat	Verwaltungs-Grade.	VI.
28.°	„ von Memphis	81.°			
29.°	„ der Mystischen Stadt	89.°			
30.°	„ Grossmeister der Patriarchen	90.°			
31.°	Grand Defender	92.°	Souveränes Sanktuarium		VII.
32.°	Prince of Memphis	94.°			
33.°	General-Gross-Konservator	95.°			

Die Zwischengrade sind Erkenntnisstufen. Kein Mitglied darf in einen höheren Grad befördert werden, ehe es nicht durch eine schriftliche Arbeit über die vorhergehende Stufe seine Befähigung dazu nachgewiesen hat. Beförderungsgebühren werden in den Hochgraden nicht erhoben.

*) Über die Entstehung der frm. Hochgrade giebt eine vom S. G. Gr.-M. für England, Br John Yarker, 33°, 90°, 96°, aufgestellte, interessante Stammtafel Auskunft. Wir teilen sie hier auf S. 554, 555 aus der Schrift des Br Peregrinus: Was muss man von der FrM. wissen? (2. Aufl. Berlin, 1905) mit.

**) Der Ritus erstrebt den allgemeinen geistigen Bruderbund. „Er verlangt daher von seinen Mitgliedern die Bethätigung praktischen Wohlthuns, Pflege der Kranken und Fürsorge für die Witwen und Waisen; Achtung der religiösen Ueberzeugung Andersgläubiger; wahre Bruder- und Nächstenliebe ohne Ansehen des Standes, der Rasse oder Religion.“

wahren frm. Geheimnis nicht nur zu finden, sondern auch wirklich zu beschreiten. Das Ziel aber hier nun auch thatsächlich zu erreichen und das mr. Geheimnis sich zu eigen zu machen, ist freilich Aufgabe des Jüngers selbst, seines Eifers und „der Kraft, die in seinem Innern lebt und ihn leiten muss."

Das Geheimnis, das der Orden in seinem höchsten Grade besitzt, besteht, wie er in seiner mystischen Sprache sich ausdrückt, „darin, dass er dem gehörig vorbereiteten Br. die praktischen Mittel liefert, den wahren Tempel Salomonis im Menschen aufzurichten, das ‚verlorene Wort wiederzufinden', d. h. mit andern Worten: der Orden will den eingeweihten und auserwählten Br. in den Stand setzen, sich schon in diesem irdischen Leben Beweise seiner Unsterblichkeit zu verschaffen."

Diese „praktischen Mittel" bestehen nicht etwa in „Geisterbeschwörungen" oder andern „spiritistischen Praktiken," sondern es „sind Mittel, die sich nur mit der inneren Stimme des Kandidaten selbst beschäftigen."

Dieses „wahre maurerische Geheimnis" ist dem Orden „durch mündliche Ueberlieferung von den Vätern aller wahren FrM., den ‚weisen Männern des Ostens' überliefert und wird auch heute noch ausschliesslich auf mündlichem Wege fortgepflanzt."

Die oberste Ordensbehörde ist das „Souveräne Sanktuarium." Es besteht aus dem General-Grossmeister, dem General-Gr.-Administrator, dem General-Gr.-Keeper und achtzehn vom Gen.-Grmstr. berufenen Gr.-Beamten. Unter seiner Oberaufsicht arbeiten die untergeordneten und höheren Ordenskörper: die symbolischen (Johannis-) Logen, Kapitel, Senate und Räte, Gr.-Logen und Gr.-Räte, die aber hinsichtlich ihrer finanziellen Verwaltung vollständig unabhängig vom Souveränen Sanktuarium sind. Auf Grund der in seinem Besitze befindlichen

Die Culdeer **Mönche***)
(Arcani disciplina)

Architekten, Lehrer usw. Organisatoren der Harodims von 3 Stufen — Templer-Zweig

- Erste Stufe
  Symbolische Instruktion
  - Craft- (Johannis-) Instruktion
    - Alten = Modernen
      1700—1813 | 1701—1813
      - Die 3 Elus
    - Englische Craft- (Johannis-) Maurerei 1813—1905
- Zweite Stufe
  Brückenübergang durch Z.
  ca. 1740
- Dritte Stufe
  Geistiger Tempel
  ca. 1740
  - Rose Croix von Herodom
    oder
    Ritter vom Adler u. Pelikan
    Paris 1738—1745
    - Rosige Kreuz von England
      ca. 1770
    - Rose Croix mit einem Anklang a. d. Miserere
      1770—1905
- Ritterschaft des Sanhedrim (Bruce) aber ursprünglich die Presidenten
  - Kadosch-Templer
    Paris 1738—1745
    - Kadosch 1750—1905
      - A. & P. Templer-Ritus in Deutschland 1902—

Rote Kreuz von Babylon 1710—1905

Schottische Maurer ca. 1740 Cyrus u. Darius

Königl. Gewölbe-Bogen (Royal Arch) m. Zusätzen aus altem Craft- (Johs.) Ritual.

Mark v. 2. Tempel ca. 1760—1845

Ritter v. Schwert 1750—1905

Ritter von Ost ca. 1750—1905

Prinz von Jerusalem ca. 1750—1905

Royal Arch ca. 1770 in Frankreich und zurückgeführt auf York. En tdeckung Temp. Titus

Royal Arch der Alten mit Hinzufügung der Schleier nach dem Muster des alten jüdischen Drama, aber wieder aufgegeben i. J. 1813

Royal Arch der Modernen mit Hinzufügung des Gewölbes von Enoch an Stelle der Schleier, aber wieder aufgegeben i. J. 1813

Gewölbe von Enoch. „Pistis Sophia“ sagt, dass das Buch Jeû nach dem Patriarch. Enoch oder Henoch diktiert wurde, der es unter einem Felsen auf dem Berge Ararat verbarg, wo es von Jesus aufgefunden wurde. (Initiation Nov. 1902) — S. auch Buch Henoch — ca. 1770—1905

Englisch Royal Arch nach der Revision von 1838

) Hinsichtlich dieser Stammtafel s. Anm.) auf S. 552.

Urkunden und Patente betrachtet sich der Orden als legitimer Nachfolger der „alten Templer-Freimaurer, die in England durch die alten Komtureien in Bath und Bristol vertreten sind."

---

7. Der Orden der Rosenkreuzer von 1901.*)

Die am 1. Juli 1901 ins Leben getretene, nach einem, freim. Formen angepassten Ritual arbeitende Ordensgemeinschaft hat mit den alten Vereinigungen der „Gold- und Rosenkreuzer" nur den Namen gemein, steht im übrigen aber durchaus auf eigenen Füssen. Getreu seinem Wahlspruche: „Veredle Dich selbst, dann kannst Du auf andere veredelnd wirken. Strebe nach dem Höchsten!" — fördert der Orden hilfreich alle Bestrebungen auf dem Gebiete der Kunst und Wissenschaft, tritt er ein für wahre Geistesbildung und Aufklärung im christlichen Sinne, sucht er dem schönen Gedanken der allgemeinen Bruderliebe durch thatkräftige Unterstützung notleidender Mitmenschen eine Stätte zu bereiten. Insbesondere sind seine Jünger verpflichtet, dem Nächsten denjenigen Grad von Toleranz und werkthätiger Liebe zu gewähren, den sie für sich selber in Anspruch nehmen.

Wer Mitglied der Gemeinschaft zu werden wünscht, muss eine angesehene Lebensstellung einnehmen, muss sich eines unsträflichen Wandels im höchsten christlichen Sinne befleissigen und ein in jeder Beziehung vornehmer Charakter sein. Hinsichtlich der materiellen Lebenslage der Suchenden bestehen keinerlei Beschränkungen. Die Mitglieder der z. Z. bestehenden 2 Logen**) entstammen in ihrer Mehrzahl den Kreisen der Künst-

*) Auf Grund privater Mitteilungen.

**) In Leipzig und Hamburg.

ler (Maler, Bildhauer, Musiker, Schauspieler usw.) und Gelehrten und solchen, die zur Kunst irgend welche Beziehungen haben.

Geleitet wird das ideale Unternehmen von einem Gross-Meister, der in Leipzig seinen Sitz hat. Die Logen werden verwaltet vom „Meister vom Stuhl", dem „Ex-Meister", dem Kaplan, und einem vierten Beamten,*) dem auch die Handhabung der Finanzen obliegt.

---

8. Allgemeiner Deutscher Burschenbund (A.D.B.)**).

Um der Veräusserlichung des burschenschaftlichen Lebens entgegenzutreten, wie es sich durch Einführung der Bestimmungsmensuren und die Abweichung vom Freiheitsstandpunkte durch Huldigung antisemitischer Bestrebungen innerhalb des damaligen A.D.C. bemerkbar machte, rief der Geh. Sanitätsrat Dr. Konrad Küster im Jahre 1883 eine burschenschaftliche Bewegung ins Leben, die, fussend auf dem alten Burschenschaftsprinzip, aufs Neue in einem „Allgemeinen Deutschen Burschenbunde" die gesamte Studentenschaft umfassen sollte. In kurzer Zeit entstanden in Berlin, Tübingen, Leipzig, Göttingen, Jena, Greifswald, Königsberg, Giessen und Strassburg Burschenschaften des A.D.B. Mit feuriger Begeisterung bemühte man sich, im Sinne des sittlichen Freiheitsprinzipes der alten Burschenschaft ein geläutertes, freieres und doch forscheres burschenschaftliches Leben zu begründen. Die Burschenschaften stellten sich unter Verwerfung der Glaubens- und Rassenunterschiede die Aufgabe, Männer heranzubilden, die

---

*) Die offizielle Bezeichnung dieses Beamten ist Ordens-Geheimnis.

**) Auf Grund einer freundlichen Mitteilung der Schriftleitung der A.D.B.-Zeitschrift. — Vergl. II, S. 337.

körperlich und geistig, wissenschaftlich und sittlich gereift, die Freiheit und Einheit des deutschen Volkes zu schützen befähigt wären, Männer, die nicht nur für äussere Anerkennung ihrer Ehre eintreten, sondern auch die furchtlose Bethätigung der frei gewonnenen sittlichen Überzeugung als wahre innere Ehre erkennen sollten. Duell und Mensur, die man nicht als ehrenreinigend ansah, wurden im Prinzip verworfen, sie sollten allmählig durch anzustrebende allgemeine studentische Ehrengerichte ersetzt werden. Um jedoch im akademischen Leben festen Fuss fassen zu können, wurden dem gegenwärtig noch allgemein geltenden Mensurstandpunkte einige Zugeständnisse gemacht. Bestimmungs-, Verabredungs- und Sportmensuren wurden zwar völlig verworfen, aber ausnahmsweise in besonderen Fällen Anerkennungsmensuren zugelassen. Bei Beleidigungen sollten die Mitglieder des A.D.B. unbedingte Satisfaktion geben und fordern. Gegen die Ausartung dieses Satisfaktionsstandpunktes zur Verabredungsmensur waren in den Satzungen strenge Vorsichtsmassregeln getroffen. — Erfahrene Männer, wie Konrad Küster und der leider frühverstorbene, echte Burschenschafter Dr. Fahrenbruch suchten durch Wort und That der neuen Bewegung zum Siege zu verhelfen. Aber es zeigte sich bald, dass diese nur schwer Boden gewann. Die einzelnen Burschenschaften waren gezwungen, ihre ganze Kraft einzusetzen, um sich allen Anfeindungen gegenüber zu halten. Zudem fehlte eine straffe, alle Glieder verbindende Organisation. So ging der engere Zusammenhalt im Bunde allmählig verloren. Aus diesen und anderen, zum Teil auf persönlichem Gebiet liegenden Gründen verlor der Verband bis zur Mitte der 90er Jahre an Bedeutung im studentischen Leben. Aber in dieser Zeit besannen sich die Reste der Burschenschaften auf sich und ihre Kraft. Es wurde die fehlende straffe Organisation geschaffen. Seitdem haben sich an den übrig gebliebenen Kern von 3 Burschenschaften bis heute 13 neue Korporationen angeschlossen, während eine suspendierte ihrer Wiedererweckung harrt und mit 2 freien Burschenschaften Freundschaftsbeziehungen unterhalten werden, die nächstens zu deren Eintritt in den A.D.B. führen sollen. Die Satzungen sind in ihren grundlegenden Bestimmungen die gleichen geblieben.

Mehrere A.D.B. - Burschenschaften verfügen über eigene Zeitschriften. Der Bund besitzt eine vertrauliche, zweimal monatlich erscheinende und eine öffentliche, einmal im Monat herausgegebene Zeitung.

Die z. Z. bestehenden 19 Korporationen verteilen sich auf 10 Universitäten (Berlin, Jena, Königsberg, Giessen, Leipzig, Tübingen, Kiel, München, Halle, Marburg) und 4 technische Hochschulen (Charlottenburg, Danzig, Dresden, Darmstadt). Die Aktivitas beträgt z. Z. rund 250, und die Altherrenbünde umfassen rund 600 Mitglieder. Da der A.D.B. beschlossen hat, künftig mehr in der Öffentlichkeit aufzutreten, steht für die Zukunft eine wesentliche Zunahme seiner Stärke und damit auch seiner Bedeutung im akademischen Leben zu erwarten.

I.

Register

der

behandelten und erwähnten Geheimen Gesellschaften, Verbindungen etc.

II.

Personen-Register.

Druck von Hartmann & Wolf in Leipzig.

Inhaltsübersicht.

Erster Band.

Einleitung.

Erstes Buch.

Die geheimen Gesellschaften und Orden des Altertums.

Zweites Buch.

Die Geheimbünde des Mittelalters.

Drittes Buch.

Die geheimen Gesellschaften im Zeitalter der Reformation.

Inhaltsübersicht.

Zweiter Band.

Viertes Buch.

Die geheimen Gesellschaften und Orden des 18. Jahrhunderts.

Fünftes Buch.

Die geheimen Gesellschaften und Verbindungen der neuesten Zeit.